Mensch im Fokus II

Körper und Psyche aus gesundheitswissenschaftlicher Sicht

von

Dr. Monika Reus
Antje Diephaus
Dr. Anke Höhne
Nicole H. Knepper
Dr. Ruth Krauss
Dr. Nicole Menche
Melanie Tulke
Dr. Veronika Wanschura
Prof. Dr. Eva Wunderer

2., aktualisierte Auflage

Dr. Felix Büchner – Handwerk und Technik – Hamburg

Antje Diephaus
Berufsschullehrerin für die Fächer Ernährung und Chemie an der beruflichen Schule Elmshorn, Schleswig-Holstein; Dipl.-Ökotrophologin.

Dr. phil. Anke Höhne
Referentin für den Bereich Kinder, Familie und Sucht bei Sucht.Hamburg gGmbH; Dipl.-Sozialwissenschaftlerin, Krankenschwester; Arbeitsschwerpunkte: Versorgungsforschung, Akademisierung im Gesundheitswesen, Sucht im Familienkontext, gesundheitliche Ungleichheit.

StDin Nicole Helene Knepper
Berufsschullehrerin für die Fächer Naturwissenschaften, Chemie, Biologie, Gesundheit, Pharmakologie und Sport an der Adolf-Reichwein-Schule in Limburg an der Lahn, Hessen; approbierte Apothekerin, DOSB-Übungsleiterin B (Sport in der Rehabilitation) und C (Breitensport).

Dr. med. Ruth Krauss
Fachärztin für Allgemeinmedizin, Ernährungsmedizinerin DAEM/DGEM, Schwerpunktpraxis Ernährungsmedizin, Referententätigkeit im Bereich medizinische Weiterbildung; Arbeitsschwerpunkte: Hausarztmedizin und Adipositastherapie.

Dr. med. Nicole Menche
freiberufliche wissenschaftliche Autorin/Lektorin; Staatsexamen Humanmedizin; Arbeitsschwerpunkte: zielgruppenorientierte Darstellung medizinischer Inhalte, insbesondere Grundlagen (Anatomie, Physiologie, Krankheitslehre), Innere Medizin.

Dr. med. Monika Reus
Berufsschullehrerin mit dem Schwerpunkt im beruflichen Gymnasium für die Fächer Gesundheitslehre, Biologie und Chemie an der Eduard-Stieler-Schule in Fulda, Hessen; Ärztin, DOSB-Übungsleiterin B (Sport in der Rehabilitation).

Melanie Tulke
Leitung des Bildungszentrums Elmshorn, Schleswig-Holstein; Master of Education Medizinpädagogik, Gesundheits- und Krankenpflegerin; Arbeitsschwerpunkte: strategische und operative Leitung der Pflegeausbildungen, der Ausbildungen zur Anästhesie- und Operationstechnischen Assistenz und von Fachweiterbildungen.

Dr. med. Veronika Wanschura
Lehrkraft an der Berufsfachschule Pflege DRK-Schwesternschaft Clementinenhaus e.V., Hannover; Dozentin beim DIAKOVERE Fachschulzentrum, Standort Annastift (Ausbildung Physiotherapie), Hannover; Dozentin beim Bildungswerk ver.di, Niedersachsen; approbierte Ärztin, Arbeitsschwerpunkte: Medizindidaktik, Zusammenspiel Geist-Körper-Seele, Gesundheitsmanagement.

Prof. Dr. phil. Eva Wunderer
Professorin für Psychologische Aspekte Sozialer Arbeit an der Hochschule Landshut; Dipl.-Psychologin, Systemische Paar- und Familientherapeutin (DGSF); Arbeitsschwerpunkte: Essstörungen, klinische Sozialarbeit, systemische Beratung und Therapie.

Vorwort

Gesundheit aus gesellschaftlicher Sicht – Gesundheit aus individueller Sicht: Das sind die Themen der Reihe „Mensch im Fokus“ für Lernende der beruflichen Oberstufe Gesundheit. „Mensch im Fokus“ vermittelt die Zusammenhänge zwischen den Gesundheitswissenschaften und der Gesundheitsversorgung einerseits („Mensch im Fokus I“) und dem Geschehen auf körperlicher und psychischer Ebene andererseits („Mensch im Fokus II“).

Das innovative Konzept begegnet den Schülerinnen und Schülern in ihrer Lebenswelt, weckt Interesse für die vielseitigen beruflichen Möglichkeiten in diesem zukunftsrelevanten Feld und animiert zum selbstständigen Lernen. Es gibt auf vielfältige Weise Impulse, sich in die beteiligten Wissenschaften im propädeutischen Sinne hineinzudenken, und ist durch verschiedene **Elemente** ansprechend gestaltet:

- Aktivierung, Praxisbezug und Weiterführung der Inhalte durch anregende Kapiteleinstiege
- stetige Bezüge zur Lebenswelt der Jugendlichen, Symbol:
- zielgruppen- und praxisbezogene Fallbeispiele und Beispiele
- *aktivierende Aufgaben, Anwendungs- und Transferaufgaben zu Beginn, während und am Ende der Kapitel*
- Veranschaulichung durch eine Vielzahl von einheitlich gestalteten Zeichnungen und Schaubildern
- inhaltliche Verzahnung von Mensch im Fokus I und II, Symbol: – im Sinne des Transferlernens werden Inhalte, die in Band I eingeführt werden, in Band II angewendet und fortgeführt
- Einführung und Einüben von Fachsprache sowie Übersichtlichkeit durch **Kurzdefinitionen der Fachbegriffe in der Randspalte**, ein umfangreiches Sachwortverzeichnis und die LernBOX Gesundheit, eine Fachbegriffe-App
- Heranführung an Quellenarbeit durch die Darstellung von Quellennachweisen, Quellenverzeichnissen und weiterführender Literatur sowie die

Darstellung von Fremdtexten

„Mensch im Fokus II“ behandelt die Anatomie und Physiologie sämtlicher Organsysteme und präsentiert ausgewählte Krankheitsbilder aus gesundheitswissenschaftlicher Sicht, die exemplarisch und ausführlich bearbeitet werden. Die Struktur der Krankheitsbilder folgt den Versorgungsbereichen, die in „Mensch im Fokus I“ vorgestellt werden. Prävention und Gesundheitsförderung sind dabei zentral. Die gesundheitswissenschaftliche Sicht des Werkes wird weiter über die Kapitel Bewegung, Ernährung, psychosoziale Gesundheit und Suchtprävention verwirklicht. Die Auswahl der Krankheitsbilder erfolgte anhand der sehr unterschiedlichen Lehrpläne der Bundesländer, aber auch nach ihrer gesellschaftlichen Relevanz und Beispielhaftigkeit.

Die Coronajahre nach Erscheinen der 1. Auflage 2020 zeigen eindrucksvoll, wie dynamisch das Geschehen rund um unsere Gesundheit ist. So wurde es Zeit für eine Aktualisierung, die die Themen rund um COVID-19 aufgreift und den aktuellen Stand der Versorgungsleitlinien und der Daten des Gesundheitsmonitorings abbildet.

Autorinnen und Verlag verbindet das Anliegen, Jugendliche mit verständlichen und anregenden Inhalten für das Berufsfeld Gesundheit zu begeistern. Wir wünschen den Leserinnen und Lesern auf ihrem Weg zum angestrebten Bildungsabschluss Sicherheit, Erfolg und Freude mit „Mensch im Fokus“. Über Anregungen und Kritik zum Buch freuen wir uns.

Ihr Verlag Handwerk und Technik

INHALTSVERZEICHNIS

ISBN 978-3-582-16861-0 Best.-Nr. 4597

Verlag Dr. Felix Büchner GmbH & Co. KG – Handwerk und Technik GmbH,
Lademannbogen 135, 22339 Hamburg; Postfach 63 05 00, 22331 Hamburg – 2024
E-Mail: info@handwerk-technik.de – Internet: www.handwerk-technik.de

Satz und Layout: CMS – Cross Media Solutions GmbH, 97082 Würzburg
Umschlagmotiv: Mint Images/Getty Images Deutschland, München
Druck: Mohn Media, 33311 Gütersloh

1 GRUNDLAGEN DER ANATOMIE UND PHYSIOLOGIE

DR. MONIKA REUS

Anatomie: Lehre vom Aufbau eines Organismus

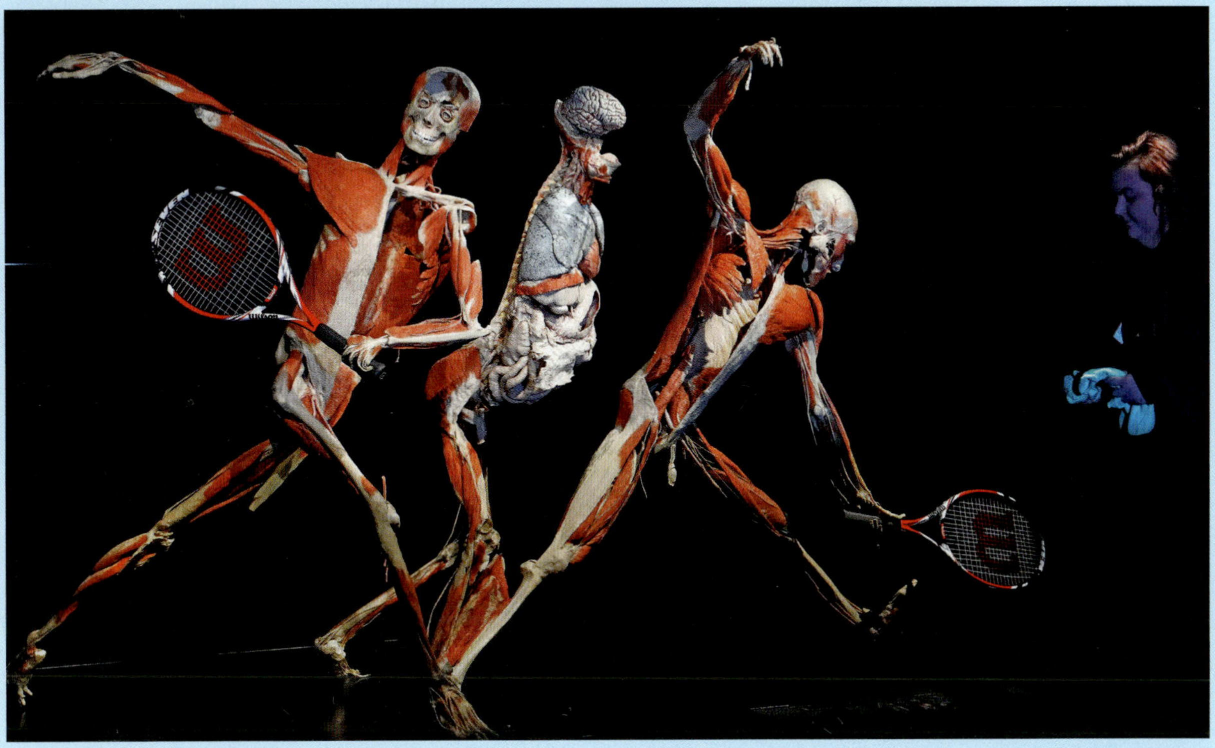

Physiologie: Lehre von den normalen Vorgängen in einem Organismus

- Wärmeregulation
- Reaktion
- Kreislauf
- Sehen
- Atmung
- Orientierung
- Bewegung
- …

1. *Zellen, Gewebe, Organe: Welche anatomischen Bestandteile erkennen Sie auf dem Bild?*

2. *In der Physiologie werden Organismen als Systeme aufgefasst. Ein System ist ein organisiertes Ganzes, das Funktionen erfüllt, die die einzelnen Bestandteile und Vorgänge nur in ihrem Zusammenspiel bewirken können. Die oben genannten Begriffe sind einige Funktionen bzw. Lebensvorgänge bezogen auf das Exponat des Tennisspielers. Sammeln Sie weitere physiologische Funktionen bzw. Lebensvorgänge.*

3. *Das dargestellte Exponat stammt aus der Körperwelten-Ausstellung in London von Gunther von Hagens. Mit der Technik der Plastination werden Körper dauerhaft vor der Verwesung geschützt. Diese Ausstellungen werden kontrovers diskutiert: Leichenschau und Entwürdigung oder Bildung und Ästhetik?*
   a) Was denken Sie beim Anblick des Bildes?
   b) Diskutieren Sie Pro und Kontra der Plastination von Menschen.

1 GRUNDLAGEN DER ANATOMIE UND PHYSIOLOGIE

1.1 Orientierung am menschlichen Körper

In den Naturwissenschaften wie z. B. der Biologie und auch in der Medizin ist eine verbindliche **Nomenklatur** die Grundlage einer international verständlichen und nachprüfbaren Kommunikation. Die anatomische Nomenklatur stellt den Kern der medizinischen Fachsprache dar. Sie soll eindeutige Benennungen zur Beschreibung des Aufbaus des menschlichen Körpers, seiner Systeme sowie der Lage der Organe gewährleisten. Hierzu werden überwiegend aus dem Lateinischen, teils auch aus dem Altgriechischen stammende Begriffe verwendet.

1.1.1 Körperabschnitte

Zur besseren Übersicht gliedert man den menschlichen Körper in Abschnitte, z. B. in den Körperstamm und die oberen sowie unteren Extremitäten (→ Abb. 1).

Den **Körperstamm** bilden:
- Kopf
- Hals
- Rumpf, anatomisch der zentrale Abschnitt des Körpers
  - Brustkorb
  - Bauch
  - Rücken
  - Becken

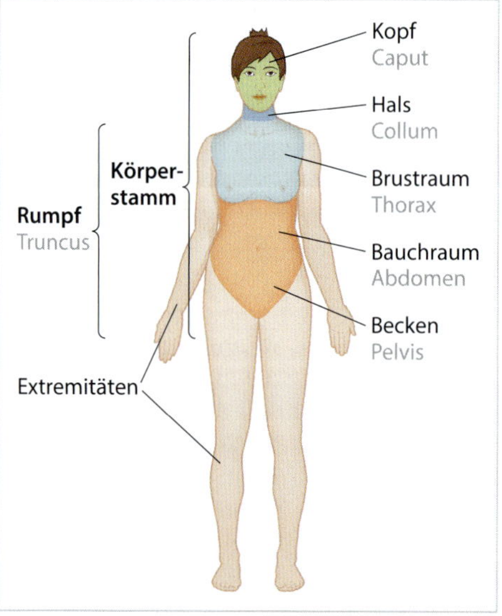

Abb. 1 Abschnitte des menschlichen Körpers

Alle **inneren Organe** sind im Körperstamm angelegt:
- Gehirn im Kopf
- Kehlkopf, Luft- und Speiseröhre im Hals
- Herz und Lunge im Brustraum
- Organe des Verdauungstrakts im Bauchraum
- Sexualorgane im Becken

Die oberen und unteren **Extremitäten** setzen am Rumpf an:
- obere Extremitäten: Schultergürtel als Verbindung zum Rumpf, Arme und Hände
- untere Extremitäten: Beckengürtel als Verbindung zum Rumpf, Beine und Füße

Während der Körperstamm unpaarig angelegt ist, liegen obere und untere Extremitäten paarig vor.

1.1.2 Bewegungsrichtungen

Die möglichen Bewegungsrichtungen der Gliedmaßen werden in der medizinischen Fachsprache wie folgt bezeichnet (→ Abb. 2):
- Flexion
- Extension
- Abduktion
- Adduktion
- Anteversion
- Retroversion
- Rotation

Arbeiten Sie zu zweit: Der eine führt Bewegungen der Extremitäten aus, der andere benennt die Bewegungsrichtung. Wechseln Sie sich ab.

1.1.3 Körperachsen und -ebenen

Neben den Körperabschnitten stellen die Körperachsen und -ebenen wichtige Anhaltspunkte zur Orientierung am menschlichen Körper dar. Als Basis für eindeutige Bezeichnungen dient ein dreidimensionales **Koordinatensystem** aus gedachten, durch den Körper verlaufenden Achsen und Ebenen, das sich immer auf den **aufrecht stehenden Menschen** bezieht (→ Abb. 3). Insbesondere bei Einsatz und Auswertung der apparativen Diagnostik (z. B. Radiologie, tomografische Bildgebung) sind unmissverständliche Lagebezeichnungen der Organe und Strukturen des Patienten relevant.

Nomenklatur: Verzeichnis von wissenschaftlichen Bezeichnungen und Fachausdrücken

Anatomie: Lehre vom Aufbau eines Organismus

Physiologie: Lehre von den normalen Vorgängen in einem Organismus

physiologisch: normal, beim gesunden Menschen auftretend, nicht krankhaft

Extremitäten: Gliedmaßen

Flexion: Beugung

Extension: Streckung

Abduktion: Abspreizen

Adduktion: Heranführen

Anteversion: Anheben nach vorne

Retroversion: Wegführen nach hinten

Rotation: Drehung, nach außen und innen

Koordinatensystem: Hilfsmittel zur Positionsangabe

apparative Diagnostik: alle diagnostischen Untersuchungen, die mithilfe von komplexen, i. d. R. elektronischen Medizinprodukten erfolgen, z. B. Computertomografie (CT), Kernspintomografie (MRT), Ultraschall

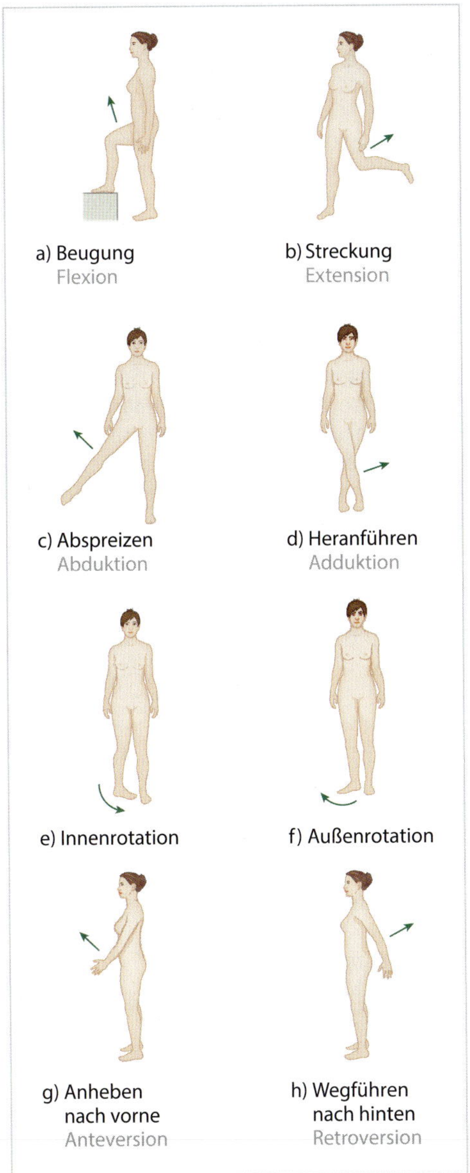

Abb. 2 Bewegungsrichtungen der Gliedmaßen; a–f: des Hüftgelenks, g und h: der Arme

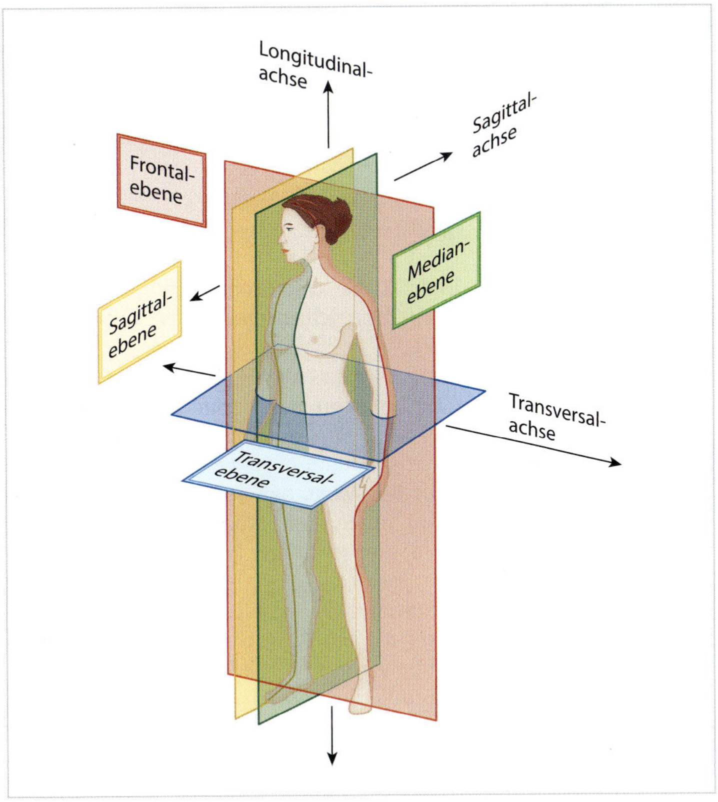

Abb. 3 Hauptachsen und -ebenen des menschlichen Körpers

Die drei Hauptachsen sind:

- **Sagittalachse** = Pfeilachse (gelb): verläuft von der vorderen zur hinteren Körperwand (oder umgekehrt)
- **Transversalachse** = Querachse (blau): verläuft quer durch den Körper von der rechten zur linken Körperhälfte (oder umgekehrt)
- **Longitudinalachse** = Längsachse (rot): verläuft vom Kopf zu den Füßen durch den Körper (oder umgekehrt)

Die drei Hauptebenen sind:

- **Sagittalebene:** verläuft von vorne nach hinten (oder umgekehrt)
- **Transversalebene:** verläuft waagerecht
- **Frontalebene:** verläuft von rechts nach links (oder umgekehrt)

sagittal:
von vorne nach hinten (oder umgekehrt)

transversal:
von rechts nach links (oder umgekehrt)

longitudinal:
von oben nach unten (oder umgekehrt)

In Abbildungen werden diese Ebenen vereinfachend in der Körpermitte eingezeichnet. Tatsächlich existieren im Körper jedoch unendlich viele parallel zueinander liegende Achsen bzw. Ebenen, vergleichbar mit hinter-, über- bzw. nebeneinander angeordneten Schichten oder Scheiben. Beispielsweise kann die Transversalebene kontinuierlich zu den Füßen oder dem Kopf hin verschoben werden, um die einzelnen Schichten des Körpers abzubilden.

Einen Sonderfall stellt die **Medianebene** dar. Sie ist die Sagittalebene, deren Verlauf genau mittig im Körper definiert ist und ihn in zwei symmetrische Hälften (eine rechte und eine linke) teilt. Sie wird daher auch als Symmetrie- oder Spiegelebene bezeichnet (→ Abb. 3).

Medianebene:
Sagittalebene in der Körpermitte

Protein:
Eiweiß, Makromolekül aus Aminosäuren

Aminosäure:
Baustein der Proteine; Karbonsäure, die immer mindestens eine Aminogruppe (NH_2-Gruppe) und einen organischen Rest (R) enthält; R ist eigenschaftsbestimmend

Polysaccharid:
Makromolekül aus Zuckermolekülen

Nukleinsäuren:
Makromoleküle, Träger der genetischen Information

Besorgen Sie vier große Kartoffeln und kennzeichnen Sie Kopf, Füße, Bauch und Rücken. Zerschneiden Sie eine der Kartoffeln so, dass Sie Sagittalebenen erhalten. Teilen Sie die beiden anderen in Transversal- bzw. Frontalebenen.
Zerschneiden Sie die vierte Kartoffel in der Medianebene.

1.1.4 Lage- und Richtungsbezeichnungen

Mithilfe der anatomischen Lage- und Richtungsbezeichnungen benennt man Position, Lage und Verlauf einzelner Strukturen des Körpers eindeutig. Sie werden immer **aus der Sicht des Menschen selbst angegeben,** sind somit relativ zum Körper und unabhängig von dessen jeweiliger Position (→ Abb. 4).

Beispielsweise bedeutet dexter (rechts) die Seite, die ein Mensch aus seiner Sicht als rechts wahrnimmt. Mit proximal wird die Richtung zur Körpermitte hin, mit distal die von der Körpermitte weg definiert, egal ob der Mensch steht, sitzt oder liegt.

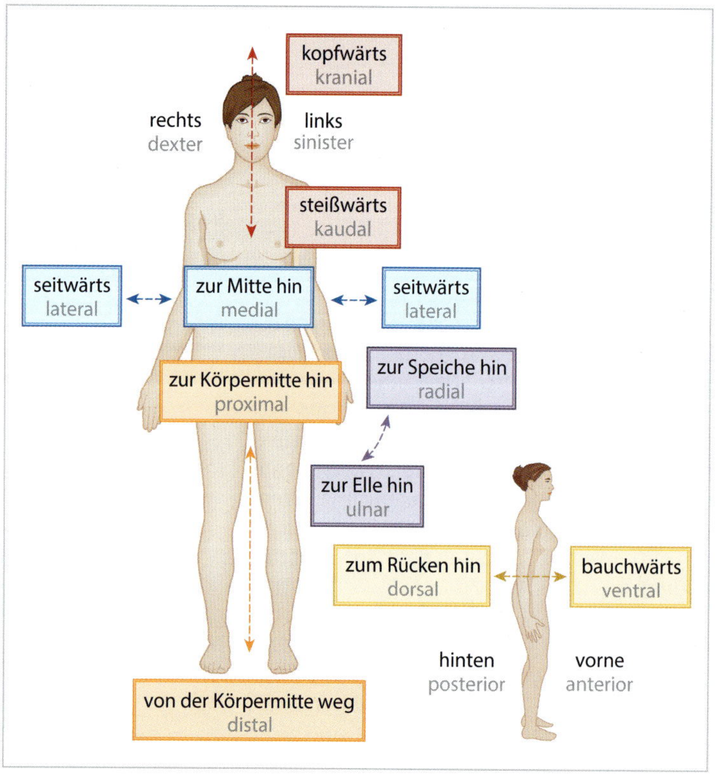

Abb. 4 Lage- und Richtungsbezeichnungen am menschlichen Körper

1.2 Organisation des menschlichen Körpers

Der menschliche Körper lässt sich in Funktionseinheiten einteilen; mehrere kleine Funktionseinheiten bilden eine größere (→ Abb. 5).

Die belebte und unbelebte Welt, die uns umgibt und deren Teil wir sind, setzt sich aus chemischen Stoffen zusammen. Ein chemischer Stoff in Reinform kann aus **chemischen Verbindungen** (Moleküle bzw. Salze mehrerer Atomsorten) oder **Elementen** (Atome bzw. Moleküle nur einer Atomsorte) bestehen. Elemente besitzen bestimmte chemische und physikalische Eigenschaften und können durch gewöhnliche chemische Reaktionen nicht weiter aufgespalten werden. Der kleinste Baustein eines Elements ist das Atom. Atome bestehen aus einem positiv geladenen Atomkern mit Protonen und Neutronen sowie einer negativ geladenen Atomhülle mit Elektronen. Protonen, Neutronen und Elektronen nennt man Elementarteilchen. Aufgrund der gleichen Anzahl von Protonen und Elektronen ist ein Atom ungeladen.

Die vier häufigsten Atome, aus denen alle Lebewesen aufgebaut sind, sind:
- Sauerstoff (O)
- Kohlenstoff (C)
- Wasserstoff (H)
- Stickstoff (N)

Sie machen zusammen etwa 96 % des menschlichen Körpers aus. Die Atome schließen sich durch Elektronenpaarbindungen zu **Molekülen** zusammen. Moleküle können eine relativ einfache Struktur aufweisen wie beispielsweise das Wassermolekül, das sich aus zwei Wasserstoffatomen und einem Sauerstoffatom zusammensetzt (H_2O). Weisen Moleküle komplexere Strukturen auf – aus tausend und mehr Atomen –, bezeichnet man sie als **Makromoleküle.** Hierzu zählen bedeutsame biochemische Verbindungen wie z. B.:
- Proteine (Eiweiße, z. B. Enzyme)
- Polysaccharide (Kohlenhydrate, z. B. Stärke)
- Nukleinsäuren (Träger der genetischen Information: DNA oder RNA)

Zellen sind die kleinsten lebensfähigen Bausteine. Sie enthalten aber noch kleinere Struk-

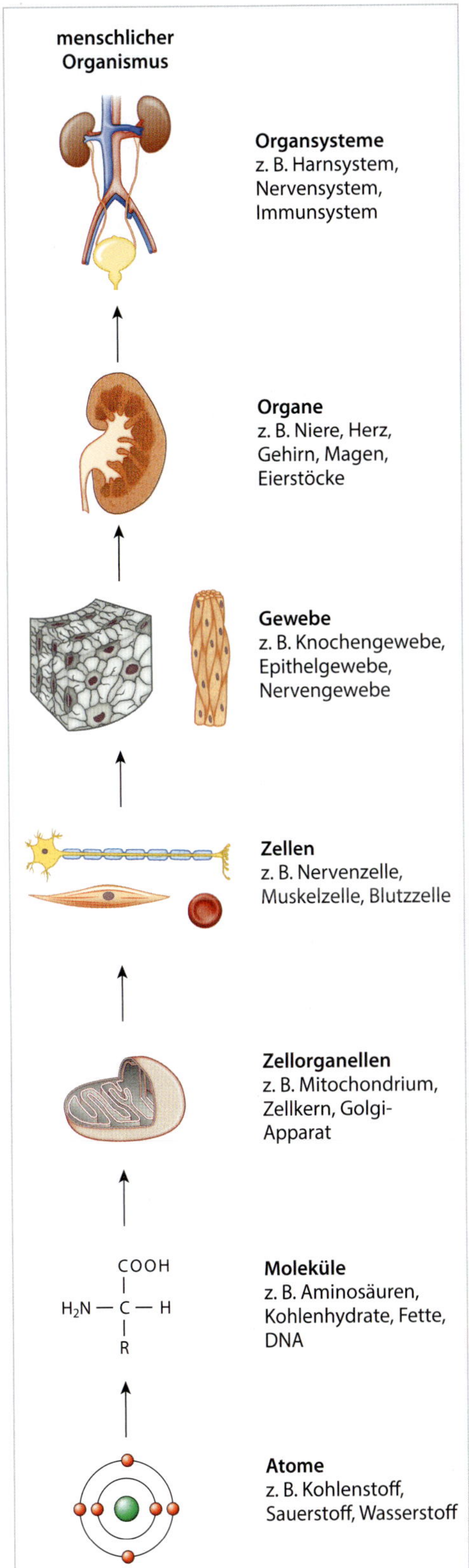

Abb. 5 Organisationsstufen des menschlichen Körpers

turen, die **Zellorganellen** – die „Organe" der Zellen. Gleichartige oder ähnliche Zellen bilden funktionelle Einheiten, die **Gewebe.** Schließlich bilden eng beieinanderliegende Gewebe und verschiedene Zellen **Organe** mit speziellen Aufgaben. Erfüllen verschiedene Organe eine gemeinsame Aufgabe, spricht man von einem **Organsystem** (→ Abb. 5).

1.2.1 Zelle

Die Zellen als kleinste Grundeinheiten des menschlichen Körpers zeigen alle fünf Kennzeichen von Lebewesen:

- Stoffwechsel
- Bewegung
- Reizbarkeit
- Wachstum/Entwicklung
- Fortpflanzung/Vererbung

Aufbau einer Zelle

Jede Zelle ist von einer **Zellmembran** umschlossen, die das **Zytoplasma,** den gesamten Inhalt der Zelle, nach außen abgrenzt. Das Zytoplasma besteht aus flüssigen Anteilen, dem **Zytosol,** und festen Bestandteilen, den **Zellorganellen** (→ Abb. 6). Jede Zelle hat zahlreiche und je nach Zellfunktion unterschiedliche Organellen, die verschiedene Aufgaben erfüllen und miteinander interagieren (→ Tab. 1).

Im Gegensatz zu pflanzlichen Zellen haben menschliche Zellen keine stabilisierende Zellwand und keine pflanzentypischen Organellen wie Chloroplasten.

Ordnen Sie den Zellorganellen Beispiele aus dem Alltag zu, z. B.: Mitochondrium = Energiekraftwerk usw.

Zellfunktionen

Die Zelle spiegelt im Kleinen die Komplexität des gesamten Organismus wider. Die Funktionen der Zellen können in Stoffwechsel, Transport und Information gegliedert werden:

- **Stoffwechsel:** Als Stoffwechsel werden alle zum Leben notwendigen chemischen Reaktionen zusammengefasst.
- **Transport:** Jede Zelle muss zur Erfüllung ihrer Funktion in der Lage sein, kleine und größere Substanzen kontrolliert aufzunehmen, in ihrem Inneren zu transportieren und auch wieder abzugeben. Hierzu verfügt die Zelle über verschiedene Mechanismen (→ 1.3).

Zelle:
kleinste lebensfähige Einheit

Zellorganelle:
funktioneller Bestandteil der Zelle, „Organ" der Zelle

Gewebe:
funktionelle Einheit aus Zellen

Organ:
funktionelle Einheit aus Geweben und Zellen, z. B. Herz, Magen, Darm, Niere

Organsystem:
mehrere Organe, die eine gemeinsame Aufgabe erfüllen, z. B. Verdauungssystem, Herz-Kreislauf-System

Zellmembran:
dünne Schicht, die Zellinneres von außen abgrenzt

Zytoplasma:
Zellinhalt

Zytosol:
flüssige Anteile des Zytoplasmas

Lipid:
Fett; energieliefernder, meist wasserunlöslicher Nährstoff

Lipiddoppelschicht:
Struktur von biologischen Membranen

lipophil:
in Fett löslich; alternativ: hydrophob

hydrophil:
in Wasser löslich, „wasserliebend“; alternativ: lipophob

Zellkern:
Organelle, die Erbinformation enthält

Ribosomen:
Organelle mit der Aufgabe der Proteinbiosynthese

Tab. 1 Zellorganellen

Zellorganelle	Aufbau	Eigenschaften, Funktionen
Zellmembran	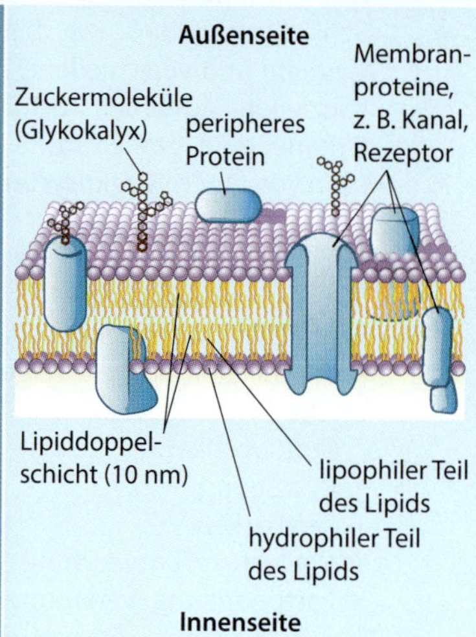 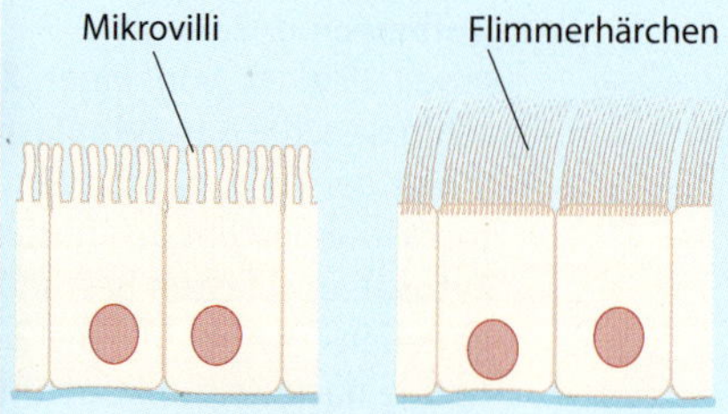	• Abgrenzung Intra- von Extrazellularraum (Innen- und Außenwelt der Zelle) • kontrollierter Stoffaustausch zwischen Zelle und Umgebung (Semipermeabilität = teilweise Durchlässigkeit) z. B. durch Transportproteine • wichtige Rolle bei Reizleitung im Nervensystem (Aufrechterhaltung des Membranpotenzials → 5.1.3) • Signalübermittlung, z. B. durch Rezeptoren, spezielle Zellkontakte • Erkennungsmoleküle für „fremde“ und „eigene“ Zellen • bei Bedarf Vergrößerung der Zelloberfläche durch z. B. Mikrovilli (Ausstülpungen der Zellmembran), z. B. im Darm zur intensiveren Aufnahme von Nährstoffen • Bewegungsmöglichkeit, z. B. Kinozilien (= Flimmerhärchen = Zellfortsätze von Flimmerepithelzellen) in den Atemwegen • spezielle Zellkontakte (→ 1.3.4)
Zellkern	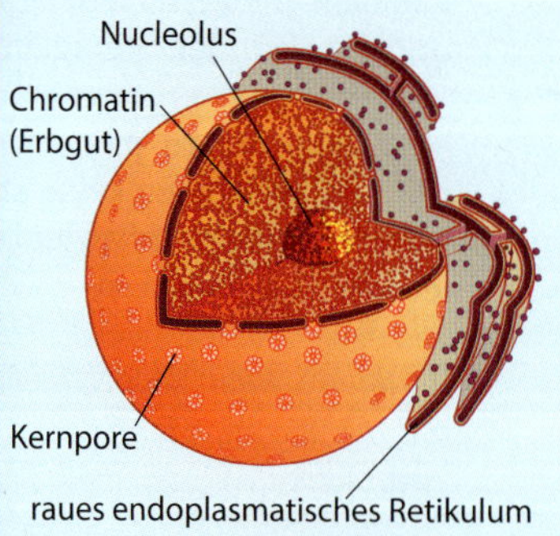	• wesentliche Bestandteile: **Chromosomen** (aus Erbsubstanz und Proteinen), und **Nucleolus** (zur Ribosomenproduktion) • umgeben von zwei Hüllen der **Kernmembran,** wobei die äußere mit dem endoplasmatischen Retikulum (ER) verbunden ist • Kernporen für den Austausch zwischen Zellkern und Zytoplasma
Ribosomen	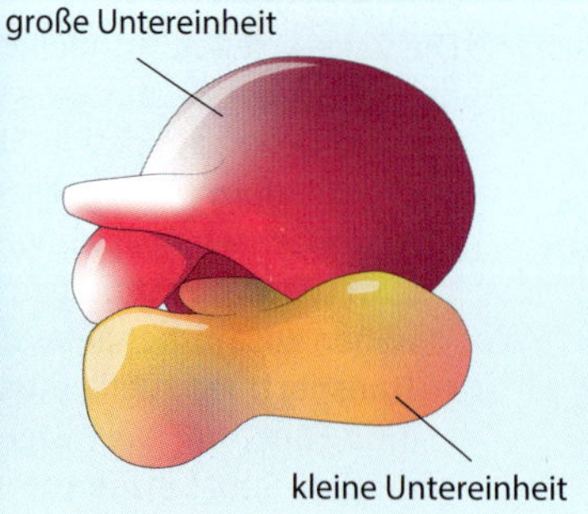	• bestehend aus einer kleinen und einer großen Untereinheit, jeweils aus ribosomaler RNA und Proteinen • frei oder an das endoplasmatische Retikulum gebunden • Ort der Proteinbiosynthese

Zellorganelle	Aufbau	Eigenschaften, Funktionen
endoplasmatisches Retikulum (ER)	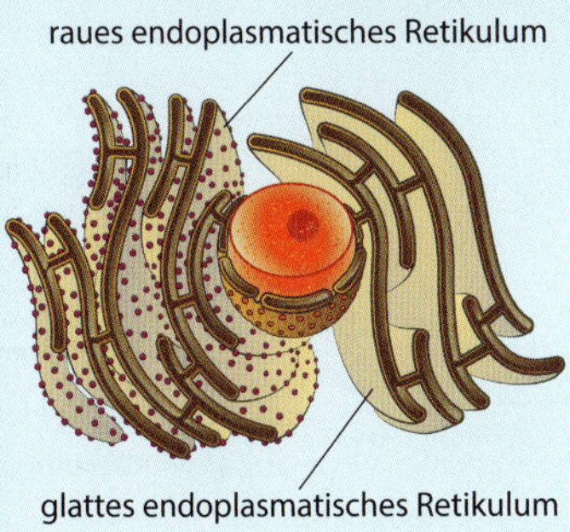	• röhren-, säckchenförmiges Membransystem • Stoffproduktion im Höhlensystem des ER (glattes ER ohne Ribosomen) • Proteinbiosynthese an angelagerten Ribosomen (raues ER) • Weitergabe der hergestellten Substanzen in **Transportvesikeln** an den Golgi-Apparat
Golgi-Apparat	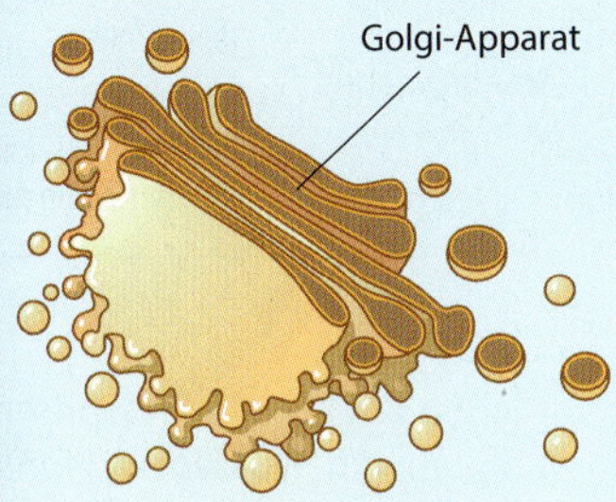	• „gestapeltes“ Membransystem • Verpacken der im ER hergestellten Substanzen zu **Golgi-Vesikeln** (sekretorische Vesikel) • Weitergabe der Vesikel z. B. an Lysosomen, Ausschleusung der Vesikel
Lysosomen	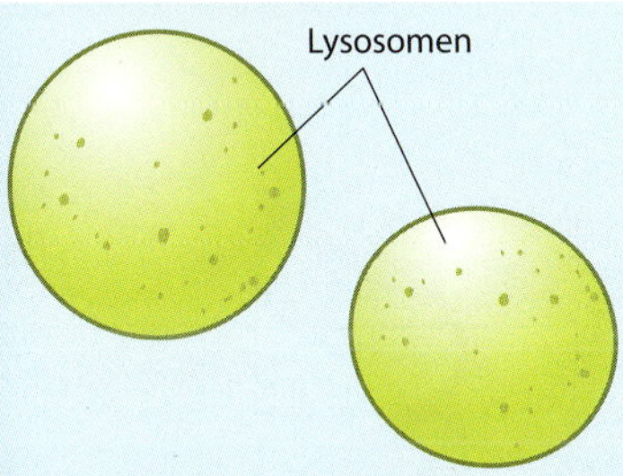	• Vesikel zur Verdauung von Kohlenhydraten, Lipiden und Aminosäuren aus dem Zytoplasma • Erhalt der dafür nötigen Enzyme über den Golgi-Apparat • „Magen“ der Zelle
Mitochondrium	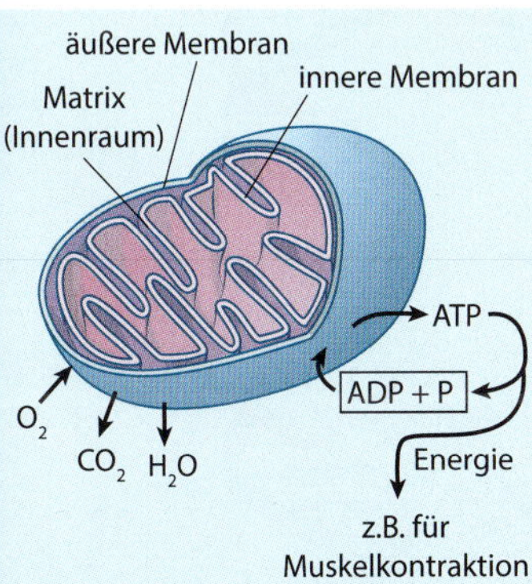	• „Kraftwerk“ der Zelle • Hauptaufgabe Energiestoffwechsel, v. a. Bildung von ATP (Adenosintriphosphat) als Energiespeicher
Zytoskelett	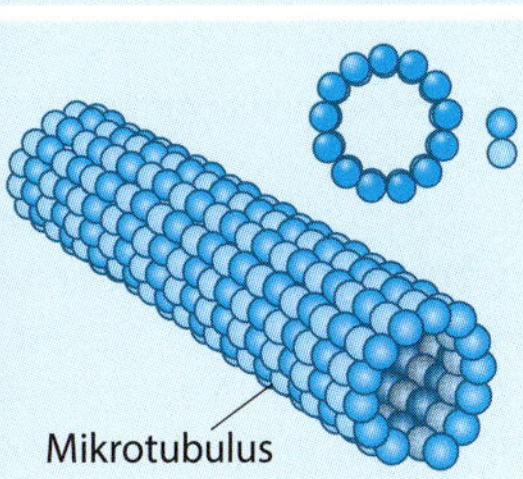	• Aufrechterhaltung der Struktur und Beweglichkeit der Zelle • Transport innerhalb der Zelle • drei Typen: – Mikrotubuli – Mikrofilamente – Intermediärfilamente

endoplasmatisches Retikulum:
ER; Organelle mit der Aufgabe der Synthese und Modifikation von Proteinen

Golgi-Apparat:
Organelle; modifiziert Proteine, bildet Lysosomen

Lysosomen:
Organelle; Vesikel, das Enzyme zum Abbau von Kohlenhydraten, Lipiden und Aminosäuren enthält; „Magen“ der Zelle

Mitochondrium:
Organelle; „Kraftwerk“ der Zelle

Adenosintriphosphat:
ATP; universeller Energieträger der Zellen

Zytoskelett:
komplexes Gerüst der Zelle aus Proteinen

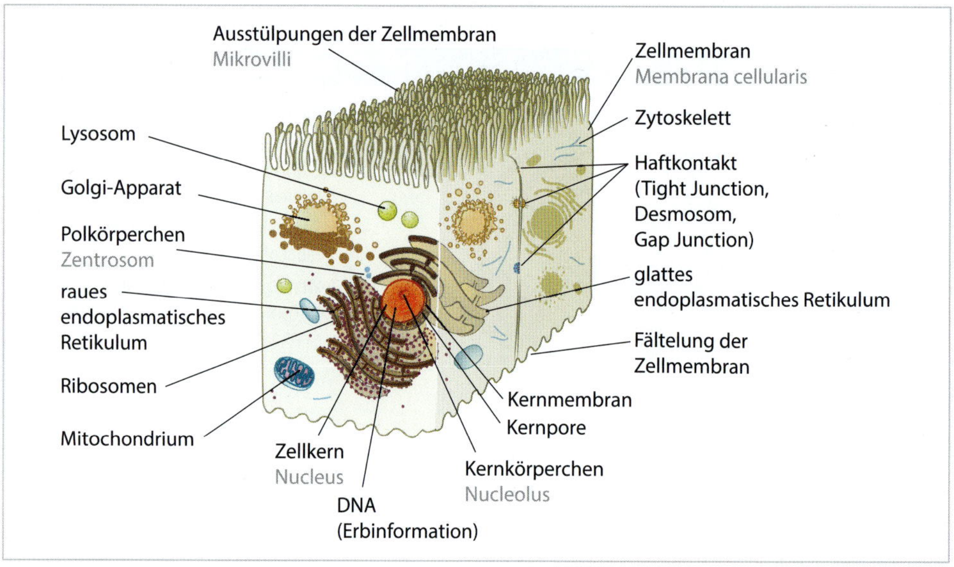

Abb. 6 Aufbau der menschlichen Zelle

Nukleotid:
Baustein der Nukleinsäuren aus einem Zucker-, Phosphat- und Basenteil

- **Information:** Zellen müssen über ihre Zellmembranen Informationen weitergeben können, um ein koordiniertes Funktionieren des Organismus zu gewährleisten (→ 1.4).

1.2.2 Molekulare Grundlagen der Genetik

Genetik:
Vererbungslehre

Jede Zelle hat als ein Kennzeichen des Lebens die Fähigkeit zur Fortpflanzung (Reproduktion) bzw. Teilung. Dabei werden aus einer Mutterzelle zwei Tochterzellen gebildet und die Erbinformation wird von der Mutterzelle an beide Tochterzellen weitergegeben.

DNA

Erbinformation:
Information für alle Proteine, die in DNA gespeichert ist

DNA:
deoxyribo**n**ucleic **a**cid, Träger der Erbinformation

Helix:
Spirale, Wendel

Desoxyribose:
Zuckerbaustein der DNA

Wasserstoffbrückenbindung:
schwache chemische Bindung zwischen einem positiv polarisierten Wasserstoffatom und einem stark elektronegativen Atom durch elektrostatische Anziehung

Die Erbinformation, die **DNA** (**d**eoxyribo**n**ucleic **a**cid, oder **D**esoxyribo**n**uklein**s**äure, DNS) liegt im Zellkern. Die DNA hat die Struktur einer **Doppelhelix,** vergleichbar mit einer Wendeltreppe.

Das „Rückgrat“ der DNA bilden zwei lange Ketten aus Zuckermolekülen (Desoxyribose) und Phosphatgruppen, die spiralförmig umeinander gedreht sind (→ Abb. 7). An die Zuckermoleküle sind Basen gebunden, die nach innen in die Doppelhelix zeigen.

In der DNA kommen vier Basen vor:
- Adenin
- Cytosin
- Guanin
- Thymin

Je ein Zucker, ein Phosphatrest und eine Base bilden ein **Nukleotid,** sodass die DNA eine Kette aus aneinanderhängenden Nukleotiden ist.

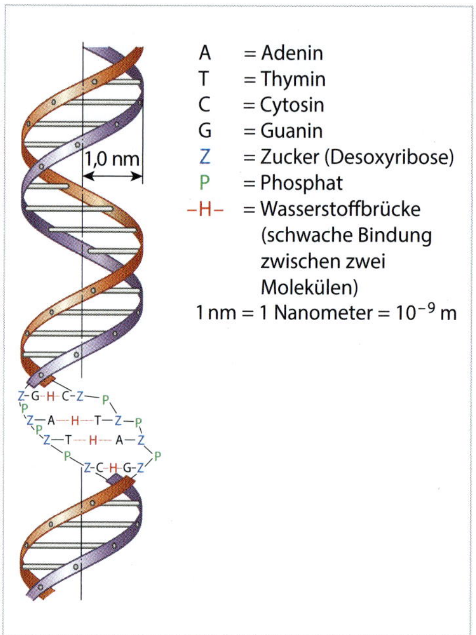

Abb. 7 Struktureller Aufbau der DNA

Zusätzlich zu anderen zwischenmolekularen Kräften helfen **Wasserstoffbrückenbindungen** zwischen den Basen, die Doppelhelixstruktur der DNA zu stabilisieren. Thymin und Adenin paaren immer über zwei Wasserstoffbrücken, Cytosin und Guanin über drei

(→ Abb. 8). Aufgrund der Anordnung der Zuckermoleküle im „Rückgrat" der DNA zeigen die beiden DNA-Einzelstränge antiparallele Laufrichtungen.

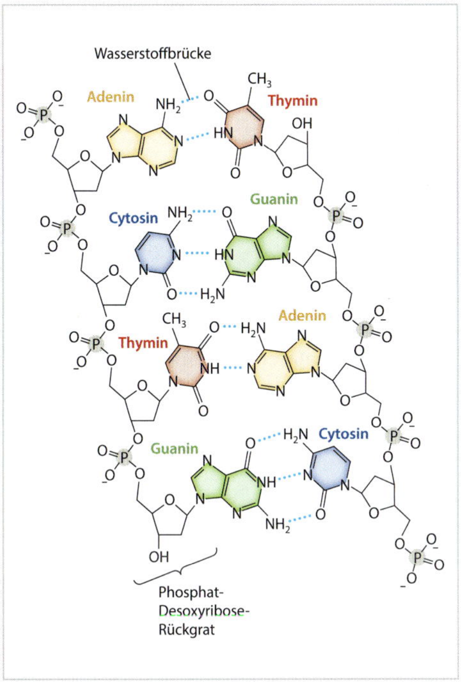

Abb. 8 Molekularer Aufbau der DNA

RNA

Neben der DNA enthält die Zelle eine weitere Nukleinsäure, die **RNA** (**r**ibo**n**ucleic **a**cid; **R**ibo**n**ukleins**ä**ure, RNS). Sie ist an der Übermittlung und „Übersetzung" der Information von DNA in Proteine beteiligt.

Die RNA besteht wie die DNA aus Zuckermolekülen, Phosphatgruppen und Basen. Die Basen sind wie bei der DNA Adenin, Cytosin und Guanin, aber anstelle von Thymin findet man in der RNA die Base Uracil. Vermutlich nutzt die RNA **Uracil,** weil dieses energetisch weniger aufwendig herzustellen ist. Die Zuckermoleküle der RNA sind **Ribosen;** sie haben eine etwas andere Struktur als die Zuckermoleküle der DNA. Die Struktur der RNA ist eine **einzelsträngige Helix** (→ Abb. 9).

Es gibt verschiedene Typen von RNA. Die bekanntesten sind:

- **mRNA** (messenger-RNA): trägt die genetische Information – in Form einer komplementären Kopie – von der DNA zu den Ribosomen

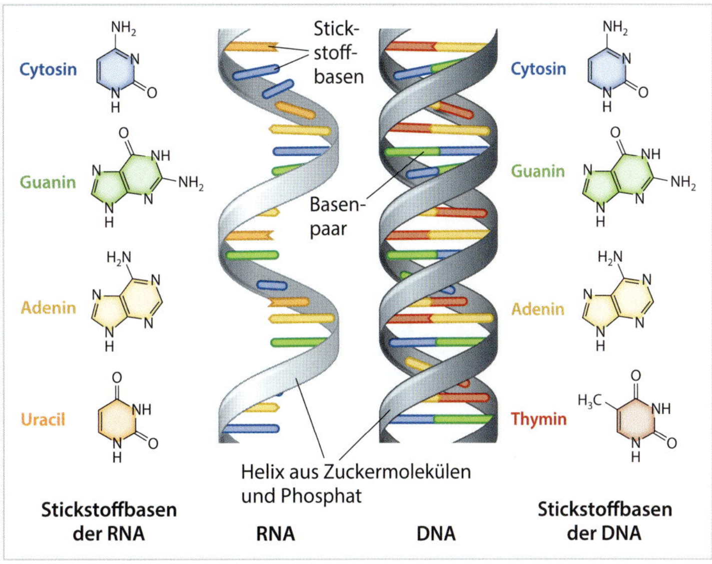

Abb. 9 RNA und DNA im Vergleich

- **tRNA** (transfer-RNA): transportiert Aminosäuren zum Ribosom
- **rRNA** (ribosomale-RNA): bildet den Hauptbestandteil der Ribosomen

Chromosomen

Die gesamte Erbinformation muss im nur 5 bis 16 Mikrometer kleinen Zellkern untergebracht werden. Sie wird daher **kondensiert,** d. h. besonders platzsparend verpackt:

- Zunächst wird der DNA-Doppelstrang um Proteine gewickelt, die sogenannten **Histone.** Das DNA-Histon-Paket bezeichnet man als **Nukleosom.** Da die DNA sehr lang ist, ergibt sich eine Nukleosomenkette.
- Diese Kette wird weiter aufgewickelt und zum **Chromatid** verdichtet.

Direkt nach der Verdopplung der DNA im Rahmen der Zellteilung sind die beiden Chromatiden noch am **Zentromer** miteinander verbunden. So entsteht das bekannte Bild eines **Chromosoms** (→ Abb. 10). An den Enden der Chromatiden liegen die **Telomere,** nicht kodierende Elemente, die der Stabilität dienen.

Der Mensch besitzt in der Regel 46 Chromosomen in 23 Paaren. Je ein Chromosom eines Paares stammt von der Mutter, eines vom Vater. Damit liegen die Chromosomen (außer in den Keimzellen) immer **diploid,** d. h. doppelt vor. Die Chromosomenpaare 1 bis 22 nennt man **Autosomen,** das 23. Chromosomenpaar

RNA:
ribo**n**ucleic **a**cid; Nukleinsäure, die v. a. an der Proteinbiosynthese beteiligt ist

Ribose:
Zuckerbaustein der RNA

Histon:
Protein im Zellkern zum Verdichten der DNA

Nukleosom:
Komplex aus DNA und Histonen; erste Verpackungsstufe der DNA im Zellkern

Chromatid:
DNA-Doppelstrang mit Proteinen, z. B. Histonen

Zentromer:
Stelle des Chromosoms, an der die Chromatiden nach der Verdopplung der DNA zusammenhängen

Chromosom:
kondensierter, zu einer kompakten Form spiralisierter DNA-Strang

Telomer:
DNA-Sequenz am Ende eines Chromosoms

Autosomen:
alle Chromosomen, die nicht Geschlechtschromosome sind

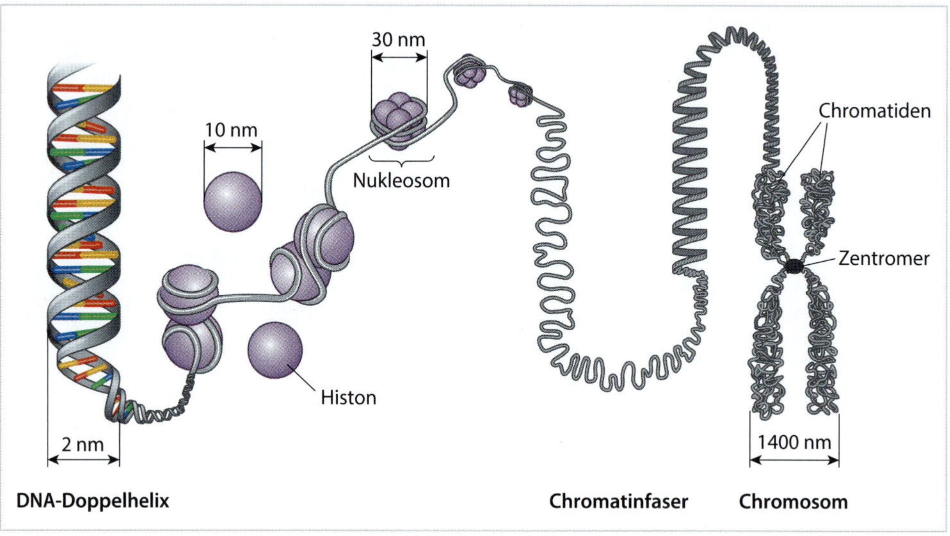

Abb. 10 Chromosom

Gonosomen:
Geschlechtschromosomen (X- und Y-Chromosomen)

Replikation:
Verdopplung eines DNA-Strangs

Proteinbiosynthese:
Bildung von Proteinen

Gen:
Informationseinheit aus einer individuellen Basenabfolge der DNA für ein bestimmtes Protein

Transkription:
Kopieren der in der DNA gespeicherten Information durch Bildung einer RNA im Zellkern

Translation:
Synthese von Proteinen an den Ribosomen

Triplett:
Kodon; Set aus drei aufeinanderfolgenden Basen, das für eine bestimmte Aminosäure kodiert

genetischer Kode:
Information für Proteine, die in der DNA durch eine Abfolge von Kodons gespeichert ist

Gonosomen oder Geschlechtschromosomen: Ein Mann hat ein X- und ein Y-Chromosom, eine Frau zwei X-Chromosomen.

Nehmen Sie ein Blatt Zeitungspapier und ein circa 5 m langes Stück Wolle und zeigen Sie daran die Kondensation der DNA.

Replikation der DNA

Wenn sich eine Zelle teilt, muss jede Tochterzelle die gleiche Erbinformation erhalten. Vor der Zellteilung muss daher die DNA verdoppelt werden. Die Verdopplung eines DNA-Strangs heißt **Replikation.**

Die Replikation erfolgt im Organismus mit einer Geschwindigkeit von etwa 50 Nukleotiden pro Sekunde und mit einer Präzision von nur einem Fehler bei 10^6 bis 10^8 Anheftungen von Nukleotiden.

Proteinbiosynthese

Die in der DNA enthaltene Information zur Produktion eines Proteins nennt man **Gen.** Zur Proteinbiosynthese muss diese Information zum einen aus dem Zellkern ins Zytoplasma transportiert werden; zum anderen muss die in der Basenabfolge kodierte Information in eine Kette von Aminosäuren übersetzt werden.

Die Proteinbiosynthese beginnt mit der **Transkription,** dem Ablesen der DNA und der Bildung einer **mRNA** im Zellkern. Die mRNA transportiert dann die kopierte Information aus dem Zellkern ins Zytoplasma zu den Ribosomen, wo die **Translation,** die Übersetzung der Nukleinsäuresequenz in eine Aminosäuresequenz, erfolgt. Jeder einzelne Schritt wird durch spezielle Enzyme reguliert.

Transkription

Die Transkription findet im Zellkern statt. Im Gegensatz zur Replikation wird nicht DNA gebildet, sondern RNA.

Ein Gen enthält nicht nur kodierende Bereiche, die **Exons,** sondern auch nicht kodierende Abschnitte, die **Introns.** Die erste Abschrift der DNA, die prä-mRNA, enthält auch Introns; sie werden bei der Bildung der reifen mRNA entfernt. Dies nennt man **Spleißen.**

Genetischer Kode und Translation

Nachdem die mRNA den Zellkern verlassen hat, wird die Nukleotidkette in den Ribosomen in eine Aminosäurekette „übersetzt“. Dieser Prozess heißt **Translation.**

Die Information für eine bestimmte Aminosäure ist sowohl in der DNA als auch in der mRNA durch eine Abfolge von drei aufeinanderfolgenden Basen – **Tripletts, Kodons** – kodiert. Jedes Triplett oder Kodon kodiert nur für eine einzige Aminosäure. Der **genetische Kode** ist also eindeutig.

Neben den für Aminosäuren kodierenden Tripletts existieren auch regulatorische Tripletts:

Bei Start- und Stopkodons beginnt bzw. endet die Translation.

Die Translation findet an den aus rRNA und Proteinen bestehenden Ribosomen im Zytoplasma statt. Analog zu der Kodonsequenz der mRNA wird an den Ribosomen eine Aminosäurekette gebildet.

Die tRNA fungiert bei diesem Prozess als Adapter zwischen dem Basentriplett der mRNA und der zum Basentriplett passenden Aminosäure (→ Abb. 11). Die kleeblattförmige tRNA hat an einem Ende eine Erkennungsstelle für das zu bindende Kodon (komplementär zur mRNA), das **Antikodon;** am anderen Ende trägt sie gemäß dem genetischen Kode die passende Aminosäure.

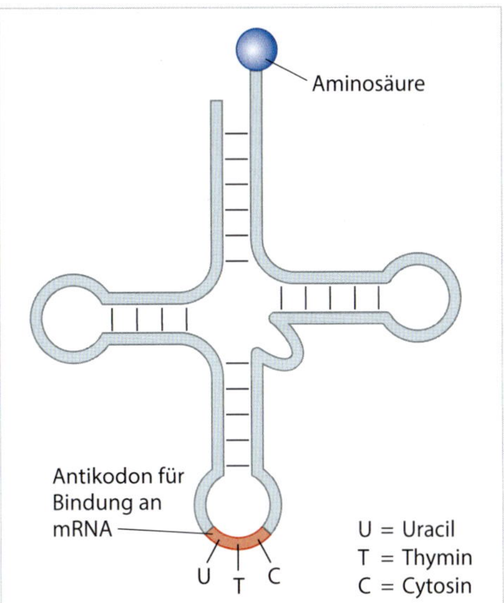

Abb. 11 tRNA

Die Kodonabfolge der mRNA wird Kodon für Kodon abgelesen; eine Aminosäure nach der anderen wird von tRNAs herangetragen und an die entstehende Proteinkette angeheftet.

Bei einem Molekül mit bis zu hundert Aminosäuren spricht man von einem Peptid, ab hundert Aminosäuren von einem Protein.

Proteinstruktur

Die Aminosäuresequenz des sich lösenden Proteins ist die **Primärstruktur.** Die Kette faltet sich dann zum β-Faltblatt oder spiralisiert zur α-Helix: der **Sekundärstruktur** des Proteins. Danach bildet das entstandene „Band“ durch Disulfidbrücken und Wasserstoffbrücken räumliche Strukturen, die **Tertiärstruktur.** Besteht ein Protein aus mehreren Untereinheiten (z. B. das Hämoglobin, der Sauerstoff transportierende „Blutfarbstoff“), bezeichnet man die Anordnung der Untereinheiten zueinander als **Quartärstruktur.**

Mutationen

Eine Veränderung in der DNA, die an Tochterzellen weitergegeben wird, nennt man **Mutation.** Sie kann z. B. entstehen, wenn bei der Replikation ein Fehler – ein Basenaustausch – stattfindet, der nicht repariert wird. Liegt die Mutation in einem Intron, wird sie beim Spleißen herausgeschnitten und kommt im Protein nicht zum Tragen; man spricht dann von einer stummen Mutation. Führt die veränderte DNA in der Folge aber zum Einbau einer anderen, „falschen“ Aminosäure, dann kann sich die räumliche Struktur des Proteins völlig verändern. In diesem Fall kann ein Protein, z. B. ein Enzym, seine Aufgabe möglicherweise nicht mehr erfüllen.

Enzyme können biochemische Reaktionen katalysieren, also beschleunigen. Dies funktioniert nach dem Schlüssel-Schloss-Prinzip. Die Substrate – die Stoffe, die verändert werden sollen – passen räumlich so zu den Enzymen wie Schlüssel zu einem Schloss. Doch schon minimale Veränderungen der DNA können die räumliche Struktur des Enzyms so verändern, dass das Schlüssel-Schloss-Prinzip nicht mehr funktioniert.

Wenn Mutationen zu ungebremstem Wachstum von Zellen führen, entstehen Tumore (→ 1.2.3).

Regulation der Proteinbiosynthese

Es muss nicht nur das richtige Genprodukt (Protein) gebildet werden, sondern auch in der richtigen Menge, zur richtigen Zeit und am richtigen Ort. Diese Regulation der **Genexpression** kann auf mehreren Ebenen erfolgen:

- DNA bzw. Chromatin
- Transkription
- RNA
- Translation
- Protein

So kann das Anhängen kleiner Moleküle an DNA oder Histone das Ablesen der genetischen Information verändern. Bei **Methylie-**

α-Helix:
spiralige Sekundärstruktur eines Proteins

β-Faltblatt:
ziehharmonikaähnliche Sekundärstruktur eines Proteins

Hämoglobin:
roter Blutfarbstoff aus Proteinanteil (Globin) und Farbstoffanteil (Häm, zur Sauerstoffbindung)

Mutation:
spontan auftretende, dauerhafte Veränderung des Erbguts

Schlüssel-Schloss-Prinzip:
Moleküle, die strukturell so zueinander passen wie Schlüssel und Schloss, z. B. Enzym und Substrat, Wirkstoff und Rezeptor

Enzyme:
Biokatalysatoren; in lebenden Zellen gebildete Proteine, die Stoffwechselvorgänge beeinflussen bzw. unter Körperbedingungen möglich machen, ohne dabei selbst verändert zu werden

Substrat:
Substanz, die an Membrantransporter bindet oder von Enzym umgesetzt wird

Tumor:
prinzipiell jede Art der Schwellung (Volumenzunahme, Raumforderung) eines Gewebes; üblicherweise gemeint ist aber die unkontrollierte Neubildung und Wucherung von Gewebe (Neoplasie)

Genexpression:
Proteinbiosynthese

Methylierung:
Anhängen von Methylgruppen an ein Molekül

Epigenetik:
Genregulationsmechanismen, die zu einem stärkeren oder schwächeren Ablesen von Genen führen, die aber nicht auf Veränderungen der Basensequenz beruhen und dennoch an die Tochterzellen weitergegeben werden

Zygote:
diploide Zelle, die durch Verschmelzen von männlicher und weiblicher Keimzelle entsteht; aus ihr entsteht ein Lebewesen

Keimzellen:
haploide männliche (Spermien) und weibliche (Eizellen) Zellen, die zur Zygote verschmelzen

diploid:
doppelter Satz an Chromosomen

haploid:
einfacher Satz an Chromosomen

Zellteilung:
in der späten Phase der Mitose oder Meiose stattfindende Teilung der Zelle in zwei gleiche Teile

Mitose:
Kernteilung als Vorbereitung zur Zellteilung; die Tochterzellen sind genetisch identisch

Äquatorialplatte:
Anordnung der Chromosomen in der Mitte der Zelle

Spindelfasern:
Proteine, die Chromosomen oder Chromatiden auseinanderziehen

rungen werden Methylgruppen an die DNA-Doppelhelix gebunden, welche die Ablesbarkeit bestimmter Bereiche erschweren oder verhindern. **Modifikationen der Histone** können zu einer Steigerung oder Minderung der Transkription führen.

Außerdem gibt es neben den erwähnten RNA-Typen solche, die mRNA abbauen oder die Translation beeinflussen.

Die Beeinflussung der genetischen Information jenseits der Basenfolge der DNA nennt man **epigenetische Veränderungen.** Sie werden von Umweltfaktoren wie etwa Ernährung oder Stress beeinflusst und bei der Teilung von Körperzellen im Rahmen der Mitose (→ 1.2.3) an die Tochterzellen weitergegeben. Dies erklärt einen Teil der Unterschiede, die sich zwischen eineiigen Zwillingen im Lauf des Lebens herausbilden. Ob und in welchem Ausmaß epigenetische Veränderungen beim Menschen bei der Bildung von Ei- und Samenzelle (→ 1.2.3) erhalten bleiben, also an die Kinder vererbt werden können, ist bislang unklar.

Epigenetische Veränderungen haben auch bei einigen Krankheiten Bedeutung (→ 2.4.2). So finden sich bei Übergewicht vermehrt Methylierungen im Bereich von Genen, die an Fettstoffwechsel und Entzündungen beteiligt sind. Diese Methylierungen stehen im Verdacht, Diabetes und Herz-Kreislauf-Erkrankungen zu fördern.

1.2.3 Zellteilung und -vermehrung

Wenn Spermium und Eizelle miteinander verschmelzen, entsteht eine Zygote (→ 12.4.1). Spermien und Eizellen – die Keimzellen – sind haploid: Sie besitzen nur einen einfachen Chromosomensatz. In der Zygote befindet sich deshalb ein Chromosomensatz vom Vater und einer von der Mutter; die Zygote ist diploid. Aus dieser einen Zelle entsteht durch viele Zellteilungen ein Organismus. Damit jede Tochterzelle bei einer Zellteilung einen diploiden Chromosomensatz erhält, muss vor einer Zellteilung das genetische Material verdoppelt und auf zwei Zellkerne verteilt werden.

Mitose

Die bei einer Zellteilung entstehenden Tochterzellen müssen identische genetische Informationen und gleiche zytoplasmatische Bestandteile besitzen. Deshalb wird die DNA vor der Teilung von Körperzellen durch Replika-

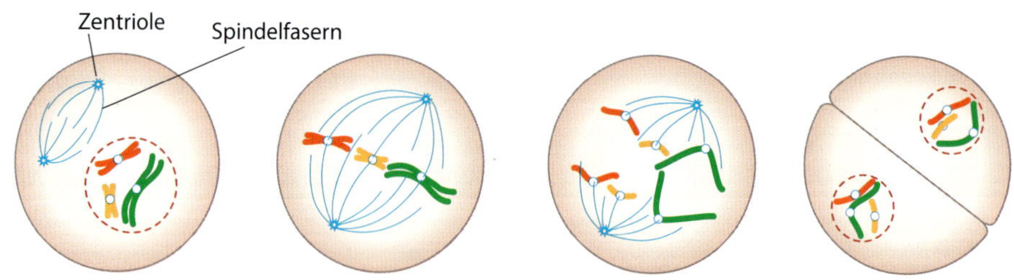

1. Prophase
Die Chromosomen sind gut im Mikroskop sichtbar. Sie haben sich der Länge nach gespalten. Das Erbgut liegt in verdoppelter Form vor. Die Umhüllung des Kerns (Kernmembran) löst sich auf. Die Zentriolen trennen sich und wandern an entgegengesetzte Zellpole. Der Spindelapparat bildet sich aus.

2. Metaphase
Die Chromosomen ordnen sich in der Mitte der Zelle an (Äquatorialplatte). Sie hängen an hauchdünnen Fasern, den Spindelfasern, die von den Zentriolen ausgehen.

3. Anaphase
Die Chromatiden werden jetzt voneinander getrennt und durch die Spindelfasern zu den entgegengesetzten Zellpolen gezogen. Die zwei entstehenden Tochterzellen erhalten somit exakt das gleiche Erbgut wie ihre Mutterzelle.

4. Telophase
Der Spindelapparat löst sich auf. Die ursprüngliche Mutterzelle schnürt sich in der Mitte ein, sodass daraus zwei Tochterzellen entstehen. In den Tochterzellen werden die Chromosomen wieder von einer Kernmembran umhüllt. Die Zytokinese beginnt.

Abb. 12 Mitose

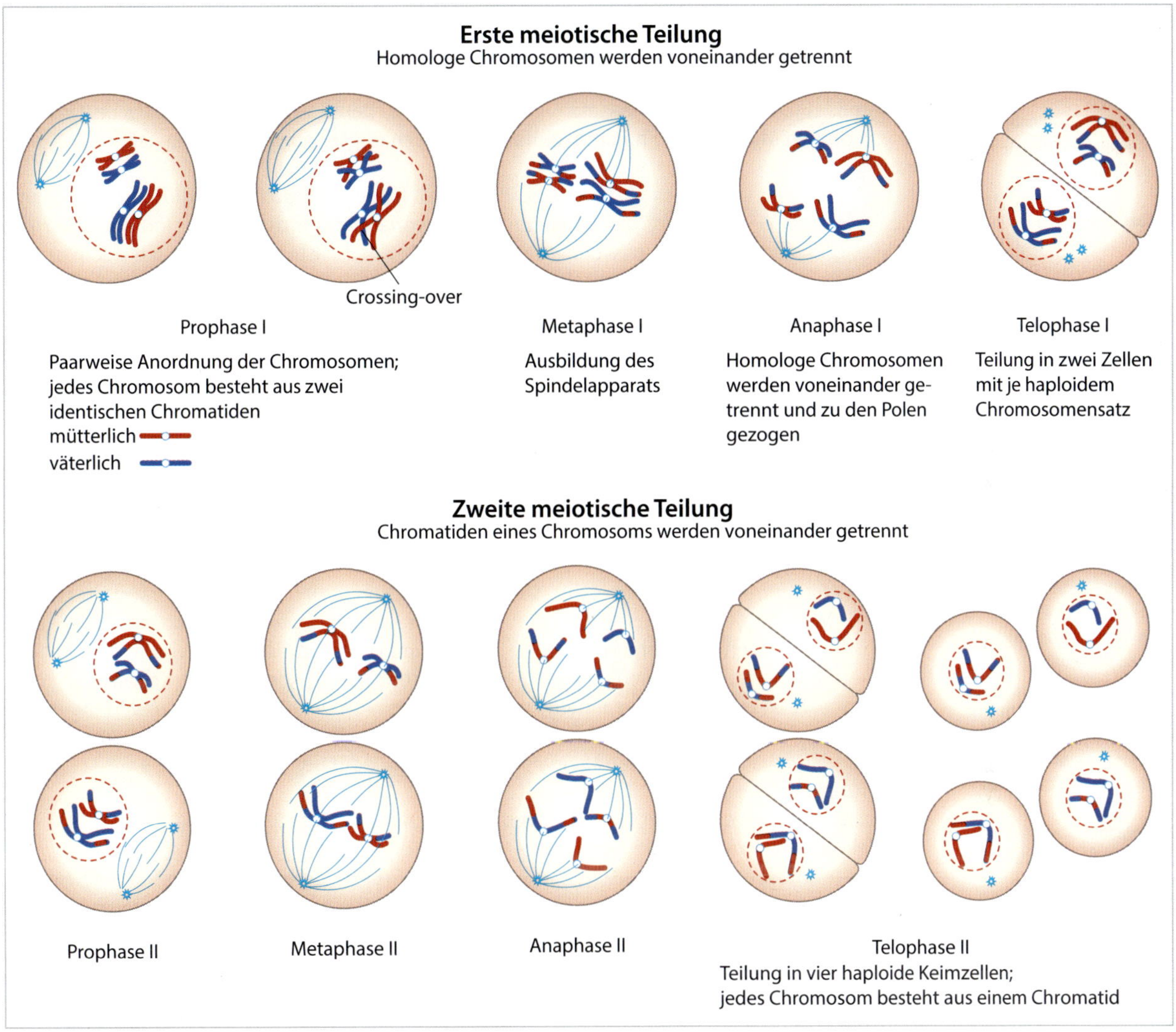

Abb. 13 a) Meiose

tion verdoppelt (→ 1.2.2). Es entstehen zwei exakt gleiche **Chromatiden,** die über das **Zentromer** verbunden sind. Nun teilen sich die Zellkerne durch **Mitose** (→ Abb. 12): Die beiden Chromatiden werden getrennt und jeder der beiden Tochterkerne erhält eines; man nennt dieses nun wieder Chromosom. In der anschließenden **Zytokinese** wird das Zytoplasma verteilt und eine Membran gezogen.

Meiose

Im Gegensatz zu den meist diploiden Körperzellen sind die Keimzellen haploid. Wären sie auch diploid, würde bei der Verschmelzung von Ei- und Samenzelle eine Zelle mit vier Chromosomensätzen entstehen (und in der

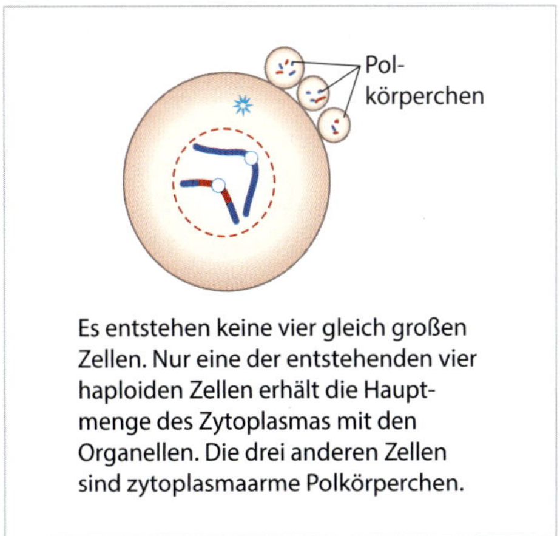

Abb. 13 b) Meiose – Sonderfall Eizelle

Zytokinese:
Teilung der Zellbestandteile

Meiose:
Zellteilung zur Reduktion des Chromosomensatzes bei Keimzellen; die vier entstehenden Zellen sind genetisch nicht identisch

Keimdrüsen: Gonaden; Hoden und Eierstöcke

homologe Chromosomen: die beiden Chromosomen eines Paares

Crossing-over: DNA-Austausch zwischen homologen Chromosomen

Stammzelle: unbegrenzt teilungsfähige Zelle mit mehreren Entwicklungsmöglichkeiten

Differenzierung: Entwicklung von Zellen oder Geweben von einem weniger in einen stärker spezialisierten Zustand

omnipotente Stammzellen: befruchtete Eizellen, die noch einen ganzen Organismus bilden können

pluripotente Stammzellen: (embryonale) Stammzellen, die sich noch zu fast jedem Zelltyp entwickeln können

Apoptose: programmierter, physiologischer Zelltod

Nekrose: nicht genetisch programmiertes Absterben von Zellen nach starker Schädigung

pathologisch: abnormal, krankhaft

extrinsisch: von außen kommend, von außen her angeregt

Zytokin: Botenstoff mit Wirkung auf Zellwachstum und -differenzierung

Tumornekrosefaktor: TNF; Botenstoff des Immunsystems, der z. B. bei Apoptose oder Entzündungen eine Rolle spielt

Kaspase: wichtiges proteinspaltendes Enzym bei der Apoptose

nächsten Generation acht usw.). Die Keimzellen werden in den Keimdrüsen (Gonaden) durch Reduktionsteilung oder **Meiose** (→ Abb. 13a) gebildet. Der Chromosomensatz wird dabei von diploid (doppelt) auf haploid (einfach) reduziert.

Auch vor der Meiose wird die DNA durch Replikation verdoppelt, sodass zwei miteinander verbundene Chromatiden entstehen. In der **ersten meiotischen Teilung** lagern sich die beiden **homologen Chromosomen** (von Mutter und Vater) in der Äquatorialplatte nebeneinander an, werden dann voneinander getrennt und jede neue Zelle erhält eines und ist nun haploid. In der **zweiten meiotischen Teilung** werden die Chromatiden voneinander getrennt. Die vier neuen haploiden Zellen sind nicht identisch.

Zwei Mechanismen sorgen dabei für **Variation im Erbgut:**

- Zum einen werden in der ersten meiotischen Teilung mütterliche und väterliche Chromosomen zufällig auf die neuen Zellen verteilt.
- Zum anderen kommt es bei der Aneinanderlagerung der Chromosomen in der Äquatorialplatte zum sogenannten **Crossing-over.** Dabei werden einzelne Abschnitte homologer Chromosomen ausgetauscht.

Variationen im Erbgut können positive Auswirkungen haben, weil dadurch neue, „bessere“ Gene entstehen können.

Bei der Meiose entstehen vier Spermien, jedoch nur eine Eizelle (mit drei Polkörperchen, → Abb. 13b), weil das Zytoplasma im Wesentlichen nur auf eine Eizelle verteilt wird.

Bei der Meiose kann es z. B. passieren, dass eine der Tochterzellen beide Chromosomen eines Paares erhält. Gelangen z. B. beide Chromosomen 21 in eine Keimzelle, kommt es bei Verschmelzung mit der zweiten Keimzelle zu einer Trisomie 21 (→ 12.9).

Stammzellen

Die Zellen eines Menschen sind meist hochspezialisiert. Ausnahmen bilden die sogenannten **Stammzellen.** Stammzellen sind Körperzellen, die noch nicht auf eine spätere Funktion im Organismus festgelegt sind und sich noch zu verschiedenen spezialisierten Zelltypen ausdifferenzieren können. Beim Erwachsenen findet man in verschiedenen Organen und im Knochenmark **adulte Stammzellen,** deren Aufgabe der Ersatz bestimmter geschädigter oder alter Zellen ist.

Im frühen Embryonalstadium gibt es **embryonale Stammzellen;** sie sind noch **pluripotent,** das heißt, sie können sich noch zu fast allen Zelltypen entwickeln. Zygoten sind **omnipotente Stammzellen** – sie können noch einen vollständigen Organismus bilden.

Genetische Grundlagen der Krebsentstehung

Die Zellteilung ist ein sehr komplexer Prozess, den viele verschiedene Signalmoleküle regulieren; sie sorgen dafür, dass sich Zellen nur ihrem genetischen Programm entsprechend vermehren. Es können jedoch immer einmal Fehler auftreten – z. B. weil aufgrund von Mutationen Moleküle mit veränderter Funktion gebildet werden. Wachsen Zellen aufgrund von Mutationen unreguliert und damit unkontrolliert, können sich **Krebszellen** (bösartige Tumorzellen → 2.4) bilden, wie z. B. beim Brustkrebs (→ 12.11), beim Lungenkrebs (→ 9.6) oder beim Hautkrebs (→ 6.8).

1.2.4 Zelltod

Im Körper sterben unbemerkt täglich Milliarden von Zellen ab – weil sie alt sind oder nicht mehr gebraucht werden oder weil sie Fehler aufweisen. Bei Unfällen oder Erkrankungen können es noch weit mehr Zellen sein. Man unterscheidet zwei Formen des Zelltods:

- Die **Apoptose** ist ein kontrollierter und genetisch programmierter Zelltod.
- Von einer **Nekrose** spricht man bei einem pathologischen Zustand, zum Beispiel nach einer Verletzung.

Apoptose

Bei der Apoptose werden nicht mehr benötigte, alte, aber auch mutierte oder infizierte körpereigene Zellen durch den eigenen Stoffwechsel so programmiert, dass sie „Suizid“ begehen.

Ausgelöst wird die Apoptose entweder auf extrinsischem oder intrinsischem Weg (→ Abb. 14):

- Beim **extrinsischen Weg** binden Zytokine (Botenstoffe) wie z. B. der Tumornekrosefaktor (TNF) außen an Zellen, aktivieren eine Kaspase (ein proteinspaltendes

Enzym) und führen so zum programmierten Zelltod.

- Beim **intrinsischen Weg** werden in einer Zelle vor allem aus den Mitochondrien Stoffe abgesondert, die ebenfalls die Kaspase aktivieren, sodass die Apoptose in Gang gesetzt wird.
- Beim **stressinduzierten Weg** führt z. B. Sauerstoff- oder Glukosemangel zur Auslösung der Apoptose durch das endoplasmatische Retikulum.

Ein Beispiel für den extrinsischen Weg ist das HI-Virus (→ 8.7). Es bildet Faktoren, die sich an gesunde Leukozyten binden und so auf extrinsischem Weg deren Apoptose auslösen.

Den intrinsischen Weg nutzen manche Zytostatika, die direkt auf die Mitochondrien wirken und eine Auslösung apoptotischer Faktoren bewirken.

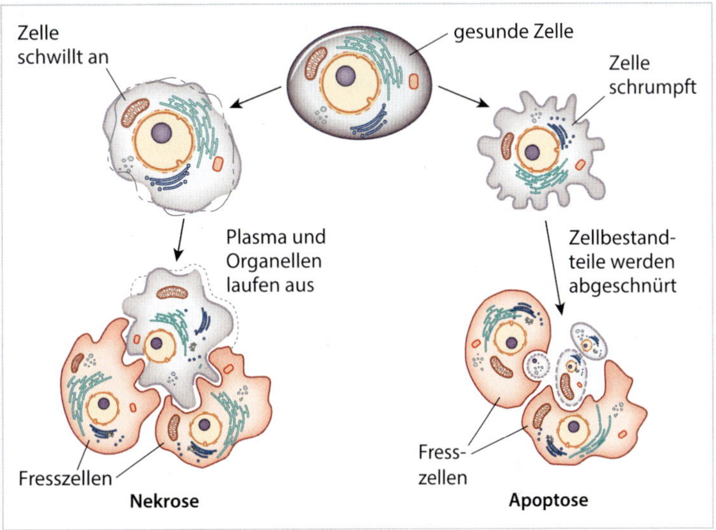

Abb. 14 Vorgänge bei Nekrose und Apoptose

Nekrose

Bei der Nekrose führen z. B. mechanische und thermische Schäden, Gifte oder Krankheitserreger zu einer so starken Schädigung der Zelle, dass diese abstirbt. Eine Nekrose kann einzelne oder zahlreiche Zellen bis hin zu ganzen Organen oder Gliedmaßen betreffen.

Proteine denaturieren, Zellorganellen lösen sich auf, die Zelle schwillt an und platzt. Durch den Zelluntergang werden spezialisierte Zellen der Immunabwehr, die **Makrophagen** (→ 8.2.3), angelockt, die Zelltrümmer abräumen und eine Entzündungsreaktion auslösen. Dabei wird auch der Tumornekrosefaktor ausgeschüttet, sodass es auch im Rahmen einer Nekrose zu einer Apoptose kommt. Das abgebaute nekrotische Gewebe wird je nach Gewebeart und nach Größe der Nekrose durch gleichwertiges Gewebe oder durch Narbengewebe (Bindegewebe) ersetzt.

Im Falle eines Herzinfarkts (→ 10.5.6) wird das mit zu wenig Sauerstoff versorgte Gewebe nekrotisch und durch eine bindegewebige Narbe ersetzt. Diese hat allerdings keine kontraktilen Elemente mehr, sodass es zur Fehlfunktion des Gewebes kommt.

1.2.5 Gewebe

Der Verbund funktionell zusammenhängender Zellen wird als Gewebe bezeichnet. Die Lehre der Untersuchung der Gewebe (mittels Mikroskopie) nennt man **Histologie.** Gewebe bestehen aus Zellen und **extrazellulärer Matrix** in unterschiedlichem Verhältnis. Die Matrix ist extrazelluläres Material, das von den Gewebezellen gebildet wird. Sie enthält eine **Grundsubstanz,** in die gewebetypische Fasern eingebettet sind. Die extrazelluläre Matrix bestimmt die Festigkeit, Elastizität oder den Wassergehalt von Geweben. Man unterscheidet **drei Fasertypen:**

- kollagene Fasern: Sehnen, Bänder, Knochen
- elastische Fasern: Knorpel
- retikuläre Fasern: um Muskel- oder Nervenfasern

Man unterscheidet **vier Grundgewebe** des Menschen:

- **Epithelgewebe;** Aufgabe: Bildung von inneren und äußeren Oberflächen, Drüsen-, Sinnesepithel
- **Binde- und Stützgewebe;** Aufgabe: Stütz- und Stoffwechselfunktion
- **Muskelgewebe;** Aufgabe: Bewegung und Transportvorgänge
- **Nervengewebe;** Aufgabe: Informationsverarbeitung

Epithelgewebe

Epithelgewebe bedeckt alle inneren und äußeren Oberflächen und bildet Drüsen; entsprechend vielfältig sind seine Formen und Funktionen (→ Tab. 2). Epithelgewebe sind Zellverbände aus eng aneinanderliegenden Zellen mit wenig Zwischenzellsubstanz. Die

intrinsisch:
von innen kommend, von innen her angeregt

Leukozyt:
weißes Blutkörperchen; Funktion: Abwehr

Zytostatika:
Substanzen, die Zellwachstum und -teilung hemmen; u. a. gegen Krebs eingesetzt

Makrophage:
„Fresszelle", „frisst" und vernichtet z. B. Krankheitserreger; Bestandteil des Immunsystems

kontraktil:
fähig, sich zusammenzuziehen

Histologie:
Lehre von biologischen Geweben

extrazelluläre Matrix:
Gesamtheit aller Makromoleküle im Interzellularraum, bestehend aus Fasern in einer Grundsubstanz; sorgt für Stabilität und Elastizität der Zellen, speichert Flüssigkeit, unterstützt Substanzaustausch zwischen Blut und Gewebezellen

Grundsubstanz:
gelartige Substanz ohne feste Anteile, die zwischen den Zellen liegt, vor allem im Bindegewebe

kollagene Faser:
Faser mit hoher Zugfestigkeit, kaum dehnbar

elastische Faser:
sehr dehnbare Faser mit der Fähigkeit, in die Ursprungsform zurückzukehren

retikulär:
netzartig

retikuläre Faser:
vor allem aus Kollagen bestehende, netzartig angeordnete Bindegewebsfaser

Epithelgewebe:
Deck- und Drüsengewebe auf allen inneren und äußeren Oberflächen des Körpers

Drüse:
Organ oder Zellgruppe/Zelle, die Sekrete in oder auf den Körper ausschüttet

Sekret:
aus einer Drüse, einem Organ oder einer Wunde in oder an den Körper bzw. die Körperflüssigkeiten abgesonderte Substanz mit einer bestimmten Funktion, z. B. Hormon, Speichel, Schweiß

Zellkontakte:
Verbindungsstellen zwischen Zellen

Basalmembran:
mehrschichtige Struktur jedes Epithelgewebes, durch die Epithel- und Bindegewebe miteinander verknüpft sind

Zellen sind über **Zellkontakte** (→ 1.3.4) und an einer Seite über eine **Basalmembran** miteinander verbunden. An der Basalmembran findet die Erneuerung des Gewebes statt, da dort durch kontinuierliche Zellteilung immer wieder neue Epithelzellen entstehen.

Eine der Hauptaufgaben des Epithelgewebes ist der **Schutz der inneren und äußeren Oberflächen,** weshalb Epithelgewebe oft aus mehrfach übereinandergestapelten Zellschichten bestehen. Das Epithelgewebe der Haut ist außerdem mit einer Hornschicht überzogen, die aus abgestorbenen kernlosen Epithelzellen besteht. Epithelgewebe, das neben dem Schutz der Oberflächen dem **Stoffaustausch** dient, wie **Drüsenepithel** oder das Epithel der Lungenbläschen, ist nur einschichtig. Epithelgewebe mit (hauptsächlicher) **Transportfunktion** ist, z. B. in der Luftröhre, mit Flimmerhärchen ausgestattet, um feste Partikel nach außen befördern zu können. Aufgabe von **Sinnesepithelien** wie etwa der Netzhaut im Auge oder der Riechschleimhaut sind Reizaufnahme bzw. -weiterleitung.

Binde- und Stützgewebe

Binde- und Stützgewebe dienen als Füllgewebe, stützen den Organismus und haben darüber hinaus Stoffwechselaufgaben. Sie bestehen meist aus relativ wenigen Zellen und viel extrazellulärer Matrix, die von den Bindegewebszellen selbst gebildet wird. Die Grundsubstanz variiert je nach Gewebetyp; die festen Bestandteile der extrazellulären Matrix sind vor allem **kollagene und elastische Fasern.**

Man unterscheidet folgende Gewebearten:

- Bindegewebe
  – Fasergewebe
  – Fettgewebe
- Stützgewebe
  – Knorpelgewebe
  – Knochengewebe

Tab. 2 Epithelgewebe – Einteilung nach Funktion

Funktion	Epithelgewebeart	Schematischer Aufbau	Vorkommen, Beispiele
Oberflächenepithelien			
Schutz	unverhorntes mehrschichtiges Plattenepithel	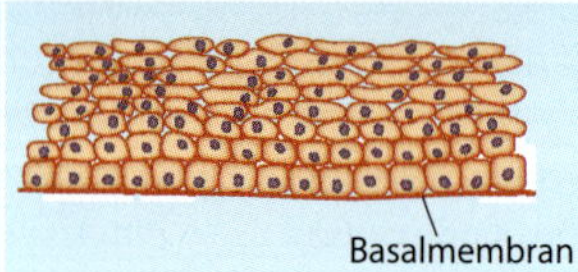	• Lippen • Mundhöhle • Vagina
	verhorntes mehrschichtiges Plattenepithel	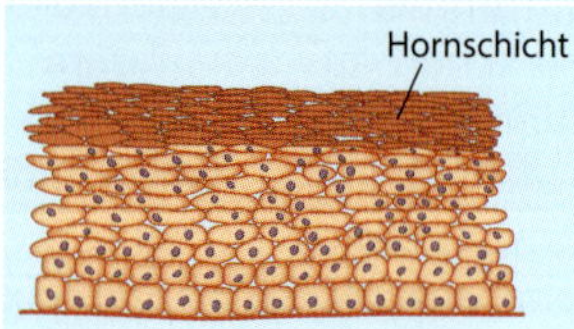	• Fußsohle • Handfläche
	Übergangsepithel	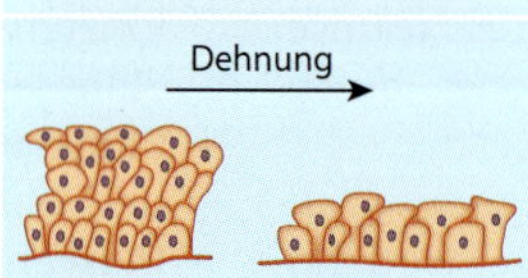	ableitende Harnwege
Auskleidung, Stoffaustausch	einschichtiges Plattenepithel	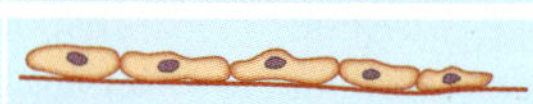	Endothelzellen (kleiden das Innere von Blutgefäßen aus)
	Zylinderepithel	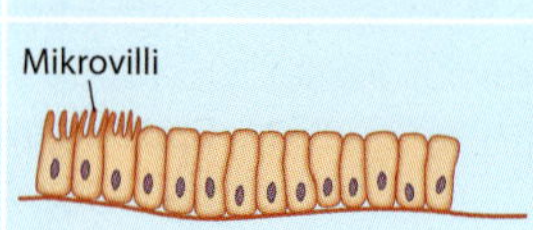	• Magenschleimhaut • Eileiter
Transport	einschichtiges Epithel mit Flimmerhärchen	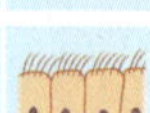	• in Sammelrohren in der Niere • in Becherzellen als einfachste Drüsen

<table>
<tr><th>Funktion</th><th>Epithelgewebeart</th><th>Schematischer Aufbau</th><th>Vorkommen, Beispiele</th></tr>
<tr><td colspan="4">Drüsenepithelien</td></tr>
<tr><td>Sekretabgabe nach außen</td><td rowspan="2">einschichtiges Epithel</td><td>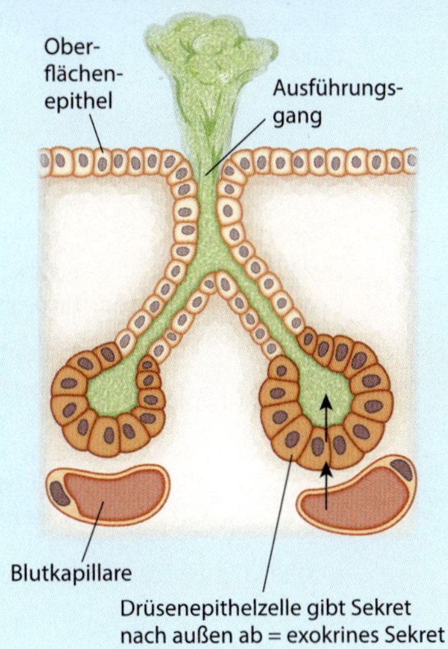
</td><td>• Schweißdrüse
• Talgdrüse</td></tr>
<tr><td>Sekretabgabe nach innen</td><td>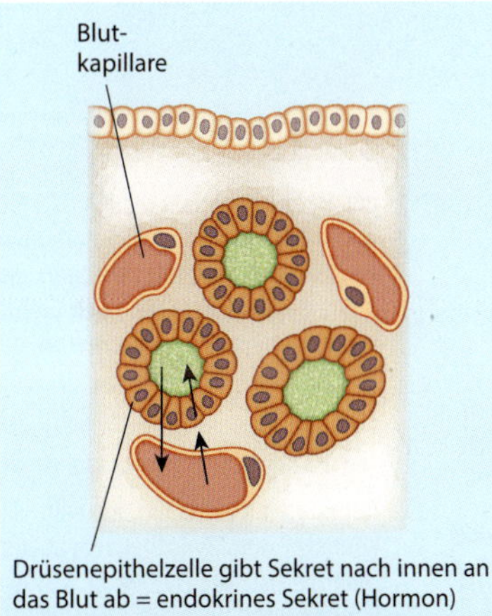
</td><td>• Schilddrüse
• Hypophyse</td></tr>
<tr><td colspan="4">Sinnesepithelien</td></tr>
<tr><td>Aufnahme von Sinneseindrücken</td><td>verschiedene spezialisierte Epithelzellen</td><td>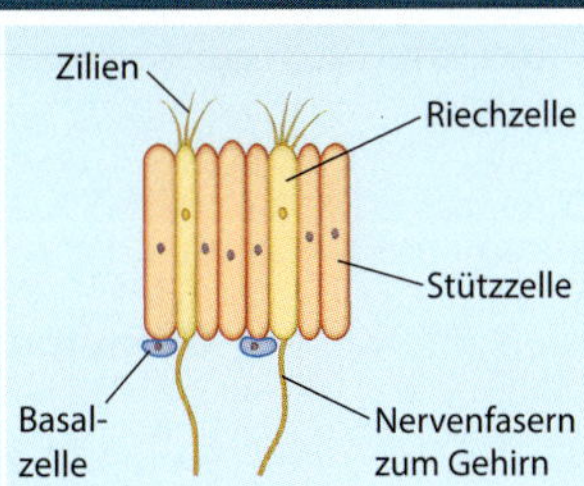
</td><td>• Nase
• Mund
• Ohr</td></tr>
</table>

Zilien:
auch Kinozilien; Flimmerhärchen; Zellfortsätze von Flimmerepithelzellen; Funktion: Transport von Flüssigkeit, Schleim, Fremdkörpern

Fibroblasten:
faserbildende Bindegewebszellen, die zum Aufbau der Extrazellulärmatrix benötigt werden

Fibrozyten:
Bindegewebszellen, die aus Fibroblasten hervorgehen und deren inaktive Form darstellen; stellen selbst keine Fasern für die Extrazellulärmatrix mehr her

Bindegewebe

Die Zellen des Bindegewebes (→ Tab. 3) sind die faserproduzierenden **Fibroblasten und die nicht faserproduzierenden Fibrozyten.** Zusätzlich finden sich mobile, freie Zellen, die vor allem dem Immunsystem entstammen und z. B. bei Entzündungen in das Gewebe einwandern. Bindegewebe enthält kollagene, elastische und retikuläre kollagenhaltige Fasern.

→ Tab. 3 zeigt verschiedene Typen von Bindegewebe.

Tab. 3 Bindegewebsarten – Aufbau und Funktion

Bindegewebsart	Aussehen	Aufbau und Funktion		Vorkommen
lockeres Bindegewebe	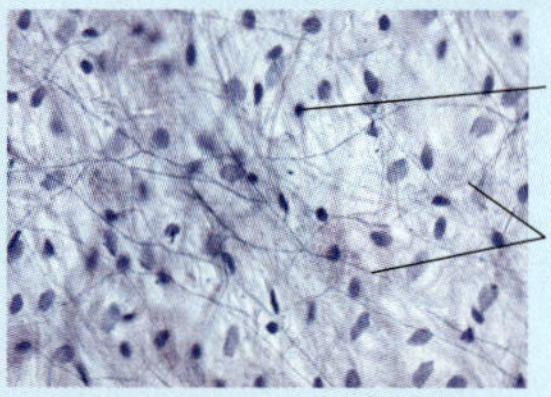	wenige Fasern, viel Wasser im Zwischenzellraum; Wasserspeicherfunktion; gewährleistet die Verschiebbarkeit der Organe		als Füllgewebe, umhüllt und verbindet Organe
straffes Bindegewebe	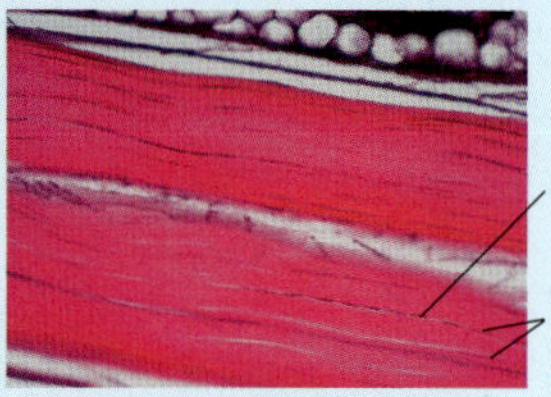	vor allem kollagene Faserbündel mit in deren Zwischenräumen eingelagerten zytoplasmaarmen Fibrozyten	parallelfaseriges straffes Bindegewebe	zugfeste Sehnen und Bänder
			geflechtartiges straffes Bindegewebe: weist durch dicke verflochtene Kollagenfaserbündel eine hohe Festigkeit und Elastizität bei mechanischer Belastung auf	in den Kapseln innerer Organe (Leber, Milz, Niere), Muskelfaszien
elastisches Bindegewebe	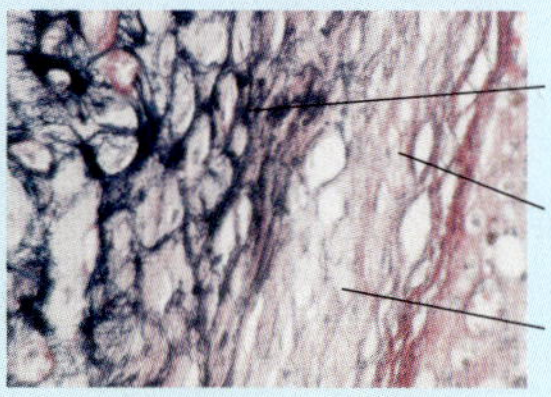	elastische Fasern, dadurch sehr dehnbar		in einigen Bändern der Wirbelsäule
retikuläres Bindegewebe	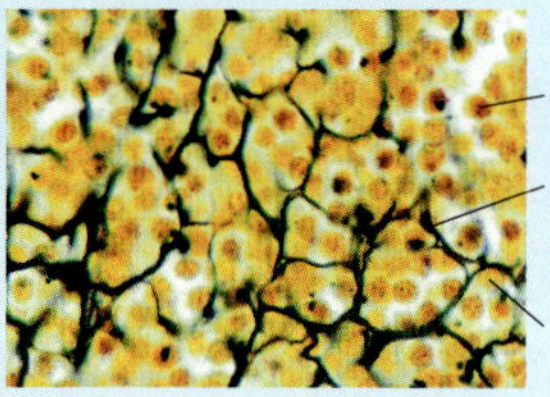	aus Retikulumzellen (Zellen des retikulären Bindegewebes) mit ihren Ausläufern sowie retikulären Fasern; zur Kontaktaufnahme zwischen lymphatischen Zellen mit anderen Zellen, um nach Erstkontakt mit Erregern die Immunabwehr zu aktivieren		in sekundären lymphatischen Organen (→ 8.3.2)
Fettgewebe	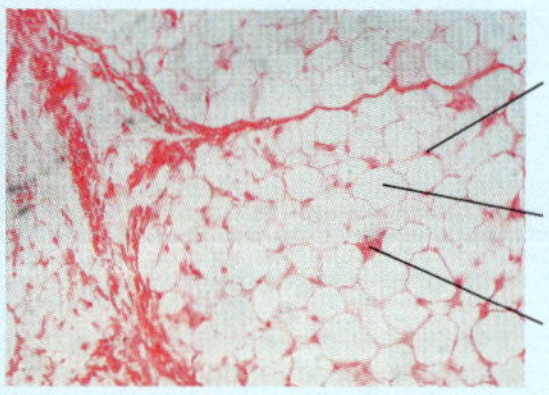	Adipozyten (Fettzellen), die sehr viel Fett speichern können; kaum Zwischenzellsubstanz. Speicherfett (Energiereserve), Baufett (z. B. Auspolsterung), Isolationsmaterial Weißes Fettgewebe: Speicher-, Polster- und Baufett Braunes Fettgewebe: sehr mitochondrienhaltig; Wärmebildung bei Säuglingen; bei Erwachsenen kaum vorhanden		Unterhautfettgewebe, im ganzen Körper

Chondrozyt:
Knorpelzelle

Chondron:
funktionelle Einheit im Knorpel

hyalin:
glasig, klar oder transparent

Perichondrium:
Knorpelhaut; straffe Schicht aus spezialisiertem Bindegewebe, das die Oberflächen von Knorpelgeweben bedeckt

Stützgewebe

Das Stützgewebe wird in Knorpel- und Knochengewebe unterteilt.

Das **Knorpelgewebe** zählt zum passiven Bewegungsapparat(→ 3.1, → 3.2). Es besteht aus Knorpelzellen, den **Chondrozyten,** die je nach Knorpeltyp in unterschiedlich viele Kollagenfaserbündel und sehr flüssigkeitsreiche Grundsubstanz eingebettet sind. Die Chondrozyten liegen oft in Gruppen vor. Eine solche Zellgruppe bezeichnet man zusammen mit der umliegenden, mikroskopisch stärker anfärbbaren Matrix als **Chondron.**

→ Tab. 4 zeigt die verschiedenen Knorpelgewebearten.

Bis auf den Faserknorpel werden die Knorpelgewebe vom **Perichondrium,** der Knorpelhaut, bedeckt, das aus spezialisiertem Bindegewebe besteht und mit kollagenen Fasern den Knorpel fest umhüllt. Das Perichondrium versorgt durch sein Kapillarnetz den Knorpel mit Sauerstoff und Nährstoffen.

Tab. 4 Knorpelgewebe – Aufbau und Vorkommen

Knorpelgewebeart	Aufbau	Schematischer Aufbau	Vorkommen
hyaliner Knorpel	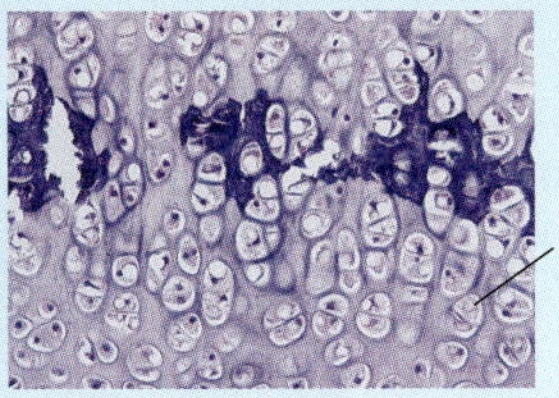	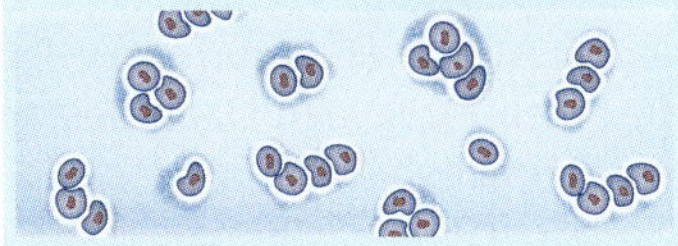	Nasen- und Gelenkknorpel
elastischer Knorpel – mit zahlreichen elastischen Fasern in seiner Zwischenzellsubstanz	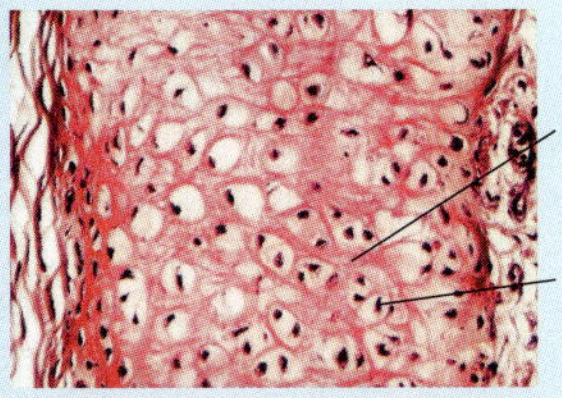	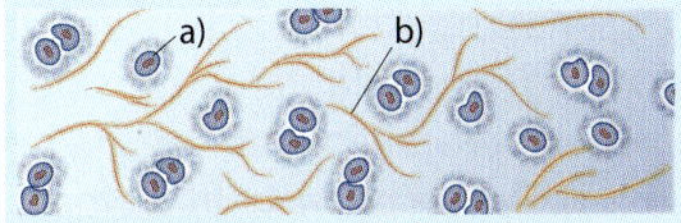	Ohrmuschel, Kehldeckel
Faserknorpel – mit zahlreichen reißfesten Kollagenfasern	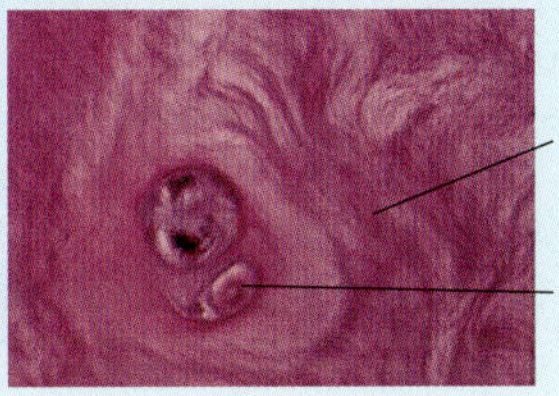	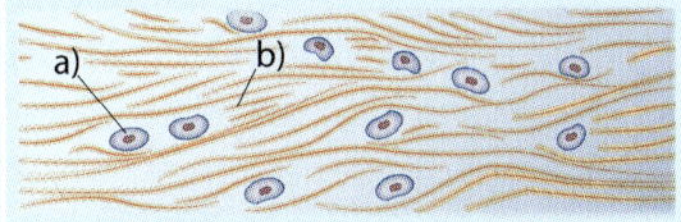	Bandscheibe

Das **Knochengewebe** gibt dem Körper seine Stabilität und Form. Knochen wird ständig umgebaut – altes Knochengewebe wird ab-, neues wird aufgebaut. Das Knochengewebe besteht deshalb aus knochenauf- und abbauenden Zellen. **Osteoblasten** bilden erst die Extrazellulärmatrix (Knochenmatrix, Osteoid → 3.2.1) mit reichlich kollagenen Fasern, dann entwickeln sie sich zu einem Gerüst aus nicht mehr teilungsfähigen und weniger stoffwechselaktiven **Osteozyten.** Das Gerüst mineralisiert langsam durch den Einbau von Kalzium- und Phosphationen und bildet damit den Knochen. **Osteoklasten** sind knochenresorbierende vielkernige Knochenzellen, die durch Phagozytose (→ 8.2.3) Knochensubstanz abbauen und so den Knochenstoffwechsel und Kalziumhaushalt in Balance halten. Nach außen wird das Knochengewebe vom **Periost** (Knochenhaut) umhüllt.

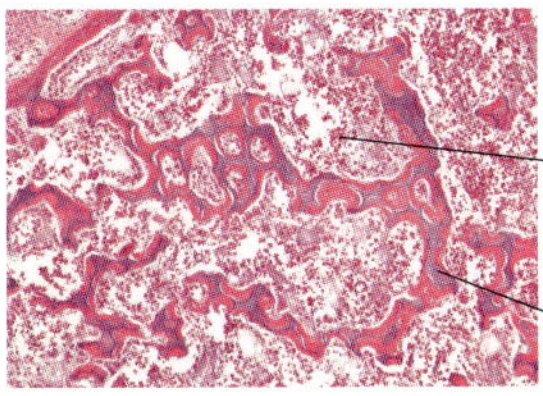

Abb. 15 Geflechtknochen

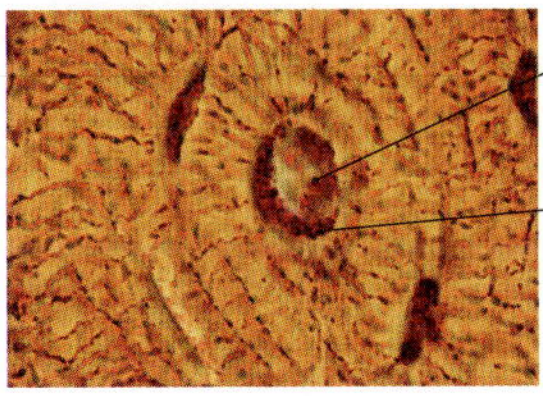

Abb. 16 Lamellenknochen

Der „unreife" **Geflechtknochen** (→ Abb. 15) zeichnet sich durch eine unregelmäßige Anordnung der Osteozyten und kollagenen Faserbündel aus. Beim Erwachsenen ist er nur noch im Bereich der Schädelnähte und einiger Sehnenansätze zu finden. Er wird nach der Geburt in den stärker belastbaren **Lamellenknochen** (→ Abb. 16) umgebaut, der unter dem Mikroskop ein charakteristisches Bild zeigt. „Baueinheit" des Lamellenknochens ist das sogenannte **Osteon:** Bis zu 20 Knochenlamellen umgeben ringförmig einen zentralen Knochenkanal (Havers-Kanal) mit einem zentral durchziehenden Blutgefäß. Volkmann-Kanäle verbinden die Havers-Kanäle miteinander.

Osteoblasten:
relativ kleine Zellen, die für die Bildung von Knochengewebe beim Knochenumbau verantwortlich sind und die Grundlage der Knochensubstanz bilden

Osteozyten:
reife Knochenzellen, die den Hauptanteil der Knochenzellen darstellen und sich aus den Osteoblasten entwickeln

Osteoklasten:
knochenresorbierende Riesenzellen mit bis zu 25 Zellkernen; Gegenspieler der Osteoblasten

Periost:
Knochenhaut

Geflechtknochen:
„unreifer" Knochen des Embryos oder bei Knochenheilung

Lamellenknochen:
belastbarer Knochen mit Osteonen

Myozyt:
Muskelzelle bzw. Muskelfaser; fadenförmig, mit > 100 Zellkernen

Filament:
fadenförmiges Strukturelement von Zellen

Myofilamente:
Aktin und Myosin; fadenförmige, kontraktile Proteine einer Muskelzelle

Myofibrille:
Bau- und Funktionseinheit der Muskelfaser, bestehend aus Myofilamenten

Kontraktion:
aktives Verkürzen, Anspannen bzw. Zusammenziehen von Muskeln

Aktin:
kontraktiles Protein in Muskel

Myosin:
kontraktiles Protein in Muskel

Glanzstreifen:
Verbindungen zwischen Muskelzellen im Herzen

Muskelgewebe

Muskelgewebe besteht aus **Muskelzellen (Myozyten).** Anhand der intrazellulären Anordnung fadenförmiger Proteine (Myofilamente), die den Hauptbestandteil einer Muskelzelle bilden, unterscheidet man **quergestreifte** (Skelett- und Herzmuskulatur) und **glatte Muskulatur** (z. B. im Darm) (→ Tab. 5).

Bei der quergestreiften Muskulatur sind die Muskelzellen durch Verschmelzungen vieler Zellen entstanden. Sie sind mehrkernig und entsprechend lang, weshalb sie auch als **Muskelfasern** bezeichnet werden. In ihrem Inneren enthalten die Muskelfasern die parallel angeordneten **Myofibrillen,** die für die muskeltypische **Kontraktion** (→ 3.3.2) sorgen. Ermöglicht wird dies durch die kontraktilen Myofilamente, die Proteine **Aktin** und **Myosin,** die sich durch Umwandlung von chemischer in mechanische Energie gegeneinander verschieben. Bei diesem Ineinandergleiten und Zurückgleiten werden Kräfte aufgebaut bzw. Körperteile bewegt.

Nervengewebe

Das Nervengewebe bildet die Grundstruktur des Nervensystems und dient der Signalübertragung und -verarbeitung im Körper (→ Abb. 17). Es wird einerseits aus **Neuronen** (Nervenzellen) gebildet, die die Informationen weiterleiten, und andererseits aus verschiedenen **Gliazellen** (Stützzellen), die als Gliagewebe die Nervenzellen umhüllen, schützen, stützen und ernähren (→ 5.1).

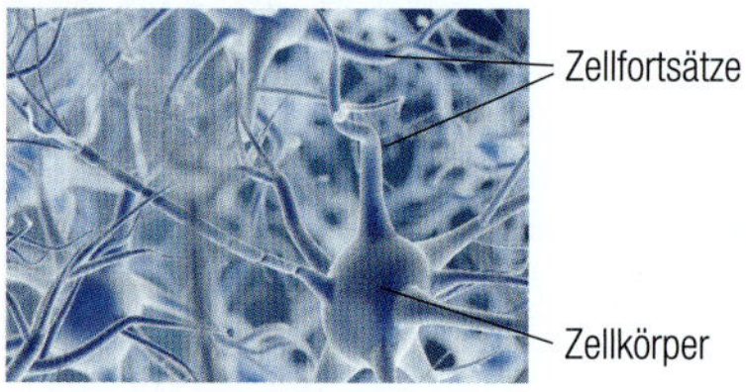

Abb. 17 Nervengewebe

1.2.6 Organe

Organe haben eine bestimmte Funktion und meist auch eine charakteristische Form; sie bestehen aus mehreren funktionell zusammengehörenden Geweben. Man unterscheidet **Parenchym (Funktionsgewebe)** und **Stroma (Hüllgewebe);** das Stroma ist für den Schutz und die äußere Form des Organs verantwortlich.

Die Organe des Menschen liegen gut geschützt im Körperstamm (→ Abb. 18), wobei besonders das Gehirn, das Herz und die Lungen von knöchernen Strukturen umgeben werden.

Tab. 5 Muskelgewebsarten – Vergleich

	Skelettmuskulatur	Herzmuskulatur	Glatte Muskulatur
Aussehen	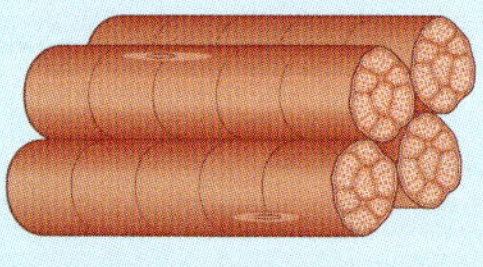	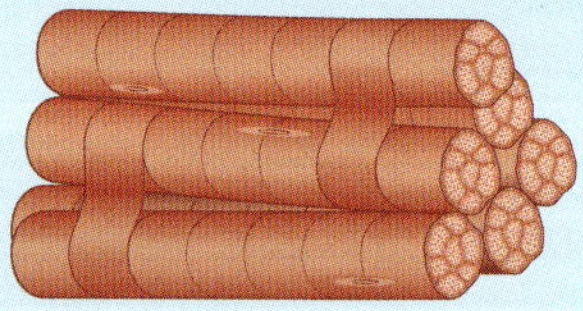	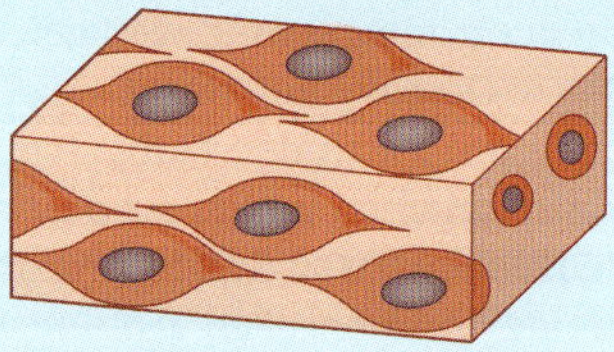
Vorkommen	Skelettmuskel	Herz	Eingeweidemuskulatur (besonders Darm, Blase, Gallenblase, Gebärmutter), Blutgefäße
Aufbau	• Muskelfasern (verschmolzene Muskelzellen) • Myofibrillen regelmäßig angeordnet mit hellen und dunklen Streifen, daher typische Querstreifung	• verzweigte Einzelzellen mit maximal zwei Zellkernen • unregelmäßige Querstreifung • verbunden über einen Glanzstreifen (mechanische Verbindung und Gap Junctions für die elektrische Kopplung)	• spindelförmige Muskelzellen mit nur einem Zellkern • Myofibrillen überwiegend längs, jedoch nicht regelmäßig angeordnet, deshalb keine Querstreifung
Besonderheiten	• willkürliche, schnelle Kontraktion • ermüdbar	• unwillkürliche und rhythmische Kontraktion • nicht ermüdbar	• unwillkürliche und langsame Kontraktion • nicht ermüdbar, kann lange kontrahiert bleiben

1.2.7 Organsysteme

Mehrere funktionell zusammengehörende Organe werden zu Organsystemen zusammengefasst:

- Stütz- und Bewegungssystem (→ 3)
- Verdauungssystem (→ 4)
- Nervensystem mit Sinnesorganen (→ 5, → 6)
- hormonelles System (→ 7)
- Immunsystem mit Lymphsystem (→ 8)
- Atmungssystem (→ 9)
- Herz-Kreislauf-System (→ 10)
- Harnsystem (→ 11)
- Geschlechts- bzw. Fortpflanzungssystem (→ 12)

Organe und Organsysteme werden von übergeordneten Strukturen wie dem Hormon- und Nervensystem reguliert.

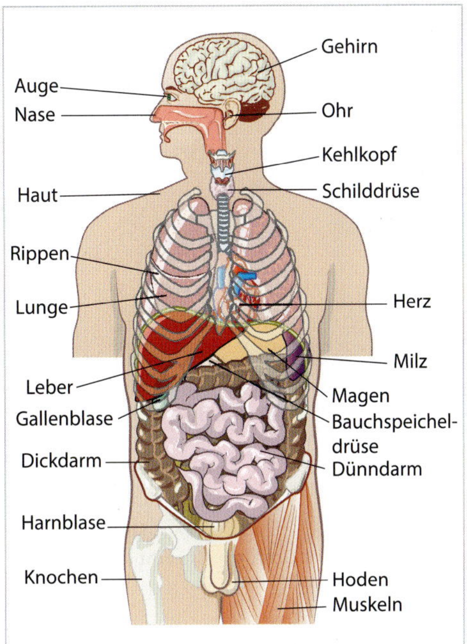

Abb. 18 Organe – Überblick (Nieren nicht sichtbar)

1.3 Transportvorgänge an der Zellmembran

Alle Zellen sind von **Membranen** umgeben, die unter anderem dafür sorgen, dass Stoffe nicht unkontrolliert von innen nach außen und umgekehrt gelangen können. Auch innerhalb der Zelle trennen Membranen verschiedene Kompartimente voneinander ab (→ 1.2.1). Membranen sind im Durchschnitt nur 2 nm dick, das heißt, dass in 2 mm 1 000 000 Membranen passen.

Den Aufbau von biologischen Membranen beschreibt das **Flüssig-Mosaik-Modell:** In eine Doppelschicht aus Lipiden (Fetten) sind Proteine eingestreut (→ Abb. 19). Die Lipide lagern sich so zu einer **Lipiddoppelschicht** aneinander, dass die hydrophile Kopfgruppe des Lipids zum Membranäußeren (Extrazellularraum) zeigt und der hydrophobe Schwanz zum Membraninneren. Den größten Anteil an den Lipiden haben Phospholipide; weitere Fette sind Glykolipide und Cholesterin.

Die Zellmembran stellt für viele Stoffe eine Barriere dar. Damit sie aber ihre diversen zusätzlichen Aufgaben erfüllen kann, enthält die Membran verschiedene **Membranproteine** (→ Tab. 1, Abb. Zellmembran):

- **integrale Membranproteine bzw. Transmembranproteine;** durchziehen die Membran zumeist vollständig
- **periphere Membranproteine;** nur an Membranoberfläche, z. B. **membranständige Proteine**

Zellmembran und Membranproteine erfüllen verschiedene Funktionen:

- Barriere
- Transport von innen nach außen und umgekehrt
- Kommunikation
- Kontakt mit anderen Zellen

Membranrezeptoren (membranständige Rezeptoren) sind Membranproteine, die unter anderem Signale empfangen und an die Zelle weitergeben (→ 1.4), Zellen miteinander verbinden oder Substanzen in die Zelle transportieren.

Glykoproteine sind Membranproteine mit angehefteter Kohlenhydratkette. Sie dienen hauptsächlich der Erkennung von Zellen untereinander und der Unterscheidung zwischen „fremd“ und „eigen“.

Folgende Transportvorgänge werden unterschieden:

- **transzellulärer Transport** durch die Zelle
- **parazellulärer Transport** durch den Interzellularspalt

Neuron:
Zelle des Nervengewebes mit der Fähigkeit zur Erregungsbildung, -leitung und -verarbeitung sowie Reizbeantwortung

Gliagewebe:
Stützgewebe des Nervensystems

Gliazellen:
Stützzellen des Nervensystems; Funktion: Stabilhaltung, Ernährung, Isolierung, Abwehr

Membran:
Schicht, die Bereiche einer Zelle abgrenzt und Transport- und Kommunikationsaufgaben erfüllt

Kompartiment:
für bestimmte biochemische Prozesse abgegrenzter Teilbereich der Zelle; ein Beispiel sind Zellorganellen

Extrazellularraum:
Zellzwischenraum; Raum zwischen den Zellmembranen, der mit Gewebsflüssigkeit und extrazellulärer Matrix gefüllt ist

integrales Membranprotein:
die Lipiddoppelschicht ganz durchziehendes oder in eine Membran eingebettetes Protein

Transmembranprotein:
integrales Membranprotein, durchzieht die Lipiddoppelschicht ganz

peripheres Membranprotein:
Protein an einer Seite der Zellmembran

Rezeptor:
Empfänger; i. d. R. Protein, das durch Bindung eines Moleküls Reize aufnimmt und weiterleitet

membranständiger Rezeptor:
Rezeptor in Zellmembran

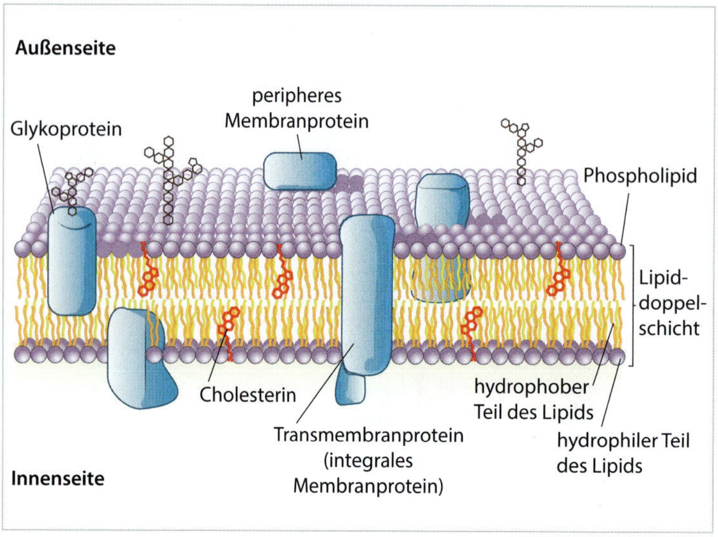

Abb. 19 Flüssig-Mosaik-Modell: Zellmembran mit Lipiddoppelschicht und den verschiedenen Membranproteinen

Diffusion:
passiver Transport, der zum Ausgleich von Konzentrationsunterschieden führt; aufgrund der Tendenz von Teilchen, sich gleichmäßig in einem Raum zu verteilen, kommt es nach einer gewissen Zeit immer zur vollständigen Durchmischung zweier unterschiedlicher Stoffe (Konzentrationsausgleich)

Osmose:
Durchtritt von Lösungsmittel durch eine „halbdurchlässige" Membran, die durchlässig ist für das Lösungsmittel, aber nicht die gelöste Substanz; daraus folgt ein Konzentrationsausgleich

semipermeabel:
halbdurchlässig

Filtration:
Trennung von Teilchen unterschiedlicher Größe

Konzentrationsgradient:
Konzentrationsgefälle; unterschiedliche Konzentration eines Stoffs an zwei Orten, z. B. auf den beiden Seiten der Zellmembran

- **Resorption:** Transport von der Außenseite zur Innenseite z. B. der Blutgefäße
- **Sekretion:** der Transport vom Inneren einer Zelle oder Drüse zur Außenseite

1.3.1 Passive Transportvorgänge

Passive Transportmechanismen verbrauchen keine Energie. Man unterscheidet:
- (einfache) Diffusion
- erleichterte Diffusion durch Transportproteine
- Osmose
- Filtration

(Einfache) Diffusion

Sobald Stoffe in Wasser gelöst sind, bewegen sie sich. Dies gilt auch, wenn sie durch eine Membran voneinander getrennt sind. Wenn die Stoffkonzentrationen auf beiden Seiten der Membran unterschiedlich sind, spricht man von einem **Konzentrationsgefälle.** Ist die Membran für den gelösten Stoff permeabel, wandert der Stoff entlang seines **Konzentrationsgradienten** durch die Membran von der Seite der höheren Konzentration auf die Seite der niedrigeren Konzentration und die Differenzen werden ausgeglichen. Dieser passive Transport verbraucht keine Energie und wird als einfache Diffusion oder kurz **Diffusion** bezeichnet (→ Abb. 20).

Die Ernährung des Epithelgewebes (→ 1.2.5) erfolgt ausschließlich durch Diffusion vom darunterlegelegenen Bindegewebe, da es selbst keine Blutgefäße aufweist. Knorpel wird durch Diffusion aus dem umgebenden Gewebe ernährt, weil er keine Blutgefäße besitzt.

Die Diffusionsgeschwindigkeit ist abhängig von:
- den Ausgangskonzentrationen auf beiden Seiten der Membran
- der Temperatur
- der Größe der Partikel
- der Hydrophilie der Partikel

Durch die Zellmembran diffundieren besonders schnell kleine, lipophile Teilchen bei hohen Temperaturen und großem Konzentrationsgradienten.

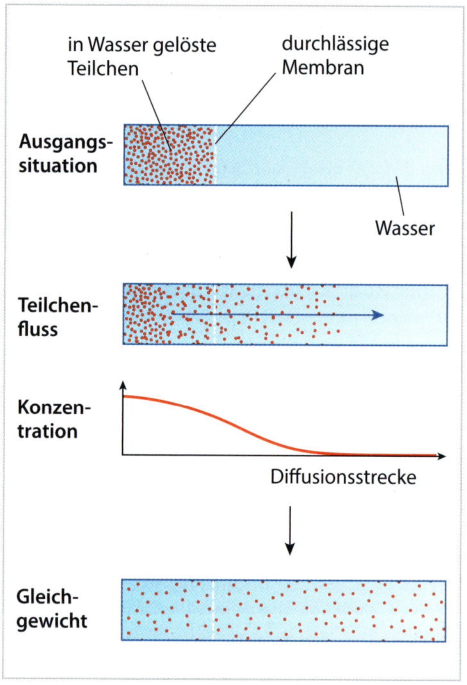

Abb. 20 Diffusion: Transport von Teilchen aufgrund von Molekularbewegungen entlang eines Konzentrationsgefälles

Hängen Sie einen Früchteteebeutel in ein Glas mit heißem Wasser und beobachten Sie, wie die Teeinhaltsstoffe diffundieren.

Erleichterte Diffusion

Während kleine lipophile Teilchen einfach durch Diffusion die Zellmembran überwinden können, ist dies bei großen oder geladenen Teilchen (Ionen) nicht der Fall. Sie benötigen spezielle Transportproteine.

Erleichterte Diffusion durch Carrier

Carrier, Transportproteine in der Zellmembran, binden größere lipophobe Teilchen, die durch einfache Diffusion nicht oder nur sehr langsam die Membran passieren könnten. Daraufhin ändern sie ihre **Konformation** und trennen sich auf der anderen Membranseite wieder von den Teilchen (→ Abb. 21). Da dies entlang des Konzentrationsgefälles geschieht, liegt auch hier ein passiver Transport vor. Allerdings ist die Transportkapazität durch die Zahl von Carriern begrenzt (Sättigung) (→ 1.3.2). Ein Beispiel hierfür ist der Transport von Glukose durch die Zellmembran. Den an das Transportprotein bindenden Stoff nennt man Substrat.

In zwei Fällen funktioniert der Transport über Carrier nicht in der erwünschten Weise; man nennt dies Hemmung:

- Wenn eine Substanz mit einer dem Substrat ähnlichen Struktur an den Carrier bindet, spricht man von einer **kompetitiven Hemmung.**
- Wenn durch Bindung einer Substanz an den Carrier dieser so verändert wird, dass das ursprüngliche Substrat nicht mehr binden kann, handelt es sich um eine **allosterische Hemmung.**

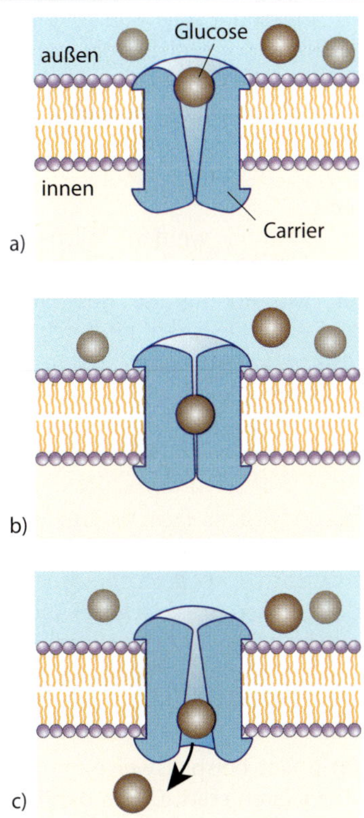

Abb. 21 Erleichterte Diffusion durch Carrier

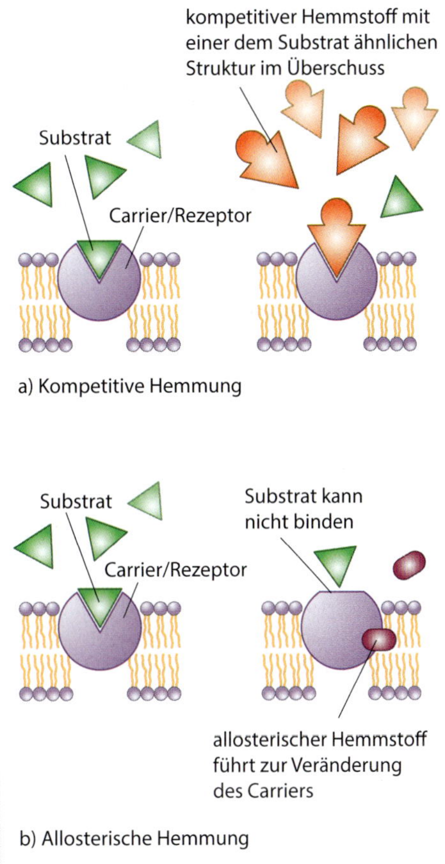

Abb. 22 Kompetitive und allosterische Hemmung

Beide Begriffe (→ Abb. 22) werden auch im Zusammenhang mit der Enzymhemmung verwendet.

Carrier können einen Stoff oder – im gekoppelten Transport – auch zwei Stoffe transportieren (→ Tab. 6).

Erleichterte Diffusion durch Ionenkanäle

Ionen, also elektrisch geladene Teilchen (vor allem Natrium-, Kalium-, Chlorid-, Kalziumionen), können die Zellmembran durch speziell eingebaute Transmembranproteine pas-

permeabel:
durchlässig

Carrier:
Transportprotein, das mittels passiven Transportes Substrate über Membranen hinweg transportiert

Sättigung:
Begrenzung der Transportkapazität durch begrenzte Anzahl von Carriern

Konformation:
räumliche Anordnung der Atome und Atomgruppen eines Moleküls

Substrat:
Substanz, die an Membrantransporter bindet oder von Enzym umgesetzt wird

kompetitive Hemmung:
Vorgang, bei dem eine Substanz mit einer dem Substrat ähnlichen Struktur die Bindung des Substrates an Carrier oder Enzym verhindert, da es selbst an diesen bindet

allosterische Hemmung:
Vorgang, bei dem ein Carrier oder Enzym von einer Substanz so verändert wird, dass das Substrat nicht binden kann

Ionenkanal:
porenbildendes Transmembranprotein, das Ionen das Durchqueren von Zellmembranen, ihrem Konzentrationsgradienten folgend, ermöglicht

Potenzialgefälle:
auch Potenzialdifferenz genannt; Ladungsunterschied auf den beiden Seiten einer Membran

Ligand:
Stoff, der an einen Rezeptor bindet und diesen beeinflusst

osmotischer Druck:
Druck, der durch Konzentrationsausgleich über semipermeable Membran entsteht

Filtration:
physikalisches Trennverfahren von Teilchen unterschiedlicher Größe

sieren, die man **Ionenkanäle** nennt. Diese Form der erleichterten Diffusion folgt sowohl einem Konzentrations- wie auch einem **Potenzialgefälle.** Ein Potenzialgefälle (Potenzialdifferenz) kann stark vereinfachend als Ladungsunterschied bezeichnet werden. Dadurch wandern positiv geladene Teilchen zur negativ geladenen Seite der Membran und negativ geladene Teilchen zur positiv geladenen Seite der Membran.

Man unterscheidet die stets geöffneten Leckkanäle (Poren) von gesteuerten Kanälen, die meist geschlossen sind und erst auf bestimmte Signale hin geöffnet werden (→ 5.1.3).

- **Spannungsgesteuerte Ionenkanäle** (→ Abb. 23) öffnen sich bei einer Änderung der Membranspannung, indem ein Spannungssensor im Kanal aktiviert und dadurch die Konformation des Kanals verändert wird. Sobald die Spannung sich wieder ändert, verschließt sich der Kanal.
- **Ligandengesteuerte Ionenkanäle** werden durch chemische Liganden geöffnet, indem der Ligand nach der Bindung an den Rezeptor (Schlüssel-Schloss-Prinzip) eine Konformationsänderung des Kanals bewirkt und diesen dadurch öffnet. Erst wenn der Ligand abgebaut oder abgelöst wurde, verändert sich die Konformation des Kanals wieder und er schließt sich.

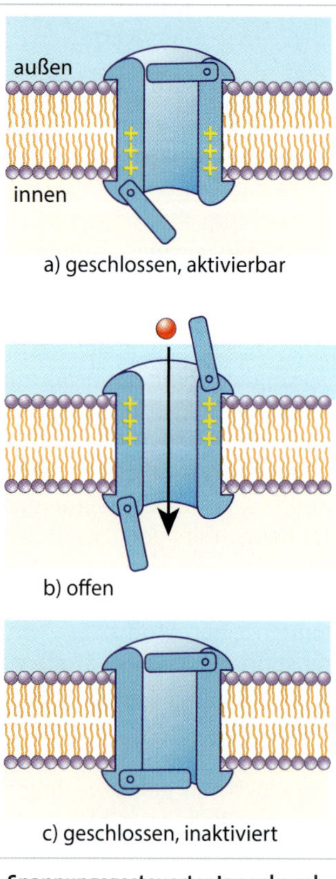

Abb. 23 Spannungsgesteuerter Ionenkanal

Auch mechanische Reize (Druck), eine bestimmte Temperatur oder Licht können den Zustand von Ionenkanälen beeinflussen.

Osmose

Wenn eine Membran für Stoffe, die auf beiden Seiten der Membran in unterschiedlichen Konzentrationen vorliegen, nicht durchlässig ist, kann zwar der gelöste Stoff die Membran nicht passieren, aber die Flüssigkeit. Man bezeichnet dies als **Osmose** und die Membran als **semipermeabel** (halbdurchlässig). Im Gegensatz zum ungehinderten Konzentrationsausgleich bei der Diffusion ist Osmose aufgrund der nur semipermeablen Membran ein „behinderter" Konzentrationsausgleich.

Durch die höhere Konzentration an gelösten Stoffen auf einer Seite wird die Flüssigkeit förmlich angesaugt. Die Flüssigkeitswanderung gleicht die Konzentrationen der gelösten Stoffe aus. Infolge der Volumenverschiebung entsteht ein Druck, der **osmotische Druck** (→ Abb. 24).

Filtration

Bei der Filtration werden Teilchen unterschiedlicher Größe durch Sieben oder Filtern getrennt. Die Porengröße des Filters bestimmt, welche Teilchen hindurchgelangen und mitfiltriert werden und welche im Filter hängen bleiben.

Schwemmt man zum Beispiel Sandkörner und Steinchen in Wasser auf und gießt die Mischung durch ein Sieb, dessen Löcher groß genug sind für die Sandkörner, nicht aber für die Steinchen, so handelt es sich um Filtration.

Filtration findet beispielsweise an der Wand der Blutkapillaren statt. Durch den Blutdruck werden Ionen und kleine Moleküle durch die Kapillarwand filtriert. Die großen Proteine im

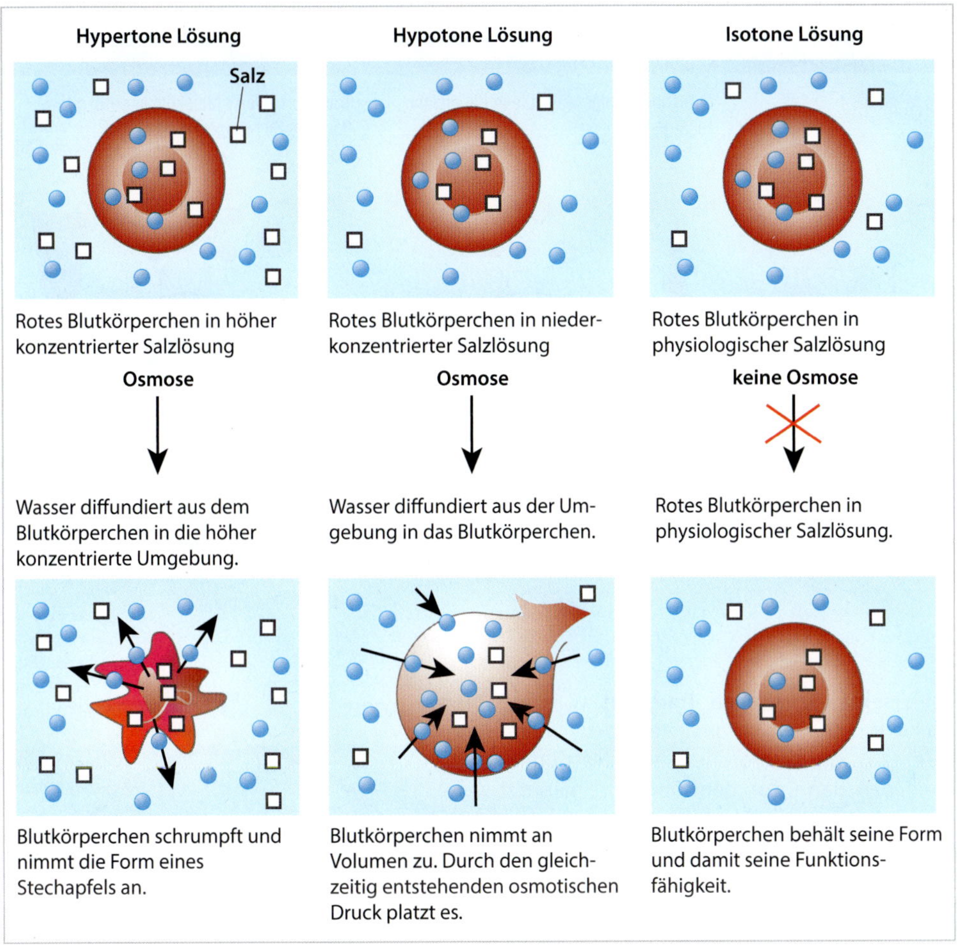

Abb. 24 Osmose an einer semipermeablen Membran: rotes Blutkörperchen in Salzlösung

Blut (Plasmaproteine, → 8.1.2) hingegen gelangen nicht durch die Poren und verbleiben im Blut. Einige kleine Moleküle werden an Plasmaproteine gebunden, z. B. zum Schutz vor Ausscheidung (siehe auch Plasma-Eiweiß-Bindung, → I-13.5.2).

1.3.2 Aktive Transportvorgänge

Der aktive Transport verbraucht Energie in Form von **ATP.** Dafür kann er im Gegensatz zum passiven Transport auch gegen ein Konzentrationsgefälle – also sozusagen „bergauf" – erfolgen.

Aktive Transporte sind

- **kompetitiv hemmbar** durch andere Substanzen,
- **sättigbar** infolge der begrenzten Anzahl an Carriern,
- **strukturspezifisch,** wenn ein Carrier nur eine Substanz transportieren kann,
- **gerichtet,** das Substrat kann also die Membran nur in eine Richtung durchdringen.

Von einem **primär aktiven Transport** spricht man, wenn die Transportproteine die Substanz direkt unter ATP-Spaltung durch die Membran pumpen. Man spricht üblicherweise auch von Ionenpumpen, zum Beispiel von der **Natrium-Kalium-Ionenpumpe,** die Na^+ (aus der Zelle hinaus) und K^+ (in die Zelle hinein) transportiert. Im Gegensatz zu einem Ionenkanal findet bei einer Pumpe ein aktiver Transport unter Energieverbrauch statt. Die Natrium-Kalium-Ionenpumpe ist eine Na^+/K^+**-ATPase,** ein Enzym, das die Energie für den Ionentransport aus der Spaltung von ATP gewinnt.

ATP:
Adenosintriphosphat; Speichermolekül für Energie, bei dessen Spaltung Energie frei wird

Ionenpumpe:
Protein, das den Transport bestimmter Ionen durch die Zellmembran reguliert; es wird immer eine energetisch günstige mit einer energetisch ungünstigen Reaktion gekoppelt

Natrium-Kalium-Ionenpumpe:
Na^+/K^+-ATPase; wichtiges Transportprotein; primär aktiver Transport von Na^+ und K^+

ATPase:
ATP spaltendes Enzym

Tab. 6 Carriervermittelte Transporte (▲ Konzentrationsgradient ⚡ Energie)

	Uniport	Symport	Antiport
Definition	Transport nur eines Moleküls	Transport zweier Moleküle in die gleiche Richtung	Transport zweier Moleküle in entgegengesetzte Richtungen (Austausch)
Schema	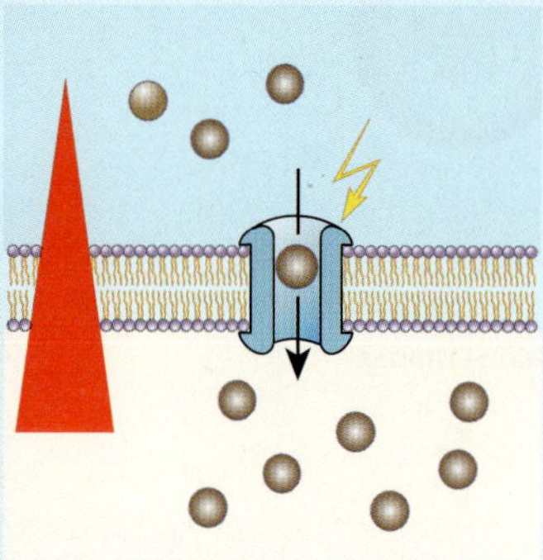	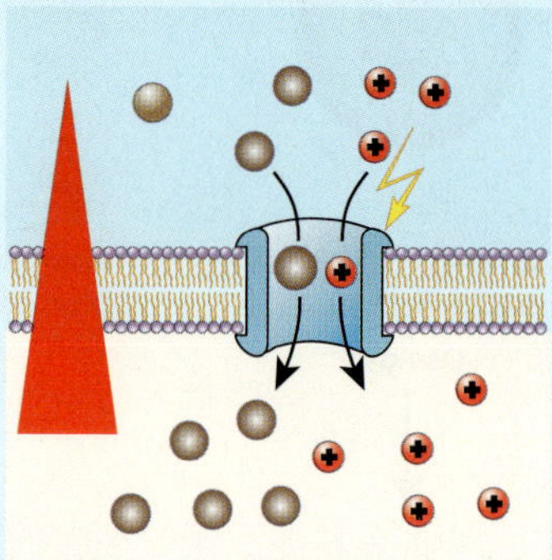	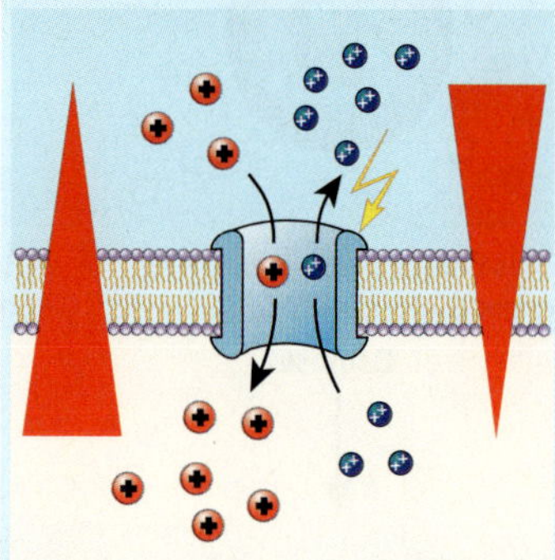
Beispiel	Glukosetransporte	Na^+-Ionen/Glukose-Symport in der Darmschleimhaut	• Na^+-/Ca^{2+}-Ionen-Antiport bei der Kalziumsignalgebung der Zelle • Na^+-K^+-Ionenpumpe

Uniport: carriervermittelter Transport nur eines Moleküls

Symport: carriervermittelter Transport mindestens zweier Moleküle in die gleiche Richtung

Antiport: carriervermittelter Transport mindestens zweier Moleküle in entgegengesetzte Richtungen (Austausch)

Zytose: membranverlagernder Transportvorgang in Zellen hinein, aus Zellen hinaus oder innerhalb von Zellen (intrazellulär)

Vesikel: von einer einfachen Membran umgebenes kugelförmiges oder ovales Bläschen in der Zelle

Endozytose: Bläschentransport in die Zelle hinein

Beim **sekundär aktiven Transport** wird zunächst ein Konzentrationsgefälle aktiv aufgebaut (z.B. durch Protonen oder Natriumionen), das dann für den Transport genutzt wird.

Beim **tertiär aktiven Transport** schließlich wird der Konzentrationsgradient genutzt, der bei einem sekundär aktiven Mechanismus entstanden ist, um zum Beispiel Peptide aus dem Dünndarm aufzunehmen.

Es können ein oder im gekoppelten Transport zwei Substanzen in die gleiche oder in entgegengesetzte Richtungen transportiert werden: Uniport, Symport und Antiport (→ Tab. 6).

1.3.3 Zytose

Zytosen sind Transportvorgänge, durch die beispielsweise Makromoleküle oder auch Fremdkörper in die Zelle hinein, aus ihr hinaus oder innerhalb der Zelle befördert werden. Dabei werden entweder **Vesikel** gebildet, die von einer Membran umschlossen sind, oder es findet eine Membranverschmelzung statt.

Man unterscheidet drei Mechanismen der Zytose: **Endozytose, Exozytose** (→ Abb. 25) und **Autophagie.**

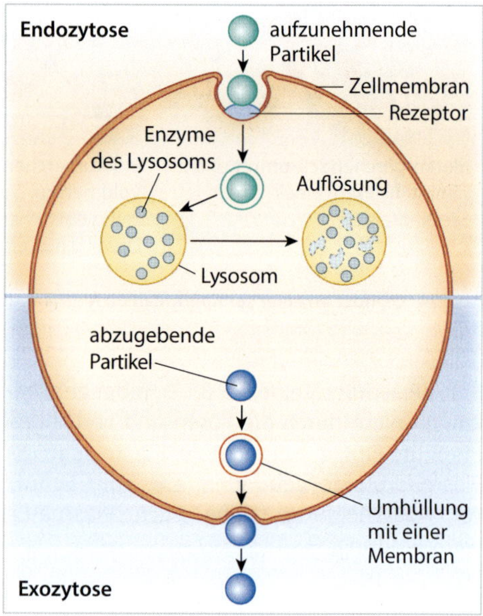

Abb. 25 Membrantransport: Endozytose und Exozytose

Endozytose

Als Endozytose bezeichnet man das **Einschleusen** zellfremder Stoffe in die Zelle. Beim Auftreffen auf die Zellmembran stülpt sich diese ein und umschließt die Stoffe nach und nach, wobei sich ein Vesikel bildet.

Nach **Art der einzuschleusenden Partikel** wird differenziert zwischen:

- **Pinozytose:** Aufnahme flüssiger oder gelöster Substanzen in das Zytosol der Zelle (Resorption flüssiger Nahrungsbestandteile)
- **Phagozytose:** Einschleusen großer, fester Partikel wie z. B. Bakterien in die Zelle (→ 8.2.3)

Exozytose

Bei der Exozytose, dem **Ausschleusen** von Stoffen aus der Zelle, werden die Stoffe in Vesikel verpackt und nach Verschmelzen der Vesikel mit der Zellmembran nach außen abgegeben.

Autophagie

Dieselben Transportmechanismen finden auch intrazellulär bei der Weitergabe von Stoffen von Zellorganell zu Zellorganell statt.

Bei der Autophagie, auch als Autophagozytose bezeichnet, werden zelleigene Materialien wie fehlgebildete Proteine oder beschädigte Zellorganellen in Vesikel abgeschnürt und zu **Lysosomen** (→ Tab. 1) „weitergereicht", mit denen sie verschmelzen. Die lysosomalen Enzyme „verdauen" schließlich das Material. Die Autophagie ist ein elementarer Prozess im menschlichen Körper zur Aufrechterhaltung der Funktionalität von Zellen und verhindert negative Auswirkungen auf die Zellvorgänge.

1.3.4 Verbindungen zwischen Zellen

Zellen stehen über Zellverbindungen untereinander und mit der extrazellulären Matrix in Kontakt (→ Abb. 26). Es handelt sich dabei um interzelluläre Strukturen in kleinen oder ausgedehnten Bereichen der Plasmamembran.

Pinozytose:
Endozytose von Flüssigkeiten

Phagozytose:
Endozytose fester Substanzen

Exozytose:
Bläschentransport aus der Zelle hinaus

Autophagie:
auch Autophagozytose; Bläschentransport innerhalb der Zelle (intrazellulär)

Adherens Junctions:
haftende Zellverbindungen (Aktinfilamente)

Desmosomen:
haftende Zell-Zell-Verbindungen

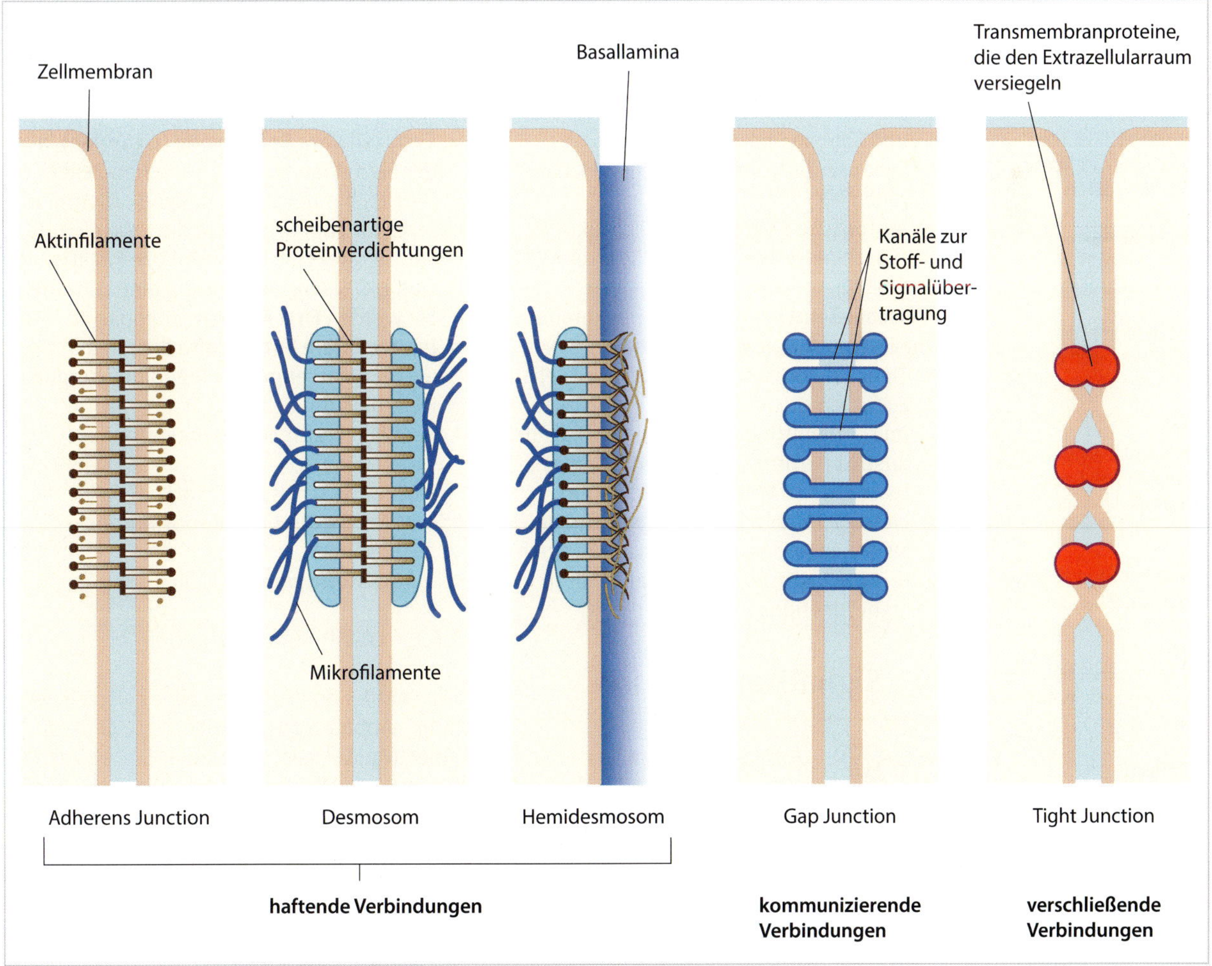

Abb. 26 Zellkontakte

Hemidesmosomen:
haftende Zell-Matrix-Verbindungen

Gap Junctions:
kommunizierende Zellkontakte

Tight Junctions:
verschließende Zellkontakte

Kaskade:
in Stufen ablaufender Prozess

Signaltransduktion:
Übermittlung biologischer Signale von Zelle zu Zelle, wobei die Signale von extrazellulär nach intrazellulär „übersetzt" werden müssen, um die jeweiligen Reaktionen auszulösen

Transmitter:
Botenstoff des Nervensystems

Hormon:
Signal-/Botenstoff, der in Organen oder Geweben gebildet wird und Vorgänge im Körper reguliert

First Messenger:
erster Botenstoff in Signaltransduktionsprozess

Second Messenger:
zweiter Botenstoff in Signaltransduktionsprozess

cAMP:
zyklisches **A**denosin**mono**phosphat, Second Messenger

IP_3:
Inositoltris**p**hosphat, Second Messenger

cGMP:
zyklisches **G**uanosin**mono**phosphat, Second Messenger

G-Protein:
GTP-bindendes Protein

GTP:
Guanosin**tri**phosphat; energiereiche chemische Verbindung aus der Gruppe der Nukleosidtriphosphate; dient als Energiespeicher

- **Haftende** Verbindungen sorgen für den Zusammenhalt von Zellen.
  - **Adherens Junction:** Aktinfilamente zweier benachbarter Zellen sind miteinander verbunden (z. B. Epithel- und Endothelgewebe).
  - **Desmosomen** verankern Zellen miteinander und führen zur Stabilisierung des Zellverbunds (z. B. Epithelgewebe). Es handelt sich um kleine scheibenartige Protein„verdichtungen" unterhalb der Zellmembran, die einerseits mit dem Zytoskelett und andererseits mit dem gegenüberliegenden „Scheibchen" der angrenzenden Zelle verbunden sind.
  - **Hemidesmosomen** („halbe Desmosomen") verankern eine Zelle, meist eine Epithelzelle, in der Matrix.
- **Kommunizierende** Verbindungen ermöglichen einen direkten Stoffaustausch.
  - **Gap Junctions** kommen zum Beispiel in der Herzmuskulatur vor. Mehrere Transmembranproteine lagern sich so zusammen, dass sie zwei Zellen durch einen kleinen Kanal verbinden, über den Stoffe und Signale übertragen werden.
  - **Synapse:** Zellkontakt zwischen Nervenzellen (→ 5.1.4)
  - **motorische Endplatte:** Zellkontakt zwischen Nervenzelle und Muskelzelle (→ 5.1.1)
- **Verschließende** Verbindungen verhindern die Diffusion durch Epithelien.
  - **Tight Junctions** sind häufig in Epithelien zu finden, vor allem in der Harnblase und im Darmepithel, wo sie den Flüssigkeitsaustritt hemmen. Transmembranproteine reichen von Zelle zu Zelle und „versiegeln" den Extrazellularraum dazwischen, sodass kaum etwas hindurchdringen kann. Darüber hinaus halten Tight Junctions die Zelle „in Form".

1.4 Signaltransduktion

„Ich sehe, ich höre, ich rieche, ich fühle, ..."; „mir geht es gut, mir geht es nicht gut ..." – Wie geht es Ihnen gerade?

Unser Körper ist in der Lage, innere und äußere Reize wahrzunehmen und auf sie zu reagieren, indem Zellen miteinander kommunizieren. Die Weitergabe von Informationen (Signalen) nennt man **Signaltransduktion.** Der letzte Schritt in einer Signaltransduktionskaskade ist eine Reaktion unterschiedlichster Art.

Der Körper verfügt über verschiedene Möglichkeiten, Signale (Informationen) aus der Umgebung oder aus dem Körperinneren aufzunehmen und von Zelle zu Zelle weiterzugeben, z. B. über:

- verschiedene Zellkontakte, z. B. Gap Junctions (→ 1.3.4)
- elektrische Vorgänge an Synapsen oder motorischer Endplatte, z. B. Aktionspotenziale an Nerven- und Muskelzellen (→ 5.1.3)
- Botenstoffe: z. B. Transmitter, Hormone

Signaltransduktionsprozesse finden in der Regel – jedoch nicht ausschließlich – an der Zellmembran statt, indem Sequenzen oder Kaskaden biochemischer Prozesse ausgelöst werden. Für die Weiterleitung der biologischen Informationen kommen u. a. **Transmitter** zum Einsatz.

- **Extrazelluläre Botenstoffe (Liganden),** die der Signalübertragung zwischen Zellen dienen, binden außen an einen Membranrezeptor oder dringen in die Zelle ein und setzen direkt die beabsichtigte Reaktion in Gang, etwa die Aktivierung eines Enzyms. Sie werden **First Messenger** genannt.
- **Intrazelluläre Botenstoffe** dienen als **Second Messenger** der Signalübertragung innerhalb der Zelle, z. B.:
  - **cAMP** (zyklisches Adenosinmonophosphat)
  - **IP_3** (Inositoltrisphosphat)
  - **cGMP** (zyklisches Guanosinmonophosphat)
  - **Stickstoffmonoxid** (NO)

1.4.1 cAMP-Signalkaskade

Die cAMP-Signalkaskade spielt beispielsweise beim Abbau von Glykogen zu Glukose in einer Muskelzelle eine Rolle. Ein erregender Ligand, z. B. Histamin, Adrenalin oder ein anderes Hormon, bindet an einen membranständigen Rezeptor nach dem Schlüssel-Schloss-Prinzip. Dadurch wird dessen räumliche Struktur so verändert, dass er an ein an der Innenseite der Membran liegendes **G-Protein** bindet; dieses wird unter Verbrauch von GTP aktiviert (→ Abb. 27). Dieses aktivierte G-Protein kann nun an die ebenfalls membranständige **Adenylatzyklase** binden, sodass unter ATP-Verbrauch cAMP als Second Messenger entsteht. Dieses aktiviert eine **Proteinkinase A,** die Proteine durch Phosphorylierung in einen aktiven Zustand überführt, sodass die Ligandenwirkung eintreten kann. Das cAMP wird durch eine Phosphodiesterase gespalten und dadurch inaktiviert. Wenn ein hemmender Ligand (etwa GABA, Glutamat, Opiat) an ein G-Protein bindet, wird dieses ebenfalls phosphoryliert. Es kann aber in diesem Zustand nicht an die Adenylatzyklase binden.

> Vibrio cholerae, der Erreger der Cholera, bildet ein Toxin, das den Abbau des GTP hemmt, sodass die Adenylatzyklase dauerhaft aktiviert wird und somit ein ständiger Wasserausstrom (starke Durchfälle) erfolgt.

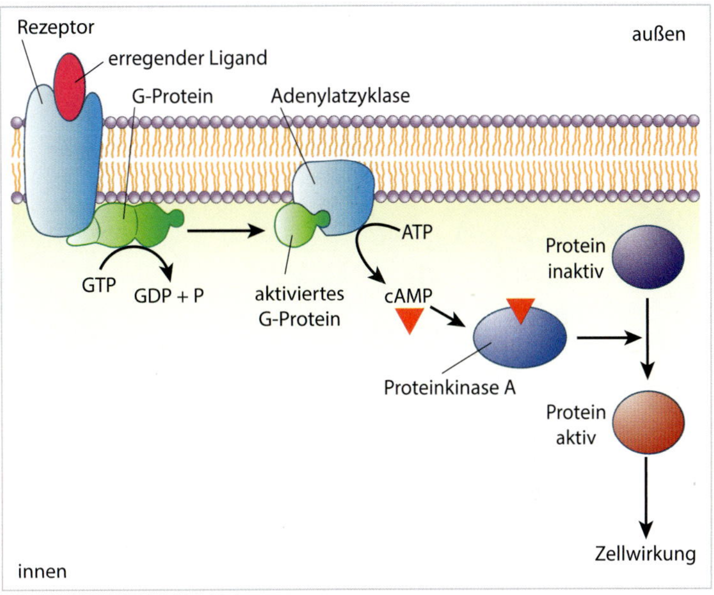

Abb. 27 cAMP-Signalkaskade

1.4.2 IP_3-Signalkaskade

Die IP_3-Signalkaskade leitet Informationen in der Zelle vor allem an das endoplasmatische Retikulum (→ Tab. 1). Sie spielt beim Schmecken eine Rolle.

Bei der IP_3-Signalkaskade sind nur erregende Liganden involviert. Ein Ligand bindet über das Schlüssel-Schloss-Prinzip an ein membranständiges Rezeptorprotein, sodass dieses seine Raumstruktur verändert. Dadurch kann es an ein **G-Protein** binden, das mithilfe von GTP aktiviert wird und an eine **Phospholipase C** binden kann. Die so aktivierte Phospholipase C spaltet das membranständig liegende **PIP_2** zu **IP_3** und Diacylglycerol. Diacylglycerol aktiviert direkt eine membranständige **Proteinkinase C,** welche die Umwandlung eines inaktiven Proteins in ein aktives Protein katalysiert. Das IP_3 löst eine Kalziumionenfreisetzung insbesondere aus dem endoplasmatischen Retikulum aus. Dieses aktiviert eine kalziumabhängige **Calmodulinkinase,** die sodann ebenfalls die Umwandlung von inaktiven Proteinen in aktive Proteine katalysiert. Diese Proteine wirken direkt oder greifen in die Proteinbiosynthese ein. Das IP_3 wird von einer **Inositoltriphosphatase** zu IP_2 abgebaut, sodass die Ligandenwirkung beendet wird.

1.4.3 NO-Signalkaskade

Stickstoffmonoxid (NO) spielt hauptsächlich bei der Regulation des Gefäßdurchmessers und der damit verbundenen Durchblutung von Geweben eine Rolle; es wirkt gefäßerweiternd. Die NO-Signalkaskade dient z. B. in Endothelzellen der Gefäße der Weitergabe von Informationen.

> Bei einer krankhaften Verengung der Herzkranzgefäße mit der Gefahr der Minderdurchblutung und auch bei Erektionsstörungen macht man sich das Prinzip der NO-Wirkung zunutze. Wenn ältere Patienten beide Medikamente kombinieren, kann es zu bedrohlichen Blutdruckabfällen kommen.

Reize für die Bildung von NO in den Endothelzellen sind verschiedene Botenstoffe, der Blutfluss oder eine erhöhte Konzentration von Kalziumionen. Diese Reize bewirken über die Aktivierung eines **Kalzium-Calmodulin-Komplexes** letztlich die Aktivierung der Bildung von NO aus Arginin unter Abspaltung von Citrullin (→ Abb 28). Das entstandene NO diffundiert aus den Endothel- in Muskelzellen der Gefäßwand und aktiviert dort eine Guanylatzyklase, welche die Bildung von cGMP aus GTP katalysiert. Durch das cGMP wird eine **Proteinkinase G** aktiviert, sodass die

Adenylatzyklase: Enzym an der Innenseite der Zellmembran; bildet nach entsprechender Aktivierung aus ATP cAMP

Proteinkinase A: PKA; Enzym aus der Gruppe der Serin-/Threonin-Kinasen

Phosphorylierung: Übertragen einer Phosphatgruppe

Phosphodiesterase: Enzym, baut Second Messenger cAMP oder cGMP ab

GABA: Gamma-Aminobuttersäure; wichtiger hemmender Transmitter im ZNS

Glutamat: wichtiger erregender Transmitter im ZNS

Phospholipase C: Enzym, das PIP_2 aufspaltet in IP_3 und Diacylglycerol

PIP_2: Phosphatidylinositol-bisphosphat

Diacylglycerol: Membranprotein

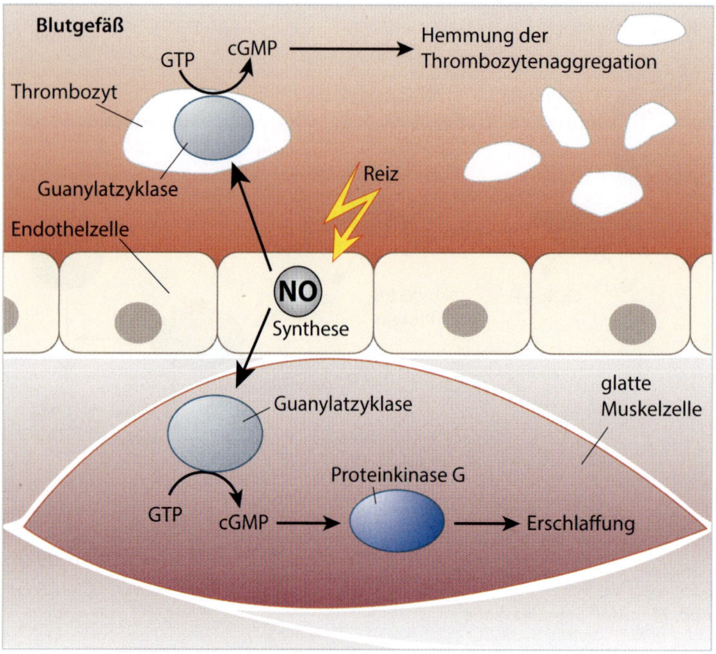

Abb. 28 NO-Signalkaskade

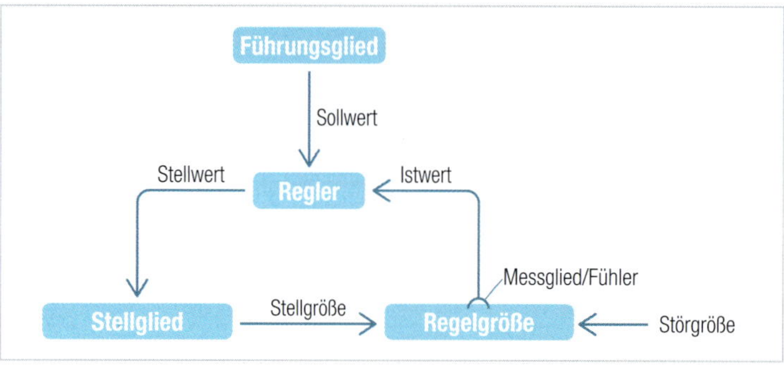

Abb. 29 Regelkreis – Schema

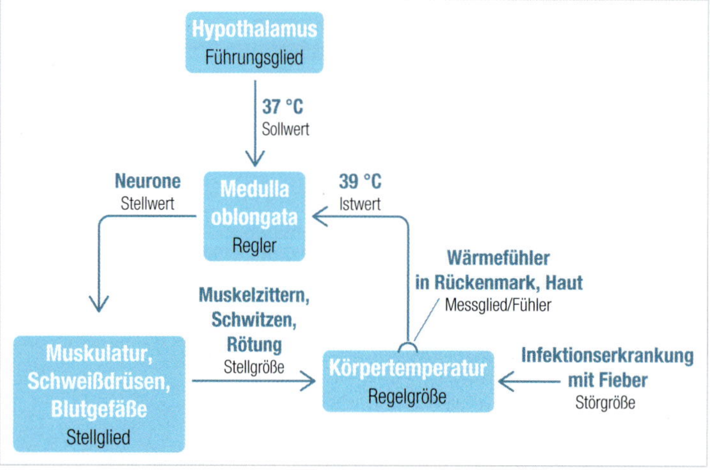

Abb. 30 Regelkreis am Beispiel des Fiebers

Gefäßmuskulatur erschlafft. Außerdem hemmt NO auch die **Thrombozytenaggregation** (→ 8.1.7) in dem Blutgefäß.

a) Recherchieren Sie die Wirkweise von Molsidomin®, das bei Herzerkrankungen eingesetzt wird.
b) Recherchieren Sie die Wirkweise von Sildenafil (Viagra®), das bei Erektionsstörungen eingesetzt wird.
c) Erläutern Sie die mögliche Interaktion bei Kombination dieser beiden Mittel, die zu dem bedrohlichen Blutdruckabfall (siehe Fall) führen kann.

1.5 Grundlagen der Regulation

Die bisher beschriebenen Einzelkomponenten des Körpers stehen in engem Zusammenhang und unterliegen komplexen Regulationsmechanismen, die fein aufeinander abgestimmt sein müssen, damit das komplexe Gesamtwerk funktionieren kann. Um solche Prozesse beschreiben zu können, nutzt man das **Regelkreisschema** (→ Abb. 29) mit kybernetischen Fachbegriffen.

Auf eine **Regelgröße** (zu regelnde Größe) wirkt eine **Störgröße** ein. Der momentan vorhandene Wert wird über **Fühler** aufgenommen, als **Istwert** registriert und an den **Regler** weitergegeben. Dieser erhält von einem **übergeordneten Regler,** dem Führungsglied, eine Information über den **Sollwert,** den zu erreichenden Wert. Nach Abgleich von Ist- und Sollwert gibt der Regler eine **Stellgröße** vor, eine Korrekturgröße an das **Stellglied.** Das Stellglied gleicht dann den Unterschied zwischen Ist- und Sollwert aus.

Alle biologischen Prinzipien unterliegen einer **Rückkopplung.** Bei einer negativen Rückkopplung führt ein starker Reiz, eine hohe Konzentration an Substrat zu einer Hemmung im Bereich der Regulation, bei einer positiven Rückkopplung zu einer Steigerung. → Abb. 30 zeigt die Anwendung des Regelkreisschemas auf die Regelung der Körpertemperatur bei einer Infektionserkrankung mit Fieber.

Beschreiben Sie den Regelkreis bei Fieber anhand der → Abb. 30.

AUFGABEN

1. *Beschreiben Sie den Verlauf der Längsachse bzw. Vertikalachse (Longitudinalachse) durch den Körper.*

2. *Die Sagittalachse durchbohrt den Körper pfeilwärts. Nennen Sie die Richtungsbezeichnungen.*

3. *Ordnen Sie der Größe nach und geben Sie jeweils vier Beispiele an:*
   - *Organ*
   - *Atom*
   - *Zellorganelle*
   - *Molekül*
   - *Gewebe*
   - *Organsystem*
   - *Zelle*

4. *Geben Sie die bei Duygu betroffenen Organsysteme mit den jeweiligen Organen an:*

   Duygu, 35 Jahre alt, leidet seit Wochen unter Schmerzen im rechten Knie; nach dem Joggen schwillt es etwas an. Der Arzt stellt eine Reizung fest und gibt ihr Tabletten, die sie ordnungsgemäß einnimmt. Allerdings klagt sie nach längerem Gebrauch der Medikamente über Übelkeit und Schmerzen nach dem Essen im oberen Bauchraum, besonders wenn sie am Abend zuvor geraucht und etwas zu viel Wein getrunken hat.

5. *Ordnen Sie folgenden Begriffen die nummerierten Begriffe zu:*
   a) Mitochondrium
   b) Zellkern
   c) Lysosom
   d) Zellmembran
   e) Zytoskelett
   f) Ribosom
   1. Magen der Zelle
   2. Abgrenzung der Zelle nach außen
   3. Proteinbiosynthese
   4. Kraftwerk der Zelle
   5. Zellteilung
   6. Stabilität der Zelle

6. *Vergleichen Sie Mitose und Meiose hinsichtlich:*
   a) Funktion
   b) Ort
   c) Erbgut
   d) Ablauf
   e) Ergebnis

7. *Bei einer Trisomie 21 handelt es sich um ein überzähliges fehlerhaftes Vorkommen des Chromosoms 21. Erklären Sie die mögliche Entstehung bei zwei Eltern mit normalem Chromosomensatz. Analysieren Sie, ob ein Elternteil mit einer Trisomie 21 gesunde Kinder bekommen kann.*

8. *Erstellen Sie eine Mindmap zu den Geweben und geben Sie an, wo diese im menschlichen Körper vorkommen.*

9. *Bei den Transportvorgängen an der Zellmembran unterscheidet man zwischen passivem und aktivem Transport. Nennen Sie Beispiele für passiven und aktiven Transport und erläutern Sie jeweils die Mechanismen.*

10. *Erstellen Sie einen Regelkreis mit kybernetischen Fachbegriffen zu folgendem Sachverhalt:*

    Sie haben seit Stunden nichts mehr gegessen und stehen vor einem Obst- und Gemüsestand am Markt. Ihr Magen knurrt. Diese Reize werden dem Gehirn gemeldet, das die Reize, den Blutzuckerspiegel und den Füllungszustand des Magens verarbeitet. Der Speichelfluss im Mund beginnt und Sie verspüren Hunger. Daraufhin kaufen Sie sich einen großen Apfel und verspeisen ihn.

Proteinkinase C:
Enzym, das andere Enzyme aktiviert

Calmodulinkinase:
Enzym

Inositoltriphosphatase:
Enzym, baut IP_3 ab

Arginin:
Aminosäure

Citrullin:
Aminosäure

Guanylatzyklase:
Enzym, das die Bildung von cGMP aus GTP katalysiert

Proteinkinase G:
Enzym, das die Übertragung einer Phosphatgruppe auf eine Aminosäure katalysiert

Thrombozytenaggregation:
Zusammenballung von Thrombozyten

Regelkreis:
geschlossenes System, das sich selbst regulieren kann

Kybernetik:
Wissenschaft der Steuerung und Regelung

Regelgröße:
Größe, die auf einem konstanten Wert gehalten werden muss

Störgröße:
Einflussfaktor von außen, der den Istwert beeinflusst

Regler:
Regelglied; untergeordnetes Zentrum; gleicht regelmäßig Ist- und Sollwert ab und gibt Befehle ans Stellglied

Führungsglied:
übergeordnetes Zentrum, gibt Sollwert vor

Stellgröße:
der Störgröße entgegengerichtete Größe

Stellglied:
Korrekturmechanismus, durch dessen Einfluss sich der Istwert wieder an den Sollwert annähert

Quellen

Campbell, N. A.; Reece, J. B.; Utty, L. A.; Cain, M. L.; Wasserman, S. A.; Minorsky, P. V.; Jackson, R. B. (2015): Biologie. Hallbergmoos: Pearson Studium.

Fritsch, H.; Kühnel, W. (2018): Taschenatlas der Anatomie, Band 2. Stuttgart: Thieme.

Graw, J. (2015): Genetik. Berlin: Springer Spektrum.

Lecturio GmbH (2017): Das Gewebe – Die Gewebetypen im Überblick; unter *www.lecturio.de/lexikon/gewebe* [26.01.2024].

Silbernagl, S.; Despopoulos, A.; Draguhn, A. (2018): Taschenatlas Physiologie. Stuttgart: Thieme.

Silverthorn, D. U. (2017): Physiologie. Bafög-Ausgabe. Hallbergmoos: Pearson Studium.

Speckmann, E.-J.; Hescheler, J.; Köhling, R. (Hrsg.) (2019): Physiologie. München: Elsevier.

Vaupel, P.; Schaible, H.-G.; Mutschler, E. (2015): Anatomie, Physiologie, Pathophysiologie des Menschen. Stuttgart: Wissenschaftliche Verlagsgesellschaft.

Welsch, U.; Kummer W. (Hrsg.) (2014): Lehrbuch Histologie. München: Elsevier, Urban & Fischer.

Weiterführende Literatur

DocCheck Community GmbH: Das Medizinlexikon zum Medmachen; unter *https://flexikon.doccheck.com/de/* [15.02.2024].

Faller, A.; Schünke, M. (2020): Der Körper des Menschen. Stuttgart: Thieme.

Gesundheitsportal Onmeda: Lexikon der Anatomie und Physiologie; unter *www.onmeda.de/gesundheit/anatomie-id200132/* [26.01.2024].

Planet Wissen: A–Z Anatomie des Menschen – Natur; unter *www.planet-wissen.de/natur/anatomie_des_menschen/index.html* [26.01.2024].

DR. MONIKA REUS

2 ALLGEMEINE KRANKHEITSLEHRE

Vorkommen

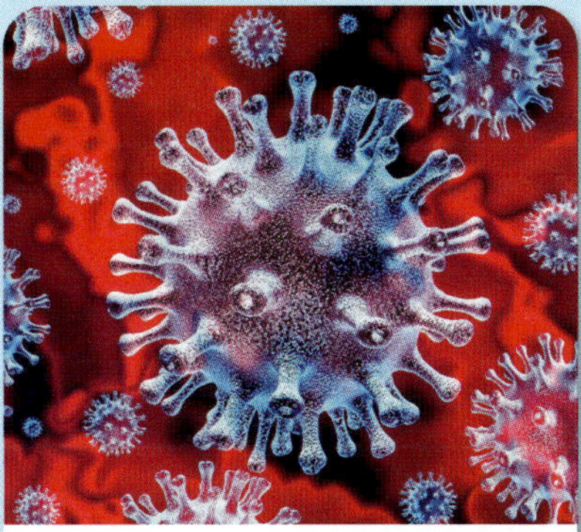

Ursachen und Krankheitsentstehung

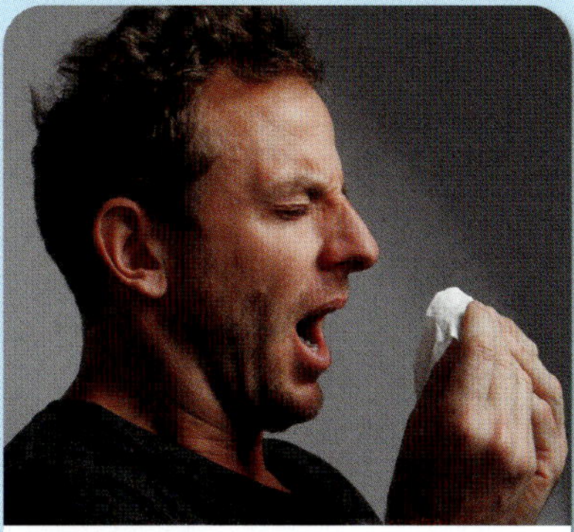

Symptome

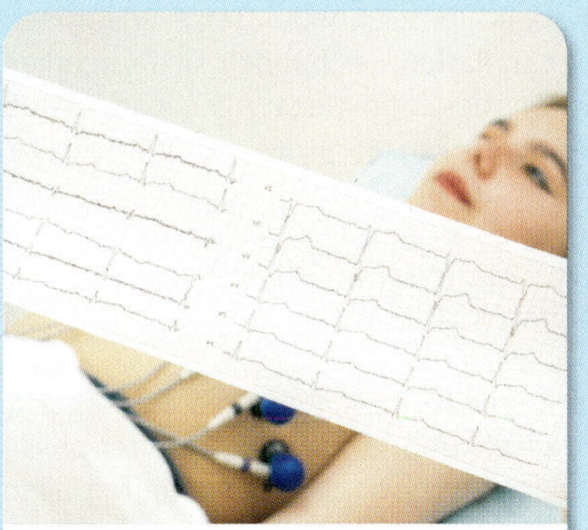

Diagnostik

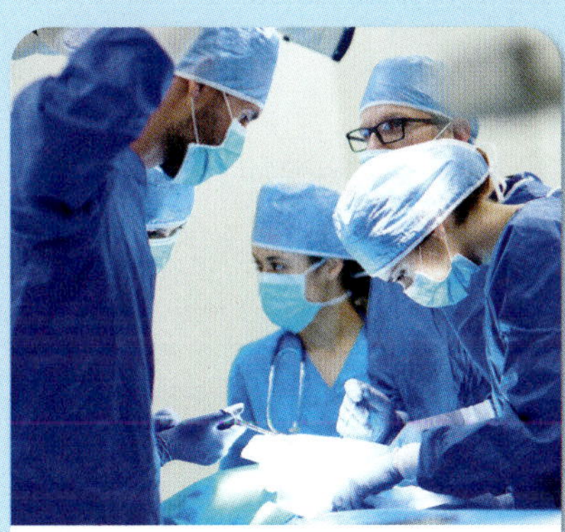

Therapie

Rehabilitation

Pflege

Verlauf und Prognose

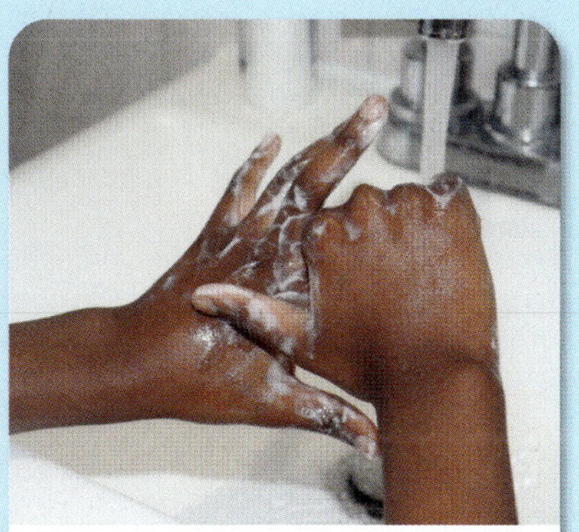

Prävention und Gesundheitsförderung

1. *Die Bilder zeigen mögliche Strukturelemente zur Beschreibung eines Krankheitsbilds.*
   a) Recherchieren Sie zu jedem Strukturelement drei weitere passende Bilder.
   b) Erklären Sie, was sich hinter den einzelnen Strukturelementen verbirgt, und beziehen Sie dabei die jeweiligen Bilder ein.
2. *Erarbeiten Sie eine kurze, strukturierte Präsentation eines Krankheitsbilds, z. B. Grippe, Kreuzbandriss. Legen Sie dabei die Strukturelemente zugrunde.*
3. *Fallen Ihnen weitere Aspekte von Krankheiten ein, mit denen sich Krankheiten beschreiben lassen?*

Weltgesundheitsorganisation:
WHO; Sonderkommission der Vereinten Nationen mit Hauptsitz in Genf

Pschyrembel:
klinisches Wörterbuch mit alphabetischem Verzeichnis der wichtigsten Begriffe in der Medizin

subjektiv:
von einer Person ausgehend; von persönlichen Gefühlen, Interessen oder auch Vorurteilen bestimmt

objektiv:
Gegenteil von subjektiv; sachlich, unvoreingenommen, unparteiisch

Patient:
ein wegen einer Erkrankung sich in ärztlicher Behandlung befindender Mensch

Pathogenese:
Lehre von der Krankheitsentstehung und -entwicklung

pathogen:
Krankheiten verursachend

physisch:
den Körper, die körperliche Beschaffenheit betreffend

psychisch:
das Gemüt/die Seele/die geistigen Eigenschaften, Emotionen und Persönlichkeitsmerkmale eines Menschen betreffend

Pathophysiologie:
Lehre von den Krankheitsvorgängen und Funktionsstörungen

I-1.2
Gesundheitsbegriff

kausale Pathogenese:
individuelle Veranlagung des Menschen als Ausgangssituation bei Krankheitsausbruch

formale Pathogenese:
strukturelle und funktionelle Prozesse einer Erkrankung

Ätiologie:
Lehre von den Krankheitsursachen

2.1 Aspekte von Krankheit

Unter den verschiedenen Definitionen von **Gesundheit** ist die wohl bekannteste die der Weltgesundheitsorganisation (WHO):

> Gesundheit ist ein Zustand vollständigen körperlichen, geistigen und sozialen Wohlbefindens und nicht nur das Freisein von Krankheit und Gebrechen.
> *Weltgesundheitsorganisation 2020*

Auch für den ebenso komplexen Begriff der **Krankheit** existieren mehrere Darstellungen. Hier ein Beispiel aus dem Pschyrembel Online:

> **Krankheit**
> Störung der Lebensvorgänge in Organen oder im gesamten Organismus mit der Folge von subjektiv empfundenen und/oder objektiv feststellbaren körperlichen, geistigen oder seelischen Veränderungen. Krankheit wird von der Befindlichkeitsstörung ohne objektivierbare medizinische Ursache abgegrenzt.
> *Walter de Gruyter 2018*

Als **Befindlichkeitsstörungen** werden also subjektiv wahrgenommene Beeinträchtigungen ohne objektivierbare medizinische Ursache bezeichnet.

Die vorliegenden Definitionen verdeutlichen, dass Gesundheit und Krankheit nicht als statische Zustände, sondern eher als ineinander übergehende Prozesse zu begreifen sind, die demzufolge einen Übergangsbereich nicht eindeutig zu fassender Phänomene erzeugen.

Das Krankheitsverständnis der gesetzlichen Krankenversicherung (GKV) basiert wiederum ausdrücklich nicht auf dem Gesundheitsbegriff der WHO. Der Begriff „Krankheit" legt hier den Versicherungsfall fest und löst somit die Leistungspflicht der Krankenversicherung aus (AOK Bundesverband 2016).

Das Bundessozialgericht formulierte den **Krankheitsbegriff im Sinne der GKV** wie folgt:

> Krankheit ist ein objektiv fassbarer, regelwidriger, anormaler körperlicher oder geistiger Zustand, der die Notwendigkeit einer Heilbehandlung erfordert und zur Arbeitsunfähigkeit führen kann.
> *Versicherungsrecht der gesetzlichen Krankenversicherungen*

Sozialversicherungsrechtlich wird Krankheit als Zustand definiert, bei dem man arbeitsunfähig ist, also seine Aufgaben nicht mehr oder nur unter Gefahr der Verschlechterung der Erkrankung erfüllen kann.

Krankheit wird demnach als Abweichung von Gesundheit bezeichnet. Den Erkrankten nennt man **Patient;** es handelt sich um einen Menschen, der Dienstleistungen von Ärzten oder anderen Personen des Gesundheitswesens in Anspruch nimmt.

2.1.1 Ursachen und Entstehung von Krankheiten

Die **Pathogenese** beschreibt die Entstehung, die Entwicklung und den Verlauf einer physischen oder psychischen Erkrankung mit allen daran beteiligten Faktoren. Man unterscheidet dabei die kausale von der formalen Pathogenese:

- Die **kausale Pathogenese** beschreibt die Ausgangssituation eines Menschen bei Krankheitsausbruch, also vor allem seine individuelle Veranlagung.
- Die **formale Pathogenese** befasst sich mit den strukturellen und funktionellen Prozessen einer Erkrankung, also den pathophysiologischen Abläufen im Körper.

Davon abzugrenzen ist der Begriff der **Ätiologie,** der die Lehre von den Ursachen einer Erkrankung und ihren auslösenden Faktoren bezeichnet und sozusagen den Ausgangspunkt der Pathogenese darstellt. Mit der Frage nach dem kausalen Zusammenhang zwischen einer vermeintlichen Ursache und einer Erkrankung beschäftigen sich medizinische Forschung und Epidemiologie.

Ordnen Sie die Begriffe Ätiologie, formale und kausale Pathogenese den folgenden Begriffen zu:
a) geschwächtes Immunsystem
b) Entzündungsreaktion der Lunge
c) Influenzavirus

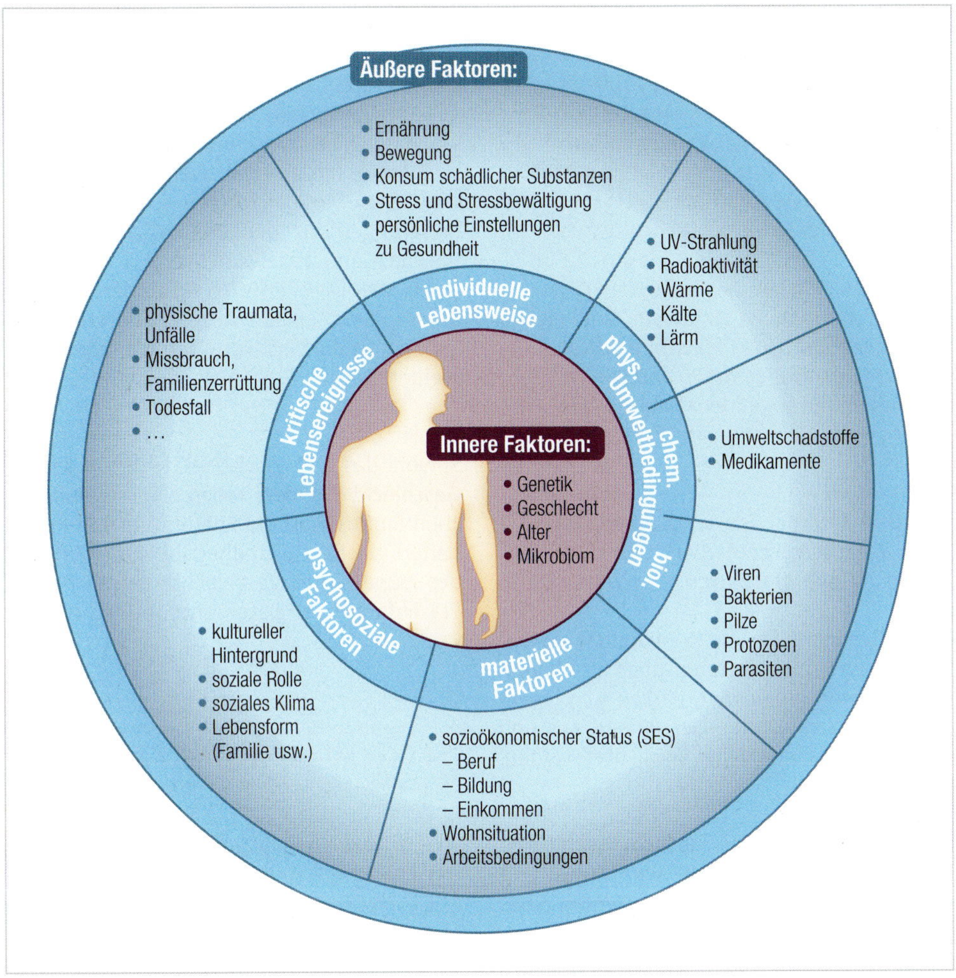

Abb. 1 Innere und äußere Einflussfaktoren auf Gesundheit und Krankheit

Es gibt zahlreiche **innere und äußere Faktoren** (→ Abb. 1), die die Gesundheit eines Individuums maßgeblich beeinflussen. Dabei unterscheidet man generell zwischen **protektiven Faktoren** und **Risikofaktoren.**

Das Zusammenspiel aller in → Abb. 1 dargestellten, auf ein Individuum einwirkenden Faktoren ergibt den Gesundheits- bzw. Krankheitszustand dieses Menschen. Für das Entstehen einer Krankheit ist also meist nicht nur ein Faktor allein entscheidend.

Eine wichtige Rolle hierbei spielt die **Disposition** eines Menschen. Darunter versteht man die Krankheitsbereitschaft, also die angeborene oder erworbene Anfälligkeit eines Organismus für Erkrankungen. Die Bezeichnung **Diathese** wird oft synonym dazu gebraucht.

Der Begriff **Prädisposition** wiederum bezeichnet einen Zustand, der eine Krankheit begünstigt, und wird meist im Zusammenhang mit angeborenen Genvarianten als **genetische Prädisposition** verwendet. Das bloße Vorliegen einer bestimmten Genvariante wird dabei als **Genotyp** bezeichnet. Oft bewirkt aber erst das Zusammentreffen mit anderen Genvarianten oder die Wechselwirkung mit bestimmten Umwelteinflüssen die Ausprägung des **Phänotyps** (Auftreten des Merkmals).

Während **innere Faktoren** nicht ohne massive Eingriffe (z. B. Genmanipulation) zu ändern sind, können die **äußeren Faktoren** in unterschiedlichem Ausmaß beeinflusst werden, z. B. durch Veränderungen im Lebensstil und -umfeld.

Epidemiologie:
Wissenschaft, die sich mit der Häufigkeit von Erkrankungen, deren Ursachen und Folgen beschäftigt

psychosozial:
die Psyche, das Sozialverhalten und die sozialen Gegebenheiten betreffend

protektive Faktoren:
Gesamtheit der Bedingungen, die einem unerwünschten Ereignis zeitlich vorausgehen und bei deren Vorliegen das Risiko für das Ereignis nachweislich verringert ist

Risikofaktor:
in der Medizin jede Exposition, die mit einem erhöhten Erkrankungsrisiko einhergeht

Exposition:
Ausgesetztsein (einem Einfluss)

Disposition:
auch Diathese genannt; organische, psychische oder lebensgeschichtlich erworbene Anfälligkeit für eine Erkrankung

Prädisposition:
Zustand oder genetische Anlage, der/die eine Krankheit oder psychische Störung begünstigt, z. B. genetische Prädisposition

Genotyp:
Gesamtheit aller Erbanlagen eines Organismus, die genetisch ursächlich sind für spezielle Eigenschaften; Anlage einer vererbten, genetisch bedingten Krankheit

Phänotyp:
Summe aller an einem Einzelwesen vorhandenen Merkmale, seine äußere Erscheinungsform und seine funktionellen Eigenschaften; wird geprägt durch das Zusammenwirken von erblichen Merkmalen (Genotyp) und nicht erblichen Merkmalen (Innenmilieu und Umwelt)

individuell:
auf die einzelne Person (Individuum), ihre Eigenarten, Besonderheiten, Verhältnisse zugeschnitten

Genom:
Gesamtheit des genetischen Materials einer Zelle oder eines Organismus, bestehend aus Genen sowie DNA-Abschnitten mit regulatorischer und unbekannter Funktion

Epigenetik:
Wissenschaft von den Genregulationsmechanismen, die zu einem stärkeren oder schwächeren Ablesen von Genen, also zu selektiver Genexpression führen, die aber nicht auf Veränderungen der Basensequenz beruhen und dennoch an die Tochterzellen weitergegeben werden

DNA-Methylierung:
epigenetische Modifikation der im DNA-Strang festgelegten Erbsubstanz durch Übertragung von Methylgruppen auf bestimmte Nukleotidbasen, die die Ablesung der genetischen Information verändert

Gender:
Geschlechtsidentität des Menschen als soziale Kategorie, z. B. hinsichtlich Selbstwahrnehmung, Selbstwertgefühl oder Rollenverhalten

rheumatoide Arthritis:
autoimmun bedingte, chronisch-fortschreitende Zerstörung mehrerer Gelenke, die von der Gelenkkapsel ausgeht

Das Zusammenwirken von inneren und äußeren Faktoren lässt sich am Beispiel des Heuschnupfens gut veranschaulichen: Die Neigung zu allergischen Erkrankungen wird vererbt. Leiden beide Eltern unter Heuschnupfen, erkranken deren Kinder mit einer Wahrscheinlichkeit von 50 bis 70 % ebenfalls daran. Für den tatsächlichen Ausbruch der Erkrankung spielen meist schädliche Umwelteinflüsse wie Abgasbelastung (Stickoxide, Dieselruße), Aktiv- und Passivrauchen und sogar der Klimawandel (längere Blütezeiten) eine Rolle.

Ermitteln Sie Krankheiten, bei deren Entstehung genetische Veranlagung und Umwelteinflüsse zusammenwirken.

Innere Gesundheits- und Krankheitsfaktoren

Die inneren Einflussfaktoren, auch als **biologische Faktoren** bezeichnet, wirken sich individuell sehr stark auf die Gesundheit aus und sollen im Folgenden näher betrachtet werden.

Genetische Prädisposition

Die Erbinformation des Menschen setzt sich je zur Hälfte aus den Genen von Mutter und Vater zusammen. Damit ist das **Genom** eines jeden Individuums einzigartig.

Selbst eineiige Zwillinge können durch seltene Punktmutationen, die sogenannten SNPs (Single Nucleotide Polymorphisms), genetische Unterschiede aufweisen. Ihren Nachweis kann man sich bei Vaterschaftstests und in der Rechtsmedizin zunutze machen.

Veranlagungen für bestimmte Erkrankungen können also durch **Vererbung** an die Nachkommen weitergegeben werden, wie dies beispielsweise für die Bluterkrankheit (Hämophilie) zutrifft, bei der die Mutation eines einzigen, bestimmten Gens zur Erkrankung führt. Ob eine veranlagte Krankheit aber tatsächlich phänotypisch zum Ausbruch kommt, ist oft erst vom Zusammentreffen verschiedener genetischer Faktoren oder Umwelteinflüsse abhängig, wie dies beim Diabetes mellitus Typ 2 (→ 4.6) der Fall ist.

Eine ebenfalls große Rolle für die Entstehung von Krankheiten kommt der **Epigenetik** zu, die heute ein wichtiger Bestandteil der biowissenschaftlichen Forschung ist. Sie kann als Bindeglied zwischen Genom und Umwelteinflüssen gesehen werden und steuert über DNA-Methylierungen (chemische Veränderungen an der Erbsubstanz, → 2.4.1), welche Gene abgelesen werden, ohne dass dafür die DNA an sich verändert werden muss. Auch epigenetische Veränderungen können an die Nachkommen weitergegeben werden.

Geschlecht

Sowohl das **biologische** als auch das **soziale Geschlecht (Gender)** haben einen nachweislichen Einfluss auf die Entstehung von Krankheiten, wie der Gesundheitsberichterstattung des Bundes mit geschlechtervergleichender Präsentation der Daten entnommen werden kann.

So steht in Bezug auf Krebserkrankungen bei den Männern das Prostatakarzinom an erster Stelle, gefolgt vom Lungenkarzinom, während es bei den Frauen Brustkrebs, gefolgt von Darmkrebs und Lungenkrebs sind (Robert Koch-Institut, Gesellschaft der epidemiologischen Krebsregister in Deutschland 2023). Auch die rheumatoide Arthritis als weiteres Beispiel zeigt ein geschlechterspezifisches Ungleichgewicht in der Verteilung auf: Frauen sind dreimal häufiger davon betroffen als Männer (Deutsche Gesellschaft für Rheumatologie 2018). Nicht zuletzt findet sich in Bezug auf die mittlere Lebenserwartung ein deutlicher Unterschied zwischen den Geschlechtern: Frauen leben im Schnitt 5 Jahre länger als Männer: 83,2 gegenüber 78,3 Jahren (Statistisches Bundesamt 2023).

Lebensalter

In den verschiedenen Lebensphasen (→ I-3.1) zeigen sich deutliche Unterschiede bezüglich spezifischer Gesundheitsrisiken.

Im **Kindes- und Jugendalter** haben Infektionskrankheiten, Allergien und Asthma eine große Bedeutung.

Bei der Häufigkeit von psychischen Störungen (→ 5.10) wie Essstörungen, Depressionen, ADHS und selbstverletzendem Verhalten ist bei Jugendlichen seit einigen Jahren ein signifikanter Anstieg zu beobachten.

Im **mittleren bis höheren Erwachsenenalter** überwiegen stattdessen Herz-Kreislauf-Erkrankungen, Krebs, Erkrankungen des Bewegungsapparates und Stoffwechselkrankheiten wie Diabetes mellitus Typ 2.

Im **höheren Lebensalter** kommen vermehrt psychische Belastungen und kognitive Beeinträchtigungen wie Demenzerkrankungen hinzu. Gehäuft liegen auch mehrere Erkrankungen gleichzeitig vor (Multimorbidität).

Mikrobiom

Beim Mikrobiom handelt es sich um **Mikroorganismen (Mikroben),** die den Körper besiedeln und deren Zusammensetzung sehr individuell ist. Die das Mikrobiom bildenden Bakterien, Pilze und Viren (→ 8.5.2) sind vor allem im Darm, auf der Haut und den Schleimhäuten angesiedelt. Man spricht in diesem Zusammenhang auch von **Darm- oder Hautflora** (→ 8.2.2). Sie nehmen Einfluss auf den Stoffwechsel, das Immun- und Hormonsystem. Abweichungen von der Normalflora durch Störungen des Gleichgewichts zwischen nützlichen und schädlichen Mikroben werden mit verschiedenen Erkrankungen in Verbindung gebracht, wie chronisch entzündliche Darmerkrankungen, Diabetes (→ 4.6), Adipositas (→ 4.5) oder Neurodermitis (→ 6.9). In welchem Ausmaß das Mikrobiom letztlich die Gesundheit des Menschen beeinflusst, ist noch nicht umfassend verstanden und wird weiter erforscht.

Äußere Gesundheits- und Krankheitsfaktoren

Zahlreiche Studien und Datenerhebungen der Krankenversicherungen und des Robert Koch-Instituts (RKI) (→ I-4.6.1) wie die Gesundheitsberichterstattung (→ I-2.2.7) geben einen Überblick über die äußeren Faktoren, die für die gesundheitliche Verfassung eine Rolle spielen.

Dazu gehören:

- persönliche Lebensweise – Bewegung, Ernährung, Suchtmittelgebrauch, Stressbewältigung
- individuelle Gesundheitseinstellungen
- Umwelteinflüsse – Schadstoffbelastung, UV-Strahlung, Lärm
- soziale Faktoren – kultureller und familiärer Hintergrund, sozioökonomischer Status
- kritische Lebensereignisse – Unfall, Missbrauch, Arbeitsplatzverlust

Eine 55-jährige, alleinstehende Frau verliert unerwartet ihren Arbeitsplatz. Überlegen Sie, welche Auswirkungen dies auf die in → Abb. 1 genannten Faktoren haben könnte.

Einige der genannten äußeren Faktoren unterliegen in Deutschland der gesetzlichen Regelung. So gibt es neben Schutzgesetzen wie dem Arbeits-, Jugend- oder Mutterschutzgesetz auch zahlreiche Verordnungen, die die Schadstoffbelastung in Trinkwasser, Luft, Lebensmitteln oder Gebrauchsgütern regeln – um nur ein paar Maßnahmen zu nennen, die den Einfluss krankmachender äußerer Faktoren minimieren sollen.

Recherchieren Sie unter www.gesetze-im-internet.de/juschg/BJNR273000002.html, welche Maßnahmen zum Schutz von Jugendlichen gesetzlich geregelt sind.

Nikotin- und Alkoholkonsum, Aggressivität gegenüber sich selbst und anderen, z. B. durch riskantes Verhalten im Straßenverkehr, sozialer Rückzug mit der Gefahr von Vereinsamung und seelischen Beeinträchtigungen sind nur einige Folgen, die bereits bei arbeitslosen Jugendlichen auffallen.

2.1.2 Allgemeines Schema zur Beschreibung von Krankheiten

Zur Beschreibung von Krankheiten wird ein einheitliches Schema verwendet, damit exemplarisch jedes Krankheitsbild auf die gleiche Art und Weise verstanden und einsortiert

I-3.4
Einflussfaktoren auf die Gesundheit

kognitiv:
das Wahrnehmen, Denken und Erkennen betreffend

Multimorbidität:
gleichzeitiges Bestehen von mehreren chronischen Krankheiten

Mikrobiom des Menschen:
Gesamtheit der Mikroorganismen (Kleinstlebewesen) auf und im Menschen

Mikroorganismus:
nicht mit dem bloßen Auge sichtbares Kleinstlebewesen

Robert Koch-Institut:
RKI; selbstständige Bundesoberbehörde für Infektionskrankheiten und nicht übertragbare Krankheiten, zentrale Forschungseinrichtung der Bundesrepublik Deutschland

sozioökonomischer Status:
SES; Gesamtheit aus Merkmalen menschlicher Lebensumstände, z. B. berufliche Stellung, Bildungsniveau und Einkommen, um die Stellung eines Menschen innerhalb der Gesellschaft zu beschreiben (→ I-3.2.4)

Inzidenz:
Anteil der in einem bestimmten Zeitraum neu hinzukommenden Merkmalsträger

Prävalenz:
Anteil der Merkmalsträger

Symptom:
Anzeichen für eine Erkrankung oder Verletzung

Diagnostik:
Summe aller durchgeführten Maßnahmen zur Erfassung der Merkmale

Anamnese:
Erhebung der Vorgeschichte einer Krankheit

Therapie:
Behandlung von Krankheiten, Behinderungen und Verletzungen; Ziel: Heilung, Beseitigung oder Linderung von Symptomen und Wiederherstellung der körperlichen und psychischen Funktionen

Rehabilitation:
weitgehende Wiederherstellung der Gesundheit und Arbeitsfähigkeit eines Menschen bei (chronischer) Krankheit oder nach Unfall

Prognose:
auf empirischen Erkenntnissen beruhende Vorhersage von Verlauf, Dauer und Ausgang einer Krankheit

Prophylaxe:
Maßnahmen, die dazu dienen, eine Beeinträchtigung der Gesundheit durch Risikofaktoren, Krankheiten oder Unfälle zu verhindern

Prävention:
Maßnahmen, die eine gesundheitliche Schädigung verhindern, weniger wahrscheinlich machen oder ihren Eintritt verzögern; Einteilung nach dem Zeitpunkt der Maßnahme (Primär-, Sekundär-, Tertiärprävention) oder Zielsetzungen

I-3.3.3
Häufigkeit chronischer Krankheiten

werden kann. Folgende Punkte finden dabei Beachtung:

- **Vorkommen** (Epidemiologie): Inzidenz, Prävalenz, geografische oder geschlechterspezifische Verteilung der Krankheit (→ I-2.2)
- **Ursachen und Krankheitsentstehung** (Ätiologie und Pathogenese): Ursachen, Entstehung und Entwicklung der Krankheit
- **Symptome:** Krankheitszeichen
- **Diagnostik:** Maßnahmen zur Identifizierung der Krankheit (Anamnese, körperliche, apparative und Laboruntersuchungen, Befragung, Beobachtung) (→ I-10.1)
- **Therapie:** Behandlungsmöglichkeiten (medikamentös, operativ, physikalisch, psychotherapeutisch, mit Heilmitteln) (→ I-10.2)
- **Rehabilitation:** weitgehende Wiederherstellung der Gesundheit und Arbeitsfähigkeit bei (chronischer) Krankheit oder nach Unfall (→ I-11.2)
- **Pflege:** Erhaltung eines möglichst guten Zustands, z. B. durch Behandlung; sorgende Obhut; professionell, durch Laien, durch den Betroffenen selbst
- **Verlauf und Prognose:** wissenschaftlich basierte Vorhersage des wahrscheinlichsten Krankheitsverlaufs und der Heilungsmöglichkeiten
- **Prävention und Gesundheitsförderung:** Vermeidung, Früherkennung oder Rückfallprophylaxe einer Erkrankung; Stärkung gesundheitlicher Ressourcen und Gestaltung gesundheitsförderlicher Lebenswelten (→ I-9)

Recherchieren Sie das Krankheitsbild der Mittelohrentzündung und stellen Sie es anhand des oben genannten Schemas vor.

2.1.3 Einteilungsmöglichkeiten von Krankheiten

Erkrankungen können unterschiedliche Verläufe nehmen – je nach Art der Erkrankung und Behandlungsmöglichkeiten. Mit einer Therapie kann versucht werden, den Krankheitsverlauf positiv zu beeinflussen, bestenfalls die Krankheitsursache zu beseitigen.

Krankheitsverläufe werden nach quantitativen (zeitlichen) oder qualitativen (die Symptomatik betreffenden) Aspekten eingeteilt – wobei es zu Überschneidungen der Dimensionen „Zeit“ und „Schwere“ kommen kann.

Nach **Stärke und Sichtbarkeit der Symptome** wird eingeteilt in:

- latent: „schlummernd“, ohne Symptome
- inapparent: pathologisch verändert, aber symptomlos oder -arm
- subklinisch: leicht verlaufend
- (klinisch) manifest: durch ärztliche/psychologische Untersuchung erkennbar
- letal: tödlich

Beim **zeitlichen Verlauf** werden Dauer, Tempo und Rhythmik unterschieden:

- Dauer:
  - perakut: extrem schnell auftretend
  - akut: schnell, plötzlich auftretend (< 2 Wochen)
  - subakut: mäßig schnell auftretend
  - subchronisch: lang andauernd (30–180 Tage)
  - chronisch: lang andauernd (> 4 Wochen), schleichend, nicht völlig zu heilen
- Tempo:
  - paroxysmal: anfallsartig
  - foudroyant: blitzartig, schwer im Verlauf
  - progredient: fortschreitend, mit zunehmend schwerem Verlauf
  - chronisch-progredient: langdauernd mit fortschreitender Ausprägung der Symptome
- Rhythmik:
  - rezidivierend: wiederkehrend nach vorangegangener vollständiger Heilung
  - chronisch-rezidivierend: langandauernd mit zeitweiligen Phasen der Besserung
  - intermittierend: wiederkehrend, mit Unterbrechungen auftretend
  - episodisch: zeitweise, vorübergehend

Weltweit ist eine deutliche Zunahme chronischer Erkrankungen festzustellen, mit Schwerpunkt in den Industrieländern. 43 % der Frauen und 38 % der Männer geben an, von mindestens einer chronischen Krankheit betroffen zu sein (Robert Koch-Institut 2014). Auch nimmt der Anteil derer zu, die unter mehr als einer Krankheit leiden (Multimorbidität).

Besondere Bedeutung für Erkrankte sowie für das Gesundheitssystem haben **chronische Erkrankungen**. Diese sind definiert als lange andauernde Krankheiten (> 4 Wochen), die kontinuierlich oder in immer wiederkehrenden Schüben mit symptomfreien Intervallen verlaufen und nicht vollständig geheilt werden können. Auch ziehen sie wiederkehrend erhöhte Inanspruchnahme von Leistungen des Gesundheitssystems nach sich.

Die gesetzlichen Krankenkassen definieren **schwerwiegende chronische Erkrankungen** als solche, derentwegen der Patient

- sich mindestens ein Jahr lang einmal pro Quartal in Behandlung befindet und
- pflegebedürftig ist (Pflegegrad 3 oder höher) (→ I-12.4) und/oder
- einen Grad der Behinderung von 60 bzw. eine Erwerbsfähigkeitsminderung von mindestens 60 % aufweist (→ I-11.1.3) oder
- permanente medizinische Versorgung benötigt, ohne die eine dauerhafte Minderung der Lebensqualität bzw. der Lebenserwartung einträte

(Krankenkassennetz.de GmbH o. J.).

Die Kosten, die durch chronische Erkrankungen im Gesundheitssystem verursacht werden, sind enorm. Auch für Betroffene kann die Erkrankung eine finanzielle Belastung bis hin zu existenziellen Problemen darstellen.

Neben den Krankheitskosten bringt eine chronische Erkrankung oft eine Minderung der Lebensqualität mit sich: Neben Beschwerden wie Schmerzen und funktionellen Einschränkungen in Beruf und Alltag leidet etwa ein Drittel der Betroffenen unter psychischen Begleiterkrankungen wie Anpassungsstörungen, Depressionen oder Angstzuständen. Partnerschaftsprobleme und sozialer Rückzug können die Situation verschärfen und die Chronifizierung der körperlichen Erkrankung vorantreiben.

Krankheiten werden außerdem eingeteilt nach **Phasen im Verlauf:**

- Inkubationszeit: Zeit zwischen Eindringen von Erregern und ersten Symptomen
- Progression: Fortschreiten der Krankheit
- Exazerbation: deutliche Verschlimmerung der Symptome
- Krise: maximale Ausprägung von Symptomen und Leidensdruck
- Remission: Abschwächung der Symptome ohne Heilung
- Rezidiv: Wiederauftreten der Erkrankung
- Heilung

Mögliche Ausgänge einer Erkrankung zeigt → Abb. 2.

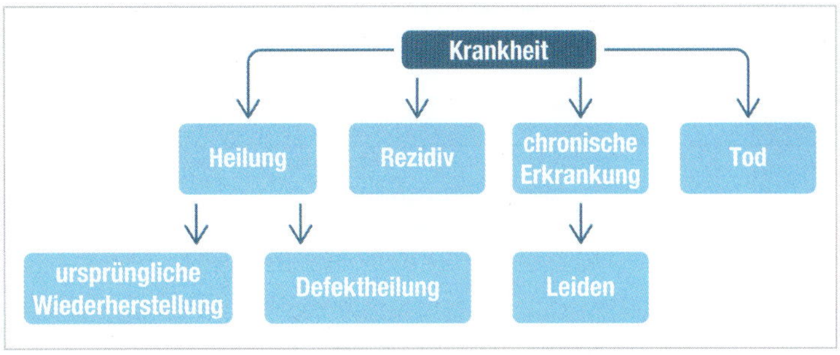

Abb. 2 Mögliche Ausgänge von Krankheit

Krankheiten lassen sich zudem einteilen nach bekannten oder vermuteten **Ursachen:**

- Zell- und Gewebsschäden (→ 2.2)
- Entzündungen (→ 2.3)
- Tumore/Krebs (→ 2.4)
- psychische Störungen (→ 5.10)
- Autoimmunerkrankungen (→ 7.3.2)
- Infektionskrankheiten (→ 8.5)
- Krankheiten mit sozialem Entstehungshintergrund (→ I-3.4)

2.1.4 Klassifikation von Krankheiten

Damit Krankheiten international eindeutig und standardisiert klassifiziert und miteinander verglichen werden können, wurde durch die WHO und ihre Mitgliedsstaaten der **ICD-Kode** etabliert (→ I-1.2.4). Derzeit gültige Fassung ist der ICD-10. Die Abkürzung steht für „Internationale statistische Klassifikation der Krankheiten und verwandter Gesundheitsprobleme". Alle anerkannten Krankheiten sind hier strukturiert einsortiert und beschrieben. Dieses amtliche Klassifikationssystem wird alle drei Jahre überarbeitet und in größeren Abständen komplett revidiert. Die ICD-11 tritt am 1. Januar 2022 in Kraft, ist aus lizenzrechtlichen Gründen jedoch noch nicht nutzbar (Stand: 01/2024).

In Deutschland gibt es zwei wesentliche amtliche Einsatzbereiche für den ICD-10. Der **ICD-10-WHO,** die unveränderte Übersetzung des englischsprachigen Originals, dient der Todesursachenverschlüsselung für statistische Zwecke. Die an die Erfordernisse des deutschen Gesundheitswesens angepasste **ICD-10-GM** (German Modification) dient dagegen der Verschlüsselung von Diagnosen in der ambulanten und stationären Versorgung nach §§ 295 und 301 SGB V. Sie wird jährlich aktualisiert.

Pflegegrad:
Einteilung nach Umfang der Pflegebedürftigkeit in fünf Gruppen; begründet Leistungspflicht der Pflegeversicherungen

Grad der Behinderung:
GdB; Maß für die Schwere einer Behinderung; gestaffelt in Zehner-Schritten von 20 bis 100

Minderung der Erwerbsfähigkeit:
MdE; in der gesetzlichen Unfallversicherung Grad der Schäden in % durch Arbeits-/Wegeunfall oder Berufskrankheit; Voraussetzung für den Bezug einer Verletztenrente

Defektheilung:
Abheilung mit Einschränkung der Funktionalität

ICD:
International Statistical Classification of Diseases and Related Health Problems (Internationale statistische Klassifikation der Krankheiten und verwandter Gesundheitsprobleme); Klassifikationssystem der WHO, in dem die Kriterien für die Feststellung anerkannter Erkrankungen genau definiert sind

ICD-10-GM und ICF beim Bundesinstitut für Arzneimittel und Medizinprodukte (BfArM): *www.bfarm.de*

Kapitel	Gliederung	Titel
I	A00-B99	Bestimmte infektiöse und parasitäre Krankheiten
I	C00-D48	Neubildungen
II	D50-D90	Krankheiten des Blutes und der blutbildenden Organe sowie bestimmte Störungen mit Beteiligung des Immunsystems
IV	E00-E90	Endokrine, Ernährungs- und Stoffwechselkrankheiten
V	F00-F99	Psychische und Verhaltensstörungen
VI	G00-G99	Krankheiten des Nervensystems
VII	H00-H59	Krankheiten des Auges und der Augenanhangsgebilde
VIII	H60-H95	Krankheiten des Ohres und des Warzenfortsatzes
IX	I00-I99	Krankheiten des Kreislaufsystems
X	J00-J99	Krankheiten des Atmungssystems
XI	K00-K99	Krankheiten des Verdauungssystems
XII	L00-L99	Krankheiten der Haut und der Unterhaut
XIII	M00-M99	Krankheiten des Muskel-Skelett-Systems und des Bindegewebes
XIV	N00-N99	Krankheiten des Urogenitalsystems
XV	O00-O99	Schwangerschaft, Geburt und Wochenbett
XVI	P00-P96	Bestimmte Zustände, die ihren Ursprung in der Perinatalperiode haben
XVII	Q00-Q99	Angeborene Fehlbildungen, Deformitäten und Chromosomenanomalien
XVIII	R00-R99	Symptome und abnorme klinische und Laborbefunde, die anderenorts nicht klassifiziert sind
XIX	S00-T98	Verletzungen, Vergiftungen und bestimmte andere Folgen äußerer Ursachen
XX	V01-Y84	Äußere Ursachen von Mobidität und Mortalität
XXI	Z00-Z99	Faktoren, die den Gesundheitszustand beeinflussen und zur Inanspruchnahme des Gesundheitswesens führen
XXII	U00-U99	Schlüsselnummern für besondere Zwecke

Abb. 3 ICD-10-GM – Kapitelübersicht (Bundesinstitut für Arzneimittel und Medizinprodukte 2024)

I-11.1.4
Internationale Klassifikation der Funktionsfähigkeit, Behinderung und Gesundheit (ICF)

ICF:
International Classification of Functioning, Disability and Health (Internationale Klassifikation der Funktionsfähigkeit, Behinderung und Gesundheit); von der WHO herausgegeben; stuft die Folgen von Krankheiten in Bezug auf Körperfunktionen, soziale Aktivitäten und Teilhabe ein

Arbeitsunfähigkeitsbescheinigung:
AU; arbeitsrechtlich bedeutende ärztliche Bestätigung über das Vorliegen einer Erkrankung, die den Kranken am Erbringen der Arbeitsleistung hindert; elektronisch verfügbar

American Psychiatric Association: *www.apa.org*

Die ICD-10-GM ist in 22 Kapitel gegliedert, die thematisch alle bekannten Krankheiten abbilden (→ Abb. 3). Die Kapitel III bis XIV beinhalten dabei die organspezifischen Krankheiten; alle nicht spezifisch einem Organ/Organsystem zuzuordnenden Erkrankungen finden sich in den restlichen Kapiteln. Jedes der 22 Kapitel ist nochmals in Gruppen unterteilt, die durch dreistellige Buchstaben-/Zahlenkombinationen gekennzeichnet sind.

Beispiel für Kodierung nach ICD-10-GM
Im Kapitel X „Krankheiten des Atmungssystems", das aus 10 Gruppen besteht, findet sich in der Gruppe J09-J18 mit dem Titel „Grippe und Pneumonie" unter der Schlüsselnummer J10 die „Grippe durch saisonale nachgewiesene Influenzaviren". Anhand der Symptome, die bei der vorliegenden Grippe auftreten, wird schließlich weiter differenziert. So müsste eine Grippe mit begleitender Myokarditis, bei der saisonale Influenzaviren nachgewiesen sind, mit dem Kode J10.8 verschlüsselt werden.

Neben der ICD-10 gilt das von der American Psychiatric Association (APA) herausgegebene **DSM** (Diagnostic and Statistical Manual of Mental Disorders) als Standardwerk für die Diagnose und Klassifikation **psychischer Störungen** (→ 5.10.1). Seit 2013 liegt die 5. Auflage vor (DSM-5). Andauernde oder wiederkehrende Störungen werden dort deskriptiv (beschreibend), ohne Bezug zur Ätiologie und ohne jegliche Therapieempfehlung benannt und klassifiziert (→ Abb. 4).

Da psychische Störungen und Verhaltensstörungen auch in der ICD-10-GM in Kapitel V beschrieben und kodiert sind, kann in Deutschland zur Diagnosestellung einer psychischen Störung das DSM-5 nicht angewendet werden. Aufgrund seiner exakteren Beschreibungen und zusätzlichen hilfreichen Anmerkungen zu den einzelnen Störungen ist dieses Klassifizierungssystem jedoch vor allem im Kontext der Forschung der bevorzugte Leitfaden.

Die **ICF** (International Classification of Functioning, Disability and Health), die 2001 von der WHO herausgegeben wurde, ist eine Klassifikation, die die Folgen einer Krankheit für den Menschen erfasst. Basierend auf dem biopsychosozialen Modell (→ I-1.4.1) klassifiziert sie folgende Gesundheitskomponenten:

- Körperfunktionen
- Körperstrukturen
- Aktivitäten
- Partizipation (Teilhabe)
- Umweltfaktoren

Mit ihrer Ressourcenorientierung kann die ICF auf alle Menschen, nicht nur auf solche mit Behinderungen, angewendet werden und ermöglicht in Ergänzung zum ICD-10 ein umfassendes Bild des Gesundheitszustands eines Menschen.

Einen Überblick über die genannten Klassifikationssysteme gibt → Tab. 1.

Ein 17-jähriges Mädchen leidet unter plötzlich auftretendem, starkem Erbrechen und Durchfall. Der Hausarzt diagnostiziert eine Norovirusinfektion und stellt eine Arbeitsunfähigkeitsbescheinigung (AU) für die Ausbildungsstätte aus. Welchen Kode nach ICD-10-GM verwendet er hierfür?

Tab. 1 Klassifikationssysteme von Krankheiten und ihre Anwendungsbereiche

Klassifikationssystem	Herausgeber	Anwendungsbereich in Deutschland
ICD-10-WHO	WHO	Todesursachenstatistik
ICD-10-GM	WHO, DIMDI	Diagnosen im ambulanten und stationären Bereich
DSM-5	APA	Definition von psychiatrischen Erkrankungen im Bereich der Forschung
ICF	WHO	Beschreibung des Gesundheitszustands von Menschen mit und ohne Behinderungen

2.2 Zell- und Gewebeschäden

Zellen und Gewebe reagieren auf exogene und endogene Reize und können sich diesen entweder anpassen oder aber reversible oder irreversible Schäden davontragen, die letztlich bis zum Zelltod (Nekrose, → 1.2.4) führen können. Die Fähigkeit zu **Anpassung** und **Regeneration** unterscheidet sich dabei je nach Gewebetyp. So heilen Schleimhautverletzungen in der Regel schnell ab, während Verletzungen des Nervengewebes dies kaum oder nur sehr langsam tun. Auch die **Art der Noxe** und die **Dauer ihrer Einwirkung** beeinflussen das Ausmaß der Zell- und Gewebeveränderungen.

Folgende Noxen werden unterschieden:

- physikalische – Temperatur, Strahlung, Traumata
- chemische – Schadstoffe, Medikamente
- biologische – Toxine, Viren
- immunologische
- genetische
- Zustände der Unterversorgung – Sauerstoffmangel, Mikronährstoffmangel

2.2.1 Ablagerungen

Bei Ablagerungen handelt es sich um **Zelleinschlüsse** oder um Stoffe, die im Zellzwischenraum oder im Interstitium, also dem Zwischengewebe, das die Organe durchzieht, eingelagert werden. Durch Interaktion der Noxe mit dem intrazellulären Energiestoffwechsel kann es zu Elektrolytverschiebungen und infolgedessen zu Wassereinlagerungen und somit zur **Schwellung** der Zelle kommen. Ebenso führt die Hemmung von

1.	Störung der neuronalen und mentalen Entwicklung
2.	Schizophrenie-Spektrum, andere psychotische Störungen
3.	Bipolare und verwandte Störungen
4.	Depressive Störungen
5.	Angststörungen
6.	Zwangsstörung und verwandte Störungen
7.	Trauma- und belastungsbezogene Störungen
8.	Dissoziative Störungen
9.	Somatische Belastungsstörung und verwandte Störungen
10.	Fütter- und Essstörungen
11.	Ausscheidungsstörungen
12.	Schlaf-Wach-Störungen
13.	Sexuelle Funktionsstörungen
14.	Geschlechtsdysphorie
15.	Disruptive, Impulskontroll- und Sozialverhaltensstörungen
16.	Störungen im Zusammenhang mit psychotropen Substanzen und abhägigen Verhaltensweisen
17.	Neurokognitive Störungen (NCD)
18.	Persönlichkeitsstörungen
19.	Paraphile Störungen
20.	Andere psychische Störungen
21.	Medikamenteninduzierte Bewegungsstörungen und andere unerwünschte Medikamentenwirkungen
22.	Andere klinische relevante Probleme

Abb. 4 DSM-5 – Kategorien (Falkai, Wittchen 2015)

intrazellulären Enzymen und Stoffwechselprozessen zu Einlagerungen von Fetten, Kalk u. a.

> Ein bekanntes Beispiel sind **Fettablagerungen** in der Leber bei Überernährung oder hohem Alkoholkonsum (→ 4.7), **Cholesterinablagerungen** bei der Arteriosklerose (→ 10.5) oder die Anhäufung von **Amyloid-Plaques** bei der Alzheimerdemenz (→ 5.12) (→ Abb. 5).

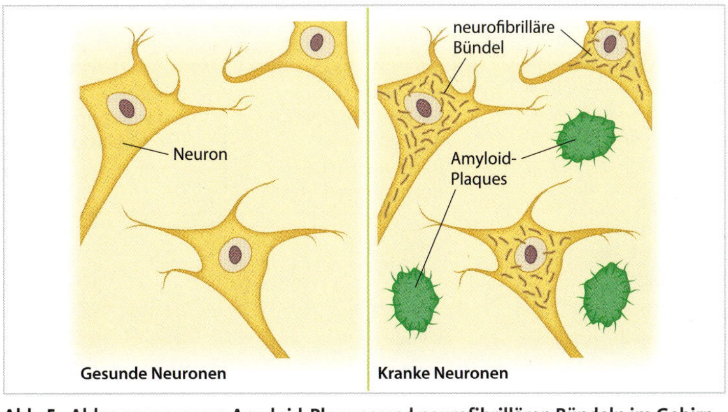

Abb. 5 Ablagerungen von Amyloid-Plaques und neurofibrillären Bündeln im Gehirn bei Alzheimerdemenz

Noxe:
Schadstoff, schädigende Wirksubstanz oder auch krankheitserregende Ursache

Toxin:
Giftstoff von Mikroorganismen, Pflanzen oder Tieren mit spezifischen Wirkungen, die nach unterschiedlichen Inkubationszeiten auftreten

Interstitium:
Zwischenraum (zwischen Zellen, Organen oder Geweben); z. B. der zwischen den organtypischen Funktionsgeweben gelegene Raum, der Bindegewebe, Gefäße und Nerven enthält

Intrazellularraum:
der von der Zellmembran umschlossene Bereich der Zelle, zugleich Sammelbegriff für die Gesamtheit der Intrazellularräume aller Körperzellen

Elektrolyte:
die im Intrazellularraum (IZR) und Extrazellularraum (EZR) vorhandenen Ionen (z. B. Na^+, Cl^-, K^+); durch ihre unterschiedliche Verteilung im IZR und EZR entsteht das Membranpotenzial (→ 5.1.3), das viele Stoffwechselprozesse antreibt

Hypertrophie:
erworbene Vergrößerung von Geweben oder Organen durch Zunahme des Zellvolumens bei gleichbleibender Zellzahl

Hyperplasie:
erworbene Vergrößerung eines Gewebes oder Organs durch Zunahme der Zellzahl bei unveränderter Zellgröße

Atrophie:
erworbene Verkleinerung eines Gewebes oder Organs (nach Zellzahl und/oder -größe) oder einer einzelnen Zelle, mit der eine Minderung der Funktion einhergeht

Stimulus:
Reiz

Metaplasie:
im Rahmen der Regeneration reversible Umwandlung eines differenzierten Gewebes in ein anderes differenziertes Gewebe nach chronischer Irritation durch entzündliche, chemische oder mechanische Faktoren

Präkanzerose:
Tumor, der eine mögliche oder gesicherte Vorstufe einer Krebserkrankung darstellt

Dysplasie:
Fehl- oder Unterentwicklung; reversible Veränderungen von Zellen, Geweben und Organen mit atypischen Wachstumsvorgängen und Verlust der Zelldifferenzierung

Zellproliferation:
Bezeichnung für schnelles Wachstum bzw. Vermehrung von Gewebe, basierend auf Zellwachstum und Zellteilung

Erythrozyt:
rotes Blutkörperchen; Funktion: vor allem Sauerstofftransport

Noxe:
Stoff, der eine schädigende Wirkung auf den Organismus hat

2.2.2 Anpassungsreaktionen von Zellen und Geweben

Unter einer Anpassungsreaktion versteht man die Antwort von Zellen, Geweben und Organen auf veränderte Umstände und Beanspruchungen. Dazu zählen einerseits die Reaktionen auf eine Mehrbelastung in Form der Hypertrophie und der Hyperplasie, andererseits die Atrophie, die aus einer Minderbelastung oder Mangelversorgung resultiert (→ Abb. 6).

Die **Hypertrophie** bezeichnet die Vergrößerung von Zellen und tritt vor allem bei hochdifferenzierten Zellen mit geringer oder fehlender Teilungsfähigkeit auf. Man unterscheidet die (physiologische) funktionelle Hypertrophie bzw. Aktivitätshypertrophie bei erhöhten Anforderungen von der (pathologischen) kompensatorischen Hypertrophie, die einen Leistungsabfall ausgleicht. So findet sich die Hypertrophie bei Zellen der Skelett- und Herzmuskulatur oder der Leber. Die **Hyperplasie** dagegen stellt eine Vermehrung der Zellzahl dar, die sich in Geweben mit noch teilungsfähigen Zellen wie dem Knochenmark findet (→ 7.5.2).

Bei der **Atrophie** unterscheidet man zwischen der einfachen Form, die mit einer Verkleinerung der Zellen einhergeht und sich bei Inaktivität, im Alter oder bei Abfall hormoneller oder nervaler Stimuli zeigt, und der numerischen Atrophie, die mit einer Abnahme der Zellzahl einhergeht.

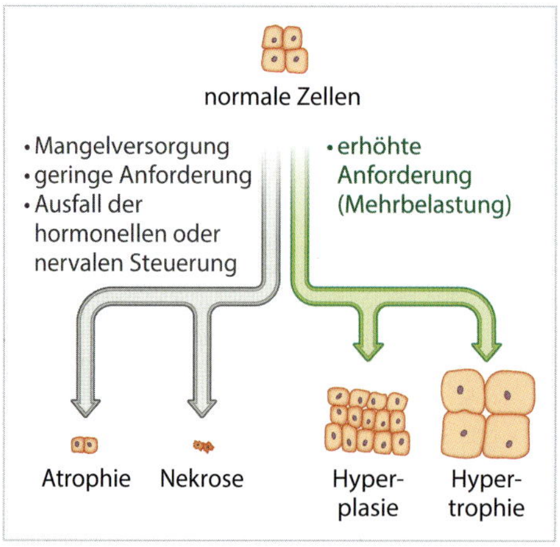

Abb. 6 Anpassungsreaktionen der Zelle

Bei Jugendlichen kommt es beispielsweise mit Einsetzen der Pubertät zu einer (physiologischen) numerischen Atrophie der Thymusdrüse (→ 8.3.2).

Durch dauerhaftes, intensives Training, beispielsweise in Form von Leistungssport, kommt es, je nach Sportart, zu einer mehr oder weniger deutlichen Zunahme der Muskelmasse, oft auch zu einer Vergrößerung des Herzens bzw. des Herzmuskels (funktionelle Hypertrophie).
Bei längerem Training im Hochgebirge dagegen wird durch den Sauerstoffmangel die vermehrte Bildung roter Blutkörperchen angeregt (Hyperplasie).
Nach einer Sportverletzung mit wochenlanger Ruhigstellung des Beins kann die Muskelmasse durch die Inaktivität deutlich abnehmen (Inaktivitätsatrophie).

Darüber hinaus können Zellen auf chronische Reizung durch toxische Substanzen, Druck oder Entzündungen mit der Differenzierung in eine andere Zellart reagieren. So kann sich z. B. bei Rauchern das Flimmerepithel in den Atemwegen in Plattenepithel umwandeln. Dies nennt man **Metaplasie.** Diese an sich reversible Umwandlung kann jedoch bei andauernder Belastung zur Präkanzerose, also zur Vorstufe einer Krebserkrankung, werden. Bereits sichtbare Fehlbildungen an Geweben und Organen bezeichnet man als **Dysplasie.** Auch hier kann durch atypische Zellproliferationen eine Präkanzerose entstehen.

Körperliche Ereignisse wie Sauerstoffmangel in einem Organ, Verletzungen, Verbrennungen oder Vergiftungen können allerdings auch so starke **Noxen** darstellen, dass es zum Zusammenbruch des intrazellulären Energiesystems und zur Auflösung der Zellstrukturen kommt. Dieser Vorgang nennt sich **Nekrose** (→ 1.2.4). Im Gegensatz zur **Apoptose,** dem „programmierten Zelltod", der Bestandteil des normalen Zellstoffwechsels ist und ohne Schädigung des Nachbargewebes abläuft, werden bei der Nekrose durch die Zerstörung der Zellmembran intrazelluläre Enzyme freigesetzt und eine Entzündungsreaktion in der Umgebung ausgelöst.

Als **Zellregeneration** bezeichnet man den physiologischen Ersatz abgestorbener Zellen, wobei die Erneuerungsrate je nach Zellart stark variiert. So erneuern sich Darmepithelzellen innerhalb weniger Tage, Erythrozyten werden alle drei Monate ersetzt, während die Erneuerungsrate einer Fettzelle bei etwa acht Jahren liegt. Falls eine Regeneration nicht möglich ist, kann der Körper durch Hypertrophie des Gewebes oder das Auffüllen mit Bindegewebe reagieren.

2.2.3 Gewebeveränderungen und -einlagerungen als Folgezustände von Krankheiten

Bei einer **Fibrose** kommt es aus unterschiedlichen Gründen zu einer Vermehrung von Bindegewebszellen und kollagenen Fasern. Es können ganze Gewebe, Organe oder Organsysteme von diesem Bindegewebe durchsetzt werden, z. B. bei der Lungen- oder Leberfibrose.

Verhärtet ursprüngliches Gewebe durch Umgestaltung infolge einer unkontrollierten Produktion von Bindegewebe, spricht man von einer **Sklerose.** Ursache hierfür sind Gewebsschädigungen, ausgelöst durch Entzündungen, Durchblutungsstörungen, Alterungsprozesse oder auch Autoimmunerkrankungen.

Bei beiden Zell- bzw. Gewebsveränderungen handelt es sich nicht um eigenständige Krankheitsbilder, sondern lediglich um Folgeerscheinungen anderer Erkrankungen.

Die Einlagerung von Flüssigkeit im Gewebe wird als **Ödem** bezeichnet. Dabei tritt die Flüssigkeit aus dem Gefäßsystem aus, sammelt sich im Interstitium und verursacht in der Regel eine wahrnehmbare **Schwellung,** z. B. beim Beinödem (→ Abb. 7).

Ursächlich für die Entstehung von Ödemen ist ein **Ungleichgewicht von hydrostatischem und kolloidosmotischem Druck.** Während der hydrostatische Druck einen Austritt von Flüssigkeit in das Interstitium bewirkt, bindet der kolloidosmotische Druck diese in den Kapillaren, sodass normalerweise nur ein kleiner Teil

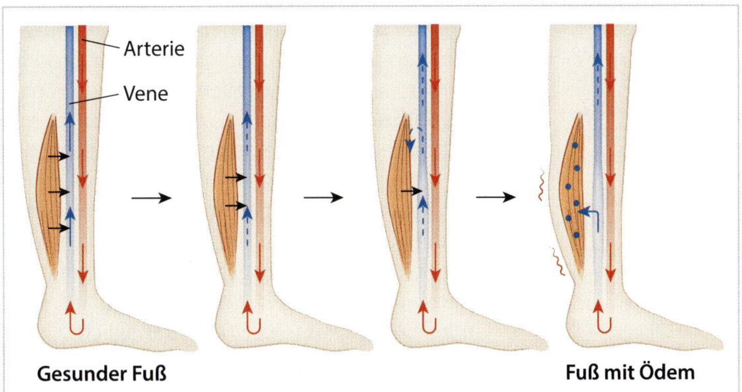

Abb. 7 Entstehung von Beinödemen

des intravasalen Flüssigkeitsvolumens ins Interstitium entweicht, wo es von den Lymphgefäßen eingesammelt wird.

Auch bei Ödemen handelt es sich um Folgeerscheinungen anderer Erkrankungen, z. B. von Herzinsuffizienz (→ 10.6) oder Niereninsuffizienz (→ 11.3), Leberzirrhose (→ 4.7), Beinvenenthrombosen, Entzündungen oder allergischen Reaktionen.

2.3 Entzündungen

Unter einer Entzündungsreaktion (Inflammation) versteht man den lokalen oder systemischen Abwehrmechanismus des körpereigenen Immunsystems auf exogene und endogene Reize. In der medizinischen Nomenklatur drückt meist die Endung **-itis** an dem jeweiligen Fachbegriff für das betroffene Organ oder Gewebe aus, dass es sich um eine Entzündung handelt, beispielsweise Dermatitis für die Entzündung der Lederhaut (Dermis) oder Gastritis für eine Magenschleimhautentzündung.

2.3.1 Ursachen

Mögliche Ursachen von Entzündungen lassen sich nach folgenden Kriterien einteilen:

- **biologische Faktoren** – Viren, Bakterien, Pilze, Protozoen, Würmer
- **chemische Noxen** – Säure- oder Laugeneinwirkung, Medikamente, Gifte
- **physikalische Reize** – Druck, Reibung, Verletzungen, Fremdkörper, Hitze, Kälte, Strahlung, Elektrizität
- **Allergene und Autoallergene** – Pollen, körpereigenes Gewebe und Flüssigkeiten

Fibrose:
durch krankhafte Vermehrung von Bindegewebszellen und Kollagenfasern verursachte Gewebsveränderung

Sklerose:
Verhärtung von Organen oder Geweben durch eine Vermehrung des kollagenen Bindegewebes

Ödem:
sichtbare Schwellung ohne Rötung durch Flüssigkeitsansammlung in Geweben

hydrostatischer Druck:
Druck, der in einer ruhenden Flüssigkeit durch den Einfluss der Gewichtskraft entsteht, z. B. Druck des Blutes auf die Gefäßwand (Blutdruck)

kolloidosmotischer Druck:
der Anteil am osmotischen Druck von Körperflüssigkeiten, der abhängig ist von der Anzahl der in ihnen fein verteilten Moleküle (Kolloide); beeinflusst den Austausch von Flüssigkeit zwischen Kapillaren und umgebendem Gewebe

intravasal:
innerhalb eines Blut- oder Lymphgefäßes

Sepsis:
„Blutvergiftung"; Organfunktionsstörung auf Basis einer (meist bakteriellen) Infektion mit komplexer systemischer Entzündungsreaktion; medizinischer Notfall

Entzündung:
Inflammation; (Abwehr-)Reaktion des Organismus auf Reize mit dem Ziel, den auslösenden Stoff und seine Folgen zu beseitigen

Kardinalsymptome:
Leitsymptome, die bei einer bestimmten Störung besonders relevant sind und häufig auftreten, sodass sie als Orientierung für die Diagnosestellung dienen

Rubor:
Rötung

Tumor:
Schwellung, Raumforderung

Calor:
Überwärmung

Dolor:
Schmerz

Functio laesa:
eingeschränkte Funktion

Blutplasma:
flüssiger, zellfreier Anteil des Blutes; Funktion: Transport

Fieber:
Erhöhung der Temperatur im Inneren des Körpers von 36–37 °C auf über 38 °C; Begleitsymptom unterschiedlicher Krankheiten; zeigt an, dass das Immunsystem arbeitet, um z. B. Krankheitserreger zu bekämpfen

Tachykardie:
Herzrasen; Herzfrequenz von z. B. > 100/min beim Erwachsenen, u. a. aufgrund gestörter Herzfunktion

lokal:
örtlich

systemisch:
generalisiert, den gesamten Organismus betreffend

Ziel der Immunreaktion ist es, Reize auszuschalten und den physiologischen Zustand im Körper wiederherzustellen. Aber auch eine **Chronifizierung** durch allergische Reaktionen auf harmlose Umweltreize oder körpereigenes Gewebe, die Begünstigung der Entstehung von **Krebserkrankungen** durch die wachstumsfördernde Wirkung der Immunbotenstoffe oder ein tödlicher Ausgang durch die generalisierte Ausbreitung der Entzündung im Rahmen einer **Sepsis** (→ 8.5.6) sind möglich.

2.3.2 Symptome von Entzündungen

Bei Entzündungen treten folgende lokale **Kardinalsymptome** (Leitsymptome) in mehr oder minder starker Ausprägung auf (→ Abb. 8):

- **Rubor:** Rötung
- **Tumor:** Schwellung
- **Calor:** Überwärmung
- **Dolor:** Schmerz
- **Functio laesa:** eingeschränkte Funktion

In der betroffenen Körperregion sorgen Botenstoffe des Immunsystems (→ 8.2.3) für eine Erweiterung der Blutgefäße und eine deutlich gesteigerte Blutzufuhr. Gleichzeitig werden die Gefäße durchlässiger, sodass mehr Blutplasma und Immunzellen in das betroffene Gewebe gelangen. Als Folge der erhöhten Durchblutung zeigen sich die typischen Entzündungszeichen **Rötung** und **Schwellung.** Die erhöhte Stoffwechseltätigkeit führt schließlich auch zur **Überwärmung** des geschädigten Areals. Durch die Ausschüttung weiterer Botenstoffe, die **Schmerz** (→ 5.6) auslösen und dadurch zusammen mit der Schwellung zu einer **eingeschränkten Funktion** der betroffenen Körperregion führen, soll der Organismus zu verminderter Aktivität und Schonung der Energiereserven veranlasst werden, um den Heilungsprozess zu fördern.

Neben diesen klassischen lokalen Entzündungssymptomen kann es je nach Art und Schwere der Schädigung auch zu systemischen Reaktionen des Körpers kommen. Dazu gehören **Fieber, Nachtschweiß, Tachykardie** und ein **allgemeines Krankheitsgefühl.**

Beschreiben Sie, welche der Kardinalsymptome von Entzündungen Sie bei einer Bindehautentzündung des Auges (akute bakterielle Konjunktivitis) finden können, und überlegen Sie, welche Vorgänge im Körper dazu geführt haben.

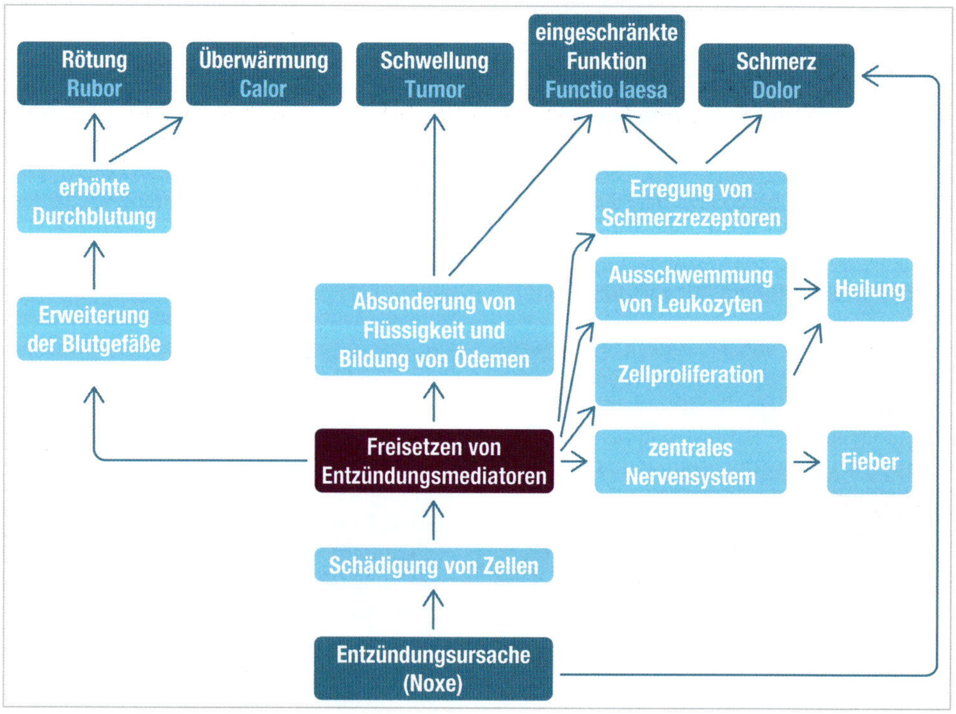

Abb. 8 Entzündungsreaktion und Entstehung der Kardinalsymptome

Tab. 2 Zeitlicher Verlauf von Entzündungen

Einteilung	Geschwindigkeit des Auftretens und zeitlicher Verlauf	Beispiel
perakut	**extrem schnell,** außergewöhnlich plötzlich auftretend, oft mit tödlichem Verlauf	Sepsis (lebensbedrohliches Multiorganversagen)
akut	**schnell,** plötzlich auftretend, innerhalb von 2 Wochen abklingend	Insektenstich, Sonnenbrand
subakut/subchronisch	**mäßig schnell,** relativ plötzlich auftretend, innerhalb von 2 bis 4 Wochen abklingend	Mandelentzündung
chronisch	**langsam** auftretend und mehr als 4 Wochen andauernd	
• primär chronisch	schleichender Beginn ohne vorausgehende akute Entzündung, Heilung meist nicht möglich, lediglich Krankheitskontrolle	entzündliche Darmerkrankungen (Morbus Crohn, Colitis ulzerosa)
• progredient	fortschreitend sich verschlechternd	Diabetes mellitus Typ 1
• rezidivierend	immer wiederkehrend mit zwischenzeitlichen Phasen der Besserung	Multiple Sklerose
• sekundär chronisch	Übergang einer akuten in eine chronische Entzündung, Heilungsprozess langwierig, aber möglich	Kieferhöhlenentzündung

Abszess:
abgekapselte Eiteransammlung

Eiter:
meist gelbliche bis grünliche, dickflüssige Absonderung im Rahmen einer Entzündungsreaktion; enthält abbaubedingte Reste von Leukozyten, Zellen und ggf. Bakterien

hämatogen:
über die Blutbahn

lymphogen:
über die Lymphwege

neurogen:
entlang von Nervenbahnen

SIRS:
systemic inflammatory response syndrome; komplexe systemische Entzündungsreaktion ohne Nachweis eines auslösenden Erregers; medizinischer Notfall

2.3.3 Einteilung von Entzündungen

Entzündungen können nach unterschiedlichen Kriterien eingeteilt werden:

- Ätiologie (→ 2.1.1)
- zeitlicher Verlauf
- Ausbreitung
- Art der Flüssigkeit

Zeitlicher Verlauf

Wie schon Krankheiten im Allgemeinen (→ 2.1.3), so können auch Entzündungen im Speziellen nach ihrem zeitlichen Verlauf eingeteilt werden (→ Tab. 2).

Ausbreitung

Entzündungen können sich **lokal** oder **systemisch** ausbreiten.

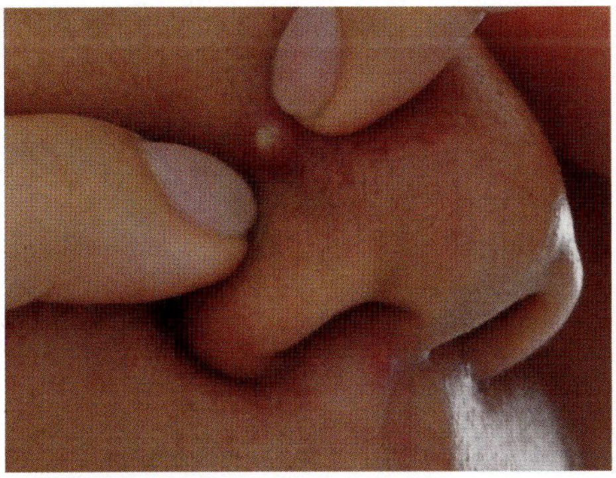

Abb. 9 Oberflächliche, lokal begrenzte, eitrige Entzündung im Bereich der Nase

Die **lokale Entzündung** ist gekennzeichnet durch eine örtliche Begrenzung im Gewebe, ggf. mit Abszessbildung (→ Abb. 9). Betrifft eine Entzündung den ganzen Körper, handelt es sich um eine **generalisierte** oder **systemische Entzündung.** Das Immunsystem ist nicht in der Lage, die lokale Entzündung zu begrenzen. Keime werden über verschiedene Wege im Organismus verbreitet:

- hämatogen
- lymphogen
- neurogen
- über das benachbarte Gewebe
- entlang von Organkanälen wie Gallen- oder Harnwegen

Ursächlich können ein geschwächtes Immunsystem aufgrund von Alter oder Vorerkrankungen oder das Vorliegen aggressiver Keime sein. Die schwerste Form der generalisierten Ausbreitung ist die **Sepsis** bzw. das **SIRS.**

Die 15-jährige Lisa ärgert sich über einen neu aufgetretenen, eitrigen Pickel auf ihrer Nase (→ Abb. 9). Nach mehrfachen Ausdrückversuchen bekommt sie nach zwei Tagen plötzlich Fieber, Schüttelfrost und Nackensteifigkeit. In der ursprünglich lokalen Entzündung in Form einer mit Talg und Hautzellen verstopften Hautpore hatten sich zunächst Bakterien angesiedelt. Durch die immunologische Reaktion des Körpers hatte sich an dieser Stelle Eiter gebildet. Die unsachgemäße Manipulation an dem Pickel hat schließlich zur hämatogenen Streuung der Bakterien geführt und die gefürchtete Komplikation einer Meningitis (Hirnhautentzündung) hervorgerufen.

Infiltrat:
Ansammlung von fester oder flüssiger, oft pathogener Fremdsubstanz in gesundem Gewebe

serös:
aus Serum bestehend, wässrige Beschaffenheit aufweisend

fibrinös:
fibrinhaltig

Entzündungsmediatoren:
körpereigene Stoffe, die die Entzündungsreaktion des Gewebes einleiten und aufrechterhalten; wirken positiv chemotaktisch, schmerzfördernd und steigern die Gefäßdurchlässigkeit

Chemotaxis:
Fähigkeit von Substanzen, die Fortbewegungsrichtung von Zellen zu beeinflussen; positive Chemotaxis = Bewegung zur Substanz hin = „Anlocken", negative Chemotaxis = Bewegung von der Substanz weg = „Abschrecken"

Antikörper:
Proteine mit Abwehrfunktion

Fibroblasten:
faserbildende Bindegewebszellen, die zum Aufbau der Extrazellulärmatrix benötigt werden

Bei einer Mandelentzündung oder Scharlachinfektion durch Streptokokken kann es nach 10 bis 20 Tagen zu schweren Komplikationen am Herzen kommen. Es betrifft vorwiegend junge Menschen im Alter von 5 bis 15 Jahren, bei denen die Streptokokkeninfektion unbehandelt bleibt.

Art der Flüssigkeit

Entzündungen können auch nach dem vorherrschenden Infiltrat eingeteilt werden:
- **seröse** Entzündungen, z. B. bei Schnupfen
- **fibrinöse** Entzündungen, z. B. bei Bronchitis
- **eitrige** Entzündungen

2.3.4 Ablauf

Entzündungen laufen im Wesentlichen immer gleich ab – unabhängig von Ort und Art der Ursache. Dies wird im Folgenden am Beispiel einer Stichverletzung beschrieben (→ Abb. 10).

Auf die Gewebeverletzung mit Eindringen von Bakterien in die Wunde folgt zunächst die **Gefäßreaktion.** Nach einer anfänglich möglichen Verengung der Arteriolen mit kurzzeitiger Durchblutungsminderung der Wundregion kommt es im weiteren Verlauf unter dem Einfluss des Nervensystems zu einer Erweiterung der Blutgefäße mit gesteigerter Blutzufuhr. Die Aktivierung biochemischer Substanzen, sogenannter Entzündungsmediatoren, führt in der betroffenen Körperregion schließlich zur Verengung der kleinen Blutgefäße mit Blutstau und daraus sich ergebender Zusammenlagerung von Blutplättchen. Diese verschließen schnell, aber vorübergehend das verletzte Gefäß. Die Permeabilität der Blutgefäßwände steigt und es kommt zur vermehrten Absonderung von eiweißhaltiger Flüssigkeit in das verletzte Gewebe.

Der Gefäßreaktion schließt sich die **zelluläre Reaktion** an. Durch Chemotaxis gelangen nun verschiedene Zellen des Immunsystems an den Ort der Verletzung. Für die Entzündungsreaktion wichtig sind hierbei Zellen der **angeborenen, unspezifischen Abwehr,** sogenannte Fresszellen, die erregerunspezifisch arbeiten und Fremdstoffe wie eingedrungene Bakterien oder abgestorbene Zellbestandteile aufnehmen, verdauen und somit unschädlich machen (→ 8.2.3). Bei ihrem Zerfall kann es zur Eiterbildung kommen. Sie geben Botenstoffe ab, mit denen sie andere Immunzellen anlocken, u. a. Zellen der **erworbenen, spezifischen Abwehr.** Diesen „präsentieren" sie Bestandteile der Bakterien, um die erregerspezifische Abwehr anzuregen, u. a. die Produktion von Antikörpern gegen die Bakterien (→ 8.2.4).

Nach etwa einer Woche wandern Fibroblasten in das defekte Gewebe ein und sorgen durch die Bildung von Fasern für den **Bindegewebsersatz,** der schließlich zur (narbigen) **Heilung** des Defekts führt.

Sehen Sie sich die Mechanismen der Entzündungsreaktion in dem interaktiven Film „Tatort Mensch: Die Entzündungsreaktion" unter folgendem Link an: www.planet-schule.de/mm/tatort_mensch/entzuendung.

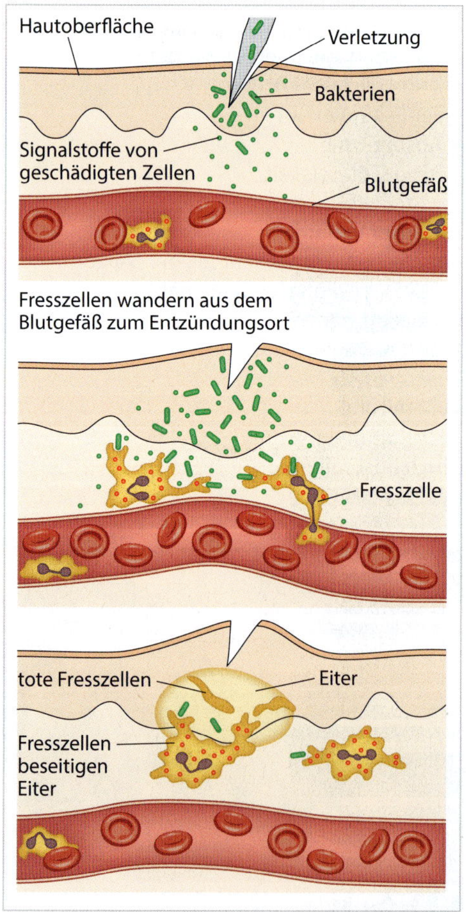

Abb. 10 Ablauf einer Entzündung nach Stichverletzung

2.3.5 Behandlung

Nicht jede akute Entzündungsreaktion sollte sofort unterdrückt werden. Bei einem intakten Immunsystem und leichtem Verlauf sind oft schon Ruhe, lokale Wärme- oder Kälteanwendungen, ausreichende Flüssigkeitszufuhr und ggf. der Einsatz von Naturheilmitteln (Arnika, Ringelblume, Kamille) ausreichend, um die körpereigene Immunreaktion und somit die Genesung zu unterstützen.

Bei ausgeprägteren Entzündungen, Fieber oder Organbeteiligung ist ein ärztliches Eingreifen unabwendbar. Zur Therapie stehen antiphlogistische Arzneimittel in Tablettenform bzw. als Salben oder Gels für die lokale Anwendung zur Verfügung. Bei Infektionen mit Bakterien kommen Antibiotika, bei Pilzbefall Antimykotika zum Einsatz. Chronische Entzündungen bedürfen in der Regel der dauerhaften ärztlichen Betreuung und medikamentösen Behandlung. Auch chirurgische Maßnahmen können erforderlich sein.

2.4 Tumore

Jede umschriebene **Volumenzunahme (Schwellung)** eines Gewebes kann prinzipiell als Tumor oder Raumforderung bezeichnet werden. Es kann sich dabei beispielsweise um ein Ödem oder einen Abszess infolge einer Entzündung handeln. Im medizinischen Sprachgebrauch sind unter dem Begriff Tumor aber die **unkontrollierte Neubildung und Wucherung von Körpergewebe (Neoplasie)** gemeint, die von den normalen Regulations- und Regenerationsmechanismen des Körpers abgekoppelt sind.

2.4.1 Gutartige und bösartige Tumore

Tumore werden als **gutartig (benigne)** oder **bösartig (maligne)** eingestuft (→ Tab. 3).

antiphlogistisch: entzündungshemmend

Tumor: prinzipiell jede Art der Schwellung (Volumenzunahme, Raumforderung) eines Gewebes; üblicherweise gemeint ist aber die unkontrollierte Neubildung und Wucherung von Gewebe (Neoplasie)

Neoplasie: Neubildung von Körpergewebe

benigne: gutartig

maligne: bösartig

destruktiv: zerstörend

invasiv: einbrechend, eindringend

expansiv: ausgedehnt, verdrängend wachsend

Angiogenese: Neubildung von Blutgefäßen aus vorbestehenden Blutgefäßen

Immune Escape: Ausbildung von Mechanismen, der Erkennung durch das Immunsystem zu entkommen

Metastase: Tochtergeschwulst; Tumor, der durch Wanderung von Tumorzellen an einer anderen Körperstelle als der Primärtumor entstanden ist

Tab. 3 Kriterien zur Unterscheidung von benignen und malignen Tumoren

Kriterium	Benigne Tumore	Maligne Tumore
	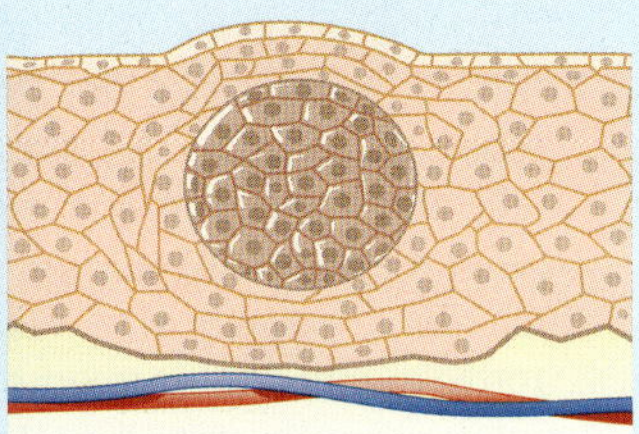	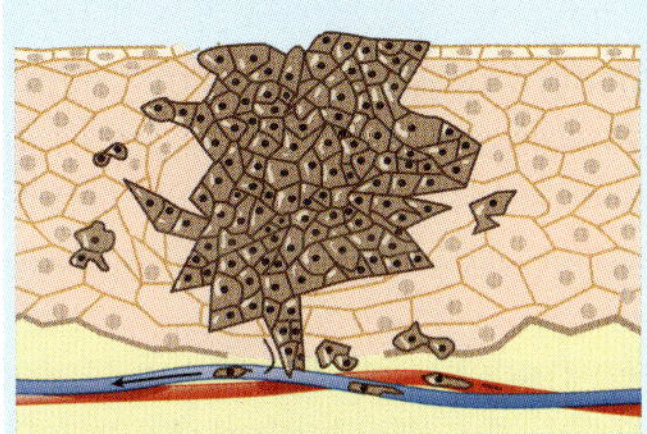
Wachstum	• langsam • verdrängend (Nachbarstrukturen wegschiebend) • expansiv	• schnell • invasiv • destruktiv (Nachbarstrukturen zerstörend) • mit Fähigkeit zur Toleranz von Sauerstoffmangel • mit Fähigkeit zur Neubildung von Blutgefäßen (Angiogenese)
Abgrenzung zum gesunden Gewebe	• scharf abgrenzbar • lokalisiert	• unscharf abgrenzbar • invasiv
Differenzierung	• gut differenziert	• unreifes, abweichendes Gewebe • Ausbildung von Strategien, der Erkennung durch das Immunsystem zu entkommen (Immune Escape)
Zellveränderungen	• keine bis wenige Zellveränderungen • keine bis wenige Mitosen	• viele Zellveränderungen • wenig bis viele Mitosen
Verlauf	• keine Metastasierung • langdauernd • häufig Heilung möglich • selten Rezidive nach Entfernung	• Metastasierung • kurzer Verlauf • unbehandelt meist letal • häufig Rezidive nach Entfernung

Deutsches Krebsforschungszentrum: *www.krebsinformationsdienst.de*

Deutsche Krebsgesellschaft: *www.krebsgesellschaft.de*

Stiftung Deutsche Krebshilfe: *www.krebshilfe.de*

semimaligne: destruktiv, invasiv, selten metastasierend

solide: fest

Daneben gibt es **semimaligne** Tumore, die destruktiv und invasiv wachsen, jedoch fast nie metastasieren.

2.4.2 Krebs

In der Medizin spricht man von Krebs, wenn **bösartige, solide Tumore** vorliegen, deren Zellen sich unkontrolliert teilen und die die Fähigkeit zur Invasion in gesundes Gewebe und zur Metastasierung besitzen. Allerdings werden auch maligne Entartungen des blutbildenden und des lymphatischen Systems als Krebs (Blutkrebs) bezeichnet, ohne dass ein solider Tumor vorliegt.

Klassifikation von Krebstumoren

Bösartige Tumore werden nach dem **Gewebetyp** eingeteilt, dem sie ursprünglich entstammen.

Karzinom: bösartiger Tumor des Drüsen-, Haut- oder Schleimhautgewebes

Sarkom: bösartiger Tumor des Muskel-, Binde- oder Knochengewebes

Teratom: bösartiger Tumor, ausgehend von Keimzellen

Blastom: bösartiger Tumor, der während der embryonalen Entwicklung entsteht

Als **Karzinome** werden Tumore bezeichnet, die dem Gewebe entstammen, das die inneren und äußeren Oberflächen des Körpers bedeckt. Zu diesem sogenannten Epithelgewebe zählen das Drüsengewebe sowie das Deckgewebe von Haut und Schleimhäuten.

Sarkome wiederum, die insgesamt deutlich seltener als Karzinome vorkommen, sind Tumore des Binde- und Stützgewebes, entstammen also dem Muskel-, Fett- oder Knochengewebe.

Des Weiteren finden sich **Teratome** (Tumore aus noch nicht differenzierten Keimzellen) und **Blastome** (Tumore, die während der embryonalen Entwicklung entstehen), ebenso wie **Mischtumore,** die von verschiedenen Zelltypen ausgehen.

Davon abzugrenzen sind **Präkanzerosen,** die als Vorstufen von Krebserkrankungen gelten.

Carcinoma in situ: Frühstadium eines Tumors des Epithelgewebes, der die Basalmembran noch nicht durchbrochen hat (nicht invasives Wachstum)

Als **Carcinoma in situ** werden lokal begrenzte Krebserkrankungen bezeichnet, die die Basalmembran noch nicht überschritten haben und durch das Fehlen einer Metastasierung meist eine gute Prognose aufweisen.

Um das Ausmaß der Tumorerkrankung standardisiert angeben zu können, werden verschiedene **Klassifizierungssysteme** angewendet (→ Tab. 4).

Die **TNM-Klassifikation** ist als international gültige Einteilung von großer Bedeutung für die Therapieentscheidung und die Prognose im Kontext des aktuellen Wissensstands der Forschung. Aber auch das **Grading,** die Beschaffenheit des Tumorgewebes, ist ein wichtiges prognostisches Merkmal.

Ursachen für Krebserkrankungen

Bis heute sind die exakten Vorgänge, die eine Krebserkrankung verursachen, trotz intensiver Forschung noch nicht gänzlich entschlüsselt. Nach momentanem Kenntnisstand geht man davon aus, dass **erbgutverändernde Faktoren** eine entscheidende Rolle bei der Entstehung von Krebs einnehmen. In der Regel können Fehler bei der DNA-Replikation (Vervielfältigung) von der Zelle selbst erkannt und durch Mechanismen der **DNA-Reparatur** ausgebessert werden. Misslingt dies, leitet die Zelle ihren eigenen Tod ein (Apoptose). Mit zunehmender Anzahl an zu reparierenden Schäden – durch eine Häufung endogener und exogener erbgutverändernder Einflüsse oder mit zunehmendem Lebensalter – oder wenn die Fähigkeit zur DNA-Reparatur selbst beschädigt ist, können diese physiologischen Mechanismen jedoch in ihrer Funktion beeinträchtigt sein, was zum ungehinderten Wachstum entarteter Zellen und somit zur Krebsentstehung führen kann.

Ob nun die Defekte im Erbgut eher endogenen, also körpereigenen Ursprungs sind, oder hauptsächlich durch exogene Einflüsse verur-

Zervix: Gebärmutterhals

Im Rahmen des gynäkologischen Krebsfrüherkennungsprogramms (→ 12.10.3) können Frauen ab 20 Jahren jährlich einen Pap-Abstrich machen lassen. Dieser dient der Beurteilung möglicher Zellveränderungen des Gebärmutterhalses oft als Folge einer Infektion mit humanen Papillomaviren der Hochrisikotypen (z. B. HPV 16 und 18). Auch wenn es hierbei häufig zu spontanen Rückbildungen durch das körpereigene Immunsystem kommt, finden sich doch in 10 bis 20 % der Fälle Zervixdysplasien, die als Karzinomvorstufen gelten. Ihr Schweregrad und entsprechende Handlungsempfehlungen werden durch die Stufen PAP I (Normalbefund) bis PAP V (invasives Karzinom) abgebildet.

Tab. 4 Tumorklassifikationssysteme nach UICC (Deutsche Krebsgesellschaft 2015)

	Klassifikationssystem	Bedeutung der Abkürzungen
vor Therapie	**TNM-Klassifikation (Staging)** Beurteilung der anatomischen Ausbreitung: je nach Zusammensetzung von T, N und M ergibt sich die Einteilung in die Stadien I bis IV	T = Primärtumor
		Tx keine Aussage möglich
		T0 kein Anzeichen für Primärtumor oder Primärtumor unbekannt
		Tis Tumor ohne Infiltration der Basalmembran
		T1–4 zunehmende Größe des Primärtumors oder Befall weiterer Gewebe
		N = Lymphknotenmetastasen
		Nx keine Aussage möglich
		N0 keine Anzeichen für Lymphknotenbefall
		N1–3 zunehmender Lymphknotenbefall abhängig von der Lokalisation des Primärtumors; Einteilung z. B. nach ipsi- oder kontralateralem Befall und Beweglichkeit sowie Lokalisation in Relation zum Primärtumor
		M = Fernmetastasen
		M0 keine Anzeichen für Fernmetastasen
		M1 Fernmetastasen vorhanden
	Grading pathologische Beurteilung des Differenzierungsgrads von Tumorgewebe	G9 Grad der Differenzierung nicht beurteilbar
		G1 gut differenziertes bösartiges Gewebe („low-grade"), hohe Übereinstimmung mit Ursprungsgewebe
		G2 mäßig differenziertes bösartiges Gewebe
		G3 schlecht/niedrig differenziertes bösartiges Gewebe
		G4 nicht differenziertes bösartiges Gewebe (undifferenziert bzw. anaplastisch) („high-grade"), Ausgangsgewebe teils nur durch immunhistochemische Untersuchungen zuordenbar
nach Therapie	**R-Klassifikation** pathologische Beurteilung: Vorhandensein von Resttumorgewebe	Rx nicht beurteilbar
		R0 kein Residualtumor
		R1 mikroskopischer Residualtumor
		R2 makroskopischer Residualtumor

sacht werden, ist eine viel diskutierte Frage. Derzeit führt man etwa **60 Prozent** aller potenziell krebsauslösenden Gendefekte auf **spontan** auftretende Fehler bei der Replikation der DNA sowie **erbliche Veranlagung** zurück, die restlichen **40 Prozent** auf den Einfluss ungünstiger **lebensstilassoziierter Faktoren** (vor allem Rauchen), schädlicher **Umweltbedingungen** und **Krankheitserreger** (→ Abb. 11).

Zellbiologie

Maligne Tumorzellen unterscheiden sich von gesunden Zellen in einigen wesentlichen Aspekten. Während sich im gesunden Organismus Erneuerung und Abbau der Zellen in einem ausgewogenen, durch zelluläre Signale und Wachstumsfaktoren genetisch geregelten Gleichgewicht befinden, gerät diese Balance zwischen **Zellproliferation** und **Apoptose** (→ 1.2.4) bei der Krebsentstehung außer Kontrolle. Dabei ist der Prozess zugunsten einer erhöhten Zellteilungsrate und eines **ungehinderten Zellwachstums** verändert. Darüber hinaus entwickeln Krebszellen in relativ kurzer Zeit noch weitere Eigenschaften, um sich an die neuen Umgebungsanforderungen anzupassen. Zu ihren Fähigkeiten gehört es beispielsweise, ohne Sauerstoff überleben zu können, sich eine eigene Gefäßversorgung aufzubauen oder Oberflächeneigenschaften zu entwickeln, die sie für das körpereigene Immunsystem unsichtbar machen. Schließlich kommt es zum **invasiven Wachstum** in das umliegende gesunde Gewebe und zur Metastasierung, der Verschleppung einzelner

TNM-Klassifikation: System zur Einteilung von malignen Tumoren in Stadien (Staging); T = Tumor (Größe, Ausbreitung), N = Nodus (Vorhandensein von Lymphknotenmetastasen), M = Metastasen (Vorhandensein von Fernmetastasen)

Primärtumor: ursprünglicher Tumor; Tumor, von dem Metastasen ausgehen

Staging: Bestimmung des Stadiums einer malignen Tumorerkrankung, meist anhand der TNM-Klassifikation

Grading: Klassifikation der Abweichung des Tumorgewebes von normalem Gewebe bezüglich seines Differenzierungsgrades

R-Klassifikation: Angabe, ob und ggf. wie viel Resttumor nach Therapie im Körper verblieben ist

UICC: Union internationale contre le cancer (Internationale Vereinigung gegen Krebs); führt das von P. Denoix entwickelte TNM-System seit 1950 weiter

Infiltration: Eindringen von Flüssigkeiten

ipsilateral: auf derselben Körperseite gelegen

kontralateral: auf der entgegengesetzten Körperseite gelegen

anaplastisch: nicht differenziert

Residualtumor: Resttumor; nach der Behandlung im Körper eines Kranken noch vorhandener Resttumoranteil

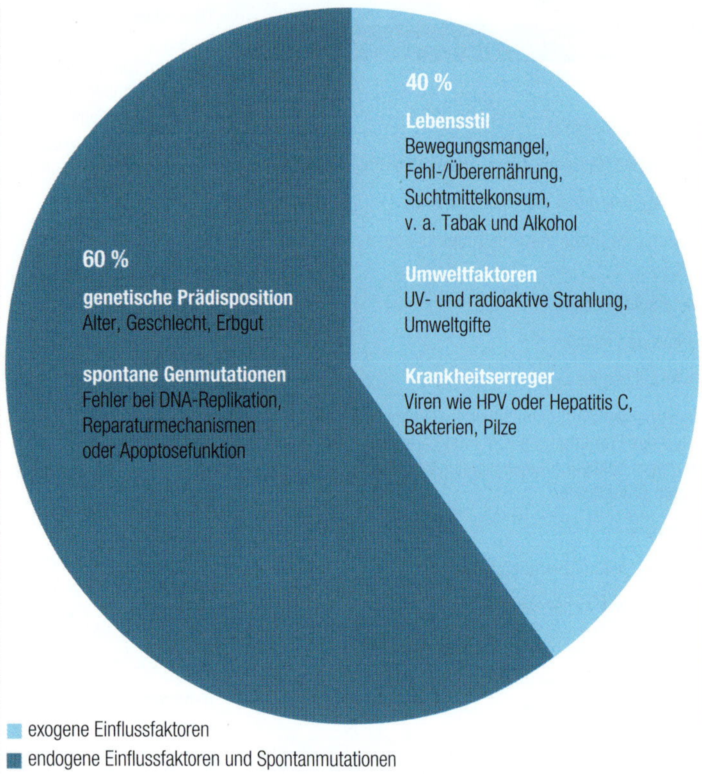

Abb. 11 Einflussfaktoren bei der Krebsentstehung

Histon:
Protein im Zellkern zum Verdichten der DNA

Tumorsuppressorgene:
Gene, deren Produkte die unkontrollierte Teilung genetisch geschädigter Zellen unterdrücken und dadurch die Entstehung von Tumoren verhindern können

Protoonkogene:
normale Gene der Zelle, die durch eine Mutation oder epigenetische Veränderungen im Regulationsbereich zu Onkogenen aktiviert werden können

entarteter Zellen über die Lymph- und Blutgefäße in andere Regionen des Körpers (→ Tab. 3).

Die genannten Veränderungen bei der Regulation entarteter Zellen entstehen normalerweise nicht gleichzeitig, sondern schrittweise. So vergehen in der Regel Jahre bis Jahrzehnte, bis eine Zelle durch verschiedene endogene oder exogene Einflüsse so viele Erbgutveränderungen angesammelt hat, dass daraus eine entartete Tumorzelle und schließlich ein Krebsgeschwür entsteht, was das gehäufte Auftreten von Krebserkrankungen mit zunehmendem Lebensalter erklärt.

Genveränderungen als Grundlage für die Krebsentstehung

Aussehen und Funktion einer Zelle werden durch ihre genetische Information bestimmt, kodiert als **DNA.** Diese wiederum ist in einzelne Abschnitte unterteilt, die **Gene.** Sie enthalten die Baupläne der **Proteine,** die für den jeweiligen Zelltyp benötigt werden, wie Enzyme, Hormone oder Botenstoffe der Immunabwehr. Die Gene enthalten aber nicht nur Abschnitte, die für Proteine kodieren, sondern auch solche, die deren **Ablesehäufigkeit** festlegen. Durch chemische Markierungen an der DNA sowie Modifikationen an den Histonen, um die die DNA gewickelt ist, wird so für jede Zelle festgelegt, welche Abschnitte der DNA abgelesen werden sollen. Krebszellen können daher neben Mutationen, also echten Veränderungen des Erbguts, auch epigenetische Veränderungen (→ 2.1.1) aufweisen, die nicht das Erbgut an sich, sondern seine Anwendung verändern (→ Abb. 12).

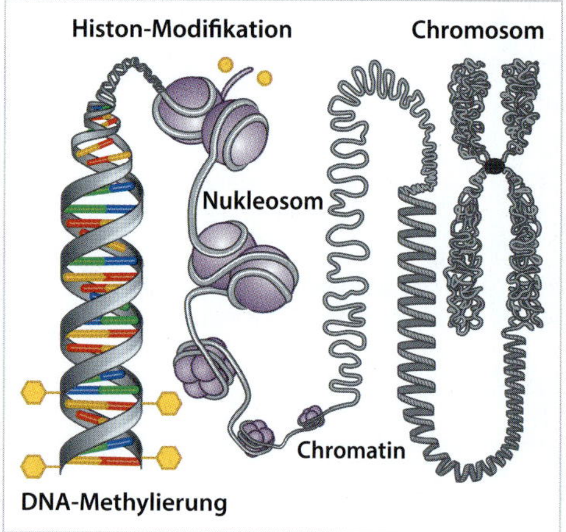

Abb. 12 Epigenetische Veränderungen der DNA

Für die Entartung von Zellen sind zwei Regulationsgene von großer Bedeutung: **Tumorsuppressorgene** und **Protoonkogene.** Sie gewährleisten den Erhalt des genetischen Kodes von einer Zellgeneration zur nächsten, indem sie die Abläufe von Zellwachstum und Teilung sowie Zelltod steuern.

Tumorsuppressorgene

Tumorsuppressorgene, sogenannte **Kontrollgene,** unterdrücken das Zellwachstum durch die Synthese **wachstumshemmender Proteine.** Diese kontrollieren nach der DNA-Replikation die korrekte Basenpaarabfolge und halten bei aufgetretenen Fehlern den Zellzyklus an, bis eine Reparatur ausgeführt ist, bzw. veranlassen den Zelltod, sofern die Reparatur misslingt. Wenn nun aber das Tumorsuppressorgen selbst durch eine Mutation beschädigt oder epigenetisch verändert ist, kann es seine Kontrollfunktion nicht mehr wahrnehmen. DNA-Fehler werden nicht mehr repariert, die Apoptose bleibt aus.

Protoonkogene

Protoonkogene sind **Wachstumsgene.** Ist der genetische Kode eines Protoonkogens durch eine Mutation verändert, wird es zum **Onkogen.** Ein Onkogen ist krebsbegünstigend, denn in der Zelle kommt es durch die vermehrte Genexpression zu einer Überproduktion wachstumsfördernder Proteine. Des Weiteren verursacht eine Störung in der Abfolge der Basenpaare die Produktion hyperaktiver Proteine. Beide Vorgänge regen die Zelle zu einem unkontrollierten, übermäßigen Wachstum an.

Krebszellen entstehen daher sowohl durch die **Aktivierung der Wachstumsgene** als auch durch das **Abschalten der Kontrollgene.** Häufig läuft der Prozess auf beiden Wegen gleichzeitig ab.

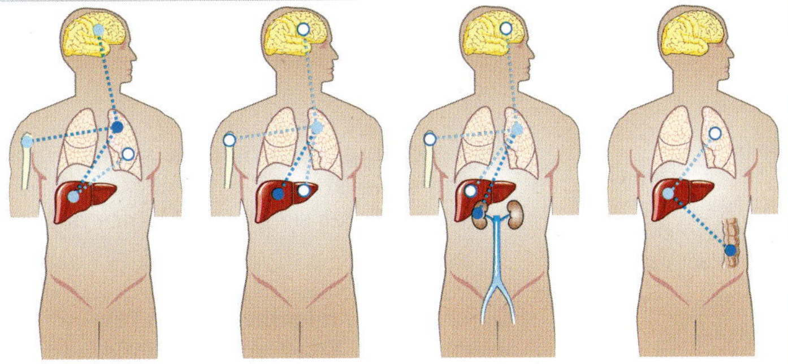

Abb. 13 Metastasierungswege einzelner Krebsarten

Verlauf

Nicht jede Schädigung der DNA muss zwingend in eine dauerhafte Genmutation münden. Und nicht jede Mutation löst unweigerlich die Entstehung von Krebs aus. Vermutlich sind etwa 2 bis 15 Genmutationen nötig, um aus einer gesunden Zelle eine Tumorzelle entstehen zu lassen. Jedoch macht jede Mutation den Ausbruch der Krankheit unter begünstigenden Einflüssen wahrscheinlicher.

Zu einem Zellhaufen zusammengelagerte Tumorzellen können schließlich membranauflösende Proteine bilden, die die Zellmembranen benachbarter gesunder Zellen zerstören, sodass ein Tumor entsteht, der **invasiv** wachsen kann.

Liegt ein maligner Tumor vor, kommt es in der Regel zur Bildung von **Metastasen.** Manche Tumore metastasieren **lymphogen,** streuen also über die Lymphbahnen des Körpers zunächst in die benachbarten, später dann in entfernter liegende Lymphknoten. Bei der **hämatogenen Metastasierung** brechen Tumorzellen in das Blutgefäßsystem ein und streuen vor allem in Organe mit dichtem Kapillarnetz. Dabei bevorzugen verschiedene Krebsarten unterschiedliche Organe. Einen Überblick über die gängigsten hämatogenen Metastasierungswege gibt → Abb. 13.

Therapie

Die Therapieentscheidung bei der Behandlung von Krebserkrankungen wird von verschiedenen Parametern beeinflusst. Stadieneinteilung, Prognose, Allgemeinzustand des Patienten, Begleiterkrankungen und psychosoziale Faktoren müssen dabei berücksichtigt werden. Unter Zuhilfenahme von **Behandlungsleitlinien** (→ I-10.2.3) entscheidet häufig ein Team aus Ärzten verschiedener Fachrichtungen über das bestmögliche, individuelle Vorgehen. Teils erfolgt die Therapie im Rahmen klinischer Studien. Dabei gilt es zunächst zu entscheiden, welche Zielsetzung für die Therapie möglich ist:

- **kurativ** – Entfernung aller Krebszellen und Heilung des Patienten
- **adjuvant** – Verhinderung einer Metastasierung oder eines Rückfalls nach erfolgter Tumorbeseitigung
- **neoadjuvant** – präoperative Verkleinerung des Tumors
- **erhaltend** – Stabilisierung und möglichst langer Erhalt des erreichten Therapieerfolgs
- **palliativ** – Verbesserung der Lebensqualität und Verhinderung von Komplikationen bei unheilbarer Krebserkrankung

Für die Therapie der verschiedenen Tumore stehen unterschiedliche Verfahren zur Verfügung, die einzeln oder kombiniert angewendet werden können (→ Abb. 14). Dabei spielt die Anpassung der Therapie auf das Individuum eine zunehmend große Rolle.

Folgende Therapien kommen zur Anwendung:

- chirurgische Entfernung
- Strahlentherapie
- Chemotherapie
- Antihormontherapie

Onkogen:
mutiertes Protoonkogen, das wesentlich zur Krebsentstehung beiträgt Behandlungsleitlinien: evidenzbasierte Empfehlungen zur Behandlungsgestaltung

Behandlungsleitlinien:
evidenzbasierte, d.h. auf empirische Belege gestützte Empfehlungen zur Behandlungsgestaltung

kurativ:
auf Heilung ausgerichtet

adjuvant:
unterstützend, ergänzend

neoadjuvante Therapie:
Chemotherapie vor Operation zwecks Tumorverkleinerung

palliativ:
nicht auf Heilung, sondern auf Verbesserung der Lebensqualität und Vermeidung von Komplikationen ausgerichtet

evidenzbasiert:
auf empirische Belege gestützt (→ I-2.4.3, → I-10.2.3)

empirisch:
auf Erfahrung bzw. auf durch Auswertung von Daten gewonnenen Erkenntnissen beruhend

Zytostatika:
Substanzen, die Zellwachstum und -teilung hemmen; u.a. gegen Krebs eingesetzt

Hyperthermie:
Krebstherapie mit Überwärmung des Tumorgewebes, um es zu zerstören oder empfindlicher für weitere Therapien zu machen

- Immuntherapie
- zielgerichtete Krebstherapie
- Hyperthermie

Bei der **chirurgischen Therapie** soll der Tumor möglichst vollständig entfernt werden. Gelingt dies, bietet sie oft die Chance auf Heilung.

Durch die **Strahlentherapie** sollen mithilfe verschiedener Arten von Strahlung (radioaktiv, Ionen, Protonen) möglichst viele Tumorzellen zerstört und der Tumor gezielt lokal verkleinert werden.

Bei der **Chemotherapie** wird nach einem evidenzbasierten Schema in der Regel eine Kombination von Zytostatika verabreicht. Diese sollen die Krebszellen zerstören, indem sie auf den Zellzyklus der Krebszellen einwirken und ihre weitere Teilung unterbinden. Als Nebenwirkung werden allerdings auch gesunde Zellen geschädigt, was sich in den oft schwerwiegenden Begleiterscheinungen und Komplikationen der Chemotherapie widerspiegelt.

Bei Tumoren, deren Wachstum unter hormonellem Einfluss steht, kann eine **Antihormontherapie** eingesetzt werden, um das Tumorwachstum zu stoppen, z.B. bei Brust- oder Prostatakrebs.

Unter einer **Immuntherapie** versteht man alle Methoden, die das körpereigene Immunsystem zur Bekämpfung des Tumors nutzen, indem sie durch verschiedene Ansätze die bestehenden Abwehrmechanismen stärken und auf die Krebszellen ausrichten.

Die **zielgerichteten oder molekularbiologischen Therapien** machen sich die molekularen Eigenschaften von Krebszellen zunutze, die diese von gesunden Zellen unterscheiden. Hierzu werden Substanzen eingesetzt, die auf Botenstoffe, Rezeptoren oder Signalwege in Zellen wirken. Ziel ist die Beeinflussung des Tumorwachstums und der Neubildung von Blutgefäßen, die den Tumor versorgen.

Bei der **Hyperthermie** kommen elektromagnetische Wellen (Mikrowellen, Radiowellen, Ultraschall) zum Einsatz, die eine lokale oder generalisierte Erwärmung auf 40 bis 43 °C bewirken und so die Wirksamkeit einer Chemo- oder Strahlentherapie verstärken sollen.

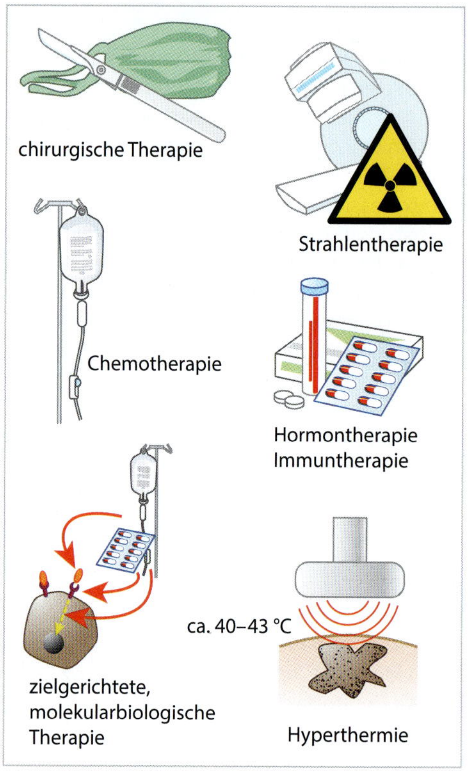

Abb. 14 Therapieoptionen bei Krebserkrankungen

Der Einsatz **alternativer Heilmethoden** als ergänzende Therapieverfahren wird zum Teil auch von der evidenzbasierten Medizin akzeptiert – den meisten Präparaten fehlt jedoch ein Nachweis der Wirksamkeit.

Tumorerkrankungen sind grundsätzlich als **kritisches Lebensereignis** zu betrachten, das jeden Patienten an seine persönlichen physischen und psychischen Grenzen bringen kann. Von großer Bedeutung sind daher die Tumorbehandlung begleitende Angebote wie psychotherapeutische Maßnahmen, angemessene körperliche Aktivität und gesunde Ernährung, auch um eine Auszehrung zu vermeiden. Auch nach erfolgreicher Therapie benötigen die Patienten im Rahmen einer Rehabilitation Unterstützung, um wieder an das „normale" Leben herangeführt zu werden und sich in der Arbeitswelt zurechtzufinden.

Wenn die Therapie ausgereizt ist, bei dem Patienten keine Heilungschancen mehr bestehen und er sich in einem fortgeschrittenen Krankheitsstadium befindet, stehen meist nur noch **palliative Maßnahmen** zur Verfügung. Diese

Verhaltensprävention:
Maßnahmen, die das individuelle Gesundheitsverhalten zu beeinflussen versuchen, und dazu motivieren, Angebote der Früherkennung oder des Impfens in Anspruch zu nehmen

Verhältnisprävention:
Maßnahmen, die versuchen, Lebensbedingungen – also soziale, ökologische, kulturelle und/oder ökonomische Umweltbedingungen – positiv zu beeinflussen bzw. gesundheitsförderlich zu gestalten

Primärprävention:
Maßnahmen vor dem Eintreten einer Krankheit, um Neuerkrankungen zu verhindern

sollen die Qualität der verbleibenden Lebenszeit vor allem durch Schmerzlinderung, Behandlung von Komplikationen und Sicherstellung einer angemessenen Ernährung und Flüssigkeitsversorgung verbessern.

Prävention

Aufgrund der multifaktoriell bedingten Entstehung von Krebserkrankungen stellen vorbeugende, **primärpräventive Maßnahmen** (→ I-9.1.1) eine besondere Herausforderung dar. Sie erfordern die Kombination verschiedener Maßnahmen der **Verhaltens- und Verhältnisprävention.**

Tabakkonsum kann dabei als einer der wichtigsten Risikofaktoren angesehen werden, der mit einer Vielzahl unterschiedlicher Krebserkrankungen in Verbindung gebracht werden kann. Hier arbeiten Maßnahmen der Verhaltensprävention wie Nichtraucherschutzgesetz, Werbeverbote oder Tabaksteuererhöhungen mit Maßnahmen der Verhaltensprävention wie Raucher-Stopp-Programmen Hand in Hand (→ 9.3.5, → I-9.1.1).

Neben dem Rauchen sind Alkoholkonsum, Übergewicht und Bewegungsmangel, Umwelt- und Arbeitsplatzexposition mit krebsauslösenden Stoffen und Infektionen mit onkogenen Viren (z.B. HPV) wichtige Ansatzpunkte der Primärprävention von Krebserkrankungen.

> Die von der STIKO empfohlene und von den Krankenkassen finanzierte HPV-Impfung für Mädchen und Jungen im Alter von 9 bis 14 Jahren (versäumte Impfungen bis 17 Jahre) ist ein Beispiel für eine Maßnahme der Primärprävention (→ 8.5.2).

Einen wesentlichen Aspekt der **Sekundärprävention** stellt die **Früherkennung** von Tumorerkrankungen dar, die ein Fortschreiten verhindern und eine frühzeitige Heilung ermöglichen soll. → Abb. 15 gibt einen Überblick über die in Deutschland durch die Krankenkassen finanzierten Krebsfrüherkennungsuntersuchungen.

Im Rahmen der **Tertiärprävention** kommt den Tumornachsorgeprogrammen eine wichtige

Abb. 15 Gesetzlich geregelte Krebsfrüherkennungsuntersuchungen in Deutschland (©Krebsinformationsdienst– Deutsches Krebsforschungszentrum 2024)

Funktion zu, die neben dem frühzeitigen Entdecken eines Rezidivs helfen sollen, Komplikationen und Folgeerkrankungen zu vermeiden. Auch die Inanspruchnahme von psychosozialer Unterstützung oder Ernährungsberatung sowie die Teilnahme an Sportprogrammen oder Selbsthilfegruppen zählen hierzu.

Sekundärprävention: Maßnahmen im Frühstadium einer Erkrankung, um ihr Fortschreiten oder ihren Wiedereintritt zu verhindern

Tertiärprävention: Maßnahmen nach der Manifestation einer Krankheit, um Folgeschäden oder Rückfälle zu verhindern

Epidemiologie

Im Bereich der Erfassung krebsbezogener Erkrankungen und Todesfälle kommt dem **Robert Koch-Institut** eine wichtige Rolle zu. Seit 2009 werden am **Zentrum für Krebsregisterdaten (ZfKD)** flächendeckend alle in Deutschland neu aufgetretenen Krebserkrankungen systematisch auf Länder- und Bundesebene erfasst (epidemiologisches Krebsregister) und seit 2013 zunehmend auch um die klinische Krebsregistrierung ergänzt, bei der u.a. detaillierte Daten zur Therapie und zum Verlauf der Erkrankungen erfasst werden.

Dabei arbeitet das ZfKD auf internationaler Ebene eng mit der Internationalen Agentur für Krebsforschung (International Agency for Research on Cancer, IARC) der WHO und der European Network of Cancer Registries (ENCR) als Bindeglied der Krebsregister im europäischen Raum zusammen.

Zentrum für Krebsregisterdaten: ZfKD; im RKI; führt das epidemiologische Krebsregister

Krebsregister: *www.krebsdaten.de/Krebs/DE/Home/homepage_node.html*

I-9.2.5 Prävention und Gesundheitsförderung im SGB V, Gesundheitsuntersuchungen (§ 25)

Morbidität:
Krankheitshäufigkeit bezogen auf eine bestimmte Bevölkerungsgruppe, Überbegriff für die Prävalenz und die Inzidenz (→ I-2.2.1)

Mortalität:
Sterblichkeit, Sterberate, Anteil von Todesfällen

Die Aufarbeitung der epidemiologischen Kennzahlen wird vom ZfKD als gemeinsame Publikation mit der Gesellschaft der epidemiologischen Krebsregister e.V. (GEKID) alle zwei Jahre im Bericht „Krebs in Deutschland“ veröffentlicht.

Im „Bericht zum Krebsgeschehen in Deutschland“ stellt das Robert Koch-Institut neben Informationen und Auswertungsergebnissen zu Krebserkrankungen auch Aspekte der Epidemiologie, der Versorgung, individueller und gesellschaftlicher Krankheitsfolgen sowie Möglichkeiten und Aktivitäten zur primären Prävention und Früherkennung von Krebs dar. Dabei werden vielfältige und detaillierte Informationen aus verschiedenen Datenquellen zusammengeführt.

Eine Übersicht über die Verteilung der häufigsten Tumorneuerkrankungen und der Todesfälle geben die → Abb. 16 und → 17.

In Deutschland erkranken jedes Jahr rund 500.000 Menschen neu an Krebs. [...]
Vor allem aufgrund der demografischen Entwicklung ist zwischen 2015 und 2030 in Deutschland mit einem Anstieg der Krebsneuerkrankungen um rund 23 % zu rechnen.
Robert Koch-Institut, Gesellschaft der epidemiologischen Krebsregister in Deutschland 2023, S. 7

Vergleichen Sie → Abb. 16 und → 17 miteinander. Welche Aussagen zu Morbidität und Mortalität können Sie hier in Bezug auf die einzelnen Tumorerkrankungen treffen?

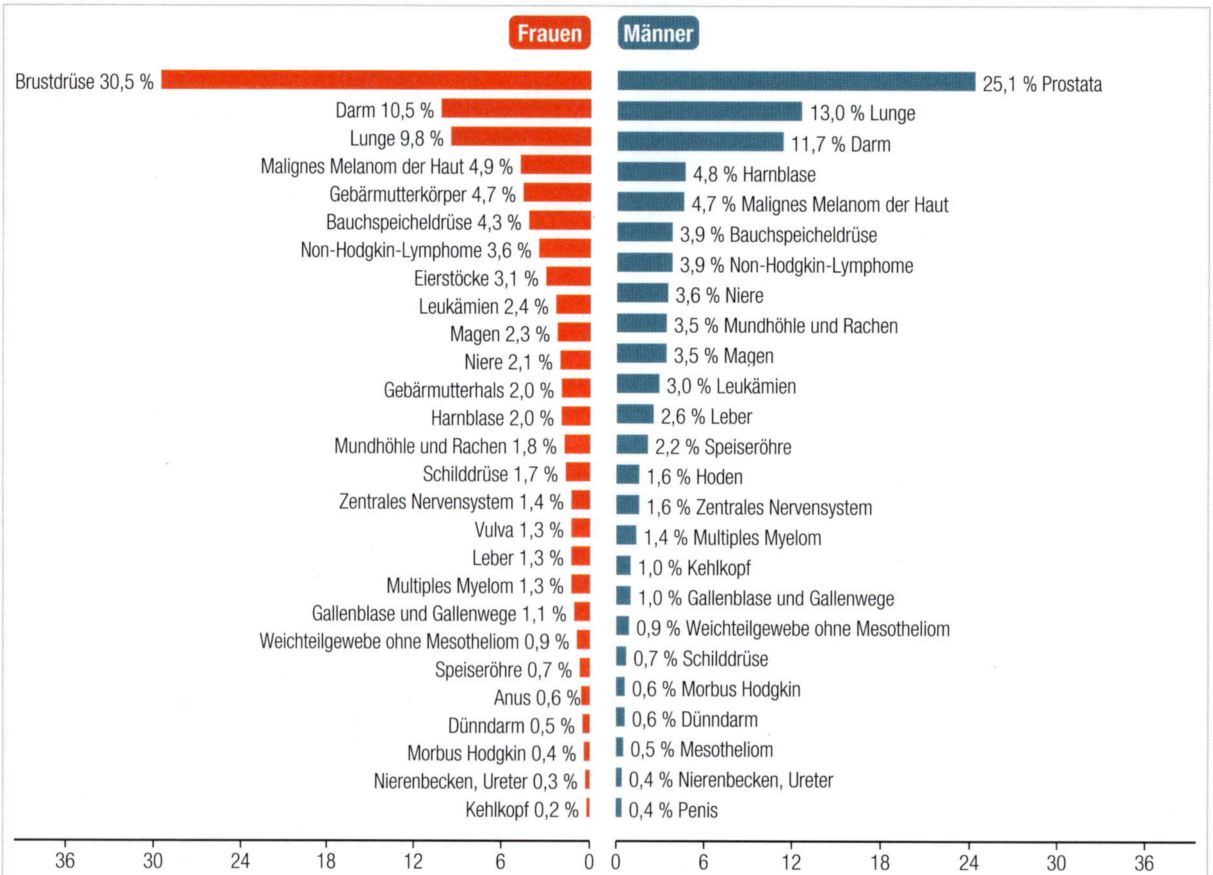

Abb. 16 Prozentualer Anteil der häufigsten Tumorlokalisationen an allen Krebsneuerkrankungen in Deutschland 2020 (Robert Koch-Institut, Gesellschaft der epidemiologischen Krebsregister in Deutschland 2023)

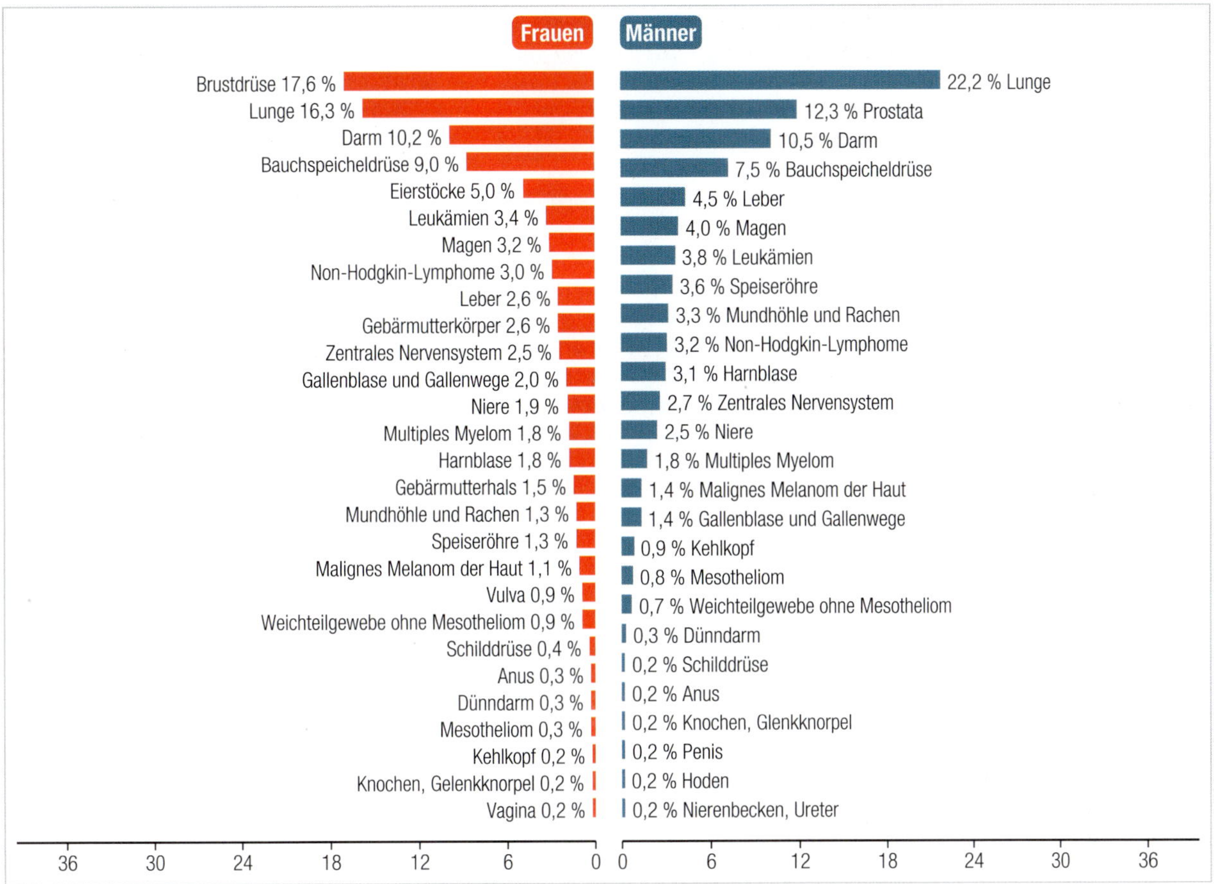

Abb. 17 Prozentualer Anteil der häufigsten Tumorlokalisationen an allen Krebssterbefällen in Deutschland 2020 (Robert Koch-Institut, Gesellschaft der epidemiologischen Krebsregister in Deutschland 2023)

AUFGABEN

1. *Vergleichen Sie die Ätiologie (innere und äußere Faktoren) von grippalem Infekt und Heuschnupfen. Orientieren Sie sich dabei an* *→ Abb. 1.*

2. *Vergleichen Sie die Krankheitsbilder „Influenza" und „Erkältung" hinsichtlich ihres zeitlichen Verlaufs miteinander und beschreiben Sie diese mit den korrekten medizinischen Termini.*

3. *Bei starkem Einsatz der Hände bei bestimmten Berufsgruppen kommt es zu einer Zunahme der Schwielen in den Handflächen. Ältere Menschen, die nur noch bettlägerig sind, können hingegen eine papierdünne Haut entwickeln. Erklären Sie die Anpassungsreaktionen des Organismus.*

4. *Ihre Oma wird nach längerem Krankenhausaufenthalt entlassen. Sie wollen wissen, was mit ihr los ist, und lesen die Diagnosen in ihrem Arztbrief: I63.4 bei I48.0. Daraus ergeben sich nun Einschränkungen in folgenden Bereichen: b3100, b770, d330, d4502. Erarbeiten Sie sich mithilfe der Klassifizierungssysteme ICD-10-GM und ICF ein Bild von der Erkrankung Ihrer Oma und den Folgeerscheinungen, die sich daraus für diese ergeben haben.*

5. *Sie haben sich an einem Tee verbrüht. Beschreiben Sie die zu erwartenden Symptome und die Vorgänge bei der ablaufenden Entzündungsreaktion, die den Symptomen zugrunde liegen.*

6. *Die 20-jährige Jasmin erhält von ihrem Gynäkologen den schriftlichen Befund ihres Pap-Abstrichs. Wozu dient dieser und was bedeutet der Befund PAP II im Vergleich zum Befund PAP IIID?*

7. *Sehen Sie sich unter www.gekid.de den interaktiven GEKID-Krebsatlas an.*
   a) *Wählen Sie Ihr Bundesland aus und vergleichen Sie die Inzidenz und Mortalität verschiedener Krebserkrankungen in Ihrem Bundesland mit denen in der gesamten Bundesrepublik.*
   b) *Vergleichen Sie die Daten für drei Jahrgänge, zum Beispiel im Abstand von zehn Jahren, miteinander.*

8. *Informieren Sie sich zum Thema Gebärmutterhalskrebs (Zervixkarzinom).*
   a) *Welche Möglichkeiten der Primär- und Sekundärprävention haben Sie hier?*
   b) *Eine Patientin erhält die Mitteilung, ihr Befund wurde als „Tis" klassifiziert; eine andere erhält den Befund „T2N1M0". Ermitteln Sie die Tumorausdehnungen in beiden Fällen anhand der TNM-Klassifikation für Zervixkarzinome und überlegen Sie, welche Bedeutung diese für Therapie und Prognose der beiden Patientinnen haben.*

Quellen

Amboss (2020): Zelluläre Veränderungen und Anpassungsreaktionen; unter *www.amboss.com/de/wissen/Zellul%C3%A4re_Ver%C3%A4nderungen_und_Anpassungsreaktionen* [29.01.2024].

AOK Bundesverband (2016): Lexikon: Krankheit; unter *www.aok.de/pp/lexikon/krankheit/* [29.01.2024].

Bengel J.; Beutel M.; Broda M.; Haag, G.; Härter, M.; Lucius-Hoene, G.; Muthny, F. A.; Potreck-Rose, F.; Stegie, R.; Weis, J. (2003): Chronische Erkrankungen, psychische Belastungen und Krankheitsbewältigung. In: Psychother Psych Med 53(2): 83–93.

Brandes, R.; Lang, F.; Schmidt, R. F. (Hrsg.) (2019): Physiologie des Menschen mit Pathophysiologie. Berlin, Heidelberg: Springer.

Bühling, K.-J.; Lepenies, J.; Witt, K. (Hrsg.) (2008): Intensivkurs Allgemeine und spezielle Pathologie. München: Elsevier.

Bundesinstitut für Arzneimittel und Medizinprodukte (BfArM) (2024): ICD-10-GM Version 2024; unter *www.bfarm.de/DE/Kodiersysteme/Klassifikationen/ICD/ICD-10-GM/_node.html* [29.01.2024].

Bundesinstitut für Arzneimittel und Medizinprodukte (BfArM) (o. J.): Terminologien, Nomenklaturen und Klassifikationen; unter *www.bfarm.de/DE/Kodiersysteme/terminologien-nomenklaturen-klassifikationen.html* [29.01.2024].

Deutsche Gesellschaft für Rheumatologie e.V. (DGRh) (2018): Rheuma in Zahlen; unter *www.dgrh.de/Start/DGRh/Presse/Daten-und-Fakten/Rheuma-in-Zahlen.html* [29.01.2024].

Deutsche Krebsgesellschaft (2015): Klassifikation von Tumoren (TNM-System & Grading); unter *www.krebsgesellschaft.de/onko-internetportal/basis-informationen-krebs/basis-informationen-krebs-allgemeine-informationen/klassifikation-von-tumoren-tnm-.html* [29.01.2024].

Deutsches Krebsforschungszentrum (DKFZ) (2020): Krebsvorsorge und Früherkennung; unter *https://www.krebsinformationsdienst.de/vorbeugung/frueherkennung/index.php* [29.01.2024].

DocCheck (2020): Krankheitsverlauf; unter *www.flexikon.doccheck.com/de/Krankheitsverlauf* [29.01.2024].

Egger, J. W. (2005): Das biopsychosoziale Krankheitsmodell. In: Psychologische Medizin 16(2): 3–12.

Falkai, P.; Wittchen, H.-U. (Hrsg.) (2018): Diagnostisches und statistisches Manual psychischer Störungen DSM-5. Göttingen: Hogrefe.

Gredner, T.; Behrens, G.; Stock, C.; Brenner, H.; Mons, U. (2018): Cancers due to infection and selected environmental factors – estimation of the attributable cancer burden in Germany. In: Deutsches Ärzteblatt International 115: 586–93; unter *https://www.ncbi.nlm.nih.gov/pmc/articles/PMC6206252/pdf/Dtsch_Arztebl_Int-115_0586.pdf* [29.01.2024].

Helmholtz Zentrum für Infektionsforschung (HZI) (2020): Das Mikrobiom – Nur gemeinsam sind wir stark; unter *www.helmholtz-hzi.de/de/wissen/wissensportal/unser-immunsystem/das-mikrobiom/* [29.01.2024].

Helmholtz Zentrum München (2019): Heuschnupfen; unter *www.allergieinformationsdienst.de/krankheitsbilder/heuschnupfen.html* [29.01.2024].

Hill, A. B. (1965): The Environment and Disease: Association or Causation? In: Proc R Soc Med. 58(5): 295–300.

Krankenkassennetz.de GmbH (o. J.): Chronische Erkrankung; unter *www.krankenkasseninfo.de/zahlen-fakten/lexikon/chronische-erkrankung* [29.01.2024].

Robert Koch-Institut (RKI) (Hrsg.) (2014): Chronisches Kranksein. Faktenblatt zu GEDA 2012: Ergebnisse der Studie „Gesundheit in Deutschland aktuell 2012". Berlin.

Robert Koch-Institut (RKI); Gesellschaft der epidemiologischen Krebsregister in Deutschland e.V. (GEKID) (Hrsg.) (2023): Krebs in Deutschland für 2019/2020. Berlin.

Statistisches Bundesamt (Destatis) (2023): Entwicklung der Lebenserwartung in Deutschland; unter *www.destatis.de/DE/Themen/Gesellschaft-Umwelt/Bevoelkerung/Sterbefaelle-Lebenserwartung/sterbetafel.html* [29.01.2024].

Walter de Gruyter GmbH (2018): Pschyrembel Online, Krankheit; unter *www.pschyrembel.de/Krankheit/K0C8J* [29.01.2024].

Weltgesundheitsorganisation (2020): Basic Documents: Forty-ninth edition; unter *https://apps.who.int/gb/bd/pdf_files/BD_49th-en.pdf* [29.01.2024].

Wittekind, C.; Tannapfel, A. (2006): Prinzipien der Pathologie in der Onkologie. In: Schmoll, H.-J. u. a. (Hrsg.): Kompendium Internistische Onkologie. Berlin, Heidelberg: Springer: 351–382.

Weiterführende Literatur

Groth, J. (2014): Meine Moleküle – Deine Moleküle: Von der molekularen Individualität. Berlin.

Riede, U.-N.; Werner, M. (Hrsg.) (2017): Allgemeine und Spezielle Pathologie. Berlin, Heidelberg: Springer.

3 STÜTZ- UND BEWEGUNGSSYSTEM, BEWEGUNG

NICOLE H. KNEPPER, DR. VERONIKA WANSCHURA, MELANIE TULKE

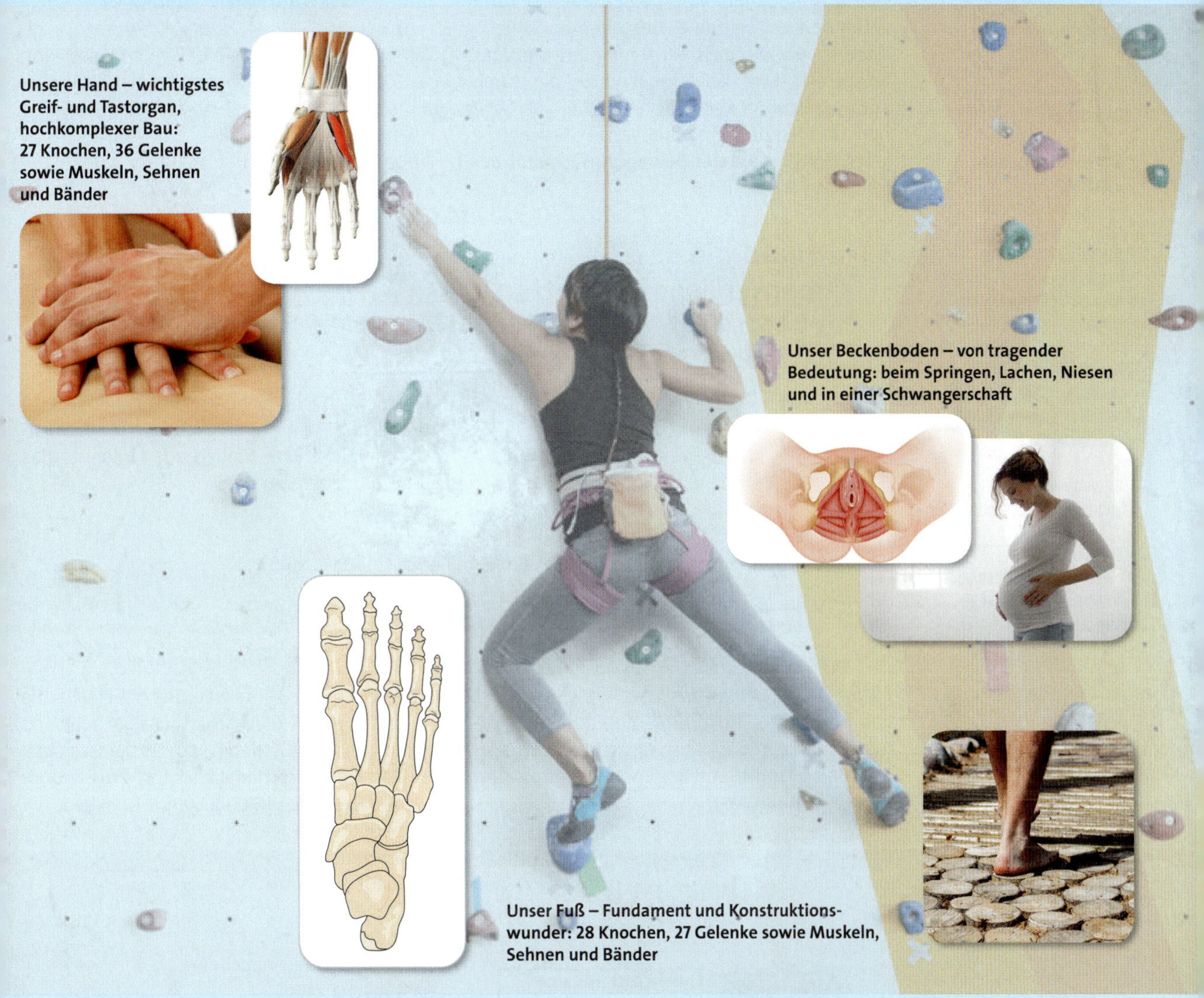

Unsere Hand – wichtigstes Greif- und Tastorgan, hochkomplexer Bau: 27 Knochen, 36 Gelenke sowie Muskeln, Sehnen und Bänder

Unser Beckenboden – von tragender Bedeutung: beim Springen, Lachen, Niesen und in einer Schwangerschaft

Unser Fuß – Fundament und Konstruktionswunder: 28 Knochen, 27 Gelenke sowie Muskeln, Sehnen und Bänder

Unser Stütz- und Bewegungssystem ist ein komplexes Zusammenspiel aus Knochen, Gelenken, Muskeln, Sehnen und Bändern, das uns vielschichtige Bewegungsabläufe ermöglicht.

1. *Nehmen Sie Ihren Körper bewusst wahr:*
   a) SEITENVERKEHRT – Zwei Schüler (Partner 1 und 2) stehen sich gegenüber. Partner 1 zeichnet Linien, Figuren oder Symbole mit dem Zeigefinger in die Luft. Partner 2 verfolgt die Fingerbewegung spiegelbildartig so genau wie möglich.
   b) Variationen:
   - *Führen Sie die Bewegungen in unterschiedlichen Geschwindigkeiten aus.*
   - *Nutzen Sie sowohl die rechte als auch die linke Hand, ggf. können beide Hände gleichzeitig etwas in die Luft zeichnen.*
   - *Bringen Sie die Ellenbogen, den ganzen Arm, den Oberkörper, die Füße, die Knie oder das gestreckte Bein mit ins Spiel. Ziel sollte es sein, die Bewegungen des Partners so auszuführen, dass man meinen könnte, es sei tatsächlich das Spiegelbild.*

2. *Die Bilder zeigen einige Meisterleistungen des Stütz- und Bewegungssystems.*
   Gehen Sie Ihren Körper gedanklich durch und beschreiben Sie dabei möglichst viele Funktionen, die das Stütz- und Bewegungssystem übernimmt.

passiver Bewegungsapparat:
Stützapparat, umfasst alle nicht beweglichen Teile, z. B. Knochen, Gelenke, Bänder, Bandscheiben

aktiver Bewegungsapparat:
Zusammenspiel von Muskeln, Sehnen und Faszien, das Knochen miteinander in Verbindung bringt und in Bewegung versetzt

Kontraktion:
aktives Verkürzen, Anspannen bzw. Zusammenziehen von Muskeln

Relaxation:
Entspannung, Erschlaffung

Faszien:
faserreiche Bindegewebsschichten, die Muskeln, Knochen, Nervenbahnen, Blutgefäße und Organe umhüllen

Skelett:
Gesamtheit der Knochen eines Organismus, definiert die Stützstruktur

Das aus Knochen, Knorpeln, Gelenken und verbindenden Bändern bestehende Skelettsystem wird als **passiver Bewegungsapparat** bezeichnet. Die Skelettmuskulatur, die durch Kontraktion und Relaxation mithilfe von Sehnen und Faszien die Knochen in Bewegung setzt, wird als **aktiver Bewegungsapparat** bezeichnet (→ Abb. 1).

3.1 Anatomie des menschlichen Skeletts

KNEPPER

> Das menschliche Skelett braucht mehrere Jahre, bis es vollständig entwickelt ist.
> - Der Oberarmknochen ist bereits im Mutterleib (8. Woche) verknöchert.
> - Bis zur vollständigen Entwicklung des Skeletts dauert es etwa bis zum 20. Lebensjahr.

Das **Skelett,** das aus ca. 210 Knochen (lat. Os, Plural: Ossa) besteht, ist das Knochengerüst des Körpers. Es bestimmt die Form des Körpers, schützt die inneren Organe in den Körperhöhlen und dient der Fortbewegung und Körperhaltung.

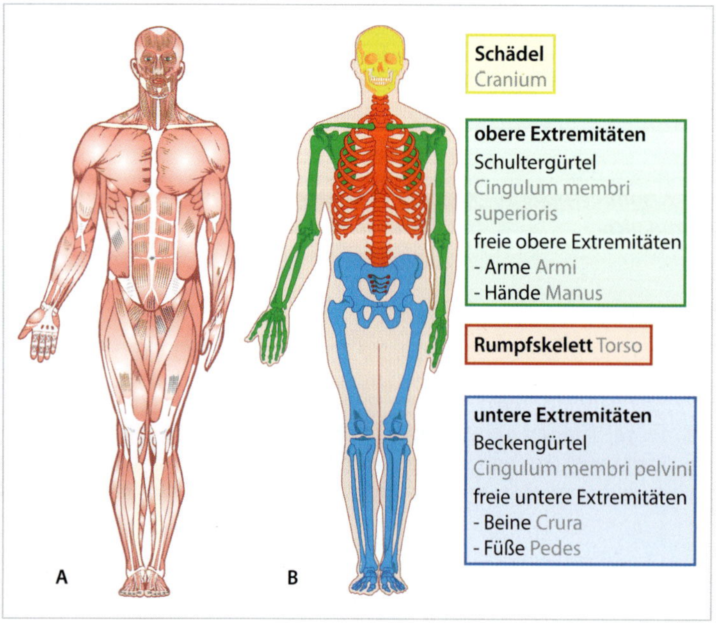

Abb. 1 Aktiver Bewegungsapparat (A), passiver Bewegungsapparat (B)

3.1.1 Skelettaufbau

Das menschliche Skelett hat einen Anteil von ca. 15 % am Gesamtgewicht des Körpers. Es gliedert sich in verschiedene Abschnitte (→ Abb. 1):
- Schädel
- obere Extremitäten:
  - Schultergürtel
  - freie obere Extremitäten (Arme, Hände)
  - Rumpfskelett mit Wirbelsäule und Brustkorb
- untere Extremitäten:
  - Beckengürtel
  - freie untere Extremitäten (Beine, Füße)

Schädel

Der menschliche Schädel unterteilt sich in zwei große Bereiche (→ Abb. 2). Der **Gehirnschädel** bildet eine schützende Hülle um das Gehirn und besteht aus:
- Stirnbein
- 2 Keilbeine
- 2 Schläfenbeine
- 2 Scheitelbeine
- Hinterhauptbein
- Siebbein

Über das große Hinterhauptloch besteht die Verbindung zum Rückenmark. Die Schädelbasis grenzt den Gehirnschädel vom Gesichtsschädel ab. Zum **Gesichtsschädel** als knöcherne Grundlage des Gesichts zählen folgende Knochen:
- Oberkiefer
- Gaumenbein
- 2 Jochbeine
- 2 Tränenbeine
- Nasenbein
- 2 untere Nasenmuscheln
- Pflugscharbein
- Unterkiefer

Zum Zeitpunkt der Geburt sind die Schädelknochen noch nicht vollständig ausgebildet (→ Abb. 3). Zwischen den Gehirnschädelknochen befinden sich mit Bindegewebe verschlossene Lücken, die **Fontanellen,** die bis zum zweiten Lebensjahr synarthrotisch verknöchern.

Überlegen Sie, welche Bedeutung dem zum Zeitpunkt der Geburt noch nicht vollständig ausgebildeten Schädel zukommt.

Obere Extremitäten

Schultergürtel

Der Schultergürtel wird beiderseits von zwei Knochen gebildet, dem **Schlüsselbein** und dem

Schulterblatt. Über das S-förmig gebogene, dünne Schlüsselbein bildet der Schultergürtel eine Schnittstelle zwischen den freien oberen Extremitäten und dem Rumpf. Bedingt durch die Anatomie des Schultergürtels werden Verschiebungen ermöglicht, die den Bewegungsspielraum der Arme erweitern.

Freie obere Extremitäten – Arme, Hände

Die freien oberen Extremitäten gliedern sich in folgende Abschnitte (→ Abb. 4):

- Oberarmknochen
- Unterarmknochen:
  - Elle
  - Speiche
- 8 Handwurzelknochen
- 5 Mittelhandknochen
- 14 Fingerknochen

*Die Anordnung der Knochen der oberen Extremitäten stellt die Grundlage der Armbewegung, der **Pro**nation (Einwärtsdrehung – **Bro**t schneiden) und **Sup**ination (Auswärtsdrehung – **Sup**pe löffeln) der Hände sowie des Greifens und Festhaltens von Gegenständen dar (weitere Bewegungsrichtungen der Gliedmaßen → 1.1.3, Abb. 2).*

1. *Nehmen Sie bewusst die Vielfältigkeit an Bewegungsmöglichkeiten Ihrer oberen Extremitäten wahr, indem Sie verschiedene Bewegungen durchführen.*
2. *Ordnen Sie Ihren Bewegungen die Begriffe Pronation und Supination zu.*

Rumpfskelett

Das Rumpfskelett umfasst zwei Bereiche: die Wirbelsäule und den Brustkorb.

Wirbelsäule

Die Wirbelsäule ist das bewegliche Achsenskelett des Körpers. Sie überträgt die Last von Kopf, Rumpf und oberen Extremitäten auf die unteren Extremitäten. Ihre Einzelbausteine, die **Wirbel,** werden in **fünf Abschnitte** unterteilt (→ Abb. 5):

- **Halswirbelsäule (HWS);** oberster Abschnitt, leicht nach vorne (ventral, → 1.1.4) gekrümmt (Halslordose)
- **Brustwirbelsäule (BWS);** leicht nach hinten (dorsal, → 1.1.4) gewölbter Abschnitt (Brustkyphose)
- **Lendenwirbelsäule (LWS);** letzter beweglicher Abschnitt, leicht nach vorne (ventral) gekrümmt (Lendenlordose)

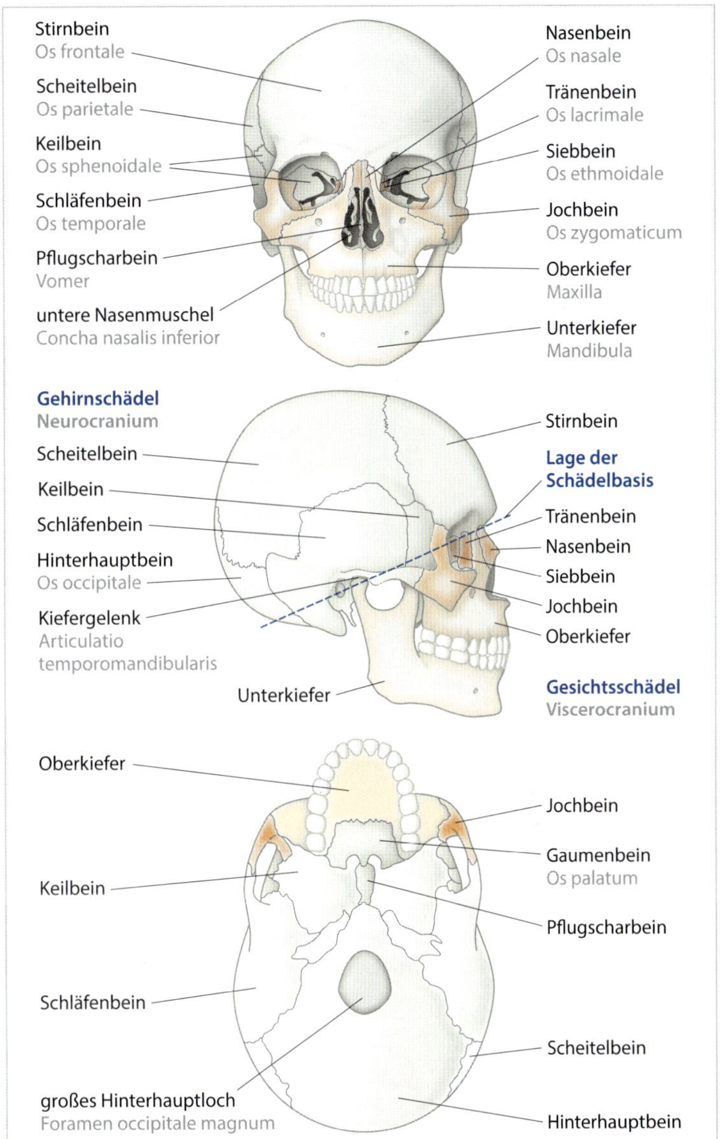

Abb. 2 Schädelknochen von vorne, von der Seite, von unten

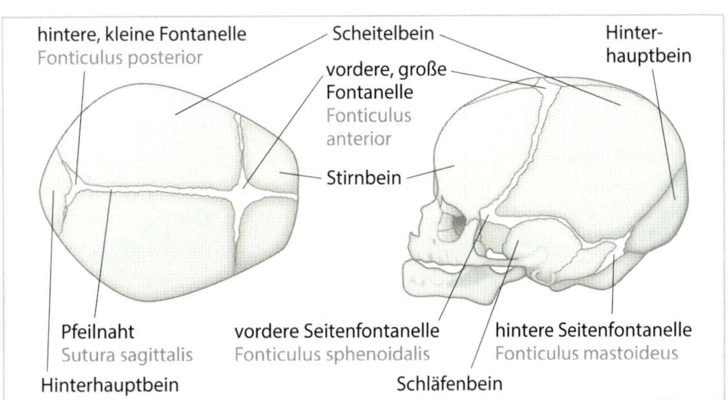

Abb. 3 Kindlicher Schädel mit Fontanellen

Körperhaltung:
auch Haltung; Stellung des menschlichen Körpers bedingt durch das Zusammenwirken von Knochen, Bändern und Muskeln

Fontanelle:
„kleine Quelle"; Bereich des Schädels von Neugeborenen/Säuglingen, der noch nicht durch knöcherne oder knorpelige Strukturen gefüllt ist

synarthrotisch:
knorpelhaft, unbeweglich verbunden

Extremitäten:
Gliedmaßen, paarige Körperanhänge, die aus mehreren Abschnitten bestehen; Arme und Beine

Pronation:
Einwärtsdrehung von Hand oder Fuß

Supination:
Auswärtsdrehung von Hand oder Fuß

Rumpf:
zentraler Abschnitt des Körpers, besteht aus Brustkorb, Bauch, Rücken, Becken

Wirbelsäule:
Achse des Skeletts bei Menschen und Wirbeltieren; trägt den Schädel und dient dem Rumpf als Stütze, besteht aus miteinander verbundenen Wirbeln und dazwischenliegenden Bandscheiben

konvex:
nach außen gewölbt

Lordose:
ventral konvexe Krümmung

Kyphose:
dorsal konvexe Krümmung

zervikal:
zum Hals gehörend

thorakal:
zum Brustraum gehörend

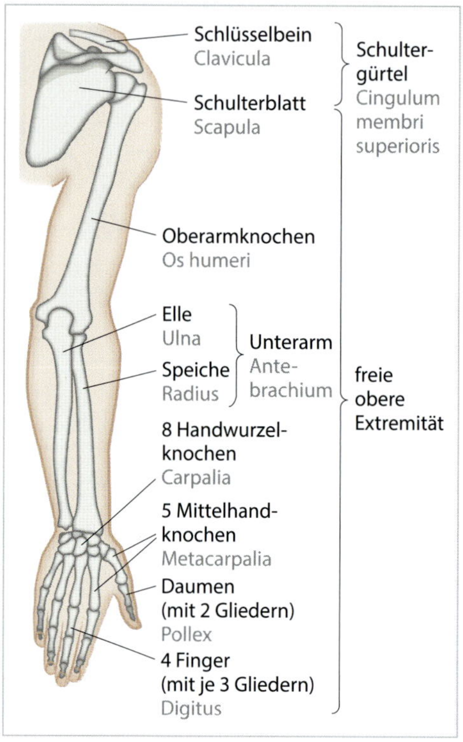

Abb. 4 Obere Extremität

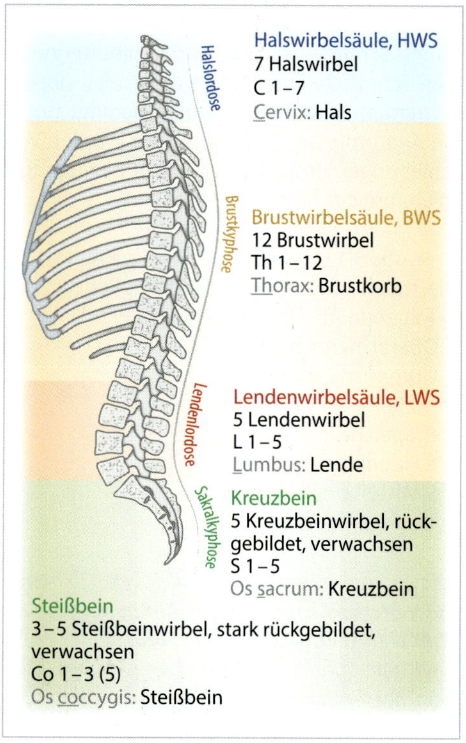

Abb. 5 Gliederung der Wirbelsäule

- **Kreuzbein;** leicht nach hinten (dorsal) geneigt (Sakralkyphose), dessen Spitze sitzt mittig zwischen den Beckenknochen
- **Steißbein;** bildet den letzten Abschnitt der Wirbelsäule

Beim Vergleich des Baus der menschlichen Wirbelsäule mit der Wirbelsäule anderer Säugetiere, nimmt der Mensch eine Sonderstellung ein. Man erkennt, dass die Säugetier-Wirbelsäule nur einfach gebogen ist, was den Gang auf vier Füßen ermöglicht – vergleichbar mit einem Brückenbogen. Dies verleiht Stabilität in horizontaler Richtung. Die menschliche Wirbelsäule hat eine Doppel-S-Form, die dem Menschen den aufrechten Gang ermöglicht und für Stabilität in vertikaler Richtung sorgt.

Von der Seite betrachtet ist die Wirbelsäule kein gerader Stab, sondern weist vier natürliche Krümmungen auf, daher auch die Bezeichnung „Doppel-S-Form".

Informieren Sie sich zu der Doppel-S-Form, beispielsweise unter www.stiftung-gesundheitswissen.de/gesundes-leben/koerper-wissen/der-ruecken-so-ist-er-aufgebaut und erklären Sie die Notwendigkeit dieser Doppel-S-Form.

Zwischen den Wirbeln, genauer den Wirbelkörpern der HWS, BWS und LWS befinden sich **Zwischenwirbelscheiben,** die auch **Bandscheiben** genannt werden. Diese bestehen aus einem ringförmigen äußeren Faserknorpel, dem **Faserring,** und aus einem inneren weichen **Gallertkern,** der sich bei Beugung elastisch verformt (→ Abb. 6).

Die gesamte Wirbelsäule wird von außen durch bindegewebige **Bänder** fixiert, sodass sich die einzelnen **Wirbel** nicht gegeneinander verschieben können. Ein Wirbel hat in seiner Grundform folgende Bestandteile (→ Abb. 7):

- **Wirbelkörper;** liegt ventral und dient der Übertragung der Körperlast. Daher nehmen die Wirbelkörper innerhalb der Wirbelsäule von oben nach unten betrachtet an Größe zu (→ Abb. 8).

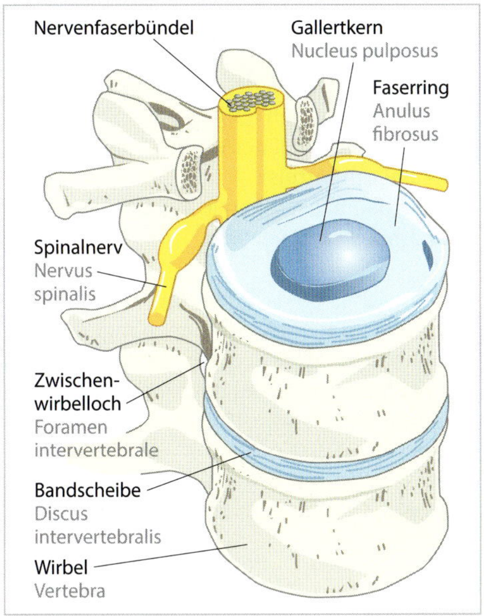

Abb. 6 Bandscheibe

- **Wirbelfortsätze:**
  - **Dornfortsatz;** liegt dorsal und liefert den Ansatz für die Rückenmuskulatur.
  - **Querfortsatz;** liefert den Ansatz für die Rückenmuskulatur und die Bänder, bei den Brustwirbeln auch für die Rippen; bei den Lendenwirbeln spricht man von Rippenfortsätzen.
  - **Gelenkfortsätze;** stellen bewegliche Verbindung zwischen den benachbarten Wirbeln dar.
- **Wirbelbogen;** begrenzt mit dem Wirbelkörper das **Wirbelloch.** Die übereinanderliegenden Wirbellöcher bilden den **Wirbelkanal,** in dem das Rückenmark verläuft, das neben den abgehenden Spinalnervenwurzeln (Vorder- und Hinterwurzeln, → 5.2.1) vom **Duralsack** umgeben ist.

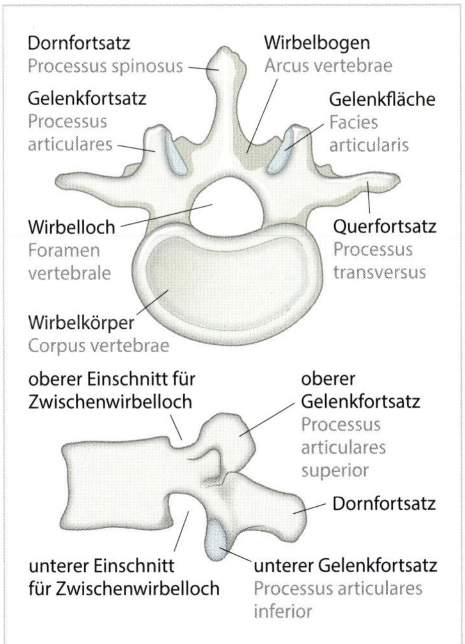

Abb. 7 Grundform eines Wirbels am Beispiel eines Lendenwirbels

Ausgenommen von dieser Grundform sind der erste Halswirbel, der **Atlas,** und der zweite Halswirbel, der **Axis** (→ Abb. 8). Sie haben eine ringähnliche Form und besitzen keinen Wirbelkörper. Stattdessen liegen lateral und ventral knöcherne Verdickungen vor.

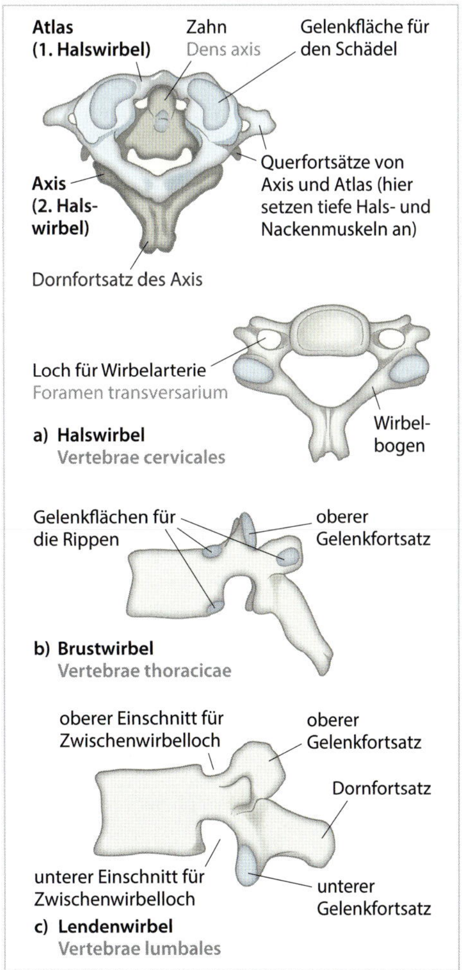

Abb. 8 Verschiedene Wirbelformen im Vergleich

lumbal:
zum Lendenbereich gehörend

sakral:
zum Kreuzbein gehörend

kokzygeal:
zum Steißbein gehörend

Bandscheiben:
Zwischenwirbelscheiben; verbinden die Wirbel untereinander ermöglichen die Beweglichkeit der Wirbelsäule

Bänder:
bestehen aus faserigem kollagenem Bindegewebe (→ 1.2.5 Fasertypen); verbinden Knochenteile

Spinalnervenwurzeln:
einem Spinalnerv zugehörige Nervenfasern, die im Bereich des Übergangs zum Rückenmark eine vordere und hintere Wurzel mitsamt einem Nervenknoten bilden

Spinalnerv:
Rückenmarksnerv; Nerv, der aus der Vereinigung der aus dem Rückenmark austretenden Nervenwurzeln entsteht und ein Rückenmarkssegment definiert (→ Abb. 14 in 5.2.1, → 5.3.1)

Wirbelkanal:
Rückenmarkskanal, Spinalkanal

Duralsack:
Bindegewebsschlauch, der Rückenmark und abgehende Nervenfortsätze umgibt

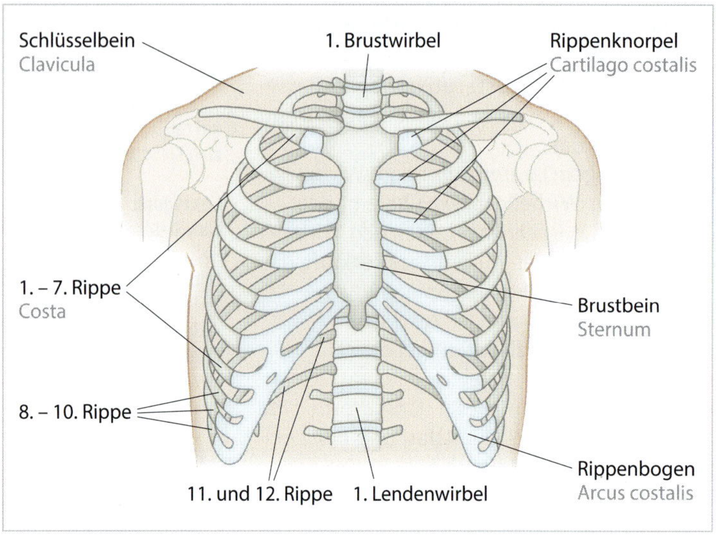

Abb. 9 Brustkorb von vorne

Brustkorb: Thorax; Abschnitt des Rumpfes, der aus Brustwirbelsäule, Rippen und Brustbein besteht; umschließt schützend Herz, Lunge und obere Bauchorgane

Beckengürtel: auch Beckenring genannt; Abschnitt des Rumpfes, der aus Kreuzbein und Hüftbeinen besteht; verbindet Lendenwirbelsäule und Beine

Brustkorb

Der Brustkorb (Thorax) besteht aus der **Brustwirbelsäule,** zwölf **Rippenpaaren** und dem **Brustbein** (→ Abb. 9) und umschließt schützend die Organe der Brusthöhle: Herz, Lunge und obere Bauchorgane.

Die oberen sieben Rippenpaare sind ventral direkt mit dem Brustbein verbunden. Die drei folgenden Rippen stehen über den knorpeligen **Rippenbogen** indirekt mit dem Brustbein in Kontakt, die Rippen 11 und 12 sind sehr kurz und enden frei in der Brustwand.

Untere Extremitäten

Beckengürtel

Der Beckengürtel setzt sich aus mehreren Knochen zusammen (→ Abb. 11):

- **Kreuzbein** (ist Teil der Wirbelsäule und Teil des Beckengürtels)
- **2 Hüftbeine,** bestehen je aus **Darmbein, Schambein** und **Sitzbein.**

Die Tatsache, dass Kinder auf natürlichem Weg geboren werden können, hängt u.a. mit der Anatomie des Beckens zusammen, die sich bei Mann und Frau deutlich voneinander unterscheidet (→ Abb. 10).

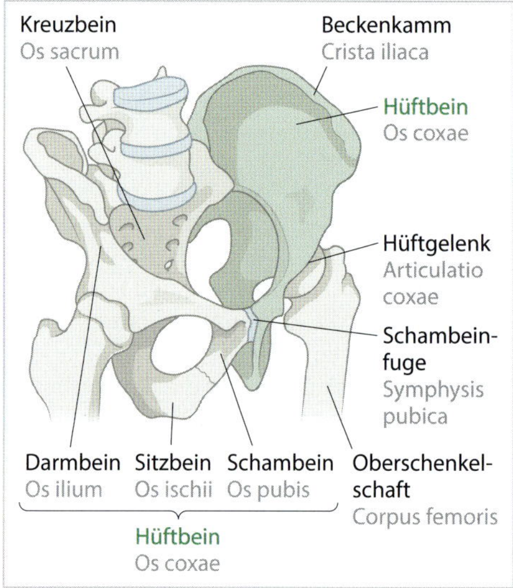

Abb. 11 Beckengürtel

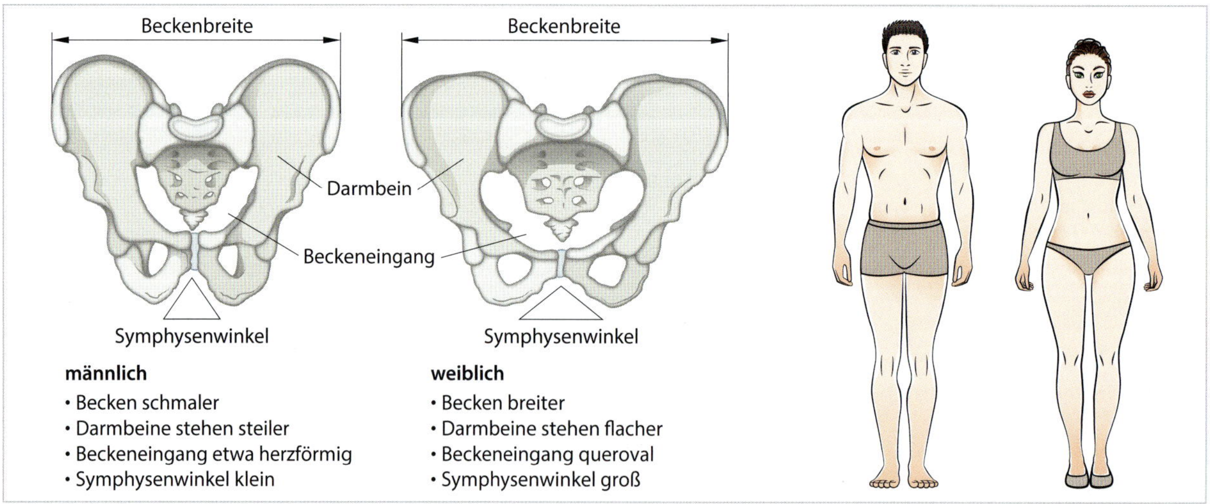

Abb. 10 Beckenanatomie bei Mann und Frau im Vergleich

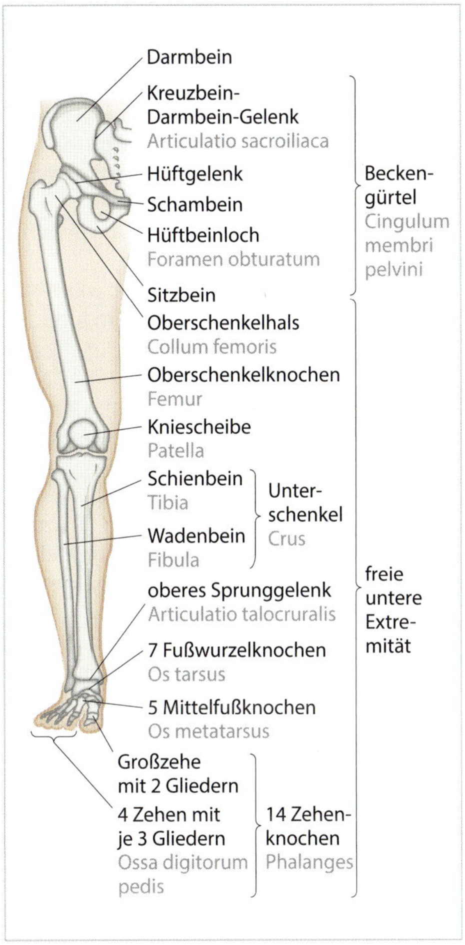

Abb. 12 Untere Extremität

Hieraus ergibt sich ein stabiler geschlossener **Ring,** dem mehrere Funktionen zukommen: Die Bauch- und Beckenorgane werden gehalten und gestützt, die Wirbelsäule wird fixiert und es liegt eine Schnittstelle zwischen der Lendenwirbelsäule und den freien unteren Extremitäten über den Oberschenkelknochen vor.

Freie untere Extremitäten – Beine, Füße

Die freien unteren Extremitäten gliedern sich in folgende Abschnitte (→ Abb. 12):

- Oberschenkelknochen
- Kniescheibe
- Unterschenkelknochen:
  - Schienbein
  - Wadenbein
- 7 Fußwurzelknochen
- 5 Mittelfußknochen
- 14 Zehenknochen

3.1.2 Knochen

Das Knochengewebe (→ 1.2.5) bildet die Skelettknochen und ist zusammen mit dem Zahnbein das am höchsten ausdifferenzierte Gewebe. Aufgrund der Einlagerungen von anorganischen Salzen in organischer extrazellulärer Matrix besitzen Knochen eine hohe Festigkeit gegenüber Druck, Zug, Biegung und Torsion (Verdrehung).

extrazelluläre Matrix: Gesamtheit aller Makromoleküle im Interzellularraum, bestehend aus Fasern in einer Grundsubstanz; sorgt für Stabilität und Elastizität der Zellen, speichert Flüssigkeit, unterstützt Substanzaustausch zwischen Blut und Gewebezellen

Knochenformen

Knochen sind sehr unterschiedlich groß. Die **größten Knochen** sind die beiden Oberschenkelknochen. Sie sind leicht, aber auch sehr robust, da sie das gesamte Körpergewicht tragen. Die **kleinsten Knochen** befinden sich im Ohr: die Gehörknöchelchen Hammer, Ambos und Steigbügel, die mittels Schallwellen Signale an das Gehirn weiterleiten (→ 6.4.2).

Knochen werden nach ihrer **Form und Funktion** eingeteilt (→ Abb. 13):

- **Lange Knochen** bestehen aus zwei Enden, den Gelenkenden und einem Knochenschaft. Sie sind deutlich länger als ihr auffälliger Hohlraum, der sich im mittleren Abschnitt des Knochens befindet, weshalb sie auch als **Röhrenknochen** bezeichnet werden. Hierzu zählen z. B. Ober- und Unterarmknochen und die kleinen, „länglichen" Fingerknochen.
- **Kurze Knochen,** z. B. die Hand- und Fußwurzelknochen, sind oft genauso lang wie breit und besitzen in ihrem Inneren keinen auffälligen Hohlraum.
- **Platte Knochen** findet man z. B. im Schädel und Becken. Auch die Schulterblätter, das Brustbein und die Rippen gehören zu dieser Knochenform.
- **Sesambeine** sind kleine rundliche Knochen, die meist im Bereich von Gelenken eingebettet sind, z. B. die Kniescheibe im Kniegelenk. Sie fungieren als eine Art Abstandshalter zwischen Sehne und Gelenk.

Sehnen stellen das Bindeglied zwischen Muskeln und Knochen bzw. Gelenk dar und dienen der Übertragung der Kontraktionskraft auf die Knochen. Sesambeine können die biomechanische Wirkung der Sehnen durch eine bessere Hebelwirkung sowie eine Minimierung des Drucks der Sehne in ihrem Verlauf über dem Gelenk optimieren.

Sehnen: bestehen aus faserigem kollagenem Bindegewebe (→ 1.2.5 Fasertypen); verbinden Muskeln und Knochen und dienen der Übertragung der Kontraktionskraft auf die Knochen

Knochenmark:
Medulla ossium; Gewebe in Hohlräumen von Knochen; rotes Knochenmark dient der Blutzellbildung; gelbes enthält Fetteinlagerungen, bildet keine Blutzellen mehr

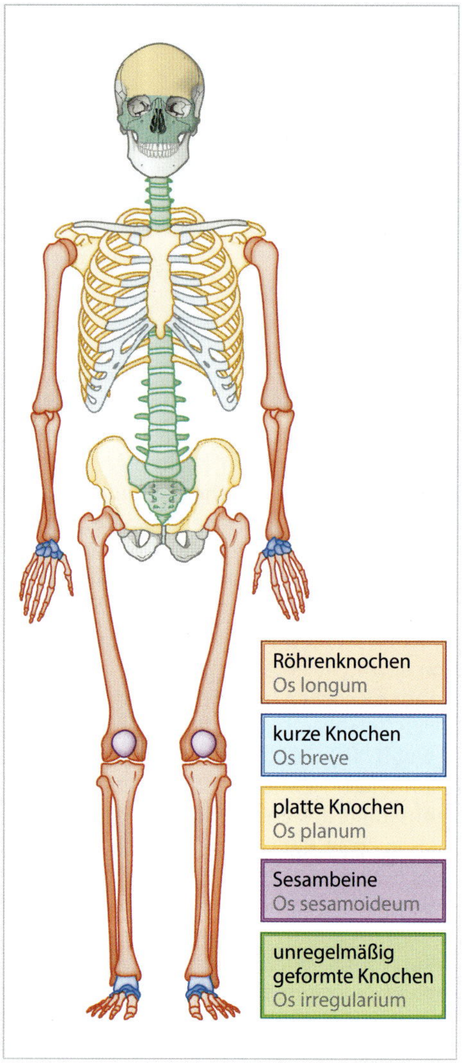

Abb. 13 Knochenformen des menschlichen Skeletts

Weiterhin gibt es die **unregelmäßig geformten Knochen,** die sich nicht den zuvor genannten Knochenformen zuordnen lassen, z. B. die Kieferknochen und die Wirbel.

Osteon:
funktionelle Einheit aus einem zentralen Knochenkanal (Havers-Kanal) und konzentrisch darum angeordneten Knochenlamellen

Havers-Kanal:
zentral im Osteon verlaufender Knochenkanal

Volkmann-Kanal:
mikroskopisch kleine, senkrecht zur Knochenoberfläche verlaufende Knochenkanäle, die die Osteonen bzw. die Havers-Kanäle untereinander verbinden

Aufbau eines Knochens

Knochen sind lebendige, gut durchblutete Organe. Jeder Knochen ist außen von einer straffen Bindegewebshaut, der **Knochenhaut,** umhüllt. Sie ist reich an Nervenfasern und daher schmerzempfindlich. Der Bereich des Gelenkknorpels ist hiervon ausgenommen. Unmittelbar darunter befindet sich die **Knochenrinde,** die weiter nach innen gerichtet in ein schwammartiges Gerüst mit **Knochenbälkchen** übergeht, das sich durch dynamische Bewegungen entwickelt und entsprechend anpasst. Der sich zwischen den Knochenbälkchen bildende Hohlraum ergibt die Markhöhle des Knochens, die von einer inneren Knochenhaut ausgekleidet wird. In der Markhöhle befindet sich das **Knochenmark.** Man unterscheidet:

- rotes Knochenmark, der Ort für die Bildung der Blutzellen (→ 8.1.1)
- gelbes Knochenmark, auch Fettmark genannt, das mit voranschreitendem Alter zunimmt

Der Aufbau eines Knochens lässt sich gut an einem Röhrenknochen demonstrieren (→ Abb. 14).

Mit Blick auf den Feinbau (→ Abb. 15) zeigt sich die Art und Weise der **Ernährung eines Knochens.** Man differenziert zwei Versorgungswege:

- Die aus der Knochenhaut einlaufenden Blutgefäße sprossen in den Knochen hinein und versorgen ihn **von außen.**
- Größere Arterien durchziehen die Knochenrinde, wandern zur Markhöhle und verzweigen sich dort zu einem Gefäßnetz, das den Knochen **von innen** versorgt.

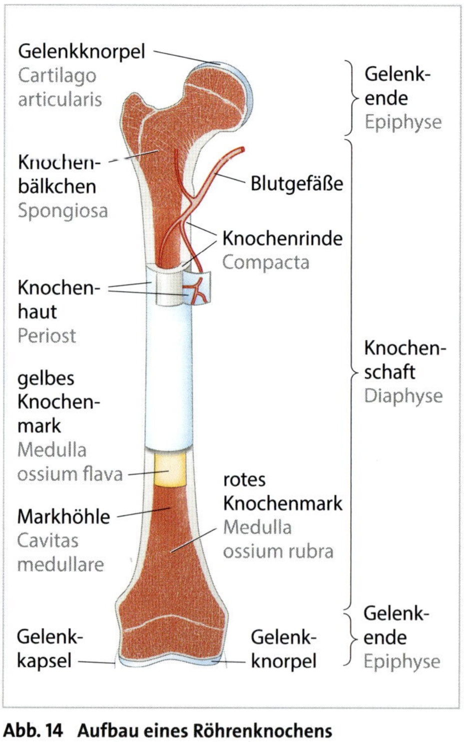

Abb. 14 Aufbau eines Röhrenknochens

Die im Inneren der Knochenrinde längs verlaufenden Blutgefäße fließen durch die **Havers-Kanäle,** die über die querverbindenden **Volkmann-Kanäle** in Kontakt stehen. Hierüber stehen gleichzeitig die beiden Versorgungswege in Verbindung.

Knochenstoffwechsel

Knochen unterliegen einem ständigem Auf- und Abbau. Von der Geburt bis etwa zum 30. Lebensjahr sind die knochenaufbauenden Prozesse durch die **Osteoblasten** den knochenabbauenden Prozessen durch die **Osteoklasten** überlegen (→ 1.2.5).

> Die **Knochenmasse** erreicht ihren Höchstwert um das 30. Lebensjahr.

Im Erwachsenenalter stehen knochenauf- und knochenabbauende Zellen eine Zeit lang im Gleichgewicht. Ab etwa dem 40. Lebensjahr nimmt die Knochenmasse auch unter optimalen Bedingungen um 0,5–1% jährlich ab und die **Knochendichte** sinkt.

Der Knochenaufbau wird durch Belastung gefördert. Knochenmaterial reagiert **piezoelektrisch:** Bei Beanspruchung entsteht eine elektrische Spannung; diese führt zum Knochenaufbau durch die Osteoblasten. **Belastungsreize** unterstützen damit den Knochenstoffwechsel.

Geben Sie unter Verwendung der Symbole >, < oder = die Mengenverhältnisse der Osteoblasten zu denen der Osteoklasten in Abhängigkeit vom Alter an.
a) im Alter von 17 Jahren
b) im Alter von 35 Jahren
c) im Alter von 65 Jahren

Für den Knochenauf- und umbau sind große Mengen an **Kalzium** und **Phosphat** wichtig, weshalb Knochen auch als **Speicherorgan für Mineralstoffe** bezeichnet werden:

- **Kalzium:** 99 % des Gesamt-Kalziums sind im Knochen gebunden. Über 50 % des im Serum vorliegenden Kalziums sind an Plasmaproteine und lösliche Anionen gebunden. Kalzium wird vor allem über Milch, Milchprodukte und grünes Gemüse aufgenommen (→ 4.4.3, Tab. 5).

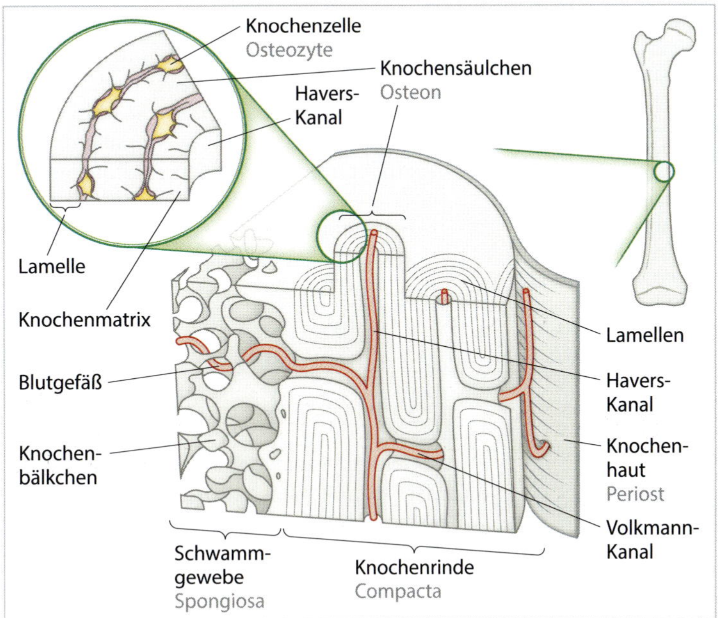

Abb. 15 Feinbau eines Röhrenknochens

- **Phosphor:** 85 % des Gesamt-Phosphors liegen mit dem Kalzium im Knochen gebunden vor. 14 % sind in weichen Geweben eingelagert. Ca. 1 % ist in der extrazellulären Flüssigkeit vorzufinden. Phosphate werden u. a. als Zusatzstoff aufgenommen (→ 4.4.3, Tab. 5).

Im Zuge des Knochenstoffwechsels ist eine **Regulation** beider Mineralstoffe von großer Bedeutung. Knochenaufbau und -abbau unterliegen sehr strengen und zugleich komplexen Mechanismen, die **hormonell** reguliert werden. Die wichtigsten hierbei beteiligten Hormone sind:

- **Parathormon,** ein in den Nebenschilddrüsen gebildetes, lebensnotwendiges Hormon (→ 7.1.2); es steigert die Osteoklastenaktivität, wodurch der Knochen demineralisiert wird
- **Kalzitriol,** das aus Vitamin D entsteht; es ermöglicht die Aufnahme von Kalzium aus der Nahrung und damit die Mineralisation des Knochens
- **Kalzitonin,** in den C-Zellen der Schilddrüse gebildetes Hormon(→ 7.3.4); Gegenspieler des Parathormons; es erhöht die Osteoblastenaktivität und damit den Knochenaufbau

Knochenmasse:
Gewicht der Knochen in kg; abhängig von Körpergewicht, Trainingszustand, Ernährung, Hormonen

Knochendichte:
Verhältnis der mineralisierten Knochensubstanz zu einem definierten Knochenvolumen in mg/ml

piezoelektrischer Effekt:
Auftreten einer elektrischen Spannung in einem Feststoff bei Verformung/Belastung; führt im Knochen bei Belastung zu erhöhter Osteoblastentätigkeit und damit zu Knochenaufbau

Phosphor:
Element (chem. Symbol P), das als Mineralstoff in Phosphaten gebunden vorliegt (Formel Phosphat: PO_4^{3-})

Phosphat:
Mengenelement, PO_4^{3-}; in Wurst und Wurstwaren als Zusatzstoff; Bestandteil von ATP

Kalzitriol:
physiologisch aktive Form von Vitamin D; sorgt für die Resorption von Kalzium aus Darm und Niere sowie für den Einbau in Knochen

Knochenmatrix:
Osteoid; von Osteoblasten gebildete, noch nicht mineralisierte organische Grundsubstanz des Knochens = Vorstufe der mineralisierten Matrix im Zuge des Aufbaus von Knochengewebe; besteht zu 60–70 % aus Kalziummineral, 10–15 % aus Wasser und 20–25 % aus organischer Substanz

Gelenk:
bewegliche Verbindung von zwei oder mehreren Knochen

Synarthrose:
Fuge, eine unbewegliche Verbindung; unbewegliches Gelenk ohne Gelenkspalt (z. B. Schädelknochen)

Diarthrose:
auch synoviales Gelenk genannt; echtes Gelenk mit charakteristischem Gelenkspalt

synovial:
die Gelenkflüssigkeit betreffend

Synovialflüssigkeit:
auch Synovia genannt; viskose Gelenkflüssigkeit, hyaluronsäure-, protein-, lipid- und schleimhaltige Gelenkschmiere

amorph:
ungeordnet, ohne Struktur, nicht kristallin

Neben diesen Hormonen beeinflussen weitere Hormone den Kalzium- und Phosphathaushalt bzw. Knochenstoffwechsel:

- Den Knochenaufbau fördern Schilddrüsenhormone und Insulin sowie vor allem die **Sexualhormone** (Östrogen, Androgene) (→ 7.1.2, → 7.3.5); Östrogen hemmt u. a. die knochenabbauenden Osteoklasten.
- Den Knochenabbau fördern u. a. Glukokortikoide (→ 9.4.5).

3.2 Gelenke

KNEPPER

Als Gelenk bezeichnet man die Verbindung zwischen zwei Knochen. Im Skelett treten die Knochen in unterschiedlicher Art und Weise miteinander in Kontakt. Je nach Art der Verbindung unterscheidet man:

- **Synarthrosen;** „unechte" Gelenke, die Knochen möglichst unverrückbar zusammenhalten sollen
- **Diarthrosen;** „echte", **synoviale Gelenke,** die über einen Gelenkspalt für die Beweglichkeit des Menschen sorgen

3.2.1 Aufbau der synovialen Gelenke

Unabhängig von ihrer Funktion besitzen synoviale Gelenke folgende charakteristische Bauelemente (→ Abb. 16):

- Gelenkkopf, der in eine Gelenkpfanne eingelagert ist
- Gelenkpfanne
- Gelenkkapsel, ggf. mit Gelenkbändern
- Gelenkknorpel
- Gelenkhöhle mit Gelenkspalt
- Synovialflüssigkeit

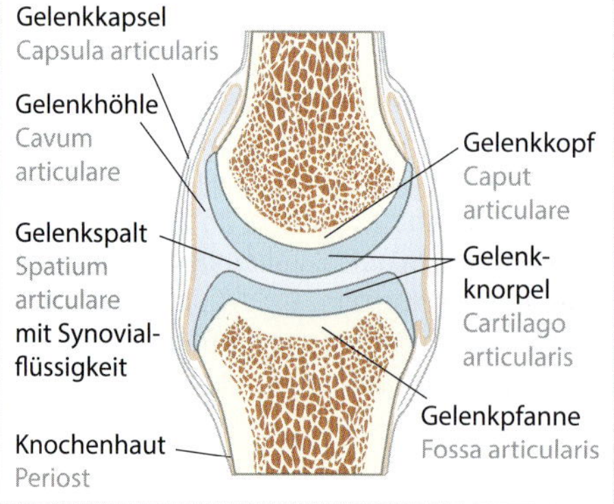

Abb. 16 Aufbauschema eines synovialen Gelenks

Im Gelenkspalt befindet sich die **Synovialflüssigkeit,** die als Gelenkschmiere zwischen den Gelenkflächen fungiert und von der **Gelenkkapsel** gebildet wird. Diese ist eine Bindegewebshülle, die üblicherweise das gesamte Gelenk umfasst und somit gleichzeitig der Stabilisierung des Gelenkes dient. **Gelenkbänder** sind teilweise ein Bestandteil der Gelenkkapsel.

Diskutieren Sie im Zusammenhang mit dem Gelenkaufbau über das Vorhandensein von Gelenkbändern:
a) Benennen Sie ein Gelenk, das von Gelenkbändern umgeben ist.
b) Erläutern Sie die Bedeutung der zusätzlich vorhandenen Gelenkbänder.

Der in Gelenken vorkommende hyaline und gefäßfreie **Knorpel** (→ 1.2.5) schützt die Knochen vor Abreibung. Dies wird durch die extrazelluläre Matrix ermöglicht, die aus vielen kollagenen Fasern besteht, eingebettet in amorphe Substanzen. Die Ernährung erfolgt per Diffusion aus der Gelenkflüssigkeit, da keine Blutgefäße vorhanden sind und – wegen der Reibungsminderung – auch keine Knorpelhaut. Abgenutzter Knorpel kann nicht wieder aufgebaut werden. Dies führt oft zu Beschwerden.

Zusätzlich können Gelenke eine oder mehrere **Zwischenwirbelscheiben, Schleimbeutel bzw. Gewebesäcke** und **Gelenklippen** besitzen. Man unterscheidet:

- **Diskus;** scheibenförmiger Knorpel, der den Gelenkspalt komplett unterteilt, z. B. zwischen einzelnen Wirbelkörpern und im Kiefergelenk
- **Meniskus;** scheibenförmiger Knorpel, der den Gelenkspalt nur teilweise unterteilt, z. B. Kniegelenk
- **Schleimbeutel bzw. Gewebesack;** mit Synovialflüssigkeit gefüllt, liegt zwischen gelenknahen Knochenteilen und den umgebenden Muskeln oder Sehnen und verhindert übermäßige Reibung
- **Gelenklippen;** knorpelige Vergrößerung von Gelenkpfannen, z. B. Hüftgelenkpfanne

3.2.2 Gelenktypen und Bewegungsformen

In Abhängigkeit von der Gelenkform werden verschiedene Gelenktypen unterschieden, die unterschiedliche Beweglichkeiten mit sich bringen (→ Tab. 1).

Tab. 1 Gelenktypen und Bewegungsformen – Übersicht

Gelenktyp	Beweglichkeit	Schema	Beispiele	
Kugelgelenk	größter Bewegungsspielraum um drei Achsen	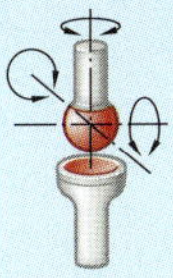	• Schultergelenk Articulatio humeri • Hüftgelenk A. coxae • Fingergrundgelenke A. metacarpophalangeales	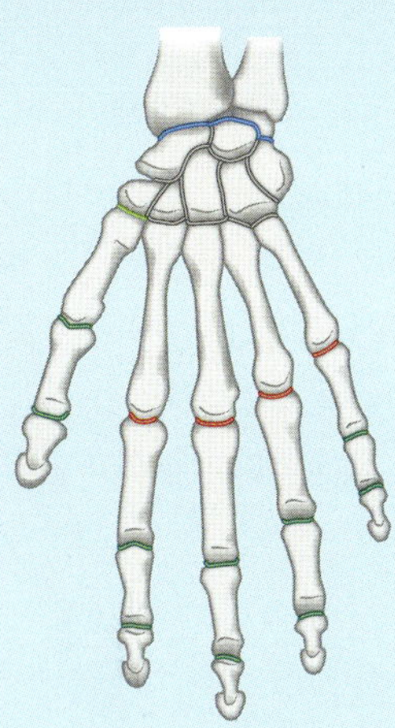
Eigelenk	ähnlich dem Kugelgelenk, aber ohne Drehbewegung	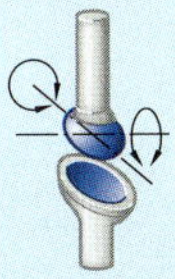	• Handgelenke A. radiocarpalis	
Sattelgelenk	ähnlich dem Eigelenk, zweiachsig	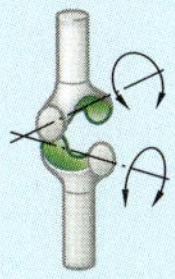	• Daumensattelgelenk A. carpometacarpalis pollicis	
Scharniergelenk	nur um eine Achse	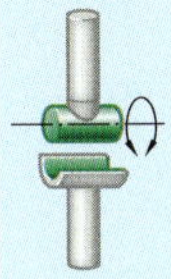	• Ellenbogengelenk A. cubiti • Fingermittel- und Fingerendgelenke Aa. interphalangeae proximales bzw. distales	
straffes Gelenk	sehr gering wegen der unregelmäßigen Gelenkflächen und der straffen Bänder		• Kreuzbein-Darmbein-Gelenk A. sacroiliaca • zwischen den Hand- und Fußwurzelknochen	
Zapfen- und Radgelenk	nur um eine Achse	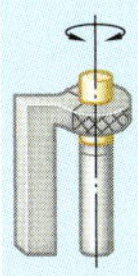	• Gelenk von Elle und Speiche im Bereich des Ellenbogengelenks	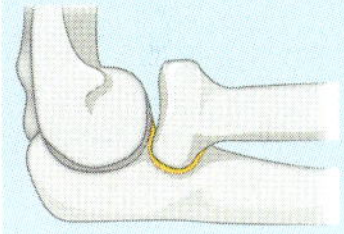
flaches Gelenk	Verschiebungen		• Gelenke zwischen benachbarten Wirbeln Aa. processuum articularium	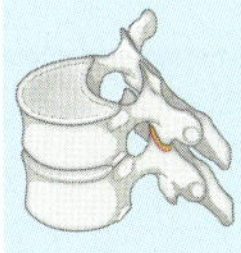

Betrachten Sie die funktionelle Vielseitigkeit Ihrer Hände aufgrund der vorhandenen Gelenke. Leiten Sie die Bedeutung des „Greifwerkzeugs" für den Alltag ab.

3.3 Skelettmuskulatur

KNEPPER

„Mann, habe ich Muskelkater, mir tut alles weh", klagt Maya. „Da hilft nur Faszientraining", meint ihre Freundin Linn.

Die Skelettmuskulatur des Menschen (→ Abb. 17) ist sowohl **morphologisch** als auch **funktionell** sehr vielseitig und zählt, wie auch der Herzmuskel, zum **quergestreiften Muskelgewebstyp** (→ 1.2.5). Mit ca. 400 Muskeln bildet die Skelettmuskulatur den **aktiven Teil des Bewegungsapparates.**

Die Skelettmuskulatur dient primär der Körperhaltung und der Fixierung der Gelenke. Dabei sind die Muskeln durch Muskelfaszien miteinander verbunden und bilden **Muskelketten.** Man unterscheidet ventrale (vordere), dorsale (hintere) und laterale (seitliche) Muskelketten. Sie sorgen für die Aufrichtung und Stabilisierung des Körpers. Zudem dienen spiralförmige Muskelketten der Stabilisierung in der Bewegung, vorrangig über **Kreuzdiagonalmuster** (→ 3.4.3 Bewegung). Dies bedeutet z. B., dass die

funktionell:
wirksam im Sinne der Funktion (Aufgabe, Anforderung o. Ä.)

morphologisch:
die äußere Gestalt, die Form, den Bau betreffend

Muskelfaszien:
Muskelhaut; faserreiches Bindegewebe, das einzelne Muskeln oder Muskelgruppen umhüllt; geben dem Muskel Form und Festigkeit

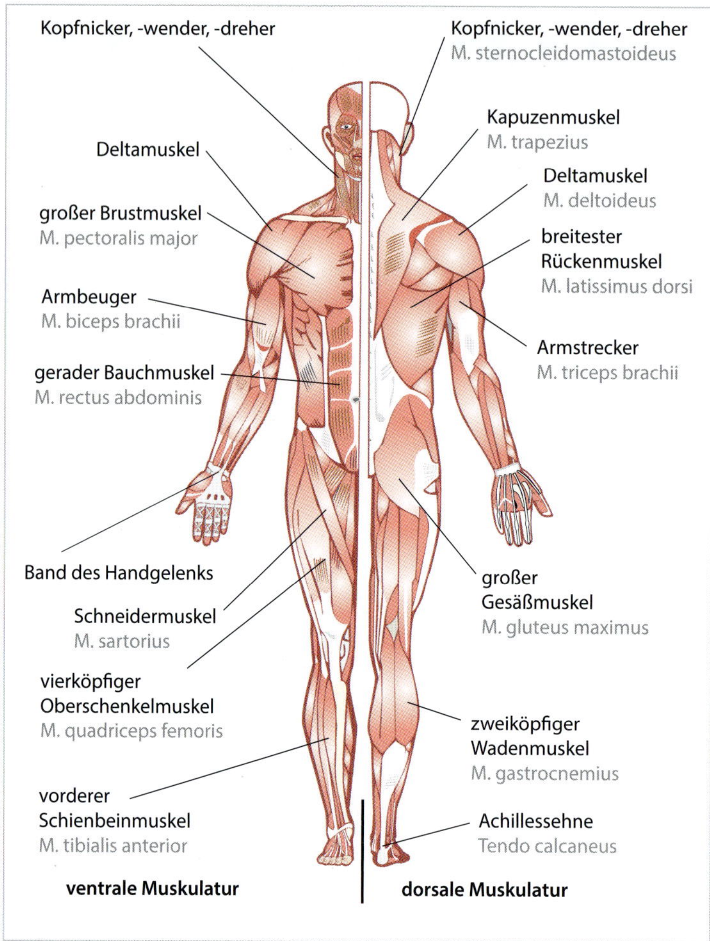

Abb. 17 Oberflächliche Skelettmuskulatur des Menschen – ventrale und dorsale Muskelketten

Myofibrille:
Bau- und Funktionseinheit der Muskelfaser, bestehend aus Myofilamenten

Myofilamente:
Aktin und Myosin; fadenförmige, kontraktile Proteine einer Muskelzelle

sarkoplasmatisches Retikulum:
SR; spezialisiertes endoplasmatisches Retikulum (ER) (→ 1.2.1)

Muskelfaser:
auch als quergestreifte Muskelzelle bezeichnetes, fadenförmiges Gebilde mit > 100 Zellkernen

Muskulatur des rechten Schulterblatts für eine Stabilität im linken Bein sorgt und umgekehrt.

Die funktionellen Muskelgruppen der Skelettmuskulatur lassen sich zur Übersicht einteilen in:

- Kopf- und Halsmuskulatur
- Rumpfmuskulatur
- Armmuskulatur
- Beinmuskulatur

Der Anteil der Muskulatur am Gesamtkörpergewicht ist bei der Frau geringer als beim Mann: ♀ ca. 35 %, ♂ ca. 40 %.

Ordnen Sie die in → Abb. 17 genannten Muskeln (einschließlich der lateinischen Begriffe) den vier Einteilungsgruppen der Skelettmuskulatur zu.

3.3.1 Anatomie der Skelettmuskulatur

Damit Muskeln ihre Kontraktionskraft auf das Skelett übertragen können, sind sie an zwei oder mehreren Knochenelementen über **Sehnen** fixiert.

Mehrere **Myofibrillen,** die jeweils vom sarkoplasmatischen Retikulum umgeben sind, bilden eine vom Sarkolemm umhüllte **Muskelfaser** (→ 1.2.5 Muskelgewebe). Mehrere Muskelfasern, teilweise bis zu 30 cm lang, sind von einer Bindegewebshülle umgeben und bilden ein **Faserbündel.** Ein Muskel setzt sich aus vielen Faserbündeln zusammen, die abschließend von einer elastischen Muskelhaut, den **Muskelfaszien,** umhüllt werden (→ Abb. 18). Diese Muskelfaszien sind formgebende und gleichzeitig muskelverbindende Gewebe, die neben einer versorgenden Funktion beispielsweise an der Kraftübertragung von einzelnen Muskeln innerhalb einer Muskelkette beteiligt sind.

Muskelfaszien „halten unseren Körper in Form" und dienen als Stütze, sofern man sie trainiert. **Faszientraining** wirkt wie eine Lymphdrainage: Es hilft dem Körper nach dem Sport, sich zu regenerieren (→ 3.4.3). Stoffwechselendprodukte, die im Körper gelöst vorliegen, werden durch gezielte Bewegungen – z. B. mittels Faszien-Rollen – aus dem Gewebe herausgedrückt, wie aus einem Schwamm.

Unter einem Lichtmikroskop lässt sich auf den Myofibrillen eine regelmäßige Bänderung erkennen. Dies sind die kleinsten funktionellen Einheiten einer Myofibrille, die als **Sarkomere** bezeichnet werden. Sogenannte **Z-Scheiben** trennen die sich im Aufbau wiederholenden Untereinheiten. Sie bestehen u. a. aus Bündeln mit zwei unterschiedlichen, parallel angeordneten Proteinfäden bzw. Myofilamenten (→ Abb. 19):

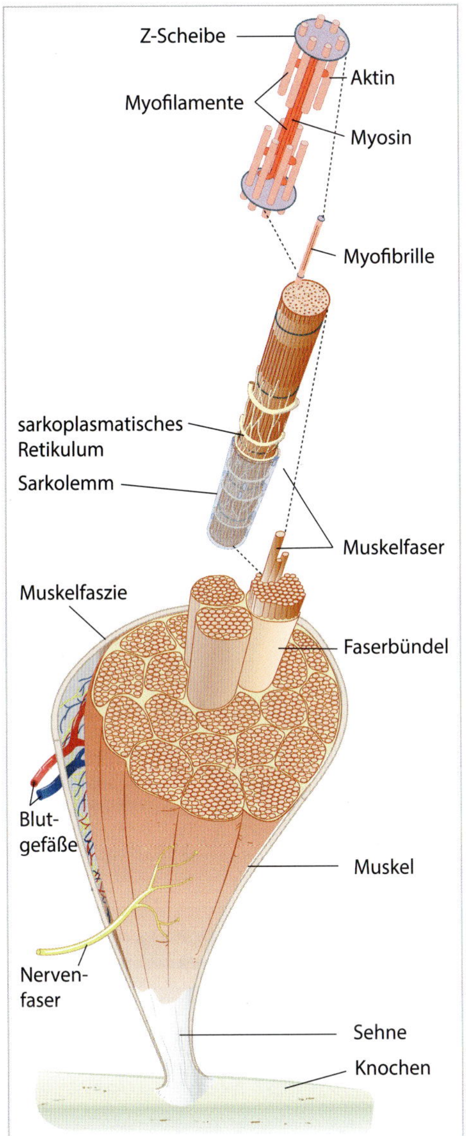

Abb. 18 Aufbau eines Skelettmuskels

- **Myosinfilamente;** Bündel, bestehend aus Myosinmolekülen, aus denen seitlich Myosinköpfchen herausragen
- **Aktinfilamente;** zwei miteinander verdrillte Ketten, bestehend aus Aktinmolekülen, die mit dem einen Ende an den Z-Scheiben angeheftet sind und mit dem anderen Ende zur Sarkomermitte gerichtet in die Myosin-Zwischenräume hineinragen

Bereiche der Muskelfibrillen, die nur Aktinfilamente aufweisen, erscheinen im Lichtmikroskop hell (I-Banden), alle anderen Bereiche dunkel (A-Banden).

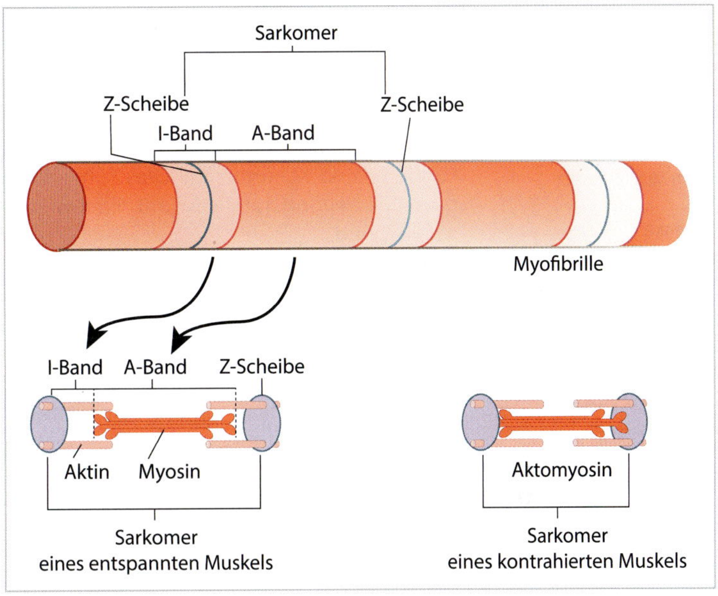

Abb. 19 Details eines Sarkomers

> Bei einem Untrainierten ist **Muskelkater** oft eine unangenehme Begleiterscheinung, die sich meist am Folgetag der sportlichen Aktivität bemerkbar macht.
> Betrachtet man die betroffene Muskulatur im Mikroskop, sind Veränderungen im Bereich der Sarkomere erkennbar: Teilweise sind die Z-Scheiben zerstört, wodurch Plasma in das Muskelgewebe eintritt und in der Folge eine entzündliche Schwellung entsteht. Bedingt durch den erhöhten Gewebedruck kommt es zur Reizung von Nervenendigungen, die der Betroffene in Form von Schmerz bzw. Muskelkater wahrnimmt. Eine Förderung der Durchblutung durch Wärme oder leichtes Training beschleunigen die Regeneration.

3.3.2 Physiologie der Skelettmuskulatur

Skelettmuskeln haben eine Mittlerfunktion zwischen dem Nervensystem und dem passiven Bewegungsapparat. Trifft ein Reiz von einer motorischen Nervenzelle (Motoneuron) auf einen Skelettmuskel, kommt es zur **Kontraktion** (→ 3.4.3). Die Erregungsübertragung von einem Motoneuron auf eine Muskelfaser erfolgt über Synapsen an einer motorischen Endplatte (→ 5.1.1, → 5.1.3). Hierbei fungiert Azetylcholin als Neurotransmitter (→ 5.1.4).

Sarkolemm:
Zellmembran der Muskelzelle

Sarkomer:
kleinste kontraktile Einheit des Muskels, durch zwei Z-Scheiben begrenzte zylindrische Struktur einer Myofibrille

Z-Scheibe:
mikroskopisch sichtbare Linien in der Mitte der I-Bande, an denen die Aktinfilamente fixiert sind; begrenzen zu beiden Seiten das Sarkomer

Myosinfilament:
dickes Filament, u. a. aus Myosinmolekülen aufgebaut

Aktinfilament:
dünnes Filament, u. a. aus kugelförmigen Aktinmolekülen aufgebaut

I-Band:
Abschnitt eines Sarkomers; im Mikroskop hell erscheinende Bande innerhalb von Myofibrillen

A-Band:
Abschnitt eines Sarkomers; im Mikroskop dunkel erscheinende Bande innerhalb von Myofibrillen

motorische Nervenzelle:
auch Motoneuron genannt, Nervenzelle des zentralen Nervensystems, die mit ihrem Fortsatz eine direkte oder indirekte Kontrolle über einen Muskel ausübt

Synapse:
Kontaktstelle zur Erregungsübertragung zwischen einer Nervenzelle und einer anderen Zelle (meist Nerven-, Muskelzelle)

motorische Endplatte:
Verbindungsstelle zwischen dem Fortsatz eines Motoneurons und den von diesem innervierten Skelettmuskelfasern

Azetylcholin:
einer der wichtigsten Transmitter, z. B. zwischen Nerv und Muskel

Neurotransmitter:
Transmitter; Botenstoff des Nervensystems

Agonist:
Verstärker; in der Anatomie „Spieler", aktiver Muskel

Antagonist:
Gegenspieler; in der Anatomie: auf eine Bewegung mit einer Gegenbewegung antwortender Muskel

Synergist:
Muskel, der einen anderen Muskel in seiner Arbeit unterstützt

ST-Fasern:
slow-twitch; langsam zuckende Fasern, bedingt durch einen oxidativen Muskelstoffwechsel

FT-Fasern:
fast-twitch; schnell zuckende Fasern, bedingt durch einen glykolytischen Stoffwechsel

Bewirkt ein Reiz die Ausschüttung von Azetylcholin in den synaptischen Spalt, den Zwischenraum von Motoneuron und der Zellmembran der Muskelfaser, kommt es zu Veränderungen der Membrandurchlässigkeit für Natrium- und Kaliumionen. Dies führt dazu, dass die Erregung auf die Myofibrillen weitergeleitet wird.

Es folgen weitere molekulare Teilprozesse (→ Abb. 22):

- Die Myosinköpfchen binden sich an das Aktin.
- Unter ATP-Verbrauch schieben die Myosinköpfchen die Aktinfilamente in Richtung Sarkomermitte.
- Die Sarkomere verkürzen sich, der Muskel kontrahiert.

Dieser Prozess nimmt nur ca. 1 Millisekunde in Anspruch. Solange Azetylcholin in den synaptischen Spalt ausgeschüttet wird, hält die Kontraktion an.

Kommt es zur Spaltung des Neurotransmitters, führt dies zu folgenden Ereignissen in den Sarkomeren:

- Die Myosinköpfchen binden ATP und lösen sich wieder von den Aktinfilamenten.
- Der Muskel erreicht wieder seinen Ruhezustand.

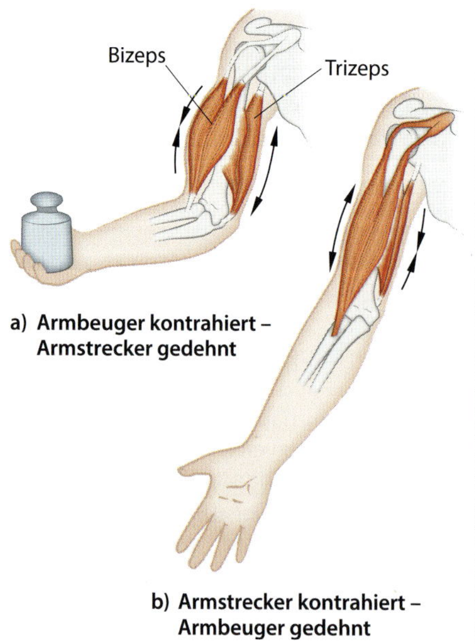

Abb. 20 Spieler-Gegenspieler-Prinzip am Beispiel der Beuger-Strecker-Funktion am Ellenbogengelenk

Für fließende Bewegungsabläufe ist oft ein Zusammenspiel gegensätzlich wirkender Muskeln erforderlich: **Spieler-Gegenspieler-Prinzip.** Ein Spieler, der **Agonist,** führt eine bestimmte Bewegung aus, worauf ein Gegenspieler, der **Antagonist,** mit einer entgegengesetzten Bewegung antwortet (→ Abb. 20).

Je nach der auszuführenden Bewegung wirkt ein und derselbe Muskel entweder als Agonist oder als Antagonist. Unterstützen sich Muskeln gegenseitig in ihrer Bewegung, so verhalten sich diese wie **Synergisten** (→ Abb. 21).

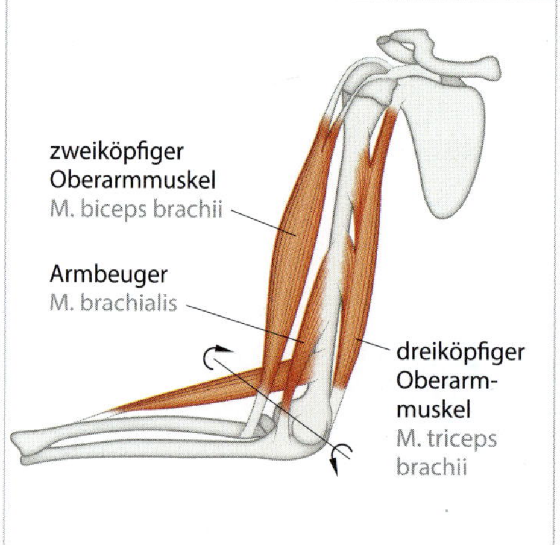

	Beugung	Streckung
M. biceps brachii	Agonist	Antagonist
M. brachialis	Synergist	Antagonist
M. triceps brachii	Antagonist	Agonist

Abb. 21 Beuger-Strecker-Beziehungen

Es gibt verschiedene **Skelettmuskelfaser-Typen.** Hier werden vor allem die schnellen **FT-Fasern** und die langsamen **ST-Fasern** unterschieden (→ Tab. 2). Die prozentuale Verteilung der Fasern in der Skelettmuskulatur ist genetisch bedingt unterschiedlich und von Mensch zu Mensch verschieden:

- meist: ca. 50–60 % ST-Fasern, ca. 40–50 % FT-Fasern
- besondere Verteilungsmuster möglich: ca. 90 % ST-Fasern, ca. 10 % FT-Fasern oder umgekehrt
- Durch Training lässt sich diese Verteilung fast nicht beeinflussen (→ 3.4.3 Schnelligkeit).

Tab. 2 Eigenschaften der beiden Muskelfasertypen: FT- und ST-Fasern

Eigenschaften	FT-Faser (Typ-II-Fasern)	ST-Faser (Typ-I-Fasern)
Zuckungen (engl. twitch)	fast-twitch	slow-twitch
Aussehen der Faser	weiße Farbe, aufgrund von geringem Myoglobingehalt	rote Farbe
Fähigkeit zur Kontraktion	schnell	langsam
Kraftentwicklung	hoch	gering
Ermüdung	schnell ermüdend, geringes Ausdauervermögen	ermüdungsresistent, ausdauernd
Stoffwechsel (→ 3.3.3)	glykolytischer Stoffwechsel – anaerob	oxidativer Stoffwechsel – aerob
Durchblutung	wenige Kapillaren	viele Kapillaren
ATP-liefernde Zellorganellen	wenige Mitochondrien	viele Mitochondrien
Erregungsleitung	dicke Motoneurone	dünne Motoneurone
Vorkommen	vorwiegend in Muskeln mit zielmotorischer Funktion	vorwiegend in Muskeln mit stützmotorischer Funktion
nützlich für Sportarten (→ 3.4.3)	vermehrt bei Schnell- und Kraftsportarten	überwiegend bei Ausdauersportarten

3.3.3 Energiehaushalt der Skelettmuskulatur

Muskelzellen sind in der Lage, die für sie notwendige Energie zu generieren. Der zentrale **Energieträger** ist das **ATP,** das im Muskel permanent resynthetisiert wird.

Hierzu bedarf es der **Nährstoffzulieferung** durch das Blut. Es werden Kohlenhydrate, Lipide (Fette) und Proteine mit der täglichen Nahrung aufgenommen. Diese Nährstoffe stellen ihrerseits bereits energiereiche Substanzen dar, allerdings können sie von den Muskelzellen nicht immer direkt als Energiequelle verwertet werden. Sie werden meist vorab in kleinere Bestandteile zerlegt, die dann über den Blutweg zu den Muskelzellen transportiert werden.

Ob Kohlenhydrate, Lipide oder Proteine zur Energiegewinnung genutzt werden, hängt von verschiedenen Aspekten ab:

- vom Ernährungs- bzw. Fitnesszustand einer Person
- vom Sauerstoffangebot, das für die Verstoffwechselung der Nährstoffe notwendig ist; es finden aerobe oder anaerobe Abbauprozesse (→ 4.3.1) statt

Aerober Energiestoffwechsel

Steht für die Verbrennung der Nährstoffe **ausreichend Sauerstoff** zur Verfügung, so werden diese unter **aeroben Bedingungen** in den Mitochondrien (→ 1.2.1) verbrannt. Kohlenhydrate decken unter physiologischen Bedingungen zwei Drittel des Energiebedarfs ab. Bei dem Prozess der Oxidation von Glukose-Molekülen handelt es sich um den wichtigen stoffwechselphysiologischen Prozess der **Zellatmung** (→ 4.3.1). Als Endprodukt entsteht neben Kohlenstoffdioxid und Wasser, die größtenteils über die Lungen abgeatmet werden, das energiereiche ATP (→ Abb. 22). Im Zuge der Zellatmung kann eine Zelle **38 mol ATP aus 1 mol Glukose** generieren. Das ATP diffundiert folglich von den Mitochondrien zu den Myofibrillen und steht dort für die Muskelkontraktion zur Verfügung.

resynthetisieren: wieder aufbauen

aerobe Energiegewinnung: Energiegewinnung im Körper für die Muskeln unter Sauerstoffverbrauch; oxidativer Stoffwechsel

Zellatmung: innere Atmung; Abbau körpereigener Stoffe unter Sauerstoffverbrauch zwecks Energiegewinnung

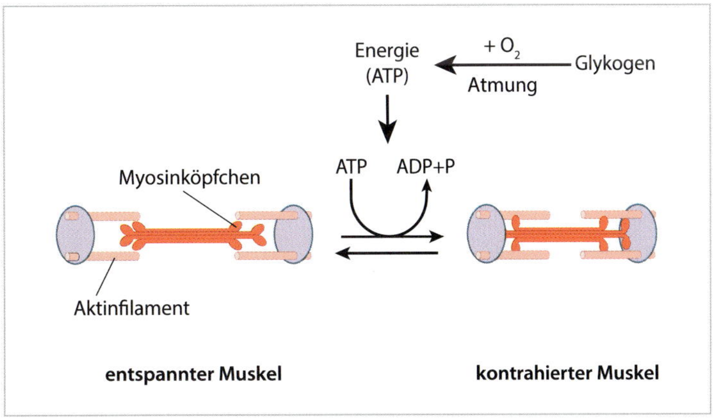

Abb. 22 Muskelkontraktion durch ATP-Verbrauch unter aeroben Bedingungen

anaerobe Energiegewinnung:
Energiegewinnung aus Kohlenhydraten ohne Sauerstoffverbrauch durch den Prozess der Milchsäuregärung; glykolytischer Stoffwechsel

Kreatinphosphat:
Synonym „Phosphagen"; Energiespeicher, kommt hauptsächlich im Muskelgewebe vor

Anaerober Energiestoffwechsel

Steht für die Verbrennung der Nährstoffe **nicht genügend Sauerstoff** zur Verfügung, so erfolgt im Zellplasma eine **anaerobe Energiebereitstellung.** Hierbei werden ATP und Kreatinphosphat gespalten und Glukose unter Bildung von Milchsäure unvollständig abgebaut. Im Zuge der **Milchsäuregärung** werden lediglich **2 mol ATP aus 1 mol Glukose** gebildet.

AUFGABEN

1. *Nennen Sie die verschiedenen Knochenformen des menschlichen Skeletts und je zwei dazugehörige Knochen.*

2. *Knochen setzen sich chemisch gesehen aus Wasser, anorganischen und organischen Bestandteilen zusammen.*
   a) Führen Sie eine Recherche über die qualitative und quantitative stoffliche Zusammensetzung der Knochen durch.
   b) Überlegen Sie, welche Schlussfolgerung sich im Hinblick auf eine gesunde Ernährung für die Erhaltung der Knochenstabilität ergibt.

3. *Erläutern Sie die Bedeutung der starken Durchblutung von Knochen im Hinblick auf den Knochenstoffwechsel. Berücksichtigen Sie hierbei auch die Informationen zum Knochengewebe aus* *→ Kap. 1.2.5.*

4. *a) Nennen Sie die sechs Bauelemente eines synovialen Gelenks.*
   b) Erläutern Sie die Funktion der einzelnen Bauelemente.

5. *Erklären Sie, warum ein trainierter Muskel mehr Mitochondrien besitzt als ein untrainierter.*

6. *Jeder Skelettmuskel zieht sich aktiv zusammen, kann sich aber niemals aktiv dehnen. Folglich muss es für jeden Muskel einen Gegenspieler geben, der den zusammengezogenen, kontrahierten Muskel wieder in dessen gedehnte Form zurückzieht.*
   So werden z. B. die Pupillen des Auges durch das Zusammenspiel von Ringmuskel und Radialmuskeln reguliert. Bei Starklicht zieht sich der Ringmuskel aktiv zusammen, die Radialmuskeln werden passiv gedehnt; die Pupille verengt sich und das Auge wird vor Überbelichtung geschützt. Ist die Lichtintensität geringer, erschlafft der Ringmuskel. Die strahlenförmigen Radialmuskeln ziehen sich aktiv zusammen und dehnen dadurch den Ringmuskel. Dadurch wird die Öffnung der Pupille geweitet.
   Vor dem Kauf von preisgünstigen Sonnenbrillen ohne UV-Schutz wird gewarnt. Überlegen Sie, ob es sich hierbei um eine Werbestrategie oder um eine berechtigte Warnung handelt, und begründen Sie Ihre Aussage.

7. *Erläutern Sie, unter welchen Bedingungen es im Körper zu anaeroben Stoffwechselprozessen kommt.*

8. *Beurteilen Sie, ob die anaerobe Energiegewinnung einen Vorteil gegenüber der aeroben besitzt.*

3.4 Bewegung
KNEPPER

Wenn wir jedem Individuum das richtige Maß an Nahrung und Bewegung zukommen lassen könnten, hätten wir den sichersten Weg zur Gesundheit gefunden.
Hippokrates (ca. 460–377 v. Chr.), griechischer Arzt, Begründer einer wissenschaftlich orientierten Medizin

Wer sich stets zu viel geschont hat, der kränkelt zuletzt an seiner vielen Schonung.
Friedrich Nietzsche (1844–1900), deutscher Philosoph

Vogel muss fliegen, Fisch muss schwimmen, Mensch muss laufen.
Emil Zátopek (1922–2000), tschechoslowakischer Langstreckenläufer

Wer glaubt, keine Zeit für körperliche Fitness zu haben, wird früher oder später Zeit zum Kranksein haben müssen.
Autor unbekannt

Der Mensch bewegt sich nicht weniger, weil er alt wird. Er wird alt, weil er sich weniger bewegt. Also beweg' dich!
Gustav-Adolf Schur (geb. 1931), deutscher Radrennfahrer

Bewegung ist die einzige Universalmedizin, die wir heute kennen.
Prof. Dr. Jan Mayer (geb. 1972), deutscher Sportpsychologe

1. *Wählen Sie eines der Zitate und beschreiben Sie dessen Inhalt und Intention mit eigenen Worten.*
2. *Diskutieren Sie in der Gruppe über die Aussagen der Zitate.*
3. *Nehmen Sie Stellung zu jedem Zitat, indem Sie herausarbeiten, welche Berührungspunkte Sie mit den Inhalten der Zitate haben.*
4. *Reflektieren Sie nun den Wandel in den Alltagsaktivitäten der Menschen in den letzten 100 Jahren. Berücksichtigen Sie hierzu die dargestellten Bilder sowie Veränderungen in folgenden Aspekten:*
   - *Arbeit im Haushalt*
   - *Erwerbstätigkeit*
   - *Wege zur Schule bzw. zur Arbeit*
   - *Freizeitaktivitäten*
   - *Digitalisierung*
5. *Betrachten Sie Ihre eigenen Aktivitäten kritisch und diskutieren Sie anschließend, inwieweit Sie sich aus Ihrer Sicht gerne sowie ausreichend bewegen.*

3.4.1 Bewegung muss sein

Körperliche Inaktivität ist ein ernstzunehmender gesundheitlicher Risikofaktor und gilt als eines der größten Gesundheitsprobleme des 21. Jahrhunderts. Geht es um die **Verantwortung für die eigene Gesundheit,** ist es gerade in der heutigen Zeit wichtig, sich Bewegung bewusst zu machen und entsprechend bewusst bewegt zu handeln.

Mit Blick auf die Anatomie und Physiologie des menschlichen Organismus benötigt der Mensch ein bestimmtes Maß an körperlicher Aktivität von Natur aus. Unser Körper ist genetisch nach wie vor auf regelmäßige körperliche Anstrengung eingestellt. Aus dieser Gegebenheit ergibt sich ein MUSS für ausreichende Bewegung. Auf einen zu passiven Lebensstil reagiert der Körper mit Unwohlsein und Krankheit.

> Das beste Projekt, an dem du je arbeiten wirst, bist du selbst.
> *Autor unbekannt*

Vor ca. 30 000 Jahren hatten es unsere Vorfahren, was die notwendige körperliche Aktivität betrifft, scheinbar leichter. Für sie bedeutete Bewegung Überleben. Heute scheint Bewegung nicht mehr zum Überleben nötig zu sein. Gut ausgebaute Verkehrsnetze sorgen dafür, dass wir ohne großen körperlichen Aufwand mobil sind. Digitale Medien tragen dazu bei, dass Bewegung im schulischen und beruflichen Alltag und in der Freizeit immer weniger bedeutsam ist und folglich keiner besonderen Aufmerksamkeit bedarf.

Mobilität: menschliches Grundbedürfnis, bezeichnet die Bereitschaft und Fähigkeit zur Bewegung als auch die Bewegung selbst

Laut einer Bewegungsstudie betreiben 25 % der Bundesbürgerinnen und -bürger selten Sport (Sportmuffel), 20 % sogar gar keinen (Antisportler). Etwa 30 % der Bevölkerung sind Gelegenheitssportler (Techniker Krankenkasse 2022) (→ Abb. 23).

Die Pandemiejahre haben das Bewegungsverhalten der Bevölkerung stark beeinflusst. Lockdowns, Homeoffice und Kontaktbeschränkungen haben die Gesellschaft zeitweilig „lahmgelegt". Nach der Pandemie zeigen einige Bevölkerungsgruppen eine gesteigerte Aktivität. Das vermehrte Arbeiten im

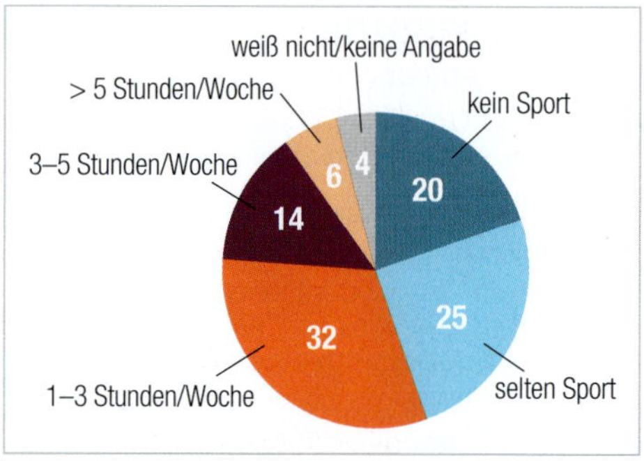

Abb. 23 Sport im Alltag nach Sportlertyp 2022 in % (Techniker Krankenkasse 2022)

Homeoffice gilt es zu kompensieren (Techniker Krankenkasse 2022).

Dass Bewegung auch heute für ein gesundes Leben notwendig ist, belegen viele Forschungsergebnisse:

- Bewegung wirkt in jedem Alter gesundheitsfördernd.
- Viele der Erkrankungen, die im Alter vermehrt auftreten, können durch regelmäßige Bewegung verhindert bzw. hinausgezögert werden.
- Bewegung kann vorbeugende Effekte auf Erkrankungen haben, z. B. auf:
  - Bluthochdruck (→ 10.4)
  - Herzinfarkt (→ 10.5.6)
  - Schlaganfall (→ 5.11)
  - Metabolisches Syndrom (→ 10.4.8)
  - Diabetes mellitus Typ 2 (→ 4.6)
  - degenerative Erkrankungen (Krankheiten bedingt durch Verschleiß/Abnutzung) (→ 3.5.2)
  - Tumore (→ 2.4)
- Bewegung wirkt sich positiv auf die Gehirnfunktion aus.
- Bewegung unterstützt die Mobilität des Menschen.
- Regelmäßige Bewegung gewährt eine möglichst lange Teilnahme am gesellschaftlichen Leben.

> Physisches, psychisches und soziales Wohlbefinden, die Lebensqualität sowie die Zufriedenheit der Menschen können durch Bewegung verbessert werden. Hierbei kommt es jedoch immer auf die Art und Weise der Bewegung an.

Stellen Sie Hypothesen auf:
a) Welche Art der Bewegung ist Ihrer Meinung nach am sinnvollsten?
b) In welchem Umfang und für welche Zielgruppe ist welche Art der Bewegung gesundheitlich am wirkungsvollsten?

Im Rahmen des Präventionsgesetzes (2015) wurden **Bundesrahmenempfehlungen** beschlossen (→ I-9.2.2). Diese sollen einer nachhaltigen Förderung von Bewegung, verankert in verschiedenen Lebenswelten, dienen. Die Förderung von Bewegung im Alltag stellt eine gesamtgesellschaftliche Aufgabe dar (Nationale Präventionskonferenz 2018).

3.4.2 Grundlegende Begriffe

Nicht selten werden die Begriffe **Bewegung, Fitness** und **Sport** synonym verwendet und miteinander verwechselt.

Bewegung

Am Morgen sollten Sie sich ausgiebig strecken und dehnen, während des Zähneputzens können Sie auf einem Bein balancieren und wenn Sie auf etwas warten, bietet sich Beckenbodentraining an. Nehmen Sie die Treppe statt den Fahrstuhl.

Bewegung umfasst alle **Alltagsaktivitäten,** sportliche Aktivitäten eingeschlossen, sofern sie der Gesundheit förderlich sind und gesundheitliche Gefährdungen vermeiden. Wissenschaftler sprechen auch von der **Aktivitätsthermogenese ohne Sport** oder den **Bewegungen im Alltag,** dem **NEAT-Wert.**

Sämtliche Bewegungen im Alltag führen zu einer gesteigerten Aktivität der Skelettmuskulatur (→ 3.3) und tragen so zu einem Energieumsatz bei, der über den **Grundumsatz** hinausgeht. Dieser zusätzliche Energiebedarf entspricht dem sogenannten **Leistungsumsatz** (→ 4.4.2). Stehen die mit der Ernährung verbundene Energieaufnahme und der mit der Bewegung gekoppelte Energiebedarf in einem Gleichgewicht, so ist dies gesundheitsförderlich. Übersteigt die Energiezufuhr dauerhaft den Energiebedarf, mangelt es an Bewegung und der Körper neigt zu Erkrankungen.

Alltagsaktivitäten wie die Strecke zur Schule oder der Besuch von Freunden können bewusst zu Fuß oder mit dem Fahrrad erfolgen, Telefonieren oder Besprechungen im Stehen oder Gehen, Aktivpausen am Schreibtisch, Schulpausen in Bewegung – idealerweise an der frischen Luft –, Arbeiten im Garten und jeder Spaziergang stärken das Immunsystem und den Kreislauf. Ein aktiver Lebensstil sorgt für zusätzlichen Energieverbrauch. Wo und wann immer es möglich ist, sollte die Eigenaktivität einem durch Technik unterstütztes Tun vorgezogen werden.

Das menschliche Bewegungssystem ist auf **Geh- und Laufbewegungen** spezialisiert. Hierdurch kommen alle Muskelgruppen in ihrem natürlichen Gefüge zum Einsatz, die Durchblutung wird verbessert, der Körper wird mit Sauerstoff versorgt und das Gehirn und das Nervensystem werden aktiviert (→ 3.4.4). Da das Gehen und Laufen, physiologisch betrachtet, sogenannte **Kreuzdiagonalmuster** der Bewegungen darstellen, kommt es zur Aktivierung und Balance von linker und rechter Gehirnhälfte und den spiralig verlaufenden Muskelketten (→ 3.3), die sich auf der Körpervorder- und Rückseite befinden.

Reflektieren Sie Ihre eigenen Alltagsaktivitäten unter Beachtung Ihres NEAT-Wertes. Welche Bewegungen erfolgen alltäglich unbewusst und stellen dennoch Aktivität dar?

Fitness

Unter Fitness versteht man ein körperliches und geistiges Wohlbefinden. Fitness trägt dazu bei, im Alltag **leistungsfähig** sein zu können und Belastungen standzuhalten.

„Richtig fit" hält man sich oder wird man, indem man regelmäßig, richtig, mit Maß und mit Spaß körperlich aktiv ist.
Deutscher Olympischer Sportbund o. J. unter https://gesundheit.dosb.de

Präventionsgesetz:
Gesetz zur Stärkung der Gesundheitsförderung und Prävention aus 2015/2016; verbessert die Grundlagen für die Zusammenarbeit der Sozialversicherungsträger, Länder und Kommunen in den Bereichen Prävention und Gesundheitsförderung für alle Altersgruppen

Bundesrahmenempfehlungen:
legen auf nationaler Ebene die gemeinsamen Ziele, Handlungsfelder und Maßnahmen zur Förderung der Weiterentwicklung der Qualität von Prävention und Gesundheitsförderung fest

Bewegung:
alle Alltagsaktivitäten, sportliche Aktivitäten eingeschlossen

NEAT-Wert:
non-exercise activity thermogenesis, Bewegungen im Alltag

Grundumsatz:
Ruheenergiebedarf; Energiemenge, die in völliger Ruhe zur Erhaltung aller Körperfunktionen benötigt wird

Leistungsumsatz:
Energieverbrauch durch körperliche Aktivität

Fitness:
körperliches und geistiges Wohlbefinden, um dem Alltag gewachsen zu sein

Leistungsfähigkeit:
psychische und physische Leistungsfähigkeit; Fähigkeit, definierte Aufgaben in einer maximal erreichbaren Belastungsstufe zu erfüllen, ggf. auch über einen längeren Zeitraum

Deutscher Olympischer Sportbund:
DOSB; Dachorganisation des deutschen Sports mit 16 Landessportbünden; vertritt etwa 24 Mio. Mitglieder aus knapp 90 000 Sportvereinen

motorisch:
die Motorik betreffend; Gesamtheit der aktiven Bewegungen des menschlichen Körpers

I-5.4.4
Zweiter Gesundheitsmarkt: Sport und Fitness

Motivation:
Gesamtheit der Beweggründe oder Einflüsse, die eine Handlung beeinflussen

Sport:
nach bestimmten Regeln, auch im Wettkampf, aus Freude an Bewegung und Spiel zur körperlichen Aktivierung ausgeübte Betätigung

Sportverein:
Zusammenschluss von Personen zur gemeinsamen sportlichen Betätigung, freiwillig organisierte Gemeinschaft

Jeder der folgenden drei Aspekte stellt einen wichtigen Baustein für ein gesundes und fittes Leben dar:

- **motorische Grundfähigkeiten** des Menschen: Ausdauer, Koordination, Beweglichkeit, Kraft und Schnelligkeit (→ 3.4.3)
- **mentale Stärke:** Menschen, die von ihren eigenen Fähigkeiten überzeugt sind
  - können sich (herausfordernde) Ziele setzen und daran festhalten,
  - können Misserfolge besser verkraften,
  - haben eine höhere Motivation,
  - lassen sich weniger ablenken,
  - können ausreichende Anstrengung und Ausdauer zum Erreichen von Zielen aufbringen.
- **Gesunde Ernährung** leistet einen wichtigen Beitrag für eine stabile Gesundheit (→ 4.4).

Stehen die motorischen Grundfähigkeiten, mentale Stärke und gesunde Ernährung in einem ausgewogenen Verhältnis zueinander, tragen sie zur Fitness bei. Leistungsfähigkeit kann aufrechterhalten bzw. erreicht werden.

Sport

Die Definition von Sport ist schwierig. Auch umgangssprachlich hat der Begriff viele Facetten:

- Für verschiedene gesellschaftliche Gruppen hat Sport unterschiedliche Bedeutungen, z. B. Körperlichkeit, Ausgleich, Gesundheit, nationale Repräsentation oder er ist Beruf.
- Sport umfasst eine Vielfalt von Aktivitäten und Erlebnissen (→ Abb. 24).
- Sport besitzt Wettkampfcharakter, bei dem es primär um das Erzielen sportlicher Leistungen geht.
- Sport vermittelt Werte wie Fairness, Respekt und Leistungsbereitschaft.
- Früher war Sport anders als heute. Der Sport von heute wird sich von dem der Zukunft unterscheiden.
- Sport ist ein wichtiger Wirtschaftsfaktor, z. B. in Form von Ausgaben für Sportausrüstung und Mitgliedsbeiträge.

Eine mögliche Definition von Sport ist:

> Sport ist ein kulturelles Tätigkeitsfeld, in dem Menschen sich freiwillig in eine Beziehung zu anderen Menschen begeben, um ihre Fähigkeiten und Fertigkeiten in der Bewegungskunst zu vergleichen – nach selbstgesetzten oder übernommenen Regeln und auf der Grundlage der gesellschaftlich akzeptierten ethischen Werte.
> *Tiedemann 2020 unter http://sport-geschichte.de*

Es wird zwischen Individual- und Mannschaftssport unterschieden. Im **Individualsport** basieren die sportlichen Fähigkeiten allein auf dem Individuum. Zu den Individualsportarten zählen z. B.:

- Schwimmen
- Leichtathletik
- Turnen, Geräteturnen
- Tennis
- Kampfsportarten
- Golf

Beim **Mannschaftssport** stehen das Team und kooperatives Vorgehen im Vordergrund. Beispiele sind:

- Fußball
- Volleyball
- Handball
- Basketball
- Hockey
- Tanzen, als Paar oder in einer Gruppe

Sport wird häufig in Vereinen ausgeübt. Im **Vereinssport** können Sportgruppen aller Altersstufen organisiert sein. Eine Unterteilung kann nach Alter, Geschlecht und dem Leistungsstand erfolgen. Sportvereine gelten als soziale Treffpunkte, deren soziale Funktion gesellschaftlich von großer Bedeutung ist.

Abb. 24 **Vielfalt des Sports**

Die meisten Sportarten können den folgenden **Sportbereichen** zugeordnet werden.

Leistungssport

Der Leistungssport stellt einen intensiven und professionellen Sport dar. Ziel ist das Erreichen optimaler und maximaler **Wettkampfleistungen.** Damit gehen einher:

- hoher Trainingsaufwand (15–40 Std./Woche) und intensives Training
- hoher persönlicher Einsatz, große Motivation und Leistungsbereitschaft
- starke Sportartspezialisierung
- Notwendigkeit einer gesunden Lebensführung
- strikte sportgerechte Ernährung
- Betreuung durch lizenzierte Trainer, Physiotherapeuten, Sportpsychologen usw.

Unter Umständen wird man Mitglied in einem Landes- oder Bundeskader der jeweiligen Sportart. Man trainiert nach ausgearbeiteten schriftlichen Plänen und erhält ggf. eine finanzielle Vergütung.

Breiten- und Freizeitsport

Der Breiten- und Freizeitsport ist häufig nicht wettkampf- oder leistungsorientiert und dient vor allem der körperlichen Fitness und dem Ausgleich von Bewegungsmangel. Der Spaß steht im Vordergrund. Folgende Aspekte charakterisieren den Breiten- und Freizeitsport:

- begrenzter Trainingsaufwand
- teils ohne Trainer oder Betreuer
- keine Trainingspläne
- unregelmäßige Trainings-/Wettkampfteilnahme
- gesunde Lebensführung häufig nur zweitrangig
- mögliches Bindeglied für eine Gemeinschaft

Aber auch in diesem Bereich gibt es viele Sportarten, die Wettkämpfe und Ligen ausrichten. Die Hauptmotivation hierfür ist häufig der Leistungsvergleich.

> Eine Gruppe von Freizeitsportlern trainiert sehr engagiert und zielstrebig das Mountainbiken. Sie trainieren mehrmals die Woche und bereiten sich nach Trainings- und teilweise auch Ernährungsplänen konzentriert auf bestimmte Wettkämpfe vor. Sie fahren dabei über 9000 Kilometer im Jahr.

Fitnesssport

Fitnesssport als eine Form des Breiten- und Freizeitsports hat in den vergangenen Jahren den größten Zulauf, insbesondere in kommerziellen Fitnessstudios. Unter Fitnesssport lassen sich sämtliche Sportarten zusammenfassen, die zum körperlichen und geistigen Wohlbefinden beitragen. Sie werden individuell, also nicht im Team, durchgeführt. Hierzu zählen:

- Ausdauerbelastung, z. B.
  - Nordic Walking
  - Joggen
  - Schwimmen
  - Radfahren
- Krafttraining
- Beweglichkeits- und Koordinationstraining

Extremsport

Beim Extremsport suchen die Sportler bewusst und gezielt sowohl eine **körperliche** als auch eine **psychische Grenzbelastung.** Beispiele sind:

- Parkour
- Canyoning
- Freeclimbing

Gesundheitssport

Handelt es sich um eine aktive, regelmäßige und systematische Belastung mit dem Ziel, die menschliche Gesundheit psychisch, körperlich und sozial zu fördern, zu erhalten bzw. wiederherzustellen, spricht man von Gesundheitssport. Hierbei werden hauptsächlich zwei Ziele verfolgt:

- **Gesundheitswirkung;** körperlich und psychosozial – Sportrreiben fördert soziale Kontakte und das Selbstbewusstsein.
- **Verhaltenswirkung;** Menschen sollen langfristig an den gesundheitsorientierten Sport gebunden werden.

Viele Sportvereine bieten seit Beginn der 1990er-Jahre Gesundheitssportangebote an und leisten dadurch einen wichtigen Beitrag zur Gesundheitsversorgung der Bevölkerung. Dies erfolgt oftmals in **Präventionskursen,** die von Präventionsübungsleitern geleitet werden. Die Teilnahme an Kursen mit dem Logo Deutscher Standard Prävention, die als Präventionsmaßnahme gemäß § 20 Abs. 4 SGB V (→ I-9.2.5) zertifiziert sind, wird von den gesetzlichen Krankenversicherungen und Ersatzkassen gefördert. Meist tragen die Teilnehmer einen Eigenanteil der Kursgebühren; einige Kranken-

Breitensport: Sport, der von der Bevölkerung auf breiter Ebene betrieben wird und den jeder ausüben kann

psychosozial: die Psyche, das Sozialverhalten und die sozialen Gegebenheiten betreffend

I-9.2.3
Leitfaden Prävention: individuelle verhaltensbezogene Prävention

Inklusion: gleichberechtigte Teilhabe am gesellschaftlichen Leben in allen Bereichen durch entsprechende Ausstattung der Umwelt

Training: regelmäßige körperliche Bewegung, die einer Leistungssteigerung bzw. dem Erhalt von sportlicher Leistungsfähigkeit dient

funktionelles Training: Trainingsform, die komplexe Bewegungsabläufe, mehrere Gelenke und Muskelgruppen übergreifend beinhaltet

Trainingsform: kombiniert Trainingsinhalt und Trainingsmethode

Trainingsinhalte: körperliche Aktivitäten, die dem Erreichen der Trainingsziele dienen; unterscheiden sich in Art, Dauer, Intensität und Umfang

Trainingsmethode: geplantes Verfahren, das die Vorgehensweise beschreibt, um definierte Trainingsziele zu erreichen, durch Konditions-, Technik- oder Taktiktraining

Dysbalance: Ungleichgewicht

kassen übernehmen die Kosten vollständig. In der Regel können Versicherte an ein bis zwei Kursen pro Jahr teilnehmen.

Rehasport

Rehasport ist eine **Nachsorgemaßnahme** im Anschluss an eine Leistung zur medizinischen Rehabilitation mit dem Ziel, den Rehabilitationserfolg langfristig zu sichern und die Betroffenen auf Dauer in das Arbeitsleben und die Gesellschaft einzugliedern (→ I-11.2.6). Insbesondere nach schweren Erkrankungen dient Rehasport als Hilfe zur Selbsthilfe, um den Krankheitsverlauf positiv zu beeinflussen.

Inklusionssport

Unter Inklusionssport versteht man ein **Angebot in Bewegung, Spiel und Sport für alle.** Durch gemeinsames Sporttreiben von Menschen mit und ohne Behinderungen kann soziale Integration unterstützt und gegenseitige Akzeptanz und Toleranz gefördert werden. Inklusionssport sollte so integrativ wie möglich und so separat wie nötig erfolgen.

Sport bringt Menschen zusammen, beispielsweise aus verschiedenen sozialen Schichten und mit unterschiedlichen kulturellen Hintergründen, und fördert so **Vielfalt.** Sportvereine sind aufgrund ihrer politischen und religiösen Neutralität grundsätzlich offen für alle Menschen, gleich welcher Nationalität, Hautfarbe, Glaubensrichtung oder Fähigkeit. Der organisierte Breitensport in Vereinen hat das Potenzial, allen interessierten Menschen die Möglichkeit zu geben, regelmäßig unter fachlicher Anleitung sportlich aktiv zu sein. Die Regeln des Sports sind universell und Sprachprobleme können durch Gestik und Mimik überwunden werden.

Sport kann gesellschaftliche Werte auf vielfältige Weise vermitteln. Hier kommt auch die Bedeutung des **ehrenamtlichen und freiwilligen Engagements** zum Tragen, das Grundlage für den deutschen Vereinssport ist.

In den Sportvereinen in Deutschland engagieren sich 8,85 Millionen Menschen, davon etwa
- 750 000 Amtsträger auf Vorstandsebene,
- 950 000 Engagierte auf der Ausführungsebene (z. B. Trainerinnen und Trainer, Kampfrichter) und
- 6,3 Millionen Helferinnen und Helfer (z. B. bei Vereinsfesten).

Diese Personen erbringen zusammen eine monatliche Arbeitsleistung von rund 22,9 Millionen Stunden (Deutscher Olympischer Sportbund 2017).

1. *Bearbeiten Sie in Anlehnung an die Definition von Tiedemann, die Bilder der → Abb. 24 und die Ausführungen in → Kap. 3.4.2 folgende Fragen:*
   a) *Welche Aspekte von Sport werden in → Abb. 24 angesprochen?*
   b) *Welche Bilder könnten dieser Bilderserie hinzugefügt werden?*
   c) *Welche Aspekte werden in der Definition von Sport angesprochen?*
   d) *Fehlen Ihnen Inhalte? Formulieren Sie Ihr Verständnis von Sport.*
2. *Ordnen Sie Ihr eigenes Bewegungsverhalten den beschriebenen Sportbereichen zu.*

3.4.3 Funktionelles Training

Jeder Mensch, der seinen Körper regelmäßig bewegt, um seine Fitness zu erhalten, oder der das Ziel einer **Steigerung der körperlichen Leistungsfähigkeit** verfolgt, trainiert seinen Körper.

Betrachtet man alltägliche Bewegungen, lässt sich erkennen, dass die wenigsten Bewegungen nur auf ein Gelenk und eine Muskelgruppe beschränkt sind. Ganze Muskelketten, bestehend aus einer Vielzahl von Muskeln, sind involviert (→ 3.3). Nur beim klassischen **Krafttraining** werden Muskeln oft isoliert trainiert. Ausschließlich diese Art von Training stellt somit kein zweckdienliches Training zur Steigerung der Fitness und Förderung der Gesundheit dar.

> Bewegungen, die nur einen einzigen Muskel isoliert beanspruchen, sind als unfunktionell zu bezeichnen. Funktionelle Bewegungsformen integrieren immer mehrere Muskeln und Muskelgruppen gleichzeitig.
> *Gambetta, Gray 2002, zit. in Boyle 2010, S. 11*

Funktionelles Training bedeutet, die Funktionen des Bewegungsapparates zu verbessern, um alle Funktionen in ein Gleichgewicht zu bringen und etwaige Dysbalancen zu beheben. So kann sich körperliche Gesundheit und Leistungsfähigkeit entwickeln bzw. wiederherstellen. Funktionelles Training sollte immer individuell an den Zustand, die Bedürfnisse und Ziele des Trainierenden angepasst sein.

Trainingsziele

Training bedeutet regelmäßige körperliche Bewegung, die geplant, systematisch und zielgerichtet erfolgt und somit einer Leistungssteigerung bzw. dem Erhalt von sportlicher Leistungsfähigkeit dient. Hierzu können folgende **Zielebenen** definiert werden:

Übergeordnete Ziele (Grobziele) auf oberster Entscheidungsebene sind z. B. Fitness, Rehabilitation oder die Schaffung einer notwendigen Balance und Stabilität des Körpers zur Vorbeugung von Verletzungen im leistungsorientierten Sport.

Teilziele (Feinziele) auf mittlerer Ebene beinhalten meist konkrete Angaben in Anlehnung an die individuelle Ausgangslage, z. B. Abhilfe bei muskulären Verkürzungen und Dysbalancen, Erleben von Bewegungsfreude oder Wahrnehmung des eigenen Körpers.

Zielfaktoren (Feinstziele) auf unterster Ebene sind direkt ins Training übertragbar. Demnach beinhalten Trainingsziele, die z. B. der Fitnesserhaltung bzw. -steigerung dienen sollen, **Trainingsinhalte und -methoden,** die

- Herz-Kreislauf- und Lungenfunktion verbessern,
- Beweglichkeit und Koordination fördern,
- Muskelfunktionen und Gleichgewichtssinn verbessern.

Trainingsinhalte

Trainingsinhalte sind je nach Ausgangssituation und individuellen körperlichen, zeitlichen und organisatorischen Möglichkeiten des Trainierenden verschieden. Sie unterscheiden sich in

- der Art,
- der Dauer,
- der Intensität und
- im Umfang.

Mit den Trainingsinhalten sollen die Trainingsziele erreicht werden. Sie dienen der Förderung und dem Erhalt der **motorischen Grundfähigkeiten,** die zusammenfassend auch als **Kondition** bezeichnet werden:

- Ausdauer
- Koordination
- Beweglichkeit
- Kraft und Kraftausdauer
- Schnelligkeit

Ausdauer

Die allgemeine Fitness hängt maßgeblich von der Leistung des Herzmuskels, der Physiologie der Blutgefäße und der Lungenfunktion ab. Demzufolge ist die **Basis funktionellen Trainings** das **Ausdauer- bzw. Cardiotraining,** das eine Verbesserung bzw. Stabilisierung des Herz-Kreislauf-Systems und der Lungenfunktion bewirkt.

cardio:
auch kardiovaskulär, Herz und Gefäße betreffend; Trainingseffekte zielen auf die Lungenfunktion und das Herz-Kreislauf-System ab

Mit der Ausdauer wird die motorische Fähigkeit beschrieben, über eine möglichst lange Zeit (z. B. Laufdauer > 12 Minuten) eine bestimmte Intensität (z. B. Laufgeschwindigkeit) aufrechterhalten zu können, ohne vorzeitig zu ermüden – weder körperlich noch geistig. Ergänzend gilt es, so schnell wie möglich zu **regenerieren.** Durch eine gute Ausdauer ist eine höhere Intensität möglich und die zu Verfügung stehende Energie kann effizienter genutzt werden.

regenerieren:
erholen; Einstellung eines physiologischen Gleichgewichts (Homöostase → 7.3.2) bzgl. des Blutzuckerspiegels, der Körperwärme, des Sauerstoff- und Wasserbedarfs usw.

„Verbrennen: Ja!
Ausbrennen: Nein!"

Damit Ausdauerbelastungen individuell angepasst und nicht überdosiert erfolgen, kann zur individuellen Trainingssteuerung die **Borg-Skala** genutzt werden (→ Abb. 25).

Borg-Skala:
auch RPE-Skala für „Ratings of perceived exertion" genannt; Skala, nach der der Anstrengungsgrad einer Person während einer Aktivität bestimmt werden kann

Der RPE-Wert (Ratings of perceived exertion) basiert auf der Annahme, dass das Belastungsempfinden mit der Herzfrequenz um den Faktor 0,1 korreliert:

RPE = Herzfrequenz × 0,1

Die Ruhe-Herzschlagfrequenz eines Gesunden mittleren Alters liegt bei ca. 60, die maximale Herzschlagfrequenz bei ca. 200 Schlägen pro Minute, darauf basierend beginnt die Borg-Skala bei 6 und endet bei 20.

Besonders im Ausdauerbereich für Breiten- und Freizeit- sowie Gesundheitssportler ist eine Orientierung an der Borg-Skala zweckmäßig, da es zwischen der Herzfrequenz und der Aktivitätsintensität einen linearen Zusammenhang gibt.

Kondition:
motorische Grundfähigkeiten des Menschen: Ausdauer, Koordination, Beweglichkeit, Kraft und Kraftausdauer, Schnelligkeit

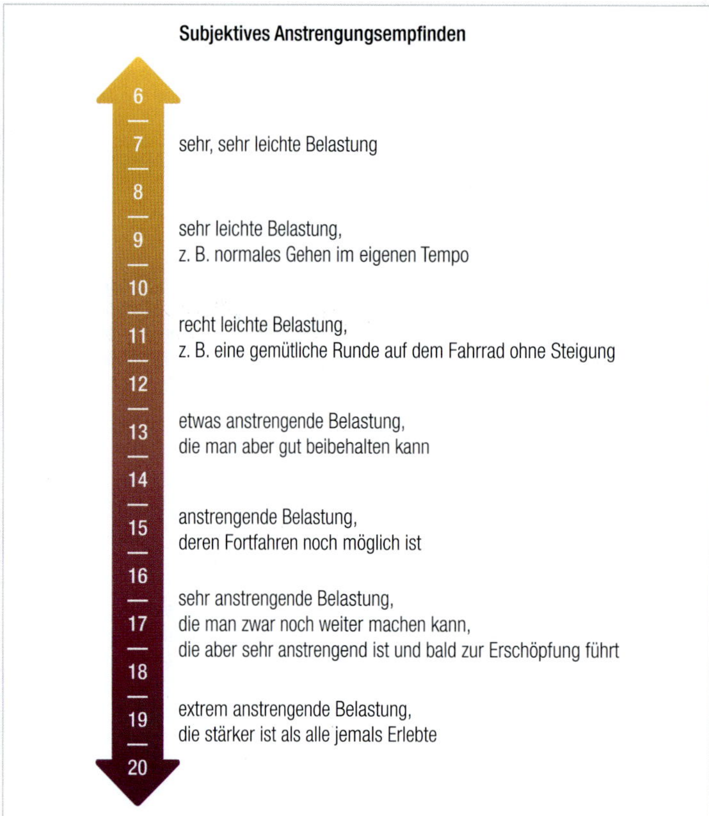

Abb. 25 Borg-Skala zur Bestimmung des subjektiven Anstrengungsempfindens (in Anlehnung an Borg 2014)

Belastung:
vorgegebene Anforderung bzw. Aufgabe, die für alle gleich ist

Beanspruchung:
subjektive Wahrnehmung der Belastung; Indikatoren sind: Herz-, Atemfrequenz, Laktatkonzentration im Blut (bei hohen Intensitäten erhöht durch anaerobe Energiegewinnung, → 3.3.3), Schmerz

Grundlagenausdauer:
Grundlage, die dem gesamten Ausdauertraining dient

aerobe Energiegewinnung:
Energiegewinnung im Körper für die Muskeln unter Sauerstoffverbrauch; oxidativer Stoffwechsel

Eine **Belastung** ist bei vorgegebenem Trainingsinhalt (z. B. 1000 m in 6 Minuten laufen) für alle Aktiven gleich. Je nach Leistungsniveau des Trainierenden, kann eine **Beanspruchung** sehr unterschiedlich ausfallen: Untrainierte empfinden eine Belastung als sehr intensiv, Trainierte als wenig intensiv.

Um die **Grundlagenausdauer** zu verbessern, sollte beim subjektiven Anstrengungsempfinden nach Borg der Wert 9 nicht unterschritten und der Wert 15 nicht überschritten werden. Hierbei ist es wichtig, dass man das Anstrengungsempfinden möglichst spontan und ehrlich bestimmt und sich nicht mit anderen vergleicht. Als „klassisches" Ausdauertraining" sind die Empfehlungen unter einer relativ gleichbleibenden Belastung **im aeroben Bereich** (→ 3.3.3) mind. 3, max. 5× wöchentlich (Deutsche Gesellschaft für Sportmedizin und Prävention – Deutscher Sportärztebund o. J.):

- > 30 Min. Joggen oder
- > 60 Min. Fahrrad oder Ergometer fahren oder Schwimmen

Tipp: Reden während der Aktivität noch möglich, Singen jedoch nicht mehr = aerober Bereich

Der Herzmuskel ist jedoch nicht grundsätzlich für Dauerbelastungen bestimmt.

Evolutionär bedingt ist der menschliche Körper nach wie vor darauf ausgelegt, nur über einen kurzen Zeitraum alles zu geben, entweder um vor einer Gefahr zu flüchten oder einer Beute hinterher zu jagen. Für gleichbleibende moderate Belastungen über einen langen Zeitraum hinweg ist unser Körper hingegen grundsätzlich nicht gemacht. Deswegen wurden weitere Trainingsmöglichkeiten für die Ausdauer entwickelt.

Das **hochintensive Intervalltraining (HIIT),** das bereits seit Jahrzehnten im Leistungssport etabliert ist, findet sich zunehmend auch im Breitensport. Hierbei wechseln sich intensive und moderate Belastungen ab. Die Merkmale von HIIT sind:

- Jede Trainingseinheit beginnt mit einer Aufwärmphase von 5 bis 10 Minuten.
- Das Training muss an den Fitnesszustand des Trainierenden angepasst sein, dabei können die Länge der einzelnen Phasen und die Gesamtdauer des Trainings relativ frei gestaltet werden.
- HIIT für Einsteiger, z. B. 6 Intervalle à 20 Sekunden intensiver Belastung und 60 Sekunden Erholung
- HIIT für Fortgeschrittenen, z. B. 15 Intervalle à 60 Sekunden intensiver Belastung und 60 Sekunden Erholung
- 2 bis 3 Trainingseinheiten pro Woche reichen aus, um das Herz-Kreislauf-System und die Lungenfunktion zu trainieren.
- Für HIIT eignen sich beispielsweise Laufen, Fahrrad fahren, Schwimmen oder Seilspringen.
- Zwischen den Trainingseinheiten soll mindestens 48 Stunden Pause liegen.

Studienergebnisse belegen die Effizienz von HIIT (z. B. King 2001, Wahl u. a. 2010):

- **Nachbrenneffekt;** die Stoffwechselgeschwindigkeit bleibt während des Ruhezustands bis zu 24 Stunden nach dem Training erhöht.
- Anpassung an jedes Fitnesslevel möglich
- Verbesserung der Grundlagenausdauer
- Verbesserung der Herz-Kreislauf-Funktionen
- Verbesserung von Blutfettwerten
- Erhaltung von Muskelmasse

Eines der effektivsten HIIT-Workouts ist das sogenannte Tabata. Der Entwickler Izumi Tabata führte 1996 im Rahmen des Trainings für die damalige japanische olympische Eisschnelllaufmannschaft wissenschaftliche Studien durch.

1. *Recherchieren Sie, welche Erkenntnisse der Wissenschaftler Tabata zur Entwicklung eines effizienteren Trainings gewonnen hat.*
2. *Informieren Sie sich über verschiedene Tabata-Workouts und führen Sie eins durch.*

Koordination

Damit Bewegungsabläufe reibungslos erfolgen können, bedarf es einer optimalen Kooperation der Sinnesorgane (→ 6), des zentralen und peripheren Nervensystems (→ 5.2) sowie der Skelettmuskulatur (→ 3.3). Dieses Zusammenwirken bezeichnet man als Koordination. → Tab. 3 gibt einen Überblick über verschiedene koordinative Fähigkeiten

Beweglichkeit

Um die Spielräume der Gelenke optimal nutzen zu können, muss man beweglich sein. Sowohl die Form der Gelenkflächen als auch die **Dehnbarkeit von Muskeln, Sehnen, Bändern und Gelenkkapseln** sind für die Beweglichkeit bedeutsam. Besitzen Gelenke und die Wirbelsäule das volle Bewegungsmaß, so ist der Körper in der Lage, sich frei und sicher zu bewegen, ohne dass es zu Überlastungs- und Verschleißerscheinungen kommt.

Ist eine Körperregion in ihrer Beweglichkeit eingeschränkt, versuchen andere Bereiche diese Einschränkungen zu kompensieren. Dies führt in der Folge dazu, dass einige Gelenkbereiche oder Anteile der Wirbelsäule stärker belastet werden als es unter physiologischen Be-

hochintensives Intervalltraining:
HIIT; Ausdauertraining, in dem sich kurze, sehr intensive Belastungsphasen mit weniger anstrengenden Phasen abwechseln; „Auspowern – Erholen – Auspowern – Erholen – …"

Nachbrenneffekt:
excess postexercise oxygen consumption (EPOC); Grund- und Leistungsumsatz bleiben nach erfolgter körperlicher Aktivität auch in Ruhe noch erhöht

Koordination:
Zusammenwirken von Sinnesorganen, Nervensystem und Skelettmuskulatur, mit dem Ziel einer zweckdienlichen Gesamtbewegung

Beweglichkeit:
Fähigkeit, Bewegungen vollständig und korrekt auszuführen; abhängig von Gelenkigkeit und Dehnfähigkeit

Tab. 3 Auswahl koordinativer Fähigkeiten

Koordinative Fähigkeit	Bewegungsablauf	Beispielhafte Handlungen
Differenzierungsfähigkeit	Bewegungsabläufe mit hoher Genauigkeit vollziehen	• Ball fangen • schreiben
Kopplungsfähigkeit	Teilkörperbewegungen bzgl. eines bestimmten Handlungsziels räumlich, zeitlich und dynamisch aufeinander abstimmen	• Schwimmtechniken • Skilanglauf • Hochsprung • Korbleger beim Basketball
Gleichgewichtsfähigkeit	Gleichgewichtszustand des gesamten Körpers während und nach Körperverlagerungen beibehalten oder wiederherstellen	• gehen • Fahrrad fahren • Slackline
Reaktionsfähigkeit	auf eine Information oder ein Signal gezielt und zweckmäßig reagieren	• einen vom Tisch fallenden Gegenstand auffangen • beim Stolpern nicht hinfallen
Rhythmisierungsfähigkeit	einen von außen vorgegebenen Rhythmus erfassen und motorisch umsetzen, einen verinnerlichten Rhythmus einer Bewegung in der eigenen Bewegungstätigkeit realisieren	• tanzen • Zumba • Step-Aerobic
Orientierungsfähigkeit	Bestimmung und zielangepasste Veränderung der Lage und Bewegung des Körpers in Raum und Zeit	• tauchen • turnen

Kontraktion:
aktives Verkürzen, Anspannen bzw. Zusammenziehen von Muskeln (→ 3.3.2)

Kraft (im Sport):
Fähigkeit des Nerven-Muskelsystems, Widerstände zu überwinden (konzentrische Arbeit), ihnen entgegenzuwirken (exzentrische Arbeit) und sie zu halten (isometrische Arbeit)

Maximalkraft:
Kraft, die das Nerven-Muskelsystem bei willkürlicher Kontraktion maximal erzeugen kann

Schnellkraft:
Fähigkeit, optimal schnell Kraft zu bilden

Reaktivkraft:
Kombination aus exzentrischer und konzentrischer Muskelkontraktion; dient der Erzeugung hoher Kraftstöße

Kraftausdauer:
Ermüdungswiderstandsfähigkeit bei lang andauernden oder sich wiederholenden Kraftleistungen

dingungen vorgesehen ist. Es kommt zu Abnutzungserscheinungen oder auch akut auftretenden Verletzungen.

Folgende **Arten der Beweglichkeit** werden unterschieden:

- Die **aktive Beweglichkeit** umfasst das größtmögliche Bewegungsausmaß, das durch eine Muskelkontraktion erreicht werden kann.
- Die **Dehnfähigkeit** ist abhängig von der Elastizität von Muskeln und Sehnen.
- Die **Gelenkigkeit** ist abhängig vom anatomischen Aufbau der knöchernden Gelenkpartner und des dazuzugehörenden Kapsel- und Bandapparats.
- Die **passive Beweglichkeit** umfasst das größtmögliche Bewegungsausmaß, das durch die Einwirkung äußerer Kräfte (z. B. Partner, Gewichte) erreicht werden kann.

Um die Beweglichkeit aufrechtzuerhalten bzw. zu erreichen, bieten sich Körperarbeiten wie Pilates, Yoga (→ 5.9.3) und Gymnastik an. Idealerweise befinden sich die koordinativen Fähigkeiten und die Beweglichkeit eines Körpers in einer Balance bzw. Harmonie.

Kit Laughlin ist der Begründer der Stretchtherapie, die in den vergangenen 30 Jahren stetig weiterentwickelt wurde. Informieren Sie sich zu diesem Ansatz.

Kraft und Kraftausdauer

Kraft und Kraftausdauer können im Kontext des funktionellen Trainings nicht von den zuvor genannten Trainingsinhalten losgelöst betrachtet werden.

Befindet sich die gesamte Muskulatur in einem physiologischen Gleichgewicht, ist diese an der artgerechten Aufrichtung, dem Beugen und Drehen der Wirbelsäule sowie dem Bewegen der Gelenke in deren vollem Ausmaß beteiligt. Demzufolge kommen Muskelkräfte ständig und in unterschiedlichen Situationen zum Tragen. Es werden drei **Arten der Muskelkontraktion** unterschieden:

- **konzentrische (überwindende) Arbeitsweise:** Änderung der intramuskulären Spannung, wodurch sich der Muskel verkürzt, z. B. schwere Lasten heben, Hochdrücken der Hantel beim Bankdrücken
- **isometrische (haltende, statische) Arbeitsweise:** intramuskuläre Spannungsveränderungen, ohne dass sich der Muskel verkürzt, z. B. schwere Lasten halten; seitlicher Unterarmstütz
- **exzentrische (entgegenwirkende) Arbeitsweise:** Änderung der intramuskulären Spannung, wodurch sich der Muskel verlängert bzw. dehnt, z. B. schwere Lasten abstellen; eine Hantelstange am Boden ablegen

Beschreiben Sie die Arbeitsweisen der Muskulatur in den Phasen eines Klimmzugs.

Das Kontrahieren der Muskeln benötigt eine hohe **Maximalkraft.** Diese wird auch als **Basisfähigkeit** im Kontext von Kraft bezeichnet, da sie viele Funktionen eines Körpers wie die Schnellkraft, Reaktivkraft und Kraftausdauer bedingt. Die Maximalkraft ergibt sich aufgrund einer willkürlichen Kontraktion eines oder mehrerer Muskeln gegen einen Widerstand, wodurch maximale Kräfte erzeugt werden können.

Soll eine Bewegung in kurzer Zeit möglichst schnell erfolgen, benötigt man eine hohe **Schnellkraft.** Schnellkräftige Bewegungsabläufe tragen dazu bei, in einem für eine Kontraktion zur Verfügung stehenden Zeitfenster, den eigenen Körper oder einen Gegenstand möglichst intensiv zu beschleunigen.

Mit der **Reaktivkraft** bezeichnet man die Kraft, die notwendig ist, um reaktive Bewegungen ausführen zu können. Sprung-, Wurf- und Sprintdisziplinen haben vor allem reaktiven Charakter.

Für länger anhaltende oder sich wiederholende Kraftleistungen ist die **Kraftausdauer** entscheidend. Sie ist die Ermüdungswiderstandsfähigkeit bei statischen und dynamischen Krafteinsätzen. Es wird mit mindestens

- Je älter man wird, umso wichtiger wird das Krafttraining. Der Mensch baut ab dem 30. Lebensjahr bis zu 1 % Muskeln pro Jahr ab. Dabei werden die Muskeln nach und nach in Fett umgewandelt. Ohne Sport büßt ein Mensch bis zum 80. Lebensjahr bis zu 40 % seiner Muskelmasse ein.
- Je früher man mit Krafttraining beginnt, desto besser.
- Krafttraining ist auch im Jugendalter zu empfehlen, vorausgesetzt es wird kontrolliert und altersangepasst durchgeführt.

30 % der Maximalkraft bei deutlich mehr Wiederholungen trainiert.

Beim Vorliegen eines Kräfteungleichgewichts zwischen einzelnen Muskelgruppen der Skelettmuskulatur spricht man von **muskulären Dysbalancen.** Sie sind Ursache von Bewegungseinschränkungen und Haltungsfehlern. Nicht selten ist ein verkürzter Muskel die Folge von schwachen Antagonisten (→ 3.3.2).

Handy, Tablet oder E-Book – immer mehr Menschen verbringen einen Großteil ihrer Zeit mit digitalen Endgeräten. Ein Bewusstsein für eine Überbelastung der Halswirbelsäule und der Nackenmuskulatur aufgrund eines ständig geneigten Kopfes ist selten vorhanden. Hinzu kommt oft mangelnde Bewegung, sodass die Muskulatur nur wenig Ausgleich durch andere Bewegungen erhält.

Das Gewicht eines Kopfes wiegt zwischen drei und vier Kilogramm. Während des aufrechten Gangs wird der Kopf von der Wirbelsäule getragen und die Muskulatur übt eine stabilisierende Funktion aus. Minimale Neigungen des Kopfes führen dazu, dass die Belastung für die Rückenmuskulatur erhöht ist.

Um den Kopf auch bei Neigungen halten zu können, fungiert die Rücken- und Nackenmuskulatur gegen die zunehmende Zugkraft des Kopfes. Es kommt aufgrund der vorhandenen Dysbalance zu Überanstrengungen, Verspannungen bis hin zu Verhärtungen (→ Abb. 26).

Um muskulären Dysbalancen vorzubeugen, gilt es – neben der Einnahme der richtigen Haltung (→ auch 3.6.9) –, gezielt Muskelgruppen zu trainieren, die für das Bewegen von Gelenken zuständig sind. Unter der Voraussetzung, dass die Beuger und Strecker gleich stark und gleich lang sind, kann ein Gelenk in vollem Ausmaß gebeugt und gestreckt werden. Ist die Beweglichkeit eines Gelenks eingeschränkt, haben meistens die Beuger eine höhere Muskelspannung als die Strecker. Dies führt im Laufe der Zeit dazu, dass sich die Beuger immer mehr verkürzen und die Strecker eine immer niedrigere Muskelspannung aufweisen.

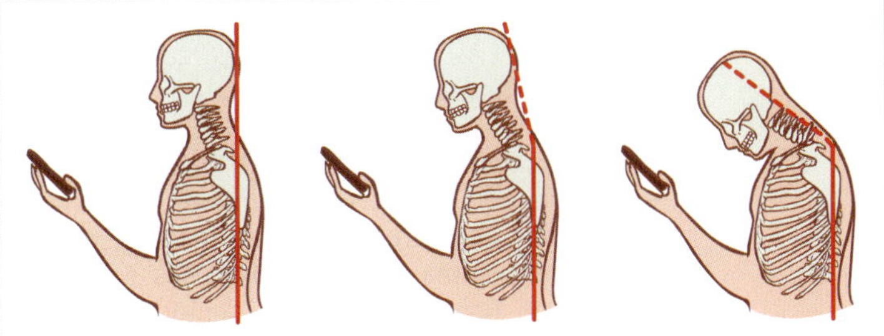

Abb. 26 Handynacken – Zugkraft auf Muskulatur und Wirbelsäule in Kilogramm

Schnelligkeit

Schnelligkeit: Fähigkeit, Bewegungen mit höchstmöglicher Geschwindigkeit auszuführen

Unter Schnelligkeit versteht man die Fähigkeit, Bewegungen mit höchstmöglicher Geschwindigkeit auszuführen. Hierbei ist das Verhältnis von sogenannten **ST-Fasern** zu **FT-Fasern** innerhalb der Skelettmuskelfasern von großer Bedeutung, das vor allem genetisch bestimmt ist (→ 3.3.2).

In Abhängigkeit vom Anteil an ST- und FT-Fasern in der Skelettmuskulatur kann man Aussagen hinsichtlich einer Eignung für bestimmte Sportarten machen:

- Ausdauersportler: u. a. Marathonläufer, Skilangläufer, Rennradfahrer – Anteil der ST-Fasern überwiegt gegenüber den FT-Fasern
- Sprinter, Gewichtheber, Kampfsportler usw. – Anteil der FT-Fasern dominiert

Zum Sprinter wird man geboren, zum Ausdauersportler wird man gemacht.
Sportlerweisheit

Sprintleistungen sind nur bedingt trainierbar, da sie weitestgehend genetisch vorgegeben sind. Carl Lewis, einer der erfolgreichsten Leichtathleten der Sportgeschichte (→ Abb. 27), wird nachgesagt, dass über 90 % seiner Beinmuskeln FT-Fasern ausmachen.

Abb. 27 Carl Lewis (geb. 1961), US-amerikanischer Leichtathlet

Erfordert eine Bewegung das Zusammenwirken von Schnelligkeit und Ausdauerfähigkeit, spricht man von der **Schnelligkeitsausdauer.**

Sportdisziplinen wie Rudern, 400-m-Lauf oder Eisschnelllaufen zählen zu den Schnelligkeitsausdauerleistungen.

Anpassungsprozesse durch Training

Die Art und Weise der körperlichen Aktivität stellt den Kern eines jeden Trainings dar. Nur mit planmäßigem Vorgehen, das – abhängig vom Trainingsziel – die Trainingsinhalte, die Trainingsmittel und den Trainingsumfang festlegt, können die unterschiedlichen Ziele erreicht werden.

Trainingsmittel: informative und organisatorische Maßnahmen oder Geräte, die den Trainingsablauf unterstützen

Eine gute **Trainingsplanung** orientiert sich an der aktuellen körperlichen Verfassung des zu Trainierenden. Nur so ist die Voraussetzung für ein zielorientiertes Training und eine Aussicht auf Erfolg gegeben. An dieser Stelle greift das **Modell der Superkompensation** (→ Abb. 28), das als grundlegendes Konzept für die Trainingsplanung genutzt wird.

Der Trainingsprozess gestaltet sich wie folgt:

- Zu Beginn einer jeden Veränderung ist ein Ausgangspunkt gegeben: Der Körper befindet sich in der **Homöostase,** dem Fließgleichgewicht. Wirkt kein besonderer Reiz auf den Organismus ein, schwankt das Leistungsniveau tagesformabhängig minimal.
- Bedingt durch ein sportliches Training kommt es zu einer **Störung dieses biologischen Gleichgewichtes.** Daraus resultiert vorrübergehend eine Abnahme der körperlichen Leistungsfähigkeit.
- Während der sich anschließenden Erholungsphase hat der Körper Zeit, sich zu **regenerieren.**
- Sowie das vorausgegangene Leistungsniveau wieder hergestellt ist und in der Folge überschritten wird, beginnt der eigentliche Trainingseffekt. Die Verbesserung des ursprünglichen Leistungszustandes wird **Superkompensation** genannt. Erfolgt kein weiterer Reiz, kehrt das Leistungsniveau zum Ausgangsniveau zurück.
- Wird der Körper während der Phase der Superkompensation erneut einer Belastung vorausgegangener Art ausgesetzt, kommt es zu einer Verstärkung der Superkompensationswirkung. Die Trainingsreize müssen schrittweise erhöht werden.
- Das Training führt zu einer Anpassung im Organismus, die zu einer Steigerung des körperlichen Leistungszustandes und zu einer verbesserten allgemeinen Fitness beitragen kann.

Homöostase: Gleichgewicht der physiologischen Körperfunktionen

Superkompensation: Anpassungsmechanismus des Organismus im Rahmen des sportlichen Trainings

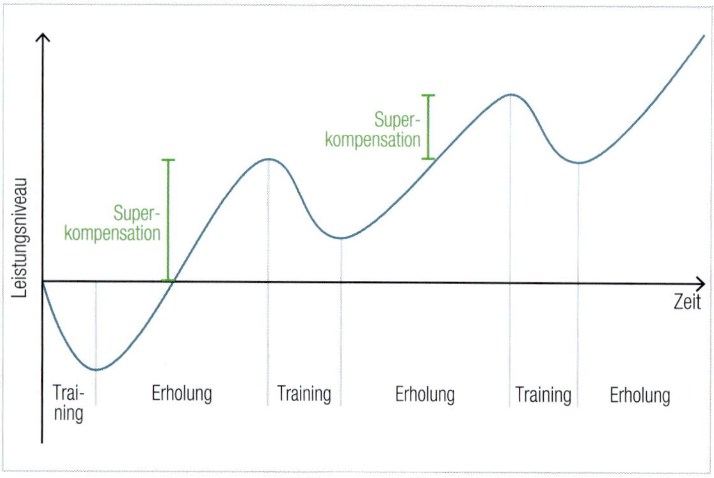

Abb. 28 Modell der Superkompensation: Leistungssteigerung durch optimal gesetzte Trainingsreize

Trotz positiver Auswirkungen stellt Sport auch eine Belastung für den Organismus dar, insbesondere für die Mikrostrukturen der Muskulatur. Doch gerade die Belastung führt zum Trainingserfolg, allerdings nur, wenn auf eine Anspannung eine Entspannung erfolgt. Während der Phase der **Regeneration** passt sich die Muskulatur den Trainingsanforderungen an.
Erholung ist daher essenziell für Trainingserfolge. Dabei können Regenerationsphasen unterschiedlich gestaltet sein:

- Massageeinheiten nach dem Training
- Saunagänge oder Kneippgüsse
- Wärmetherapien
- leichte Dehnübungen
- ausgewogene, nährstoffreiche Ernährung
- ausreichende Flüssigkeitszufuhr

Der portugiesische Weltfußballer Cristiano Ronaldo hat einen Schlafcoach für sogenannte Controled Recovery Periods – kurze effiziente Schlafpausen/Erholungsphasen – engagiert.

Leistungssteigerung setzt dann ein, wenn die Trainingsreize **im optimalen Abstand** in der Phase der Superkompensation gesetzt werden. Dieser Abstand ist abhängig von der körperlichen Verfassung, dem Trainingszustand und der Art der Belastung und ist individuell zu ermitteln. Werden die Reize zu früh gesetzt, kommt Ermüdung auf. Werden sie zu selten gesetzt, stagniert das Leistungsniveau (→ Abb. 29).

In Abhängigkeit von der **Trainingsmethode** können die motorischen Grundfähigkeiten unter Beachtung optimal gesetzter Trainingsreize gezielt trainiert werden:

- Ausdauertraining, z. B.
  - Dauermethode: länger andauernde Belastung ohne Unterbrechung
  - HIIT-Workouts
- Koordinationstraining, z. B.
  - Spielmethode: freies Spiel
  - Cup-Song (Bechertanz)
- Beweglichkeitstraining, z. B.
  - Dehnungsmethoden
- Krafttraining, z. B.
  - Pyramidentraining: zunächst zu- und dann wieder abnehmende Belastungsintensität in einer Trainingseinheit
  - Training der Maximalkraft mit 70 % der Maximalkraft bei 3 × 10 Übungswiederholungen
  - Training der Kraftausdauer mit max. 50 % der Maximalkraft bei 3 × 20–100 Übungswiederholungen
- Schnelligkeitstraining, z. B.
  - Sprint-ABC mit Fußgelenkarbeit, Kniehebeläufe, Wechselsprunglauf, Anfersen
  - Steigerungsläufe

People ask me if I could fly. I said: Yeah – for a little while.
Michael Jordan, US-amerikanischer Weltbasketballer

Beim Training sollte sich aufgrund wiederkehrender **Zyklen der Belastung, Ermüdung, Regeneration und Anpassung** ein Trainingserfolg über das ursprüngliche Ausgangsniveau hinaus zeigen. Ein Abfall des Leistungsniveaus ergibt sich, sobald die Belastung nicht regelmäßig erfolgt.

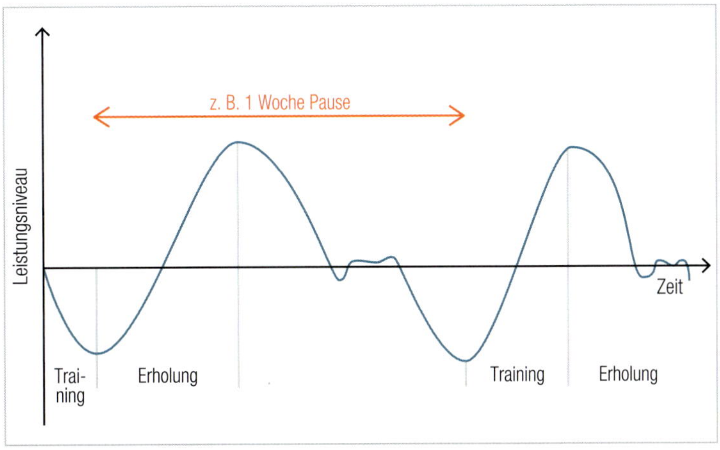

Abb. 29 Leistungsstagnation durch zu selten gesetzte Trainingsreize

3.4.4 Positive Auswirkungen körperlicher Aktivität

Es ist selten zu früh und nie zu spät – gesund und fit in jedem Alter (→ Abb. 30).

Cup Song Tutorial: *www.youtube.com/watch?v=Y5kYL0b6i5I 01.03.2020*

1. *Beschreiben und erläutern Sie → Abb. 30 im Hinblick auf die Auswirkung körperlicher Aktivität auf Gesundheits- und Leistungsfaktoren im Altersverlauf.*

2. *Beurteilen Sie die folgende Aussage einer 49-jährigen Frau unter Einbeziehung von → Abb. 30: „Ich habe mich bisher nur wenig bewegt, warum sollte ich das jetzt noch ändern? Das ist doch nur Zeitverschwendung.“*

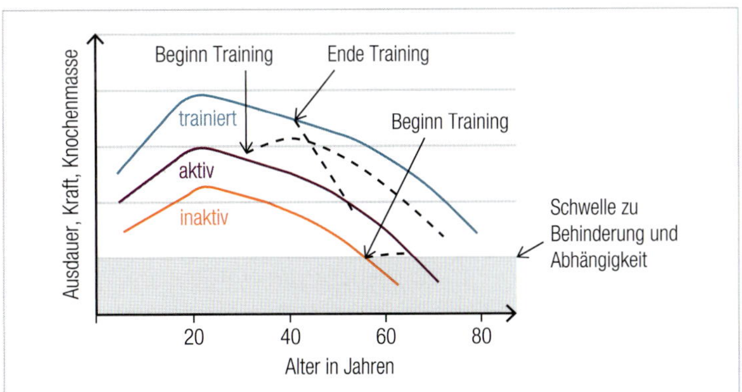

Abb. 30 Auswirkung körperlicher Aktivität auf Gesundheits- und Leistungsfaktoren im Altersverlauf (Martin, Marti 1998, S. 225)

Es ist wissenschaftlich erwiesen, dass sich gezielte körperliche Aktivität mit vielen positiven Effekten auf die Gesundheit auswirkt. Allerdings gibt es keine Sportart, die allein glückselig macht, DEN Sport gibt es nicht. Nur der gezielte Einsatz von unterschiedlichen ausdauer-, kraft-, beweglichkeits- oder koordinativ orientierten Aktivitäten, die **auf die Bedürfnisse eines jeden angepasst sind,** führt zu einer umfassenden Fitness und zu einem optimalen Wohlbefinden.

Thrombose: Gefäßverschluss durch ein Blutgerinnsel (Thrombus → 5.11.2)

Bewegung und Sport halten aber nicht nur gesund, sie können auch dabei helfen, Erkrankte auf dem Weg ihrer Genesung zu unterstützen.

„Aus der Depression rausklettern – Bouldern als Therapie" – „Laufen ist wie ein kleiner Urlaub von Zuhause" – „Sport bei Krebs: So wichtig wie ein Medikament" – „Parkinson – Tanz und Karate" – „Demenz vorbeugen – Tanzen hält auch das Gehirn fit" – „Schizophrenie: Ausdauersport hilft Gedächtnis"

... auf das Stütz- und Bewegungssystem

Während der körperlichen Aktivität wird die Muskulatur unmittelbar beansprucht und damit der aktive Bewegungsapparat trainiert. Muskelkraft und Kraftausdauer werden durch ein regelmäßiges Training verbessert – und das bis in ein relativ hohes Alter hinein. Hinzu erhöht sich die Widerstandsfähigkeit der Sehnen und Bänder; die Gelenke sind besser geschützt, womit der passive Bewegungsapparat gestärkt wird. Durch die Belastung wird die Bildung von Knochenmasse gefördert (→ 3.1.2) und die Dichte, die Beschaffenheit und die Widerstandsfähigkeit der Knochen verbessert. Knochenbrüchen wird so vorgebeugt.

Überlegen und begründen Sie, inwieweit sich Vorteile für den Bewegungsapparat durch körperliche Aktivität ergeben:
a) im Kindesalter
b) bei Frauen in den Wechseljahren
c) bei Menschen über 70 Jahren

Insulinempfindlichkeit: gibt an, ob viel oder wenig Insulin für das Einschleusen der Glukose in die Zellen benötigt wird; niedrige Empfindlichkeit bedeutet, dass viel Insulin benötigt wird (Diabetes mellitus Typ 2 → 4.6)

... auf das Herz-Kreislauf-System und das Atmungssystem

Körperliche Aktivitäten wirken sich positiv auf das Herz-Kreislauf-System und das Atmungssystem aus:

- Verminderung der Herzfrequenz in Ruhe und unter Belastung
- erhöhtes Schlagvolumen bzw. höhere Auswurfleistung des Herzens: Beitrag zu einer ökonomischen Herzarbeit
- Aufnahmefähigkeit einer größeren Sauerstoffmenge in den Herzmuskel
- größere Elastizität der Blutgefäße
- verbesserte Durchblutung und geringeres Thromboserisiko
- Blutdrucksenkung
- höhere Aufnahmekapazität von Sauerstoff in die Lunge, dadurch Zunahme der Belastbarkeit

... auf das Verdauungs- und Stoffwechselsystem

Tägliche Bewegung ist der wichtigste Motor für eine **optimale Verdauung:**

- Bis zu 36 Kaubewegungen liefern bereits im Mund einen Speisebrei, was die Arbeit des Magens entlastet und ein schnelleres Sättigungsgefühl eintreten lässt.
- Durch die Pumpfunktion des Herzens wird das Blut im gesamten Organismus verteilt. Durch die Kapillaren diffundieren die Nährstoffe in die einzelnen Zellen der Gewebe und der Faszien, um dort der Energiegewinnung dienlich zu sein.
- Der Rückfluss des Blutes zum Herzen erfolgt über das venöse Blutsystem, das auf die Muskelkontraktion durch Bewegung angewiesen ist, die sog. Muskelpumpe (→ 10.1.1, Abb. 4).

Daneben trägt körperliche Aktivität dazu bei, den **Energiebedarf** zu steigern (→ 4.4.2). Dies ist auf eine erhöhte Stoffwechselaktivität nebst einer effektiveren Fettverbrennung zurückzuführen. Hierbei haben Muskel- und Ausdauertraining den größten Einfluss auf die Stoffwechselaktivität.

Parallel dazu werden die **Blutfettwerte** günstig beeinflusst. Das heißt, das HDL-Cholesterin wird gesteigert und das LDL-Cholesterin gesenkt, woraus ein verringertes Arterioskleroserisiko resultiert (→ 4.4.5 Cholesterin, → 10.5).

Körperliche Aktivität fördert die Insulinempfindlichkeit und erhöht die **Glukosetransportleistung** in die Zellen der Skelettmuskulatur. Damit wird der Kohlenhydratstoffwechsel und der Blutzuckerspiegel günstig beeinflusst. Durch die Bauchspeicheldrüse wird weniger Insulin ausgeschüttet. Eine geringere Insulinkonzentration im Blut ist die Folge, wodurch mögliche hypoglykämische Zustände umgangen werden können. Der Körper befindet sich in einer Blutzucker-Homöostase (→ 7.3.2).

... auf das Nervensystem und die Psyche

Körperliche Aktivität kann zu einer gesteigerten Hirndurchblutung und zu neuen Verknüpfungen und Verschaltungen zwischen den Nervenzellen beitragen. Die dahinter stehenden funktionellen und strukturellen Veränderungen des zentralen Nervensystems sind komplex.

- Vermeidung von Schlafstörungen
- Verringerung des Schlaganfallrisikos (→ 5.11)
- Vorbeugung des Verlusts des Scharfsinns und der Merkfähigkeit im Alter
- Verringerung des Demenzrisikos (→ 5.12) aufgrund des erhöhten zerebralen Blutflusses, d. h. dem Blutfluss in den Gehirngefäßen

Die Freisetzung von Endorphinen und des Neurotransmitters Serotonin tragen zur **Stimmungsaufhellung** bei:

- bessere Stressbewältigung
- Verbesserung bzw. Verhinderung von depressiven Verstimmungen (→ 5.13.5) und Ängsten
- Steigerung des Selbstwertgefühls, ggf. förderlich für soziale Kontakte
- erhöhte geistige Leistungsfähigkeit, Konzentrations- und Denkvorgänge fallen leichter und werden beschleunigt

Bereits 400 v. Chr. erkannte Sokrates, ein altgriechischer Philosoph, dass es beim **Lernen** hilfreich ist, wenn nicht nur der Kopf, sondern auch der Körper aktiv ist. So unterstützt Bewegung die kognitive Leistungsfähigkeit und das Lernen und fördert ein Miteinander, soziales Handeln und die Identifikation mit Herausforderungen.

... auf das Hormonsystem

Durch körperliche Aktivität verringert sich unter anderem die Freisetzung der Stresshormone Adrenalin und Noradrenalin in körperlichen und psychischen Belastungssituationen (→ 7.3.3). Stress kann besser begegnet werden.

... auf das Immunsystem

Durch Bewegung und Sport werden körperliche Abwehrreaktionen umfassend gestärkt, z. B.:

- erhöhte Widerstandsfähigkeit gegenüber bakteriellen und viralen Infektionen
- vermindertes Krebsrisiko

3.4.5 Lebenslang bewegen

Um in Balance zu sein, muss man in Bewegung bleiben.

Oft stellt die **Überwindung der inneren Einstellung** die größte Hürde auf dem Weg zu einem aktiven bzw. aktiveren Lebensstil dar. Obgleich es wissenschaftlich belegt ist, dass körperliche Aktivität die Gesundheit der Menschen ein Leben lang verbessert, fehlt nicht selten eine ausreichende Motivation.

Ich sage dir nicht, dass es leicht wird, ich sage dir, dass es sich lohnen wird.
Arthur L. Williams Jr., US-amerikanischer Unternehmer

Bewegungsempfehlungen

Die Bundeszentrale für gesundheitliche Aufklärung (BZgA) hat **nationale Empfehlungen für Bewegung und Bewegungsförderung** vorgelegt, in denen die verschiedenen Zielgruppen angesprochen werden (Bundeszentrale für gesundheitliche Aufklärung 2017). Allgemein werden in Anlehnung an die Empfehlungen der Weltgesundheitsorganisation (Weltgesundheitsorganisation 2010) über alle Altersgruppen hinweg **mindestens 60 Minuten moderate bis intensive körperliche Aktivität pro Tag** empfohlen. Dies ist ein Minimum; mehr Bewegung führt zu einem höheren gesundheitlichen Nutzen.

Bewegungsempfehlungen für Kinder und Jugendliche

Säuglinge, Kleinkinder – 0 bis 3 Jahre: In den Lebensjahren von 0 bis 3 sollten sich Kinder so viel wie möglich bewegen können. Im Idealfall bewegen sie sich gemäß ihres natürlichen Bewegungsdrangs, wobei die Sicherheit immer bedacht sein sollte.

Endorphine:
„endogene Morphine"; Gruppe von im ZNS gebildeten Peptiden, die in Gehirn, Rückenmark und Verdauungssystem vorkommen und an Opioidrezeptoren binden; hemmen Schmerzwahrnehmung und sind am Empfinden positiver Gefühle bei Sport, Essen und Drogenkonsum beteiligt

Serotonin:
Neurotransmitter (auch Hormon: „Glückshormon"); wirkt positiv auf die Stimmung; ist u. a. an Regulation von Schlaf, Körpertemperatur und Appetit beteiligt

I-1.5.3/I-1.5.4
Theorien und Modelle des Gesundheitsverhaltens:
Sozialkognitives Prozessmodell gesundheitlichen Handelns (HAPA) am Beispiel Laufen/
Motivations-Volitions-Prozessmodell zur Veränderung des Bewegungsverhaltens

3.5.3
Einflussgröße „Verhaltensänderung" bei Muskel-Skelett-Erkrankungen

Bundeszentrale für gesundheitliche Aufklärung:
BZgA; Bundesbehörde des Bundesministeriums für Gesundheit (→ I-4.6.1, → I-9.4.1)

Activity Tracker: tragbares elektronisches Gerät oder App zur Aufzeichnung und Versendung fitness- und gesundheitsrelevanter Daten von z. B. Laufstrecken, Energieumsatz, Herzschlagfrequenz, Stresslevel

sitzendes Verhalten: auch sedentäres Verhalten genannt; körperliche Inaktivität mit einem geringen Energieverbrauch, z. B. beim Sitzen, Fernsehschauen, Videospielen

Kindergartenkinder – 3 bis 6 Jahre: Kinder zwischen 3 und 6 Jahren sollten mindestens 3 Stunden am Tag körperlich aktiv sein. Die Aktivitäten sollten angeleitet und nichtangeleitet sein.

Grundschulkinder – 6 bis 11 Jahre: Im Alter von 6 bis 11 Jahren sollte das Ausmaß der täglichen Bewegung mindestens 90 Minuten sehr leichte bzw. moderate bis anstrengende bzw. hohe Intensität ausmachen. 60 Minuten davon können durch Alltagsaktivitäten ausgefüllt werden.

Im Zuge des digitalen Zeitalters bieten sogenannte **Activity Tracker** eine gute Orientierung.

Oft werden als Alltagsaktivität 10 000 Schritte am Tag empfohlen. Nutzen Sie z. B. eine Freistunde, um mit Ihren Mitschülern herauszufinden, welche Distanz 10 000 Schritten entspricht.

Jugendliche – 12 bis 18 Jahre: Die Bewegungsempfehlungen der 12- bis 18-Jährigen unterscheiden sich nicht von denen der 6- bis 11-Jährigen: mindestens 90 Minuten in moderater bis hoher Intensität täglich, 60 Minuten davon können Alltagsaktivitäten sein.

1. *Erstellen Sie Ihr eigenes Bewegungsprotokoll (→ Abb. 31) – 90 Minuten pro Tag sind die Empfehlung!*
2. *Führen Sie Ihr persönliches Bewegungsprotokoll täglich. Machen Sie hierzu folgende Einträge:*
   - *Welchem Sport bzw. welcher Aktivität sind Sie nachgegangen?*
   - *Wie lange haben Sie sich bewegt – jede Bewegung zählt – auch scheinbar nebensächliche Aktivitäten, wie Stühle hochstellen, zum Bahnhof laufen oder mit dem Hund spazieren.*
   - *Haben Sie sich ein Tagesziel gesetzt und dieses erreicht?*
3. *Reflektieren Sie, inwiefern Sie im Alltag Chancen ergreifen, körperlich aktiv zu sein. In welchen Punkten können Sie sich verbessern?*

HT bewegt

Montag, den ______ bis Sonntag, den ______

	Tagesziel erreicht	Bewegungen heute	Zeit insgesamt
Mo	🙂 😐 ☹		
Di	🙂 😐 ☹		
Mi	🙂 😐 ☹		
Do	🙂 😐 ☹		
Fr	🙂 😐 ☹		
Sa	🙂 😐 ☹		
So	🙂 😐 ☹		
z. B.	🙂 (angekreuzt) 😐 ☹	Radfahren Schulweg/Stall, ausmisten, Pferd versorgen, reiten	135 Min

Abb. 31 Mein Bewegungsprotokoll nach dem Ampelprinzip:
🙂 = Chapeau! 😐 = Da geht noch was! ☹ = Runter vom Sofa!

Es ist unbestritten, dass ein Mindestmaß an körperlicher Aktivität sowie eine **Beschränkung des sitzenden Verhaltens** (z. B. Babyschale, Kindersitz, Schreibtischstuhl, Sofa) für eine gesunde körperliche, kognitive und psychosoziale Entwicklung von Kindern und Jugendlichen unabdingbar sind.

Bewegung und Sport sollten **altersgemäß** durchgeführt werden und vor allem **Freude an körperlicher Aktivität** wecken. Inwiefern bestimmte Bewegungsformen oder Sportarten im Hinblick auf Gesundheitserhaltung bzw. -förderung bei Kindern und Jugendlichen überlegen oder zu bevorzugen sind, ist wissenschaftlich noch nicht eindeutig belegt.

Bewegungsempfehlungen für Erwachsene

Die Bewegungsempfehlungen für Erwachsene im Alter von 18 bis 65 Jahren, die nicht bewegungseingeschränkt sind, lauten (→ Abb. 32):

- regelmäßige körperliche Aktivität
- ausdauerorientierte Bewegung:
  - mind. 150 Minuten/Woche ausdauerorientierte Bewegung mit mittlerer Intensität (z. B. 5 × 30 Minuten/Woche)
  - oder: mind. 75 Minuten/Woche ausdauerorientierte Bewegung mit höherer Intensität

   – oder: ausdauerorientierte Bewegung in entsprechenden Kombinationen beider Intensitäten; dabei die Gesamtaktivität in mind. 10-minütigen einzelnen Einheiten verteilt über Tag und Woche sammeln (z. B. mind. 3 × 10 Minuten/Tag an fünf Tagen einer Woche)
- zusätzlich muskelkräftigende körperliche Übungen an mind. zwei Tagen pro Woche
- Vermeidung langer, ununterbrochener Sitzphasen, nach Möglichkeit das Sitzen regelmäßig mit körperlicher Aktivität unterbrechen

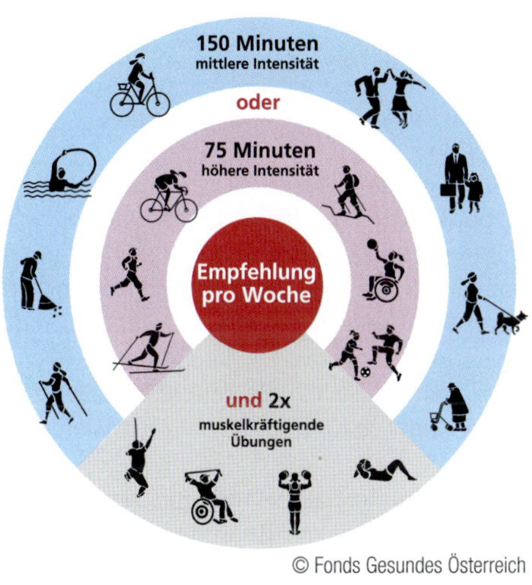

Abb. 32 Bewegungsempfehlungen für Erwachsene

Berücksichtigen Erwachsene bei ihrer körperlichen Aktivität alle motorischen Grundfähigkeiten, können sie umfassende gesundheitliche Gewinne erzielen bzw. beibehalten.

Bewegungsempfehlungen für ältere Erwachsene

Die Empfehlungen für ältere Erwachsene ab 65 Jahre entsprechen größtenteils denen der Erwachsenen unter 65 Jahre. Es wird wiederholt betont, dass es nie zu spät ist, mit Bewegung zu beginnen, und jede zusätzliche Bewegung mit gesundheitlichem Nutzen verbunden ist.

Ältere Erwachsene, die Einschränkungen in der Mobilität aufweisen, sollten mindestens an drei Tagen der Woche Gleichgewichtsübungen zur Sturzprävention durchführen und sich so viel bewegen, wie es die aktuelle gesundheitliche Situation erlaubt. Zur Aufrechterhaltung der Selbstständigkeit ist Bewegung wesentlich.

Bewegungsförderung in Lebenswelten

Man kann das Bewegungsverhalten von Menschen individuell betrachten. Hier zeigt sich, dass das Bewegungsverhalten grundsätzlich mit folgenden Aspekten einhergeht:
- **bewegungsbezogenes Wissen**
- **eigene Fähigkeiten**
- **Motivation des Einzelnen**

Aus dieser **verhaltensorientierten Sicht** sollen die **gesundheitsbezogenen Kompetenzen und Ressourcen des Individuums** gestärkt werden, um sportlich und im Alltag aktiv zu sein.

Der **Lebensweltenansatz** berücksichtigt zudem die **Bedingungen, in denen Menschen leben, lernen, spielen und arbeiten** ∞. Diese Lebenswelten bieten eine Fülle von Angeboten und Gelegenheiten, das lebenslange Bewegen zu fördern.

∞ **I-9.1.2** Lebensweltenansatz in der Gesundheitsförderung

Lebenswelten: auch Settings genannt; soziale Systeme, die Einfluss auf die Gesundheit haben und durch Maßnahmen gestaltet werden können

> Beispiele für Lebenswelten sind die Familie und das häusliches Umfeld, Kindertagesstätten, Schulen, Pflegeheime und Betriebe ∞.

∞ **I-9.3.2** Multifaktorielle Bewegungsförderung in der betrieblichen Lebenswelt

Bewegte Familie

Das häusliche Umfeld ist für Kinder in den ersten Lebensjahren der bedeutsamste Impulsgeber für körperliche Aktivität. Gerade die **Eltern** spielen in ihrer **Vorbildfunktion** eine zentrale Rolle:
- Eltern und Kinder bewegen sich dem Alter der Kinder entsprechend gemeinsam, z. B. Waldabenteuer, Schwimmbadbesuche, Radtouren.
- Eltern sind im Alltag aktiv und treiben Sport.
- Sie unterstützen die Bewegungsimpulse der Kinder.
- Sie nutzen altersgerecht verschiedene Hilfsmittel zur Förderung der Bewegungsaktivität der Kinder, z. B. Bälle, Seile, Roller.

Auch kann die **Mitgliedschaft in Sportvereinen** für Kinder sehr bereichernd sein, und das weit über die Bewegungsförderung hinaus, z. B.:
- Freunde finden
- Teamgeist entwickeln
- Abenteuer gemeinsam erleben
- Konflikte fair lösen

Bewegungsfreundliche Kindertagesstätte

Kinder sollen spielerisch dazu animiert werden, sich zu bewegen und die eigenen Grenzen zu erfahren. Dadurch lernen sie sich und ihren Körper kennen und gewinnen motorische Sicherheit. Sie übernehmen Eigenverantwortung, vor allem dann, wenn sie das tun, was sie sich zutrauen, oder wenn sie für Probleme eigenständig Lösungen finden. Die motorische Entwicklung (→ I-3.1.2) ist eine wesentliche Voraussetzung für sprachliche, kognitive und soziale Entwicklungsschritte von Kindern.

Folgende Aspekte charakterisieren eine bewegungsfreundliche Kindertagesstätte (Deutsche Sportjugend o. J.):

- Es gibt ein verlässliches, tägliches **Bewegungsangebot:**
  - mind. 45 Minuten strukturierte und angeleitete Bewegungsangebote und -gelegenheiten für alle
  - mind. 45 Minuten offene Bewegungsanlässe sowohl drinnen als auch draußen
- Es gibt **multifunktionale Gruppenräume** und einen gesonderten **Bewegungsraum** (→ Abb. 33).
- Das **Außengelände** ist bewegungs- und erfahrungsfreundlich. Es sollte naturnah angelegt sein, Rückzugsräume bieten und bei jedem Wetter nutzbar sein (→ Abb. 33).
- Es gibt ausreichend kindgerechte und sichere **Bewegungsgeräte und Materialien,** die die Bewegung und Wahrnehmung anregen.
- **Eltern** werden bei der Förderung von Bewegungsaktivitäten einbezogen; Informationen zum Thema Bewegung werden regelmäßig ausgetauscht.

Abb. 33 Bewegungsräume drinnen und draußen

Bewegungsfreundliche Schule

> Wer Kindern und Jugendlichen eine Chance geben möchte, optimal lernen zu können, der schenkt ihnen Bewegungsmöglichkeiten.
> *Pädagogischer Grundsatz, Hessisches Kultusministerium 2018, S. 2*

Schule stellt als Lebenswelt einen zentralen Ansatzpunkt für die Bewegungsförderung von Kindern und Jugendlichen dar. Hier werden nahezu alle Kinder und Jugendlichen erreicht, um neben der Förderung von Fachkompetenzen die Bewegung, Ernährung (→ 4.4) und psychosoziale Gesundheit (→ 5.9) als bedeutsame Aspekte der Gesundheitsförderung zu thematisieren.

Es gibt verschiedene **Handlungsbereiche,** die eine **Vielzahl von Maßnahmen** ermöglichen, Bewegungsförderung in den Schulalltag zu integrieren (Hessisches Kultusministerium 2018, Niedersächsisches Kultusministerium o. J.). Im Folgenden werden einige Beispiele aufgeführt:

Handlungsbereich Lehren und Lernen, bewegter Unterricht: Im Schulalltag zeigt sich zunehmend, dass bei den Lernenden Konzentrationsschwierigkeiten, Probleme bei der Speicherung des Erlernten im Langzeitgedächtnis und störende motorische Aktivitäten zunehmen. Es liegt nahe, Bewegung zielgerichtet in den Schulalltag zu integrieren: Denn körperliche Tätigkeiten beeinflussen die Aufmerksamkeit und Konzentrationsfähigkeit nachweislich positiv (→ 3.4.4) und tragen zu einer lernförderlichen Arbeitsatmosphäre bei.

Bewegter Unterricht hat drei Dimensionen:

- **Lernen mit Bewegung** in lernvorbereitenden Phasen
- **Lernen in Bewegung** in lernbegleitenden Phasen
- **Lernen durch Bewegung** in lernerschließenden Phasen

Das Umsetzen des bewegten Unterrichts braucht Überzeugung und Übung.

Aspekte bewegten Unterrichtens sind:
- Wechsel der Unterrichtsorte, auch z. B. Nutzung von Außenräumen
- Wechsel der Sozialformen, z. B. Freiarbeit und Gruppenarbeit
- Wechsel der Sitzordnungen, z. B. Sitz- und Stehkreise, Sitzfreiheit mit Positionswechsel wie Lernen im Stehen, Gehen oder Liegen
- **Bewegungspausen** während des Unterrichts, die
  - die Konzentration und Kreativität fördern und aktivieren;
  - die Koordination und Kooperation verbessern;
  - die beruhigen und entspannen.
- **bewegte Pausen,** z. B. Hindernisparcours, Mattenrutschen, Stopptanz, Yoga
- mehr Sportunterricht
- Qualifikation der Lehrkräfte
- Verankerung von Bewegungsförderung in den Lehrplänen

Soll ein Text gelesen, Vokabeln geübt oder Kopfrechenaufgaben gelöst werden, kann dies mit einer Balanceübung verbunden werden. Die Lernenden schreiten dabei auf einem fiktiven Balken oder halten die Balance auf einem Bein.

Die Partizipation (→ I-9.1.2) der Lernenden ist wichtig. Sie sollen sich an der Durchführung von Bewegungsphasen beteiligen. Recherchieren Sie mögliche Bewegungspausen, entwickeln Sie für Ihre Klasse passende Bewegungsangebote zur Aktivierung und Entspannung und probieren Sie diese aus.

Handlungsbereich Lern- und Lebensraum Schule: Je intensiver Schule als Lebens- und Lernort von Schülern und Schülerinnen empfunden wird, desto stärker ist ihre Bereitschaft zu lernen. In einer bewegten Schule sollten körperliche, emotionale, materielle und soziale Aspekte berücksichtigt sein:
- bewegungsfördernder Schulhof, z. B. Klettergelegenheiten, Tore, Körbe, Tischtennisplatte
- Sportmaterialien und Spielgeräte im Unterricht und in Pausen
- ergonomische Arbeitsplatzgestaltung, z. B. höhenverstellbare Tische und Stühle, Stehpulte (→ 3.6.9)
- Rückzugsräume
- Sportveranstaltungen, Aktionstage

Handlungsfeld Schulorganisation und Kooperation:
- Verankerung von Bewegungsförderung in das Leitbild der Schule
- schulinterne Abstimmung über die pädagogische Grundhaltung zur Bewegungsförderung
- Einbeziehung der Lernenden bei der Entwicklung und Gestaltung von bewegungsförderlichen Maßnahmen, z. B. Umfragen, Projektgruppenarbeit
- Einbeziehung der Eltern in die Bewegungsförderung ihrer Kinder, z. B. Veranstaltungen, bewegungsaktiver Schulweg
- außerschulische Kooperationen, z. B. mit Sportvereinen, Stadtteilinitiativen
- ggf. Zertifizierung zum Profil „Bewegte Schule“ oder Schwerpunkt „Bewegung und Sport“

Konzepte einer bewegten Schule gewinnen immer mehr an Bedeutung. Die verschiedenen Bundesländer und Schulen gehen dabei unterschiedlich vor.

Tauschen Sie sich aus:
- *Haben Sie in Ihrer bisherigen Schullaufbahn Schule als einen bewegten Lernort erleben dürfen?*
- *Wenn ja, welche Erinnerungen verknüpfen Sie mit der „bewegten Erfahrung“?*
- *Was wünschen Sie sich für Ihre aktuelle Lebenswelt Schule, welche Ideen der Bewegungsförderung haben Sie?*

ergonomisch: die Ergonomie, d. h. die menschengerechte Arbeitsgestaltung betreffend; Menschen sollen ihre Fähigkeiten und Fertigkeiten optimal einsetzen können, die Gesundheit wird erhalten

Partizipation: Bürgerbeteiligung; Mitwirken, Mitbestimmen, Teilhaben

AUFGABEN

1. *Prüfen Sie, nachdem Sie das Kapitel bearbeitet haben, Ihre im → Kap. 3.4.1 aufgestellten Hypothesen und überarbeiten Sie diese gegebenenfalls:*
   a) *Welche Art der Bewegung ist Ihrer Meinung nach am sinnvollsten?*
   b) *In welchem Umfang und für welche Zielgruppe ist welche Art der Bewegung gesundheitlich am wirkungsvollsten?*

2. *Grenzen Sie die Begriffe „Bewegung", „Fitness" und „Sport" voneinander ab.*

3. *Erläutern Sie die Bedeutsamkeit funktionellen Trainings für den Erhalt bzw. die Förderung der Gesundheit.*

4. *Beschreiben Sie das Modell der Superkompensation mit eigenen Worten. Überlegen Sie anschließend, welche Bedeutung dieses Modell für einen „gesunden" Alterungsprozess haben kann.*

5. *Die drei Dimensionen bewegten Unterrichts sind:*
   - *Lernen mit Bewegung*
   - *Lernen in Bewegung*
   - *Lernen durch Bewegung*
     a) *Erklären Sie diese Dimensionen und grenzen Sie sie voneinander ab.*
     b) *Erarbeiten Sie zu jeder Dimension mindestens ein konkretes Beispiel.*
     c) *Idealerweise implementieren Sie die Beispiele in Ihren eigenen Unterricht und Schulalltag.*

6. *Aufgrund unseres gesellschaftlichen Wandels befinden wir uns – trotz des Wissens darüber, dass Bewegung positive Auswirkungen auf unsere Gesundheit hat – in einem Land der Bewegungsmuffel: Sie sind nun dazu angehalten, Strategien zu entwickeln, die zu einer positiven Veränderung des Bewegungsverhaltens beitragen:*
   a) *Überlegen Sie sich für einzelne Menschen aus ihrem Umfeld (z. B. Familie, Freundeskreis, Nachbarschaft, Schule) Maßnahmen, die positive Veränderungen ihres Bewegungsverhaltens bewirken könnten.*
   b) *Erarbeiten Sie Vorschläge für das Implementieren von Bewegung in der Lebenswelt Ihrer Stadt/Ihres Stadtteils.*

7. *Setzen Sie sich mit folgender Aussage kritisch auseinander: „Activity Tracker dienen in der heutigen Zeit als extrinsischer Motivator, sich ausreichend und gesund zu bewegen."*

3.5 Muskel-Skelett-Erkrankungen

WANSCHURA

3.5.1 Vorkommen

> Wenn bei uns jeder Mitarbeiter, der unter Rückenschmerzen leidet, nicht mehr zur Arbeit käme, wäre es hier schlicht – leer.

So die nüchterne Bestandsaufnahme eines Hannoveraner Friseurgeschäftsleiters in 2019. Berufe wie der des Friseurs fordern nicht nur in hohem Maße „Rückenzoll", sondern belasten oft auch Sehnenscheiden, Handgelenke und Schultern.

Überlegen Sie Berufe, die rückenbelastend sind.

Allein in Bezug auf den **Rückenschmerz** sind die Zahlen in Deutschland alarmierend. Deutschland „hat Rücken" (Bundesärztekammer u. a. 2017):

- Bis zu 85 % der Bevölkerung erlebt mindestens einmal im Leben Rückenschmerzen.
- Jede vierte Frau und jeder sechste Mann leidet unter Kreuzschmerzen, die länger als drei Monate bestehen und fast täglich spürbar sind.
- Bei Frauen sind Rückenschmerzen der zweithäufigste, bei Männern der häufigste Anlass für eine Krankschreibung.
- Die Häufigkeit von Rückenbeschwerden ist bei Menschen mit niedrigem sozioökonomischem Status (→ I-3.2.4) erhöht und steigt allgemein mit dem Lebensalter an.

Muskel-Skelett-Erkrankungen zählen zu den **Hauptursachen für vorzeitige Berentung** – in den letzten Jahren an zweiter Stelle nach psychischen Störungen und Verhaltensstörungen (Bundesärztekammer u. a. 2017).

Bezogen auf Versicherte der Betriebskrankenkassen beruhten 19,3 % der **Arbeitsunfähigkeitstage** im Jahr 2022 auf Muskel-Skelett-Erkrankungen. **Männer** waren häufiger betroffen als Frauen, **Ältere** häufiger als Jüngere, Menschen in **körperlich belastenden Berufen** häufiger als etwa in Dienstleistungsberufen.

In der ambulanten Versorgung wurden Muskel-Skelett-Erkrankungen bei jedem zweiten Versicherten diagnostiziert. Während hier die Zahlen im Vorjahres-Vergleich relativ konstant geblieben sind, sind die Fallzahlen und Behandlungstage in der stationären Versorgung seit 2014 rückläufig (BKK Dachverband 2023).

3.5.2 Ursachen und Krankheitsentstehung

Die Bandbreite an Störungen und Erkrankungen des Stütz- und Bewegungssystems ist groß, mehr als **150 Krankheitsbilder und Symptomkomplexe** werden unterschieden. Entsprechend vielfältig sind die Ursachen:

- **körperliche Fehl- und/oder Überbelastungen,** z. B. Bewegungsmangel, einseitige Haltung, einförmige, immer gleiche Bewegungsmuster, langes Stehen, Schwerarbeit
- **schädigende Einflüsse von außen,** z. B. wiederholt starke Vibrationen, massive Gewalteinwirkung, Vergiftungen (inkl. Medikamente), Krankheitserreger
- **psychische Belastungen,** z. B. psychosoziale Konflikte, Einsamkeit, Angst vor Arbeitsplatzverlust
- **Mangelzustände,** z. B. Fehl- oder Mangelernährung, fehlender Kontakt mit Sonnenlicht, Alterungsprozess
- **Anlage und Grunderkrankungen,** z. B. genetische Dispositionen, Erbkrankheiten (→ 2.1.1), neurologische Erkrankungen (→ 5.10), bestimmte Stoffwechselstörungen, bösartige Neubildungen und Metastasen (→ 2.4), Autoimmunerkrankungen (→ 7.3.2)

Finden Sie konkrete Beispiele für berufliche Situationen, in denen in Hinblick auf das Stütz- und Bewegungssystem ein erhöhtes Risiko für eine körperliche Fehl- oder Überbelastung besteht oder eine schädigende Einwirkung droht.

Beispiele für Erkrankungen der Strukturen, die am Stütz- und Bewegungssystem beteiligt sind, zeigt → Abb. 34. Vornehmlich scheint es sich hierbei um körperlich begründbare Erkrankungen zu handeln. Im Sinne des **biopsychosozialen Modells** beeinflussen sich Körper, Geist, Psyche und soziales Umfeld jedoch gegenseitig und bilden eine Einheit (→ I-1.4.1). Die Überreizung von Sehnenansätzen kann beispielsweise Ausdruck einer inneren Anspannung infolge einer Angststörung sein, die zu hoher Muskelanspannung bzw. einem ungünstigen Bewegungsmuster führt.

rheumatoide Arthritis:
autoimmun bedingte, chronisch-fortschreitende Zerstörung mehrerer Gelenke, die von der Gelenkkapsel ausgeht

Gicht:
durch zu hohe Harnsäurekonzentration im Blut gekennzeichnete Stoffwechselstörung, bei der die Harnsäure auskristallisieren und z. B. in einem Gelenk eine hochakute und schmerzhafte Entzündung hervorrufen kann

Degeneration:
Rückbildung von Zellen, Geweben oder Organen aufgrund dauerhaft schädigender Einflüsse, nicht ausreichender Nutzung und/oder natürlicher Alterungsprozesse

Arthrose:
Gelenkverschleiß; chronisch fortschreitende, nicht-entzündlich bedingte Degeneration des Gelenkknorpels mit Beteiligung der Knochen- und Gelenkkapselstruktur

Stressoren:
Reizereignisse, die vom Organismus eine Anpassungsreaktion verlangen; Bedingungen, die Stress auslösen, z. B. hohe Konzentrationsanforderungen, emotionale Belastungen, Wettkampfsituationen, Krankheit, Armut

Rückenschmerzen:
Schmerzen von unterschiedlich starker Intensität, die über die gesamte Länge der Wirbelsäule hinweg wie auch beidseits von ihr auftreten können

Kreuzschmerz:
Schmerzen auf Höhe der unteren Lendenwirbelsäule und des Kreuzbeins, die in andere Regionen ausstrahlen können

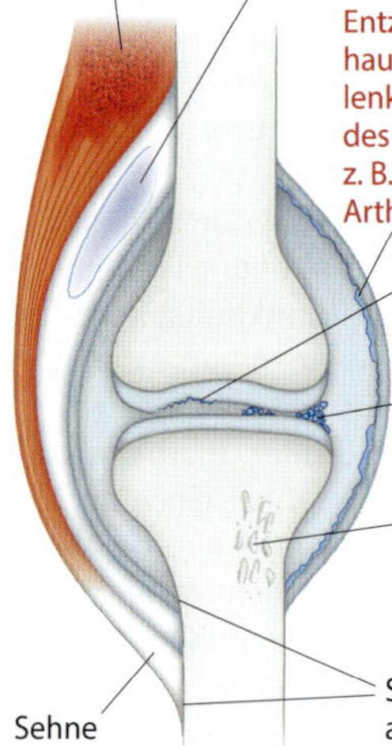

Abb. 34 Krankheitsprozesse am Bewegungsapparat (Auswahl)

Symptom „Rückenschmerz"

Die weitverbreiteten Erkrankungen von Wirbelsäule/Rücken gehen oft mit Rückenschmerzen einher. Für Betroffene steht dieses Symptom häufig mehr im Vordergrund als die eigentliche Funktionseinschränkung. Rückenschmerz kann einen hohen **Leidensdruck** hervorrufen und die Lebensqualität entsprechend mindern.

Unter Rückenschmerzen versteht man Schmerzen von unterschiedlich starker Intensität, die über die gesamte Länge der Wirbelsäule hinweg wie auch beidseits von ihr auftreten können. Der Begriff wird oft gleichbedeutend mit dem Begriff **„Kreuzschmerz"** verwendet, der jedoch im engeren Sinne einen stärker eingrenzbaren Bereich auf Höhe der unteren Lendenwirbelsäule und des Kreuzbeins meint, der üblicherweise in der Region zwischen Taille und Gesäß wahrgenommen wird und auch in andere Regionen ausstrahlen kann.

Rückenschmerzen können spezifische Ursachen haben oder auch unspezifischer Natur sein. **Spezifische Rückenschmerzen** sind auf Erkrankungen zurückzuführen, die unmittelbar mit der Wirbelsäule in Beziehung stehen, z. B. ein Bandscheibenvorfall oder durch Brustkrebs hervorgerufene Wirbelmetastasen. Eine Sonderrolle nehmen Rückenschmerzen ein, die „außerhalb der Wirbelsäule" ihren Ursprung haben, z. B. Aussackung der Hauptschlagader oder ein akutes Nierensteinleiden.

Bei über 85 % der Fälle findet sich keine spezifische bzw. „fassbare" Ursache der Rückenschmerzen, weshalb man von nicht-spezifischen bzw. **unspezifischen Rückenschmerzen** spricht. Viele Faktoren spielen hier zusammen: So kann es sich um ein **Warnsignal** für verhaltensbedingte Fehlnutzung, Überbeanspruchung oder eine sich anbahnende Erkrankung handeln, da bereits eine Dysbalance im Bereich der Wirbelsäule, insbesondere in Form von muskulären Dysbalancen (→ 3.4.3), Schmerzen hervorruft. **Psychosozialer Stress** kann dies mitbedingen oder alleinig ursächlich für die Entstehung unspezifischer Rückenschmerzen sein.

Ist davon auszugehen, dass sich eine psychosoziale Belastung über den Rückenschmerz ausdrückt, spricht man vom **psychosomatischen Rückenschmerz** (Psychosomatik, → 5.8, → 5.10.1). Hintergrund dessen ist eine chronische Stressreaktion (→ 7.3.3) auf permanente oder starke Stressoren hin und/oder eine unzureichende Stressbewältigung (→ 5.9.2), wenn die notwendigen Voraussetzungen fehlen (z. B. soziales Netzwerk, finanzielle Mittel, ausreichend Zeit, Kenntnis von Strategien). Insbesondere, wenn sich die Betroffenen der Zusammenhänge nicht bewusst sind, wie es im Extremfall bei frühkindlichem Stress oder der Verdrängung nach einem Trauma der Fall sein kann, besteht eine erhöhte Tendenz, dass sich die Beschwerden körperlich ausdrücken.

Nach ihrem **zeitlichen Auftreten** unterteilt man Rückenschmerzen in:
- **akut;** neu aufgetretene und bis maximal 6 Wochen anhaltend
- **subakut;** 6 bis 12 Wochen bestehend
- **chronisch;** mehr als 12 Wochen anhaltend
- **rezidivierend;** erneutes Auftreten nach einem symptomfreien Zeitraum von mindestens 6 Monaten

Abb. 35 Atlas, ein griechischer Titan, trägt zur Bestrafung das Himmelsgewölbe auf seinen Schultern, damit Himmel und Erde nicht aufeinander fallen

„Jeder hat sein Kreuz zu tragen“ (→ Abb. 35). Der Volksmund kennt viele Redewendungen zum Thema Rücken, z. B. Haltung bewahren, kein Rückgrat besitzen, aufrichtig sein.

1. *Sammeln Sie weitere Redewendungen, eventuell auch aus anderen Sprachen.*

2. *Arbeiten Sie heraus, was die Redewendungen ausdrücken und wofür der Rücken symbolisch steht.*

3.5.3 Einflussgröße „Verhaltensänderung“

Im Idealfall lässt sich durch frühzeitige Intervention größerer Schaden abwenden. Die Chancen stehen besonders gut, wenn die Beschwerden vor allem durch die Lebensweise und das eigene Verhalten begründet sind, weshalb gerade unspezifische Rückenschmerzen oftmals erfolgreich durch Bewegung (→ 3.4, → 3.6.9) und Verhaltensänderung behandelt werden können.

Gerade zu Beginn erfordert es oft einen Mehraufwand, eingefahrene Gleise zu verlassen und vorhandene Ängste zu überwinden. Um die **Motivation** zu stärken, braucht es **Anreize,** z. B. eine unmittelbare Belohnung oder die Überzeugung, dass sich das angestrebte Verhalten auszahlen wird.

Unterstützend wirkt in diesem Zusammenhang das körpereigene **Belohnungssystem** (→ 5.14.2), das Dopamin und Endorphine (→ 3.4.4) ausschüttet, z. B. bei körperlicher Aktivität oder wenn eine Stresssituation erfolgreich bewältigt wurde. Die damit einhergehenden positiven Gefühle helfen, den nächsten Schritt einzuleiten.

Dopamin:
Neurotransmitter; steuert Muskelbewegungen, Motivation, Antrieb, Appetit, Belohnungserwartung (→ 5.14)

Eine Veränderung gelingt auch dann leichter, wenn Vorbilder existieren oder bereits ein Angebot oder eine Peergroup vorhanden ist.

Peergroup:
engl. „peers“ = Gleiche, Gleichaltrige; Gruppe von etwa gleichaltrigen Kindern oder Jugendlichen, die als primäre Bezugsgruppe neben das Elternhaus tritt bzw. allgemein eine Gruppe von Menschen mit gleichen oder ähnlichen Interessen

Rollo ist 17 und verbringt seit Jahren nahezu jede freie Minute mit Computerspielen, v. a. mit rundenbasierten Strategiespielen. Eine Gaming-Maus und ein Gaming-Stuhl gehören längst zu seinem Inventar. Abgesehen vom wöchentlichen Schulsport betreibt er keinen Sport, zur Schule fährt er vier Stationen mit dem Bus.
Zufällig ist Rollo neulich über einen Onlinebericht gestolpert, indem es hieß, dass junge Menschen wegen des vielen Sitzens am Computer heutzutage Haltungsschäden aufwiesen, wie sie zuletzt typisch waren, als es in Europa noch Kinderarbeit gab. Das hat ihn beschäftigt; vielleicht auch deshalb, weil sein älterer Cousin Marvin, der ebenfalls gerne und viel zockt, neulich wirklich „böse“ Rückenschmerzen hatte.
Rollo möchte sein Bewegungsverhalten ändern und regelmäßige Bewegungsübungen in seine Spielzeiten integrieren. Von Vorteil ist, dass er bereits ein gewisses Gesundheitsbewusstsein mitbringt – immerhin hat er bereits für eine gute Ausstattung gesorgt, um einem Mausarm und Nackenschmerzen vorzubeugen.

Intervention:
gezielt eingesetzte Maßnahmen, die den Gesundheitszustand beeinflussen sollen

In den Gesundheitswissenschaften arbeitet man mit Modellen, die beschreiben, wie sich Menschen verhalten und aus welchem Grund sie sich so verhalten. Daraus lassen sich gesundheitsförderliche Maßnahmen ableiten. Die **Einflussgrößen** und **Prozesse,** die Rollos Verhal-

I-1.5.3 Theorien und Modelle des Gesundheitsverhaltens: Sozialkognitives Prozessmodell gesundheitlichen Handelns (HAPA)

ten erklären, könnten im **sozialkognitiven Prozessmodell gesundheitlichen Handelns (HAPA)** so aussehen (→ Abb. 36).

Hat Rollo erst einmal angefangen, sich gesundheitsbewusster zu verhalten – und hierüber **Befriedigung** und **Wohlgefühl** erfahren – kommen ihm vielleicht noch weitere Ideen: Etwa, dass er mit Bewegungsübungen starten könnte, bevor er sich an den Rechner setzt, und sie zum einleitenden **Ritual** werden könnten. Oder dass er statt mit dem Bus mit dem Fahrrad zur Schule fahren könnte. Vielleicht hat er auch Glück, und sein Verhalten macht Eindruck auf einen seiner Mitspieler? Dann könnten sie die Bewegungseinheiten parallel durchführen.

I-5.2.1 Ausgaben in der gesetzlichen Krankenversicherung

direkte Kosten: Kosten, die unmittelbar bei der Durchführung einer Behandlungsmaßnahme entstehen

3.5.4 Kosten für das Gesundheitssystem

Angesichts der hohen Zahl von Menschen mit Muskel-Skelett-Erkrankungen stellt sich die Frage nach dem Gemeinwohl und dem Maß an Belastung, das ein Sozialstaat auf Dauer aushalten kann. Allein in Hinblick auf die Diagnose „Rückenschmerzen" („M54" nach ICD-10, → 2.1.4) beliefen sich im Jahr 2020 die jährlichen Krankheitskosten in Deutschland auf etwa 4 Milliarden Euro. Bezogen auf alle Erkrankungen des Muskel-Skelett-Systems und des Bindegewebes („M00-M99") waren es Kosten von über 41 Milliarden Euro, gegenüber knapp 33 Milliarden Euro im Jahr 2015 (Statistisches Bundesamt (Destatis) 2023) – und das, obwohl die stationären Krankenhausfälle und Krankenhaustage zwischen 2014 und 2022 um gut ein Viertel gesunken und ambulant auf gleichem Niveau geblieben sind (BKK Dachverband 2023).

Muskel-Skelett-Erkrankungen gehen mit direkten und indirekten Kosten einher (→ I-2.5.1). Zu den **direkten Kosten** zählen:

- Medikamente, v. a. Schmerzmittel
- bildgebende Diagnostik, z. B. Magnetresonanztomografie (MRT) (→ I-10.1.3)
- Operationen, z. B. Gelenkersatz, stationärer Aufenthalt
- ambulante und stationäre Pflege
- Rehabilitationsmaßnahmen, Nachsorge
- Hilfsmittel

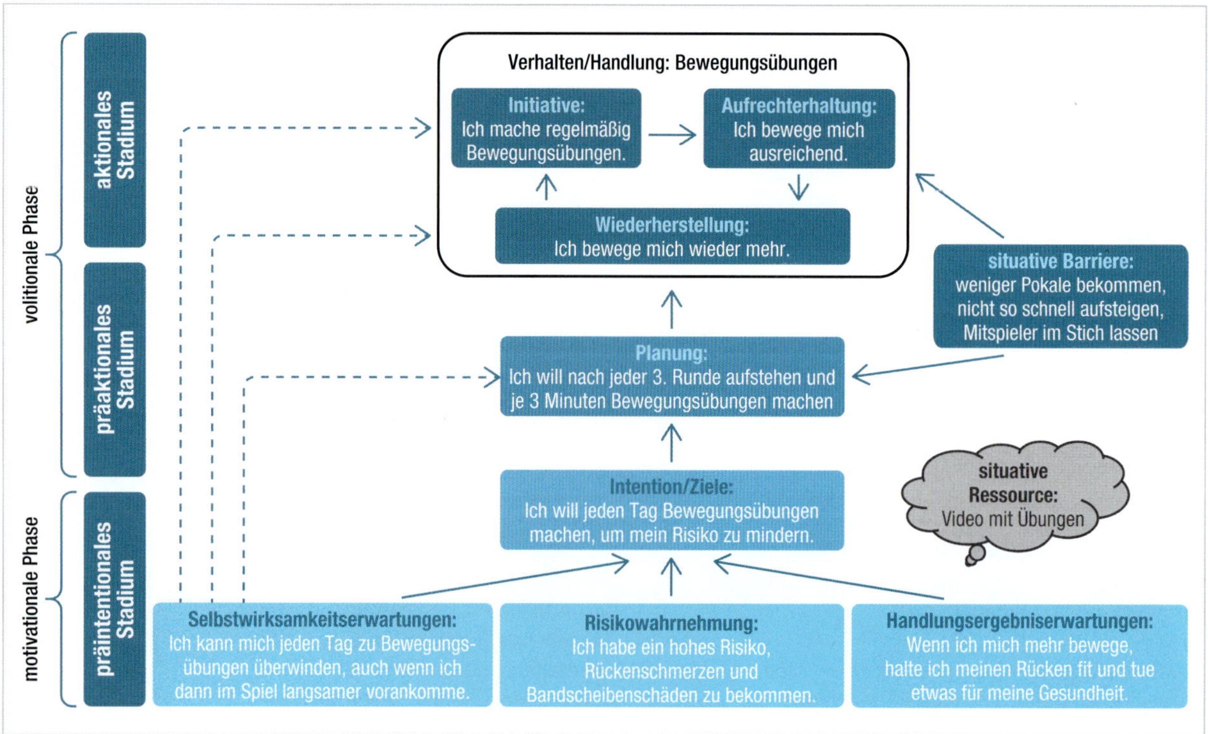

Abb. 36 **Sozialkognitives Prozessmodell gesundheitlichen Handelns (HAPA) auf das Fallbeispiel (Rollo) angewandt**

Indirekte Kosten entstehen vor allem durch eine **Abnahme der Leistungsfähigkeit** bzw. durch verminderte „Produktivität", etwa in Form von:

- Konzentrationsmangel, Fehlerhäufung, erhöhte Unfallgefahr
- Ausfall durch Arbeitsunfähigkeit
- vorzeitige Berentung bei teilweiser bis voller Erwerbsminderung

Zu beachten ist, dass sich ein bewegungsarmer Lebensstil bereits früh im Leben auswirken kann, da er bereits lange vor dem Auftreten einer chronischen Erkrankung die Leistung erheblich mindern kann.

indirekte Kosten:
Kosten, die insbesondere im persönlichen Umfeld (z. B. Arbeitsausfall) als Folge einer Erkrankung auftreten

ambulant:
vorübergehende Inanspruchnahme einer Einrichtung des Gesundheitswesens ohne Übernachtung

stationär:
Inanspruchnahme einer Einrichtung des Gesundheitswesens über Nacht

Nachsorge:
Betreuung und Überwachung nach der Behandlung einer komplexen Krankheit (z. B. Krebs, Depression); Ziele: u. a. Früherkennung von Komplikationen und Rückfällen, Erhalt oder Verbesserung des Gesundheitszustands; erfolgt oft nach Rehabilitation

Hilfsmittel:
Gegenstände, die körperliche oder geistige Beeinträchtigungen lindern oder ausgleichen sollen

AUFGABEN

1. *Nachfolgend finden Sie Beispiele für Muskel-Skelett-Erkrankungen einschließlich ihres Entstehungsprozesses. Ordnen Sie jedem Beispiel übergeordnete Ursachen zu, wie sie in → Kap. 3.5.2 aufgeführt sind.*
   a) *Rheumatoide Arthritis: Gelenkentzündung als Folge eines fälschlicherweise gegen die gesunde Gelenkinnenhaut gerichteten Abwehrvorgangs*
   b) *„Conterganschädigung": Fehlbildung oder Nichtanlage von Extremitäten bei Menschen, die als Fetus dem Wirkstoff Thalidomid ausgesetzt waren (→ 12.8.2, → I-13.2.3)*
   c) *Rachitis: Wachstumsstörungen und Knochenverformungen bei Kindern, die meist Folge eines Vitamin-D-Mangels sind*
2. *In der Lebenswelt Arbeitsplatz (→ 5.9.3) erfahren viele Menschen psychische Belastungen, die mit Störungen am Muskel-Skelett-System einhergehen können. Nennen Sie Stressoren, die sich am Arbeitsplatz belastend auf die Arbeitszufriedenheit und die Freude an der Arbeit auswirken können.*
3. *Verhalten ist ein entscheidender Faktor für die Gesundheit der Menschen.*
   a) *Beschreiben Sie die Faktoren aus → Abb. 36, die Rollos Gesundheitsverhalten bedingen, und wie sich diese Faktoren gegenseitig beeinflussen.*
   b) *Beurteilen Sie, wie realistisch es ist, dass Rollo sein Verhalten nachhaltig ändern wird. Woran könnte es scheitern, was könnte umgekehrt als – vielleicht überraschende – Ressource hinzutreten?*
   c) *Haben Sie selbst schon einmal die Erfahrung gemacht, dass Sie Ihr Verhalten erfolgreich umstellen konnten? Was hat Ihnen dabei am meisten geholfen?*
4. *Hinsichtlich der hohen Kosten im Gesundheitswesen stellt sich die Frage, mit welchen Maßnahmen die Gesundheitspolitik die Rückengesundheit eines jeden Einzelnen stärken kann.*
   a) *Sammeln Sie Maßnahmen, mit denen man bereits versucht, die Rückengesundheit zu stärken.*
   b) *Wie kann über das Bildungssystem verstärkt auf das Thema „Bewegung" Einfluss genommen werden (→ auch 3.4.5 bewegungsfreundliche Kindertagesstätte, bewegungsfreundliche Schule)?*

3.6 Bandscheibenvorfall

WANSCHURA

Experten kritisieren seit Jahren, dass zu viele Bandscheibenvorfälle operiert werden, ohne dass vorher konservative Therapien angewendet werden.

Krankenkassen empfehlen ihren Versicherten, vor der Entscheidung für eine Bandscheibenoperation eine Zweitmeinung einzuholen.

Nach einer Auswertung der Zweitmeinung vor Eingriffen an der Wirbelsäule der Techniker Krankenkasse sind nur eine von zehn Bandscheibenoperationen wirklich notwendig (Techniker Krankenkasse 2019).

1. *Diskutieren Sie die Bedeutung von ärztlichen Zweitmeinungen. Wann ist es ratsam, dass Patienten eine Zweitmeinung einholen?*

2. *Menschen mit Bandscheibenvorfall sollen bedarfsgerecht versorgt werden. Gleichzeitig sollen Behandlungen, die nicht notwendig sind oder deren Nutzen nicht gesichert ist, verhindert werden. Entwickeln Sie Handlungsempfehlungen, die beide Punkte berücksichtigen.*

Bandscheibenvorfall: auch Prolaps genannt; Hervortreten des Im Inneren der Bandscheibe befindlichen Gallertkerns nach Einreißen des Faserrings

zervikal: zum Hals gehörend

thorakal: zum Brustraum gehörend

lumbal: zum Lendenbereich gehörend

Die Bandscheiben (→ 3.1.1) neigen leicht zum **Verschleiß,** da sie oftmals Fehlbelastungen ausgesetzt sind und nicht regenerieren können. Reißt die Bandscheibe am Außenrand ein, kann der im Innern befindliche **Gallertkern hervortreten** und als „Bandscheibenvorfall“ Beschwerden hervorrufen.

Je nachdem, auf welcher Höhe ein Bandscheibenvorfall stattfindet, unterscheidet man einen zervikalen, thorakalen und lumbalen (→ 3.1.1) Bandscheibenvorfall.

3.6.1 Vorkommen

Lumbale Bandscheibenvorfälle finden sich sehr häufig in der Bevölkerung, allein bei ca. 20–30 % gesunder Personen unter 60 Jahren und mehr als 60 % gesunder Menschen über 60 Jahre (Glocker u. a. 2018). Daraus leiten sich aber nicht zwingend Beschwerden ab. Die Prävalenz des mit akuten Symptomen einhergehenden Bandscheibenvorfalls wird in Deutschland auf ca. 3 % geschätzt (Bergmann u. a. 2014). Bandscheibenvorfälle treten gehäuft **im mittleren Lebensalter** zwischen 30 und 50 Jahren auf, in dem bis zu 20 % der Menschen betroffen sind.

3.6.2 Ursachen und Krankheitsentstehung

Bandscheibenvorfälle beruhen fast immer auf einer **Degeneration** von Bandscheiben. Ursächlich hierfür sind dauerhafte **Fehlbelastungen,** das Heben schwerer Lasten sowie unsachgemäße **Dreh- und Scherbewegungen.**

Besonders anfällig sind die untere Lendenwirbelsäule (LWS) und die untere Halswirbelsäule (HWS) (→ 3.1.1), da sie **Übergangsregionen** zwischen eher flexiblen Elementen (freie Wirbel) und starren Elementen (Brustkorb, Becken) darstellen. Dies erlaubt weder ein unbegrenzt flexibles Ausweichen, noch garantiert es eine hinreichende Fixierung der Bandscheibe. Der Weg des geringsten Widerstandes kann im ungünstigen Fall über den Bandscheibenvorfall gehen.

Weitere anatomische Unterschiede und der Einfluss der Schwerkraft bedingen, dass ein lumbaler Bandscheibenvorfall mit 62 % deutlich häufiger auftritt als ein zervikaler mit 36 %. Thorakale Bandscheibenvorfälle sind mit 2 % hingegen selten (Deutsche Gesellschaft für Orthopädie und Unfallchirurgie e.V. 2020).

Die Häufung von Bandscheibenvorfällen im mittleren Lebensalter erklärt sich dadurch, dass der Bandscheibenvorfall in Hinblick auf den Faserring eine gewisse Degeneration, bezogen auf den im Inneren liegenden Gallertkern jedoch ein Mindestmaß an Elastizität voraussetzt. Diese Elastizität schwindet mit fortschreitendem Alter.

3.6.3 Formen

Man unterscheidet den inkompletten vom kompletten Bandscheibenvorfall.

Bandscheibenvorwölbung

Die Bandscheibenvorwölbung ist eine Vorstufe des Bandscheibenvorfalls und wird auch **inkompletter Bandscheibenvorfall** genannt. Der Faserring ist hierbei noch geschlossen.

Bandscheibenvorfall

Ein kompletter Bandscheibenvorfall wird als **Prolaps** bezeichnet. Der äußerlich begrenzende Faserknorpel ist hierbei durchbrochen, sodass der innen liegende, aus flüssig-gallertiger Masse bestehende **Kern nach außen** treten kann (→ Abb. 37). Dies geschieht meist in Richtung Wirbelkanal und kann empfindliche nervale Strukturen treffen, in der Regel Spinalnervenwurzeln (→ 3.1.1).

Wie stark die Schädigung ist, hängt auch davon ab, ob das ausgetretene Gewebe mit der Bandscheibe **verbunden** bleibt oder davon **abgetrennt** wird und an Engstellen Nervengewebe komprimiert.

Überlegen Sie, weshalb es einen Unterschied macht, ob ein Bandscheibenvorfall auf Höhe der Halswirbelsäule oder auf Höhe der unteren Lendenwirbelsäule stattfindet.

3.6.4 Symptome und Komplikationen

In günstigen Fall bleibt ein Bandscheibenvorfall **beschwerdefrei** und wird als Zufallsbefund entdeckt. Man kennt dies z. B. von Leistungssportlern. Für mehr als 50 % der in der Bildgebung nachweisbaren lumbalen Bandscheibenvorfälle gilt, dass sie nicht zu Beschwerden führen (Glocker u. a. 2018).

Verursacht ein Bandscheibenvorfall Beschwerden, entstehen diese üblicherweise dadurch, dass der meist seitlich austretende Gallertkern einseitig eine Nervenwurzel irritiert. Es zeigt sich auf dieser Körperseite eine typische **radikuläre Symptomatik** (→ Abb. 38, → Tab. 4).

Bandscheibenvorwölbung: auch inkompletter Bandscheibenvorfall oder Protrusion genannt; Vorwölben des im Inneren der Bandscheibe befindlichen Gallertkerns bei noch geschlossenem Faserring

radikulär: die Nervenwurzel betreffend

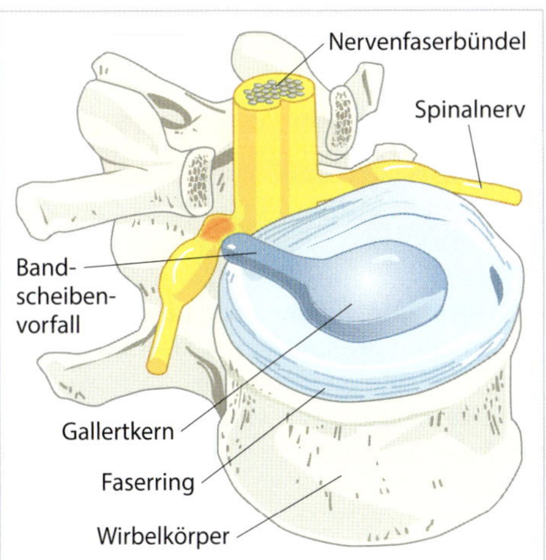

Abb. 37 Bandscheibenvorfall

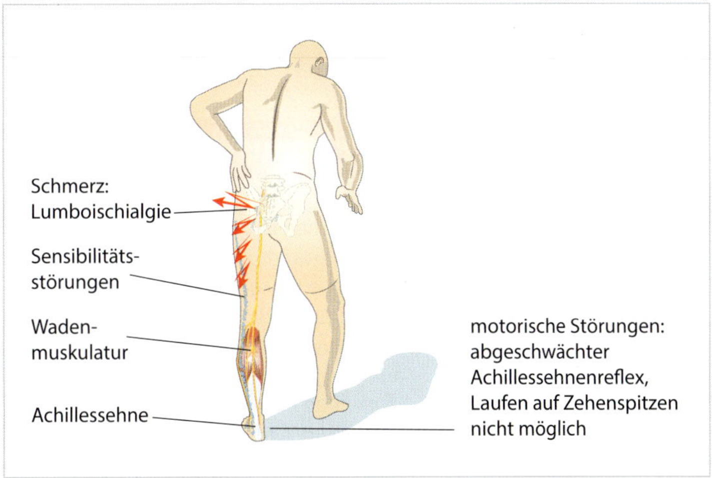

Abb. 38 Symptomatik bei Bandscheibenvorfall unterhalb des 5. Lendenwirbels mit Läsion der linken Nervenwurzel S1 (S1-Syndrom)

Tab. 4 Radikuläre Symptomatik bei Bandscheibenvorfall mit Beispiel

	Allgemeine Symptomatik	Spezifische Symptomatik bei Bandscheibenvorfall unterhalb des 5. Lendenwirbels mit Läsion der Spinalnervenwurzel S1 (S1-Syndrom) (→ Abb. 38)
Schmerz	plötzlich einsetzende, starke, stechende Schmerzen, die oft entlang der betroffenen Spinalnervenwurzel ausstrahlen; damit einhergehend schmerzhafte Verhärtung der Muskulatur im Bereich des Bandscheibenvorfalls und Schonhaltung	Lumboischialgie: Schmerz im Bereich des unteren Rückens und/oder entlang des Ischiasnervs vom Gesäß über die Beinrückseite bis in den Fuß
Sensibilitätsstörungen	vermindertes bis aufgehobenes Empfinden oder Missempfindungen über einer bestimmten, der Spinalnervenwurzel zuordbaren Hautregion	Sensibilitätsstörungen im Bereich der Haut auf der Beinaußenseite sowie an der Ferse
motorische Störungen	Reflexabschwächung; Minderung der willkürlich einsetzbaren Kraft bis hin zu Lähmungserscheinungen an bestimmten, der Spinalnervenwurzel zuordbaren Skelettmuskeln	abgeschwächter Achillessehnenreflex (→ 5.5); Kraftminderung in der Wadenmuskulatur, somit Laufen auf Zehenspitzen nicht oder nur eingeschränkt möglich

Ischiasnerv:
auch Sitzbeinnerv genannt; peripherer Nerv, der Fasern der Spinalnerven L4–S3 enthält und an der Beinrückseite entlangzieht

Schonhaltung:
meist unbewusst eingenommene und unnatürliche Körperhaltung mit dem Ziel der Schmerzvermeidung

Konus-/Kaudasyndrom:
Symptomenkomplex, der durch mittige Verletzung des Rückenmarkendes (Konussyndrom) und/oder der darunter verlaufenden Spinalnervenwurzeln (Kaudasyndrom) hervorgerufen wird

Rückenmark:
im Wirbelkanal (bis Höhe L1–2) liegender Teil des zentralen Nervensystems (→ 5.2.1)

Auf welcher Seite würden die Symptome bestehen, wenn sich der Bandscheibenvorfall wie in → Abb. 37 befinden würde?

In der Regel lassen die akuten, radikulären Beschwerden innerhalb von sechs Wochen von selbst weitgehend nach, da die vorgefallene Masse langsam austrocknet bzw. resorbiert wird.

Der verloren gegangene Stoßdämpfereffekt der Bandscheibe, auch als Bandscheibenkollaps bezeichnet, kann jedoch neue Instabilitäten und Rückenbeschwerden auslösen.

Der Sonderfall eines **mittig** sitzenden lumbalen Bandscheibenvorfalls, der zum **Konus-/Kaudasyndrom** führt, ist mit 1% aller Bandscheibenvorfälle selten. Beim Konussyndrom wird das Ende des Rückenmarks (Conus medullaris) verletzt, beim Kaudasyndrom ist es das darunter liegende, pferdeschwanzartige Bündel an Spinalnervenwurzeln (Cauda equina). Da es hierdurch zu einer akuten Störung des Wasserlassens oder des Stuhlgangs, zu beidseitiger Beinlähmung und zu starken Schmerzen kommen kann, handelt es sich immer um einen Notfall. Typisch ist auch ein taubes Gefühl auf der Gesäß- und Beinrückseite.

Unabhängig vom Konus-/Kaudasyndrom kann ein Notfall auch dann bestehen, wenn eine zusammengedrückte Spinalnervenwurzel abzusterben droht: Eine plötzliche, scheinbar positive Schmerzbesserung ist hierbei Ausdruck einer fehlenden Schmerzleitung. Dazu treten neue oder sich rasch verschlechternde Lähmungen auf.

Wird der Betroffene in beiden Fällen rasch und angemessen chirurgisch versorgt, sind die Symptome grundsätzlich reversibel.

Konus-/Kaudasyndrom – ein Bandscheibennotfall

Rufen Sie bei folgenden Symptomen sofort den Notarzt:

- plötzliche Blasen- und Mastdarmstörungen (z. B. Harnverhalt, ungewollter Harnverlust oder Stuhlabgang) und neu aufgetretene Sexualfunktionsstörungen (Impotenz)
- beidseitige Gefühlsstörungen im Bereich der Gesäß- und Beinrückseite, v. a. um den Anus herum
- ausgeprägte, zunehmende Lähmungserscheinungen und Sensibilitätsstörungen der unteren Extremität
- starke, beidseitig ausstrahlende Schmerzen

3.6.5 Diagnostik

Zusätzlich zur Anamnese, die oftmals das Heben einer schweren Last bei gleichzeitiger Rumpfdrehung offenbart, lässt sich der Verdacht auf einen Bandscheibenvorfall durch eine **neurologische Untersuchung** erhärten, die die in →Tab. 4 genannte Symptomatik überprüft. Unter anderem lässt sich mit einem **Nervendehntest** feststellen, ob ein Nerven- bzw. Wurzeldehnungsschmerz provozierbar ist: Beispielsweise bewirkt in Rückenlage eine langsame, passive Hüftbeugung des gestreckten Beins eine Dehnung im Verlauf der geschädigten Nervenwurzel und kann damit starke Schmerzen (bzw. ein Schmerzvermeidungsverhalten, etwa eine aktive Beugung im Knie) auslösen.

An einzelnen Muskeln, die vorwiegend von bestimmten Nervenwurzeln angesteuert werden, erfolgt eine **Kraftmessung.** Bei der **Reflextestung** wird die Abschwächung von Muskeleigenreflexen sichtbar. Beide Methoden können die betroffenen Nervenwurzeln identifizieren.

Bildgebende Verfahren sind in den ersten Wochen nach dem akuten Ereignis nur bei kritischen Umständen bzw. Notfällen notwendig. Meist wird eine Magnetresonanztomografie (MRT) (→ I-10.1.3) eingesetzt.

> Haben Sie sich schon einmal beim Tragen einer schweren Last verhoben und heftige Schmerzen im Lumbalbereich verspürt? Konnte ärztlicherseits ein akuter Bandscheibenvorfall ausgeschlossen werden, dürfte es sich um einen **Hexenschuss** gehandelt haben, ein akuter Kreuzschmerz, der auch Lumbago genannt wird. Die Beschwerden halten nur wenige Tage an und sprechen gut auf schmerzhemmende Mittel und Bewegung an.

3.6.6 Therapie

Die Therapie des Bandscheibenvorfalls sollte **vorrangig konservativ** erfolgen; gut 80 % der Betroffenen profitieren hiervon (Glocker u. a. 2018). Notfälle, schwere Verläufe oder Rezidive erfordern eine chirurgische Intervention.

Konservative Therapie

Empfohlen werden beim Bandscheibenvorfall vor allem (Deutsche Gesellschaft für Orthopädie und Unfallchirurgie 2020):

Schmerztherapie:

- Schmerzmittel, z. B. **NSAR** oder vergleichbare Mittel (meist oral, so niedrig und kurz wie möglich), bei Therapieresistenz auch kurzfristig Opioide
- **muskelentspannende Medikamente**
- **interventionelle Schmerztherapie,** bei der schmerz- und entzündungshemmende Mittel einmalig an den Ausgangspunkt des Schmerzes gespritzt werden
- **psychologische Schmerztherapie,** z. B. kognitive Verhaltenstherapie (→ 5.10.3) zur Entkopplung von Schmerz und Stress oder Entspannungsverfahren wie die progressive Muskelentspannung (→ 5.9.3)

Kurzfristig ist zur Schmerzlinderung eine Schonung und Entlastung – etwa in Form von Bettruhe mit Stufenlagerung – vertretbar. Generell ist bei einem Bandscheibenvorfall die **frühzeitige Förderung der Beweglichkeit** bzw. **regelmäßige Bewegung** sehr wichtig. Die Bewegungstherapie (innerhalb der Sport-, Physio- oder Ergotherapie) ist daher ein zentrales Element in der Behandlung.

Physiotherapie (→ I-10.2.4):

- physiotherapeutische Übungen bereits ab der Akutphase (u. a. zur Schmerzlinderung und dem Verhindern von Muskelabbau)
- frühestens ab einem subakuten Stadium: Rückenschule (→ 3.6.9)
- ggf. gerätegestützte Zugkraftbehandlung, z. B. mittels Extensionstisch oder Schlingentisch (→ Abb. 39); durch Anwendung einer dosierten Zugkraft auf z. B. die Wirbelsäulengelenke kommt es zur Entlastung der zusammengedrückten Nervenwurzeln

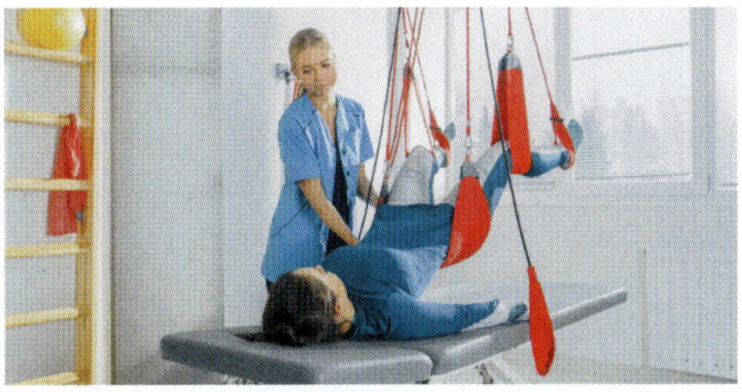

Abb. 39 Schlingentisch: Entlastung der Bandscheiben der Lendenwirbelsäule durch Becken-Bein-Aufhängung

Magnetresonanztomografie:
MRT; bildgebendes diagnostisches Verfahren zur Darstellung von Struktur und Funktion vor allem wasserhaltiger Gewebe in Schnittbildern mithilfe von Magnetfeldern und Radiowellen

Stufenlagerung:
auf dem Rücken liegend werden die Unterschenkel auf eine Ablage gelegt, die etwa so hoch ist, dass Unter- und Oberschenkel einen 90°-Winkel bilden

Physiotherapie:
auch Krankengymnastik genannt; Heilverfahren der nicht-ärztlichen Heilberufe/ Gesundheitsfachberufe (→ I-7.3); Heilung und Vorbeugung von Erkrankungen durch aktive und passive Bewegungsübungen, ggf. durch Geräte unterstützt; Anwendung in Prävention, Therapie und Rehabilitation

NSAR:
Nichtsteroidale Antirheumatika; Gruppe von Medikamenten zur Fiebersenkung, Entzündungshemmung und Schmerzlinderung, deren Wirkung auf Hemmung bestimmter Enzyme (Cyclooxygenasen, COX) beruht

konservativ:
nicht operativ; bewahrend, erhaltend

Rezidiv:
Wiederauftreten der Erkrankung

Patientenedukation: gezielte psychologische und pädagogische Maßnahmen durch Gesundheitsfachkräfte zur Unterstützung von Patienten und Angehörigen

Orthese: von außen anzubringendes, körpernahes Hilfsmittel für die aufrechte Haltung, z. B. Korsett

Ergotherapie: Heilverfahren der nichtärztlichen Heilberufe/Gesundheitsfachberufe (→ I-7.3); Unterstützung und Begleitung von Menschen, die in ihrer Handlungsfähigkeit in Alltagsbetätigungen der Bereiche Selbstversorgung, Produktivität und Freizeit eingeschränkt oder von Einschränkung bedroht sind

Implantat: künstlich hergestelltes Produkt/Material, das zum langfristigen, meist dauerhaften Verbleib in den Körper eingebracht wird, um dort bestimmte Strukturen und/oder Funktionen zu ersetzen oder zu gewährleisten

Anschlussheilbehandlung: AHB; auch Anschlussrehabilitation genannt; medizinische Rehabilitation, stationäre oder ganztägig ambulante Reha-Leistung, die meist direkt an einen Krankenhausaufenthalt anschließt

Patientenedukation: Information, Aufklärung und Beratung, z. B. in Bezug auf das Krankheitsbild, den Umgang mit Schmerz und die Therapie (z. B. Medikation, aktives Mitgestalten, Bedeutung von Alltagsaktivitäten).

Ergotherapie, Hilfsmittelversorgung: v. a. zur Unterstützung der Alltagsaktivität und Verbesserung der Selbstständigkeit. Umfasst Bedarfsanalyse, Beratung, Erprobung und ggf. Training, z. B. in Bezug auf Greifhilfen, angepasste Kleidung, Orthesen (an Halswirbelsäule oder Rumpf) (→ I-10.2.4).

Operative Therapie

Die operative Therapie kommt vor allem zum Einsatz, wenn Folgeschäden drohen oder ein Notfall vorliegt. Sie ist auch angebracht, wenn konservative Therapiemaßnahmen keinen hinreichenden Erfolg erzielen. Die operative Therapie wird so gewebeschonend wie möglich durchgeführt und dient vor allem der Druckentlastung der betroffenen nervalen Strukturen und der Stabilisierung der Wirbelsäule im erkrankten Bereich. Es gibt verschiedene Verfahren:

- Auflösung mittels Laser oder mechanische Verkleinerung oder Entfernung des vorgefallenen Gallertkerns bzw. von ihm abgetrennter Teile
- vollständige Entfernung der Bandscheibe, ggf. verbunden mit dem Einbringen von „Platzhaltern" aus z. B. Kunststoff, die mit den angrenzenden Wirbelkörpern verwachsen und bewirken, dass das Segment versteift

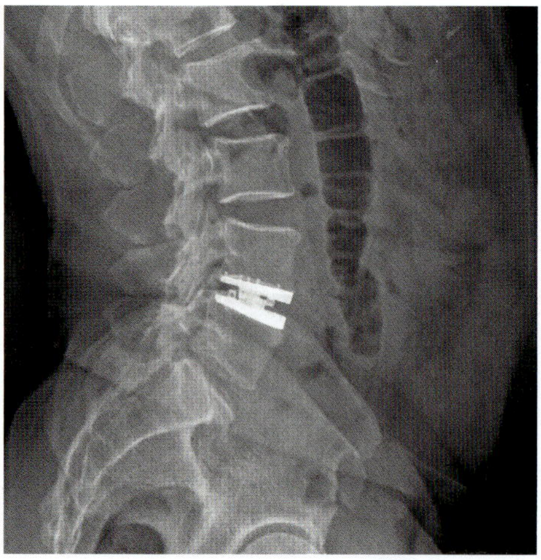

Abb. 40 Implantat als Bandscheibenersatz

- selten: Einbringen von künstlichen Bandscheiben (Implantate) (→ Abb. 40)
- Verbindung mehrerer Wirbelkörper durch Plattenfixierung

3.6.7 Rehabilitation und Nachsorge

Die Rehabilitation in Form einer **Anschlussheilbehandlung (AHB)** (→ I-11.2.4) beginnt meist 4 bis 6 Wochen nach einer Bandscheibenoperation. Im Anschluss an eine konservative Behandlung ist eine Rehabilitation ebenso anzuraten. Im Vordergrund stehen **Rückenschule** (→ 3.6.9), **Kraft- und Ausdauertraining** sowie **Dehnübungen** (→ 3.4.3) mit dem Ziel, Schmerzen zu lindern und die Beweglichkeit zu verbessern, aber auch, das Selbstbewusstsein zu stärken und psychologische Unterstützung in der Krankheitsverarbeitung zu erfahren.

Im Sinne der **Nachsorge** gilt es, auf eine hohe **Eigeninitiative bzw. Eigenverantwortung** hinzuwirken und die Motivation nachhaltig zu sichern, mit dem Ziel, dass die erlernten Übungen möglichst ein Leben lang weitergeführt werden (z. B. zu Hause, im Reha-Sportverein) und die Lebensweise den neuen Bedingungen angepasst wird.

In schweren Fällen kann der Umgang mit einer speziellen Schmerztherapie bis hin zu implantierten Schmerzkathetern erlernt werden.

Vor allem im Anschluss an eine Operation findet die **berufliche Wiedereingliederung** üblicherweise in der 8.–12. Woche und häufig stufenweise statt. Je nach Qualität der rehabilitativen Versorgung ist davon auszugehen, dass nach einem Jahr etwa 82–90 % der Betroffenen wieder in ihrem Beruf arbeiten (Glocker u. a. 2018).

3.6.8 Verlauf und Prognose

Die Prognose ist bei angemessener Therapie und konsequentem Verhalten gut. Wegen der oft eindrücklichen Erinnerung an das Krankheitsereignis besteht häufig eine hohe Motivation, die Lebensweise zu verändern.

Als Folge einer Entfernung der Bandscheibe kann es wegen der veränderten Flexibilität der Wirbelsäule und der folgenden Instabilität auch nach längerer Beschwerdefreiheit zu einem weiteren Bandscheibenvorfall in einem anderen Abschnitt kommen. Zudem treten gehäuft Schmerzzustände auf. Diese können durch die Reizung der Hirn-/Rückenmarkshäute (→ 5.2.3) oder durch Narbenbildungen im Spinalkanal, die zu einer Verengung führen können, verursacht werden.

Generell neigen ältere Menschen eher zur Chronifizierung der Schmerzen und zu anhaltenden Beschwerden über die ersten sechs Wochen hinaus. Das gilt auch, wenn begleitend psychosoziale Aspekte hinzutreten, z. B. eine Depression oder der Wunsch nach Frühberentung.

3.6.9 Prävention und Gesundheitsförderung

Zur Vorbeugung eines Bandscheibenvorfalls sollte man den Rücken fit halten und sich rückengerecht verhalten.

> Viele **Berufe,** so auch viele Gesundheitsberufe, sind mit physischen Beanspruchungen verbunden. Hier ist ein rückengerechtes Verhalten besonders wichtig.

Entscheidend für die Umsetzung eines rückengerechten Verhaltens sind neben dem individuellen Verhalten aber auch

- **technische/bauliche Maßnahmen,** wie ausreichend Platz oder Hilfsmittel, und
- die **Arbeitsorganisation,** wie Arbeitsabläufe und Arbeitszeiten.

Die **Rückenfitness** hat einen stabilen Rücken, der zugleich flexibel reagieren kann, zum Ziel. Neben einer **Kräftigung der Skelettmuskulatur,** vor allem der tiefliegenden Rücken-, Bauch-, Beckenboden- und Schultergürtelmuskeln, bezieht dies auch die **Beweglichkeit** sowie **Koordinationsübungen** mit ein. Ein ausgewogenes und funktionelles Training der motorischen Grundfähigkeiten (→ 3.4.3) wirkt sich förderlich auf die Bandscheiben aus.

Abb. 41 Bausteine eines rückengerechten Verhaltens

> Viele Sportarten stärken den Rücken. Besonders geeignet sind beispielsweise Schwimmen, Yoga (→ 5.9.3) und Pilates.

In Angeboten der **Rückenschule** lernen die Teilnehmenden, sich rückengerecht zu verhalten und ihren Rücken zu kräftigen. Wesentliche Bausteine eines rückengerechten Verhaltens zeigt → Abb. 41.

I-7.2.4 Physische Beanspruchung bei Beschäftigten im Gesundheitswesen

Viele dieser Bausteine beziehen sich auf die **Haltung** des Menschen, fällt eine aufrechte Haltung – im Stehen, Gehen, Sitzen – in der heutigen bewegungsarmen Welt vielen Menschen doch schwer.

> In Alltagssituationen können Sie daran denken: Für ein aufgerichtetes Stehen bzw. Sitzen ziehen Sie Ihre Schultern nach hinten und unten. Strecken Sie Ihre Wirbelsäule maximal in die Länge und richten Sie Ihren Brustkorb auf, indem Sie sich vorstellen, dass an Ihrem Brustbein ein Faden an der Nase vorbei nach oben zieht. Der Bauchnabel zieht dabei sanft nach innen, das Becken wird leicht eingerollt. Erden Sie sich über die Füße/die Sitzbeinhöcker und stehen/sitzen Sie stabil.

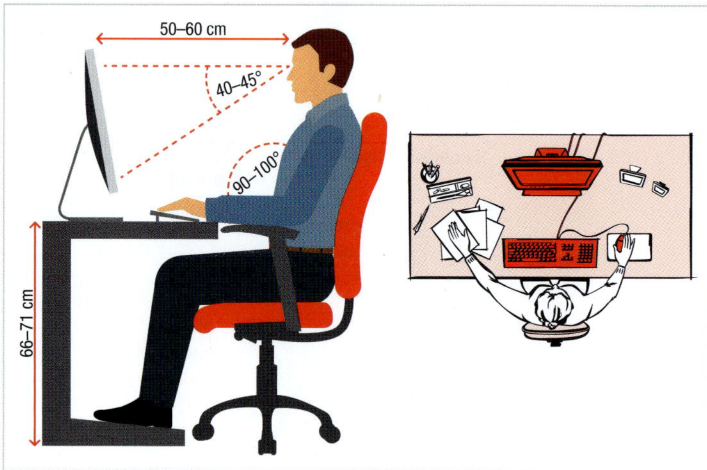

Abb. 42 Rückengerecht am Schreibtisch arbeiten

Das Bewegungskonzept der Kinästhetik verfolgt einen ganzheitlichen Ansatz, der die Pflegebedürftigen in die Bewegungsgestaltung aktiv miteinbezieht und die Pflegefachpersonen im Sinne einer Win-win-Situation entlastet – nicht nur physisch, sondern auch durch stärkere Wahrnehmung und Wertschätzung der Pflegebedürftigen und einer höheren Zufriedenheit.
Vermieden werden ein Heben, Tragen oder Zerren bzw. Passivität der Pflegebedürftigen. Vielmehr werden Bewegungsressourcen erkannt und gefördert und die Mobilität unterstützt. Über Kommunikation und Berührung wird Vertrauen aufgebaut und Entspannung herbeigeführt. Jede Bewegung wird unter gezieltem Einsatz von Zug- und Druckkräften in bestimmten Techniken so gestaltet, dass die Pflegebedürftigen diese als kontrollierbar und ihre Körper als „wirksam" erfahren. Dieses Feedback zu spüren, kann zu verbesserter Eigenwahrnehmung, Ausgeglichenheit und Beweglichkeit führen.

Unnötige (Fehl-)Belastungen des Rückens sollen möglichst verhindert werden. Dies erfolgt z. B. über:

- **rückennahes Tragen** der Last
- **Aufteilung der Last,** sofern möglich, z. B. auf mehrere Portionen oder Personen
- **Hilfsmittel,** z. B. Karre, Beckengurt, Lifter
- **ergonomische Umfeldgestaltung,** z. B. angemessene Abstände von Stuhl, Tisch, Bildschirm, Verwendung einer Maus bei Schreibtischarbeit (→ Abb. 42), Möglichkeit zu häufigen Haltungs- und Positionswechsel
- regelmäßige **aktive Pausen** mit kurzen Bewegungseinheiten

ergonomisch:
die Ergonomie, d. h. die menschengerechte Arbeitsgestaltung betreffend; Menschen sollen ihre Fähigkeiten und Fertigkeiten optimal einsetzen können, die Gesundheit wird erhalten

1. *Was könnte Menschen davon abhalten, eine Last aufzuteilen, obwohl es für den Rücken empfehlenswert wäre?*

2. *Haben Sie Ihr eigenes Verhalten schon einmal in Hinblick auf den Rücken reflektiert?*
   - *In welcher Haltung lesen Sie z. B. gerade diesen Text? Nutzen Sie einen Schreibtisch oder arbeiten Sie eher vom Sofa oder vom Boden aus?*
   - *Wie oft wechseln Sie die Position oder machen Sie Übungen zwischendurch?*
   - *Wie sieht es im Ganzen mit Ihrer Rückenfitness aus?*

In bestimmten Berufen kennt man spezielle, **rückenschonende Techniken** und Konzepte zur Arbeitsorganisation. In Pflegeberufen ist dies z. B. die **Kinästhetik.**

Kinästhetik:
wörtlich „Bewegungsempfindung"; Konzept zur Beschreibung von Bewegungsressourcen und Gestaltung von Bewegungsangeboten

AUFGABEN

1. *Angenommen, Sie erleiden nach einer ungünstigen Bewegung einen akuten Rückenschmerz. Zunächst denken Sie an einen „Hexenschuss", wie Sie ihn früher manchmal hatten. Welche Symptome könnten neu sein und auf einen Bandscheibenvorfall hindeuten?*

2. *Die Therapie des Bandscheibenvorfalls sollte vorrangig konservativ erfolgen. Nennen Sie die Ansätze der konservativen Therapie und erläutern Sie, wie diese dazu beitragen, die Beweglichkeit und regelmäßige Bewegung bei Bandscheibenvorfall frühzeitig zu fördern.*

3. *Werden Ihre Arbeitsplätze, z. B. in der Schule und zu Hause, ergonomischen Anforderungen gerecht? Was können Sie verbessern?*

4. *Recherchieren Sie ein Lehrvideo bei YouTube o. Ä. zur Kinästhetik, z. B. bezüglich ihrer Anwendung in der Altenpflege. Man spricht im Zusammenhang mit der Kinästhetik auch von „Bewegungskommunikation". Erklären Sie diese Begriffsverwendung.*

3.7 Osteoporose

WANSCHURA, TULKE

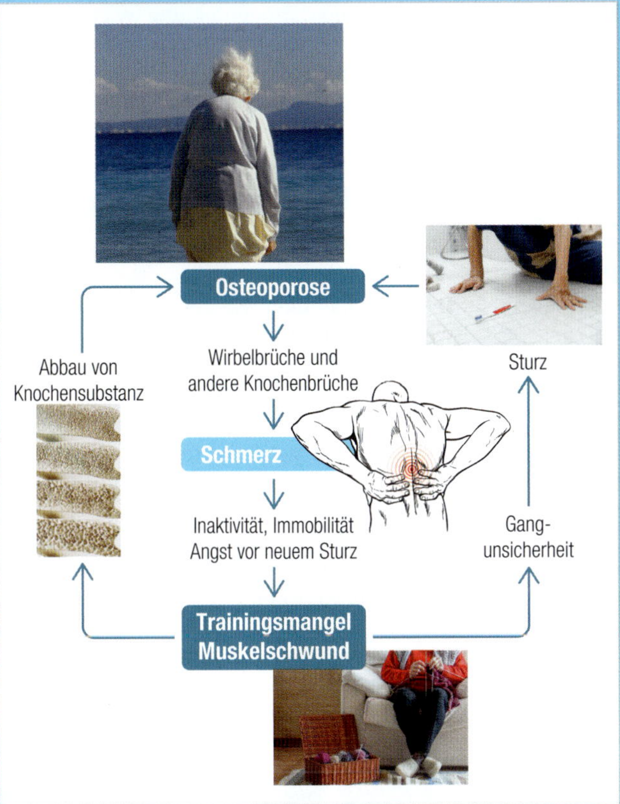

Teufelskreis Osteoporose (Ringe 2002)

Osteoporose ist im Wesentlichen eine Erkrankung des Alters, die vor allem bei Frauen ab den Wechseljahren einsetzt. Aber auch junge Menschen können in Ausnahmefällen an Osteoporose erkranken.

Larissa Sarand, 29 Jahre, hat 2017 ein Buch über ihren Weg aus der Magersucht (→ 5.15) veröffentlicht. In einem Interview berichtet sie, dass es bei ihr während der Erkrankungsphase, in der sie auch Halbmarathon lief, trotz ihres jungen Alters zu mehreren Ermüdungsbrüchen an der Hüfte gekommen sei (Berliner Morgenpost 2018). Selbst wenn die Magersucht überwunden wurde, bleiben der minderwertige Knochenaufbau und die erhöhte Bruchanfälligkeit ein Leben lang bestehen.

1. *Bei der Osteoporose handelt es sich um eine Skeletterkrankung, bei der die Knochen an Festigkeit verlieren und dadurch leichter brechen. In einer Art Teufelskreis bedingen im Verlauf der Erkrankung ungünstige Faktoren einander. Beschreiben Sie das Schaubild.*

2. *Regelmäßige Bewegung ist nicht nur in der Prävention von Osteoporose ein wichtiger Schutzfaktor, sondern ist auch bei bereits erkrankten Personen sehr wichtig. Erklären Sie unter Berücksichtigung des Schaubilds die Bedeutung von Bewegung und Training.*

Die Osteoporose ist eine systemische Skeletterkrankung, die durch eine **Minderung der Knochenstärke** gekennzeichnet ist – als Resultat einer niedrigen Knochenmasse und eines qualitativ gestörten Feinbaus. Die Anfälligkeit für **Knochenbrüche** ist erhöht.

3.7.1 Vorkommen

WANSCHURA

Die Osteoporose stellt die **häufigste Knochenerkrankung im höheren Alter** dar. Betroffen sind überwiegend **Frauen** (Verhältnis 4:1 zu Männern). In Deutschland liegt die Prävalenz in der Gesamtbevölkerung bei etwas mehr als 6 %. Die Rate osteoporosetypischer Knochenbrüche steigt bei Frauen nach dem 50. Lebensjahr und bei Männern ab dem 60. Lebensjahr steil an. Die Wahrscheinlichkeit für einen Knochenbruch beträgt ab diesem Zeitpunkt 33 % bei Frauen bzw. 20 % bei Männern (Dachverband Osteologie 2023).

3.7.2 Ursachen und Krankheitsentstehung

WANSCHURA

Sämtliche Faktoren, die den Knochenstoffwechsel negativ beeinflussen (→ 3.1.2), begünstigen zwangsläufig eine Osteoporose. **Risikofaktoren** der Osteoporose und jeweils krankheitsbestimmende Prozesse sind:

- **genetische Prädisposition:** Das Gleichgewicht zwischen Knochenaufbau und -abbau ist gestört.

Osteoporose:
systemische Skeletterkrankung, die durch eine Minderung der Knochenstärke gekennzeichnet ist und den Knochen anfälliger für Brüche macht

systemisch:
generalisiert, den gesamten Organismus betreffend

Knochenstärke:
Maß für die Bruchfestigkeit eines Knochens, das sich v. a. aus dem Zusammenspiel von Knochenmasse, -dichte, -feinbau und -umbau ergibt

Fraktur:
Knochenbruch

Östrogene:
Gruppe von v. a. in Eierstöcken und Plazenta gebildeten Steroidhormonen; weibliche Sexualhormone; Funktion: u. a. Wachstum der weiblichen Sexualorgane, Proliferation der Gebärmutterschleimhaut (→ 7.3.5)

Immobilität:
Zustand der Bewegungseinschränkung/-unfähigkeit

Resorption:
Aufnahme körpereigener oder körperfremder Stoffe durch lebende Zellen oder Gewebe

- **höheres Alter:** Die Knochenmasse baut ab dem 40. Lebensjahr um ca. 0,5 % pro Jahr ab, Knochenfeinbau und -qualität verschlechtern sich.
- **weibliches Geschlecht:** Frauen haben eine ca. 25 % geringere Knochenmasse als Männer.
- **Östrogenmangel,** fehlender „Östrogenschutz“: Die positiven Wirkungen von Östrogen auf den Knochenstoffwechsel (→ 3.1.2) bleiben aus; das betrifft vor allem Frauen nach der Menopause (die Knochenmasse sinkt um ca. 2 %/Jahr).
- **Bewegungsmangel, Immobilität:** Ungenutzter Knochen wird abgebaut, zugleich fehlt der Belastungsreiz und damit der piezoelektrische Effekt (→ 3.1.2), der zum Knochenaufbau führt.
- **Stress, erhöhte Kortisolausschüttung:** Knochenaufbauende Zellen werden gehemmt und knochenabbauende Zellen aktiviert; im Darm wird die Kalziumresorption gehemmt.
- **unzureichende Sonnenlichtexposition:** Eine unzureichende Einwirkung von UV-Strahlung auf der Haut mindert die körpereigene Vitamin D-Herstellung und beeinträchtigt somit die Knochenmineralisierung.
- **unausgewogene Ernährung**/unsachgemäß umgesetzte vegetarische/vegane Ernährung (→ 4.4.4): Es mangelt an „Baumaterial“ (z. B. Kalzium für die Mineralisierung des Knochens) oder an Vitamin D, das – unabhängig von der UV-vermittelten Produktion – auch über die Nahrung aufgenommen wird.
- **erhöhter Konsum von Kaffee, Alkohol, Kochsalz** oder **Produkten mit hohem Gehalt an Oxalat** (z. B. Kakao, Rhabarber, Rote Beete) **und/oder Phosphat** (v. a. Cola, Fertiggerichte, Schweinefleisch) (→ 4.4.5): Die „Kalziumräuber“ binden Kalzium im Darm und verhindern dessen Resorption und Verfügbarkeit im Blut. Eine erhöhte Phosphataufnahme bewirkt, dass Kalzium vermehrt aus dem Knochen abgebaut wird.

Oxalat:
Salz der Oxalsäure (Kleesäure)

Rauchen Sie? Dann ist ihr jährlicher Knochenverlust etwa doppelt so hoch wie der von Nichtrauchern.

- **Tabakkonsum:** Rauchen führt zu einer verminderten Knochendichte.
- **Untergewicht:** Es fehlt an „Baumaterial“ und Cholesterin als Ausgangsstoff zur Kalzitriol- und Östrogenbildung (wichtige Hormone für den Kalziumhaushalt, → 3.1.2); durch fehlende Gewichtsbelastung bleibt der Reiz zum Knochenaufbau aus.

Im Kapiteleinstieg wurde von einer Frau berichtet, die an Magersucht und Osteoporose erkrankt ist. Erklären Sie den Zusammenhang zwischen Magersucht und Osteoporose.

Die Risikofaktoren wiegen umso schwerer, wenn sie frühzeitig bestanden und bereits die Entwicklung eines gesunden Knochens in der Wachstumsphase behindert haben, sodass ein solides Fundament fehlt. Entsprechend erhöhen auch wiederholte Stürze das Risiko für die Entwicklung einer Osteoporose.

Osteoporose geht mit einem **Verlust der Knochenbälkchen,** weniger stark auch mit einem Verlust der Knochenrinde einher (→ 3.1.2 Aufbau eines Knochens), was den Knochen ein poröses Aussehen verleiht und ihre Knochenstärke bzw. Bruchfestigkeit erheblich mindert (→ Abb. 43).

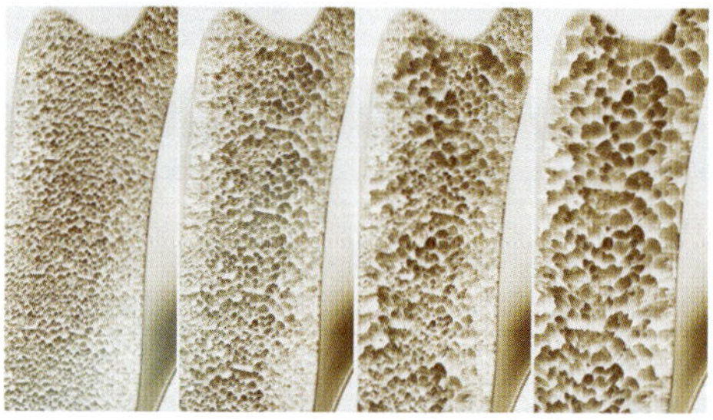

Abb. 43 Minderung der Knochenstärke durch Abnahme der Knochenmasse und Veränderung des Feinbaus des Knochens

3.7.3 Formen

WANSCHURA

Je nach Ursache und Verlauf werden verschiedene Formen der Osteoporose unterschieden.

Primäre Osteoporose

Eine Osteoporose gilt als primär, wenn sie im Rahmen der natürlichen **Alterungsprozesse** entsteht. Meist begünstigt durch genetische Prädisposition stellt sie mit 95 % die häufigste Osteoporoseform dar (Herold 2023).

Typ 1-Osteoporose

Am häufigsten beruht eine primäre Osteoporose auf **Östrogenmangel,** der bei **Frauen** mit der Menopause einhergeht. Man spricht von **postmenopausaler Osteoporose,** die fast jede dritte Frau ab dem 50. Lebensjahr entwickelt. Das Risiko nimmt zu, wenn

- Frauen eher „zart gebaut", also schlank und klein sind und somit über wenig absolute Knochenmasse verfügen, und/oder
- die Zeit des „Östrogenschutzes" kürzer als 30 Jahre war, z. B. weil die Menarche sehr spät und die Menopause sehr früh eingesetzt haben (erste und letzte Regelblutung, → 12.1.3)

In den ersten Jahren nach der Menopause vermindert sich die Knochenbälkchendichte um > 3 %/Jahr. Später verlangsamt sich der Knochenum- bzw. abbauprozess.

Auch **Männer** können als Folge von **Testosteronmangel** im fortgeschrittenen Lebensalter eine Osteoporose ausbilden. Wegen der langsameren Abnahme ihrer Geschlechtshormone sind sie jedoch seltener betroffen. Zudem schützt sie ihre höhere Knochenmasse besser vor osteoporosebedingten Frakturen.

Typ 2-Osteoporose

Mit Beginn des 70. Lebensjahrs kann sich aufgrund von **Alterungsprozessen** bei beiden Geschlechtern eine Typ 2-Osteoporose entwickeln, die auch **senile Osteoporose** genannt wird. Es verlangsamt sich beispielsweise der Knochenaufbau, Kalzium wird vermindert aufgenommen oder der Mineralstoffwechsel gestört. Bewegungsmangel verstärkt diese Prozesse. Im Ganzen schreitet der Gewebeverlust, der Knochenbälkchen und -rinde gleichermaßen betrifft, eher langsam fort.

Sekundäre Osteoporose

Eine Osteoporose gilt als sekundär, wenn sie als Folge einer Grunderkrankung und/oder Medikamentennebenwirkung entsteht. Die sekundäre Osteoporose ist mit 5 % aller Osteoporoseformen zwar selten, jedoch treten Frakturen überdurchschnittlich häufig auf. Ca. 20 % aller osteoporosebedingten Frakturen sind einer sekundären Osteoporose zuzuordnen (Dachverband Osteologie 2023).

Viele **Grunderkrankungen** fördern eine Osteoporose:

- alle Zustände, die mit Bettlägerigkeit oder einer anderen Form fehlender Mobilität einhergehen
- zusätzliche Skeletterkrankungen (z. B. rheumatoide Arthritis)
- Zustand nach Magenentfernung, chronische Darmerkrankungen, chronische Nierenerkrankungen
- Krebserkrankungen
- hormonelle Erkrankungen (z. B. Diabetes mellitus, Keimdrüsenunterfunktion)
- psychische Störungen (z. B. Magersucht, Ess-Brecht-Sucht, Alkoholkrankheit)

Sehr oft wird eine sekundäre Osteoporose durch die Langzeittherapie mit höher dosierten, systemisch verabreichten **Kortisonpräparaten** verursacht. Weitere **Medikamente** (→ I-13.5.3), die bei Langzeitgabe ein erhöhtes Osteoporoserisiko zeigen, sind z. B.:

- Säureblocker (Medikamente, die die Bildung von Magensäure hemmen)
- Antidepressiva
- Antiepileptika
- Aromatasehemmer (Medikamente, die die Östrogenbildung hemmen)
- Antiandrogene (Medikamente, die die Wirkung männlicher Sexualhormone hemmen)
- zu hohe Einnahme von Schilddrüsenhormonen (→ 7.3.4)

Eine Osteoporose kann zudem mit bestimmten Erkrankungen assoziiert oder Ausdruck einer angeborenen Erkrankung sein (z. B. der „Glasknochenkrankheit") oder durch Schadstoffe (z. B. Cadmium) ausgelöst werden.

3.7.4 Symptome und Komplikationen

WANSCHURA

Eine Osteoporose bleibt oft lange unbemerkt und macht sich anfangs am ehesten mit **Rückenschmerzen** (→ 3.5.2) bemerkbar. Typisch für den fortgeschrittenen Verlauf ist, dass die Knochen nach nur kleineren Belastungen oder Verletzungen brechen, oft sogar ohne erkennbaren Anlass, was als **Spontanfraktur** bezeichnet wird.

Bei Menschen mit hormonell bedingter Osteoporose brechen vor allem die Wirbelkörper. Das Zusammensacken des in ihrem Inneren befindlichen Gerüsts aus Knochenbälkchen bezeichnet man als **Sinterung.** Hierdurch nimmt die Körpergröße um mehr als 4 cm ab

Menopause: letzte vom Eierstock hormonell gesteuerte Regelblutung

Testosteron: zu den Androgenen gehörendes, v. a. im Hoden sowie in den Nebennieren, bei der Frau auch in geringer Menge im Eierstock gebildetes Steroidhormon; männliches Sexualhormon; Funktion: v. a. Spermienproduktion, Aufbau von Muskelmasse, Aufbau/Erhalt des männlichen Erscheinungsbilds

Spontanfraktur: Knochenbruch, zu dem es nach Bagatellverletzung oder ohne erkennbaren Anlass kommt

Sinterung: Zusammensacken der Wirbelkörper durch Nachgeben der Knochenbälkchen

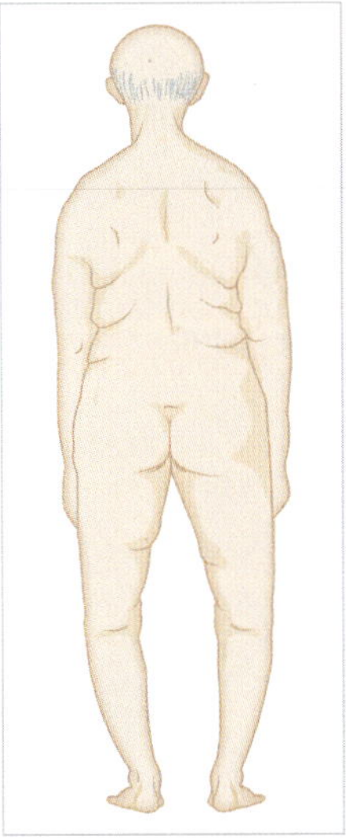

Abb. 44 Tannenbaumphänomen

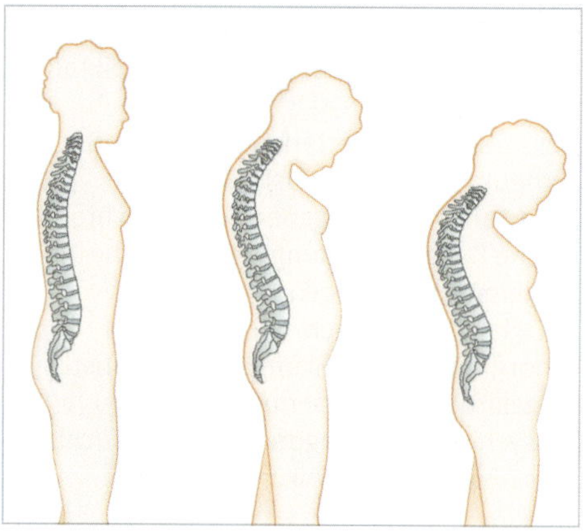

Abb. 45 Rundrückenbildung und Abnahme der Körpergröße durch Sinterung der Wirbelkörper

und es entsteht mit der Zeit ein **Rundrücken** bzw. Buckel (→ Abb. 45). Die als Folge dessen schräg verlaufenden Hautfalten am Rücken haben zu dem Begriff **„Tannenbaumphänomen"** geführt (→ Abb. 44).

radiologisch: auf Röntgenstrahlung basierend

Bei Menschen mit seniler Osteoporose brechen gehäuft der **Oberschenkelhals** (→ Abb. 46) und die Armknochen, aber auch die Wirbelkörper. Fast immer geht ein Sturz voraus.

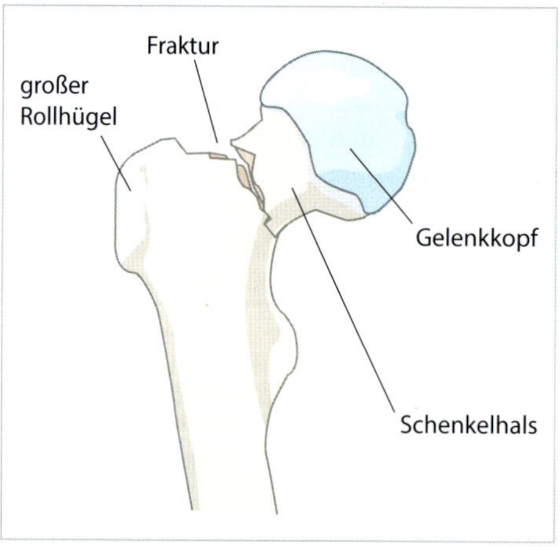

Abb. 46 Oberschenkelhalsfraktur rechts

DVO Dachverband Osteologie e.V.: *https://dv-osteologie.org/osteoporose-leitlinien*

Osteoporosebedingte Frakturen haben oftmals heftige **Schmerzen** und starke **Funktionseinschränkungen** zur Folge, die wiederum die Mobilität, Selbstständigkeit und Lebensqualität erheblich einschränken können. Das erhöhte Frakturrisiko und die damit verbundenen **Komplikationen** sind der eigentlich krankheitsrelevante Aspekt der Osteoporose (→ 3.7.9).

Entwerfen Sie eine Mind-Map zu der Frage, welche Folgen eine Fraktur nach sich ziehen kann – mit besonderem Augenmerk auf den älteren Menschen, der hiervon meist betroffen ist.

3.7.5 Diagnostik

WANSCHURA

Eine **Osteoporose-Basisdiagnostik** sollte allen Menschen ab 70 Jahren angeboten werden, bei relevant erhöhtem Risiko für osteoporoseassoziierte Knochenbrüche oder stattgehabten Knochenbrüchen auch schon früher.

In der **Anamnese** werden gezielt osteoporosefördernde Risikofaktoren bzw. Grunderkrankungen erfasst sowie osteoporosetypische Schmerzen und Frakturen. Die **körperliche Untersuchung** legt den Fokus auf die Gesamtfunktion des Bewegungs- und Nervensystems.

Die **radiologische Knochendichtemessung** (Dual-Röntgen-Absorptiometrie, DXA) ist das Standardverfahren zur Bestimmung der Knochendichte an Lendenwirbeln und Oberschenkelknochen. Der Knochendichtewert stellt dabei einen Surrogatparameter dar, da die eigentlich entscheidenden Parameter für die Knochenstärke (Feinbau, Mineralisation, Größe und Form des Knochens) sich nicht direkt messen lassen. Veränderungen sind radiologisch erst nachweisbar, wenn mindestens 1/3 der Knochenmasse abgebaut ist. Bei Verdacht auf stattgehabte Wirbelbrüche ist zusätzlich eine **Bildgebung** angezeigt.

Das **Basis-Labor** erfasst unter anderem Kalzium, Phosphat und das Enzym alkalische Phosphatase, das bei Knochenerkrankungen erhöht sein kann.

Das vom Dachverband Osteologie entwickelte „DVO Risikomodell 2023" wird zur Risikoabschätzung von Hüft- und Wirbelkörperfrakturen verwendet.

3.7.6 Therapie

WANSCHURA

Die Behandlung der primären Osteoporose ist rein **symptomatisch.** Sie beginnt möglichst frühzeitig, noch vor der ersten Fraktur, und schließt alle Maßnahmen, die der Prophylaxe dienen, ein (→ 3.7.9). Beeinflussbare **Risikofak-**

toren sollten nach Möglichkeit ausgeschaltet, mindestens aber reduziert werden.

Bei sekundären Osteoporosen wird im Idealfall die Grunderkrankung behandelt. Diese muss dafür rechtzeitig erkannt und optimal therapiert werden.

Frauen ab 50 Jahren und Männern ab 60 Jahren, die wegen einer behandlungsbedürftigen Osteoporose eine spezifische Medikation erhalten, steht ein **Disease-Management-Programm** zur Verfügung (→ I-10.5.2). Es sieht eine leitliniengerechte, differenzierte Empfehlung zur medikamentösen Therapie vor, zudem Patientenschulungen, die Erfassung des individuellen Sturzrisikos sowie funktionelle Bewegungstherapie oder Rehabilitationssport.

Ernährungstherapie

Im Rahmen einer **ausgewogenen Ernährung** sollte die angemessene Zufuhr von Mineralstoffen und Vitaminen sichergestellt sein, vor allem von

- **Kalzium** (1000 mg/Tag) und
- **Vitamin D** (800–1000 IE/Tag) (→ 4.4.5).

Sofern ein Mangel vorliegt und der Bedarf nicht anderweitig gedeckt werden kann, wird zur **Substitution** geraten, möglichst Vitamin D und Kalzium in Kombination, da sich beide Supplemente sinnvoll ergänzen. Untergewicht ist zu vermeiden. Eine Ernährungsberatung ist geboten; sie sollte auch die Wechselwirkung mit einer spezifischen Osteoporosemedikation berücksichtigen.

Recherchieren Sie, welche Lebensmittel eine besonders hohe Konzentration an Kalzium enthalten (→ auch 4.4.5). Einen Kalzium-Rechner finden Sie hier: www.gesundheitsinformation.de/kalzium-rechner.html

Unbedingt zu meiden sind übermäßiger Koffein- und Alkoholkonsum sowie phosphat- und oxalatreiche Nahrungsmittel.

Bewegungstherapie

Generell gilt, dass jede Form der **Mobilisierung** und des sanften **Kraftaufbaus** genutzt werden sollte. Bei Osteoporose ist es besonders wichtig, aktiv zu sein. Jede Form der **regelmäßigen Bewegung,** auch sanfte Formen wie Treppensteigen oder Spazierengehen, wirkt sich positiv aus.

Physiotherapeutische Maßnahmen dienen der Verminderung der Schmerzen und der Mobilisierung. **Körperliches Training** sollte – angepasst an den Schweregrad und die vertretbare Belastbarkeit – regelmäßig und dauerhaft mindestens zwei- bis dreimal pro Woche durchgeführt werden. Schwerpunkt ist die Stabilisierung und Kräftigung der Rückenmuskulatur. Es werden die motorischen Grundfähigkeiten Kraft, Ausdauer, Gleichgewicht und Koordination (→ 3.4.3) trainiert, um das Sturzrisiko zu senken und die Knochenstärke zu fördern. Die Anpassung an die Funktionsfähigkeit ist wichtig, um mögliche Risiken zu vermeiden, die mit entsprechenden Bewegungsprogrammen bzw. Aktivitäten einhergehen könnten.

In der Therapie der Osteoporose kommen auch **komplementärmedizinische Ansätze** zum Einsatz (→ I-10.2.4), z. B. die Elektrotherapie (→ 3.6.6).

Medikamentöse Therapie

Sofern ein deutlich erhöhtes Frakturrisiko vorliegt oder zu erwarten ist (> 5 %/3 Jahren, ggf. auch schon ab 3 %) oder Frakturen bereits eingetreten sind, ist eine spezifische Medikation indiziert. Am besten dokumentiert bezüglich ihres Nutzens sind die **Bisphosphonate** (z. B. Alendronat, Risedronat). Sie hemmen langanhaltend den Knochenabbau.

Eine Östrogensubstitution zur Therapie der postmenopausalen Osteoporose gilt wegen schwerer Nebenwirkungen nur als Zweitwahl. Ein Präparat, das den knochenaufbauenden Effekt von Parathormon nutzt (Teriparatid) (→ 7.1.2), wird bei hohem Frakturrisiko (> 10 %/3 Jahren) empfohlen, die Einnahme ist aber auf zwei Jahre begrenzt. Auch weitere „osteoanabole" Wirkstoffe stehen zur Verfügung.

Die medikamentöse Therapie der Osteoporose wird bei entsprechenden Beschwerden durch eine **Schmerztherapie** ergänzt.

3.7.7 Rehabilitation

WANSCHURA

Es wird empfohlen, im Anschluss an osteoporotisch bedingte Knochenbrüche (vor allem Schenkelhalsfrakturen), ggf. auch im Rahmen eines chronischen Schmerzsyndroms, eine **ambulante oder stationäre Rehabilitation** in

Disease-Management-Programm: DMP; strukturiertes Behandlungsprogramm für chronische Krankheiten

IE: Internationale Einheit; Messgröße vieler in der Medizin verwendeter Substanzen, basierend auf deren biologische Aktivität

Komplementärmedizin: auch alternative Medizin bzw. Heilmethoden genannt; Sammelbegriff für alternative Behandlungsmethoden in Abgrenzung oder Ergänzung zur wissenschaftlich begründeten Medizin (sog. Schulmedizin)

Bisphosphonate: Wirkstoffe zur Therapie der Osteoporose, die den Knochenabbau hemmen

Substitution: äußere Zufuhr als Ersatz für Substanzen, die dem Körper nicht (mehr) ausreichend zur Verfügung stehen

Mobilisierung: Maßnahmen zur Förderung und Erhaltung der Bewegungsfähigkeit

ABEDL®:
pflegerisches Strukturmodell nach Krohwinkel; Abkürzung für **A**ktivitäten, soziale **Be**ziehungen und existenzielle **E**rfahrungen **d**es **L**ebens

I-12.2.2 Fördernde Prozesspflege nach Krohwinkel

aktivierende Pflege:
Pflegepraxis, die Selbstständigkeit und Unabhängigkeit des Menschen fördert; Hilfe zur Selbsthilfe

Post-Fall-Syndrom:
mit einem Vermeidungsverhalten einhergehende Angst, nach einem stattgefundenen Sturz erneut zu stürzen

Delir:
körperlich begründbare, lebensbedrohliche Bewusstseinsstörung, die u.a. durch akute Verwirrtheit und Halluzinationen gekennzeichnet ist

Betracht zu ziehen (Deutsche Gesellschaft für Unfallchirurgie 2015). Wünschenswertes Ziel dieser Maßnahme ist es, über verbessertes Gleichgewicht und verbesserte Koordination die Sicherheit im Gehen zu erhöhen, um (sturzbedingte) Knochenbrüche zu vermeiden und die Lebensqualität zu erhöhen.

Dies ist wichtig, da z.B. nach einem Schenkelhalsbruch etwa ein Fünftel der vorher selbstständigen Osteoporosepatienten dauerhaft pflegebedürftig bleibt; etwa die Hälfte erfährt deutliche Einbußen ihrer Selbstständigkeit (Bundesselbsthilfeverband für Osteoporose o.J.). So ist die Reha nach operativ versorgter, osteoporotisch bedingter Schenkelhalsfraktur auf 3–4 Wochen ausgelegt.

Die Rehabilitation bei Osteoporose erfolgt über ein **individuell zugeschnittenes Therapiekonzept.** Es kann beinhalten:

- Schmerztherapie und psychologische Begleitung
- Patientenschulung (v.a. Sturzprophylaxe, Vermeiden von Fehl-/Überbelastung)
- Ernährungsberatung
- Koordinationstraining, Bewegungstherapie
- Ergotherapie
- Versorgung mit Hilfsmitteln (z.B. Gehstöcke, Rollatoren)
- sozialpädagogische Hilfen (z.B. Vermittlung von betreutem Wohnen, Organisation eines ambulanten Hilfsdienstes)

Für eine langfristige Unterstützung ist es für Betroffene sinnvoll, sich einer **Selbsthilfegruppe** anzuschließen. Die Vermittlung des Kontakts wird üblicherweise durch die Rehaklinik übernommen.

3.7.8 Pflege

TULKE

Die Osteoporose erfordert im Alltag der Betroffenen Vorsicht und in der Pflege eine besondere Aufmerksamkeit. Im Sinne einer **aktivierenden Pflege** werden die Fähigkeiten der Betroffenen gefördert, erhalten oder versucht wiederherzustellen. Oberstes Ziel ist der **Erhalt der Selbstständigkeit, Aktivität und Lebensqualität.**

Die pflegerische Versorgung und Unterstützung richtet sich nach der jeweiligen Einschränkung und dem Schmerzempfinden der Betroffenen. Aufgabe der Pflege ist es, die Betroffenen zu beraten und anzuleiten, die medikamentöse Therapie auf Wirkungen und Nebenwirkungen zu überwachen und das Schmerzmanagement durchzuführen.

> Frau Król ist eine leicht übergewichtige 70-jährige Frau. Sie ist zur Situation, zur Zeit und zum Ort orientiert. Sie klagt seit einiger Zeit über zunehmende Schmerzen und Haltungsveränderungen der Brustwirbelsäule (BWS). Es bildet sich ein Rundrücken. Gestern ist sie in der Küche ausgerutscht und auf den Rücken gestürzt. Im Krankenhaus wird eine osteoporotische Brustwirbelsäulenfraktur festgestellt.

Zur Strukturierung von Pflegeproblemen, -zielen und -maßnahmen kann das **ABEDL®-Strukturmodell nach Krohwinkel** herangezogen werden. Dieses zeigt die **Aktivitäten, Beziehungen und existenziellen Erfahrungen des Lebens.** → Tab. 5 stellt das ABEDL®-Strukturmodell bezogen auf die Pflegesituation von Frau Król dar.

3.7.9 Verlauf und Prognose

WANSCHURA

Osteoporosefördernde Risikofaktoren erhöhen die Wahrscheinlichkeit dafür, dass es zu einem Knochenbruch kommt; werden sie reduziert, nimmt auch die Wahrscheinlichkeit eines Knochenbruchs wieder ab. Der Anstieg des Frakturrisikos ist also prinzipiell umkehrbar. Es ist daher stets vorteilhaft bzw. nie zu spät, Risikofaktoren zu reduzieren.

Kommt es zu einem oder mehreren Sturzereignissen, kann dies im ungünstigen Fall ein **Post-Fall-Syndrom** hervorrufen, d.h. eine Angst vor (weiteren) Stürzen mit entsprechendem Vermeidungsverhalten. Dies setzt einen Teufelskreis in Gang, da es die Motivation zur Mobilisierung untergräbt und weitere Stürze und das Frakturrisiko begünstigt.

Sobald es zu Frakturen gekommen ist, verschlechtert sich die Prognose der Osteoporose erheblich: Neben dem meist unvermeidbaren Krankenhausaufenthalt und unmittelbaren Operationsrisiken ist verhältnismäßig oft mit

Tab. 5 ABEDL®-Strukturmodell bei Osteoporose

ABEDL®	Problem	Ziel	Maßnahmen
sich bewegen können	Frau Król ist in der Bewegung aufgrund der Osteoporose eingeschränkt. Dies zeigt sich durch eine Haltungsveränderung und zunehmende Schmerzen der BWS. Frau Król ist orientiert und kann sich klar äußern.	Frau Król ist in ihrer Bewegung schmerzfrei und sicher.	• Bewegungen langsam und kontrolliert ausführen, hastige Bewegungen vermeiden • Konzept der Kinästhetik anwenden (→ 3.6.9) • Schmerzmanagement durchführen • Korsett fachgerecht anbringen • Hilfsmittel wie Rollator oder Gehstock anbieten • bei alltäglichen Dingen wie Körperpflege bei Frakturen unterstützen • täglich spazieren gehen • tägliche Bewegungsübungen durchführen, z. B. Kraft- und Koordinationstraining, Ausdauersport wie Walking
essen und trinken können	Frau Król ist aufgrund ihres Mineralstoffmangels von einer Osteoporose bedroht, die sich durch Schmerzen mit Haltungsveränderungen in der Wirbelsäule äußert. Sie ist kognitiv in der Lage, Risikofaktoren zu erfassen.	Frau Króls Mineralstoffbedarf ist abgedeckt.	• zum Mineralstoffbedarf aufklären • ausreichend Mineralstoffe wie Kalzium, Vitamin D zuführen • hohen Phosphatverzehr meiden • auf übermäßigen Fleisch-, Wurst-, Fett-, Salz-, Alkohol und Kaffeekonsum und Rauchen verzichten • Übergewicht/Untergewicht vermeiden, regelmäßiges Wiegen, BMI-Kontrolle • Expertenstandard „Ernährungsmanagement zur Sicherung und Förderung der oralen Ernährung in der Pflege" anwenden • Ernährungsplan erstellen, Ernährungsberatung hinzuziehen
für eine sichere und fördernde Umgebung sorgen können	Frau Król ist aufgrund der Osteoporose sturzgefährdet. Dies zeigt sich durch ein unsicheres Gangbild und Schmerzen beim Gehen. Sie kann sich äußern.	Frau Król bewegt sich angstfrei und sicher.	• Expertenstandard „Sturzprophylaxe in der Pflege" anwenden (→ 3.7.10) • individuelles Sturzrisiko durch Anwendung des Expertenstandards ermitteln • Wohnraum anpassen: u. a. Stolperfallen vermeiden, Lichtquellen, Haltegriffe • Falltraining
	Frau Król ist in ihrer Sicherheit aufgrund der Osteoporose beeinträchtigt. Diese zeigt sich durch zunehmende Schmerzen in der BWS. Sie kann sich äußern.	Frau Król ist in Ruhe und in Bewegung schmerzfrei. Frau Król kennt die Schmerzskala (→ I-12.3.2) und äußert sich bei 3/10 in Ruheschmerz.	• Expertenstandard „Schmerzmanagement in der Pflege bei akuten und chronischen Schmerzen" anwenden • medikamentöse Therapie auf Wirkungen und Nebenwirkungen überwachen • Schmerzmanagement erfassen und durchführen
mit existenziellen Erfahrungen des Lebens umgehen	Frau Król hat große Angst vor erneuten Stürzen, da sie bereits einen Sturz mit einer daraus resultierenden BWS-Fraktur erlitten hat und sie zunehmend in ihrer Mobilität eingeschränkt ist. Frau Król kann über ihre Angst sprechen.	Frau Król fühlt sich ausreichend sicher und ist angstfrei in ihrer Bewegung.	• Gespräche führen, Gesprächsbereitschaft zeigen • aufklären, beraten • Sturzprävention, Gangübungen durchführen • an Osteoporosegruppen teilnehmen

Komplikationen zu rechnen (z. B. Delir, Thrombose, Lungenentzündung) und einem damit einhergehenden Verlust der Selbstständigkeit. Die **Mortalität** ist erhöht, vor allem bei hüftnahen Frakturen. An den Folgen einer Schenkelhalsfraktur sterben innerhalb eines Jahres 10–20 % der Betroffenen. Auch im ersten Jahr nach einer Wirbelkörperfraktur steigt die Mortalität an (Dachverband Osteologie 2023).

3.7.10 Sturzprophylaxe

WANSCHURA

Angesichts der schlechten Prognose hat es oberste Priorität, Knochenbrüche zu vermeiden. Als tertiärpräventive Maßnahme (→ I-9.1.1) soll eine fachgerechte Sturzprophylaxe die Wahrscheinlichkeit senken, dass es als Folge von Stürzen zu Knochenbrüchen kommt.

Thrombose: Gefäßerkrankung, bei der ein Blutgerinnsel in einem Gefäß oder im Herzen entsteht und zum arteriellen oder venösen Verschluss führen kann

Sturzprophylaxe: pflegerische und therapeutische Maßnahmen zur Verhinderung von Stürzen

I-12.1.3 Evidenzbasierte Pflege: Prophylaxen und Expertenstandards

Expertenstandard: schriftliche Niederlegung des aktuellsten, wissenschaftlich basierten Wissens zu einem Thema

Der **Expertenstandard „Sturzprophylaxe in der Pflege"** gibt als Zielsetzung vor, dass jeder Patient/Bewohner mit einem erhöhten Sturzrisiko eine Sturzprophylaxe erhält, die Stürze weitgehend verhindern und Sturzfolgen minimieren soll. Neben **umweltbezogenen Sturzrisiken,** wie schlechte Ausleuchtung der Umgebung, Stolperfallen und fehlende Handläufe, ist laut Expertenstandard das Sturzrisiko hinsichtlich folgender **personenbezogener Merkmale** deutlich erhöht (Deutsches Netzwerk für Qualitätsentwicklung in der Pflege 2013a):

Sensomotorik: Steuerung von Bewegungen, die auf Rückmeldung durch das Sinnessystem beruht

- Funktionsstörungen in Bezug auf
  - Sensomotorik und/oder Balance (z. B. Sehverschlechterung, Gleichgewichtsstörung)
  - geistige Fähigkeiten (z. B. Schlaganfall, → 5.11)
  - psychische Gesundheit (z. B. Angststörung wie das Post-Fall-Syndrom)
- zusätzliche Belastungen:
  - Probleme im Zurückhalten von Urin oder Stuhl
  - weitere Erkrankungen oder Gesundheitsstörungen (z. B. COPD, → 9.5)
  - hohes Lebensalter
- Einnahme sturzbegünstigender Medikamente, z. B.:
  - Blutdrucksenker
  - Schlafmittel
  - Beruhigungsmittel
- positive Sturzanamnese: bereits stattgefundene, nicht lange zurückliegende Stürze

Salutogenese: Konzept zur Entstehung und zum Erhalt von Gesundheit (z. B. durch Ressourcen)

An den Risikofaktoren gilt es, entsprechend anzusetzen, etwa durch **Bewegungstherapie,** eine Medikamentenumstellung und die **Versorgung mit Hilfsmitteln,** wie Brillen, Gehstöcke, Hüftprotektoren und passendes Schuhwerk. Empfohlen wird auch die **psychosoziale Begleitung** von Betroffenen, insbesondere dann, wenn Angst vor Stürzen und/oder Frakturen besteht. Hier unterstützen Selbsthilfegruppen, ebenso wie multimodale Konzepte, die unter anderem psychotherapeutische Maßnahmen wie eine Gruppentherapie beinhalten.

Nennen Sie prophylaktische Maßnahmen, mit denen umweltbezogene Sturzrisiken reduziert werden können.

Gemäß Expertenstandard obliegt es der Pflegefachperson, die Betroffenen über identifizierte Sturzrisiken zu informieren und zu beraten. **Informationen** oder **Schulungs- und Beratungsangebote** sollten

- von einem respektvollen und einfühlsamen Umgang gekennzeichnet sein;
- nicht nur betonen, dass Stürze vermeidbar sind, sondern die positiven Effekte der Maßnahmen auf die Gesundheit und Aktivität hervorheben;
- nicht mit abschreckenden oder instruierenden Aussagen arbeiten, sondern positive Formulierungen und ein realistisches und positives Bild vom Alter verwenden;
- die individuellen Bedürfnisse, Präferenzen und Lebensbedingungen der Betroffenen einbeziehen und die Entscheidungsautonomie der älteren Menschen respektieren;
- praktische Tipps, statt viele, komplexe statistische Informationen enthalten (Deutsches Netzwerk für Qualitätsentwicklung in der Pflege 2013b)

3.7.11 Prävention und Gesundheitsförderung

WANSCHURA

Da nicht beeinflussbare, physiologische Prozesse einen großen Anteil an der Entstehung einer Osteoporose haben, kommt den beeinflussbaren, vermeidbaren Risikofaktoren eine umso höhere Bedeutung zu.

In Anlehnung an das Konzept der Salutogenese (→ I-1.4.2) gilt es, eine **gute Ausgangslage** zu schaffen, die die Erkrankung länger hinauszuzögern vermag. Frühzeitig sollte ein Bewusstsein für gesunde Bewegung (→ 3.4) und Ernährung (→ 4.4) geschaffen werden, um einen gesunden Knochenaufbau zu gewährleisten. Ein gesundheitsförderliches Bewegungs- und Ernährungsverhalten ist idealerweise nicht nur selbstverständlicher Bestandteil des täglichen Lebens, sondern ein tiefes, inneres Bedürfnis.

AUFGABEN

1. *Vielleicht wundern Sie sich, dass ein erhöhter Konsum phosphathaltiger Produkte eine Osteoporose begünstigen kann, obwohl Phosphat für den Knochenstoffwechsel ebenso benötigt wird wie Kalzium. Finden Sie heraus, warum es bei Phosphat praktisch nicht zu einem Mangel, leicht aber zu einer Überdosierung kommen kann.*

2. *In → Kap. 3.7.2 werden Beispiele für Produkte mit hohem Phosphatgehalt genannt.*
   a) *Finden Sie weitere Beispiele.*
   b) *Überlegen Sie, welche Produkte mit hohem Phosphatgehalt Sie selbst regelmäßig verzehren.*

3. *Nennen und erklären Sie die verschiedenen Formen der Osteoporose.*

4. Eine knochenfreundliche Ernährung sorgt für den Nachschub an Baumaterial, der Baumeister des Knochens aber ist die funktionelle Bewegung.
   Dachverband deutschsprachiger Osteoporose-Selbsthilfeverbände und patientenorientierter Osteoporose-Organisationen 2010, S. 25

   Erläutern Sie diese Aussage.

5. *Üben Sie zu zweit in den Rollen einer Pflegefachperson und eines Patienten, wie ein Beratungsgespräch zur Sturzprophylaxe ablaufen könnte. Orientieren Sie sich dabei an → Kap. 3.7.10 (letzter Absatz). Machen Sie bewusst zunächst „alles falsch“, bevor Sie das Gespräch in einer zweiten Runde in der wünschenswerteren Form gestalten. Wechseln Sie anschließend die Rollen. Nehmen Sie wahr, welche Wirkung die eine oder andere Ansprache auf Sie hat.*

Quellen

Quellen Anatomie/Physiologie

Andersen, J. L.; Saltin, B.; Schjerling, P. (2001): Muskeln, Gene und Leistungssport. In: Spektrum der Wissenschaft 3: 70.
Kugler, P. (2006): Zelle. Organ. Mensch. München: Elsevier.
Moosburger, K. A. (2009): Die muskuläre Energiebereitstellung im Sport; unter *www.dr-moosburger.at/wp-content/uploads/pub023.pdf* [15.03.2024].
Vaupel, P.; Schaible, H.-G.; Mutschler, E. (2015): Anatomie, Physiologie, Pathophysiologie des Menschen. Stuttgart: Wissenschaftliche Verlagsgesellschaft.
Wilke, A.; Tackenberg, B. (2001): Anatomie. Der Mensch: Bauweise, Form und Funktion. Stuttgart: Wissenschaftliche Verlagsgesellschaft.

Quellen Bewegung

Borg, G. (2004): Anstrengungsempfinden und körperliche Aktivität. In: Deutsches Ärzteblatt 101(15): 1016–1021.
Boyle, M. (2010): Functional Training. Das Erfolgsprogramm der Spitzensportler. München: riva.
Bundeszentrale für gesundheitliche Aufklärung (BZgA) (2017): Nationale Empfehlungen für Bewegung und Bewegungsförderung. Sonderheft 03. Köln.
Deutsche Gesellschaft für Sportmedizin und Prävention – Deutscher Sportärztebund (o. J.): Trainingsempfehlungen mit dem Rezept für Bewegung; unter *www.dgsp.de/seite/389565/efsma-trainingsempfehlungen.html#RPE* [15.03.2024].
Deutsche Sportjugend (DSJ) (o. J.): Positionspapier „Grundlegende Standards einer bewegungsfreundlichen Kindertagesstätte“; unter *www.dsj.de/kinderwelt/fachkraefte-kita-co/bewegungsfreundliche-kita* [06.08.2020].
Deutscher Olympischer Sportbund (DOSB) (2017): Ehrenamt & freiwilliges Engagement im Sport. Frankfurt a. M.
Deutscher Olympischer Sportbund (DOSB) (o. J.): Lexikon: Stichwort Fitness; unter *https://gesundheit.dosb.de/service/wissenswertes/lexikon* [15.03.2024].
Hessisches Kultusministerium (2018): Bewegung in die Schule! Impulse für eine bewegungsfördernde Schulentwicklung. Wiesbaden.
Hohmann, A.; Lames, M.; Letzelter, M. (2007): Einführung in die Trainingswissenschaft. Wiebelsheim: Limpert.
King, J. W. (2001): A Comparison of the Effects of Interval Training vs. Continuous Training on Weight Loss and Body Composition in Obese Pre-Menopausal Women. Electronic Theses and Dissertations. East Tennessee State University, USA.
Kugler, P. (2006): Zelle – Organ – Mensch. München: Elsevier.
Martin, D.; Carl, K.; Lehnertz, K. (2016): Handbuch Trainingslehre. Schorndorf: Hofmann.
Martin, B. W.; Marti, B. (1998): Bewegung und Sport: eine unterschätze Gesundheitsressource. In: Therapeutische Umschau 55(4): 221–228.
Nationale Präventionskonferenz (Hrsg.) (2018): Bundesrahmenempfehlungen; unter *www.bundesgesundheitsministerium.de/fileadmin/Dateien/3_Downloads/P/Praeventionsgesetz/BRE_Fassung_vom_29.08.2018.pdf* [15.03.2024].
Niedersächsisches Kultusministerium (o. J.): Bewegte Schule – Gesunde Schule Niedersachsen online; unter *www.bewegteschule.de* [15.03.2024].
Schmitt, H. (2012): Sport im Kindesalter – ist Hochleistungssport gesund? In: Dtsch Z Sportmed. 63: 316–317.
Techniker Krankenkasse (TK) (2022): Beweg Dich, Deutschland! Hamburg.
Techniker Krankenkasse (TK) (2019): HIIT: Mit hochintensivem Intervalltraining schneller am Ziel; unter *www.tk.de/techniker/magazin/sport/sporttrends/hochintensives-intervalltraining-2063190* [15.03.2024].
Tiedemann, C. (2020): „Sport“ – Vorschlag einer Definition; unter *http://sport-geschichte.de/tiedemann/documents/DefinitionSport.pdf* [15.03.2024].

Vaupel, P.; Schaible, H.-G.; Mutschler, E. (2015): Anatomie, Physiologie, Pathophysiologie des Menschen. Stuttgart: Wissenschaftliche Verlagsgesellschaft.

Wahl, P.; Hägele, M.; Zinner, C.; Bloch, W.; Mester, J. (2010): High Intensity Training (HIT) für die Verbesserung der Ausdauerleistungsfähigkeit von Normalpersonen und im Präventions- und Rehabilitationsbereich. In: Wien Med Wochenschr 160(23–24): 627–636.

Weineck, J. (2009): Optimales Training. Balingen: Spitta.

Weltgesundheitsorganisation (WHO) (2010): Global Recommendations on Physical Activity for Health. Genf, Schweiz.

Zhang, H.; Tong, T. K.; Qiu, W.; Zhang, X.; Zhou, S.; Liu, Y.; He, Y. (2017): Comparable Effects of High-Intensity Interval Training and Prolonged Continuous Exercise Training on Abdominal Visceral Fat Reduction in Obese Young Women. In: Journal of Diabetes Research: 1–9.

Quellen zu Muskel-Skelett-Erkrankungen allgemein

Berufsverband der Kinder- und Jugendärzte e. V. (BVKJ), 27.08.2013: Haltungsschäden durch langes Sitzen vor dem Computer; unter *www.kinderaerzte-im-netz.de/news-archiv/meldung/haltungsschaeden-durch-langes-sitzen-vor-dem-computer* [11.02.2024].

BKK Dachverband (2023): BKK Gesundheitsreport 2023. Berlin: Medizinisch Wissenschaftliche Verlagsgesellschaft.

BKK Dachverband (2015): Muskel-Skelett-Erkrankungen in der Arbeitswelt wirksam vorbeugen; unter *www.bgm-bkk.de/uploads/media/MSE_Pr%C3%A4sentation.pdf* [11.02.2024].

Bundesärztekammer (BÄK); Kassenärztliche Bundesvereinigung (KBV); Arbeitsgemeinschaft der Wissenschaftlichen Medizinischen Fachgesellschaften (AWMF) (Hrsg.) (2017): Nationale Versorgungsleitlinie Nicht-spezifischer Kreuzschmerz – Kurzfassung.

Chenot, J.-F.; Niebling, W.; Kochen, M. M.; Becker, A. (2017): Rückenschmerzen. In: Kochen, M. (Hrsg.): Duale Reihe Allgemeinmedizin und Familienmedizin. Stuttgart: Thieme: 378–386.

Statistisches Bundesamt (Destatis) (2023): Krankheitskosten von Rückenschmerzen (ICD10-M54) im Jahr 2020; unter *www-genesis.destatis.de* [11.02.2024].

WELT, 17.02.2015 – Schöne, L.: Friseur ist ein gefährlicher Beruf; unter *www.welt.de/gesundheit/article137548616/Friseur-ist-ein-gefaehrlicher-Beruf.html* [11.02.2024].

Quellen Bandscheibenvorfall

Bergmann, A. u. a. (2014): Lumbaler Bandscheibenvorfall mit Radikulärsyndrom und fortgeschrittene Osteochondrose. In: Zentralblatt für Arbeitsmedizin 64: 233–238.

Casser, H.-R.; Seddigh, S.; Rauschmann, M. (2016): Akuter lumbaler Rückenschmerz. Diagnostik, Differenzialdiagnostik und Therapie. In: Deutsches Ärzteblatt 113: 223–234.

Deutsche Gesellschaft für Orthopädie und Unfallchirurgie e. V. (DGOU) (Hrsg.) (2020): S2k-Leitlinie Konservative, operative und rehabilitative Versorgung bei Bandscheibenvorfällen mit radikulärer Symptomatik.

Gemeinsamer Bundesausschuss (G-BA) (2018): Patientenmerkblatt. Zweitmeinungsverfahren bei geplanten Eingriffen; unter *www.g-ba.de/downloads/17-98-4765/2019-10-28_G-BA_Patientenmerkblatt_Zweitmeinungsverfahren_bf.pdf* [11.02.2024].

Glocker, F. u. a. (2018): Lumbale Radikulopathie. S2k-Leitlinie. In: Deutsche Gesellschaft für Neurologie (Hrsg.): Leitlinien für Diagnostik und Therapie in der Neurologie.

Techniker Krankenkasse (TK) (2019): Eingriff ins Rückgrat: Wie wird ein Bandscheibenvorfall operiert?; unter *www.tk.de/techniker/gesundheit-und-medizin/behandlungen-und-medizin/orthopaedische-erkrankungen* [11.02.2024].

Quellen Osteoporose

Berliner Morgenpost, 15.01.2018 – Hildebrandt, A.: Wie eine Berlinerin den Kampf gegen die Magersucht gewann; unter *www.morgenpost.de/familie/article213081345/Nimm-ab.html* [11.02.2024].

Bundesselbsthilfeverband für Osteoporose e. V. (o. J.): Daten und Fakten; unter *www.osteoporose-deutschland.de/osteoporose/daten-und-fakten* [11.02.2024].

Burkhardt, R. (2011): Bruchstücke – CME-Fortbildung: Arzneimitteltherapie der Osteoporose. In: Niedersächsisches Ärzteblatt 4: 58–63.

Dachverband deutschsprachiger Osteoporose-Selbsthilfeverbände und patientenorientierter Osteoporose-Organisationen e. V. (DOP) (Hrsg.) (2010): Osteoporose Patientenleitlinie. Graz, Schweiz.

Dachverband Osteologie e. V. (DVO) (Hrsg.) (2023): Prophylaxe, Diagnostik und Therapie der OSTEOPOROSE bei postmenopausalen Frauen und bei Männern ab dem 50. Lebensjahr. Leitlinie des Dachverbands der Deutschsprachigen Wissenschaftlichen Osteologischen Gesellschaften e. V. Langfassung.

Deutsche Gesellschaft für Unfallchirurgie e. V. (DGU) (2015): Schenkelhalsfraktur des Erwachsenen. S2e-Leitlinie 012/001.

Deutsches Netzwerk für Qualitätsentwicklung in der Pflege (Hrsg.) (2013a): Expertenstandard Sturzprophylaxe in der Pflege. Osnabrück.

Deutsches Netzwerk für Qualitätsentwicklung in der Pflege (Hrsg.) (2013b): Expertenstandard Sturzprophylaxe in der Pflege. Langfassung der Literaturanalyse. Osnabrück.

Gossé, F. (2013): Wirkmechanismen von Training auf den Bewegungsapparat. In: Niedersächsisches Ärzteblatt 11: 19.

Herold, G. und Mitarbeiter (2023): Innere Medizin 2024. Köln: Herold.

Hochschule Osnabrück – Fakultät für Wirtschafts- und Sozialwissenschaften; Deutsches Netzwerk für Qualitätsentwicklung in der Pflege (DNQP) (Hrsg.) (2014): Expertenstandard nach § 113a SGB XI – Erhaltung und Förderung der Mobilität in der Pflege. Abschlussbericht. Osnabrück.

Ringe, J. D. (2002): Therapie chronischer Schmerzen des Bewegungsapparates mit Opioiden. In: Journal für Mineralstoffwechsel 9(1): 23–25.

web care LBJ (o. J.): Sturzprophylaxe: Stürze im Alter vermeiden; unter *www.pflege.de/pflegende-angehoerige/pflegewissen/sturzprophylaxe/* [11.02.2024].

Weiterführende Literatur

Dachverband Osteologie e. V. (DVO): Zusammenschluss aller wissenschaftlichen Fachgesellschaften in Deutschland, Österreich und der Schweiz, die sich mit den Erkrankungen des Knochens befassen; unter *www.dv-osteologie.org* [11.02.2024].

Deutsche Sportjugend (DSJ) im DOSB; unter *www.dsj.de* [11.02.2024].

Deutscher Olympischer Sportbund (DOSB) (2018): BEWEGT IM BETRIEB. Vier-Wochen-Bewegungsprogramm für mehr Wohlbefinden und Gesundheit am Arbeitsplatz. Frankfurt a. M.

Deutscher Olympischer Sportbund (DOSB): unter *www.dosb.de* [11.02.2024].

GEO WISSEN GESUNDHEIT (2020): Muskeln, Knochen, Gelenke. Nr. 14. Hamburg: G + J Medien GmbH.

GFMK (2019): Ratgeber Osteoporose; unter *www.osteoporose.org* [11.02.2024].

International Osteoporosis Foundation (o. J.); unter *www.osteoporosis.foundation* [11.02.2024].

Lamprecht, M.; Holasek, S.; Konrad, M.; Seebauer, W.; Hiller-Baumgartner, D. (2017): Lehrbuch der Sporternährung. Das wissenschaftlich fundierte Kompendium zur Ernährung im Sport. Österreich, Graz: Clax.

planet schule, Schulfernsehen von SWR und WDR: Film: Kraftmaschine Mensch; unter *www.planet-schule.de/sf/filme-online.php?film=-6902&reihe=614* [11.02.2024].

Robert Koch-Institut (RKI) (2012): Rückenschmerzen. Gesundheitsberichterstattung des Bundes. Heft 53. Berlin.

Sportunterricht.de: Bewegung, Spiel und Sport in der Schule. Materialien für Lehrer und Schüler; unter *www.sportunterricht.de* [11.02.2024].

ANTJE DIEPHAUS, DR. RUTH KRAUSS, DR. VERONIKA WANSCHURA

4 VERDAUUNGSSYSTEM, STOFFWECHSEL, ERNÄHRUNG

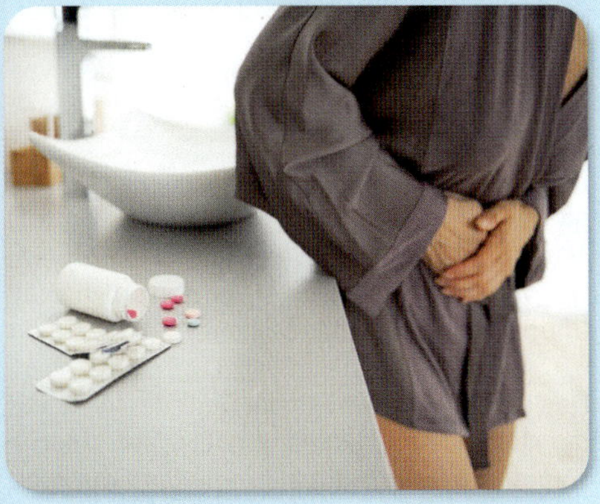

Verdauungsbeschwerden

Das schlägt mir auf den Magen.

Liebe geht durch den Magen.

Thematisieren von Verdauung in der Werbung

1. *Essen, Ernährung und Verdauung sind zentrale Themen des Lebens. Solange alles funktioniert, werden diese Vorgänge oft wenig bewusst wahrgenommen. Wenn sich jedoch Störungen einschleichen, kann einem das im wahrsten Sinne des Wortes „auf den Magen schlagen". Tauschen Sie sich aus:*
   a) *Welche Bedeutung haben die genannten Sprichworte? Wie könnte es zu diesen Redewendungen gekommen sein?*
   b) *Warum werden Vorgänge, die zur Verdauung gehören, auf der einen Seite oft tabuisiert oder nur hinter vorgehaltener Hand besprochen? Warum gibt es auf der anderen Seite Menschen, die sich den lieben langen Tag über ihren Stuhlgang unterhalten können?*
   c) *Welche Bedeutung hat die Formulierung „sich etwas einverleiben"? Folgen Sie dem tatsächlichen Wortsinn: Denken Sie, dass alle Dinge, die Sie zu sich nehmen und verdauen, gut geeignet sind, um „einverleibt" zu werden?*

Öffentliche Toilette in China

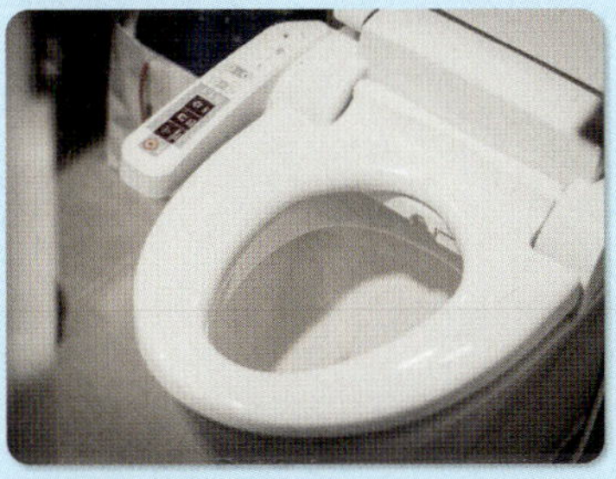

Hightech-Toilette in Japan

So ein Scheiß!

Mir läuft die Galle über.

Da bleibt einem die Spucke weg.

Klopapierhorten der Deutschen

WC-Dusche in Thailand

2. *Die Toilettenkultur zwischen den Ländern und Kulturen ist oft sehr unterschiedlich. Ausländer sind manchmal regelrecht auf der Suche nach einer Bedienungsanleitung.*
   a) *Welche Toilettenkulturen kennen Sie und worin unterscheiden sich diese?*
   b) *Sammeln Sie Gründe, die hinter diesen Unterschieden stehen könnten, z. B. Hygienevorstellungen, Vorhandensein von Ressourcen, religiöse/ethische Vorgaben.*

VERDAUUNGSSYSTEM, STOFFWECHSEL, ERNÄHRUNG

Verdauung:
Aufschluss der Nahrung im Verdauungssystem durch Verdauungsenzyme oder Vergärung und Resorption der Nährstoffe

Stoffwechsel:
Gesamtheit der Vorgänge, die bei der chemischen Umsetzung von Nährstoffen im Körper stattfinden

Enzyme:
Biokatalysatoren; in lebenden Zellen gebildete Proteine, die Stoffwechselvorgänge beeinflussen bzw. unter Körperbedingungen möglich machen, ohne dabei selbst verändert zu werden

Katalysator:
Stoff, der eine Reaktion beeinflusst, selbst aber hinterher unverändert vorliegt

Um den Körper am Leben zu halten, zu wachsen, Gewebe zu erneuern, körperliche sowie geistige Leistung zu erbringen und sich fortzupflanzen, werden die über das Essen und Trinken zugeführten Nährstoffe verdaut und über den Stoffwechsel verwertbar gemacht.

Ohne Essen und Trinken, eine funktionsfähige Verdauung und einen leistungsfähigen Stoffwechsel ist Leben nicht oder nur eingeschränkt möglich.

4.1 Aufbau des Verdauungssystems

KRAUSS

Zum Verdauungssystem gehören alle Organe, die direkt an der Aufnahme, Zerteilung und Verdauung der Nahrung beteiligt sind. Hinzu kommen außerdem Verdauungsdrüsen, die Enzyme, Hormone und weitere bioaktive Substanzen produzieren, die für die Verdauungsvorgänge benötigt werden (→ Abb. 1).

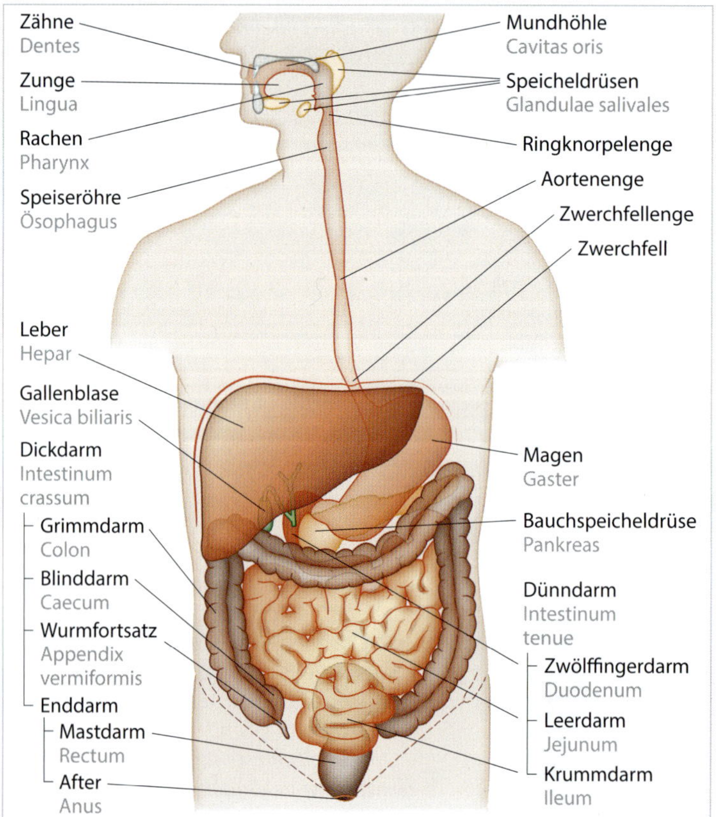

Abb. 1 Verdauungssystem des Menschen – Überblick

4.1.1 Mundhöhle

Die Mundhöhle ist der Eingang in den Verdauungskanal.

Die vordere Begrenzung bildet die Mundspalte zwischen den Lippen. Seitlich wird die Mundhöhle von der Wangenmuskulatur, unten vom Mundboden und oben vom harten und weichen Gaumen begrenzt.

Der harte Gaumen ist der Teil, dessen Basis der Oberkieferknochen bildet. Der weiche Gaumen ist der hintere Anteil des Gaumens, der aus dem Gaumensegel und dem Gaumenzäpfchen besteht. Der weiche Gaumen bildet den vorderen und hinteren Gaumenbogen. In der Schleimhautfalte dazwischen liegen die Gaumenmandeln (→ Abb. 2).

Die Mundhöhle endet an der Schlundenge unter dem Gaumensegel. Hier ist der Übergang zur Speiseröhre.

In der Mundhöhle befinden sich die Zunge und die Zähne.

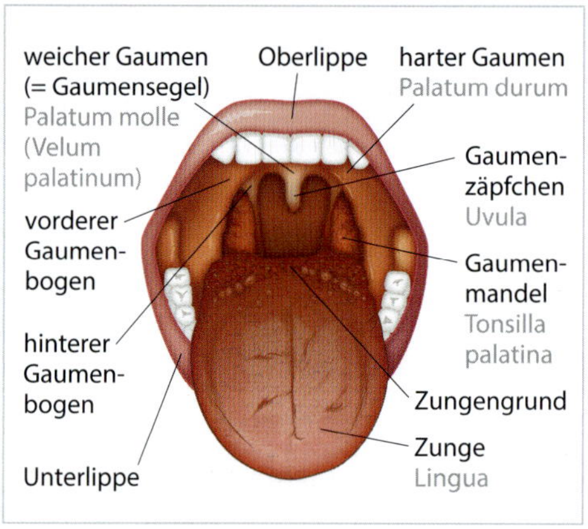

Abb. 2 Mundhöhle

Zunge

Die Zunge besteht aus Skelettmuskulatur und ist von Schleimhaut überzogen. Auf dem Zungenrücken gibt es fünf verschiedene Sorten von Zungenpapillen.

In den Papillen befinden sich Mündungen von Drüsengängen, freie Nervenenden und Geschmacksknospen. Die größten Papillen liegen im hinteren Teil der Zunge.

Schauen Sie in den Spiegel und strecken Sie die Zunge heraus. Sehen Sie die Erhebungen im hinteren Bereich der Zunge?

Auf dem gesamten Zungenrücken befinden sich Geschmacksknospen, die bestimmte Geschmacksrichtungen wahrnehmen können (→ 6.6). Die unterschiedlichen Geschmackswahrnehmungen sind verschiedenen Bereichen der Zunge zugeordnet (→ Abb. 3).

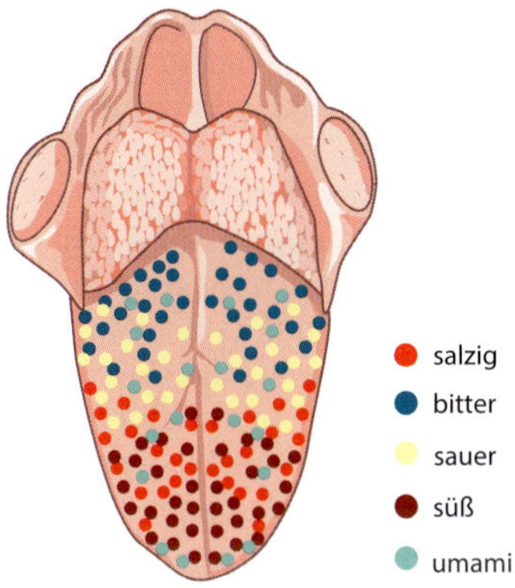

Abb. 3 Geschmackswahrnehmungen auf der Zunge

Kennen Sie die Geschmacksrichtung „umami"? Versuchen Sie, den Geschmack zu beschreiben.

Zähne

Im menschlichen Gebiss gibt es verschiedene Zahnformen:

- Schneidezähne
- Eckzähne
- Backenzähne
- Mahlzähne

Jeder Zahn gliedert sich in Zahnkrone, Zahnhals und Zahnwurzel.

Der Zahn besteht von außen nach innen aus mehreren Schichten: Zahnschmelz, Zahnbein und Zahnmark. Im Zahnmark liegen Blutgefäße und Nerven. Die Zahnwurzel ist mit dem Wurzelzement und der Wurzelhaut im Kieferknochen verankert. An den Zahnhals grenzt das Zahnfleisch an.

→ Abb. 4 zeigt exemplarisch den Aufbau eines Backenzahns.

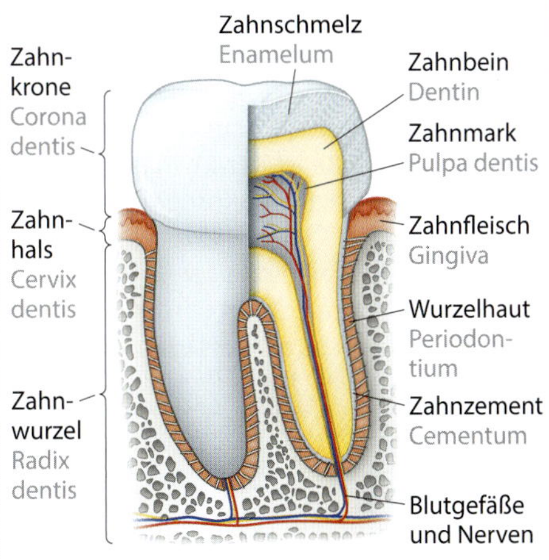

Abb. 4 Aufbau eines Backenzahns

Bei Menschen gibt es einen einmaligen Gebisswechsel vom Milchgebiss mit 20 Zähnen zum endgültigen Gebiss mit 32 Zähnen (→ Abb. 5).

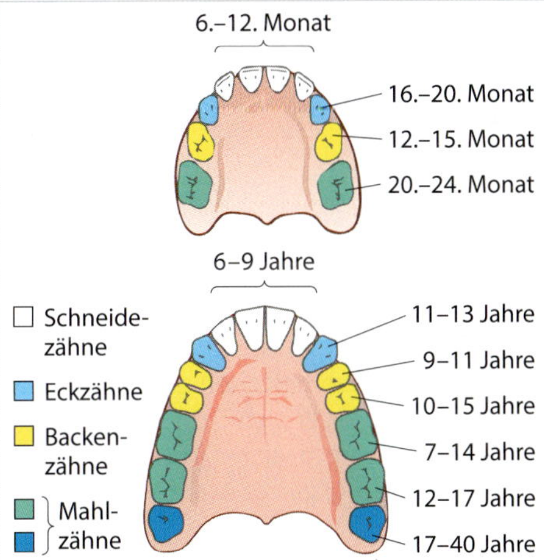

Abb. 5 Milchgebiss und bleibendes Gebiss

Hormon:
Signal-/Botenstoff, der in Organen oder Geweben gebildet wird und Vorgänge im Körper reguliert

Mundhöhle:
Cavitas oris; durch Lippen, Gaumen, Wangen und Mundboden begrenzter Raum

Gaumen:
Palatum; Abgrenzung der Mundhöhle nach oben zur Nasenhöhle; besteht aus hartem (vorne) und weichem (hinten) Gaumen

Gaumenmandeln:
Mandeln, Tonsillen; mandelförmige lymphatische Organe rechts und links zwischen vorderem und hinterem Gaumenbogen zur Abwehr von Erregern im Mund-Rachen-Raum

Zunge:
Lingua; in der Mundhöhle liegendes muskulöses Organ, das zum Artikulieren, Schmecken, Kauen und Schlucken benötigt wird

Papille:
kleine rundliche Erhebung

Zahn:
Dens; hartes, im Kiefer verankertes Gebilde in der Mundhöhle, das v. a. der Nahrungszerkleinerung dient

Karies:
Zahnfäule, meistens verursacht durch hohen Zuckerkonsum und mangelnde Zahnhygiene

Für Kinder und Jugendliche sind jährlich zwei Vorsorgeuntersuchungen beim Zahnarzt vorgesehen, für Erwachsene ab 18 Jahren eine Untersuchung jährlich.

1. *Nehmen Sie diese Termine wahr?*
2. *Nennen Sie Maßnahmen zum Schutz vor Karies.*
3. *Welches Mineral hat zum Schutz der Zähne eine besondere Bedeutung?*

Speiseröhre:
Ösophagus; ca. 25 cm langer, elastischer Muskelschlauch, der Mund-Rachen-Raum und Magen verbindet; dient dem Transport des Nahrungsbreis

Zwerchfell:
Diaphragma; kuppelförmige muskuläre Scheidewand zwischen Brust- und Bauchraum, wichtigster Atemmuskel

Reflux:
Säurerückfluss aus dem Magen in die Speiseröhre

Magen:
Gaster, Ventriculus; zwischen Speiseröhre und Dünndarm liegendes muskulöses Hohlorgan, das der Speicherung und Verdauung der Nahrung dient

Kauapparat

Zum Kauapparat gehören das Kiefergelenk und die Kaumuskulatur. Die Kaumuskulatur besteht aus mehreren Muskeln. Der auffälligste und kräftigste ist der M. masseter, einer der stärksten Muskeln im Körper überhaupt.

Beißen Sie die Zähne fest zusammen. Tasten Sie nun Ihre Wangen ab. Im Bereich der Kiefergelenke spüren Sie einen harten kräftigen Muskel. Dies ist der M. masseter, der stärkste Kaumuskel.

Speicheldrüsen

Um die Mundhöhle herum befinden sich zahlreiche Speicheldrüsen, darunter drei paarige große Speicheldrüsen:

- Unterzungenspeicheldrüse (Glandula sublingualis)
- Unterkieferspeicheldrüse (Glandula submandibularis)
- Ohrspeicheldrüse (Glandula parotis)

> Bei der Kinderkrankheit Mumps kommt es zu einer Entzündung und damit zum Anschwellen der Ohrspeicheldrüse. Kleinkinder werden in der Regel gegen Mumps geimpft, sodass diese Erkrankung heutzutage selten geworden ist.

Die Speicheldrüsen bestehen aus einer Bindegewebskapsel, in der sich Drüsengewebe befindet. Die Sekrete der Drüsen gelangen durch Ausführungsgänge in die Mundhöhle.

Der Speichel enthält das Verdauungsenzym Amylase.

4.1.2 Wandaufbau des Verdauungsrohrs

Der Wandaufbau des Verdauungsrohrs von der Speiseröhre bis zum Enddarm ist einheitlich. Von innen nach außen findet sich folgende Schichtung:

- Schleimhautschicht mit einer zum Hohlraum abgrenzenden Zellschicht mit Drüsen, Bindegewebsanteilen und Fasern glatter Muskulatur (Tunica mucosa) (→ 1.2.5, Tab. 5)
- Zwischenschicht mit Bindegewebe, Nerven und Blutgefäßen (Tela submucosa)
- Muskelschicht aus zwei Schichten glatter Muskulatur (Tunica muscularis)
- Bindegewebsschicht zur äußeren Abgrenzung zum Bauchraum (Tunica adventitia bzw. Tunica serosa)

4.1.3 Speiseröhre

Die Speiseröhre ist ein Muskelschlauch, der den Mund-Rachen-Raum mit dem Magen verbindet. Sie ist etwa 25 cm lang. In ihrem Verlauf hat die Speiseröhre drei Engstellen, und zwar hinter dem Kehlkopf, im Bereich der Aorta sowie in Höhe der unteren Brustwirbelsäule in dem Bereich, in dem die Speiseröhre durch das Zwerchfell hindurchtritt (→ Abb. 1).

Die ersten beiden Einengungen entstehen durch anatomische Gegebenheiten. Die dritte Enge entsteht durch Muskeln und Gefäße. Sie verhindert einen Rückfluss von Säure aus dem Magen. Ist diese „Abdichtung“ nur eingeschränkt funktionsfähig, können Probleme durch Säurerückfluss (Reflux) aus dem Magen auftreten, z. B. Sodbrennen.

4.1.4 Magen

Lage und Aufbau des Magens

Der Magen ist ein muskulöses Hohlorgan, in das die Speiseröhre nach dem Durchtritt durch das Zwerchfell mündet, und zwar in der Cardia.

Im Magen werden folgende Abschnitte unterschieden (→ Abb. 6): Fundus, Cardia, Corpus, Antrum, Pylorus.

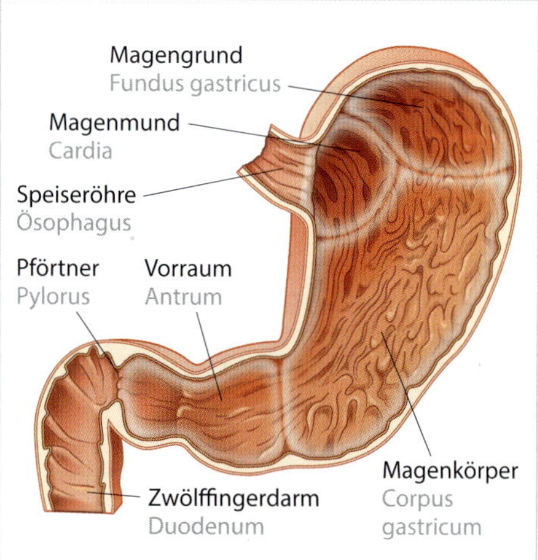

Abb. 6 Aufbau des Magens

Der Pylorus bildet den letzten Abschnitt des Magens, anschließend beginnt der oberste Abschnitt des Dünndarms, das Duodenum.

Aufbau der Magenschleimhaut

Im Magen befinden sich verschiedene Drüsen, die in unterschiedlichen Bereichen des Magens liegen und sich im Aufbau und in der Funktion unterscheiden (→ Abb. 7). Die Gesamtheit der Drüsensekrete bildet den **Magensaft.**

Die **Hauptdrüsen** befinden sich im Fundus und Corpus. In den Drüsenschläuchen gibt es eine Reihe von spezialisierten Zellen, die jeweils bestimmte Substanzen bilden:

- Nebenzellen bilden Schleim.
- Hauptzellen bilden Pepsinogen (Vorstufe des Verdauungsenzyms Pepsin).
- Belegzellen bilden Wasserstoffionen zur Bildung von Salzsäure sowie Intrinsic Factor.
- Enteroendokrine Zellen bilden Hormone, die die Verdauung beeinflussen.

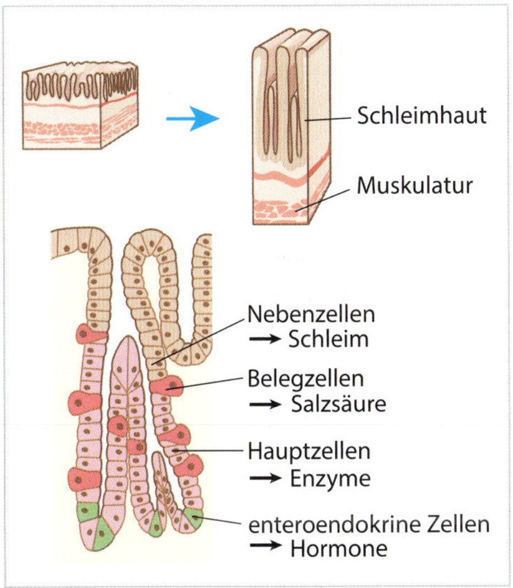

Abb. 7 Magenwand und Drüsen der Magenschleimhaut

Die im Magenmund gelegenen **Kardiadrüsen** produzieren schützenden Schleim.

Die **Pylorusdrüsen** produzieren neutralen Schleim und in den sogenannten G-Zellen das Verdauungshormon Gastrin.

4.1.5 Dünndarm

Lage und Aufbau des Dünndarms

Der Dünndarm beginnt hinter dem Pylorus und endet mit dem Übergang in den Dickdarm im rechten Unterbauch.

Im Dünndarm werden folgende Abschnitte unterschieden (→ Abb. 1):

- Duodenum
- Jejunum
- Ileum

Im Duodenum mündet der Gallengang in den Darm (→ 4.1.8). Die Gesamtlänge des Dünndarms beträgt ca. 3 bis 5 m. Er liegt eng gefaltet im Mittelbauch (→ Abb. 1). Der Dünndarm ist an einer als Mesenterium bezeichneten Bindegewebsstruktur aufgehängt (→ Abb. 8). Sie enthält Gefäße und Nerven, die den Dünndarm versorgen und aufgenommene Nährstoffe abtransportieren.

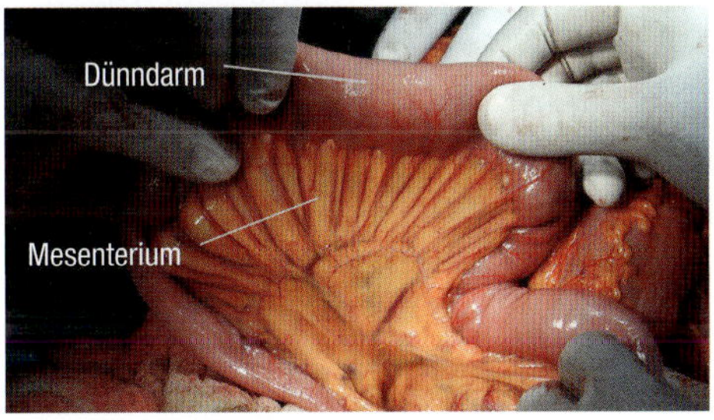

Abb. 8 Dünndarm mit Mesenterium

Aufbau der Dünndarmschleimhaut

Um für die Verdauung und Nährstoffaufnahme eine möglichst große Fläche zur Verfü-

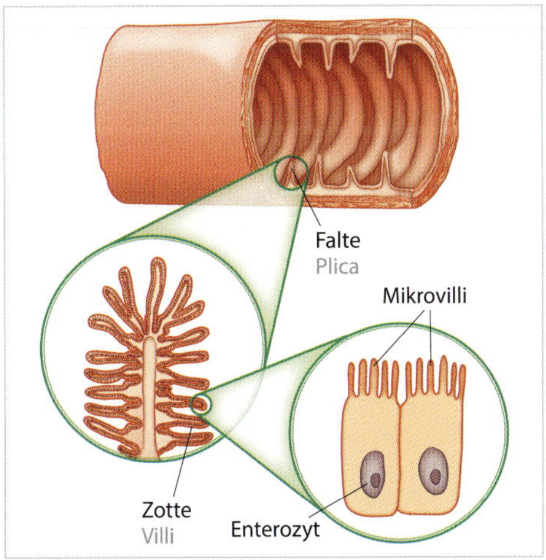

Abb. 9 Aufbau der Dünndarmschleimhaut

Dünndarm:
Intestinum tenue; zwischen Magen und Dickdarm gelegener Teil des Verdauungstrakts von ca. 3–5 m Länge; dient v. a. der enzymatischen Verdauung und der Nährstoffresorption

Pepsinogen:
inaktive Vorstufe des Verdauungsenzyms Pepsin

Pepsin:
proteinspaltendes Verdauungsenzym (Protease) im Magensaft

Belegzelle:
spezialisierte Zelle der Magenschleimhaut, produziert Magensäure und Intrinsic Factor

Intrinsic Factor:
Substanz aus den Belegzellen der Hauptdrüsen im Magen, die zur Aufnahme von Vitamin B_{12} (Extrinsic Factor) benötigt wird

enteroendokrine Zellen:
im Magen-Darm-Trakt befindliche hormonbildende Zellen

Mesenterium:
von Gefäßen und Nerven durchzogene, der Dünndarmaufhängung dienende Bindegewebsstruktur

Darmzotten:
Erhebungen der Dünndarmschleimhaut zur Oberflächenvergrößerung

Mikrovilli:
Mikrozotten; der Resorption dienende Erhebungen an der Zelloberfläche; bilden den Bürstensaum

Peyer-Plaques: zusammenhängende Ansammlungen von Zellen des Immunsystems in der Darmwand (Ileum)

Dickdarm: Intestinum crassum; zwischen Dünn- und Enddarm gelegener, ca. 1 m langer Teil des Verdauungstrakts; dient v. a. der Vergärung der restlichen Nahrung sowie der Rückresorption von Wasser

gung zu haben, sind im Dünndarm besondere Oberflächenstrukturen zu finden (→ Abb. 9):

- Falten
- Zotten
- Mikrovilli (Bürstensaum, → 1.2.1, Tab. 1)

Die Gesamtverdauungsoberfläche im Dünndarm beträgt durch diese Wandstruktur 100 bis 200 m².

> Um eine Fläche von 100 m² zu bedecken, müssen ca. 10 000 Smartphones aneinandergelegt werden.
> Das Spielfeld für ein Einzelmatch beim Tennis ist knapp 200 m² groß.

In der Dünndarmschleimhaut befinden sich spezialisierte Zellen, die in ihrer Gesamtheit das **Dünndarmsekret** produzieren:

- Brunner-Drüsen im Duodenum bilden ein basisches Sekret zur Neutralisation der Magensäure.
- Becherzellen bilden Schleim.
- Verdauungsenzyme bildende Zellen produzieren:
  - Peptidasen (= Proteasen); spalten Proteine
  - Lipasen; spalten Lipide
  - Disaccharidasen; spalten Zweifachzucker (→ Abb. 26)
  - Laktase; spaltet Milchzucker (Laktose)
- Enteroendokrine Zellen bilden Hormone, die die Verdauung beeinflussen.

Resorption: Aufnahme körpereigener oder körperfremder Stoffe durch lebende Zellen oder Gewebe

Krypte: bis in tiefere Wandschichten hineinreichende Vertiefung der Schleimhaut

intestinales Mikrobiom: Gesamtheit der Mikroorganismen, die den Verdauungskanal besiedeln

Enterozyten (→ Abb. 9) im Duodenum und Jejunum sind mit Mikrozotten besetzte Zellen, die der Nährstoffaufnahme dienen.

Im Ileum befinden sich zudem eingelagerte Zellgruppen, die zum Immunsystem gehören die sogenannten **Peyer-Plaques.**

4.1.6 Dickdarm

Lage und Aufbau des Dickdarms

Der Anfang des Dickdarms liegt im rechten Unterbauch. Zum Dünndarm besteht kein dichter Abschluss, den Übergang markiert eine Schleimhautfalte, die Ileozäkalklappe oder Bauhin-Klappe. Sie ist jedoch keine Klappe im eigentlichen Sinne.

Der Dickdarm ist wie ein Rahmen um den Dünndarm angeordnet.

Im Dickdarm werden folgende Abschnitte unterschieden (→ Abb. 10):

- Blinddarm mit Wurmfortsatz
- aufsteigendes Kolon
- quer verlaufendes Kolon
- absteigendes Kolon
- S-förmiges Kolon

Der Dickdarm mündet in den Enddarm.

Aufbau der Dickdarmschleimhaut

Die Dickdarmschleimhaut unterscheidet sich deutlich von der des Dünndarms. Da im Dickdarm nur noch eine sehr geringe Nährstoffresorption stattfindet, ist die Oberfläche wesentlich kleiner als im Dünndarm. In der Schleimhaut befinden sich Einbuchtungen, die **Krypten.** In diesen befinden sich zahlreiche Schleim produzierende Becherzellen.

> Max bekommt plötzlich Schmerzen im rechten Unterbauch. Anfangs ist nur ein leichtes Ziehen zu spüren, dann kommen nach und nach Fieber, Übelkeit und Erbrechen dazu. Max ist beunruhigt, soll er zum Arzt gehen? Eine Recherche im Internet wirft nur Fragen auf:
> - Magen-Darm-Infekt?
> - „Blinddarmentzündung"?
> - Darmtumor?
> - Gallenprobleme?
> - Reizdarm?
> - Oder doch die Psyche?
>
> Max geht zum Hausarzt. Bei der körperlichen Untersuchung zeigen sich mehrere Faktoren, die für eine schwere Entzündung im rechten Unterbauch sprechen. Der Hausarzt schickt ihn umgehend in die nächstgelegene Krankenhausambulanz. Dort wird eine Entzündung des Wurmfortsatzes festgestellt. Max wird operiert. Bereits nach drei Tagen kann er wieder nach Hause.
> Hätte er die Internetdiagnostik fortgeführt, hätte es zu ernsten Komplikationen kommen können.

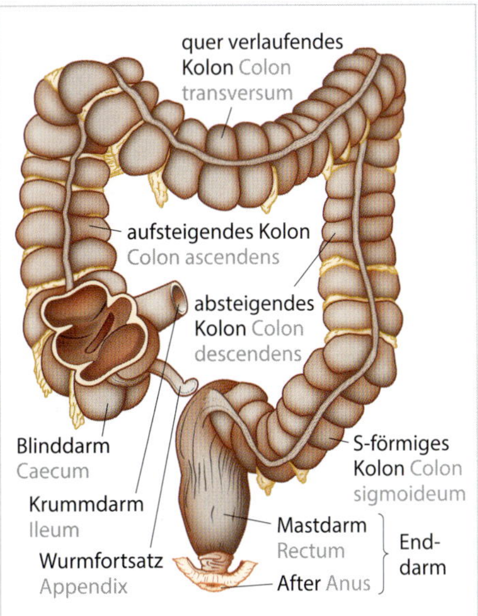

Abb. 10 Abschnitte des Dickdarms

Die Schleimhaut ist dicht besiedelt mit Bakterien, die ein Teil des intestinalen Mikrobioms sind (→ 4.2.8).

4.1.7 Enddarm

Lage und Aufbau des Enddarms

Der Enddarm besteht aus dem Rectum und dem Anus. Er ist etwa 15 cm lang und endet in der Analöffnung (→ Abb. 11).

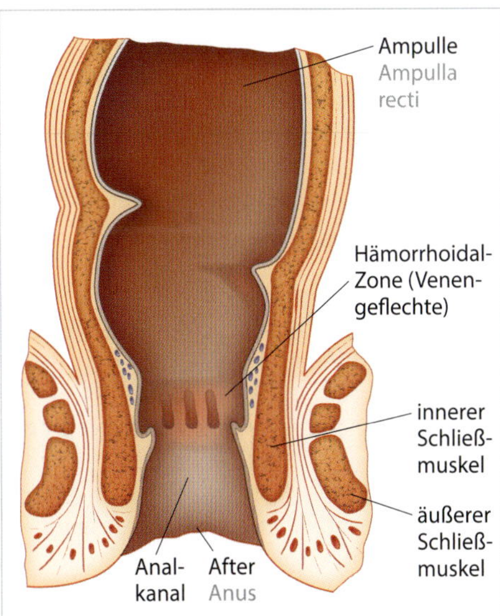

Abb. 11 Verschlussapparat des Anus

Im Bereich des Analkanals ändert sich die Schleimhautstruktur, es findet sich eine glatte innere Oberfläche ohne Krypten. Die Schleimhaut geht in Höhe des Afters in die Haut über.

Verschluss des Anus

Um den Stuhl halten zu können, ist ein intakter Verschlussapparat des Anus unerlässlich. Dieses funktionelle System besteht aus:

- Muskulatur
- Bindegewebe
- Venengeflecht
- Schleimhaut

Der Anus ist i.d.R. verschlossen und öffnet sich nur zur Stuhlentleerung, der Defäkation.

4.1.8 Leber und Gallenblase

Die Leber ist die größte Verdauungsdrüse des Körpers und zusätzlich ein zentrales Stoffwechselorgan. In der Leber wird die Gallenflüssigkeit produziert, die in der Gallenblase gespeichert wird.

Leber und Gallenblase liegen im rechten Oberbauch unter dem Zwerchfell. Direkt benachbart befinden sich der Magen, das Duodenum sowie die Bauchspeicheldrüse (→ Abb. 12). Der Ausführungsgang der Bauchspeicheldrüse und der Gallengang münden gemeinsam in das Duodenum. Die Mündungsstelle, die mit einem kleinen Schließmuskel ausgestattet ist, wird anatomisch als Papilla duodeni major bezeichnet.

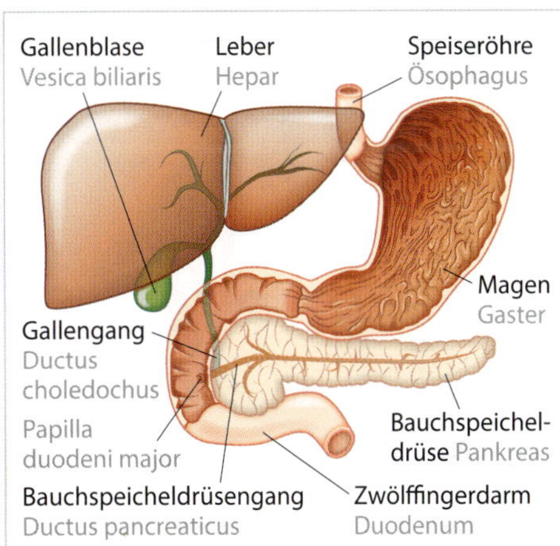

Abb. 12 Lage von Leber, Gallenwegen und Bauchspeicheldrüse

Anus:
After; aus Ringmuskeln bestehende Mündung des Darms; dient der Kontrolle der Stuhlentleerung

Enddarm:
an den Dickdarm anschließender, ca. 20 cm langer letzter Teil des Verdauungstrakts; dient der Speicherung und Ausscheidung des Stuhls

Leber:
Hepar; im rechten Oberbauch gelegene, ca. 1500 g schwere Verdauungsdrüse (Sekret: Gallenflüssigkeit) und Stoffwechselorgan; Aufgaben: u.a. Stabilisierung des Blutzuckerspiegels, Glukoneogenese; Proteinsynthese, Abbau von Giftstoffen, Steuerung des Cholesterinstoffwechsels

Gallenblase:
Vesica biliaris; unter der Leber gelegenes Hohlorgan zur Speicherung von Gallenflüssigkeit

Papilla duodeni major:
gemeinsame Mündungsstelle des Gallengangs und des Bauchspeicheldrüsengangs in das Duodenum

Die Leber wiegt etwa 1500 g und ist in zwei **Leberlappen** unterteilt. Der rechte Leberlappen ist wesentlich größer als der linke. Zentral im Organ befindet sich die **Leberpforte.** Hier münden eintretende und austretende Blutgefäße, Nerven und der Gallengang (→ Abb. 13).

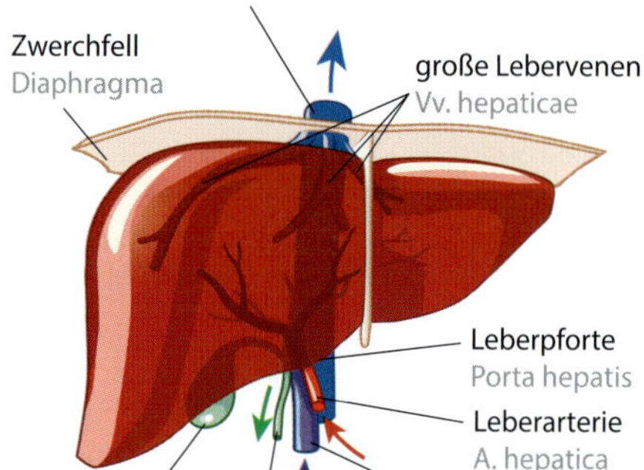

Abb. 13 Aufbau der Leber

In der Leber befinden sich folgende Blutgefäße, die der Eigenversorgung des Organs, dem Nährstofftransport und dem Stoffwechsel dienen:

- Leberarterien (Eigenversorgung)
- Pfortaderkreislauf (Nährstofftransport)
- Lebervenen

Bauchspeicheldrüse:
Pankreas; periphere Drüse im Bauchraum, die Verdauungssäfte in den Dünndarm sowie Hormone (z. B. Glukagon, Insulin) ins Blut abgibt

exokrine Drüse:
Drüse, die ihre Sekrete über Ausführungsgänge in Räume innerhalb des Körpers (z. B. Speicheldrüse: Speichel in die Mundhöhle) oder auf die Haut (z. B. Schweißdrüse) abgibt

endokrine Drüse:
Drüse, die keine Ausführungsgänge besitzt und die Sekrete direkt in die Blutbahn abgibt

alkalisch:
basisch; pH-Wert größer 7

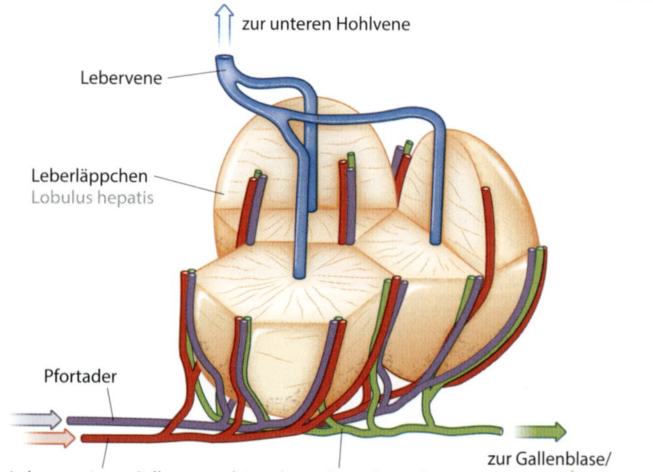

Abb. 14 Gefäßverlauf in den Leberläppchen

Die kleinste funktionelle Einheit der Leber ist das **Leberläppchen** (→ Abb. 14). Dieses dient dazu, aus dem nährstoffreichen Blut, das über den Pfortaderkreislauf (→ 10.2.1) vom Darm zur Leber gelangt ist, Nährstoffe in den Körper aufzunehmen.

Die Eigenversorgung der Leberzellen erfolgt über das Blut der Leberarterien.

Der venöse Abfluss erfolgt für beide Systeme über die Lebervenen.

Die **Leberzellen** bilden die Gallenflüssigkeit. Sie wird über das Gallengangsystem, das in den Leberläppchen beginnt, zur Gallenblase transportiert, dort gesammelt und nach Bedarf in den Dünndarm abgegeben.

4.1.9 Bauchspeicheldrüse

Lage und Aufbau der Bauchspeicheldrüse

Die Bauchspeicheldrüse (Pankreas) ist ein relativ kleines, 13 bis 20 cm langes Organ, das an der Rückwand des Oberbauches direkt vor der Wirbelsäule liegt. Benachbart befinden sich Leber und Gallenblase, Magen und Duodenum (→ Abb. 15).

Suchen Sie mit dem Finger den Winkel, den die Rippen am untersten Ende des Brustbeins bilden. In Höhe dieses Winkels befindet sich vor der Wirbelsäule die Bauchspeicheldrüse.

Die Bauchspeicheldrüse ist gleichzeitig eine exokrine und endokrine Drüse.

Exokrines Pankreas

Etwa 98 % der Pankreaszellen sind dem exokrinen Anteil zuzuordnen. Sie produzieren einen alkalischen Bauchspeichel, dem Verdauungsenzyme zugemischt sind.

Pankreasenzyme sind:

- Trypsin/Chymotrypsin; spalten jeweils bestimmte Proteine
- Peptidasen
- Amylase; spaltet Polysaccharide, z. B. Stärke
- Lipase

Das Sekret wird über den Pankreasgang in das Duodenum abgegeben.

Endokrines Pankreas

2 % der Pankreaszellen befinden sich in in-

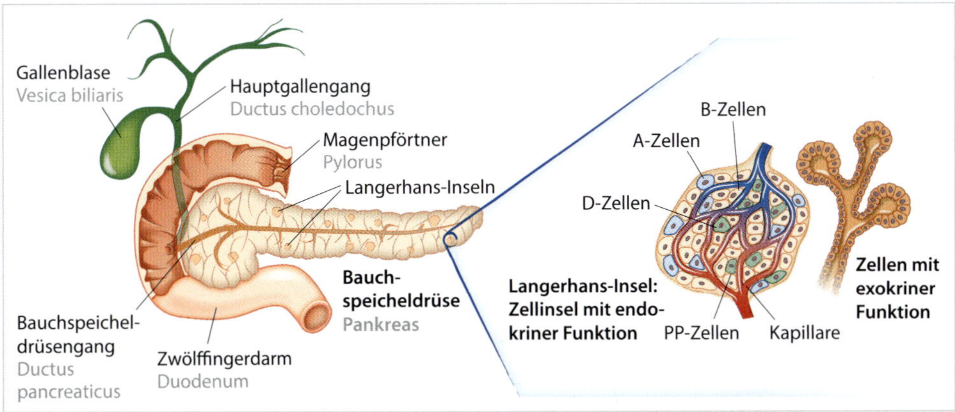

Abb. 15 Exokrines und endokrines Pankreas

Glukagon:
in der Bauchspeicheldrüse gebildetes Peptidhormon; Funktion: Steigerung des Blutzuckerspiegels, Glykogenolyse, Lipolyse, Proteolyse

Insulin:
in der Bauchspeicheldrüse gebildetes Peptidhormon; Funktion: Senkung des Blutzuckerspiegels, Glykogenaufbau, Lipogenese, Proteinsynthese

selförmig in das Organ eingestreuten Zellverbänden. Sie werden als Langerhans-Inseln bezeichnet. Innerhalb dieser Zellverbände lassen sich Untergruppen klassifizieren, die jeweils bestimmte **Hormone** produzieren:

- A-Zellen produzieren Glukagon
- B-Zellen produzieren Insulin (→ 7.3.2)
- D-Zellen produzieren Somatostatin
- PP-Zellen produzieren pankreatisches Polypeptid

4.2 Funktion des Verdauungssystems

KRAUSS

Alle Teile des Verdauungssystems sind dafür angelegt, Nährstoffe aus der Nahrung für den Körper verfügbar zu machen. Die Verdauung beginnt im Mund und endet mit der Ausscheidung des Stuhls. Eine Übersicht über die Verdauung der Hauptnährstoffe aus der Nahrung – Kohlenhydrate, Lipide, Proteine – bieten → Abb. 16 und → Tab. 1 (→ 4.3).

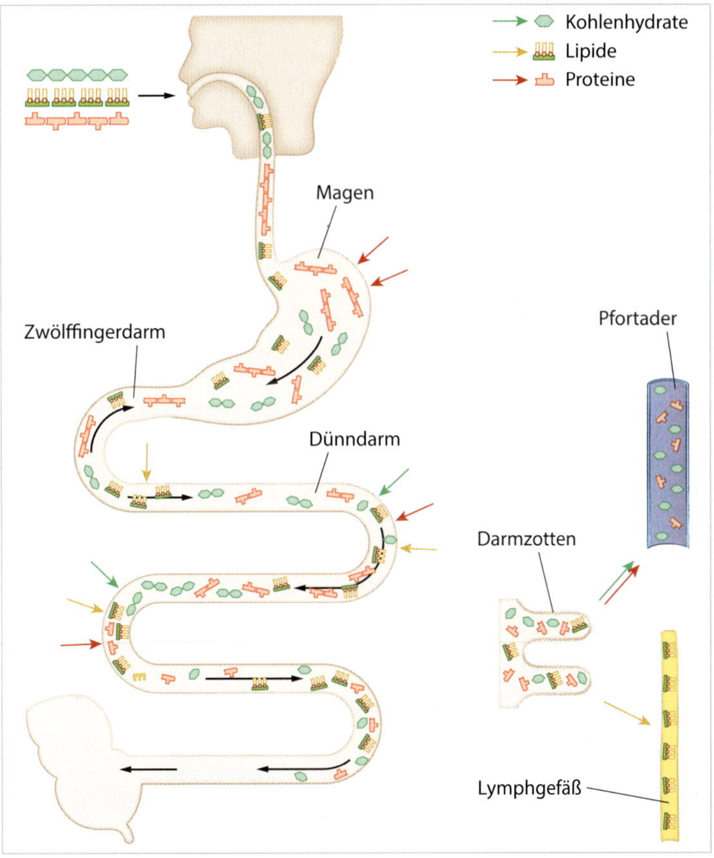

Abb. 16 Verdauung der Nahrung

4.2.1 Verdauungsvorgänge in der Mundhöhle

Die Mundhöhle ist die erste Station des Verdauungskanals. Hier werden Speisen aufgenommen und zerkleinert. Gleichzeitig beginnt hier die Verdauung.

Die **Zunge** dient dazu, die Nahrung im Mund zu bewegen und so eine gute Durchmischung mit Speichel zu ermöglichen. Durch die Geschmacksknospen ist sie maßgeblich am Schmecken beteiligt. Die Geschmacksqualitäten süß, sauer, salzig, bitter und umami werden über die Zunge wahrgenommen (→ 6.6).

Die **Zähne** haben die Funktion, die Nahrung so zu zerkleinern, dass sie gut mit Speichel durchmischbar ist. Dadurch kann die Verdauung schon im Mund beginnen.

Bolus:
zum Verschlucken bereiter Bissen

Amylase:
im Speichel enthaltenes Enzym zur Spaltung von Mehrfachzuckern

pharyngeal:
den Rachen betreffend

ösophageal:
die Speiseröhre betreffend

Peristaltik:
wellenförmige Muskelbewegung in der Wand von Hohlorganen, z. B. Verdauungskanal, Harnleiter; Funktion: Weitertransport des Inhalts

Verschlucken:
Eindringen von festen Nahrungsbestandteilen, Flüssigkeiten oder Speichel in die Luftwege

präoral:
vor dem Mund gelegen

oral:
den Mund betreffend, über den Mund

> Der Trend, Obst und Gemüse in Form von Smoothies zu sich zu nehmen, kann unter dem Aspekt einer guten Verdauung durchaus kritisch gesehen werden. Das Kauen sorgt dafür, dass die Verdauung frühzeitig beginnt. Dieser Schritt entfällt bei der Aufnahme von Smoothies.

Die drei großen **Speicheldrüsen** produzieren zusammen etwa einen Liter Speichel täglich. Der Speichel macht die Nahrung gleitfähig. Zudem enthält er das Stärke spaltende Enzym Alpha-Amylase sowie antibakterielle Stoffe.

Eine gute Durchmischung der Nahrung ist erforderlich, damit die genannten Substanzen ihre Wirkung entfalten können.

4.2.2 Schluckakt

Das Schlucken ist ein unerlässlicher Vorgang, um Nahrungsmittel aufzunehmen. Auch die Produktion von einem Liter Speichel am Tag durch die großen Speicheldrüsen erfordert einen funktionierenden Schluckakt.

Im hinteren Rachenraum kreuzen sich die Wege von Atemluft und Substanzen, die geschluckt werden sollen. Wenn der Schluckvorgang nicht korrekt abläuft, wird von Schluckstörungen gesprochen.

Phasen des Schluckakts

Der Schluckakt gliedert sich in vier Abschnitte. Zu Beginn kann das Schlucken bewusst gesteuert werden; die komplexen Anteile laufen jedoch reflexartig (→ 5.5) ab.

Die **präorale Phase** dient der Vorbereitung der Nahrungsaufnahme. Sie beinhaltet Elemente wie Sehen, Riechen und eventuell Betasten der Nahrungsmittel.

Die **orale Phase** erfolgt direkt nach der Aufnahme der Nahrungsmittel in den Mund. Sie beinhaltet das Kauen und Vermischen der Nahrung mit Speichel sowie die Formung des sogenannten Bolus. Anschließend wird der Bolus durch die wellenförmige Bewegung der Zunge nach hinten transportiert.

Hier endet der willkürliche Schluckvorgang.

Der reflektorische Anteil des Schluckvorgangs beginnt mit der komplexen **pharyngealen Phase.** Das Gaumensegel hebt sich, um den Nasenraum abzudichten. Die Rachenwände ziehen sich zusammen und transportieren den Bolus in Richtung Speiseröhre. Gleichzeitig heben sich Zungengrund, Zungenbein und Kehlkopf; der Kehlkopf nähert sich dem Kehldeckel an. Im Kehlkopf schließen sich Taschenfalten und Stimmlippen, der obere Speiseröhreneingang öffnet sich (→ Abb. 17).

Während der **ösophagealen Phase** wird der Bolus durch wellenförmige Kontraktionen der glatten Muskulatur in der Wand der Speiseröhre zum Mageneingang transportiert. Diese wellenförmigen Bewegungen werden als Peristaltik bezeichnet. Die **Speiseröhre** dient also dem Transport des Speisebreis vom Mund in den Magen.

Schluckstörungen

Als Schluckstörungen werden alle Störungsbilder bezeichnet, die den Schluckakt beeinträchtigen. Am bekanntesten ist das **Verschlucken.**

> Verschlucken sind alle Vorgänge, die dazu führen, dass Nahrungsbestandteile oder Speichel in den Kehlkopf und eventuell auch weiter in die Atemwege gelangen.

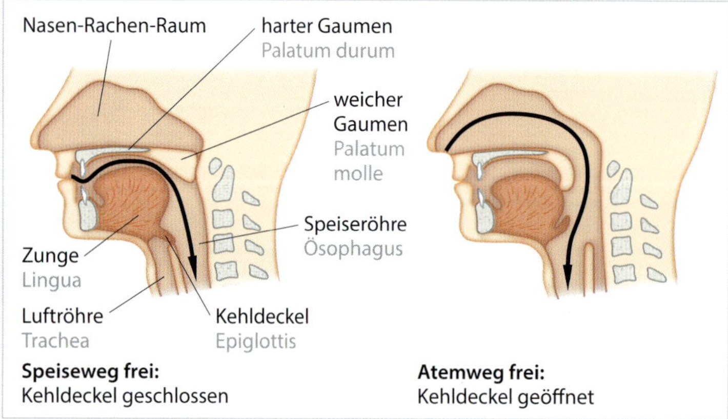

Abb. 17 Schutz der Luftwege beim Schlucken

Schluckstörungen treten häufig im Rahmen von neurologischen Erkrankungen, z. B. Schlaganfällen (→ 5.11), multipler Sklerose und Parkinsonerkrankungen, auf.

Auch das **Erbrechen** direkt nach dem Schlucken ist eine Art Schluckstörung. Durch das Heraufwürgen der bereits geschluckten Nahrung ist im weitesten Sinne der Schluckakt in seinem Ergebnis gestört.

Die Möglichkeit, auf diese Weise bereits geschluckte Lebensmittel wieder von sich zu geben, wird von Personen, die an Bulimie erkrankt sind, bewusst genutzt.

4.2.3 Verdauungsvorgänge im Magen

Aufgaben des Magens

Im Magen wird der Speisebrei durch die Peristaltik der Muskulatur mit Magensekret vermischt, eine gewisse Zeit gespeichert und weiter aufgespalten. Durch den Magenpförtner wird er portionsweise an den Dünndarm weitergegeben.

Funktion der Magenschleimhaut

Die Sekrete, die in den Magendrüsen produziert werden, sind für den weiteren Ablauf der Verdauung notwendig.

Der **Schleim** bildet einen Schutzfilm auf der inneren Oberfläche.

Das freigesetzte **Pepsinogen** wird unter dem Einfluss von Salzsäure zu aktivem Pepsin umgewandelt. Pepsin ist eine Protease, also ein Proteine spaltendes Verdauungsenzym.

Die **Salzsäure,** die sich aus den Wasserstoffionen der Belegzellen mit Chlorid bildet, hat zum einen die Funktion, ein desinfizierendes Milieu zu schaffen. So verhindert sie das Eindringen von Krankheitserregern in den Körper. Zum anderen wird sie zur Aktivierung von Pepsinogen benötigt.

Der in den Belegzellen gebildete **Intrinsic Factor** dient der Aufnahme von Vitamin B_{12}. Vitamin B_{12} wird in Verbindung mit der Aufnahme als Extrinsic Factor bezeichnet. Nur der Komplex aus Extrinsic Factor und Intrinsic Factor kann vom Körper aufgenommen werden.

Im Magen werden zudem mehrere **Verdauungshormone** gebildet. Diese steuern weitere Verdauungsprozesse:

- Gastrin; steigert die Magensäure- und Pepsinogenproduktion
- Histamin; steigert die Magensäureproduktion
- Ghrelin; löst Hunger aus

Die langfristige Einnahme von sogenannten Magensäureblockern gerät zunehmend in die Kritik. Die korrekte Bezeichnung dieser Medikamentengruppe lautet Protonenpumpen-Inhibitoren, kurz PPI. Diese Substanzen hemmen die Produktion von Wasserstoffionen (= Protonen) in den Belegzellen des Magens.

Während die Medikamente in der kurzfristigen Therapie bis zu acht Wochen gut vertragen werden, sollten sie dauerhaft nur bei Hochrisikopatienten eingesetzt werden. Hierzu gehören beispielsweise Patienten, die dauerhaft magengefährdende Medikamente wie z. B. Kortison einnehmen müssen.

Risiken einer Dauertherapie können die Entwicklung einer Osteoporose und bestimmte Darminfektionen sein. Außerdem können durch den fehlenden Säureschutz im Magen andere problematische Keime in den Magen-Darm-Kanal eindringen.

4.2.4 Verdauungsvorgänge im Dünndarm

Nach der Passage durch den Magen erfolgt der portionsweise Übertritt des Speisebreis in den Dünndarm.

Dort erfolgt zunächst die Vervollständigung der Aufspaltung des Speisebreis in die kleinsten Bausteine der Nährstoffe:

- Kohlenhydrate in Einfachzucker (Monosaccharide)
- Proteine in Aminosäuren
- Lipide in Fettsäuren und Glyzerin

Bulimie:
Bulimia nervosa, Ess-Brech-Sucht (→ 5.15.3)

Die Aufspaltung in die Bausteine erfolgt durch weitere Verdauungsenzyme und Bestandteile der Gallenflüssigkeit, die im Dünndarmsekret enthalten sind (→ 4.1.5).

Diese kleinsten Nahrungsbausteine können nun von den Oberflächenzellen der Dünndarmzotten resorbiert und in Blut- und Lymphgefäße abgegeben werden. Auf diesem Weg werden die Nährstoffe über den Pfortaderkreislauf in die Leber oder über das Lymphsystem direkt in den Blutkreislauf transportiert (→ Abb. 18).

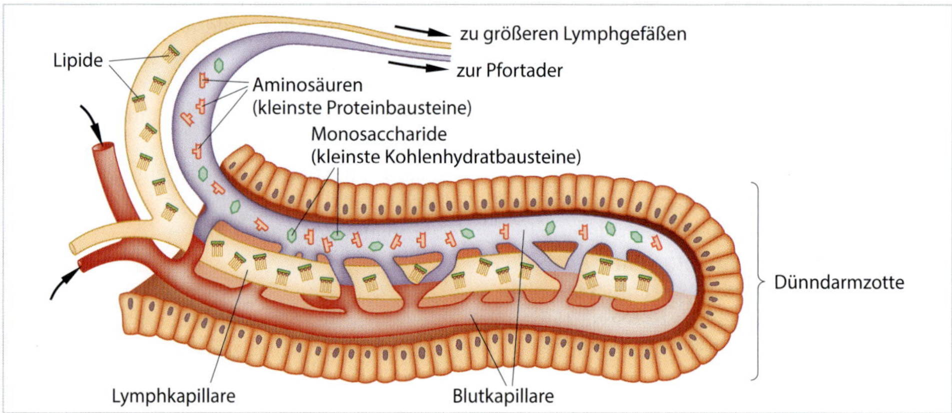

Abb. 18 Nährstoffresorption im Dünndarm

Elektrolyte:
Stoffe, die in wässriger Lösung Strom leiten können, z. B. Kalium, Natrium, Kalzium, Magnesium

Sekretion:
unwillkürliche Absonderung von Stoffen, meist aus Drüsenzellen

Ballaststoffe:
meist unverdauliche, kettenförmige Kohlenhydrate, praktisch nur in pflanzlichen Lebensmitteln, geben den Pflanzen Struktur

Lymphozyten:
Untergruppe der weißen Blutkörperchen (Leukozyten), die im Darm (Peyer-Plaques), im Blut, in der Lymphe und im Knochenmark (= Bildungsort) vorkommen; natürliche Killerzellen

Rückresorption:
Wiederaufnahme zuvor abgegebener Stoffe durch lebende Zellen oder Gewebe

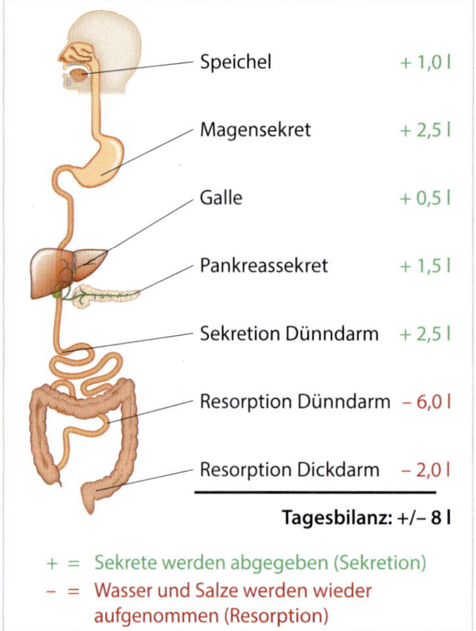

Abb. 19 Flüssigkeitsbilanz im Verdauungstrakt

Bis zu diesem Zeitpunkt wurden zum Speisebrei über den Speichel und weitere Verdauungssekrete bereits mehrere Liter an körpereigener Flüssigkeit hinzugefügt (→ Abb. 19). Damit diese Flüssigkeit nicht verloren geht, beginnt in den unteren Abschnitten des Dünndarms die Rückresorption von Wasser und Salzen.

Im letzten Abschnitt des Dünndarms, dem Ileum, befinden sich in der Darmwand eingelagerte Inseln von Lymphozyten, die Peyer-Plaques (→ 8.3.2). Diese stellen einen wichtigen Teil des Immunsystems dar. Es ist daher korrekt, den Darm als einen Teil unserer Körperabwehr zu betrachten.

Bei Darminfekten wie Typhus oder Ruhr kommt es zu einem Zerfall der Peyer-Plaques. Dies führt zu blutigen Durchfällen.

4.2.5 Verdauungsvorgänge im Dick- und Enddarm

Aufgaben des Dickdarms

Hauptaufgabe der Dickdarmschleimhaut ist die **Rückresorption** des restlichen noch im Nahrungsbrei vorhandenen Wassers sowie der enthaltenen Elektrolyte. Dies hat ein Eindicken – daher Dickdarm – des Speisebreis zur Folge.

Zusätzlich finden im Dickdarm durch die dort angesiedelten Keime Zersetzungs- und Gärungsprozesse übrig gebliebener Nahrungsbestandteile statt. Dabei bilden sich kurzkettige Fettsäuren und aus Vorstufen in der Nahrung das Vitamin K.

Die Funktion des Dickdarms sowie ein problemloser Transit des Stuhls werden durch **Ballaststoffe** in der Nahrung unterstützt. Ballaststoffe (→ 4.4.3) sind weitgehend unverdauliche Nahrungsbestandteile, die in pflanzlichen Lebensmitteln vorkommen. Sie binden Flüssigkeit im Stuhl und regen durch die Vermehrung des Volumens die Peristaltik an.

Zudem haben die Keime, die im gesunden Darm einen schützenden „Bakterienrasen" auf der Schleimhautoberfläche bilden, einen stabilisierenden Einfluss auf das Immunsystem.

Defäkation

Die Entleerung des Darms läuft zu einem großen Teil reflektorisch ab, kann aber in Anteilen willentlich gesteuert werden. Nur so ist das Erlernen einer bewussten Darmentleerung möglich (→ Abb. 20).

Wenn durch die Peristaltik größere Stuhlmassen vom Dickdarm Richtung Anus geschoben werden, kommt es zu einem Dehnungsreiz im Mastdarm. Dieser löst den Defäkationsreflex aus.

Ein Nervenzentrum in Höhe des Kreuzbeins vermittelt dabei das Signal zur Erschlaffung des inneren und äußeren Schließmuskels (→ Abb. 21). Soll der Stuhl entleert werden, wird gleichzeitig durch Pressen und Anspannen der Bauchmuskulatur die sogenannte Bauchpresse aktiviert.

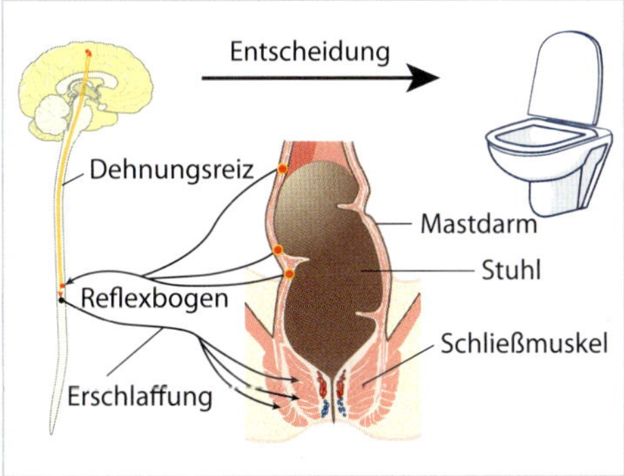

Abb. 21 Defäkation

Die Erschlaffung des äußeren Schließmuskels sowie die Bauchpresse können willentlich gesteuert werden. Ist jedoch der Dehnungsreiz zu stark, überwiegt der reflektorische Anteil und es kann zu einer ungewollten Stuhlentleerung kommen.

Die Frequenz der Stuhlentleerung ist von Mensch zu Mensch sehr unterschiedlich. Als Faustregel gilt:

Zwischen 3-mal am Tag und alle 3 Tage ist alles als normal zu werten.

Nach der Stuhlentleerung ist eine gute Analhygiene erforderlich. Der Bereich des Anus soll bei Frauen nicht in Richtung Harnröhre und Scheide mit dem Toilettenpapier gereinigt werden. Dabei könnten Darmkeime in diesen Bereich gelangen und Infektionen, z. B. der Blase, verursachen.

Defäkation: Stuhlentleerung

Abb. 20 Toilettentraining beim Kleinkind

4.2.6 Funktionen von Leber und Galle

Der Leber können zwei große Funktionsbereiche zugeordnet werden. Zum einen ist sie die größte Verdauungsdrüse, zum anderen das zentrale Stoffwechselorgan.

Leber als Drüse

Das Drüsensekret der Leber ist die Gallenflüssigkeit, die in der Gallenblase gespeichert wird. Von dort wird sie bedarfsabhängig in das Duodenum abgegeben.

Die Gallenflüssigkeit besteht zu über 80 % aus Wasser. Weitere Inhaltsstoffe sind Elektrolyte, Gallensäuren, Glykoproteine (Proteine mit Kohlenhydratgruppen) und Lipide.

Gallensäuren werden im Dünndarm benötigt, um Nahrungsfette zu lösen und deren Resorption zu ermöglichen.

Über die Galle wird das Abbauprodukt des roten Blutfarbstoffs, das Bilirubin, ausgeschieden. Dieses verfärbt den Stuhl bräunlich.

Bilirubin: gelblich brauner Gallenfarbstoff; Abbauprodukt des roten Blutfarbstoffs

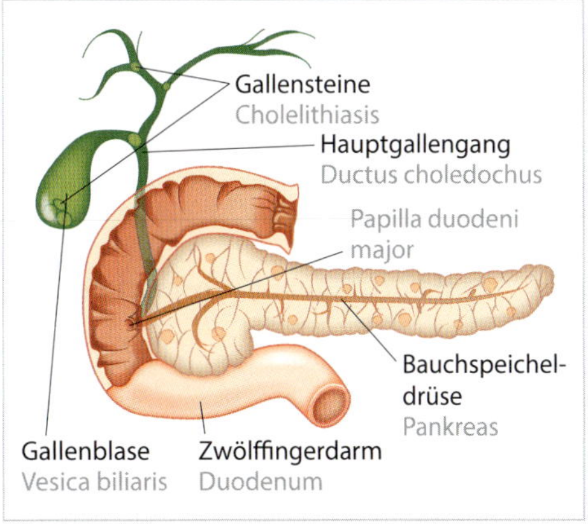

Abb. 22 Gallensteine an typischen Stellen

Ein Zeichen für einen Gallenstein, der die Gallenwege verstopft, kann die Verfärbung von Urin und Stuhl sein.

1. *Überlegen Sie, wie sich Urin und Stuhl verfärben könnten.*

2. *Versuchen Sie, Ihre Überlegung anhand von → Abb. 22 logisch zu begründen.*

3. *Informieren Sie sich, mit welcher Maßnahme der festsitzende Gallenstein in der Papilla duodeni major entfernt werden kann.*

Leber als Stoffwechselorgan
Durch den Pfortaderkreislauf wird das nährstoffbeladene Blut vom Darm direkt zur Leber transportiert. Hier werden im Bereich der Leberläppchen die Nährstoffe aufgenommen und stehen dann dem Körper für Stoffwechselvorgänge zur Verfügung (→ Abb. 14).

Die Leber nimmt hierbei eine zentrale Rolle im Stoffwechsel ein und hat viele Funktionen. Sie
- stabilisiert den Blutzuckerspiegel;
- bevorratet eine gewisse Menge Kohlenhydrate als Glykogen;
- kann aus Nicht-Kohlenhydraten Glukose aufbauen und dem Körper zur Verfügung stellen (Glukoneogenese);
- steuert den Cholesterinstoffwechsel (→ 4.4.5 Fette und Öle, Abb. 45);
- bildet Proteine;
- entgiftet Ammoniak aus der Proteinproduktion;
- verstoffwechselt (Genuss-)Gifte, z. B. Alkohol (→ 4.7), und Medikamente;
- speichert Eisen und Vitamine;
- produziert Gerinnungsfaktoren (→ 8.1.7).

Glykogen:
in Leberzellen gespeichertes Kohlenhydrat; dient der kurz- bis mittelfristigen Speicherung und Bereitstellung von Glukose

Glukoneogenese:
in der Leber ablaufender Stoffwechselprozess zur Bildung von Kohlenhydraten aus Nicht-Kohlenhydraten; dient der Stabilisierung des Blutzuckerspiegels

Pro Minute durchströmen 1,4 Liter Blut die Leber. Dieses wird gefiltert, entgiftet, von überschüssigen Nährstoffen befreit oder mit benötigten Nährstoffen beladen und wieder in den Kreislauf abgegeben.

4.2.7 Funktionen der Bauchspeicheldrüse

Die Bauchspeicheldrüse besteht aus zwei Teilen, die sich in ihrer Funktion und Sekretionsform unterscheiden.

Die **Verdauungsenzyme** des exokrinen Pankreas werden über den Ausführungsgang, der in der Papilla duodeni major mündet, in den Dünndarm abgegeben. Dort dienen sie der Aufspaltung der Hauptnährstoffe.

Die **Hormone** des endokrinen Pankreas werden in die Blutbahn abgegeben und regulieren vor allem den Kohlenhydratstoffwechsel:
- Glukagon erhöht die Glukoneogenese in der Leber.
- Insulin senkt den Blutzuckerspiegel.
- Somatostatin hemmt neben anderen Hormonen die Ausschüttung von Insulin und Glukagon.
- Das pankreatische Polypeptid vermittelt ein Sättigungsgefühl.

4.2.8 Bedeutung und Regulation des Verdauungssystems

Eine gesunde Verdauung ist entscheidend für einen gesunden, funktionstüchtigen Organismus. Zum einen ist eine gesunde Verdauung erforderlich, um dem Körper die Nährstoffe aus der täglichen Nahrung verfügbar zu machen. Zum anderen können Erkrankungen, die die Verdauungsorgane betreffen, die Lebensqualität betroffener Personen erheblich beeinflussen.

Sehr häufig werden Symptome beklagt, die im Verdauungskanal entstehen, z. B.:
- Sodbrennen (→ Abb. 23)
- Bauchschmerzen
- Blähungen
- Verstopfung
- Durchfall

Abb. 23 Zuviel ist Zuviel

Bei über der Hälfte der Patienten, die an den beschriebenen Symptomen leiden, lässt sich keine körperliche Ursache feststellen.

Funktionelle Darmbeschwerden, das sogenannte Reizdarmsyndrom, sind häufig. Die Diagnose hören viele Patienten nicht gerne, da immer noch mitschwingt, der Patient würde sich die Beschwerden nur einbilden und sei gar nicht richtig krank. Auch die gelegentliche Äußerung von Ärzten „damit müssen Sie halt leben" ist in diesem Zusammenhang nicht hilfreich. Inzwischen gibt es gute ernährungsmedizinische Konzepte, wie mit diesen Beschwerden umgegangen werden kann.

Als Ursachen der Beschwerden kommen zahlreiche Faktoren infrage. Dazu gehören z. B.:
- körperliche Erkrankungen
- funktionelle Störungen
- ungünstige Ernährungsgewohnheiten
- psychische Belastungen
- Stress

Auch eine Überladung des Körpers mit Kohlenhydraten, Lipiden oder Proteinen kann die Gesundheit beeinträchtigen.

Kohlenhydrate benötigt der Körper, um Muskelarbeit zu verrichten. Ist die Kohlenhydratzufuhr höher als der Kohlenhydratverbrauch, werden diese umgebaut und u. a. in Form von Lipiden in der Leber gespeichert. So kann eine nicht alkoholische Fettleber (→ 4.7) entstehen, die zuletzt auch ihre Funktion als Verdauungsorgan nicht mehr erfüllen kann.

Eine zu fettreiche Nahrung kann Übergewicht verursachen; ein zu hoher Proteinanteil kann zu Nierenschäden führen.

Grundsätzlich soll, um den Körper gesund zu halten, die Nahrungsaufnahme an den Verbrauch angepasst sein: Ein körperlich aktiver Mensch benötigt mehr Nährstoffe als ein inaktiver Mensch. Bestimmte Erkrankungen, z. B. eine Tumorkrankheit, können einen erhöhten Nährstoffbedarf verursachen.

Das **Mikrobiom des Menschen,** hier speziell des Darms, entsteht bereits direkt nach der Geburt, wenn der Säugling das erste Mal das Fruchtwasser der Mutter in den Mund bekommt und schluckt. Man geht davon aus, dass das Mikrobiom für ein gesundes Überleben des Körpers notwendig ist. Auch für die Funktion des Abwehrsystems ist das Mikrobiom von entscheidender Bedeutung. Welche Zusammenhänge zwischen dem Mikrobiom, dessen Zusammensetzung und verschiedenen, vor allem chronischen Krankheiten besteht, wird die Forschung der nächsten Jahre zeigen.

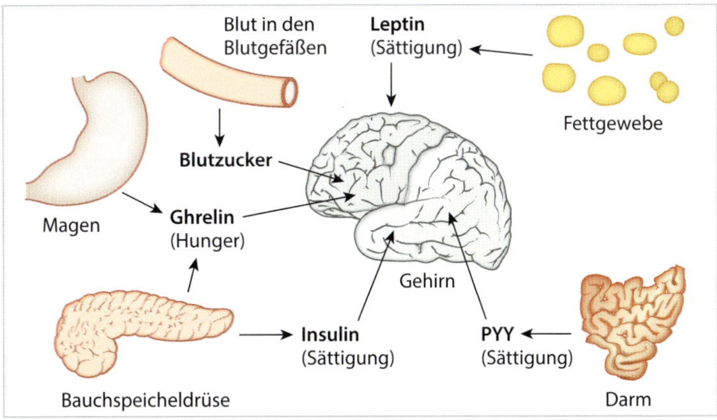

Abb. 24 Regulation von Hunger und Sättigung

Die **Regulation von Hunger und Sättigung** unterliegt einem komplexen Mechanismus. Sie erfolgt u. a. durch Hormone (→ Abb. 24):
- Ghrelin in Magen und Bauchspeicheldrüse signalisiert Hunger.
- Peptidhormon PYY im Darm signalisiert Sättigung.
- Leptin im Fettgewebe signalisiert Sättigung.
- Insulin in der Bauchspeicheldrüse signalisiert Sättigung.

Auch die mechanischen Einflüsse durch den Dehnungsreiz bei Füllung des Magens tragen zum **Sättigungsgefühl** bei. Allerdings dauert es eine gewisse Zeit, bis dieses Dehnungssignal verarbeitet und vom Körper wahrgenommen wird. Zudem haben bereits aufgenommene Nährstoffe einen steuernden Einfluss auf Hunger und Sättigung.

Sämtliche Verdauungsprozesse werden durch das komplexe Darmnervensystem gesteuert (→ 5.4.2).

Abb. 25 Fast Food oder Essen mit Genuss?

Mikrobiom des Menschen: Gesamtheit der Mikroorganismen (Kleinstlebewesen) auf und im Menschen

Fast Food: Schnelles Essen kann dazu führen, dass die eintretende Sättigung nicht rechtzeitig bemerkt und deshalb über den Bedarf hinaus gegessen wird. Auch die Aufnahme von Flüssignahrung (z. B. Smoothies) erfolgt schnell, da auf das Kauen verzichtet wird. Aus den genannten Gründen ist eine Umstellung auf ein bewusstes Essen in Ruhe empfehlenswert (→ Abb. 25).

Reflektieren Sie in kleinen Gruppen Ihr Ess- und Trinkverhalten. Was denken Sie: Fördert es die Gesundheit Ihres Verdauungssystems?

4.3 Stoffwechsel

KRAUSS

Tauschen Sie sich aus:

1. *Was verstehen Sie unter Stoffwechsel?*
2. *Worin liegt der Unterschied zwischen Stoffwechsel und Verdauung?*
3. *An was für Krankheiten denken Sie, wenn Sie „stoffwechselbedingt" hören?*

Zum Stoffwechsel gehören alle im Organismus ablaufenden physikalischen und chemischen Vorgänge, die dem Transport und der chemischen Umwandlung von Stoffen dienen. Entscheidend für den Stoffwechsel sind Enzyme, die die chemischen Reaktionen ermöglichen.

Metabolismus:
Stoffwechsel

Synonym zum Begriff Stoffwechsel wird der Begriff **Metabolismus** verwendet.

Der Stoffwechsel hat für den Organismus vielfältige Bedeutungen:
- Auf- und Abbau von Körpersubstanz
- Ersatz von defektem Gewebe
- Energieversorgung

Kohlenhydrat:
Saccharid; energieliefernder Nährstoff, 17 kJ/g (4 kcal/g); besteht aus einem oder vielen Monosacchariden; in Obst, Gemüse, Getreide; wichtigster Energielieferant

Im menschlichen Organismus gibt es zahlreiche Stoffwechselwege, die den biochemischen Umsatz von Substanzen ermöglichen. Biochemischer Umsatz meint dabei die Gesamtheit aller Prozesse im Körper, die dazu dienen, Nährstoffe aus Lebensmitteln beispielsweise als Energielieferant oder als Baustoff verfügbar zu machen.

Assimilation:
Umbau von körperfremden in körpereigene Stoffe

Eine wesentliche Rolle spielen die Stoffwechselprozesse, die dazu dienen, körperfremdes Material, also Stoffe aus der Nahrung, in körpereigenes Material umzuwandeln. Dieser Vorgang wird als **Assimilation** bezeichnet.

anabol:
die Aufbauphase des Stoffwechsels betreffend

katabol:
die Abbauphase des Stoffwechsels betreffend

Zwei Arten des Stoffwechsels werden unterschieden:
- Im **anabolen Stoffwechsel** wird unter Energieverbrauch Körpersubstanz aufgebaut.
- Im **katabolen Stoffwechsel** wird unter Energiefreisetzung Körpersubstanz abgebaut.

Im gesunden Stoffwechsel finden Auf- und Abbau immer parallel und ausgewogen statt, sodass ein Gleichgewicht entsteht.

Anabolika sind Substanzen, die im Körper einen übermäßigen Protein- und damit Muskelaufbau verursachen.
Zu den gebräuchlichsten Anabolika gehören Steroidhormone wie Testosteron, Wachstumshormone und Arzneistoffe, die die Wirkung von anabolen Hormonen imitieren. Häufige Nebenwirkungen sind Akne, Herz-Kreislauf-Probleme und Leberschäden.
Die Anwendung von Anabolika erfolgt vor allem in der Viehzucht, aber auch bei bestimmten Indikationen in der Humanmedizin. Im Wettkampfsport sind Anabolika als Doping verboten.

Über die verschiedenen Stoffwechselwege werden dem Körper Energie und Baustoffe zur Verfügung gestellt, damit dieser funktionsfähig bleibt (→ Tab. 1).

Im Folgenden werden die wichtigsten Stoffwechselwege für die drei großen Nährstoffgruppen beleuchtet.

4.3.1 Kohlenhydratstoffwechsel

Kohlenhydrate sind in jeder pflanzlichen und tierischen Zelle vorhanden.

Die Grundbausteine aller Kohlenhydrate sind Monosaccharide (→ 4.4.3):
- Glukose (Traubenzucker)
- Fruktose (Fruchtzucker)
- Galaktose (Schleimzucker)

Kohlenhydrate dienen als wichtigster Energielieferant und können schnell aus der Nahrung aufgenommen werden. Kohlenhydrate können mit und ohne Sauerstoff verwertet werden.

Speziell für den Gehirnstoffwechsel sind Kohlenhydrate von entscheidender Bedeutung. Das Gehirn kann nur unter Extrembedingungen seinen Energiebedarf ohne Kohlenhydrate decken.

Stehen nicht ausreichend Kohlenhydrate zur Verfügung, um den Energiebedarf zu decken, greift der Körper auf Lipide und Proteine zurück.

Tab. 1 Verdauung und Funktion der Hauptnährstoffe

	Mechanische Verdauung von Kohlenhydraten, Lipiden und Proteinen	Chemische Verdauung		
		Kohlenhydrate	Lipide	Proteine
Mund	• Zerkleinern durch Kauen • Schmelzen von Fetten • Vermischen • Schlucken	**Amylase** spaltet verdauliche Kohlenhydrate in Oligo- und Disaccharide	–	–
Magen	• Emulgieren von Fetten • Vermischen • Transportieren	(Inaktivierung der Amylase durch Magensäure)	**Lipase** aus dem Zungengrund beginnt, Lipide zu spalten	• **Salzsäure** denaturiert Proteine • **Pepsin** spaltet Proteine in Polypeptide
Dünndarm	• Emulgieren von Fetten durch Gallensäuren • Transportieren • Resorbieren	• **Amylase** aus dem Pankreas spaltet verdauliche Kohlenhydrate in Oligo- und Disaccharide • **Maltase, Saccharase** und **Laktase** aus der Dünndarmschleimhaut spalten Di- in Monosaccharide	**Lipase** aus dem Pankreas spaltet Triglyzeride in Monoglyzeride und Fettsäuren	• **Endopeptidasen Trypsin** und **Chymotrypsin** (Vorstufen davon stammen aus dem Pankreas) spalten Proteine im Inneren • **Exopeptidasen Carboxy-** und **Aminopeptidase** spalten einzelne Aminosäuren ab
für den Körper verfügbare Nährstoffe		**Monosaccharide;** werden resorbiert und über das Pfortaderblut zur Leber transportiert	**Glyzerin, Fettsäuren;** werden i. d. R. an Transportproteine gekoppelt und mit der Lymphe weitertransportiert	**Aminosäuren;** werden resorbiert und über das Pfortaderblut zur Leber transportiert
Hauptfunktion der Nährstoffe		**„Brennstoff"** zur Energiegewinnung	**„Brennstoff"** zur Energiegewinnung	**„Baustoff"** für das Wachstum und die Erneuerung von Zellen sowie für das Immunsystem

Kohlenhydrate liegen in der Nahrung in verschiedenen Formen vor:

- Monosaccharide, z. B. Traubenzucker
- Disaccharide, z. B. Haushaltszucker
- Oligosaccharide (kurzkettige Kohlenhydrate aus 3 bis 9 Monosacchariden), z. B. Stachyose in Bohnen
- Polysaccharide, z. B. Stärke

Der schematische Aufbau von Kohlenhydraten ist in → Abb. 26 dargestellt.

Über die Dünndarmzotten können nur Monosaccharide resorbiert werden, sodass im Verdauungstrakt die Kohlenhydrate in den Nahrungsmitteln in kleinste Bausteine, die Monosaccharide, aufgespalten werden müssen. Diese Monosaccharide werden resorbiert und über das Pfortaderblut in die Leber transportiert. Von dort aus werden sie dem Körper als Energielieferant zur Verfügung gestellt.

Die Aufnahme in die Zellen wird durch Insulin gesteuert (→ 7.3.2).

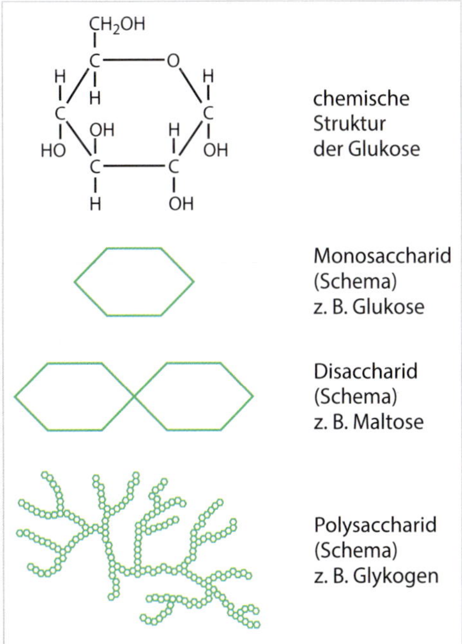

Abb. 26 Aufbau der Kohlenhydrate

aerob:
in Gegenwart von Sauerstoff

Zellatmung:
innere Atmung; Abbau körpereigener Stoffe (Dissimilation) unter Sauerstoffverbrauch zwecks Energiegewinnung

Dissimilation:
Abbau körpereigener Stoffe unter Energiefreisetzung; erfolgt aerob (Zellatmung) oder anaerob (Gärung)

anaerob:
ohne Sauerstoff

Die Verstoffwechselung erfolgt je nach Bedarf:

- über einen sauerstoffabhängigen, effektiven, aber langsamen Stoffwechselweg, den **aeroben Stoffwechsel.** Dabei werden unter Sauerstoffverbrauch dem Körper über zahlreiche biochemische Zwischenschritte viele Energieträger zur Verfügung gestellt. Diesen Vorgang nennt man Zellatmung oder innere Atmung
- über einen sauerstoffunabhängigen, weniger effektiven, aber schnelleren Stoffwechselweg, den **anaeroben Stoffwechsel.** Dieser Stoffwechselweg funktioniert ohne Sauerstoff und ist wesentlich schneller, er bringt jedoch eine deutlich geringere Ausbeute an Energieträgern

4.3.2 Lipidstoffwechsel

Lipid:
Fett; energieliefernder Nährstoff, 37 kJ/g (9 kcal/g); besteht aus Triglyzeriden; in Fetten, Ölen; Brennstoff, Wärmeisolator, Energiespeicher

Lipide (Fette) sind eine Nährstoffgruppe, die unterschiedliche Substanzen beinhaltet. Sie sind alle schlecht wasserlöslich.

Lipide erfüllen im Organismus unterschiedliche Funktionen:

- Energielieferant
- Energiespeicher
- Bausteine für Membranen
- Hormone
- Trägerstoffe, z. B. für fettlösliche Vitamine

Viele Fettsäuren kann der Körper durch Umbauprozesse selbst herstellen, jedoch gibt es einige, die durch die Nahrung zugeführt werden müssen. Diese werden als essenzielle Fettsäuren bezeichnet.

Den schematischen Aufbau verschiedener Lipide zeigt → Abb. 27.

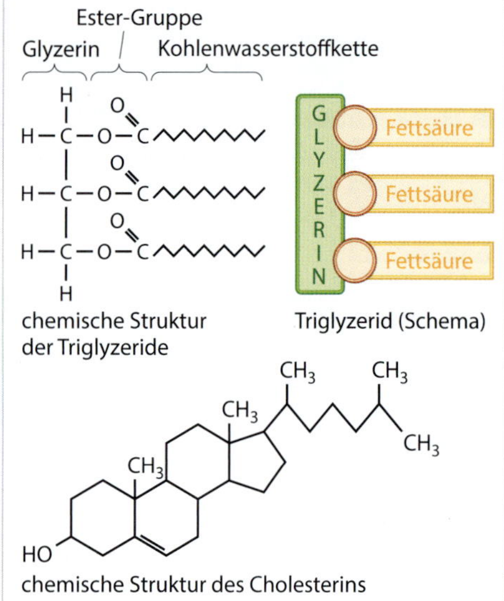

Abb. 27 Aufbau von Lipiden

Zur Verdauung werden Lipide zunächst im Verdauungstrakt emulgiert und dann im oberen Dünndarm gespalten. Je nach Molekülgröße können sie entweder durch die Zellwand in die Zellen der Dünndarmzotten eindringen oder sie werden durch Transportsysteme aufgenommen. Der Weitertransport im Körper erfolgt zunächst in der Lymphflüssigkeit.

Aufgrund ihrer schlechten Löslichkeit in Wasser werden die Lipide an Transportproteine gebunden, wenn sie in die Blutbahn übergehen und dort weiter zum Zielort transportiert werden. Die Komplexe aus Lipiden und Transportproteinen können problemlos im Blut transportiert werden. Eine Haupttransportform sind Chylomikronen, ein Lipoproteinkomplex, der von der Lymphe in die Blutbahn abgegeben wird. Auch Cholesterin, ein Fettbegleitstoff, wird proteingebunden z. B. als sogenanntes LDL- und HDL-Cholesterin transportiert (→ 4.4.5 Fette und Öle, → Abb. 45).

4.3.3 Proteinstoffwechsel

Protein:
Eiweiß; energieliefernder Nährstoff, 17 kJ/g (4 kcal/g); besteht aus Aminosäuren; in tierischen Lebensmitteln, Hülsenfrüchten; wichtigster Baustoff

Proteine (Eiweiße) erfüllen viele biologische Funktionen. Sie dienen zum einen dem Organismus in Form von Strukturproteinen als Baustoff. Zum anderen erfüllen sie als Funktionsproteine z. B. Aufgaben als Hormone, Transportvehikel oder als Bestandteile des Immunsystems.

Der kleinste Bestandteil von Proteinen ist die Aminosäure. Einen Großteil der benötigten Aminosäuren kann der Körper durch Umbauprozesse selbst herstellen. Einige Aminosäuren können nur durch die Nahrung aufgenommen werden. Diese werden als essenzielle Aminosäuren bezeichnet.

Den schematischen Aufbau von Proteinen zeigt → Abb. 28.

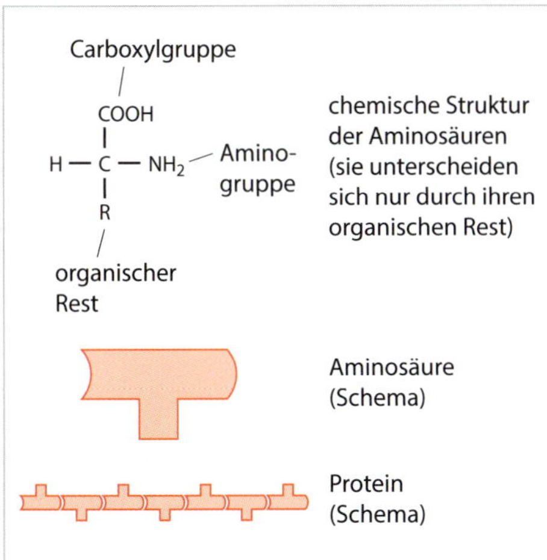

Abb. 28 Aufbau der Proteine

Proteine werden durch Verdauungsenzyme im Verdauungstrakt in Aminosäuren aufgespalten und dann resorbiert. Über das Pfortaderblut gelangen sie in die Leber und werden von dort in den Organismus abgegeben, um als Bausteine für Struktur- oder Funktionsproteine zu dienen.

AUFGABEN

1. *Beschreiben Sie den grundsätzlichen Wandaufbau, der im gesamten Verdauungskanal vorliegt.*
2. *Wie unterscheidet sich glatte von quergestreifter Muskulatur?*
3. *Erläutern Sie den Schutzmechanismus, mit dem ein Verschlucken im gesunden Organismus verhindert wird.*
4. *Was vermuten Sie: Welche Personengruppen sind besonders gefährdet, sich zu verschlucken? Begründen Sie Ihre Annahme.*
5. *Nennen Sie drei Beispiele für Verdauungshormone und deren Funktion.*
6. *Sie wollen körperlich aktiv werden. Vorher verspeisen Sie einen Teller Nudeln, um genügend Energie für die Muskelarbeit zur Verfügung zu haben. Beschreiben Sie den Weg der Nudel von Ihrem Teller, bis sie als Energiequelle für Ihre Muskulatur zur Verfügung steht.*

4.4 Ernährung

DIEPHAUS

Der Hunger der Menschen in verschiedenen Teilen der Welt rührt daher, dass viele von uns viel zu viel mehr nehmen, als sie brauchen.
Mahatma Gandhi (1869–1948), indischer Widerstandskämpfer

Jeder kann zaubern, jeder kann seine Ziele erreichen, wenn er denken kann, wenn er warten kann, wenn er fasten kann.
Hermann Hesse (1877–1962), deutscher Schriftsteller

Viele Menschen haben das Essen verlernt. Sie können nur noch schlucken.
Paul Bocuse (1926–2018), französischer Starkoch

Deine Nahrungsmittel seien deine Heilmittel.
Hippokrates (460–370 v. Chr.), griechischer Arzt

Nichts wird die Chance für ein Überleben auf der Erde so steigern wie der Schritt zu einer vegetarischen Ernährung.
Albert Einstein (1879–1955), deutscher Physiker

Wenn der moderne Mensch die Tiere, deren er sich als Nahrung bedient, selbst töten müsste, würde die Anzahl der Pflanzenesser ins Ungemessene steigen.
Christian Morgenstern (1871–1914), deutscher Dichter

Hunger und Liebe sind die Triebkräfte aller menschlichen Handlungen.
Anatole France (1844–1924), französischer Dichter

Nach einem guten Essen könnte man jedem vergeben, selbst seinen eigenen Verwandten.
Oscar Wilde (1854–1900), irischer Schriftsteller

Wo Hunger herrscht, kann Friede keinen Bestand haben.
Willy Brandt (1913–1992), deutscher Politiker

1. *Sammeln Sie weitere Zitate zum Thema Ernährung.*
2. *Teilen Sie die Zitate in Kategorien ein – z. B. Politik, Genuss.*
3. *Wählen Sie eines der Zitate und beschreiben Sie dessen Inhalt und Intention mit eigenen Worten.*
4. *Diskutieren Sie in der Gruppe über die Aussagen der Zitate.*
5. *Nehmen Sie Stellung zu jedem Zitat, indem Sie herausarbeiten, welche Berührungspunkte Sie mit den Inhalten der Zitate haben.*
6. *Machen Sie sich ein Bild von Ihrem eigenen Essverhalten. Halten Sie in einem Ernährungsprotokoll für 7 Tage die Speisen und Getränke, die Sie zu sich nehmen, fest. Im Kapitelverlauf werden Sie dieses Protokoll für weitere Aufgaben nutzen können. Daher ist eine digitale Erarbeitung in einem Tabellenprogramm vorteilhaft, da hier Spalten ergänzt werden können.*

Muster für ein Ernährungsprotokoll/Ernährungstagebuch

Mahlzeit/Uhrzeit	Lebensmittel/Getränk	Menge	Ess-/Trinkmotiv	Wirkung	…

Ernährung umfasst die Aufnahme von Lebensmitteln und ihre Verarbeitung im Körper. Die Inhaltsstoffe der Lebensmittel dienen dem Körper als Baustoffe, Wirkstoffe für lebensnotwendige Stoffwechselvorgänge und als Energiequelle für jegliche Lebensvorgänge in unseren Zellen. Um den Körper optimal zu versorgen und gesund zu halten, sind eine richtige Zusammensetzung der Lebensmittel und damit deren Inhaltsstoffe notwendig.

Um sich zu „ernähren", muss jeder Mensch essen. **Essen** wiederum bedeutet zwar auch Nahrungsaufnahme, ist jedoch vornehmlich verknüpft mit Begriffen wie Hunger, Kochen, Geselligkeit (Gesellschaft) und Genuss.

Die Ernährung ist ein Grundbedürfnis und gleichzeitig für die meisten Menschen ein Balanceakt zwischen Vernunft auf der einen Seite und Genuss und Bedürfnissen auf der anderen Seite. Für eine ganzheitliche Betrachtung und Bewertung sowie das Verständnis sind alle Facetten der Ernährung gleichermaßen wichtig.

4.4.1 Einflüsse auf die Ernährung

Die tägliche Auswahl unserer Nahrungsmittel wird durch eine **Vielzahl von Einflussfaktoren** bestimmt, die bewusst oder unbewusst auf uns einwirken.

Die Geschmacksvorlieben sind zwar individuell, sie erfahren jedoch von Lebensbeginn an eine hohe **familiäre und gesellschaftliche Prägung** durch Zugehörigkeiten, Gewohnheiten und Traditionen.

Physiologische Einflüsse

In erster Linie ist es der Körper mit den **Signalen des Hungers** und der anschließenden **Sättigung,** der uns dazu bewegt, etwas zu essen und auch damit wieder aufzuhören.

Gesellschaftliche Einflüsse

Die Ernährung ist Teil einer sozialen, kulturellen, religiösen und ethischen **Identität** und wird darüber hinaus durch die **Politik** beeinflusst. Gesellschaftliche Einflüsse sind

- kulturell, z. B. späte Abendmahlzeit in den Mittelmeerländern;
- sozial, z. B. Kauf von Fairtrade-Lebensmitteln;
- politisch, z. B. Bevorzugung von Bio-Lebensmitteln;
- regional, z. B. bayerische Weißwurst;
- ethisch, z. B. Verzicht auf Fleisch zum Tierwohl;
- geschlechtsspezifisch, z. B. geringerer Fleischkonsum bei Frauen;
- religiös, z. B. Verzicht auf Schweinefleisch im Islam.

Arbeiten Sie die Unterschiede in der Ernährung im Christentum, Judentum, Islam, Hinduismus und Buddhismus heraus.

Gesellschaftliche Einflüsse betreffen also sowohl die Lebensmittelauswahl als auch den Mahlzeitenrhythmus oder Rituale. Zudem gibt es immer wieder neue **Ernährungstrends** (→ 4.4.7), die über kurze oder lange Zeit „in" bleiben. Auch ist das **Lebensmittelangebot** in stetigem Wandel, wie aktuell der Markt an Fleischersatzprodukten zeigt.

Darüber hinaus wird unser Essverhalten von aktuellen Situationen beeinflusst:

> Die Corona-Krise hat die Deutschen nach Einschätzung der Bundesvereinigung der Deutschen Ernährungsindustrie (BVE) als Kochmuffel entlarvt. [...]
> „Der Wegfall des Angebots von Schnellrestaurants, Pommes-Buden und Italiener-um-die-Ecke wirft die Leute nun dramatisch zurück auf ihre eigenen Kochkünste", sagte Minhoff [BVE-Hauptgeschäftsführer]. „Und die sind begrenzt."
> *WELTonline unter www.welt.de, 24.04.2020*

Psychologische Einflüsse

Diverse psychologische Aspekte können ihren Ausdruck über das Essen finden, z. B.:

- Appetit
- Selbstbelohnung
- Zeitvertreib (bei Langeweile)
- Erziehungsmaßnahme (Süßes zur Belohnung, Entzug als Strafe)
- Entspannung
- Probleme (Frustessen)
- Krankheiten (Essstörungen, → 5.15)

Persönliche Einflüsse

Unser Wissen und Interesse an gesunder Ernährung entscheiden über die Auswahl der

Ernährung:
Nahrungsaufnahme und -verarbeitung im Körper zur Erhaltung der Körperfunktionen

Lebensmittel:
Substanzen, die von Menschen zwecks Ernährung oder Genuss über den Mund aufgenommen werden

Fairtrade-Lebensmittel:
Lebensmittel, die aus fairem Handel stammen und bei deren Herstellung festgelegte soziale, ökologische und ökonomische Kriterien eingehalten wurden

Bio-Lebensmittel:
Lebensmittel, die zu mindestens 95 % aus ökologischem Anbau oder ökologischer Tierhaltung stammen (beim EU-Bio-Logo)

vegetarische Ernährung:
Ernährung über pflanzliche Lebensmittel sowie Lebensmittel, die vom lebenden Tier stammen, z. B. Milch und Eier

vegane Ernährung:
ausschließliche Ernährung über pflanzliche Kost, d. h. völliger Verzicht auf alle Lebensmittel tierischen Ursprungs, z. B. auch auf Milch und Eier

Nahrungsmittel. Beide werden von persönlichen Faktoren beeinflusst:

- Krankheit, z. B. Diabetes mellitus (→ 4.6)
- Beruf, z. B. Schichtarbeit
- Alltag, z. B. Freizeitsportler
- Lebensstil
- Zeit, die zur Verfügung steht
- Fähigkeit, Nahrung zuzubereiten

> Umweltbewusstsein geht sehr oft mit einem vermehrten Kauf von Bio- und Fairtrade-Produkten einher oder führt zu einer vegetarischen oder veganen Ernährungsweise (→ 4.4.4).

Kilojoule:
kJ; internationale Maßeinheit für Energie

Kilokalorie:
veraltete Maßeinheit der (Wärme-)Energie; 1 Kilokalorie (kcal) = 4,2 Kilojoule (kJ)

Ökonomische Einflüsse

Die Lebensmittelauswahl unterliegt stets ökonomischen Einflüssen:

- verfügbares Geld
- vorhandenes Angebot
- Haltbarkeit/Lagerungsmöglichkeiten
- verfügbare Zubereitungsmöglichkeiten
- Möglichkeiten der Beschaffung

1. *Betrachten Sie Ihr persönliches Ernährungsverhalten:*
   a) *Versuchen Sie, mit der Ernährung Ihre Gesundheit und Ihren Körper zu optimieren, oder essen Sie frei nach Geschmack?*
   b) *Wie viele Süßigkeiten, wie viel Obst und Gemüse und wie viele Vollkornprodukte stehen auf Ihrem Speiseplan?*
   c) *Befolgen Sie eine bestimmte Ernährungsform wie vegetarisch oder vegan?*
   d) *Wird in Ihrer Familie gekocht und gemeinsam gegessen oder essen Sie vorwiegend außer Haus?*
   e) *Kochen Sie gern und probieren neue Gerichte aus?*
   f) *Welche Lebensmittel gehören zu Ihrer täglichen Auswahl und aus welchen Ländern stammen diese?*
   g) *Gibt es Einflüsse aus anderen Kulturen in Ihrer Küche?*
   h) *Machen Sie Diäten oder nehmen Sie Nahrungsergänzungsmittel ein?*
2. *Wie sind die Einflüsse auf Ihre tägliche Lebensmittelauswahl? Ergänzen Sie in Ihrem Ernährungsprotokoll (→ 4.4 Kapiteleinstieg) die Spalte „Einflussfaktoren".*

Grundumsatz:
Ruheenergiebedarf; Energiemenge, die in völliger Ruhe zur Erhaltung aller Körperfunktionen benötigt wird

Leistungsumsatz:
Energieverbrauch durch körperliche Aktivität

Nahrungsergänzungsmittel:
Lebensmittel aus Nährstoffen oder sonstigen Stoffen in konzentrierter Form mit ernährungsspezifischer oder physiologischer Wirkung

4.4.2 Energiebedarf des Menschen

Um zu leben, brauchen wir Menschen Energie, die wir aus pflanzlichen und tierischen Lebensmitteln gewinnen. Unser Körper bricht hierfür die chemischen Bindungen der energieliefernden Stoffe Kohlenhydrate, Lipide und Proteine auf und wandelt diese mithilfe von Sauerstoff (O_2) in z. B. Wärme- oder Bewegungsenergie um. Die energiefreien Endprodukte dieses Abbauprozesses sind Kohlenstoffdioxid (CO_2) und Wasser (H_2O), die den Körper über die Lunge und die Ausscheidungsorgane wieder verlassen. Die Endprodukte dienen wiederum den Pflanzen als Ausgangsprodukt für die erneute Herstellung von energieliefernden Substanzen wie Glukose (→ Abb. 29).

Der Energiebedarf des Menschen wird in Kilojoule (kJ) oder Kilokalorien (kcal) angegeben und in zwei Kategorien eingeteilt:

- Grundumsatz (GU)
- Leistungsumsatz (LU)

Grundumsatz

Der Grundumsatz ist die Energie, die der Körper in völliger Ruhe und im Liegen zur Erhaltung all seiner Körperfunktionen, z. B. Atmung, Verdauung und Temperaturregulation, benötigt.

Zur Berechnung dient folgende vereinfachte Formel:

Grundumsatz (Mann) = kg Körpergewicht x 24 Stunden x 4,2 Kilojoule

Zur Berücksichtigung des Geschlechts wird das Ergebnis bei Frauen mit 0,9 multipliziert.

Leistungsumsatz und PAL-Wert

Der Leistungsumsatz ist die Energie, die zusätzlich zum Grundumsatz durch körperliche Leistungen wie z. B. Heben und Laufen benötigt wird. Geistige Leistungen haben kaum Einfluss auf den Energieverbrauch.

Grundumsatz und Leistungsumsatz zusammen bilden den Gesamtenergiebedarf. Zu dessen Berechnung wird der **PAL-Wert** (PAL = Physical Activity Level, Pegel für körperliche Aktivität) verwendet. Dieser wird mit dem Grundumsatz multipliziert:

Gesamtenergiebedarf = GU x PAL-Wert

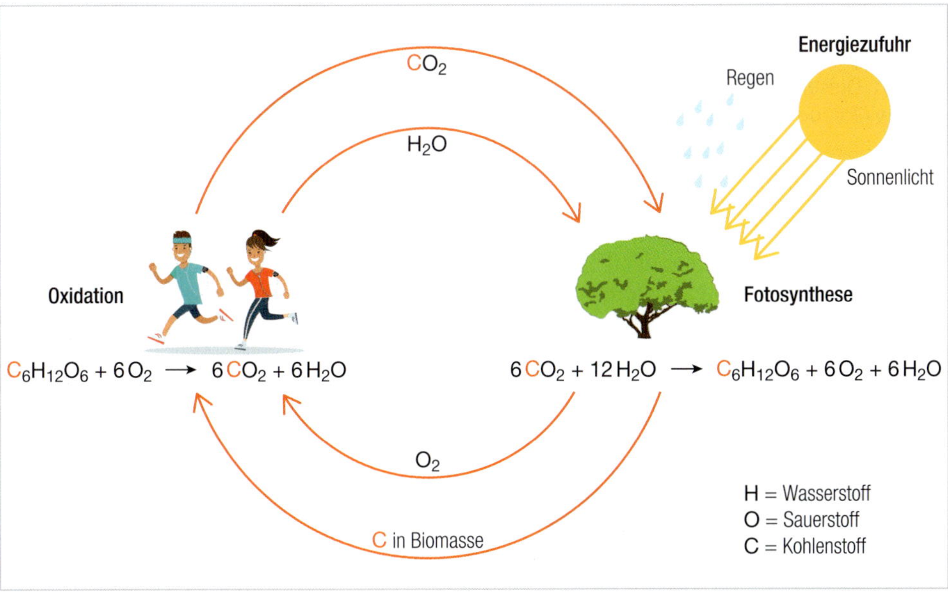

Abb. 29 Kohlenstoffkreislauf

Der PAL-Wert bildet das Ausmaß der körperlichen Aktivität ab. Er entspricht dem täglichen Energiemehrverbrauch im Verhältnis zum Grundumsatz. Seine Höhe hängt von der Berufs- und Freizeitaktivität ab (→ Tab. 2).

Beispiel: Berechnung des Energiebedarfs einer 60 kg schweren Studentin:

Grundumsatz (GU) =
60 × 24 x 4,2 kJ × 0,9 = 5443,2 kJ

Gesamtenergiebedarf =
5443,2 kJ × 1,7 (PAL) = 9253,44 kJ

1. *Berechnen Sie Ihren persönlichen Gesamtenergiebedarf.*
2. *Setzen Sie Ihren PAL-Wert um 0,2 höher und ermitteln Sie erneut Ihren Gesamtenergiebedarf sowie die Differenz zu Ihrem tatsächlichen Bedarf.*
3. *100 g Schokolade liefern im Schnitt 2250 kJ. Wie viel Schokolade dürften Sie am Tag zusätzlich zu sich nehmen, wenn Sie den höheren PAL-Wert hätten? Diskutieren Sie die Ergebnisse.*

Tab. 2 PAL-Wert bei verschiedenen Tätigkeiten (Deutsche Gesellschaft für Ernährung u. a. o. J.)

PAL-Wert	Tätigkeit in Beruf und Freizeit	Beispiele
1,2–1,3	nur sitzende oder liegende Lebensweise	gebrechliche, bettlägerige Menschen
1,4–1,5	sitzende Tätigkeit, wenig Freizeitaktivität	Bürotätigkeit
1,6–1,7	sitzende, zeitweise stehende und gehende Tätigkeit bzw. sitzend und viel Freizeitaktivität	Studenten, Fließbandarbeiter; Bürotätigkeit und aktiver Freizeitsportler
1,8–1,9	vorwiegend stehende/gehende Tätigkeit	Einzelhandel, Hausarbeit, Handwerker
2,0–2,4	körperlich anstrengende Tätigkeit	Landwirte, Bauarbeiter, Leistungssportler

Energiebilanz und Körpergewicht

Wird dem Körper mehr Energie in Form von Lebensmitteln zugeführt, als er verwerten kann, speichert er diese als Fett im Fettgewebe und nimmt damit an Körpermasse und Gewicht zu. Die **Energiebilanz,** also das Verhältnis von zugeführter zu verbrauchter Energie, ist positiv, dadurch entsteht langfristig Übergewicht. Dieses kann ein Risiko für die Gesundheit darstellen.

Physical Activity Level: PAL; Maß für die körperliche Aktivität

Gesamtenergiebedarf: Summe aus Grundumsatz und Leistungsumsatz bzw. Grundumsatz × PAL-Wert

Energiebilanz: Verhältnis von Energiezufuhr zu Energieverbrauch; kann negativ, ausgeglichen oder positiv sein; Letzteres kann zu Übergewicht führen

Body-Mass-Index:
BMI; Maß (in kg/m²) für die Beurteilung des Körpergewichts im Verhältnis zur Körpergröße

Adipositas:
eine über das Normalmaß hinausgehende Vermehrung des Körperfetts; Fettleibigkeit

DGE/ÖGD-Referenzwerte:
www.dge.de/wissenschaft/referenzwerte/

Um das Körpergewicht zu beurteilen, kann der **Body-Mass-Index (BMI)** herangezogen werden. Dieser zeigt das Verhältnis vom Körpergewicht zum Quadrat der Körperlänge:

$$\text{BMI} = \frac{\text{Körpergewicht in kg}}{\text{Körperlänge in m}^2}$$

Das Ergebnis ist meist eine Zahl zwischen 18 und 40, der Gewichtskategorien zugewiesen sind (→ Tab. 3). Jede Kategorie erhält eine Risikoeinstufung für die Entstehung typischer Begleiterkrankungen des Übergewichts, z. B. Diabetes mellitus Typ 2 (→ 4.6).

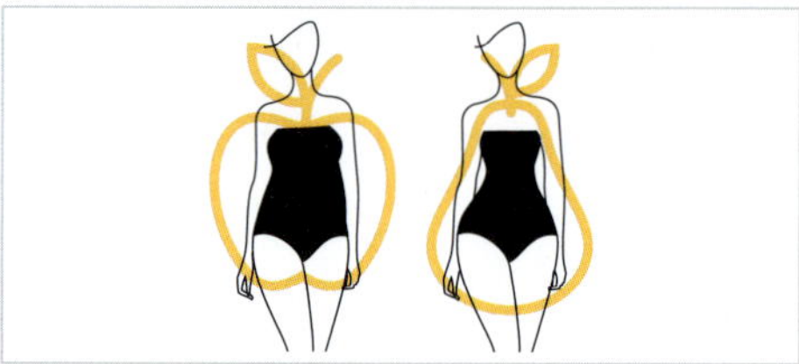

Abb. 30 Apfel- bzw. Birnentyp der Fettverteilung

Ab einem **Bauchumfang** von 88 cm bei Frauen bzw. 102 cm bei Männern spricht man von einer abdominalen Adipositas (Deutsche Adipositas-Gesellschaft u. a. 2014). Gemessen wird der Bauchumfang mithilfe eines Maßbandes direkt auf der Höhe des Bauchnabels.

Tab. 3 Body-Mass-Index (BMI) – Klassifikation (Weltgesundheitsorganisation 2000)

Kategorie	BMI	Risiko für Begleiterkrankungen von Übergewicht
Untergewicht	< 18,5	niedrig
Normalgewicht	18,5–24,9	durchschnittlich
Übergewicht/ Präadipositas	25,0–29,9	gering erhöht
Adipositas Grad I	30,0–34,9	erhöht
Adipositas Grad II	35,0–39,9	hoch
Adipositas Grad III	≥ 40,0	sehr hoch

Taille-Hüft-Verhältnis:
waist-to-hip-ratio, WHR; Maß zur Beurteilung der Fettverteilung; Verhältnis Bauchumfang/Hüftumfang

Abdomen:
Bauch, Unterleib

abdominal:
den Bauch betreffend

Nährstoffe:
lebensnotwendige Stoffe in der Nahrung, die vom Körper verstoffwechselt werden; Einteilung in energieliefernde und nicht energieliefernde Nährstoffe

Glukose:
Monosaccharid, $C_6H_{12}O_6$; bildet Ringe aus 6 C-Atomen; in Zucker, Stärke, Zellulose

Fruktose:
Monosaccharid, $C_6H_{12}O_6$; bildet Ringe aus 5 C-Atomen; in Obst, Zucker

Der BMI sagt jedoch nichts über die Körperzusammensetzung aus. So haben sportlich trainierte Menschen oft laut BMI Übergewicht bzw. Adipositas (→ 4.5), z. B. Boxer in der Schwergewichtsklasse. Die Risikoeinstufung ist bei dieser Personengruppe jedoch falsch; das Gewicht stellt kein Risiko für die Gesundheit dar.

Um die Verteilung des Fetts im Körper zu bewerten, kann das **Taille-Hüft-Verhältnis (waist-to-hip-ratio, WHR)** herangezogen werden. Die Fettverteilung im Körper ist genetisch bedingt und wird in die beiden Typen Apfel und Birne eingeteilt (→ Abb. 30). Fettgewebe im Bauchraum, wie beim Apfeltyp, ist mit einem höheren Risiko für Stoffwechsel- bzw. Herz-Kreislauf-Erkrankungen verbunden als Fettgewebe an Oberschenkeln und Gesäß. Ziel ist somit, einen größeren Hüft- als Bauchumfang zu haben. Zur Berechnung wird der Bauchumfang durch den Hüftumfang geteilt. Bei Männern soll der Wert maximal 1 betragen, bei Frauen maximal 0,85.

4.4.3 Nährstoffbedarf

Grundlage für die in → Kap. 4.4.3 bis 4.4.5 genannten Bedarfe an Nährstoffen sind die **DGE/ÖGE-Referenzwerte** für die Nährstoffzufuhr (Deutsche Gesellschaft für Ernährung u. a. o. J.), bis 2022 auch als D-A-C-H-Referenzwerte bekannt.

Energieliefernde Nährstoffe

Der Energieversorgung dienen dem Menschen drei Hauptnährstoffe (→ Tab. 4): Kohlenhydrate, Lipide und Proteine.

Sie alle zählen zu den organischen Substanzen. Ausgangspunkt der Bildung organischer Substanzen sind stets Pflanzen, die aus Sonne, Kohlenstoffdioxid und Wasser in der Fotosynthese das einfachste Kohlenhydrat, die Glukose, herstellen (→ Abb. 26).

Kohlenhydrate – Saccharide

Die **Glukose (Traubenzucker)** als Grundbaustein der meisten nahrungsrelevanten Kohlenhydrate ist eine Kette aus sechs Kohlenstoffatomen mit der Summenformel $C_6H_{12}O_6$, die Ringe ausbildet, welche sich anschließend zu Ketten verbinden können.

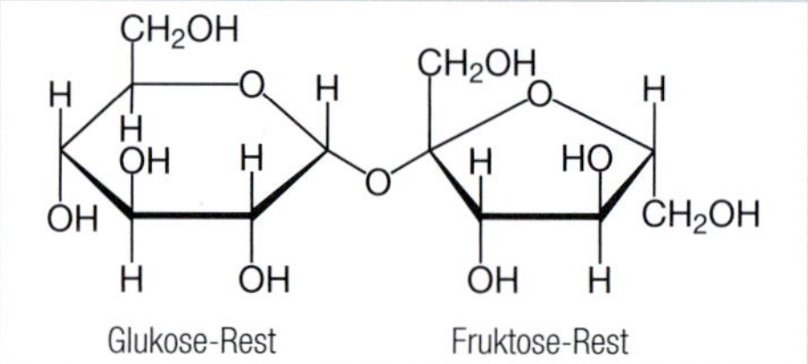

Abb. 31 Saccharose – Haushaltszucker, bestehend aus einem Fruktose- und einem Glukosemolekül

Ketten mit zwei Saccharidringen (→ Abb. 31) weisen einen süßen Geschmack auf und zählen zu den **Zuckern** (→ 4.4.5 Obst).

Verbinden sich sehr viele Glukoseringe zu einem Polysaccharid, entsteht z. B. die aus spiralförmigen Ketten bestehende **Stärke** (→ Abb. 32), die den Pflanzen als Energiespeicher dient (→ 4.4.5 Brot und Getreide).

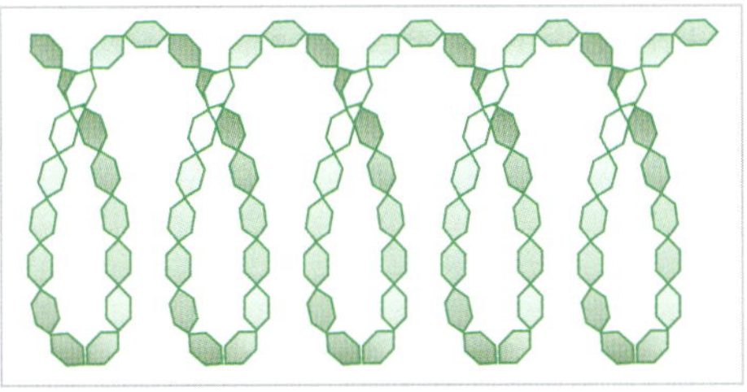

Abb. 32 Aufbau von Stärkemolekülen

Zu den unverdaulichen **Ballaststoffen** gehören z. B. Zellulose, Hemizellulose, Pektine und Lignin. Chemisch gesehen zählen sie zu den Polysacchariden (Ausnahme: Lignin). Durch eine andere räumliche Anordnung entstehen jedoch lineare Ketten statt der spiralförmigen bei Stärke. So können sich aus den Sacchariden der Ballaststoffe die strukturgebenden und festen Fasern entwickeln, die den Pflanzen Halt und Form verleihen (→ Abb. 33). Ballaststoffe kommen nur in pflanzlichen Lebensmitteln vor.

Lipide

Lipide bzw. **Triglyzeride** bestehen aus bis zu 3 **Fettsäuren** und einem **Glyzerin** als Bindungselement zwischen den Fettsäuren.

Fettsäuren sind Kohlenstoffketten mit 4 bis 22 C-Atomen, die nur mit Wasserstoffatomen „gesättigt" sind, und einer Carboxylgruppe (-COOH), dem „Säurekopf".

Die Bindungen zwischen Kohlenstoff und Wasserstoff sind sehr energiereich und geben den Lipiden ihren hohen Energiewert.

Nach den Bindungen zwischen den C-Atomen werden drei Arten von Fettsäuren unterschieden (→ 4.4.5 Fette und Öle):

- **gesättigte Fettsäuren:** nur Einfachbindungen
- **einfach ungesättigte Fettsäuren:** eine Doppelbindung
- **mehrfach ungesättigte Fettsäuren (MUF):** mehrere Doppelbindungen

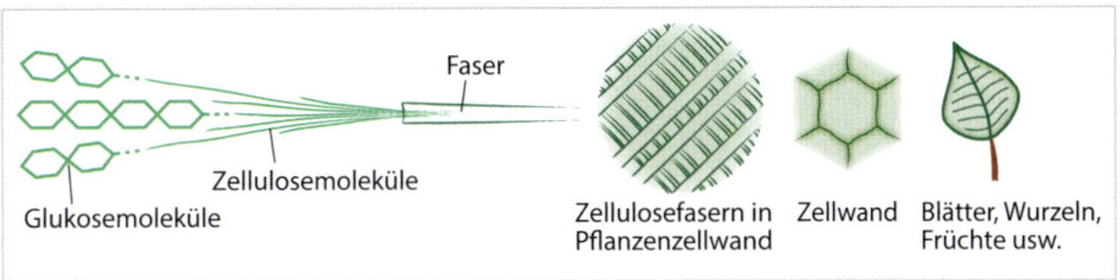

Abb. 33 Ballaststoffe – Strukturgeber der Pflanzen

Da die Atome durch eine Doppelbindung nicht mehr frei drehbar sind, ergeben sich zwei mögliche räumliche Anordnungen. Dies nennt man **Isomerie.** Befinden sich die an die Doppelbindung anschließenden Kohlenstoffatome auf der gleichen Seite der Doppelbindung (in → Abb. 34 grün eingekreist), handelt es sich um eine **Cis-Konfiguration.** Liegen sie einander diagonal gegenüber (in → Abb. 34 rot eingekreist), heißt es **Trans-Konfiguration.**

Die Cis-Konfiguration einer Doppelbindung bewirkt einen Knick in der Fettsäurekette (→ Abb. 34). In der Trans-Konfiguration behält die Kette ihre Zick-Zack-Form. Fette, die Transfettsäuren enthalten, heißen **Transfette.** Sie kommen natürlich vor, entstehen aber auch bei der Fetthärtung und beim übermäßigen Erhitzen von Fetten (→ 4.4.5 Transfette).

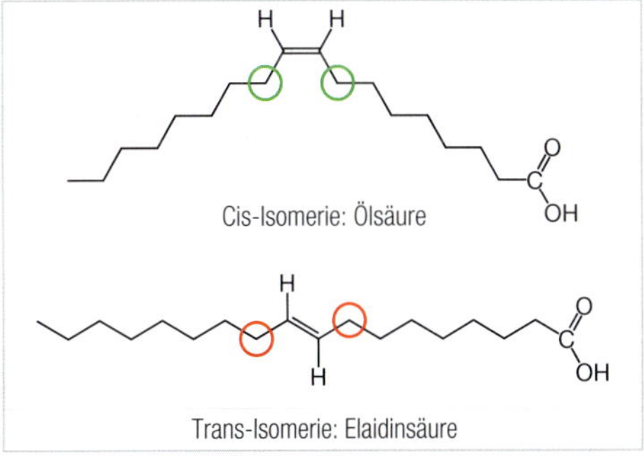

Abb. 34 Cis- und Trans-Isomerie in Fettsäuren mit 18 C-Atomen

Die Position einer Doppelbindung in einer Fettsäure wird über die Nummer des Kohlenstoffs gekennzeichnet. Wird dabei von der Seite der Carboxylgruppe gezählt, wird der Positionsnummer ein Alpha (α) vorgesetzt. Beginnt die Zählung am Methylende ($-CH_3$), wird ein Omega (ω) vorgesetzt; Letzteres ist die übliche Zählung. So befindet sich in → Abb. 35 die erste Doppelbindung aus der Zählrichtung des ω-Endes an Position 3. Diese Fettsäure ist unter dem Namen **Omega-3-Fettsäure** (ω-3-Fettsäure) bekannt.

Stärke:
Polysaccharid, lange, spiralförmige Glukoseketten; Vorkommen: Getreide, Kartoffeln, Hülsenfrüchte

Saccharose:
Disaccharid, besteht aus je einem Glukose- und Fruktosemolekül; Haushaltszucker

Triglyzerid:
Fettmolekül bestehend aus 1 Molekül Glyzerin und 3 Fettsäuren

gesättigte Fettsäure:
Fettsäure mit Einfachbindungen zwischen den C-Atomen

einfach ungesättigte Fettsäure:
Fettsäure mit einer Doppelbindung zwischen den C-Atomen

mehrfach ungesättigte Fettsäure:
MUF; Fettsäure mit mehreren Doppelbindungen zwischen den C-Atomen

Isomerie:
unterschiedliche räumliche Anordnung von Molekülen mit gleicher Summenformel

Transfettsäure:
ungesättigte Fettsäure in Trans-Konfiguration

Omega-3-Fettsäure:
ungesättigte Fettsäure, bei der sich die erste Doppelbindung am 3. C-Atom vom Methylende aus befindet

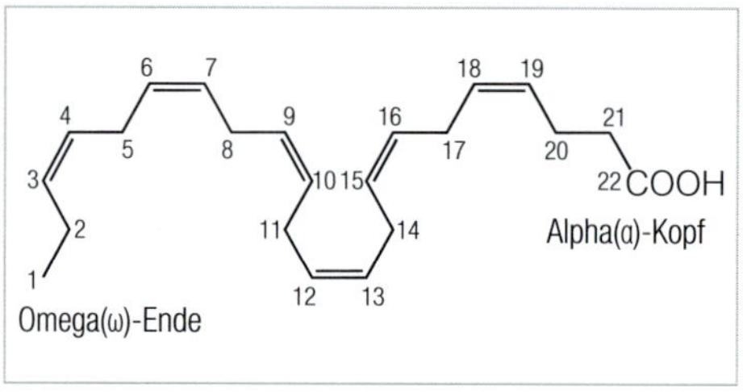

Abb. 35 Omega-3-Fettsäure mit 6 Cis-Doppelbindungen

Aminosäure: Baustein der Proteine; Karbonsäure, die immer mindestens eine Aminogruppe (NH_2-Gruppe) und einen organischen Rest (R) enthält; R ist eigenschaftsbestimmend

Aminosäuresequenz: Primärstruktur eines Proteins; spezifische Reihenfolge, in der die Aminosäuren eines Proteins aneinander gebunden sind

Proteine

Proteine besitzen den komplexesten Aufbau der Hauptnährstoffe. Ihre Bausteine sind die **Aminosäuren.** Diese Moleküle besitzen alle den gleichen Kopf, bestehend aus einer Carboxylgruppe und einer Aminogruppe (-NH_2), die über ein C-Atom miteinander verbunden sind (→ Abb. 28). Den Rest (R) bilden unterschiedliche Kohlenstoffgerüste, die den Aminosäuren ihren Namen und ihre unterschiedlichen chemischen Eigenschaften wie sauren oder basischen Charakter verleihen. Im menschlichen Körper sind 21 Aminosäuren von Bedeutung. Von diesen kann der Körper 8 nicht selbst herstellen; diese sind unentbehrlich und müssen über die Nahrung zugeführt werden.

Die Aminosäuren bilden lange Ketten, indem sich die Carboxylgruppe und die Aminogruppe des Aminosäurekopfes unter Wasserabspaltung verbinden. Diese Bindung heißt Peptidbindung (→ 7.2, Tab. 2).

In der Regel bilden 100 bis 300 Aminosäuren ein **Protein.** Proteine haben sehr unterschiedliche Aufgaben; sie bilden unter anderem
- feste Strukturen wie Haare, Muskeln, Sehnen
- kleine Moleküle, die als Wirkstoffe dienen, wie Enzyme und Hormone
- Gene, die durch ihre Anordnung unsere Erbinformationen speichern

Um derart unterschiedliche Funktionen zu erfüllen, werden die Aminosäuren in unterschiedlichsten Reihenfolgen (Aminosäuresequenz), Mengen (Größe der Proteine) und räumlichen Anordnungen miteinander verknüpft.

Ergänzen Sie Ihr Ernährungsprotokoll um die Spalte „Nährstoffe". Beurteilen Sie bei jedem Lebensmittel, ob dies überwiegend Lipide, Kohlenhydrate oder Proteine liefert. Sind Sie nicht sicher, recherchieren Sie die Inhaltsstoffe, z. B. unter www.naehrwertrechner.de.

Nicht energieliefernde Nährstoffe

Neben den drei Hauptnährstoffen benötigt der Mensch weitere lebenswichtige Substanzen.

Wasser

Wasser (H_2O) ist eines der kleinsten existierenden Moleküle. Es ist flüssig, stabil, ein Lösungsmittel für viele Substanzen und damit Grundvoraussetzung für die Existenz von Leben. Im menschlichen Körper erfüllt Wasser diese Funktionen sowohl in den Zellen als intrazelluläres Wasser als auch außerhalb der

Tab. 4 Energieliefernde Nährstoffe – Überblick

Nährstoff	Kohlenhydrate	Lipide	Proteine	Ballaststoffe
Energiegehalt	17 kJ/g (4 kcal/g)	37 kJ/g (9 kcal/g)	17 kJ/g (4 kcal/g)	8 kJ/g (2 kcal/g)
Bedarf, Empfehlung	55–60 % des Gesamtenergiebedarfs	30 % des Gesamtenergiebedarfs	10–15 % des Gesamtenergiebedarfs bzw. 0,8 g pro kg Körpergewicht	mindestens 30 g/Tag, bzw. 14,6 g/1000 kcal pro Tag (3,5 g/MJ pro Tag)
Funktion	primärer Brennstoff, obligatorisch für das Gehirn und die roten Blutkörperchen	Brennstoff, Wärmeisolator, Energiespeicher, Schutz für Organe, Baustoff z. B. für Zellmembranen	Baustoff für Zellorganellen und Gene, Muskeln, Sehnen und Enzyme; sekundärer Brennstoff	Anregung der Verdauungssaftproduktion und der Darmtätigkeit, Erhöhung des Sättigungsgefühls, positive Beeinflussung der Darmflora, Bindung von Schadstoffen, Senkung des Blutfett-, Blutcholesterin- und Blutzuckerspiegels
Vorkommen	• pflanzliche Lebensmittel: Stärke in Getreide, Hülsenfrüchten, Kartoffeln; Zucker in Obst und in hohem Maße in Süßigkeiten und süßen Backwaren	• pflanzliche Lebensmittel: Ölsaaten, Nüsse, Ölpflanzen • tierische Lebensmittel: Butter, Schmalz, Speck	• tierische Lebensmittel: Fleisch, Eier, Milch, Fisch • pflanzliche Lebensmittel: Hülsenfrüchte, Tofu, Haferflocken, Nüsse	• pflanzliche Lebensmittel: Vollkorngetreide und -produkte, Gemüse, Obst, Hülsenfrüchte, Nüsse, Samen

Zelle als extrazelluläre Gewebsflüssigkeit. Diese befindet sich zwischen den Zellen sowie in Blut- und Lymphgefäßen und erfüllt vor allem Tranportfunktionen.

Mineralstoffe

Mineralstoffe (→ Tab. 5) sind chemische Elemente, die ihre Eigenschaften durch ihren spezifischen Atomaufbau erhalten. Sie sind durch Hitze, Licht oder Sauerstoff nicht zerstörbar. Für den Körper sind Mineralstoffe essenzielle Substanzen, die an vielen lebensnotwendigen Reaktionen beteiligt sind und zudem als Baustoff z. B. in Knochen dienen (→ 3.1.2).

Mineralstoffe werden nach dem menschlichen Bedarf eingeteilt:

- **Mengenelemente:** Bedarf über 50 mg pro kg Körpergewicht, z. B. Kalzium
- **Spurenelemente:** Bedarf unter 50 mg pro kg Körpergewicht, z. B. Eisen

essenziell: lebensnotwendig, unentbehrlich

Mineralstoffe: lebensnotwendige, anorganische Stoffe, die der Körper nicht selbst herstellen kann; Einteilung in Mengen- und Spurenelemente

Tab. 5 Ausgewählte Mineralstoffe – Überblick (Deutsche Gesellschaft für Ernährung u. a. o. J.)

	Mineralstoff	Bedarf/Tag Erwachsene	Funktion	Vorkommen	Symptome bei Über- und Unterversorgung
Mengenelemente	Natrium (Na^+)	1,5 g	Wasserhaushalt, osmotischer Druck	Kochsalz (NaCl)	Symptom chronischer Überversorgung: Bluthochdruck Mangel (i. d..R. nur durch starkes Erbrechen/Durchfall): Appetitlosigkeit, Schwäche, Erbrechen bis hin zum Koma
Mengenelemente	Chlorid (Cl^-)	2,3 g	Wasserhaushalt, osmotischer Druck, Salzsäurebildner im Magen	Kochsalz (NaCl)	Symptome Überversorgung schwer ermittelbar – es könnte zusammen mit Natrium Blutdrucksteigerung begünstigen
Mengenelemente	Kalium (K^+)	4 g	osmotischer Druck, Erregbarkeit von Muskeln (Herz)	viele Obst- und Gemüsesorten, Kartoffeln, Getreideprodukte	Mangel selten, kann durch starken Durchfall ausgelöst werden; Symptome: Muskelschwäche, Herzrhythmusstörungen, Störungen der Nerven
Mengenelemente	Kalzium (Ca^{2+})	1,0 g	Aufbau von Knochen und Zähnen, Erregbarkeit von Muskeln	Milch, Milchprodukte, grünes Gemüse	Mangel: bei Kindern Deformierung des Skeletts (Rachitis), bei Erwachsenen Demineralisierung der Knochen (Osteomalazie) Überversorgung: kann zu Nierensteinen und Niereninsuffizienz führen
Mengenelemente	Magnesium (Mg^{2+}) (Schätzwerte)	0,3–0,35 g	Erregbarkeit von Muskeln, Kofaktor von Enzymen	grünes Gemüse, Hülsenfrüchte, Vollkornprodukte, Mineralwasser	Mangel: Krampfneigung, Muskelschwäche, Funktionsstörungen der Muskeln (z. B. Herz) starke Überversorgung: osmotische Durchfälle, Blutdruckabfall
Mengenelemente	Phosphor bzw. Phosphat (PO_4^{3-} bzw. HPO_4^{2-})	0,55 g	Knochenaufbau, Bestandteil von ATP und DNA	Milch, Zusatzstoff z. B. in Wurst, Backwaren, Colagetränken	Mangel: kommt nicht vor Überversorgung: kann zur Verkalkung der Niere führen
Spurenelemente	Eisen (Fe^{2+}/Fe^{3+})	11–16 mg	Bestandteil von Hämoglobin, Sauerstofftransport	Fleisch, Nüsse, Haferflocken	Mangel: Müdigkeit, Blässe, eingerissene Mundwinkel, brüchige Haare und Nägel (Anämie) Überversorgung: kann zu Herz- und Leberschäden führen
Spurenelemente	Iod (I^-)	150–200 µg	Bestandteil des Schilddrüsenhormons, Regulation des Grundumsatzes	Fisch, iodiertes Speisesalz	Mangel: Struma, Antriebslosigkeit, Hautveränderungen, Gewichtszunahme (Schilddrüsenunterfunktion)
Spurenelemente	Fluorid (F^-)	3,0–3,5 mg	Härtung des Zahnschmelzes	Fisch, schwarzer Tee	Mangel: verminderte Widerstandsfähigkeit der Zähne, dadurch Förderung von Karies Überversorgung: Zahnfluorose
Spurenelemente	Selen (Se)	60–70 µg	Bestandteil von Proteinen, Antioxidationsmittel	Fisch, Nüsse, Hülsenfrüchte	Mangel: Erkrankung des Herzmuskels, generelle Muskelfunktionsstörungen Überversorgung: Haarverlust und Störung der Nagelbildung
Spurenelemente	Zink (Zn^{2+})	7–16 mg	Immunsystem, Stoffwechsel, Zellteilung	Vollkornprodukte, Fleisch, Käse, Haferflocken, Hülsenfrüchte	Mangel: Infektanfälligkeit, bei stärkerem Mangel Haarausfall, häufige Durchfälle bis hin zu vermindertem Längenwachstum

Mengenelement:
Mineralstoff, von dem der Körper täglich mehr als 50 mg pro kg Körpergewicht benötigt

Die Aufnahme von Mineralstoffen erfolgt überwiegend in Form von gelösten Salzen, den Elektrolyten. Salze bestehen aus Ionen, die sich gut im polaren Wasser, z. B. im Blut oder in den Zellen, lösen. Im Lebensmittel führt diese Lösungsfähigkeit jedoch dazu, dass Mineralstoffe sich im Kochwasser lösen und so dem Lebensmittel verloren gehen können.

Vitamine

Vitamine (→ Tab. 6) sind organische Substanzen und werden z. B. von Pflanzen aufgebaut. Der menschliche Körper ist hierzu nicht in der Lage und muss die Vitamine über die Nahrung aufnehmen. Je nach Aufbau sind Vitamine unterschiedlich stabil gegenüber Licht, Sauerstoff und Hitze.

Tab. 6 Vitamine – Überblick (Deutsche Gesellschaft für Ernährung u. a. o. J.)

	Vitamine	Bedarf/Tag Erwachsene	Funktion	Vorkommen	Folgen von Über- bzw. Unterversorgung
Fettlösliche Vitamine	Vitamin A (Retinol) Karotinoide (als Provitamin A)	0,7– 0,85 mg	beteiligt am Sehprozess, Zellwachstum und Immunsystem	Vitamin A in Leber, Thunfisch, Eigelb Karotinoide in Gemüse, Obst	Mangel: Nachtblindheit bis hin zur Erblindung Überversorgung: Verdacht auf Minderung der Knochendichte (Osteoporose)
	Vitamin D (Kalziferole)	20 µg (ohne Eigensynthese)	Kalziumeinlagerung in die Knochen, Kalziumresorption, Aktivität des Immunsystems	fettreicher Fisch, Leber, Milchprodukte, Eier	Mangel: bei Kindern Deformierung des Skeletts (Rachitis), bei Erwachsenen Demineralisierung der Knochen (Osteomalazie)
	Vitamin E (Tocopherole)	11–15 mg	antioxidativ, Schutz der Zellmembran	pflanzliche Öle, Soja, Nüsse, Avocado	Mangel: Häufung von Radikalen im Körper mit diversen Folgeerscheinungen
	Vitamin K (Phyllochinone)	60–80 µg	Blutgerinnung, Stoffwechsel der Knochen	grünes Gemüse, pflanzliche Öle, Haferflocken, Obst	Mangel: verstärkte Blutungen bei Verletzungen
Wasserlösliche Vitamine	Vitamin B_1 (Thiamin)	1,0–1,3 mg	Kohlenhydratabbau Stoffwechsel	Vollkornprodukte, Samen, Hülsenfrüchte, Schweinefleisch	Mangel: neurologische Auswirkungen (z. B. Empfindungslosigkeit) – starker Mangel führt zum Beri-Beri-Syndrom
	Vitamin B_2 (Riboflavin)	1,0–1,4 mg	Enzymbestandteil im Energiestoffwechsel	Leber (hoher Gehalt), Milch, Käse	Mangel nur in Kombination mit anderen Nährstoffdefiziten: Entzündungssymptome auf Haut und Schleimhaut
	Folat/Folsäure (Vitamin B_9)	300 µg	beteiligt an Neubildung von Zellen, DNA-Synthese, Zellteilung und Blutbildung	rohes Obst und Gemüse, Salat, Hülsenfrüchte	Mangel: in der Schwangerschaft erhöhtes Fehl- und Frühgeburtsrisiko; beim Säugling Wachstumsstörungen, Fehlbildungen im Gehirn, Neuralrohrdefekt; bei Erwachsenen Anämie
	Niacin (Vitamin B_3)	11–16 mg	beteiligt am Energie- und Zellstoffwechsel	proteinreiche Lebensmittel wie Fisch, Fleisch, Nüsse, Hülsenfrüchte, Eier	Mangel: körperliche Schwäche, Appetitverlust (Pellagra) Überversorgung: kann zu Leberschäden führen
	Pantothensäure (Vitamin B_5) (Schätzwerte)	5 mg	Bestandteil des Koenzyms A	proteinhaltige Lebensmittel, in geringer Menge in allen Lebensmitteln	Mangel (tritt kaum auf): Muskelschwäche, Müdigkeit
	Vitamin B_6 (Pyridoxin)	1,4–1,6 mg	Aminosäurestoffwechsel	proteinhaltige Lebensmittel, in geringer Menge in fast allen Lebensmitteln	Mangel tritt kaum auf Überversorgung: neurologische Störungen (Ataxie)
	Biotin (Vitamin B_7)	40 µg	Bestandteil mehrerer Enzyme im Stoffwechsel	proteinhaltige Lebensmittel	Mangel tritt kaum auf
	Vitamin B_{12} (Cobalamine)	4 µg	Stoffwechsel von Protein- und Nukleinsäuren	nur in tierischen Lebensmitteln	Mangel: Anämie, neurologische Störungen (Ataxie), psychische Auffälligkeiten (z. B. depressive Verstimmung)
	Vitamin C (Askorbinsäure)	95–110 mg	Reduktionsmittel im Stoffwechsel, Eisenstoffwechsel	Obst und Gemüse	Mangel: Blutungsneigung, Zahnausfall, schlechte Wundheilung (Skorbut)

Vitamine werden nach ihrer Löslichkeit eingeteilt (→ Tab. 6):

- **wasserlöslich,** polar: B-Vitamine, Vitamin C, Folsäure, Biotin, Niacin, Pantothensäure
- **fettlöslich,** unpolar: Vitamine A, D, E, K

Diese Eigenschaften haben großen Einfluss auf die Speicherfähigkeit und Resorbierbarkeit der Vitamine. Fettlösliche Vitamine können im Gewebe (z. B. Leber, Fett, Muskel) gespeichert werden, aber auch nur in Verbindung mit Fett aus dem Darm resorbiert werden (→ 4.3.2). Wasserlösliche Vitamine dagegen können mit Ausnahme des Vitamins B_{12} nicht gespeichert werden. Sie werden bei zu hoher Zufuhr mit dem Urin wieder ausgeschieden.

1. *Erklären Sie die Begriffe Fett- bzw. Wasserlöslichkeit aus chemischer Sicht und übertragen Sie dies auf die Speicherfähigkeit der Substanzen im Körper.*

2. *Es werden immer wieder Vitamin- und Mineralstofftabletten mit hohen Wirkstoffdosen angepriesen. Nehmen Sie Stellung zur Wirksamkeit dieser Produkte.*

Weitere Nahrungsbestandteile

Sekundäre Pflanzenstoffe

Sekundäre Pflanzenstoffe (→ Tab. 7) ist die Bezeichnung für eine sehr heterogene und große Wirkstoffgruppe, die von Pflanzen produziert wird und nicht dem primären (lebensnotwendigen) Stoffwechsel dient. Ihre Aufgabe besteht in der Interaktion der Pflanzen mit ihrer Umwelt. So schützen einige Stoffe vor Fraßfeinden, UV-Strahlen oder bieten Stabilität. Andere locken durch Farben oder Aromen bestäubende Insekten an. Im menschlichen Körper fördern sekundäre Pflanzenstoffe durch unterschiedlichste Wirkungsmechanismen die Gesundheit.

Genussstoffe

Genussstoffe sind Inhaltsstoffe, die in erster Linie dem Genuss und weniger der Versorgung der Körpers mit Energie und Wirkstoffen dienen.

Zu den Genussstoffen zählt **Trinkalkohol,** das Ethanol (→ Abb. 36). Er ist ein Abbauprodukt von Zucker und wird unter Sauerstoffabschluss von Hefepilzen produziert. Neben der

Spurenelement:
Mineralstoff, von dem der Körper täglich weniger als 50 mg pro kg Körpergewicht benötigt

Vitamine:
lebensnotwendige, organische Substanzen, die der Körper nicht selbst herstellen kann; Einteilung in fett- und wasserlösliche Vitamine

sekundäre Pflanzenstoffe:
von Pflanzen produzierte Substanzen, die nicht dem primären Stoffwechsel dienen, aber gesundheitsfördernde Wirkungen haben

Alkohol:
Ethanol; organische, energieliefernde Substanz, 29 kJ/g (7 kcal/g); mit einer Hydroxylgruppe (-OH); entsteht bei Gärung von Kohlenhydraten; toxisch

antioxidativ:
die Oxidation (Elektronenaufnahme, z. B. Reaktion mit Sauerstoff) eines anderen Stoffes verlangsamend bzw. verhindernd; Antioxidationsmittel bzw. Antioxidantien haben im Körper schützende Wirkung als „Radikalfänger"

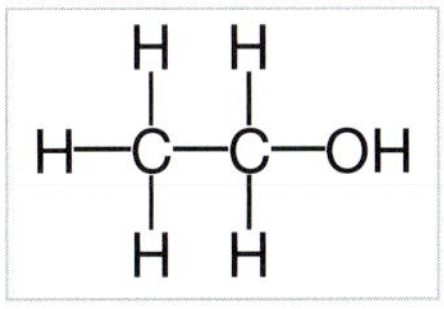

Abb. 36 Ethanol – Trinkalkohol

Tab. 7 Sekundäre Pflanzenstoffe – Überblick

Name	Eigenschaft	Mögl. gesundheitl. Wirkung	Vorkommen
Karotinoide und Lykopin	gelbe und rote Pflanzenfarbstoffe, Provitamin A	• antioxidativ • Steigerung der Immunabwehr	Aprikosen, Möhren, Paprika, Spinat, Grünkohl
Phytosterine	cholesterin-ähnliche Substanz	• Senkung der Cholesterinaufnahme	fettreiche Pflanzenteile wie Sesam, Sonnenblumen- und Kürbiskerne, Weizenkeime
Saponine	Bitterstoffe, die die Pflanzen gegen Pilzbefall schützen	• Senkung der Cholesterinaufnahme • Steigerung der Immunabwehr	Hülsenfrüchte (Kichererbsen, Linsen, Sojabohnen), Spinat
Glukosinolate	geschmacksgebende, schwefelhaltige Substanzen	• antimikrobiell • Senkung des Cholesterinspiegels	Senf, Meerrettich, Kohlarten
Polyphenole	aromagebende Stoffe und rot-blaue Farbstoffe (Flavonoide)	• antioxidativ • antimikrobiell • entzündungshemmend • blutdruckregulierend • blutzuckersenkend	Aromen in Kaffee, Tee und Getreide Flavonoide in Beeren, Rotwein, Auberginen
Phytoöstrogene	hormonähnliche Substanzen	• antioxidativ • Brust- und Prostatakrebs vorbeugend • Osteoporose vorbeugend	Sojabohnen und andere Hülsenfrüchte, Leinsamen
Sulfide	Verursacher des typischen Geruchs von Knoblauch und Zwiebeln	• antioxidativ • antimikrobiell • entzündungshemmend • blutdruckregulierend • cholesterinregulierend • Thrombose vorbeugend	Knoblauch, Zwiebeln, Lauch

Koffein:
psychoaktive Substanz mit stimulierender Wirkung; in Kaffee, Tee, Mate, Kolanuss

Theobromin:
psychoaktive Substanz mit stimulierender Wirkung; v.a. in Kakao; auch Tee, Kaffee

psychoaktive Substanz:
Substanz, die in den natürlichen Ablauf des Körpers eingreift und die Stimmung, Wahrnehmung oder Gefühle beeinflusst, d.h. bewusstseinsverändernd ist; kann körperlich oder psychisch abhängig machen

Bundesamt für Verbraucherschutz und Lebensmittelsicherheit: *www.bvl.bund.de*

Bundesinstitut für Risikobewertung: *www.bfr.bund.de*

Zusatzstoffe: *www.zusatzstoffe-online.de*

Zusatzstoffe:
Substanzen, die in der Lebensmittelproduktion aus technologischen Gründen eingesetzt werden, um bestimmte Eigenschaften im Lebensmittel zu erzielen

Acceptable Daily Intake:
erlaubte Tagesdosis, ADI-Wert; Dosis, die bei lebenslanger täglicher Einnahme als medizinisch unbedenklich gilt

Süßungsmittel:
Zuckerersatzstoffe, zu denen Zuckeraustauschstoffe und Süßstoffe zählen

Süßstoffe:
Substanzen mit wesentlich höherer Süßkraft als Saccharose; liefern kaum Energie, verursachen keine Karies

Zuckeraustauschstoffe:
Zuckeralkohole mit ähnlicher oder geringerer Süßkraft als Saccharose; liefern weniger Energie; werden insulinunabhängig verstoffwechselt

gezielten Produktion in alkoholischen Getränken entsteht Ethanol auch in Früchten, z.B. Bananen, durch die Reifung. Alkohol und vor allem dessen Abbauprodukte sind für den Körper toxische Substanzen; daneben enthält Ethanol mit 29 kJ/g (7 kcal/g) viel Energie.

Die chemisch miteinander verwandten Substanzen **Koffein** und **Theobromin** sind u.a. in Kaffee, Tee, der Kolanuss und Kakao enthalten. Koffein und Theobromin zählen zu den psychoaktiven Substanzen, die eine stimulierende Wirkung auf unseren Körper besitzen. Die stimulierende Wirkung des Theobromins ist schwächer, aber länger anhaltend. Im Gegensatz zum Ethanol sind diese Stimulanzien keine toxischen Substanzen und liefern auch keine Energie.

Welche Rolle spielen Genuss und Genussmittel in Ihrer Ernährung? Beurteilen Sie, wie häufig „Genuss" oder Ähnliches als Motiv in Ihrem Ernährungsprotokoll eingetragen ist.

Zusatzstoffe

Zusatzstoffe werden in der Produktion von Lebensmitteln aus technologischen Gründen eingesetzt, um bestimmte Eigenschaften im Lebensmittel zu erzielen, z.B.:

- eine verlängerte Haltbarkeit (Konservierungsmittel, Antioxidantien)
- eine bestimmte Farbe (Farbstoffe)
- eine bestimmte Konsistenz (Emulgatoren, Stabilisatoren)
- einen bestimmten Geschmack (Aromastoffe)
- einen reduzierten Energiegehalt (Süßstoffe, Zuckeraustauschstoffe)

Da Zusatzstoffe im fertigen Lebensmittel enthalten sind, bedürfen sie einer Zulassung, welche die toxikologische Unbedenklichkeit nachweist und bei messbaren Effekten die Tageshöchstdosis, den **ADI-Wert** (acceptable daily intake), bestimmt. Außerdem müssen sie im Zutatenverzeichnis von Lebensmitteln genannt werden (→ 4.4.8).

Süßungsmittel zählen zu den Zusatzstoffen, obwohl ihr Einsatz weniger technologisch begründet ist. Man unterscheidet zwei Gruppen:

- **Süßstoffe** übersteigen die Süßkraft des Zuckers um ein Vielfaches. Sie liefern keine oder kaum Energie.
- Die Süßkraft von **Zuckeraustauschstoffen** liegt oftmals unterhalb der von Zucker, dafür liefern Sie weniger Energie, können insulinunabhängig abgebaut werden (→ 7.3.2) und verursachen keine Karies.

In Lebensmitteln wird oft eine Kombination aus Süßstoff und Zuckeraustauschstoff verwendet, um dem Süßgeschmack des Zuckers möglichst nah zu kommen.

Lebensmittel, die insgesamt mehr als 10 % Zuckeraustauschstoffe enthalten, müssen den Warnhinweis „Kann bei übermäßigem Verzehr abführend wirken" auf der Packung haben. Verzehren Sie regelmäßig Lebensmittel mit diesem Hinweis?

Schadstoffe

Neben den erwünschten können Nahrungsmittel auch unerwünschte Substanzen enthalten, die unserer Gesundheit schaden und z.B. Krebs fördern oder auch akut toxisch wirken. Unterschieden werden:

- natürliche Bestandteile von Lebensmitteln, z.B. Solanin in Kartoffeln, Blausäure in bitteren Mandeln, Aflatoxine
- Schadstoffe, die durch den Produktionsprozess in die Lebensmittel gelangen, z.B. Arzneimittelrückstände aus der Tierproduktion, Dioxine als Nebenprodukte thermischer Prozesse, Nitrate aus Düngemitteln
- Schadstoffe, die während der Zubereitung von Lebensmitteln entstehen, z.B. Acrylamid beim Überhitzen von Kohlenhydraten, PAK (polyzyklische aromatische Kohlenwasserstoffe) beim Grillen

4.4.4 Empfehlungen für eine gesunde Ernährung

Um bedarfsgerecht versorgt zu sein, ist die tägliche Auswahl der Lebensmittel entscheidend.

Ernährungspyramide

Einen schnellen Überblick über eine ausgewogene Lebensmittelauswahl bietet die Ernährungspyramide des Bundeszentrums für Ernährung (BZfE) (→ Abb. 37). Sie ist im Alltag von Kindern, Jugendlichen und Erwachsenen leicht umzusetzen.

Abb. 37 Ernährungspyramide des Bundeszentrums für Ernährung

In der Ernährungspyramide sind die Lebensmittel nach empfohlenen Mengen in acht Gruppen eingeteilt. Jedes Kästchen stellt eine handgroße Portion dar. Die Portionsgrößen wachsen also entsprechend dem menschlichen Wachstum mit. Die Ampelfarben sorgen für eine Orientierung bezüglich der empfohlenen Mengen.

Die Basis der Ernährung im grünen Bereich bilden energiefreie **Getränke** wie Wasser und Tee (6 Portionen/Gläser). Es folgen **Obst** (2 Portionen) und **Gemüse/Salat** (3 Portionen) sowie kohlenhydratreiche Lebensmittel wie **Brot, Reis, Kartoffeln** und **Teigwaren** (4 Portionen). Das Getreidekorn symbolisiert, dass Vollkornprodukte zu bevorzugen sind.

Im gelben Bereich, zum mäßigen Verzehr, befinden sich die proteinreichen Lebensmittel, wie **Milch und Milchprodukte** (3 Portionen), **Fleisch, Fisch und Eier** (1 Portion). Die Kästchen und damit die Portionen sind allerdings kleiner als die Portionen in den Lebensmittelgruppen im grünen Bereich.

Im roten Bereich, der für eine sparsame Verwendung steht, sind **Fette und Öle** (2 Portionen ≙ 2 Esslöffeln) als Lebensmittel mit sehr hoher Energiedichte zu finden. Die Spitze bilden die **Extras** (1 Portion). Es sind die Genussmittel wie Süßigkeiten, Snacks, salzige Knabbereien und Alkohol. Auch Torten, Süßgetränke und Pommes frites gehören hierzu. Genussmittel bedeutet, dass diese Lebensmittel primär nicht zur Energie- und Nährstoffversorgung verzehrt werden, sondern aufgrund ihres Geschmacks und/oder ihrer anregenden oder berauschenden Wirkung.

1. *Suchen Sie sich einen Tag aus Ihrem Ernährungsprotokoll aus und übertragen Sie Ihre Lebensmittel in eine Ernährungspyramide.*

2. *Die Ernährungspyramide ermöglicht eine Überprüfung des Ernährungsverhaltens, ohne Kalorien zu zählen oder Mengen abzuwiegen. Wie haben Sie im Vergleich dazu bisher Ihr Ernährungsverhalten überprüft? Welche Vor- und Nachteile bieten die unterschiedlichen Methoden?*

DGE-Empfehlungen „Gut essen und trinken“

Eine weitere Orientierung, wie es sich umsetzen lässt, vollwertig zu essen und zu trinken, bieten die DGE-Empfehlungen „Gut essen und trinken“ (Deutsche Gesellschaft für Ernährung 2024):

1. Am besten Wasser trinken
2. Obst und Gemüse – viel und bunt
3. Hülsenfrüchte und Nüsse regelmäßig essen
4. Vollkorn ist die beste Wahl
5. Pflanzliche Öle bevorzugen
6. Milch und Milchprodukte jeden Tag
7. Fisch jede Woche
8. Fleisch und Wurst – weniger ist mehr
9. Süßes, Salziges und Fettiges – besser stehen lassen
10. Mahlzeiten genießen
11. In Bewegung bleiben und auf das Gewicht achten

Alternative Ernährungsformen

Neben diesen unabhängigen und auf dem aktuellen Stand der Wissenschaft basierenden Empfehlungen des BZfE und der DGE gibt es andere Ernährungsformen und Trends, die sich in ihrer Zusammensetzung und Ausgewogenheit stark voneinander unterscheiden (→ 4.4.7). Bei jedem Trend ist kritisch zu prüfen, ob die Ernährung einen Mangel oder einen Überschuss an einem bestimmten Nährstoff verursacht. Die vegetarische Ernährung und vegane Ernährung sind die hauptsächlichen alternativen Ernährungsformen.

In Deutschland ernähren sich 16 % der 14- bis 29-Jährigen vegetarisch, bei den älteren Personen sind es zwischen 5 und 8 % (Bundesministerium für Ernährung und Landwirtschaft 2023b).

Bundeszentrum für Ernährung (BZfE): *www.bzfe.de*

Ernährungskreis und Lebensmittelpyramide der DGE: *www.dge.de/gesunde-ernaehrung/gut-essen-und-trinken/dge-ernaehrungskreis/*

Ernährungspyramide als App: *www.bzfe.de/app-was-ich-esse*

Vollkornprodukt: Getreideprodukt aus dem ganzen Korn; reich an Ballaststoffen, Mineralstoffen und Vitaminen

Energiedichte: Energiegehalt eines Lebensmittels bezogen auf dessen Gewicht

Genussmittel: Lebensmittel, die aufgrund des Geschmacks und der anregenden/berauschenden Wirkung verzehrt werden

DGE Empfehlungen „Gut essen und trinken“: *www.dge.de/gesunde-ernaehrung/gut-essen-und-trinken/dge-empfehlungen/*

Deutsche Gesellschaft für Ernährung e. V.: DGE; unabhängige wissenschaftliche Fachgesellschaft für Ernährung; Zweck: Förderung, Auswertung und Publikation ernährungswissenschaftlicher Forschung sowie Ernährungsberatung und -aufklärung

Supplementierung:
Aufnahme von Nährstoffen anstelle der oder ergänzend zur sonstigen Nahrung zwecks Vorbeugung oder Behandlung eines Mangels

Gießener vegane Lebensmittelpyramide:
https://albert-schweitzer-stiftung.de/aktuell/die-aktuelle-vegane-lebensmittelpyramide

Bei der **vegetarischen Ernährung** werden neben pflanzlichen Lebensmitteln nur Produkte verzehrt, die vom lebenden Tier stammen. Bei richtiger Zusammensetzung ist diese Ernährung als Dauerernährung geeignet und aus ökologischen sowie gesundheitlichen Gründen empfehlenswert. Orientierung zur Zusammensetzung einer vegetarischen Ernährung bietet die Gießener vegetarische Lebensmittelpyramide (Keller, Leitzmann 2011) (→ Abb. 38).

Abb. 38 Gießener vegetarische Lebensmittelpyramide

Für Schwangere, Stillende, Säuglinge, Kinder und Jugendliche wird aufgrund des erhöhten Risikos für eine Nährstoffunterversorgung eine vegane Ernährung von der DGE nicht empfohlen (Richter u. a. 2016, 2020).

Eine Orientierung bietet die Gießener vegane Lebensmittelpyramide des Instituts für alternative und nachhaltige Ernährung (IFANE).

Welche Gründe sprechen für Sie dagegen, Vegetarier zu sein, und welche dafür?

Eine Unterform der vegetarischen Ernährung stellt die **vegane Ernährung** dar.

Altersabhängig verzichten zwischen 0 und 5% der Bevölkerung (Bundesministerium für Ernährung und Landwirtschaft 2023b) auf alle Lebensmittel, die vom Tier stammen, auch auf Honig.

Viele Veganer verzichten außerdem auf Bekleidung aus Leder und Tierwolle. Auch diese Ernährung ist als Dauerernährung geeignet, es sind jedoch Supplementierungen mit den kritischen Vitaminen B_{12} und eventuell Vitamin D notwendig. Außerdem ist eine ausreichende Versorgung mit den unentbehrlichen Aminosäuren, Eisen, Iod, Kalzium und ω-3-Fettsäuren sicherzustellen.

4.4.5 Lebensmittelgruppen der Ernährungspyramide

Grundlage für die in → Kap. 4.4.5 genannten Zufuhrempfehlungen für Nährstoffe sind die **DGE/ÖGE-Referenzwerte** für die Nährstoffzufuhr (Deutsche Gesellschaft für Ernährung u. a. o. J.), bis 2022 auch als D-A-CH-Referenzwerte bekannt.

Getränke

Zu dieser Gruppe zählen alle Getränke, die fast ausschließlich aus Wasser bestehen und kaum Energie liefern: Leitungs- und Mineralwasser, Kräuter- und Früchtetees, verdünnte

Säfte (1/4 Saft, 3/4 Wasser). Auch koffeinhaltige Getränke wie Tee und Kaffee werden der Flüssigkeitsbilanz zugerechnet, sofern ihnen nur wenig Zucker und Milch zugefügt werden. Bis zu 4 Tassen davon sind erlaubt.

Limonaden, Cola, Eistee, Energydrinks u. Ä. gehören aufgrund des hohen Zuckergehalts zu der Gruppe der Extras. Milch wird aufgrund der hohen Energiedichte zu den proteinreichen Lebensmitteln gezählt.

Die empfohlene tägliche Trinkmenge liegt bei ca. 1,5 Litern bzw. 6 vollen Gläsern.

Wasser ist DAS Medium, in dem die Lebensvorgänge der Zelle stattfinden. Es dient als

- Lösungs- und Transportmittel von z. B. Nährstoffen oder Sauerstoff
- wichtiger Reaktionspartner in vielen Ab- und Umbaureaktionen
- Regulator der Körpertemperatur
- Beitrag zur Mineralstoffzufuhr (→ Mineralstoffe): Je höher der Härtegrad bei Leitungswasser, desto mehr Salze bzw. Mineralstoffe sind darin gelöst; bei Mineralwässern gibt das Etikett Auskunft

Versorgungssituation: Mit 2 bis 3 % trinken nur wenige Erwachsene deutlich zu wenig, d. h. weniger als 1 Liter (Schulze-Lohmann 2012). Pflegebedürftige Senioren sind eine Risikogruppe bezüglich Unterversorgung; so gaben in einer Befragung gut 50 % der Senioren an, ein nachlassendes Durstempfinden zu haben, wodurch die Gefahr der Dehydratation besteht (Deutsche Gesellschaft für Ernährung (DGE) 2012).

Gemüse und Salat

Unter Gemüse versteht man **essbare Pflanzenteile,** meist Blätter, Wurzeln, Früchte, Samen, Knollen, Stängel. Zu dieser Gruppe gehören gegartes und rohes Gemüse, Salate (Blattgemüse), Rohkost, Hülsenfrüchte wie Bohnen, Erbsen, Linsen. Gemüse wird für die Zubereitung häufig gekocht und mit Gewürzen und evtl. Salz verfeinert. Regionales und saisonales Gemüse ist zu bevorzugen.

Ernährungsphysiologische Bedeutung von Gemüse und Salat

Die Lebensmittelgruppe Gemüse und Salat zeichnet sich durch eine große Vielfalt an Sorten mit unterschiedlichsten Geschmacksrichtungen, Zubereitungsmöglichkeiten und **Inhaltsstoffen** aus (→ Abb. 39):

- Mineralstoffe: Magnesium, Kalium (→ Obst), Kalzium (→ Milch), Eisen (→ Fleisch)
- Vitamine: Vitamin K, Folsäure, Vitamin C (→ Obst)

Ernährungsphysiologie: Lehre über die optimale Menge und Zusammensetzung von Lebensmitteln und Nährstoffen zur Versorgung des Organismus

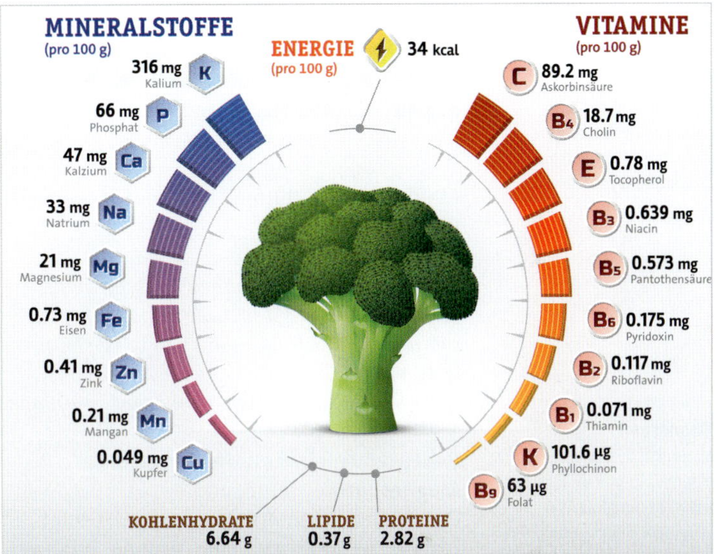

Abb. 39 Energie und Nährstoffe im Brokkoli

Die meisten Gemüsesorten bestehen zu über 90 % aus Wasser und weisen somit eine sehr niedrige Energiedichte auf. Zusätzlich sind vor allem in Schalen und Samen Ballaststoffe (→ Brot und Getreide) enthalten, die die Sättigung erhöhen, ohne Energie zu liefern.

Dehydratation: Abnahme der Körperflüssigkeit

Gemüse: essbare Pflanzenteile; meist Blätter, Wurzeln, Knollen, Stängel

Versorgungssituation: Empfohlen wird der tägliche Verzehr von 400 g Gemüse (Deutsche Gesellschaft für Ernährung 2017). Der Gemüseverbrauch pro Kopf lag im Jahr 2022/23 bei 102,6 kg (Bundesministerium für Ernährung und Landwirtschaft 2024). Dies entspricht einer durchschnittlichen Menge von ca. 280 g täglich und liegt damit deutlich unter den Empfehlungen.

Hülsenfrüchte (→ Abb. 40) enthalten neben Ballaststoffen und sekundären Pflanzenstoffen hohe Anteile an Proteinen (Durchschnitt 20 %) sowie hohe Gehalte an Mineralstoffen (Magnesium, Eisen, Zink) und Vitaminen (Vitamin B_1 und B_2, Folsäure). In der veganen Ernährung stellen Hülsenfrüchte neben Nüssen die wichtigste **Proteinquelle** dar. Aber auch in der Mischkost bereichern Hülsenfrüchte jede

Saisonkalender-App des BZfE: *www.bzfe.de/inhalt/app-saisonkalender-3131.html*

Hülsenfrüchte:
essbare Samen der Leguminosen, einer Pflanzenfamilie; z. B. Bohnen, Erbsen, Linsen, Kichererbsen

Mischkost:
Ernährung, in der alle Lebensmittel verzehrt werden – entsprechend der Ernährungspyramide

Abb. 40 Hülsenfrüchte: Erbsen

Mahlzeit und dürfen regelmäßig verzehrt werden.

Welchen Stellenwert haben Hülsenfrüchte in Ihrer Ernährung? Stellen Sie anhand Ihres Ernährungsprotokolls (→ 4.4 Kapiteleinstieg) fest, wie oft Sie Hülsenfrüchte verzehren, indem Sie die Spalte „Lebensmittelart" einfügen.

Magnesium:
Mineralstoff, Mengenelement; in grünen Gemüsesorten; Kofaktor von Enzymen, Stabilisierung des Ruhepotenzials der Muskeln

Kofaktor:
Nicht-Protein-Komponente eines Enzyms

Kortikoide:
entzündungshemmende Arzneimittel

Phyllochinone:
Vitamin K; fettlöslich; in grünem Gemüse, Hülsenfrüchten, Milchprodukten; beteiligt an der Blutgerinnung, Aktivierung der Knochenmineralisierung

Folsäure:
wasserlösliches, sehr hitzeempfindliches Vitamin; in grünem Gemüse, Hülsenfrüchten, Nüssen, Haferflocken; für DNA-Stoffwechsel und Zellteilung

Sprossen ziehen:
www.ndr.de/ratgeber/garten/nutzpflanzen/Sprossen-und-Microgreens-ziehen-So-gehts,sprossen188.html

Bedeutende Inhaltsstoffe von Gemüse

Magnesium

Das Mengenelement Magnesium (→ Tab. 5) ist das zentrale Atom im grünen Pflanzenfarbstoff Chlorophyll und kommt somit reichlich in Gemüsesorten mit kräftigem Grün wie Grünkohl oder Spinat vor. Auch im menschlichen Körper hat es eine **zentrale Rolle im Stoffwechsel:**

- Es ermöglicht als Kofaktor (Nicht-Protein-Komponente eines Enzyms) die Funktionsfähigkeit vieler Enzyme.
- Es stabilisiert das Ruhepotenzial der Muskeln (→ 5.1.3) und sorgt somit für ihre ausgewogene Erregbarkeit.

Vor allem Frauen, Senioren und Jugendliche sind nicht immer ausreichend mit Magnesium versorgt. Jugendliche (15–19 Jahre) gelten als Risikogruppe für die Unterversorgung mit Magnesium (Biesalski u. a. 2017).

Eine weitere Risikogruppe für einen Magnesiummangel stellen Menschen dar, die z. B. an Alkoholsucht leiden oder regelmäßig Arzneimittel wie Kortikoide oder empfängnisverhütende Mittel einnehmen (Deutsche Gesellschaft für Ernährung u. a. 2019).

Überlegen Sie, welche Ursachen es für eine Unterversorgung Jugendlicher mit Magnesium geben könnte.

Vitamin K – Phyllochinone

Beim fettlöslichen Vitamin K (→ Tab. 6) handelt es sich um eine Gruppe von Vitaminen:

- Das hitzebeständige, aber lichtempfindliche Vitamin K_1 (Phyllochinon) ist in Pflanzen an der Fotosynthese beteiligt und befindet sich somit in grünem Gemüse und Hülsenfrüchten sowie in Milchprodukten, die es über die Kuhnahrung erhalten.
- Vitamin K_2 (Menachinon) wird von den Darmbakterien produziert (→ 4.2.5) und trägt zu ca. 50 % zur Versorgung bei.

Zur Resorption aus dem Darm benötigt das fettlösliche Vitamin Gallensäuren.

Im Körper dient es vor allem zur Aktivierung der an der **Blutgerinnung** beteiligten Proteine (→ 8.1.7). Auch aktiviert Vitamin K die **Knochenmineralisierung.**

Bei gesunden Erwachsenen besteht normalerweise kein Mangel, allerdings bei Neugeborenen, da Vitamin K kaum über die Plazenta übertragen wird und kaum in Muttermilch vorhanden ist. Neugeborene und Säuglinge erhalten deshalb in der Regel dreimalig eine Vitamin-K-Supplementierung.

Folsäure

Die wasserlösliche, sehr hitze- und sauerstoffempfindliche Folsäure (→ Tab. 6) kommt im Blattgrün von Pflanzen sowie in Hülsenfrüchten, Nüssen und Haferflocken vor. Folsäure wird im Körper für die Zellteilung und die DNA-Synthese benötigt. Diese Vorgänge finden ein Leben lang statt, da permanent Erneuerungsprozesse und Reparaturen in Zellen ablaufen. Einen besonders hohen Bedarf hat der Körper im Wachstum. Frauen mit Kinderwunsch und **Schwangeren** wird deshalb die Supplementierung mit Folsäure empfohlen, da laut Weltgesundheitsorganisation (WHO) 95 % der Frauen die empfohlene Blutkonzentration an Folsäure nicht erreichen (Deutsche Gesellschaft für Ernährung 2016).

Sprossen weisen durch die Keimung hohe Gehalte an Folsäure auf. Wenn sie roh verzehrt werden, bleibt die Folsäure (→ Abb. 41) erhalten. Im Gegensatz zu Sprossen aus Ölsaaten und Kernen dürfen Sprossen aus Hülsenfrüchten nicht roh verzehrt werden, da sie die giftige Substanz Phasin enthalten. Beim Kochen zerfällt Phasin.

Sprossen als gute Folsäurelieferanten können leicht zu Hause gezogen werden. Achtung: ausreichende Hygiene durch häufiges Waschen der Sprossen!

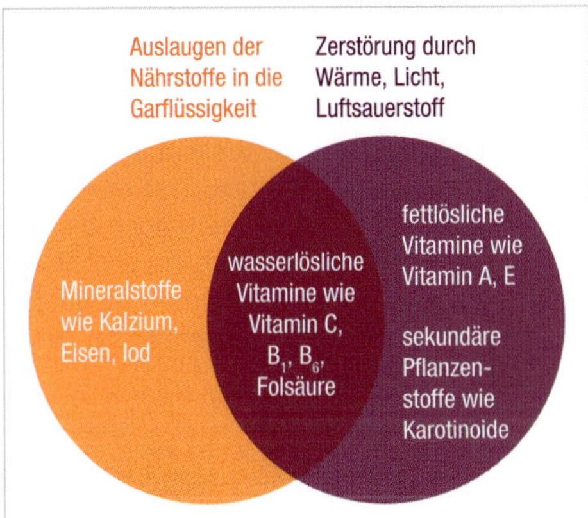

Abb. 41 Nährstoffverluste bei der Lebensmittelzubereitung

β-Karotin – Provitamin A

Das fettlösliche β-Karotin (→ Tab. 6, → Tab. 7) zählt als roter Pflanzenfarbstoff zu den sekundären Pflanzenstoffen und hat gesundheitsförderliche Wirkungen. Es kommt hauptsächlich in orangen und dunkelgrünen Obst- und Gemüsesorten vor, wie Süßkartoffeln, Möhren, Aprikosen, Grünkohl, Spinat. Im menschlichen Körper kann es zudem in Vitamin A umgewandelt werden.

Die **Bioverfügbarkeit** von ß-Karotin schwankt:

- Die Resorptionsrate aus dem Darm ist bei Menschen unterschiedlich.
- Bei der Zubereitung erhöht die Beigabe von Fett sowie das Kochen und Aufbrechen der Zellstrukturen im Lebensmittel durch Schneiden und Stampfen die Aufnahme. Aus rohen Möhren wird kaum ß-Karotin resorbiert.

12 mg β-Karotin ergeben etwa 1 mg verfügbares Vitamin A im Körper (Deutsche Gesellschaft für Ernährung u. a. 2019).

Vervollständigen Sie in Ihrem Ernährungsprotokoll (→ 4.4 Kapiteleinstieg) die Spalte „Lebensmittelart". Beurteilen Sie anschließend, ob Sie ausreichend Gemüse/Salat essen.

Obst, Nüsse und Samen

Zum Obst zählen alle roh genießbaren Früchte von Bäumen und mehrjährigen Sträuchern. Auch **Trockenobst** gehört in diese Kategorie. Bei Trockenobst entspricht eine Portion allerdings aufgrund des hohen Zuckergehalts nur ca. ½ Handvoll. **Fruchtsäfte** mit 100 % Fruchtgehalt sowie selbst zubereitete **Smoothies** aus ganzen Früchten gehören ebenfalls in diese Gruppe. Fertigsmoothies dagegen enthalten oft hohe Mengen an Zucker. Auch eine Handvoll Nüsse kann gern als eine Portion in dieser Gruppe verzehrt werden. Regionales und saisonales Obst ist zu bevorzugen.

Stellen Sie selbst einen Smoothie aus verschiedenen Früchten her. Vergleichen Sie die Inhaltsstoffe und die Kosten mit einem ähnlichen, im Handel erhältlichen Smoothie.

Ernährungsphysiologische Bedeutung von Obst

Obst enthält Glukose, Fruktose und Saccharose. Wegen der Süße dieser Zucker ist Obst sehr beliebt. Zucker liefert dem Körper schnelle Energie, sättigt jedoch kaum. Zudem ist Obst gut als Zwischenmahlzeit geeignet, da es direkt roh verzehrt werden kann und gut transportabel ist. Wie auch beim Gemüse gibt es eine große Sortenauswahl, die sehr unterschiedliche Gehalte und Zusammensetzungen an Mineralstoffen (z. B. Kalium), Vitaminen (z. B. C, K, Folsäure) und sekundären Pflanzenstoffen (z. B. Karotinoide, Polyphenole) aufweist. Die Energiedichte ist durch den hohen Wassergehalt von 80 bis 90 % und einen Zuckergehalt von 5 bis 12 % eher gering (Ausnahme Bananen: 74 % Wasser, 20 % Zucker).

Je nach Sorte kann Obst einen Beitrag zur Ballaststoffversorgung (→ Brot, Getreide und Beilagen) leisten:

- Beeren mit kleinen Fruchtkörpern und hohem Schalenanteil: 3 bis 5 g/100 g
- Äpfel/Birnen mit Schale: ca. 2 g/100 g
- Wassermelonen: 0,2 g/100 g

Versorgungssituation: Die DGE empfiehlt den Verzehr von 250 g Obst täglich (Deutsche Gesellschaft für Ernährung (DGE) 2017). Der

Obst:
essbare Früchte von Bäumen und Sträuchern

Nuss:
Frucht mit verholzter Fruchtwand und ölhaltigem Samen im Inneren

Samen:
der Ausbreitung dienende Gewebestruktur von Pflanzen

β-Karotin:
Pflanzenfarbstoff; fettlöslich; in orangen und grünen Obst- und Gemüsesorten; sekundärer Pflanzenstoff und Provitamin A

Provitamin:
Vorstufe eines Vitamins

Bioverfügbarkeit:
Ausmaß, in dem ein Stoff aus Lebensmitteln freigesetzt und resorbiert bzw. verfügbar wird

Obstverbrauch pro Kopf lag im Jahr 2022/23 bei 64,9 kg (Bundesministerium für Ernährung und Landwirtschaft 2024). Dies entspricht einer durchschnittlichen Menge von 177 g täglich und liegt damit unter den Empfehlungen.

Askorbinsäure:
Vitamin C; wasserlösliches Vitamin; in vielen Obst- und Gemüsesorten; Antioxidationsmittel (Radikalfänger)

Antioxidationsmittel:
Antioxidans; Stoff, der die Oxidation eines anderen Stoffes verlangsamt bzw. verhindert; z. B. Radikalfänger im Körper, Zusatzstoffe in Lebensmitteln

Bedeutende Inhaltsstoffe in Obst

Zucker

Glukose ist für den Körper der wichtigste Energielieferant. Das Gehirn und die roten Blutkörperchen sind auf diesen Brennstoff angewiesen und auch die Muskeln im Körper bevorzugen die leicht verfügbare Glukose. Der **Blutzuckerspiegel** (Glukosegehalt im Blut) wird durch die Hormone Insulin und Glukagon reguliert (→ 7.3.2). Er soll relativ konstant zwischen 80 und 140 mg/dl liegen. Bei einem hohen Glukoseangebot nach den Mahlzeiten speichern Leber und Muskeln Glukose in Form von **Glykogen,** einem Polysaccharid ähnlich der Stärke. Die Muskeln benötigen zur Aufnahme von Glukose das Hormon Insulin. In Phasen längerer Nahrungskarenz wird kein Insulin von der Bauchspeicheldrüse ausgeschüttet und die gespeicherte Glukose der Leber versorgt über das Blut direkt und ausschließlich Gehirn und Erythrozyten (rote Blutkörperchen, → 8.1.3). Wird langfristig zu wenig Energie zugeführt (z. B. bei einer Diät), werden Proteine aus dem Muskel genutzt, um zu Glukose umgebaut zu werden und damit das Gehirn mit Energie zu versorgen. Lipide hingegen können nicht zu Glukose umgebaut werden.

Karenz:
Enthaltsamkeit, Verzicht

Fruktose, das von den Sacchariden die höchste Süßkraft besitzt, wird dagegen vornehmlich in der Leber abgebaut bzw. als Glykogen oder bei hoher Zucker- und Energiezufuhr als Fett gespeichert. Die Resorption verläuft passiv über das Konzentrationsgefälle vom Darm ins Blut. Bei einem hohen Konsum verbleibt somit viel Fruktose im Darm und kann zu Durchfall führen. Im Allgemeinen ist die Stellung der Fruktose im Stoffwechsel noch sehr unklar.

Die schnelle Verfügbarkeit von Zuckern bezieht sich nicht nur auf die Stoffwechselvorgänge im Körper. Auch aus Lebensmitteln werden Zucker sehr schnell im Darm und zum kleinen Teil bereits im Mund resorbiert. **Saccharose** als Zweifachzucker muss hierfür nur einmal enzymatisch durch Saccharase in Glukose und Fruktose aufgespalten werden. Dies hat zur Folge, dass Obst als Zucker lieferndes Lebensmittel nicht lange sättigt. Die Kombination mit Nüssen, z. B. in Studentenfutter, ist ideal für eine lange Sättigung und gute Nährstoffzusammensetzung.

Vitamin C – Askorbinsäure

Das wasserlösliche Vitamin C (→ Tab. 6) ist sehr licht- und hitzeempfindlich und befindet sich in vielen Obst- und Gemüsesorten. Im Körper wirkt es als **Antioxidationsmittel,** indem es anstelle der zu schützenden Substanzen Elektronen abgibt (oxidiert wird), aber nach dieser Reaktion stabil bleibt. Viele schädigende Wirkungen, z. B. von Umwelteinflüssen wie Sonnenstrahlung, beruhen auf deren oxidativen Wirkungen, verursacht durch Radikale; diese können von Antioxidantien wie Askorbinsäure minimiert werden. Auch die das Immunsystem stärkende Wirkung beruht auf diesem Einfluss, ebenso die Förderung der Resorption von Eisen aus pflanzlichen Nahrungsmitteln (→ Fleisch).

Die antioxidative Wirkung ist es auch, die zum weit verbreiteten Einsatz von Vitamin C in der Lebensmittelindustrie beiträgt. Hier werden die Einflüsse von Sauerstoff auf Lebensmittel reduziert, sodass z. B. Fleisch durch die Zugabe von Askorbinsäure seine rote Farbe behält.

> Rauchen erhöht den Bedarf an Vitamin C um ca. 40 % (Deutsche Gesellschaft für Ernährung u. a. 2019). Grund hierfür ist, dass Raucher ihren Körper einem dauerhaften oxidativen Stress aussetzen, dem u. a. Vitamin C entgegentritt.

Kalium:
Mengenelement; in vielen Obst- und Gemüsesorten; reguliert mit Natrium die Druckverhältnisse im Körper

Kalium

Das Mengenelement Kalium (→ Tab. 5) ist für Pflanzen ein wichtiger Nährstoff und ist darum in Düngemitteln enthalten. Pflanzliche Lebensmittel wie Aprikosen, Pflaumen, Nüsse, Getreide und Kartoffeln sind Lieferanten für Kalium. Im menschlichen Körper ist es in Zusammenwirkung mit Natrium (→ Wurst) für den Wasserhaushalt und die **Druckverhältnisse zwischen intra- und extrazellulärem Raum** zuständig und reguliert so den Blutdruck, aber auch die Reizleitung von Muskeln – hier speziell des Herzens (→ 10.2.2).

Durch das Vorkommen in vielen pflanzlichen Lebensmitteln ist die Versorgung ausreichend (Deutsche Gesellschaft für Ernährung u.a. 2019). Ausnahme können Senioren sein, die durch Einnahme von Entwässerungs- und Abführmitteln oder zu niedrige Flüssigkeitsaufnahme (→ Wasser) an Kaliummangel leiden.

Sekundäre Pflanzenstoffe

Im Obst sind besonders die **Polyphenole** (→ Tab. 7) von Bedeutung, die roten Obstsorten Aroma und Farbe verleihen. Polyphenole zählen zusammen mit den Sulfiden zu den gesundheitsförderlichen Multitalenten. **β-Karotin** ist hauptsächlich in Aprikosen und Mangos enthalten.

Recherchieren Sie zu den Unterschieden von Vitaminen aus natürlichen und synthetischen Quellen. Diskutieren Sie die Ergebnisse.

Ernährungsphysiologische Bedeutung von Nüssen und Samen

Nüsse und Samen (z.B. Lein-, Chia-, Sesamsamen; Kürbis-, Sonnenblumenkerne) weisen eine hohe Energiedichte auf. Ihre Fettsäurezusammensetzung ist mit einem überwiegenden Anteil an **einfach ungesättigten Fettsäuren** sehr günstig (→ Tab. 8). Zudem liefern Nüsse und Samen Mineralstoffe wie Magnesium (→ Gemüse) und Zink und sind mit 15 bis 25% reich an Proteinen (Ausnahmen: Kokosnuss, Macadamia, Pekannuss). Für Veganer sind Nüsse und Samen neben Hülsenfrüchten die nennenswerten **Proteinquellen.** In der Ernährung vieler Menschen spielen Nüsse nur als Knabberartikel mit viel Salz und zusätzlichem Fett eine Rolle. Ideal sind sie dagegen als sättigende Zutat im Salat oder in Suppen oder als nahrhafter Mahlzeitenersatz in Form von Studentenfutter. Die DGE empfiehlt täglich eine kleine Hand voll naturbelassene Nüsse.

Brot, Getreide und Beilagen

Zu dieser Lebensmittelgruppe zählen die Getreide (Weizen, Roggen, Dinkel, Gerste, Reis, Mais, Hirse) und deren Produkte und Beilagen, wie Nudeln, Brot, Müsli, Getreideflocken, Gnocchi, Cornflakes, sowie Kartoffeln.

Ernährungsphysiologische Bedeutung

Brot, Nudeln und andere „Sättigungsbeilagen" liefern dem Körper die lebensnotwendige Glukose in Form von langen Stärkeketten.

Tab. 8 Fettsäurezusammensetzung von Nüssen in g (Dujardin 2007)

Nuss	Gesamtfett	Gesättigte Fettsäuren	Einfach ungesättigte Fettsäuren	Mehrfach ungesättigte Fettsäuren
Erdnüsse	48	8	22	14
Haselnüsse	62	5	47	7
Macadamia	73	22	43	3
Mandeln	54	5	37	10
Pistazien	52	7	35	7
Walnüsse	63	6	10	41

Da der Bedarf des Körpers an Kohlenhydraten 55 bis 60% des Gesamtenergiebedarfs beträgt, soll diese Lebensmittelgruppe der wesentliche Energielieferant in unserer Ernährung sein.

sekundäre Pflanzenstoffe: *www.mri.bund.de/fileadmin/MRI/Verbrauchermedien/PDFUA-Booklet-MRI-Tausendsassas_E_bfrei.pdf*

Bezüglich der ernährungsphysiologischen Bedeutung werden diese Lebensmittel in zwei Kategorien eingeteilt (→ Abb. 42):

- **Vollkornprodukte,** aus den ganzen Getreidekörnern, d.h. Mehlkörper im Inneren und äußere Randschicht, hergestellt
- **Weißmehlprodukte,** bei denen die Randschicht entfernt und nur der Mehlkörper verarbeitet wird

Abb. 42 Weißmehl- und Vollkornprodukte

Der Mehlkörper von Getreidekörnern enthält die Stärke. In den Randschichten dagegen sind die Ballaststoffe, Mineralstoffe, Vitamine und sekundären Pflanzenstoffe enthalten. Der ernährungsphysiologische Wert dieser beiden Gruppen ist somit sehr unterschiedlich.

Vollkornprodukte sind in ihrer Struktur durch die faserigen Ballaststoffe fester und sättigen dadurch länger. Zudem sind sie reich an Zink, Vitamin B_1, Magnesium (→ Gemüse), Eisen (→ Fleisch), Vitamin K (→ Gemüse) und Folsäure (→ Gemüse) und daher den Weißmehlprodukten vorzuziehen.

Weißmehlprodukte sind ohne die faserigen Ballaststoffe weicher und liefern schnell Energie, da die Stärkeketten sehr schnell gespalten werden und die Glukose in das Blut übergeht. Im Gegenzug sättigen diese nicht lange und liefern wenig weitere Nährstoffe. Sie sind daher nicht so empfehlenswert wie Vollkornprodukte.

Um dem schnellen Stärkeabbau entgegenzuwirken, können Weißmehlprodukte, z. B. Nudeln, mit einer reichlichen Gemüsebeilage und einer Proteinkomponente verzehrt werden, um so die Verdauung insgesamt zu verlangsamen und eine längere Sättigung zu erzielen.

Versorgungssituation: Der Anteil der Kohlenhydrate in der Ernährung liegt im statistischen Mittel bei 45 bis 50 % der Gesamtenergiezufuhr und damit unterhalb der Empfehlung (Max Rubner-Institut 2008). Auch die empfohlene Zufuhr von 30 g Ballaststoffen wird nicht erreicht, sondern bewegt sich 30 bis 50 % unterhalb der Empfehlungen. Zwischen diesen Werten besteht ein direkter Zusammenhang, so ist es umso schwerer, die empfohlene Ballaststoffzufuhr zu erreichen, je weniger Kohlenhydrate insgesamt gegessen werden.

Vergleichen Sie den Geschmack eines Vollkornbrotes mit einem Weißbrot
- *am Tag des Einkaufs sowie*
- *ca. vier Tage später.*

Bedeutende Inhaltsstoffe

Stärke

Stärke (→ Tab. 4) besteht aus Polysacchariden; diese werden im Zuge der Verdauung durch Enzyme zum Grundbaustein und primären Energielieferanten Glukose abgebaut und anschließend resorbiert (→ 4.3.1). Somit beeinflussen alle Kohlenhydrate den Blutzuckerspiegel und aktivieren die Ausschüttung von Insulin.

Fermentation: Gärung; Umwandlung organischer Stoffe mittels Mikroorganismen bzw. Enzymen in Säure, Gase oder Alkohol

Ballaststoffe

Ballaststoffe (→ Tab. 4) sind strukturgebende Fasern, Schleimstoffe und Energiespeicher in Pflanzen. Sie sind in Vollkornprodukten, Gemüse und Hülsenfrüchten enthalten.

Ballaststoffe werden nach ihrer Löslichkeit in Wasser eingeteilt:
- **Wasserlösliche Ballaststoffe** verlieren im Wasser ihre Struktur und bilden meist viskose Lösungen und Gele.
- **Wasserunlösliche Ballaststoffe** dagegen behalten ihre Struktur und nehmen Wasser in ihren Gerüsthohlräumen auf.

Dem menschlichen Körper fehlen die Enzyme, um diese Kohlenhydratketten zu spalten, sodass Ballaststoffe unverdaulich sind und unverändert ausgeschieden werden. Auf dem Weg durch den Magen-Darm-Trakt üben sie jedoch starke Einflüsse aus:
- Im Mund regen sie die Kautätigkeit der Zähne an.
- Im Magen quellen sie durch die Bindung mit Wasser auf und erhöhen das Magenvolumen, dies erhöht die Verweildauer der Speise im Magen.
- Im Darm regen sie durch ihr Volumen die Darmperistaltik an und verlangsamen die Resorption der Nährstoffe.
- Im Dickdarm dienen die wasserlöslichen Ballaststoffe den nützlichen Bakterien der Darmflora als Nahrung (→ 4.2.5); außerdem binden Ballaststoffe überschüssige Gallensäuren sowie Giftstoffe und Schwermetalle.

Diese Einflüsse auf die Verdauung haben **gesundheitsförderliche Auswirkungen** auf den gesamten Körper:
- Förderung der Sättigung, die im Weiteren der Gewichtsregulierung dient
- Prävention von Diabetes mellitus durch moderate Blutzuckeranstiege, resultierend aus einer langsamen Verdauung
- Gesunderhaltung des Darms durch die Förderung der Peristaltik des gesamten Magen-Darm-Trakts und die erhöhte Viskosität des Speisebreis
- Prävention von Verstopfung durch Erhöhung des Stuhlvolumens
- Regulierung des Cholesterinspiegels durch das Binden von Gallensäuren
- Entgiftung des Körpers durch das Binden von Giftstoffen und Schwermetallen
- Gesunderhaltung der Darmflora durch die Fermentation der Ballaststoffe durch die Darmbakterien

1. *Suchen Sie in Ihrem Ernährungsprotokoll (→ 4.4 Kapiteleinstieg) die Lebensmittel heraus, die Ballaststoffe enthalten. Recherchieren Sie deren Gehalt, z. B. mithilfe des Nährwertrechners. Erreichen Sie die empfohlenen Zufuhrmengen?*

2. *Sollte Ihre Zufuhr zu niedrig sein, tauschen Sie mithilfe der → Tab. 9 Lebensmittel aus, bis Sie eine Ballaststoffzufuhr von ca. 30 g erreichen.*

Tab. 9 Tägliche Ballaststoffzufuhr mit und ohne Vollkornprodukte – Beispiel

Lebensmittel	Portion in g	Ballaststoffgehalt in g
Müsli Cornflakes	40 g 40 g	2,2 g 1,0 g
Apfel	130 g	2,6 g
Vollkornnudeln helle Nudeln	200 g 200 g	6,3 g 2,7 g
Spinat	200 g	5,2 g
1 Portion Himbeeren	125 g	5,9 g
Möhren	80 g	2,9 g
1 Scheibe Vollkornbrot 2 Scheiben Weizentoast	60 g 60 g	5,0 g 2,2 g
Gesamt-Ballaststoffzufuhr		mit Vollkorn 30,1 g ohne Vollkorn 22,5 g

Gluten

Gluten ist ein Klebereiweiß, das aus Mehl und Wasser elastische und damit bearbeitbare Teige entstehen lässt. Aus diesen können wiederum stabile und zugleich lockere Backwaren hergestellt werden.

- Glutenhaltig sind Weizen, Gerste, Roggen, Hafer, Dinkel und Grünkern.
- Glutenfrei sind Mais, Reis und Hirse sowie Amarant, Buchweizen und Quinoa.

0,2 bis 1% der Bevölkerung können Gluten nicht verwerten und reagieren bereits auf kleinste Mengen mit entzündlichen Reaktionen im Darm (Allergieinformationsdienst 2019). Diese Erkrankung wird **Zöliakie** genannt. Sie ist nicht behandelbar und erfordert eine lebenslange Meidung glutenhaltiger Lebensmittel.

Zink

Neben Vollkornprodukten ist das Spurenelement Zink (→ Tab. 5) in Fleisch, Käse und Hülsenfrüchten enthalten. Die Aufnahme von Zink kann jedoch durch hemmende Substanzen, die in Getreide und Hülsenfrüchten enthalten sind, vermindert werden. Im Körper übernimmt Zink wichtige Funktionen:

- im Stoffwechsel und Immunsystem
- bei der Zellteilung und damit bei der Wundheilung und dem Aufbau der Haut

Die Versorgung ist in den westlichen Nationen in der Regel ausreichend, in Entwicklungsländern zählt Zinkmangel laut WHO zu einer häufigen Ursache für den Verlust der Gesundheit (Deutsche Gesellschaft für Ernährung u. a. 2019).

Vitamin B_1 – Thiamin

Als wasserlösliches Vitamin ist Thiamin (→ Tab. 6) nur sehr begrenzt vom Körper speicherbar, zudem ist es hitzeempfindlich und geht ins Koch- und Waschwasser über (→ Abb. 41). Eine regelmäßige Aufnahme ist deshalb erforderlich. Thiamin ist reichlich in den Randschichten von Getreide enthalten, im Mehlkörper dagegen kaum. Daneben kommt es in Schweinefleisch und Samen vor. Es hat im menschlichen Körper eine zentrale Funktion im Kohlenhydratabbau. Die Versorgung ist beim gesunden Menschen ausreichend (Deutsche Gesellschaft für Ernährung u. a. 2019). Mangelerscheinungen treten jedoch bei Alkoholkranken auf, verursacht durch eine allgemeine Mangelernährung und die stark begrenzte Speicherkapazität für Thiamin.

Pantothensäure – Vitamin B_5

Die wasserlösliche und hitzeempfindliche Pantothensäure ist in fast allen Lebensmitteln enthalten, vor allem in proteinreichen. Sie ist Bestandteil des Koenzyms A und somit vor allem am Fettstoffwechsel beteiligt. Ein Mangel ist äußerst selten.

Biotin – Vitamin B_7

Das wasserlösliche und hitzeempfindliche Biotin ist in proteinhaltigen Lebensmitteln enthalten und ist Bestandteil mehrerer Enzyme. Ein Mangel tritt im Grunde nicht auf.

Nährwerttabelle des Bundesforschungsinstituts für Ernährung und Landwirtschaft: *www.naehrwertrechner.de*

Zink: Spurenelement; in Vollkornprodukten, Fleisch, Käse und Hülsenfrüchten; zur Wundheilung und dem Aufbau der Haut sowie im Immunsystem wichtig

Thiamin: wasserlösliches Vitamin; in Vollkornprodukten, Schweinefleisch, Samen; wichtig im Kohlenhydratstoffwechsel

Zöliakie: immunologische Erkrankung des Dünndarms, die lebenslang eine glutenfreie Ernährung erfordert

Gluten: Klebereiweiß in Weizen, Gerste, Roggen, Dinkel, Hafer

Pantothensäure: wasserlösliches Vitamin; in proteinreichen Lebensmitteln; Bestandteil von Coenzym A

Biotin: wasserlösliches Vitamin; in proteinreichen Lebensmitteln; Bestandteil von Enzymen

Milch und Milchprodukte

Zu dieser Gruppe der proteinreichen Lebensmittel zählen Milch und Milchprodukte wie Käse, Joghurt, Quark, Kefir und Buttermilch. Neben tierischen Lebensmitteln sind auch Hülsenfrüchte (→ Brot, Getreide und Beilagen) wie Soja (→ Fette und Öle) sowie Nüsse (→ Obst) reich an Proteinen.

> Fitnessstudios bieten Proteinshakes zur Förderung des Muskelaufbaus an, auch im Supermarkt wächst das Angebot stetig. Vor dem Kauf ist zu hinterfragen, ob nicht auch eine ausreichende Versorgung über Lebensmittel möglich ist (→ Abb. 43).

Abb. 43 Muskelaufbau durch proteinreiche Lebensmittel

biologische Wertigkeit: gibt an, wie viel g Körperprotein aus 100 g Lebensmittelprotein gebildet werden kann

Ergänzungswert: Kombination von Lebensmitteln zur Verbesserung der Ernährungsqualität, z. B. der biologischen Wertigkeit

Ernährungsphysiologische Bedeutung

Ernährungsphysiologisch sind neben dem hohen Proteingehalt Kalzium und Vitamin B_2 von Bedeutung. Mit Laktose enthält Milch einen Zucker, der nur mit dem Enzym Laktase gespalten und abgebaut werden kann. Bei Menschen, denen dieses Enzym fehlt, verursacht der Konsum von Milch Bauchschmerzen und Durchfall, dies wird als **Laktoseintoleranz** (→ 4.8) bezeichnet.

Laktoseintoleranz: Milchzucker-unverträglichkeit

Bedeutende Inhaltsstoffe

Proteine

„Rohstofflieferant“ für die vielfältigen im Körper benötigten Proteine sind die proteinreichen Lebensmittel. In der Verdauung werden deren Proteine in ihre Einzelteile, die Aminosäuren, gespalten und anschließend in Leber und Muskeln zu den körpereigenen Proteinen zusammengesetzt. Überschüssige Aminosäuren können kaum gespeichert werden und werden unter Energiegewinnung abgebaut.

Aufgrund des komplexen Aufbaus dauert die Aufspaltung und damit die Verdauung der Proteine sehr lange. Dies führt zu einer anhaltenden Sättigung durch proteinreiche Lebensmittel. Zudem sind Proteine wie auch Lipide direkt am hormonellen Mechanismus der Sättigung beteiligt (→ 4.2.8).

Die quantitative Zusammensetzung der Proteine aus den 21 Aminosäuren ist für jedes Lebensmittel spezifisch. Je mehr ein Lebensmittelprotein dem Körperprotein ähnelt, desto wertvoller ist es. Bezeichnet wird dies als **biologische Wertigkeit.** Sie beschreibt, wie viel g Körperprotein aus 100 g Lebensmittelprotein aufgebaut werden kann. Die biologische Wertigkeit steigt mit dem Gehalt an unentbehrlichen Aminosäuren. Als Referenzwert dient Vollei mit einem willkürlichen Wert von 100. Er entspricht also keiner 100 %igen Umsetzung. Durch die Kombination von Lebensmitteln können Werte von über 100 erreicht werden, da sich die Aminosäuren verschiedener Lebensmittel gegenseitig ergänzen; dies bezeichnet man als **Ergänzungswert** (Biesalski u. a. 2017):

- Ei: 100
- Kartoffeln: 96
- Ei (36 %) + Kartoffel (64 %): 136
- Milch: 85
- Weizen: 59
- Milch (75 %) und Weizen (25 %): 125
- Bohnen: 73
- Mais: 72
- Bohnen (52 %) und Mais (48 %): 99

Versorgungssituation: Die Versorgung mit Proteinen ist in allen Altersklassen mit Werten von 120 bis 150 % über dem Bedarf mehr als ausreichend (Max Rubner-Institut 2008). Männer erfüllen ihren Bedarf vorwiegend über Fleisch, Frauen über Milch und Käse.

> *Können Sie den Sättigungseffekt von Proteinen auch bei sich feststellen? Vergleichen Sie in Ihrem Ernährungsprotokoll (→ 4.4 Kapiteleinstieg) oder in einem Kochexperiment die Sättigung durch eine proteinreiche Speise und durch eine ohne nennenswerte Mengen (z. B. Nudeln mit Tomatensoße) miteinander.*

Kalzium: Mengenelement; in Milch und Milchprodukten, Wasser, Gemüse, Samen; für Knochenaufbau, Zähne

Kalzium

Das Mengenelement Kalzium (→ Tab. 5) ist mit 1 kg Körperbestand der am stärksten vertretene Mineralstoff im Körper. 99 % davon befinden sich in den Knochen und Zähnen und verleihen diesen Stabilität und Festigkeit. In den Zellen ist Kalzium an der Erregbarkeit von Muskeln und Nerven beteiligt. Neben Milch ist Kalzium in Samen, Gemüse und Mineralwasser enthalten. Im statistischen Mittel wird bei Erwachsenen der Kalziumbedarf knapp erfüllt (Max Rubner-Institut 2008), dies bedeutet allerdings, dass gut die Hälfte der Bevölkerung zu wenig Kalzium zu sich nimmt.

13- bis 19-Jährige haben mit 1,2 g den höchsten Kalziumbedarf, Grund ist ihr starkes Wachstum. Mädchen sind häufig unterversorgt.

Vitamin B_2 – Riboflavin

Das wasserlösliche Vitamin B_2 (→ Tab. 6) ist sehr lichtempfindlich, jedoch hitzestabil. Es kommt in Leber, Käse, Fisch und Getreide vor. Es hat eine zentrale Aufgabe im Stoffwechsel beim Abbau von Fettsäuren. Die Versorgung ist in allen Altersgruppen ausreichend.

Fleisch, Wurst, Fisch und Eier

Zu dieser Gruppe gehören Fleisch, Geflügel, Fleisch- und Wurstwaren sowie Fisch und Eier. Panierte Schnitzel, Chicken Nuggets, Fischstäbchen u. Ä. gehören aufgrund ihrer hohen Energiedichte und ihrer Zusammensetzung sowohl zu dieser Gruppe als auch zur Gruppe der Fette und Öle (→ Fette und Öle).

Ernährungsphysiologische Bedeutung von Fleisch

Das heute von der Bevölkerung nachgefragte Fleisch und Geflügel ist in der Regel fettarm und wird vorwiegend aus Muskelgewebe hergestellt. Nur Hackfleisch enthält neben Muskel- auch Fett- und Bindegewebe und ist mit ca. 20 % Fett energiereicher. Wurst und Wurstwaren dagegen sind oft fettreich. Die Proteine im Fleisch haben eine hohe biologische Wertigkeit. Daneben liefern Fleisch und Geflügel Eisen und Zink sowie die Vitamine B_6, B_{12} und B_1. Ernährungsphysiologisch kann Fleisch durch Hülsenfrüchte ersetzt werden.

Versorgungssituation: Der Pro-Kopf-Verbrauch von Fleisch lag im Jahr 2022 bei 70,8 kg (Bundesministerium für Ernährung und Landwirtschaft 2024). Dies entspricht ca. 1,4 kg pro Woche und liegt damit weit oberhalb des empfohlenen wöchentlichen Maximalwerts von 300 g.

Bedeutende Inhaltsstoffe in Fleisch

Eisen

Das Spurenelement Eisen (→ Tab. 5) ist im menschlichen wie auch im tierischen Körper Bestandteil des roten Blutfarbstoffs Hämoglobin, der für die Sauerstoffaufnahme der Erythrozyten verantwortlich ist (→ 8.1.3). Demnach ist Eisen in Fleisch und hier vor allem in Leber enthalten. In der Pflanze spielt Eisen eine Rolle bei der Fotosynthese und ist in pflanzlichen Lebensmitteln hauptsächlich in z. B. Weizenkleie, Hirse, Haferflocken, Kürbiskernen, Spinat und Tofu zu finden. Allerdings liegen die Eisenionen in Pflanze und Tier in unterschiedlichen chemischen Zuständen vor. Pflanzliches Eisen ist dreiwertig (Fe^{3+}), tierisches Eisen zweiwertig (Fe^{2+}). Im menschlichen Körper kann nur Fe^{2+} resorbiert werden. Eisenreiche pflanzliche Lebensmittel sollen deshalb in Kombination mit einem Reduktionsmittel wie dem Vitamin C verzehrt werden, um die Eisenaufnahme zu ermöglichen. Dies kann z. B. eine Paprikarohkost zum Spinat sein oder ein Glas Orangensaft zu den Haferflocken (→ 8.4.7).

Die durchschnittliche Versorgung von Frauen mit Eisen ist um ca. 1/3 zu niedrig (Deutsche Gesellschaft für Ernährung (DGE) 2012). Männer erreichen im Mittel die empfohlene Zufuhr. Diese geschlechterspezifischen Unterschiede sind im geringeren Fleischkonsum von Frauen und im monatlichen Blutverlust durch die Menstruation begründet (→ 8.4.2).

Besonders weibliche Teenager und junge Frauen leiden gehäuft an Eisenmangel, da durch das Wachstum und die Menstruation ein erhöhter Bedarf besteht. Eisen-Mangelsymptome sind unter anderem Blässe, eingerissene Mundwinkel, brüchige Haare und Nägel (→ 8.4.3).

Eisen:
Spurenelement; in Fleisch, Hirse, Haferflocken, Spinat; Bestandteil des Hämoglobins

Riboflavin:
Vitamin B_2; wasserlöslich; z. B. in Leber, Käse, Fisch, Getreide; wichtig für Fettstoffwechsel

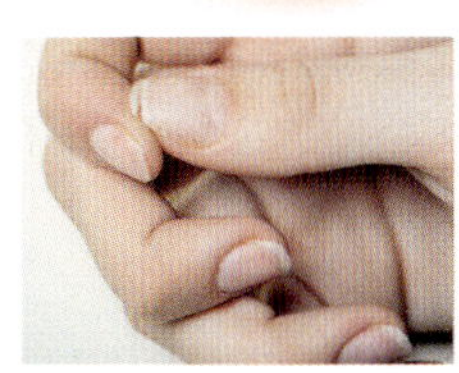

Niacin:
Vitamin B_3, wasserlöslich; in proteinreichen Lebensmitteln; beteiligt am Energie- und Zellstoffwechsel

Niacin – Vitamin B_3

Das wasserlösliche und relativ unempfindliche Niacin (→ Tab. 6) kommt vor allem in proteinreichen Lebensmitteln wie Fleisch und Fisch vor. Es ist beteiligt am Energie- und Zellstoffwechsel. Die Versorgung mit Niacin ist in der Regel ausreichend (Deutsche Gesellschaft für Ernährung u. a. 2019).

Pyridoxin:
Vitamin B_6, wasserlöslich; in fast allen Lebensmitteln; beteiligt am Proteinstoffwechsel

Vitamin B_6 – Pyridoxin

Das wasserlösliche, relativ stabile Vitamin B_6 (→ Tab. 6) kommt in fast allen Lebensmitteln vor. Wie alle B-Vitamine hat auch B_6 seine Aufgaben im Stoffwechsel, dieses speziell bei Proteinen. Zudem ist es an der Bildung des roten Blutfarbstoffs beteiligt. Die Versorgung ist ausreichend.

Cobalamine:
Vitamin B_{12}, wasserlöslich; ausschließlich in tierischen Lebensmitteln wie Leber, Fleisch, Eier, Käse; beteiligt an DNA-Synthese, Fett- und Proteinstoffwechsel

Vitamin B_{12} – Cobalamine

Das wasserlösliche Vitamin B_{12} (→ Tab. 6) kommt ausschließlich in tierischen Lebensmitteln vor. Auch hier weist die Leber als Speicherort von Cobalaminen die höchsten Gehalte auf. Daneben sind Muskelfleisch, Eier, Käse und Fisch gute Lieferanten. Fermentierte pflanzliche Lebensmittel wie Sauerkraut oder Bier enthalten geringe Mengen. Auch Vitamin B_{12} ist, wie die anderen B-Vitamine, am Stoffwechsel beteiligt, speziell an der DNA-Synthese und am Protein- und Fettstoffwechsel.

Natrium:
Mengenelement; Bestandteil von Kochsalz; reguliert mit Kalium die Druckverhältnisse im Körper

Chlorid:
Mengenelement; Bestandteil von Kochsalz, Bestandteil der Magensäure

> Die Versorgung mit Vitamin B_{12} ist in der Bevölkerung im Allgemeinen sehr gut. Allerdings sind Menschen, die sich fast oder ausschließlich vegan ernähren, auf Vitamin-B_{12}-Supplemente angewiesen.

Retinol:
Vitamin A, fettlöslich; in Leber, Käse, Eiern; wichtig für den Sehvorgang, Aufbau der Haut und Erythrozyten

Vitamin A – Retinol

Das fettlösliche Vitamin A (→ Tab. 6) ist nur in tierischen Lebensmitteln wie Leber, Käse und Eiern enthalten, kann jedoch aus dem pflanzlichen β-Karotin hergestellt werden (→ Gemüse). Vitamin A ist entscheidend am Sehvorgang sowie am Aufbau der Haut und den Erythrozyten beteiligt. Die Versorgung ist allgemein gut, Mangel kann bei Kindern und Senioren mit häufigen Infekten auftreten (Deutsche Gesellschaft für Ernährung u. a. 2019).

Phosphat:
Mengenelement; PO_4^{3-}; in Wurst und Wurstwaren als Zusatzstoff; Bestandteil von ATP

ATP:
Adenosintriphosphat; Speichermolekül für Energie, bei dessen Spaltung Energie frei wird

Ernährungsphysiologische Bedeutung von Wurst

Im Gegensatz zum Fleisch haben Wurst und Wurstwaren oftmals hohe Fettgehalte. Vor allem streichfähige Produkte wie Tee- und Leberwurst weisen meist einen hohen Fettgehalt auf, um die angenehme Konsistenz zu erreichen. Empfehlenswerter, da fettärmer sind Produkte aus ganzen Fleischstücken wie Schinken, Putenbrust oder Bratenaufschnitt. In Wurstwaren werden zudem viele Zusatzstoffe eingesetzt, um die gewünschte Farbe, Haltbarkeit und Konsistenz zu erhalten. Zu diesen Zusatzstoffen zählen auch die Mineralstoffe Natrium, Chlorid und Phosphat. Deren Zufuhr steigt mit dem Konsum von Wurstwaren ebenfalls an und kann zu negativen Auswirkungen auf die Gesundheit führen.

Bedeutende Inhaltsstoffe in Wurst

Natrium

Das Mengenelement Natrium (→ Tab. 5) bildet zusammen mit Chlorid das Kochsalz, welches in Wurstwaren, aber auch in Käse, Fertiggerichten und Knabbereien häufig in größeren Mengen enthalten ist. Natrium erfüllt im Körper zusammen mit Kalium die Funktion der Blutdruckregulation (→ Obst). Durch einen hohen Kochsalzkonsum ist die Versorgung bei vielen Menschen zu hoch (Deutsche Gesellschaft für Ernährung u. a. 2019). Dies kann das Gleichgewicht der Elektrolyte Natrium und Kalium stören und zu Bluthochdruck (→ 10.4) führen.

Chlorid

Das Mengenelement Chlorid (→ Tab. 5) ist Bestandteil von Kochsalz. Auch seine Funktion liegt in der Druckregulation des Körpers. Daneben ist es Bestandteil der Salzsäure im Magen, die zur Desinfektion und zur Denaturierung von Proteinen dient (→ 4.2.3). Die Versorgung von Chlorid ist aufgrund des hohen Kochsalzkonsums mehr als ausreichend.

Phosphat

Das Mengenelement Phosphat (PO_4^{3-} bzw. HPO_4^{2-}) (→ Tab. 5) hat im Stoffwechsel des Körpers eine zentrale Stellung, da es Bestandteil von ATP ist sowie in Nukleinsäuren und Knochen vorkommt. Es ist somit in fast allen, insbesondere in proteinreichen Lebensmitteln enthalten. Außerdem ist Phosphat vor allem in Fleischerzeugnissen ein viel eingesetzter Zusatzstoff. Es dient als Stabilisator, Konservierungs- und Säuerungsmittel, Letzteres z. B. in Colagetränken. Die Zufuhr von Phosphat liegt durch den Einsatz als Zusatzstoff oftmals über dem Bedarf.

Fleisch und Wurst werden ernährungsphysiologisch sehr unterschiedlich bewertet. Überprüfen Sie anhand Ihres Ernährungsprotokolls (→ 4.4 Kapiteleinstieg), wie Ihr persönliches Verhältnis von Fleisch zu Wurst zu bewerten ist.

Ernährungsphysiologische Bedeutung von Fisch

Fisch wird in zwei Kategorien eingeteilt:

- fettarmer Fisch:
  - Seefische: z. B. Kabeljau, Seezunge, Seelachs
  - Süßwasserfische: z. B. Forelle, Zander
- fettreicher Fisch:
  - Seefische: z. B. Hering, Makrele, Thunfisch
  - Süßwasserfische: z. B. Aal, Lachs

Alle Fischsorten enthalten Fluorid. Vor allem Seefisch liefert zudem Iod; die fettreichen Fische darüber hinaus Vitamin D und A. Besonders die fettreichen Fische sind reich an ω-3-Fettsäuren und haben somit einen hohen ernährungsphysiologischen Wert. Fisch soll ein- bis zweimal pro Woche verzehrt werden.

Ein hoher Fleisch- und Fischkonsum belastet die Umwelt und ist unter ethischen Gesichtspunkten infrage zu stellen. Stellen Sie Empfehlungen zusammen, die bei Einkauf und Ernährung beide Aspekte berücksichtigen.

Bedeutende Inhaltsstoffe in Fisch

ω-3-Fettsäuren

ω-3-Fettsäuren, z. B. Linolensäure, besitzen mehrere Doppelbindungen (→ Fette und Öle). Sie sind für den menschlichen Körper essenziell. Enthalten sind sie vor allem in fettreichem Fisch, aber auch in Samen und Nüssen. Durch die geschwungene räumliche Anordnung, die die Doppelbindungen verursachen, sind ω-3-Fettsäuren wichtige Bausteine in Zellmembranen, z. B. in Gehirn und Augen, da sie diesen Elastizität und damit auch Flexibilität verleihen. Dies hat zur Folge, dass die Zellen stabiler werden, z. B. gegen Druckveränderungen (Bluthochdruck) und oxidative Einflüsse (Krebsentstehung), aber auch gegen Autoimmunreaktionen (→ 4.6.1).

Iod

Da die Versorgung mit dem Spurenelement Iod (→ Tab. 5) fast ausschließlich über Seefisch erfolgt, bestehen regional große Unterschiede. Iod ist Bestandteil der Schilddrüsenhormone und somit indirekt auch an der Regulation des Grundumsatzes beteiligt (→ 4.4.2). Iodmangel ist die häufigste Ursache für eine Struma (→ 7.5.2). Deutschland wurde 1981 von der WHO zum Iodmangelgebiet erklärt, weshalb die Supplementierung über Iodsalz flächendeckend Einzug fand. Trotz der Verwendung von iodiertem Speisesalz liegt immer noch bei 30 % der Bevölkerung ein Iodmangel vor (Deutsche Gesellschaft für Ernährung 2016).

Fluorid

Das Spurenelement Fluorid (→ Tab. 5) wird ebenso wie Iod vielfach Speisesalz und Zahnpasta zugefügt, da die Versorgung über Fisch nicht ausreichend ist. Fluorid sorgt in Knochen und Zähnen für Stabilität und Widerstandsfähigkeit.

Fluorid: Spurenelement; in Fisch, als Supplement in Salz und Zahnpasta; sorgt in Zähnen und Knochen für Stabilität

Selen

Das Spurenelement Selen (→ Tab. 5) kommt vor allem in Fisch, Nüssen und Hülsenfrüchten vor. Es ist Bestandteil von Aminosäuren und dient zudem als Antioxidationsmittel im Körper. Zur Versorgung in Deutschland liegen keine Daten vor.

Selen: Spurenelement; in Fisch, Nüssen, Hülsenfrüchten; Bestandteil von Aminosäuren

Vitamin D – Kalziferole

Neben fettreichem Fisch haben nur Ei und Käse nennenswerte Gehalte am fettlöslichen Vitamin D (→ Tab. 6). Allerdings ist der Körper in der Lage, Vitamin D mithilfe von UVB-Strahlung selbst zu produzieren. Dies bedeutet im Umkehrschluss, dass in den Wintermonaten ein Großteil der Bevölkerung unzureichend mit Vitamin D versorgt ist. Für Kinder wird deshalb eine Supplementierung mit Vitamin D im gesamten ersten Lebensjahr empfohlen. Danach wird Kindern wie auch Erwachsenen zu einer Supplementierung in den Wintermonaten geraten. Vitamin D erfüllt zentrale Funktionen in der Kalziumresorption, dessen Stoffwechsel und Einlagerung in die Knochen. Zudem ist es an der Reifung einiger Immunzellen beteiligt. Die im Körper aktive Vitamin-D-Form, die die Kalziumresorption erst möglich macht, ist das Kalzitriol (→ 3.1.2, → 11.2.2).

Kalziferole: Vitamin D, fettlöslich; in fettreichem Fisch, Käse, Ei; Eigensynthese durch UV-Strahlung in der Haut möglich; wichtig für Immunsystem und Knochenstoffwechsel

ω-3-Fettsäuren: ungesättigte, essenzielle Fettsäuren; Bestandteil von Zellmembranen in Gehirn, Augen und anderen Zellen, sorgen für Flexibilität und damit Stabilität

Wie hoch ist Ihr Fischkonsum laut Ernährungsprotokoll (→ 4.4 Kapiteleinstieg)? Sammeln Sie in der Klasse Ideen für Fischgerichte und übernehmen Sie persönlich diejenigen, die Ihnen schmecken könnten.

Iod: Spurenelement; in Seefisch, iodiertem Speisesalz; Bestandteil des Schilddrüsenhormons

Cholesterin:
Fettbegleitstoff in tierischen Lebensmitteln; wird über den Darm aufgenommen und von der Leber synthetisiert; kann nicht abgebaut, sondern nur über Gallensäuren ausgeschieden werden; Funktion: v. a. Bestandteil von Hormonen und Zellmembranen

Lipoproteine:
Transportproteine für Lipide

Chylomikronen:
Lipoproteine, die vor allem Triglyzeride vom Darm ins Blut transportieren

Ernährungsphysiologische Bedeutung von Eiern

Die Proteine von Eiern weisen eine sehr hohe biologische Wertigkeit auf. Das Eigelb besitzt neben Proteinen ca. 30 % Fett und damit auch die fettlöslichen Vitamine A, E, D und K sowie den Fettbegleitstoff Cholesterin.

Bedeutender Inhaltsstoff in Eiern: Cholesterin

Cholesterin ist ausschließlich in tierischen und fettreichen Lebensmitteln enthalten. Es erfüllt im Körper viele Funktionen und ist z. B. Bestandteil von Zellmembranen und Hormonen. Der Körper stellt in der Leber ca. 90 % des benötigten Cholesterins selbst her, kann es allerdings nicht abbauen. Cholesterin wird über den Darm in Form von Gallensäuren (bestehen aus Cholesterin) ausgeschieden oder rückresorbiert. Gesteigert werden kann die Ausscheidung durch Ballaststoffe, die Gallensäuren an sich binden. Das gebundene Cholesterin kann nicht rückresorbiert, sondern nur ausgeschieden werden. Für die Neubildung muss wiederum körpereigenes Cholesterin verwendet werden, sodass der Cholesterinspiegel sinkt.

Welche Speisen in Ihrem Ernährungsprotokoll (→ 4.4 Kapiteleinstieg) enthalten Eier?

Fette und Öle

Zu dieser Gruppe zählen z. B. Butter, Margarine, Speiseöl, Bratfett, Sahne und Mayonnaise. Der Unterschied zwischen Fetten und Ölen besteht in ihrem Aggregatzustand bei Raumtemperatur:

- Fette sind aufgrund des hohen Anteils an gesättigten Fettsäuren fest.
- Öle sind dickflüssig, da sie mehr ungesättigte Fettsäuren enthalten.

Daneben sind Fette auch in vielen Lebensmitteln enthalten. Diese werden als **versteckte Fette** bezeichnet. Hierzu zählen u. a. Wurst, Käse, frittierte Lebensmittel, Schokolade und salzige Knabbereien (→ Abb. 44).

Welche Öle und Fette nutzen Sie in der Küche? Haben Sie ein besonders geschmackvolles Öl für Salate und ein stabiles Öl zum Braten?

Ernährungsphysiologische Bedeutung von Fetten und Ölen

Lipide sind in erster Linie Energielieferanten für den Körper. Weitere **Aufgaben** sind:

- Sie sind Bestandteil der Zellmembranen wie auch einiger Hormone.
- Fett als Gewebe bietet Organen wie Augen und Nieren Schutz gegen mechanische Einwirkungen wie Stöße und isoliert gegen Kälteeinwirkungen.
- Fett stellt den Energiespeicher des Körpers dar. Besteht eine positive Energiebilanz, baut die Leber Kohlenhydrate und auch Proteine zu Fett um, da dies nahezu unbegrenzt im Fettgewebe gespeichert werden kann.

Der **Transport der Lipide** erfolgt aufgrund ihrer unpolaren Stoffeigenschaften über sogenannte Lipoproteine (→ Abb. 45). Diese bilden eine Hülle um die Lipide und machen sie so im polaren Blut transportfähig.

Die Lipide aus der Nahrung werden in der Dünndarmschleimhaut in **Chylomikronen** verpackt und zunächst an der Leber vorbei über die Lymphe transportiert und dann im Blut an die Muskeln und Fettzellen verteilt (→ 4.3.2). Die Chylomikronreste werden anschließend von der Leber aufgenommen. Steht dem Körper nach der Nahrungsaufnah-

Abb. 44 Sichtbare und versteckte Fette (Angabe des Fettgehalts in %) (Heseker, Heseker 2019)

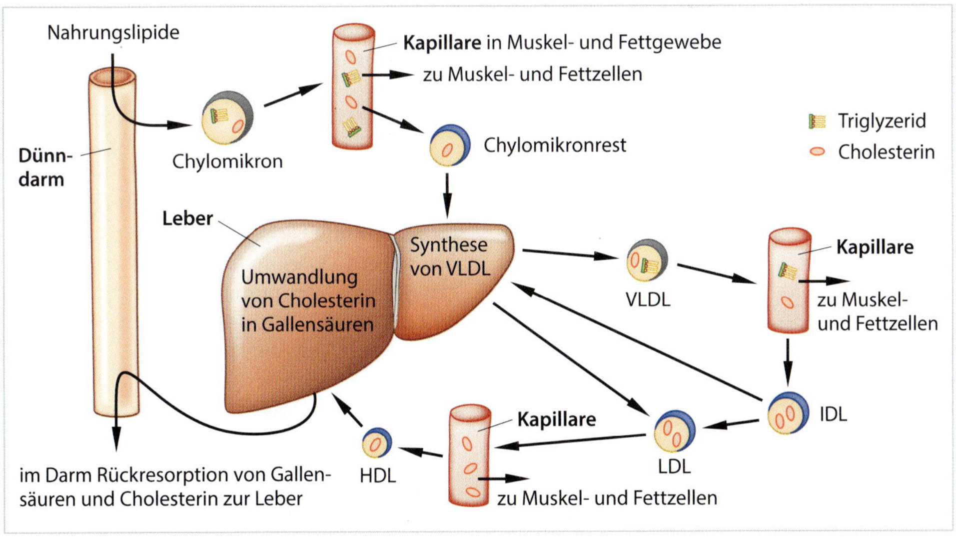

Abb. 45 Lipoproteinstoffwechsel – Übersicht

me viel Energie zur Verfügung, baut die Leber aus überschüssigen Kohlenhydraten und Proteinen ebenfalls Triglyzeride auf. Diese werden zusammen mit Cholesterin (→ Abb. 27) und anderen fettlöslichen Substanzen in VLDL (very low density lipoprotein) verpackt und ins Blut zur Verteilung abgegeben. Haben die sehr kurzlebigen VLDL einen Großteil ihrer Triglyzeride abgegeben, werden diese zu den kleineren IDL (intermediate density lipoprotein). Diese werden entweder von der Leber aufgenommen oder bei noch hohem Cholesterinanteil zu **LDL** (low density lipoprotein) umgebaut. LDL stellt für den Körper ein schnell verfügbares Cholesterinreservoir dar und zirkuliert einige Tage im Blut. Da der Körper Cholesterin nicht selbst abbauen kann, muss nicht mehr benötigtes und überschüssiges Cholesterin zur Leber oder anderen Geweben abtransportiert werden. Diese Aufgabe übernehmen die **HDL** (high density lipoprotein).

Ist durch hohe Cholesterin- und Fettaufnahme der LDL-Spiegel hoch, können diese ihr Cholesterin nur sehr langsam abgeben und zirkulieren lange im Blut. Dies macht die LDL anfällig für oxidative Reaktionen. Oxidierte LDL sind nicht mehr funktionsfähig und werden von Makrophagen (Immunzellen) aufgenommen. Durch eine hohe Aufnahme von oxidiertem LDL entwickeln sich Makrophagen zu sogenannten Schaumzellen, die ihrerseits die Entstehung von Arteriosklerose begünstigen (→ 10.5.2, Abb. 35).

Fettsäuren befinden sich in sehr unterschiedlichen Verhältnissen in Ölen und Fetten (→ Abb. 46).

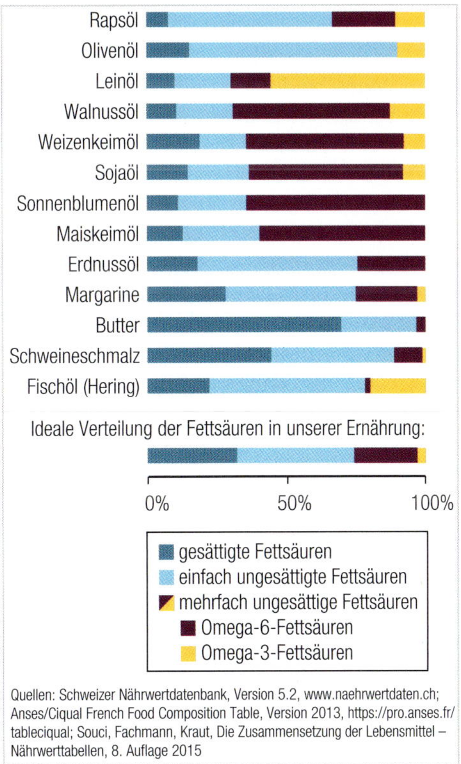

Abb. 46 Fettsäurezusammensetzung von Fetten und Ölen (Schweizerische Gesellschaft für Ernährung SGE o. J.)

VLDL:
very low density lipoprotein; Lipoproteine, die Triglyzeride von der Leber zu den Körperzellen transportieren

IDL:
intermediate density protein, Lipoproteine; Größe zwischen VLDL und LDL

LDL:
low density lipoprotein; Lipoproteine, die Cholesterin von der Leber zu den Körperzellen transportieren

HDL:
high density lipoprotein; Lipoproteine, die überschüssiges Cholesterin zur Leber transportieren

Gesättigte Fettsäuren (z. B. Stearinsäure) sind sehr hitzestabil und vor allem in Kokosfett, Butter, Palmöl und den Fetten von Rind und Schwein enthalten. Diese Fette sind gut zum Braten und Frittieren geeignet.

Die Funktion der gesättigten Fettsäuren im Körper besteht hauptsächlich in der Bereitstellung von Energie. Übersteigt die Zufuhr den Verbrauch, wird es für die Transportproteine schwer, die gesättigten Fettsäuren in den Geweben einzulagern. Ein Überangebot im Blut entsteht, welches medizinisch als erhöhter Triglyzeridwert messbar wird. Langfristig führen hohe Werte dieser „Fettmarker" zu Arteriosklerose (→ 10.5).

Einfach ungesättigte Fettsäuren (z. B. Ölsäure) sind relativ hitzestabil und vor allem in Olivenöl, Rapsöl und einigen Sonnenblumenölen enthalten. Auch diese Öle und Fette lassen sich gut erhitzen und eignen sich daher zum Braten und Frittieren.

Der Körper kann einfach ungesättigte Fettsäuren selbst herstellen. Sie besitzen zwei wichtige Eigenschaften:

- Die Doppelbindung verleiht diesen Fettsäuren den geschwungenen Aufbau und der Zellmembran damit die Flexibilität.
- Sie sind sehr stabil gegenüber Einflüssen im Körper wie der schädigenden Oxidation. So werden sowohl Zellen als auch die Transportproteine (z. B. HDL) durch einfach ungesättigte Fettsäuren stabiler. Dies wirkt sich z. B. positiv auf die Blutfettwerte aus.

Blutfettwerte:
Gehalte im Blut an VLDL, LDL, HDL, Gesamtcholesterin (VLDL + LDL + HDL), Triglyzeriden

Mehrfach ungesättigte ω-6-Fettsäuren (z. B. Linolsäure) sind empfindlich gegenüber Hitze und Licht und vor allem in Maiskeim-, Distel- und einigen Sonnenblumenölen enthalten. Diese Öle sollen nicht stark erhitzt werden.

Tocopherol:
Vitamin E, fettlöslich; in pflanzlichen Ölen, Antioxidationsmittel (Radikalfänger)

Die essenziellen Fettsäuren dienen dem Körper vermehrt als Baustoff. Allerdings sind sie anfälliger gegenüber äußeren Einflüssen (Oxidation), sodass eine hohe Zufuhr die positiven Wirkungen umkehren und Entzündungsreaktionen begünstigen kann.

Mehrfach ungesättigte ω-3-Fettsäuren (z. B. Linolensäure) sind sehr empfindlich gegenüber Hitze und Licht und vor allem in Lein- und Walnussöl enthalten. Diese Öle sollen nur kalt, z. B. in Salat, verwendet und im Kühlschrank gelagert werden.

Im Körper haben die essenziellen ω-3-Fettsäuren wichtige Funktionen als Baustoff, vor allem im Gehirn und Augengewebe. Außerdem wirken sie entzündungshemmend und verbessern die Fließeigenschaften des Blutes. Da ω-3-Fettsäuren in fast allen Ölen in geringen Mengen vorkommen, ist eine zu hohe Zufuhr kaum möglich, sodass keine Einschränkungen zum Verzehr vorliegen.

Der **Anteil der Lipide an der Gesamtenergiemenge** soll ca. 30 % betragen (Deutsche Gesellschaft für Ernährung u. a. 2019). Die drei Fettsäurearten (gesättigte, einfach ungesättigte und mehrfach ungesättigte Fettsäuren) sollten dabei ca. zu je 1/3 vertreten sein.

Gesundheitsgefährdend werden Lipide, wenn ihre Zufuhr insgesamt zu hoch ist, die Verhältnisse der Fettsäurearten ungünstig ist und zusätzlich tendenziell eine positive Energiebilanz vorliegt. Letztere führt dazu, dass neben den Lipiden aus der Nahrung auch die Lipide aus der Eigensynthese der Leber (aus überschüssigen Kohlenhydraten und Proteinen) über die Lipoproteine im Blut verteilt werden und dieses System zusätzlich stark belasten.

Bei vielen Menschen besteht ein Überschuss an Lipiden und an gesättigten Fettsäuren in der Nahrung (Max Rubner-Institut 2008). Im statistischen Mittel machen Lipide 35 % unserer Energie aus. Knapp die Hälfte davon (16 % der Gesamtenergiemenge) entfällt auf gesättigte Fettsäuren.

Bedeutender Inhaltsstoff in Ölen: Vitamin E – Tocopherol

Das fettlösliche Vitamin E (→ Tab. 6) ist in größeren Mengen fast ausschließlich in pflanzlichen Ölen wie Weizenkeim-, Sonnenblumen- und Rapsöl enthalten. Im statistischen Mittel liegt die Versorgung knapp bei 100 %, sodass bei vielen Menschen der Bedarf nicht erfüllt wird.

Vitamin E ist neben Vitamin C eines der Antioxidantien im Körper und hat somit weitreichende stabilisierende, schützende und damit gesund erhaltende Wirkungen.

Extras: Süßes, Salziges, alkoholhaltige Getränke

Zur Gruppe der Genussmittel zählen:

- Süßes, z. B. Fruchtgummi, Schokolade, Eis, Kuchen, Kekse, Süßgetränke
- Salziges, z. B. Chips, Flips, geröstete Nüsse, Kräcker auf Getreidebasis
- alkoholhaltige Getränke, z. B. Bier, Wein, Sekt, Spirituosen
- Pommes frites

Ernährungsphysiologische Bedeutung der Extras

Lebensmittel aus dieser Gruppe sollen zum Genuss verzehrt werden und nicht, um den Körper zu ernähren. Denn Genussmittel haben physiologisch gesehen kaum positive Wirkungen auf unseren Körper, aber sie schmecken einfach vielen Menschen.

Die Gruppe der Extras hat folgende negative Eigenschaften:

- Süße wie auch salzige Genussmittel haben meist eine sehr **hohe Energiedichte** und gleichzeitig einen geringen Sättigungsgrad. Ähnliches gilt für Alkohol. Eine hohe Energiedichte begünstigt das Erreichen einer positiven Energiebilanz mit den Folgen der Gewichtszunahme und den ungünstigen Wirkungen auf den Fettstoffwechsel und Insulinhaushalt.
- Süßigkeiten fördern **Karies.** Diese wird verursacht durch Bakterien, die natürlicherweise im Zahnbelag enthalten sind. Die Bakterien bauen Glukose, Fruktose und Saccharose aus Lebensmitteln zur Energiegewinnung ab und produzieren dabei Säuren, die den Zahnschmelz angreifen und zerstören. Dieser Vorgang wird durch eine mangelnde Zahnhygiene verstärkt.
- Salzige und fettige Knabbereien sowie viele Fast-Food- und Fertiggerichte liefern überwiegend **gesättigte Fettsäuren** sowie **Transfette,** die den Fettstoffwechsel ungünstig beeinflussen.
- Alkohol ist für den Menschen ein Lebergift und wirkt zudem auf das Gehirn, indem es zunächst Redseligkeit, dann Schwindel, Orientierungslosigkeit und schließlich Übelkeit und Kopfschmerzen verursacht. Darüber hinaus kann regelmäßiger Alkoholkonsum zu **Abhängigkeit** führen (→ 5.14).

Der Präventionsradar der DAK-Gesundheit gibt an, dass jedes 5. Schulkind (19 %) zwischen 10 und 17 Jahren regelmäßig **Energydrinks** trinkt. Übergewicht, Hyperaktivität und Schlafstörungen sind ebenfalls in dieser Gruppe sehr häufig. Insbesondere aufgrund des hohen Koffeingehalts ist der Verkauf an Jugendliche in einigen Ländern verboten. In Deutschland wird ein Verkaufsverbot seit Langem diskutiert (IFT-NORD 2019).

Im Jugendalter stellt der Konsum von zuckerhaltigen Getränken insgesamt ein großes Problem dar (Mensink u. a. 2018).

1. *In Kapitel 4.4.2 haben Sie Ihren persönlichen Energiebedarf berechnet. Süßgetränke liefern im Durchschnitt 200 kJ und 12 g Zucker pro 100 ml. Berechnen Sie die zugeführte Energie und Kohlenhydratmenge, wenn Sie täglich 2 Liter des Süßgetränks trinken würden. Wie viel Prozent Ihres Tagesbedarfs an Energie und Kohlenhydraten (→ Tab. 4) würden Sie durch das Getränk abdecken? Wie stehen Sie dazu?*

2. *Um den Verzehr von Zucker zu reduzieren, erheben einige europäische Staaten wie Dänemark und Großbritannien eine zusätzliche Steuer auf Zucker. Auch in Deutschland wird darüber diskutiert.*
   a) Recherchieren Sie Fakten zur Zuckersteuer: Pro-Argumente, Kontra-Argumente, Erfahrungsberichte.
   b) Beziehen Sie Stellung zur Thematik und tauschen Sie sich in einer Pro-Kontra-Diskussion aus.

Bedeutender Inhaltsstoff: Transfette

Transfette sind z. B. enthalten in:

- Backwaren wie Croissants, Keksen
- Pommes frites und Pizza
- Fertiggerichten wie Tütensuppen
- Panaden von Fisch- und Hähnchenteilen
- Snacks wie Chips, Popcorn, Müsliriegeln
- einigen Margarinesorten

Transfette entstehen bei einer zu hohen natürlichen oder lebensmitteltechnologischen Erhitzung von ungesättigten Fettsäuren und bei der Fetthärtung (Margarineherstellung). Hierbei lagert sich die Doppelbindung von der Cis- in die Trans-Konfiguration um (→ 4.4.3).

Karies:
Zahnfäule, meistens verursacht durch hohen Zuckerkonsum und mangelnde Zahnhygiene

Transfette:
ungesättigte Fettsäuren, bei denen sich die Doppelbindung durch Hitzeeinwirkung von der Cis- in die Trans-Konfiguration umgelagert hat; haben gesundheitsschädigende Wirkung

Transfettsäuren haben negative Wirkungen auf den Fettstoffwechsel und fördern eine Reihe von Erkrankungen wie Arteriosklerose, Bluthochdruck und Diabetes mellitus.

4.4.6 Gesellschaftliche Bedeutung von Ernährung

Unsere tägliche Ernährung ist eine sehr individuelle Angelegenheit mit vielen persönlichen Einflussfaktoren (→ 4.4.1). Insgesamt gesehen ist Ernährung jedoch keineswegs nur eine Privatangelegenheit, sondern hat weitreichende Einflüsse in unterschiedlichsten Bereichen.

Ökobilanz:
Auswirkungen eines Produkts oder einer Handlung auf die Umwelt

Planetary Health Diet:
www.bzfe.de/nachhaltiger-konsum/lagern-kochen-essen-teilen/planetary-health-diet/

Mindesthaltbarkeitsdatum:
Datum, bis zu dem ein Produkt bei sachgemäßer Lagerung auf jeden Fall ohne wesentliche Geschmacks- und Qualitätseinbußen sowie gesundheitliches Risiko konsumiert werden kann

Ernährungsbranche als Wirtschaftsfaktor
Vielen Menschen bietet unsere Ernährung Einkommen und Lebensunterhalt:

- **Landwirtschaft,** die Grundnahrungsmittel und Rohstoffe produziert
- **Lebensmittelindustrie,** die aus den Rohstoffen Produkte nach gesetzlichen und hygienischen Standards erzeugt
- **Transport-, Verpackungs- und Logistikbranche,** die Lebensmittel transportfähig macht und an ihre Bestimmungsorte bringt
- **Einzelhandel,** der die Produkte wie auch die Grundnahrungsmittel anbietet und verkauft
- **Gemeinschaftsverpflegung,** die aus den Lebensmitteln Gerichte herstellt (z. B. Mensa, Kantine in Kita, Schule, Beruf und Seniorenheimen)
- **Gastronomie,** die Gerichte herstellt und gewinnbringend verkauft
- **Entsorgungsbranche,** die Lebensmittelreste und -verpackungen entsorgt oder recycelt

Durchschnittlich gibt ein privater Haushalt 417 € monatlich für Ernährung aus, das sind 14,6 % des Budgets. Für Wohnen geben die Haushalte 36 % (1025 € monatlich), für den Bereich Verkehr 12,2 % (347 € monatlich) aus (Statistisches Bundesamt (Destatis) 2023).

Einfluss der Ernährung auf die Umwelt
Die Wahl unserer Lebensmittel hat stets ökologische Konsequenzen. Als Maßstab hierfür können die **CO_2-Bilanz** bzw. der **CO_2-Fußabdruck** und die **Wasserbilanz,** d. h. der errechnete Verbrauch dieser Ressourcen, herangezogen werden. Die **Ökobilanz von Lebensmitteln** wird von vielen Faktoren beeinflusst (→ Tab. 10).

Neben einer möglichst umweltverträglichen, kosten- und energiesparenden Herstellung von Lebensmitteln ist es wichtig, Lebensmittel auch ökologisch zu verwerten.

Um alle Menschen der Erde auf Dauer nachhaltig zu ernähren, ist ein globales Ernährungsumdenken erforderlich. Die EAT-Lancet-Kommission (37 Wissenschaftler aus unterschiedlichen Disziplinen und 16 Ländern) hat einen Speiseplan erstellt, der die Gesundheit des Menschen und der Erde gleichermaßen schützen soll. Er trägt den Namen **Planetary Health Diet** und bringt mehr Pflanzen und weniger Tiere auf den Teller (→ Abb. 47). Auch nationale Empfehlungen wie „Gut essen und trinken" der DGE berücksichtigen verstärkt den Nachhaltigkeitsgedanken und betonen ebenfalls, den Fokus der Ernährung auf pflanzliche Kost zu legen.

Laura und Emil sitzen vor einem Becher Joghurt, bei dem das Mindesthaltbarkeitsdatum seit 14 Tagen überschritten ist. Emil würde ihn gern essen, denn der Joghurt riecht noch gut und sieht lecker aus. Laura dagegen möchte ihn auf keinen Fall anrühren, da er ja nicht mehr genießbar und gesund ist.

Tab. 10 Kriterien der Ökobilanz von Lebensmitteln

	Günstige Ökobilanz	Ungünstige Ökobilanz
Transport	regionale Produkte z. B. regionales Obst, Gemüse direkt vom Erzeuger	Produkte mit weiten Transportwegen z. B. im Herbst angebotene Äpfel aus Südafrika
Saisonalität	saisonale Produkte z. B. Erdbeeren im Juni	Produkte entgegen der Saison z. B. Erdbeeren zu Weihnachten
Ernährungsform	pflanzliche Lebensmittel z. B. Obst, Gemüse	tierische Lebensmittel z. B. Rindfleisch, Butter
Haltungsart/ Anbauart	Bio-Lebensmittel z. B. Bio-Milch von Kühen aus Weidehaltung, Bio-Tomaten	konventionelle Lebensmittel z. B. Milch von Kühen aus Stallhaltung, Tomaten aus konventionellem Anbau
Abfallmenge	vollständige Verwertung der Lebensmittel z. B. Übergabe von Resten an die Tafel	Entsorgung von Lebensmitteln, die noch genießbar sind z. B. Entsorgen von altbackenem Brot statt Weiterverwertung

1. *Wie würden Sie bei dem Becher Joghurt entscheiden?*

2. *Wie gehen Sie in Ihrer Familie mit Lebensmitteln um, bei denen das Mindesthaltbarkeitsdatum überschritten ist? Wie gehen Sie mit Resten um und wie viele Lebensmittel werfen Sie weg? Tauschen Sie sich aus.*

3. *Suchen Sie mithilfe der Internetseiten „Zu gut für die Tonne" und „Lebensmittelwertschätzen" nach Verbesserungsmöglichkeiten in Ihrem Umgang mit Lebensmitteln und erstellen Sie hieraus einen praktischen Ratgeber, den Sie der Klasse präsentieren können.*

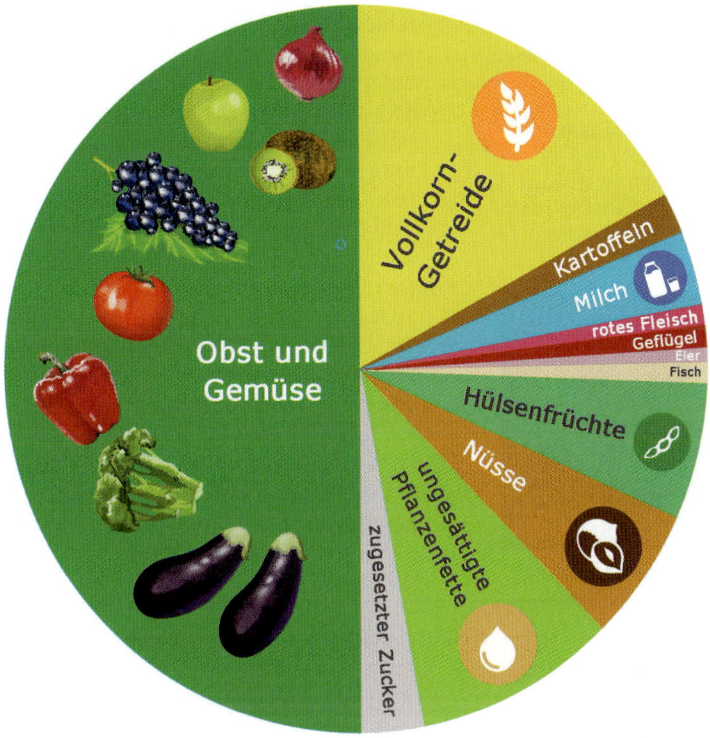

Abb. 47 Anteile der Lebensmittelgruppen an der Ernährung nach der Planetary Health Diet

Ernährungsmitbedingte Erkrankungen als Kostenfaktor für das Gesundheitssystem

Ernährung ist eine wichtige Säule der Gesundheit und Gesundheitsförderung. Entspricht die Auswahl der Lebensmittel sowie das allgemeine Essverhalten nicht den Bedürfnissen des Körpers, kann die Ernährung ein krankmachender Faktor sein. Krankheitsbilder, die durch unausgewogene Ernährung mitbedingt werden, sind u. a.:

- Adipositas (→ 4.5)
- Diabetes mellitus Typ 2 (→ 4.6)
- Fettstoffwechselstörungen
- Arteriosklerose (→ 10.5)
- Gicht

Eine Studie der Universität Halle-Wittenberg hat die direkten Kosten für das deutsche Gesundheitswesen errechnet, die aus der nicht bedarfsgerechten Zufuhr von Mono- und Disacchariden, Salz und gesättigten Fettsäuren entstehen. Demnach sind 7 % der Gesamtausgaben (16,8 Mio. €) unseres Gesundheitswesens auf den zu hohen Verzehr dieser drei Substanzen zurückzuführen (Meier u. a. 2015).

Soziale Ungleichheit in der Ernährung

Die soziale Ungleichheit im Ernährungsverhalten ist empirisch vielfach belegt (Muss, Weyers 2010). Dies bedeutet, dass sich Personen mit niedrigem sozioökonomischem Status (→ I-3.2.4) häufig ungünstiger ernähren als Personen mit hohem sozioökonomischem Status.

Die Ernährung wird durch zahlreiche Faktoren beeinflusst (→ 4.4.1), deren Zusammenspiel komplex ist. Als **Ursachen für die soziale Ungleichheit im Ernährungsverhalten** gelten unter anderem (Muff, Weyers 2010):

- **ökonomische und strukturelle Faktoren:**
  - fehlende finanzielle Ressourcen: Günstige Lebensmittel haben häufiger eine hohe Energiedichte und sind damit ungesünder.
  - armutsbedingte Lebensmittelknappheit: Finanziell Benachteiligte tendieren oft dazu, energiedichte Lebensmittel als Stressbewältigungsstrategie zu konsumieren.
  - Erwerbsstatus: Arbeitslosigkeit geht oft mit einer stressbedingten Fehlernährung einher.
  - Erreichbarkeit von Supermärkten: Sind Supermärkte weiter entfernt vom Wohnort, ist die Auswahl eingeschränkter und meistens sind die Preise höher. Das führt oftmals zu ungünstigeren Essgewohnheiten.
- **psychosoziale Faktoren:**
  - fehlendes Ernährungswissen und Ernährungsbewusstsein

bundesweite Strategie: Zu gut für die Tonne; unter *www.zugutfuerdietonne.de*

Fettstoffwechselstörung: Veränderung (meist Erhöhung) der Konzentration der Lipide (Triglyzeride) und/oder Lipoproteine (v. a. Cholesterin) im Blut

Gicht: Stoffwechselerkrankung mit erhöhtem Harnsäurespiegel im Blut, Ablagerungen von Harnsäurekristallen z. B. in Gelenken; Ursachen: v. a. erbliche Nierenfunktionsstörung, verbunden mit ungünstiger Ernährung, v. a. hoher Fleisch- und Alkoholkonsum

I-1.5.2
Sozialkognitive Theorie nach Bandura

Selbstwirksamkeit: Überzeugung eines Menschen, das Verhalten, das er sich vornimmt, auch wirklich umzusetzen

Das Siegel für fairen Handel

- fehlende soziale Unterstützung: Fehlende soziale Einbindung wirkt sich negativ auf das Ernährungsverhalten aus.
- Selbstwirksamkeitserwartung: Eine hohe Selbstwirksamkeitserwartung kann mit gesundem Essverhalten einhergehen. Die Selbstwirksamkeit kann als persönliche Ressource durch den sozioökonomischen Status beeinflusst werden.

- **soziokulturelle Faktoren:**
  - Sozialisation von Ernährungsgewohnheiten: Gelernte Verhaltensweisen und Ernährungsgewohnheiten in der Kindheit prägen die Ernährungsmuster in späteren Lebensphasen.
  - Körperbild: Personen mit höherem sozialen Status streben eher an, einem Körperideal gerecht zu werden, und achten damit eher auf ihre Ernährung.

Die **Selbstwirksamkeit** ist nach der **sozialkognitiven Theorie** eine zentrale Komponente zur Erklärung des Gesundheitsverhaltens. Ein Beispiel ist: „Ich weiß, dass ich es schaffe, zukünftig an fünf Tagen in der Woche keine Softdrinks zu trinken."
Die Quellen der Selbstwirksamkeit sind:
- eigene Erfolgserfahrungen: „Ich gehe zweimal in der Woche gerne zum Basketball, dann schaffe ich es auch, weniger Softdrinks zu trinken."
- stellvertretende Erfahrungen/Modelllernen: „Meine Eltern trinken keine Softdrinks, bei uns zu Hause gibt es auch keine."
- verbale Verstärkung: „Mein Freund unterstützt mich in meinem Vorhaben, sagt, ich werde das schaffen."
- physiologische und affektive Zustände: „Ich freue mich auf diese Veränderung."

Make Chocolate Fair! Europäische Kampagne für faire Schokolade; unter *https://de.makechocolatefair.org*

Welternährungssituation

Betrachtet man die Ernährung weltweit, ergibt sich ein paradoxes Bild: Während in einem Teil der Weltbevölkerung die **Adipositas** und daraus resultierende Erkrankungen ein immer stärker werdendes Problem werden, leidet ein anderer Teil unter lebensbedrohlichem **Hunger und mangelhafter Versorgung mit Nährstoffen.** Laut WHO hatten im Jahr 2021 weltweit bis zu 828 Millionen Menschen nicht genug zu essen (einer von 10) (Weltgesundheitsorganisation 2022).

Diese Phänomene hängen eng zusammen, wie das **Beispiel Kakao und Schokolade** verdeutlicht.

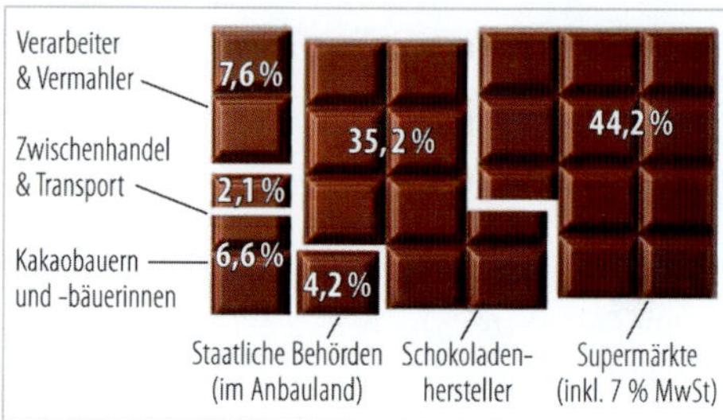

Abb. 48 Kostenanteile des Rohkakaos in einer Tafel Schokolade

Das einstige Luxusgut Schokolade ist durch große Anbauflächen des Rohstoffs Kakao und Niedrigstlöhne für die Anbauer in den Produktionsländern zu einem Billigprodukt geworden.
In den Anbauländern hat die hohe Nachfrage nach Kakao und dessen Produkten viele negative Folgen: Niedrigstlöhne für die Bauern (→ Abb. 48), Kinderarbeit, Flächenkonkurrenz, unprofessioneller Umgang mit Pflanzenschutz, aber auch Macht und Reichtum für einige wenige in der Produktionskette. In westlichen Ländern trägt sie neben anderen günstigen und energiereichen Lebens- und Genussmitteln zur Entwicklung von Übergewicht und Adipositas bei.

Eine Initiative, die diesen Bedingungen entgegentritt, ist z. B. die **Fairtrade Labelling Organization International (FLO).** Unternehmen, die dieses Siegel auf ihren Produkten tragen wollen, müssen den Anbauern Mindestpreise, gute Arbeitsbedingungen und langfristige Handelsverträge anbieten. Zudem sind die Unternehmen verpflichtet, Entwicklungshilfe in den Ländern zu betreiben.

1. *Recherchieren Sie, was hinter den Stichworten zu den negativen Folgen des Kakaoanbaus steckt. Nutzen Sie hierfür die Seite https://makechocolatefair.org/.*
2. *Erstellen Sie eine Grafik, die die Zusammenhänge im Anbau von Kakao vom Anbauer bis zum Konsumenten verdeutlicht.*
3. *Diskutieren Sie die Folgen, die unser Hunger auf Schokolade für den eigenen Körper, aber auch für die Menschen in den Anbauländern hat.*

4.4.7 Ernährungsverhalten im Wandel

Essen ist für die Menschen mehr als Energiezufuhr. Seit einigen Jahren gibt es gesellschaftliche Trends, die Ernährung und Essen zum **Lifestyle** erheben. Kochsendungen erfreuen sich einer großen Beliebtheit, das selbst zubereitete Essen wird fotografiert und in sozialen Medien gepostet und der Austausch zwischen Kulturen und Ländern sowie Weiterentwicklungen in der Lebensmittelproduktion führen zu einer stetigen **Erweiterung des Lebensmittelangebots.** Zudem ergeben sich neue Ernährungstrends.

Das Ernährungsverhalten der Menschen in Deutschland hat sich daher in den letzten Jahren stark verändert. Obwohl wir in einem Überangebot leben, fällt es vielen schwer, sich ausgewogen zu ernähren. Die Ernährung unterliegt zahlreichen Einflussfaktoren (→ 4.4.1) und ist individuell sehr verschieden.

Vorlieben und Gewohnheiten werden in regelmäßigen Studien erhoben. Wichtige Ergebnisse sind (Bundesministerium für Ernährung und Landwirtschaft 2023b; Nestlé 2019; Techniker Krankenkasse 2017):

- Die deutsche Bevölkerung isst und kauft immer gesünder ein. Vielen ist eine Vielfalt in der Lebensmittelauswahl wichtig.
- Geschmack ist bei der Lebensmittelwahl das wichtigste Kriterium.
- Der Trend zur gesünderen Ernährung erreicht nicht alle: Während in höheren sozialen Schichten eine gute Ernährung wichtiger wird, sinkt die Bedeutung bei den niedrigeren sozialen Schichten.
- Frauen essen mehr Obst und Gemüse als Männer, die mehr Fleisch essen als Frauen. Insgesamt ist der Fleischkonsum jedoch stark gesunken
- Die Umsetzung einer guten Ernährung gelingt nicht allen. 33 % der Menschen erleben Heißhungerattacken, 31 % wissen, dass sie zu wenig Obst und Gemüse essen, 28 % ernähren sich ihrer Einschätzung nach zu fetthaltig.
- Knapp drei Viertel der Deutschen kocht gerne, aber nur 45 % von ihnen kochen jeden Tag. Mehr als jedem Zweiten ist eine schnelle und einfache Zubereitung wichtig.
- Immer mehr Menschen essen allein.
- Die Außer-Haus-Verpflegung nimmt zu.

Auch das Alter beeinflusst das Ernährungsverhalten. 14- bis 19-Jährige essen spontaner. 51 % haben zum Beispiel keine festen Essenszeiten (Gesamtbevölkerung: 34 %). 62 % orientieren sich stärker an dem, was sie mögen, als an dem, was gesund ist (Gesamtbevölkerung: 39 %).

Ernährungstrends haben eine gemeinsame Grundlage: Es geht um eine bewusste Ernährungsweise und gesündere Lebensweise, manchmal verbunden mit einer Lebensphilosophie. Im Trend sind u. a.:

- **vegetarische/vegane Ernährung** (→ 4.4.4)
- **Paleo:** Diese Ernährung nimmt sich die Menschen aus der Steinzeit zum Vorbild und verzichtet auf alle verarbeiteten und „neuen" Lebensmittel wie Weizen.
- **Intervallfasten:** Je nach Ausübung wird z. B. täglich oder an zwei Tagen wöchentlich nur in einem bestimmten Zeitfenster gegessen – z. B. von 11–19 Uhr (8 Std.) und die restliche Zeit gefastet (16 Std.) oder es werden z. B. an 2 Tagen in der Woche nur ca. 800 kcal verzehrt und an 5 Tagen wird normal gegessen.
- **Clean Eating:** Dies bezeichnet eine Ernährung mit möglichst naturbelassenen und wenig verarbeiteten Lebensmitteln.
- **Low Carb:** Diese Ernährung versucht, den Kohlenhydratanteil möglichst klein zu halten und vor allem durch Proteine zu ersetzen. Einige setzen hierbei auch auf den Konsum von mit Proteinen angereicherten Lebensmitteln (→ I-5.4.6).
- **Detox:** Bei diesen sogenannten Entgiftungskuren werden je nach Ausübung Säurebildner wie Fleisch, Fisch, Milch, Süßigkeiten und Alkohol gemieden oder Saft- bzw. Rohkostkuren durchgeführt.
- **Ketogene Diät:** Bei dieser Diät wird sich überwiegend von Fetten und Proteinen ernährt und versucht, den Kohlenhydratanteil in der Ernährung möglichst klein zu halten. Durch die fehlende Glukose muss der Körper die Energieversorgung des Gehirns und der Erythrozyten auf Ketonkörper (Abbauprodukte von Fetten) umstellen.

Auch wenn diese Ernährungsweisen in den Medien sehr präsent sind, ist die Anzahl der Menschen, die diese umsetzen, relativ klein.

Paleo:
Steinzeiternährung; Verzicht auf verarbeitete und „neue" Lebensmittel wie Weizen

Intervallfasten:
zeitweiliges Fasten, z. B. 16 Stunden täglich oder an 2 Tagen wöchentlich

Clean Eating:
Ernährung mit naturbelassenen, wenig verarbeiteten Lebensmitteln

Slow Food:
Bewegung, die sich für eine zukunftsfähige Ernährung einsetzt, die Mensch, Tier und Umwelt gerecht wird

Low Carb:
Ernährung mit möglichst wenig Kohlenhydraten

Detox:
Entgiftungskuren mit basischen Lebensmitteln wie Gemüse, Nüssen, Vollkornprodukten, Ölen oder Saft- bzw. Rohkostkuren

Neben den Trends gibt es **spezielle Lebensmittel,** die die Ernährung insgesamt gesünder oder auch nachhaltiger machen sollen:

- **Bio-Lebensmittel:** Sie spielen eine immer größere Rolle. Knapp drei Viertel der Menschen achtet auf das Bio-Siegel und weitere Siegel zu fairen, ökologischen und tiergerechten Bedingungen in der Lebensmittelproduktion (Bundesministerium für Ernährung und Landwirtschaft 2023b).
- **„Free from":** Gluten- und laktosefreie Produkte erfreuen sich großer Beliebtheit, auch bei Menschen ohne entsprechende Unverträglichkeiten.
- **Superfood:** Lebensmittel, wie Chiasamen, Leinsamen, Avocado oder Heidelbeeren, die besonders viele wertvolle Inhaltsstoffe besitzen
- **funktionelle Lebensmittel/Functional Food:** Lebensmittel, die zusätzlich zum Nährwert eine positive gesundheitliche Wirkung haben, i. d. R. durch Anreicherung, z. B. probiotischer Joghurt oder mit Vitaminen angereicherte Getränke
- **Nahrungsergänzungsmittel:** die Nahrung ergänzende, konzentrierte Mineralstoff- und Vitaminpräparate, meist in Tablettenform
- **Fleischalternativen:** z. B. aus pflanzlichen Proteinquellen wie Soja oder Erbsen oder aus Insekten hergestellte Lebensmittel

Free-from-Ernährung: Verzicht auf einen bestimmten Lebensmittelinhaltsstoff wie Laktose oder Gluten

Superfood: Lebensmittel mit besonders vielen wertvollen Inhaltsstoffen, z. B. Leinsamen

Functional Food: funktionelle Lebensmittel, die zusätzlich zum Nährwert eine positive gesundheitliche Wirkung haben, meist durch Anreicherung

Nahrungsergänzungsmittel: Lebensmittel aus Nährstoffen oder sonstigen Stoffen in konzentrierter Form mit ernährungsspezifischer oder physiologischer Wirkung

Marina hat eine Ausbildung zur Pflegefachfrau begonnen und ist in eine eigene Wohnung gezogen. Mit dem neuen Lebensabschnitt will sie auch ihre Ernährungsgewohnheiten ändern und abnehmen. Sie hat sich für die Low-Carb-Diät entschieden, in der sie vor allem zu den Mahlzeiten Kohlenhydrate wie Nudeln und Brot meiden möchte. Sie nascht gern und teils viel, aber das zählt sie weniger zu den Kohlenhydraten. Zunächst klappt die Diät sehr gut und Marina bereitet sich Salate mit Fleisch zu und kauft spezielle Low-Carb-Brote, denn richtig gut kochen kann und mag sie eigentlich nur Nudelgerichte – ihre Leibspeise. Leider kostet diese Ernährung mehr Geld und Zeit, denn an dem Kantinenessen im Krankenhaus kann sie kaum teilnehmen, da dort fast jede Mahlzeit Kohlenhydrate enthält. Durch das fehlende Mittagessen überkommt sie bei der Arbeit immer häufiger Heißhunger, den sie mit Schokolade stillt; auf Station fehlt die Zeit, etwas Gesundes zu essen. Nach drei Wochen sind ihr zudem die immer gleichen Gerichte über, das Geld ist knapp, die Waage zeigt noch das gleiche Gewicht an – Marina gibt die Diät frustriert auf. Nun überlegt sie: Was könnte der richtige Ansatz für eine langfristige Änderung ihrer Ernährung sein und was passt zu ihr?

1. *Beschreiben Sie, nach welchen Prinzipien die meisten Ernährungstrends wie Low Carb aufgebaut sind.*
2. *Nennen Sie die Einflüsse, die die Ernährungsgewohnheiten von Marina prägen, und beurteilen Sie diese.*
3. *Begründen Sie, warum die Low-Carb-Diät nicht zu Marina passt, und diskutieren Sie Änderungsmöglichkeiten in den Essgewohnheiten, die für Marina besser und langfristig durchführbar wären.*

4.4.8 Strategien für ein gesundheitsförderliches Ernährungsverhalten

Ich bin stolz auf unsere Landwirtschaft und die großartigen Produkte, die sie herstellt. Darauf vertrauen auch die Bürgerinnen und Bürger. Gutes Essen liegt eben auch sehr nahe. Wir unterstützen Verbraucherinnen und Verbraucher bei ihrer Kaufentscheidung, indem wir die nationale Herkunftskennzeichnung ausgeweitet haben – eine langjährige Forderung der Landwirtschaft.
Cem Özdemir – Bundesminister für Ernährung und Landwirtschaft (Bundesministerium für Ernährung und Landwirtschaft 2023a)

Ernährungspolitik ist ein facettenreicher und vernetzter Politikbereich. Es geht um die Ernährungssicherung der Bevölkerung, die Garantie der Sicherheit von Lebensmitteln, die Besteuerung und Preisregulierung und den Schutz von Ressourcen.

Damit es für Menschen selbstverständlich wird, sich vielfältig und ausgewogen zu ernähren, brauchen sie Orientierung und Informationen. Im Ernährungsbereich wird auch von der **Aufklärung der Verbraucher** gesprochen. Hierzu werden Verbrauchern Informationen zur Verfügung gestellt, z. B. durch **Kennzeichnung der Lebensmittel,** geregelt durch die Lebensmittel-Informationsverordnung. Vorverpackte Lebensmittel müssen folgende Informationen **verpflichtend** enthalten:

- Bezeichnung des Lebensmittels
- Name und Anschrift des Herstellers, Verpackers oder Vertreibers
- Herkunftsland

- Zutatenverzeichnis, Reihenfolge nach abnehmender Menge, Angabe von Hilfsstoffen
- Nennung von allergieauslösenden Stoffen
- Nährwertdeklaration
- Mindesthaltbarkeits-/Verbrauchsdatum
- Mengenangabe
- ggf. Aufbewahrungshinweise oder Gebrauchsanleitung
- ggf. Alkoholgehalt

Daneben gibt es **freiwillige** Kennzeichnung und Labels, die z. B. darauf hinweisen, dass die Produkte vegan oder glutenfrei sind oder wegen Alkohol nicht für Schwangere geeignet sind. Eine weitere Kennzeichnung ist der **Nutri-Score,** eine fünffarbige Buchstabenskala, die die Nährwertqualität eines Produkts kennzeichnen und dem Verbraucher so eine schnelle Orientierung im Hinblick auf den Gesundheitswert geben soll (→ Abb. 49).

Abb. 49 Nutri-Score

Eine weitere Informationsmöglichkeit zu Lebensmitteln sind **Apps.** Durch Scannen des Barkodes erhält der Nutzer Informationen zu Inhaltsstoffen wie Gluten oder Mikroplastik sowie Bewertungen des Produkts.

Zur Aufklärung der Verbraucher gehört auch, dass alle Bürgerinnen und Bürger über **grundlegendes Wissen** über eine gesunde Ernährung verfügen und die **Lebenswelten der Bevölkerung** gesundheitsförderlich gestaltet werden. Hierzu gehören:

- **Stärkung der Ernährungskompetenzen** über Informations- und Bildungsangebote für Jung und Alt
- **Entwicklung gesundheitsförderlicher Rahmenbedingungen** (Verhältnis- bzw. Strukturebene)
- **systematische Einbindung der Menschen** (Partizipation)

Neben politischen Akteuren sind soziale Einrichtungen, wie Kindergärten, Jugendtreffs oder Seniorenheime, ein wesentlicher Vermittler von Gesundheitsstrategien. Denn eine gesunde Ernährung ist in jeder Lebensphase wichtig. Was die Förderung eines gesundheitsförderlichen Ernährungsverhaltens in Lebenswelten beinhalten kann, zeigen die folgenden Beispiele.

Lebenswelt Kindertagesstätte

Der Grundstein eines guten Ernährungsverhaltens wird in der Kindheit gelegt. Viele Kinder verbringen viel Zeit in der Kita, die damit in der Ernährung von Kindern eine wichtige Aufgabe einnimmt. Auch sollten Kitas Kindern den Wert vollwertiger und schmackhafter Lebensmittel nahebringen.

Die **Qualität der Verpflegung** in Kitas wird bestimmt durch die **Lebensmittelauswahl, Speiseplanung** und **Speisenherstellung.** Hier gibt es verschiedene Konzepte, die von der Ausstattung der Einrichtung, der Anzahl der bereitgestellten Mahlzeiten, der Einrichtungsgröße usw. abhängig sind. Zur Lebensmittelqualität gehören auch Strategien zum Umgang mit Süßigkeiten und Gebäck.

Neben den ernährungsphysiologischen Kriterien sind die **strukturellen und pädagogischen Rahmenbedingungen** förderlich zu gestalten. Entscheidend dabei ist die **Essatmosphäre,** denn diese gibt Kindern die Möglichkeit, Essen in der Gemeinschaft zu erleben und soziale Kompetenzen wie Rücksichtnahme und Hilfsbereitschaft zu erlernen (→ Abb. 50). Die Essatmosphäre wird beeinflusst durch (Deutsche Gesellschaft für Ernährung 2018a):

- Raum- und Tischgestaltung
- Essenszeiten
- Begleitung der Mahlzeiten durch pädagogische Fachkräfte

I-9.1.2 Lebensweltenansatz in der Gesundheitsförderung

Abb. 50 Gemeinsames Mittagessen in der Kita

Im Zuge der **Ernährungsbildung** sollen Kinder zu einem selbstbestimmten und eigenverantwortlichen Umgang mit Essen und Trinken befähigt werden. Geruch und Geschmack, Hygiene und der Umgang mit Küchenutensilien sollen ebenso geschult werden wie die Körperwahrnehmung und die Wahrnehmung von Hunger und Sättigung (Deutsche Gesellschaft für Ernährung 2018a). Wichtig ist die **Mitverantwortung der Kinder.** Sie sollen Gelegenheit haben, das Essen mit zu planen und bei der Umsetzung zu helfen, z. B. Gemüse schneiden, die Tischdekoration basteln und den Tisch decken und abräumen.

Die **Zusammenarbeit mit den Eltern zur Ernährung in der Kita und zu Hause** und ein abgestimmtes Vorgehen sind wichtig und eine enorme Aufgabe, ist die Familie doch die wichtigste Lebenswelt der Kinder. Kitas sollten ein Verpflegungskonzept vertreten und dieses kommunizieren.

Haben Sie bereits an Gesundheitsförderungsmaßnahmen zur Ernährung teilgenommen – z. B. im Kindergarten oder in der Schule? Welche Inhalte davon haben Sie behalten und welches Vorgehen fanden Sie anregend?

Lebenswelt Seniorenheim

In Deutschland leben mit steigender Tendenz etwa 790 000 Pflegebedürftige in Pflegeheimen (Statistisches Bundesamt (Destatis) 2022). Bei diesen vorwiegend alten Menschen stellen sich in der Ernährung und Verpflegung teils besondere Anforderungen:

- Appetitlosigkeit sowie Kau- und Schluckbeschwerden sind weit verbreitet.
- Medikamente können den Magen-Darm-Trakt negativ beeinflussen.
- Häufig besteht ein Risiko für Mangelernährung.
- Das Durstempfinden lässt im Alter nach.
- Es liegen ernährungsmitbedingte Krankheiten wie Adipositas oder Diabetes mellitus Typ 2 vor.

Die Ansprüche an die **ernährungsphysiologische Qualität der Speisen** sind hoch. Wünsche und Bedarfe von rüstigen und selbstständigen Bewohnern sind zu erfüllen, ebenso erhalten Kranke oder Pflegebedürftige spezielle Angebote oder Kostformen (Deutsche Gesellschaft für Ernährung 2018b). Es müssen **ergänzende Darreichungsformen** gestellt werden: Einige Bewohner können nicht mehr mit dem Besteck essen, hier wird beispielsweise Fingerfood angeboten. Anderen muss das Essen angereicht werden. Orale Ernährung kann bei fortschreitenden Erkrankungen an ihre Grenzen stoßen. Dann wird gegebenenfalls künstlich ernährt (→ I-8.2.2).

In Seniorenheimen sind die Verpflegung und das damit verbundene Wohlbefinden sehr wichtig und tragen entscheidend zur Akzeptanz der Einrichtung bei. Die **gemeinsam eingenommenen Mahlzeiten** ermöglichen soziale Kontakte, Gespräche sowie Austausch und strukturieren den Tag. Die **Essatmosphäre** ist zu gestalten. Wichtig ist, dass die Bewohner **ausreichend Zeit** für die Mahlzeiten erhalten, dies gilt insbesondere bei Beeinträchtigungen, die das Essen und Trinken beeinflussen. Räume und Tische sollten ansprechend gestaltet sein und die Mahlzeiten sollten von serviceorientierten und kommunikativen Fachkräften begleitet werden.

Leitendes Prinzip bei der Verpflegung von alten Menschen sollte die **Förderung der Eigenständigkeit und Selbstbestimmtheit** sein. Bewohner sollten in Entscheidungsprozesse, die das Essen betreffen, einbezogen werden, ihre Hilfsangebote und Ideen sollten angenommen werden (Deutsche Gesellschaft für Ernährung 2018b).

AUFGABEN

1. *Reflektieren Sie Ihr eigenes Ernährungsverhalten anhand Ihres persönlichen Ernährungsprotokolls (→ 4.4 Kapiteleinstieg).*
   a) *Fassen Sie hierzu die Empfehlungen für eine gesunde Ernährung aus → Kap. 4.4 in Stichworten zusammen.*
   b) *Überprüfen Sie anhand Ihres Ernährungsprotokolls, inwieweit Sie diesen Empfehlungen entsprechen, indem Sie eine Liste aus Stärken und Schwächen aufstellen. Entwickeln Sie Änderungsideen, die Sie umsetzen möchten und können.*

c) Nutzen Sie die App „Was ich esse", um Ihre Änderungsideen umzusetzen. Beurteilen Sie die Arbeit mit der App: Kann diese effektiv helfen, das Ernährungsverhalten zu ändern? Begründen Sie Ihre Meinung.

2. *Erklären Sie, warum Kohlenhydrate als „primärer Energielieferant" bezeichnet werden.*

3. *Die DGE-Empfehlung „Gut essen und trinken" empfiehlt, regelmäßig Hülsenfrüchte und Nüsse zu verzehren. In der Ernährungspyramide der BZfE sind diese allerdings nicht enthalten. Entwickeln Sie Ideen, wie die Pyramide umgestellt werden könnte, um die Neuerung und ggf. andere Aspekte der DGE-Empfehlungen in der Pyramide zu integrieren.*

4. *Erläutern Sie den Unterschied zwischen gesättigten und ungesättigten Fettsäuren und die resultierenden unterschiedlichen Eigenschaften (chemisch und im Körper).*

5. *Begründen Sie, warum die Zufuhrempfehlung für Proteine mit 0,8 g/kg Körpergewicht sehr exakt angegeben wird.*

6. *Viele Vitamine sind hitzeempfindlich, Mineralstoffe dagegen nicht. Begründen Sie diesen Unterschied anhand des Aufbaus.*

7. *Vitamine können fett- und wasserlöslich sein. Beschreiben Sie die Auswirkungen dieser Eigenschaften auf das Vorkommen, die Verstoffwechselung und die Speicherfähigkeit der Vitamine und leiten Sie daraus allgemeine Empfehlungen ab.*

8. *Besorgen Sie sich aus dem Internet eine Trinkwasseranalyse Ihres Wasserversorgers.*
   a) Vergleichen Sie die Gehalte an Mineralstoffen in Ihrem Trinkwasser mit verschiedenen Mineralwässern.
   b) Recherchieren Sie die Bedeutung weiterer Substanzen in Ihrem Trinkwasser und beurteilen Sie deren Gesundheitswert. Vergleichen Sie die enthaltenen Mengen mit den gesetzlich erlaubten Mengen.

9. *Hülsenfrüchte gelten als sehr gesund.*
   a) Erklären Sie anhand der enthaltenen Nährstoffe den hohen Gesundheitswert von Hülsenfrüchten.
   b) Sammeln Sie in der Klasse Rezepte für Hülsenfruchtgerichte. Kochen Sie einen persönlichen (neuen) Favoriten nach.
   c) Beurteilen Sie, für welche Personengruppen oder Lebenslagen Hülsenfrüchte besonders empfehlenswert sind.

10. *Fassen Sie die Funktionen der Ballaststoffe mit eigenen Worten zusammen. Beurteilen Sie im Umkehrschluss, welche Erkrankungen begünstigt werden, wenn die Ernährung arm an Ballaststoffen ist.*

11. *Couscous, Bulgur, Quinoa und Maisgries können die klassischen Beilagen wie Kartoffeln, Nudeln und Reis ersetzen.*
    a) Vergleichen Sie die Inhaltsstoffe, auch mit den klassischen Beilagen.
    b) Informieren Sie sich über Zubereitungsmöglichkeiten.

12. *a) Erklären Sie die „biologische Wertigkeit von Proteinen" mit eigenen Worten.*
    b) Erläutern Sie, warum Lebensmittelkombinationen höhere biologische Wertigkeiten erreichen als Einzellebensmittel.
    c) Informieren Sie sich über die biologische Wertigkeit verschiedener Lebensmittel und geben Sie 3 sinnvolle Lebensmittelkombinationen an, bei denen die biologische Wertigkeit durch die Kombination deutlich steigt.
    d) Erläutern Sie den Zusammenhang zwischen der biologischen Wertigkeit und Sportlerernährung.

13. *Wurstwaren, Fleisch und Fisch werden ernährungsphysiologisch sehr unterschiedlich bewertet.*
    a) Recherchieren Sie zu 6 Wurstwaren, Fisch- und/oder Fleischsorten, die Sie gern verzehren, jeweils den Fettgehalt und die Fettsäurezusammensetzung, den Protein- und den Salzgehalt und halten dies in einer Tabelle fest.
    b) Vergleichen Sie die Werte in der Gruppe und erstellen Sie ein Ranking nach den höchsten und den niedrigsten Gehalten an den recherchierten Inhaltsstoffen.
    c) Leiten Sie für sich eigene Verzehrsempfehlungen ab.

14. *Haben Sie bereits Fleischersatzprodukte probiert?*
    a) Führen Sie eine Verkostung mit Fleischersatzprodukten aus Soja, Lupinen usw. durch.
    b) Recherchieren Sie und nehmen Sie Stellung zum Einsatz von Fleischersatz aus geschmacklicher, gesundheitlicher und ökologischer Sicht.

15. *Erstellen Sie eine Tabelle zu den verschiedenen Fettsäurearten mit folgenden Spaltenüberschriften:*
    - *chemischer Aufbau*
    - *Vorkommen*
    - *Funktion*
    - *Zufuhrempfehlung*

16. *Erläutern Sie, was bei der Verwendung von Ölen, die reich an ω-3-Fettsäuren sind, zu beachten ist.*

17. *Die Ölsäure gilt als besonders wertvoll, da sie als ungesättigte Fettsäure sehr stabil ist. Erklären Sie dies aus chemischer Sicht und die daraus resultierenden Eigenschaften im Körper.*

18. *Bei einer hohen Zufuhr von ω-6-Fettsäuren kehrt sich deren gesundheitsförderliche Wirkung um. Beschreiben Sie, zu welchen Reaktionen es im Körper in diesem Fall kommt.*

19. *Gesättigte Fettsäuren sind für den Körper wichtig. Wann werden diese zum Problem und welche gesundheitlichen Folgen resultieren daraus?*

20. *Erklären und zeichnen Sie den chemischen Aufbau von Haushaltszucker, Fruktose und Glukose.*

21. *Glukose und Fruktose haben trotz ihres sehr ähnlichen Aufbaus sehr unterschiedliche Funktionen im menschlichen Stoffwechsel. Beschreiben Sie diese.*

22. *Berechnen Sie, wie viele Äpfel Sie essen müssten, um die gleiche Menge an Zucker zu konsumieren, wie in einem Liter Cola steckt.*

23. *Führen Sie den Test zum ökologischen Fußabdruck unter www.fussabdruck.de, https://klimaohnegrenzen.de und www.naturefund.de durch. Wie schneiden Sie bei den verschiedenen Rechnern ab? Gibt es Unterschiede in der Berechnung und Gewichtung? Diskutieren Sie die Ergebnisse.*

24. *Wählen Sie einen aktuellen Ernährungstrend und recherchieren Sie die Ansichten und Empfehlungen.*
    a) Erarbeiten Sie, ob und inwieweit dieser Trend von den allgemeinen Ernährungsempfehlungen abweicht.
    b) Beurteilen Sie, ob oder für wen dieser Trend interessant und gesundheitlich vorteilhaft sein könnte und für wen nicht. Präsentieren Sie Ihre Ergebnisse.

25. *Es wird diskutiert, den Nutri-Score als verpflichtende Angabe auf verpackten Lebensmitteln europaweit einzuführen.*
    a) Recherchieren Sie, wie die Bewertungskriterien des Nutri-Score gestaltet sind.
    b) Überprüfen Sie diese kritisch. Sind Sie mit allen Bewertungen einverstanden?
    c) Beurteilen Sie, ob der Nutri-Score ein nützliches Instrument zur gesundheitlichen Bewertung von Lebensmitteln darstellt.

26. *a) Betrachten Sie Ihre Schule.*
    - *Welche Essensangebote werden gemacht?*
    - *Wie nehmen Sie die dort gelebte Esskultur wahr?*
    - *Gibt es Maßnahmen, um eine gute Ernährung zu fördern?*

    b) Leiten Sie aus Ihrer Situationsbeschreibung Verbesserungsvorschläge auf den drei Ebenen der Gesundheitsförderung ab:
    - *Stärkung der Kompetenzen des Individuums*
    - *Ebene der Rahmenbedingungen bzw. Strukturen*
    - *Partizipation*

    Formulieren Sie Ihre Empfehlungen möglichst konkret, z. B. wer ist die Zielgruppe, was sind die Ziele, welche Akteure sind beteiligt.

4.5 Adipositas

KRAUSS

Der an einer schweren Adipositas erkrankte hawaiianische Künstler Israel „IZ" Kamakawiwo'ole verstarb 1997 im Alter von 38 Jahren an den Folgen der Erkrankung.

Titel-Cover Over the Rainbow

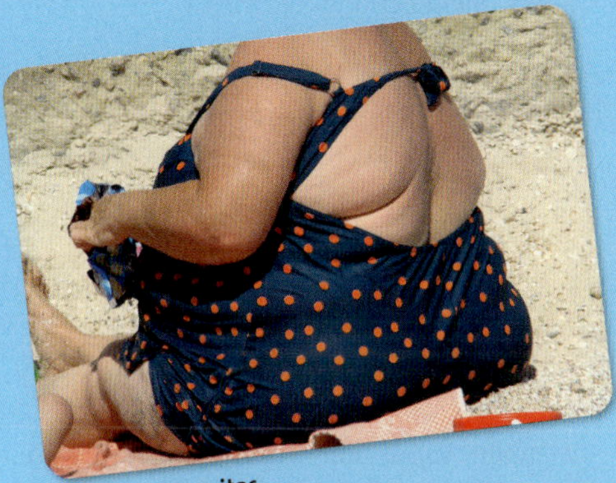

Morbide Adipositas

Einschränkungen in Alltagssituationen

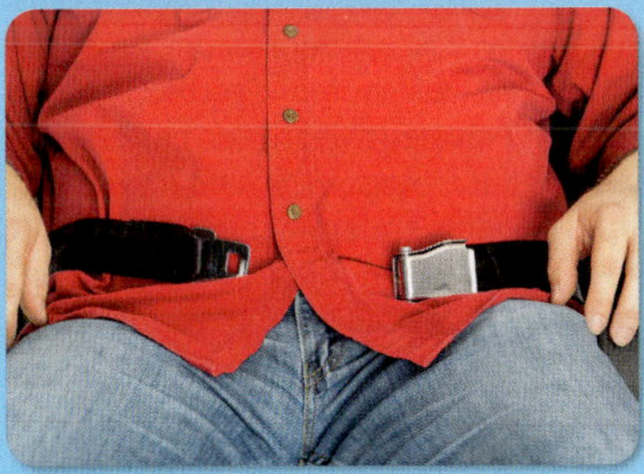

Wenn der Alltag schwierig wird

Diskutieren Sie über das Krankheitsbild Adipositas:

1. *Haben Sie Erfahrungen mit Diäten? Beschreiben Sie, wie es dazu kam.*
2. *Können Sie den Begriff Adipositas definieren?*
3. *Machen Sie ein Experiment: Finden Sie spontan Adjektive, die Sie mit Adipositas assoziieren, und schreiben Sie diese auf. Betrachten Sie die Wortsammlung. Welches Bild von adipösen Personen entsteht?*
4. *Ein adipöser Patient prägt den Ausspruch „Dicke sind nicht doof". Diskutieren Sie, wie solche Äußerungen zustande kommen und welches Bild von adipösen Menschen in unserer Gesellschaft vorherrscht.*
5. *Sehen Sie sich das offizielle Video zum Titel „Over the Rainbow" an, z. B. unter www.youtube.com/watch?v=V1bFr2SWP1I. Deckt sich das Bild von adipösen Menschen, wie Sie es in Aufgabe 3 und 4 festgestellt haben, mit dem, das im Video gezeigt wird? Gibt es Widersprüche in der Wahrnehmung?*

Adipositas:
eine über das Normalmaß hinausgehende Vermehrung des Körperfetts; Fettleibigkeit

Übergewicht:
Präadipositas; hohes Körpergewicht im Verhältnis zur Körpergröße; BMI 25–29,9

morbide:
beständig krank

morbide Adipositas:
Adipositas mit BMI > 40 (= Adipositas permagna) oder BMI > 35 mit Folgeerkrankungen

morbiditätsorientierter Risikostrukturausgleich:
Morbi-RSA; Verteilung der Beitragseinnahmen der GKV an die Krankenkassen unter Berücksichtigung der unterschiedlichen Versichertenstruktur der Krankenkassen (Alter, Geschlecht, Krankheitsrisiken)

Adipositas ist nach einem Grundsatzpapier der Weltgesundheitsorganisation (WHO) aus dem Jahr 2000 als eine **chronische Erkrankung** anzusehen, die dadurch definiert ist, dass das Körperfett über ein Normalmaß hinaus vermehrt ist. Das Ausmaß der Veränderung wird durch den **Body Mass Index (BMI)** beschrieben (→ 4.4.2). Ab einem BMI von 30 besteht eine Adipositas. Nach den Kriterien der WHO wird die Adipositas in **drei Grade** eingeteilt (Weltgesundheitsorganisation 2000):

- BMI 25,0–29,9: Übergewicht (Präadipositas)
- BMI 30,0–34,9: Adipositas Grad I
- BMI 35,0–39,9: Adipositas Grad II
- BMI ≥ 40,0: Adipositas Grad III

Eine **morbide Adipositas** liegt vor bei

- BMI ≥ 40 (Adipositas permagna) oder
- BMI ≥ 35 mit bereits vorliegenden Folgeerkrankungen, z. B. Diabetes mellitus Typ 2 oder Bluthochdruck.

Die Bezeichnung morbide Adipositas wird zur Beschreibung des Krankheitsbildes benutzt, um deutlich zu machen, dass es eben nicht um ein reines Übergewicht im Sinne von „dick sein“ geht, sondern um Einschränkungen durch körperliche Begleiterkrankungen, psychische Belastungen und Beeinträchtigung der Lebensbewältigung und Lebensqualität.

Neben dem BMI gibt die **Fettverteilung** (→ 4.4.2) im Körper Auskunft über das Risiko, Komplikationen wie Stoffwechsel- oder Gefäßkrankheiten zu erleiden. Um das Risiko abzuschätzen, wird der **Bauchumfang** gemessen. Im Deutschen hat der an sich korrekte Begriff „fettleibig“ einen negativen Beigeschmack, während „adipös“ als Krankheitsbezeichnung wahrgenommen wird. In der Alltagssprache soll gegenüber betroffenen Personen auf eine angemessene Ausdrucksweise geachtet werden.

> Der Bauchumfang soll bei Frauen kleiner als 88 cm, bei Männern kleiner als 102 cm sein (Deutsche Adipositas-Gesellschaft u. a. 2014).

Krankheit oder Risikofaktor? Die Diskussion, ob die Adipositas eine Krankheit oder ein Risikofaktor ist, wurde viele Jahre geführt. Aktuell stimmen nahezu alle Instanzen überein, dass die **Kriterien einer Krankheit** erfüllt sind (Deutsche Adipositas-Gesellschaft u. a. 2014):

- Die WHO definierte die Adipositas im Jahr 2000 als Krankheit (Weltgesundheitsorganisation 2000).
- Das europäische Parlament forderte 2011 von allen Mitgliedsstaaten, die Adipositas als chronische Krankheit anzuerkennen.
- Die Deutsche Adipositas-Gesellschaft (DAG) stellte 2014 fest, dass aus medizinischer Sicht die Kriterien einer Erkrankung erfüllt sind.
- Abweichend positioniert sich die Deutsche Gesellschaft für Familienmedizin (DEGAM), die die Adipositas als Risikofaktor einstuft, der erst zusammen mit Begleiterkrankungen zu einer Krankheit wird.

Seit 2013 werden die Diagnosen Adipositas Grad II und III im Rahmen des morbiditätsorientierten Risikostrukturausgleichs der gesetzlichen Krankenkassen (→ I-4.4.2) berücksichtigt, werden also als chronische Erkrankungen gewertet.

4.5.1 Vorkommen

Nach den Daten der Gesundheitsberichterstattung von 2019/20 sind nach eigenen Angaben **53,5 % der Bevölkerung** entweder übergewichtig (BMI über 25, aber unter 30) oder adipös (BMI ≥ 30). Männer sind mit 60,5 % häufiger übergewichtig als Frauen mit 46,6 %. Im Bereich der Adipositas gibt es keine relevanten Geschlechtsunterschiede. Die Prävalenz liegt hier bei 19,0 %. Die Prävalenz für Übergewicht und Adipositas steigt mit zunehmendem Alter an. Der Vergleich zu früheren Erhebungen zeigt, dass die Prävalenz von Adipositas im Zeitverlauf ansteigt; insbesondere bei den jungen Erwachsenen nimmt sie zu (Schienkiewitz u. a. 2022).

Die Übergewichts- und Adipositasprävalenzen bei **Kindern und Jugendlichen** haben sich auf hohem Niveau stabilisiert. Bei 3- bis 17-Jährigen betrug die Prävalenz für Übergewicht vor der COVID-19-Pandemie 15,4 % und für Adipositas 5,9 %. Mit zunehmendem Alter steigt die Übergewichts- und Adipositasprävalenz (→ Tab. 11, → Tab. 12) (Schienkiewitz u. a. 2018). Der Anteil stark übergewichtiger Kinder ist in den ersten beiden Jahren der COVID-19-Pandemie um gut 10 % gestiegen (BARMER 2023).

Kinder, Jugendliche und Erwachsene mit **niedrigem sozioökonomischen Status** sind

Tab. 11 Übergewichtsprävalenz, einschließlich Adipositas, bei Kindern und Jugendlichen (KiGGS Welle 2, KI = Konfidenzintervalle → I-2.2.2) (Schienkiewitz u. a. 2018)

Mädchen		%	(95 %-KI)
Mädchen gesamt		**15,3**	**(13,1–17,8)**
Alter	3–6 Jahre	10,8	(7,0–16,5)
	7–10 Jahre	14,9	(10,9–20,2)
	11–13 Jahre	20,0	(15,0–26,2)
	14–17 Jahre	16,2	(12,6–20,7)
sozioökonomischer Status	niedrig	27,0	(20,3–34,9)
	mittel	13,0	(10,8–15,5)
	hoch	6,5	(3,8–10,8)
gesamt: Mädchen und Jungen		**15,4**	**(13,7–17,4)**

Jungen		%	(95 %-KI)
Jungen gesamt		**15,6**	**(13,0–18,6)**
Alter	3–6 Jahre	7,3	(4,7–11,1)
	7–10 Jahre	16,1	(11,7–21,8)
	11–13 Jahre	21,1	(15,5–28,1)
	14–17 Jahre	18,5	(14,2–23,8)
sozioökonomischer Status	niedrig	24,2	(17,7–32,2)
	mittel	14,1	(11,2–17,7)
	hoch	8,9	(5,4–14,2)
gesamt: Mädchen und Jungen		**15,4**	**(13,7–17,4)**

Tab. 12 Adipositasprävalenz bei Kindern und Jugendlichen (KiGGS Welle 2, KI = Konfidenzintervalle → I-2.2.2) (Schienkiewitz u. a. 2018)

Mädchen		%	(95 %-KI)
Mädchen gesamt		**5,5**	**(4,3–7,0)**
Alter	3–6 Jahre	3,2	(1,6–6,3)
	7–10 Jahre	4,7	(2,9–7,5)
	11–13 Jahre	6,5	(3,6–11,3)
	14–17 Jahre	7,7	(5,2–11,4)
sozioökonomischer Status	niedrig	8,1	(4,7–13,7)
	mittel	4,7	(3,5–6,4)
	hoch	2,0	(0,5–7,3)
gesamt: Mädchen und Jungen		**5,9**	**(5,0–7,0)**

Jungen		%	(95 %-KI)
Jungen gesamt		**6,3**	**(4,9–8,0)**
Alter	3–6 Jahre	1,0	(0,4–2,5)
	7–10 Jahre	6,8	(4,2–11,0)
	11–13 Jahre	8,0	(4,8–13,0)
	14–17 Jahre	9,2	(6,2–13,4)
sozioökonomischer Status	niedrig	11,4	(7,2–17,7)
	mittel	5,2	(3,6–7,5)
	hoch	2,6	(1,1–5,9)
gesamt: Mädchen und Jungen		**5,9**	**(5,0–7,0)**

deutlich häufiger von Übergewicht und Adipositas betroffen als Gleichaltrige mit hohem sozioökonomischen Status. Für Kinder und Jugendliche zeigen dies → Tab. 11 und → Tab. 12.

Sammeln Sie Ideen, wie niedriger sozioökonomischer Status und höhere Adipositasprävalenz zusammenhängen.

Die zunehmende Verbreitung von Übergewicht und Adipositas in den letzten Jahrzehnten ist in vielen Ländern zu beobachten (→ Abb. 51).

4.5.2 Ursachen und Krankheitsentstehung

Übergewicht entsteht, wenn durch Essen und Trinken mehr Energie aufgenommen als verbraucht wird. Häufig verläuft dieser Prozess schleichend und führt über lange Zeit zum Entstehen der Adipositas. **Risikofaktoren** für die Entstehung der Adipositas können sein:

- Bewegungsmangel im Alltag (→ 3.4)
- unausgewogene Ernährung (→ 4.4)
- ungünstiges Gesundheitsverhalten, niedrige Gesundheitskompetenz und hoher Gewichtsstatus der Eltern
- genetische Veranlagung
- „Verführung" durch ständig verfügbares Essen
- Stress
- zu wenig Schlaf
- Essstörungen (→ 5.15)
- depressive Erkrankungen (→ 5.13) und traumatische Lebensereignisse in der Kindheit und Jugend
- niedriger sozialer Status (→ 4.4.6, → I-3.4.4)
- hohes Geburtsgewicht und schnelle Gewichtszunahme in den ersten Lebensmonaten
- hormonelle Stoffwechselstörungen (→ 7.4)
- Medikamente

Gesundheitskompetenz: Health Literacy; Fähigkeit, Gesundheitsinformationen zu erlangen, zu verstehen, zu bewerten und daraus Konsequenzen zu ziehen und umzusetzen

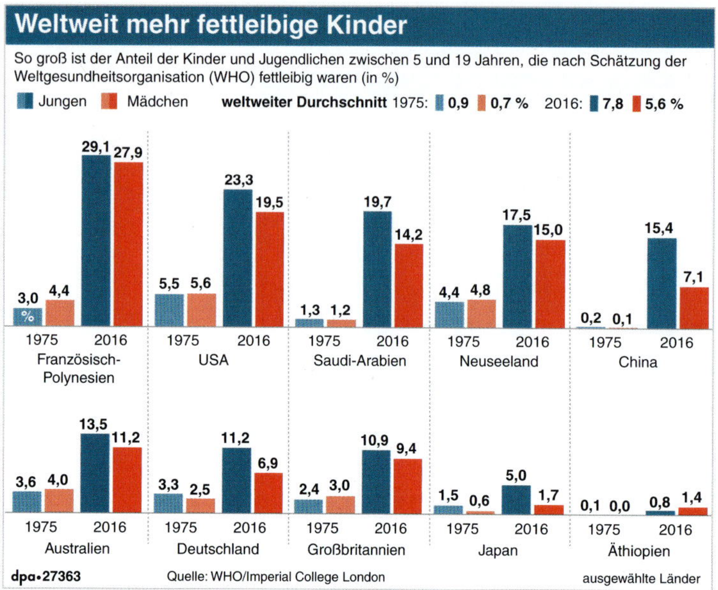

Abb. 51 Zunahme der Adipositas bei Kindern und Jugendlichen weltweit

fettleibig:
adipös

10.4.9
Metabolisches Syndrom

metabolisch:
im Stoffwechsel entstanden

Syndrom:
Krankheitsbild, das durch verschiedene Symptome gekennzeichnet ist

Das Entstehen der Adipositas ist ein **multifaktorielles Geschehen,** bei dem alle diese Teilaspekte eine Rolle spielen können.

Die größten Risiken stellen eine **ungünstige Ernährung** und der **Bewegungsmangel** dar.

Nahrungsmittel mit hoher Energiedichte und Nahrungsmittel mit einem hohen Anteil an Zucker führen zu einer vermehrten Fettablagerung im Körper. Da Ernährungsgewohnheiten über lange Jahre eingeübt werden, spielt die Situation in den Familien eine wichtige Rolle. Ist es zum Beispiel Standard, dass es zu Hause zuckergesüßte Getränke zum Durstlöschen gibt, gewöhnen sich Kinder daran und ändern später umso schwerer ihr Verhalten.

Der Bewegungsmangel ist zu einem großen Teil durch unsere Lebensweise vorgegeben. Das beständige aktive Gegensteuern durch Alltagsbewegung und Sport erfordert ein hohes Maß an Willen zur Bewegung und Disziplin.

polyzystisches Ovar-Syndrom:
PCO-Syndrom; Stoffwechselstörung geschlechtsreifer Frauen mit unterschiedlichen Ursachen durch gestörtes hormonales Gleichgewicht

Genetische Faktoren spielen bei der Entwicklung von Adipositas eine wichtige Rolle. Dabei sind primäre genetische Störungen, die aufgrund einer Genveränderung zu Übergewicht führen, insgesamt selten. In den meisten Fällen ist die Adipositas, wenn sie genetisch bedingt ist, über zahlreiche Faktoren, also polygen vererbt.

Im Lauf des Lebens nimmt die Prävalenz von Übergewicht und Adipositas zu, jedoch kann nicht automatisch davon ausgegangen werden, dass jeder im Alter übergewichtig wird.

4.5.3 Symptome und Folgeerkrankungen

Das Grundsymptom der Adipositas ist der **zu hohe Körperfettanteil** sowie häufig eine **ungünstige Körperfettverteilung.** Bedingt durch Letztere kann es zu Störungen im Hormonstoffwechsel und zu weiteren Folgeerkrankungen in vielen Organsystemen kommen (→ Abb. 52).

Etwa 10 % der Adipositaspatienten mit sehr hohem Körpergewicht haben keine Folgeerkrankungen, die die Mortalität erhöhen (Centers of disease control and prevention (CDC) o. J.).

Sind z. B. das Herz-Kreislauf-System und das Hormonsystem betroffen, kann ein **metabolisches Syndrom** mit Bluthochdruck (→ 10.4), Fettstoffwechselstörung und Diabetes mellitus Typ 2 (→ 4.6) entstehen.

Viele Patienten leiden an **Gelenkbeschwerden.**

Auch die **psychosoziale Belastung** stellt oft eine starke Beeinträchtigung dar. Die Lebensführung kann durch ein massives Übergewicht beeinträchtigt sein, z. B. durch die Unfähigkeit, sich die Schuhe zu binden, die Unmöglichkeit, knapp bemessene öffentliche Toiletten, z. B. im Flugzeug, zu benutzen, oder durch verletzende und diskriminierende Bemerkungen in der Öffentlichkeit. Schambesetzte Situationen führen zu Vermeidungsverhalten, sodass adipöse Personen häufig keine Schwimmbäder aufsuchen wollen, obwohl gerade Sport im Wasser ideal wäre.

> Wenn bei jungen Frauen mit Adipositas eine Hormonstörung und ein sogenanntes **polyzystisches Ovar-Syndrom** vorliegen, kann es zu Unfruchtbarkeit durch Zyklusstörungen kommen.

Im Rahmen der COVID-19-Pandemie Anfang 2020 zeigte sich in ersten Studien, dass von Adipositas Betroffene im Vergleich zu Normalgewichtigen häufiger an schweren, auch tödlich endenden Formen von COVID-19 erkranken (Docherty u. a. 2020). Bis heute gilt Adipositas als ein Hauptrisikofaktor für einen schweren Verlauf einer COVID-19-Erkrankung.

4.5.4 Diagnostik

Die übliche **Klassifikation der Adipositas** erfolgt nach dem **BMI,** mit Unterteilung in die Grade I bis III. Da dies nur einen Teil des Krankheitsgeschehens abbildet und insbesondere den Begleiterkrankungen in dieser Systematik keine Aufmerksamkeit zukommt, findet auch die **EOSS-Klassifikation** (Edmonton Obesity Staging System) Anwendung (zit. n. Sharma, Kushner 2009, Deutsche Gesellschaft für Allgemein- und Viszeralchirurgie o. J.):

- Stadium 0:
  - keine übergewichtsassoziierten Risikofaktoren
  - keine körperlichen Symptome
  - keine psychischen Symptome
  - keine funktionellen Einschränkungen
- Stadium 1:
  - übergewichtsassoziierte Risikofaktoren und/oder
  - milde körperliche Symptome, die keiner Therapie bedürfen, und/oder
  - milde übergewichtsassoziierte psychische Symptome
- Stadium 2:
  - adipositasassoziierte Nebenerkrankungen mit Therapie und/oder
  - moderate adipositasassoziierte psychische Symptome und/oder
  - moderate funktionelle Einschränkungen des Alltags
- Stadium 3:
  - erhebliche adipositasassoziierte Erkrankung mit Endorganschädigung und/oder
  - erhebliche adipositasassoziierte psychische Symptome und/oder
  - erhebliche Einschränkung des Wohlbefindens
- Stadium 4:
  - schwere durch Adipositas verursachte chronische Erkrankung und/oder
  - schwere, zur anhaltenden Arbeitsunfähigkeit führende psychische durch Adipositas verursachte Symptome und/oder
  - schwerste funktionelle Einschränkungen

Anhand des Grades der Adipositas werden die therapeutischen Maßnahmen empfohlen.

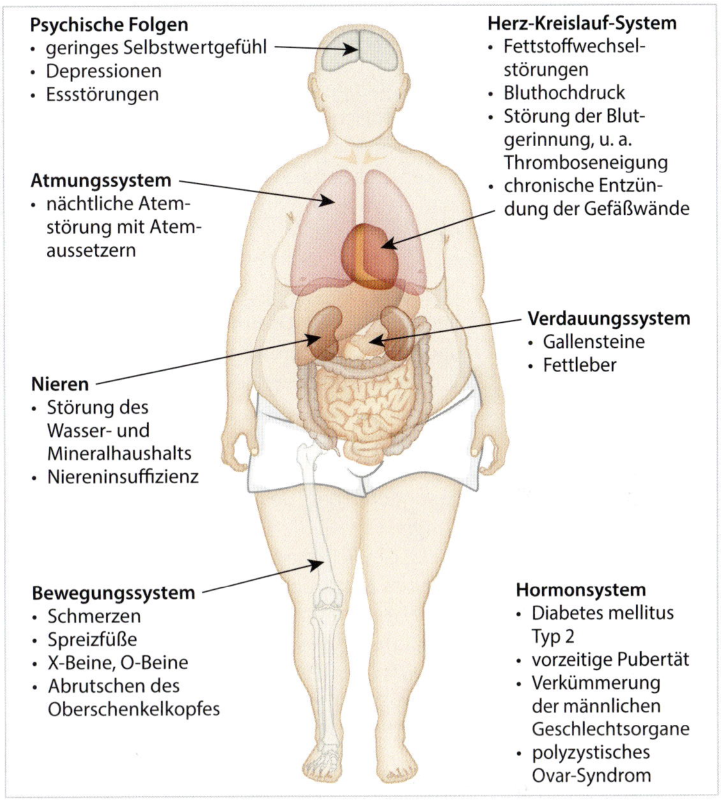

Abb. 52 Mögliche Folgeerkrankungen der Adipositas

Im ICD-10 steht Adipositas im → Kap. E66, dabei werden verschiedene Ursachen mit verschlüsselt, z. B. Adipositas durch übermäßige Kalorienzufuhr oder durch Medikamente. Hochgradige Adipositas mit BMI > 40, > 50 und > 60 wird mit getrennten Kodierungen erfasst.

Um die Ausprägung der Adipositas zu diagnostizieren und mögliche Folgeerkrankungen zu erkennen, ist eine ärztliche **Anamneseerhebung** und **Untersuchung** erforderlich:

- Anamnese:
  - Gewichtsverlauf im Lebenslauf
  - Ernährungs- und Bewegungsverhalten
  - Diäterfahrungen
  - psychische Situation
  - Sozialanamnese
  - Biografie
- Untersuchung:
  - Erhebung von Größe, Gewicht, BMI, Taillen- und Hüftumfang
  - Blutdruckmessung
  - körperliche Untersuchung
- Blutuntersuchung
- apparative Untersuchungen, falls wegen Folgeerkrankung erforderlich

4.5.5 Therapie

Höhergradige Adipositas ist nach weitgehender Auffassung eine **chronische Erkrankung.** Die Therapie kann sie aufhalten, aber nicht heilen. Zur Behandlung der Adipositas stehen konservative und operative Verfahren zur Verfügung.

Das Ziel der Adipositastherapie ist die **Verbesserung des Gesundheitszustands** durch dauerhafte **Änderung von Verhaltensweisen,** um eine anhaltende Gewichtsreduktion zu erzielen. Bereits eine geringe Reduktion des Ausgangsgewichts führt zu einer deutlichen Verbesserung des Gesundheitszustands, insbesondere bei bestehenden Begleiterkrankungen:

- 1 kg Gewichtsreduktion senkt den systolischen Blutdruck um 1,5 mmHg, den diastolischen um 1 mmHg (→ 10.2.2).
- Bei übergewichtigen Diabetikern lässt sich durch 5 bis 10 kg Gewichtsreduktion in einem Drittel der Fälle der Blutzucker normalisieren (Lean u. a. 2018).

multimodal: auf verschiedenen Ansätzen/Formen beruhend

Da jede Form der Adipositastherapie mit einschneidenden Lebensstiländerungen einhergeht, ist die Motivation der Betroffenen, aktiv zu werden und dauerhaft zu bleiben, häufig der limitierende Faktor.

Bundesverband Deutscher Ernährungsmediziner e.V. – Anbieter von DocWeight®: *www.bdem.de*

Die Durchführung der Adipositastherapie ist in Deutschland bislang wenig strukturiert. Einer großen Anzahl von Betroffenen steht eine eher überschaubare Menge von Therapieeinrichtungen gegenüber. Die Kostenübernahme der Therapien ist nicht einheitlich geregelt, die Antragswege sind oft umständlich. Durch die fehlende Struktur gibt es keine verlässlichen Zahlen, wie viele der Betroffenen in Therapie sind.

Konservative Adipositastherapie

Zur konservativen Adipositastherapie gehören:

- Ernährungstherapie
- Bewegungstherapie
- psychologische oder psychotherapeutische Mitbehandlung

Eine konservative Adipositastherapie soll nach einem **multimodalen Ansatz** durchgeführt werden: Alle drei Therapieformen finden parallel statt, um einen möglichst guten Therapieerfolg zu erreichen.

Da der **Lebensstil** nachhaltig für das gesamte weitere Leben geändert werden muss, ist eine **intensive psychologische Betreuung** von großer Bedeutung, um diese Änderungen auf Dauer durchzuhalten. Wichtige Themen sind z. B.:

- Definition von erreichbaren Zielen
- Formulierung von Änderungsplänen
- Motivation
- Umgang mit Rückschlägen und Misserfolgen

Die Leitlinien sehen für jede Form der Adipositastherapie eine **lebenslange Nachsorge** vor. Wie dies im Alltag umgesetzt wird, ist jedoch kaum definiert, geschweige denn die Finanzierung sichergestellt.

DocWeight®

DocWeight® ist ein strukturiertes Programm zur Gewichtsreduktion von Erwachsenen. Es wird in Gruppen von 8 bis 12 Teilnehmern durchgeführt, dauert ein Jahr und beinhaltet folgende Elemente:

- medizinische Eignungs-, Zwischen- und Abschlussuntersuchung
- Einführungsabend mit Arztvortrag
- individuelle Einzelberatungen zur Ernährung zu Beginn und am Ende des Kurses
- Ernährungstraining in der Gruppe (10 × 90 Minuten)
- zwei praktische Ernährungseinheiten mit Kochen, Einkaufen und/oder Restaurantbesuchen
- Verhaltenstraining in der Gruppe (12 × 90 Minuten)
- Bewegungstraining in der Gruppe mit 40 Einheiten (Aquafitness, Walking/Nordic-Walking)
- optional: Formulaphase (vollständiger Mahlzeitenersatz über 8 Wochen)
- ärztlich geleiteter Abschlussabend

Teilnehmen können Patienten mit einem BMI > 30 mit Begleiterkrankungen oder einem BMI > 35 ohne Begleiterkrankungen, die über eine ausreichende körperliche Belastbarkeit verfügen.

Die konservative Adipositastherapie kann als Einzeltherapie, aber auch als Gruppentherapie durchgeführt werden. Letztere hat den zusätzlichen Effekt, dass die Patienten sich gegenseitig unterstützen. In Deutschland gibt es derzeit nur wenige dieser **strukturierten Gruppenprogramme.**

Nachdem es bisher keine medikamentöse Therapie der Adipositas gab, wurde 2023 das als „Abnehmspritze der Hollywoodstars“ beworbene Medikament Wegovy mit dem Wirkstoff Semaglutid für den deutschen Markt zugelassen. Es wird in niedrigerer Dosierung bereits in der Diabetestherapie eingesetzt. Derzeit übernehmen die Krankenkassen die Therapiekosten (> 300 €/Monat) nicht.

Operative Adipositastherapie

Operationen zur Therapie der Adipositas haben in den letzten Jahren an Bedeutung gewonnen. Diese Formen der Operationen werden unter dem Begriff **Adipositaschirurgie, metabolische Chirurgie** oder **bariatrische Chirurgie** zusammengefasst. Hier werden vor allem zwei Verfahren unterschieden:

Bei den **restriktiven Verfahren** wird der Magen verkleinert mit dem Ziel, nur noch kleine Essmengen zu ermöglichen. Die häufigste restriktive Operation ist der **Schlauchmagen** (→ Abb. 53). Dabei wird ein großer Teil des Magens in einer endoskopischen Operation entfernt. Der Restmagen fasst noch etwa 120 ml.

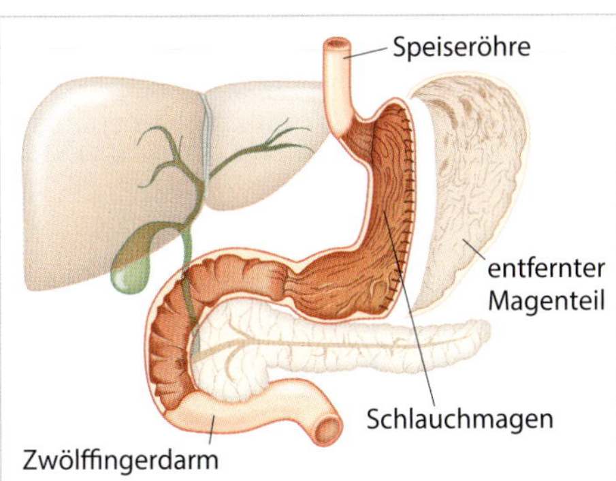

Abb. 53 Schlauchmagen

Bei **malabsorptiven Verfahren** wird neben der Magenverkleinerung zusätzlich ein Stück des Dünndarms ausgeschaltet, um die Resorptionsoberfläche im Darm zu verkleinern. Hier wird häufig der sogenannte **Roux-en-Y-Magenbypass** (→ Abb. 54) operiert. Auch dieses Verfahren wird endoskopisch durchgeführt. Der allergrößte Teil des Magens und ein Teil des Dünndarms werden von der Magen-Darm-Passage durch eine operativ angelegte Umgehung abgekoppelt. Restmagen und ausgeschaltete Dünndarmschlinge verbleiben im Körper und dienen als Zufuhrweg für Gallensäfte und Verdauungsenzyme.

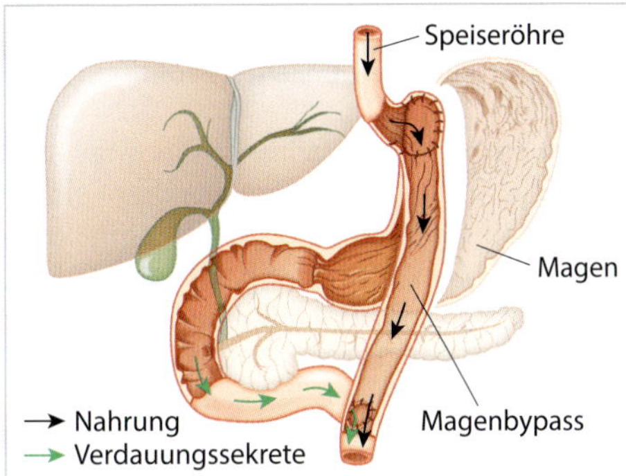

Abb. 54 Roux-en-Y-Magenbypass

Bei den malabsorptiven Verfahren sind die Patienten nach der Operation ein Leben lang auf die **Supplementierung von Nährstoffen** angewiesen, da nicht mehr alle Nährstoffe in ausreichender Form aus der Nahrung resorbiert werden können.

Zugang zu Adipositastherapie

Obwohl viele Menschen von Adipositas betroffen sind, stellt der Zugang zu Therapien sie derzeit vor erhebliche Schwierigkeiten. Bundesweit gibt es **keine flächendeckenden Therapieangebote.** Viele Patienten werden daher an Präventionsangebote verwiesen, die eine völlig andere Zielsetzung verfolgen. Geeignete Therapien zu finden, ist für viele adipöse Menschen schwierig, ein niederschwelliger Zugang existiert de facto nicht. Spezialisierte Behandlungsteams finden sich in **Adipositaszentren** an großen Kliniken; ambulante, wohnortnahe Angebote sind selten.

Zudem gibt es für Patienten derzeit **keine gesicherte Kostenübernahme** der Therapien durch Krankenkassen und auch für die Behandelnden damit keine Sicherheit, dass angebotene Therapien bezahlt werden. Oft bleibt nur der Ausweg über **Selbstzahler-Vereinbarungen,** für viele finanziell nicht machbar.

Roux-en-Y-Magenbypass: in der Adipositastherapie operativ angelegte Umgehung eines Großteils des Magens und eines Teils des Dünndarms

bariatrische Chirurgie: chirurgische Therapie der Adipositas, metabolische Chirurgie, Adipositaschirurgie

Supplementierung: Aufnahme von Nährstoffen anstelle der oder ergänzend zur sonstigen Nahrung zwecks Vorbeugung oder Behandlung eines Mangels

Schlauchmagen: im Rahmen der Adipositastherapie operativ verkleinerter Magen

niederschwellig: auch niedrigschwellig; Eigenschaft eines Angebots, das von den Nutzern nur einen geringen Aufwand zur Inanspruchnahme erfordert, z. B. kurze Wege, keine bzw. geringe Kosten, wenig Vorwissen erforderlich

Recherchieren Sie, welche Möglichkeiten der Adipositastherapie – nicht Prävention – in 30 km Umkreis zu Ihrem Schulort existieren.

4.5.6 Rehabilitation

Im Zusammenhang mit metabolischen Erkrankungen, wie Diabetes mellitus Typ 2 oder Fettstoffwechselstörungen, gibt es Möglichkeiten, in spezialisierten Kliniken **stationäre Rehabilitationsmaßnahmen** durchzuführen. Diese Kliniken arbeiten in der Regel nach einem multimodalen Ansatz und haben einen Fokus auf der Gewichtsreduktion.

Menschen mit hochgradiger Adipositas sind häufig in ihren Alltagskompetenzen eingeschränkt und benötigen Unterstützung durch **Hilfsmittel.** Dies können z. B. Gehhilfen, Rollstühle, spezielle Betten oder auch Haltegriffe im Badbereich sein. Hier ist zu beachten, dass die Hilfsmittel für den jeweiligen Gewichtsbereich in der Größe angepasst und entsprechend tragfähig sind.

Liegen erhebliche Beeinträchtigungen durch Körpergewicht oder Begleiterkrankungen vor, kann ein **Schwerbehindertenausweis** beantragt werden. Auch eine **frühzeitige Berentung** oder **Erwerbsminderungsrente** können infrage kommen.

Im Anschluss an Rehabilitationsmaßnahmen gibt es ähnlich wie bei Therapiemaßnahmen bislang keine einheitlich geregelte **Nachsorge.** Manche Einrichtungen bieten individuelle Konzepte an, z. B. eine Aufteilung der Rehabilitation in mehrere kleine Einheiten (3 × 1 Woche), um die Nachhaltigkeit zu verbessern.

4.5.7 Pflege

Hochgradige Adipositas stellt hohe Anforderungen an die **persönliche Pflege und Hygiene,** denn diese wird durch Unbeweglichkeit und große Körpermasse erschwert. Manche Körperbereiche, z. B. die Füße, können selbst nicht mehr erreicht werden. Einen besonderen Risikobereich stellen die Hautfalten dar: Es kann leicht zu Entzündungen kommen.

Professionelle Pflege von Menschen mit Adipositas kann im Krankheitsfall erforderlich werden. Auch hier müssen Hilfsmittel, z. B. Hebehilfen, bei Bedarf zur Verfügung stehen.

Die Pflege adipöser Menschen kann für die Versorgenden sehr fordernd sein. Insbesondere beim Positionieren oder Mobilisieren können Pflegefachkräfte und pflegende Angehörige an die Grenzen der körperlichen Leistungsfähigkeit kommen.

Auch sind technische Grenzen, wie die Tragfähigkeit von Stühlen, Liegen, Krankenbetten oder OP-Tischen, zu beachten.

Die Einbindung weiterer therapeutischer Fachkräfte, z. B. Physiotherapeuten oder Wundexperten, kann sinnvoll sein.

4.5.8 Verlauf und Prognose

Verlauf und Prognose ohne Therapie

Ohne Therapie schreitet die Adipositas wie jede andere chronische Erkrankung fort. Wie schnell das Gewicht ansteigt, kann im Einzelfall nicht vorausgesagt werden, jedoch ist von einer **stetigen Gewichtszunahme** auszugehen. Damit steigt auch das Risiko, dass Folgeerkrankungen entstehen.

Verlauf und Prognose mit konservativer Therapie

Die konservative Adipositastherapie führt zu einer Gewichtsreduktion. Voraussetzung ist, dass die betroffenen Personen ihr **Ernährungs- und Bewegungsverhalten** dauerhaft ändern und diese Änderungen ein Leben lang beibehalten. Dabei kann psychologische Hilfe in Anspruch genommen werden. Solange diese Voraussetzungen erfüllt sind, ist eine kontinuierliche Gewichtsabnahme von etwa 1 kg pro Monat möglich.

Fast noch wichtiger ist, dass die konservative Therapie die Begleiterkrankungen bereits bei moderater Gewichtsabnahme deutlich verbessern kann (→ 4.5.5).

Fallen Menschen in ihre alten Verhaltensmuster zurück, kommt es in der Regel wieder zur Gewichtszunahme. Dies limitiert die Erfolge der konservativen Adipositastherapie.

Verlauf und Prognose mit operativer Therapie

Nach bariatrischen Operationen können Patienten Nahrung nur noch in kleinen Portionen aufnehmen. Sie sind schnell satt.

In der Regel kommt es zu einer sehr **schnellen, massiven Gewichtsabnahme.** Die Reduktion des Körpergewichts im ersten Jahr nach der Operation kann bei 50 bis 80 kg liegen. Auch Begleiterkrankungen, vor allem der Diabetes mellitus Typ 2, bessern sich rapide. Bei guter Anpassung an das verminderte Essen und Trinken bleibt das Gewicht dauerhaft reduziert. Jedoch kann es bei fehlender Konsequenz und Vergrößerung der Portionen zu einer erneuten Gewichtszunahme kommen.

Im Verlauf können weitere Operationen, z. B. zur Verkleinerung von Hautfalten oder bei Komplikationen, erforderlich werden, vor allem bei Patienten mit zahlreichen Begleiterkrankungen, die die Lebenserwartung begrenzen.

4.5.9 Prävention und Gesundheitsförderung

Zur Prävention und Therapie der Adipositas im Erwachsenenalter existiert eine S3-Leitlinie (Deutsche Adipositas-Gesellschaft u. a. 2014) sowie eine begleitende **Patientenleitlinie,** die die Inhalte der S3-Leitlinie in verständlicher Sprache für medizinische Laien beinhaltet (→ I-10.2.3). Sie richtet sich an Patienten und Angehörige sowie alle im Gesundheitswesen sowie in der Gesundheitspolitik tätigen Personen.

Diese soll folgende Funktionen erfüllen:

- Wahrnehmung des Gesundheitsproblems Adipositas verbessern
- Therapeuten und Patienten eine orientierende Hilfe hinsichtlich der vielschichtigen Krankheit Adipositas geben
- spezifische Informationen und Empfehlungen zu Prävention und Therapie der Adipositas bereitstellen

Zur Diagnostik, Therapie und Prävention der Adipositas im Kindes- und Jugendalter liegt eine S3-Leitlinie vor (Arbeitsgemeinschaft Adipositas im Kindes- und Jugendalter, Deutsche Adipositas Gesellschaft 2019). Diese erfüllt grundsätzlich denselben Zweck wie die Leitlinie für Erwachsene, berücksichtigt aber Besonderheiten in Kindheit und Jugend.

Im Rahmen der Möglichkeiten des **Präventionsgesetzes** (→ I-9.2.2) werden zahlreiche Schulungen zur Prävention der Adipositas angeboten.

Bekannt ist zum Beispiel das Programm „Ich nehme ab“ der Deutschen Gesellschaft für Ernährung, das sich an übergewichtige Menschen mit einem BMI zwischen 25 und 30 wendet.

Programm „Ich nehme ab“: *www.dge.de/ernaehrungspraxis/diaeten-fasten/ich-nehme-ab*

Da die Adipositas ein häufiges Krankheitsbild ist, entstehen erhebliche direkte (durch die Versorgung des Patienten) und indirekte (z. B. durch Arbeits- und Produktivitätsausfall) Krankheitskosten. Die Prävention der Adipositas hat dementsprechend einen hohen Stellenwert.

Problem der Prävention ist oft die **fehlende einheitliche Umsetzung** und die **unklare Zuständigkeit der Kostenträger.** Werden beispielsweise von größeren Krankenkassen komplexe Präventionsprogramme angeboten, zu denen sich Versicherte einfach anmelden können, gibt es bei kleineren Kassen oftmals Zuschüsse zu Kursen bestimmter Anbieter, andere Kurse werden aber nicht unterstützt. Insbesondere für Betroffene mit niedrigem Bildungsstand, Sprachbarriere und kleinem Geldbeutel kann die Hemmschwelle hoch sein.

Patientenleitlinie zur Adipositas: *www.awmf.org/leitlinien/detail/II/050-001.html*

Es besteht Konsens auf wissenschaftlicher sowie politischer Ebene, dass die Prävention **im frühen Kindesalter** beginnen muss. Dies erfordert **Maßnahmen auf breiter Basis,** um auf allen Ebenen – Familie, Kita, Schule, Betriebe usw. – breitflächig gesundes Essen und ausreichend Bewegung sicherzustellen und für alle zugänglich zu machen (→ 3.4.5, → 4.4.8). Hierzu zählen auch Ratgeber und Informationsmaterialien.

Der Elternratgeber der Bundeszentrale für gesundheitliche Aufklärung zur Vorbeugung von Übergewicht wendet sich beispielsweise an Eltern und Familien und behandelt die Themen Bewegung, Ernährung und Entspannung (→ Abb. 55).

Elternratgeber der Bundeszentrale für gesundheitliche Aufklärung zur Prävention von Übergewicht und Adipositas: *www.bzga.de/infomaterialien/ernaehrung-bewegung-stressregulation/tut-uns-gut-uebergewicht-vorbeugen-mit-bewegung-ernaehrung-und-entspannung-1/*

Abb. 55 Elternratgeber der Bundeszentrale für gesundheitliche Aufklärung (2019)

AUFGABEN

1. *Definieren Sie den Begriff Adipositas. Nennen Sie die gängige Stadieneinteilung.*
2. *Vergleichen Sie das Edmonton Obesity Staging System (EOSS) mit der gängigen WHO-Klassifikation. Wie unterscheiden sich die Systeme? Diskutieren Sie Vor- und Nachteile der Klassifikationen.*
3. *Beschreiben Sie Formen der Adipositastherapie und deren Vor- und Nachteile für die Betroffenen.*
4. *Präventionsmaßnahmen in Kindergarten und Grundschule sind inzwischen gut etabliert. Überlegen Sie gemeinsam, wie eine Präventionsmaßnahme für Jugendliche in der Schule aussehen könnte. Was halten Sie für durchführbar und zielführend?*

4.6 Diabetes mellitus Typ 2

WANSCHURA

Könnten Sie sich vorstellen, für die Forderung einzustehen, dass – im Interesse Ihrer eigenen Zukunft – Lebensmittel weniger Zucker enthalten und auch nicht mehr beworben werden?

Als Datum würde sich der **Weltdiabetestag** am 14. November anbieten. Oder der von der Verbraucherorganisation foodwatch berechnete **„Überzuckerungstag“**, bis zu dem durchschnittlich so viel Zucker konsumiert wurde, wie maximal für ein volles Jahr empfohlen wird – für Kinder und Jugendliche in Deutschland war das im Jahr 2023 der 12. August (foodwatch 2023).

Ärztliche Berufsverbände und weitere Akteure des Gesundheitswesens fordern von der Regierung seit Jahren die **Einführung einer Zuckersteuer** auf zuckerhaltige Getränke und eine verbindliche, klare **Kennzeichnung des Zuckeranteils** in Lebensmitteln. Die Diskussion erfolgt vor allem im Zusammenhang mit **nationalen strategischen Maßnahmen** zur Eindämmung des Diabetes mellitus Typ 2.

1. *Wie viel Zucker konsumieren Sie im Schnitt pro Tag? Tragen Sie die Ergebnisse in Ihrer Klasse zusammen.*
2. *Viele Länder haben eine Zuckersteuer eingeführt. Braucht auch Deutschland eine? Diskutieren Sie Pro und Kontra.*
3. *Sammeln Sie weitere Ideen, wie dem hohen Konsum von Zucker in der Bevölkerung begegnet werden kann.*

Der Name Diabetes mellitus hat seinen Ursprung darin, dass bereits in Zeiten, in denen keine moderne Diagnostik zur Verfügung stand, die vermehrte Ausscheidung eines süßlichen Urins auffiel. Man beschrieb das als **„honigsüßen“** (mellitus) **„Durchfluss“** (Diabetes). Der umgangssprachliche Ausdruck **„Zuckerkrankheit“** zielt in die Richtung, dass es sich beim Diabetes mellitus um eine hormonell ausgelöste Stoffwechselstörung handelt, die durch einen **dauerhaft erhöhten Blutzucker** gekennzeichnet ist. Speziell im Fall des Typ-2-Diabetes beruht diese **Stoffwechselstörung** vor allem auf einer verminderten Ansprache auf **Insulin.**

Diabetes mellitus: Zuckerkrankheit; hormonell ausgelöste, mit chronisch erhöhtem Blutzucker einhergehende Stoffwechselstörung

Diabetes mellitus Typ 2: häufigste, vorrangig durch verminderte Insulinwirkung gekennzeichnete Form des Diabetes mellitus

Insulin: in der Bauchspeicheldrüse gebildetes Peptidhormon; Funktion: Senkung des Blutzuckerspiegels, Glykogenaufbau, Lipogenese, Proteinsynthese

4.6.1 Formen des Diabetes

Der **Typ-2-Diabetes** macht mit einem Anteil von **über 90 %** den Großteil aller Diabetesformen aus. Abzugrenzen sind (American Diabetes Association 2023):

- Diabetes mellitus **Typ 1** (ca. 5 % aller Diabetesformen), der sich meist bereits im Kindes- und Jugendalter manifestiert und auf einer Autoimmunreaktion gegen die Insulin produzierenden Zellen basiert
- seltenere spezifische Diabeteserkrankungen, z. B. der dominant vererbbare MODY (Maturity-onset Diabetes of the Young; ca. 1 % aller Diabetesformen) sowie sekundär entstandene Formen, die auch als **„Typ 3“** zusammengefasst werden (Herold 2023)
- Schwangerschaftsdiabetes (Gestationsdiabetes) (→ 12.5.2), teils als **„Typ 4“** bezeichnet, der erstmal in der Schwangerschaft auftritt und im günstigen Fall auf diese beschränkt bleibt, jedoch eine Sonderstellung einnimmt, da er z. B. auch eine Vorstufe des Typ 2 darstellen kann. Er macht unter 1 % aller Diabetesformen aus, nimmt aber in der Häufigkeit zu und betraf 2021 mehr als 60 000 Schwangere (Robert Koch-Institut 2023).

7.3.2 Diabetes mellitus Typ 1

Autoimmunerkrankung: Erkrankung, bei der das Immunsystem körpereigene Strukturen bekämpft

Schwangerschaftsdiabetes: Gestationsdiabetes; erstmals in der Schwangerschaft auftretende Glukosetoleranzstörung

4.6.2 Vorkommen

Weltweit weisen mehr als **537 Millionen Menschen** einen Diabetes mellitus auf, vorrangig Typ 2 (International Diabetes Federation 2021). Im Vergleich zu 100 Millionen im Jahr 1980 sind mindestens ein Drittel der hinzugekommenen Fälle nicht auf die wachsende Bevölkerung zurückzuführen, sondern Ausdruck der „reinen“ Prävalenzzunahme (NCD Risk Factor Collaboration 2016). In Deutschland rechnet man bis zum Jahr 2040 mit 12 Millionen Betroffenen, das entspräche einer Steigerung von 77 % gegenüber 2015 (Tönnies u. a. 2019).

Derzeit leben in Deutschland **knapp 9 Millionen** Menschen mit einem dokumentierten Typ-2-Diabetes, das entspricht einer Prävalenz von **mehr als 11 % der gesetzlich Versicherten.** Jährlich erkranken 450 000 Erwachsene neu an Diabetes mellitus (DDG 2023).

Die Zahl der Menschen mit einem (noch) unerkannten Typ-2-Diabetes wurde zuletzt auf 2 % beziffert. Hintergrund dieser **Dunkelziffer** ist, dass sich die Krankheit schleichend entwickelt und teils erst spät diagnostiziert wird. Im Vergleich zu 1998 sind die Zahlen jedoch zugunsten der diagnostizierten Fälle zurückgegangen; dies wird nicht zuletzt auf eine verbesserte Früherkennung zurückgeführt (Robert Koch-Institut 2019).

Der Diabetes mellitus Typ 2 nimmt mit dem Alter deutlich zu, mindestens jede fünfte Person im Rentenalter ist betroffen. Der Zeitpunkt der Erstdiagnose liegt derzeit bei durchschnittlich 53 Jahren, doch ist eine Verschiebung in immer jüngere Jahrgänge zu erkennen (Robert Koch-Institut 2023). Männer erkranken generell etwas häufiger; in der unteren Bildungsgruppe entwickeln Frauen mehr als doppelt so oft einen Typ-2-Diabetes als in der mittleren oder oberen Bildungsgruppe (Heidemann u. a. 2021). Auch regional gibt es Unterschiede: Die Diagnose findet sich etwas häufiger bei Menschen in Mitte-West und Mitte-Ost als im Norden und Süden Deutschlands.

> In Ausnahmefällen tritt der Typ-2-Diabetes bereits vor dem 18. Lebensjahr auf. Jedes Jahr erkranken etwa 160 Kinder und Jugendliche zwischen 11 und 17 Jahren neu an einem Typ-2-Diabetes. Die Inzidenz ist von 2014 bis 2020 vor allem bei Jungen stark gestiegen (Robert Koch-Institut 2023).

4.6.3 Ursachen und Krankheitsentstehung

Der Diabetes mellitus ist dadurch gekennzeichnet, dass die im Blut befindliche Glukose (Traubenzucker) (→ 4.4.3) nur unter erschwerten Bedingungen in bestimmte Zellen über-

Hyperglykämie: oberhalb der definierten Grenzwerte liegender Blutzuckerspiegel

absoluter Insulinmangel: fehlende Insulinausschüttung bei normalem Insulinbedarf (→ 7.3.2)

treten kann und sich somit im Blut anhäuft, was als **Hyperglykämie** bezeichnet wird.

Grund ist, dass der hierfür notwendige „Türöffner", das **Hormon Insulin,** entweder

- **nicht ausreichend zur Verfügung** gestellt wird, also absolut vermindert ist (vergleichbar einem Fehlen des Schlüssels) (→ Abb. 56, B) und/oder
- daran **gehindert wird, seine Wirkung zu entfalten,** weil entweder
  - der Insulinrezeptor verändert ist, vergleichbar einem beschädigten Türschloss, in das der Schlüssel nicht mehr passt (→ Abb. 56, C), und/oder
  - hormonelle Gegenspieler, z. B. Glukagon oder Adrenalin, verstärkt ausgeschüttet werden und die Insulinwirkung bremsen, vergleichbar einem starken „Gegenwind" (→ Abb. 56, D).

Insulinresistenz: verminderte Ansprache auf das Hormon Insulin durch Veränderung der Insulinrezeptoren

relativer Insulinmangel: verhältnismäßig unzureichendes Insulinangebot bei fehlender Insulinwirkung

Die Diabetestypen werden danach unterschieden, welcher pathologische Prozess krankheitsbestimmend ist (→ Abb. 57). Der Typ-2-Diabetes ist vorrangig durch ein vermindertes Ansprechen der Insulinrezeptoren im Sinne der **Insulinresistenz** gekennzeichnet. Weiter kommt es zu einer nicht zeitgerechten Bereitstellung von Insulin nach den Mahlzeiten und einer übermäßigen Ausschüttung von Glukagon. Es entsteht ein **relativer Insulinmangel.**

Insulinresistenz

Down-Regulation: abnehmende Sensibilität und/oder Anzahl von Hormonrezeptoren als Reaktion auf eine Überstimulierung

Hyperinsulinämie: krankhaft erhöhte Insulinkonzentration im Blut

Reiz: physikalische oder chemische Einwirkung auf reizaufnehmende Strukturen (Sinneszellen bzw. Rezeptoren) eines Organismus, die eine Änderung des Energiezustands bewirkt

Bei der Insulinresistenz handelt es sich meist um eine Veränderung des Insulinrezeptors im Sinne der **Down-Regulation.** Dieses auch bei anderen Hormonrezeptoren vorkommende Prinzip wird dann wirksam, wenn ein Über- bzw. Dauerangebot des Liganden, hier also Insulin, besteht: Im Sinne einer Anpassungs- bzw. Schutzreaktion reagieren die Insulinrezeptoren weniger sensibel auf Stimulation und/oder reduzieren sich in ihrer Gesamtzahl (→ Abb. 56, C). Das Überangebot an Insulin im Blut, die **Hyperinsulinämie,** ist beim Typ-2-Diabetes zunächst die Antwort auf unphysiologisch hohe Blut-Glukose-Konzentrationen. Die folgende Down-Regulation provoziert ihrerseits eine gesteigerte Insulinausschüttung.

Der Mechanismus ist **zu Beginn noch prinzipiell umkehrbar.** Unter physiologischen Bedingungen bewirkt das Hormon Insulin keine

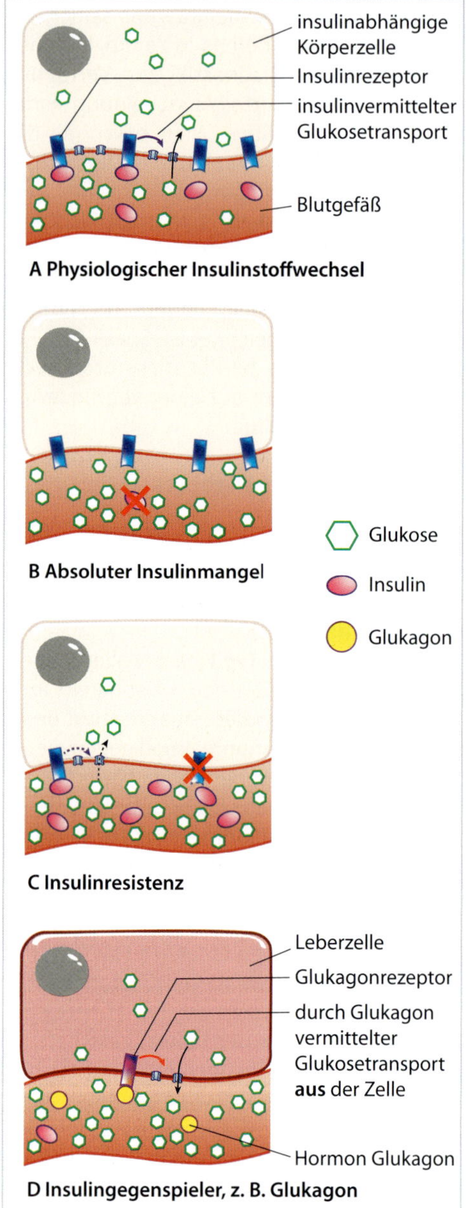

Abb. 56 Verschiedene Ursachen der Hyperglykämieentstehung (B–D) im Vergleich zum physiologischen Insulinstoffwechsel (A)

Down-Regulation, da es nur pulsweise oder auf einen physiologischen Reiz hin ausgeschüttet wird.

Der Insulinrezeptor wird zu den Tyrosinkinase-Rezeptoren (→ 7.2.4) gezählt und stellt ein die Zellmembran durchziehendes Protein aus je zwei Untereinheiten dar. Hat die Bindung von Insulin stattgefunden (und eine Kaskade weiterer Prozesse ausgelöst), wird der Rezeptor mittels Membraneinstülpung als Vesikel (→ 1.3.3) ins Zellinnere aufgenommen. Sobald sich Insulin löst, wird der Rezeptor wieder in die Zellmembran eingebaut. Der Rezeptor kann an verschiedenen dieser Stationen beeinträchtigt sein. Möglich ist beim Typ-2-Diabetes auch eine Störung zeitlich vor oder nach der Bindung an den Rezeptor, die Prä- oder Postrezeptordefekt genannt wird. Beim Postrezeptordefekt kann z. B. die Signalübertragung der Tyrosinkinasen eingeschränkt sein.

Risikofaktoren

Zur Entwicklung des Typ-2-Diabetes tragen im Wesentlichen bei:

- genetisch bedingte, auf verschiedenen Faktoren beruhende **Veranlagung**
- natürlicher **Alterungsprozess**
- Lebensstil: **Bewegungsmangel, Fehlernährung, Rauchen**
- bauchbetonte Adipositas/**metabolisches Syndrom** (→ 10.4.9)
- **niedriger sozioökonomischer Status** (→ I-3.2.4)
- **Belastungen,** z. B. Operation, seelisches Trauma, „Stress"
- Schwangerschaftsdiabetes in der Vorgeschichte (erhöht sowohl das Risiko der Mutter wie das des Kindes)

Man geht davon aus, dass die Betroffenen eine erhöhte **Erkrankungsbereitschaft** mitbringen, es jedoch erst unter dem Einfluss weiterer Risikofaktoren dazu kommt, dass sich die Krankheit manifestiert. Entsprechend ist von **Manifestationsfaktoren** die Rede.

In Hinblick auf das Ernährungsverhalten gilt vor allem der hohe Konsum schnell verwertbarer **Di- und Monosaccharide** als besonders problematisch, da diese den Glukosespiegel rasch ansteigen lassen und eine überschießende Insulinausschüttung auslösen, die im Sinne der „Übersteuerung" weitaus höher ausfällt, als es bei einem langsamen Anfluten der Blutglukose der Fall wäre. Hierdurch wird nicht nur die Entwicklung einer Insulinresistenz provoziert, sondern oftmals auch ein Teufelskreis in Gang gesetzt: Eine der maximalen Insulinausschüttung folgende, kurzzeitige Unterzuckerung löst Heißhunger aus, dem wiederum mit schnell verwertbaren Kohlenhydraten begegnet wird. Das vermehrte Aufkommen von Glukose bei zugleich erhöhtem Insulinspiegel fördert wiederum deren **Umwandlung in Lipide** (in Form von Triglyzeriden). Fehlt es zugleich an Bewegung, entwickelt sich hieraus leicht **Übergewicht** bis hin zur Adipositas. Diese Entwicklung ist umso wahrscheinlicher, wenn genetisch bedingt eine erhöhte Neigung zum Aufbau von Energiereserven vorliegt.

1. *Studien zeigen, dass in Deutschland Menschen mit niedrigem sozioökonomischem Status verhältnismäßig häufiger an Diabetes mellitus Typ 2 erkranken als solche mit einem höheren Status, da bestimmte Risikofaktoren stärker ins Gewicht fallen. Stellen Sie den Zusammenhang her.*

2. *Es mag widersprüchlich klingen, dass sowohl „Wohlstand" als auch ein „niedriger sozioökonomischer Status" einen Diabetes mellitus Typ 2 begünstigen.*
   a) Wie lässt sich das erklären?
   b) Was ist Wohlstand für Sie?

Körpereigener Kompensationsversuch

Der unbefriedigenden Insulinwirkung wird entgegengesteuert, indem die Produktion von Insulin im Pankreas angekurbelt und (noch) intakte Rezeptoren der Zielzellen verstärkt genutzt werden. Dieser Anpassungsprozess gelingt eine gewisse Zeit lang mehr oder weniger gut. Die Insulin produzierenden β-Zellen werden durch die Überbeanspruchung jedoch geschwächt (wie auch durch die unmittelbar schädigende Wirkung hoher Glukose- und Fettsäurespiegel), sodass langfristig nur noch die Hälfte oder weniger an Insulin hergestellt werden kann.

Da Insulin bevorzugt an **Leber-, Fett- und Muskelzellen** wirkt, ist spätestens ab diesem Zeitpunkt nicht mehr gewährleistet, dass Glukose in der Leber, dem Fettgewebe und der Muskulatur (einschließlich Herz) als Energielieferant und zum Aufbau von Energiereserven zur Verfügung steht. Fehlt wiederum ein Zuckerdepot in der Leber (→ 4.2.6), kann der ganze Körper in Mitleidenschaft geraten, da nur aus Leberzellen – anders als aus Muskelzellen – Glukose bei Bedarf wieder ins Blut abgegeben werden kann und damit allen Körperzellen zur Verfügung steht.

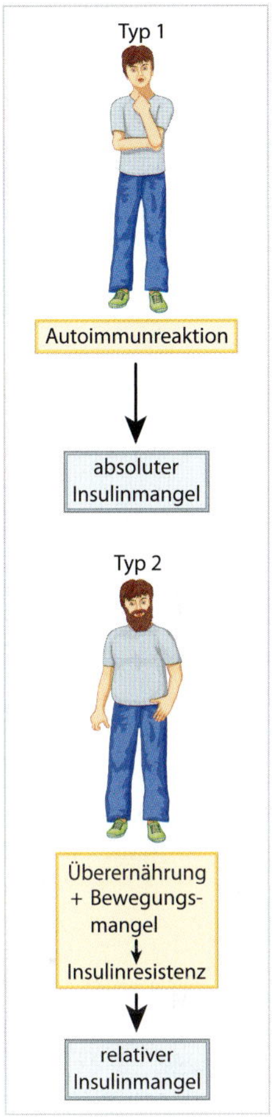

Abb. 57 Hauptursachen des Diabetes mellitus Typ 1 und Typ 2

metabolisch: im Stoffwechsel entstanden

metabolisches Syndrom: „Wohlstandssyndrom"; gleichzeitiges Vorhandensein einer bauchbetonten Adipositas mit Fettstoffwechselstörung, Bluthochdruck und/oder Hyperglykämie

Zusätzlich können andere insulinabhängige Prozesse beeinträchtigt werden; das gilt insbesondere für den **Proteinstoffwechsel** (Insulin fördert den Aufbau von Proteinen) und den **Kaliumhaushalt** (Insulin unterstützt die Aufnahme von Kalium aus dem Blut in die Zelle).

Entscheiden Sie, welchem der in → Kap. 4.6.3 eingangs genannten krankheitsbestimmenden Prozesse es entspricht, wenn bei fortgeschrittener Krankheitsdauer nur noch Restmengen von Insulin hergestellt werden können.

4.6.4 Symptome

Die Symptomatik des Typ-2-Diabetes (→ Abb. 58) entwickelt sich in der Regel **schleichend** und weitgehend unbemerkt über viele Jahre.

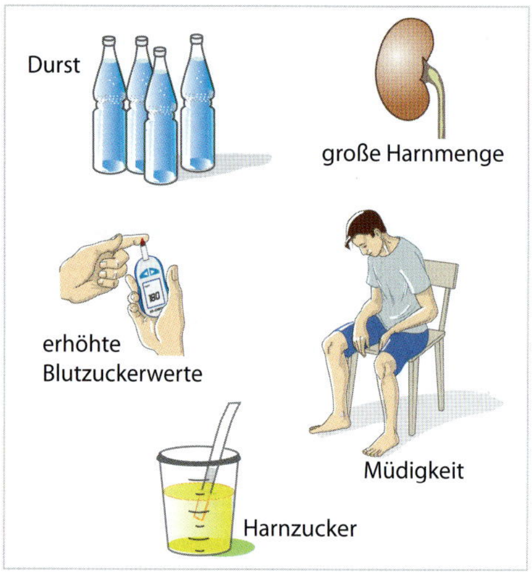

Abb. 58 Symptome des Diabetes mellitus

Bei Überschreiten eines bestimmten Schwellenwertes wird ein Teil der **vermehrten Blutglukose** (Hyperglykämie) über die Nieren ausgeschieden. Der **zuckerhaltige Harn** (Glukosurie) zieht, osmotisch bedingt, viel Wasser mit sich, was sich durch eine **erhöhte Harnmenge** bemerkbar macht (Polyurie). Der Flüssigkeitsmangel wiederum führt zu **vermehrtem Durst** (Polydipsie), sodass mehr getrunken wird.

Glukosurie:
vermehrte Ausscheidung von Glukose über den Harn

Polyurie:
gesteigerte Urinausscheidung (> 1,5 l Harn/m² Körperoberfläche/Tag)

Polydipsie:
vermehrter Durst

diabetisches Koma:
hyperglykämisches Koma; Bewusstlosigkeit bei erhöhter Blut-Glukose-Konzentration bei Typ-2-Diabetes ab 33,3 mmol/l (600 mg/dl)

Sowohl hierdurch wie auch durch andere Effekte des Insulinmangels kommt es zu größeren Schwankungen im Wasser- und Elektrolythaushalt, die sich z. B. in **Sehstörungen** oder nächtlichen **Wadenkrämpfen** äußern.

Beginnen die Muskel-, Fett- und Leberzellen zu „hungern", werden die zelleigenen Energiereserven angegangen: Neben dem Abbau von Speicherzucker (Glykogen) kommt es ersatzweise auch zum Abbau von Lipiden und/oder Proteinen. Im Ganzen folgen hieraus **Müdigkeit, Schwäche, Muskelschwund,** Gewichtsabnahme, Wundheilungsstörungen und eine **Anfälligkeit** für Infektionen.

Weitere Symptome des Diabetes mellitus können Juckreiz oder Potenzstörungen sein. Gehäuft findet sich auch **Depressivität,** die bei Menschen mit Diabetes mellitus mit 13 % etwa doppelt so häufig vorkommt wie bei Menschen ohne Diabetes mellitus (Robert Koch-Institut 2023).

4.6.5 Akute Komplikation „Blutzuckerentgleisung"

Blutzuckerentgleisungen stellen extreme, potenziell **lebensbedrohliche** Abweichungen des Blutzuckerspiegels in Richtung eines zu hohen oder zu niedrigen Wertes dar.

Hyperglykämische Entgleisung

Als konsequente Fortsetzung des bereits erhöhten Blutzuckers steigt dieser weiter an,

- wenn die **Kompensationsmechanismen erschöpft** sind,
- wenn eine weitere **Belastung** hinzutritt,
- wenn die Erkrankung (noch) unerkannt und somit **unbehandelt** ist.

Ist der Blutzucker auf einen sehr hohen Wert angestiegen, droht ein **hyperglykämisches Koma (diabetisches Koma)**. Dies kann die Erstmanifestation eines noch unerkannten Diabetes mellitus darstellen. Doch auch unter Therapie ist eine hyperglykämische Entgleisung möglich (→ Tab. 13).

Tab. 13 Blutzuckerentgleisung bei Diabetes mellitus

	Hyperglykämische Entgleisung	Hypoglykämische Entgleisung
Höhe des Blutzuckers	• Werte > 13,9 mmol/l (> 250 mg/dl), oft um 16,7 bis 33,3 mmol/l (300 bis 600 mg/dl) • Koma ab 33,3 mmol/l (600 mg/dl), Werte > 55,5 mmol/l (1000 mg/dl) erreichbar	• Werte < 3,9 mmol/l (70 mg/dl), Symptome meist ab < 2,8 mmol/l (50 mg/dl) • **individuelle Grenze unterschiedlich**, je nach Krankheitsdauer oder Gewöhnung an wiederholte Unterzuckerungsphasen (v. a. bei älteren Menschen oft unerkannt); durch Sensibilitätstraining auch verbesserte Frühwahrnehmung möglich
Auslöser	• Belastungssituation mit hoher Blutzuckerbelastung bzw. erhöhtem Insulinbedarf: z. B. massive Aufnahme zuckerhaltiger Getränke, Medikamentennebenwirkung, **Infektion, Operation,** physischer/psychischer **Stress** • Therapiefehler: im Verhältnis zur Nahrungsaufnahme **zu niedrige Dosierung** von Insulin oder Antidiabetika bzw. fehlende Anpassung bei Nahrungsumstellung	• unzureichende Kohlenhydrataufnahme (z. B. bei **Erbrechen** oder erwünschter **Nüchternheit),** verminderter Speicherzuckerabbau nach **Alkoholexzess** ohne Nahrungszufuhr, fehlende Berücksichtigung eines reduzierten Insulinbedarfs z. B. nach **Extremsport** (ggf. auch noch an Folgetagen); Therapie mit **Sulfonylharnstoffen** (bis 72 Std. erneut Hypoglykämien möglich) • Therapiefehler: absolute **Überdosierung,** relative Überdosierung bei nicht an Zeitpunkt und Menge der Nahrungsaufnahme angepasste Antidiabetika-/Insulingabe, Medikamentenverwechslung • Begleiterkrankungen, höheres **Alter,** Medikamentenwechselwirkungen, Gewichtsabnahme
Symptome	Entwicklung meist über **Stunden bis Tage:** • stark vermehrtes Wasserlassen, hochgradige **Austrocknung** (Exsikkose), starker **Durst,** warme, trockene Haut, Herzrasen, Blutdruckabfall, Übelkeit/Erbrechen, Nierenversagen • Bewusstseinstrübung bis hin zur Bewusstlosigkeit (meist **„hyperosmolares Koma"** als typische Form des hyperglykämischen = diabetischen Komas beim Typ-2-Diabetiker)	Entwicklung innerhalb von **Minuten:** • Heißhunger • **Zittern,** Unruhe, kalter Schweiß, Angst • Reizbarkeit, Schmatzen, Krampfanfälle, Bewusstseinsstörungen bis hin zur Bewusstlosigkeit (**„hypoglykämischer Schock"** bzw. Koma)
Maßnahmen		Erkennt ein Betroffener frühzeitig die Symptome, kann er der Unterzuckerung durch gleichzeitige Einnahme schnell und langsam anflutender Kohlenhydrate (z. B. Apfelsaft + Vollkornbrot) entgegensteuern.

Erstmaßnahmen bei Blutzuckerentgleisung

Notarzt informieren; bis Eintreffen des Notarztes Erste Hilfe: regelmäßige Prüfung des Bewusstseins, sofern möglich auch Kontrolle von Atmung, Puls, Blutdruck und Blutzucker; bei Bewusstlosigkeit stabile Seitenlage.
Wenn möglich: Blutzucker messen und weiteres Vorgehen bis zum Eintreffen des Notarztes je nach Wert.
Hyperglykämische Entgleisung: bei noch erhaltenem Bewusstsein vorsichtige **Flüssigkeitszufuhr** (Wasser)
Hypoglykämische Entgleisung:

- bei erhaltener Ansprechbarkeit: wiederholtes Anreichen von **Glukose**-Gel, -Spray (sofern vorhanden) oder anderen glukosehaltigen Produkten. **Wichtig zu wissen:** Die Hilfe wird vom Betroffenen, bedingt durch die Unterzuckerung, unter Umständen aggressiv zurückgewiesen!
- bei schwerer Unterzuckerung, sofern vorgesehen: **Glukagon** als Spritze (z. B. in den Oberschenkel) oder als Pulver in die Nase

Hypoglykämische Entgleisung

Zur gegenteiligen Art der Entgleisung, der massiven **Unterzuckerung,** kann es kommen, wenn z. B. mit einer spezifischen antidiabetischen Therapie begonnen wurde (→ Tab. 13). Die Hypoglykämie ist besonders bedrohlich, da Organe wie das Gehirn auf stetige Glukosezufuhr angewiesen sind und nicht auf eigene Vorräte zurückgreifen können. Folge ist eine **akute Stressreaktion** (→ 7.3.3) mit dem Ziel, den Blutzuckerspiegel wieder anzuheben und den Organismus funktionsfähig zu erhalten. Die Stressreaktion wirkt sich auf das Herz-Kreislauf-System aus, weshalb wiederholte Hypoglykämien die Prognose des Typ 2 Diabetes zusätzlich verschlechtern.

Hypoglykämie: unterhalb der definierten Grenzwerte liegender Blutzuckerspiegel, „Unterzuckerung"

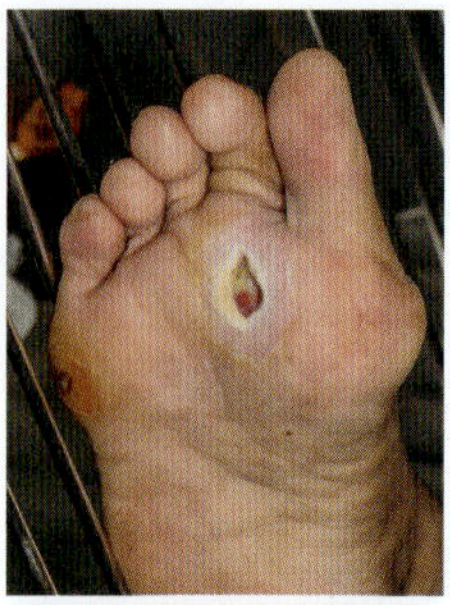

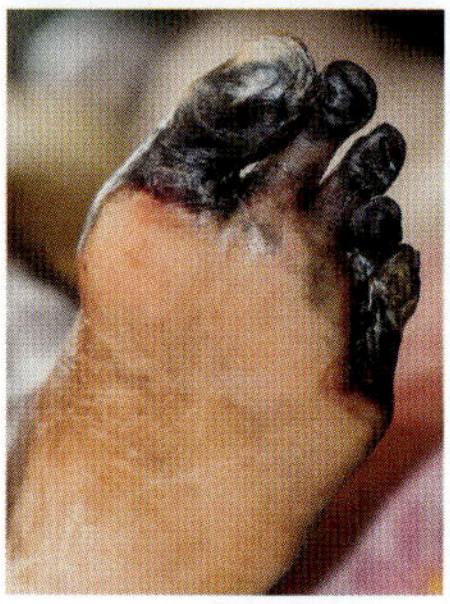

Abb. 59 Mögliche Veränderungen am Fuß beim diabetischen Fußsyndrom

diabetische Retinopathie: durch Diabetes mellitus hervorgerufene, spezifische Netzhautschädigung

diabetische Nephropathie: durch Diabetes mellitus hervorgerufene, spezifische Nierenschädigung

diabetische Neuropathie: durch Diabetes mellitus hervorgerufene, spezifische Nervenschädigung

diabetische Kardiomyopathie: durch Diabetes mellitus hervorgerufene, spezifische Herz(muskel)schädigung

HbA1c: „Blutzuckergedächtnis"; Hämoglobinunterform mit blutzuckerabhängiger Glukosebindung

Hämoglobin: roter Blutfarbstoff aus Proteinanteil (Globin) und Farbstoffanteil (Häm, zur Sauerstoffbindung)

Menschen mit bekanntem Diabetes mellitus führen im Idealfall stets einen **Notfallausweis** mit relevanten Informationen bei sich.

4.6.6 Diabetische Spätfolgen

Diabetische Spätfolgen sind langfristige, im Laufe von Jahren bis Jahrzehnten entstehende Auswirkungen der Erkrankung. Sie werden wahrscheinlicher mit zunehmender Krankheitsdauer, einem über längere Zeit zu hohen Blutzuckerspiegel und hängen auch von der genetischen Veranlagung ab. Da die Spätfolgen **potenziell lebensbedrohlich** sind, strebt man ab Therapiebeginn eine kontinuierlich gute Blutzuckereinstellung mit regelmäßigen Kontrollen an. Spätfolgen sind heutzutage der prognosebestimmende Faktor des Diabetes mellitus.

Man unterscheidet:
- unspezifische Schädigung größerer Arterien mit (Früh-)**Arteriosklerose,** bevorzugt an
  - **Gehirn:** zerebrale Durchblutungsstörung bis hin zum Schlaganfall (→ 5.11)
  - **Herz:** Durchblutungsstörung der Herzkranzgefäße (koronare Herzerkrankung, → 10.5) bis hin zum Herzinfarkt
  - **Bein:** Durchblutungsstörung der unteren Extremität (periphere arterielle Verschlusskrankheit, pAVK, → 10.5 Einleitung) bis hin zum Absterben von Gliedmaßen
- spezifische Schädigung **kleinerer Arterien,** Arteriolen und Kapillaren, bevorzugt an
  - Augen/Netzhaut – **diabetische Retinopathie:** Sehstörungen bis hin zur Erblindung
  - Niere/Glomeruli – **diabetische Nephropathie:** chronische Nierenschwäche bis hin zur Dialysepflicht (→ 11.3)
  - Nerven – **diabetische Neuropathie:** Sensibilitätsstörungen, Schmerzen v. a. an Füßen und Unterschenkeln, seltener auch Lähmungserscheinungen; fehlende Schmerzweiterleitung u. a. im vegetativen Nervensystem bzw. im Bereich der inneren Organe
  - Herz – **diabetische Kardiomyopathie:** Schädigung der Herzmuskulatur, Entwicklung einer Herzschwäche (→ 10.6)
- Das **diabetische Fußsyndrom** resultiert aus dem ungünstigen Zusammentreffen einer Nervenschädigung, einer Durchblutungsstörung der Beine und einer allgemein beim Diabetes mellitus vorliegenden **Wundheilungsstörung** bzw. Infektneigung der Haut (→ Abb. 59). So können kleine, oft unbemerkte Verletzungen, die nicht zuheilen und sich ggf. infizieren, schlimmstenfalls in eine Fußamputation münden.

Da der Typ-2-Diabetes einerseits selbst ein Aspekt des metabolischen Syndroms ist und andererseits gleiche Risikofaktoren wie dieses aufweist, **potenziert** sich etwa beim Vorliegen von **Bluthochdruck** (→ 10.4) das Risiko für Gefäßerkrankungen. Zugleich steigt wie beim metabolischen Syndrom das **Krebsrisiko** (z. B. für Darm-, Blasenkrebs u. a.), unter anderem als Folge von chronischen Entzündungsreaktionen und hohen Insulinspiegeln.

4.6.7 Diagnostik

Wegen des meist lange Zeit symptomarmen, wenig spezifischen Verlaufs des Typ-2-Diabetes kommen der **Anamnese** und der **körperlichen Untersuchung** besondere Bedeutung zu, um Risikofaktoren (→ 4.6.3) und Symptome (→ 4.6.4) möglichst frühzeitig zu erfassen.

Entwickelt sich hieraus die Verdachtsdiagnose eines Diabetes mellitus, lässt sich die Diagnose durch eine Blutabnahme mit anschließender **Laboruntersuchung** sichern. Hierbei sollen standardisierte und qualitätsgesicherte Methoden zum Einsatz kommen, um Fehldiagnosen zu vermeiden.

Blutuntersuchung

Gemessen werden ein temporärer Blutzuckerwert (**Plasmaglukose,** aus venösem Blut) und der Blutzucker-Langzeitwert (**HbA1c,** eine Hämoglobinunterform). Nach der Nationalen Versorgungsleitlinie (Bundesärztekammer u. a. 2023) müssen für die Diagnosesicherung mindestens **zwei Werte pathologisch** sein. Liegen bereits diabetesspezifische Symptome vor, reicht ein Wert zur Bestätigung aus.

Messung des HbA1c

HbA1c ist eine Unterform des Hämoglobins, das den **Blutzuckerspiegel der letzten 8–12 Wochen** widerspiegelt – auch „Langzeitblutzucker" oder „Blutzuckergedächtnis" genannt. Hintergrund ist, dass Glukose am Hämoglobin, dem roten Blutfarbstoff der Erythrozyten, bindet, sobald sich der Blutzuckerspiegel erhöht. Diese Bindung erfolgt im

Normalfall nur vorübergehend; bei chronisch erhöhtem Blutzucker bleibt sie jedoch für den gesamten Lebenszyklus der Erythrozyten bestehen und endet erst mit deren Abbau nach ca. 120 Tagen.

Ein **HbA1c-Wert ≥ 48 mmol/mol** (≥ 6,5% Anteil am Gesamt-Hämoglobin) ist pathologisch. Diverse Faktoren (z. B. Blutarmut, Alter) können den Wert jedoch beeinflussen und zu falsch positiven/negativen Ergebnissen führen. Auffällige, nicht sicher pathologische Werte im Bereich ≥ 39 bis < 48 mmol/mol (≥ 5,7 bis < 6,5%) sind über eine Bestimmung der venösen Plasmaglukose abzuklären.

Messung der venösen Plasmaglukose

Gemessen wird die Glukosekonzentration im venösen Blutplasma.

Die Blut-Glukose-Konzentration ist abhängig von der Nahrungsaufnahme. Dies findet Berücksichtigung in folgenden Grenzwerten:

- Beträgt die beim nüchternen Menschen gemessene venöse Plasmaglukose, die **Nüchternplasmaglukose (NPG), ≥ 7 mmol/l** (≥ 126 mg/dl), ist das Ergebnis pathologisch. Werte im Bereich 5,6–6,9 mmol/l (100–125 mg/dl) weisen auf eine gestörte Glukosetoleranz mit erhöhtem Diabetesrisiko hin. Diese Grenzwerte werden von den meisten internationalen Diabetes-Fachgesellschaften angegeben. Die WHO empfiehlt dagegen einen unteren Grenzwert von 6,1 mmol/l (110 mg/dl). Da nach 10 Jahren ca. 50% der Betroffenen einen manifesten Diabetes mellitus entwickeln, spricht man auch von **Prädiabetes.** Das Ergebnis gibt Anlass zur Aufklärung über Diabetesrisiko, Lebensstilintervention und Behandlung von Risikofaktoren sowie zur Kontrolle inkl. HbA1c nach einem Jahr.
- Bis zwei Stunden nach dem Essen (postprandial) bzw. nach Durchführung eines speziellen Belastungstests, einem **oralen Glukose-Toleranz-Test (oGTT),** gelten höhere Grenzwerte. Der standardisierte oGTT schafft einheitliche Ausgangsbedingungen: Das Ergebnis gilt als pathologisch, wenn die nach zwei Stunden gemessene Plasmaglukose, **2h-oGTT-PG,** einen Wert **≥ 11,1 mmol/l** (≥ 200 mg/dl) annimmt. Werte im Grenzbereich 7,8 bis 11 mmol/l (140 bis 199 mg/dl) gelten vergleichbar zur NPG-Messung als grenzwertig.
- Die **Gelegenheitsplasmaglukose (GPG)** als ein zu einem beliebigen Tageszeitpunkt erhobener Blutzuckerwert wird nur berücksichtigt, wenn sie pathologisch ist und die Diagnose mit einem Wert ≥ 11,1 mmol/l (≥ 200 mg/dl) bestätigt.

Urinuntersuchung

Lässt sich **Glukose im Urin** nachweisen, hat der Blutzucker bereits einen Wert ≥ 10 mmol/l (≥ 180 mg/dl) oder höher erreicht, da dann die „Nierenschwelle“ überschritten wird. Hintergrund ist, dass ein Teil der Blutglukose in der Niere aus dem Blut in den Primärharn abfiltriert und anschließend wieder vollständig ins Blut rückresorbiert wird (→ 11.2.1). Eine erhöhte Glukosefiltration überlastet das System der Rückresorption. Ist die Kapazitätsgrenze, die „Nierenschwelle“, erreicht, wird ein Teil der überschüssigen Glukose mit dem Endharn ausgeschieden. Es kommt zum „honigsüßen Durchfluss“, dem Diabetes mellitus.

Allerdings kann die Nierenschwelle unter bestimmten Umständen höher oder niedriger liegen, auch können andere Prozesse selten zu einer Glukosurie führen. Die Harnzuckerbestimmung dient daher – anders als in antiken Zeiten – nicht der Diagnosesicherung. Sie bleibt aber bedeutsam für die (Selbst-)Kontrolle.

Zu beachten ist, dass unter Therapie mit bestimmten Antidiabetika (SGLT-2-Inhibitoren, → 4.6.8) die Nierenschwelle ausgehebelt und eine Blutzuckersenkung gerade dadurch erreicht wird, dass die Glukoserückresorption gehemmt und eine massive Glukosurie herbeigeführt wird.

Bei einem 34-Jährigen ist im Rahmen einer Untersuchung auch eine Blutzuckerbestimmung vorgesehen. Obwohl er nüchtern hatte kommen sollen, hat er an diesem Morgen schon gefrühstückt – das ist knapp zwei Stunden her. Der Blutzucker wird dennoch mitbestimmt und beträgt, gemessen als venöse Plasmaglukose, 121 mg/dl.

Bewerten Sie das Ergebnis der Blutuntersuchung, siehe Fallbeispiel.

Blutplasma: flüssiger, zellfreier Anteil des Blutes; Funktion: Transport

venös: zu einer Vene gehörend

Vene: Gefäß, das Blut zum Herzen hin transportiert

Antidiabetikum: Medikament zur Therapie des Typ-2-Diabetes

Nüchternplasmaglukose: NPG; Glukosekonzentration im Blutplasma im nüchternen Zustand

postprandial: nach dem Essen

oraler Glukose-Toleranz-Test: oGTT; nach mindestens 8 h Nahrungs-, Nikotin- und Alkoholkarenz wird innerhalb weniger Minuten ein Lösungsgemisch aus 300 ml Wasser und 75 g Glukose getrunken; Bestimmung des Blutzuckers vorher und nach 2 Stunden

partizipative Entscheidungsfindung:
Shared decision-making; umfasst die Prozessschritte
1. Team bilden
2. Möglichkeiten erwägen
3. Entscheidung treffen

Erstlinientherapie:
bevorzugte Behandlungsform einer bestimmten Erkrankung

Adhärenz:
Maß, in dem das Verhalten eines Patienten mit seinem Therapieziel übereinstimmt

LDL:
low density lipoprotein; Lipoproteine, die Cholesterin von der Leber zu den Körperzellen transportieren

4.6.8 Therapie und Begleitung

Wurde in der Zusammenschau von Krankheitsgeschichte und Untersuchungsergebnissen die Diagnose eines Typ-2-Diabetes gestellt, ist der erste Schritt, dies **angemessen zu kommunizieren:** in einem persönlichen Gespräch, wertschätzend und lösungsorientiert.

Zugleich soll eine gezielte Untersuchung auf mögliche Folge- und Begleiterkrankungen stattfinden, um einen Ausgangszustand zu dokumentieren, der für die **Therapieplanung** herangezogen werden kann.

Übergeordnetes Behandlungsziel ist es, die **Lebensqualität** zu erhalten oder zu verbessern sowie die Lebenserwartung zu erhöhen, indem Komplikationen vermieden werden. Zum Erreichen dieses Ziels verfolgt die Therapie einen **patientenorientierten Ansatz** in dem Sinne, dass Zielvorgaben und Therapieentscheidungen nach Möglichkeit gemeinsam getroffen werden (→ I-7.2.1). Die Stärkung der Selbstbestimmung eines Patienten/einer Patientin erhöht im Idealfall die Therapiezufriedenheit und motiviert zur Umsetzung der vereinbarten Maßnahmen im Sinne der Therapieadhärenz.

Orientierend dienen folgende **Zielgrößen** der Überprüfung des Therapieerfolgs:

- HbA1c: 48–69 mmol/mol (6,5–8,5 %)
- LDL: < 1,4 bis < 3,0 mmol/l (< 55 bis < 116 mg/dl) je nach Risiko, vor allem für Herz-Kreislauf-Ereignisse
- Gewicht: Abnahme bei Übergewicht; bislang gilt: Reduktion um 5 % des Ausgangsgewichts bei BMI 27–35 kg/m² (→ 4.4.2) bzw. um 10 % bei BMI > 35 kg/m² (Davies u. a. 2018); neue Empfehlungen werden aktuell erstellt (Bundesärztekammer u. a. 2023)
- Blutdruck: systolisch um 120–140 mmHg, diastolisch um 70–90 mmHg

Die Orientierungsgrößen geben einen Rahmen vor, um **individuelle Therapieziele** zu vereinbaren. Diese werden von vielen Faktoren beeinflusst, z. B. Alter, Lebenserwartung, Gesundheitszustand, Begleiterkrankungen, Allergien/Unverträglichkeiten, Lebensumstände und Akzeptanz einzelner Therapiemöglichkeiten. Die Therapieziele sollen nach dem Konzept der „partizipativen Entscheidungsfindung" immer wieder überprüft und angepasst werden. Das beinhaltet ganz wesentlich das Erkennen möglicher Barrieren und Finden von Lösungsansätzen bei allen Beteiligten.

Die **Erstlinientherapie** sieht eine umfassende **Lebensstilmodifikation** im Sinne der Basistherapie vor. Ziel der Erstlinientherapie ist, dass die Zellen wieder empfänglicher für Insulin werden, die Insulinproduktion absinkt und sich der Glukosehaushalt weitgehend normalisiert.

Basistherapie: Lebensstilmodifikation

Zur Basistherapie zählen alle lebensstilmodifizierenden, nichtmedikamentösen Maßnahmen. Auch Menschen mit erhöhtem Diabetesrisiko sollen diese bereits angeboten werden.

Ernährung und Bewegung sind die entscheidenden „Stellschrauben": Werden die unten genannten Maßnahmen konsequent umgesetzt, sollte sich im Fall von Übergewicht eine wünschenswerte **Gewichtsreduktion** einstellen bzw. das **Zielgewicht** beibehalten werden. Zudem gilt es, weitere Risikofaktoren wie Rauchen und Alkoholkonsum zu minimieren.

Maßnahmen im Bereich Ernährung sind:

- **Ernährungsberatung:** Sie soll jedem Betroffenen angeboten werden und das bisherige Ernährungsverhalten aufgreifen und zugleich Wertvorstellungen, Bedürfnisse, Wünsche sowie auch (Un-)Verträglichkeiten des Betroffenen berücksichtigen.
- erstrebenswert: **ausgewogene,** möglichst frisch zubereitete, **ballaststoffreiche Kost;** bewusstes, langsames Essen, eher mehrere kleine Mahlzeiten
- in kleiner Menge erlaubt: Süßstoffe, z. B. Saccharin, Stevia
- weitgehender Verzicht auf schnell resorbierbare Monosaccharide: möglichst Verzicht auf industriell gefertigte, scheinbar „diabetikergeeignete" Lebensmittel bzw. Zuckeraustauschstoffe, z. B. Sorbit, Fruktose

Maßnahmen im Bereich körperlicher Aktivität sind:

- Steigerung der **Alltagsaktivitäten** und Bewegung im Alltag, z. B. Einkäufe zu Fuß, Treppensteigen (→ 3.4.2)

- **funktionelles Training,** möglichst mehrmals die Woche, z. B. Teilnahme an entsprechenden Bewegungsprogrammen, aerobes Ausdauertraining (z. B. Radfahren, Schwimmen, Tanzen), Krafttraining, je nach Vorliebe (→ 3.4.3)
- Schwerpunkt bei älteren Menschen: Training von **Koordination** und **Beweglichkeit** (→ 3.4.3)

Reduktion weiterer Risikofaktoren:

- Rauchern ist dringlich zu raten, das Rauchen aufzugeben; es soll über Folgen aufgeklärt werden; bei ausbleibendem Erfolg soll regelmäßig zu möglichen Entwöhnungsverfahren beraten werden.
- Empfohlen wird, einen möglichen Alkoholkonsum zu reduzieren.
- Allgemein werden Strategien zur Stressbewältigung empfohlen.

Schulungen zur Vermittlung von Hintergrundwissen und zum Umgang mit der Erkrankung sind ein wesentlicher Baustein der Therapie. Sie folgen i. d. R. strukturierten, evaluierten Programmen und werden in Inhalt und Ansprache auf unterschiedliche Zielgruppen abgestimmt. Die Schulungen sollen jedem Menschen mit Diabetes mellitus Typ 2 und ggf. dessen Angehörigen angeboten werden. Sie können bei Bedarf wiederholt werden bzw. erneut erfolgen, wenn sich der aktuelle Stand geändert hat.

Das Erlernen der **Blutzuckerselbstmessung** (→ Abb. 60) kann ein Teilaspekt der Schulung sein. Hierbei geht es um mehr als die korrekte Durchführung; es gilt auch, das Ergebnis interpretieren und angemessen darauf reagieren zu können. Somit ist vorab zu klären, für wen die Selbstmessung infrage kommt. Durch Möglichkeiten wie die telemedizinische Betreuung ist mittlerweile auch eine

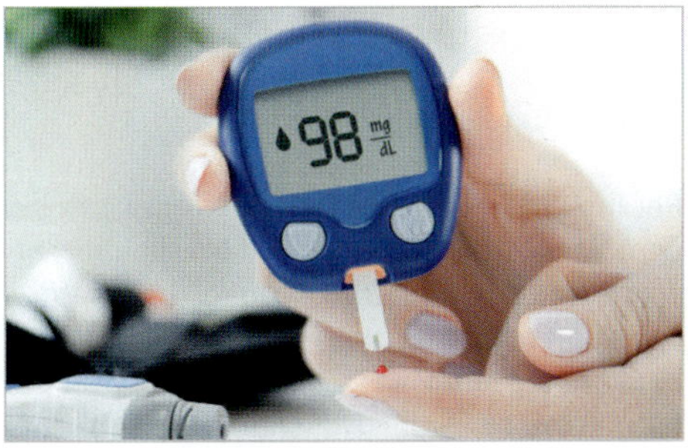

Abb. 60 Blutzuckerselbstmessung

Selbstmessung denkbar, deren Ergebnis übermittelt und professionell bewertet wird. Die Selbstmessung ist in Deutschland bislang jedoch nicht standardmäßig in der Versorgung des Typ-2-Diabetes vorgesehen.

Betroffene, **sofern sie nicht Insulin spritzen,** erhalten die notwendige Ausstattung (z. B. Teststreifen für Blutzuckermessgeräte) nur in bestimmten, begründeten Fällen als Kassenleistung (Gemeinsamer Bundesausschuss 2011). Eine Einzelfallentscheidung ist ebenso die Versorgung von **insulinpflichtigen** Typ-2-Diabetikern mit speziellen Messgeräten, die in Echtzeit die Glukosekonzentration im Körper messen, die Daten automatisch an ein Speichergerät übertragen und bei Auffälligkeiten Alarm geben (Gemeinsamer Bundesausschuss 2016).

Pharmakotherapie

Eine zusätzliche medikamentöse Therapie ist erst angezeigt, wenn die individuellen Therapieziele trotz Ausschöpfung der Basismaßnahmen nicht erreichbar sind. Diese werden jedoch auch nach Beginn der Pharmakotherapie stets beibehalten.

In erster Linie werden **orale Antidiabetika** (v. a. Metformin und SGLT2-Hemmer, s. u.) und/oder subkutan zu spritzende **GLP-1-Analoga** (s. u.) eingesetzt, erst bei Ausweitung der Therapie auch subkutan zu spritzende **Insuline.**

Die Auswahl des passenden Antidiabetikums, als Einzelgabe oder kombiniert mit anderen, hängt von der persönlichen Ausgangssituation ab, vor allem dem Risiko für **Herz-Kreislauf-** und/oder **Nierenereignisse** sowie der subjektiven Bewertung von Patientenseite.

Eine Bewertung und ggf. Anpassung der Therapie soll nach jeweils 3 bis 6 Monaten erfolgen; eine Unterstützung und Kontrolle muss jedoch kontinuierlich gewährleistet sein, z. B. in Hinblick auf die Medikamentenverträglichkeit.

Antidiabetika

Antidiabetika (im engeren Sinne, d. h. ohne Insulin) wirken auf sehr unterschiedlichen Wegen blutzuckersenkend. Sie können

oral:
den Mund betreffend, über den Mund

subkutan:
in die Unterhaut

Humaninsulin:
halbsynthetisch oder biotechnologisch hergestelltes Insulin mit gleicher Aminosäuresequenz wie im Körper gebildetes Insulin

Analogon:
hier: synthetischer Stoff mit gleicher Wirkung im Körper wie ein bestimmter natürlicher Stoff

Halbwertszeit:
Zeitspanne, in welcher die Menge eines Stoffs im Körper durch Ausscheidung oder Stoffwechsel um die Hälfte gesunken ist

- den Appetit senken,
- die Magenpassage verlangsamen,
- die Resorption von Glukose im Darm verzögern,
- die Glukoseaufnahme in die Muskulatur verbessern,
- die Glukoseausscheidung über die Nieren fördern,
- die Glukoseneubildung in der Leber hemmen,
- die Produktion des Hormons Glukagon hemmen,
- die Insulinrezeptorempfindlichkeit erhöhen,
- die Insulinproduktion und -sekretion anregen.

Von der Leitlinie empfohlene Antidiabetika:

- **Metformin** (ein Biguanid) ist das Mittel der ersten Wahl. Es setzt an verschiedenen Stationen des Glukosestoffwechsels an und ist gut verträglich.
- **SGLT-2-Hemmer** (Gliflozine) gehen wegen ihres Wirkprinzips stets mit einer Glukosurie einher. Eine typische Nebenwirkung ist neben dem vermehrten Wasserlassen die erhöhte Anfälligkeit für Harnwegs- und Genitalinfekte.
- **Sulfonylharnstoffe** stimulieren die Insulinsekretion, weshalb sie (lang anhaltende) Hypoglykämien provozieren können. Durch Erschöpfung der Insulin produzierenden Zellen droht langfristig eine Insulinpflicht.
- **DPP-4-Hemmer** (Gliptine) stimulieren die Insulinsekretion indirekt, in Abhängigkeit der Blut-Glukose-Konzentration. Das Hypoglykämierisiko ist daher gering.
- **GLP-1-Analoga** (Glutide) sind neben Insulin die einzigen Antidiabetika, die subkutan gespritzt werden; nur ein Wirkstoff steht auch oral zur Verfügung. Sie steigern indirekt die Sekretion von Insulin und hemmen die von Glukagon. Wirkungen wie Appetitminderung und verzögerte Magenentleerung können zu unerwünschten Magen-Darm-Ereignissen führen, erklären aber auch den – oftmals gewünschten – **Gewichtsverlust.**

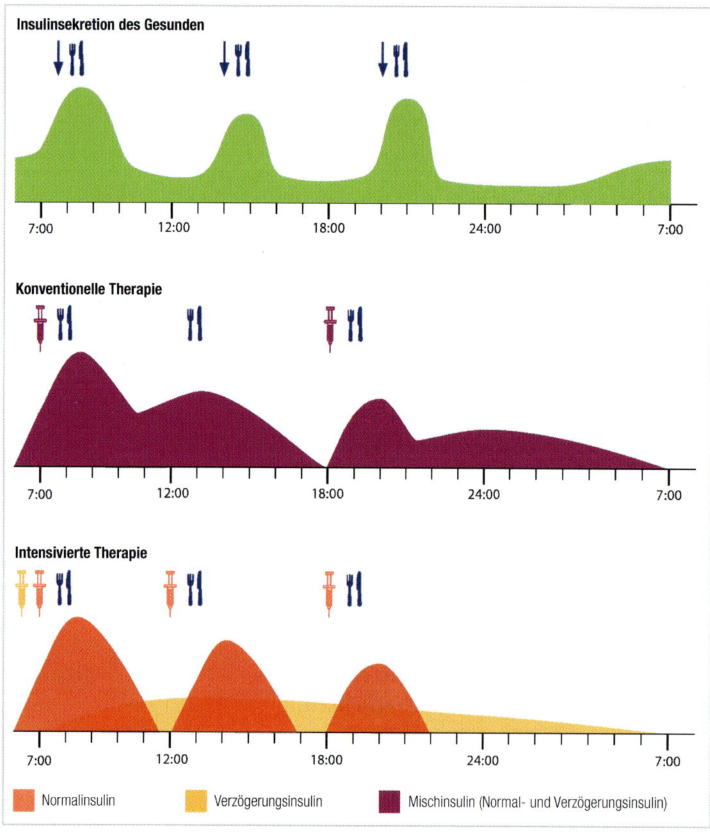

Abb. 61 Wirkungsverlauf bei konventioneller und intensivierter Insulintherapie

Es existieren weitere orale Antidiabetika, die jedoch nur selten zum Einsatz kommen.

Insulin

Eine Behandlung mit Insulin ist in der Regel erst angezeigt, wenn individuelle Therapieziele trotz des Einsatzes von Nicht-Insulin-Antidiabetika unerreichbar bleiben.

Bestimmte Situationen, z. B. unklare Entgleisungen, schwere Infektionen, Operationen oder eine verschlechterte Nierenfunktion, erfordern evtl. nur vorübergehend (dann aber zeitnah!) eine Insulintherapie.

Das Nutzen-Risiko-Verhältnis der Insulintherapie ist eher ungünstig, z. B. wegen der damit einhergehenden Gewichtszunahme. Daher sind die Therapieziele immer wieder zu prüfen und ggf. kann es empfehlenswert sein, auf eine vorherige Therapiestufe zurückzukehren (Bundesärztekammer u. a. 2023).

Bei Insulin handelt es sich entweder um ein vom Aufbau dem menschlichen Insulin entsprechendes **Humaninsulin** oder um ein diesem ähnliches, synthetisches **Analogon.** Da beide Arten im Magen-Darm-Trakt abgebaut würden, wird Insulin üblicherweise **subkutan gespritzt.**

Bei manchen Insulinen wird die **Halbwertszeit** durch bestimmte Zusätze um ein Vielfaches verlängert. Entsprechend unterscheidet man:

- **kurzwirksame** = schnellwirksame Insuline = Normalinsuline = **Bolusinsuline,** welche die mahlzeitengebundene, hohe Insulinausschüttung nachahmen
- **langwirksame** Insuline = Verzögerungsinsuline = **Basalinsuline,** welche die Grundausschüttung an Insulin nachahmen
- **Mischinsuline,** in denen kurz- und langwirksame Insuline der Einfachheit halber in einem festen Verhältnis miteinander kombiniert sind (z. B. 30:70)

Die einzelnen Insuline unterscheiden sich in Wirkeintritt und Wirkdauer; manche müssen auch erst vorsichtig durchmischt werden. Je nach Verabreichungsform ist zudem die Konzentration unterschiedlich. Damit steigt das Risiko für Anwendungsfehler. Gute Schulung ist somit unverzichtbar.

Die Insuline werden in unterschiedlichen **Therapieschemata** angewandt:

- **Basalunterstützte Therapie:** Zusätzlich zur Therapie mit ein bis zwei Nicht-Insulin-Antidiabetika wird ein Basalinsulin zur Nacht gespritzt.
- **Supplementäre Insulintherapie (SIT):** Zusätzlich zur Therapie mit Nicht-Insulin-Antidiabetika wird ein Bolusinsulin vor den Mahlzeiten gespritzt.
- **Konventionelle Insulintherapie (CT)** (→ Abb. 61): Meist zweimal täglich wird ein Mischinsulin gespritzt, ggf. unter Beibehaltung von Nicht-Insulin-Antidiabetika. Relativ starr, setzt einen geregelten Tagesablauf mit festen Mahlzeiten voraus.
- **Intensivierte Insulintherapie** (→ Abb. 61): Ein Bolusinsulin wird vor den Mahlzeiten gespritzt, zusätzlich zur Nacht ein Basalinsulin, ggf. unter Beibehaltung der Therapie mit Nicht-Insulin-Antidiabetika.

Eher selten und vorrangig dem Typ-1-Diabetes vorbehalten ist die Therapie mit einer Insulinpumpe, über die dem Körper rund um die Uhr Insulin zugeführt werden kann. Maßgeblich für die Wahl des Insulins, Insulinschemas bzw. der Verabreichungsform sind die **Lebensumstände:** Wie viel Flexibilität erfordert z. B. der (Arbeits-)Alltag? Wie ist die Handhabbarkeit? Was ist kognitiv sicher leistbar?

Zur Insulintherapie gehört auch, den Insulinbedarf anhand von Broteinheiten (BE) bzw. **Kohlenhydrateinheiten** (KE, KHE) zu berechnen. Austauschtabellen informieren über den **BE- bzw. KE-Gehalt** von Lebensmitteln. Die Kenntnis ist wichtig, da man unter Normalbedingungen vereinfacht davon ausgehen kann, dass 1 KE den Blutzucker um 30–50 mg/dl ansteigen lässt und 1 IE Insulin ihn wieder um diesen Wert senkt.

Disease-Management-Programm

Die seit 2002 von den gesetzlichen Krankenkassen angebotenen **strukturierten Behandlungsprogramme** für Menschen, die an einer chronischen Erkrankung leiden (sogenannte Chronikerprogramme), sind auch für Menschen mit Typ-2-Diabetes vorgesehen.

Wenn sich die Betroffenen für ein solches Disease-Management-Programm (DMP) einschreiben, zeigen sie damit ihre Bereitschaft, aktiv an der Therapie mitzuwirken. Von Fachärzten, die sich durch Fortbildung qualifiziert haben und überwiegend in der hausärztlichen Versorgung tätig sind, werden die Betroffenen regelmäßig bezüglich des Diabetes beraten und untersucht (Screening auf Neuropathie, Fußläsionen, Nephropathie, Retinopathie sowie depressive und andere psychische Störungen). Die Teilnahme an Schulungen ist erforderlich, Schulungsfähigkeit selbst eine Voraussetzung für das Programm.

Ziel des DMP ist es, die Versorgung und Lebensqualität der Betroffenen zu optimieren und Spätfolgen sowie andere Komplikationen möglichst lange hinauszuzögern, wenn möglich zu verhindern.

Telemedizinische Betreuung

Beim telemedizinischen Support von Typ-2-Diabetikern wird der Blutzucker durch die Betroffenen selbst gemessen, die Werte werden anschließend elektronisch übermittelt und erfasst. Rückmeldungen erfolgen z. B. bei ausbleibender Messung oder deutlichen Abweichungen der Ergebnisse von Grenzwerten.

Ergebnisse der Diabetiva®-Studie sprechen dafür, dass Patienten eine professionelle telemedizinische Begleitung überwiegend gut annehmen und deutlich von ihr **profitieren** – sowohl in Hinblick auf **Stoffwechselparameter** als auch auf die **Lebensqualität** (u. a.

Bolusinsulin:
kurz-, d. h. schnellwirksames oder Normalinsulin; ahmt die mahlzeitengebundene Insulinausschüttung nach

Basalinsulin:
Verzögerungsinsulin; ahmt die Grundausschüttung an Insulin nach

I-10.5.2
Strukturierte Behandlungsprogramme für chronisch kranke Menschen

Kohlenhydrateinheit:
KE; Einheit zur Berechnung der Kohlenhydratmenge in Lebensmitteln (1 KE = 10 g Kohlenhydrate)

Broteinheit:
BE; ältere Einheit zur Berechnung der Kohlenhydratmenge in Lebensmitteln (1 BE = 12 g Kohlenhydrate)

Disease-Management-Programm:
DMP; strukturiertes Behandlungsprogramm für chronische Krankheiten

IE:
Internationale Einheit

I-10.5.4
E-Health und Telemedizin

deutlicher Rückgang von krankheitsassoziierter Depression). Die Betroffenen fühlen sich emotional gut unterstützt, weil sie im Umgang mit ihrer Erkrankung mehr **Sicherheit** erfahren (Dienstl u. a. 2011).

Die telemedizinische Versorgung ist u. a. für Menschen mit Diabetes mellitus geeignet, bei denen die herkömmliche Betreuung nicht ausreicht, um eine gute Stoffwechseleinstellung sicherzustellen. Das kann vielerlei Gründe haben; so kann ein konkreter Leidensdruck fehlen, der zur Therapieadhärenz motiviert.

1. *Finden Sie andere Gründe, welche die Umsetzung der therapeutisch sinnvollen Maßnahmen erschweren können.*
2. *Begründen Sie, warum eine telemedizinische Betreuung von Menschen mit Typ-2-Diabetes die Therapieadhärenz fördern kann.*
3. *Mussten Sie selbst schon einmal für eine längere Zeit eine Therapie konsequent einhalten – wenn ja, wie ist es Ihnen damit ergangen?*

4.6.9 Rehabilitation

Im Rahmen der medizinischen Rehabilitation kommt eine **stationäre Rehabilitation** für Menschen mit Diabetes mellitus Typ 2 infrage

- bei **diabetesförderlichen Erkrankungen** wie Essstörungen oder andere Verhaltensstörungen, die eine spezifische Therapie erfordern;
- bei Vorliegen von **Begleiterkrankungen** und/oder Krankheitskomplikationen, die eine komplexe Behandlung in einem multiprofessionellen Team erfordern;
- bei **Lebensumständen,** die in der ambulanten Versorgung nicht ausreichend Berücksichtigung finden und/oder eine erhöhte Intensität der Begleitung erfordern, ggf. auch im Umgang mit dem **Erlernen von Hilfsmitteln;**
- bei (drohender) Beeinträchtigung der **gesellschaftlichen Teilhabe,** etwa in Bezug auf die Erwerbstätigkeit (Bundesärztekammer u. a. 2013).

An Diabetes mellitus erkrankt zu sein, bedeutet nicht generell eine Einschränkung der Erwerbstätigkeit bzw. Leistungsfähigkeit. Gemäß **Arbeitsschutzgesetz** (→ I-9.2.5) ist eine pauschale Beurteilung der Arbeitsfähigkeit von Menschen mit Diabetes mellitus nicht (mehr) zulässig – eine solche Beurteilung muss individuell vorgenommen werden. Das gilt z. B. für das Führen bestimmter Fahrzeugklassen und andere Tätigkeiten, deren Ausübung eingeschränkt oder mit Auflagen verbunden sein kann, wenn eine potenzielle **Eigen- und Fremdgefährdung** besteht. Ob dies vorübergehend oder dauerhaft erfolgt, hängt vom jeweiligen Krankheitsverlauf ab.

Ein Busfahrer, der wiederholt schwere Unterzuckerungsepisoden erlebt hat, könnte die Fahrerlaubnis frühestens nach drei bis zwölf Monaten wiedererlangen.

Dank der inzwischen verfügbaren, vielfältigen Therapiemöglichkeiten des Diabetes mellitus konnte die **berufliche Rehabilitation** deutlich verbessert werden. Der Trend zum Bezug einer Erwerbminderungsrente (→ I-4.1.2) bei Typ-2-Diabetikern ist entsprechend rückläufig (Robert Koch-Institut 2023). Unter Umständen ist eine **Umschulung** erforderlich, doch erlauben die Auswahl geeigneter Therapiemaßnahmen sowie eine intensive Schulung, praktisches Training, Erlernen von Selbstüberwachung und Handlungskonsequenz in aller Regel eine gute **Anpassung an die Erfordernisse des Arbeitsumfelds.**

4.6.10 Pflege

Da sich der Diabetes mellitus Typ 2 vorrangig in der zweiten Lebenshälfte manifestiert, ist er in der **professionellen Pflege** sehr präsent. Einerseits können **Spätfolgen** zu einer (frühzeitigen) Pflegebedürftigkeit beitragen, zugleich gilt es gerade bei älteren Menschen mit Diabetes mellitus, Selbstständigkeit und Lebensqualität so lange wie möglich zu erhalten.

Die Blutzuckermessung, das Stellen von Medikamenten und/oder die Verabreichung von Spritzen können im Rahmen der ambulanten und stationären Pflege notwendig werden. Wesentliches Ziel ist hierbei, **Unterzuckerungen zu vermeiden.**

Wegen des bei allen Betroffenen erhöhten Risikos für ein diabetisches Fußsyndrom nimmt von Anfang an die umsichtige (ggf. medizinische) **Fußpflege** einen besonderen Stellenwert ein. Empfohlen wird:

- tägliche **Untersuchung** der Füße, mit ggf. ärztlicher Abklärung bei Auffälligkeiten
- tägliches **Waschen** der Füße mit lauwarmem Wasser für wenige Minuten; vorsichtiges Abtrocknen der Füße, v. a. zwischen den Zehen; anschließendes Eincremen
- gerades **Feilen** der Nägel (niemals schneiden), Entfernung der Hornhaut mit Bimsstein (niemals scharfe Werkzeuge)
- Tragen von Socken oder Strümpfen aus Wolle/**Baumwolle;** zum Schutz vor UV-Strahlung auch im Sommer; täglicher Wechsel
- Schuhwerk in passender Größe, möglichst aus weichem Leder, ohne harte Nähte, flache Sohlen, ggf. **Entlastungsschuhe;** tägliche Kontrolle des Innenfutters; kein Barfußlaufen
- Bettschuhe bei Neigung zu kalten Füßen (jedoch keine Wärmflasche o. Ä.)

Entlastungsschuhe: Schuhe, die eine Druckentlastung in bestimmten Bereichen, z. B. Vorfuß, ermöglichen, z. B. bei Geschwüren

4.6.11 Verlauf und Prognose

Beim Diabetes mellitus Typ 2 handelt es sich um eine **chronische Erkrankung.**

Werden auffällige Blutzuckerwerte früh erkannt und die Maßnahmen der Basistherapie von diesem Zeitpunkt an konsequent umgesetzt, kann es gelingen, die **Manifestation hinauszuzögern,** in seltenen Fällen einen bereits manifesten Diabetes mellitus Typ 2 sogar in ein **unauffälliges Stadium** zurückzudrängen.

Wird eine diabetesspezifische Therapie optimal umgesetzt, bleibt die Prognose **günstig,** eine normale Lebenserwartung ist möglich. Die gesundheitsbezogene Lebensqualität fällt sowohl in Hinblick auf die körperliche als auch psychische Dimension im Schnitt etwas niedriger aus als bei Gleichaltrigen ohne Diabetes mellitus (Robert Koch-Institut 2023).

Erfolgt die Therapie relativ spät und/oder ist sie unzureichend, reduzieren sich Lebensqualität und Lebenserwartung, bestimmt durch die **Spätfolgen** (→ 4.6.6). So ist in westlichen Industrienationen der Typ-2-Diabetes der häufigste Grund für eine Nierenersatztherapie (→ 11.3.5). Ein Drittel der Erblindungen geht auf Typ-2-Diabetes zurück. Die häufigste Komplikation ist das diabetische Fußsyndrom, das im Jahr 2018 zu 45 000 Fußamputationen in Deutschland führte. Bis zu 25 % der Menschen, die einen Schlaganfall erleiden, haben Diabetes mellitus (DDG 2023). An einem Herzinfarkt (→ 10.5) versterben mehr als 50 % der Betroffenen (Herold 2023).

2014 lag die Sterberate bei Menschen mit Diabetes mellitus im Mittel um ca. 50 % höher als bei Menschen ohne Diabetes mellitus. Die Sterberate gleicht sich mit höherem Lebensalter an, eine Übersterblichkeit bleibt jedoch bestehen (Robert Koch-Institut 2023).

4.6.12 Kosten für das Gesundheitssystem

An Diabetes mellitus zu erkranken, stellt eine hohe Belastung für die Betroffenen dar. Die Belastung geht zugleich darüber hinaus. Die Bezeichnung **„Volkskrankheit“** lässt erahnen, vor welchen Herausforderungen das Gesundheitssystem in Zukunft stehen wird, wenn die Zahl der Erkrankten weiter wachsen wird.

I-5.2.1 Ausgaben in der Gesetzlichen Krankenversicherung

Unter Berücksichtigung unterschiedlicher Altersstrukturen fallen die **direkten Gesundheitskosten** bei Menschen mit Typ-2-Diabetes ca. 1,8-mal höher aus als bei Menschen ohne Typ-2-Diabetes (Deutsche Diabetes Gesellschaft, diabetesDE – Deutsche Diabetes-Hilfe 2019). Dabei sind es weniger die Kosten, die durch eine angemessene Behandlung begründet sind, sondern die um ein Vielfaches höheren **Kosten zur Behandlung eingetretener Komplikationen und Spätfolgen,** welche zu Buche schlagen (→ Abb. 62). So beliefen sich für das Jahr 2020 die direkten Kosten für die Diabetesversorgung auf schätzungsweise 7,4 Milliarden Euro (Statistisches Bundesamt (Destatis) 2022); bezieht man Begleit- und Folgeerkrankungen mit ein, wird von mindestens 21 Milliarden Euro ausgegangen (Robert Koch-Institut 2023).

direkte Kosten: Kosten, die unmittelbar bei der Durchführung einer Behandlungsmaßnahme entstehen

Der Kreis erweitert sich, wenn man **indirekte Kosten** wie eine mögliche resultierende Arbeitsunfähigkeit – bis hin zur Frühberentung – mit einbezieht.

indirekte Kosten: Kosten, die insbesondere im persönlichen Umfeld (z. B. Arbeitsausfall) als Folge einer Erkrankung auftreten

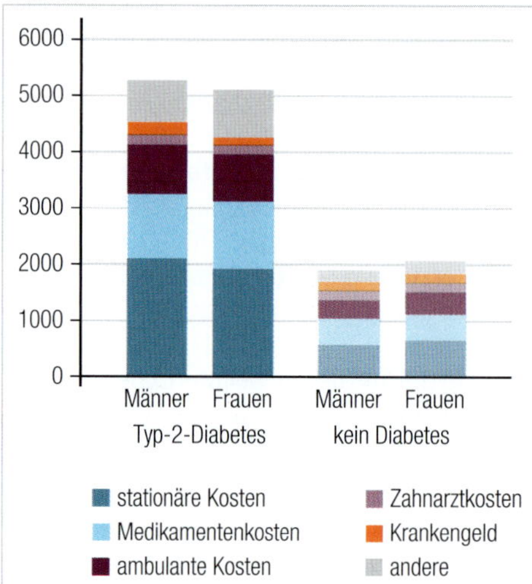

Abb. 62 Kosten in Euro im Zusammenhang mit Diabetes mellitus Typ 2 (Diabetes Gesellschaft, diabetesDE – Deutsche Diabetes-Hilfe 2019 nach Jacobs u. a. 2017)

Deutsche Diabetes Gesellschaft: *www.deutsche-diabetes-gesellschaft.de*

diabetesDE – Deutsche Diabetes-Hilfe e.V.: *www.diabetesde.org/*

Deutsche Diabetes-Hilfe – Menschen mit Diabetes (DDH-M) e.V.: *https://menschen-mit-diabetes.de*

diabinfo – Das Diabetesinformationsportal: *www.diabinfo.de*

Surveillance: Überwachung; systematische und fortgesetzte Erhebung, Zusammenführung und Analyse von gesundheitsbezogenen Daten

Diabetes Surveillance: *https://diabsurv.rki.de*

4.6.13 Prävention und Gesundheitsförderung

Auch bei erhöhter genetischer Veranlagung kann die Erkrankung verhindert oder mindestens hinausgezögert werden, da sie in hohem Maße durch die Lebensweise und die Lebensverhältnisse bestimmt wird. Als **gesunde Lebensweise** im Sinne der **Primärprävention** des Typ-2-Diabetes gilt:

- ausgewogene **Ernährung,** z. B. möglichst frisch zubereitete, ballaststoffreiche, abwechslungsreiche Mahlzeiten, bewusstes, genussvolles Essen (→ 4.4)
- ausreichende **Bewegung,** z. B. regelmäßige Aktivität im Alltag, möglichst mehrmals wöchentlich Kraft- oder Ausdauersport (→ 3.4)
- **Entspannung** bzw. Stressbewältigung (→ 5.9), ggf. auch **Suchtprävention** (bzgl. Esssucht, Nikotinsucht, Alkoholkonsum) (→ 5.14.9)

Fast 80 % derjenigen, die gemäß einem Test ein erhöhtes Risiko für einen Typ-2-Diabetes mitbringen, schätzen ihr Erkrankungsrisiko selbst als gering ein (Heidemann u. a. 2019).

Möchten Sie testen, wie hoch Ihr Risiko ist, innerhalb der nächsten 5 Jahre an einem Typ-2-Diabetes zu erkranken? Unter *https://drs.dife.de/* können Sie Ihr Diabetesrisiko ermitteln.

Eine gesunde Lebensweise erfordert ein Wissen um die Wertigkeit und Bedeutung von Nahrungsmitteln durch Aufklärung und Information (z. B. Lebensmittelkennzeichnung), Zugang zu Bildung, eine finanzielle Basis, auf deren Grundlage eine gesunde Lebensweise umgesetzt werden kann (z. B. Sportangebote genutzt werden können) sowie ein frühzeitiges Training von Körperwahrnehmung und -bewusstsein.

Zur **Sekundärprävention** gehört das frühzeitige Erkennen mit nachfolgender angemessener Behandlung, z. B. die Untersuchung des Nüchternblutzuckers, die ab dem Alter von 35 Jahren regulärer Bestandteil des Gesundheits-Check-ups der gesetzlichen Krankenkassen ist (→ I-9.2.5), oder ein Zuckerbelastungstest während der Schwangerschaft.

Die **Tertiärprävention** wird u. a. durch das Disease-Management-Programm und Maßnahmen der Rehabilitation gewährleistet.

Die Prävention des Typ-2-Diabetes ist ein **gesamtgesellschaftlicher Auftrag** angesichts des Zusammentreffens von Erkrankungshäufigkeit, der Vermeidbarkeit vieler Risiko- bzw. Manifestationsfaktoren und der Kosten für das Gesundheitssystem. Die hohe Relevanz für die **öffentliche Gesundheitspflege** (Public Health) spiegelt sich auch darin wider, dass **viele Institutionen und Akteure** in die Gesundheitsförderung des Diabetes mellitus eingebunden sind.

Bereits im Jahr 2003 wurde das **nationale Gesundheitsziel „Diabetes mellitus Typ 2“** verabschiedet (→ I-9.2.2). Seit 2015 wird am Robert Koch-Institut, gefördert durch das Bundesministerium für Gesundheit, eine **Diabetes-Surveillance** für Deutschland aufgebaut, mit dem Ziel, verlässliche Informationen und Entscheidungsgrundlagen für Öffentlichkeit, Politik, Versorgung und Forschung zu schaffen. Die Ergebnisse werden seit 2019 in einem eigenen Portal präsentiert, aufgeteilt nach Altersgruppe (Erwachsene versus Kinder und Jugendliche) und den Handlungsfeldern 1–4:

1. Diabetesrisiko reduzieren
2. Diabetesfrüherkennung und -behandlung verbessern
3. Diabeteskomplikationen reduzieren
4. Krankheitslast und -kosten senken

Das **Diabetesinformationsportal „diabinfo“** bietet der Bevölkerung qualitätsgesicherte und verständliche Informationen über den Diabetes mellitus, dessen Prävention und das Leben mit der Erkrankung.

Laut Diabetes-Surveillance sind „diabetesbedingte Klinikaufenthalte rückläufig“, „bewegen sich Erwachsene mehrheitlich unzureichend“, „erhalten 90 % der Diabetiker/-innen Medikamente“ und „erleiden 2,5 % eine therapiebedürftige Hypoglykämie“ (Robert Koch-Institut 2023).
Ordnen Sie die Ergebnisse den in der Diabetes-Surveillance genannten Handlungsfeldern zu.

Im Zuge der Nationalen Diabetes-Strategie wurde das Netzwerk **„Diabetesnetz Deutschland – gemeinsam gesünder“** entwickelt (BZgA 2022), zu dem das Portal diabinfo zählt (s. o.). Eine verbindliche Zuckerreduktion und Kinderschutz in der Lebensmittelwerbung, wie u. a. von Fachverbänden gefordert (Deutsche Diabetes Gesellschaft u. a. 2023), wurde bislang (noch) nicht umgesetzt. Wirksam wäre es: Eine 2018 eingeführte Zuckersteuer reduzierte in Großbritannien den Zuckerkonsum um 30 % pro Kopf und Tag (Bandy u. a. 2020). Simulationen lassen auch hierzulande positive Effekte erwarten (Emmert-Fees u. a. 2023).

AUFGABEN

1. *Neben Insulin beeinflussen auch die Hormone Glukagon, Thyroxin, Soma(to)tropin, Kortisol und Adrenalin den Glukosehaushalt. Klären Sie, welche dieser Hormone in Hinblick auf den Blutzuckerspiegel zu Gegenspielern des Insulins zählen.*
2. *Begründen Sie, warum man einem Unterzuckerten Getränke nur bei erhaltenem Bewusstsein anreichen darf.*
3. *Erleiden Menschen mit Diabetes einen Herzinfarkt, verläuft dieser oftmals „stumm“, d. h. ohne typische Symptome wie Brustenge oder Schmerzausstrahlung in den linken Arm. Stellen Sie den Zusammenhang her.*
4. *Welche Spätfolge wird mit der Augenuntersuchung zu erkennen bzw. zu vermeiden versucht? Nennen Sie den Fachbegriff und den schwerstmöglichen Endpunkt dieser Entwicklung.*
5. *Nennen Sie den Blutzuckerwert, ab dem Glukose üblicherweise im Urin nachzuweisen ist, und diskutieren Sie, wie dieser Wert einzuordnen ist in Hinblick auf die Frage, ob ein Typ-2-Diabetes vorliegen könnte.*
6. *Begründen Sie, warum schwere Unterzuckerungen zu vermeiden sind.*
7. *Erklären Sie*
   a) die Neigung von Diabetikern zu kalten Füßen;
   b) die Vorgabe, dass bei kalten Füßen keine Wärmflasche o. Ä. verwendet werden darf.
8. *Es gibt Lebensmittel- und Getränkekonzerne, die bereits eine Selbstverpflichtung unterzeichnet haben, an Kinder gerichtete Werbung für stark fett-, zucker- und salzhaltige Lebensmittel einzuschränken. Beurteilen Sie, warum es dennoch einen Unterschied macht, ob eine solche Werbeeinschränkung verbindlich vorgeschrieben ist oder auf freiwilliger Basis erfolgt.*
9. *Prävention ist ein Oberbegriff, der weiter differenziert werden kann (→ I-9.1.1). Ordnen Sie zu, worunter Forderungen wie die nach einer „Zuckersteuer“, „verbindlicher Kennzeichnung von Lebensmittelinhaltsstoffen“, „Werbeverbot für besonders zucker- oder fetthaltige Lebensmittel bzw. an Kinder gerichtete Lebensmittel“ und „gesunder Ernährung in allen Tageseinrichtungen“ fallen.*
10. *„Bevormundung“, „Transparenz“, „Vertrauen“, „Verantwortung für künftige Generationen“ sind nur einige Stichworte, die im Zusammenhang mit Diskussionen um diabetesstrategische Maßnahmen fallen. Finden Sie weitere und diskutieren Sie die Standpunkte zu diesem Thema aus Sicht von Verbrauchern, Politikern, Lebensmittelkonzernen, Krankenkassen und Ärzten.*

4.7 Fettlebererkrankung und Leberzirrhose

KRAUSS

Verschaffen Sie sich einen Überblick über Ihre momentanen Vorstellungen und Ihr aktuelles Wissen zu den Krankheitsbildern Fettlebererkrankung und Leberzirrhose:

1. *Notieren Sie dazu auf Karten je drei Begriffe, die Ihnen spontan zu den Stichwörtern Fettleber und Leberzirrhose einfallen.*
2. *Stellen Sie zusammen, welche Begriffe wie oft genannt wurden.*
3. *Diskutieren Sie, wie es zu häufigen Nennungen kommt – welche Erfahrungen stecken dahinter?*
4. *Fallen Ihnen Begriffe auf, die selten genannt wurden? Können Sie Gründe dafür finden?*

Heben Sie die gesammelten Ergebnisse auf.

Fettleber:
Einlagerung von Fett in Leberzellen

Hepatitis:
Leberentzündung

Fettleberhepatitis:
chronische Lebererkrankung mit Fetteinlagerung und entzündlicher Aktivität im Lebergewebe

Zirrhose:
durch Entzündung verursachte Bindegewebsvermehrung und Verhärtung; evtl. anschließende Verkleinerung des betroffenen Organs mit Funktionsverlust

Leberzirrhose:
Zerstörung der Struktur der Leber durch entzündliche Prozesse und Bildung von Bindegewebe in der Leber

Fettlebererkrankungen sind in Deutschland ein häufiges Problem. Sie entstehen durch Einlagerung von Fett in Leberzellen. In der Medizin werden **Fettlebererkrankungen mit und ohne Alkoholeinfluss** unterschieden. Wenn die Verfettung der Leber fortschreitet, treten zusätzlich entzündliche Veränderungen auf, sodass man von einer **Fettleberhepatitis** spricht. Hält dieser Zustand lange an, kann es zu einem bindegewebigen Umbau der Leber mit fortschreitendem Funktionsverlust kommen. Man spricht dann von einer **Leberzirrhose.**

Zum Weltkindertag 2022 zitiert die Deutsche Leberstiftung aus einer Umfrage der Deutschen Adipositasgesellschaft: „Seit Beginn der COVID-19-Pandemie ist jedes sechste Kind dicker geworden, etwa die Hälfte bewegt sich weniger als vor der Pandemie und bei ca. 25 % der Kinder ist ein gesteigerter Verzehr von Süßwaren zu verzeichnen." Feind Nummer eins der Lebergesundheit sind Übergewicht und das metabolische Syndrom (Deutsche Leberstiftung 2022).

4.7.1 Vorkommen

Die **nicht alkoholische Fettlebererkrankung, NAFLD,** ist die häufigste Lebererkrankung in den Industrienationen. Etwa 20–30 % der erwachsenen Bevölkerung weltweit sind betroffen. Je nach untersuchter Population schwankt die Häufigkeit stark. Zur Prävalenz der **nicht alkoholischen Fettleberhepatitis, NASH,** liegen keine populationsbasierten Studien vor, da hierfür leberhistologische Untersuchungen notwendig wären (Roeb u. a. 2015).

Von der **alkoholischen Fettlebererkrankung, AFLD,** sind in Westeuropa etwa 5–10 % der Bevölkerung betroffen (Herold 2021). Entwickelt sich auf dem Boden einer AFLD eine entzündliche Lebererkrankung, bezeichnet man diese als **ASH.**

An einer **Leberzirrhose** erkranken in Europa und den USA etwa 250/100 000 Personen jährlich. Dabei sind etwa doppelt so viele Männer wie Frauen betroffen (Herold 2021).

4.7.2 Ursachen und Krankheitsentstehung

Sowohl für die Fettlebererkrankungen als auch für das Auftreten einer Leberzirrhose gibt es zahlreiche verschiedene Ursachen. Alkoholkonsum ist zwar nach wie vor die Hauptursache für das Auftreten einer Leberzirrhose, jedoch bei weitem nicht die Einzige (→ Abb. 63).

> Eine typische Situation bei der Gesundheitsvorsorge beim Hausarzt:
>
> Bei der Besprechung der Blutwerte erwähnt der Arzt, dass die Leberwerte erhöht seien. Ehe er zu einer Erklärung ansetzen kann, kommt die empörte Erwiderung der Patientin: „Herr Doktor, das kann nicht sein, ich trinke keinen Alkohol!"

Mögliche **Ursachen der Fettlebererkrankungen** sind:

- bei NAFLD:
  - Adipositas (→ 4.5) und metabolisches Syndrom (→ 10.4.9)
  - Diabetes mellitus Typ 2 (→ 4.6)
  - Medikamente
  - selten Stoffwechselerkrankungen, nach Magen-Darm-Operationen
- bei AFLD:
  - Alkoholkonsum

Mögliche **Ursachen der Leberzirrhose** sind:

- Alkoholkonsum (bei ca. 55 % der Erkrankten)
- Virushepatitis (B, C, D) (bei ca. 40 %)
- andere Ursachen (bei ca. 5 %), z. B.
  - NASH
  - Autoimmunerkrankungen
  - Vergiftungen
  - Herzschwäche
  - Stoffwechselerkrankungen, z. B. Eisenspeicherkrankheit

Die **krankhaften Veränderungen,** die in der Leber durch die genannten Krankheitsursachen angestoßen werden, laufen in mehreren Stufen ab, von denen nicht jede zwingend erreicht werden muss:

- Zunächst kommt es zu einer Lipideinlagerung in den Leberzellen, den Hepatozyten, ohne Entzündungsaktivität. Überschüssiges Fett, das aus der Nahrung kommt, kann aus der Leber nicht ausreichend abtransportiert werden und wird in den Leberzellen gespeichert (→ Abb. 64).
- Basierend darauf kann es zu einer Leberentzündung mit entzündlichen Einlagerungen in den Leberzellen kommen (→ 2.2.3).
- Hält die Entzündungsaktivität lange an, kommt es zu bindegewebigen Umbauprozessen in der Leber und damit zum Entstehen einer Leberzirrhose.

> Ursachen für NAFLD bei Kindern und Jugendlichen sind Übergewicht, ungeeignete Ernährung und Bewegungsmangel (Deutsche Leberstiftung 2022).

NAFLD:
non alcoholic fatty liver disease; Fettleber, die ohne Alkoholeinfluss entstanden ist

NASH:
non alcoholic steatohepatitis; Fettleberhepatitis, die ohne Alkoholeinfluss entstanden ist

AFLD:
alcoholic fatty liver disease; Fettleber, die durch Alkoholeinfluss entstanden ist

ASH:
alcoholic steatohepatitis; Fettleberhepatitis, die durch Alkoholeinfluss entstanden ist

Hepatozyten:
Leberzellen; Zellen des Lebergewebes mit hoher Stoffwechselaktivität

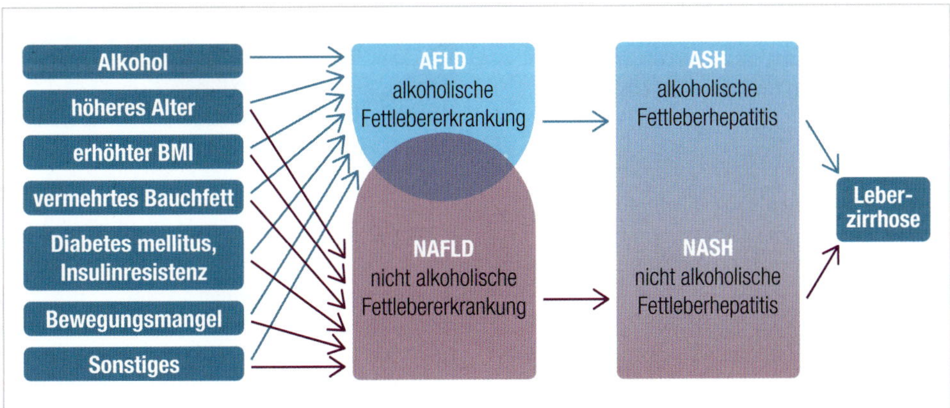

Abb. 63 Risikofaktoren für Fettlebererkrankungen

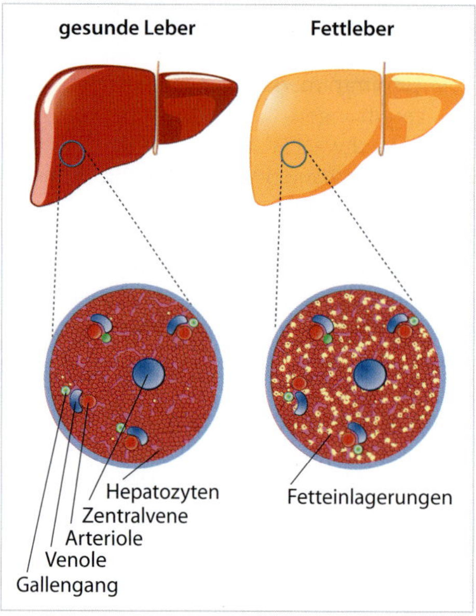

Abb. 64 Gesunde Leber und Fettleber

4.7.3 Symptome und Komplikationen

Aszites:
Ansammlung von Flüssigkeit in der freien Bauchhöhle

hepatische Enzephalopathie:
Störung der Hirnfunktion durch Leberversagen

primärer Leberkrebs:
Krebserkrankung, die direkt aus den Leberzellen entsteht

Die **NAFLD** verläuft häufig symptomlos, das bedeutet, betroffene Personen bemerken die erste Stufe der Erkrankung wie bei vielen anderen internistischen Erkrankungen nicht. Entwickelt sich auf dem Boden der Fettleber eine **NASH,** kann es zu unspezifischen Symptomen wie Müdigkeit, Abgeschlagenheit oder Druckgefühl im rechten Oberbauch durch eine mögliche Lebervergrößerung kommen.

Die **AFLD** verläuft zunächst symptomlos, jedoch ist eine erheblich vergrößerte Leber zu tasten. Entwickelt sich eine **ASH,** kann es zu folgenden Symptomen kommen:
- Vergrößerung von Leber und Milz
- Appetitlosigkeit, Übelkeit
- Gewichtsverlust
- Schmerzen im rechten Oberbauch
- Fieber
- Ikterus

Ikterus:
Gelbfärbung von Haut und Schleimhäuten durch Ablagerung des Gallenfarbstoffs Bilirubin bei Lebererkrankungen

Bei einer **Leberzirrhose** (→ Abb. 65) findet sich eine Reihe von Symptomen:
- Allgemeinsymptome (müde, abgeschlagen)
- Hautveränderungen
- hormonelle Störungen, z. B. kann sich bei Männern eine Brustvergrößerung bilden

Als **Komplikation von NAFLD und AFLD** kann eine Leberzirrhose entstehen.

Abb. 65 Gesunde Leber und Leberzirrhose

Die **Komplikationen der Leberzirrhose** erklären sich zum einen durch den Funktionsausfall der Leber, zum anderen durch den bindegewebigen Umbau und die nachlassende Elastizität:
- Ikterus
- Blutungsneigung, da für die Gerinnung notwendige Substanzen in der Leber nicht mehr produziert werden
- Abmagern der Patienten durch fehlende Stoffwechselfunktion
- Bluthochdruck im Pfortaderkreislauf (→ 10.2.1) durch abnehmende Elastizität des Gewebes und damit höheren Widerstand beim Durchfluss des Blutes
- Aszites, Ansammlung von Gewebswasser im Bauchraum (→ Abb. 66)
- krankhafte Gehirnveränderungen (hepatische Enzephalopathie) durch fehlende Entgiftung bis zum Koma
- primärer Leberkrebs als mögliche Spätfolge der Leberzirrhose

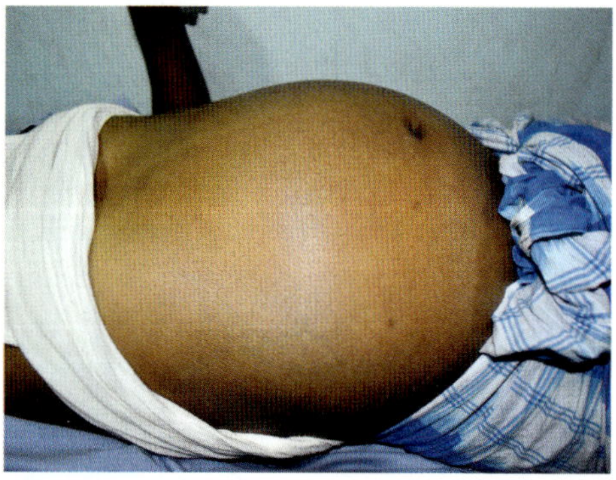

Abb. 66 Aszites bei Leberzirrhose

4.7.4 Diagnostik

Fettlebererkrankungen

Die Diagnostik von NAFLD und AFLD unterscheidet sich nicht. Bereits durch die **Anamnese** kann in der Regel unterschieden werden, welche der beiden Fettleberformen vorliegt.

Laboruntersuchungen zeigen je nach Erkrankung charakteristische Leberwertveränderungen. Mit **Ultraschalluntersuchungen** kann die Größe der Leber bestimmt und die Struktur des Lebergewebes beurteilt werden. Mit Ultraschall-Elastizitätsmessungen lässt sich ein bindegewebiger Umbau des Lebergewebes erfassen. Ultraschalluntersuchungen geben keine Auskunft über die Funktion des abgebildeten Gewebes.

Falls erforderlich, kann eine **Leberpunktion** und histologische Untersuchung der Gewebeprobe erfolgen. Alkoholische und nicht alkoholische Fettlebern unterscheiden sich histologisch nur, wenn sehr große Mengen Alkohol konsumiert werden.

Die Einteilung der Fettleber erfolgt in drei Stadien, je nachdem wie groß der **Anteil der von Lipideinlagerung betroffenen Leberzellen** ist:

- Stadium 1: < 1/3
- Stadium 2: 1/3 bis 2/3
- Stadium 3: > 2/3

Bei einer Fettleberhepatitis finden sich zusätzlich entzündliche Reaktionen im Gewebe. Einen indirekten Hinweis darauf geben erhöhte Leberwerte im Blut. Der endgültige Beweis für eine Entzündung ist der Nachweis von Entzündungszellen in der feingeweblichen Untersuchung einer aus der Leber entnommenen Probe. Dieser ist jedoch oft nicht zwingend notwendig.

Da die Fettlebererkrankung zunächst asymptomatisch verläuft, wird die Diagnose oft zufällig gestellt, z. B. wenn bei Vorsorgeuntersuchungen beim Hausarzt erhöhte Leberwerte auffallen. In diesen Fällen werden häufig weitere Untersuchungen, meist zunächst ein Ultraschall der Bauchorgane, zur weiteren Abklärung durchgeführt.

Leberzirrhose

Zur Diagnostik der Leberzirrhose gehören die gleichen Untersuchungen wie zur Diagnostik der Fettlebererkrankung.

Anamnese, Laboruntersuchungen und Ultraschall liefern die bereits beschriebenen Ergebnisse. Zusätzlich kann bei Verdacht auf das Vorliegen einer Leberzirrhose eine Lebersteifigkeitsmessung (Elastografie) mittels Ultraschall durchgeführt werden. Eventuell können auch hier eine Leberpunktion und histologische Untersuchung der Gewebeprobe erforderlich werden. Wenn eine Einschränkung der Hirnleistungsfähigkeit durch Unkonzentriertheit oder Verwirrtheit auffällt, können entsprechende Testverfahren (z. B. Mini-Mental-Status-Test, DemTect, → 5.12.4) zum Einsatz kommen, um das Ausmaß zu erfassen.

Die Klassifikation der Ausprägung der Leberzirrhose erfolgt nach den **Child-Pugh-Kriterien** (→ Tab. 14). Bei diesen werden verschiedene **Aspekte der Leberfunktion** bewertet:

- Die Bestimmung von Bilirubin (→ 4.2.6) im Blut sowie die Beurteilung der Beeinträchtigung der Hirnleistung bewerten die Entgiftungsfunktion der Leber.
- Die Messung von Proteinbestandteilen (Albumin) und Gerinnungswerten (Quick/INR) gibt Auskunft darüber, ob das Organ seine Synthesefunktion (→ 4.2.6, → 8.1.7) erfüllt.
- Die Bildung von Aszites wird durch einen Blutstau vor der Leber verursacht, wenn durch den Umbau des Lebergewebes der Blutdurchfluss erschwert ist.

INR: International Normalized Ratio; weltweit standardisiertes Verfahren zur Prüfung der Blutgerinnung, hat den früher gebräuchlichen Quick-Wert abgelöst

Je nach Punkten und damit Schwere der Erkrankung wird die Leberzirrhose in die Stadien Child-Pugh A (5–6 P.), B (7–9 P.) und C (10–15 P.) eingeteilt, die mit verschiedenen Überlebensraten einhergehen (→ 4.7.8).

Tab. 14 Child-Pugh-Kriterien zur Klassifikation der Leberzirrhose (Child, Turcotte 1964)

Kriterium	Einheit	1 Punkt	2 Punkte	3 Punkte
Serum-Bilirubin	mg/dl µmol/l	< 2 < 34,2	2-3 34,2–51,3	> 3 > 51,3
Serum-Albumin	g/dl	> 3,5	2,8–3,5	< 2,8
INR oder Quick-Wert	– %	< 1,7 > 70	1,7–2,2 40–70	> 2,2 < 40
Aszites im Ultraschall	–	keiner	leicht	mittelgradig
hepatische Enzephalopathie	–	keine	Stadium I–II	> Stadium II

4.7.5 Therapie

Fettlebererkrankungen
Weder für die NAFLD noch für die AFLD existiert eine wirksame medikamentöse Therapie.

Die Therapie von Fettlebererkrankungen besteht in der **Bekämpfung der Ursachen:**
- bei NAFLD:
  - Gewichtsreduktion
  - körperliche Bewegung
  - ggf. optimale Diabetestherapie
- bei AFLD:
  - Alkoholabstinenz als einzig wirksame Therapie

5.14.6 Therapie bei Abhängigkeit

Diese Therapie erfordert von den Betroffenen eine konsequente **Änderung des Lebensstils,** was mit erheblich mehr Mühe verbunden ist, als eine oder mehrere Tabletten einzunehmen.

Darum ist die regelmäßige Begleitung und Motivation durch den behandelnden Arzt von besonderer Bedeutung, um eine hohe Compliance (→ I-7.2.1, → I-10.2.5) aufrechtzuerhalten. Sollte eine Suchterkrankung (→ 5.14) mitverursachend sein, kann auch eine psychotherapeutische Begleitung (→ 5.10.3) erforderlich werden.

Compliance: Bereitschaft eines Patienten, an therapeutischen Maßnahmen aktiv mitzuwirken

Leberzirrhose
Die Therapie der Leberzirrhose hängt vom Stadium der Erkrankung ab.

Zu den therapeutischen Schritten gehören je nach Ursache zunächst **Allgemeinmaßnahmen,** wie Meiden von Alkohol, Absetzen verursachender Medikamente, ausreichende Versorgung mit Kalorien und Proteinen.

Ist die Leberzirrhose auf dem Boden einer **Grundkrankheit,** z. B. einer infektiösen Hepatitis, entstanden, ist diese zu behandeln. Auch ist es für das Überleben und Befinden der Betroffenen wichtig, **Komplikationen** zu behandeln.

Im Verlauf sind regelmäßige Kontrollen zur **Früherkennung von Krebserkrankungen der Leber** bedeutend. Bei einer fortgeschrittenen Leberzirrhose kann je nach Ursache auch eine Lebertransplantation diskutiert werden (→ 11.3.6).

4.7.6 Rehabilitation

Bei einer reinen Leberverfettung oder Fettleber besteht keine Rehabilitationsbedürftigkeit.

Bei Vorliegen einer Leberzirrhose im Stadium Child-Pugh A und B kann Rehabilitationsbedürftigkeit bestehen. Im Stadium C ist die Leistungsfähigkeit in der Regel so stark beeinträchtigt, dass keine sinnvolle Rehabilitation mehr möglich ist.

4.7.7 Pflege

Bei Fettlebererkrankungen und Leberzirrhosen in frühen Stadien besteht aufgrund der Leberkrankheit häufig keine Beeinträchtigung und damit keine Pflegebedürftigkeit.

Bei Leberzirrhosen im Stadium C sind die Betroffenen oft stark beeinträchtigt und haben eine erheblich reduzierte Lebenserwartung, sodass die Pflege auch durchaus zur Sterbebegleitung werden kann.

4.7.8 Verlauf und Prognose

Eine **NAFLD** hat eine gute Prognose und verkürzt das Leben nicht. Besteht eine **NASH,** entwickelt sich auf diesem Boden in 5% der Fälle pro 10 Jahre eine Leberzirrhose (Herold 2021). Bei NASH und Leberzirrhose besteht ein erhöhtes Risiko, einen primären Leberkrebs zu entwickeln.

Eine **AFLD** in den Stadien 1 und 2 kann sich bei konsequentem Alkoholverzicht gut zurückbilden. Im Stadium 3 besteht die Gefahr des Übergangs in eine **ASH** und eine Leberzirrhose mit Komplikationen.

Die Prognose der **Leberzirrhose** ist abhängig vom Stadium: Die Ein-Jahres-Überlebensrate beträgt im Stadium Child-Pugh A fast 100%, im Stadium B 85%, im Stadium C nur noch 35% (Child, Turcotte 1964).

Die häufigsten Todesursachen sind:
- Blutungen durch eine gestörte Blutgerinnung oder aus krankhaft erweiterten Gefäßen, z. B. im Bereich der Speiseröhre, die durch den Blutstau vor der Leber entstehen
- Leberversagen
- Tumorerkrankungen der Leber

4.7.9 Prävention und Gesundheitsförderung

Abb. 67 Gänsestopfleber gilt als Delikatesse

In der gehobenen Küche ist Gänsestopfleber (Foie Gras) (→ Abb. 67) eine beliebte und für manche durchaus wohlschmeckende Zutat. Die Produktion findet allerdings häufig unter äußerst fragwürdigen Bedingungen statt.

Informieren Sie sich über die Produktionsverfahren zur Herstellung von Foie Gras. Diskutieren Sie: Warum tun sich Menschen etwas freiwillig an, was einer Gans nur mit Gewalt zugefügt werden kann?

Während sich die Zuchtgänse dem Mästen und damit der Entwicklung einer Fettleber nicht widersetzen können, haben Menschen durchaus die Möglichkeit, Ursachen zu meiden:

Durch ausgewogenes Essen und ausreichende Bewegung kann die Entwicklung einer Fettleber häufig verhindert werden. Auch das Meiden von riskantem Alkoholkonsum (Konsummengen und Alkoholgehalt von Getränken, → 5.14.5) ist eine primärpräventive Maßnahme.

Bestehen Grundkrankheiten, die ein Risiko für eine Fettleber oder eine Leberzirrhose darstellen, müssen diese im Sinne einer Sekundärprävention behandelt werden. Um eine symptomlose Hepatitis B oder C festzustellen, kann im Rahmen der von den gesetzlichen Krankenkassen vorgesehenen Vorsorgeuntersuchungen einmalig im Leben eine Laboruntersuchung zur Feststellung einer unerkannten Infektion erfolgen.

Auch die Impfung gegen Hepatitis B stellt eine präventive Maßnahme zur Vermeidung von Leberzirrhosen dar.

Insbesondere für Kinder und Jugendliche wären gesundheitsfördernde Maßnahmen zur Vermeidung von Lebererkrankungen wünschenswert. Mögliche Maßnahmen sind bekannt, z. B. mehr Unterrichtsthemen aus dem Bereich Ernährung und Gesundheitskompetenz, mehr Bewegungsangebote, ein Werbeverbot für Süßigkeiten oder die Einführung einer Zuckersteuer. Solche Maßnahmen werden politisch immer wieder diskutiert, aber bislang nicht konsequent umgesetzt.

AUFGABEN

1. *Überprüfen Sie die zu Beginn der Arbeit an diesem Krankheitsbild erstellten Karten anhand Ihres inzwischen erworbenen Wissens:*
   a) Finden Sie die Facetten der Krankheitsbilder, die bereits erfasst wurden, und solche, die nicht berücksichtigt oder falsch gewichtet wurden.
   b) Würden Sie nun andere Begriffe auf Ihren Karten notieren?
2. *Nennen Sie Grunderkrankungen, die zu einer Leberzirrhose führen können.*
3. *Wenden Sie Ihr in Kapitel 4 erworbenes Wissen an:*
   a) Erklären Sie, wie eine kohlenhydratreiche Ernährung und die Entwicklung einer Fettleber zusammenhängen.
   b) Was raten Sie einem Patienten mit einer Fettlebererkrankung, der auf seinen täglichen Teller Nudeln nicht verzichten möchte?
4. *Die Therapie von Fettlebererkrankungen besteht vor allem in einer konsequenten Änderung des Lebensstils. Begründen Sie, warum die erforderliche Compliance der Betroffenen möglicherweise nicht immer ausreichend gegeben ist.*

4.8 Laktoseintoleranz/Laktosemalabsorption

WANSCHURA

Angenommen, ein Neandertaler betritt im 21. Jahrhundert das Café einer deutschen Großstadt und bestellt dort ein Glas warme Milch – würde er sich wohl, wenn er die Wahl hätte, für „laktosefrei" entscheiden?

Die Laktoseintoleranz wird gern als Problem der Neuzeit angesehen – dabei ist sie eigentlich ein archaisches Phänomen. Denn ursprünglich war es gar nicht vorgesehen, dass Menschen zeitlebens gut mit Milch bzw. dem darin enthaltenen Milchzucker, der Laktose, zurechtkommen. Dies war allein der Stillzeit vorbehalten. So auch bei den Neandertalern. Als Heranwachsende wurden sie, natürlicherweise, laktoseintolerant.

1. *Die Frage, ob Milch bzw. Laktose gut vertragen wird, hat für die Neandertaler in der Steinzeit keine Rolle gespielt. Erklären Sie den Zusammenhang.*

2. *Tauschen Sie sich aus, wie Sie das Thema „Laktoseintoleranz" wahrnehmen:*
   a) *Welchen Raum nehmen laktosefreie Lebensmittel beispielsweise im Supermarkt und in der Werbung ein?*
   b) *Meinen Sie, es handelt sich dabei um einen Ernährungstrend?*

Laktose: Milchzucker; Disaccharid, $C_{12}H_{22}O_{11}$; Vorkommen: v.a. in Milch und Milchprodukten, aber auch als Hilfsstoff in Arzneimitteln und verarbeiteten Lebensmitteln

Die im Sprachgebrauch übliche Bezeichnung **„Laktoseintoleranz"** meint eine **Milchzuckerunverträglichkeit.** Beide Begriffe sind jedoch unscharf formuliert:

- Zum einen wird eine absolute Unverträglichkeit suggeriert, die es zwar geben kann, aber die Ausnahme darstellt. Bezogen auf die Mehrzahl der Betroffenen wäre es stimmiger, von einer **„im Erwachsenenalter herabgesetzten Laktosetoleranz"** zu sprechen.
- Zum anderen wird die Assoziation zu einem immunologischen Prozess geweckt, weshalb die Laktoseintoleranz öfters mit einer Milcheiweißallergie verwechselt wird. Zwar zählen beide zu den „Unverträglichkeitsreaktionen auf Nahrungsmittel", eine Allergie lässt sich jedoch sicher abgrenzen (→ Tab. 15, → 8.8).

Tab. 15 Unterschiede zwischen Laktoseintoleranz und Milcheiweißallergie (bezogen auf die häufigste Form der Laktoseintoleranz)

	Laktoseintoleranz	Milcheiweißallergie
Auslöser	Milchzucker (Laktose)	verschiedene Milcheiweiße (meist Kasein)
Ursache	physiologischer Rückgang der enzymatischen Milchzuckerspaltung beim Heranwachsenden (bei erhöhter genetischer Bereitschaft)	pathologische Sensibilisierung gegenüber Milcheiweiß nach Erstkontakt (bei erhöhter genetischer Bereitschaft)
Diagnostik	Nachweis einer verminderten spezifischen Enzymaktivität bzw. genetischer Anlage	Nachweis spezifischer Antikörper (IgE)
Toleranzschwelle	meist gewisse Toleranz kleinerer Mengen, Reaktion erst bei höherem Anfluten von Milchzucker	keine Toleranz, Reaktion bereits auf kleinste Spuren von Milcheiweiß

Im medizinischen Umfeld wird der Ausdruck **„Laktosemalabsorption"** bevorzugt. Er lässt besser erkennen, dass die Aufnahme der Laktose im Darm beeinträchtigt ist, also eine Störung des Verdauungsprozesses vorliegt. Die Aussage ist zugleich neutraler, da eine Störung unabhängig von möglichen Beschwerden beschrieben wird. Manche Autoren verwenden auch den Begriff Laktoseintoleranz für das Krankheitsbild und Laktosemalabsorption für die beschwerdefreie Form.

4.8.1 Vorkommen

Genetisch bzw. evolutionär bedingt gibt es weltweit große Unterschiede in der Verträglichkeit von Laktose. Während z.B. in China die meisten Menschen Laktose nicht vertragen – wie der **Großteil der Weltbevölkerung** –, kommen in Schweden die meisten Menschen bestens mit Laktose zurecht. In Deutschland können ca. 85 % der Menschen Laktose problemlos verarbeiten, bei etwa 15 % besteht eine Laktoseintoleranz (Itan u. a. 2009).

Kommt es im Rahmen der Intoleranz zu Symptomen, treten diese vorrangig **im jungen Erwachsenenalter** auf, sind jedoch auch schon im Jugend- bis Kindesalter möglich (Schäfer 2019).

Wie ist die Verteilung in Ihrer Klasse: Findet sich die für Deutschland geltende Häufigkeit dort wieder? Ermitteln Sie, bei wie vielen Schülerinnen und Schülern eine Laktoseintoleranz bekannt ist (oder vermutet wird). Die Erhebung kann auch anonym erfolgen.

4.8.2 Ursachen, Krankheitsentstehung, Symptome und Prognose

Das Beschwerdebild resultiert aus einem **Mangel** bzw. einer verminderten Aktivität des **Enzyms Laktase.**

Laktase dient im Dünndarm dazu, das Disaccharid Laktose in die Monosaccharide Glukose (Traubenzucker) und Galaktose (Schleimzucker) aufzuspalten (→ 4.1.5). Da das Enzym Laktase in das Dünndarmepithel eingelagert ist – und nicht, wie die Pankreasenzyme, ins Darmlumen abgegeben wird –, können die Spaltprodukte unmittelbar anschließend absorbiert werden (→ Abb. 68).

Ist der enzymatische Prozess beeinträchtigt, gelangt ein mehr oder weniger großer Anteil unverdauter Laktose vom Dünndarm in den Dickdarm. Darmbakterien verarbeiten sie dort u. a. weiter zu Kohlendioxid, Wasserstoff und kurzkettigen Fettsäuren. Folge dieses Gärvorgangs können **Blähungen, Windabgang, Bauchschmerzen und (wässriger) Durchfall** sein, da osmotisch bedingt mehr Wasser ins Darmlumen gezogen wird. Seltener kommt es zu Übelkeit.

Zu beachten ist, dass auch bei hoher Laktaseaktivität immer ein Teil unverdauter Laktose in den Dickdarm gelangt und bestimmten Bakterien als Nahrung dient – erst im Übermaß entstehen hieraus Probleme. Bei laktosetoleranten Menschen hat Laktose durchaus positive Effekte: Sie wirkt verdauungsfördernd, indem die beim Abbau im Dickdarm entstehende Milchsäure Wasser bindet, was zu einem vergrößerten Stuhlvolumen und stärkerer Peristaltik führt. Die Milchsäure trägt zur gesunden Darmflora bei. Laktosehaltige Nahrung fördert die Kalziumresorption.

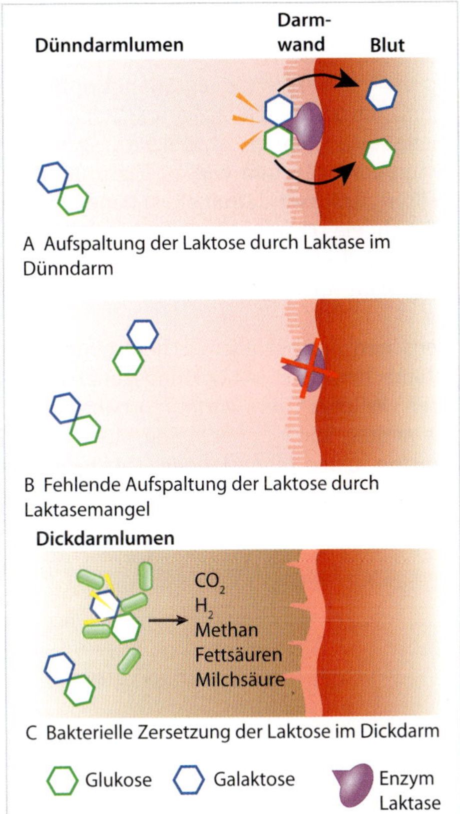

68 Abbau der Laktose im Darm

Dass es zu einem Laktasemangel kommt, ist meist **genetisch** bedingt (primärer Laktasemangel), kann aber auch Folge einer **Grunderkrankung** sein (sekundärer Laktasemangel).

Primärer Laktasemangel

Absoluter Laktasemangel von Geburt an

Bei dieser Erkrankung wird Laktase aufgrund einer Mutation kaum gebildet oder fehlt ganz. Folge ist, dass das Neugeborene schon die Muttermilch nicht verträgt und mit **lebensgefährlichem Durchfall und Erbrechen** reagiert. Menschen, die an dieser äußerst **seltenen Erbkrankheit** leiden, müssen sich ein Leben lang **konsequent laktosefrei** ernähren.

laktosefrei: < 0,1 g Milchzucker (Laktose) pro 100 g oder 100 ml eines Milchprodukts

Laktoseintoleranz: Milchzuckerunverträglichkeit

Laktosemalabsorption: gestörte Aufnahme bzw. Aufbereitung von Milchzucker (Laktose) auf dem Niveau der Darmschleimhaut

Laktase: Disaccharidase; Enzym im Dünndarmepithel, das Laktose (Milchzucker) aufspaltet

Disaccharidasen: Enzyme, die Disaccharide (Zweifachzucker) in Monosaccharide (Einfachzucker) aufspalten

Karenz:
Enthaltsamkeit, Verzicht

Laktasepersistenz:
über die Stillzeit hinaus bestehen bleibende hohe Laktaseaktivität

Biopsie:
Untersuchung von Gewebe, das dem lebenden Organismus entnommen wurde

Morbus Crohn:
chronisch entzündliche Darmerkrankung, die Schleimhautabschnitte im gesamten Verdauungstrakt betreffen kann

reversibel:
umkehrbar, den früheren Zustand wiederherstellend

Natürlicher Laktaserückgang des Erwachsenen

Diese Form der Laktoseintoleranz ist mit Abstand die häufigste. Säuglinge vertragen Muttermilch gut, weil ihnen ausreichend Laktase zur Verfügung steht. Erst nach der Stillzeit nimmt die Laktasebildung ab, doch verbleibt meist eine gewisse **Restaktivität** von ca. 5–10 % (Schäfer 2019), sodass auch ein Erwachsener noch kleine Mengen Laktose verarbeiten kann. Symptome machen sich in aller Regel erst ab größerer Zufuhr bemerkbar.

Wo die Toleranzgrenze liegt, hängt unter anderem davon ab, wie ausgeprägt der individuelle Laktasemangel ist, welche Essgewohnheiten vorliegen und wie die Darmflora bestellt ist. **Beschwerdefreiheit** ist daher ebenso möglich wie **schwere Verläufe;** bei den meisten Menschen stehen **Unwohlsein** und **Blähungen** im Vordergrund.

Menschen mit natürlicher Laktoseintoleranz entsprechen dem entwicklungsgenetisch älteren **„Wildtyp“.** Ihre Vorfahren haben nicht, wie andere, von einer späteren Mutation zugunsten einer lebenslangen Laktasepersistenz profitiert.

Man geht davon aus, dass die Laktasepersistenz vor etwa 7500 Jahren in der Gegend um das heutige Ungarn herum bei Bauern entstanden ist, die Milchwirtschaft betrieben. Von dort hat sie sich in Mittel- und Nordeuropa verbreitet. Vermutlich unabhängig davon hat sich in einzelnen Völkern Afrikas und Asiens ebenfalls eine Laktasepersistenz durch Mutation entwickelt (Itan u. a. 2009).

Beurteilen Sie, welche ernährungsphysiologischen Vorteile mit dem regelmäßigen und lebenslangen Konsum von Milch einhergingen.

Sekundärer Laktasemangel

Der sekundäre bzw. erworbene Laktasemangel entsteht, wenn die Laktase produzierenden Zellen der Dünndarmwand infolge einer **Erkrankung** (z. B. Morbus Crohn, Wurminfektion) zerstört werden. Die Symptomatik wird von der Grunderkrankung dominiert. Besteht die Chance, dass sich die Darmschleimhaut erholt, ist die erworbene Laktoseintoleranz im günstigen Fall vollständig **reversibel.**

4.8.3 Diagnostik

Die **Anamnese** bringt i. d. R. die typische **Symptomatik** zum Vorschein, d. h. Auftreten von Beschwerden im Zusammenhang mit laktosehaltigen Produkten bzw. **Symptomfreiheit bei Laktosekarenz.** Daneben kommen folgende Untersuchungen zum Einsatz:

- **H2-Atemtest:** Nach Aufnahme einer standardisierten Laktoselösung wird vermehrt Wasserstoff (H_2) abgeatmet, wenn unverdaute Laktose bakteriell weiterverarbeitet wird. Die Überschreitung eines bestimmten H_2-Grenzwerts in der Ausatemluft kann auf eine Intoleranz hinweisen, ist jedoch nicht beweisend.
- **Blutglukosemessung nach Laktosebelastung:** Bei gestörter Absorption der Laktosespaltprodukte steigt die Glukosekonzentration im Blut nach Aufnahme einer Laktoselösung nur unzureichend an. Da Erkrankungen wie z. B. Diabetes mellitus das Testergebnis verfälschen können, kommt diese ältere Methode allenfalls infrage, wenn ein Atemtest nicht durchführbar ist.
- **Gentest:** Das Laktase-Gen kann zur Einstufung der genetischen Bereitschaft für eine Laktosemalabsorption, besser noch zum Ausschluss einer genetischen (primären) Ursache eines Laktasemangels analysiert werden.
- **Dünndarmbiopsie:** Eine Gewebeprobe des Dünndarmepithels kann zur Erfassung oder zum Ausschluss von Darmerkrankungen gewonnen werden.

Auch die professionelle Auswertung eines über mehrere Tage geführten **Ernährungs- und Symptomprotokolls** ist hilfreich, um eine Laktoseintoleranz weiter abzuklären – insbesondere dann, wenn die genannten Funktionstestungen nicht zur Verfügung stehen. Es kann zugleich in der Therapie verwendet werden.

4.8.4 Therapie/Ernährungsberatung

Eine Laktoseintoleranz ist nur dann potenziell „heilbar“, wenn sie sekundärer Art ist und eine Grunderkrankung erfolgreich behandelt werden kann.

Bei primärer Ursache ist keine kausale Therapie möglich. Da aber die meisten Menschen mit Laktoseintoleranz subjektiv symptomfrei sind, ist eine Therapie nicht immer erforderlich. In der Regel können **6–12 g Laktose/Tag** gut vertragen werden (mit Ausnahme des angeborenen Laktasemangels, der zeitlebens eine laktosefreie Ernährung erfordert).

Für alle Menschen, die einen **Leidensdruck** verspüren, ist eine **Ernährungsberatung,** ggf. auch eine **Ernährungsumstellung** in drei Phasen empfehlenswert, um die individuell verträgliche Laktosezufuhr zu ermitteln (→ Tab. 16). Eine professionelle Beratung ist auch deshalb sinnvoll, da die Verträglichkeit der Laktose teils mehr vom Essverhalten als von der absoluten Laktosemenge abhängt und sich der Laktosegehalt von Lebensmitteln zudem nicht immer auf den ersten Blick erschließt (→ Abb. 69).

Kartoffelknödel halb und halb im Kochbeutel

Zutaten: 82 % Kartoffeln, Stärke, HARTWEIZENGRIESS, Speisesalz, Palmöl, MILCHZUCKER, Aromen, Emulgator Mono- und Diglyzeride von Speisefettsäuren, MILCHEIWEISS, Stabilisator Diphosphat, Zwiebeln, Antioxidationsmittel NATRIUMMETABISULFIT, Hefeextrakt, Zucker, Gewürze (Curcuma, SELLERIESAMEN). Kann Spuren von Ei enthalten.

Abb. 69 Deklaration von Laktose (Milchzucker)

In der Karenzphase eignen sich **laktosefreie Milch(produkte)** sowie **Käse** (v. a. Hart- oder Schnittkäse wie Emmentaler oder Gouda), da Käse durch den Reifungsprozess nur noch Spuren von Laktose enthält. Geeignet ist auch von Natur aus laktosefreier, **veganer Milch-/Sahneersatz,** z. B. Hafer-, Soja- oder Kokosmilch. **Frisch zubereitetes Essen** ist zu bevorzugen, da Fertiggerichten oft Laktose beigefügt wurde; hierauf ist ebenso bei Backwaren zu achten. Vorsicht ist geboten bei allen Lebensmitteln, die mithilfe von Trockenmilchprodukten (Voll- bzw. Magermilchpulver) hergestellt wurden, da sie oft erhebliche Mengen Laktose enthalten (Schäfer 2019).

In der Testphase wie auch dauerhaft sind v. a. **Sauermilchprodukte** wie Joghurt, Quark oder Buttermilch empfehlenswert. Sofern ihnen kein Milchpulver beigefügt wurde, enthalten sie nur noch wenig Laktose, da diese durch **Fermentation** verbraucht wurde oder Milchsäurebakterien zu ihrer Verdauung gleich „mitgeliefert" werden. Auch normale Milch und andere Milchprodukte (→ 4.4.5, Milch und Milchprodukte) können in kleinen Mengen meist vertragen werden. **Fettreiche Milchprodukte,** z. B. Sahne, Butter, haben wie auch **ballaststoffreiche Ernährung** den Vorteil, dass sie das Anfluten der Laktose im Dünndarm zeitlich entzerren, da der Speisebrei länger im Magen verbleibt.

Fermentation: Gärung; Umwandlung organischer Stoffe mittels Mikroorganismen bzw. Enzymen in Säure, Gase oder Alkohol

Langfristig ist eine ausreichende Versorgung mit **Kalzium** (→ 4.4.5 Milch und Milchprodukte, → Tab. 5) sicherzustellen, wenn Milchprodukte sie nicht abdecken. Ist die Aufnahme größerer Mengen Laktose unvermeidbar (Urlaub, Einladung), ist auch die **Substitution** des Enzyms Laktase in Tablettenform vor der Laktoseaufnahme möglich.

Substitution: äußere Zufuhr als Ersatz für Substanzen, die dem Körper nicht (mehr) ausreichend zur Verfügung stehen

Tab. 16 Phasen der Ernährungsumstellung bei Laktoseintoleranz

Phase	Dauer	Vorgehensweise	Zielsetzung
1 Karenzphase	max. 2 Wochen	Laktose wird weitgehend gemieden, das Essverhalten überprüft und angepasst.	Abklingen der Symptome, Änderung des Essverhaltens
2 Testphase	bis zu 6 Wochen	Milch und Milchprodukte werden nach und nach wieder eingeführt, verteilt auf mehrere Portionen pro Tag und möglichst mahlzeitengebunden. Reaktionen werden durch ein mehrtägiges Ernährungsprotokoll kontrolliert und beurteilt.	Feststellen der individuellen Toleranzgrenze, optimale Lebensmittelauswahl
3 Dauerernährung	unbegrenzt	Das Essverhalten kommt den individuellen Essgewohnheiten entgegen, ist aber an die Laktoseintoleranz und den Nährstoffbedarf angepasst.	langfristig Symptomfreiheit bei Sicherstellung des Nährstoffbedarfs

AUFGABEN

1. *Laktose findet in der Lebensmittelindustrie wie auch Pharmaindustrie breiten Einsatz als Zusatzstoff. Während der Laktosegehalt in Medikamenten vernachlässigbar ist, kann er in Lebensmitteln eine relevante Größe erreichen.*
   a) *Klären Sie die Frage, aus welchen Gründen Laktose als Zusatzstoff verwendet wird.*
   b) *Recherchieren Sie Lebensmittel, in denen „versteckte Laktose" enthalten ist und von denen man es nicht erwarten würde (mithilfe einer App können Sie diese ggf. auch scannen). Beachten Sie, dass u. a. Begriffe wie Milchpulver, Trockenmilch, Molkenpulver indirekt auf Laktose hindeuten können.*

2. *Laktosefreie Produkte sind inzwischen in einem großen Sortiment erhältlich.*
   a) *Vergleichen Sie die Kosten für laktosefreie Milch(produkte) und laktosehaltige Milch(produkte).*
   b) *Beurteilen Sie, ob sich auch gesunde, laktosetolerante Menschen laktosefrei ernähren sollten.*
   c) *Diskutieren Sie, wie sinnvoll es ist, Hartkäse als „laktosefrei" zu bewerben.*

3. *Im Krankenhaus wird oft ein osmotisches Abführmittel eingesetzt, das der Laktose ähnelt: die Laktulose. Sie wirkt bei allen Menschen gleichermaßen abführend. Ergründen Sie den Unterschied zur Laktose.*

4. *Volksgruppen, die mehrheitlich keine Laktasepersistenz entwickelt haben und somit überwiegend laktoseintolerant geblieben sind, profitieren dennoch seit langer Zeit von den Vorteilen der Milch. Sie nutzen fermentierte bzw. Sauermilchprodukte.*
   a) *Ermitteln Sie, wie Sauermilchprodukte oder fermentierte Milchprodukte definiert werden.*
   b) *Stellen Sie Beispiele für solche Sauermilchprodukte aus verschiedenen Kulturen zusammen.*

Quellen

Quellen Verdauungssystem, Stoffwechsel

Arzneimittelbrief, ohne Autor (2008): Protonenpumpenhemmer: zu häufige Verordnung und Risiken bei Dauertherapie, 42, 49; unter *https://der-arznei-mittelbrief.com/artikel/2008/protonenpumpenhemmer-zu-haeufige-verordnung-und-risiken-bei-dauertherapie* [30.01.2024].

Biesalski, H. K.; Pirlich, M.; Bischoff, S. B.; Weimann, A. (Hrsg.) (2017): Ernährungsmedizin. Stuttgart: Thieme.

Häuser, W.; Layer, P.; Henningsen, P.; Kruis, W. (2012): Funktionelle Darmbeschwerden bei Erwachsenen. In: Dtsch Arztebl Int 109(5): 83–94.

Paulsen, F.; Waschke, J. (Hrsg.): (2017): Sobotta, Atlas der Anatomie Band 1. Allgemeine Anatomie und Bewegungsapparat. München: Elsevier.

Paulsen, F.; Waschke, J. (Hrsg.): (2017): Sobotta, Atlas der Anatomie Band 2. Innere Organe. München: Elsevier.

Schiebler, T. H.; Korf, H.-W. (2007): Anatomie. Heidelberg: Springer.

Quellen Ernährung

Allergieinformationsdienst (2019): Krankheitsbild: Zöliakie; unter *www.allergieinformationsdienst.de/krankheitsbilder/zoeliakie* [29.02.2024].

Biesalski, H. K.; Bischoff, S. C.; Pirlich, M.; Weimann, A. (Hrsg.) (2017): Ernährungsmedizin. Stuttgart: Thieme.

Bundesministerium für Ernährung und Landwirtschaft (BMEL) (2024): Ernährungswirtschaft: Versorgungsbilanzen; unter *www.bmel-statistik.de/ernaehrung/versorgungsbilanzen/* [23.02.2024].

Bundesministerium für Ernährung und Landwirtschaft (BMEL) (2023a): Bundesminister Özdemir stellt Ernährungsreport 2023 vor; unter *www.bmel.de/SharedDocs/Pressemitteilungen/DE/2023/124-ernaehrungsbericht.html* [28.02.2024].

Bundesministerium für Ernährung und Landwirtschaft (BMEL) (2023b): Deutschland, wie es isst. Der BMEL-Ernährungsreport 2023. Berlin.

Deutsche Gesellschaft für Ernährung (DGE) (2024): Gut essen und trinken - die DGE-Empfehlungen; unter: *www.dge.de/gesunde-ernaehrung/gut-essen-und-trinken/dge-empfehlungen/* [31.05.2024].

Deutsche Gesellschaft für Ernährung (DGE) (2018a): DGE-Qualitätsstandard für die Verpflegung in Tageseinrichtungen für Kinder. Bonn.

Deutsche Gesellschaft für Ernährung (DGE) (2018b): DGE-Qualitätsstandard für die Verpflegung in stationären Senioreneinrichtungen. Bonn.

Deutsche Gesellschaft für Ernährung (DGE) (2016): 13. DGE-Ernährungsbericht. Bonn.

Deutsche Gesellschaft für Ernährung (DGE) (2012): 12. DGE-Ernährungsbericht. Bonn.

Deutsche Gesellschaft für Ernährung (DGE), Österreichische Gesellschaft für Ernährung (ÖGE) (o. J.): DGE/ÖGE-Referenzwerte für die Nährstoffzufuhr; unter *www.dge.de/wissenschaft/referenzwerte/* [28.02.2024].

Deutsche Gesellschaft für Ernährung (DGE), Österreichische Gesellschaft für Ernährung (ÖGE), Schweizerische Gesellschaft für Ernährung (SGE) (Hrsg.) (2019): D-A-CH-Referenzwerte für die Nährstoffzufuhr. Bonn.

Dujardin, U. (2007): Nüsse in der gesunden Ernährung. In: ErnährungsUmschau 9: 554–556.

Heseker, H.; Heseker, B. (2019): Die Nährwerttabelle. Wiesbaden: Umschau.

IFT-NORD (2019): Präventionsradar – gefördert durch die DAK-Gesundheit. Kinder- und Jugendgesundheit in Schulen. Ergebnisbericht der Welle 3. Kiel.

Keller, M.; Leitzmann, C. (2011): Vegetarische Ernährung. In: Spiegel der Forschung 1. Wissenschaftsmagazin der Justus-Liebig-Universität Gießen: 20–30.

Max Rubner-Institut (Hrsg.) (2008): Nationale Verzehrsstudie II: Ergebnisbericht, Teil 2. Die bundesweite Befragung zur Ernährung von Jugendlichen und Erwachsenen. Karlsruhe.

Meier, T.; Senftleben, K.; Deumelandt, P.; Christen, O.; Riedel, K.; Langer, M. (2015): Healthcare Costs Associated with an Adequate Intake of Sugars, Salt and Saturated Fat in Germany: A Health Econometrical Analysis. In: PLOS ONE 10(9): e0135990.

Mensink, G. B. M.; Schienkiewitz, A.; Rabenberg, M.; Borrmann, A.; Richter, A.; Haftenberger, M. (2018): Konsum zuckerhaltiger Erfrischungsgetränke bei Kindern und Jugendlichen in Deutschland – Querschnittergebnisse aus KiGGS Welle 2 und Trends: In: Journal of Health Monitoring 3(1): 32–39.

Muff, C.; Weyers, S. (2010): Sozialer Status und Ernährungsqualität. In: ErnährungsUmschau 2: 84–89.

Nestlé (2019): Nestlé Studie – So is(s)t Deutschland 2019; unter *www.nestle.de/ernaehrungsstudie* [29.02.2024].

Pudel, W; Westenhöfer, J. (2005): Ernährungspsychologie. Göttingen: Hogrefe.

Richter, M. u. a. (2020): Ergänzung der Position der Deutschen Gesellschaft für Ernährung e. V. zur veganen Ernährung hinsichtlich Bevölkerungsgruppen mit besonderem Anspruch an die Nährstoffversorgung; unter *www.dge.de//fileadmin/dok/wissenschaft/positionen/64_72_Sonderheft_2020_DGE_Vegane_Position.pdf* [28.02.2024].

Richter, M. u. a. (2016): Vegane Ernährung. Position der Deutschen Gesellschaft für Ernährung (DGE); unter *www.dge.de/wissenschaft/stellungnahmen-und-fachinformationen/positionen/position-zur-veganen-ernaehrung/* [24.06.2024].

Robert Koch-Institut (RKI); Bundeszentrale für gesundheitliche Aufklärung (BZgA) (Hrsg.) (2008): Erkennen – Bewerten – Handeln: Zur Gesundheit von Kindern und Jugendlichen in Deutschland. Berlin: RKI.

Schweizerische Gesellschaft für Ernährung (SGE) (o. J.): Öle, Fette & Nüsse; unter *https://www.sge-ssn.ch/media/stufe_le_fette_nuesse.pdf* [23.02.2024].

Souci, S.W.; Fachmann, W.; Kraut, H. (2016): Food Composition and Nutrition Tables. Die Zusammensetzung der Lebensmittel, Nährwert-Tabellen. La composition des aliments, Tableaux des valeurs nutritives. Stuttgart: WVG.

Statistisches Bundesamt (Destatis) (2023): Konsumausgaben privater Haushalte in Deutschland (Stand 28. November 2023); unter *www.destatis.de/DE/Themen/Gesellschaft-Umwelt/Einkommen-Konsum-Lebensbedingungen/Konsumausgaben-Lebenshaltungskosten/Tabellen/privater-konsum-d-lwr.html* [29.02.2024].

Statistisches Bundesamt (Destatis) (2022): 5 Millionen Pflegebedürftige zum Jahresende 2021. Pressemitteilung Nr. 554 vom 21. Dezember 2022; unter *https://www.destatis.de/DE/Presse/Pressemitteilungen/2022/12/PD22_554_224.html* [29.02.2024].

Schulze-Lohmann, P. (2012): Ballaststoffe. In: ErnährungsUmschau 7: 408–417.

Techniker Krankenkasse (TK) (2019): Trink Was(ser) Deutschland – TK Trinkstudie 2019. Hamburg.

Techniker Krankenkasse (TK) (2017): Iss was, Deutschland – TK-Ernährungsstudie 2017. Hamburg.

Weltgesundheitsorganisation (WHO) (2022): UN-Bericht: Die Zahl der weltweit von Hunger betroffenen Menschen ist im Jahr 2021 auf bis zu 828 Millionen angestiegen; unter *https://www.unicef.de/informieren/aktuelles/presse/-/gemeinsamer-bericht-von-fao-ifad-unicef-wfp-und-who/305988* [29.02.2024].

Weltgesundheitsorganisation (WHO) (2000): Obesity: preventing and managing the global epidemic. WHO Technical Report Series 894, Genf.

WELTonline, 24.04.2020 – dpa: Ernährungsindustrie: Deutsche können nicht mehr kochen; unter *www.welt.de/newsticker/dpa_nt/infoline_nt/wirtschaft_nt/article207471803/Ernaehrungsindustrie-Deutsche-koennen-nicht-mehr-kochen.html* [19.08.2020].

Quellen Adipositas

Arbeitsgemeinschaft Adipositas im Kindes- und Jugendalter (AGA); Deutsche Adipositas Gesellschaft (DAG) (2019): Therapie und Prävention der Adipositas im Kindes- und Jugendalter.

Backes, G. (2018): Brigitte-Diät, Weight Watchers-Diät, ICH nehme ab – ein Überblick. In: DGEinfo 6: 90–95.

BARMER Institut für Gesundheitssystemforschung (2023): BARMER Arztreport 2023; unter: *www.bifg.de/publikationen/reporte/arztreport-2023* [16.02.2024].

Centers of disease control and prevention (CDC) (o. J.): National Health and Nutrition Examination Survey, NHANES 1988–1994; unter *wwwn.cdc.gov/nchs/nhanes/nhanes3/Default.aspx* [16.02.2024].

Deutsche Adipositas-Gesellschaft (DAG) e. V.; Deutsche Diabetes Gesellschaft (DDG); Deutsche Gesellschaft für Ernährung (DGE) e. V.; Deutsche Gesellschaft für Ernährungsmedizin (DGEM) e. V. (Hrsg.) (2014): Interdisziplinäre Leitlinie der Qualität S3 zur Prävention und Therapie der Adipositas.

Deutsche Gesellschaft für Allgemein- und Viszeralchirurgie (DGAV) (Hrsg.) (2018): S3-Leitlinie: Chirurgie der Adipositas und metabolischer Erkrankungen.

Deutsche Gesellschaft für Allgemein- und Viszeralchirurgie (DGAV) (o. J.): Adipositas-Leitfaden. Eine Initiative der Chirurgischen Arbeitsgemeinschaft Adipositastherapie und metabolische Chirurgie (CAADIP) der DGAV; unter *www.dgav.de/fileadmin/media/texte_pdf/caadip/DGAV_CAADIP_Flyer_Adipositas-Leitfaden.pdf* [16.02.2024].

Deutsche Gesellschaft für Ernährung (DGE) (o. J.): „ICH nehme ab"-Programm; unter *www.dge.de/ernaehrungspraxis/diaeten-fasten/ich-nehme-ab* [16.02.2024].

Docherty, A. B. u. a. (2020): Features of 20133 UK patients in hospital with covid-19 using the ISARIC WHO Clinical Characterisation Protocol: prospective observational cohort study. In British Medical Journal 369: m1985.

Klein, S.; Krupka, S.; Behrendt, S.; Pulst, A.; Bleß, H.-H. (2016): Weißbuch Adipositas. Berlin: Medizinisch Wissenschaftliche Verlagsgesellschaft.

Lean, M. E. J. u. a. (2018): Primary care-led weight management for remission of type 2 diabetes (DiRECT): an open-label, cluster-randomised trial. In: The Lancet 391: 541– 551.

Lehmann, F.; Varnaccia, G,; Zeiher, J.; Lange, C.; Jordan, S. (2020): Einflussfaktoren der Adipositas im Schulalter – Eine systematische Literaturrecherche im Rahmen des Adipositasmonitorings. In: Journal of Health Monitoring 5(S2): 2–25.

Luck-Sikorski, C.; Sänger, S.; Blüher, M. (Hrsg.) (2019): Patientenleitlinie zur Diagnose und Behandlung der Adipositas.

Schienkiewitz, A.; Kuhnert, R.; Blume, M.; Mensink, G. B. M. (2022): Übergewicht und Adipositas bei Erwachsenen in Deutschland. In: Journal of Health Monitoring 7(3): 23–31.

Schienkiewitz, A.; Brettschneider, A.-K.; Damerow, S.; Schaffrath Rosario, A. (2018): Übergewicht und Adipositas im Kindes- und Jugendalter in Deutschland – Querschnittergebnisse aus KiGGS Welle 2 und Trends. In: Journal of Health Monitoring 3(1): 16–23.

Schienkiewitz, A.; Mensink, G. B. M.; Kuhnert, R.; Lange, C. (2017): Übergewicht und Adipositas bei Erwachsenen in Deutschland. In: Journal of Health Monitoring 2(2): 21–28.

Semlitsch, T.; Jeitler, K.; Berghold A.; Horvath, K.; Posch, N.; Poggenburg, S.; Siebenhofer, A. (2016): Long-term effects of weight-reducing diets in people with hypertension. In: Cochrane Database Syst Rev. 3(3): CD008274.

Sharma, A. M.; Kushner, R. F. (2009): A Proposed Clinical Staging System for Obesity. In: International Journal of Obesity 33(3): 289–295.

Weltgesundheitsorganisation (WHO) (2000): Obesity: preventing and managing the global epidemic. WHO Technical Report Series 894, Genf.

Quellen Diabetes mellitus Typ 2

American Diabetes Association (ADA) (2023): 2. Classification and Diagnosis of Diabetes: Standards of Care in Diabetes - 2023. In: Diabetes Care 46 (Suppl. 1): 19–S4.

Bandy, L. K.; Scarborough, P.; Harrington, R. A.; Rayner, M.; Jebb, S. A. (2020): Reductions in sugar sales from soft drinks in the UK from 2015 to 2018. In: BMC Med 18/20.

Brenner, G.; Altenhofen, L.; Knoepnadel, J.; Weber, I. (2003): Nationale Gesundheitsziele: Diabetes mellitus Typ 2 als Zielbereich. In: Bundesgesundheitsblatt – Gesundheitsforschung – Gesundheitsschutz 46: 134–143.

Bundesärztekammer (BÄK); Kassenärztliche Bundesvereinigung, 10.02.2020: Marburger Bund fordert Zuckersteuer auf besonders süße Getränke; unter *www.aerzteblatt.de/nachrichten/109257/Marburger-Bund-fordert-Zuckersteuer-auf-besonders-suesse-Getraenke* [03.06.2024].

Bundesärztekammer (BÄK); Kassenärztliche Bundesvereinigung (KBV); Arbeitsgemeinschaft der Wissenschaftlichen Medizinischen Fachgesellschaften (AWMF) (2023): Nationale VersorgungsLeitlinie Typ-2-Diabetes – Langfassung. Version 3.0; unter *www.leitlinien.de/diabetes* [22.01.2024].

Davies, M. J.; D'Alessio, D. A.; Fradkin, J.; Kernan, W. N.; Mathieu, C.; Mingrone, G.; Rossing, P.; Tsapas, A.; Wexler, D.; Buse, J. B. (2018): Management of Hyperglycaemia in Type 2 Diabetes, 2018. A Consensus Report by the American Diabetes Association (ADA) and the European Association for the Study of Diabetes (EASD). In: Diabetes Care 41(12): 2669–2701.

Deutsche Diabetes Gesellschaft (DDG); diabetesDE - Deutsche Diabetes-Hilfe (Hrsg.) (2023): Deutscher Gesundheitsbericht Diabetes 2024. Wiesbaden: MedTriX GmbH.

Dienstl, M.; Kempf, K.; Schulz, C.; Kruse, J.; Martin, S. (2011): Einfluss von telemedizinischer Betreuung auf Stoffwechseleinstellung und Lebensqualität bei Patienten mit Typ-2-Diabetes mellitus. In: Diabetologie und Stoffwechsel 6(3): 164–169.

Emmert-Fees, K. M. F.; u. a. (2023): Projected health and economic impacts of sugarsweetened beverage taxation in Germany: A crossvalidation modelling study: In: PLoS Med 20(11): e1004311.

foodwatch e. V., 11.08.2023: „Kinder-Überzuckerungstag": foodwatch fordert wirksame Maßnahmen gegen Fehlernährung bei Kindern; unter *www.foodwatch.org/de/kinder-ueberzuckerungstag-foodwatch-fordert-wirksame-massnahmen-gegen-fehlernaehrung-bei-kindern* [22.01.2024].

Gemeinsamer Bundesausschuss (G-BA) (2016): Beschluss des Gemeinsamen Bundesausschusses über eine Änderung der Richtlinie Methoden vertragsärztliche Versorgung: Kontinuierliche interstitielle Glukosemessung mit Real-Time-Messgeräten (rtCGM) zur Therapiesteuerung bei Patientinnen und Patienten mit insulinpflichtigem Diabetes mellitus. Berlin.

Gemeinsamer Bundesausschuss (G-BA) (2011): Arzneimittel-Richtlinie/Anlage III (Harn- und Blutzuckerteststreifen bei Diabetes mellitus Typ 2); unter *www.g-ba.de/beschluesse/1307* [19.08.2020].

Gießelmann, K.; Maybaum, T. (2020): Diabetes: Ernährungsausschuss blockiert nationale Strategie. In: Deutsches Ärzteblatt 117(5): A-181/B-165/C-161.

Heidemann, C.; Paprott, R.; Stühmann, L. M.; Baumert, K.; Mühlenbruch, K.; Hansen, S.; Schiborn, C.; Zahn, D.; Gellert, P.; Scheidt-Nave, C. (2019): Perceived diabetes risk and related determinants in individuals with high actual diabetes risk: results from a nationwide population-based survey. In: BMJ Open Diab Res Care 7.

Heidemann C.; u. a. (2021): Gesundheitliche Lage von Erwachsenen in Deutschland – Ergebnisse zu ausgewählten Indikatoren der Studie GEDA 2019/2020-EHIS. In: Journal of Health Monitoring 6(3): 3–27.

Herold, G. und Mitarbeiter (2023): Innere Medizin 2024. Köln: Herold.

IDF DIABETES ATLAS (2021). Magliano D. J.; Boyko E. J.; IDF Diabetes Atlas 10th edition. Brussels: International Diabetes Federation; unter *https://diabetesatlas.org/* [22.01.2024].

Jacobs, E.; Hoyer, A.; Brinks, R.; Icks, A.; Kuß, o.; Rathmann, W. (2017): Healthcare costs of Type 2 diabetes in Germany. In: Diabetic Medicine,Volume 34(6): 855–861.

Kassenärztliche Vereinigung Baden-Württemberg (2019): DMP-Praxismanual; unter *www.kvbawue.de/praxis/neue-versorgungsmodelle/dmp* [19.08.2020].

Nationale Aufklärungs- und Kommunikationsstrategie zu Diabetes mellitus an der BZgA (2022): Strategiepapier 2022. Köln: BZgA.

Nauck, M.; Petersmann, A.; MüllerWieland, D.; Schleicher, E.; Müller, U. A.; Landgraf, R.; Freckmann, G.; Heinemann, L. (2018): Definition, Klassifikation und Diagnostik des Diabetes mellitus. In: Diabetologie und Stoffwechsel 13(S 02): 90–96.

NCD Risk Factor Collaboration (NCD-RisC) (2016): Worldwide trends in diabetes since 1980: a pooled analysis of 751 population-based studies with 4.4 million participants. In: Lancet 387: 1513–1530.

Neu, A.; Feldhahn, L.; Ehehalt, S.; Ziegler, J.; Rothe, U.; Rosenbauer, J.; Holl, R. W. (2018): No change in type 2 diabetes prevalence in children and adolescents over 10 years: Update of a population based survey in South Germany. In: Pediatric Diabetes 19(4): 637–639.

Robert Koch-Institut (RKI) (2023): Nationale Diabetes-Surveillance am Robert Koch-Institut; unter *https://diabsurv.rki.de* [29.12.2023].

Robert Koch-Institut (RKI) (2019): Diabetes in Deutschland – Bericht der Nationalen Diabetes-Surveillance 2019. Berlin.

Schmidt, C.; Reitzle, L.; Dreß, J.; Rommel, A.; Ziese, T.; Heidemann, C. (2020): Prävalenz und Inzidenz des dokumentierten Diabetes mellitus – Referenzauswertung für die Diabetes-Surveillance auf Basis von Daten aller gesetzlich Krankenversicherten. In: Bundesgesundheitsblatt – Gesundheitsforschung – Gesundheitsforschung 63: 93–102.

Schmidt, C.; Du, Y.; Baumert, J.; Reitzle, L.; Heidemann, C.; Paprott, R.; Ziese, T.; Scheidt-Nave, C. (2019): Diabetes im Blick – Nationale Diabetes-Surveillance. In: Der Diabetologe 15: 120–127.

Statistisches Bundesamt (Destatis) (2020): Krankheitskosten Diabetes mellitus 2020; unter www-genesis.destatis.de/ [22.01.2024].

Tönnies, T.; Röckl, S.; Hoyer, A.; Heidemann, C.; Baumert, J.; Du, Y.; Scheidt-Nave, C. (2019): Projected number of people with diagnosed Type 2 diabetes in Germany in 2040. In: Diabetic Medicine 36(10): 1217–1225.

Wahl, H. G.; Koschinsky, T. (2017): Diabetesdiagnostik einschließlich analytischer Verfahren zur Glukosebestimmung. In: Luppa, P. B.; Junker R. (Hrsg.): POCT – Patientennahe Labordiagnostik. Berlin, Heidelberg: Springer: 107–124.

Wissenschaftliches Institut der AOK (WIdO) im AOK-Bundesverband GbR (2019): Gesundheitsatlas Deutschland. Diabetes mellitus Typ 2: Verbreitung in der Bevölkerung Deutschlands und seinen Regionen. Ursachen, Folgen und Präventionsmöglichkeiten. Berlin.

Quellen Fettlebererkrankung, Leberzirrhose

Child, C. G.; Turcotte, J. G. (1964): Surgery and portal hypertension. In: Child, C. G. (Hrsg.): The liver and portal hypertension. Philadelphia, USA: Saunders: 50–64.

Deutsche Leberstiftung (2022): Die Deutsche Leberstiftung zum Weltkindertag: Deutsche Leberstiftung warnt vor Lebererkrankungen bei Kindern als Folge der Corona-Pandemie. Presseinformation am 13.09.2022; unter *www.deutsche-leberstiftung.de/downloads/pressearchiv/dls_presse_22-17_weltkindertag_final* [30.01.2024].

Deutsche Rentenversicherung Bund (Hrsg.) (2011): Leitlinie zur Rehabilitationsbedürftigkeit bei Stoffwechsel- und gastroenterologischen Krankheiten sowie Adipositas – Kurzfassung. Berlin.

Gerbes, A. L.; Labenz, J.; Appenrodt, B.; Dollinger, M.; Gundling, F.; Gülberg, V.; Holstege, A.; Lynen-Jansen, P.; Steib, C. J.; Trebicka, J.; Wiest, R.; Zipprich, A. (2019): Aktualisierte S2k-Leitlinie der Deutschen Gesellschaft für Gastroenterologie, Verdauungs- und Stoffwechselkrankheiten (DGVS) „Komplikationen der Leberzirrhose“. In: Gastroenterol 57: 611–680.

Herold, G. und Mitarbeiter (2021): Innere Medizin. Köln: Herold.

Roeb, E. u. a. (2015): S2k-Leitlinie nichtalkoholische Fettlebererkrankungen. In: Gastroenterol. 53(7): 668–723.

Quellen Laktoseintoleranz/Laktosemalabsorption

Deutsche Gesellschaft für Ernährung e. V. (DGE) (Hrsg.) (2011): Essen und Trinken bei Lactoseintoleranz. Genereller Verzicht auf Milch und Milchprodukte meist nicht nötig. Presseinformation 5/2011. Bonn.

Herold, G. und Mitarbeiter (2019): Innere Medizin. Köln: Herold.

Itan, Y.; Powell, A.; Beaumont, M. A.; Burger, J.; Thomas, M. G. (2009): The Origins of Lactase Persistence in Europe. In: PLOS Computational Biology 5(8): e1000491.

Raithel, M.; Weidenhiller, M.; Hagel, A. F.-K.; Hetterich, U.; Neurath, M. F.; Konturek, P. C. (2013): Kohlenhydratmalassimilation häufig vorkommender Mono- und Dissacharide. Abgestuftes diagnostisches Vorgehen und Differenzialdiagnosen. In: Deutsches Ärzteblatt 110(46): 775–782.

Schäfer, C. (2019): Laktoseintoleranz. Ein Update zu Entstehung und Therapie. In: ErnährungsUmschau 5: M288–M301.

Verbraucherzentrale (2023): Laktosefreie Lebensmittel: Nicht für jeden sinnvoll; unter *www.verbraucherzentrale.de/wissen/lebensmittel/kennzeichnung-und-inhaltsstoffe/laktosefreie-lebensmittel-nicht-fuer-jeden-sinnvoll-11053* [04.06.2024].

Weiterführende Literatur

Deutsche Diabetes Gesellschaft e. V. (DDG): medizinisch-wissenschaftliche Fachgesellschaft; unter: *www.deutsche-diabetes-gesellschaft.de* [12.12.2023].

Deutsche Diabetes Stiftung (DDS): Stiftung zur Förderung von Prävention und Verbesserung der Situation von Menschen mit Diabetes mellitus; unter *www.diabetesstiftung.de* [12.12.2023].

Deutsches Diabetes-Zentrum (DDZ): interdisziplinäre Forschungseinrichtung zum Diabetes mellitus; unter *https://ddz.de* [12.12.2023].

diabetesDE – Deutsche Diabetes-Hilfe e. V.: Selbsthilfeorganisationen für Menschen mit Diabetes; unter *www.diabetesde.org* [22.01.2024].

Elmadfa, I.; Leitzmann, C. (2019): Ernährung des Menschen. Stuttgart: utb.

Helmholtz Zentrum München: diabinfo – Diabetesinformationsportal; unter *www.diabinfo.de* [12.12.2023].

Horn; F. (2015): Biochemie des Menschen. Stuttgart: Thieme.

Freedhoff, Y.; Sharma, A. M.; Hellbardt, M. (Übersetzer); Schilling-Maßmann, B. (Übersetzer); Haberl, P. M. (Übersetzer) (2012): Best Weight: Ein Leitfaden für das Adipositas-Management in der Praxis. Lengerich: Pabst.

Gerlach, S.; Blüher, M.; Deutsche Adipositas-Gesellschaft (DAG); Interdisziplinäres Forschungs- und Behandlungszentrum (IFB) AdipositasErkrankungen Leipzig (Hrsg.) (2018): Medienleitfaden Adipositas. Empfehlungen zum Umgang mit Adipositas und Menschen mit Übergewicht in den Medien. München, Leipzig.

gesundheitsinformation.de (2018): Thema Laktoseintoleranz; unter *www.gesundheitsinformation.de/laktoseintoleranz.2113.de.html* [12.12.2023].

Methfessel, B. (2008): Salutogenese – ein Modell fordert zum Umdenken heraus. Teil 2: Herausforderungen für die Gesundheitsförderung. In: Ernährungs-Umschau 1: 37–43.

Methfessel, B. (2007): Salutogenese – ein Modell fordert zum Umdenken heraus. Teil 1: Antonovskys Modell der Salutogenese. In: ErnährungsUmschau 12: 704–709.

Robert Koch-Institut: Ernährung und Ernährungsverhalten. Gesundheit A–Z; unter *www.rki.de/DE/Content/GesundAZ/E/Ernaerung_Verhalten/Ernaehrung_verhalten_inhalt.html* [12.12.2023].

Roeb, E. (2017): Ratgeber Fettlebererkrankungen. Gießen: Deutsche Gesellschaft zur Bekämpfung der Krankheiten von Magen, Darm und Leber sowie von Störungen des Stoffwechsels und der Ernährung (Gastro-Liga) e. V.

Zipprich, A.; Holstege, A. (2016): Ratgeber Leberzirrhose. Gießen: Deutsche Gesellschaft zur Bekämpfung der Krankheiten von Magen, Darm und Leber sowie von Störungen des Stoffwechsels und der Ernährung (Gastro-Liga) e. V.

DR. MONIKA REUS, DR. ANKE HÖHNE, MELANIE TULKE,
PROF. DR. EVA WUNDERER

5 NERVENSYSTEM, PSYCHE, PSYCHOSOZIALE GESUNDHEIT

Das menschliche Gehirn hat viele Funktionen. Es regelt und koordiniert zusammen mit dem Hormonsystem die meisten Vorgänge im menschlichen Organismus und ermöglicht Denken und Empfinden. Hier werden Sinneswahrnehmungen verarbeitet, Verhalten gesteuert und autonome Funktionen wie Atmung und Herz-Kreislauf koordiniert.

1. *Dank des Gehirns verfügen wir über Kreativität und Vorstellungskraft.*
   a) *Ergänzen Sie Bilder, die Sie mit dem Gehirn als Teil des Nervensystems assoziieren.*
   b) *Beschreiben Sie die Zeichnung. Welche Aussagen verbinden Sie mit dieser zu den Bereichen*
   Nervensystem,
   Psyche und
   psychosoziale Gesundheit?

2. *Listen Sie möglichst viele Funktionen des Nervensystems auf.*

Großbaustelle Gehirn

Impulsiv, irrational, risikobereit und geneigt, Regeln zu ignorieren – das Verhalten von Kindern und Jugendlichen in der Pubertät treibt Eltern gelegentlich in die Verzweiflung. Doch der Nachwuchs kann gar nichts dafür.

Eltern von Pubertierenden können ein Lied davon singen: Jugendliche schenken Vorschriften und sogar Gesetzen keinerlei Beachtung, häufig nur um völlig sinnlose und bisweilen gefährliche Dinge zu tun. Auch zeigen sie eine auffällige Neigung, mit Alkohol und anderen Drogen zu experimentieren. [...]

Außerdem stürzen Kinder in der Pubertät Erwachsene ständig in Verwirrung, wenn sie zum Beispiel aus nichtigem Anlass völlig impulsiv reagieren oder in tiefe Melancholie verfallen, die am nächsten Tag einer hysterischen Begeisterung für schräge Idole weicht. [...]

Die Metamorphose vom Kind zum Erwachsenen folgt also einer Art Programm, bei dem massive Umbauprozesse im Gehirn stattfinden. In dieser Zeit arbeitet das Gehirn - gemessen an den Vorstellungen und Erfahrungen eines Erwachsenen - nicht „normal". [...]

Süddeutsche Zeitung unter www.sueddeutsche.de, 10.01.2018

3. *In der Pubertät verändern sich die Psyche und das Verhalten von Jugendlichen stark, z. B. nimmt die Fähigkeit zu, sich in andere hineinzuversetzen und andere Perspektiven einzunehmen, das sexuelle Interesse steigt und häufig wird die Nacht zum Tag gemacht. Sammeln Sie weitere Veränderungen, die Sie an sich und anderen Jugendlichen beobachtet haben.*

4. *Der Artikel aus der Süddeutschen Zeitung unter www.sueddeutsche.de/wissen/pubertaet-grossbaustelle-gehirn-1.1833081 erklärt die physiologischen Umbauprozesse während der Pubertät. Diskutieren Sie, inwiefern eine solche naturwissenschaftliche Betrachtung das Miteinander zwischen Erwachsenen und pubertierenden Jugendlichen fördern kann.*

Sinnesrezeptor: Empfänger auf Sinneszelle, der durch Bindung eines Moleküls Reize aufnimmt und weiterleitet

afferente Nervenfaser: Nervenfaser, die Signale zu Gehirn oder Rückenmark leitet

efferente Nervenfaser: Nervenfaser, die Signale von Gehirn oder Rückenmark in die Körperperipherie leitet

Akzeptor: reizaufnehmendes Organ, das die Informationen über Nervenbahnen an Rückenmark und Gehirn weiterleitet

Effektor: Erfolgsorgan, ausführendes Organ, das von Nervenfasern gesteuert wird

zentrales Nervensystem: ZNS; Teil des Nervensystems, umfasst Gehirn und Rückenmark

peripheres Nervensystem: PNS; Teil des Nervensystems, umfasst alle Nervenfasern und -strukturen außerhalb des ZNS

Reiz-Reaktions-Kette

REUS

Die Reiz-Reaktions-Kette (→ Abb. 1) veranschaulicht, wie das Nervensystem mit der Umwelt verknüpft ist und Antworten auf Umweltreize bildet: Außeneinflüsse werden von **Sinnesrezeptoren** über **afferente Nervenfasern** zu Gehirn oder Rückenmark geleitet. Dort werden die eingegangenen Informationen verarbeitet und dann über **efferente Nervenfasern** Signale an den **Effektor** in der Körperperipherie übermittelt – die Reaktion findet statt.

1. *Stellen Sie die Reiz-Reaktions-Kette des Torwarts beim Fangen eines Balles in einem Rollenspiel dar und benennen Sie die beteiligten anatomischen Komponenten.*
2. *Beschreiben Sie den Ablauf der Reiz-Reaktions-Kette bei einem Wettkampfschwimmer; er steht auf dem Startblock und der Schuss ertönt.*
3. *Zeichnen Sie eine allgemeine Reiz-Reaktions-Kette. Benutzen Sie dabei die Begriffe aus → Abb. 1 und dem Text.*

Einteilung des Nervensystems

Das Nervensystem kann nach verschiedenen Kriterien eingeteilt werden (→ Abb. 3).

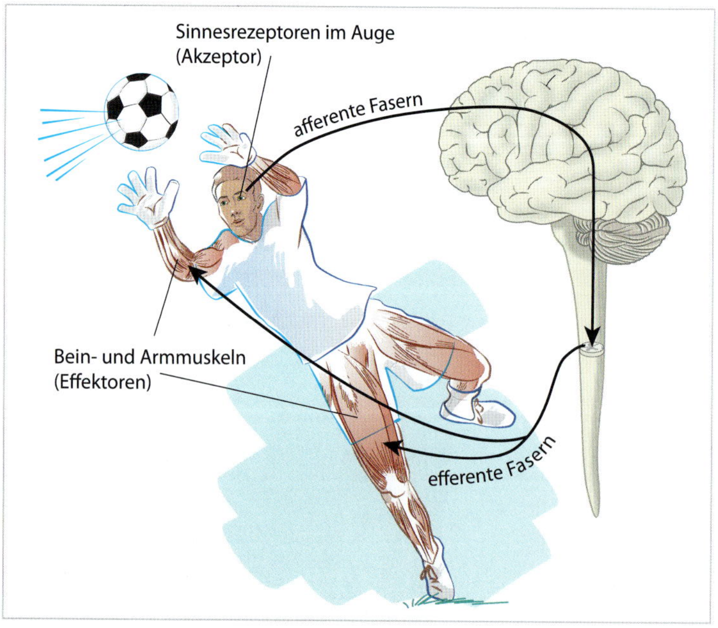

Abb. 1 Reiz-Reaktions-Kette am Beispiel eines Fußballtorwarts

Nach der **Lage** werden zentrales Nervensystem und peripheres Nervensystem unterschieden (→ Abb. 2).

- Zum **zentralen Nervensystem** (**ZNS**) zählen Gehirn und Rückenmark (→ 5.2).
- Dem **peripheren Nervensystem** (**PNS**) werden alle außerhalb dieser Strukturen liegenden Nervenzellen und -fasern zugeordnet (→ 5.3).

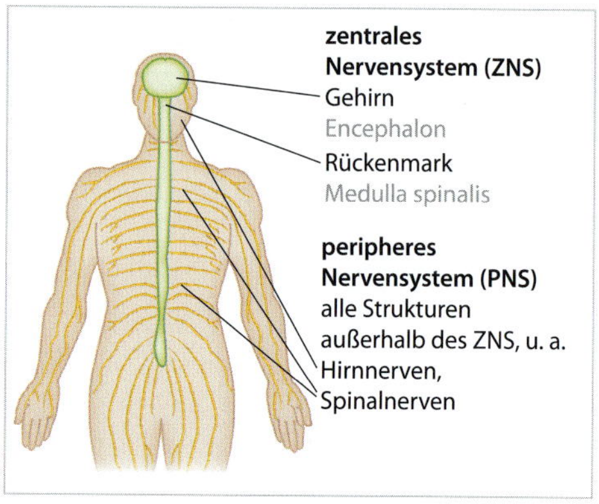

Abb. 2 Zentrales und peripheres Nervensystem

Eine andere Unterteilung gliedert nach der **Funktionsweise** und unterscheidet das willkürliche Nervensystem vom vegetativen Nervensystem (→ Abb. 3).

- Das **willkürliche Nervensystem** steuert z. B. die Muskelarbeit; es unterliegt dem Willen und Bewusstsein (→ 5.4.1).
- Das **vegetative Nervensystem** steuert die inneren Organe. Es ist kaum durch den Willen beeinflussbar und mit Hormon- und Immunsystem verknüpft (→ 5.4.2).

Ordnen Sie zu: Welche Aspekte der genannten Vorgänge spielen sich im zentralen Nervensystem ab, welche im peripheren? Welche sind dem willkürlichen, welche dem vegetativen Nervensystem zuzuordnen? Begründen Sie Ihre Aussage.

a) Sie schälen einen Apfel, weil Ihr Bauch vor Hunger schon rumort. Als Sie sich plötzlich schneiden, ziehen Sie Ihre Hand schnell zurück.
b) Sie kratzen sich am Arm, weil es juckt.
c) Sie haben Durst. Nach dem Genuss einer Flasche Wasser müssen Sie auf die Toilette gehen. Diese ist gerade besetzt, also halten Sie es noch weitere fünf Minuten aus.
d) Sie sehen einen jungen Mann auf der anderen Straßenseite und erkennen ihn erfreut als Ihren guten Freund. Sie heben die Hand, um zu winken, und überqueren die Straße, um ihn zu begrüßen.

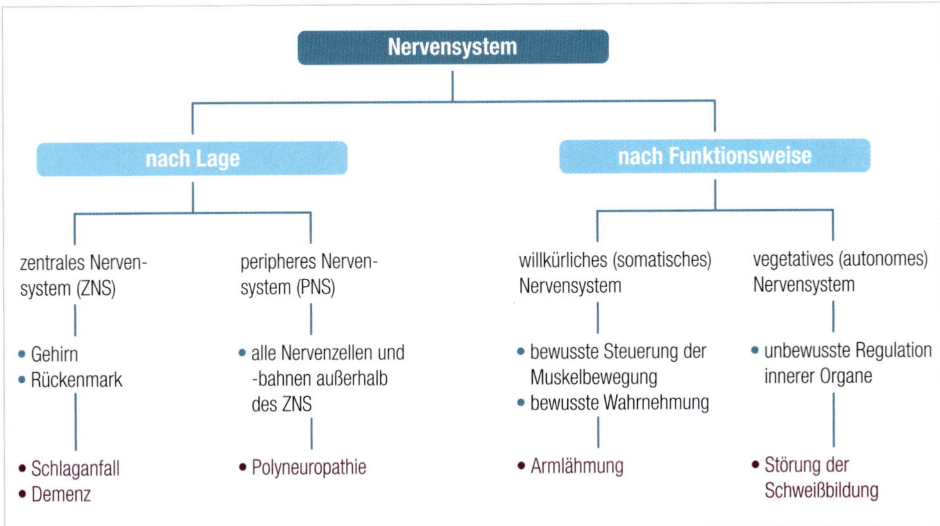

Abb. 3 Organisation des Nervensystems mit Beispielen typischer Krankheitsbilder (lila)

5.1 Anatomie und Physiologie von Neuron und Gliazellen

REUS

Das Nervensystem des Menschen besteht aus unvorstellbaren 10^{11} (100 Milliarden) Nervenzellen, den Neuronen. Schätzungen für die Anzahl an Gliazellen reichen sogar bis zum Zehnfachen der Neuronenzahl!

Neurone und Gliazellen stehen in enger Beziehung zueinander: Die Neurone sind verantwortlich für Informationsaufnahme, -verarbeitung und -weiterleitung. Gliazellen übernehmen vor allem Ernährungs-, Schutz- und Stützfunktionen für die Neurone und sind dadurch für diese unentbehrlich.

5.1.1 Neuron

Neurone besitzen einen Zellkern und einen Zellkörper, der alle Zellorganellen wie Mitochondrien und endoplasmatisches Retikulum beinhaltet (→ 1.2.1). Ausdifferenzierte Neurone können sich nicht mehr teilen. Es gibt aber in bestimmten Gehirnbereichen neuronale Stammzellen (→ 1.2.3), die in begrenztem Umfang neue Neurone bilden können.

Auffällig sind die Zellfortsätze der Neurone, die **Dendriten** und das **Axon** (→ Abb. 4).

Über die baumartig verzweigten Dendriten nimmt das Neuron Informationen auf und leitet diese über den Zellkörper weiter zum **Axonhügel.** Dort geht das Axon ab, das die Informationen an die nächste Zelle übermittelt. An seinem Ende verzweigt sich das Axon und bildet Auftreibungen, die **(präsynaptischen) Endknöpfchen.** Diese sind Teil spezieller Kontaktstellen zu nachgeschalteten Neuronen, Drüsen- oder Muskelzellen, den **Synapsen.** Die Synapse mit einer Muskelzelle wird auch als **motorische Endplatte** bezeichnet und Neurone, die Muskeln versorgen, als **Motoneurone** (→ 3.3.2). Axone können sehr kurz sein oder über einen Meter lang, z. B. vom Rückenmark bis zum Fuß, reichen.

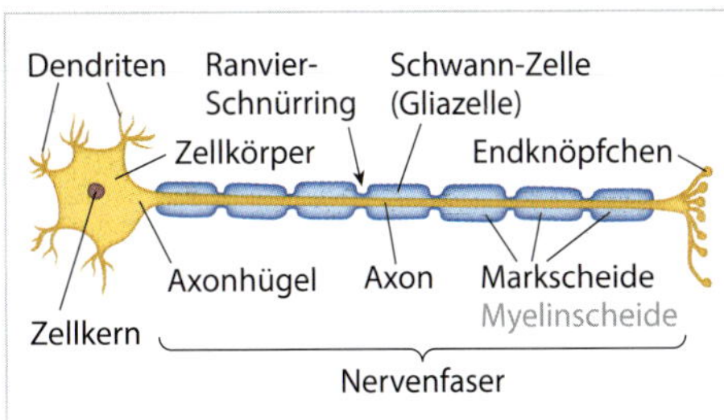

Abb. 4 Aufbau eines Neurons (hier umgeben von einer Myelinscheide)

5.1.2 Gliazellen

Gliazellen liegen zwischen den Neuronen und den Blutgefäßen. Es handelt sich um verschiedene Zellen unterschiedlichen Ausse-

willkürliches Nervensystem:
somatisches Nervensystem; Teil des Nervensystems, der willkürlich steuerbar ist und mit Skelettmuskulatur, Haut und Sinnesorganen in Kontakt steht

vegetatives Nervensystem:
autonomes Nervensystem; Teil des Nervensystems, der der willkürlichen Kontrolle weitestgehend entzogen ist; zuständig u. a. für Regulierung von Herztätigkeit, Atmung, Stoffwechsel

Neuron:
Nervenzelle

Gliazellen:
Stützzellen des Nervensystems; Funktion: Stabilisierung, Ernährung, Isolierung, Abwehr

Dendrit:
informationsempfangender Fortsatz des Neurons, meist zahlreich an einem Neuron vorhanden

Axon:
Neurit; in der Regel einzelner, informationsweiterleitender Fortsatz des Neurons

Synapse:
Kontaktstelle zur Erregungsübertragung zwischen einer Nervenzelle und einer anderen Zelle (meist Nerven-, Muskelzelle)

präsynaptisch:
zu dem Teil der Synapse gehörend, von dem die Erregung ausgeht

postsynaptisch:
zu dem Teil der Synapse gehörend, der die Erregung empfängt

motorische Endplatte:
Verbindungsstelle zwischen dem Fortsatz eines Motoneurons und den von diesem innervierten Skelettmuskelfasern

Motoneuron:
Nervenzelle, deren Zellkörper im Vorderhorn des Rückenmarks liegt und deren Axon als efferente Faser die Skelettmuskulatur steuert

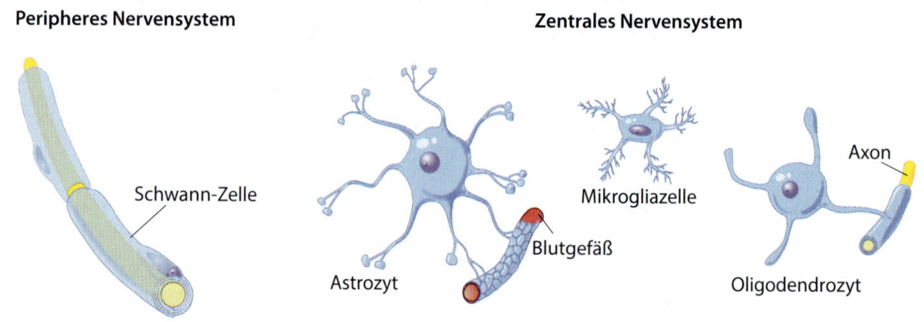

Abb. 5 Verschiedene Gliazellen

Nervenfaser:
Axon plus umhüllende Gliazellen

Schwann-Zelle:
Gliazelle des PNS; bildet die Myelinscheide

Oligodendrozyt:
Gliazelle des ZNS; Funktion: Ernährung und Isolation der Zellen im ZNS

Myelinscheide:
Markscheide; sehr fetthaltige Umhüllung eines Axons, bestehend aus mehreren Schichten von Gliazellen, die der elektrischen Isolation dient und die Grundlage für eine schnelle Erregungsleitung darstellt

Ranvier-Schnürring:
freiliegende, nicht von Myelin umgebene Stelle eines Axons; Grundlage für eine schnelle Erregungsweiterleitung

Astrozyt:
sternförmig verzweigte Gliazelle des zentralen Nervensystems

Blut-Hirn-Schranke:
selektiv durchlässige „Barriere" zwischen Blut und Gehirn, gebildet durch die Kapillarwände und die Astrozyten

hens (→ Abb. 5), die aber im Vergleich zu Neuronen weder Dendriten noch Axone besitzen. Gliazellen sind zeitlebens teilungsfähig.

Die Gliazellen liefern den Neuronen vor allem Nährstoffe, geben Halt und Stütze und isolieren die Axone elektrisch, sodass die Signalweiterleitung beschleunigt wird.

Gliazellen im peripheren Nervensystem

Schwann-Zellen (→ Abb. 5) bilden den Hauptteil der Gliazellen im peripheren Nervensystem. Bei **marklosen Nervenfasern** umhüllt eine Schwann-Zelle mehrere Axone. Bei **markhaltigen Nervenfasern** wickelt sich die Schwann-Zelle mehrfach um ein einzelnes Axon, sodass schließlich ein kompakter „Membranstapel" aus viel Fett und wenig Eiweiß das Axon umgibt: die **Myelinscheide.** Nur zwischen jeweils zwei hintereinander am Axon liegenden Schwann-Zellen bleibt eine kleine Lücke, der **Ranvier-Schnürring.** Die Myelinscheide beschleunigt die Erregungsweiterleitung extrem.

Bei einigen Erkrankungen wie etwa der Multiplen Sklerose wird die Myelinscheide zerstört, sodass die Weiterleitung von Reizen gestört wird. Dies hat z. B. Sensibilitätsstörungen oder Lähmungen zur Folge.

Gliazellen im zentralen Nervensystem

Astrozyten sind sternförmig verzweigte Zellen mit langen Fortsätzen (→ Abb. 5). Sie bilden eine Grenzschicht um die Blutgefäße und zu den Hirnhäuten hin.

Die Astrozyten regulieren die extrazelluläre Kaliumionenkonzentration im ZNS, versorgen die Nervenzellen mit Nährstoffen und sind an der **Blut-Hirn-Schranke** beteiligt. Durch diesen „Filter" können zahlreiche Stoffe, vor allem wasserlösliche, nicht vom Blut ins Gehirn übertreten. So werden die Bedingungen im Gehirn relativ unabhängig von der aktuellen Zusammensetzung des Blutes konstant gehalten. Alkohol, Narkosemittel und Nikotin z. B. können aber hindurchdiffundieren.

Die Blut-Hirn-Schranke muss bei der Medikamentengabe bedacht werden. So kann beispielsweise der Neurotransmitter Dopamin, der beim Morbus Parkinson im Gehirn fehlt, die Blut-Hirn-Schranke nicht passieren. Sein Vorläufer L-Dopa hingegen kann ins Gehirn übertreten und wird dann dort in das wirksame Dopamin umgebaut.

Oligodendrozyten im ZNS (→ Abb. 5) sind das Pendant zu den Schwann-Zellen im PNS. Sie sind kleiner als Astrozyten und haben weniger Fortsätze. Ihre Hauptfunktionen sind die Ernährung und die Isolation der Zellen im ZNS. Ein Oligodendrozyt kann dabei mit seinen Fortsätzen mehrere Axone umhüllen.

Mikrogliazellen (→ Abb. 5) sorgen im ZNS für die Immunabwehr, weil Antikörper aus dem Blut die Blut-Hirn-Schranke nicht passieren können und somit andere Abwehrmechanismen nötig sind. Sie können u. a. phagozytieren, d. h. Zellen „fressen" (→ 8.2.3) und Krankheitserreger vernichten.

5.1.3 Ruhe- und Aktionspotenzial

Ruhepotenzial

Alle Nervenzellen haben ein **Membranpotenzial,** also eine Potenzialdifferenz (Spannungsunterschied) zwischen Zellinnerem und Zelläußerem. Das Membranpotenzial beruht auf einer Ungleichverteilung von Ionen zwischen dem Intra- und Extrazellularraum, die durch Ionenströme durch Ionenkanäle (→ 1.3.1) entsteht. Es beträgt je nach Zelltyp –50 mV bis –100 mV, wobei das Zellinnere im Vergleich zum Zelläußeren stets negativ geladen ist. Bei erregbaren Zellen wie Neuronen oder Muskelzellen wird das Membranpotenzial im nicht erregten Zustand Ruhemembranpotenzial bzw. **Ruhepotenzial** genannt.

Das Membranpotenzial kann mithilfe der **Mikroelektrodentechnik** gemessen werden. Eine Elektrode, die Messelektrode, wird in die Zelle gestochen, eine zweite, die Referenzelektrode, liegt im Extrazellularraum. Zwischen beiden wird die Spannung gemessen. Andere Techniken erlauben die Messung der Ionenströme, auch ohne Einstechen, nur durch Aufsetzen einer Messkapillare.

Voraussetzungen für das Ruhepotenzial sind die Natrium-Kalium-Ionenpumpe und verschiedene **Ionenkanäle,** welche Ionen spezifisch durch die Membran hindurchtreten lassen. Nur die **Kaliumionen-Hintergrundkanäle** sind dabei ständig geöffnet, die übrigen Ionenkanäle werden spannungs- oder ligandengesteuert geöffnet (→ 1.3.1, Abb. 23). Größere Ionen wie etwa organische Anionen können die Membran nicht passieren.

Das **Ruhepotenzial** kommt wie folgt zustande (→ Abb. 6):

- Die Kaliumionenkonzentration ist in der Zelle sehr viel höher als außen. Da die Kaliumionen-Hintergrundkanäle dauerhaft geöffnet sind, können Kaliumionen die Membran ständig ungehindert passieren und bewegen sich ihrem Konzentrationsgradienten folgend auf die Außenseite des Neurons.
- Die negativ geladenen organischen Anionen können die Membran nicht passieren, der Innenraum des Neurons wird somit immer negativer.
- Dadurch werden Kaliumionen wieder in das Zellinnere zurückgezogen, sodass der Ausstrom langsam versiegt, obwohl das Konzentrationsgefälle noch nicht komplett ausgeglichen ist. Ein **elektrochemisches Gleichgewicht** stellt sich ein.
- Natriumionen können die Membran nicht ungehindert passieren, sodass sie weitestgehend im Außenraum verbleiben. Durch kleine **Leckströme** gelangen aber einige wenige Natriumionen in die Zelle, und im Gegenzug können entsprechende geringe Mengen an Kaliumionen aus der Zelle hinausströmen.
- Die ATP-abhängige **Natrium-Kalium-Ionenpumpe** (Na^+/K^+-ATPase, → 1.3.2) transportiert andauernd gegen das Konzentrationsgefälle und unter Energieverbrauch im Antiport (→ 1.3.2, Tab. 6) drei Natriumionen aus der Zelle und zwei Kaliumionen in die Zelle hinein. Sie kompensiert die Leckströme und erhält das Ladungsungleichgewicht und damit das Ruhepotenzial aufrecht.

Das Ruhepotenzial wird auch als Kaliumionengleichgewichtspotenzial oder kurz **Kaliumgleichgewichtspotenzial** bezeichnet, weil es hauptsächlich durch das Gleichgewicht der aus- und einwärts strömenden Kaliumionen bestimmt wird.

Neurotransmitter: kurz Transmitter; Botenstoff des Nervensystems

Dopamin: Neurotransmitter; steuert Muskelbewegungen, Motivation, Antrieb, Appetit, Belohnungserwartung

Ionenkanal: porenbildendes Transmembranprotein, das Ionen das Durchqueren von Zellmembranen, ihrem Konzentrationsgradienten folgend, ermöglicht

Membranpotenzial: Spannungsunterschied zwischen Zellinnerem und Zelläußerem

Ruhe(membran)potenzial: Membranpotenzial einer erregbaren Zelle in Ruhe; liegt meist bei ca. –80 mV

Ionenpumpe: Protein, das den Transport bestimmter Ionen durch die Zellmembran reguliert; es wird immer eine energetisch günstige mit einer energetisch ungünstigen Reaktion gekoppelt

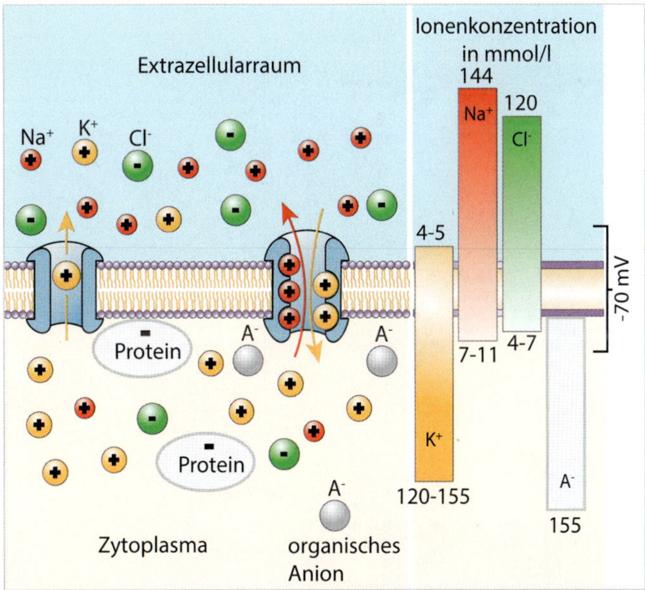

Abb. 6 Ionenverteilung an der Neuronmembran

Beschreiben Sie die Ionenverteilung an der Membran.

Antiport:
carriervermittelter Transport mindestens zweier Moleküle in entgegengesetzte Richtungen (Austausch)

Aktionspotenzial:
kurzzeitige, sich selbst fortpflanzende Umkehrung der Ladungsverhältnisse an der Membran erregbarer Zellen zur Weiterleitung der Erregung über die Zelle

Depolarisation:
Verminderung des Membranpotenzials an der Zellmembran

Schwellenwert:
Wert des Membranpotenzials (hier ca. –50 mV), bei dem ein Aktionspotenzial ausgelöst wird

absolute Refraktärzeit:
Zeitraum nach Auslösen eines Aktionspotenzials, in dem die Zelle nicht erneut erregbar ist

Aktionspotenzial

Durch eintreffende Reize kann an erregbaren Zellen ein **Aktionspotenzial** entstehen. Die Verhältnisse an der Zellmembran zeigen dabei einen charakteristischen Ablauf (→ Abb. 7, Phasen 1–6); jede der sechs Phasen ist gekennzeichnet durch Veränderungen von Membranpotenzial und Ionenkanälen:

1. Am Ruhepotenzial sind die spannungsgesteuerten Natrium- und Kaliumionenkanäle geschlossen (aber aktivierbar).
2. Durch den eintreffenden Reiz wird das Membranpotenzial leicht ins Positive verschoben. Die **Aktivierungstore** einiger spannungsgesteuerter Natriumionenkanäle öffnen sich und Natriumionen fließen ins Zellinnere. Dadurch wird die Spannung weiter zum Positiven hin verändert. Man spricht von **Depolarisation bis zum Schwellenwert.**
3. Sobald ein Schwellenwert von ca. –55 mV erreicht wird, öffnen sich schlagartig alle spannungsgesteuerten Natriumionenkanäle und es kommt zum massiven Einstrom von Natriumionen. Das Membranpotenzial steigt in der **Depolarisation bis zum Peak** rasch bis zu einem Maximalwert im positiven Bereich an. Dabei gilt das **Alles-oder-nichts-Prinzip** – ein Aktionspotenzial wird entweder ganz („in voller Höhe") oder gar nicht ausgelöst.
4. Allerdings schließen die **Inaktivierungstore** der Natriumionenkanäle sehr schnell innerhalb von 1 ms, sodass keine weiteren Natriumionen mehr in die Zelle strömen können. Solange diese Tore geschlossen sind, ist der Kanal nicht aktivierbar und die Zelle nicht erneut erregbar. Diese Zeitspanne wird als **absolute Refraktärzeit** bezeichnet. Nun öffnen spannungsgesteuerte Kaliumionenkanäle, Kaliumionen strömen aus der Zelle hinaus und das Membranpotenzial wird wieder negativer. Dieser Vorgang heißt **Repolarisation.**
5. Weil die Kaliumionenkanäle nicht rasch genug schließen und die Na^+/K^+-ATPase einen Ausgleich der Ionenverteilung nicht schnell genug wiederherstellen kann, kommt es zu einem leicht verstärkten Ausstrom an Kaliumionen mit einer Negativierung der Kurve unter den Ruhezustand, der **Hyperpolarisation.**
6. Generell ist ein erneutes Aktionspotenzial möglich, aber aufgrund der Hyperpolarisation erschwert. Man spricht von **relativer**

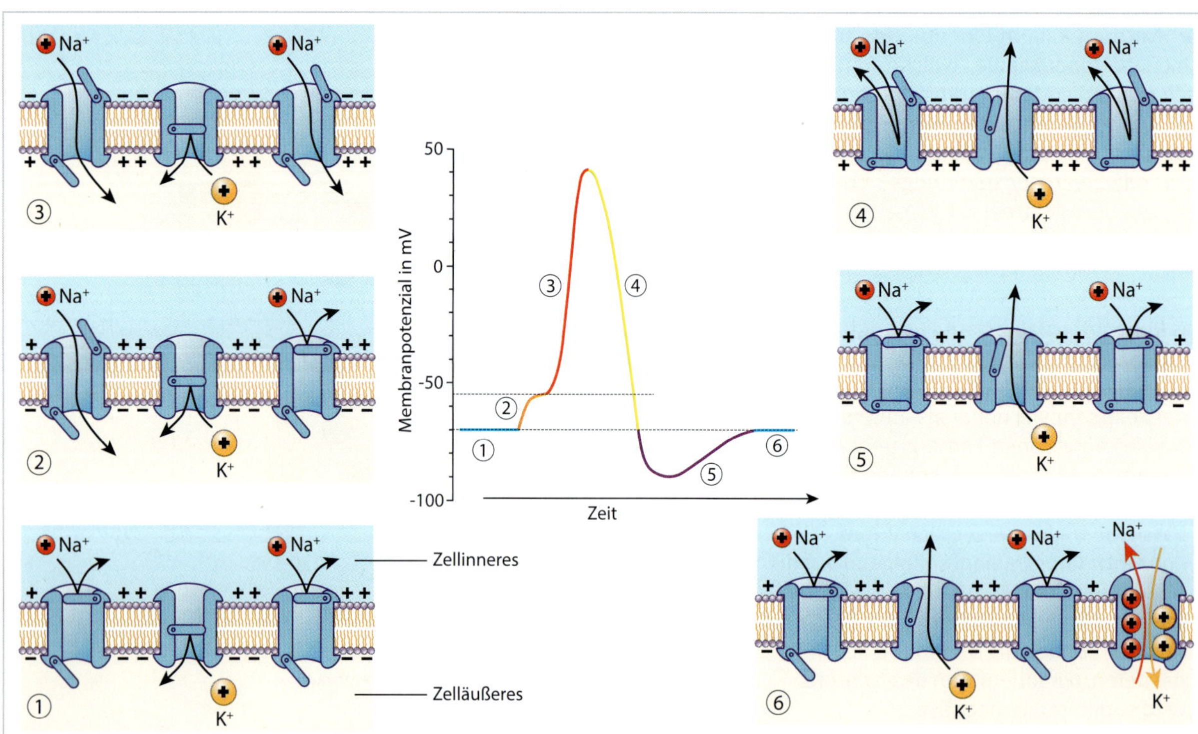

Abb. 7 Aktionspotenzial

Refraktärzeit. Durch den Antiport von drei Natriumionen nach außen und zwei Kaliumionen durch die Na^+/K^+-ATPase nach innen wird das Ruhepotenzial unter Energieverbrauch allmählich wiederhergestellt; auch die Tore kehren in den Ausgangszustand zurück.

Stellen Sie in einem Rollenspiel den Ablauf des Aktionspotenzials dar.

Weiterleitung des Aktionspotenzials am Axon

Ist am Axonhügel eines Neurons ein Aktionspotenzial entstanden, so wird es automatisch entlang des Axons weitergeleitet. Diese Weiterleitung kann auf zwei Arten erfolgen: kontinuierlich oder saltatorisch.

Kontinuierliche Erregungsleitung

Die Auslösung eines Aktionspotenzials führt zu Ionenströmen, die den benachbarten, nicht erregten Membranabschnitt depolarisieren. Diese passive Depolarisation wird **elektrotonisch** genannt und nimmt mit der Entfernung ab. Im unmittelbar angrenzenden Membranbezirk wird aber der Schwellenwert erreicht; es öffnen sich dort alle spannungsgesteuerten Natriumionenkanäle und ein neues Aktionspotenzial entsteht (→ Abb. 8). Infolge der Refraktärzeit erfolgt die Ausbreitung nur in eine Richtung des Axons, und nach dem Alles-oder-Nichts-Prinzip bleibt die Amplitude des Aktionspotenzials bei der Weiterleitung entlang des Axons konstant.

Dieser Typ der Weiterleitung heißt **kontinuierliche Erregungsleitung,** da an jeder Stelle des Axons ein Aktionspotenzial ausgelöst werden muss (→ Abb. 8). Sie ist durch die „kleinen Schritte" langsam und, da viele Natrium-Kalium-Ionenpumpen arbeiten müssen, energieaufwendig. Dabei ist der Durchmesser des Axons bei der Leitungsgeschwindigkeit entscheidend: Je größer der Durchmesser, desto geringer der Widerstand und schneller die Weiterleitung.

Die kontinuierliche Erregungsleitung findet sich hauptsächlich bei wirbellosen Tieren wie Regenwürmern oder Tintenfischen, deren Axone marklos sind, d. h. keine Myelinscheide haben. Beim Menschen sind langsame Schmerzfasern und Fasern von Mechano- und Thermorezeptoren nicht myelinisiert.

Saltatorische Erregungsleitung

Ist ein Axon von einer Myelinscheide (→ 5.1.2) umhüllt, erfolgt die Weiterleitung wesentlich schneller. Das Myelin der Gliazellen hat hervorragende elektrische Isolationseigenschaften. Ist ein Axon von einer dicken Myelinschicht umgeben, kann an diesen Stellen kein Aktionspotenzial ausgelöst werden, der Strom wird wie oben dargestellt elektrotonisch weitergeleitet: Da die Depolarisation aber mit der Entfernung abnimmt, ist die Myelinscheide etwa alle 0,2 bis 2 mm unterbrochen. An diesen **Ranvier-Schnürringen** tritt das Axon mit der Extrazellularflüssigkeit in Kontakt und ein Aktionspotenzial wird ausgelöst (→ Abb. 8). Die Abstände zwischen den Schnürringen sind so gewählt, dass durch die Depolarisation gerade noch ein neues Aktionspotenzial ausgelöst wird. Da die Erregungsausbreitung von Schnürring zu Schnürring springt, wird sie als **saltatorische Erregungsleitung** bezeichnet.

Die Richtung der Erregungsleitung ist auch hier durch die Refraktärzeit vorgegeben. Da auf die gleiche Entfernung aber viel weniger Aktionspotenziale ausgelöst werden, spart

Repolarisation:
Rückkehr zum Ruhepotenzial nach einer Depolarisation

Hyperpolarisation:
Steigerung der Membranspannung über den Ruhewert, also noch negativer

relative Refraktärzeit:
Zeitraum nach der Hyperpolarisation, in dem die Zelle nur erschwert erregbar ist

elektrotonische Erregungsleitung:
passive Erregungsausbreitung entlang einer Membran, die schon nach sehr kurzer Entfernung „verebbt"

Amplitude:
maximale Auslenkung einer Messkurve

nicht myelinisiert:
ohne Myelinscheide (Markscheide)

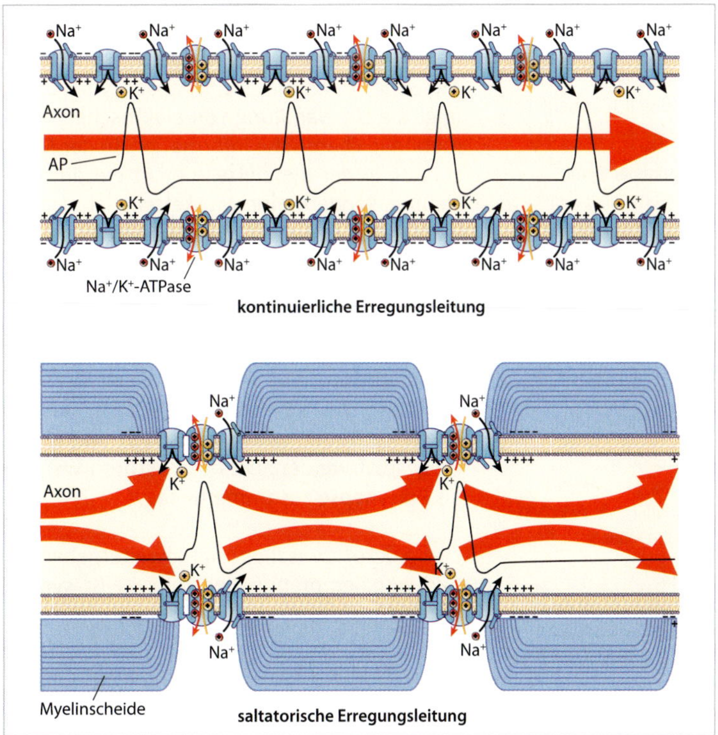

Abb. 8 Kontinuierliche und saltatorische Erregungsleitung

kontinuierliche Erregungsleitung: Erregungsausbreitung entlang einer Membran durch ständige Regeneration eines Aktionspotenzials; verebbt nicht, ist aber langsam und energieaufwendig

saltatorische Erregungsleitung: sprunghafte Erregungsausbreitung entlang eines Axons mit isolierender Myelinscheide; Ausbildung eines Aktionspotenzials nur an den Ranvier-Schnürringen (Unterbrechungsstellen der Myelinscheide); verebbt nicht, ist schnell und energiesparend

Synapse: Kontaktstelle zur Erregungsübertragung zwischen einer Nervenzelle und einer anderen Zelle (meist Nerven-, Muskelzelle)

motorische Endplatte: Verbindungsstelle zwischen dem Fortsatz eines Motoneurons und den von diesem innervierten Skelettmuskelfasern

Transmitter: Botenstoff des Nervensystems

synaptischer Spalt: bei der Erregungsübertragung Raum zwischen signalweitergebender und signalempfangender Zelle

Rezeptor: Empfänger; i. d. R. Protein, das durch Bindung eines Moleküls Reize aufnimmt und weiterleitet

Azetylcholin: einer der wichtigsten Transmitter, z. B. zwischen Nerv und Muskel

Ligand: Stoff, der an einen Rezeptor bindet und diesen beeinflusst, hier einen Ionenkanal öffnet

die saltatorische Erregungsleitung viel Zeit und Energie.

Beim (erwachsenen) Menschen sind die meisten Nervenfasern myelinisiert.

1. *Recherchieren Sie das Domino-Modell zur kontinuierlichen und saltatorischen Erregungsleitung. Bauen Sie dieses nach und erklären Sie anhand des Modells die Vorgänge an einer Nervenzelle.*

2. *Das Berühren einer heißen Herdplatte löst einen sofortigen, scharfen, gut lokalisierbaren Schmerz aus. Nach einer Blinddarmoperation empfinden Sie dagegen einen kontinuierlichen, dumpfen, diffusen Schmerz im Unterbauch. Rekapitulieren Sie die Weiterleitung des Schmerzes in diesem Fall. Diskutieren Sie, welchem Zweck das unterschiedliche Schmerzempfinden dienen könnte.*

5.1.4 Synapse

Synapsen sind spezielle Kontaktstellen zwischen einem Neuron und einer weiteren Zelle zur Erregungsweitergabe. Es gibt chemische und elektrische Synapsen.

Chemische Synapse

Chemische Synapsen (→ Abb. 9) sind beim Menschen der häufigste Synapsentyp. Hier erfolgt die Umwandlung von elektrischer Information in chemische Information. In der Muskulatur, in der die Zielzelle nicht ein anderes Neuron, sondern eine Muskelzelle ist, spricht man von einer **motorischen Endplatte.**

Bei einer chemischen Synapse bildet die signalweitergebende Nervenzelle an den Axonenden Auftreibungen, die **(präsynaptischen) Endknöpfchen** (→ Abb. 4). Die Endknöpfchen enthalten Vesikel mit Transmittern, welche im Bereich der **präsynaptischen Membran** freigesetzt werden. Diese Strukturen werden als **Präsynapse** zusammengefasst.

Die „Lücke" zwischen signalweitergebender und signalempfangender Zelle heißt **synaptischer Spalt.**

Bei einer Übertragung müssen die Transmitter den synaptischen Spalt überwinden, um an Rezeptoren der **postsynaptischen Membran** der nachgeschalteten Zelle binden und eine Reaktion hervorrufen zu können. Die Strukturen zur Signalaufnahme bilden die **Postsynapse.**

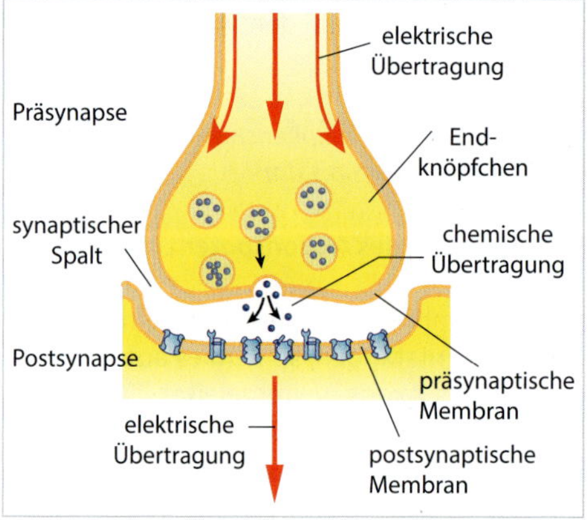

Abb. 9 Bestandteile einer Synapse

Exemplarisch wird hier in 15 Schritten die **Signalübermittlung an einer Synapse mit Azetylcholin als Transmitter** dargestellt (→ Abb. 10, Schritte 1–15).

Erreicht ein Reiz in Form eines Aktionspotenzials das Endknöpfchen (1), öffnen sich **spannungsgesteuerte Kalziumionenkanäle** (2). Die einströmenden Kalziumionen (3) bewirken, dass die mit dem Transmitter Azetylcholin gefüllten **Vesikel** (4) zur präsynaptischen Membran wandern (5) und mit dieser verschmelzen.

Der Transmitter wird durch Exozytose (→ 1.3.3) in den synaptischen Spalt freigesetzt (6). Der nun mit der Membran verschmolzene Vesikel wird resynthetisiert und die Kalziumionen werden über eine Ionenpumpe wieder in den Extrazellularraum befördert.

Azetylcholin diffundiert (7) zu den **ligandengesteuerten Natriumionenkanälen** (Rezeptoren) der postsynaptischen Membran und bindet an diese (8). Durch die Bindung ändern die Ionenkanäle ihre Konformation und öffnen sich, sodass Natriumionen in die postsynaptische Membran fließen können. Sie verändern das Membranpotenzial der postsynaptischen Membran und ein **postsynaptisches Potenzial (PSP)** entsteht (9). Da Azetylcholin ein erregender Transmitter ist, der über Aktivierung von Natrium-Ionenkanälen zu einer Depolarisation der postsynaptischen Membran führt, spricht man von einem **exzitatorischen postsynaptischen Potenzial (EPSP).**

Danach stellt die Natrium-Kalium-Ionenpumpe (10) in der postsynaptischen Membran den Ruhezustand wieder her. Der Transmitter löst sich vom Rezeptor. In diesem Fall wird Azetylcholin von der im synaptischen Spalt befindlichen **Azetylcholinesterase** (11) in seine Bestandteile Azetyl-CoA und Cholin gespalten (12). Der ligandengesteuerte Natriumionenkanal ändert wieder seine Konformation und schließt sich.

Das Cholin wird mittels eines Na^+/Cholin-Symporters (→1.3.2, Tab. 6) wieder in die Präsynapse aufgenommen (13), mit Azetyl-CoA aus der Atmungskette unter ATP-Verbrauch zu Azetylcholin resynthetisiert (14) und wieder in den Vesikeln gespeichert (15).

Im oben genannten Beispiel ist der Rezeptor Teil eines Ionenkanals, der sich nach Bindung unmittelbar öffnet und zum postsynaptischen Potenzial führt. Man spricht auch vom **ionotropen Rezeptor.** Daneben gibt es **metabotrope Rezeptoren,** bei denen die Bindung des Transmitters über eine Aktivierung von G-Proteinen (→1.4.1) zu einer chemischen Signalkette führt, welche dann die Ionenkanäle öffnet. Metabotrope Rezeptoren arbeiten langsamer, führen aber über die zwischengeschaltete Kettenreaktion zu einer Signalverstärkung. Für die meisten Transmitter gibt es beide Rezeptortypen.

Postsynaptische Potenziale

Durch die Transmitterbindung mit nachfolgender Öffnung von Ionenkanälen kommt es an der postsynaptischen Membran zu einer Potenzialänderung, dem **postsynaptischen Potenzial (PSP).**

Strömen überwiegend Natriumionen in die Postsynapse ein, wird deren Zellmembran depolarisiert und ein erregendes oder **exzitatorisches postsynaptisches Potenzial (EPSP)** entsteht. Dieses wird über Dendrit und Zellkörper bis an den Axonhügel weitergeleitet und führt dort bei Überschreiten des Schwellenwertes zur Auslösung eines Aktionspotenzials.

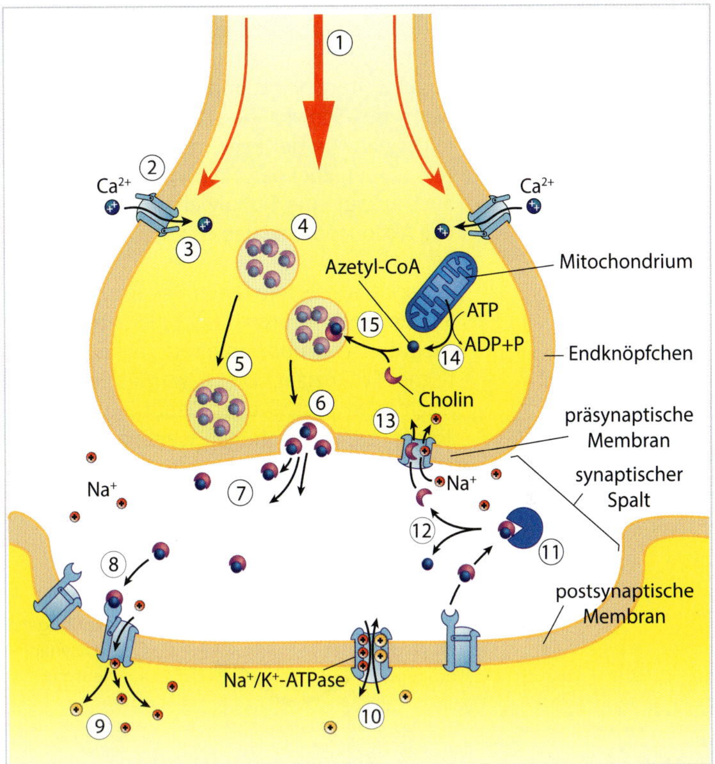

Abb. 10 **Vorgänge an einer chemischen Synapse, hier mit Azetylcholin als Transmitter**

Andere Transmitter (z.B. GABA) führen zu einem überwiegenden Einstrom von Chloridionen und damit zu einer Hyperpolarisation der Postsynapse. Ein solches postsynaptisches Potenzial wird als hemmendes oder **inhibitorisches postsynaptisches Potenzial (IPSP)** bezeichnet. Auch dieses wird zum Axonhügel weitergeleitet und dort mit anderen eintreffenden Potenzialen verrechnet.

Koffein, z.B. in Energy-Drinks, blockiert hemmende Synapsen mit dem Transmitter Adenosin. Die Aufhebung dieser Hemmung führt zu einer verstärkten Freisetzung exzitatorischer Transmitter und damit zur erwünschten anregenden Wirkung.

Recherchieren Sie: Nach welchem Prinzip wirken die K.-o.-Tropfen „Liquid Ecstasy"? Welcher Transmitter ist daran beteiligt und die Wirkung welches körpereigenen Transmitters wird dabei nachgeahmt bzw. verstärkt?

Vesikel:
Bläschen (innerhalb einer Zelle)

Azetylcholinesterase:
Enzym zur Spaltung des Transmitters Azetylcholin

postsynaptisches Potenzial:
PSP; durch Transmitterbindung hervorgerufene Potenzialänderung an der postsynaptischen Membran

exzitatorisch:
erregend

inhibitorisch:
hemmend

räumliche Summation: Verrechnung mehrerer, von unterschiedlichen Synapsen gleichzeitig im Neuron eintreffender Aktionspotenziale

zeitliche Summation: Verrechnung mehrerer, von einer Synapse kurz nacheinander im Neuron eintreffender Aktionspotenziale

Räumliche und zeitliche Summation

Alle eingehenden Signale werden zum Axonhügel weitergeleitet und dort verrechnet. Nur wenn der Schwellenwert am Axonhügel erreicht wird (in der Regel reicht dafür ein einzelnes eingehendes Aktionspotenzial nicht aus), erfolgt eine Signalweiterleitung in Form von Aktionspotenzialen.

Typischerweise entstehen an verschiedenen Stellen eines Neurons (fast) gleichzeitig viele exzitatorische und inhibitorische postsynaptische Potenziale. Diese werden elektrotonisch (also passiv) über Dendriten und Zellkörper zum Axonhügel weitergeleitet und dort verrechnet, vergleichbar mit einer Rechenaufgabe mit Addition und Subtraktion. Entscheidend ist, ob der Schwellenwert am Axonhügel nach Verrechnung überschritten wird und somit ein Aktionspotenzial ausgelöst wird. Da die postsynaptischen Potenziale von verschiedenen Stellen kommen, spricht man von **räumlicher Summation** (→ Abb. 11).

Die **zeitliche Summation** hingegen tritt bei einer Synapse auf, wenn kurz hintereinander mehrere Aktionspotenziale ankommen (→ Abb. 11). Ist das Ruhepotenzial noch nicht wieder erreicht, kommt es auch hier zur „Summenbildung".

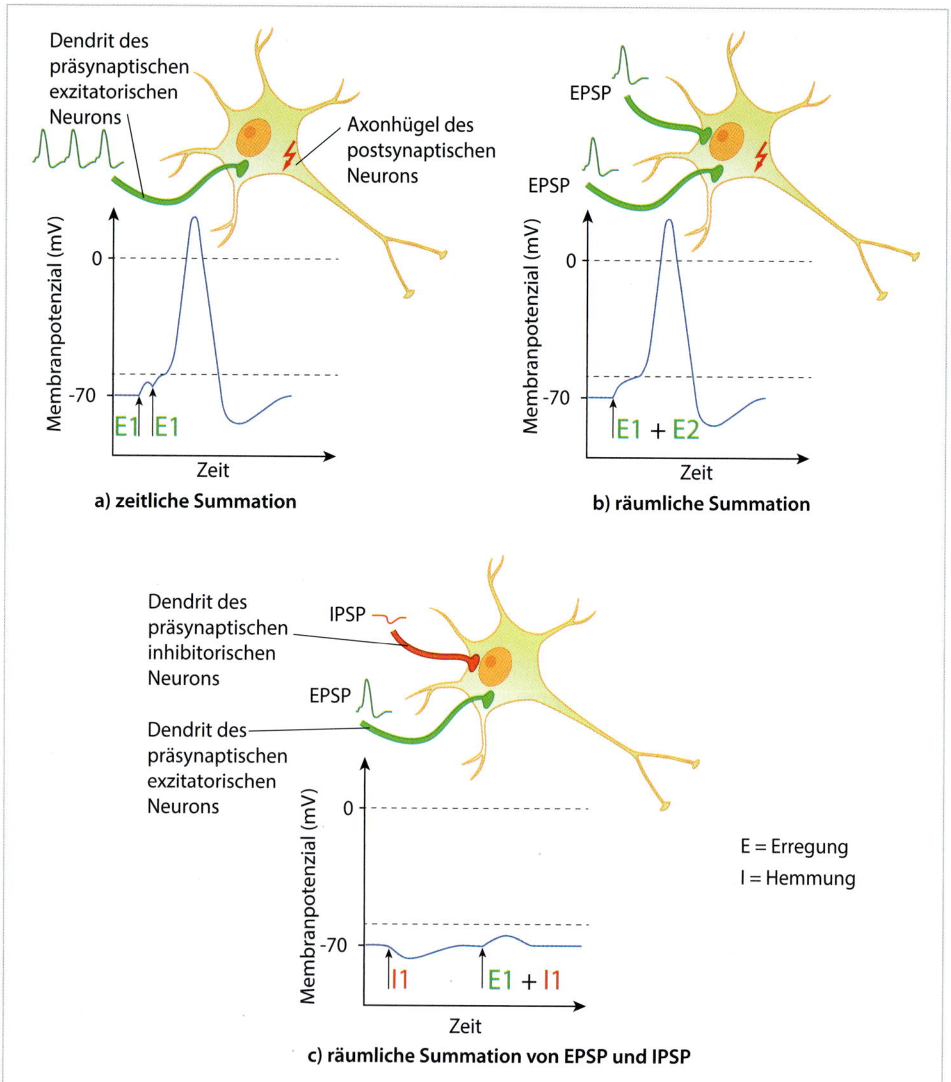

Abb. 11 Zeitliche und räumliche Summation

Arten der Signalübertragung

An einem Neuron sind unterschiedliche Arten der Signalübertragung zu beobachten:

- elektrisch (innerhalb eines Neurons)
- chemisch (an der chemischen Synapse)
- digital (Alles-oder-nichts-Prinzip beim Auslösen eines Aktionspotenzials)
- analog (postsynaptische Potenziale mit unendlich vielen Werten in Abhängigkeit von der Transmittermenge)

Elektrische Synapse

Sind Zellen durch Gap Junctions (→ 1.3.4) miteinander verbunden, können bei Depolarisation der einen Zelle über diese Gap Junctions Kationen in Richtung der neu zu erregenden Zelle wandern, Anionen wandern zum Ausgleich in die andere Richtung. Diese Erregungsweiterleitung ist z. B. am Herzmuskel zu beobachten. Auch im Nervensystem kommen elektrische Synapsen vor, sind aber insgesamt selten.

Atropin hemmt kompetitiv die postsynaptischen Azetylcholin-Rezeptoren und Botulinumtoxin die Freisetzung des Neurotransmitters Azetylcholin aus dem Endknöpfchen. Beschreiben Sie die Auswirkung beider Gifte auf die Signalübertragung und erörtern Sie den möglichen Einsatz in der Medizin.

5.2 Zentrales Nervensystem

REUS

Das zentrale Nervensystem oder ZNS ist in Gehirn und Rückenmark gegliedert. Seine Hauptaufgaben sind die Verknüpfung eingehender Informationen, deren Verarbeitung, der Entwurf von Antworten und deren Weitergabe an die Peripherie. Das ZNS koordiniert letztlich alle Organleistungen.

Makroskopisch betrachtet fällt auf, dass das Gehirn im Bereich der Großhirnrinde und in der Tiefe im Bereich der Kerne sowie innen im Rückenmark dunkler gefärbt ist (→ Abb. 12). Diese **graue Substanz** wird vor allem von Nervenzellkörpern gebildet.

Hingegen besteht die **weiße Substanz** vor allem aus Nervenfasern.

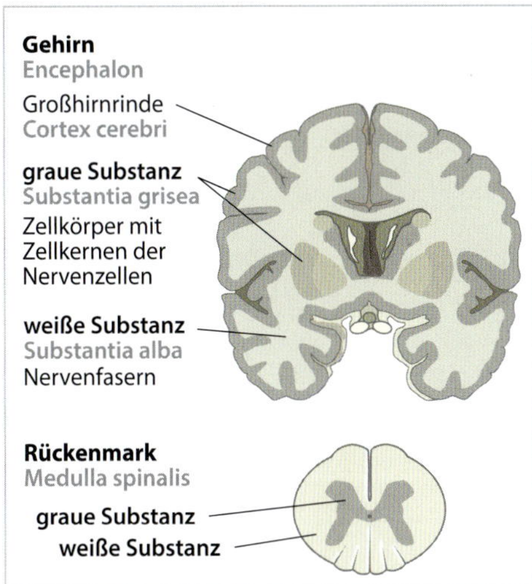

Abb. 12 Graue und weiße Substanz

5.2.1 Rückenmark

Das bei Erwachsenen ca. 40–45 cm lange Rückenmark zieht vom großen Hinterhauptloch des Schädels bis zum 1. bis 2. Lendenwirbel. Es verbindet das Gehirn mit den Spinalnerven des peripheren Nervensystems (→ 5.3.1).

Segmentale Gliederung

Das Rückenmark ist wie die Wirbelsäule (→ 3.1.1) in Abschnitte und weiter in Segmente gegliedert. Unterschieden werden (→ Abb. 13):

- **Zervikalmark** mit acht Zervikalsegmenten
- **Thorakalmark** mit zwölf Thorakalsegmenten
- **Lumbalmark** mit fünf Lumbalsegmenten
- **Sakralmark** mit fünf Sakralsegmenten
- **Kokzygealmark** mit einem wenig bedeutsamen Kokzygealsegment korrespondierend zum Steißbein

Da in der körperlichen Entwicklung die Wirbelsäule schneller wächst als das Rückenmark, liegen die Wirbelkörper tiefer als die entsprechenden Rückenmarksegmente, und zwar nach unten hin immer mehr. Dadurch verlaufen die Spinalnerven ein zunehmendes Stück nach unten, bevor sie „ihr" Zwischenwirbelloch erreichen und aus dem Wirbelkanal austreten. Ab etwa dem 1. bis 2. Lendenwirbel gibt es kein Rückenmark im Wirbelkanal mehr, sondern nur noch durchziehende Spinalnerven (→ Abb. 13).

Kation:
positiv geladenes Ion

Anion:
negativ geladenes Ion

zentrales Nervensystem:
ZNS; die im Gehirn und Rückenmark gelegenen Nervenstrukturen zur Verarbeitung der aus der Peripherie (peripheres Nervensystem) einlaufenden sensorischen Reize; zudem Sitz der Auslösung der willkürlichen Motorik und Ort des bewussten und unbewussten Denkens

makroskopisch:
ohne Mikroskop mit bloßem Auge erkennbar

graue Substanz:
im ZNS Bereiche, die v. a. aus Nervenzellkörpern bestehen

weiße Substanz:
im ZNS Bereiche, die v. a. aus Nervenfasern bestehen

Kern im ZNS:
Ansammlung von Nervenzellkörpern inmitten von weißer Substanz

großes Hinterhauptloch:
größte Öffnung des Schädels an der Schädelbasis; Durchtrittsstelle für das verlängerte Mark des Gehirns, das ins Rückenmark übergeht

Rückenmark:
Medula spinalis; im Wirbelkanal liegender Teil des zentralen Nervensystems

Spinalnerv:
Rückenmarksnerv; Nerv, der aus der Vereinigung der aus dem Rückenmark austretenden Nervenwurzeln entsteht und ein Rückenmarksegment definiert

zervikal:
zum Hals gehörend

thorakal:
zum Brustraum gehörend

lumbal:
zum Lendenbereich gehörend

sakral:
zum Kreuzbein gehörend

kokzygeal:
zum Steißbein gehörend

Ganglion:
Anhäufung von Nervenzellkörpern außerhalb des zentralen Nervensystems

Bahn:
Nervenfaserbündel im zentralen Nervensystem

Pyramidenbahn:
vom primären motorischen Rindenfeld absteigende Bahn, welche die bewussten Bewegungen übermittelt

extrapyramidale Bahnen:
alle motorischen Bahnen, die nicht zur Pyramidenbahn zählen

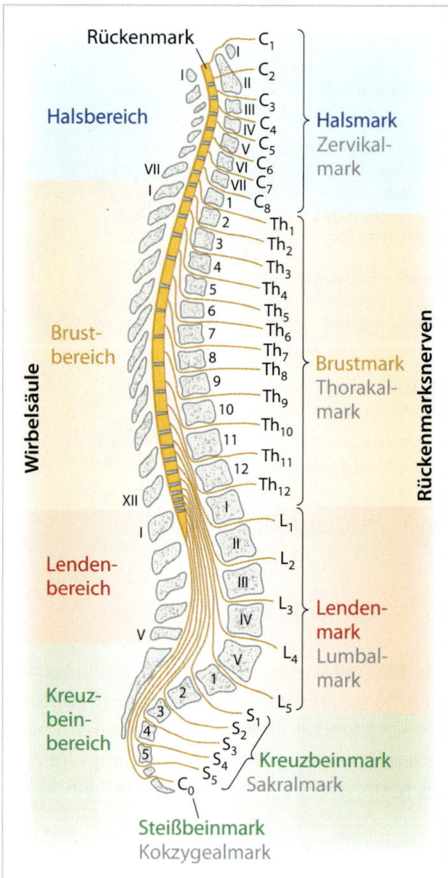

Abb. 13 Rückenmark und Spinalnerven in ihrer Beziehung zur Wirbelsäule (Längsschnitt)

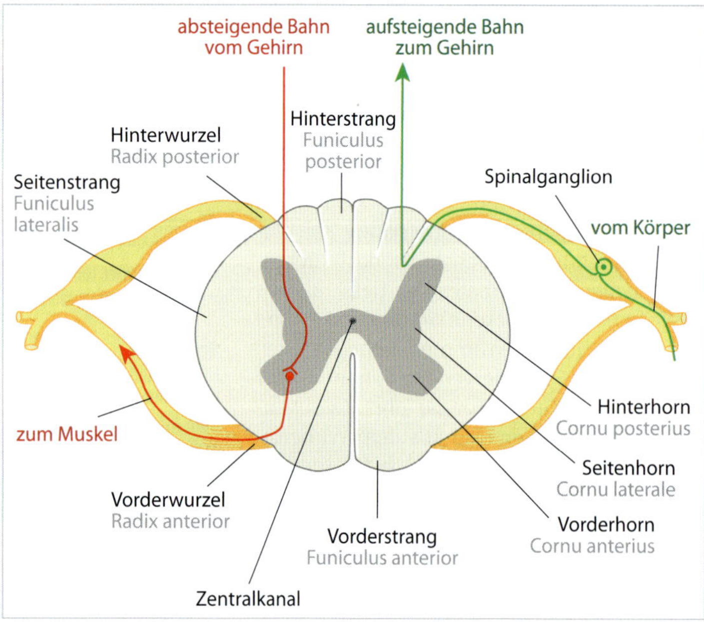

Abb. 14 Rückenmark (Querschnitt) und Entstehung der Spinalnerven

Innerer Aufbau und Physiologie

Betrachtet man das Rückenmark im Querschnitt, so liegt die graue Substanz schmetterlingsförmig im Zentrum (→ Abb. 14):

- Die **Vorderhörner** sind dicker. Die Axone der dort gelegenen Neurone ziehen zur Skelettmuskulatur und haben somit motorische Aufgaben. Entsprechend heißen sie **Motoneurone.**
- Die Neurone der kleinen **Seitenhörner** gehören zum vegetativen Nervensystem.
- Die schmalen, lang gezogenen **Hinterhörner** empfangen Signale aus der Körperperipherie.

In jedes Rückenmarksegment treten afferente Nervenfasern über die **Hinterwurzel** (Spinalnervenwurzel, → 3.1.1) ins Rückenmark ein, efferente verlassen das Rückenmark über die **Vorderwurzel** (→ Abb. 14). Die Nervenzellkörper der Hinterwurzelfasern liegen im **Spinalganglion** nahe dem Rückenmark, die der Vorderwurzel in Vorder- und Seitenhorn.

In der außen liegenden weißen Substanz finden sich auf- und absteigende Bahnen (→ Abb. 14). Die **aufsteigenden Bahnen** leiten hauptsächlich sensible Informationen aus den Körperregionen zum Gehirn, die **absteigenden Bahnen** (Pyramidenbahn, extrapyramidale Bahnen) leiten Informationen für die Ausführung von Bewegungen. Die meisten ihrer Axone enden im Vorderhorn, wo sie Synapsen mit Motoneuronen bilden.

Das Rückenmark bildet außerdem Reflexe und übernimmt dadurch „einfache" Steueraufgaben.

5.2.2 Gehirn

Das Gehirn wiegt bei Frauen etwa 1300 g und bei Männern etwa 1400 g. Seine Hauptfunktionen sind die Koordination – von der Anpassung z. B. der Atmung an die Bedürfnisse des Körpers bis zu komplexen Bewegungsabläufen (→ Abb. 15) – und alle bewussten Leistungen wie etwa Sehen, Hören, Sprache, aber auch Empfinden, Denken, Gedächtnis oder Kreativität.

Das Gehirn (→ Abb. 16) wird eingeteilt in:

- **Großhirn**
- **Zwischenhirn**
- **Kleinhirn**

Abb. 15 Koordination von Sportlern – ohne Gehirn unmöglich

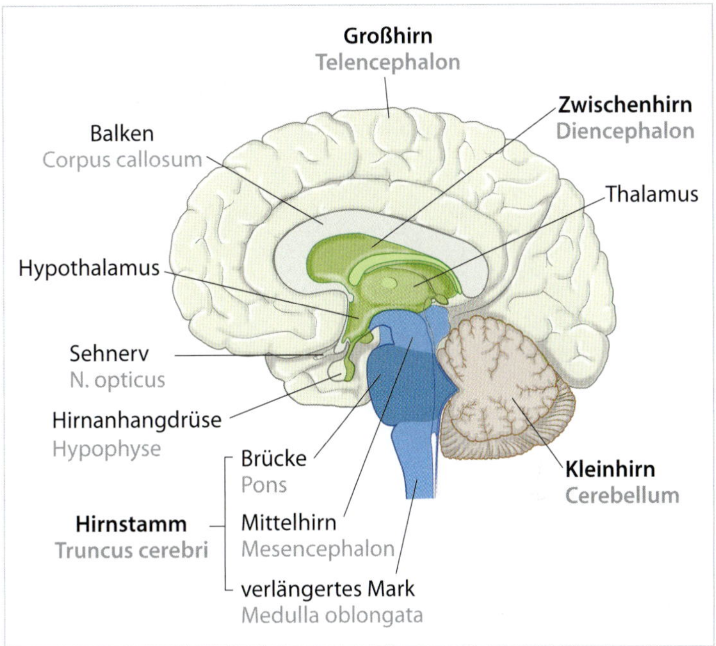

Abb. 16 Gehirn

- **Hirnstamm** mit:
  - **Mittelhirn**
  - **Brücke**
  - **verlängertem Mark**

Großhirn

Das Großhirn ist der größte, schwerste und am stärksten differenzierte Gehirnabschnitt (→ Abb. 16). Seine Hauptaufgaben liegen im Hören, Sehen, bewussten Handeln, Sprechen, Denken, dem Verarbeiten von Gefühlen und der Steuerung des Bewusstseins.

Das Großhirn sieht aus wie eine Walnusshälfte. Es ist wie diese durch eine große Furche, die **Längsfurche,** in zwei gleich große Hälften unterteilt, die **Großhirnhemisphären.** Die beiden Großhirnhälften werden in der Tiefe über den **Balken** miteinander verbunden: das ist weiße Substanz, die dem Austausch von Informationen zwischen den Hemisphären dient. Ebenfalls ähnlich einer Walnusshälfte, jedoch viel ausgeprägter, finden sich an der Großhirnoberfläche zahlreiche **Furchen** und **Windungen,** welche die Großhirnoberfläche stark vergrößern und damit „Platz schaffen" für die vielen erforderlichen Neurone. Die **Zentralfurche** unterteilt die beiden Hemisphären in Querrichtung.

Ganz außen an der Großhirnoberfläche liegt der Cortex cerebri (Großhirnrinde, → Abb. 12) oder kurz **Kortex** (graue Substanz), darunter das **Marklager** (weiße Substanz) und tief im Inneren einzelne **Großhirnkerne,** v.a. die **Basalganglien,** die Anhäufungen von Nervenzellkörpern entsprechen.

Großhirnlappen

Durch die großen Furchen werden beidseits vier Großhirnlappen abgegrenzt. Den Großhirnlappen lassen sich Funktionen zuordnen (→ Abb. 17). Zu beachten ist aber, dass viele Hirnleistungen das Zusammenspiel mehrerer Hirnbezirke erfordern und daher nur begrenzt oder schlecht lokalisierbar sind.

Unterschieden werden (→ Abb. 17):

- **Stirnlappen (Frontallappen),** Hauptaufgaben Bewegung, Bewegungsplanung, Sprechen, kognitive Fähigkeiten, Verhalten, Persönlichkeit
- **Scheitellappen (Parietallappen),** Hauptfunktion Sinneswahrnehmungen wie Geschmackssinn, Körpersensibilität
- **Schläfenlappen (Temporallappen),** Hauptaufgaben Hören, Sprachverständnis, Geruchssinn
- **Hinterhauptlappen (Okzipitallappen),** Hauptaufgabe Sehen

Rechte und linke Großhirnhälfte sind anatomisch und funktionell nicht genau gleich, man spricht von **Hemisphärenasymmetrie**

Gehirn:
Encephalon; in der Schädelhöhle liegender Teil des zentralen Nervensystems, „Steuerzentrale" des Organismus

Großhirn:
Telencephalon; entwicklungsgeschichtlich jüngster Teil des Gehirns; strukturelle Grundlage des menschlichen Bewusstseins

Hemisphären:
Hälften, z.B. des Großhirns

Kortex:
Hirnrinde; meist synonym zu Cortex cerebri = Großhirnrinde; graue Substanz

Marklager:
weiße Substanz unterhalb des Kortex; meist synonym zum Marklager des Großhirns

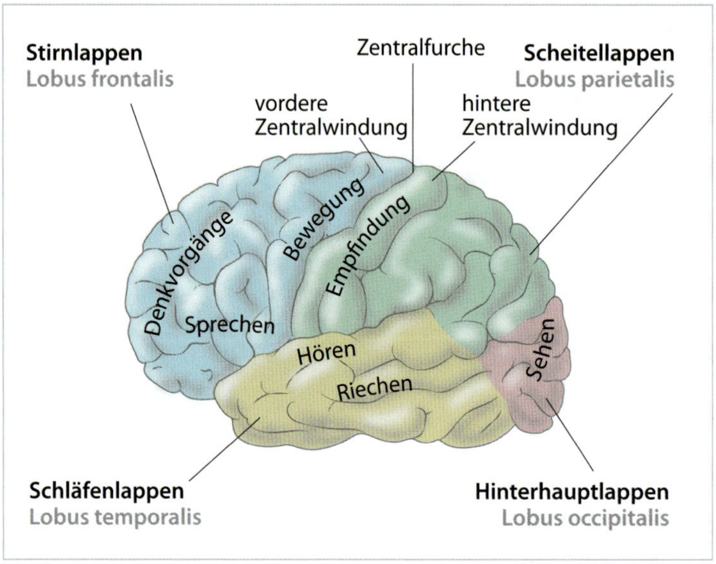

Abb. 17 Großhirnlappen

Hemisphärendominanz: Dominanz einer Gehirnhälfte bei verschiedenen Leistungen

Zentrum: vergleichsweise begrenzter Neuronenverband/-bezirk im ZNS, der einer gemeinsamen Aufgabe dient

oder **-dominanz.** So sind z. B. wichtige Bezirke (Zentren) für die Sprache bei den meisten Menschen links lokalisiert. Außerdem werden der linken Großhirnhälfte Lesen, Rechnen und Logik schwerpunktmäßig zugeordnet. In der rechten Großhirnhälfte werden z. B. eher räumliches Vorstellungsvermögen, Kreativität, Emotionen, Tanz, Kunst, Musik gesehen.

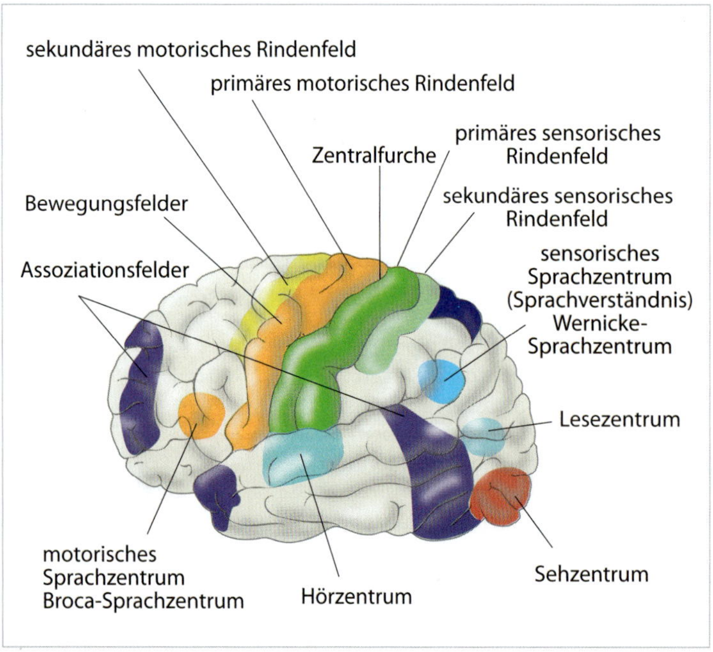

Abb. 18 Rindenfelder des Großhirns

Beide Großhirnhemisphären werden durch den Balken verbunden. Hierauf beruht die „liegende Acht“: Man streckt beide Arme aus, führt die Zeigefinger zusammen und malt eine liegende Acht in den Raum. Dabei verfolgt man das Geschehen mit den Augen. Durch die Kommunikation der beiden Gehirnhälften sollen Bahnen des Balkens gestärkt und dadurch Konzentration und Lernergebnisse verbessert werden.

Rindenfelder des Großhirns

Innerhalb der Großhirnlappen konnten spezielle Rindenfelder mit bestimmten Aufgaben identifiziert werden (→ Abb. 18).

Die Rindenfelder werden zum einen unterteilt in:

- **motorische Rindenfelder** zur Steuerung der Skelettmuskelbewegungen
- **sensorische Rindenfelder** zur Aufnahme und Verarbeitung von Informationen aus den Sinnesrezeptoren des Körpers

Zum anderen wird gegliedert in:

- **primäre Rindenfelder;** diese haben eine punktgenaue Projektion der Körperperipherie
- **sekundäre Rindenfelder;** diese speichern Erfahrungen und „arbeiten“ den primären Rindenfeldern „zu“
- **Assoziationsfelder,** teilweise auch als tertiäre Rindenfelder bezeichnet; diese dienen der Zusammenführung verschiedener Informationen, deren Auswertung und Verknüpfung und Programmierung von Handlungsabläufen

Das **primäre motorische Rindenfeld** (→ Abb. 18) liegt direkt vor der Zentralfurche. Es steuert alle bewussten Bewegungen. Jede Körperregion hat dabei ihren festen „Platz“ im Rindenfeld. Je präziser die Bewegungen einer Körperregion sind, desto mehr Neurone sind notwendig und desto größeren Raum nimmt die jeweilige Körperregion im Rindenfeld ein. Kartiert man die Körperregionen auf dem Rindenfeld, so ergibt sich der sog. **Homunculus,** ein Mensch mit verzerrten Proportionen (→ Abb. 19): Sehr empfindsame Bezirke wie etwa die Lippen oder sehr differenziert be-

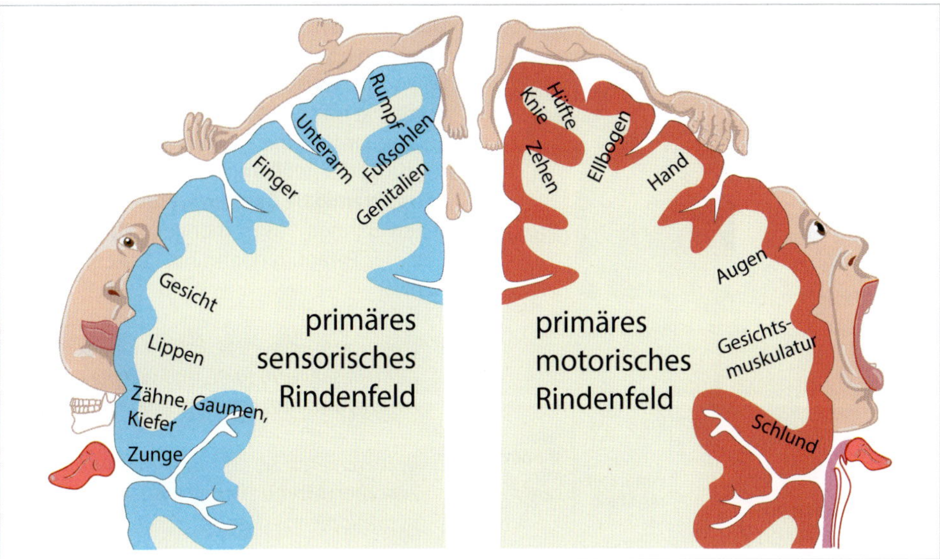

Abb. 19 Motorischer und sensorischer Homunculus

wegliche Regionen wie z. B. die Finger nehmen einen im Vergleich zur Körperoberfläche sehr großen Raum ein.

Hilfe erfährt das primäre motorische Rindenfeld vom **sekundären motorischen Rindenfeld** (→ Abb. 18), das sich nach vorne daran anschließt und komplexe Bewegungsabläufe gespeichert hat. Im Laufe des Lebens können zahllose Bewegungsmuster gespeichert, aber auch wieder gelöscht werden. Auch das **motorische Sprachzentrum** (Broca-Sprachzentrum) liegt im sekundären motorischen Rindenfeld.

Das **primäre sensorische Rindenfeld** (→ Abb. 18) unmittelbar hinter der Zentralfurche ist „Endstation" für die Sinneswahrnehmungen aus der Peripherie. Auch ist wieder jede Körperregion repräsentiert, und zwar umso größer, je empfindsamer sie ist, je mehr Rezeptoren sie also hat. Das nach hinten unmittelbar angrenzende **sekundäre sensorische Rindenfeld** speichert Erfahrungen über Sinneseindrücke und hilft beim Auswerten eintreffender Empfindungen. Es steht mit dem primären sensorischen Rindenfeld in engem Kontakt.

Auch die Sinnesorgane können Rindenfeldern zugeordnet werden, wobei man meist von **Sinneszentren** spricht.

Das **Sehzentrum** (→ Abb. 17) liegt im Hinterhauptlappen und wird eingeteilt in die **primäre Sehrinde** für die reine Bildentstehung und die **sekundäre Sehrinde** zur Weiterverarbeitung der eingehenden Informationen und Identifizierung des Gesehenen.

Vergleichbar gibt es ein **Hörzentrum** (→ Abb. 17) im Schläfenlappen. Im **primären Hörzentrum** werden Hörreize wahrgenommen, im **sekundären Hörzentrum** mit Erfahrungen verglichen und als Ton, Wort oder Musik erkannt.

Ein weiteres besonderes Zentrum ist das **sensorische Sprachzentrum** oder Wernicke-Sprachzentrum (→ Abb. 18). Es ist das Zentrum für das Sprachverständnis. Erst hier wird gehörten Worten die Bedeutung hinzugefügt.

1. *Schließen Sie die Augen und lassen Sie sich von Ihrem Mitschüler mit einer Bleistiftspitze zunächst am Rücken und dann am Zeigefinger an zwei gleich weit voneinander entfernten Punkten berühren. Verkleinern Sie den Abstand nun zunehmend.*
   Bis zu welchem Abstand können Sie die beiden Punkte am Rücken bzw. am Zeigefinger noch unterscheiden? Erklären Sie den Unterschied.

2. *Erklären Sie, welche Großhirnareale verwendet werden, wenn Sie einen Text laut vorlesen, welche, wenn Sie versuchen, einen vorgelesenen Text zu verstehen.*

Rindenfeld:
Bezirk in der Großhirnrinde, in dem Neurone mit ähnlichen/zusammengehörenden Aufgaben zusammenliegen

motorisch:
der Bewegung dienend

sensorisch:
der Sensibilität dienend

Sensibilität:
Wahrnehmung verschiedener Empfindungen bzw. Reize; Fühlen

Homunculus:
bildliche Darstellung der einzelnen Körperabschnitte auf dem Schnittbild der Großhirnrinde, in Abhängigkeit von der Anzahl der für einen Körperabschnitt erforderlichen Neurone; dadurch verzerrte Proportionen

extrapyramidale Bahnen: alle motorischen Bahnen, die nicht zur Pyramidenbahn zählen

Zwischenhirn: Diencephalon; unterhalb des Großhirns gelegener Gehirnabschnitt; v. a. Schaltstation zum Großhirn, Steuerzentrum für Körperfunktionen

Thalamus: größte Struktur des Zwischenhirns, oberhalb des Hypothalamus gelegen; gilt als „Tor zum Bewusstsein", seine Kerne sind Durchgangsstation für sämtliche Information an den Kortex

Hypothalamus: Teil des Zwischenhirns; Verbindungsstelle zwischen Nerven- und Hormonsystem; steuert zahlreiche vegetative und hormonelle Vorgänge im Körper

Pyramidenbahn: vom primären motorischen Rindenfeld absteigende Bahn, welche die bewussten Bewegungen übermittelt

Hypophyse: Hirnanhangdrüse; Hormondrüse, die vor allem andere Hormondrüsen reguliert

Basalganglien: Kerne des Groß- und Zwischenhirns, die zum extrapyramidalen System gehören und v. a. an der (unbewussten) Bewegungssteuerung beteiligt sind

Hirnstamm: Truncus cerebi; unterster Gehirnabschnitt mit vielen Bahnen, Hirnnervenkernen und Zentren für (vegetative) Körperfunktionen

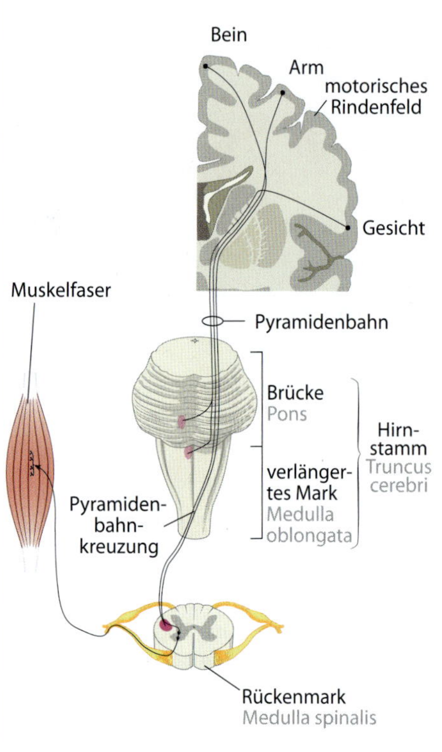

Abb. 20 Verlauf der Pyramidenbahn

Pyramidenbahn

Die Pyramidenbahn (→ Abb. 20) besteht überwiegend aus Axonen von Neuronen motorischer Rindenfelder. Entsprechend übermittelt sie Informationen zu bewussten Bewegungen. Die Axone verlaufen gebündelt zunächst durch die Tiefe des Großhirns und dann durch Zwischen- und Mittelhirn bis in den Hirnstamm. Ein Teil der Fasern endet hier an den Hirnnervenkernen. Die übrigen ziehen weiter zum Rückenmark, wobei sie zu 90 % im verlängerten Mark zur Gegenseite kreuzen, bevor sie hinunter zum Rückenmark ziehen. Dadurch wird die rechte Körperhälfte hauptsächlich vom linken motorischen Rindenfeld versorgt und umgekehrt.

Basalganglien und extrapyramidales System

Die **Basalganglien** sind tief im Gehirninneren gelegene Kerne, die teilweise zum Groß- und teilweise zum Zwischenhirn gerechnet werden und deren Funktionen noch nicht vollständig geklärt sind. Sie sind wichtiger Bestandteil des **extrapyramidalen Systems,** zu dem außerdem noch Fasern aus motorischen Rindenfeldern gehören.

Das extrapyramidale System ist eng mit Kleinhirn, Seh- und Gleichgewichtssystem verknüpft. Es steuert die Muskelgrundspannung, die Halte- und Stützmotorik und ist unabdingbar für eine koordinierte, flüssige Ausführung der willkürlichen Bewegungen. Als **extrapyramidale Bahnen** werden alle motorischen Bahnen zusammengefasst, die außerhalb der Pyramidenbahn ins Rückenmark ziehen.

1. *Überlegen Sie, welche Folgen eine Schädigung des pyramidalen und welche eine des extrapyramidalen Systems wohl hat.*

2. *Recherchieren Sie den Zusammenhang zwischen Morbus Parkinson und dem extrapyramidalen System.*

Zwischenhirn

Das Zwischenhirn (→ Abb. 16) verbindet das Großhirn mit dem Hirnstamm und besteht vor allem aus dem **Thalamus,** dem darunter gelegenen **Hypothalamus** und der **Hypophyse.**

Alle sensorischen Informationen gehen im **Thalamus** ein und unterliegen dort einer Art Filter. Erst dann werden sie an das Großhirn weitertransportiert. Daher stammt auch der Name **„Tor des Bewusstseins".**

Der **Hypothalamus** ist die Verbindungsstelle zwischen Nerven- und Hormonsystem (→ Abb. 17). Teils nerval, teils durch Hormone ist der Hypothalamus wesentlich beteiligt an der Regulation von Körpertemperatur, Wasserhaushalt, Nahrungsaufnahme, aber auch Schlaf, Geschlechtstrieb und Emotionen.

Die etwa daumennagelgroße **Hypophyse** hängt über den **Hypophysenstiel** am Hypothalamus, weshalb sie auch Hirnanhangdrüse genannt wird. Sie sondert zahlreiche Hormone zur Regulation anderer Hormondrüsen (z. B. Schilddrüse, Geschlechtsdrüsen) sowie direkt wirkende Hormone (z. B. Adiuretin zur Kontrolle des Wasserhaushaltes) ab (→ 7.1.1).

Hirnstamm

Der Hirnstamm (→ Abb. 16) ist der unterste Gehirnabschnitt. Er besteht aus dem **Mittelhirn,** der **Brücke** und dem **verlängerten Mark.**

Mittelhirn und Brücke enthalten zahlreiche Bahnen u.a. zu Groß- und Kleinhirn sowie Hirnnervenkerne. Das Mittelhirn beinhaltet außerdem weitere Kerne des extrapyramidalen Systems und dient als Schaltstation z.B. des Hör- und Sehsinns. Reflexartig werden hier beispielsweise Augen- und Kopfbewegungen auf eingehende Sinneseindrücke abgestimmt.

Im verlängerten Mark liegen viele vegetative Zentren zur Steuerung lebenswichtiger Funktionen wie Herz-Kreislauf-Funktion, Atmung, Niesen, Husten und Schlucken. Es enthält darüber hinaus Hirnnervenkerne und Bahnen, welche Rückenmark und Gehirn verbinden, darunter auch die dort kreuzende Pyramidenbahn.

Kleinhirn

Das Kleinhirn (→ Abb. 16) liegt in der hinteren Schädelgrube und wiegt nur 130 bis 140 g. Es hat wie das Großhirn eine stark aufgefaltete Oberfläche zur Vergrößerung der nutzbaren Fläche auf kleinstem Raum.

Hauptaufgaben des Kleinhirns sind die Bewegungskoordination und die Regulation von Muskeltonus und Gleichgewicht. Es ist aber auch an Lernprozessen beteiligt (Bewegungen, Spracherwerb).

Das Kleinhirn reagiert sehr empfindlich auf Alkohol. Mit zunehmendem Blutalkoholspiegel werden die Koordination der Bewegungen und das Gleichgewicht beeinträchtigt. Schließt man dann noch die Augen, fehlt zusätzlich die visuelle Kontrolle, mit der Störungen des Kleinhirns bis zu einem gewissen Grad kompensiert werden können. Es entstehen das typische wankende Gangbild und eine manuelle feinmotorische Unsicherheit.

Limbisches System

Das limbische System ist keine klar abzugrenzende anatomische Struktur, sondern eine funktionelle Einheit.

Anatomisch bildet das limbische System einen Ring rund um die Basalganglien und den Thalamus. Zum limbischen System zählen u.a. der **Hippocampus** (Ammonshorn) und die **Amygdala** (Mandelkern).

Das limbische System hat vielfältige Funktionen vor allem im Bereich Lernen, Gedächtnis, Emotionen, Abhängigkeits- und Triebverhalten. Das limbische System spielt auch beim sog. Belohnungssystem des Gehirns eine wichtige Rolle; ebenso wie bei der Abhängigkeitsentwicklung (→ 5.14.2).

Gefühle gegen Vernunft, Großhirnrinde versus limbisches System – falls Zeit ist, sind oft solche Entscheidungen am besten, die mithilfe beider getroffen werden: erst eine gewisse Zeit nachdenken und dann so entscheiden, dass auch der „Bauch damit leben kann".

1. *Wenn jemand einen Arm auf Ihre Schulter legt, nehmen Sie diese Berührung wahr. Sobald allerdings Ihr Gehirn eine weitere Funktion wie zum Beispiel Flucht oder das Lösen einer schwierigen Aufgabe übernimmt, bemerken Sie diese Berührung nicht mehr. Erklären Sie dieses Phänomen.*

2. *Emotionen wirken sich auf unser Lernen aus. Überlegen Sie, welche Gefühlslagen den Lernprozess fördern und welche eher hinderlich sind.*

5.2.3 Versorgung und Schutz des Zentralnervensystems

Blutversorgung

Das Gehirn hat durch seine hohe Aktivität den größten Energiebedarf aller Organe. Etwa 20% der gesamten Blutmenge des Körpers, die das Herz in den Kreislauf pumpt, werden vom Gehirn für eine ausreichende Sauerstoff- und Nährstoffversorgung benötigt. Bereits kurzzeitige Unterbrechungen der Sauerstoffversorgung führen zum Absterben von Neuronen und können schwerwiegende Ausfälle zur Folge haben, da sich das Gehirn nicht regenerieren kann.

Das Gehirn wird von den beiden inneren Halsschlagadern und den Wirbelsäulenschlagadern mit Blut versorgt. Diese treten

Hippocampus: Ammonshorn; Teil des limbischen Systems, Verbindung zwischen Kurz- und Langzeitgedächtnis

Amygdala: Mandelkern; Teil des limbischen Systems, wichtig für Emotionalität

limbisches System: funktionelle Einheit des Gehirns; steuert v.a. Emotionen, Gedächtnis, Abhängigkeits- und Triebverhalten

Muskeltonus: Muskelspannung

durch Aussparungen in den Schädelbasisknochen in den Schädelraum und verzweigen sich dann.

Circulus arteriosus Willisii: Arterienkranz an der Unterseite des Gehirns

An der Unterseite des Gehirns schließen Verbindungsarterien die Gehirnarterien zu einem Ring, dem **Circulus arteriosus Willisii** (→ Abb. 21). Dadurch sind beide Stromgebiete miteinander verbunden, sodass bei einer arteriellen Durchblutungsstörung das betroffene Gebiet teilweise von einer anderen Arterie mitversorgt werden kann.

Liquor und Liquorräume

Liquor: Gehirn-Rückenmarks-Flüssigkeit; Flüssigkeit in und um das ZNS mit Stoffwechsel- und Schutzfunktion

Der **Liquor,** die Gehirn-Rückenmarks-Flüssigkeit, umgibt das gesamte ZNS und dient der Ernährung, dem Abtransport von Abfallstoffen und dem Schutz vor Reibung, Stoß und Druck.

Der Liquor ist klar, wässrig und sehr zellarm. Er wird in spezialisierten Zellen der Ventrikelwände gebildet und in die Ventrikel abgegeben.

Ventrikel: Hohlraum, Kammer; auch Kurzform für Hirnventrikel, also die vier mit Liquor gefüllten Hohlräume im Gehirn

Die Hirnventrikel oder Hirnkammern, kurz **Ventrikel,** sind vier Hohlräume im Gehirn, die miteinander und mit dem längs durch die Mitte des Rückenmarks ziehenden **Zentralkanal** verbunden sind. Ventrikel und Zentralkanal bilden die **inneren Liquorräume.**

Der Liquor durchfließt die Ventrikel und gelangt dann in den Zentralkanal sowie in den **äußeren Liquorraum,** den Subarachnoidalraum (→ Abb. 22). Er umspült Gehirn und Rückenmark von außen und wird dann aus dem Subarachnoidalraum in Venen resorbiert.

Legen Sie ein rohes Ei in eine Schüssel, verschließen Sie sie mit einem Deckel und schütteln Sie nun die Schüssel. Dann nehmen Sie ein anderes rohes Ei, füllen die Schüssel mit Wasser, verschließen sie und schütteln auch hier. Erklären Sie anhand Ihrer Beobachtungen die Aufgabe des Liquorsystems.

Hirn- und Rückenmarkshäute

Das Gehirn wird umgeben von den Schädelknochen, das Rückenmark von den Wirbeln, und der Liquor puffert Stöße ab. Außerdem umgeben drei **Hirnhäute** oder Meningen Gehirn und Rückenmark. Der Schichtaufbau der Hirnhäute ist beim Gehirn und beim Rückenmark prinzipiell gleich (→ Abb. 23):

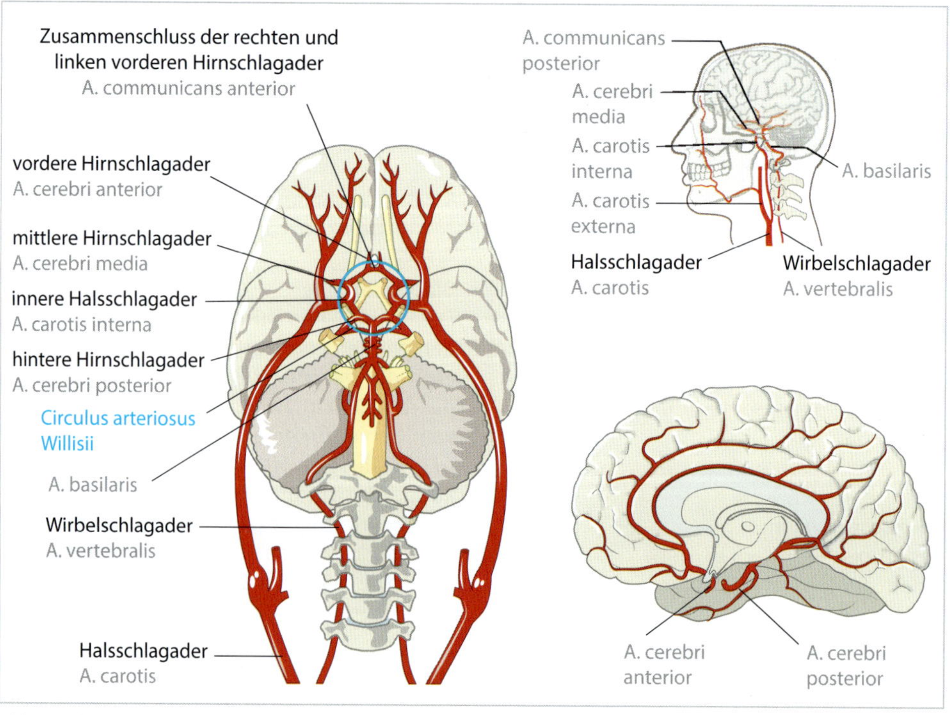

Abb. 21 Blutversorgung des Gehirns

- Äußerste Schicht ist die harte Hirnhaut oder **Dura mater.** Sie ist sehr schmerzempfindlich.
- Darunter liegt die **Arachnoidea** (Spinnwebenhaut), zwischen Dura und Arachnoidea der **Subduralraum.**
- Die dicht auf dem Gehirn aufliegende **Pia mater** (innere Hirnhaut) ist sehr gut durchblutet. Zwischen Arachnoidea und Pia mater befindet sich der mit Liquor gefüllte **Subarachnoidalraum.** Arachnoidea und Pia mater bilden zusammen die **weichen Hirnhäute.**

→ Abb. 22 zeigt außerdem, wie das Gehirn durch Liquor umflossen und durch die Schädelknochen geschützt wird.

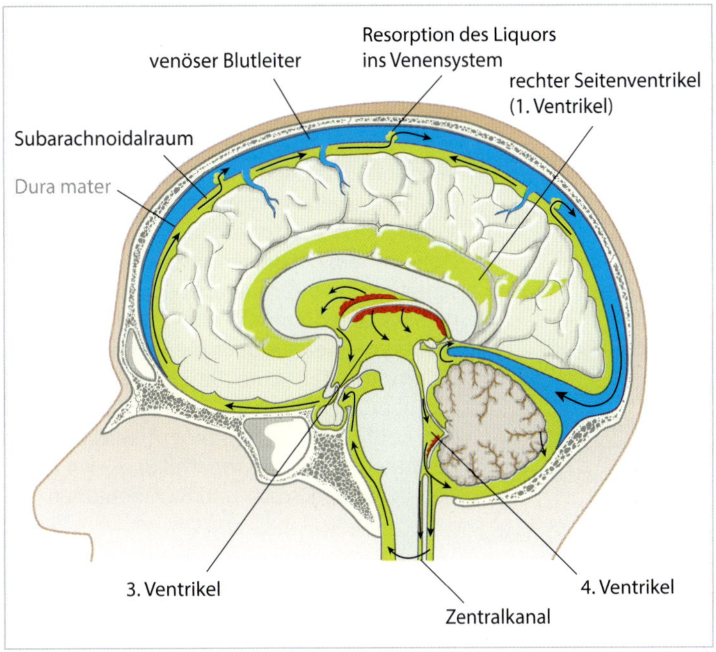

Abb. 22 Liquorräume im Gehirn (grün)

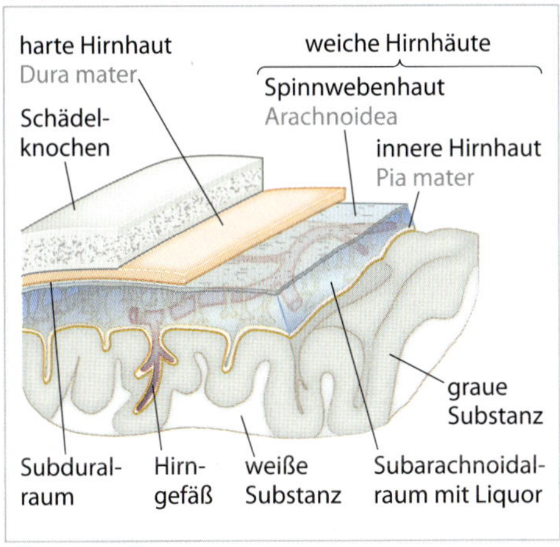

Abb. 23 Hirnhäute

5.3 Peripheres Nervensystem

REUS

Das periphere Nervensystem umfasst alle Nervenzellen und -bahnen außerhalb des zentralen Nervensystems. Es wird in meist 31 paarige Spinalnerven (Rückenmarksnerven) und 12 ebenfalls paarige Hirnnerven gegliedert.

5.3.1 Spinalnerven

Vorderwurzel und Hinterwurzel jedes Rückenmarksegments (→ 5.2.1) vereinigen sich nahe dem Rückenmark zum Spinalnerven (→ Abb. 13), der durch die Zwischenwirbellöcher aus dem Wirbelkanal austritt.

Der Spinalnerv teilt sich fast unmittelbar nach seinem Zusammenschluss wieder in mehrere Äste. Am größten sind die **vorderen Spinalnervenäste.**

- Die vorderen Spinalnervenäste, welche die Extremitäten versorgen, bilden seitlich der Halswirbelsäule bzw. seitlich der Lendenwirbelsäule und des Kreuzbeins **Nervengeflechte** (Plexus) aus Fasern mehrerer Rückenmarksegmente, in denen die Fasern umsortiert werden. Die umgruppierten Fasern lagern sich dann zu den **Nerven** (peripheren Nerven, Plexusnerven) zusammen, welche zu Armen und Beinen ziehen, etwa zum Ischiasnerv.
- Im Brustbereich ziehen die vorderen Spinalnervenäste als Zwischenrippennerven (Interkostalnerven) nach vorne.

Die Bildung sowohl der Spinalnerven als auch die der Nerven in den Nervengeflechten erfolgt ganz regelmäßig. Dadurch sind bei Störungen der Hautsensibilität oder Muskellähmungen Rückschlüsse auf den Schädigungsort möglich.

Hirnhäute:
Meningen; bindegewebige Schichten um Gehirn und Rückenmark

peripheres Nervensystem:
PNS; topografisch außerhalb des Schädels und des Wirbelkanals (mit Rückenmark) gelegener Teil des Nervensystems, der die Verbindung zwischen ZNS und dem Körper herstellt, z. B. zu Muskeln oder Haut; funktionell also kein eigenständiges System

Spinalnerv:
Rückenmarksnerv; Nerv, der aus der Vereinigung der aus dem Rückenmark austretenden Nervenwurzeln entsteht und ein Rückenmarksegment definiert

Hirnnerven: paarige Nerven, die nicht aus dem Rückenmark, sondern aus dem Gehirn austreten

5.3.2 Hirnnerven

Zwölf paarige Hirnnerven verlassen das Gehirn oberhalb des Rückenmarks. Sie werden von I bis XII durchnummeriert (→ Abb. 24) und sind zusätzlich mit Eigennamen belegt. Die Hirnnerven versorgen Kopf und Hals sensorisch und motorisch; vegetative Fasern steuern z. B. Pupillenmotorik und Drüsentätigkeit; Informationen aus Seh-, Geruchs-, Geschmacks-, Hör- und Gleichgewichtssinn werden über die Hirnnerven zum Gehirn geleitet. Eine Besonderheit ist der Hirnnerv X: Nervus vagus. Er bleibt nicht auf den Kopf beschränkt, sondern verbindet als Hauptnerv des Parasympathikus (→ 5.4.2) das Gehirn mit den Brust- und Bauchorganen.

willkürliches Nervensystem: Teile des Nervensystems, die für die bewussten Wahrnehmungen, Bewegungen usw. zuständig sind

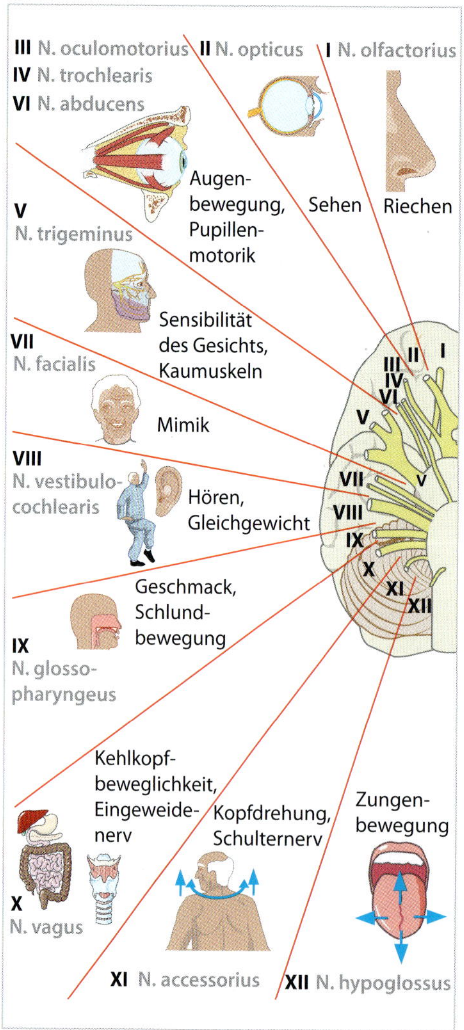

Abb. 24 Hirnnerven und ihre Funktionen

5.4 Willkürliches und vegetatives Nervensystem

REUS

Nach der Funktionsweise werden das willkürliche und das vegetative Nervensystem unterschieden.

5.4.1 Willkürliches Nervensystem

Das willkürliche Nervensystem steuert alle bewussten Vorgänge im Körper. Beispielsweise sind die Berührungswahrnehmung oder bewusste Bewegungen Leistungen des willkürlichen Nervensystems. Das Klingeln des Smartphones wird z. B. bewusst wahrgenommen, die Bedeutung analysiert und als Reaktion in einer bewussten Bewegung das Smartphone aufgenommen (→ Abb. 25).

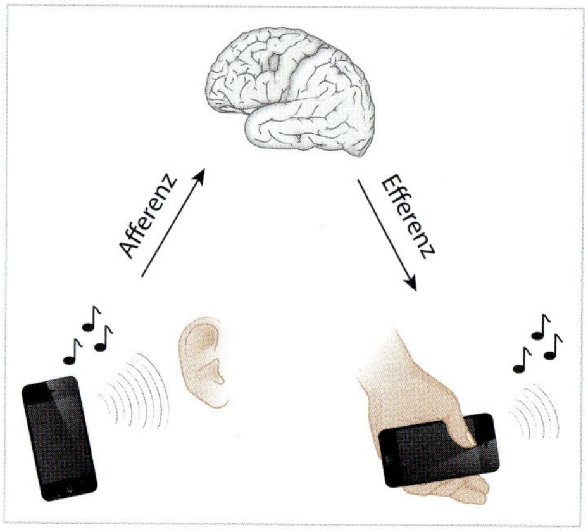

Abb. 25 Leistungen des willkürlichen Nervensystem

Exemplarisch und stark vereinfacht sei an dieser Stelle das **Zustandekommen einer bewussten Bewegung** dargestellt (→ Abb. 26).

Im Frontallappen (1) entsteht der Entschluss zur Bewegung. Nach verschiedenen Zwischenschritten werden über motorische Rindenfelder (2) die für diese Bewegung benötigten Muskeln über die Pyramidenbahn innerviert (3). Über Basalganglien und Thalamus (4) werden Impulse an das Großhirn zurückgeleitet (5), parallel dazu werden Informationen an das Kleinhirn (6) weitergegeben, das ebenfalls Rückmeldungen an das Großhirn gibt (7, 8). Durch diese „Schleifen" werden z. B. das Bewegungsausmaß reguliert, das Bewegungsmuster durch Vergleich mit alten Mustern optimiert und die Tätigkeit der verschiedenen Muskeln aufeinander abgestimmt. Die Bewegungsimpulse der motorischen Rindenfelder werden entsprechend korrigiert und über die Pyramidenbahn zum Rückenmark weitertransportiert (9).

Gehen Sie eine Treppe hoch. Machen Sie sich die Bewegungsabläufe und die Aktivierung verschiedener Areale im Gehirn dabei bewusst und erläutern Sie Ihrem Mitschüler den Ablauf der bewussten Bewegung.

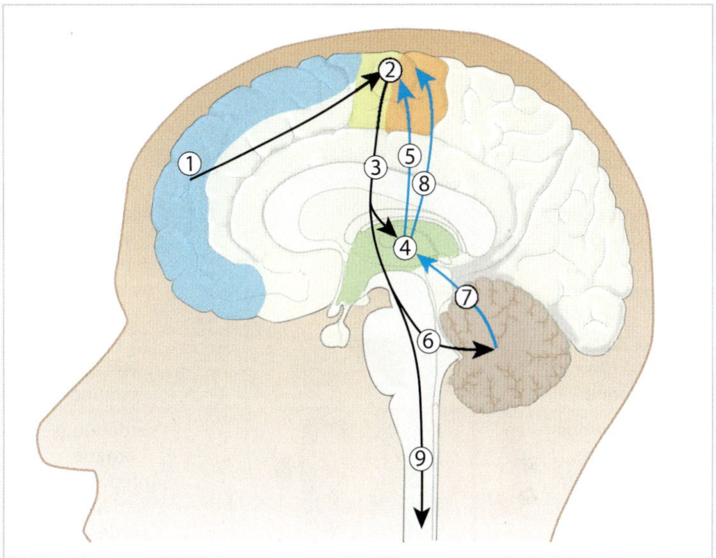

Abb. 26 Ablauf einer bewussten Bewegung (stark vereinfacht)

5.4.2 Vegetatives Nervensystem

Das vegetative Nervensystem ist ein autonomes, unwillkürlich arbeitendes System zur Regulation zahlreicher Körperfunktionen, etwa der Herz-Kreislauf-Funktion oder der Atmung. Es gliedert sich in **Sympathikus** und **Parasympathikus.** Daneben gibt es das **Darmnervensystem** (enterisches Nervensystem), das ein eigenständiges Nervensystem darstellt, aber unter dem Einfluss von Sympathikus und Parasympathikus steht. Letztere arbeiten als Gegenspieler, wobei dem Sympathikus aktivierungsfördernde Funktionen zukommen, während der Parasympathikus eher für Erhaltung und Wiederherstellung zuständig ist (→ Abb. 27).

Afferente vegetative Fasern ziehen von den inneren Organen über die Hinterwurzel ins Rückenmark.

Die efferenten Neurone entspringen im zentralen Nervensystem und werden in **vegetativen Ganglien** auf ein zweites Neuron umgeschaltet, welches die Efferenzen zum Effektor leitet. Das erste Neuron heißt **präganglionäres,** das zweite **postganglionäres Neuron.**

Sympathikus

Der Sympathikus hat seinen Ursprung in den Seitenhörnern des unteren Zervikal-, Thorakal- und oberen Lumbalmarks (→ Abb. 13) und wird von übergeordneten Zentren des ZNS gesteuert (limbisches System, Hypothalamus, Hirnstamm).

Die meisten sympathischen Nervenfasern werden in Ganglien beidseits neben der Wirbelsäule umgeschaltet. Da diese Ganglien strangförmig miteinander verbunden sind, werden sie auch als **sympathischer Grenzstrang** bezeichnet. Der Transmitter zwischen prä- und postganglionärem Neuron ist Azetylcholin, der Transmitter zwischen postganglionärem Neuron und Effektororgan fast immer Noradrenalin (→ Abb. 28).

Zum Sympathikus zählt darüber hinaus das Nebennierenmark. Hier enden präganglionäre Fasern, denn das Nebennierenmark entspricht einem sympathischen Ganglion und schüttet bei Sympathikusaktivierung Adrenalin und Noradrenalin aus (→ 7.3.3).

Parasympathikus

Die präganglionären Neurone des **Parasympathikus** stammen aus dem Hirnstamm und Sakralmark (→ Abb. 13).

vegetatives Nervensystem: Teil des Nervensystems zur unbewussten Steuerung von Körperfunktionen

Sympathikus: „leistungsfördernder" Teil des vegetativen Nervensystems mit Ursprung im Zervikal- bis Lumbalmark

Parasympathikus: „erholungsorientierter" Teil des vegetativen Nervensystems mit Ursprung in Hirnstamm und Sakralmark

Sympathikus: kämpfen oder fliehen?	
Puls:	schneller
Bronchien:	erweitert
Pupillen:	weit
Verdauungstätigkeit:	gering

Parasympathikus: ausruhen, essen und verdauen	
Puls:	langsamer
Bronchien:	verengt
Pupillen:	eng
Verdauungstätigkeit:	angeregt

Abb. 27 Sympathikus und Parasympathikus – funktionelle Gegenspieler

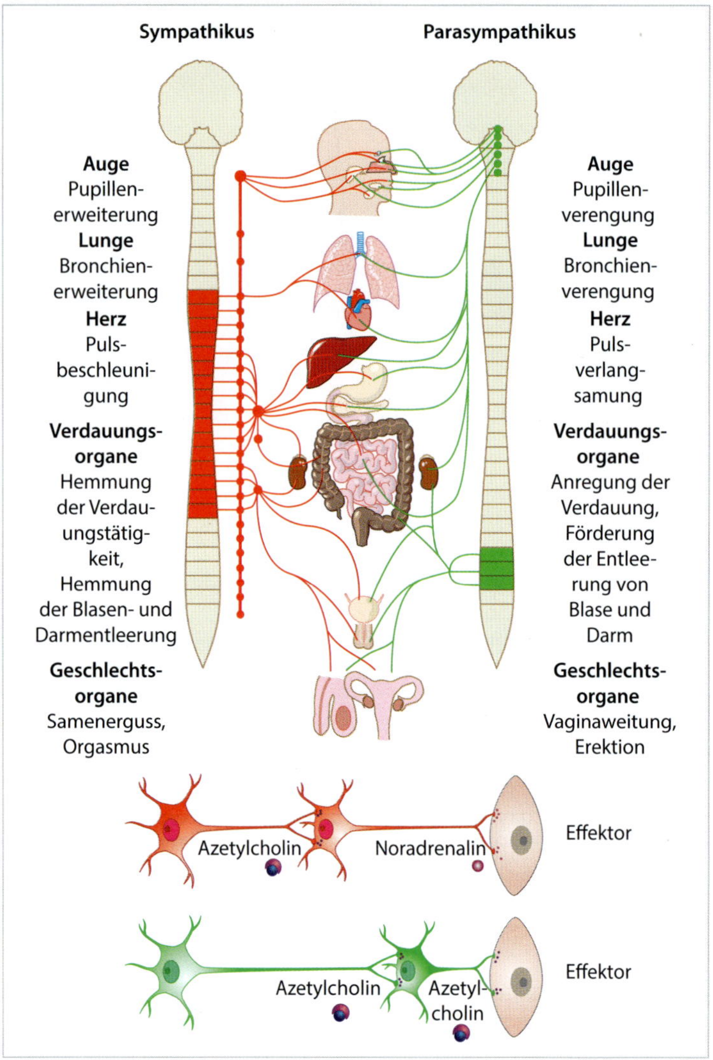

Abb. 28 Sympathikus und Parasympathikus

Reflex:
durch das Nervensystem vermittelte, unwillkürliche, schnelle und immer gleiche Reaktion des Organismus auf einen Reiz, z. B. zur Steuerung der Körperhaltung oder zum Schutz

Darmnervensystem:
enterisches Nervensystem; weitestgehend selbstständiger Teil des vegetativen Nervensystems, der über große Nervengeflechte in der Magen-Darm-Wand die Tätigkeit des Magen-Darm-Trakts steuert

Die Neurone mit Ursprung im Hirnstamm versorgen die inneren Augenmuskeln, die Tränen- und Speicheldrüsen und über den Nervus vagus den Großteil der inneren Organe. Die Neurone aus Zentren des Sakralmarks innervieren Genitalien, Harnblase und den größten Teil des Dickdarms.

Die präganglionären Parasympathikusfasern werden nahe der oder in den Erfolgsorganen umgeschaltet. Hauptüberträgerstoff ist Azetylcholin (→ Abb. 28).

Darmnervensystem

Das Darmnervensystem oder enterische Nervensystem wird wegen seiner Größe und seiner autonomen Funktion auch als „Bauchgehirn" bezeichnet. Es wird durch Sympathikus und Parasympathikus lediglich beeinflusst.

Mithilfe zweier großer Geflechte in der Wand des Magen-Darm-Trakts reguliert das Darmnervensystem sämtliche Verdauungsprozesse wie die Beweglichkeit der Verdauungsorgane und die Drüsensekretion.

5.5 Reflexe

REUS

Reflexe sind unwillkürlich ablaufende Bewegungen auf Reize. Sie sind somit (praktisch) nicht kontrollierbar und nicht willentlich steuerbar. Reflexe dienen vor allem der Steuerung von Körperfunktionen (z. B. Blasenentleerung, Muskelspannung, -länge, Körperhaltung) und dem Schutz (z. B. Lidschluss bei drohender Augenverletzung, Husten bei Fremdkörpern in den Atemwegen).

Reflexe können nach verschiedenen Kriterien eingeteilt werden, die sich teilweise überlappen, u. a.:

- nach Zahl der Synapsen in **mono- und polysynaptische Reflexe**
- nach Reiz- und Erfolgsorgan in **Eigen- und Fremdreflexe**
- nach Ort der Verschaltung im ZNS in **spinale Reflexe** (Rückenmarkreflexe) und **Hirnstammreflexe**
- nach beteiligten Organen/Systemen z. B. in **somatische und vegetative Reflexe**
- nach der Art des Erwerbs in die angeborenen **unbedingten Reflexe,** z. B. Niesen, Husten, und die erlernten **bedingten Reflexe.** Hier wird ein Reiz, der zu einer Reflexantwort führt, so lange mit einem neutralen Reiz verknüpft, bis auch der neutrale Reiz zu der Reflexantwort führt. Die **frühkindlichen Reflexe,** z. B. der Saug- und Greifreflex, können als Sonderform der angeborenen Reflexe gesehen werden. Sie sind bei der Geburt vorhanden, verschwinden aber während der weiteren Entwicklung.
- nach der Bedeutung in **physiologische** (normale) **und pathologische Reflexe** (krankhafte Reflexe)

Mono- und polysynaptische Reflexe

Monosynaptische Reflexe

Monosynaptische Reflexe sind die einfachsten Reflexe: Die eingehende Information wird nur über eine einzige Synapse mit der ausgehenden Information verknüpft.

Afferente Fasern leiten die Informationen des Sinnesrezeptors durch die Hinterwurzel ins Rückenmark. Im Bereich des Vorderhorns findet eine Verschaltung auf ein Motoneuron statt, dessen Axon die Reflexantwort unmittelbar auf den Effektor überträgt. Diese Reflexe sind extrem schnell. Beim Testen z.B. des **Patellarsehnenreflexes** (→ Abb. 29) wird durch Schlag mit dem Reflexhammer auf die Patellarsehne des M. quadriceps femoris (vierköpfiger Oberschenkelmuskel, → 3.3, Abb. 17) gedehnt. Die Information wird über afferente Fasern zum Rückenmark geleitet und direkt auf ein Motoneuron umgeschaltet. Der M. quadriceps femoris kontrahiert sich, deutlich sichtbar an einer Bewegung des Unterschenkels nach oben.

Monosynaptische Reflexe sind in der Regel Muskeldehnungsreflexe: Afferenzen aus Muskelspindeln, welche die Länge einer Muskelfaser messen, werden zum Rückenmark geleitet, wo sie auf ein Motoneuron umgeschaltet werden, das den gleichen Muskel versorgt. Die Dehnung des Muskels führt zu einer Zunahme der Impulse und wird mit einer Kontraktion des gedehnten Muskels beantwortet.

Da Akzeptor und Effektor im gleichen Organ liegen, heißen diese Reflexe auch **Eigenreflexe. Patellar-, Achilles- und Trizepssehnenreflex** sind solche Eigenreflexe.

Testen Sie den Patellarsehnenreflex an einem Mitschüler, der bequem mit überschlagenen Beinen dasitzt. Klopfen Sie nun mit der Handkante kurz und fest auf die Patellarsehne unterhalb der Kniescheibe des oben liegenden Beines.
Welche Reaktion beobachten Sie?
Vergleichen Sie die Ausprägung des Reflexes
a) verschiedener Personen miteinander
b) bei wiederholter Testung an derselben Person
Was stellen Sie fest?

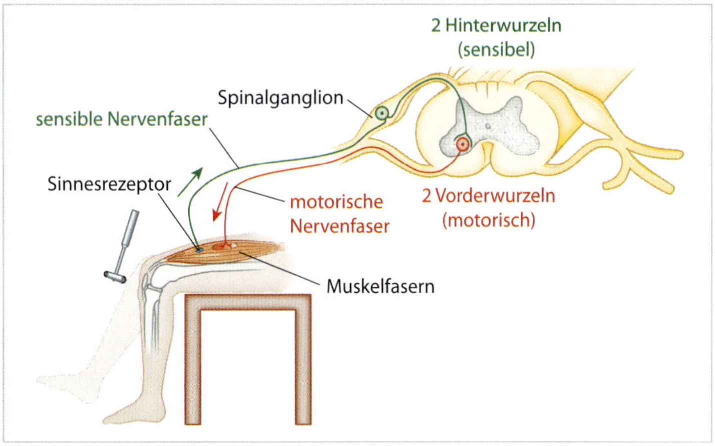

Abb. 29 Monosynaptischer Reflex (Eigenreflex) am Beispiel des Patellarsehnenreflexes

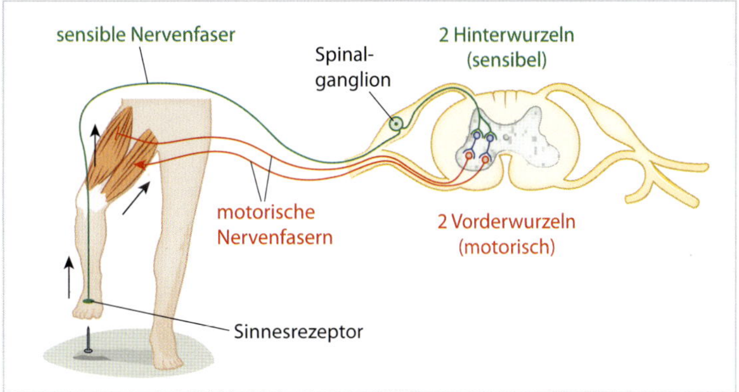

Abb. 30 Polysynaptischer Reflex (Fremdreflex) am Beispiel einer Beugereaktion nach Schmerzreiz

Polysynaptische Reflexe

Bei einem polysynaptischen Reflex sind mehrere Synapsen zwischengeschaltet (→ Abb. 30). Diese Reflexe dauern deutlich länger als monosynaptische Reflexe und sind viel variabler. Akzeptor und Effektor liegen nicht im gleichen Organ, es handelt sich um **Fremdreflexe.**

Beim **Lidschlussreflex** beispielsweise wird die Hornhaut gereizt. Die Information wird über afferente Fasern in den Hirnstamm weitergeleitet. Nach mehrfacher Umschaltung werden die efferenten Impulse über den Fazialisnerv zum Augenringmuskel geleitet, der für den Lidschluss verantwortlich ist, um das Auge vor Fremdeinflüssen zu schützen.

enterisch: zum Darm gehörend

monosynaptischer Reflex: Reflex mit nur einer synaptischen Verschaltung

polysynaptischer Reflex: Reflex mit mehreren Synapsen in der Verschaltung

Schmerz:
komplexe, unangenehme Sinneswahrnehmung und -empfindung mit Warnfunktion vor/bei Gewebsschädigung

Weltschmerzorganisation:
www.iasp-pain.org

Bei bis zu einem Drittel der Menschen kann der Niesreflex durch plötzliche Helligkeit ausgelöst werden. Die Helligkeit wird aus noch nicht genau geklärter Ursache vom Gehirn als Nasenschleimhautreizung gedeutet und mit Niesen beantwortet. Auslöser kann z. B. beim Autofahren das Herausfahren aus einem Tunnel in hellen Sonnenschein sein. Das Niesen ist nicht zu unterdrücken und kann durch das Schließen der Augen beim Autofahren gefährlich werden.

Nach einem Fahrradunfall untersucht der Neurologe in der Klinik den 16-jährigen Markus. Um Hinweise auf eine mögliche Hirnblutung zu erhalten, wird der Pupillenreflex als Fremdreflex getestet. Dabei wird jedes Auge getrennt einem Lichteinfall ausgesetzt. Bei Gesunden verengt sich sowohl die beleuchtete als auch die nichtbeleuchtete Pupille, da die Reaktion der Pupillen im Gehirn miteinander gekoppelt ist. Bei massiven Hirnschädigungen lässt sich dieser Reflex nicht mehr auslösen.

Testen Sie den Pupillenreflex aneinander.

Vegetative Reflexe

Bei vegetativen Reflexen handelt es sich um Reflexe mit Beteiligung des vegetativen Nervensystems (→ 5.4.2). Sie werden weiter unterteilt in:

- **viszero-viszerale Reflexe,** z. B. Blasenentleerungsreflex, Reflexe zur Blutdruckregulation
- **viszero-motorische Reflexe,** z. B. angespannte Bauchwandmuskulatur bei Appendizitis (Wurmfortsatzentzündung)
- **viszero-kutane Reflexe,** z. B. Hautrötung in einem bestimmten Hautgebiet bei Organentzündung
- **kuti-viszerale Reflexe,** z. B. der Genitalreflex

Head-Zone:
Hautgebiet, dessen Afferenzen in das gleiche Rückenmarksegment ziehen wie die des dazugehörenden inneren Organs

Informieren Sie sich, wann die Reizung der sogenannten Head-Zonen in der Medizin Anwendung findet.

5.6 Schmerz

REUS

Jeder kennt Schmerz. Doch trotz dieses Wissens ist es sehr schwierig, Schmerz umfassend und gleichzeitig kurz zu charakterisieren. Die Weltschmerzorganisation (International Association for the Study of Pain, IASP) definiert Schmerz als „ein unangenehmes Sinnes- und Gefühlserlebnis, das mit tatsächlichen oder drohenden Gewebeschädigungen verbunden ist oder mit Begriffen einer solchen Schädigung beschrieben wird" (Deutsche Schmerzgesellschaft 2024).

Schmerz gehört also zu den als unangenehm empfundenen Sinneseindrücken. Gleichzeitig ist das Schmerzempfinden aber überlebenswichtig, denn es warnt den Menschen vor noch stärkeren Schädigungen des Körpers.

Zum Thema Schmerz in Deutschland liegen u. a. folgende Daten vor (Deutsche Schmerzgesellschaft 2024, Deutsche Gesellschaft für Allgemeinmedizin 2023):

- Menschen mit chronischen Schmerzen in Deutschland: über 12 Millionen (etwa 17 %)
- durchschnittliche Dauer der Schmerzen: 7 Jahre; bei über 20 % mehr als 20 Jahre
- Dauer bis zur Behandlung: 2 Jahre für 50 % der Schmerzpatienten
- Behandlung beim Spezialisten: 10 % der Patienten
- häufigste Lokalisationen der nicht tumorbedingten Schmerzen: Rückenschmerzen 46 %, Knieschmerzen 16 %, Kopfschmerzen 15 %
- häufigste Ursachen von nicht tumorbedingten Schmerzen: Arthrose und Bandscheibenvorfälle

Viele Schüler leiden unter Kopfschmerzen

Mehrmals im Monat dröhnt der Kopf, Schmerztabletten sind nötig – an Schule ist kaum zu denken: Einer aktuellen Umfrage zufolge haben mehr als ein Viertel der Schüler chronische Kopfschmerzen.

Wer denkt, chronische Kopfschmerzen seien ein reines Erwachsenenproblem, liegt falsch. Denn wiederkehrendes Kopfweh ist laut einer Befragung bereits unter Schülern weit verbreitet – und trifft Mädchen deutlich häufiger als Jungen.

Experten des Deutschen Kinderschmerzzentrums an der Vestischen Kinder- und Jugendklinik in Datteln haben knapp 2300 Kinder und Jugendliche in städtischen Regionen in Nordrhein-Westfalen befragt. Diese gingen in die fünfte bis zehnte Klasse.
Die wichtigsten Ergebnisse:

- Rund 40 Prozent litten nach eigener Angabe an chronischen Schmerzen, insbesondere an chronischem Kopfschmerz. Chronisch heißt nach gängiger Definition, dass die Pein seit mindestens drei Monaten mindestens einmal im Monat auftritt.
- Über chronische Kopfschmerzen klagte mehr als jeder vierte Schüler (27 Prozent). Mädchen waren mit 35 Prozent viel häufiger betroffen als Jungen mit 18 Prozent.
- Unter den Schülern mit chronischen Kopfschmerzen erlebten 80 Prozent diese mindestens einmal pro Woche.
- Gut jeder Dritte mit wiederkehrendem Kopfschmerz verpasste deshalb auch Schulunterricht.
- Neben Kopfschmerzen haben die Kinder und Jugendlichen auch häufig von Muskel- und Gelenkschmerzen (20 Prozent) sowie Bauchschmerzen (18 Prozent) berichtet.

Dass Mädchen häufiger von Kopfschmerz betroffen sind, hat wohl ebenso biologische Gründe – etwa das Einsetzen der Menstruation – wie psychologische und emotionale. [...]
Gut drei Viertel der Kinder und Jugendlichen mit chronischem Kopfschmerz sagten, dass sie in den vergangenen drei Monaten Medikamente genommen hätten – und zwar im Durchschnitt an vier Tagen im Monat. In rund 13 Prozent der Fälle sogar an sieben Tagen. Mädchen greifen dabei laut der Studie häufiger zu Schmerzmitteln als Jungen. „Der hohe Medikamentenkonsum hat uns überrascht und ist alarmierend", sagt Studienleiterin Julia Wager. [...]
SPIEGEL Gesundheit unter www.spiegel.de; 07.06.2019

5.6.1 Schmerzentstehung

Bei einer (drohenden) Gewebeverletzung werden **Nozizeptoren** erregt, Schadensfühler, die fast überall im Körper vorhanden sind (→ Abb. 31). Auslöser können z. B. starke mechanische oder Temperaturreize sein, aber auch chemische Substanzen, wie sie z. B. bei einer Entzündung freigesetzt werden.

Die Impulse gelangen über afferente Nervenfasern zum Rückenmark und werden dort umgeschaltet. Wichtige erregende (also schmerzfördernde) Transmitter an diesen Synapsen sind Glutamat und Substanz P. Vom Rückenmark erfolgt die Weiterleitung zu Hirnstamm und Thalamus und nach erneuter Umschaltung zur Großhirnrinde – der Schmerz wird bewusst (→ Abb. 31).

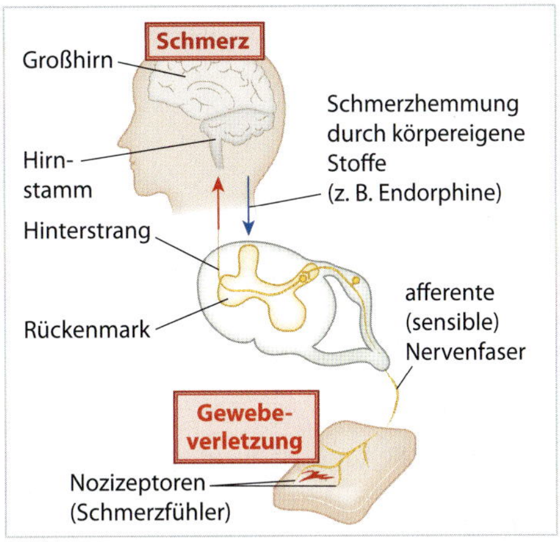

Abb. 31 Schmerzentstehung

Die Impulse erreichen zudem das limbische System (→ 5.2.2), das den Schmerz emotional bewertet (z. B. als harmlos oder beängstigend) und somit das Schmerzempfinden (→ 6.7.1) beeinflusst. Das Schmerzempfinden ist auch mit sozialen Faktoren verknüpft, etwa, wie im Umfeld mit Schmerz umgegangen oder auf Schmerz reagiert wird. Diese verschiedenen Dimensionen beschreibt das **biopsychosoziale Schmerzmodell** (→ Abb. 32).

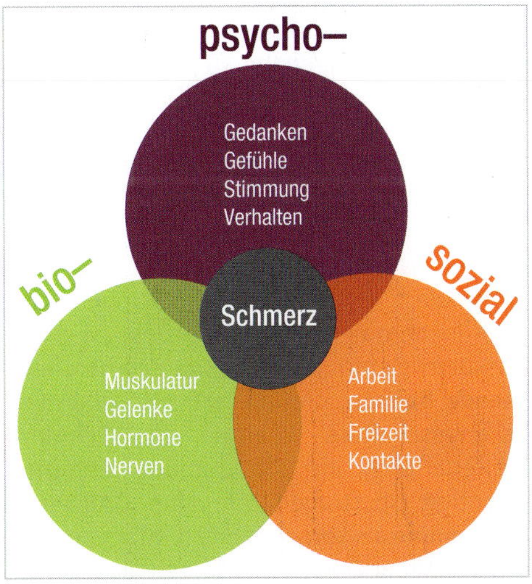

Abb. 32 Biopsychosoziales Schmerzmodell

Glutamat: wichtiger erregender Transmitter im ZNS

Substanz P: schmerzfördernder Transmitter, Entzündungsbotenstoff, von Nervenzellen und auch von Leukozyten gebildet

Nozizeptor: auf die Wahrnehmung von Gewebeschäden spezialisierter Rezeptor, fast überall im Körper vorkommend

Schmerz beeinflusst auch vegetative Zentren im Gehirn; Schmerz lässt z. B. Puls und Blutdruck steigen und den Appetit schwinden. Auch steigert die Reizung der Nozizeptoren durch die dabei freigesetzten Substanzen die Durchblutung im Gewebe und beeinflusst Abwehrzellen – ein Beispiel für die Verknüpfung von Nerven- und Immunsystem.

5.6.2 Modifikation der Schmerzentstehung und Schmerzgedächtnis

Die Schmerzleitung ist nicht unabänderlich. Anfangs vergleichsweise geringe Schmerzen können sich mit der Zeit steigern und umgekehrt sehr starke Schmerzen bei einer akuten Bedrohung kaum wahrgenommen werden.

Schmerzskala: Instrument zur Einschätzung der Schmerzintensität

Deutsche Schmerzliga e. V., Informationsbroschüren und Schmerzskala: *https://schmerzliga.de/broschueren*

Entzündungsmediatoren (→ 2.3.4) wie Prostaglandine führen in den Geweben zu einer erhöhten Empfindlichkeit der Nozizeptoren. Man spricht von **peripherer Sensibilisierung.**

Die an der Schmerzleitung beteiligten Synapsen in Rückenmark und höchstwahrscheinlich auch Gehirn sind veränderbar. Bei wiederholter Nutzung reagieren sie empfindlicher auf Schmerzreize. Diese **zentrale Sensibilisierung** kann zur Ausbildung eines **Schmerzgedächtnisses** führen. Mögliche Folge ist, dass der Schmerz weiterbesteht, obwohl die Gewebeschädigung längst vorbei ist. Dies kann zu einer **Chronifizierung von Schmerzen** führen. Neben dem Schmerzgedächtnis gibt es weitere Erklärungsmodelle hierfür (Deutsche Gesellschaft für Allgemeinmedizin 2023):

Schmerzgedächtnis: durch Schmerzerfahrungen bedingte Veränderungen des zentralen Nervensystems mit der Folge einer verstärkten Schmerzwahrnehmung/-empfindung

- **Lerntheorie:** Schmerzen können durch positive (andere kümmern sich rührend) oder negative (unangenehme Tätigkeiten müssen nicht erledigt werden) Verstärkung aufrechterhalten werden.
- **kognitiv-behavioraler Ansatz:** Das Gefühl, dem Schmerz hilflos ausgeliefert zu sein, begünstigt die Chronifizierung.

Umgekehrt verfügt der Körper auch über schmerzhemmende Mechanismen. Es gibt aus dem Gehirn **absteigende schmerzhemmende Bahnen,** die indirekt, also über zwischengeschaltete Neurone, die Schmerzweiterleitung im Rückenmark hemmen. Wichtige Überträgerstoffe sind **GABA** und **Endorphine** als körpereigene (endogene) Opioide, die über Opioidrezeptoren wirken.

GABA: Gamma-Aminobuttersäure; wichtiger hemmender Transmitter im ZNS

Endorphine: „endogene Morphine"; Gruppe von im ZNS gebildeten Peptiden, die in Gehirn, Rückenmark und Verdauungssystem vorkommen und an Opioidrezeptoren binden; hemmen Schmerzwahrnehmung und sind am Empfinden positiver Gefühle bei Sport, Essen und Drogenkonsum beteiligt

Nennen Sie Beispiele für Situationen, in denen der Körper Endorphine als „körpereigenes Schmerzmittel" ausschüttet.

5.6.3 Schmerzdiagnostik und -therapie

Schmerz kann unterschiedliche Qualitäten aufweisen, wie hell, stechend, brennend, dumpf. Diese Beschreibung ermöglicht zusammen mit Begleiterscheinungen und Auslösern der Schmerzen eine Eingrenzung der Ursache, falls diese nicht offensichtlich ist.

Bei der Einschätzung der Schmerzstärke haben sich Schmerzskalen als hilfreich erwiesen. Bei Jugendlichen und Erwachsenen bedient man sich oft **numerischer Schmerzskalen** (→ I-12.3.2, Abb. 10). Der Betroffene soll seine Schmerzen beispielsweise auf einer Skala von 0 bis 10 einordnen. 0 bedeutet Schmerzfreiheit, 10 den stärksten vorstellbaren Schmerz. Dauern Schmerzen länger als 3 Monate an, spricht man von **chronischen Schmerzen.**

Bei der Behandlung wird falls irgend möglich die Schmerzursache beseitigt. Es kann aber sein, dass die Schmerzen weiterbestehen, bis die Gewebeschädigung abgeklungen ist, oder die Schmerzursache nicht beseitigt werden kann. Dann ist eine **Schmerztherapie** erforderlich.

Bei **akuten Schmerzen** mit absehbar kurzer Dauer, etwa nach einer Operation, steht die Gabe von Schmerzmitteln (Analgetika) im Vordergrund. Das WHO-Stufenschema gilt als Standard der medikamentösen Schmerztherapie (Pschyrembel 2017). Bei **chronischen Schmerzen** erfolgt die Therapie gemäß der S1-Leitlinie Chronischer nicht tumorbedingter Schmerz (Deutsche Gesellschaft für Allgemeinmedizin 2023). Die Therapie orientiert sich am biopsychosozialen Schmerzmodell (→ Abb. 32) und verfolgt unterschiedliche Ansätze. Dabei wird den nicht medikamentösen Maßnahmen und dem Selbstmanagement ein hoher Stellenwert gegeben. Bei allen Schmerzmitteln besteht bei längerem Gebrauch die Gefahr der Toleranzentwicklung und Abhängigkeit.

Beschreiben Sie verschiedene eigene Schmerzerfahrungen. Gewichten Sie die Faktoren des biopsychosozialen Schmerzmodells bei den jeweiligen Erfahrungen.

5.7 Schlaf und Rhythmik

REUS

5.7.1 Schlaf

Schlaf ist für den Menschen lebensnotwendig. Sieht man von (jüngeren) Säuglingen ab, so wechseln Schlaf- und Wachphasen sich innerhalb von 24 Stunden normalerweise in einem meist regelmäßigen Rhythmus ab. Tags ist der Mensch ganz überwiegend wach, nachts schläft er mehrere Stunden „am Stück".

Schlafdauer

Das **Schlafbedürfnis** eines Menschen ist unterschiedlich, abhängig u.a. von genetischen Faktoren, Alter, Geschlecht und Aktivität über den Tag. Der durchschnittliche Schlafbedarf eines Erwachsenen beträgt 7 bis 8 Stunden, wobei 5 bis 10 Stunden als normal gelten. Beispielsweise soll Napoleon mit 4 Stunden pro Nacht ausgekommen sein, Albert Einstein hingegen 14 Stunden pro Tag geschlafen haben. Neugeborene haben einen Schlafbedarf von etwa 18 Stunden täglich, ältere Säuglinge von ca. 14 Stunden.

Neben dem „wie lange" ist auch das „wann" unterschiedlich: Der **Morgentyp** (die Lerche) begrüßt den Tag ganz früh, sein Gegenstück, der **Abendtyp** (die Eule), beginnt den Tag am liebsten mehrere Stunden später, ist aber auch abends wesentlich länger munter. Die meisten Menschen sind allerdings **Mischtypen.** Zu welchem Typ man gehört, ist zu einem Großteil genetisch bedingt. Auch das Alter spielt eine Rolle: Kleinkinder sind ausgesprochen früh wach, bei Jugendlichen verschiebt sich der Rhythmus nach hinten und im Alter mehr nach vorne.

Der **Schlaf-Wach-Rhythmus** ist als eine unserer „inneren Uhren" im Gehirn verankert und gehört zu den zirkadianen Rhythmen (→ 5.7.2). Durch äußere Zeitgeber wird er auf etwa 24 Stunden „eingestellt" und mit dem Tag-Nacht-Rhythmus synchronisiert. Maßgeblich daran beteiligt ist das Hormon Melatonin, das schlaffördernd wirkt. Durch Licht wird die Melatoninbildung in der Epiphyse unterdrückt, bei Dunkelheit steigt sie (→ 7.1.1).

Im Internet gibt es mehrere Selbsttests zu den Schlaftypen. Probieren Sie zwei oder drei Tests. Welcher Typ sind Sie? Kommt immer das gleiche heraus?

Schlafphasen

Schlaf ist nicht gleich Schlaf. Jede Nacht wiederholen sich verschiedene Schlafphasen. Diese werden in REM-Schlaf (rapid eye movement) und Non-REM-Schlaf unterteilt (→ Abb. 33).

- Während des **REM-Schlafs** steigen Puls, Blutdruck und Atemfrequenz, die Motorik der Muskulatur wird gehemmt. Die Augen bewegen sich sehr schnell, die Gehirntätigkeit ist etwa so stark wie bei einem wachen Menschen. Da in dieser Phase geweckte Menschen über lebhafte Träume berichten, wird sie auch als „Traumphase" bezeichnet. Dabei wird Erlebtes verarbeitet und Informationen werden im Langzeitgedächtnis gespeichert.
- Im **Non-REM-Schlaf** verlangsamen sich vegetative Funktionen und Gehirnaktivität, die Muskelanspannung lässt nach und die Augenbewegungen nehmen ab. Träume sind seltener, meist logischer und mit realeren Inhalten. Der Non-REM-Schlaf wird nochmals unterteilt in:
  - Stadium 1: Einschlafphase
  - Stadium 2: Leichtschlaf
  - Stadium 3: mittlere Schlaftiefe
  - Stadium 4: Tiefschlaf

Die Phasen werden im Laufe der Nacht mehrfach in sog. **Schlafzyklen** durchlaufen (→ Abb. 33), wobei der Tiefschlaf gegen Morgen weniger wird.

Schlafhygiene

Ein gesunder Schlaf ist für die körperliche und geistige Leistungsfähigkeit wichtig. Länger

Schlaf:
lebensnotwendige Ruhephase mit verschiedenen Phasen, die durch typische Änderungen von Gehirnaktivität und vegetativen Funktionen gekennzeichnet sind

REM-Schlaf:
von rapid eye movement; Schlafphase mit verstärkter Gehirnaktivität und schnellen Augenbewegungen; oft von Träumen begleitet

Non-REM-Schlaf:
Schlafphasen mit Verlangsamung der vegetativen Funktionen und der Gehirnaktivität

Melatonin:
in den Nachtstunden in der Epiphyse gebildetes Hormon; steuert den Tag-Nacht-Rhythmus, bewirkt Müdigkeit

Epiphyse:
Zirbeldrüse; steht über den Hypothalamus mit der Retina in Verbindung, setzt das Hormon Melatonin licht- und tageszeitabhängig frei

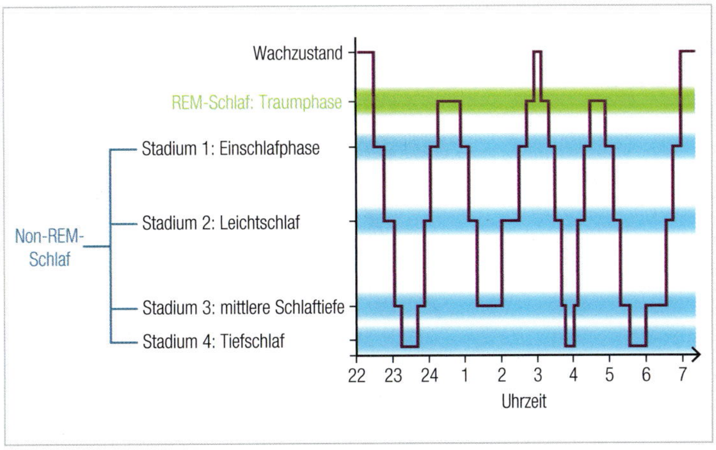

Abb. 33 Physiologischer Schlaf im Laufe einer Nacht

dauernder Schlafmangel führt zu psychischen und körperlichen Problemen. Gleichzeitig verschlechtern Stress und viele Erkrankungen den Schlaf und sind dadurch noch schwerer zu bewältigen.

Ein- und Durchschlafstörungen sind häufig: In der DEGS-Studie des Robert Koch-Instituts hat ungefähr ein Drittel der deutschen Erwachsenen über Schlafstörungen in den letzten vier Wochen berichtet (Schluck u. a. 2013). In einer solchen Situation soll zunächst nach der Ursache gesucht und das Schlafumfeld optimiert werden, bevor Medikamente zum Einsatz kommen. Alle Verhaltensweisen zur Verbesserung des Schlafs werden zusammenfassend als **Schlafhygiene** bezeichnet. Dazu gehören z. B.:

Schlafhygiene: Verhaltensweisen zur Verbesserung des Schlafs

- im Bett ausschließlich schlafen, nicht lesen, lernen oder fernsehen
- vor dem Schlafengehen entspannen
- geistige Aktivitäten nicht direkt vor dem Schlafen ausführen
- sportliche Aktivitäten eher am Nachmittag/frühen Abend durchführen
- vor dem Schlafengehen eher leichte Mahlzeiten zu sich nehmen
- koffeinhaltige Getränke ab dem Nachmittag meiden, bei älteren Menschen allerdings kann Koffein manchmal ermüdend wirken
- regelmäßige Schlafenszeiten einhalten
- Raumtemperatur auf 14 bis 18 °C einstellen
- Schlafraum gut abdunkeln
- Lärm verbannen, ggf. durch Ohrschutz
- persönlich angepasste Matratze wählen
- auf die innere Uhr achten

Notieren Sie eine Woche den eigenen Schlafrhythmus mit Aktivitäten vor dem Schlafengehen, Schlafdauer und Befinden nach dem Aufstehen/über den Tag. Können Sie Zusammenhänge feststellen?

Smartphones oder Tablets am Bett – Gefahr für einen gesunden Schlaf? Wer kurz vor dem Einschlafen noch schnell Nachrichten und Mails checken will, schadet wahrscheinlich seinem Schlaf. Nicht nur, dass die Gedanken evtl. wieder um Tagesprobleme kreisen, auch das Licht des Smartphones, insbesondere der Blauanteil, ist problematisch. Er signalisiert dem Gehirn „Tag", die Melatoninproduktion vermindert sich, „Herunterfahren" des Organismus und Schlaf werden gestört.

5.7.2 Zirkadiane Rhythmen

zirkadianer Rhythmus: körpereigener Rhythmus mit einer Dauer von etwa einem Tag

Alle Rhythmen mit einem Zyklus von etwa 24 Stunden heißen **zirkadiane Rhythmen** (→ Abb. 34). Bei Menschen wird diese Rhythmik durch den Tag-Nacht-Wechsel und soziale Einflüsse wie beispielsweise Arbeitszeiten bestimmt und synchronisiert.

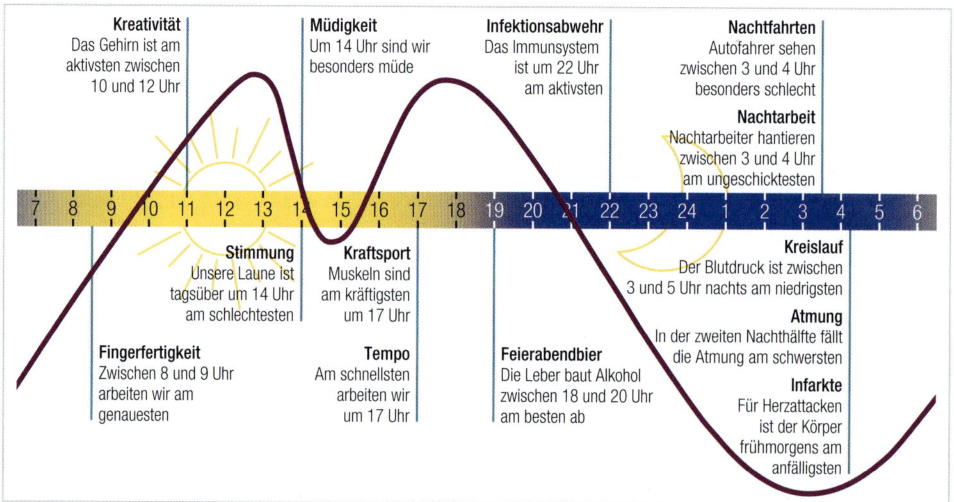

Abb. 34 Einfluss der zirkadianen Rhythmik auf Aktivitäten und Körperfunktionen (Zulley o. J.)

Versuchen Sie, eine Woche nach der zirkadianen Rhythmik optimiert zu leben, und notieren Sie Befinden und Erfolg.

Schichtarbeit

Bei Schichtarbeit, die beispielsweise im Gesundheitswesen unumgänglich ist (→ I-7.2.4), wird der Schlafrhythmus durcheinandergewirbelt. Schichtarbeit kann nicht nur zu Schlafstörungen, psychischen Störungen wie Nervosität, Kopfschmerzen oder Erschöpfungssyndromen führen, sondern erhöht auch das Risiko für körperliche Erkrankungen wie etwa Herz-Kreislauf-Erkrankungen oder Magen-Darm-Störungen. Hinzu kommt eine eingeschränkte Lebensqualität, da je nach Schicht z. B. Freizeitaktivitäten nicht mit dem Umfeld zu koordinieren sind.

Ein schnell rollierender Schichtplan soll gesundheitlich besser sein als langsamere Wechsel, und der Wechsel sollte von Früh- über Spät- zur Nachtschicht erfolgen. In die Nachtschicht sollten möglichst wenige Aufgaben gelegt werden, die hohe Konzentration erfordern. Vom gesundheitlichen Standpunkt betrachtet wäre außerdem ein Freizeitzuschlag mit freien Tagen im Block besser als ein finanzieller Nachtdienstzuschlag.

Jetlag

Jetlag: Störung des Schlaf-Wach-Rhythmus nach Langstreckenflügen über mehrere Zeitzonen

Bei Langstreckenflügen über mehrere Zeitzonen kommt es zu einer Verschiebung des zirkadianen Rhythmus. Hell und Dunkel passen (zunächst) nicht mehr zur inneren Uhr. Die daraus resultierende Störung des Schlaf-Wach-Rhythmus heißt Jetlag (→ Abb. 35).

Einen Jetlag durch eine Urlaubsreise kann der Organismus nach einigen Tagen Ruhe gut kompensieren. Kleine Kinder, die noch nicht so einen ausgeprägten Tag-Nacht-Rhythmus haben, gut erholte Menschen und Menschen mit nicht extrem strukturiertem Tagesablauf überwinden einen Jetlag leichter. Bei Vielfliegern wie etwa Flugpersonal kann der Jetlag hingegen zu ernsthaften Störungen führen.

Empfehlenswert ist meist, den eigenen Rhythmus schon vor der Abreise ein bisschen zu verschieben, nach Ankunft sofort dem neuen Rhythmus anzupassen, viel Zeit draußen zu verbringen (Sonnenlicht als Taktgeber) und sich in den ersten Tagen nicht stark zu belasten. Eiweißreiche Kost kann das Wachbleiben und Kohlenhydratzufuhr das Ermüden unterstützen. Die Einnahme von Melatonin ist umstritten.

In der Pubertät ändert sich vieles – auch die zirkadianen Rhythmen. Während bei Kindern und älteren Erwachsenen die inneren Uhren so eingestellt sind, dass es durch die Ausschüttung von Melatonin zu einer verstärkten Müdigkeit am Abend zwischen 20 und 21 Uhr kommt, verschieben sich diese Zeiten während der Pubertät auf 22 oder 23 Uhr. Das spätere Schlafengehen von Teenagern sollte daher idealerweise mit einem späteren Aufstehen am Morgen einhergehen, damit die Jugendlichen auf die in dieser Lebensphase notwendigen 9 bis 10 Stunden Schlaf kommen können. Aus verschiedenen Gründen ist dies für die meisten Teenager kaum realisierbar – angefangen mit dem frühen Schulunterrichtsbeginn (Medichron Publications o. J.).

Informieren Sie sich unter www.chronobiology.com/de über den noch jungen Wissenschaftszweig der Chronobiologie und die vielfältigen Auswirkungen zirkadianer Rhythmen auf unsere Gesundheit.

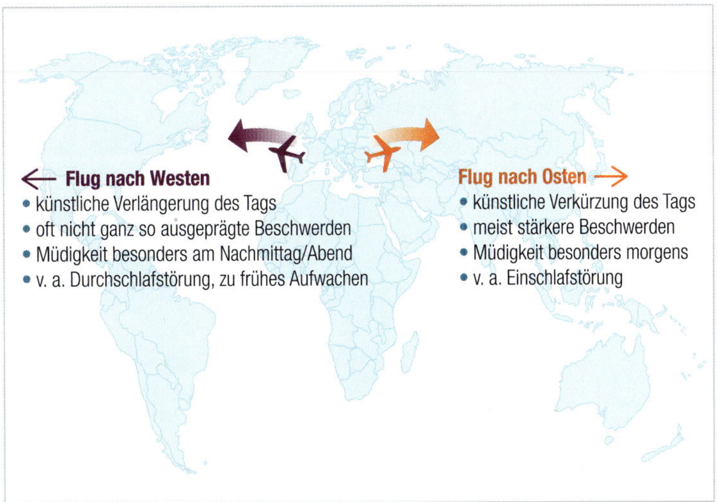

Abb. 35 Flugrichtung und Jetlag

5.8 Psyche und psychische Funktionen

REUS

Psyche:
Seele; Gesamtheit aller geistigen Eigenschaften, Emotionen und Persönlichkeitsmerkmale eines Menschen; Grundlage für Bewusstsein und Selbstwahrnehmung eines Individuums

Physis:
Körper, körperliche Beschaffenheit

Als Psyche bezeichnet man den Teil des Nervensystems, der sich mit den subjektiven Phänomenen des Denkens und Fühlens befasst und von den körperlichen Funktionen des Nervensystems (neurologische und vegetative Funktionen) abgrenzen lässt. Die Funktionen der Psyche zählen zu den höheren Leistungen des Gehirns und bilden die Grundlage für Bewusstsein und Selbstwahrnehmung eines Individuums sowie seine kognitiven Leistungen und Persönlichkeitsmerkmale.

Davon unterschieden wird die **Physis,** die alle körperlichen Vorgänge beschreibt. Mit den Wechselwirkungen von körperlichen und psy-

Tab. 1 Psychische Funktionen – Überblick

Grundfunktion	Merkmale/Beispiele	Normaler Zustand	Beispiele für einen krankhaften Zustand
Bewusstsein	Wissen um die eigene Person, um die Grenzen zu anderen und zur Umwelt. Umfasst auch Wachheit, Orientierung, Denken etc.	Ein gesunder Mensch weiß, wer er ist, wo er sich befindet und weshalb und welche Zeit es ist. Er ist wach oder, wenn er schläft, erweckbar.	• Eine verwirrte Frau hält ihre eigene Tochter für ihre Schwester und sagt, sie sei doch noch gar nicht so alt, dass sie eine so alte Tochter haben könne. • Ein Komapatient ist selbst durch Schmerzreize nicht weckbar.
Wahrnehmung	Aufnahme, Verarbeitung und Interpretation von Sinneseindrücken, sowohl aus dem eigenen Körper als auch aus der Umgebung	Man bemerkt z. B., wenn jemand mit einem Pinsel über die Haut fährt oder kann ein Brummen korrekt als das Betriebsgeräusch des Kühlschranks interpretieren.	• Illusion (Sinnestäuschung, Verkennung): Im Halbdunkel hält eine Frau den wehenden Vorhang für einen Einbrecher. • Halluzination (Trugwahrnehmung): Ein Mann hört Stimmen in einem absolut ruhigen Raum.
Emotionen: • Affekt: kurz, heftig • Gefühl: länger, mittelstark • Stimmung: lange, schwach	• Affekt: z. B. Panik • Gefühl: z. B. Angst, Freude, Trauer, Wut • Stimmung: ausgeglichene, niedergedrückte Stimmung	Die Gefühle passen nach Art und Stärke zur Situation, z. B. Angst vor einem alleinlaufenden, großen zähnefletschenden Hund.	Die Gefühle sind entweder der Art oder Intensität nach der Situation nicht angemessen. z. B. große Angst vor einer kleinen Spinne oder Wutausbruch anlässlich einer Kleinigkeit.
Antrieb	innere Kraft/Initiative zu einer zielgerichteten Tätigkeit	Man geht in ein Geschäft und kauft dort ein Geburtstagsgeschenk.	Antriebssteigerung ist durch Unruhe, Rastlosigkeit und umtriebiges, aber wenig/nicht zielgerichtetes Tun gekennzeichnet. Menschen mit Antriebsarmut können sich „zu nichts aufraffen".
Aufmerksamkeit, Konzentration	Fähigkeit, sich einer bestimmten Sache zuzuwenden und eine gewisse Zeit dabei zu bleiben	Ein gesunder Mensch ist in der Lage, in lebhafter Umgebung einen Fragebogen auszufüllen.	Ein Mensch ist nicht in der Lage, eine Aufgabe zu Ende zu bringen, z. B. bringt ein Schüler keine Arbeitsaufgabe zu Ende.
Gedächtnis	Fähigkeit, sich Ereignisse, Personen, Gegenstände etc. zu merken und sich daran zu erinnern. Voraussetzung für Lernen	Man erinnert sich, wo man am Vorabend die Kleidung abgelegt hat oder wer die Person ist, die einem gegenübersteht.	Eine Patientin hat vor einer halben Stunde gefrühstückt, erinnert sich aber nicht mehr daran und fragt, wann es denn endlich Frühstück gebe.
Denken	Fähigkeit, Vorstellungen, Erinnerungen und Informationen zu verarbeiten und daraus neue Erkenntnisse zu gewinnen oder Probleme zu lösen	Die Gedankengänge sind logisch, nachvollziehbar und laufen in „normaler" Geschwindigkeit ab.	Das Denken ist verlangsamt, umständlich, zusammenhanglos oder konzentriert sich nur auf ein Thema. Auch der Wahn ist eine Denkstörung: Ein Mann glaubt, dass alle Autofahrer, die hinter ihm auf der Straße fahren, ihn beschatten und herausbekommen wollen, wo er wohnt.

chischen Vorgängen befasst sich die **Psychosomatik.** Sie betrachtet den Menschen in seiner Gesamtheit und untersucht den Einfluss der Psyche bzw. psychosozialer Belastungen auf die Entstehung von körperlichen Erkrankungen. Ihr Gegenstück, die **Somatopsychologie,** erforscht den Einfluss körperlicher Erkrankungen auf die Entstehung psychischer Störungen.

5.8.1 Psychische Funktionen – Überblick

Psychische Funktionen stellen einen Teilleistungsbereich des Nervensystems dar und umfassen die Manifestation psychischer und geistiger Phänomene wie Wahrnehmung, Erleben oder Gedächtnis. Einen Überblick über die wichtigsten psychischen Funktionen gibt → Tab. 1.

5.8.2 Lernen und Gedächtnis

Unter Lernen versteht man den Erwerb von Fähigkeiten und Wissen. Das können z. B. Radfahren oder Vokabeln sein, aber auch die Fähigkeit, unangenehme Situationen auszuhalten oder Wunscherfüllungen aufzuschieben.

Lerntheorien beleuchten Lernen aus psychologischer Sicht: was ist die Motivation zu lernen, welche Arten zu lernen gibt es?

In diesem Kapitel werden die **neurobiologischen Grundlagen** von Lernen und Gedächtnis dargestellt.

Implizites und explizites Gedächtnis

Nach qualitativem Aspekt wird zwischen dem impliziten und dem expliziten Gedächtnis unterschieden.

Implizites Gedächtnis

Beim impliziten Gedächtnis (nicht-deklarativen, prozeduralen Gedächtnis) handelt es sich um das „Verhaltensgedächtnis", das sich auf Erleben und Verhalten des Menschen auswirkt, ohne dabei ins Bewusstsein zu treten. Lernt z. B. ein Kind das Fahrradfahren, wird dies im impliziten Gedächtnis abgespeichert und nie wieder verlernt. Zum impliziten Gedächtnis gehören auch das durch **klassische Konditionierung** (→ I-3.5.4) erworbene Verhalten.

Am impliziten Gedächtnis sind vor allem die Amygdala des limbischen Systems, die zum extrapyramidalen System gehörenden Basalganglien, das Kleinhirn und die motorische/sensorische Großhirnrinde beteiligt.

Explizites Gedächtnis

Das explizite Gedächtnis (deklaratives Gedächtnis) ist als „Wissensgedächtnis" der bewusste Teil des Gedächtnisses, in dem Fakten, persönliche Erfahrungen und Ereignisse gespeichert werden. Diese müssen mit Aufmerksamkeit aufgenommen werden, um im Gedächtnis verankert zu werden. Dabei wird noch einmal differenziert zwischen

- dem **episodischen Gedächtnis,** Speicherung von Ereignissen, persönlichen Erlebnissen,
- und dem **semantischen Gedächtnis,** Faktenwissen.

Beim expliziten Gedächtnis sind die medialen Anteile der Schläfenlappen mit dem Hippocampus, andere Teile des limbischen Systems und die Assoziationsfelder der Großhirnrinde von großer Bedeutung.

> Bei der Erwähnung des letzten Sommerurlaubs in Bayern kommen Erinnerungen an die Aktivitäten dort, an die Urlaubsstimmung und an Gespräche mit anderen Menschen ins Bewusstsein (episodisches Gedächtnis). Ebenso ist verankertes Faktenwissen abrufbar, etwa dass Bayern im Süden Deutschlands liegt und dass die Hauptstadt München heißt (semantisches Gedächtnis).

Sensorisches, Kurz- und Langzeitgedächtnis

Nach zeitlichem Gesichtspunkt wird meist in sensorisches, Kurz- und Langzeitgedächtnis gegliedert.

Über die Sinnesorgane aufgenommene Informationen werden zuerst im **sensorischen Gedächtnis** (Ultrakurzzeitgedächtnis) gespeichert (< 1 Sekunde Speicherzeit). Als nicht relevant erachtete Eindrücke werden sofort wieder gelöscht bzw. überschrieben. Nächste Stufe ist das **Kurzzeitgedächtnis** mit einer Speicherzeit von Sekunden bis Minuten.

Psychosomatik: ganzheitliche Betrachtungsweise und Krankheitslehre, die sich mit dem Einfluss der Psyche auf den Körper (Soma) beschäftigt

Somatopsychologie: Konzept, das sich mit dem Einfluss körperlicher Erkrankungen auf die Psyche eines Individuums befasst; Gegenstück zur Psychosomatik

Gedächtnis: Fähigkeit, Informationen jeglicher Art (z. B. Wahrnehmungen, Fertigkeiten, Wissen) zu speichern und bei Bedarf abzurufen

I-3.5.4 Lerntheorien und Gesundheitsverhalten

implizites Gedächtnis: „Verhaltensgedächtnis"; tritt nicht ins Bewusstsein (Kind lernt, Fahrrad zu fahren)

explizites Gedächtnis: „Wissensgedächtnis"; bewusster Teil des Gedächtnisses, speichert Fakten, Erfahrungen, Ereignisse

sensorisches Gedächtnis: Ultrakurzzeitgedächtnis; Fähigkeit des Gehirns zur sofortigen Verarbeitung von Sinnesreizen

Kurzzeitgedächtnis: Fähigkeit des Gehirns zur kurzfristigen Informationsspeicherung (bis zu 60 Sekunden)

Langzeitgedächtnis: Fähigkeit des Gehirns zur langfristigen Informationsspeicherung

Neuroplastizität:
Eigenschaft von Synapsen und Nervenzellen, sich nutzungsabhängig und zur Optimierung von Abläufen in ihrer Anatomie und Funktion zu verändern

Langzeitpotenzierung:
zellulärer Mechanismus, bei dem durch einen Lernvorgang, also das Benutzen einer Synapse, die synaptische Erregbarkeit langanhaltend verstärkt wird

Durch häufiges Üben gelangen die Informationen schließlich in das **Langzeitgedächtnis,** das nochmals in sekundäres und tertiäres Gedächtnis unterteilt wird.

Durch die Verknüpfung kognitiver Lernvorgänge mit Emotionen kann der Lernerfolg verbessert werden.

1. *Vergleichen Sie die Lernfortschritte, die Sie bei vergleichbarem zeitlichen Aufwand in folgenden Fällen erreichen können:*
   a) in einem Schulfach, das Ihnen keinen Spaß macht
   b) in einem Schulfach, das Sie mögen
   c) bei einem Hobby

2. *Merken Sie sich zehn vorgelesene Wörter. Wiederholen Sie diese sofort, nach zehn Minuten und nach einer halben Stunde, nachdem Sie sich mit etwas anderem beschäftigt haben. Machen Sie sich klar, welcher Teil des Gedächtnisses für welche Merkleistung jeweils verantwortlich ist, und vergleichen Sie.*

Neurobiologische Grundlagen der Informationsspeicherung

Als neurobiologische Grundlage kurzzeitiger Informationsspeicherung gelten vorübergehende kreisende Erregungen in Neuronenverbänden.

Für eine längere Speicherung bedarf es aber anderer Mechanismen. Nach heutigem Wissen können sich Synapsen je nach Intensität ihrer Nutzung verändern, sodass die Übertragung gehemmt oder verbessert wird. Man spricht von **plastischen Synapsen** oder allgemein **Neuroplastizität.**

Ein Vorgang, dem beim Gedächtnis große Bedeutung beigemessen wird, ist die **Langzeitpotenzierung.** Dabei spielen der Transmitter Glutamat und dessen **AMPA-Rezeptoren** (Aminomethylphosphonsäure) und **NMDA-Rezeptoren** (N-Methly-D-Aspartat) eine große Rolle.

Wird präsynaptisch Glutamat ausgeschüttet, so bindet dies bei niedriger Aktionspotenzialfrequenz an AMPA-Rezeptoren. Der Natriumionenkanal geht auf und die Membran wird depolarisiert (EPSP, → Abb. 10, → 5.1.4).

Bei einer hohen Frequenz an eingehenden Aktionspotenzialen wird die postsynaptische Membran stärker depolarisiert. Dadurch werden blockierende Magnesiumionen von NMDA-Rezeptoren entfernt, die NMDA-Rezeptoren öffnen sich, Natrium- und Kalziumionen strömen im Symport ins Zellinnere. Die Natriumionen verstärken die postsynaptische Depolarisation. Die Kalziumionen aktivieren Enzyme (Kinasen), welche die AMPA-Rezeptoren phosphorylieren, sodass deren Leitfähigkeit für Natriumionen noch erhöht und die postsynaptische Antwort verstärkt wird (→ Abb. 36). Außerdem wird ein Botenstoff gebildet, der die präsynaptische Glutamat-

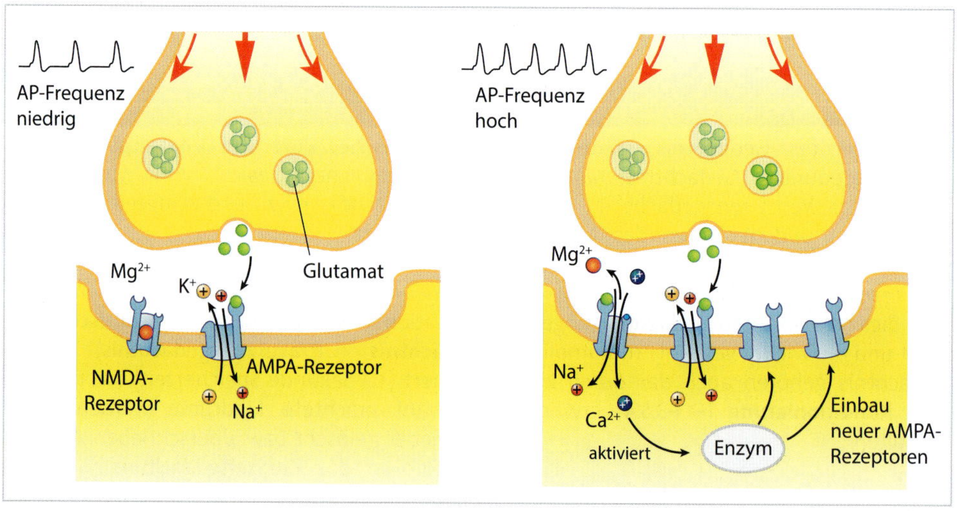

Abb. 36 **Langzeitpotenzierung als neurobiologische Grundlage der Informationsspeicherung**

freisetzung erhöht, was den ganzen Vorgang wiederum stimuliert.

Außerdem wird ein längerfristiger Effekt in Gang gesetzt: Die Aktivierung anderer Enzyme führt zur Bildung von CREB (cAMP-response element-binding protein). Dieses steigert die Herstellung neuer Strukturproteine für AMPA-Rezeptoren, neue Rezeptoren werden in die Membran eingebaut (→ Abb. 36) und als Folge verändert sich das Verhalten der Zelle über einen längeren Zeitraum.

AUFGABEN

1. *Erklären Sie die Reiz-Reaktions-Kette bezogen auf eine Tätigkeit im Alltag.*
2. *Beschreiben Sie die Organisation des Nervensystems.*
3. *Skizzieren und beschriften Sie ein Neuron und geben Sie die Hauptaufgaben der einzelnen Bestandteile an.*
4. *Erstellen Sie eine Tabelle zu den verschiedenen Gliazellen hinsichtlich Aufbau, Vorkommen und Funktionen.*
5. *a) Beschreiben Sie das Zustandekommen eines Ruhemembranpotenzials.*
   b) Erklären Sie, was passieren würde, wenn man einen Nerv in eine stark kaliumionenhaltige Lösung legte.
6. *Beschreiben Sie das Zustandekommen der Refraktärzeit und begründen Sie deren Bedeutung für den Organismus.*
7. *Skizzieren Sie ein Aktionspotenzial und zeichnen Sie dort die Leitfähigkeit für einzelne Ionen ein.*
8. *Erklären Sie den Unterschied zwischen der saltatorischen und kontinuierlichen Weiterleitung und begründen Sie, warum beim Menschen die saltatorische Weiterleitung sinnvoll ist.*
9. *Beschreiben Sie den Weg der afferenten und efferenten Erregungsleitung und der beteiligten Hirnstrukturen für folgende Beispiele:*
   a) Sie stellen Juckreiz am linken Arm fest und kratzen sich daraufhin.
   b) Sie hören ein lautes Geräusch und drehen sich auf der Suche nach der Quelle um.
10. *Lokalanästhetika sind Medikamente, die an einer bestimmten Stelle im Körper injiziert werden und dort zu einer Schmerzunempfindlichkeit führen. Sie hemmen reversibel die spannungsgesteuerten Natrium-Ionenkanäle. Erklären Sie deren Wirkungsweise, wenn z. B. nach einer Schnittverletzung Haut genäht werden muss.*
11. *Nennen und erläutern Sie die Formen der Verrechnung an Synapsen.*
12. *Nennen Sie die anatomischen Abschnitte des Gehirns und deren jeweilige Funktionen.*
13. *Nennen Sie die Schutzhüllen des Gehirns.*
14. *Erklären Sie, was man unter der Neuroplastizität des Gehirns versteht.*
15. *Nach einem Schlaganfall hängt die linke Lippe etwas. Erklären Sie anhand des Homunculus, wo die Läsion stattgefunden haben muss.*
16. *Beschreiben Sie den Lidschlussreflex und den Trizepssehnenreflex und unterscheiden Sie beide voneinander.*
17. *Erklären Sie, wie die Koordination von Bewegungen erfolgt, wenn die Kleinhirnfunktion ausfällt.*
18. *Erläutern Sie die Besonderheit der Blutversorgung des Gehirns gegenüber der Versorgung anderer Organe.*
19. *Nennen Sie den Zeitpunkt, bis zu dem man bei einer Operation am Gehirn Schmerzmittel geben muss bzw. ab wann dies irrelevant ist.*

20. *Stellen Sie die körperlichen Anpassungen bei Wirkung des Sympathikus und Parasympathikus tabellarisch gegenüber.*

21. *Recherchieren Sie die Mechanismen der Kampf-und-Flucht-Reaktion. Wie wirkt sich der Sympathikus hier auf die unterschiedlichen Körperfunktionen aus? In welchen Situationen tritt diese Reaktion wohl auf*
    a) bei Menschen eines Naturvolkes?
    b) bei Stadtbewohnern der Neuzeit?

22. *Erläutern Sie die Beteiligung des Hormonsystems am Schlaf-Wach-Rhythmus.*

23. *Nennen Sie Probleme, welche die Schichtarbeit mit sich bringen kann, und zeigen Sie Möglichkeiten des Umgangs damit auf.*

24. *Skizzieren Sie eine Wirbelsäule und zeichnen Sie in unterschiedlichen Farben die jeweiligen Wirbelsäulensegmente ein. Auf welcher Höhe enden die zentralen Nervenfasern?*

25. *Recherchieren Sie, welche Auswirkungen ein kompletter Querschnitt (Durchtrennung des Rückenmarks) auf Höhe des vierten Halswirbelkörpers hat. Welche Funktionen sind betroffen?*

26. *Führen Sie in Ihrer Klasse eine Erhebung zum Thema Kopfschmerzen durch. Besorgen Sie sich dafür den „Kieler Kopfschmerzfragebogen" unter www.schmerzklinik.de/wp-content/uploads/2009/02/kieler-migrane-und-kopfschmerzfragebogen.pdf*
    a) Ermitteln Sie die Häufigkeit des Auftretens von Kopfschmerzen in Ihrer Klasse und die Verteilung (Spannungskopfschmerz vs. Migräne).
    b) Vergleichen Sie die Zahlen mit denen des SPIEGEL-Artikels zu chronischen Schmerzen bei Schülern in *→ Kap. 5.6.*

27. *Sehen Sie sich → Abb. 33 zu den Schlafzyklen an. Erklären Sie:*
    a) Aus welchen Anteilen besteht der Nachtschlaf?
    b) Wie verändern sich die Schlafzyklen im Laufe der Nacht?
    c) Wie verändert sich das Verhältnis REM-Schlaf zu Non-REM-Schlaf, wenn Sie nach einem langen Samstagabend nur auf vier Stunden Schlaf kommen?

28. *Rekapitulieren Sie die Aufgaben des impliziten und des expliziten Gedächtnisses und ordnen Sie die folgenden Beispiele korrekt zu:*
    a) der letzte Sommerurlaub in Spanien
    b) Ihre Englischsprachkenntnisse
    c) die Geburt eines Geschwisterkindes
    d) Skifahren
    e) Angstgefühle beim Bellen eines Hundes
    f) Autofahren lernen: Theorieteil und praktischer Teil

5.9 Psychosoziale Gesundheit

REUS

Zwei Dinge sollen Kinder von ihren Eltern bekommen: Wurzeln und Flügel.

Johann Wolfgang von Goethe (1749–1832), deutscher Dichter

There is no health without mental health.

Weltgesundheitsorganisation (WHO)

Jede Minute, die man lacht, verlängert das Leben um eine Stunde.

chinesisches Sprichwort

Es sind die Begegnungen mit Menschen, die das Leben lebenswert machen.

Guy de Maupassant (1850–1893), französischer Schriftsteller

Haltet die Uhren an. Vergesst die Zeit. Ich will euch Geschichten erzählen.

James Krüss (1926–1997), deutscher Dichter und Schriftsteller

Gott gebe mir die Gelassenheit, die Dinge hinzunehmen, die ich nicht ändern kann, den Mut, die Dinge zu ändern, die ich ändern kann, und die Weisheit, das eine vom anderen zu unterscheiden.

Reinhold Niebuhr (1892–1971), US-amerikanischer Theologe, Philosoph und Politikwissenschaftler

Wenn ich einen grünen Zweig im Herzen trage, wird sich der Singvogel darauf niederlassen.

chinesisches Sprichwort

Es ist ein Gesetz im Leben: Wenn sich eine Tür vor uns schließt, öffnet sich eine andere. Die Tragik jedoch ist, dass man meist nach der geschlossenen Tür blickt und die geöffnete nicht beachtet.

André Gide (1869–1951), französischer Schriftsteller

Man kann einen Menschen nichts lehren, man kann ihm nur helfen, es in sich selbst zu entdecken.

Galileo Galilei (1564–1642), italienischer Universalgelehrter

Die Wirklichkeit zulassen – Bei der Meditation geht es nicht um den Versuch, irgendwo hinzugelangen. Es geht darum, dass wir uns selbst erlauben, genau dort zu sein, wo wir sind, und genau so zu sein, wie wir sind, und desgleichen der Welt zu erlauben, genau so zu sein, wie sie in diesem Augenblick ist.

Jon Kabat-Zinn (geb. 1944), US-amerikanischer Molekularbiologe

Glück entsteht oft durch Aufmerksamkeit in kleinen Dingen, Unglück oft durch die Vernachlässigung kleiner Dinge.

Wilhelm Busch (1832–1908), deutscher Dichter und Zeichner

1. *Sammeln Sie weitere Zitate zum Thema psychosoziale Gesundheit.*
2. *Wählen Sie eines der Zitate und beschreiben Sie dessen Inhalt und Intention mit eigenen Worten.*
3. *Diskutieren Sie in der Gruppe über die Aussagen der Zitate.*
4. *Nehmen Sie Stellung zu jedem Zitat, indem Sie herausarbeiten, welche Berührungspunkte Sie mit den Inhalten haben.*

5.9.1 Definition und Bedeutung von psychosozialer Gesundheit

I-1.2.1 Gesundheitsdefinition der WHO

Gesundheit ist nach der Weltgesundheitsorganisation (WHO) ein **Zustand des körperlichen, geistigen und sozialen Wohlbefindens**. Bei der Förderung und beim Erhalt der Gesundheit spielen demnach psychische Faktoren eine wichtige Rolle: **„There is no health without mental health"** oder „Es gibt keine Gesundheit ohne psychische Gesundheit" ist ein Slogan der WHO, mit dem auf die Bedeutung der psychischen Dimension von Gesundheit hingewiesen wird.

> Psychisch gesund fühlt sich eine Person, wenn sie ihre intellektuellen und emotionalen Fähigkeiten ausschöpft, die alltäglichen Lebensbelastungen bewältigt, produktiv arbeitet und in der Gemeinschaft einen Beitrag leisten kann.
> *Weltgesundheitsorganisation 2004*

Psychische Gesundheit ist für jeden Menschen Voraussetzung dafür, dass er seine Rolle in der Gesellschaft und im Arbeitsleben finden und erfüllen kann. Sie befähigt Menschen, mit alltäglichen Anforderungen und Belastungen umzugehen und diese gut zu bewältigen. Eigene Wünsche und Bedürfnisse sollten verwirklicht und Anliegen eingebracht werden können. Zufriedenheit und Optimismus sind besonders förderlich.

psychosozial: die Psyche, das Sozialverhalten und die sozialen Gegebenheiten betreffend

Gesundheitsressourcen: auch Schutzfaktoren genannt; gesundheitsfördernde bzw. risikomindernde Faktoren

Resilienz: psychische Widerstandsfähigkeit, die Fähigkeit, Krisen durch Rückgriff auf persönliche und soziale Ressourcen zu bewältigen und sich dadurch weiterzuentwickeln

Empowerment: Befähigung von Personen oder Gruppen, ihre gesundheitlichen Belange selbst in die Hand zu nehmen

3.4.6 Einflussfaktoren auf die Gesundheit durch die COVID-19-Pandemie

Es wird auch von **psychosozialer Gesundheit** gesprochen, um auf die Bedeutung der sozialen Bedingungen, in denen Menschen leben, hinzuweisen. Gute zwischenmenschliche Beziehungen, das Eingebundensein und die soziale Umwelt sind wichtige **Ressourcen** für die psychische Gesundheit.

Entscheidend für die psychosoziale Gesundheit ist eine gute Balance zwischen den **Anforderungen und Belastungen** einerseits und den Ressourcen andererseits. Ressourcen, auch Schutzfaktoren genannt, gilt es zu stärken. Als wirksame Maßnahmen werden unter anderem die Förderung von Resilienz, Empowerment oder Kompetenzsteigerung genannt (→ I-1.4.2, → I-9.1.2).

Das Verhältnis zwischen Anforderungen, Belastungen und Ressourcen kann sich in jeder Lebensphase und bei kritischen Lebensereignissen (→ I-3.4.5) verlagern. Wie die Gesundheit insgesamt ist auch die psychosoziale Gesundheit ein lebenslanger Prozess.

Testen Sie Ihr Wohlbefinden nach dem WHO-Fragebogen zum Wohlbefinden (https://psychotherapie-mainz.de/wp-content/uploads/2020/01/WHO.pdf). Addieren Sie die einzelnen Werte.
- *Summenwert 25–13 Punkte: gutes Wohlbefinden, keine Beeinträchtigung der Lebensqualität*
- *Summenwert < 13 Punkte: Eine behandlungsbedürftige Überlastung, ein Burn-out oder eine Depression (→ 5.13) können nicht sicher ausgeschlossen werden. Geringe Wohlfühlwerte rechtfertigen noch keine Diagnose. Sie sind jedoch ein ausreichender Grund, eine gezielte Diagnostik durchführen zu lassen.*

Auf gesellschaftlicher Ebene trägt die psychosoziale Gesundheit **zum wirtschaftlichen Wohlstand** und sozialer Gerechtigkeit bei, denn sie ist Voraussetzung dafür, dass Menschen produktiv arbeiten. **Veränderte gesellschaftliche Verhältnisse** wie gesteigerte Leistungsanforderungen, soziale Zwänge, Schnelllebigkeit oder nachlassender familiärer Zusammenhalt führen jedoch dazu, dass Menschen **vielfältige Belastungen** erfahren. Fast jeder dritte Mensch leidet im Laufe seines Lebens an einer behandlungsbedürftigen psychischen Erkrankung und etwa zehn Prozent der Fehltage von Berufstätigen gehen auf psychische Erkrankungen zurück (Bundesministerium für Gesundheit 2015).

Ein Beispiel für hohe Belastungen sind die Auswirkungen der Lockdowns während der **COVID-19-Pandemie.** Dies zeigt sich vor allem an Kindern und Jugendlichen, die auch nach der Pandemie noch psychisch gestresst sind. Die Häufigkeit von Depressionen, Angst- und Essstörungen ist nach wie vor erhöht und die Mediennutzung ist stark gestiegen (→ 5.14.1, → 5.15.1) (Zeit Online 2023).

Die COPSY-Studie (Ravens-Sieberer 2023) zeigt, dass Kinder und Jugendliche noch einige Jahre nach dem einschneidenden Ereignis der COVID-19-Pandemie belastet sind: Ängste und psychische Auffälligkeiten sind deutlich höher als vor der

Pandemie, allerdings mittlerweile geringer als während dieser. Etwa 30 % der Kinder und Jugendlichen zeigen psychische Auffälligkeiten, vor allem bei sozial schwächeren Familien, die beengt wohnen und deren Eltern durch die Folgen der Pandemie ebenfalls psychisch beeinträchtigt sind. Auch Zukunftsängste sind deutlich gestiegen.

Mit der Zunahme von psychischen Erkrankungen wächst die **Bedeutung von Prävention und Gesundheitsförderung** in diesem Bereich. Zahlreiche Maßnahmen haben den Erhalt und die Förderung der psychosozialen Gesundheit zum Ziel. Auch geht es darum, die Rechte von Menschen mit psychischen Gesundheitsproblemen zu achten und die noch weit verbreitete Stigmatisierung und Diskriminierung zu bekämpfen.

Die Bereiche, die psychosoziale Gesundheit betreffen, sind vielfältig. Wichtige Themen und Ziele sind:

- Prävention psychischer Erkrankungen
- Stress, Stressbewältigung, Stressprävention
- Abhängigkeit und Suchtprävention: u. a. Nikotin, Alkohol, illegale Drogen, Medikamente, Umgang mit Computer und digitalen Medien
- Aufklärung und Information über psychische Gesundheit
- Gewalt, Gewaltprävention
- Mobbing, Mobbingprävention
- Prävention von Überforderung am Lernort und Arbeitsplatz
- Sexualität, sexuelle Gesundheit, Prävention von sexuell übertragbaren Krankheiten
- Umgang mit Verlust und Trauer

Welche Anliegen der Prävention und Gesundheitsförderung sind für Sie, für Ihre Klasse und für Ihre Schule besonders wichtig?

5.9.2 Modelle und Konzepte zur psychosozialen Gesundheit

Allen Maßnahmen zur Förderung der psychosozialen Gesundheit liegen Modelle und Konzepte zugrunde, von denen einige beschrieben werden.

Lebenskompetenzen und Selbstwertgefühl

Lebenskompetenzen, auch **Life Skills** genannt, sind Fähigkeiten, die es Menschen ermöglichen, ihr Leben zu gestalten und zu meistern. Die Entwicklung und der Aufbau von Lebenskompetenzen sind zentral für das Wohlbefinden und eine gesunde Persönlichkeitsentwicklung (→ I-3.1.3).

Lebenskompetenzen nach der WHO sind

> diejenigen Fähigkeiten, die einen angemessenen Umgang sowohl mit unseren Mitmenschen als auch mit Problemen und Stresssituationen im alltäglichen Leben ermöglichen.
> *Weltgesundheitsorganisation 1994*

Die **Kernkompetenzen,** die es zu erlernen gilt, um Lebenskompetenz zu entwickeln, sind nach der WHO (Bundeszentrale für gesundheitliche Aufklärung 2005):

- sich selbst kennen und mögen
- empathisch sein
- kritisch und kreativ denken
- kommunizieren und Beziehungen führen können
- durchdachte Entscheidungen treffen
- erfolgreich Probleme lösen
- Gefühle und Stress bewältigen können

Sich selbst zu kennen bedeutet, sich des eigenen Charakters und der eigenen Stärken und Schwächen, Wünsche und Abneigungen bewusst zu sein. Dies wird als **Selbstbewusstsein** zusammengefasst. Sich selbst zu mögen zeigt sich in einem positiven **Selbstwert** und in **Selbstvertrauen,** d. h. Vertrauen in die eigenen Fähigkeiten (→ Abb. 37).

Unser schärfster Kritiker sind meist wir selbst. Wir kennen uns am besten und können uns nichts vormachen. Gerne übertreiben wir, grübeln und schüren Schuldgefühle.

Abb. 37 Selbstvertrauen macht stark

Empathie:
Fähigkeit, sich in die Gefühle eines anderen Menschen hineinzuversetzen und diese nachzuempfinden

5.14 Krankheitsbild: Abhängigkeit und Suchtprävention

Selbstwert:
auch Selbstwertgefühl; Beurteilung und Einstellung zum Selbst

Selbstvertrauen:
Vertrauen in die eigenen Fähigkeiten

Mobbing:
systematisches Anfeinden, Schikanieren und Diskriminieren von einer Person durch eine Person oder Gruppe

Kompetenz:
umfasst Wissen sowie die Fähigkeit und Motivation, dieses Wissen anzuwenden

Lebenskompetenzen:
auch Life Skills genannt; Fähigkeiten, die es Menschen ermöglichen, ihr Leben zu gestalten und zu meistern

Überlegen Sie, was man unter konstruktiver Selbstkritik verstehen könnte.

Das Konzept der Lebenskompetenzen ist häufig Grundlage suchtpräventiver Arbeit. In diesem Kontext wird **Risikokompetenz** als weitere Kernkompetenz von Lebenskompetenz ergänzt. Sie bedeutet, kritisch gegenüber illegalen und legalen Drogen zu sein und auf diese zu verzichten bzw. verantwortungsbewusst mit ihnen umzugehen.

5.14.9 Stärkung der Lebenskompetenzen in der Suchtprävention

Risikokompetenz:
Kompetenz, kritisch gegenüber illegalen und legalen Drogen zu sein und auf diese zu verzichten bzw. verantwortungsbewusst mit ihnen umzugehen

Stress:
durch Stressoren hervorgerufene psychische und physische Reaktionen, die zur Bewältigung besonderer Anforderungen befähigen, z. B. Flucht bei Gefahr; körperliche und geistige Belastung, wenn diese Stressreaktionen lange Zeit wirken

7.3.3 Physiologische Vorgänge bei Stress

Stressoren:
Reizereignisse, die vom Organismus eine Anpassungsreaktion verlangen; Bedingungen, die Stress auslösen, z. B. hohe Konzentrationsanforderungen, emotionale Belastungen, Wettkampfsituationen, Krankheit, Armut

Lebenskompetenzen sind ein ganzes Bündel an Kompetenzen, die nicht einfach gegeben sind, sondern in Schritten gelernt werden. Sie können dabei nicht direkt geübt und aufgebaut werden, sondern müssen an konkrete Inhalte gebunden werden. Zu diesem Zweck werden häufig interaktive Lehr-Lern-Methoden wie Rollenspiele, Vertrauensübungen und Entspannungsübungen eingesetzt.

In einem ganztägigen Workshop in einer Suchtberatungsstelle werden das Nein-Sagen und damit die Kernkompetenzen, sich selbst kennen und mögen sowie kommunizieren und Beziehungen führen, geübt.
„Stellt euch vor, ihr seid auf einer Party. Ihr habt schon Alkohol getrunken und müsst noch mit dem Fahrrad nach Hause. Du weißt, dass du schnell betrunken wirst, und möchtest beim Trinkspiel nicht mitmachen."
Im Kreis von etwa sechs Jugendlichen wird die Frage „Willst du nicht mittrinken?" weitergegeben. Ein Jugendlicher beginnt und fragt seinen Nachbarn zur Linken: „Willst du nicht mittrinken?" Dieser formuliert seine Antwort mit „Nein, weil ..." oder mit „Nein und dann tue ich ...". Danach fragt er wiederum seine Nachbarin, die mit denselben Satzanfängen antwortet. Die Runde geht solange, bis der Gruppe keine neuen Antworten mehr einfallen. Antworten und Verhaltensweisen werden anschließend reflektiert.

Recherchieren Sie Trainingsmethoden zum Thema Selbstvertrauen, die Sie entweder in der Gruppe oder individuell im Alltag üben können. Stellen Sie die Methoden einander vor und führen Sie einige davon durch.

Das Konzept der Lebenskompetenzen kann als **Basisstrategie der verhaltensbezogenen Gesundheitsförderung** (→ I-9.1.2) verstanden werden. Lebenskompetenzen sind demnach Fähigkeiten, die im Rahmen der Gesundheitsförderung vermittelt werden.

Stressbewältigungsmodell

Menschen gehen unterschiedlich mit Stressfaktoren wie Zeitdruck oder Konflikten um. Einige Menschen werden durch ein und denselben Stressor stärker psychisch beansprucht und gestresst als andere. Warum ist das so?

Das Stressbewältigungsmodell nach Lazarus (1984) verdeutlicht, wann ein **Stressor** eine **Stressreaktion** hervorruft. Wichtig hierfür ist, inwiefern eine Person den Stressor als stresshaft bewertet und ob sie über Ressourcen für die Bewältigung verfügt.

Biologische Aspekte von Stress und das Stressbewältigungsmodell nach Lazarus ergänzen sich, um Anforderungen und Belastungen zu beschreiben und gezielte Strategien für den Umgang mit diesen zu entwickeln.

Der Prozess der Stressverarbeitung geschieht in **drei Stufen der subjektiven Bewertung** (Franzkowiak, Franke 2018) (→ Abb. 38).

In der primären Bewertung wird die Bedrohlichkeit einer Situation oder eines Reizes eingeschätzt. Situationen oder Reize können als
- positiv,
- irrelevant oder
- stresshaft

bewertet werden.

Die Bewertung einer Situation als **stresshaft** kann wiederum in drei Abstufungen erfolgen:
- Ist bereits ein Schaden oder Verlust eingetreten?
- Droht eine Beeinträchtigung?
- Handelt es sich um eine positive Herausforderung, d. h. um eine Anstrengung, die zwar stresshaft ist, aber als interessant oder lohnend erscheint?

Stress hat also auch positive Seiten. Dabei kann ein und derselbe Reiz beispielsweise je nach Lebenssituation unterschiedlich bewertet werden.

Wird die Situation als stresshaft eingeschätzt, wird **in der sekundären Bewertung** eingeschätzt, inwieweit die Situation mit den vorhandenen **Ressourcen** bewältigt werden kann. Erst wenn die persönlichen Ressourcen als nicht ausreichend bewertet werden, kommt es zu einer Stressreaktion.

Es steht eine wichtige Klausur an:

- Ich bewerte die Klausur als Herausforderung, da ich in den letzten Wochen genügend Zeit zum Lernen und Unterstützung von meinem Partner hatte. Ich verfüge über genügend Wissen/Ressourcen, um die Klausur zu bestehen.
  → keine/geringere Stressreaktion
- Ich bewerte die Klausur als Bedrohung, da ich in den letzten Wochen keine Zeit zum Lernen hatte, da ich arbeiten musste und Streit mit meinem Partner hatte. Mein Wissen/meine Ressourcen sind nicht ausreichend, um die Klausur zu bestehen.
  → hohe Stressreaktion

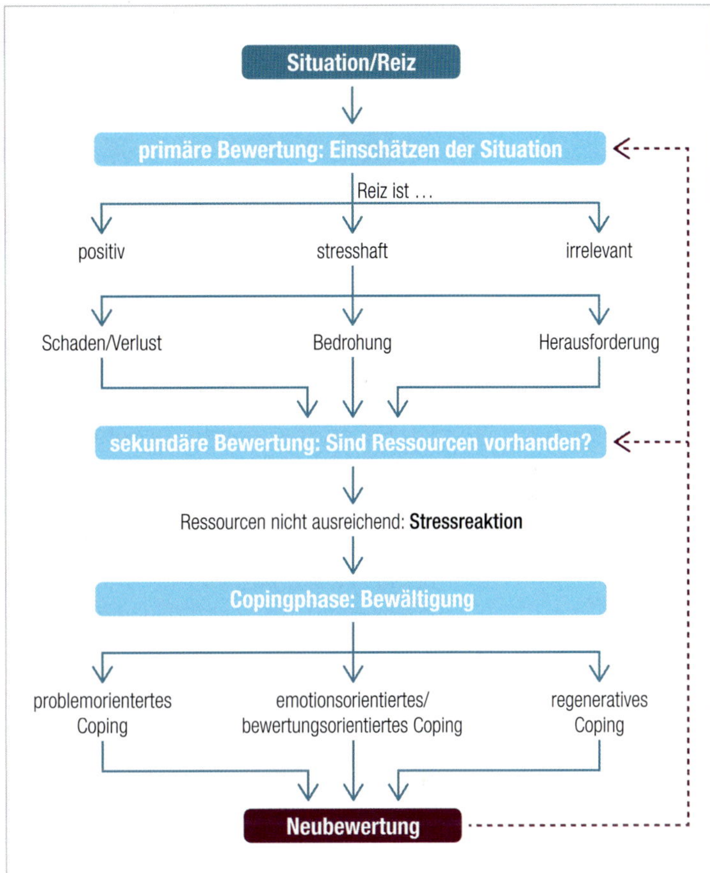

Abb. 38 Stressbewältigungsmodell nach Lazarus

Schätzt die Person ihre Ressourcen als mangelhaft ein, greift sie **in der Copingphase** auf **Bewältigungsstrategien** zurück. Unter **Coping** werden alle Anstrengungen gefasst, mit dem als Stressor bewerteten Reiz umzugehen. Es werden drei Arten der Stressbewältigung unterschieden:

- **problemorientiertes Coping;** begegnet den Stressoren aktiv und zielt auf eine Veränderung der Situation, z. B. Einholen von Informationen oder von sozialer Unterstützung.

Ich schätze die Klausur als bedrohlich und mein Wissen als unzureichend ein (Stressreaktion). Ich entschließe mich deshalb die Zeit, die mir noch bleibt, zum Lernen zu nutzen (Coping). Der Stress nimmt ab.

- **emotionsorientiertes/bewertungsorientiertes Coping;** versucht, durch veränderte Gedanken und Einstellungen auf die Stressoren einzuwirken, z. B. Sich-Ablenken, Distanzieren

Coping: Bewältigungsstrategie; Art des Umgangs mit einem Problem, z. B. Krankheit

- emotionsorientiertes Coping: Ich versuche Emotionen zu regulieren, indem ich bei meinen Klassenkameraden über die Klausur spreche oder darüber klage. Der Stress nimmt ab.
- bewertungsorientiertes Coping: Ich denke, dass die Klausur gar nicht so bedrohlich ist und ich im Zweifel im zweiten Versuch bestehe. Oder ich nehme die Klausur viel mehr als Herausforderung und nicht als eine Bedrohung wahr. Der Stress nimmt ab.

- **regeneratives Coping;** Entspannung, Bewegung und Erholung

> Bevor ich mich an das Lernen mache, lege ich einen Tag der Erholung ein. Ausgeruht lernt es sich sicher besser.

Es gibt Reize, die unabhängig von der subjektiven Bewertung von den meisten Menschen als stresshaft erlebt werden, wie Lärm, Konflikte, Schmerz, Hunger und der Verlust von Bezugspersonen. Für die Stressreaktion ist entscheidend, ob man über Bewältigungsstrategien verfügt.

I-1.4.2
Salutogenese

Salutogenese:
Konzept zur Entstehung und zum Erhalt von Gesundheit (z. B. durch Ressourcen)

1. *Mehr schlafen, krank spielen, Freunde anrufen oder Tagebuch schreiben sind mögliche Bewältigungsstrategien. Ordnen Sie diese den Arten der Stressbewältigung zu.*
2. *Welche Bewältigungsstrategien wenden Sie an? Sammeln Sie zehn Strategien und ordnen Sie diese den drei Arten des Copings zu.*
3. *Welche Ihrer Strategien haben sich bewährt, welche nicht?*

Nicht alle Bewältigungsstrategien sind förderlich. Sie können auch ablenken, statt zur Lösung der Situation beizutragen. Beispiele hierfür sind Alkohol- und Drogenkonsum oder Druck auf sich oder andere ausüben.

systemisch:
den sozialen Kontext, z. B. Familie, Freundeskreis, Arbeitsumfeld, berücksichtigend; Betrachtung der Beziehungen und Wechselwirkungen zwischen Menschen in einem sozialen Umfeld

Im Anschluss an die Copingphase wird der Erfolg der Bewältigungsstrategie bewertet, um aus dem Vorangegangenen zu lernen. Durch die **Neubewertung** kann die Stressreaktion in der aktuellen Situation, aber auch in zukünftigen Situationen verändert werden.

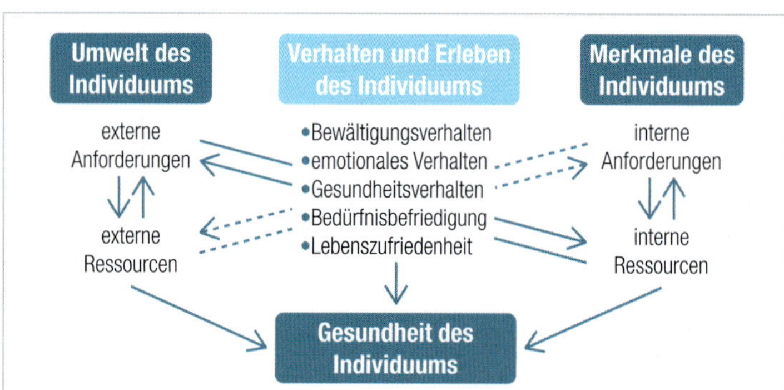

Abb. 39 Systemisches Anforderungs-Ressourcen-Modell (Blümel 2015)

> Nach dem Coping merke ich, dass ich den Stoff in kurzer Zeit lernen kann (problemorientiertes Coping) oder dass die Klausur gar nicht so bedrohlich ist (bewertungsorientiertes Coping). Dann findet eine Veränderung der primären und sekundären Bewertung statt (Neubewertung) und das Stresslevel sinkt wieder.

Systemisches Anforderungs-Ressourcen-Modell

Das systemische Anforderungs-Ressourcen-Modell nach Becker (1994) zur Beschreibung von Gesundheit und Gesundheitsförderung integriert unter anderem das **Konzept der Salutogenese** und das **Stressbewältigungsmodell.**

Das Modell basiert auf folgender Annahme: Der Gesundheitszustand eines Menschen hängt davon ab, wie gut es diesem gelingt, externe und interne Anforderungen mithilfe von externen und internen Ressourcen zu bewältigen (→ Abb. 39). Gesundheit und Krankheit sind dabei Endpunkte eines Kontinuums.

Die Gesundheit eines Individuums bzw. seine Position auf dem Gesundheits-Krankheitskontinuum (→ I-1.4.2) ist das Ergebnis von Anpassungs- und Regulationsprozessen zwischen dem **Individuum** und seiner **Umwelt.** Individuum und Umwelt sind dabei **Systeme,** deren Elemente bzw. Subsysteme aufeinander reagieren und sich gegenseitig beeinflussen. Diese systemische Perspektive und die Berücksichtigung der Umwelt machen das Modell so aussagekräftig.

> - Annett hat nächste Woche ihre theoretische Führerscheinprüfung und möchte diese im ersten Versuch bestehen (externe Anforderung).
> - Sie verbringt jede freie Minute mit Lernen (interne Ressourcen).
> - Ihr Bruder Hanno (Umwelt) reagiert auf das Bedürfnis von Annett nach freier Zeit zum Lernen (interne Anforderung), indem er in dieser Woche ihren Haushaltsdienst übernimmt (soziales Stützsystem als externe Ressource).

Anforderungen sind Bedingungen, mit denen sich ein Individuum auseinandersetzen muss:

- **Externe Anforderungen** werden aus der Umwelt gestellt, z. B. von dem Arbeitgeber, der Schule oder dem sozialen Umfeld.
- **Interne Anforderungen** ergeben sich aus den Bedürfnissen, Zielen, Werten und Normen des Individuums.

Um die Anforderungen zu bewältigen, greift das Individuum auf Ressourcen zurück (→ I-1.4.2).

- Zu den **internen Ressourcen** gehören:
  - psychische Ressourcen, z. B. Kompetenzen, positive Wahrnehmung der eigenen Person, positive Lebenseinstellung, Selbstwirksamkeitserwartung, Kohärenzgefühl
  - physische Voraussetzungen und Ressourcen, z. B. körperliche Fitness, Allergien
- **Externe Ressourcen** umfassen:
  - ökologische Bedingungen, z. B. saubere Umwelt, angemessene Nahrung und Wohnbedingungen
  - gesellschaftliche Ressourcen, z. B. Bildungs- und Gesundheitssystem
  - berufliche Ressourcen: Arbeit und Ausbildung, Arbeitsschutz
  - private Ressourcen, z. B. Einkommen, Beziehungen, sozialer Rückhalt

In der kommenden Woche steht die praktische Führerscheinprüfung an. Stellen Sie ein Ressourcen-Profil von sich auf: Über welche internen und externen Ressourcen verfügen Sie bezüglich der anstehenden Prüfung?

Im Modell wird ausdrücklich darauf verwiesen, dass die Umweltbedingungen gesundheitsförderlich ausgerichtet sein sollten. Es kann als theoretische Grundlage für die **Entwicklung von Maßnahmen in der Gesundheitsförderung** genutzt werden und der Analyse dienen.

Ausgehend von den Anforderungen:

- Die **externen Anforderungen** können an die Voraussetzungen und Besonderheiten einer Person angepasst werden, d. h. die Person-Umwelt-Passung wird verbessert, z. B. Lärmverringerung am Arbeitsplatz, Verringerung von Über- oder Unterforderung.
- Die **internen Anforderungen** der Person sind zu berücksichtigen, z. B. Bedürfnisse wie Erholung, soziale Beziehungen, Vereinbarkeit von Beruf und Privatem.

Ausgehend von den Ressourcen:

- Gesundheitsförderung kann durch den Aufbau, die Bereitstellung und Nutzung **externer Ressourcen** erfolgen, z. B. gesunde Verpflegungsmöglichkeiten anbieten, sozialen Zusammenhalt durch Teamstrukturen fördern.
- Die **internen Ressourcen** können vergrößert werden, z. B. durch Fitnesstraining, Schulungen.

5.9.3 Fördern der psychosozialen Gesundheit

Die Förderung psychischer Gesundheit geschieht vor allem dort, wo Menschen zusammenleben: in den Familien, in Kindertagesstätten und Schulen, am Arbeitsplatz oder im Pflegeheim. **Interventionen in diesen Lebenswelten** sind auf drei Ebenen angesiedelt (→ I-9.1.2):

- **individuelle Ebene:** Stärkung der individuellen Kompetenzen und Ressourcen
- **Ebene der Strukturen:** Entwicklung gesundheitsfördernder Rahmenbedingungen
- **Partizipation:** systematische Einbindung von Personen oder Personengruppen in den Lebenswelten

1. *Diskutieren Sie, inwiefern es wichtig ist, die psychosoziale Gesundheit in der Schule zu fördern.*

2. *Sammeln Sie Ideen, wie die psychosoziale Gesundheit in der Schule auf den verschiedenen Ebenen gefördert werden kann.*

Entspannungstechniken

Auf der individuellen Ebene können Entspannungstechniken dazu beitragen, körperliche und geistige Anspannung abzubauen. Für alle Entspannungstechniken gilt:

- Sie brauchen **regelmäßige Übung.**
- Zeitdauer, Übungsablauf und häufig auch die körperliche Haltung sind festgelegt.
- Die Konzentration wird auf bestimmte Wahrnehmungen, Vorstellungen oder Empfindungen gelenkt.

Ziel aller Entspannungsverfahren ist eine **Entspannungsreaktion:**

- auf der neuronalen Ebene: Aktivierung des Parasympathikus und Schwächung des Sympathikus (→ 5.4.2)

Selbstwirksamkeitserwartung:
Einschätzung, wie stark sich ein Mensch in der Lage sieht, ein geplantes z. B. gesundheitsförderliches Verhalten – auch unter schwierigen Bedingungen – zu organisieren und umzusetzen

Kohärenzgefühl:
Faktor im Konzept der Salutogenese; Grundüberzeugung, dass das Leben sinnvoll ist und man es erfolgreich meistern kann

Intervention:
gezielt eingesetzte Maßnahmen, die den Gesundheitszustand beeinflussen sollen

Partizipation:
Bürgerbeteiligung; Mitwirken, Mitbestimmen, Teilhaben

- auf der körperlichen Ebene:
  - Verringerung des Muskeltonus
  - Verminderung der Reflextätigkeit
  - Erweiterung der peripheren Gefäße
  - Verlangsamung der Herzfrequenz
  - Senkung des arteriellen Blutdrucks
  - Reduzierung des Sauerstoffverbrauchs
  - Verringerung der Hautleitfähigkeit
- auf der psychologischen Ebene:
  - Erleben von Gelassenheit, Zufriedenheit und Wohlbefinden
  - Verbesserung der Konzentrationsfähigkeit und der körperlichen Wahrnehmung

Je länger diese Entspannungsreaktion geübt wird, desto leichter kann sie im Alltag aktiviert werden. Diese **Aktivierung von Entspannung im Alltag** ist das Ziel.

niederschwellig: Eigenschaft eines Angebots, das von den Nutzenden nur einen geringen Aufwand zur Inanspruchnahme erfordert, z. B. kurze Wege, keine bzw. geringe Kosten, wenig Vorwissen erforderlich

Im Folgenden werden einige, vor allem niederschwellige Techniken vorgestellt.

Entspannung durch Atmung

Bei Angst, Stress, Überforderung und Aufregung atmen wir flach und schnell. Wir schnauben vor Wut, schluchzen vor Trauer oder seufzen vor Erleichterung. Manchmal halten wir vor Spannung die Luft an oder uns stockt der Atem. Manchmal verschaffen wir uns Luft, indem wir laut fluchen.

Die **volle und bewusste Atmung** wird bei vielen Entspannungstechniken trainiert und eingesetzt, denn die Atmung steht in Wechselwirkung mit der Gesamtverfassung des Menschen. Bei der Atmung wird der Körper mit Sauerstoff versorgt. Die Ausatmung reinigt den Körper vom Kohlenstoffdioxid und wird deshalb als Filter zur Selbstreinigung des gesamten Körpers gesehen.

9.2.3 Gasaustausch bei der Atmung

Bauchatmung: auch Zwerchfellatmung genannt; dabei wölbt sich der Bauch weit nach außen

progressive Muskelentspannung: auch progressive Muskelrelaxation oder Tiefenentspannung genannt; abwechselnde An- und Entspannung einzelner Muskelpartien

Die **Bauchatmung** (→ Abb. 40) kann zunächst im Liegen geübt werden. Beim tiefen Ein- und Ausatmen wird beobachtet und mit den Händen gespürt, wie sich der Bauch hebt und senkt. Anschließend kann die Bauchatmung im Sitzen geübt werden. Am Schreibtisch, beim Gehen und in anderen Alltagssituationen kann darauf geachtet werden, in den Bauch statt in die Brust zu atmen.

Ein erster Schritt zu einer guten Atmung kann sein, den Atem und seinen **Dreierrhythmus** bewusst wahrzunehmen:
- einatmen
- ausatmen
- Atempause

Grundsätzlich atmet man **durch die Nase** ruhiger und länger als durch den Mund. Viele Erwachsene atmen vor allem in die Brust, dabei ist die **Bauchatmung,** bei der sich der Bauch beim Einatmen nach vorne wölbt, die gesündere Atmung.

Abb. 40 **Bauchatmung im Liegen. Die Hände liegen auf dem Bauch, die Finger sind weit gespreizt, sodass sie den Bereich zwischen unterster Rippe und Becken bedecken. Es wird tief in den Bauch bzw. in die Hände geatmet.**

Es gibt zahlreiche Atemtechniken, z. B. die Verlängerung der Ausatmung, Wechselatmung oder Feueratmung. Recherchieren Sie Atemtechniken und -übungen und testen Sie, was Ihnen neben der Bauchatmung gut tut.

Progressive Muskelentspannung

Diese Methode ist leicht zu erlernen und im Alltag gut einsetzbar. Der Übende lernt, Anspannungen frühzeitig wahrzunehmen und diesen entgegenzuwirken.

„Progressiv" bedeutet „fortschreitend". Nacheinander werden bewusst verschiedene Muskelgruppen sehr fest angespannt. Anschließend wird die Spannung wieder gelöst. Währenddessen beobachtet der Übende aufmerksam die Reaktionen im Körper.

Der Übende nimmt eine bequeme Körperhaltung im Sitzen, Liegen oder Stehen ein. Es kann zum Beispiel mit der rechten Faust begonnen werden. Folgende vier Schritte werden angewendet:

1. Hinspüren: auf die jeweilige Muskelgruppe konzentrieren
2. Anspannung: ca. zehn Sekunden anspannen, ohne zu verkrampfen; Anspannung bewusst wahrnehmen, indem man sich voll auf die Muskelpartie konzentriert
3. Loslassen
4. Nachspüren: ca. 30 Sekunden, Unterschied wahrnehmen

Nacheinander werden alle Muskelgruppen durchlaufen. Bei wenig Zeit können einige Muskelgruppen auch zusammengefasst und gemeinsam angespannt werden.

Die Wirksamkeit der progressiven Muskelentspannung ist vielfach belegt. Viele Krankenkassen bieten Onlinekurse dazu an.

Autogenes Training

Das autogene Training ist im Vergleich zur progressiven Muskelrelaxation ein schwer zu erlernendes und komplexes Verfahren.

Durch Konzentration und Autosuggestion werden die vegetativen Funktionen des Körpers wie Atmung, Durchblutung und Pulsschlag in einen Ruhezustand gebracht. Autogenes Training wird auch als eine Form der Selbsthypnose bezeichnet. Die **Grundübungen am Anfang des Trainings** dienen vorrangig der Beeinflussung von körperlichen Vorgängen. Dazu gehören u. a. (Neurologen und Psychiater im Netz o. J.):

- **Schwereübung:** Die Schwere soll erlernt werden. Man beginnt mit einzelnen Körperteilen, zum Beispiel wird der linke Arm als schwer empfunden.
- **Wärmeübung:** Einzelne Körperteile werden als warm empfunden. Dann soll der ganze Körper erwärmt werden.

Es ist wichtig, kontrolliert aus der Übung auszutreten und sich dafür Zeit zu nehmen. Der Merksatz ist:

- Arme fest: Arme energisch strecken und beugen und dabei die Muskeln der Arme anspannen und entspannen
- tief atmen: tief durchatmen und dabei Brust und Bauch spürbar bewegen
- Augen auf: langsam und ruhig die Augen öffnen

Mögliche Übungsformeln in den Grundübungen, auch Affirmationen genannt, die sich vorgesagt bzw. vorgestellt werden:

- Der linke Arm ist ganz schwer.
- Der linke Arm ist ganz warm.
- Das Herz schlägt ganz ruhig und gleichmäßig.
- Atme angenehm ruhig und regelmäßig.

Achtsamkeit

Was versteht man unter Multitasking? Kennen Sie Situationen, in denen Sie im Multitasking sind? Was erleben Sie in diesen Situationen?

Achtsamkeitsübungen wurden in der buddhistischen Mediationspraxis entwickelt und so wird Meditation immer mit einer achtsamen Haltung durchgeführt. Achtsamkeit – im Englischen mit dem Wort **„Mindfullness“** umschrieben – ist ein Zustand, der es dem Individuum ermöglicht, die Umwelt, eigene Emotionen, Gedanken und Körperempfindungen **in dem Augenblick** zu erfahren, ohne dass beispielsweise Außeneinflüsse oder in die Vergangenheit oder Zukunft gerichtete Gedanken stören:

- äußere Achtsamkeit: Umwelt achtsam wahrnehmen und mit ihr achtsam umgehen
- innere Achtsamkeit: eigene Emotionen, Gedanken und Körperempfindungen achtsam wahrnehmen und mit ihnen umgehen

Es geht um eine gute, achtsame Wahrnehmung und um das achtsame Teilnehmen am aktuellen Moment, ohne zu werten oder etwas ändern zu wollen.

Wirksamkeit:
Ausmaß, in dem eine Maßnahme zur Besserung des Gesundheitszustands beiträgt

Onlinekurs zur progressiven Muskelentspannung: *www.tk.de/techniker/magazin/life-balance/aktiv-entspannen/progressive-muskelentspannung-zum-download-2021142*

autogenes Training:
Entspannungstechnik, die auf Autosuggestion beruht

Autosuggestion:
Beeinflussung der eigenen Vorstellungen, des Denkens und Handelns durch Affirmationen (Übungsformeln) oder Selbsthypnose

Achtsamkeit:
nicht-wertende und absichtsvolle Aufmerksamkeitslenkung auf den aktuellen Moment

Jon Kabat-Zinn ist der Begründer der MBRS-Methode, die für „Mindfulness-Based Stress reduction“ oder „Stressreduktion durch Aufmerksamkeit“ steht. Dieser achtwöchige Kurs integriert Meditation, Yogaelemente, die Körperübung Bodyscan, ein achtsames Scannen des Körpers in Ruhe, sowie Übungen zur Achtsamkeit bei alltäglichen Handlungen (z. B. Zähneputzen, Abwaschen). Die Kursgebühren werden häufig von der Krankenkasse bezuschusst.

- Was riechen Sie?
- Was schmecken Sie?
- Was hören Sie?
- Was spüren Sie?
- Was sehen Sie?

Achtsamkeit bei der Kaffeezubereitung: Bereiten Sie eine Kanne Kaffee zu, für einen Gast oder für sich selbst. Machen Sie jede Bewegung langsam und in Achtsamkeit. Seien Sie sich jeder Einzelheit Ihrer Bewegung bewusst. Seien Sie sich bewusst, dass Sie den Kaffee mit heißem Wasser aufgießen. Spüren Sie die Wärme. Nehmen Sie den Duft wahr. Nehmen Sie wahr, wie Ihre Hände die Kanne am Henkel hochheben. Seien Sie sich bewusst, dass Sie den duftenden warmen Kaffee in die Tasse gießen. Folgen Sie jedem Schritt in Achtsamkeit. Atmen Sie sanft und tiefer als üblich. Werden Sie sich Ihres Atmens bewusst, wenn Ihre Gedanken abschweifen.

Achtsamkeit kann man auch gut in den Alltag integrieren. Dabei sollten die zentralen Annahmen des Konzepts berücksichtigt werden. Achtsamkeit ist

- **absichtsvoll** – sie geschieht bewusst;
- **konzentriert** – sie bezieht sich auf den gegenwärtigen Moment – nicht auf die Vergangenheit oder die Zukunft;
- **nicht wertend.**

Es geschieht ständig, dass unser Bewusstsein während einer bestimmten Handlung mit ganz anderen Inhalten beschäftigt ist (→ Abb. 41).

Abb. 41 Gedankenkarussell oder Monkey Mind

Ziel von Achtsamkeitsübungen ist, **konzentriert** zu sein und das Bewusstsein in den gegenwärtigen Moment zu holen und mit der aktuellen Tätigkeit in Übereinstimmung zu bringen.

Beobachten Sie sich selbst: Nehmen Sie beim Duschen die Wärme und das Wasser auf Ihrer Haut war oder denken Sie über den anstehenden Tag nach? Und wo sind ihre Gedanken beim Abendessen oder Joggen?

Das Wahrgenommene **nicht zu werten,** ist fordernd, denn im Alltag werten wir häufig.

Wir sagen nicht „die Sonne scheint" oder „es regnet", sondern „das Wetter ist gut/schlecht". Einen Raum, den wir betreten, werten wir sofort mit „die Einrichtung gefällt mir/gefällt mir nicht" oder einen Menschen, den wir das erste Mal begegnen mit „ihn mag ich/mag ich nicht".

Positive Bewertungen sind meist nicht problematisch, negative Bewertungen erzeugen aber unangenehme Gefühle, verleiten zu nicht absichtsvollen Verhaltensweisen oder vergrößern den Schmerz (z. B. ich bewerte es als schwach/störend, dass ich traurig bin oder Schmerzen habe).

Versuchen Sie im Laufe Ihres Tages immer mal wieder den aktuellen Augenblick wertfrei wahrzunehmen, z. B. Körperhaltungen, Geräusche, Empfindungen. Schweifen Sie ab, was auch den geübtesten Menschen passiert, werten Sie dies nicht, sondern kehren Sie mit Ihrer Aufmerksamkeit zurück. Wählen Sie eine Handlung oder einen Moment in Ihrem Alltag, in dem Sie regelmäßig bewusst üben, achtsam zu sein.

Achtsamkeit als **Aufmerksamkeit für sich selbst** fördert Klarheit, die Fähigkeit, die Gegenwart zu akzeptieren, und baut Stress ab. Wenn man über eine längere Zeit, also mehrere Minuten, achtsam ist, nennt man das **Meditation.** Achtsamkeit an sich ist kein klas-

Abb. 42 Meditationshaltungen im Sitzen

sisches Entspannungsverfahren, weil es darum geht, den gegenwärtigen Zustand wahrzunehmen, wie er ist. Dazu gehören auch unangenehme Empfindungen wie Schmerzen, Traurigkeit oder angstmachende Gedanken. Auch diese werden nicht bewertet.

Meditation

Unter Meditation werden verschiedene spirituelle Methoden gefasst, die Konzentration, Achtsamkeit und Ruhe fördern und den Geist beruhigen. Es gibt zahlreiche Schulen und Richtungen, die allesamt viel Übung brauchen. Es wird zwischen passiven Techniken, die meist im Sitzen (→ Abb. 42) oder Liegen praktiziert werden, und aktiven Techniken, beispielweise unter Einsatz von Bewegungen, unterschieden.

Als passive Technik wird bei der **Konzentrationsmeditation** der Fokus auf ein einziges Objekt wie den Atem, einen Gedanken oder ein Mantra gelegt und damit der Gedankenfluss unterbrochen. Wichtig sind ein störungsfreier Raum und eine Körperhaltung, die es erlaubt nach innen zu kehren.

Yoga wird zu den aktiven Entspannungstechniken gezählt. Ursprünglich stammt Yoga aus Indien und ist eine philosophische Lehre. Westliche Gesellschaften haben eigene Formen des Yogas entwickelt, die oft körperlich betont und weniger meditativ orientiert sind. Yogastunden haben häufig diese Komponenten:

- Anfangsentspannungen/Meditation
- Atemübungen (Pranayama)
- Aufwärm- und Vorbereitungsübungen
- Körperstellungen (Asanas) und fließende Bewegungsabläufe
- Mantras
- Tiefen- bzw. Abschlussentspannung

In der Praxis soll Lebensenergie, das Prana, erzeugt werden und eine Haltung innerer Gelassenheit erreicht werden. Bei den Asanas und Bewegungsabläufen werden Kraft, Beweglichkeit, Koordination und Kraftausdauer (→ 3.4.3) trainiert. Durch die Beherrschung des Körpers und die erforderliche Konzentration kann sich Entspannung einstellen.

Das Erlernen der Yogapraxis ist ein langer Weg und sollte aufgrund der Komplexität anfangs unter Anleitung stattfinden.

Fantasiereise

In Fantasiereisen sollen die Zuhörer in ihrer Fantasie Vorstellungen entwickeln. Damit können angenehme Gefühle angesprochen, Spannungen abgebaut und Kreativität gefördert werden.

In gemütlicher Atmosphäre werden die Zuhörer in einen Moment der Ruhe versetzt. Die Fantasiewelten sind häufig angenehme Orte in der Natur (→ Abb. 43). Fantasiereisen können durch Entspannungsmusik unterstützt werden.

Fantasiereisen können in jeder Altersgruppe eingesetzt werden; sie brauchen kein Grundwissen.

Meditation:
spirituelle Praxis, die Konzentration, Achtsamkeit und Ruhe fördern soll

Mantra:
Energie in Form von Silben, Wörtern oder Versen, die der Übende sprechend, singend oder in Gedanken wiederholt

Yoga:
indische philosophische Lehre, in deren Zentrum die Vereinigung von Körper, Geist und Seele steht

Fantasiereise:
auch Traumreisen genannt; angeleitete Imaginationen, die die Vorstellungskraft anregen

Abb. 43 Fantasiewelt

Mache es dir bequem und schließe deine Augen. Atme tief durch. Stelle dir nun vor, du atmest magische Luft ein. Mit jedem Atemzug spürst du, dass du dich besser fühlst und leichter wirst. Die Luft ist von Magie erfüllt und umhüllt dich, schützend, wie ein unsichtbarer Mantel. Sicher und geborgen, begibst du dich nun auf eine Reise ...

Schreiben Sie die Fantasiereise fort. Vielleicht haben Sie die Gelegenheit, sie vorzutragen? Achten Sie beim Erzählen auf langsames Sprechen und ausreichend Pausen.

Lebenswelt Schule

Die Lebenswelt Schule hat eine besondere Bedeutung für die Förderung und den Erhalt von Gesundheit. Hier werden nahezu alle Kinder und Jugendlichen erreicht. Und: Wer sich einen gesundheitsförderlichen Lebensstil in einem gesundheitsförderlichen Umfeld aneignet, der kann gute schulische Leistungen erbringen. Neben der psychosozialen Gesundheit sind Bewegung (→ 3.4) und Ernährung (→ 4.4) ebenso wichtig.

Für die Förderung der psychosozialen Gesundheit in der Lebenswelt Schule können **Handlungsbereiche** definiert werden (Gsund und zwäg i de Schuel 2012, MindMatters-Programmzentrum 2017, Bestvater u. a. 2014). Diese decken die Ebenen des Lebensweltenansatzes ab: **individuelle Ebene, Ebene der Strukturen,** d. h. der Rahmenbedingungen, und **Partizipation**.

I-9.1.2 Lebensweltenansatz in der Gesundheitsförderung

Handlungsbereich Lernanlässe im Unterricht: In Unterrichtseinheiten, Projekttagen usw. können Themen der psychosozialen Gesundheit wie Kommunikation, Stress oder Mobbing behandelt und Lebenskompetenzen gefördert werden.

Handlungsbereich Unterrichtsgestaltung: Dieser betrifft die Themen- und Methodenauswahl, die Gestaltung der Leistungsanforderungen und die zeitliche Strukturierung des Unterrichts und Schullebens durch einen sinnvollen Wechsel von Bewegung/Anspannung und Entspannung. Die Unterrichtsgestaltung erfolgt abgestimmt auf die Leistungsfähigkeit der Lernenden, unter anderem um Erfolgserlebnisse zu fördern. Selbstständiges Lernen beispielsweise durch Portfolio- und Projektarbeit wird gefördert.

Handlungsbereich Beziehungsgestaltung: Soziale Ressourcen sind wichtig, in der Kommunikation erfahren Menschen Akzeptanz und Wertschätzung. Die Beziehungen zwischen den Lehrenden und Lernenden sowie den Lernenden untereinander sollten von Verbundenheit und Vertrauen zeugen. Dies ist Voraussetzung dafür, Konflikte gut zu lösen.

Handlungsbereich Infrastruktur: Die Infrastruktur umfasst sämtliche Räume, wie Schulgebäude, Schulhof, Pausen- und Unterrichtsräume. Die Räume sollten Begegnungen fördern, Anlässe zur Gestaltung bieten und Konzentration, Bewegung und Erholung ermöglichen.

Handlungsbereich Schulorganisation: Die Organisation einer Schule bezieht sich auf pädagogische Grundsätze und Regeln und die Gestaltung von Prozessen und der Zusammenarbeit.

In einem Leitbild oder Schulkonzept können das Miteinander und klare, konsistente und gerechte Regeln beschrieben sein. Regeln thematisieren beispielsweise die Pausengestaltung und Konfliktlösung und schaffen Sicherheit. Auch ist Klarheit über die Konsequenzen bei Regelverstoß wichtig.

Für **Partizipation** und **Zugehörigkeitsgefühl** werden die Lernenden und alle an Schule Beteiligten in Entscheidungsprozesse einbezogen. Alle Beteiligten sollen angeregt werden, ihre Meinung zu äußern. Dies kann beispielsweise durch eine Schülervertretung, Klassenräte oder ein Konfliktlotsenprogramm verwirklicht werden.

In einem Klassenrat beraten, diskutieren und entscheiden die Lernenden über selbstgewählte Themen. Er ist das demokratische Forum der Klasse, in dem das Zusammenleben gestaltet wird.

Konfliktlotsen, häufig auch Streitschlichter genannt, sind ausgebildete Schülerinnen und Schüler, die ihren Mitschülern bei Streitigkeiten helfen und Gewalt verhindern möchten. Häufig gibt es Sprechzeiten, in denen die Konfliktlotsen zur Verfügung stehen.

Klassenräte und Konfliktlotsenprogramme sind Möglichkeiten, die Mitwirkung von Lernenden zu fördern. Benennen Sie Kompetenzen, die mit diesen beiden Angeboten bei den Schülerinnen und Schülern gefördert werden.

Handlungsbereich Integration von Familie und Gemeinde: Erziehungsberechtigten und Familienangehörigen ist eine gute Schule für ihre Kinder wichtig. Deshalb sollten sie in den Schulalltag einbezogen werden. Elternbeiräte und -abende und Veranstaltungen sind Beispiele für diese Zusammenarbeit. Ebenso ist die Vernetzung und Kooperation mit Einrichtungen im Umfeld der Lernenden wichtig, z. B. Sportvereine oder Kirchen.

Handlungsbereich Lehrergesundheit: Lehrkräfte und pädagogisches Personal tragen viel Verantwortung. Ihr Alltag ist oft voller Aufgaben und hektisch. Die Gesundheit der Pädagogen ist ebenso zu erhalten und zu fördern wie die der Lernenden. Sie ist Voraussetzung für gutes Lernen an der Schule. Neben individuellen Maßnahmen beispielsweise zum Umgang mit Anspannung und Stress sind Teamarbeit und ein offener Umgang mit Problemen und Konflikten wichtig.

Es wird deutlich, dass die Förderung der psychosozialen Gesundheit eine große Aufgabe für Schulen ist, insbesondere da es nicht nur um die Förderung von Kompetenzen auf der individuellen Ebene, sondern auch um **Schulentwicklung** geht, in der gesundheitsförderliche Rahmenbedingungen geschaffen werden. Zur Unterstützung steht für Schulen eine Vielzahl an **Programmen** mit verschiedenen inhaltlichen Schwerpunkten und unterschiedlichem Umfang zur Verfügung. Die Programme unterscheiden sich in:

- Zielgruppe, d. h. Schulart, Altersgruppe und Beteiligte
- Inhalte
- Dauer
- Methoden
- Materialien
- Nachweis von Qualität und Wirksamkeit, z. B. Verbesserung der Gesundheit/des Gesundheitsverhaltens, Akzeptanz und Durchführbarkeit
- Anbieter, z. B. Vereine, Krankenkassen

I-9.1.3 Programme in der Gesundheitsförderung

Programm: aufeinander abgestimmte Maßnahmen mit zumeist festgelegten Bausteinen

„Klasse 2000 – stark und gesund in der Grundschule" und „MindMatters – mit psychischer Gesundheit gute Schule entwickeln" sind etablierte Programme der psychosozialen Gesundheitsförderung in Schulen. Recherchieren Sie beide Programme und stellen Sie die wesentlichen Merkmale in den oben genannten Kategorien gegenüber.

www.klasse2000.de

www.mindmatters-schule.de

Lebenswelt Arbeitsplatz

Produktivität, Mobilität, Flexibilität: Die Bedingungen, unter denen Berufstätige heute ihrer Arbeit nachgehen, erfordern eine hohe Anpassungsfähigkeit. Neue Technologien stellen Beschäftigte in immer kürzerer Zeit vor neue Herausforderungen und den Anspruch, ständig verfügbar und erreichbar zu sein. Aus Angst, dabei nicht mithalten zu können, stellen viele ihre Arbeit uneingeschränkt in den Lebensmittelpunkt. Experten nennen das „Entgrenzung": Erhöhte Eigenverantwortung und die steigende Komplexität der Berufsanforderungen führen dazu, dass die Grenzen zwischen Job und Privatleben verschwimmen. Der Druck nimmt zu, die Selbstbestimmung über das eigene Leben nimmt ab.
Bundesministerium für Gesundheit 2019

Die Arbeit hat einen großen Anteil an der psychosozialen Gesundheit, zumal die meisten Erwachsenen einen Großteil ihrer Zeit am

Arbeitsplatz verbringen. Dies hat auch der Gesetzgeber erkannt. Im **Sozialgesetzbuch V – Gesetzliche Krankenversicherung, § 20b Betriebliche Gesundheitsförderung** wird beispielsweise festgelegt, dass die Krankenkassen die betriebliche Gesundheitsförderung insbesondere durch den Aufbau und die Stärkung von gesundheitsförderlichen Strukturen fördern sollen. Es gibt Beratungsstellen zum Thema in der Fläche (→ I-9.2.5). Vernetzungen von Unternehmen sind ebenfalls hilfreich.

betriebliches Gesundheitsmanagement: BGM; Verankerung von Gesundheitsförderung, Prävention und Versorgung als betriebliches Ziel unter Inanspruchnahme von Managementstrategien

intrinsische Motivation: aus einem selbst kommende Motivation, bestimmte Dinge zu tun

Die Bezeichnung „betriebliches Gesundheitsmanagement“ macht bereits deutlich: Die Förderung von Gesundheit in Betrieben ist eine **Führungsaufgabe.** Übergeordnet steht der Grundsatz: Voraussetzung für psychisch gesundes Arbeiten sind **richtig dosierte Anforderungen** im Sinne einer Balance von Anforderungen und Ressourcen (→ 5.9.2).

In Betrieben steht neben der Förderung der psychosozialen Gesundheit die **Bewegungsförderung** im Zentrum, denn in vielen Bereichen führt die körperliche Unterforderung zu erheblichen gesundheitlichen Problemen vieler Beschäftigter. Zudem wirkt sich Bewegung positiv auf das Nervensystem und die Psyche aus (→ 3.4.4).

I-9.1.2 Lebensweltenansatz in der Gesundheitsförderung

So vielfältig die Arbeitswelt ist, so vielfältig sind auch mögliche Maßnahmen nach dem **Lebensweltenansatz** auf der Ebene des Individuums, der Ebene der Strukturen und der Partizipation. Entscheidend für die Themenauswahl im Bereich der psychosozialen Gesundheit sind vor allem die **Bedürfnisse des Unternehmens und der Beschäftigten.** Maßnahmen sind daher immer individuell auf den Betrieb zugeschnitten und entsprechend vielfältig. Folgende Bereiche und Inhalte können wichtig sein (AOK Fachportal für Arbeitgeber 2023, Deutsches Netzwerk für betriebliche Gesundheitsförderung o. J.):

Maßnahmen für ein gutes Betriebsklima:
- Unternehmensleitbild
- transparente Kommunikation, Weitergabe von Informationen
- gemeinsame Aktivitäten und Pausen

gesundheitsgerechte Mitarbeiterführung:
- klare Zuständigkeiten
- wertschätzendes Verhalten und gegenseitige Unterstützung von Vorgesetzten und Kolleginnen/Kollegen
- Übertragung von Verantwortung
- Anerkennung erbrachter Leistungen
- Potenziale der Vielfalt der Mitarbeiter nutzen, z. B. Erfahrungen älterer Beschäftigte, ethnisch-kulturelle Zugehörigkeiten
- Maßnahmen gegen Mobbing
- Unterstützung der Mitarbeiter bei persönlichen Belangen

Arbeitsplatzgestaltung:
- Aufgabenvielfalt und klare Aufgaben
- Gelegenheit zu Kontakten und zum Informationsaustausch
- Förderung intrinsisch motivierter Tätigkeiten
- hoher Entscheidungsspielraum
- flexible Arbeitszeiten
- Entgegenkommen von privat belasteten Beschäftigten
- ansprechende, ruhige Räume

Sicherheit:
- Arbeitsplatzsicherheit
- gute Bezahlung
- Einhalten des Arbeitsschutzes (→ I-9.2.5)

Partizipation:
- Beteiligung der Mitarbeiter bei der Aufgabenverteilung
- Mitarbeiterbefragungen
- Beteiligung der Mitarbeiter in Gremien und Arbeitsgruppen, z. B. zur betrieblichen Gesundheitsförderung
- Gestaltungsmöglichkeiten, z. B. bei Aufgaben, gemeinsamen Aktivitäten wie Festen

Förderung individueller Kompetenzen:
- Weiterbildung
- Aufstiegschancen
- Kurse zur Entspannung und zum Stressmanagement

Suchtmittelkonsum:
- Kurse zur Tabakentwöhnung
- rauchfreier Betrieb
- Hilfs- und Beratungsangebote

Bei der Umsetzung von Maßnahmen werden Managementstrategien genutzt. Beispielsweise kann zu Beginn der Ist-Zustand analysiert werden. Es werden Arbeitskreise oder Projektgruppen gebildet, die die Maßnahmen planen und umsetzen. Anschließend werden die Ergebnisse ausgewertet und in der weiteren Gestaltung der Maßnahmen berücksichtigt.

AUFGABEN

1. *In der kommenden Woche steht für Ihre Volleyballmannschaft ein Punktspiel an, das über den Verbleib in der derzeitigen Liga entscheidet. Seit ein paar Tagen kratzt ihr Hals. Sie hoffen, die Erkältung abschütteln zu können, sind aber zudem sehr traurig. Ihr Partner/Ihre Partnerin hat sich vor zwei Wochen von Ihnen getrennt, es passte nicht richtig.*
   a) Bewerten Sie die unterschiedlichen Reize nach dem Stressbewältigungsmodell nach Lazarus. Unterscheiden Sie dabei zwischen der primären und der sekundären Bewertung.
   b) Benennen Sie Ressourcen, auf die Sie zurückgreifen könnten.
   c) Erläutern Sie, welche Bewältigungsstrategien Sie anwenden könnten.

2. *Das systemische Anforderungs-Ressourcen-Modell kann darin unterstützen, die Anforderungen und Ressourcen des Individuums und seiner Umwelt zu analysieren und gesundheitsförderliche Maßnahmen zu entwickeln.*
   Sammeln Sie für das folgende Beispiel mögliche externe Anforderungen, externe Ressourcen sowie interne Anforderungen und interne Ressourcen und leiten Sie daraus jeweils mögliche Ansätze für gesundheitsförderliche Maßnahmen ab. Schreiben Sie im Sinne eines Brainstormings alle Ideen auf. Stellen Sie Ihre Ergebnisse tabellarisch dar.

Ines soll in der nächsten Stunde ein Referat vor ihrer Klasse halten. Sie ist aufgeregt: Kann sie die Inhalte gut wiedergeben? Ist der Aufbau des Referats geglückt? Noch dazu sind ihre Mitschüler aufgewühlt, eben gab es auf dem Schulhof Ärger. Und dann noch die Unsicherheit, ob die Technik funktioniert.

3. *Erstellen Sie eine Tabelle, in der Sie die vorgestellten Entspannungstechniken vergleichen:*
   - *Anforderungen, diese zu erlernen*
   - *Anforderungen, diese in den Alltag zu integrieren*

4. *Entwickeln Sie für sich einen Weg, vor Klausuren zu entspannen. Welche Techniken sind enthalten? Stellen Sie Ihren Weg einander vor.*

5. *Es gibt weitere Lebenswelten, z. B. die Familie. Überlegen Sie, wie Sie Ihre psychosoziale Gesundheit, die Ihrer Eltern, Geschwister und ggf. weiterer naher Angehöriger fördern können. Berücksichtigen Sie dabei die drei Ebenen:*
   - *individuelle Ebene: Stärkung der individuellen Kompetenzen und Ressourcen*
   - *Ebene der Strukturen: Entwicklung gesundheitsfördernder Rahmenbedingungen*
   - *Partizipation: systematische Einbindung von Personen*

5.10 Neurologische Erkrankungen und psychische Störungen

REUS

Schlaganfall, Alzheimerdemenz, unipolare Depression oder Essstörungen, so unterschiedlich diese Erkrankungen auch sind, eines haben sie gemeinsam: Sie betreffen alle das **Gehirn** und beruhen auf anatomischen und funktionellen **Veränderungen von Nervensystem und Psyche.**

Das Nervensystem ist eines der empfindlichsten Organe des Menschen. Es muss zum Erhalt der Lebensfunktionen mit großer Präzision arbeiten. Voraussetzung dafür ist, dass die **komplexen Strukturen intakt** sind und die **Stoffwechselprozesse störungsfrei** ablaufen. Treten schwere Störungen der elektrischen und biochemischen Prozesse auf oder werden Hirn- und Nervenstrukturen geschädigt, können neurologische Erkrankungen und psychische Störungen entstehen. Sie beeinflussen die Lebensqualität von Betroffenen oft beträchtlich.

5.10.1 Vorkommen, Ursachen, Risikofaktoren

Deutsche Gesellschaft für Neurologie: *www.dgn.org*

Neurologie: medizinische Fachdisziplin, die sich mit der Diagnostik, Therapie und Rehabilitation von Erkrankungen des Nervensystems beschäftigt

neurologische Erkrankungen: Krankheiten, die entweder das zentrale oder das periphere Nervensystem betreffen können

Deutsche Gesellschaft für Psychiatrie und Psychotherapie, Psychosomatik und Nervenheilkunde e.V.: *www.dgppn.de*

psychische Störung: Zustand, bei dem Denken, Empfinden, (Selbst-)Wahrnehmung und/oder das Verhalten der betroffenen Person deutliche Abweichungen von der gesellschaftlichen oder medizinischen Normvorstellung psychischer Funktionen zeigen

Neurologische Erkrankungen

Fehlfunktionen des komplexen Geflechts unzähliger Nervenzellen, die Gehirn und peripheres Nervensystem bilden, können durch innere und äußere Faktoren hervorgerufen werden und zu zahlreichen Krankheitsbildern führen. Die genauen Ursachen und Zusammenhänge sind dabei häufig noch unzureichend bekannt.

Zu den **häufigsten neurologischen Erkrankungen** in Deutschland zählen neben Demenzerkrankungen, Epilepsie, Schlaganfall (→ 5.11), Multipler Sklerose und Parkinson-Krankheit auch Kopfschmerzen und Migräne. Die bekannteste Form der Demenz ist die Alzheimerdemenz (→ 5.12). Wesentlicher Risikofaktor für einige dieser Krankheiten ist ein **höheres Lebensalter.** Mit Blick auf die Überalterung unserer Gesellschaft rücken daher Leiden wie Alzheimerdemenz oder Parkinson-Krankheit immer mehr in den Fokus. Schätzungsweise 1,8 Millionen Menschen sind in Deutschland von einer Demenz betroffen (Bundesministerium für Bildung und Forschung 2023).

Allein in Kliniken behandelten Neurologen hierzulande im Jahr 2017 fast 1 Million Patienten mit neurologischen Erkrankungen (Statistisches Bundesamt (Destatis) 2019a).

Neben den **nicht beeinflussbaren Krankheitsrisiken** Lebensalter und genetische Prädisposition hat die Forschung auch in gewissem Maß **regulierbare Faktoren** identifiziert, die die Gesundheit von Gehirn und Nervensystem deutlich beeinflussen (→ 2.1.1). Dazu zählen u.a. Umweltgifte, Ernährung, Bluthochdruck und Tabakkonsum. Positive Wirkungen entfalten dagegen mentale und physische Aktivität sowie die Vermeidung von Reizüberflutung und negativem Dauerstress. Auch nach Infektionskrankheiten wie einer **COVID-19-Infektion** (→ 8.7) kann es zu neurologischen Störungen kommen.

somatoforme Störungen: chronische Beschwerden, für die keine organische Ursache zu finden ist

Sabine, 54 Jahre alt, war beim Abiturball ihrer Tochter. Endlich durfte man wieder unbeschwert zusammen feiern.

Die Freundin hustete zwar ein wenig, doch ihr COVID-19-Test war vor einer Stunde noch negativ. Drei Tage später bemerkte Sabine Halsschmerzen und einen stark abgeschwächten Geruchssinn, gefolgt von körperlicher Erschöpfung. Der durchgeführte COVID-19-Test war positiv. Am nächsten Tag stellten sich noch starke Kopfschmerzen ein. Nachdem sich noch starker Husten dazugesellt hatte, verschwanden die Symptome nach ca. einer Woche, doch die Abgeschlagenheit und Müdigkeit sowie die rezidivierenden starken Kopfschmerzen blieben. Heute, 1 Jahr nach der Infektion, sind die körperliche und psychische Erschöpfung immer noch voll da, ein Fatigue-Syndrom mit Gedächtnis- und Konzentrationsstörungen hat sich entwickelt und die migränoiden Kopfschmerzen sind auch geblieben.

Psychische Störungen

Um eine Stigmatisierung zu vermeiden, wurde anstelle von „psychische Erkrankung" der als neutraler bewertete Begriff „psychische Störung" eingeführt; im Sprachgebrauch der Kostenträger (Krankenkassen, Rentenversicherungen), für die der Krankheitsbegriff eine elementare Voraussetzung für den Leistungsanspruch darstellt, wird die Umschreibung „Störung mit Krankheitswert" verwendet.

Aufgrund der engen anatomischen und funktionellen Verknüpfung ist es nachvollziehbar, dass somatische Erkrankungen des Nervensystems ebenso wie andere schwere oder chronische Erkrankungen häufig **psychische Beschwerden** hervorrufen können (Somatopsychologie). Umgekehrt können psychische Leiden einen Einfluss auf die Entstehung oder den Verlauf von neurologischen Erkrankungen haben, was als **Psychosomatik** bezeichnet wird (→ 5.8). Bei solchen Kombinationen gilt es also immer, das psychische und das körperliche Leiden gleichermaßen zu behandeln.

Darüber hinaus begünstigen psychische Störungen chronische Beschwerden, für die keine organische Ursache zu finden ist, sogenannte **somatoforme Störungen.** Diese zeigen sich vor allem durch Schmerzen in Rücken (→ 3.5.2), Bauch oder Gelenken, Verdauungsstörungen, Herz- oder Atemprobleme.

Ursachen und Risikofaktoren

Man geht davon aus, dass die Entstehung psychischer Störungen multifaktoriell bedingt ist. Dabei ist es individuell sehr unterschiedlich, welchen Einfluss **äußere** und **innere Auslöser** haben. In wissenschaftlichen Studien konnte jedoch gezeigt werden, dass Menschen, die in ihrer Kindheit positive Bindungserfahrungen gemacht haben und durch angemessene Frustrations- und Erfolgserlebnisse ein Gefühl der Selbstwirksamkeit entwickeln konnten, generell **resilienter** sind, also weniger anfällig für die Entwicklung psychischer Störungen (→ 5.9.1, → I-1.4.2).

Als **Ursachen und Risikofaktoren** für psychische Störungen, insbesondere Depressionen, gelten:

- körperliche Ursachen (z. B. Erkrankungen des Gehirns, Hormonstörungen, schwere chronische Krankheiten)
- weibliches Geschlecht
- genetische Prädisposition
- niedriger sozioökonomischer Status (→ I-3.2.4)
- Stress und soziale Konflikte
- hohe persönliche Verletzlichkeit (Vulnerabilität) (→ 5.13.2)/geringe Widerstandsfähigkeit (Resilienz)
- persönliche Lebenseinstellung
- Medikamente
- schädliche Substanzen (z. B. Drogen, Umweltgifte)
- kritische Lebensereignisse (z. B. Unfall, Katastrophe)

Die Festlegung, ab wann bei einem Menschen eine psychische Störung vorliegt, ist eine Herausforderung. Der Übergang vom gesunden Zustand zur Krankheit ist – insbesondere im Zeitraum des Beginns der Störung – ein kontinuierlicher. Die Angabe eines diesbezüglichen Schwellenwertes ist kaum möglich, zur Diagnosestellung nach ICD-10 bzw. DSM-5 (→ 2.1.4) aber meist notwendig. Hierfür wird neben der Beurteilung **subjektiver** Aspekte, vor allem des inneren Erlebens und des persönlichen **Leidensdrucks** des Patienten, die **objektive** Feststellung einer **Abweichung von der Norm** herangezogen. Die Festlegung dieser Norm ist jedoch stark abhängig von in der Gesellschaft vorherrschenden Vorstellungen sowie dem aktuellen Stand der Forschung und somit eine veränderliche Größe.

Eine **akute Belastungsreaktion** (z. B. nach Verkehrsunfall mit Tod eines nahestehenden Menschen) gilt als normale Reaktion auf ein psychisch belastendes Ereignis. Bei Fortbestehen der psychischen Belastung kann sie jedoch in eine **Posttraumatische Belastungsstörung (PTBS)** mit Krankheitswert übergehen. Bei der Beurteilung des Ausmaßes der Trauerreaktion darf aber auch der kulturelle Kontext – und somit die Normvorstellungen in der jeweiligen Gesellschaft – nicht außer Acht gelassen werden.

Sehen Sie sich unter www.neurologen-und-psychiater-im-netz.org/psychiatrie-psychosomatik-psychotherapie/erkrankungen/persoenlichkeitsstoerungen/krankheitsbilder die Übersicht zu den drei großen Gruppen der Persönlichkeitsstörungen an.

a) Diskutieren Sie, wo Ihrer Meinung nach die Übergänge zwischen auffälligen Persönlichkeitsmerkmalen und Persönlichkeitsstörungen liegen.

b) Welche Personen des öffentlichen Lebens (Schauspieler, Musiker, Politiker, Wissenschaftler) fallen Ihnen spontan zu jeder der beschriebenen Persönlichkeitsgruppen ein?

Vorkommen und volkswirtschaftliche Aspekte

Laut Weltgesundheitsorganisation erkrankt jede dritte Person mindestens einmal in ihrem Leben an einer Depression oder einer anderen psychischen Störung (Bundesministerium für Bildung und Forschung 2023).

Der Anteil der **Kinder und Jugendlichen bis 18 Jahre,** die im Jahresverlauf mindestens eine Diagnose einer psychischen Störung erhielten, stieg von 23 % im Jahr 2009 auf 28 % im Jahr 2017 an (Steffen u. a. 2018). Eine Hochrechnung der DAK-Gesundheit im Jahr 2019 ergab ebenfalls einen Anteil von 27 % bzgl. psychischer Störungen im Allgemeinen, wobei Entwicklungsstörungen die mit Abstand häufigste Diagnose darstellten. Depressionen und Angststörungen waren bei 1,9 % der 10- bis 17-Jährigen zu finden (Storm 2019).

Kinder- und Jugendtelefon – anonym und kostenlos: *www.nummergegenkummer.de/*

DSM:
Diagnostic and Statistical Manual of Mental Disorders (Diagnostischer und statistischer Leitfaden psychischer Störungen); von der American Psychiatric Association (APA) herausgegebenes Standardwerk für die Diagnose und Klassifikation von psychischen Störungen

Entwicklungsstörungen:
in der (frühen) Kindheit beginnende einzelne oder kombinierte Entwicklungseinschränkungen oder -verzögerungen von Funktionen, die mit der biologischen Reifung des ZNS zusammenhängen (z. B. Sprache, Motorik, schulische Funktionen)

Anpassungsstörung: eine nach einem belastenden Ereignis auftretende psychische Reaktion; eine Anpassungsstörung wird diagnostiziert, wenn die Reaktion länger als ein halbes Jahr anhält

Eigenanamnese: Befragung des Patienten zu Symptomen und Krankengeschichte

Fremdanamnese: Befragung Dritter (Eltern bei Kleinkindern, Angehörige, Freunde usw.) zum Gesundheitszustand des Patienten

Elektroenzephalografie: EEG; neurophysiologische Untersuchungsmethode, mit der die spontane elektrische Aktivität des Gehirns abgeleitet und aufgezeichnet werden kann

Bundesweit erfüllt mehr als jeder vierte **Erwachsene (etwa 18 Millionen)** im Zeitraum eines Jahres die Kriterien einer psychischen Störung wie Depression, Angststörung oder Störungen durch Alkohol- oder Medikamentengebrauch (Deutsche Gesellschaft für Psychiatrie und Psychotherapie, Psychosomatik und Nervenheilkunde 2019). Zu dem massiven Leid, verbunden mit schwerwiegenden **Einschränkungen im sozialen Leben,** ergeben sich für die Betroffenen in der Regel auch **Auswirkungen auf das Berufsleben.**

Seit 1997 hat sich die Zahl der **Fehltage am Arbeitsplatz** infolge einer depressiven Störung oder einer Anpassungsstörung mehr als verdreifacht und ist damit seit Jahren die bei Weitem auffälligste Entwicklung im Arbeitsunfähigkeitsgeschehen. Laut einer Hochrechnung der DAK-Gesundheit waren in 2018 **2,2 Millionen Arbeitnehmer** betroffen, darunter doppelt so viele Frauen wie Männer. Bundesweit lagen bei den zu Arbeitsausfällen führenden Krankheitsarten die psychischen Leiden an dritter Stelle (DAK-Gesundheit 2019). Darüber hinaus sind psychische Störungen auch der häufigste Grund für **Frühberentungen.**

Die Folge für Unternehmen und Volkswirtschaft sind Belastungen in Milliardenhöhe. So betrugen allein die **Krankheitskosten** für psychische Störungen im Jahr 2015 44,4 Milliarden Euro (Statistisches Bundesamt (Destatis) 2019b). Die **Produktionsausfallkosten aufgrund von Arbeitsunfähigkeit** durch psychische und Verhaltensstörungen lagen 2022 bei 17,2 Milliarden Euro (Bundesanstalt für Arbeitsschutz und Arbeitsmedizin 2022).

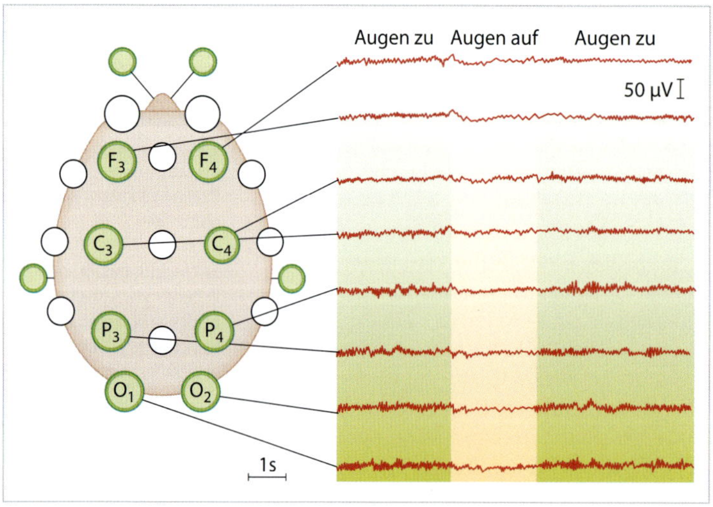

Abb. 44 Anlegen und Ergebnisse eines EEG

5.10.2 Diagnostik

Diagnostik neurologischer Erkrankungen

Bei neurologischen Erkrankungen haben sich die Möglichkeiten zur Diagnose in den letzten Jahren enorm gebessert, sodass die Erkrankungen häufig genau lokalisiert und zum Teil gezielt behandelt werden können.

Neben der **Eigenanamnese,** die gerade bei einigen neurologischen Erkrankungen, beispielsweise Schlaganfall oder Demenz, fehlerbehaftet oder gar unmöglich sein kann, ist die **Fremdanamnese** wichtiger Bestandteil der Diagnostik (→ I-10.1.1). Die Besonderheit besteht in der Erfassung von einerseits neurologischen, andererseits psychischen Komponenten des Krankheitsgeschehens. Diese Komplexität verlangt vonseiten der behandelnden Person hohe Sensibilität.

Auf die Anamnese folgt die **neurologische Untersuchung** als wichtige Grundlage für die Diagnosestellung. Einen Überblick darüber gibt → Tab. 2.

Führen Sie den Unterberger Tretversuch zur Prüfung der Koordination durch: Treten Sie dabei mit geschlossenen Augen gleichmäßig auf der Stelle (50 Schritte).
Eine Abweichung der Standposition um mehr als 45° gilt als positives Testergebnis und weist auf eine Störung der Reflexbahnen zwischen den Gleichgewichtszentren im Gehirn und dem Rückenmark hin.

Mit **neurophysiologischen Untersuchungen** kann die Funktionsfähigkeit von Nerven überprüft werden.

Diagnostische Rückschlüsse vor allem bei Anfällen (z. B. Epilepsie), entzündlichen Hirnerkrankungen, Tumoren oder Traumaschäden ermöglicht das Verfahren der **Elektroenzephalografie (EEG).** Durch das Anbringen von befeuchteten Metallplättchen (Elektroden) an bestimmten Stellen der Kopfhaut kann die spontane elektrische Aktivität des Gehirns abgeleitet und aufgezeichnet werden (→ Abb. 44). Je nach Zustand des Patienten (Tiefschlaf-, Traum-, Wachphase usw.) zeigen die Signale ein unterschied-

Tab. 2 Neurologische Untersuchung – Übersicht über die wichtigsten Schritte

Art der Untersuchung	Untersuchte Funktion bzw. Körperflüssigkeit	Beschreibung und Beispiele
Inspektion		Gangbild, Haltung, Gleichgewicht
internistische Untersuchung		Herzfunktion, Atmung, große Halsgefäße, Arm- und Fußpulse
neurologische Untersuchung	Funktion der Hirnnerven	Riech-, Schmeck-, Hör-, Schluck- und Sprechfähigkeit, Symmetrie der Gesichtsmimik, erhöhter Hirndruck
	Reflexe im Seitenvergleich (→ 5.5)	• Muskeleigen- und Muskeldehnungsreflexe, z. B. Achillessehnenreflex, Patellarsehnenreflex • Fremdreflexe, z. B. Bauchhautreflex • pathologische Reflexe (Hinweis auf Hirnläsionen), z. B. Babinskireflex bei Multipler Sklerose
	Motorik	Seitengleichheit der passiven Beweglichkeit, Seitengleichheit der aktiven Muskeln, Feststellung von Muskellähmungen
	Koordination	Finger-Nase-Berührung, Einbeinstand, Romberg-Versuch zur Gleichgewichtstestung
	Sensibilität	Schmerz, Temperatur, Druck, Berührung durch Reizung oder Bestreichen der Haut; Tiefensensibilitat mittels angeschlagener Stimmgabel auf Knochenvorsprüngen
	vegetative Funktionen	Befragung zu Blasen- und Darmfunktion, Atembeobachtung, Beobachtung von Hautreaktionen nach Reizung
neuropsychologische Untersuchung	kognitive und psychische Funktionen	• Wahrnehmung, Sprache, Aufmerksamkeit, Gedächtnis, exekutive Funktionen (z. B. Planen oder Probleme lösen), intellektuelles Leistungsvermögen (z. B. Sprach- und Rechenverständnis), Affektivität und Persönlichkeit • Beispiel: Feststellung von kognitiven Problemen und Konzentrations- und Gedächtnisproblemen bei Long-COVID
Laboruntersuchung	Blut, Urin	verschiedene Parameter zur Bestimmung von Stoffwechselerkrankungen, entzündlichen Prozessen, Speicherkrankheiten
	Liquor	Lumbalpunktion zur Gewinnung von Gehirn-Rückenmarks-Flüssigkeit; Untersuchung auf Erkrankungen des ZNS, z. B. Lyme-Borreliose, Multiple Sklerose
apparative Untersuchung		Sonografie (Gewebe- und Gefäßveränderungen), CT und MRT (Diagnostik von z. B. Tumoren, Blutungen, Bandscheibenvorfällen), Angiografie (Durchlässigkeit von Gefäßen)

liches Aussehen. Auch zur Bestimmung der Koma-/Narkosetiefe und des Hirntods (→ 12.7.3) kommt die Methode zum Einsatz.

Bei der **Elektromyografie (EMG)** ermittelt der Neurologe mittels Aktivierung von Muskeln durch elektrische Signale, ob eine Schädigung den Muskel selbst oder den ihn versorgenden Nerv betrifft. Dieser Test wird häufig mit der Bestimmung der Nervenleitgeschwindigkeit einzelner Nerven durch die **Elektroneurografie (ENG)** kombiniert.

Im Rahmen der **neuropsychologischen Testung** wird anhand der Anamnese, von Verhaltensbeobachtungen und speziellen standardisierten psychologischen Testverfahren der aktuelle kognitive und affektive Zustand festgestellt. Dabei können z. B. Konzentrations- und Gedächtnisprobleme im Rahmen von **Long COVID** objektiviert werden.

Diagnostik psychischer Störungen

Ergänzend zu einer ausführlichen **Anamnese** und **Verhaltensbeobachtung** des Patienten soll bei der Diagnostik psychischer Störungen zum Ausschluss körperlicher und hirnorganischer Ursachen grundsätzlich auch die neurologische Komponente mittels **Bildgebung, elektrophysiologischer und Laboruntersuchungen** (→ Tab. 2) einbezogen werden.

Durch **Tests** und **standardisierte Fragebögen** (→ I-10.1.3) grenzt der Psychiater oder Psychotherapeut die Störung weiter ein und von anderen Störungen ab, um eine Klassifizierung nach der ICD-10 vornehmen zu können. Ergänzend kann zur Diagnose das DSM-5 herangezogen werden (→ 2.1.4). Im Rahmen von **Long COVID** oder des **Post-COVID-Syndroms** (→ 8.7.5) tritt häufig eine **Fatigue** auf, ein sich durch Schlaf oder Erholung nicht besserndes Erschöpfungssyndrom. Für die Diagnostik ei-

Speicherkrankheiten: Erkrankungen, die durch Ablagerungen verschiedener Stoffe in Zellen oder Organen verursacht werden, z. B. Amyloid im Gehirn

Lumbalpunktion: Entnahme von Liquor aus dem unteren Rückenmarkskanal mittels einer Punktionsnadel

Unterbringung:
Einweisung in die geschlossene Abteilung einer Klinik ohne oder gegen den Willen des Betroffenen

Verschiedene psychologische Tests: *www.therapie.de/psyche/info*

Approbation:
staatliche Zulassung zur selbstständigen und eigenverantwortlichen Ausübung einer Tätigkeit als Arzt, Zahnarzt, Psychologischer Psychotherapeut, Kinder- und Jugendlichenpsychotherapeut, Apotheker

Psychotherapie:
Gesamtheit der psychologischen Verfahren zur Heilung oder Linderung von Störungen im psychischen Bereich, in den sozialen Beziehungen, im Verhalten oder in bestimmten Körperfunktionen

5.13.5 Psychotherapie bei unipolarer Depression

Psychoedukation:
Aufklärung von Patienten und ihren Angehörigen über eine Krankheit und ihre Behandlung; Ziele: Krankheitsverständnis, Förderung eines selbstverantwortlichen Umgangs mit der Krankheit, Unterstützung bei der Krankheitsbewältigung

Phobie:
krankhafte Angst

ner Fatigue stehen u.a. Selbstauskunftsinstrumente (sogenannte „Patient Reported Outcome Measures", PROMs) wie die Fatigue Skala zur Verfügung (Deutsche Gesellschaft für Pneumonologie und Beatmungsmedizin e.V. 2023).

Ein wichtiger Aspekt bei der Diagnostik psychischer Störungen ist die Beurteilung einer **Selbst- oder Fremdgefährdung (Suizidalität),** die eine Unterbringung des Patienten – mitunter auch gegen seinen Willen per Gerichtsbeschluss – notwendig macht.

5.10.3 Therapie

Therapie neurologischer Erkrankungen

Eine Heilung ist bei vielen neurologischen Krankheiten wie z.B. bei Multipler Sklerose oder bei Alzheimerdemenz bisher nicht möglich. Das Krankheitsstadium bzw. der Grad der neurologischen Schädigung, z.B. bei einem Schlaganfall, sind oft entscheidende Aspekte für den Erfolg einer Therapie. Mithilfe von Medikamenten und bildgebenden Verfahren kann der Verlauf einiger neurologischer Krankheiten aber günstig beeinflusst werden. Folgende Therapien (→ I-10.2.4) kommen dabei zum Einsatz:

- **Arzneimitteltherapie:** z.B. bei Epilepsie, Multipler Sklerose, Alzheimerdemenz
- **neurochirurgische Behandlung:** z.B. bei Schlaganfall, Parkinson
- **Heilmittel:** Physiotherapie, Ergotherapie, Logopädie
- **Psychotherapie**

Therapie psychischer Störungen

Die beiden Hauptsäulen in der Behandlung psychischer Störungen bilden die **Psychotherapie** (nicht medikamentöse Therapie) und die **Pharmakotherapie** (medikamentöse Therapie). Welche der beiden Therapieformen den Behandlungsschwerpunkt bildet, ist abhängig von Art und Schweregrad der Störung. In der Regel erfolgt die Therapie psychischer Störungen ambulant. Bei einer sehr schweren Störung kann es notwendig sein, den Betroffenen stationär zu behandeln.

Als wichtiger therapeutischer Baustein hat sich in den letzten Jahren die **Psychoedukation** etabliert, die eine systematische Vermittlung wissenschaftlicher Informationen zu psychischen Störungsbildern darstellt, das störungsbedingte Geschehen für Patienten und Angehörige nachvollziehbar machen soll und den selbstverantwortlichen Umgang mit der Störung fördert. Zudem existieren eine Vielzahl ergänzender therapeutischer Verfahren wie Entspannungsverfahren oder Ergotherapie, aber auch somatische Verfahren wie die Elektrokrampftherapie oder die Hirnstimulation mit Magneten oder Implantaten.

Psychotherapie

Zur Anwendung der heilkundlichen Psychotherapie sind folgende Berufsgruppen berechtigt:

- **ärztliche Psychotherapeuten:** Ärzte mit der Zusatzbezeichnung Psychotherapie
- **psychologische Psychotherapeuten:** Psychologen mit Approbation nach dem Psychotherapeutengesetz
- **Kinder- und Jugendlichen-Psychotherapeuten:** Psychologen, Sozialpädagogen oder Pädagogen mit Approbation nach dem Psychotherapeutengesetz
- **Heilpraktiker und Heilpraktiker für Psychotherapie:** in Besitz der staatlichen Heilkundeerlaubnis nach dem Heilpraktikergesetz und Prüfung durch das Gesundheitsamt; ihr Therapieangebot wird jedoch nicht von den gesetzlichen Krankenkassen erstattet.

Unter **Psychotherapie** wird die Gesamtheit der psychologischen Verfahren zur Heilung oder Linderung von Störungen im psychischen Bereich, in den sozialen Beziehungen, im Verhalten oder in bestimmten Körperfunktionen verstanden. Da es sehr viele Verfahren gibt, entscheidet der Gemeinsame Bundesausschuss (G-BA), welches Verfahren als **„wissenschaftlich begründete" Psychotherapie** in die Psychotherapie-Richtlinie aufgenommen und somit durch die gesetzlichen Krankenkassen erstattet wird. Dies sind momentan:

- kognitive Verhaltenstherapie
- analytische Psychotherapie
- tiefenpsychologisch fundierte Psychotherapie
- systemische Therapie

Die **kognitive Verhaltenstherapie** hat ihren Ursprung in der Lerntheorie. Sie beruht auf der Annahme, dass das problematische Verhalten im Laufe des Lebens erlernt wurde und durch therapeutisch begleitete Lernprozesse wieder „verlernt" bzw. durch angemessene Verhaltens- und Erlebensmuster ersetzt werden kann (Konditionierung, → 5.8.2, → I-3.5.4). Sie ist problemorientiert und verknüpft das Verhalten des Patienten mit kognitiven Elementen, sodass auch seine Gedanken, sein Erleben und seine Gefühle mit einbezogen werden. Zum Einsatz kommen z. B. Übungsprogramme, in denen immer wiederkehrende Muster einstudiert werden, oder Konfrontationstherapien bei der Behandlung von Phobien.

Welche psychischen Störungen fallen Ihnen ein, die als verhaltenstherapeutisch gut behandelbar gelten?

Die **analytische Psychotherapie** geht auf Sigmund Freud zurück. Sie beruht auf der Annahme, dass der Mensch im Laufe seiner Entwicklung bestimmte Prägungen erfährt, die darüber entscheiden, wie man mit Herausforderungen und Konflikten umgeht. Psychische Störungen können das Ergebnis von nicht bewältigten Entwicklungsschritten, inneren Konflikten oder Traumata sein. Therapeut und Patient legen das Verdrängte offen und strukturieren die Persönlichkeit um, indem der Patient innerlich an jenen Punkt in seiner Entwicklung zurückgeht, an dem die Störung eingesetzt hat, um von dort aus einen Neustart im Schutz der therapeutischen Beziehung zu versuchen.

In seinem Strukturmodell unterscheidet Freud drei Instanzen, die bestimmte Funktionen erfüllen. Das **Es** beschreibt die Triebwünsche, Bedürfnisse und Affekte eines Menschen. Das Es ist vollständig unbewusst. Im **Über-Ich** ist nach Freud das Gewissen angesiedelt, das hauptsächlich durch Erziehung geformt wird und sich durch verinnerlichte Werte und Normen der Gesellschaft, insbesondere der Eltern auszeichnet. Erst durch die Entwicklung des Über-Ichs ist der Mensch in der Lage, sich sozial angepasst zu verhalten und seine Triebwünsche zu kontrollieren. Das **Ich** ist die Instanz, die zwischen den Triebwünschen des Es, den Geboten und Verboten des Über-Ichs und den Ansprüchen der Umwelt vermittelt.

Die **tiefenpsychologisch fundierte Psychotherapie** hat sich aus der analytischen Psychotherapie entwickelt. Auch sie geht davon aus, dass der Störung ein innerpsychischer Konflikt zugrunde liegt. Der Fokus liegt aber auf der Behandlung von Konflikten und Entwicklungsstörungen, die in der aktuellen Lebenssituation auftreten, also mehr im Hier und Jetzt angesiedelt sind. Der Patient soll durch Einsichten in Zusammenhänge und Ursachen seiner Probleme Veränderungen in seinem Erleben oder Verhalten anstreben. Weit in die frühe Kindheit zurückreichende Störungen spielen dabei keine zentrale Rolle.

Die **systemische Therapie** wurde aus der therapeutischen Arbeit mit Familien entwickelt. Sie beruht auf der Annahme, dass die Ursachen der Probleme und der Schlüssel zu ihrer Veränderung und Überwindung weniger in dem Patienten allein liegen, sondern auf einer Störung der Verhaltens- und Kommunikationsmuster eines Systems, z. B. der Familie oder des Arbeitsumfelds, beruhen. Ziel der Therapie ist es, diese Störungen im System zu identifizieren und mit dem Patienten neue Perspektiven und Handlungsmöglichkeiten zu erarbeiten. Zum Einsatz kommen oft auch metaphorische, d. h. bildliche, Techniken, wie das Aufstellen von sogenannten Skulpturen. Dabei werden unbelebte Gegenstände oder Personen als Repräsentanten der Mitglieder des betreffenden Systems derart im Raum aufgestellt, dass ihre Position und Haltung ein Bild der familiären Beziehungen ergeben.

Neben diesen großen Schulen gibt es andere psychotherapeutische Verfahren, die von Bedeutung sind, wie Gesprächspsychotherapie, Gestalttherapie, Hypnose, Musiktherapie oder Kunsttherapie. Ergänzend werden zu diesen „Präsenztherapien" inzwischen auch auf elektronischen Medien basierende Therapien per **Internet** und **Video-Telefonat** angeboten.

Welche Therapieform für einen Betroffenen geeignet ist, hängt von einer Vielzahl von Faktoren wie dem genauen Störungsbild, dem Leidensdruck des Patienten sowie seinen Interessen und dem Ausmaß seiner Therapiebereitschaft ab. In allen psychotherapeutischen Verfahren spielt die Beziehung zwischen Therapeut und Klient eine entscheidende Rolle.

Bei der **Suche nach einem Therapieplatz** stehen verschiedene Anlaufstellen zur Verfügung, z. B. Hausärzte, Krankenkasse, psychologische Beratungsstellen und die Terminservicestelle der Kassenärztlichen Vereinigung. Dennoch kann es in einigen Regionen Deutschlands schwierig sein, einen Therapeuten zu finden, der Zeit hat. Zudem müssen Patient und Therapeut zueinander passen. In den ersten Sitzungen, den sogenannten probatorischen Sitzungen, können Patient und Therapeut sich kennenlernen, gemeinsam Therapieziele bestimmen und die Behandlungsmethode ausprobieren und festlegen. Danach ist die Psychotherapie eine antragspflichtige Leistung, das heißt, es muss ein **Antrag** bei der Krankenkasse des Patienten gestellt werden. Mit diesem Antrag wird auch die Dauer der Therapie, also die Anzahl der Sitzungen, festlegt, die sich zwischen den einzelnen Verfahren unterscheidet und abhängig von der Schwere der Störung ist. Der Antrag muss bewilligt werden, bevor die Therapie beginnt.

Medikamentöse Therapie

Die medikamentöse Therapie wird oft von Hausärzten, aber auch von Fachärzten für Psychiatrie und Psychotherapie bzw. Nervenheilkunde und Fachärzten für Psychosomatische Medizin und Psychotherapie durchgeführt.

Für die Therapie psychischer Störungen werden in der Regel Psychopharmaka verabreicht, die auf Stoffwechselvorgänge im Gehirn wirken. Manche von ihnen können zu Abhängigkeit führen und zum Teil schwere Nebenwirkungen wie Herzrhythmusstörungen, Schlafstörungen oder Magen- und Darmbeschwerden verursachen. Ihr Einsatz wird daher sorgsam abgewogen, ist aber bei akuten psychischen Krisen wegen des schnelleren Wirkeintritts im Vergleich zu psychotherapeutischen Maßnahmen häufig angezeigt. Die Substanzgruppen, die dabei vorrangig Verwendung finden, sowie ihre Wirkmechanismen und Nebenwirkungen sind in → Tab. 3 dargestellt.

AUFGABEN

Informieren Sie sich über die „soziale Phobie" (F40.1 nach ICD-10).

a) Zu welcher Kategorie psychischer Störungen wird sie gezählt, wo liegen die Unterschiede zur ängstlich-vermeidenden Persönlichkeitsstörung?
b) Nennen Sie die Symptome, die für die Diagnosestellung vorliegen müssen.
c) Führen Sie aus, welche Ursachen aus psychoanalytischer und welche aus lerntheoretischer Sicht für die soziale Phobie infrage kommen.
d) Welche therapeutischen Möglichkeiten gibt es für die Behandlung der sozialen Phobie?

Tab. 3 Psychopharmaka – bedeutende Substanzgruppen und ihre Anwendung und Wirkung

Substanzgruppe	Anwendungsbereiche	Wirkungen	Nebenwirkungen
Antipsychotika	• Halluzinationen • Wahnvorstellungen • bipolare Störungen • Manie (gesteigerter Antrieb und extreme Hochstimmung) • Demenz mit starker Unruhe oder Verwirrtheit • Depressionen mit Wahnvorstellungen	• Nervendämpfungsmittel • Blockade der Dopaminrezeptoren im Gehirn, an der Postsynapse kann keine Wirkung erfolgen	• extrapyramidale Symptome wie unwillkürliches Zucken im Mund-, Zungenbereich und Blickkrämpfe, Schmatzen, Augenbewegungen • verlangsamte Reaktionsfähigkeit • Gewichtszunahme • sexuelle Störungen
Antidepressiva (→ 5.13.5)	• Depressionen • Angststörungen • Zwangsstörungen • posttraumatische Belastungsstörungen (verzögerte psychische Störung auf ein extrem belastendes Ereignis oder eine Bedrohung)	• stimmungsverbessernd, angstlösend, beruhigend, stimmungsaufhellend • Wiederaufnahme der Transmitter Serotonin und/oder Noradrenalin im synaptischen Spalt wird gehemmt → langfristig Abnahme von Empfindlichkeit und Anzahl der Autorezeptoren der Präsynapse und somit längere Wirkung des Serotonins an der Postsynapse	• Gefahr des Suizids steigt zu Beginn der Therapie, da der Antrieb positiv beeinflusst wird, bevor die Stimmung sich aufhellt (→ 5.13.5) • Leberschäden • Kreislaufstörungen • Mundtrockenheit • Unruhe • Magen-Darm-Störungen
Anxiolytika (Sedativa, Tranquilizer)	• Angststörungen • Schlafstörungen • Depressionen und Psychosen mit starker Unruhe	• Beruhigungsmittel, angstlösend, beruhigend, muskelentspannend und schlaffördernd • verstärken den beruhigenden, dämpfenden Effekt von GABA • pflanzliche Mittel wie Hopfen, Baldrian, Melisse mit unbekanntem Wirkmechanismus	• Abhängigkeit von Benzodiazepinen (→ 5.14) • Müdigkeit • Schwindel • Benommenheit

5.11 Schlaganfall

REUS

Behandlungskette bei Schlaganfall

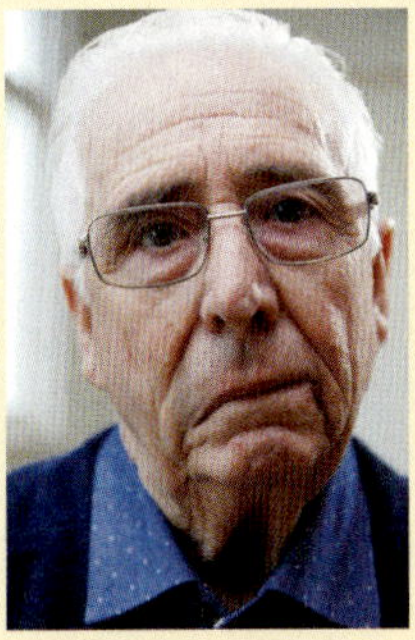

Herr Behrend, 79 Jahre alt, telefoniert mit einem Freund. Plötzlich fällt ihm der Telefonhörer aus der Hand und er kann nur noch unverständlich reden. Als die Tochter aus der Küche herbeieilt, fällt ihr der hängende Mundwinkel rechts auf. Herr Behrend kann auf Nachfragen nicht angeben, welcher Tag aktuell ist. Die Tochter informiert sofort den Notarzt.

Bestenfalls Fallbegleitung: Ein Case Manager koordiniert den gesamten Behandlungsprozess des Patienten und begleitet ihn in Rehabilitation und Nachsorge.

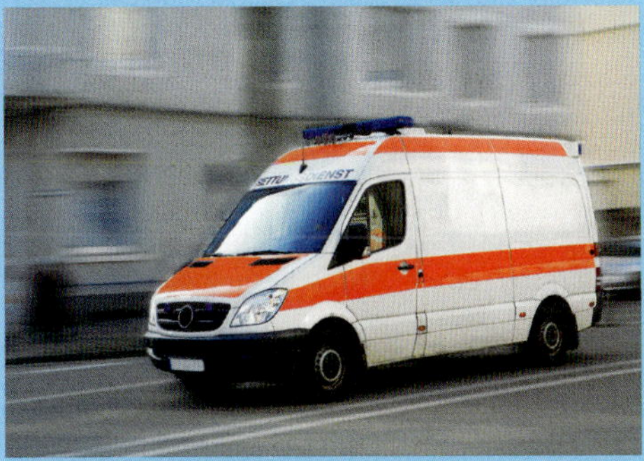

Erstversorgung im Rettungswagen

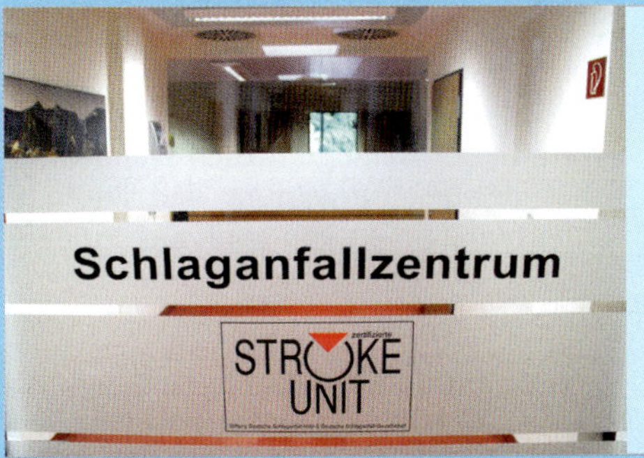

- Neurologen
- Neurochirurgen
- Neuroradiologen
- Kardiologen
- Internisten
- Physiotherapeuten
- Ergotherapeuten
- Logopäden
- Neuropsychologen
- spezialisierte Pflegefachpersonen

Behandlung in einer Stroke Unit: Abteilung eines Krankenhauses, die auf Schlaganfallpatienten spezialisiert ist

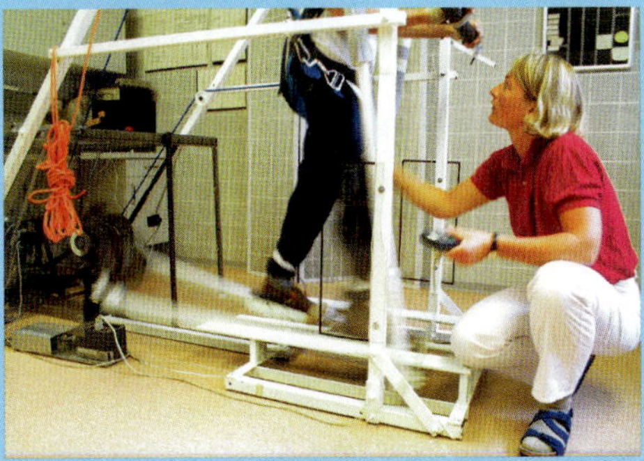

Neurologische Rehabilitation

1. *Informieren Sie sich, wo bei Ihnen die nächstgelegene Stroke Unit ist.*
2. *Kennen Sie Menschen, die einen Schlaganfall erlitten haben? Tragen Sie zusammen, welche Einschränkungen diese Menschen in ihrem Leben haben.*
3. *Die Bilder zeigen Phasen und Akteure in der Behandlung von Schlaganfall. Stellen Sie Hypothesen auf: Warum sind eine engmaschige Begleitung und das Zusammenspiel der Versorgungsbereiche bei Schlaganfall besonders wichtig?*

Schlaganfall:
Apoplex; engl. stroke; akute Durchblutungsstörung im Gehirn, verursacht durch einen Gefäßverschluss oder eine Blutung, die zu einem Ausfall von Hirnfunktionen führt

Der **Schlaganfall (Apoplex)** wird durch eine akute Störung der Blutversorgung im Gehirn verursacht. Es handelt sich dabei um einen absoluten **medizinischen Notfall,** der unverzüglich der Behandlung bedarf. Jede Sekunde Zeitverlust bedeutet im schlimmsten Fall unwiederbringlichen Verlust an Gehirnzellen und damit verbundene körperliche und geistige Einschränkungen.

5.11.1 Vorkommen

Der Schlaganfall ist weltweit die zweithäufigste Todesursache und eine wichtige Ursache für Behinderung im Erwachsenenalter. Etwa **270 000 Menschen** in Deutschland erleiden pro Jahr einen Schlaganfall. Nach Ergebnissen der Studie GEDA 2014/2015-EHIS hatten insgesamt 1,6 % der Erwachsenen in Deutschland in den letzten 12 Monaten einen Schlaganfall oder chronische Beschwerden infolge eines Schlaganfalls (Busch, Kuhnert 2017).

ischämisch:
mangelnde oder fehlende arterielle Durchblutung

hämorrhagisch:
Blutung auslösend oder betreffend

Thrombus:
Blutgerinnsel, das in einem Gefäß oder im Herzen entsteht und zum arteriellen oder venösen Verschluss führen kann

Embolus:
körpereigene (z. B. Thrombus) oder körperfremde (z. B. Fetttropfen, Luftblasen) Substanzen, die auf dem Blutweg in ein Gefäß gelangen und dieses plötzlich verschließen

Es handelt sich bei den Betroffenen überwiegend um ältere Personen, Schlaganfälle kommen aber prinzipiell in jeder Altersgruppe vor. Bei Frauen zeigt sich eine Abhängigkeit vom Sozialstatus: Je höher dieser ist, desto niedriger fällt die 12-Monats-Prävalenz aus (→ Tab. 4).

Durch den **demografischen Wandel** mit steigender Lebenserwartung und sinkender Geburtenrate (→ I-3.2) wird die Inzidenz der stark altersabhängigen Erkrankungen – so auch der Schlaganfall – in den nächsten Jahrzehnten deutlich ansteigen.

Hochrechnungen in Hessen zeigen, dass dort bis zum Jahr 2050 ein Anwachsen der Schlaganfall-Patientenzahlen von momentan 20 000 jährlich auf 35 000 zu erwarten ist (Foerch u. a. 2008).

5.11.2 Ursachen und Krankheitsentstehung

Bei einem Schlaganfall handelt es sich immer um eine **Durchblutungsstörung im Gehirn.** Bei der Genese werden zwei große Gruppen unterschieden (→ Abb. 45):

- **Hirninfarkt: ischämischer Schlaganfall**
- **Hirnblutung: hämorrhagischer Schlaganfall**

Entstehung eines Schlaganfalls

Bei einem **ischämischen Schlaganfall** verschließt ein **Thrombus oder Embolus** ein Gefäß, das Hirnareale mit Blut versorgt, sodass die Gehirnzellen in diesem Bereich nicht ausreichend Sauerstoff und Nährstoffe erhalten und abzusterben drohen (→ Abb. 45). Dabei ist zu 90 % die linke Hirnhälfte betroffen.

Der **hämorrhagische Schlaganfall** hingegen wird durch eine Blutung verursacht, beispiels-

Tab. 4 12-Monats-Prävalenz des Schlaganfalls oder chronische Beschwerden infolge eines Schlaganfalls (GEDA 2014/2015, KI = Konfidenzintervalle → I-2.2.2) (Busch, Kuhnert 2017)

Frauen	%	(95 %-KI)
Frauen gesamt	**1,7**	**(1,4–2,0)**
Alter		
18–44 Jahre	0,3	(0,1–0,6)
45–54 Jahre	0,5	(0,2–1,0)
55–64 Jahre	1,3	(0,8–2,0)
65–74 Jahre	3,4	(2,5–4,7)
≥ 75 Jahre	6,4	(4,8–8,5)
Bildung		
untere Bildungsgruppe	3,6	(2,7–4,7)
mittlere Bildungsgruppe	1,2	(0,9–1,6)
obere Bildungsgruppe	0,6	(0,4–1,1)
gesamt: Frauen und Männer	**1,6**	**(1,4–1,8)**

Männer	%	(95 %-KI)
Männer gesamt	**1,5**	**(1,3–1,8)**
Alter		
18–44 Jahre	0,1	(0,0–0,4)
45–54 Jahre	0,9	(0,5–1,5)
55–64 Jahre	1,6	(1,1–2,5)
65–74 Jahre	3,8	(2,8–5,2)
≥ 75 Jahre	6,1	(4,7–8,0)
Bildung		
untere Bildungsgruppe	1,9	(1,3–2,6)
mittlere Bildungsgruppe	1,5	(1,2–2,0)
obere Bildungsgruppe	1,3	(1,0–1,7)
gesamt: Frauen und Männer	**1,6**	**(1,4–1,8)**

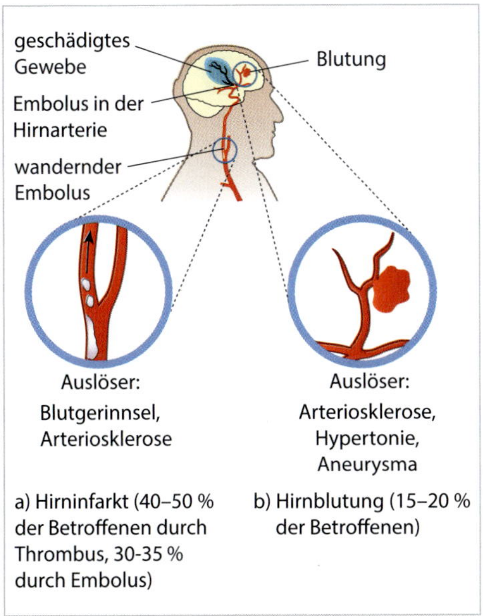

Abb. 45 Entstehung eines Schlaganfalls

weise bei einer **krankhaft veränderten Arterie** im Gehirn, die bei Bluthochdruck (arterielle Hypertonie) (→ 10.4) plötzlich einreißt. Es kommt zur Hirnblutung, das heißt, aus dem beschädigten Gefäß strömt Blut in umliegendes Gehirngewebe ein (→ Abb. 45). Die dadurch verursachte Volumenzunahme im Schädel kann zu Quetschungen und Beeinträchtigungen lebenswichtiger Hirnareale führen, da das Gehirn durch die Schädelknochen begrenzt wird und somit keine Ausweichmöglichkeiten hat. Darüber hinaus werden Nervenzellen im Bereich der Blutung zerstört und von dem defekten Gefäß nicht mehr mit Sauerstoff und Nährstoffen versorgte Hirnabschnitte geschädigt.

Eine spezielle Form der Hirnblutung kann bei Menschen auftreten, deren Blutgefäße in der das Gehirn umhüllenden Arachnoidea (Spinngewebenhaut) sackartige Aufweitungen enthalten, sogenannte **Aneurysmen.** Diese sind meist angeboren. Platzt ein solches Aneurysma, strömt Blut in den Subarachnoidalraum, den Raum zwischen Spinngewebenhaut und innerster Hirnhaut, in dem sich die Hirnflüssigkeit befindet (→ 5.2.3). Diese **Subarachnoidalblutung (SAB)** verursacht heftigste Kopfschmerzen, Schock und Kreislaufstillstand. Der ansteigende Druck auf das Gehirn führt zum Absterben von Hirngewebe und kann tödlich verlaufen.

Risikofaktoren

Ein **ischämischer Infarkt** beruht häufig auf einer **Makroangiopathie,** meist in Form einer Arteriosklerose mit Ausbildung von Thromben an den Gefäßwänden, die zum Gefäßverschluss führen (→ 10.5). Die Ausbildung solcher arteriosklerotischer Plaques wird durch folgende Risikofaktoren begünstigt:

- höheres Lebensalter
- männliches Geschlecht
- genetische Prädisposition
- Bluthochdruck
- Diabetes mellitus (→ 4.6)
- erhöhte Cholesterinwerte
- Rauchen
- hoher Alkoholkonsum
- Fehlernährung
- Übergewicht
- Stress
- Bewegungsmangel

Auch eine **Mikroangiopathie** kann zu einem ischämischen Infarkt führen. Ursächlich kommen neben arteriosklerotischen Veränderungen auch genetische Erkrankungen und entzündlich bedingte Gefäßerkrankungen (z. B. Autoimmunerkrankungen) infrage.

Ein Schlaganfall kann auch durch einen Embolus ausgelöst werden. Diese Form hat ihren Ursprung meist im Herzen: Im Rahmen eines Vorhofflimmerns (→ 10.6.2) entstehen kardiale Thromben, die als Embolus in die Hirngefäße wandern können. Weitere Risikofaktoren für einen ischämischen Infarkt sind:

- langjährige Pilleneinnahme bei Frauen
- bestimmte Migräneformen
- Störungen der Blutgerinnung
- Gefäßkompressionen durch Tumoren
- Mikrozirkulationsstörungen infolge der Endothel-Entzündung bei einer COVID-19- Infektion

Zur Gefäßruptur bei hämorrhagischen Infarkten führen dagegen folgende Risikofaktoren:

- Aneurysmen
- Bluthochdruck
- Gehirntumoren
- Gefäßanomalien und -erkrankungen
- Traumata
- Störungen der Blutgerinnung

Ermitteln Sie Ihr eigenes Schlaganfallrisiko und das eines älteren Verwandten unter www.schlaganfall-test.de.

Makroangiopathie: krankhafte Veränderung der mittelgroßen und großen Blutgefäße, in der Regel durch Arteriosklerose

Arteriosklerose: krankhafte Einlagerung von Cholesterinestern und anderen Fetten in die innere Wandschicht arterieller Blutgefäße (Plaquebildung) mit Verhärtung, Verdickung, Elastizitätsverlust und Verengung des Gefäßlumens; führt zu Durchblutungsstörungen im betroffenen Gebiet

Mikroangiopathie: krankhafte Veränderung der kleinsten Gefäße wie Arteriolen oder Kapillaren

arterielle Hypertonie: Bluthochdruck im Körperkreislauf; Blutdruck > 140/90 mmHg

kardialer Thrombus: im Herzvorhof entstandenes Blutgerinnsel, häufig bei Vorhofflimmern

Aneurysma: krankhafte Aufweitung der Wand eines Blutgefäßes

Ruptur: Zerreißen, Aufreißen eines Gefäßes, Organs, Bandes oder einer Sehne

In der Regel liegen Schlaganfällen bei Kindern und Jugendlichen andere Ursachen als bei Erwachsenen zugrunde, die in diesem Kapitel jedoch nicht behandelt werden (Olivieri, Tallen 2018).

5.11.3 Symptome

Frühsymptome

transitorische ischämische Attacke: TIA; Durchblutungsstörung des Gehirns, die neurologische Ausfallerscheinungen hervorruft; typischer Vorläufer eines Schlaganfalls ohne bleibende Schäden

Häufig berichten Schlaganfallpatienten über eine vorangegangene **transitorische ischämische Attacke (TIA).** Dabei zeigen sich je nach Lokalisation erste Symptome eines Schlaganfalls (→ Abb. 46), die allerdings nicht maximal ausgeprägt sind und sich wieder zurückbilden, wie:

- Lähmungen
- Sprachstörungen
- Sehstörungen
- Gefühlsstörungen
- Gangunsicherheiten
- Schwindel
- Desorientierung
- Bewusstseinsstörung

Da bei Vorliegen der genannten Symptome nicht klar ist, ob es sich noch um eine TIA oder bereits um einen manifesten Schlaganfall handelt, muss unmittelbar so gehandelt werden, als ob ein Schlaganfall vorliegt. Jeder (Laien-)Helfer soll zunächst den **FAST-Test** durchführen und entsprechend vorgehen (→ Abb. 47).

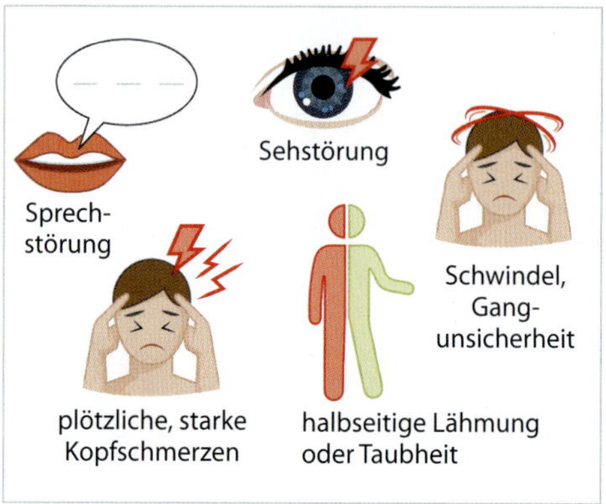

Abb. 46 **Alarmsignale eines Schlaganfalls**

Infomieren Sie sich auf der Webseite der Stiftung Deutsche Schlaganfall-Hilfe über die Durchführung des FAST-Testes und dessen Bedeutung: www.schlaganfall-hilfe.de.

Ein typisches Leitsymptom für Schlaganfall existiert nicht, die verschiedenen Anzeichen weisen aber oft auf den Ort des Hirndefektes hin. Bei einer Lähmung des rechten Arms ist beispielsweise die linke Gehirnhälfte betroffen, bei einer Sprachstörung die Großhirnrinde (→ 5.2.2) im Bereich des Sprachzentrums.

Spätsymptome

Rekanalisation: mechanische oder medikamentöse Wiedereröffnung eines verschlossenen Gefäßes

Durch eine frühzeitige rekanalisierende Therapie, d.h. eine mechanische oder medikamentöse Wiedereröffnung des verschlossenen Ge-

Erstmaßnahmen bei Verdacht auf Schlaganfall

Ruhe bewahren, ruhige Ansprache des Betroffenen

↓

„Time is brain“: sofort Notruf 112 absetzen und Stichwort „Schlaganfall“ nennen

↓

- beim Betroffenen bleiben
- evtl. Zahnprothesen entfernen, enge Kleidung lockern
- Beurteilung des Bewusstseinszustands

wach

- Oberkörper hochlagern
- keine Getränke oder Medikamente geben (Gefahr einer Schluckstörung)
- alle Symptome mit Zeitangabe für Notarzt notieren

bewusstlos

- Puls vorhanden: stabile Seitenlage
- Pulslosigkeit: Herz-Lungen-Wiederbelebung (→ 10.5.6) bis zum Eintreffen des Notarztes

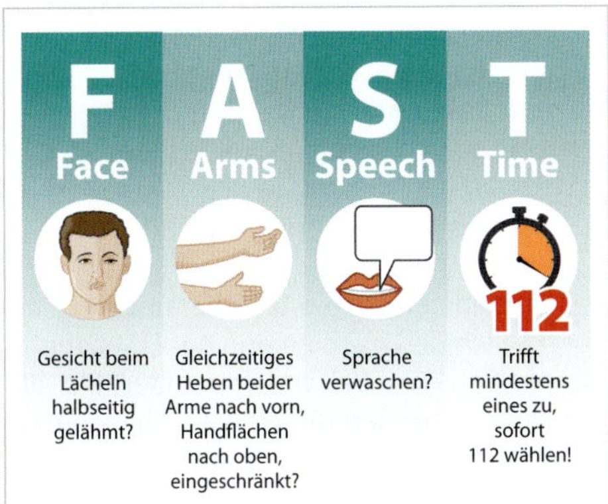

Abb. 47 FAST-Test

fäßes, können die Symptome zwar vollständig rückgebildet werden, bei etwas mehr als der Hälfte der Betroffenen bleiben allerdings dauerhafte Schäden, die dann häufig zur Pflegebedürftigkeit führen. Am häufigsten findet sich das **typische Haltungs- und Bewegungsmuster,** wie in → Abb. 48 dargestellt.

Langzeitfolgen eines nicht rechtzeitig behandelten Schlaganfalls können sein:

- Hemiplegie (Halbseitenlähmungen)
- Schluckstörungen
- Sprach- und Verständnisstörungen
- Sehstörungen
- neuropsychologische Störungen (z. B. Aufmerksamkeitsstörungen, vermindertes Denkvermögen)
- Neglect (Halbseitenvernachlässigung)
- gestörte Handlungsplanung (Handlungen in richtigen Schritten nacheinander tätigen)

Neglect: Halbseitenvernachlässigung; Störung der Aufmerksamkeit mit mangelnder oder fehlender Wahrnehmung der dem zentralen Hirnschaden gegenüberliegenden Körperseite und -umgebung

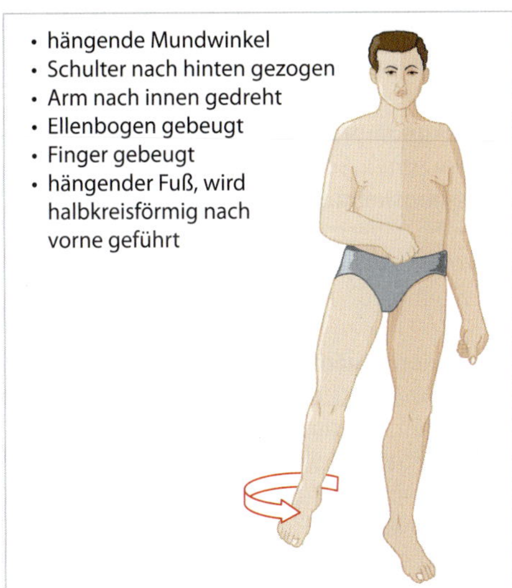

Abb. 48 Typisches Haltungs- und Bewegungsmuster nach Schlaganfall

Darüber hinaus entwickelt sich bei etwa einem Drittel der Schlaganfall-Patienten eine **Post-Stroke-Depression.** Sie kann sowohl psychisch, durch das Nicht-Wahrhaben-Wollen der Beeinträchtigung, als auch biologisch, durch Defekte im Gehirn, ausgelöst werden.

5.11.4 Diagnostik

Sobald nach einer kurzen, neurologischen Erstuntersuchung der Verdacht auf einen Schlaganfall besteht, muss unverzüglich gehandelt werden. Hier gilt das Motto: „Time is brain!" Der wichtigste Schritt bei der Diagnostik ist die apparative Untersuchung mittels CT oder MRT (→ I-10.1.3), um eine sichere **Unterscheidung zwischen Hirninfarkt und Hirnblutung** treffen zu können. Denn: Die Therapie ist für diese beiden Diagnosen völlig unterschiedlich.

Auch EKG, Bestimmung des Blutdrucks und die Untersuchung der wichtigsten Blutwerte, u. a. der Gerinnungsparameter, sind unverzüglich durchzuführen, um weitere Risikofaktoren zu ermitteln, die den Verlauf ungünstig beeinflussen oder einen erneuten Schlaganfall, ein Rezidiv, begünstigen könnten.

Hemiplegie: Halbseitenlähmung; vollständige Lähmung einer Muskelgruppe oder der Extremitäten einer Körperseite

CT und **MRT** liefern erste Hinweise auf Art und Ort des Geschehens im Gehirn (→ Abb. 49).

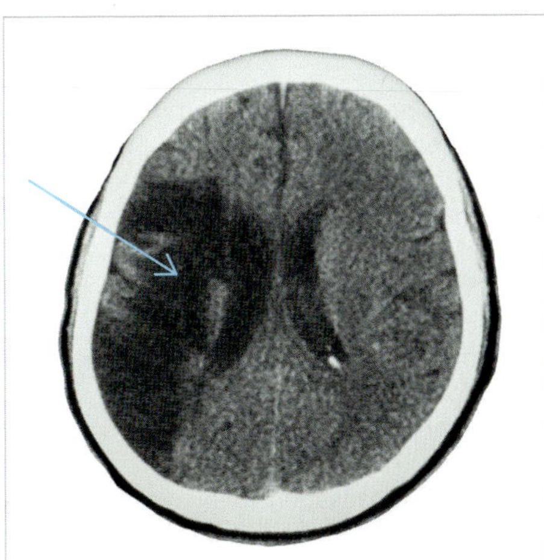

Abb. 49 Geschädigter, minderdurchbluteter Teil im CT eines ischämischen Schlaganfalls

Allerdings können sich die Ergebnisse dieser Momentaufnahmen im weiteren Verlauf noch ändern, sodass immer Folgeuntersuchungen angeschlossen werden müssen.

Zusätzlich wird zwecks Einschätzung des Ausmaßes einer Arteriosklerose eine **Dopplersonografie** des Gefäßsystems durchgeführt.

Dopplersonografie: besondere Form der Sonografie, bei der zusätzlich der Blutfluss innerhalb der Gefäße akustisch oder optisch (farbig) dargestellt wird, z. B. um Engstellen zu entdecken

Bei allen Schlaganfallpatienten soll innerhalb von 24 Stunden nach Aufnahme, in jedem Fall aber vor der oralen Nahrungs- oder Flüssigkeitsgabe, ein **Screening auf Schluckstörungen** (Dysphagie) erfolgen. Außerdem soll bei allen Schlaganfallpatienten ein **Screening auf ein Delir** durchgeführt werden (Deutsche Gesellschaft für Neurologie 2022).

5.11.5 Therapie

Die sofortige Therapie ist notwendig, um möglichst viel Hirngewebe zu retten.

Bei jedem Verdacht auf Schlaganfall wird sofort ein Notarzt hinzugezogen. Die Therapie beginnt bereits **im Rettungswagen.** Eine Verweilkanüle wird gelegt und Blut abgenommen. Der Betroffene erhält eine Infusion mit Vollelektrolyten, damit der Blutdruck in den Gefäßen des Gehirns auch bei Mangeldurchblutung stabil bleibt. Der Blutzuckerwert wird bestimmt und gegebenenfalls reguliert, hypertensive Blutdruckwerte werden in der Akutphase jedoch nur im Falle kritisch hoher Werte behandelt (RR systol. > 220 mmHg, diastolisch > 120 mmHg) (→ 10.2.4, → I-10.1.2). Der Oberkörper wird hoch gelagert und Sauerstoff über eine nasale Sonde verabreicht.

Vollelektrolytlösung: VEL; Infusionslösung, in ihrer Zusammensetzung ähnelt sie dem Elektrolytprofil des menschlichen Blutplasmas

Thrombolyse: medikamentöse Auflösung eines Thrombus durch Aktivierung der Fibrinolyse

Thrombektomie: mechanische Entfernung eines Thrombus aus einem Blutgefäß mittels Katheter, seltener offene operative Entfernung

Katheter: Röhrchen oder Schläuche verschiedener Durchmesser zur Sondierung, Befüllung, Entleerung, Spülung von Hohlorganen, z. B. Gefäßen

Thrombozytenaggregationshemmer: Arzneimittel, das die Bildung eines Thrombozytenpfropfs hemmt, etwa Azetylsalizylsäure; soll bei Arterienerkrankungen einem Gefäßverschluss vorbeugen

Im Krankenhaus erfolgt die leitliniengerechte akute Schlaganfallbehandlung. Sie gliedert sich in fünf wesentliche Bestandteile:

1. allgemeine Behandlung/Basistherapie
2. spezifische Behandlung, v. a. rekanalisierende Therapie
3. frühe Sekundärprophylaxe
4. Erkennung, Vorbeugung und Behandlung von Komplikationen
5. frühe rehabilitative Therapien

Für die Rekanalisation des verschlossenen Hirngefäßes kommen beim **ischämischen Schlaganfall** zwei Maßnahmen zur Anwendung, die – falls möglich – kombiniert werden:

- medikamentöse **Thrombolyse,** um den Gefäßverschluss durch Aktivierung der Fibrinolyse (→ 8.1.7) aufzulösen
- **Thrombektomie,** um das Blutgerinnsel per Katheter mechanisch zu entfernen

Zudem wird die Blutgerinnung gehemmt.

Das Zeitfenster für die **Lysetherapie** liegt bei nur 4,5 Stunden nach Beginn der Erstsymptome, wobei eine Behandlung innerhalb der ersten drei Stunden die größten Chancen auf ein erfolgreiches Ergebnis bietet. Die Thrombolyse gelingt allerdings nur in etwa jedem zweiten Fall – v. a. bei großen Thromben mit einem Durchmesser ab 1 cm ist sie selten erfolgreich.

Bei der **Thrombektomie** wird ein millimeterdünner Mikrokatheter über die Arterie an Leiste oder Arm bis in das verstopfte Hirngefäß geführt. Durch den Katheter schiebt man einen Stent, der am Ort des Thrombus entfaltet wird, sodass dieser sich in dem Drahtgeflecht verfängt und durch den Katheter herausgezogen werden kann (→ Abb. 50).

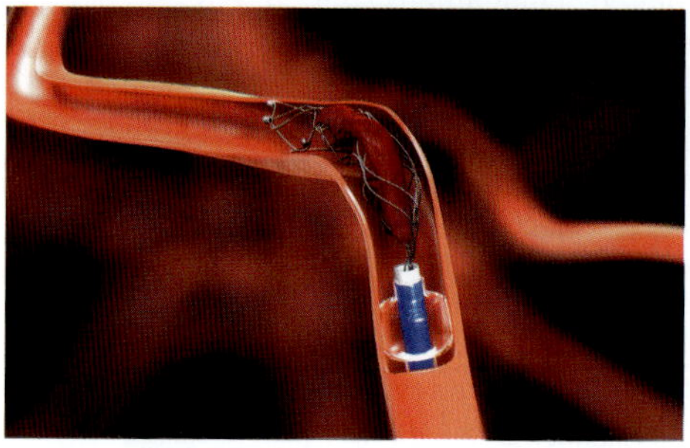

Abb. 50 Thrombektomie mittels Mikrokatheter

Als **Sekundärprophylaxe** werden nach einem ischämischen Schlaganfall **Thrombozytenaggregationshemmer** (ASS oder Clopidogrel) verabreicht. Gleichzeitig sollen möglichst viele Risikofaktoren abgebaut werden – wo sinnvoll auch medikamentös unterstützt.

Bei einem **hämorrhagischen Schlaganfall** muss zunächst der durch die Blutung auf das Gehirn entstandene Druck im Schädel gemindert werden. Meist ist dazu ein **operativer Eingriff** notwendig. Darüber hinaus erfolgt eine medikamentöse Senkung des Blutdrucks und die Gabe entwässernder Infusionen.

Für die Behandlung von Schlaganfallpatienten gibt es in Krankenhäusern spezialisierte

Ein **optimaler Ablauf der gesundheitlichen Versorgung** von Herrn Behrend (→ 5.11 Kapiteleinstieg) würde folgendermaßen ablaufen:
Während des Telefonats mit der Rettungsleitstelle teilt die Tochter von Herrn Behrend bereits die Ergebnisse des FAST-Testes mit. Bis zum Eintreffen des Rettungsdienstes verbleibt sie bei ihrem Vater und beruhigt diesen. Im Rettungswagen wird die Erstversorgung eingeleitet und Herr Behrend wird schnellstmöglich in eine Stroke Unit gefahren. Dort wird ein notfallmäßiges CT mit Kontrastmittelgabe durchgeführt. Eine Hirnblutung kann dabei ausgeschlossen werden. Durch die Kontrastmittelgabe lässt sich ein Gefäßverschluss einer großen Hirnarterie darstellen. Durch die sofortige Therapieeinleitung mit Lysetherapie und Thrombektomie sollen Folgeschäden verhindert oder minimiert werden.
Im Anschluss erfolgt die weitere Behandlung auf einer Schlaganfallstation. Hier wird nun die Ursache des Gefäßverschlusses gesucht. Bei Herrn Behrend kann sonografisch eine deutliche Arteriosklerose der linken Halsschlagader diagnostiziert werden. Gleichzeitig wird die Therapie seiner immer noch leicht bestehenden neurologischen Ausfälle (Sprechstörung, Schluckstörung und Hemiplegie rechts) begonnen. Hierfür steht ein spezialisiertes Team aus Ärzten, Pflegern, Physiotherapeuten, Ergotherapeuten und Logopäden zur Verfügung.
Auch wird die Verlegung in eine neurologische Reha zur weiteren gezielten Wiederherstellung der beeinträchtigten Funktionen organisiert.

Abteilungen, sogenannte **Stroke Units.** In Deutschland existieren momentan etwa 300 dieser Stationen. Diese sind immer intensivmedizinisch ausgerüstet und es arbeiten dort zahlreiche medizinische Professionen eng zusammen.

Stroke Unit: Schlaganfallstation; eine auf Schlaganfallpatienten spezialisierte Abteilung eines Krankenhauses

Stroke Units müssen weitreichende Kriterien erfüllen, um als solche eine Zertifizierung zu erlangen. Unter anderem ist vorgeschrieben, dass spezielle medizinische Fachdisziplinen wie Neurologen, Neurochirurgen, Neuroradiologen, Kardiologen und Internisten vorhanden sind. An der **interprofessionellen Zusammenarbeit** sind weiterhin Physiotherapeuten, Logopäden, Ergotherapeuten, Neuropsychologen und spezialisiertes Pflegepersonal beteiligt. In der Diagnostik muss die Einrichtung u. a. über bildgebende Verfahren (CT, MRT), Ultraschall, (Langzeit-)EKG und ein klinisch-chemisches Notfalllabor verfügen. Zudem muss es ausreichend Monitoring-Betten geben.

I-7.2.5 Interprofessionelle Teamarbeit

Monitoring: systematische Beobachtung, Überwachung von Vorgängen

Der Versorgungsalltag verläuft leider häufig nicht so reibungslos. Nennen Sie Probleme, die in der Versorgung von Schlaganfallpatienten auftreten können.

5.11.6 Rehabilitation und Nachsorge

Das wesentliche Ziel der neurologischen Rehabilitation ist die **Stärkung der Alltagskompetenzen,** und zwar mit mindestens zwei bis drei Trainingsstunden pro Tag. Durch die Rehabilitationsmaßnahmen sollen die Betroffenen lernen, mit neurologischen Defiziten umzugehen und Risikofaktoren für einen weiteren Schlaganfall zu minimieren. Inklusive der Akuttherapie kann die Reha folgende Phasen umfassen:

I-11.2.5 Phasen einer Rehabilitation

- **Phase A:** Akutbehandlung; intensivmedizinische neurologische Betreuung
- **Phase B:** Frührehabilitation bei Patienten mit sehr schweren neurologischen Defiziten; Ziele sind Kontaktaufnahme mit der Umwelt, Förderung fundamentaler sensorischer und motorischer Funktionen
- **Phase C:** Stabilisierungsphase für Patienten mit neurologischen Einschränkungen, die jedoch sitzen können und nicht intensivmedizinisch überwacht werden müssen; Ziel ist das Erreichen von Selbstständigkeit bei grundlegenden Alltagskompetenzen, z. B. Waschen, Anziehen, Essen
- **Phase D:** Anschlussheilbehandlung für Patienten, die, ggf. durch Benutzung unterstützender Hilfsmittel wie Rollatoren, Pflegebetten oder spezielle Toilettensitze, tägliche Verrichtungen bereits allein ausführen können; Ziel ist die Förderung weitgehender selbstständiger Lebensführung
- **Phase E:** Nachsorge und berufliche Rehabilitation; Ziele sind Funktionserhaltung und langsame berufliche Wiedereingliederung
- **Phase F:** aktivierende, konservative Langzeitpflege bei anhaltend hoher Pflegebedürftigkeit

Der **Nachsorge** kommt die Aufgabe zu, die Risikofaktoren zu minimieren, die zu einem erneuten Schlaganfall führen können – denn

I-11.2.6 Rehabilitationsnachsorge

Bobath-Konzept: bewegungstherapeutisches Behandlungskonzept für Menschen mit neurologischen Funktionsstörungen, das sich die Neuroplastizität des Gehirns methodisch zunutze macht

Spastik: Krampf; erhöhte Muskeleigenspannung bei fehlender Regulation durch Schädigungen in Rückenmark und/oder Gehirn

Schlaganfallpatienten tragen ein hohes Risiko für einen weiteren Schlaganfall (→ 5.11.8). Auch die **Wiedereingliederung in die Arbeitswelt** von Betroffenen im arbeitsfähigen Alter mit neurologischen und/oder körperlichen Einschränkungen ist von großer Bedeutung. Leider sind in Deutschland im Vergleich zur effizienten Akutversorgung die Strukturen für die Nachsorge im ambulanten Bereich eher schlecht. Der **Hausarzt** ist für die weitere Medikation, Therapien und die Verschreibung von Rehamaßnahmen zuständig, pflegerische Bedürfnisse müssen über einen **Pflegedienst** abgedeckt werden. Die Patienten sind vielfach mit der Umsetzung der Empfehlungen des Krankenhausentlassungsberichtes überfordert und verlieren dann auch schnell die Motivation diesbezüglich. Ein **interprofessionelles Nachsorgenetzwerk** könnte hier durch die Unterstützung von Patienten und deren Angehörige zu einer besseren Verzahnung zwischen Klinik und ambulantem Bereich beitragen. So könnten neben erneuten Schlaganfällen auch Komplikationen wie Depressionen, funktionelle Einschränkungen, kognitive Defizite oder soziale Schwierigkeiten verringert werden.

Derzeit laufen in Deutschland mehrere **Projekte,** die die Vernetzungen und Prozessabläufe in der Versorgung zu verbessern versuchen und Ansätze der Nachsorge evaluieren.

I-10.5.5 Vernetzungen und Prozesse in der Versorgung: Case Management

Im Projekt Stroke OWL der Stiftung Deutsche Schlaganfall-Hilfe soll durch den Einsatz von **Schlaganfall-Lotsen** im Sinne des Fallmanagements eine gezielte, intensive Nachbetreuung von Schlaganfallpatienten gewährleistet werden, durch die sowohl ihre Lebensqualität erhöht als auch das Risiko für weitere Schlaganfälle gesenkt werden sollen.

Erarbeiten Sie sich mithilfe der offiziellen Projekt-Webseite (www.stroke-owl.de/de/startseite) die Antworten auf folgende Fragen:

a) Was sind die Aufgaben eines Schlaganfall-Lotsen?
b) Wann beginnt seine Arbeit mit dem Patienten?
c) Über welche Kompetenzen muss ein Schlaganfall-Lotse verfügen?
d) Wie lange erfolgt die Betreuung durch den Schlaganfall-Lotsen?

5.11.7 Pflege

Für zwei Drittel aller Betroffenen bleibt ein Schlaganfall nicht folgenlos. Oft sind die Einschränkungen so gravierend, dass Pflegebedürftigkeit besteht und Leistungen beantragt werden müssen (→ I-12.4).

Einen besonderen Ansatz bei Hemiplegie (Halbseitenlähmungen) nach einem Schlaganfall verfolgt das **Bobath-Konzept.** Dieses Konzept basiert auf der Grundannahme, dass es durch die Neuroplastizität des Gehirns (→ 5.8.2) möglich ist, die Aufgaben geschädigter Hirnareale durch neuronale Vernetzung von gesunden Hirnregionen ausführen zu lassen. Über bestimmte Bewegungen und Haltungen können Bewegungsstörungen, Lähmungserscheinungen und Spastiken beeinflusst werden.

Der Therapieansatz soll neben dem Betroffenen und seinen Angehörigen alle weiteren beteiligten Personen miteinbeziehen, also das gesamte Team aus beispielsweise Pflegern, Physiotherapeuten, Ergotherapeuten, Logopäden, Ärzten und Hol- und Bringdiensten. Bei möglichst vielen täglichen Aktivitäten und in unterschiedlichsten Situationen sollen **sensorische, motorische und psychische Funktionen** gezielt und über den gesamten Tagesablauf hinweg gefördert werden. Für die Zimmergestaltung bedeutet dies, dass das Bett so aufgestellt ist, dass der Patient über die erkrankte Seite in das Zimmer hineinblickt. So erreichen die Sinnesreize den Patienten vor allem über die betroffene Seite und aktivieren diese (→ Abb. 51).

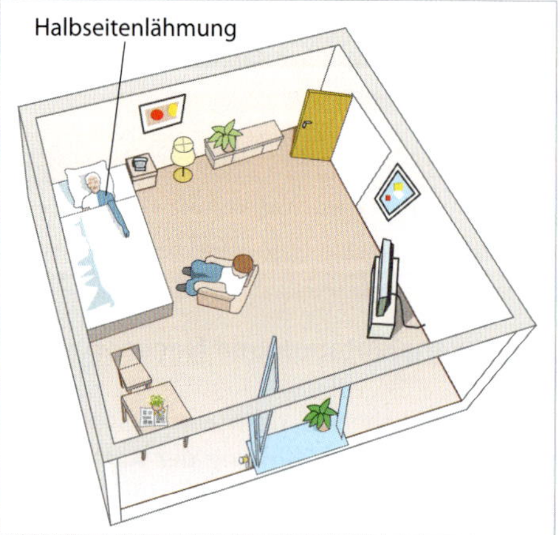

Abb. 51 Einrichtung eines Zimmers nach Bobath

1. *Überlegen Sie sich, wie die Umsetzung des Bobath-Konzeptes bei Herrn Behrend im oben genannten Fall aussehen könnte. Wer könnte dabei alles integriert werden?*

2. *Nennen Sie Maßnahmen im häuslichen Bereich von Herrn Behrend, die je nach Therapieerfolg getroffen werden müssen, um im Anschluss an die stationäre Rehabilitation eine Pflege zu Hause bzw. die Ausweitung der Selbstständigkeit des Patienten zu ermöglichen. Bedenken Sie Aspekte der Barrierefreiheit ebenso wie Hilfsmittel und -personen.*

5.11.8 Verlauf und Prognose

Der Schlaganfall ist in Deutschland die zweithäufigste Todesursache (Robert Koch-Institut 2023). Von den etwa 270 000 Betroffenen pro Jahr sterben knapp 7% innerhalb der ersten vier Wochen, etwa 17% innerhalb eines Jahres (Stahmeyer u. a. 2019). Weltweit führt der Schlaganfall bei jährlich 5,5 Millionen Menschen zum Tod (World Stroke Organization 2018).

Recherchieren Sie im Informationssystem der Gesundheitsberichterstattung des Bundes unter www.gbe-bund.de die Fallsterblichkeit innerhalb von 30 Tagen stationärer Behandlung der Diagnose Schlaganfall im Bundeslandvergleich.
a) Welche Entwicklung nahmen die Fallzahlen zwischen 2000 und 2017 in Ihrem Bundesland? Welche in den anderen? Bewerten Sie die Daten.
b) Welche weiteren Daten stellt die interaktive Tabelle zur Verfügung? Lassen Sie sich Daten, z. B. zum Geschlecht, ausgeben und diskutieren Sie diese.

Bei etwas mehr als der Hälfte der Betroffenen bleiben dauerhafte Schäden, knapp 20% der Patienten erleiden innerhalb von 5 Jahren nach dem ersten Schlaganfall einen weiteren (Stahmeyer u. a. 2019). Bei Folgeschlaganfällen versterben deutlich mehr Betroffene und die verbleibenden Schäden sind oft schwerwiegender als nach dem ersten Vorfall. Aufgrund der Schwere der unterschiedlichsten Symptome und Einschränkungen ist häufig pflegerische Unterstützung erforderlich.

5.11.9 Prävention und Gesundheitsförderung

Oberstes Ziel der Präventionsarbeit ist, die Risikofaktoren zu minimieren, und zwar sowohl in der Primär- als auch in der Tertiärprävention. Studien haben ergeben, dass die **Vermeidung der wichtigsten Risikofaktoren,** die zum Schlaganfall führen können, insgesamt etwa 90% aller Schlaganfälle weltweit verhindern könnte (O'Donnell u. a. 2016): Dies gilt weitestgehend für verschiedene Länder, für Frauen wie für Männer und über alle Altersgruppen hinweg. Die wichtigsten beeinflussbaren Risikofaktoren sind (Stiftung Deutsche Schlaganfallhilfe 2024):

- Bluthochdruck (→ 10.4)
- Bewegungsmangel
- Übergewicht (→ 4.5)
- Fettstoffwechselstörung (v. a. ein zu hoher LDL-Cholesterinanteil im Blut und/oder zu viele Triglyzeride im Blut, → 4.4.5)
- Rauchen
- Vorhofflimmern (→ 10.6.2)
- Diabetes mellitus (→ 4.6)
- hoher Alkoholkonsum
- Arteriosklerose (→ 10.5)
- Stenose der Arteria carotis

Viele dieser Risikofaktoren können über den Lebensstil beeinflusst werden. Die Leitlinien empfehlen aber nicht mehr die Gabe von Azetylsalizylsäure (ASS) zur Primärprophylaxe von Schlaganfällen, da dies nicht effektiv ist und mit dem Risiko von Blutungen einhergeht (Deutsche Gesellschaft für Allgemeinmedizin und Familienmedizin 2020).

Durch den demografischen Wandel wird es in den nächsten Jahrzehnten in Deutschland mit zunehmendem Alter der Bevölkerung und damit einhergehender Zunahme der oben genannten relevanten Risikofaktoren zu einer immer größeren Aufgabe werden, der steigenden Prävalenz des Schlaganfalls entgegenzuwirken. Durch die stete Verbesserung der Therapiemaßnahmen in der Akut- und Frühversorgung konnten immerhin die Mortalität und das Rezidivrisiko gesenkt werden. Die Optimierung der Langzeitnachsorge mit dauerhafter Minimierung der Risikofaktoren ist nun von großer Bedeutung.

Neben Nachsorgeangeboten können auch **Selbsthilfegruppen** wertvoll sein, die den Be-

Stiftung Deutsche Schlaganfall-Hilfe: *www.schlaganfall-hilfe.de*

troffenen psychische Unterstützung in der Lebensführung trotz Einschränkungen durch die Krankheitsfolgen geben und die helfen, die Motivation für die tertiärpräventiven Maßnahmen aufzubauen und zu erhalten.

Ebenfalls von Bedeutung sind Aktionen zur Aufklärung der Bevölkerung: Der von der Stiftung Deutsche Schlaganfall-Hilfe jährlich organisierte **Tag gegen den Schlaganfall** am 10. Mai soll die Bevölkerung für das Krankheitsbild und die Risikofaktoren sensibilisieren sowie über das Bekanntmachen der Symptome (FAST-Test, → 5.11.3) dabei helfen, dass bei Auffinden eines Betroffenen möglichst wenig Zeit versäumt und optimal gehandelt wird – eine Maßnahme der Sekundärprävention.

AUFGABEN

1. *Wiederholen Sie die Risikofaktoren für einen Schlaganfall und unterscheiden Sie dabei beeinflussbare von nicht beeinflussbaren Risikofaktoren.*
2. *Erklären Sie den Unterschied zwischen einem ischämischen und einem hämorrhagischen Schlaganfall.*
3. *Erklären Sie, warum bei einer Lähmung der rechten Körperhälfte die linke Gehirnhälfte betroffen ist.*
4. *Auf einer Stroke Unit ist die interprofessionelle Zusammenarbeit zentral. Nennen Sie die Gründe hierfür.*
5. *Ermitteln Sie das Zeitfenster für die Diagnose und Therapie eines Schlaganfalls. Begründen Sie Ihre Antwort.*
6. *Sehen Sie sich unter www.youtube.com/watch?v=AiQZ5hC2JRI die Reportage über die neurologische Rehabilitation eines Patienten nach Schlaganfall an. Nennen Sie die eingesetzten therapeutischen Verfahren, um den Patienten wieder in die Selbstständigkeit zu bringen.*
7. *Informieren Sie sich zum Tag gegen den Schlaganfall und überlegen Sie, welche Aktionen an Ihrer Schule durchführbar wären.*

5.12 Alzheimerdemenz

REUS, TULKE

Demenzkranker Mann vermisst: Polizei bittet um Mithilfe, Hubschrauber bei Suche im Einsatz

Der 81-jährige Hans W. aus dem Seniorenzentrum in Tiefenwald wird seit Montag vermisst. Die Polizei sucht Hinweise zum Aufenthalt.

Der körperlich fitte Senior verließ am Vormittag des 10.02.2020 unbemerkt die Seniorenwohnanlage. Aufgrund seiner Demenzerkrankung kann nicht ausgeschlossen werden, dass er orientierungslos im Stadtgebiet und in der angrenzenden Umgebung unterwegs ist. Die Suche, auch mit dem Hubschrauber, blieb bislang erfolglos.

Beschreibung von Hans W.: 183 cm groß, schlank, trägt eine Brille und ist mit einer hellbraunen Jacke, einer braunen Hose und schwarzen Lederschuhen bekleidet. Er ist stark dement und sehr gut zu Fuß.

Die Brille liegt im Tiefkühlfach, der Weg nach Hause ist ein großes Problem, die trockene Wäsche wird zum Trocknen aufgehängt, vertraute Personen werden mit falschem Namen angesprochen. Es herrscht Ratlosigkeit, Traurigkeit und manchmal auch nackte Wut.

1. *Kennen Sie eine an Demenz erkrankte Person? Was bedeutet diese Erkrankung für die Person, ihre Familie und ihr Umfeld?*

2. *In dem Schülerwettbewerb „Alzheimer & You" waren Jugendliche zur Begegnung mit Menschen mit Demenz aufgerufen (Deutsche Alzheimer Gesellschaft 2011). Es zeigte sich, dass Kinder und Jugendliche durch die Beschäftigung mit dem Thema Demenz wichtige soziale Kompetenzen erlernen, z. B. entwickeln sie mehr Verständnis für die Unterschiedlichkeit von Menschen. Sammeln Sie weitere Kompetenzen, die in der Beschäftigung mit dem Thema Demenz erlernt werden können.*

Demenz ist eine der häufigsten Ursachen für eine Pflegebedürftigkeit im Alter. Dabei handelt es sich um eine Erkrankung mit zunehmendem Verlust der kognitiven Fähigkeiten und Alltagskompetenzen bis hin zum Zerfall der Persönlichkeit. Es gibt zahlreiche verschiedene Formen von Demenz.

Die Alzheimerdemenz ist die häufigste Demenzform. Bei dieser Form werden Eiweißablagerungen im Gehirn (→ 2.2.1) festgestellt.

5.12.1 Vorkommen

REUS

In Deutschland sind rund 1,8 und weltweit etwa 55,2 Millionen Menschen an Demenz erkrankt. Die Zahl der Erkrankten steigt durch die **höhere Lebenserwartung** und die **zunehmende Zahl von älteren Menschen** von Jahr zu Jahr. Die Deutsche Alzheimer Gesellschaft fasst in einem Informationsblatt relevante Studienergebnisse zum Vorkommen der Demenz zusammen (→ Tab. 5, → Tab. 6, → Tab. 7) (Deutsche Alzheimer Gesellschaft 2022). Bei

Demenz:
nachlassende Funktion des Gedächtnisses und zahlreicher Fähigkeiten

Alzheimerdemenz:
Demenz mit Eiweißablagerungen im Gehirn, häufigste Demenzform

I-3.2.3 Bevölkerungsentwicklung in Deutschland

diesen Zahlen wird nicht zwischen verschiedenen Demenzformen unterschieden. → Tab. 5 und → Tab. 6 zeigen, dass die **Prävalenzraten** mit dem Alter steil ansteigen:

- Sind 2021 in der Altersgruppe der 65- bis 69-Jährigen unter 2 % der Menschen erkrankt, sind es bei den über 90-Jährigen über 36 %. (Vor dem 65. Lebensjahr sind Demenzerkrankungen selten.)
- Zwei Drittel aller Erkrankten haben das 80. Lebensjahr vollendet.

Tab. 5 Prävalenzrate von Demenzen 2021 nach Geschlecht und Altersgruppen (Deutsche Alzheimer Gesellschaft e. V. 2022)

Altersgruppe	Männer	Frauen	insgesamt
65–69	1,65 %	2,02 %	1,85 %
70–74	3,27 %	4,19 %	3,79 %
75–79	6,55 %	8,45 %	7,67 %
80–84	12,20 %	15,64 %	14,35 %
85–89	19,07 %	24,98 %	22,96 %
90 und älter	29,07 %	39,05 %	36,32 %
65 und älter	**6,34 %**	**9,95 %**	**8,46 %**

Tab. 6 Anzahl der Demenzerkrankten 2021 (geschätzt) nach Geschlecht und Altersgruppen (Deutsche Alzheimer Gesellschaft e. V. 2022)

Altersgruppe	Männer	Frauen	insgesamt
65–69	39 100	52 400	91 500
70–74	63 600	93 400	157 000
75–79	93 400	148 500	241 900
80–84	178 000	317 000	495 000
85–89	127 100	277 900	405 000
90 und älter	70 000	236 500	306 500
65 und älter	**571 200**	**1 125 700**	**1 696 900**

- Da Frauen deutlich älter als Männer werden, sind zwei Drittel aller Erkrankten weiblich.

Vor dem Hintergrund des demografischen Wandels werden **Vorausschätzungen** berechnet. Hierzu müssen Annahmen über die künftige Bevölkerungsentwicklung und die Entwicklung des Erkrankungsrisikos getroffen werden. → Tab. 7 zeigt die prognostizierte Zahl der Menschen in Deutschland für zwei Entwicklungsvarianten (junge versus alte Bevölkerung) und davon abgeleitet die Prognose der Zahl der Demenzkranken für 2030, 2040 und 2050.

Die Zahl der Erkrankten wird in den nächsten Jahrzehnten stark zunehmen. Dann – so wird geschätzt – leben in Deutschland 2,4 bis 2,8 Millionen Menschen mit Demenz.

Diskutieren Sie, wie sich unsere Gesellschaft unter diesen Prognosen zur steigenden Zahl an Menschen mit Demenz verändern wird.
- *Welche gesellschaftliche Bedeutung hat Demenz?*
- *Welche Bedeutung haben Veränderungen in der Sozialstruktur, z. B. die steigende Anzahl der Einpersonenhaushalte?*

5.12.2 Ursachen und Krankheitsentstehung

REUS

primäre Demenz: Demenz mit hirnorganischer Ursache

sekundäre Demenz: Demenz aufgrund einer Erkrankung

Bei der Demenz werden hinsichtlich der Pathogenese zwei Typen unterschieden (→ Tab. 8):

- **primäre Demenzen** mit hirnorganischer Ursache
- **sekundäre Demenzen** mit Grunderkrankungen, die zu einer Demenz führen können

Bei den **primären Demenzen** hat die Demenz vom **Typ Alzheimer** mit 60–70 % aller Demenztypen den höchsten Anteil. Dabei lagert sich

Tab. 7 Prognose der Bevölkerungszahlen und Anzahl der Demenzkranken in Deutschland für 2030, 2040 und 2050 (Deutsche Alzheimer Gesellschaft e. V. 2022)

Jahr	Variante „eher junge Bevölkerung“		Variante „eher alte Bevölkerung“	
	Anzahl 65 und älter in Millionen	geschätzte Zahl Demenzkranker in Millionen	Anzahl 65 und älter in Millionen	geschätzte Zahl Demenzkranker in Millionen
2030	21,4	1,9	21,8	2,0
2040	22,6	2,2	23,7	2,4
2050	22,1	2,4	24,0	2,8

Amyloid, ein Protein, im Gehirn ein. Es wird eine erhöhte Konzentration von Glutamat gemessen, das eigentlich verantwortlich für Lernvorgänge ist. Allerdings wird der Lernvorgang durch die stark erhöhte Konzentration nicht mehr kanalisiert und die Nervenzelle übererregt, sodass sie auf Dauer abstirbt. Ein Mangel an Azetylcholin (→ 5.1.4) fördert zusätzlich Erinnerungslücken. Ursachen für diese körperlichen Veränderungen sind bislang nicht geklärt.

Prinzipiell ist der Abbau einiger Azetylcholin führenden Synapsen im Gehirn im Alter physiologisch; bei Demenz steigt er allerdings dramatisch an.

Das Alter, eine genetische Komponente und bestimmte Begleiterkrankungen wie Hypertonie (→ 10.4), Hypercholesterinämie und Arteriosklerose (→ 10.5) begünstigen das Entstehen einer Alzheimerdemenz.

5.12.3 Symptome

REUS

Erste Anzeichen einer Alzheimerdemenz werden häufig missverstanden und als „Alterstüdeligkeit" angesehen. Mögliche Symptome einer Demenz sind:

- Vergessen kurz zurückliegender Ereignisse, häufiges Berichten alter Geschichten
- nachlassendes Interesse an Hobbys und sozialen Kontakten, Vereinsamung, Probleme bei der Arbeit oder im Haushalt
- Orientierungslosigkeit in fremder Umgebung
- fehlende zeitliche Orientierung
- Sprachprobleme
- Probleme beim abstrakten Denken
- Stimmungsschwankungen, Negieren von Fehlern oder Verwechslungen
- Persönlichkeitsveränderungen
- Antriebslosigkeit
- depressive Verstimmungen

Im Laufe der Erkrankung kommt es zu einer deutlichen Beeinträchtigung der Alltagsfähigkeit. Weglaufen, dabei verirren, schlagen, spucken, schreien oder Nahrung verweigern sind einige Symptome einer fortgeschrittenen Demenz. Betroffene sind auf die Hilfe anderer angewiesen, können bettlägerig werden und die Kontrolle über Körperfunktionen wie Ausscheiden oder Schlucken verlieren.

Tab. 8 Klassifikation von Demenzen nach ihren Ursachen

	Primäre Demenzen (80–90 %)	Sekundäre Demenzen (10–20 %)
Ursachen	• hirnorganische Veränderungen, z. B. bei Alzheimerdemenz (60–70 %) • vaskuläre Ursachen (Arteriosklerose (→ 10.5), viele kleine Schlaganfälle) bei vaskulären Demenzen • genetische Faktoren: Demenz bei Verwandten 1. Grades	andere Grunderkrankungen, z. B. • Infektionen • Depressionen • Tumore im Gehirn • Flüssigkeitsansammlungen im Gehirn • endokrine Ursachen • metabolische Ursachen • toxische Ursachen • medikamentöse Ursachen
Verlauf	irreversibel	potenziell reversibel bei erfolgreicher Behandlung der Grunderkrankung

5.12.4 Diagnostik

REUS

Betroffene negieren oft den Verlust kognitiver Fähigkeiten, sodass zusätzlich zur Eigenanamnese immer eine Fremdanamnese durchgeführt wird. Hinzu kommt, dass die Betroffenen und ihre Angehörigen häufig stark verunsichert sind. Es bedarf eines sehr behutsamen Umgangs in der gesundheitlichen Versorgung.

Mit **Demenztests** (z. B. MMST – Mini-Mental-Status-Test; DemTect – Demenz-Detektion) wird die Merk- und Konzentrationsfähigkeit überprüft. Die Betroffenen sollen z. B. auf einer analogen Uhr eine bestimmte Zeit einzeichnen (z. B. mit der Skala: 10 Punkte „Die Zeichnung des Zifferblattes – Kreis und Zahlen – und die Zeiger sind in der richtigen Position" bis 0 Punkte „Es wurde kein Versuch unternommen, die Aufgabe zu erfüllen, oder der Versuch ist nicht interpretierbar") (→ Abb. 52).

vaskulär:
die Blutgefäße betreffend

Hypercholesterinämie:
Fettstoffwechselstörung mit erhöhtem Cholesterinspiegel im Blut

MMST:
Mini-Mental-Status-Test, standardisierter Test zur Erfassung einfacher kognitiver Zusammenhänge

I-10.1.3
Diagnostische Befragungen: standardisierte Fragebögen

Der **MMST (Mini-Mental-Status-Test)** (→ Abb. 53) dauert zehn Minuten und überprüft geistige Anforderungen und einfache Handlungen. Bei der Orientierung wird nach Datum, Jahreszeit und dem aktuellen Ort gefragt. Die Merkfähigkeit wird durch das Wiederholen von drei Begriffen überprüft. Diese müssen nach der nächsten Übung erneut benannt werden. Dazwischen wird die Rechenfähigkeit mit einfachen Subtraktionsaufgaben ermittelt oder Worte sollen rückwärts buchstabiert werden. Beim Sprachtest müssen einfache Sätze wiederholt oder mit geschlossenen Augen geschrieben werden. Eine Aufforderung soll gelesen werden. Ein Papier soll gefaltet und auf den Boden gelegt werden. Geometrische Figuren, zum Beispiel ein Fünfeck, sollen gezeichnet werden. Es können maximal 30 Punkte erreicht werden.

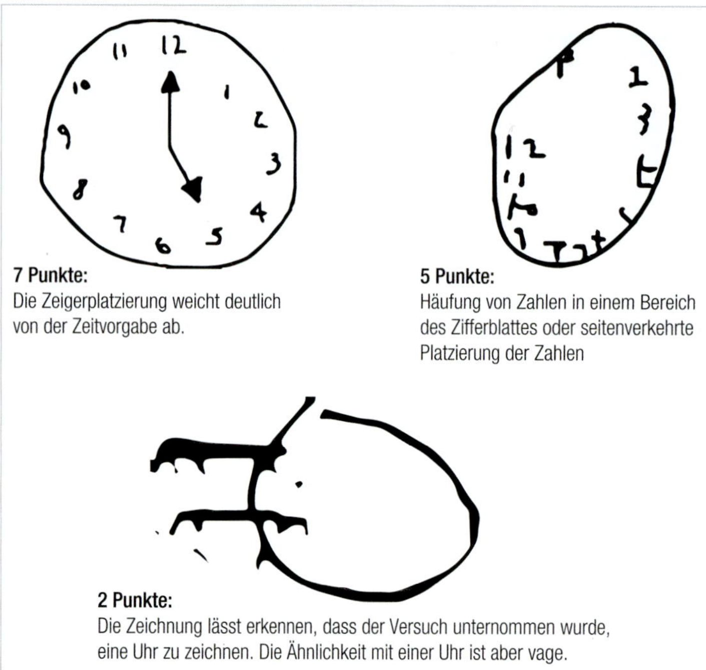

Abb. 52 Variante des Uhrentest, in der die Testperson das Ziffernblatt selbst zeichnen muss

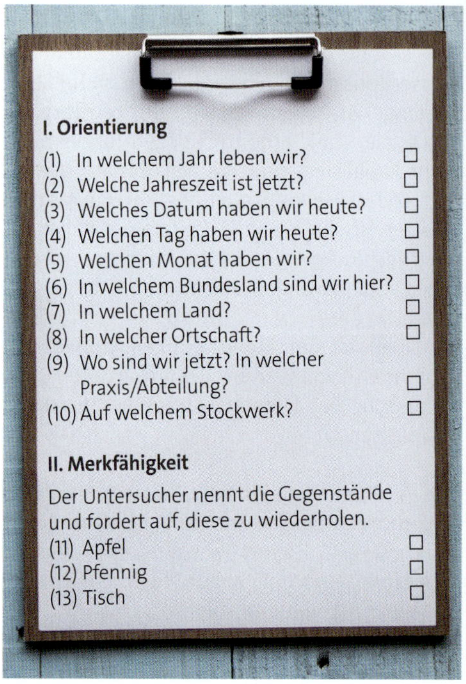

Abb. 53 Mini-Mental-Status-Test – Auszug

Die erreichte Punktzahl gibt Hinweise auf eine bestehende Demenz. Demenztests haben vor allem in der Beurteilung des Verlaufs der Erkrankung eine große Bedeutung. Zu beachten ist, dass der Test je nach Tagesform des Betroffenen störanfällig sein kann.

Die Demenz wird in die **drei Schweregrade** leicht, mittelschwer oder schwer unterteilt (→Tab. 9). Nach der neuen S3-Leitlinie Demenzen wird zusätzlich die **leichte kognitive Störung** definiert, eine objektive Beeinträchtigung kognitiver Funktionen ohne Beeinträchtigung der selbstständigen Lebensführung. Sie gilt als ein wichtiges Frühsyndrom von Demenzerkrankungen (Deutsche Gesellschaft für Neurologie, Deutsche Gesellschaft für Psychiatrie und Psychotherapie 2023).

Zusätzlich wird mit **bildgebenden Verfahren** wie einem MRT oder CT nach hirnorganischen Störungen gesucht, um eine sekundäre Demenz auszuschließen. Bildgebend kann eine Alzheimerdemenz nicht sicher diagnostiziert werden. Die Untersuchung des Liquors mit der Bestimmung der Alzheimer-Biomarker aβ42, Gesamt-Tau und pTau gibt in unklaren Fällen oder in frühen Stadien weitere Hinweise. Mit **Bluttests** werden weitere Erkrankungen ausgeschlossen, z. B. Infektionen oder Stoffwechselstörungen.

Tab. 9 Schweregrade der Demenz (Förstl, Kleinschmidt 2011)

Schweregrad	Ergebnis MMST	Lebensführung
leicht	MMST 26–20	Unterstützung bei anspruchsvollen Aufgaben
mittel	MMST 19–10	auch bei einfachen Aufgaben müssen die Patienten mehrere Stunden am Tag unterstützt werden
schwer	< 10	ständige Hilfe auch bei einfachsten Anforderungen notwendig

5.12.5 Therapie

REUS

Heilbar ist die Alzheimererkrankung nicht; sie zeigt immer einen progredienten Verlauf. Nicht medikamentöse und medikamentöse Behandlungsmethoden greifen ineinander, um das Fortschreiten der Erkrankung möglichst lange zu verzögern. Es gibt viele **verschiedene Behandlungsmethoden,** die in der Therapie von Demenz infrage kommen. Diese

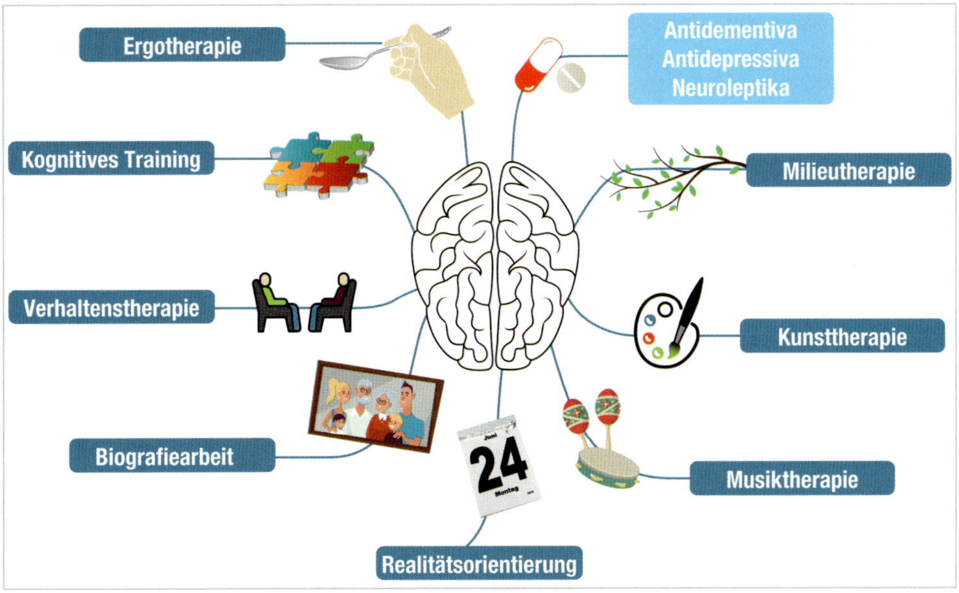

Abb. 54 Nicht medikamentöse und medikamentöse Therapieansätze bei Demenz

werden für jeden Patienten individuell zusammengestellt. Ein **Mix aus verschiedenen Ansätzen** verspricht meist den größten Erfolg (→ Abb. 54) (Bundesministerium für Familie, Senioren, Frauen und Jugend o. J.).

Die **Grundsäulen der medikamentösen Behandlung** stellen Antidementiva, bei zusätzlicher Depression oder Angststörungen auch Antidepressiva (→ 5.13.5) und bei psychotischen Störungen Neuroleptika dar. Mit Azetylcholinesterasehemmern (→ 5.1.4) in der Gruppe der Antidementiva soll beispielsweise die Funktion der verbleibenden Nervenzellen unterstützt werden.

Im Frühstadium einer Demenz kann die **Verhaltenstherapie** (→ 5.10.3) helfen, mit der Erkrankung umgehen zu lernen. Durch **kognitives Training,** wie Kreuzworträtsel, Wortspiele oder Farben erkennen, kann die Wahrnehmung, die Lernfähigkeit und das Denkvermögen geschult werden. Hier knüpft auch die **Realitätsorientierung** an, in der geübt wird, sich räumlich und zeitlich zurechtzufinden, z. B. mithilfe von Uhren oder Kalendern.

Gespräche in der **Biografiearbeit** sollen den dementen Menschen helfen, alte Lebensabschnitte ins Gedächtnis zu rufen. Hierzu können Fotos, Bücher oder Filme eingesetzt werden. Das Gefühl der eigenen Identität wird gestärkt und Sicherheit im Alltag gewonnen. Gleichzeitig ist es in der Pflege von Menschen mit Demenz wichtig, deren Biografie zu kennen (→ 5.12.7).

> Beispiel, wie die Biografie durch die Verwendung von Schlüsselwörtern in Erinnerung gerufen werden kann:
> Eine Pflegerin kommt während der Morgentoilette auf den Heimatort einer Pflegeheimbewohnerin zu sprechen, indem sie sagt: „Letzten Samstag war ich in W-Stadt am Hafen." Die Bewohnerin reagiert darauf aufmerksam und sagt: „Ja, die Gegend kenne ich." Die Pflegerin fügt weitere Erinnerungsbruchstücke hinzu: „Ja, früher gab es ja dort eine ganz alte Brücke, jetzt aber gibt es eine ganz moderne." Darauf reagiert die Bewohnerin mit Verwunderung und sagt. „Oh!" (Erdmann, Schnepp 2016)

Ergotherapie, Kunsttherapie, Musiktherapie und **Milieutherapie** stellen wichtige Pfeiler dar, da sie das Wohlbefinden der Betroffenen steigern und Freude am Alltag und die Alltagskompetenz stärken.

- Ziele der Ergotherapie sind die Erhaltung der Alltagskompetenzen, die Stärkung der Körperwahrnehmung und die Sturzprophylaxe.

progredient:
fortschreitend, mit zunehmend schwerem Verlauf

Antidementiva:
Medikamente, die kognitive Fähigkeiten verbessern und einer Demenz entgegenwirken sollen

Neuroleptika:
Medikamente, die psychotischen Symptomen wie Halluzinationen und Wahnvorstellungen entgegenwirken sollen

Biografiearbeit:
Beschäftigung mit der Lebensgeschichte eines Menschen, um individuell auf seine Bedürfnisse eingehen zu können und zur Stärkung der Identität von alten und dementen Patienten

- In der Musiktherapie tragen das Hören von Musik und das eigene Musikmachen zum Wohlbefinden bei.
- Kreatives Malen bei der Kunsttherapie entspannt, stärkt die kognitiven Fähigkeiten und motiviert die Betroffenen.
- Bei der Milieutherapie wird versucht, die Wohn- und Lebensräume so zu gestalten, dass sie den Betroffenen Sicherheit und innere Ruhe geben.

In der nicht medikamentösen Therapie von Demenz werden verschiedene Ansätze integriert. Stationäre und ambulante Einrichtungen sollten dabei nach einem abgestimmten Konzept vorgehen. Informieren Sie sich über die MAKS-Therapie, eine nicht medikamentöse Mehrkomponententherapie bei Demenz.

Um das Leben im eigenen Haushalt möglichst lange aufrechtzuerhalten, ist der **Wohnraum** entsprechend zu gestalten:

- Wohnräume klar und deutlich mit großen Schildern beschriften (→ Abb. 55)
- Schränke mit durchsichtigen Türen versehen
- ggf. Türen aushängen, damit Räume gefunden werden
- Reinigungsmittel in verschließbaren Schränken aufbewahren
- Lichtleisten im Boden installieren, um Stürze zu verhindern
- automatisch abschaltende Geräte wie Herd, Heizlüfter installieren

Die Demenz und ihr Fortschreiten fordern vor allem von nahen **Angehörigen** viel. Das Zusammenleben wird durch starke Persönlichkeitsveränderungen und die wachsende körperliche Hilflosigkeit zunehmend schwieriger. Besonders belastend ist, wenn Betroffene ihre Bezugspersonen nicht mehr erkennen. Für die Angehörigen wird mittlerweile **Unterstützung** angeboten, u. a. Selbsthilfegruppen, Pflegekurse, Schulungen und Beratungsangebote in Pflegestützpunkten. Die Belastung ist dennoch häufig hoch.

Abb. 55 Zettel an einem Küchenschrank mit Hinweisen auf dessen Inhalt

Menschen mit Demenz sind auf konstante Behandlung und möglichst feste Bezugspersonen angewiesen. An der gesundheitlichen Versorgung sind viele Personen beteiligt. Diese sollen darum eng zusammenarbeiten und abgestimmt vorgehen.

5.12.6 Rehabilitation

REUS

Bei leichter bis mittelschwerer Demenz können, wie die S3-Leitlinie hervorhebt, Erfolge hinsichtlich der Mobilität und Selbstversorgung erzielt werden (Deutsche Gesellschaft für Neurologie, Deutsche Gesellschaft für Psychiatrie und Psychotherapie 2023). Die meisten Menschen mit Demenz kommen jedoch nicht primär wegen der Demenz in eine Reha-Maßnahme, sondern aufgrund akuter körperlicher Erkrankungen, z. B. nach einem Bruch des Oberschenkelhalses oder einem Schlaganfall. Es gibt besondere Ansätze für Menschen mit Demenz in der Rehabilitation, die jedoch bisher nur vereinzelt angeboten werden, z. B. (Deutsche Alzheimer Gesellschaft 2019a):

- **mobile geriatrische Rehabilitation:** In dieser Sonderform der ambulanten Rehabilitation kommt ein Fachkräfteteam zu den Demenzpatienten nach Hause, denn so können die Patienten in ihrer Alltagsumgebung üben.
- **Assistenzbedarf durch Rooming-in:** Der Demenzpatient wird in einer stationären Reha-Maßnahme von einer Bezugsperson begleitet.

Auch **pflegende Angehörige** können eine Rehabilitationsmaßnahme in Anspruch nehmen, in der ihre körperliche und psychische Verfassung gestärkt werden soll. Sie gewinnen Abstand zur Pflegesituation und erlernen Methoden der Stressbewältigung.

5.12.7 Pflege

TULKE

Die pflegerische Versorgung von Menschen mit Demenz stellt eine herausfordernde Aufgabe dar. Die Betroffenen haben spezielle Bedürfnisse und benötigen daher auch eine spezielle pflegerische Versorgung und Betreuung. Hierzu zählt ein **respektvoller und einfühlsamer Umgang.** Die an der Pflege Beteiligten sollen Ruhe vermitteln und Geduld aufbringen.

Allgemeine Hinweise zum Umgang mit Menschen mit Demenz

Menschen mit Demenz sind abhängig von der Unterstützung anderer, um ihren Alltag zu meistern. Um diesen hohen Anforderungen gerecht zu werden, müssen die **Kompetenzen der Angehörigen und Pflegefachpersonen** gestärkt werden.

Folgende grundlegende Aspekte sollen im Umgang mit Menschen mit Demenz beachtet werden:

- ein ruhiges, empathisches und wertschätzendes Verhalten an den Tag legen und Verständnis zeigen
- Kommunikationsregeln anwenden, z. B. Geduld und Zeit aufbringen, Ja/Nein-Fragen stellen, Blickkontakt halten, kurze, präzise Sätze formulieren, langsam und deutlich reden, Wichtiges wiederholen
- konkrete Anweisungen in kurzen Sätzen geben
- Orientierungshilfen aufzeigen, z. B. Kalender und Uhr aufstellen, Namen an die Zimmertür anbringen, Toilette beschriften
- Diskussionen, Aggressionsverhalten und Konflikte vermeiden
- auf Kritik und Korrektur des Verhaltens vollständig verzichten
- Lob und Anerkennung geben
- Ressourcen nutzen, Selbstständigkeit fördern
- biografisch arbeiten, Erinnerungen sowie geliebte Freizeitaktivitäten in den Alltag einbinden

Ein Unterstützungsinstrument in der professionellen Pflege bietet der **Expertenstandard „Beziehungsgestaltung in der Pflege von Menschen mit Demenz“** (Deutsches Netzwerk für Qualitätsentwicklung in der Pflege 2019) (→ I-12.1.3). Die Pflegefachpersonen haben die Aufgabe, die Menschen mit Demenz als gleichwertig wahrzunehmen und anzuerkennen.

Konzepte im Umgang mit Menschen mit Demenz

Um den pflegerischen Umgang sowie die Arbeit mit Menschen mit Demenz zu unterstützen und zu fördern, wurden spezielle Konzepte entwickelt.

I-12.2 Theorien, Modelle und Konzepte in der Pflege

Basale Stimulation

Ein typisches Symptom, das man bei Demenz häufig findet, ist das sogenannte **Nesteln,** d. h. das dauernde Bewegen der Hände und Zupfen an Bettdecken, Tischdecken, dem eigenen Rock. Dieses stereotype Verhalten ist Ausdruck von mangelnder sensorischer Anregung; dem Menschen fehlt Beschäftigung, Kontakt, visuelle, orale und olfaktorische, auditive oder taktile Anregung. Die basale Stimulation zielt darauf ab, die **Sinne anzuregen.** Dies kann auf vielfältige Art und Weise geschehen, z. B. durch eine Gesichtsmassage, Ausstreichen der Arme und Beine, die Wahrnehmung verschiedener Materialien oder schmackhaftes Essen (Buchholz, Schürenberg 2013).

Entwickeln Sie Übungen, mit denen Sie Menschen mit Demenz visuell, auditiv und olfaktorisch anregen könnten.

Personenzentrierte Pflege nach Kitwood

Ein verbreitetes Konzept im Umgang mit Menschen mit Demenz ist der personenzentrierte Ansatz nach Kitwood, der auf dem klientenzentrierten Umgang nach Rogers (→ I-7.2.1) basiert.

In diesem Konzept stehen der Mensch und seine Individualität durch die eigene Biografie im Mittelpunkt. Oberstes Ziel ist die **Förderung oder Wiederherstellung des individuellen Personseins des Menschen.** Demenzerkrankte verlieren mit dem Fortschreiten ihrer Erkrankung die Fähigkeit, ihr Personsein zu erhalten. Deshalb hat das Wohlbefinden der Demenzerkrankten sowie die Gestaltung, Förderung und Erhaltung einer Pflegebeziehung oberste Priorität. Voraussetzung hierfür ist, das individuelle Erleben und die Bedürfnisse der Demenzerkrankten wahrzunehmen und ihre Persönlichkeitsmerkmale zu fördern. Dies wird durch die Stillung von **sechs Grundbedürfnissen** umgesetzt (→ Abb. 56).

basale Stimulation: Konzept zur Förderung der Wahrnehmungs-, Kommunikations- und Bewegungsfähigkeiten durch Anregung der Sinne

nesteln: an Kleidung oder Gegenständen zupfen, tasten, diese befingern

visuell: das Sehen betreffend, mit den Augen

oral: den Mund betreffend, über den Mund

olfaktorisch: den Geruchssinn betreffend

auditiv: das Hören/den Hörsinn betreffend

taktil: den Tastsinn betreffend bzw. mithilfe des Tastsinns

Expertenstandard: schriftliche Niederlegung des aktuellsten, wissenschaftlich basierten Wissens zu einem Thema

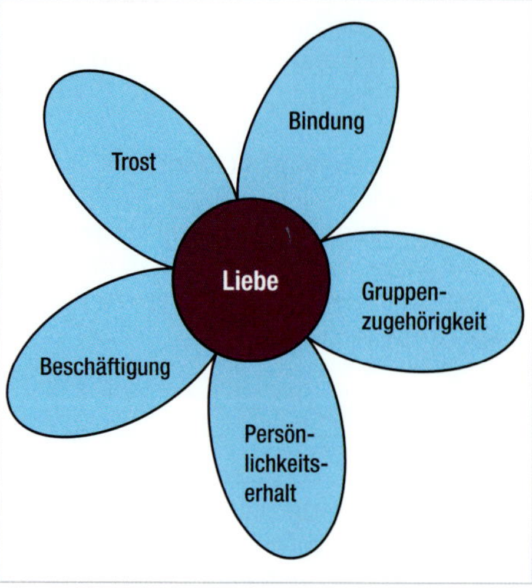

Abb. 56 Zu stillende Grundbedürfnisse des Menschen im personenzentrierten Ansatz

Trost spenden bedeutet, da zu sein, aktiv zuzuhören, Gefühle zuzulassen. Unter Persönlichkeitserhalt wird die Stärkung der Identität gefasst, z.B. durch das Ansprechen von Erinnerungen und die Durchführung von Ritualen.

Geben Sie Beispiele, wie die einzelnen Grundbedürfnisse des personenzentrierten Ansatzes gestärkt werden könnten.

Die Umsetzung dieser Anforderungen stellt hohe Anforderungen an die Pflegenden, die über innere Ruhe, Empathie, Stabilität, Flexibilität und Belastbarkeit verfügen müssen.

integrative Validation:
IVA; Umgangs- und Kommunikationsform in der Pflege von Menschen mit Demenz, die die Wertschätzung des Gegenübers beinhaltet; die erlebte Gegenwart und die damit verbundenen Gefühle und Ressourcen stehen im Mittelpunkt

Integrative Validation

Ein weiterer Ansatz in der Pflege von Menschen mit Demenz ist die integrative Validation. Diese besondere Gesprächstechnik ist eine Kommunikationsform, die die subjektiven Empfindungen der Menschen mit Demenz ins Zentrum stellt und die Erkrankten **in ihrem momentanen Erleben** belässt. Der Fokus wird auf die Ebene der Beziehung gelegt; es wird eine Vertrauensbasis geschaffen. Hierzu ein Beispiel:

Der alte Ladenbesitzer Herr M. sortiert gerade seine Waren, so wie er es früher immer gemacht hat, nun aber allerdings auf dem Wäscheständer im Pflegeheim, indem er dort hängende Wäsche umsortiert. Der vorbeikommende Pfleger korrigiert das Verhalten des Bewohners nicht, sondern validiert den hier sichtbaren Antrieb: den Fleiß des alten Ladenbesitzers. Er sagt: „Hallo Herr M., Sie sind aber wieder fleißig heute!"

Ein Beispiel für die gelingende Umsetzung dieses Konzepts mit Modellcharakter ist die auf Demenz spezialisierte Pflegeeinrichtung „Haus Schwansen". Hier gehen die Pflegefachpersonen und Betreuungskräfte individuell auf die Menschen mit Demenz ein und berücksichtigen die Gefühle und Ressourcen im pflegerischen Handeln.

Wir gehen davon aus, dass demente alte Menschen keine Möglichkeit mehr haben, sich anders zu verhalten, als sie es tun. Sie haben mit der Zunahme der Demenz vielfältige Verluste erfahren. Dies hat Spuren und vor allem Ängste hinterlassen. Unser Konzept wird getragen von dem Bemühen um Einfühlung in die erlittenen Verluste und in die Ängste der betroffenen Menschen. Dazu ist es notwendig, Erkenntnisse aus den biografischen Gegebenheiten zu berücksichtigen.
Dieser Pflege- und Betreuungsansatz akzeptiert den dementen Menschen so wie er ist. Er verlangt eine Umwelt, in der der demente Mensch sich so sicher und angstfrei fühlt, wie dies unter den gegebenen Umständen möglich ist. [...]
Der Begriff der Integrativen Validation beschreibt die behutsame Umgehensweise mit demenzkranken älteren Menschen. Die IVA geht davon aus, dass die Grundlage des Kontaktes zu diesen Menschen darin besteht, ein vertrauensvolles Klima zu schaffen.
Die Betroffenen äußern ihre Gefühlsbefindlichkeiten direkt und spürbar und greifen dabei auf früh erlernte Tugenden wie etwa Pünktlichkeit oder Pflichtbewusstsein zurück. Wenn die Pflegenden es erlernen, diese Gefühle und Antriebe wahrzunehmen, sie wertzuschätzen, gewinnt man das Vertrauen des kranken älteren Menschen. Gefühle und Antriebe zu validieren, heißt in der Pflege, diese wertzuschätzen, anzunehmen, zu akzeptieren.
Haus Schwansen – Pflege für Menschen mit Demenz unter www.haus-schwansen.de

Umgang mit Menschen mit Demenz im Krankenhaus

Durch den demografischen Wandel steigt die Zahl alter Menschen und damit auch die der Menschen mit Demenz. Folglich sind mehr Patienten, die sich in einem stationären Aufenthalt in einem Krankenhaus befinden, an einer Demenz erkrankt.

Demenzerkrankten fällt es schwer, die Situation zu erfassen; die ungewohnte Umgebung im Krankenhaus verursacht Unwohlsein und kann Ängste und Stress hervorrufen. Unruhe oder Aggression wiederum sind Risikofaktoren für ein Delir und können zu einer Verschlechterung der Demenzsymptome führen.

Pflegefachpersonen führen eine gezielte Pflegeanamnese durch, um auf Menschen mit Demenz individuell eingehen zu können. In der **demenzspezifischen Pflege** im Krankenhaus sind folgende Aspekte zu beachten:

- durch Pflegeanamnese erworbene Informationen in die Pflege integrieren
- ruhige, stressfreie Atmosphäre und Umgebung schaffen
- Sicherheit vermitteln
- evtl. Zimmernachbarn informieren
- Kommunikationsregeln beachten (z. B. integrative Validation)
- Menschen mit Demenz bei Untersuchungen o. Ä., vor allem mit langer Wartezeit, nicht alleine lassen
- über alle Handlungsschritte informieren bzw. diese vormachen
- Ressourcen und Selbstständigkeit fördern
- Bewegungsdrang wahrnehmen und zulassen
- Angehörige/Bezugspersonen in die Pflege einbeziehen
- nach Operationen gezielt beobachten
- für den Menschen mit Demenz wichtige Gegenstände, Bilder, Musik usw. mitbringen lassen und aufstellen
- Schmerzassessment abgestimmt auf Menschen mit Demenz durchführen
- bei der Nahrungsaufnahme gezielt unterstützen
- Entlassung aus dem Krankenhaus frühzeitig planen und Angehörige einbinden

Häusliche Pflege

Ein erheblicher Teil der Betreuung von Menschen mit Demenz in der Häuslichkeit wird durch Angehörige geleistet. Die Betreuung und Pflege von Menschen mit Demenz stellt Familien vor große Herausforderungen und kann zu psychischen und physischen Belastungen führen. Um sich zu schützen, ist es hilfreich, Informationen zum Krankheitsbild Demenz einzuholen, Unterstützung und Hilfe anzunehmen sowie Strategien für das Alltagsleben zu kennen. Schwierige Situationen und Konflikte sind frühzeitig zu bewältigen, um eine mögliche Überforderung der Pflegenden, die z. B. auch zu gewalttätigem Verhalten führen kann, zu verhindern.

Entlastend können sein (→ I-12.4.4):

- Angehörigen- und Selbsthilfegruppen
- Beratungsstellen, Alzheimer-Gesellschaften
- Pflegestützpunkte, ambulante Pflegedienste, Betreuungsgruppen, Wohlfahrtsverbände
- Verhinderungs-, Tages- oder Kurzzeitpflege

Zusätzlich sollten pflegende Angehörige ihre eigene psychische und physische Gesundheit im Blick behalten. Hier können neben Hobbys und Verabredungen mit Freunden Sport und Entspannungstechniken präventiv wirken. Dies setzt voraus, dass eine Vertretung für die Betreuung des an Demenz erkrankten Angehörigen zur Verfügung steht.

Stationäre Pflege, weitere Wohnformen

Ist die häusliche Versorgung von Menschen mit Demenz nicht mehr möglich, können andere Wohnformen wie Pflegeeinrichtungen, betreutes Wohnen, Wohngemeinschaften oder Pflegeoasen in Betracht gezogen werden (→ Abb. 57). Da die Anzahl der Menschen mit Demenz in der Gesellschaft steigt, stellen sich immer mehr Pflegeeinrichtungen speziell auf die Bedürfnisse dieser Menschen ein.

Pflegeeinrichtungen orientieren sich meist an der **häuslichen Gemeinschaft,** das heißt, die

Delir:
körperlich begründbare, lebensbedrohliche Bewusstseinsstörung, die u. a. durch akute Verwirrtheit und Halluzinationen gekennzeichnet ist

Informationen für Angehörige mit Demenz: *www.deutsche-alzheimer.de/angehoerige.html*

Wegweiser Demenz – Informationsportal des Bundesministeriums für Familien, Senioren, Frauen und Jugend (BMFSFJ): *www.wegweiser-demenz.de*

Pflegeoase:
Betreuungskonzept für Menschen mit schwerer Demenz in einer Wohngruppe im Pflegeheim

Abb. 57 Bewohner einer Pflege-WG für Demenzkranke, auf dem Tisch liegen Bildertafeln

Menschen mit Demenz leben in kleinen Gruppen mit speziellen Raumgestaltungen, festen, besonders geschulten Pflegefachpersonen und speziellen Angeboten. Die Wohnformen sollen die Selbstbestimmtheit der Bewohner erhalten und ihnen Sicherheit durch eine vertraute Umgebung vermitteln.

In **Wohngemeinschaften** bewohnen sie gemeinsam eine Wohnung unter professioneller pflegerischer Betreuung. Jeder besitzt ein eigenes Zimmer und die restlichen Räumlichkeiten werden gemeinsam von der Gruppe genutzt. Im **betreuten Wohnen** haben Demenzerkrankte ihre eigenen Wohnungen und können je nach Bedarf pflegerische oder hauswirtschaftliche Angebote in Anspruch nehmen.

5.12.8 Verlauf und Prognose

REUS

Primäre Demenzformen wie die Alzheimerdemenz sind **chronisch progredient,** d. h. langandauernd mit fortschreitender Ausprägung der Symptome (→ 2.1.3). Allerdings verläuft jede Krankheit anders.

Im **frühen Stadium** der Alzheimerdemenz stehen persönliche Gefühle wie Scham, Wut oder Angst im Vordergrund, da Betroffenen das Nachlassen der kognitiven Fähigkeiten bewusst ist. Patienten erreichen in der Regel im MMST noch mehr als 24 Punkte.

Im **mittleren Stadium,** der Testwert des MMST liegt nur noch bei 19–10 Punkten, verändert sich die Persönlichkeit, das Vergessen nimmt zu.

Im **späten Stadium,** das häufig erst nach vielen Jahren eintritt, ist der Betroffene rund um die Uhr auf die Hilfe pflegender Personen angewiesen, die eigene Persönlichkeit ist komplett verfallen, selbstständiges Essen, Toilettengänge u. Ä. sind nicht mehr möglich. Gegen Ende des Lebens kann es so weit gehen, dass der Betroffene nicht mehr selbstständig schlucken kann.

Die Lebenserwartung ist, genau wie der Verlauf der Erkrankung, individuell sehr unterschiedlich. Die meisten Patienten sterben innerhalb von 10 bis 15 Jahren nach Diagnosestellung infolge von Komplikationen durch die Bettlägerigkeit.

Der Patient sollte, solange er noch klar denken kann, ein Testament und eine Patientenverfügung aufsetzen und einen gesetzlichen Betreuer (→ I-3.1.5) benennen. Dieser wird im Verlauf der Erkrankung, kontrolliert vom Familiengericht, wichtige Entscheidungen hinsichtlich der Weiterbehandlung, der Unterbringung oder finanzieller Angelegenheiten treffen.

5.12.9 Prävention und Gesundheitsförderung

REUS

Bis heute ist es nicht möglich, einer Alzheimerdemenz medikamentös vorzubeugen. Die Prävention zielt im Wesentlichen darauf ab, die **Risikofaktoren für Demenz mit vaskulären Ursachen** durch eine frühzeitige Diagnostik und Behandlung von Hypertonie, Diabetes mellitus, Adipositas usw. zu minimieren. Es wird eine ausgewogene Ernährung, regelmäßige körperliche Bewegung und ein aktives geistiges und soziales Leben empfohlen (Deutsche Gesellschaft für Neurologie, Deutsche Gesellschaft für Psychiatrie und Psychotherapie 2023).

Sehr wichtig ist, die **psychische und körperliche Gesundheit der pflegenden Angehörigen** von Demenzerkrankten zu schützen. Hier sind Angebote der Wissensvermittlung über das Patientenverhalten, zu Bewältigungsstrategien und zu Entlastungsmöglichkeiten wichtig.

Mit **Aktionen** wie dem Welt-Alzheimertag am 21. September wird die Bevölkerung auf die Situation von Menschen mit Demenz und ihrer Angehörigen aufmerksam gemacht und Stigmatisierung bekämpft.

An der Versorgung von Demenzerkrankten sind viele Akteure beteiligt. Um eine gute Versorgung und breite Information sicherzustellen, braucht es ein **kooperatives und vernetztes Vorgehen** dieser Akteure. Maßnahmen können hier beispielsweise Aktionswochen und Stadtteil- oder Landesinitiativen sein.

In der Landesinitiative „Leben mit Demenz in Hamburg" arbeiten Gruppen zu verschiedenen Schwerpunktthemen. Zum Informationsaustausch gibt es ein Arbeitsgruppenplenum, in das die einzelnen AGs jeweils einen Sprecher/eine Sprecherin entsenden. Zudem gibt es ein offenes Forum für alle Interessierten und das Forum „Konferenzen und Allianzen".

Informieren Sie sich über die Struktur und Arbeit der Landesinitiative „Leben mit Demenz in Hamburg" unter www.hag-gesundheit.de/home. Recherchieren Sie Initiativen zur Demenz in Ihrer Stadt oder Region.

AUFGABEN

1. *Nennen Sie die Symptome der Alzheimerdemenz und unterteilen Sie diese in Früh- und Spätsymptome.*
2. *Besorgen Sie sich online den Mini-Mental-Status-Test (MMST) zur Einschätzung der kognitiven Fähigkeiten und führen Sie ihn mit einem Mitschüler/einer Mitschülerin gegenseitig durch.*
3. *Gefühle und Antriebe werden im Verlauf der Erkrankung zunehmend Zentrum des Erlebens und Grundlage des Verhaltens der Menschen mit Demenz. Erläutern Sie diese Aussage.*
4. *a) Nennen Sie die Therapieansätze bei einer Alzheimerdemenz.*
   b) Diskutieren Sie, in welchen Stadien der Erkrankung welche Therapieansätze sinnvoll sind.
5. *Unter www.wegweiser-demenz.de/wwd/rechtliches/gesetzliche-leistungen werden die Leistungsansprüche für Menschen mit Demenz dargestellt. Geben Sie die möglichen Leistungsansprüche wider.*
6. *Lesen Sie unter www.dnqp.de/expertenstandards-und-auditinstrumente/#c4624162 die Präambel des Expertenstandards „Beziehungsgestaltung in der Pflege von Menschen mit Demenz". Fassen Sie die wesentlichen Aussagen in maximal zehn Sätzen zusammen.*
7. *Menschen mit Demenz und ihre Angehörigen stoßen in der Realität häufig auf Probleme: Es gestaltet sich schwierig, einen passenden Betreuungsplatz zu finden, Angehörige werden nicht ausreichend entlastet, Behandlungs- und Pflegekonzepte werden nicht umgesetzt. Informieren Sie sich und befragen Sie Betroffene, wie diese Ihre Situation und den Versorgungsalltag wahrnehmen. Ermitteln Sie die Kernprobleme.*
8. *Nachdem Sie das Krankheitsbild bearbeitet haben:*
   a) Reflektieren Sie Ihren Wissenszuwachs und Ihre Einstellungen gegenüber Menschen mit Demenz.
   b) Was ist Ihrer Meinung nach für einen guten Umgang mit dieser Krankheit auf gesellschaftlicher und auf persönlicher Ebene wichtig?

5.13 Unipolare Depression

REUS

Wenn Kinder Depressionen erleben

Von himmelhoch jauchzend bis zu Tode betrübt: So sollte der Tag eines Kindes sein. Doch wenn Kinder anfangen, Rücksicht zu nehmen, verschwindet das.

P. sitzt mir gegenüber im Riesenrad. Wir schaukeln und drehen uns. Es ist ein sommerlicher Abend, der Rummelplatz wimmelt unter unseren Füßen. [...] Wenn P. runter auf die Breakdancer schaut, grinst er vorfreudig-zahnlückig, zeigt darauf und sagt: „Das ist so richtig wip!" Ich musste ihn ein paar Mal fragen, was es heißen soll, wenn er das sagt. Mittlerweile weiß ich, dass er RIP meint. Rest in peace. Aber als Adjektiv. Und wenn er sagt, dass etwas RIP ist, meint er, dass etwas krass ist. Aber sein Englisch ist noch ein bisschen schleppend, und deswegen wird RIP in seinem Mund zu wip.

Wie alle paar Monate picke ich auch heute einen Moment heraus. Diesen hier, in der Schwebe, hoch über allem, und frage P., wie es ihm mit seinem Vater geht. Er wiegt den Kopf hin und her, die Frage überrascht ihn nicht, und sagt: Es geht so. Ich frage, wie es beim Kinderpsychologen war. Er schaut einen Augenblick lang über die Stadt und antwortet dann sehr deutlich: „Mir hat das nicht so viel geholfen. Ich möchte lieber schöne Sachen mit dir machen und nicht daran denken, dass Papa krank ist."

Dass wir über die Depression seines Vaters auf die Art und Weise reden können, ist nicht selbstverständlich. Wir haben es uns gemeinsam erarbeitet. P. ist jetzt elf Jahre alt und wenn er früher tiefe Gefühle hatte, dann waren die klar: Er war traurig, wenn er ins Bett musste. Fröhlich, wenn seine Lieblingssendung lief. Wütend, wenn er nicht ernst genommen wurde oder ein Eis nicht bekam oder beides. Ich kenne ihn seit seiner Geburt und weiß, dass er innerhalb eines Tages alle Emotionen durchlaufen konnte. [...]

Ein Kind in einer Familie mit psychischen Erkrankungen zu sein, macht über Nacht all diese Dinge komplizierter. Es kippt nicht nur mal eben die Stimmung, es ist kein Wetterumschwung, sondern eine Klimakrise. Die Atmosphäre, die Zustände, werden dauerhaft, irreversibel verändert. Und wenn darüber keine Sprache gefunden wird, schaden wir uns zusätzlich auch noch selbst. Das weiß ich aus erster Hand.

Es fing leise an. P. begann zum Beispiel, sich bei jeder Gelegenheit zu entschuldigen. Er wurde immer sensibler: wenn er etwas umwarf oder die Tür zu fest schloss. Wenn er mir ins Wort fiel oder sehr laut lachte. Dann sagte er, zunehmend vorauseilend: Entschuldigung! Die Anlässe für die Entschuldigungen wurden immer geringfügiger. [...]

P. hatte angefangen, gewaltfrei zu kommunizieren. Und dadurch wurde es erst mal einfacher, mit ihm zu sprechen. Das ist die Krux an diesen Kindheiten wie seinen: Das erhöhte Verantwortungsbewusstsein, die Ruhe, die Zurückhaltung, die die Kinder entwickeln, wird in aller Regel erst einmal als angenehm wahrgenommen. Sie versuchen mit aller Kraft, es den Eltern leichter zu machen, sich hintenanzustellen, sich mit sich selbst zu beschäftigen und oft sogar: sich um die Eltern zu kümmern. [...]

ZEIT ONLINE unter www.zeit.de, 16.09.2022

1. *Kennen Sie Kinder oder Jugendliche, von denen ein Elternteil oder naher Angehöriger an einer Depression erkrankt ist? Diskutieren Sie:*
   a) *Welche Probleme ergeben sich Ihrer Meinung nach für diese Kinder und Jugendlichen?*
   b) *Welche Auswirkungen – positive wie negative – können diese Erfahrungen auf das spätere Leben haben?*
2. *Im Pressebeitrag wird von der Veränderung der Beziehung zwischen Kindern und Eltern bei betroffenen Familien gesprochen. Erklären Sie, was gemeint sein könnte, wenn sich soziale Rollen zwischen erkrankten Elternteilen und Kindern umkehren.*
3. *Es fühlt sich an, „als sei die Bettdecke aus Zement" – das Aufstehen fällt enorm schwer. Wie stellen Sie sich vor, fühlt es sich an, depressiv zu sein? Sammeln Sie Symptome, die Sie hinter dieser Störung vermuten.*

Bei unipolaren Depressionen handelt es sich um eine psychische Störung, die durch einen **Zustand niedergeschlagener Stimmung, Interessenlosigkeit und gemindertem Antrieb** über einen Zeitraum von **mindestens zwei Wochen** beschrieben wird. Menschen mit Depressionen gelingt es häufig gar nicht oder nur sehr schwer, ihren Alltag zu bewältigen. Sie können sich schlecht konzentrieren und grübeln viel, sie zweifeln an sich selbst, haben Schuldgefühle, manchmal sogar Suizidgedanken. Der Schlaf ist gestört und der Appetit entweder gesteigert oder reduziert. Häufig werden diese Symptome durch körperliche Beschwerden wie Kopf- oder Magenschmerzen begleitet.

Unipolare Depressionen müssen von den **bipolaren Störungen** unterschieden werden. Anders als bei den bipolaren Störungen treten bei unipolaren Depressionen keine Phasen mit gehobener, euphorischer oder gereizter Stimmung auf.

5.13.1 Vorkommen

Die Weltgesundheitsorganisation schätzt, dass weltweit etwa 322 Millionen Menschen an Depressionen erkrankt sind. Das sind mehr als 4,4 % der Weltbevölkerung und 18 % mehr Betroffene als zehn Jahre zuvor (Weltgesundheitsorganisation 2017).

Die **Lebenszeitprävalenz,** also das Risiko, im Laufe des Lebens an einer Depression (alle Formen) zu erkranken (→ I-2.2.1), liegt national wie international bei 16 bis 20 % (Bundesärztekammer u. a. 2022). Die Depression wird aus verschiedenen Gründen auch als **heimliche Volkskrankheit** bezeichnet: Sehr viele Menschen sind betroffen, häufig bleibt sie aber unbehandelt oder wird beim Arztbesuch zunächst nicht diagnostiziert, weil sie so vielfältige Symptome zeigt.

In der Gesundheitsberichterstattung wird die Prävalenz über zwei Wege erhoben:

- Daten zu ärztlich diagnostizierten Depressionen
- Daten zur depressiven Symptomatik, das heißt, Symptome einer Depression treten auf, es sind aber nicht zwingend alle Kriterien einer Depression erfüllt, in den letzten zwei Wochen durch Selbstauskunft der Befragten

Die **Kriterien für eine unipolare Depression** im Zeitraum von 12 Monaten (12-Monats-Prävalenz) erfüllen in Deutschland 10,6 % der Frauen und 4,8 % der Männer. Es sind also doppelt so viele Frauen wie Männer erkrankt (Jacobi u. a. 2014).

Von einer **aktuellen depressiven Symptomatik** berichten 11,6 % der Frauen und 8,6 % der Männer. Depressionen setzen – vor allem bei Frauen – **in jungem Alter** ein: 18- bis 29-jährige Frauen weisen mit 16,4 % eine besonders hohe Prävalenz auf. Zudem gilt: Je niedriger der **Bildungsstatus,** desto höher ist die Prävalenz einer depressiven Symptomatik. Diese liegt beispielsweise bei 18–29-jährigen Frauen der unteren Bildungsgruppe bei 22,4 % (→ Tab. 10) (Bretschneider u. a. 2017).

Betrachten und diskutieren Sie die Prävalenzangaben nach Geschlecht, Alter und Bildungsstatus. Gibt es Daten, die Sie überraschen?

Auch Kinder und Jugendliche erkranken an Depressionen. Hierzu sind die Daten jedoch nicht sehr detailliert: Etwa 1 % der Vorschulkinder, etwa 2 % der Grundschulkinder und etwa 3 bis 10 % der Jugendlichen zwischen 12 und 17 Jahren sind betroffen (Stiftung Deutsche Depressionshilfe o. J. a).

5.13.2 Ursachen und Krankheitsentstehung

Es gibt verschiedene Modelle, die die Entstehung von Depressionen zu erklären versuchen und die Grundlage für unterschiedliche therapeutische Ansätze sind (→ 5.13.5). Diese reichen von biologischen bis hin zu psychosozialen Modellen. Keines der Modelle reicht aber aus, um die Entstehung von Depressionen vollumfänglich erklären zu können. Da sich Depressionen mit so unterschiedlichen Symptomen zeigen, ist davon auszugehen, dass nicht nur ein Faktor für die Entstehung dieser Störung verantwortlich ist. Experten legen vielmehr ein **multifaktorielles Erklärungsmodell** zugrunde: Biologische, psychologische und soziale Faktoren (→ I-1.4.1) stehen in einer dynamischen Interaktion und tragen so zur Entstehung von Depressionen bei. Welche Rolle die einzelnen Faktoren bei der Entstehung einer Depression spielen, ist von Patient zu Patient sehr unterschiedlich.

unipolare Depression: psychische Störung, die sich u. a. in tiefer Niedergeschlagenheit ausdrückt und starkes Leiden verursacht; kann über längere Zeit oder wiederkehrend auftreten

bipolare Störung: Depression mit niedergeschlagenen und manischen Phasen (gehobene, euphorische oder gereizte Stimmung) im Wechsel

Serotonin:
Neurotransmitter (auch Hormon: „Glückshormon"); wirkt positiv auf die Stimmung; ist u. a. an Regulation von Schlaf, Körpertemperatur und Appetit beteiligt

Noradrenalin:
im Nebennierenmark gebildetes Hormon (auch Neurotransmitter); Tyrosin-Derivat; Funktion: Blutdrucksteigerung

Vulnerabilität:
Erkrankungsanfälligkeit

Stressoren:
Reizereignisse, die vom Organismus eine Anpassungsreaktion verlangen; Bedingungen, die Stress auslösen, z. B. hohe Konzentrationsanforderungen, emotionale Belastungen, Wettkampfsituationen, Krankheit, Armut (→ 5.9.2)

Ressourcen:
auch Schutzfaktoren genannt; gesundheitsfördernde bzw. risikomindernde Faktoren

Tab. 10 Prävalenz von depressiver Symptomatik in den letzten zwei Wochen (GEDA 2014/2015-EHIS, KI = Konfidenzintervalle → I-2.2.2) (Bretschneider u. a. 2017)

Frauen	%	(95 %-KI)
Frauen gesamt	**11,6**	**(10,8–12,4)**
18–29 Jahre	16,4	(14,5–18,6)
untere Bildungsgruppe	22,4	(17,4–28,3)
mittlere Bildungsgruppe	15,7	(13,4–18,4)
obere Bildungsgruppe	9,9	(7,5–13,0)
30–44 Jahre	10,9	(9,5–12,4)
untere Bildungsgruppe	16,1	(11,5–22,1)
mittlere Bildungsgruppe	11,4	(9,6–13,4)
obere Bildungsgruppe	6,4	(4,8–8,6)
45–64 Jahre	11,9	(10,8–13,1)
untere Bildungsgruppe	17,5	(14,1–21,4)
mittlere Bildungsgruppe	11,8	(10,5–13,3)
obere Bildungsgruppe	7,3	(6,0–8,9)
≥ 65 Jahre	8,7	(7,4–10,1)
untere Bildungsgruppe	11,7	(9,4–14,4)
mittlere Bildungsgruppe	7,1	(5,4–9,3)
obere Bildungsgruppe	3,6	(2,2–5,7)
gesamt: Frauen und Männer	**10,1**	**(9,6–10,7)**
Männer	**%**	**(95 %-KI)**
Männer gesamt	**8,6**	**(7,9–9,4)**
18–29 Jahre	9,5	(7,7–11,7)
untere Bildungsgruppe	13,9	(9,8–19,3)
mittlere Bildungsgruppe	8,3	(6,4–10,6)
obere Bildungsgruppe	7,0	(4,1–11,9)
30–44 Jahre	9,4	(7,9–11,2)
untere Bildungsgruppe	17,8	(12,2–25,2)
mittlere Bildungsgruppe	10,1	(8,0–12,7)
obere Bildungsgruppe	4,9	(3,5–6,8)
45–64 Jahre	9,6	(8,5–10,7)
untere Bildungsgruppe	15,3	(11,7–19,7)
mittlere Bildungsgruppe	10,5	(9,0–12,3)
obere Bildungsgruppe	5,9	(4,7–7,4)
≥ 65 Jahre	5,4	(4,5–6,5)
untere Bildungsgruppe	7,1	(4,8–10,5)
mittlere Bildungsgruppe	5,7	(4,4–7,5)
obere Bildungsgruppe	4,2	(3,0–5,9)
gesamt: Frauen und Männer	**10,1**	**(9,6–10,7)**

Biologische Faktoren

Epidemiologische Studien zeigen, dass Depressionen familiär gehäuft auftreten. Es ist deshalb davon auszugehen, dass es einen **genetischen Faktor** bei der Entstehung von Depressionen gibt. Es ist bislang allerdings nicht gelungen, genetische Marker auf molekularer Ebene zu bestimmen.

Eine wichtige Rolle bei Depressionen spielt außerdem das **Neurotransmittersystem** (medikamentöse Therapie, → 5.13.5). Es wird davon ausgegangen, dass bei depressiven Menschen ein Mangel an Neurotransmittern wie Serotonin und Noradrenalin im synaptischen Spalt vorliegt. Tierexperimentelle Studien zeigen, dass das Neurotransmittersystem stark vom Stresserleben beeinflusst wird. Stress beeinflusst das Hypophysen-Nebennierenrinden-System (→ 7.3.3), das wiederum das Neurotransmittersystem reguliert.

Psychosoziale Faktoren

Erfahrungen, die Menschen im Laufe ihres Lebens machen, können ebenso zur Entstehung von Depressionen beitragen. Dazu zählen z. B. frühe Beziehungserfahrungen, Trennungs- und Verlusterfahrungen, Mobbing, fehlende soziale Unterstützung, Überforderung oder traumatische Erfahrungen.

Vulnerabilitäts-Stress-Modell

Ein Modell, das häufig zur Erklärung der Entstehung von psychischen Störungen und damit auch von Depressionen herangezogen wird, ist das **Vulnerabilitäts-Stress-Modell.** Dieses Modell berücksichtigt die Wechselwirkungen von biologischen und psychosozialen Faktoren mit aktuellen Stressoren im Bezug auf die erhöhte Störungsanfälligkeit einer Person (→ Abb. 58).

Das Modell postuliert, dass erst durch das Zusammenwirken von biologischen und psychosozialen Faktoren auf der einen Seite (Vulnerabilität) und aktuellen Stressoren auf der anderen Seite ein Schwellenwert überschritten und damit eine Depression ausgelöst wird. Dieser Schwellenwert kann durch **Ressourcen** wie soziale Unterstützung positiv beeinflusst werden.

5.13.3 Symptome

Einfach nur traurig oder schon depressiv? Trauer ist eine normale Reaktion auf einen Verlust (→ 12.7.4). Sie lässt zumeist nach einigen Wochen oder Monaten wieder nach.

Phasen der Trauer, Lustlosigkeit oder Niedergeschlagenheit kennt vermutlich jeder. Wenn diese Anzeichen länger andauern oder auch kombiniert mit körperlichen Symptomen wie Appetitlosigkeit und Schlafstörungen auftreten, ist Vorsicht geboten. Depressive Menschen geben eine gedrückte Stimmung, Antriebsschwäche oder Interessenverlust an. Sie zweifeln an sich, empfinden sich als wertlos und grübeln viel. Alltagsaktivitäten, Arbeit oder Lernen fallen schwer.

Depressionen können sehr unterschiedlich erlebt werden. Recherchieren Sie Erfahrungsberichte von Betroffenen und vergleichen Sie, welche Symptome die Betroffenen beschreiben.

Auch bei Kindern und Jugendlichen sind die Symptome vielfältig. Hier können sich Depressionen zudem in Verhaltensauffälligkeiten wie Aggressionen, Aufsässigkeit, Hyperaktivität, Lerndefiziten und Bettnässen zeigen.

Selbstverletzendes Verhalten beispielsweise durch das Zufügen von Schnittwunden mittels Rasierklingen an den Armen ist häufig ein Ausdruck schwerer psychischer Belastungen. Es kann bei depressiven, aber auch bei anderen psychischen Störungen auftreten.

Auch wenn **Gefühle von Einsamkeit** nicht zu den Kernsymptomen einer Depression gehören, treten diese häufig im Rahmen einer Depression auf. So wie alle anderen Gefühle auch, ist das Gefühl von Einsamkeit evolutionär überlebenswichtig für Menschen. Der Mensch ist ein soziales Wesen und kann allein nicht (oder nur sehr schwer) überleben. Die Angst vor möglicher Einsamkeit befähigt

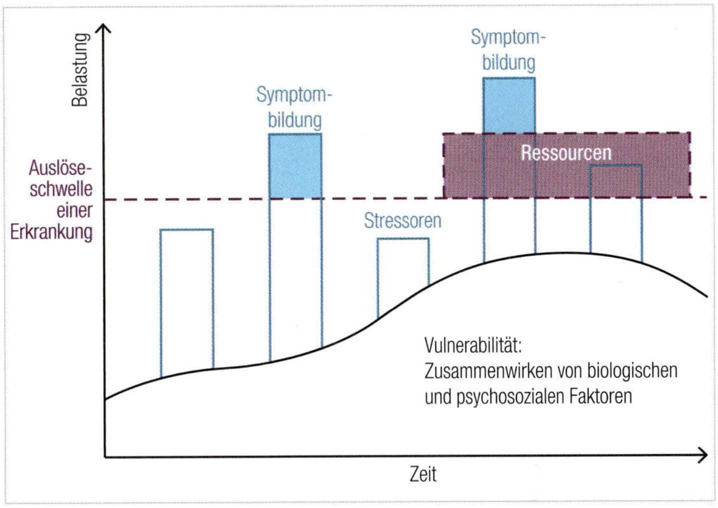

Abb. 58 Vulnerabilitäts-Stress-Modell

Menschen, soziale Fähigkeiten zu entwickeln und (wieder) soziale Beziehungen einzugehen (z. B. nach einer Trennung).

Einsamkeit wird erst dann zu einem Problem, wenn das Gefühl automatisiert immer dann auftritt, wenn wir allein sind. Dies kann insbesondere beim Vorliegen einer Depression der Fall sein. Depressionen werden häufig durch Trennungen oder Verlusterlebnisse ausgelöst, sodass sich hier das Gefühl der Einsamkeit einstellen kann. Zudem zeichnen sich Depressionen häufig durch **Selbstzweifel** und **Grübeln** und somit durch Gedanken wie „Ich bin komisch", „Ich bin anders als die anderen", „Niemand mag mich; ich gehöre nicht dazu" aus. Auch solche Gedanken lösen schnell das Gefühl von Einsamkeit aus und erklären, weshalb sich einige Menschen selbst (oder gerade) in Gruppen einsam fühlen.

Informationsquellen und Angebote zu Depression in der Patientenleitlinie: *www.patienten-information.de/patientenleitlinien/depression*

5.13.4 Diagnostik

Der wichtigste Schritt bei Verdacht auf eine Depression ist der Gang in eine ärztliche oder psychotherapeutische Praxis. Betroffenen kann es helfen, einen Menschen mitzunehmen, den sie gut kennen und dem sie vertrauen. Für Betroffene ist es wichtig, dass die **Angehörigen** Verständnis für ihre Situation und Gefühle aufbringen und die Erkrankung ernst nehmen, ohne zu dramatisieren. Angehörige sollten versuchen, Betroffenen zu vermitteln, dass Hilfe möglich ist. Sie sollten sie in ihrer Entscheidung unterstützen, sich professionelle Hilfe zu suchen.

depressive Episode: einzelne depressive Phase von mindestens zwei Wochen; kann einmalig oder wiederholt auftreten

Remission: vorübergehende oder dauernde Abschwächung der Symptome bei chronischen Erkrankungen ohne Heilung

rezidivierend: wiederauftretend nach vorangegangener vollständiger Heilung

Dysthymie: chronischer Verlauf einer Depression mit weniger stark ausgeprägter Symptomatik

Double Depression: Dysthymie, zu der eine depressive Episode hinzukommt

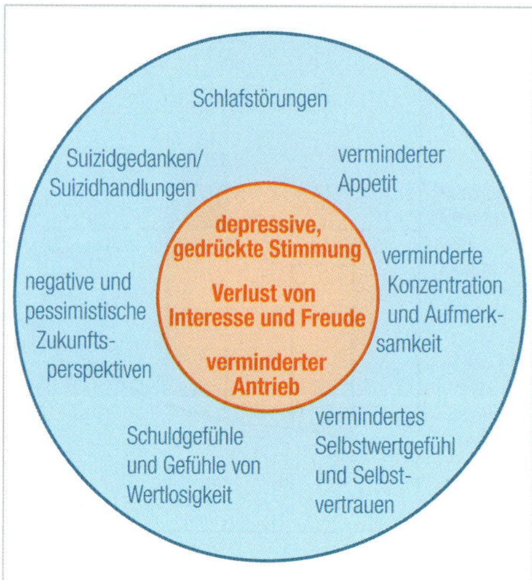

Abb. 59 Haupt- und Nebenkriterien einer Depression nach ICD-10

Auch **Mitarbeitende im Gesundheitswesen** können auf eine mögliche Depression aufmerksam werden und die Betroffenen aktivieren, sich Hilfe zu suchen. Eine besondere Rolle nehmen dabei Hausärzte ein, da sie viel Kontakt zu Patienten haben und diese häufig über einen langen Zeitraum betreuen und Veränderungen wahrnehmen können.

→ Abb. 59 zeigt die **Kriterien für eine Depression.** Im orange farbigen Innenkreis sind die **Hauptkriterien** einer Depression dargestellt, im blauen äußeren Kreis die **Nebenkriterien.** Um die Diagnose einer Depression stellen zu können, müssen eine bestimmte Anzahl der Haupt- und Nebensymptome über einen Zeitraum von **mindestens zwei Wochen vorliegen.** Bei der Diagnosestellung muss der **Schweregrad,** der **Verlauf** und die **Dauer** der Depression berücksichtigt werden.

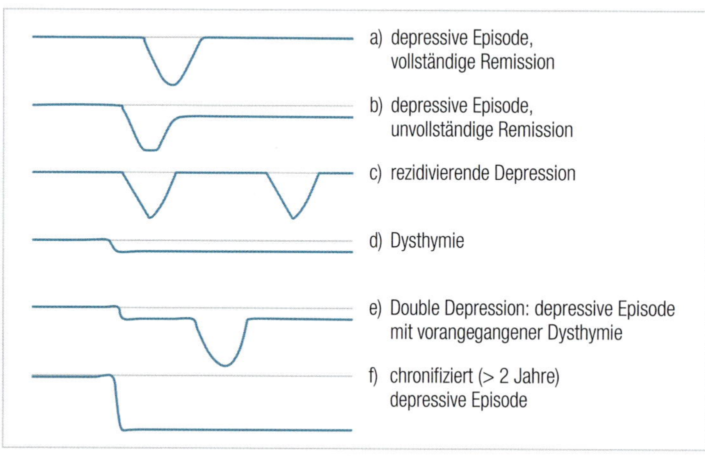

Abb. 60 Verläufe unipolarer depressiver Störungen (Bundesärztekammer u.a. 2016)

Schweregrad

Es werden drei Schweregrade unterschieden:

- **leichte Depression:** Es werden zwei der drei Hauptsymptome und insgesamt mindestens vier Symptome erfüllt.
- **mittelgradige Depression:** Es werden mindestens zwei der drei Hauptsymptome und insgesamt mindestens sechs Symptome erfüllt.
- **schwere Depression:** Es werden alle drei Hauptsymptome und insgesamt mindestens acht Symptome erfüllt.

Dauer und Verlauf

Es gibt viele Formen der unipolaren Depression (→ Abb. 60). Diese verlaufen in der Regel in Phasen, die als **depressive Episoden** bezeichnet werden. Sie können einmalig oder wiederholt auftreten. Nach einer depressiven Episode kann die psychische Gesundheit wieder vollständig hergestellt sein, was **Remission** genannt wird. Diese Remission kann aber auch unvollständig sein, das heißt, die Symptomatik liegt in leichter Form teils noch vor.

Lag in der Vorgeschichte der gegenwärtigen depressiven Episode mindestens eine weitere depressive Episode vor, wird von einer **rezidivierenden Depression** gesprochen. Dabei müssen zwischen beiden Episoden mehrere Monate ohne eindeutige depressive Symptomatik vergangen sein. Auch bei rezidivierenden Depressionen kann die aktuelle depressive Episode wie oben beschrieben nach Schweregrad eingeteilt werden.

Eine **chronische Depression** bedeutet, dass die Beschwerden mehr als zwei Jahre anhalten.

Wenn über einen Zeitraum von mindestens zwei Jahren eine andauernde depressive Verstimmung vorliegt, die Kriterien bzw. die Symptomanzahl für eine depressive Episode aber nicht gänzlich erfüllt werden, spricht man von einer **Dysthymie.** Eine Dysthymie beginnt meist früh im Erwachsenenleben. Die lange Leidensphase schränkt die Betroffenen in ihrer Lebensführung oft erheblich ein. Auch Menschen mit einer Dysthymie können zusätzlich eine (rezidivierende) depressive Episode entwickeln. In diesem Fall spricht man von einer **„Double Depression".**

Ablauf der Diagnostik

Führen Sie einen Online-Selbsttest durch: www.deutsche-depressionshilfe.de/depression-infos-und-hilfe/selbsttest-offline. Was fällt Ihnen bei den Fragen auf?

Selbsttests können einer ersten Einschätzung dienen. Vermuten Sie eine Depression bei sich, ersetzen Selbsttests aber nicht die Diagnostik.

Die Diagnose einer Depression wird durch einen Haus- oder Facharzt oder einen psychologischen Psychotherapeuten gestellt. Wenn ein Verdacht auf eine Depression vorliegt, wird in einem **ausführlichen Gespräch** exploriert, ob die Hauptsymptome einer Depression vorliegen. Es wird außerdem geklärt, ob die Symptome am treffendsten durch eine Depression oder ggf. durch eine andere psychische oder somatische Erkrankung erklärt werden können. Der Missbrauch psychotroper Substanzen (→ 5.14), eine Schilddrüsenunterfunktion (→ 7.4) oder hirnorganische Schäden können z. B. auch depressive Symptome verursachen und sollten vorher ausgeschlossen werden. Dazu können **medizinische Untersuchungen** wie Blutuntersuchungen notwendig sein.

Wenn alle anderen Ursachen ausgeschlossen wurden, werden Zusatzsymptome, der Verlauf und die Dauer geklärt, um eine genaue Diagnose zu stellen. Auch werden andere Formen der Depression, z. B. bipolare Störungen, ausgeschlossen. Manchmal kann es hilfreich sein, **spezifische Instrumente** wie Checklisten (z. B. die diagnostische Checkliste nach ICD-10) oder klinische Interviews (z. B. strukturiertes Klinisches Interview nach DSM-IV) einzusetzen (→ I-10.1.3). Dies ist aber für die Diagnosestellung nicht zwingend notwendig.

Im Verlauf einer Therapie sollte regelmäßig überprüft werden, ob diese anschlägt und sich die Symptome verbessern. Dazu gibt es verschiedene **Selbst- und Fremdbeurteilungsinstrumente.** Sie werden zur Verlaufsdiagnostik und unterstützend zur anfänglichen Diagnostik eingesetzt. Allein anhand ihrer Ergebnisse lässt sich die Diagnose einer Depression jedoch nicht ableiten.

Eine Depression bei Kindern und Jugendlichen wird oft nicht erkannt. Es stehen häufig andere Verhaltensauffälligkeiten im Vordergrund, die fehlgedeutet werden. Auch kann es jüngeren Kindern schwerfallen, ihre Gefühlslage sprachlich mitzuteilen.

Häufig wird eine Depression mit **Burn-out** verwechselt. Das Burn-out-Syndrom ist wissenschaftlich allerdings kein Krankheitsbild und kann somit auch nicht als Krankheit kodiert und behandelt werden. Das Burn-out-Syndrom wird als Zustand körperlicher, emotionaler und geistiger Erschöpfung aufgrund von Überlastungserleben bei der Lebensbewältigung beschrieben.

Burn-out: Zustand körperlicher, emotionaler und geistiger Erschöpfung

Wurde das Burn-out-Syndrom früher vor allem im Zusammenhang mit überfordernden Arbeitssituationen gesehen, wird es heute auch in allgemeinen Stress auslösenden Kontexten diskutiert. Kinder, Hausfrauen, pflegende Angehörige, Seelsorger, Manager, Lehrkräfte – so ziemlich alle Bevölkerungs- und Berufsgruppen sind betroffen.

psychotrop: auf die Psyche einwirkend, Synonym: psychoaktiv

Burn-out wird im ICD-10 als **Rahmen- oder Zusatzdiagnose** eingestuft und stellt damit **keine Behandlungsdiagnose** dar. Burn-out allein rechtfertigt also keine Therapie. Dennoch sollten Anzeichen eines Burn-outs nicht vernachlässigt werden, da die Symptome Hinweise auf eine Depression geben können. Zudem kann längerfristiges Überlastungserleben die Entstehung von psychischen Störungen und damit auch von Depressionen befördern (Vulnerabilitäts-Stress-Modell, → 5.13.2).

5.13.5 Therapie

Die Therapie von Depressionen hat das Ziel der **Linderung depressiver Symptome** bis hin zur **Remission.** Wichtig ist außerdem die **Rückfallprophylaxe.**

Es gibt verschiedene Therapiemöglichkeiten bei Depressionen. Welcher Ansatz gewählt wird, hängt von der Schwere der depressiven Episode, dem Erkrankungsverlauf und der Präferenz des Patienten selbst ab (→ Abb. 61, → Abb. 62). Entscheidungen zur Behand-

I-10.2.3 Evidenzbasierte Medizin: Behandlungsleitlinien

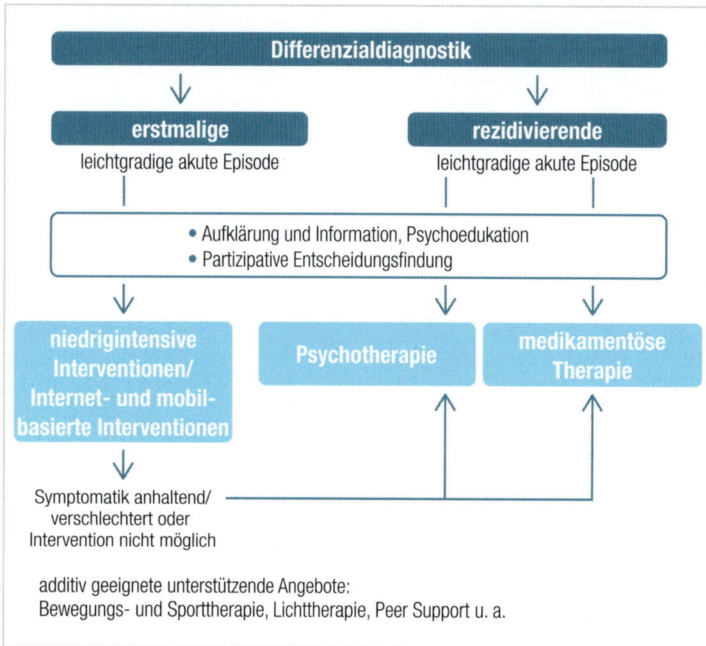

Abb. 61 Akuttherapie leichtgradiger depressiver Störungen gemäß S3-Leitlinie „Unipolare Depression" (Bundesärztekammer u. a. 2022)

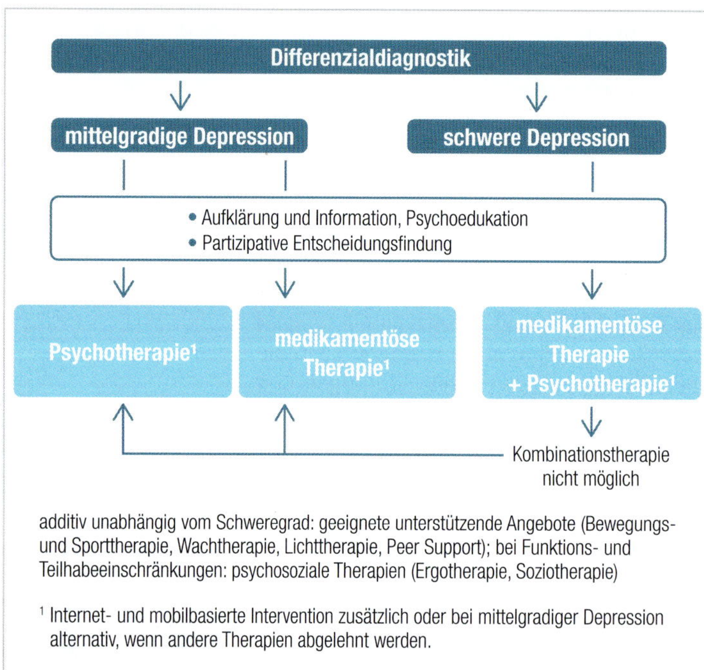

Abb. 62 Akuttherapie mittelgradiger und schwerer depressiver Störungen gemäß S3-Leitlinie „Unipolare Depression" (Bundesärztekammer u. a. 2022)

lung sollten immer gemeinsam („partizipative Entscheidungsfindung") getroffen werden (→ I-7.2.1).

In jedem Fall findet ein **Aufklärungsgespräch** statt, in dem **Psychoedukation** (→ 5.10.3) erfolgt. Anschließend entscheiden sich Behandler und Patient gemeinsam für eine der **vier Haupttherapiestrategien.** Zu diesen zählen:

- niedrigintensive Interventionen (z. B. angeleitete Selbsthilfe oder hausärztliche psychosomatische Grundversorgung) und Internet- und mobilbasierte Interventionen (IMI)
- medikamentöse Therapie
- Psychotherapie
- Kombinationstherapie aus medikamentöser Therapie und Psychotherapie

Niedrigintensive Interventionen werden ohne weitere Therapie nur bei leichten depressiven Episoden eingesetzt. Wenn der Patient eine Behandlung zunächst ablehnt oder davon ausgegangen werden kann, dass die depressive Episode ohne Therapie vergeht, kann mit dem Beginn einer medikamentösen Therapie oder einer Psychotherapie abgewartet werden. Der Patient kann stattdessen mit beispielsweise Selbsthilfebüchern oder Internet- bzw. mobilbasierten Interventionen unterstützt werden. Spätestens nach zwei Wochen sollte die Symptomatik jedoch nochmals überprüft und ggf. eine Therapie eingeleitet werden.

Bei leichten und mittelgradigen depressiven Episoden kann eine **medikamentöse Therapie** oder eine **Psychotherapie** (auch als Internet- und mobilbasierte Intervention) eingesetzt werden. Bei schweren depressiven Episoden erfolgt eine **Kombinationstherapie.**

Patienten, die eine Therapie aufnehmen, sollten sich darauf einstellen, dass die Behandlung einer Depression Zeit braucht. Sie können die Behandlung unterstützen, indem sie sich bewegen und gut ernähren. Körperliche Aktivität und Sport können die Stimmung aufhellen (→ 3.4.4), ebenso kleinere Aktivitäten im Alltag wie Kochen, Verabredungen mit Freunden usw. (Bundesärztekammer u. a. 2016).

In regelmäßigen Abständen wird überprüft, ob die Therapie anschlägt. Dies wird als **Monitoring** bezeichnet. Dazu werden Selbst- und Fremdbeurteilungsinstrumente eingesetzt (→ 5.13.4). Wenn die Therapie nicht anschlägt, sollten Anpassungen oder Ergänzungen abgewogen werden.

Psychotherapie

In der Psychotherapie unipolarer Depressionen kommen die vier in Deutschland zugelassenen Psychotherapieverfahren zum Einsatz (Bundesärztekammer u.a. 2022; Meister u.a. 2018).

Die Wirksamkeit der **interpersonellen Therapie** und der **Gesprächspsychotherapie** (nach Rogers, → I-7.2.1) bei Depressionen ist zwar wissenschaftlich anerkannt, jedoch werden diese beiden Formen der Psychotherapie in Deutschland nicht von den Krankenkassen bezahlt.

Kognitive Verhaltenstherapie

Unter kognitiver Verhaltenstherapie (→ 5.10.3) werden behaviorale und kognitive Therapieansätze zusammengefasst, die sich von verschiedenen behavioralen und kognitiven Modellen der Krankheitsentstehung ableiten lassen. Diese Modelle ergänzen sich.

Zu den wichtigsten **behavioralen Modellen** gehören:

- **Verstärker-Verlust-Modell** (nach Lewinsohn): Dieses folgt der Annahme, dass ein Mangel an positiven Erfahrungen und Aktivitäten bzw. ein Überschuss an negativen Erfahrungen, wie Arbeitslosigkeit, Krankheit oder Verlust nahestehender Menschen, zu einem Verlust an positiver Verstärkung (Belohnung) und damit zu depressiven Symptomen führen.
- **Modell der erlernten Hilflosigkeit** (nach Seligmann): Belastende Situationen, die durch das eigene Handeln nicht kontrolliert werden können, lösen Hilflosigkeit und in Folge depressive Symptome aus. Situationen können als „nicht kontrollierbar" eingeschätzt werden, wenn sie tatsächlich nicht kontrolliert werden können, aber auch wenn der Person die sozialen Kompetenzen, das Problemlösevermögen und die Konfliktfähigkeit fehlen.

Das wichtigste **kognitive Modell** (nach Beck) geht davon aus, dass der Depression ein dysfunktionales, schädliches Denkmuster zugrunde liegt. Dieses Denkmuster wird als „kognitive Triade" bezeichnet und ist gekennzeichnet durch eine **verzerrt-negative Sicht** auf sich selbst, auf die Umwelt und auf die Zukunft. Die verzerrt-negative Sicht wird durch Verlusterlebnisse, traumatisierende Ereignisse, Erfahrungen der Nichtkontrollierbarkeit und andere Belastungen im Verlauf der lebensgeschichtlichen Entwicklung eines Patienten geprägt und durch negative automatische Gedanken bestätigt und verfestigt. Negative automatische Gedanken treten schnell auf, sind unfreiwillig, reflexhaft und stereotyp. Sie erscheinen subjektiv plausibel, enthalten aber logische Fehler, die die negativ-verzerrte Sicht der Realität trotz widersprechender Erfahrungen stützen.

Beispiele für Typen kognitiver Verzerrungen:
- willkürliches Schlussfolgern: Es wird eine Schlussfolgerung gezogen, ohne andere Erklärungsmodelle zu prüfen.
- Übergeneralisierung: Aufgrund einer einzelnen Erfahrung wird eine allgemeine Regel aufgestellt.
- Personalisieren: Man sieht sich selbst als Ursache für Ereignisse, obwohl auch andere Personen oder Umstände verantwortlich sein könnten.
- dichotomes Denken: Es wird nur in zwei Kategorien ohne Zwischenstufen gedacht.

1. *Finden Sie für jeden dieser Typen ein Beispiel.*
2. *Informieren Sie sich, welche weiteren Typen kognitiver Verzerrungen es gibt, und erklären Sie diese.*
3. *Beobachten Sie sich im Alltag und tauschen Sie sich aus: Wann treten bei Ihnen kognitive Verzerrungen auf? Welchen Typen sind diese zuzuordnen?*

Ausgehend von den behavioralen Modellen zielt die kognitive Verhaltenstherapie der Depression darauf ab, das Problemverhalten der Patienten im Hier und Jetzt zu verändern. Es werden **positive Erlebnisse im Alltag** durch den Aufbau positiver Aktivitäten gefördert.

Monitoring: systematische Beobachtung, Überwachung von Vorgängen

5.10.3 Therapie psychischer Störungen: Psychotherapieverfahren

interpersonelle Therapie: Kurzzeittherapie für die Behandlung unipolarer Depressionen; setzt an den Lebensbezügen des Betroffenen an, die im Zusammenhang mit der Depression stehen, z.B. komplizierte Trauer, Lebensveränderungen, zwischenmenschliche Konflikte, Einsamkeit

kognitiv: das Wahrnehmen, Denken und Erkennen betreffend

behavioral: das Verhalten betreffend

Dazu werden meist Stimmungskurven und Wochenpläne eingesetzt. Weiterhin werden **Problemlösestrategien** und **soziale Kompetenzen** eingeübt, die das Hilflosigkeitserleben abbauen und den Selbstwert festigen sollen. Meist werden zusätzlich **Entspannungsübungen** eingesetzt, die den Patienten befähigen sollen, mit typischen depressiven Symptomen wie Schlaflosigkeit und erhöhter Grundanspannung umzugehen (→ 5.9.3). Diese behavioralen Interventionen werden durch kognitive Interventionen ergänzt. Der Patient wird angeleitet, negative automatische Gedanken und dahinterliegende Denkmuster im Alltag zu erkennen, sie auf ihre Angemessenheit und Nützlichkeit zu überprüfen und **alternative Denkmuster** zu entwickeln und auszuprobieren.

psychodynamisch: das Wirken innerseelischer Kräfte betreffend

Psychodynamische Therapien

Psychodynamische Therapiesätze sind im Gegensatz zu den verhaltenstherapeutischen Therapieansätzen traditionell **störungsübergreifend** ausgerichtet. Es gibt also nicht die psychodynamische Therapie der Depression. Allerdings lassen sich einige Grundideen der psychodynamischen Therapie bei Depressionen beschreiben.

Regression: Vorgang, in dem das aktuell erreichte Entwicklungsniveau verlassen und zu einem lebensgeschichtlich früheren Entwicklungsniveau zurückgekehrt wird

systemisch: den sozialen Kontext, z. B. Familie, Freundeskreis, Arbeitsumfeld, berücksichtigend; Betrachtung der Beziehungen und Wechselwirkungen zwischen Menschen in einem sozialen Umfeld

Aus psychodynamischer Sicht werden Depressionen oft durch **Verlust- oder Kränkungserlebnisse** ausgelöst, die auf keine angemessene Weise verarbeitet werden können. Die Wut, die eigentlich auf das zunächst geliebte, aber verlorene Objekt gerichtet werden sollte, wird gegen das eigene Selbst gelenkt, was sich letztlich in depressiven Symptomen zeigt. Damit richtet das Über-Ich seine Aggression gegen das Ich, die es eigentlich gegen das Objekt richten sollte (→ 5.10.3).

> Objekte im psychodynamischen Sinne sind das, worauf sich Menschen mit einem bestimmten Ziel beziehen. Objekte können Gegenstände, aber auch Personen sein – sowohl imaginiert als auch real.

Antidepressiva: Medikamente gegen Depressionen; wirken u. a. stimmungsaufhellend und entweder antriebsteigernd oder -dämpfend

Die Patienten glauben, selbst am Verlust oder der Kränkung schuld zu sein, sichern sich damit aber die Beziehung zu wichtigen Bezugspersonen. Der depressive Grundkonflikt besteht darin, dass Patienten sich auf der einen Seite nach dem geliebten Objekt sehnen, auf der anderen Seite aber auch von diesem enttäuscht sind.

Sowohl in der **analytischen** als auch in der **tiefenpsychologisch fundierten Psychotherapie** (→ 5.10.3) erfolgt eine reflektierende **Bearbeitung des Grundkonflikts.** Der Therapeut fühlt sich in das innere Erleben und die vor allem inakzeptablen Gefühle des Patienten ein und verbalisiert diese. Damit werden unbewusste Konflikte in der Therapeut-Patient-Beziehung wiedererlebt und verstehbar und bearbeitbar gemacht. So kann sich auch die gehemmte Aggressivität in der Therapeut-Patient-Beziehung zeigen und es wird ermöglicht, die Ängste zu bearbeiten, bevor sie sich in Aggressivität und in zwischenmenschlichen Beziehungen äußern.

Die tiefenpsychologisch fundierte Therapie unterscheidet sich von der analytischen Psychotherapie dadurch, dass die Regression begrenzt wird und sich die Therapie auf einen Konfliktbereich beschränkt (Fokusbildung). Die Regressionsbegrenzung erfolgt u. a. durch eine Behandlung im Sitzen (statt im Liegen), durch eine niedere Frequenz der Sitzungen und eine aktivere und direktivere Haltung des Therapeuten.

Systemische Therapie

Die systemische Therapie (→ 5.10.3) betont den sozialen Kontext psychischer Störungen, wobei der psychisch erkrankte Patient als Indexpatient bezeichnet wird. Der Fokus der Therapie liegt auf der Interaktion zwischen den Mitgliedern einer Familie oder eines Systems. Auch die systemische Therapie ist störungsübergreifend und nicht depressionsspezifisch.

Medikamentöse Therapie

Zu den am häufigsten eingesetzten medikamentösen Therapien bei Depressionen zählen **Antidepressiva.** Alle Antidepressiva wirken, indem sie das Angebot biochemischer Botenstoffe, der Neurotransmitter (→ 5.13.2), im synaptischen Spalt (→ 5.1.4) modifizieren. Im Fokus stehen dabei die Transmitter Serotonin und Noradrenalin.

Antidepressive Substanzklassen unterscheiden sich nach dem Wirkweg und danach, welche Neurotransmitter sie ansprechen. Abhängig davon unterscheiden sie sich auch in ihrer Wirksamkeit und in ihren unerwünschten Arzneimittelwirkungen (→ I-13.2.1).

Gewünschte **Wirkungen** können sein:

- stimmungsaufhellend
- sedierend
- angstlösend
- antriebsteigernd
- schlafanstoßend

Antidepressiva können **unerwünschte Arzneimittelwirkungen** mit sich bringen (→ 5.10.3, Tab. 3). Darum ist eine ärztliche Begleitung während der Einnahme erforderlich.

Zu den am meisten verordneten Wirkstoffen zählen **Selektive Serotonin-Wiederaufnahme-Hemmer (SSRI),** die verhindern, dass der Neurotransmitter Serotonin wieder in die präsynaptischen Zellen aufgenommen wird. SSRIs hellen die Stimmung auf, fördern zu Beginn aber auch Unruhe. Weitere unerwünschte Arzneimittelwirkungen sind Übelkeit und Erbrechen, Schlafstörungen und vorübergehende sexuelle Funktionsstörungen. Sie gelten als Mittel der ersten Wahl.

Eine ähnliche Wirkung und ähnliche unerwünschte Arzneimittelwirkungen zeigen **selektive Serotonin-Noradrenalin-Wiederaufnahmehemmer (SSNRI),** die die Wiederaufnahme von Serotonin und Noradrenalin hemmen.

Alpha-2-Rezeptor-Antagonisten erhöhen ebenfalls die Konzentration von Serotonin und Noradrenalin in der Synapse. Zusätzlich haben sie noch eine antihistaminerge Wirkung.

Wirkstoffe, die erst in **zweiter Linie** bei Nichtansprechen auf eine Monotherapie mit den üblichen Antidepressiva zur Anwendung kommen, sind:

- **Lithiumsalze** – Sie gehören streng genommen nicht zu den Antidepressiva. Lithiumsalze wirken über einen komplexen Weg auf die intrazelluläre Signaltransduktion. Die Therapie mit Lithium erfordert engmaschige Blutspiegelkontrollen.
- **Esketamin** – Es wird nasal bei mittelschwerer bis schwerer depressiver Episode verwendet, wenn eine Kombinationstherapie mehrerer Antidepressiva nicht ausreicht, oder bei psychiatrischem Notfall.

Als **ältere Antidepressiva** finden Trizyklische Antidepressiva (TZA) und Monoaminooxidase-Hemmer (MAO-Hemmer) immer seltener Anwendung, da sie im Vergleich zu den neueren Antidepressiva weniger selektiv arbeiten und daher ein größeres Potenzial an Nebenwirkungen beherbergen. MAO-Hemmer wirken, indem sie das Abbauenzym der Neurotransmitter Serotonin, Noradrenalin und Adrenalin (Monoamine) hemmen und somit deren Angebot im synaptischen Spalt erhöhen. Die Wirkung ist stimmungsaufhellend, antriebssteigernd, entängstigend und schlafanstoßend.

Komplikation Suizidalität

Bei der Behandlung von Depressionen ist zu beachten, dass trotz einer angeleiteten Therapie mit Antidepressiva die Betroffenen gut und engmaschig kontrolliert und begleitet werden müssen, um die Suizidgefahr zu minimieren. Besondere Vorsicht ist bei der Einnahme von TZAs und SSRIs geboten. TZAs können durch ihre unerwünschten Arzneimittelwirkungen auf das Herz zum Tod führen, wenn sie überdosiert eingenommen werden. SSRIs haben eher keine tödliche Wirkung. Allerdings ist bei SSRIs zu beachten, dass die antriebsteigernde Wirkung vor der stimmungsaufhellenden Wirkung einsetzen kann. Dies kann das Suizidrisiko vorübergehend erhöhen. Bei suizidalen Patienten wird deshalb eher ein sedierendes Antidepressivum empfohlen.

Notfallmaßnahmen bei Selbst- oder Fremdgefährdung

Was Sie bei **akuter Selbst- oder Fremdgefährdung** tun können:

- zuhören und ernst nehmen
- das Gespräch in Gang halten
- Notarzt und/oder Polizei rufen
- den Verzweifelten nicht allein lassen, bis Hilfe eintrifft
- gefährliche Gegenstände beseitigen

Suizidgedanken sind immer ernst zu nehmen. Patienten sollten ihre Behandelnden in-

sedierend: beruhigend, ruhigstellend

I-13.5.3 Pharmakodynamik: Interaktion mit Enzymen

selektiver Serotonin-Wiederaufnahmehemmer: SSRI (Selective Serotonin Reuptake Inhibitor); Antidepressivum, wirkt durch Erhöhung des Serotoninangebots im synaptischen Spalt

selektiver Serotonin- und Noradrenalin-Wiederaufnahmehemmer: SSNRI (Selective Serotonin-Noradrenalin-Reuptake-Inhibitor); Antidepressivum, wirkt durch Erhöhung des Serotonin- und Noradrenalinangebots im synaptischen Spalt

Monoaminoxidase-Hemmer: MAO-Hemmer; Antidepressivum, hemmt im synaptischen Spalt den Abbau von Monoamin-Neurotransmittern, an denen bei Depression ein Mangel herrscht

Monoamine: Stoffgruppe mit genau einer Aminogruppe; Funktion im Körper v.a. als Neurotransmitter, z.B. Noradrenalin, Serotonin, Histamin, Dopamin

Suizidalität:
Selbst- oder Fremdgefährdung; umfasst Gedanken und Handlungen, bei denen es darum geht, den eigenen Tod anzustreben bzw. ihn in Kauf zu nehmen; die schwächste Form sind Suizidgedanken, die sich in Suizidabsichten und Suizidplänen konkretisieren können

Erhaltungstherapie:
zweiter Abschnitt der Depressionsbehandlung, der sich an die Akuttherapie anschließt, mit dem Ziel, den Zustand zu stabilisieren und einem Rückfall vorzubeugen

formieren. Gemeinsam wird das weitere Vorgehen besprochen, ggf. erfolgt eine stationäre Aufnahme. Den Patienten sollte umgehend zum Aufbau einer **therapeutischen Allianz** ein angepasstes Gesprächs- und Beziehungsangebot gemacht werden. Auch hier sind die Grundsätze der partizipativen Entscheidungsfindung anzuwenden. Akut suizidalen Patienten soll eine stationäre Einweisung angeboten werden (Bundesärztekammer u. a. 2022).

5.13.6 Rehabilitation

Wenn die Beschwerden nahezu abgeklungen sind, wird die Behandlung in der **Erhaltungstherapie** über einen längeren Zeitraum fortgesetzt. Damit wird der Zustand stabilisiert, einem Rückfall vorgebeugt und das Leben mit Depression erlernt.

Eine Rehabilitation ist empfehlenswert, wenn Behandlungserfolge gefestigt, die Erwerbsfähigkeit wiederhergestellt oder Krankheitsfolgen der Depression langfristig behandelt werden müssen. Themen der rehabilitativen Behandlung können beispielsweise Maßnahmen zum Erhalt der Lebensqualität bei chronischen Depressionen oder Hilfen zur beruflichen Förderung und Wiedereingliederung sein. Rehabilitationen finden in Rehabilitationseinrichtungen statt, die auf psychische Störungen spezialisiert sind.

Für Familie und Freunde kann der Umgang mit einem depressiven Angehörigen fordernd sein. Sie begleiten Betroffene durch schwere Phasen und geben viel. Wichtig ist, dass auch sie auf sich achten und ggf. selbst Hilfe, z. B. in Form von Selbsthilfegruppen oder Psychotherapie, in Anspruch nehmen. Angehörige sollten sich über die Krankheit und ihre Auswirkungen informieren. Mit Wissen über Depressionen können sie Betroffene besser verstehen und unterstützen.

Selbsthilfegruppen können eine wichtige Ergänzung zur Psychotherapie oder medikamentösen Behandlung sein und Betroffene aktivieren, am Leben teilzunehmen. Die Teilnehmenden profitieren voneinander, wenn sie sich über ihre Erfahrungen mit Behandlungsansätzen und dem Umgang mit der Erkrankung austauschen und sich gegenseitig unterstützen. Auch **Angehörige** können an Selbsthilfegruppen teilnehmen.

5.13.7 Pflege

Bei schweren Depressionen übernimmt die **häusliche psychiatrische Krankenpflege** eine wichtige Funktion. Sie ermöglicht Betroffenen ein eigenständiges Leben im gewohnten Lebensumfeld, hilft in Krisenzeiten und unterstützt das Selbst- und Krankheitsmanagement, z. B. die Medikamentengabe. Behandlungsabbrüchen kann so vorgebeugt und Krankenhausaufenthalte können verkürzt oder verhindert werden.

5.13.8 Verlauf und Prognose

Unipolare Depressionen verlaufen unterschiedlich. Sie können nach **einer Episode** abklingen, **rezidivierend** oder **chronisch** sein (→ 5.13.4) (Psychotherapeuten Kammer NRW o. J.):

- Wird eine depressive Störung frühzeitig erkannt, bestehen in den meisten Fällen gute Heilungschancen.
- Unbehandelt dauert eine depressive Episode durchschnittlich ca. sechs bis acht Monate.
- Über die Hälfte der Patienten entwickeln nach einer ersten depressiven Episode später eine weitere.
- Nach zwei Episoden erhöht sich das Rückfallrisiko auf 70 %.
- Nach drei Episoden liegt das Rückfallrisiko bei 90 %.
- 20–30 % der Patienten mit einer depressiven Episode entwickeln einen chronischen Verlauf.

Über 60 % der an Depression erkrankten Menschen leiden an einer **weiteren psychischen Störung,** v. a. an Angst- oder Suchterkrankungen.

Die Schwere von Depressionen und das Leid, das viele Betroffene empfinden, zeigen sich in der hohen **Suizidrate.** Etwa 10 000 Menschen nehmen sich in Deutschland jährlich das Leben, wobei etwa 90 % der Suizide vor dem Hintergrund einer psychischen Störung erfolgen, am häufigsten einer Depression. Die Zahl der **Suizidversuche** ist um ein Vielfaches höher (Stiftung Deutsche Depressionshilfe o. J. b).

5.13.9 Prävention und Gesundheitsförderung

Trotz des hohen Vorkommens sind Menschen mit Depressionen in Deutschland noch immer **stigmatisiert.** Viele Menschen hegen Vorurteile:

> Depression zeugt von zu wenig Willenskraft und Faulheit.
>
> Reiß dich doch zusammen.
>
> Anderen geht es noch viel schlechter.

Betroffene scheuen sich deshalb häufig, Hilfe zu suchen oder anzunehmen, verstecken ihre Erkrankung und geraten in soziale Isolation. Zudem erleben einige Menschen das deutsche Hilfesystem für psychische Störungen als undurchsichtig und schwer verständlich.

Wichtige Bausteine der Präventionsarbeit sind daher **Information** und **Aufklärung,** sowohl von Betroffenen, damit diese frühzeitig Hilfe erhalten, als auch gesellschaftlich. Zahlreiche Organisationen und Akteure engagieren sich dafür, das Wissen über Depression in der Bevölkerung zu erweitern und die gesundheitliche Versorgung depressiver Menschen zu verbessern. Eine Gesellschaft, die **offen und tolerant** mit psychisch erkrankten Menschen umgeht, ist ihr Ziel. **Sensibilität** für die Krankheit ist wichtig, damit sie früh erkannt und behandelt werden kann. In der Präventionsarbeit werden zudem **Angebote für Angehörige depressiver Menschen** vorgehalten.

Eine **stabile Persönlichkeit** und **stabile Bindungen** können vor Depression schützen, belastende Erfahrungen wie Verlusterlebnisse oder chronischer Stress können hingegen zur Entstehung einer Depression beitragen. Ein fürsorgliches soziales Umfeld unterstützt Kinder und Jugendliche darin zu lernen, negative Erlebnisse zu vermeiden und mit Belastungen umzugehen.

I-9.4.4
Akteure der Prävention und Gesundheitsförderung: Robert-Enke-Stiftung, Bündnis gegen Depression/Stiftung Deutsche Depressionshilfe

Stiftung Deutsche Depressionshilfe: *www.deutsche-depressionshilfe.de*

European Alliance against Depression: *www.eaad.net*

Aktionsbündnis Seelische Gesundheit: *www.seelischegesundheit.net*

Netz psychische Gesundheit – Informationen, Entscheidungshilfe, Hilfsmöglichkeiten: *www.psychenet.de*

Robert-Enke-Stiftung: *www.robert-enke-stiftung.de*

AUFGABEN

1. *Nennen Sie die Kriterien für eine Depression, unterscheiden Sie dabei zwischen Haupt- und Nebenkriterien und erklären Sie anhand der Kriterien die drei Schweregrade einer Depression.*
2. > Eine Depression ist wie jeder von uns – einzigartig.
   >
   > Die Depression hat viele Gesichter.

   Erläutern Sie diese Aussagen und beziehen Sie dabei das Vorkommen, Ursachen, Symptome und Verläufe unipolarer Depressionen ein.
3. *Sie haben den Projektauftrag, eine Präsentation für Lernende der Mittelstufe zu gestalten, in der Sie über die Bedeutung von Depression für Betroffene und die Gesellschaft informieren. Welche fünf Kernaussagen zu Depression möchten Sie vermitteln? Formulieren und diskutieren Sie diese.*
4. *Nach dem kognitiven Ansatz sind depressive Symptome die Folge einer verzerrten Sicht der Realität. Depressive Menschen bewerten sich selbst, die Umwelt und die Zukunft negativ. Erklären Sie diese Aussage und beziehen Sie dabei die Grundlagen des kognitiven Modells ein.*
5. *Informieren Sie sich über Selbsthilfeangebote zu Depression in Ihrer Nähe.*

5.14 Abhängigkeit und Suchtprävention

HÖHNE

Zahlen zum Vorkommen legaler und illegaler Suchtmittel in Deutschland; 18–64-jährige Bevölkerung (12-Monats-Prävalenz) (Rauschert u. a. 2022)

1. *Der Konsum von Alkohol ist in unserer Gesellschaft weitverbreitet und gesellschaftlich akzeptiert. Zwar wissen die meisten, dass Alkohol abhängig machen kann, aber wie hoch die gesundheitlichen Risiken beim Konsum von Alkohol sind, wird meistens verdrängt. Testen Sie Ihr Wissen! Stimmen die nachfolgenden Aussagen?*

Mythen zum Thema Alkohol

- Ein bisschen Alkohol kann doch nicht schädlich sein.
- Tabak verursacht Krebs, aber Alkohol doch nicht.
- Striktere Gesetze in Bezug auf Alkohol bringen nichts – das sieht man doch in Norwegen oder Schweden.
- Der Preis für Alkoholika hat keinen Einfluss auf den Alkoholkonsum.
- Exzessiver Alkoholkonsum wie das „Komasaufen“ ist ein Problem der Jugendlichen.
- Ärmere Menschen trinken mehr Alkohol als reichere.
- Alkohol ist gesund und senkt das Risiko für Herzerkrankungen.

2. *Es wird zwischen stoffgebundenen und stoffungebundenen Suchtmitteln unterschieden.*
   a) Diskutieren Sie den Unterschied.
   b) Sammeln Sie weitere Ihnen bekannte Suchtmittel. Wovon kann man abhängig werden? Ordnen Sie diese Suchtmittel den Gruppen „stoffgebunden“ und „stoffungebunden“ zu.
3. *Wie wirken die Zahlen zum Vorkommen auf Sie? Welche Zahlen haben Sie überrascht? Welche Zahlen erscheinen Ihnen besonders hoch?*
4. *Einige Suchtmittel haben in Deutschland eine hohe Akzeptanz. Diskutieren Sie diese Aussage und beziehen Sie dabei die Zahlen zum Vorkommen der Suchtmittel in Deutschland ein.*

Die Weltgesundheitsorganisation (WHO) definiert **Abhängigkeit** als einen seelischen, eventuell auch körperlichen Zustand, bei dem ein Mensch trotz körperlicher, seelischer oder sozialer Nachteile ein unüberwindbares Verlangen nach einer bestimmten Substanz – einem **Suchtmittel** – oder einem bestimmten **Verhalten** empfindet, das er nicht mehr steuern kann und von dem er beherrscht wird (Deutsches Institut für Medizinische Dokumentation und Information 2020).

Die Begriffe Sucht und Abhängigkeit werden oft synonym verwendet. Im offiziellen Sprachgebrauch der WHO wurde bis 1964 der Begriff **Sucht** eingesetzt, der dann von „Abhängigkeit" abgelöst wurde. Dennoch ist der Begriff Sucht noch weit verbreitet. Unter Sucht bzw. Abhängigkeit wird die **Gesamtheit von riskanten, schädlichen und abhängigen stoffgebundenen und nicht stoffgebundenen Verhaltensweisen** gefasst. Der Begriff Abhängigkeit ermöglicht im Gegensatz zum Begriff Sucht die Unterscheidung zwischen körperlicher und psychischer Abhängigkeit.

Die **stoffgebundenen Süchte** werden in legale und illegale Süchte unterschieden. Hier werden die Begriffe **Suchtmittel** und **Droge** weitgehend synonym verwendet. Mit der Einnahme von Drogen wird der Wunsch verbunden, das psychische Befinden positiv zu verändern. Es gibt **legale, d.h. gesetzlich erlaubte Suchtmittel.** Hierzu zählen in Deutschland:

- Alkohol
- Nikotin
- psychotrope Medikamente (→ I-13.6.4)

Illegale Drogen unterliegen dem Betäubungsmittelgesetz (→ I-13.2, → I-13.3.2). Erwerb, Besitz, Abgabe und Verkauf dieser Substanzen sind verboten. Einen Überblick über Substanzgruppen und ihre Wirkungen gibt → Tab. 11. Es wird zwischen **natürlichen** und **synthetischen Substanzen** unterschieden.

Die **Wirkung** von Drogen kann aber sehr unterschiedlich ausfallen. Gründe dafür können die Zusammensetzung, die Dosierung, die Atmosphäre der unmittelbaren Umgebung, aber auch die Stimmung und die mit der Einnahme verbundenen Erwartungen des Konsumenten sein. Cannabis kann z. B. nicht nur stimmungsaufhellend, sondern auch beruhigend oder bewusstseinsverändernd wirken.

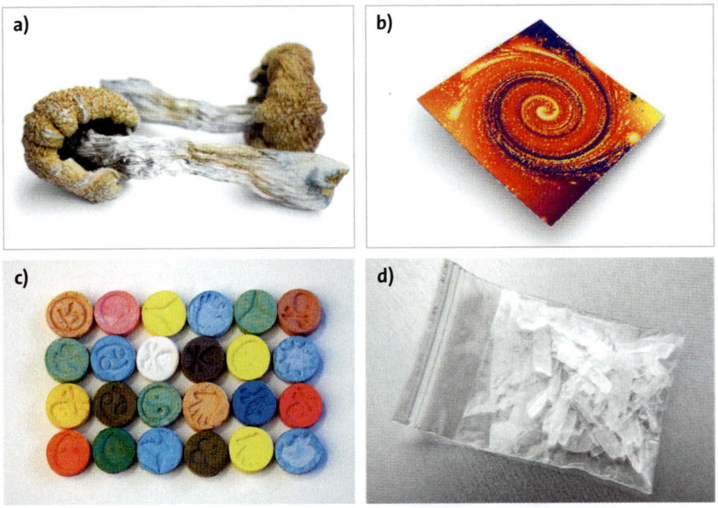

Abb. 63 Illegale Drogen: a) psilocybinhaltige Pilze, b) Vibrant LSD blotter – LSD-Papier, wird auf die Zunge gelegt, c) Ecstasy-Pillen, d) Crystal Meth

Zu den **stoffungebundenen Süchten** zählen vor allem der exzessive PC-/Internetgebrauch und das pathologische Glücksspiel. Hier steht ein bestimmtes **exzessives Verhalten** im Mittelpunkt und kein konkretes Suchtmittel.

Auch andere Formen exzessiven Verhaltens, wie Kaufsucht, Arbeitssucht, Sportsucht, Sexsucht oder Essstörungen (→ 5.15), weisen suchtähnliche Merkmale auf, zählen strenggenommen aber nicht zu den Suchterkrankungen.

5.14.1 Vorkommen

Suchtproblematiken sind weit verbreitet in Deutschland. Etwa jede zehnte Person ist von einer der vorab beschriebenen Substanzen abhängig oder zeigt eine stoffungebundene Sucht. Hinzu kommen fast **10 Millionen betroffene Angehörige** (Drogenbeauftragte der Bundesregierung 2019).

Stoffgebundene Suchtmittel

Das am weitesten verbreitete Suchtmittel in Deutschland ist der **Alkohol** (→ Tab. 12). 74,8 % der Männer und 66,0 % der Frauen haben in den letzten 30 Tagen Alkohol konsumiert, 41,9 % der Männer und 23,3 % der Frauen weisen die Merkmale des Rauschtrinkens auf. Das zweithäufigste Suchtmittel ist Tabak.

Auch Cannabis, seit April 2024 legal für Erwachsene, wird häufig konsumiert (10,7 % der Männer, 6,8 % der Frauen). Während bei fast

Abhängigkeit:
Verlangen nach einer bestimmten Substanz oder einem bestimmten Verhalten

Suchtmittel:
Synonyme: Droge/psychotrope Substanz; Substanz, die in den natürlichen Ablauf des Körpers eingreift und die Stimmung, Wahrnehmung oder Gefühle beeinflusst, d. h. bewusstseinsverändernd ist; kann körperlich oder psychisch abhängig machen

psychotrop:
auf die Psyche einwirkend, Synonym: psychoaktiv

stoffgebundene Sucht:
Abhängigkeit von einem bestimmten Suchtmittel (z. B. Alkohol)

stoffungebundene Sucht:
Abhängigkeit von einem bestimmten Verhalten (z. B. Glücksspielsucht)

exzessiv:
ausufernd, maßlos

9.3.2 Rauchen als Ursache von Atemwegserkrankungen: Raucherquote

Internetportal zu legalen und illegalen Drogen; Informationen zur Zusammensetzung, Geschichte und Wirkungsweise: *www.drugcom.de*

natürliche Substanzen: psychoaktive Substanzen, die in Pflanzen vorkommen

synthetische Substanzen: psychoaktive Substanzen, die im Labor hergestellt werden

Stimulanzien: Substanzen mit aktivierender Wirkung auf den Körper

Sedativa: Beruhigungsmittel

Halluzinogene: Substanzen mit bewusstseinsverändernder Wirkung

Opiate: psychoaktive Substanzen, die aus dem Milchsaft (enthält Morphin) des Schlafmohns gewonnen werden

Opioide: morphinähnliche Stoffe; halb- oder vollsynthetisch hergestellte Substanzen, die in ihrer Wirkung den Opiaten ähnlich sind

riskantes Verhalten: suchtmittelbezogene Verhaltensweise, die bei wiederholtem Konsum zu einer Gesundheitsschädigung führen kann

schädliches Verhalten: auch missbräuchliches Verhalten genannt; suchtmittelbezogene Verhaltensweise, die zu einer Gesundheitsschädigung führt

pathologisch: krankhaft, hier im Sinne von 'über ein gesundes Maß hinausgehend'

Rauschtrinken: auch Binge-Drinking genannt; Konsum von mindestens fünf Gläsern alkoholischer Getränke bei einer Trinkgelegenheit

Tab. 11 Überblick: Substanzgruppen, Wirkungen, Substanzen; grün: natürliche Substanzen; lila: synthetische Substanzen (Bundeszentrale für gesundheitliche Aufklärung o. J.)

Substanzgruppe	Wirkungen	Substanzen (Beispiele)	Andere Bezeichnungen	Herkunft/Erklärungen
Stimulanzien	• stimmungsaufhellend • erregend • euphorisierend • gesteigertes Sexualbedürfnis	MDMA	Ecstasy (→ Abb. 63c)	chemische Verbindung aus der Stoffgruppe der Methylendioxyamphetamine
		Amphetamine	–	chemische Verbindung aus der Stoffgruppe der Phenylethylamine
		Methamphetamine	Speed, Meth, Crystal Meth, Ice, Crystal (→ Abb. 63d)	chemische Verbindung aus der Stoffgruppe der Phenylethylamine
		Kokain	–	Alkaloid (Stickstoffverbindung in Pflanzen) der Kokapflanze
		Crack	–	wird aus Kokainsalz und Backpulver hergestellt
		Cannabis	Marihuana, Haschisch, Gras	Oberbegriff für alle Substanzen, die aus Teilen der Hanfpflanze Cannabis sativa gewonnen werden
Sedativa	• beruhigend • entspannend	Morphin	Morphium	Bestandteil des Rohopiums, das aus Schlafmohn gewonnen wird
		Heroin	–	wird durch ein chemisches Verfahren aus Morphin gewonnen
		Methadon	–	synthetisch hergestelltes Opiat; Verwendung als Ersatzstoff in der Behandlung von Heroinabhängigen
		Fentanyl	–	synthetisch hergestelltes, schmerzstillendes Opioid
		Benzodiazipine	–	rezeptpflichtige Medikamente, werden als Schlaf- oder Beruhigungsmittel eingesetzt
Halluzinogene	• bewusstseinsverändernd	LSD (halbsynthetisch) (→ Abb. 63b)	–	Lysergsäurediethylamid; Abkömmling der Lysergsäure, die im Mutterkornpilz natürlich vorkommt
		Psilocybin (→ Abb. 63a)	Magic Mushroom	Wirkstoff in Pilzen
		GHB	K.-o.-Tropfen, Liquid Ecstasy	Gamma-Hydroxybuttersäure; wird fälschlicherweise als Liquid Ecstasy bezeichnet, ist aber pharmakologisch nicht mit MDMA (Ecstasy) verwandt

allen Suchtmitteln Männer eine deutlich höhere Prävalenz aufweisen, unterscheidet sich der Konsum von Heroin oder anderen Opiaten zwischen den Geschlechtern kaum.

Die große Bedeutung der „Volksdroge Nr. 1" Alkohol wird auch in der **Suchtberatung** deutlich. Suchtberatungsstellen spielen eine große Rolle in der Vermittlung weiterführender Hilfen. Fast jeder zweite Hilfesuchende in einer Suchtberatungsstelle kommt aufgrund eines Alkoholproblems (→ Abb. 64). Danach folgen als benannte Suchtmittel Cannabis und Opiode. Bei → Abb. 64 ist zu berücksichtigen, dass es zum einen häufig recht lange dauert, bis ein Mensch mit einem problematischen Konsumverhalten eine Suchtberatungsstelle aufsucht, und dass zum anderen nicht jeder Betroffene diese Form der Hilfe in Anspruch nimmt.

Ein gesellschaftliches Tabu stellt das Thema **Alter und Sucht** dar. Da ältere Menschen häufig allein leben und nicht mehr erwerbstätig sind, fällt ein problematisches Konsumverhalten seltener auf oder wird erst spät bemerkt.

Tab. 12 Prävalenz des Konsums von Alkohol, Tabakprodukten und illegalen Drogen der 18–64-jährigen Bevölkerung nach Geschlecht (Rauschert u. a. 2022)

Suchtmittel	Männer in %	Frauen in %
	30-Tage-Prävalenz	
Alkohol	74,8	66,0
Rauschtrinken	41,9	23,3
riskanter Alkoholkonsum	21,1	22,9
Zigarette, Zigarre, Zigarillo, Pfeife	25,7	19,5
	12-Monats-Prävalenz	
Cannabis	10,7	6,8
Kokain/Crack	2,1	1,1
Heroin/andere Opiate	0,6	0,5
mind. eine illegale Droge	11,6	7,6

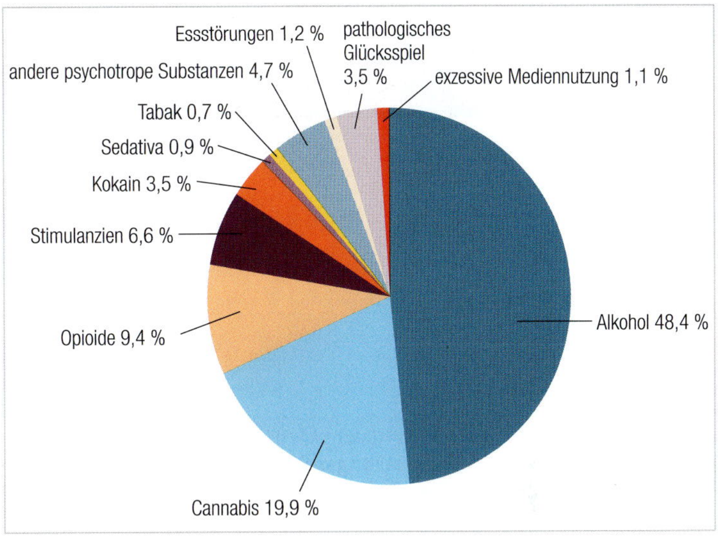

Abb. 64 Hauptdiagnosen in ambulanten Beratungsstellen 2021 (Deutsche Hauptstelle für Suchtfragen 2023)

Die größten Suchtbelastungen bei älteren Menschen sind Alkoholmissbrauch und Medikamentenabhängigkeit (Deutsche Hauptstelle für Suchtfragen 2015).

Der Suchtmittelkonsum und die Suchtmittelabhängigkeit unterscheiden sich nicht nur zwischen Frauen, Männern und Altersgruppen. Sie unterliegen auch **zeitlichen und kulturellen Trends** und **religiösen Vorgaben.** Die Aufgeschlossenheit gegenüber Suchtmitteln und Rauschzuständen oder deren strikte Ablehnung wird in den verschiedenen Religionen und von den Gläubigen unterschiedlich gehandhabt. Während das Christentum und das Judentum illegale Drogen eher ablehnen, sind sie gegenüber Alkoholkonsum und Nikotin aufgeschlossener. Der Islam untersagt den Konsum von Suchtmitteln hingegen streng.

Dennoch gibt es in allen Gesellschaften Suchtprobleme. Man geht davon aus, dass in jeder Gesellschaft etwa 7% der Bevölkerung im Verlauf des Lebens von einem Suchtmittel abhängig werden (Deutsche Hauptstelle für Suchtfragen 2017).

1. *Beschreiben Sie die Unterschiede in den Prävalenzangaben zwischen Frauen und Männern. Worauf sind diese Geschlechterunterschiede Ihrer Meinung nach zurückzuführen?*

2. *Wie hat sich der Alkoholkonsum unter Jugendlichen in den letzten Jahren entwickelt? Informieren Sie sich im Alkoholsurvey 2021 der Bundeszentrale für gesundheitliche Aufklärung (BZgA) (Orth, Merkel 2022).*

Stoffungebundene Suchtformen

Unter den stoffungebundenen Suchtformen sind vor allem das pathologische Glücksspiel und die PC-/Internetabhängigkeit verbreitet.

Für die **PC-/Internetabhängigkeit** fehlt bislang eine eindeutige Definition. Es werden unterschiedliche Begriffe, z. B. Internetabhängigkeit, Internetsucht, Medienabhängigkeit, pathologischer Internetgebrauch oder problematisches PC-Spielverhalten, verwendet.

560 000 Menschen, etwa 1% der 14–64-jährigen Bevölkerung, gelten als **internetabhängig** (Deutscher Caritasverband 2020).

8,4% der Jugendlichen im Alter zwischen 12 und 17 Jahren zeigen eine internet- und computerspielbezogene Störung; 30,8% eine problematische Nutzung (→ 5.14.3, Internet Gaming Disorder) (Orth, Merkel 2020).

30-Tage-/12-Monats-Prävalenz des Konsums: Häufigkeit des Konsums eines Suchtmittels bzw. eines bestimmten Suchtverhaltens in den letzten 30 Tagen/12 Monaten (Maßzahlen in der Epidemiologie, → I-2.2.1)

Glücksspiel: dauerndes oder wiederholtes Spielen um Geld, wobei das Ergebnis vom Zufall abhängig ist

Tab. 13 Nutzungsdauer digitaler Spiele von Jugendlichen in % (Medienpädagogischer Forschungsverbund Südwest 2023)

	täglich/mehrmals pro Woche	einmal pro Woche bis einmal alle 14 Tage	einmal im Monat oder seltener	nie
12–13 Jahre	79	11	3	7
14–15 Jahre	69	16	8	6
16–17 Jahre	74	14	7	5
18–19 Jahre	66	13	8	13
Mädchen	56	20	11	13
Jungen	86	8	2	3

→ Tab. 13 gibt einen Überblick über die **Nutzungsdauer digitaler Spiele** von Jugendlichen. Zu digitalen Spielen werden Computer-, Konsolen, Tablet- und Smartphonespiele gezählt.

Während der COVID-19-Pandemie sind die **Mediennutzungszeiten** von Kindern und Jugendlichen stark gestiegen und sind auch nach dem Ende der Pandemie nicht wieder auf das Niveau davor gesunken.

Informationen zum Thema Glücksspiel: *www.automatisch-verloren.de*

Mit dem Alter steigt die **Onlinenutzungszeit** an. Während 12–13-Jährige durchschnittlich etwa 2,5 Stunden täglich online sind, sind die über 18-Jährigen etwa 4,5 Stunden täglich online (Medienpädagogischer Forschungsverbund Südwest 2023).

Die durchschnittliche **Nutzungszeit sozialer Medien** von 10–17-Jährigen beträgt werktags 150 Minuten und am Wochenende 224 Minuten, wobei soziale Medien von Mädchen zwar etwas häufiger als von Jungen genutzt werden (→ Abb. 65), bei den problematischen Nutzungsmustern unterscheiden sich die Geschlechter aber nicht voneinander. Die Nutzungszeiten sind zwar gegenüber 2022 etwas zurückgegangen, sind aber gegenüber der Vor-Corona-Zeit immer noch deutlich erhöht. 6,1% der 10–17-Jährigen erfüllen die Kriterien einer Sucht bei der Nutzung sozialer Medien. Das sind 360 000 Kinder und Jugendliche in Deutschland. Jedes vierte Kind nutzt soziale Medien riskant (Deutsches Zentrum für Suchtfragen des Kindes- und Jugendalters, DAK 2023).

Abb. 65 Mädchen in den sozialen Netzwerken unterwegs

Das **Glücksspiel** (z. B. Spielautomaten, Spielbanken, Lotto, Pferdewetten) (→ Abb. 66) ist dadurch gekennzeichnet, dass der Spielausgang (überwiegend) vom Zufall abhängig ist und mit dem Anreiz eines Geldgewinns gelockt wird. Fast jeder dritte Deutsche gab in den letzten 12 Monaten Geld für Glücksspiel aus, zumeist beim Lottospiel (Meyer 2023). Von diesen Menschen weisen 7,5% (rund 1,27 Mio. Menschen) eine glücksspielbezogene Störung auf. 18,8 % zeigen ein riskantes Spielverhalten.

Abb. 66 Mann am Spielautomat

1. *Wie gehen Sie mit dem Thema Abhängigkeit um? Kennen Sie persönlich Menschen, die abhängig sind? Sprechen Sie mit diesen Menschen über ihre Abhängigkeit?*
2. *Reflektieren Sie Ihren eigenen Konsum in Bezug auf unterschiedliche Suchtmittel.*

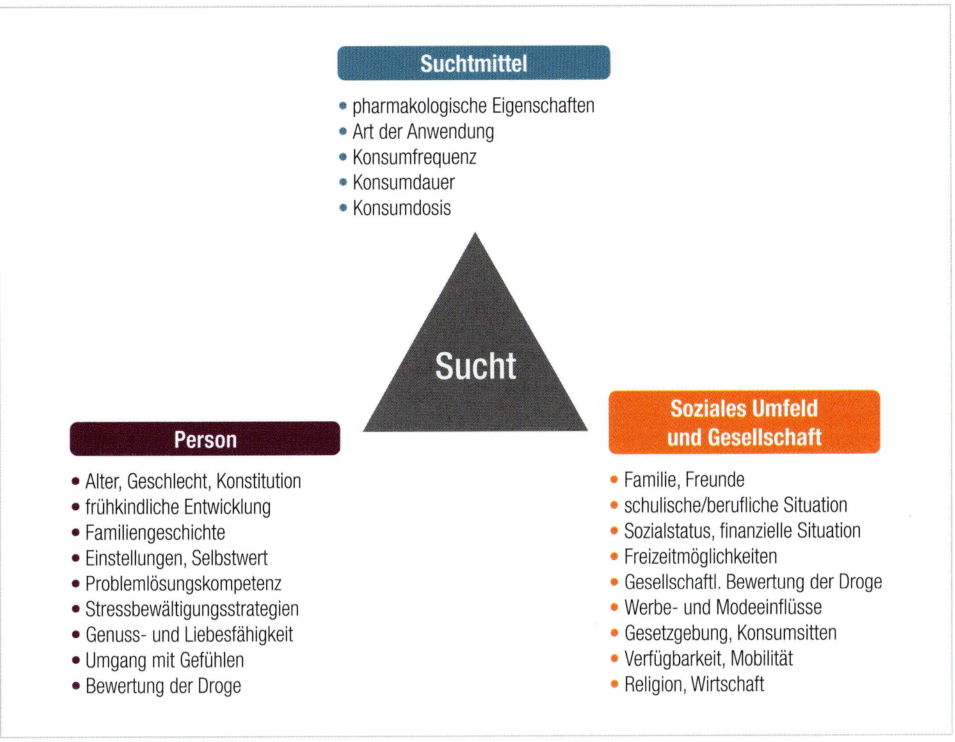

Abb. 67 Suchtdreieck nach Kielholz und Ladewig (1973)

5.14.2 Ursachen und Krankheitsentstehung

So wie das **biopsychosoziale Modell** biomedizinische, psychologische und soziale Einflussfaktoren auf Gesundheit und Krankheit berücksichtigt (→ I-1.4.1), haben sich auch in der Suchtforschung **multifaktorielle Erklärungsmodelle** für die Entstehung von Abhängigkeit durchgesetzt.

Modell des Suchtdreiecks

Das Modell des Suchtdreiecks berücksichtigt die Wirkung von Suchtmitteln und persönliche sowie soziale Einflussfaktoren (→ Abb. 67).

Wechselwirkungsdynamiken bei Entstehung einer Alkoholabhängigkeit:
Bei der Entstehung einer Alkoholabhängigkeit geht man heute von einem Zusammenspiel von biologischen, psychologischen und sozialen Einflussfaktoren aus (Deutsche Hauptstelle für Suchtfragen 2022).
Wenn der Alkohol für einen Menschen eine individuell-funktionale Bedeutsamkeit erlangt, kann sich durch die mit dem fortgesetztem Alkoholkonsum verbundene körperliche und psychische Abhängigkeit eine Eigendynamik entwickeln, die zu einer Verschlimmerung und Chronifizierung beiträgt. Man kann auch von einem Teufelskreis sprechen, da der Betroffene es trotz immer stärker spürbarer negativer Konsequenzen des Alkoholkonsums in der Regel nicht schafft, einfach aufzuhören. Zwillingsstudien zeigen die Bedeutung von genetischen Faktoren. In manchen Familien gibt es ein höheres Risiko für die Entwicklung einer Alkoholabhängigkeit. Nach anderen Studien erhöht erlebter Stress das Erkrankungsrisiko (Deutsche Hauptstelle für Suchtfragen 2022). Hierunter fallen u. a. traumatische Kindheitserlebnisse, z. B. erlebte körperliche und sexuelle Gewalt.

Modelllernen:
Lernen an Vorbildern; das Verhalten des Modells wird übernommen bzw. erlernt

operante Konditionierung:
Lernen am Erfolg; erwünschtes Verhalten wird durch Belohnung verstärkt, unerwünschtes soll durch unangenehme Folgen verhindert werden

I-3.5.4
Lerntheorien und Gesundheitsverhalten

Impulsivität:
Verhalten, das ohne Rücksicht auf eventuelle Konsequenzen nur den eigenen, inneren Impulsen folgt

antisozial:
soziale Normen missachtend und die eigenen Ziele rücksichtslos gegenüber anderen durchsetzend

deviant:
von geltenden Werten und Normen abweichend

Belohnungszentrum:
mehrere Strukturen im Gehirn, die zentral für Motivation und Sucht sind

Area tegmentalis ventralis:
ATV; Struktur im Mittelhirn, die im Kontext des Belohnungssystems eine Rolle bei Motivation und Sucht spielt

Nucleus accumbens:
NAc; Struktur im Gehirn, die im Kontext des Belohnungssystems eine Rolle bei Motivation und Sucht spielt

Motivation:
Gesamtheit der Beweggründe oder Einflüsse, die eine Handlung beeinflussen

Individuell-psychologische Faktoren

Psychologische Erklärungsansätze suchen die Ursache für die Abhängigkeit beim Individuum. Vor allem bei Menschen, die frühzeitig **traumatische Erfahrungen** in ihrem Leben machen mussten, sind psychische Probleme ausschlaggebend für die Entstehung einer Abhängigkeit.

Lerntheoretische Erklärungsansätze

In lerntheoretischen Erklärungsansätzen wird Abhängigkeit als erlerntes Verhalten angesehen. Beim sogenannten **Modelllernen** orientieren sich Menschen am Verhalten anderer. Besonders in der Kindheit und Jugend prägen Vorbilder – in der Regel sind das die Eltern, später auch Lehrkräfte und andere nahestehende Bezugspersonen (→ Abb. 68). Ihr Verhalten wird nachgeahmt. Wenn Verhaltensweisen belohnt werden, steigt die Wahrscheinlichkeit, dass sie immer wieder gezeigt werden. Dieses Verhalten wird als **operante Konditionierung** bezeichnet.

Das Konsumieren eines Suchtmittels, wie Tabak, Alkohol oder Cannabis, wird anfangs mit Anerkennung oder dem Gefühl von Erwachsensein belohnt. Der Konsum wird auch dadurch positiv verstärkt, dass er den Kontakt mit anderen Menschen erleichtern oder den Alltag durch angenehme Wirkungen des Suchtmittels erträglicher machen kann. Mit der Zeit kommt es zu vielen solchen – oft unbewussten – **Verknüpfungen** zwischen dem Konsumieren des jeweiligen Suchtmittels und erwünschten Auswirkungen. Diese Verknüpfungen schleifen sich wie Gewohnheiten tief ein und erscheinen einem immer selbstverständlicher.

Abb. 68 Lernen am Modell

Der 16-jährige Paul wächst in einer Familie auf, in der häufiger und starker Alkoholkonsum selbstverständlich sind. Die Eltern feiern gern und trinken dabei regelmäßig auch größere Mengen Alkohol. Während seine Mutter nur bei den Familienfeiern Wein trinkt, konsumiert sein Vater täglich nach Feierabend ein bis zwei Biere. Wenn er bei der Arbeit Ärger hat oder ein stressiger Tag hinter ihm liegt, trinkt er öfter ein Bier mehr und zusätzlich Schnaps. Der Vater animierte Paul schon mit 14 Jahren, auch mal ein Glas mitzutrinken. Als Paul neulich Streit mit seinem besten Freund hatte, griff er sich zu Hause ein Bier aus dem Kühlschrank und trank es direkt nach Schulschluss aus.

Erklären Sie, was Paul in seiner Familie über den Konsum von Alkohol gelernt hat.

Persönlichkeitsmerkmale

Mit bestimmten Persönlichkeitsmerkmalen ist ein höheres Risiko für die Entwicklung von Substanzmissbrauch verbunden. Zum einen ist dies **Impulsivität** und zum anderen eine **antisoziale Persönlichkeit.** Wer bereits in seiner Kindheit ein deviantes Verhalten zeigt, besitzt ein höheres Risiko, illegale Drogen zu konsumieren (Küfner, Soyka 2017).

Biologische Faktoren

Eine Sucht zeigt sich in biologischen Prozessen, denn alle Suchtmittel wirken letztlich auf das sogenannte **Belohnungszentrum** im Gehirn. Es besteht unter anderem aus:

- Area tegmentalis ventralis (ATV)
- Nucleus accumbens (NAc)
- Hippocampus (Ammonshorn) und Amygdala (Mandelkern) des limbischen Systems (→ 5.2.2)

Das Belohnungszentrum ist für die **Motivation** entscheidend. Es sorgt dafür, dass ein Verhalten oder eine Handlung mit angenehmen Gefühlen verknüpft und deshalb wiederholt wird. Es findet sich schon bei einfachen Tieren, denn es ist überlebenswichtig: Es motiviert dafür, nicht nur bequem herumzusitzen, sondern die Anstrengung auf sich zu nehmen, nach Nahrung, einem besseren Lebensraum oder einem Sexualpartner zu suchen.

Unterschiedliche Reize (z. B. ein gutes Essen, Schokolade, ein Flirt) stimulieren das Belohnungssystem. Zellen in der **Area tegmentalis ventralis** schütten den Neurotransmitter **Dopamin** (→ 5.1.2) aus, der über Dopaminrezeptoren auf Zellen des **Nucleus accumbens** („Lustzentrum") wirkt, und wir empfinden Lust, Freude, Glück oder ein anderes positives Gefühl. Außerdem wird der Reiz an Strukturen des **limbischen Systems – Amygdala** und **Hippocampus** – geleitet, wo eine mit Gefühlen verknüpfte Erinnerung entsteht: Man lernt, dass der ursprüngliche Reiz etwas Positives bedeutet.

Suchtmittel wie Kokain greifen in dieses System ein, aber Kokain aktiviert die Dopaminrezeptoren viel intensiver als dies z. B. Schokolade tun könnte. Der Körper empfindet Lust und möchte immer wieder auf diese Weise stimuliert werden. Sucht ist eine krankhafte Veränderung des Belohnungssystems (→ Abb. 69).

Wird das Suchtmittel immer wieder konsumiert, reduzieren die Zellen die Zahl der Dopaminrezeptoren und für das gleiche positive Gefühl braucht man immer mehr von dem Suchtmittel. Der Körper hat eine Toleranz entwickelt: Das positive Gefühl nimmt ab, das Verlangen wird stärker.

Da die positiven Gefühle, die mit dem Suchtmittel verbunden werden, vom Gedächtnis gespeichert werden (sog. Suchtgedächtnis), kann auch nach Jahren der **Abstinenz** ein Weinglas, eine Zigarette oder ein Joint noch als positiver Reiz bzw. **Triggerfaktor** erkannt werden. Allein der Anblick des entsprechenden Suchtmittels kann das Verlangen danach erzeugen und damit das Rückfallrisiko erhöhen. Dies wird als **Craving** bezeichnet. Ob das Suchtgedächtnis ganz gelöscht werden kann, ist wissenschaftlich noch umstritten.

Dopamin:
Neurotransmitter; steuert Muskelbewegungen, Motivation, Antrieb, Appetit, Belohnungserwartung

Glutamat:
erregender Neurotransmitter des ZNS; wichtig für Sinneswahrnehmungen, Muskelarbeit, Lernen und Gedächtnis, Appetit

CREB:
cAMP-response element-binding protein; Transkriptionsfaktor; beeinflusst u. a. die Bildung der Langzeiterinnerung in Neuronen

Delta-FosB:
Transkriptionsfaktor; beeinflusst u. a. Suchtentwicklung und -aufrechterhaltung

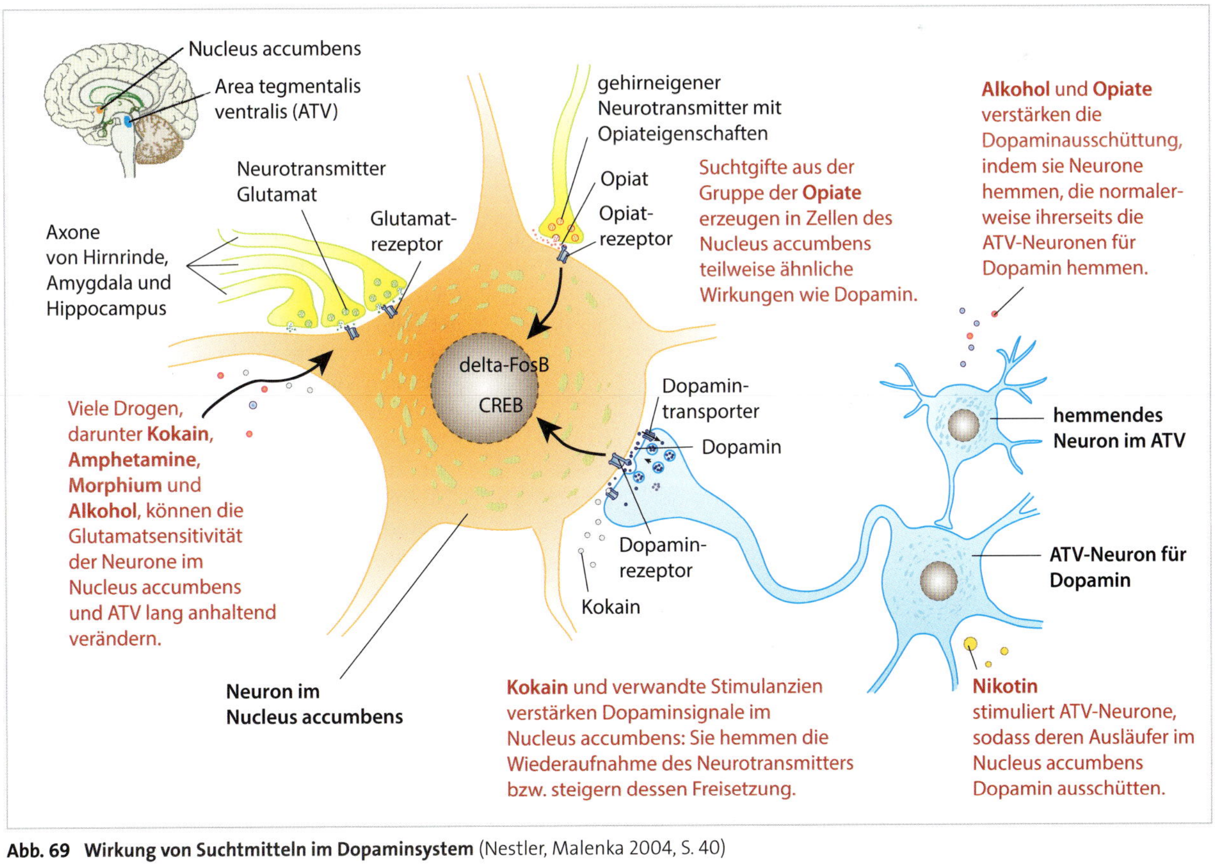

Abb. 69 Wirkung von Suchtmitteln im Dopaminsystem (Nestler, Malenka 2004, S. 40)

Abstinenz:
Enthaltsamkeit, Verzicht auf ein bestimmtes Suchtmittel oder ein bestimmtes Verhalten

Triggerfaktor:
Reiz, der einen Vorgang oder eine Erkrankung auslöst oder unterhält

Craving:
Verlangen nach dem Suchtmittel oder dem stoffungebundenen Suchtverhalten

Aus verschiedenen Studien ist bekannt, dass die Wahrscheinlichkeit, eine Alkoholabhängigkeit zu entwickeln, umso größer ist, je früher der Alkoholkonsum beginnt. Die gesundheitlichen Folgen, v.a. für die Gehirnentwicklung, sind umso gravierender, je zeitiger im Lebenslauf mit dem Konsum begonnen wird.

Soziokulturelle Faktoren

Bei der Entstehung einer Abhängigkeit kann das soziale Umfeld eine große Rolle spielen. Besonders einflussreich für die Entwicklung eines Suchtverhaltens ist die **familiäre Situation** (→ Modelllernen): Kinder suchtbelasteter Eltern haben ein erhöhtes Risiko, später selbst eine Abhängigkeit zu entwickeln. Auch kann ein belastetes familiäres Verhältnis den Konsum von Suchtmitteln fördern.

Als weitere gesellschaftliche und lebensweltliche Risikofaktoren gelten:

- **sozioökonomische Rahmenbedingungen,** z.B. Armut, fehlende Zukunftsperspektiven für Ausbildung/Arbeit
- **Belastungen** in Schule, Ausbildung und Arbeit oder in den sozialen Beziehungen, z.B. Schulabbrüche, Arbeitslosigkeit, Scheidung
- **Einstellungen und Verhalten der Peergroup und des Freundeskreises** in Bezug auf Suchtmittel
- **gesellschaftliche Akzeptanz** und **Verfügbarkeit von Suchtmitteln**

Peergroup:
engl. „peers" = „Gleiche", Gleichaltrige; Gruppe von etwa gleichaltrigen Kindern oder Jugendlichen, die als primäre soziale Bezugsgruppe neben das Elternhaus tritt bzw. allgemein eine Gruppe von Menschen mit gleichen und ähnlichen Interessen

Reduktion:
Verringerung

Die Lebensphase Jugend ist dadurch gekennzeichnet, dass Heranwachsende sich ausprobieren, etwas riskieren wollen. Nicht immer verläuft diese Lebensphase unproblematisch, sodass bei persönlichen Krisen der Griff zu einem vermeintlich die Probleme lösenden Suchtmittel nahezuliegen scheint.

In unserer Gesellschaft ist beispielsweise Alkohol **allgegenwärtig.** Alkohol wird in nahezu allen Lebenssituationen konsumiert und spielt sogar bei eigentlich gesundheitsförderlichen Freizeitaktivitäten, z.B. im Sportverein, eine oft große Rolle. Auch in der **Werbung** ist Alkohol präsent.

Verschiedene Studien haben untersucht, inwiefern Alkoholwerbung Jugendliche dazu motiviert, Alkohol zu trinken. Es wurde nachgewiesen, dass Alkoholwerbung Jugendliche erreicht und sowohl zum vermehrten Konsum als auch zum Rauschtrinken animiert (de Bruijn u.a. 2016, Morgenstern u.a. 2015). Die Werbewirtschaft widerspricht diesen Studien und behauptet, Jugendliche würden nicht durch Werbung zum Alkoholkonsum verlockt werden (Zentralverband der deutschen Werbewirtschaft 2016).

Diskutieren Sie, inwiefern Sie sich von Werbung beeinflussen lassen, bestimmte Produkte zu kaufen und zu konsumieren (z.B. Alkohol). Macht die Werbung für Alkohol Sie neugierig, diesen auszuprobieren?

5.14.3 Symptome

Stoffgebundene Suchtmittel

Eine Abhängigkeit von stoffgebundenen Suchtmitteln zeigt sich im Vorliegen bestimmter Symptome, die in den offiziellen Diagnosesystemen ICD-10 und DSM-5 definiert werden (→ 2.1.4). Nach der ICD-10 gilt ein Mensch als abhängig, wenn **mindestens drei der folgenden Kriterien gleichzeitig während des letzten Jahres** für ihn zutrafen:

- **starker Wunsch** oder Art Zwang, Suchtmittel zu konsumieren
- **verminderte Kontrollfähigkeit** in Bezug auf den Beginn, die Beendigung oder die Menge des Konsums
- **körperliches Entzugssyndrom** bei Beendigung oder Reduktion des Konsums, nachgewiesen durch substanzspezifische Entzugssymptome oder durch die Aufnahme der gleichen oder naher verwandter Substanzen, um Entzugssymptome zu vermindern oder zu vermeiden
- Nachweis einer **Toleranz gegenüber der Substanz,** im Sinne von erhöhten Dosen, die erforderlich sind, um die ursprüngliche durch niedrigere Dosen erreichte Wirkung hervorzurufen

- **fortschreitende Vernachlässigung anderer Vergnügungen oder Interessen** zugunsten des Substanzkonsums und ein erhöhter Zeitaufwand, um die Substanz zu konsumieren oder sich von den Folgen zu erholen
- **anhaltender Substanzkonsum** trotz des Nachweises eindeutig schädlicher Folgen

Die Definition von Abhängigkeit nach dem DSM-5 ist weitgehend identisch mit der der ICD-10. Im DSM-5 wird zusätzlich die **soziale Dimension von Abhängigkeit** benannt, das heißt, inwiefern soziale oder berufliche Aktivitäten aufgrund des Substanzkonsums vernachlässigt werden. Zudem wird nach **Schweregraden der Substanzgebrauchsstörung** unterschieden.

Die Kriterien für eine Abhängigkeit sind zusammengefasst:

- **Zwanghaftigkeit**
- **Dosissteigerung**
- **chronischer Verlauf**

Der Konsum legaler oder illegaler Suchtmittel geht mit physischen und psychischen Begleiterscheinungen einher.

Stoffungebundene Suchtformen

Wenn ein bestimmtes stoffungebundenes Verhalten exzessive Formen angenommen hat und die Merkmale einer Abhängigkeitserkrankung gegeben sind (→ 5.14.5), spricht man von einer **Verhaltenssucht** oder **Verhaltensabhängigkeit.** Die Symptome unterscheiden sich von Sucht zu Sucht. Es kann auch zu Mischformen von Süchten kommen, z. B. alkoholabhängiger Spieler.

Wenn Jugendliche leidenschaftlich gern Videospiele spielen und sich täglich mehrere Stunden damit beschäftigen, muss das nicht zwangsweise eine Sucht sein. Als **Internet Gaming Disorder,** die seit 2018 als Krankheit anerkannt ist, wird ein solches exzessives Computerspielverhalten erst dann bezeichnet, wenn mindestens fünf von neun Kriterien vorliegen (Wartberg u. a. 2017):

- übermäßige Beschäftigung, z. B. gedankliche Vereinnahmung durch Computerspiele
- Entzugssymptomatik, z. B. Reizbarkeit, Ängstlichkeit oder Traurigkeit, wenn das Spielen wegfällt

Tim ist 17 Jahre alt. Er spielt seit zwei Jahren regelmäßig Computerspiele. Seit einem halben Jahr jedoch hat sein Spielverhalten deutlich zugenommen. Früher hat er sich nach der Schule gern mit Freunden verabredet und im Verein Fußball gespielt. Jetzt trifft er seine Freunde höchstens noch im virtuellen Raum beim Zocken (→ Abb. 70). Wenn seine Eltern sein Spielen nicht begrenzen würden, würde er endlos weiterspielen. Wenn Tim nicht zockt, verbringt er viele Stunden mit seinem Handy und schaut sich auf verschiedenen Kanälen Filme von Jugendlichen an. Zu anderen Aktivitäten kann er sich kaum noch aufraffen. Die Schule vernachlässigt er, seine Noten haben sich verschlechtert und seine Fehlzeiten häufen sich. Da er bis in die Nacht hinein vor seiner Play Station sitzt, hat sich sein Schlaf-Wach-Rhythmus verschoben. Nach einer „durchgezockten" Nacht kann er schlecht einschlafen. Er leidet unter Rückenschmerzen, die er seinen Eltern gegenüber verschweigt. Mit ihnen hat er aufgrund seines ausgedehnten Computerspiel- und Handyverhaltens fast täglich Ärger.

Abb. 70 Jugendlicher beim Computerspiele spielen

Zocken: umgangssprachlich für Computerspiele spielen, Glücksspiele machen

- Toleranzentwicklung, z. B. Bedürfnis nach zunehmend längeren Spielzeiten
- erfolglose Versuche, das Spielen zu kontrollieren
- Interessenverlust an früheren Hobbys und Freizeitbeschäftigungen
- Fortführung eines exzessiven Spielens, trotz Einsicht in die negativen psychosozialen Folgen
- Täuschen von Familienangehörigen und anderen bezüglich des Umfangs des Spielens
- Nutzen von Spielen, um einer negativen Stimmungslage, z. B. Ängstlichkeit, zu entfliehen oder sie abzuschwächen
- Gefährdung oder Verlust einer wichtigen Beziehung, der Arbeitsstelle oder Ausbildungs-/Karrieremöglichkeit aufgrund des Spielens

Verhaltenssucht: Verhaltensabhängigkeit; Abhängigkeit von einem stoffungebundenen Verhalten, z. B. Glücksspiel, Computerspiele

Internet Gaming Disorder: problematische Nutzung von Online- und Offline-Computerspielen

Haben Sie sich schon einmal Sorgen um den aus Ihrer Sicht problematischen Konsum eines nahestehenden Menschen gemacht? Wie sind Sie damit umgegangen? Haben Sie ihn angesprochen? Üben Sie zu zweit, jemanden auf den Verdacht eines problematischen Konsums anzusprechen, und tauschen Sie sich aus, wie Sie das Angesprochenwerden und das Ansprechen erlebt haben.

5.14.4 Auswirkungen von Abhängigkeit auf das Leben

Abhängigkeitspotenzial: Eigenschaft eines Suchtmittels, den unbedingten erneuten Konsum dieses Suchtmittels auszulösen

Suchtmittel unterscheiden sich stark in ihren Wirkungen, abhängigkeitserzeugenden Eigenschaften und Auswirkungen auf das Leben der Konsumierenden sowie das soziale Umfeld und die Gesellschaft insgesamt. Das **Abhängigkeitspotenzial** eines Suchtmittels ist aber immer auch eng verknüpft mit den Eigenschaften des Konsumenten – nur wenn dieser für das Suchtmittel empfänglich ist, kann sich ein abhängiges Verhalten entwickeln.

Auch Kaffee ist strenggenommen eine psychotrope Substanz, die durch das enthaltene Koffein anregend und aktivierend wirkt. Aber da Kaffee nicht die Wahrnehmung verändert, wird er zwar zu den Stimulanzien gezählt, aber nicht zu den Suchtmitteln.

9.3.2 Auswirkungen des Rauchens

Wer regelmäßig Suchtmittel konsumiert, räumt diesen eine immer größere Rolle im Leben ein. Der Konsum von illegalen und legalen Suchtmitteln geht mit vielfältigen **Schäden** einher.

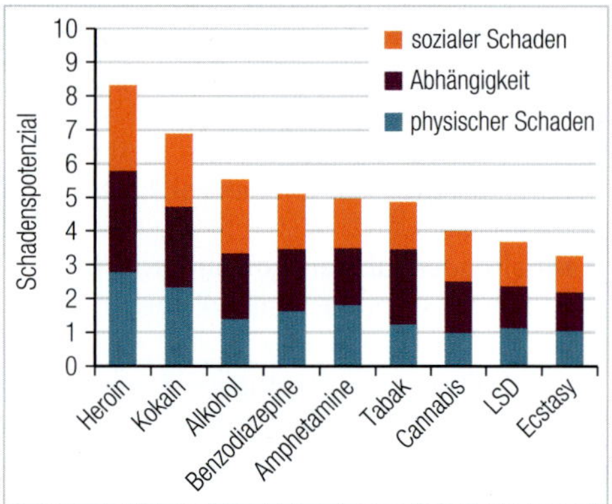

Abb. 71 Ausgewählte Suchtmittel nach ihrem Schadenspotenzial (Nutt u. a. 2007)

Eine spätere Studie (Nutt u.a. 2010) zeigte, dass **Alkohol** das gefährlichste Suchtmittel ist, denn Alkohol geht noch vor Heroin mit einem sehr hohen Schadenspotenzial für andere Menschen einher – bedingt z.B. durch unter Alkoholeinfluss verursachte Verkehrsunfälle, Gewalt, verringerte Arbeitsproduktivität und erhöhte Arbeitsfehlzeiten alkoholabhängiger Beschäftigter. Ein riskanter Alkoholkonsum schädigt auf Dauer vor allem die Leber (→ 4.7), die Speiseröhre, den Magen-Darm-Trakt, die Bauchspeicheldrüse und das Gehirn.

Sammeln und diskutieren Sie, welche sozialen Schäden mit verschiedenen Suchtmitteln einhergehen. Wie wirken sich verschiedene Suchtmittel auf Angehörige, die Kommune, die Gesellschaft usw. aus?

Mit dem Konsum von **Heroin, Kokain, Crack** oder **Crystal Meth** ist ein sehr hohes Abhängigkeitspotenzial verbunden. Die aufputschende

Das **Schadenspotenzial** von Suchtmitteln wurde in der Studie von Nutt u. a. (2007) in drei Kategorien eingeteilt:

- physischer Schaden für den Konsumenten
- Abhängigkeitspotenzial für den Konsumenten
- sozialer Schaden, d. h. die Auswirkungen auf andere, wie Angehörige, die Kommune und die Gesellschaft allgemein, durch die entstandenen gesundheitlichen Schäden (z. B. Passivrauchen) und Gesundheitskosten

Für die Feststellung des Schadenspotenzials wurden Experten (Psychiater, Chemiker, Pharmakologen usw.) befragt, für wie hoch sie den Schaden der jeweiligen Suchtmittel einschätzen. Sie konnten auf einer vierstufigen Skala je Schadenskategorie Werte zwischen 0 (kein Risiko) bis 3 (extremes Risiko) abgeben. Je Kategorie konnten so maximal drei Punkte erzielt werden, die für die Gesamtskala aufsummiert wurden. Durch den intravenösen Konsum, das hohe Abhängigkeitspotenzial und die hohen Gesundheitskosten weist Heroin mit einem Gesamtwert von 8,32 das höchste Schadenspotenzial auf (→ Abb. 71).

Wirkung von Kokain, Crack oder Crystal Meth peitscht den Körper zwar zu Höchstleistungen an, verbraucht aber auch schnell Energiereserven und laugt den Körper regelrecht aus. Es kann zu Krampfanfällen, Bewusstseinsstörungen, Wahnvorstellungen und Atemversagen kommen. Ein längerer Crystal Meth-Konsum z.B. hat sehr negative, unter Umständen irreversible gesundheitliche Auswirkungen:

- starker Gewichtsverlust
- Zahnprobleme
- chronische Hautentzündungen
- Hirn- und Organschäden
- Entwicklung einer Psychose

Ein **injizierender Drogengebrauch** birgt große gesundheitliche Gefahren in sich, z.B. durch unreines Injektionsbesteck und mangelnde Hygiene bei der Injektion (Risiko von Entzündungen sowie der Übertragung von Infektionskrankheiten wie Hepatitis C, → 8.5.3). Durch den intravenösen Drogenkonsum besteht ein erhöhtes Risiko für Infektionskrankheiten: 80% der neu gemeldeten Hepatitis C-Fälle liegt ein intravenöser Drogenkonsum zugrunde (European Monitoring Centre for Drugs and Drug Addiction u.a. 2019).

Cannabis ist in der Wirkung in den letzten Jahren stärker geworden und daher auch gefährlicher. Gesundheitliche Folgeschäden eines missbräuchlichen Cannabisgebrauchs sind vor allem psychische Probleme, wie Psychosen, Angst- und Panikattacken. Auch die geistige Leistungsfähigkeit wird beeinträchtigt, die Aufmerksamkeit und Konzentration können gestört sein und das Kurzzeitgedächtnis kann sich verschlechtern. Zudem steigt das Risiko für Atemwegserkrankungen (→ 9.3) und für einen Schlaganfall (→ 5.11) (Parekh u.a. 2020, Winhusen u.a. 2019).

Mit dem Konsum und den **Kosten** von illegalen Drogen sind ein erhöhtes Risiko für einen sozialen Abstieg, Verelendung, Kriminalität, Prostitution usw. verbunden.

Der Erwerb, Handel und Besitz illegaler Drogen sind verboten. Daher geht ein Drogenkonsum häufig mit **strafrechtlichen Konsequenzen** einher. Das Bundeskriminalamt unterscheidet bei drogenbezogenen Delikten zwischen Straftaten, die im Zusammenhang mit **Verstößen gegen das Betäubungsmittelgesetz** stehen – sogenannte **Rauschgiftdelikte** – und Fällen der direkten **Beschaffungskriminalität.** 2022 wurden nach der polizeilichen Kriminalstatistik 340 677 Rauchgiftdelikte begangen (Bundeskriminalamt 2023).

Zwar sind bei den stoffungebundenen Suchtformen die gesundheitlichen Schäden weitaus geringer, dafür hat beispielsweises **pathologisches Glücksspiel** häufig **Verschuldung** und **soziale Vereinsamung** zur Folge. Die Sucht wird oft verheimlicht und im Freundes- und Familienkreis kann es zu Problemen kommen, wenn geliehenes Geld nicht zurückgezahlt werden kann.

Eine **PC-/Internetabhängigkeit** ist mit **mangelnder körperlicher Aktivität** verbunden und damit auch mit gesundheitlichen Risiken, die durch fehlende körperliche Bewegung und eine häufig begleitende ungesunde Ernährung verursacht werden. Bei Jugendlichen besteht durch häufige Fehlzeiten und die Vernachlässigung von Schule und Ausbildung die Gefahr, den angestrebten Schul- bzw. Ausbildungsabschluss nicht zu erzielen.

Mit der vermehrten Nutzung sozialer Medien geht das Risiko einher, negative Erfahrungen durch gemeine oder **verletzende Verhaltensweisen anderer Menschen** zu machen, wie die EU Kids Online-Studie und die JIM-Studie herausfanden (Hasebrink u.a. 2019; Medienpädagogischer Forschungsverbund Südwest 2023).

Recherchieren Sie in der JIM-Studie (Medienpädagogischer Forschungsverbund Südwest 2023), welche negativen Onlineerfahrungen die befragten Kinder und Jugendlichen bereits gemacht haben.

Der Konsum von Suchtmitteln geht darüber hinaus mit **Kosten** einher, die durch die gesundheitlichen Folgen und Krankheiten hervorgerufen werden. Die größten gesellschaftlichen Folgekosten verursacht jährlich das Rauchen (97,2 Mrd. €), gefolgt vom Alkoholkonsum (57,0 Mrd. €) und Cannabiskonsum (975 Mio. €) (Rummel u.a. 2019).

5.14.5 Diagnostik

Trotz der weiten Verbreitung von Abhängigkeitserkrankungen ist diese häufig ein **gesellschaftliches Tabu,** über das ungern gesprochen wird.

Rauschgiftdelikte:
Verstöße gegen das Betäubungsmittelgesetz, u.a. Besitz, Erwerb und Abgabe von Drogen, illegaler Handel, Anbau und Herstellung

Beschaffungskriminalität:
Straftaten, die begangen werden, um Geld für Drogen zu beschaffen (z.B. Diebstahl)

Psychose:
psychische Störung, bei der die Realität verändert wahrgenommen wird

injizierend:
eine Flüssigkeit in den Körper einspritzend

intravenös:
in eine Vene hinein erfolgend

Eine Abhängigkeit kann nur durch eine ausführliche Diagnostik festgestellt werden. In der Anamnese und anhand von klinischen Zeichen, biologischen Markern und Fragebögen lässt sich von Ärzten überprüfen, ob eine suchtbezogene Gesundheitsstörung vorliegt. In der Diagnostik werden die Kriterien für eine Abhängigkeit aus dem ICD-10/DSM-5 zugrunde gelegt (→ 5.14.3). Das ärztliche Gespräch mit Abhängigen ist sehr wichtig.

Rauschbarometer Hamburg: *www.drogenberatung-hamburg.de/*

Klinische Zeichen, z. B. einer Alkoholabhängigkeit, sind Alkoholgeruch, Zittern der Hände, typische Hautveränderungen im Gesicht, Gangunsicherheit oder der sogenannte Bierbauch. Mittels **Laboruntersuchungen** des Blutes können sowohl die aktuelle Blutalkoholkonzentration als auch der Zeitpunkt des letzten Alkoholkonsums festgestellt werden. Über die Messung bestimmter Parameter kann eine alkoholbedingte Schädigung der Leber festgestellt werden (→ 4.7.4).

Mithilfe des **CAGE-Tests** (→ Abb. 72) ergeben sich bereits im Erstgespräch Hinweise auf einen problematischen Alkoholkonsum.

Wenn eine Frage positiv beantwortet wird, besteht ein Hinweis auf einen schädlichen Alkoholgebrauch, bei zwei und mehr bejahten Fragen ist eine Alkoholabhängigkeit wahrscheinlich.

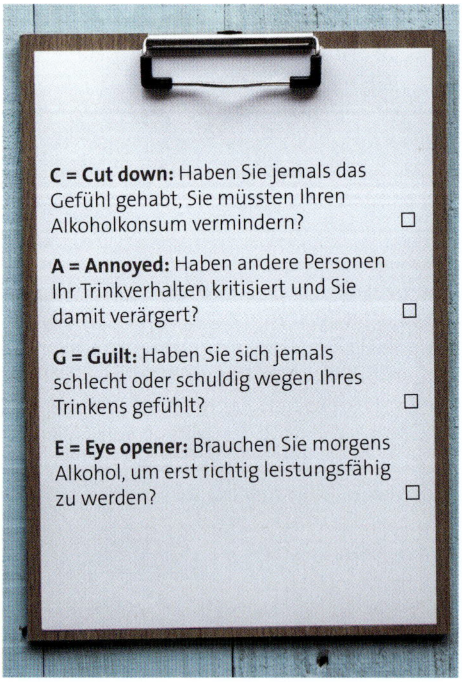

Abb. 72 CAGE-Test

> Mit dem Rauschbarometer kann man testen, ob man ein Problem mit Alkohol, Cannabis, anderen Suchtmitteln, Glücksspiel oder Medien hat. Auch wenn man sich um den Konsum von Freunden oder Angehörigen sorgt, kann man mit dem Rauschbarometer ermitteln, ob deren Konsumverhalten bereits problematisch ist.

Bei Alkoholkonsum wird zwischen Alkoholabhängigkeit (→ 5.14.3), schädlichem Gebrauch, riskantem Alkoholkonsum und risikoarmem Konsum unterschieden:

- **schädlicher Gebrauch:** Alkoholkonsum, der – gemessen an seinen Folgen – zu einer Gesundheitsschädigung körperlicher oder seelischer Art führt
- **riskanter Alkoholkonsum:** Konsummengen, für die ein statistisch erhöhtes Risiko für die Entstehung von Erkrankungen besteht; dies bedeutet in Trinkmengen (→ Abb. 73):
  - **für Frauen:** regelmäßig mehr als 12 g reinen Alkohol pro Tag
  - **für Männer:** regelmäßig mehr als 24 g reinen Alkohol pro Tag
- **risikoarmer Konsum:** Frauen trinken maximal ein Standardglas Alkohol pro Tag, Männer max. zwei Standardgläser pro Tag und an mindestens zwei Tagen pro Woche wird kein Alkohol konsumiert. Zudem sollen bei einer Trinkgelegenheit nicht mehr als vier Standardgläser konsumiert werden (Vermeidung von Rauschtrinken).

1. *Beantworten Sie den CAGE-Test. Wie ist Ihr Alkoholkonsum zu bewerten?*
2. *Das Rauschbarometer bietet Tests zu verschiedenen Abhängigkeiten an. Testen Sie Ihr Konsumverhalten in Bezug auf ein Suchtmittel bzw. suchtbezogenes Verhalten. Wie gehen Sie mit dem Ergebnis des Tests um?*
3. *Wie viel Alkohol dürften Sie pro Woche trinken, um die Kriterien für einen risikoarmen Alkoholkonsum zu erfüllen?*

Abb. 73 Standardgläser (10–12 g Alkohol) typischer alkoholischer Getränke in Liter und Alkoholgehalt in Vol.-%

Bei einer Drogenabhängigkeit gelten dieselben Kriterien wie bei einer Alkoholabhängigkeit (→ 5.14.3).

Ein **Drogentest** dient dem einfachen und schnellen Nachweis von Drogen, bestimmten Medikamenten oder deren Abbauprodukten in Körperflüssigkeiten, z. B. Urin, Speichel oder Schweiß. Auch die Atemanalyse zum Alkoholnachweis zählt zu den Drogentests. Mithilfe des Drogenwischtests können Drogenspuren auf Oberflächen nachgewiesen werden.

Der Drogenkonsum wird im Test über eine **Antigen-Antikörper-Reaktion** (→ 8.1.4) nachgewiesen. Dabei binden – vereinfacht gesagt – die gesuchten Drogensubstanzen an künstlich hergestellte Antikörper und erzeugen eine Farbreaktion, die auf die gesuchte Droge hinweist.

Ein Drogentest wird z. B. durchgeführt:

- bei Vergiftungsverdacht und ungeklärten medizinischen Notfallsituationen
- zur Verlaufskontrolle während einer Drogentherapie
- zur Klärung der Schuldfrage bei Verkehrsunfällen
- im Rahmen von kriminologischen und gerichtlichen Ermittlungen zur Klärung der Todesursache

Was ein „normales Mediennutzungsverhalten" ist, darüber herrscht angesichts der zunehmenden Digitalisierung und Mediennutzung bislang kein Einvernehmen (Evers-Wölk u. a. 2016). Für die Frage, ob ein **problematisches Nutzungsverhalten sozialer Medien**

Bei Verkehrskontrollen werden häufig Drogenschnelltests eingesetzt. Speichel, Schweiß oder Urin wird auf einen Teststreifen aufgetragen, der kurze Zeit später ein positives oder negatives Ergebnis anzeigt. Drogenschnelltests testen häufig auf den Konsum mehrerer Substanzen – in der Regel Cannabis, Kokain, Metamphetamin, Amphetamin, Benzodiazepine und Opiate. Sie können meist nur die Substanz, aber nicht deren Konzentration nachweisen. Positive Testergebnisse werden durch Laboruntersuchungen ergänzt.

vorliegt, kann die bisher nur in englischer Sprache vorliegende **Social Media Disorder Scale** eingesetzt werden (→ Abb. 74).

I-10.1.3 Diagnostische Befragungen: standardisierte Fragebögen

Die neun Fragen der Skala können mit ja oder nein beantwortet werden. Wenn fünf oder mehr Fragen mit ja beantwortet werden, ist davon auszugehen, dass ein problematisches Nutzungsverhalten sozialer Medien vorliegt.

Im Unterschied zur Internet Gaming Disorder (→ 5.14.3) ist die Social Media Disorder (noch) nicht als Krankheit anerkannt. Daher kann man auch nicht von einer Abhängigkeit sprechen, wenn mindestens fünf Fragen mit ja beantwortet wurden. Die Skala gibt lediglich Hinweise auf eine problematische Nutzung.

Testen Sie Ihr Computerspiel- und Soziale-Medien-Verhalten anhand der Kriterien für die Internet Gaming Disorder (→ 5.14.3) und anhand der Social Media Disorder Scale.

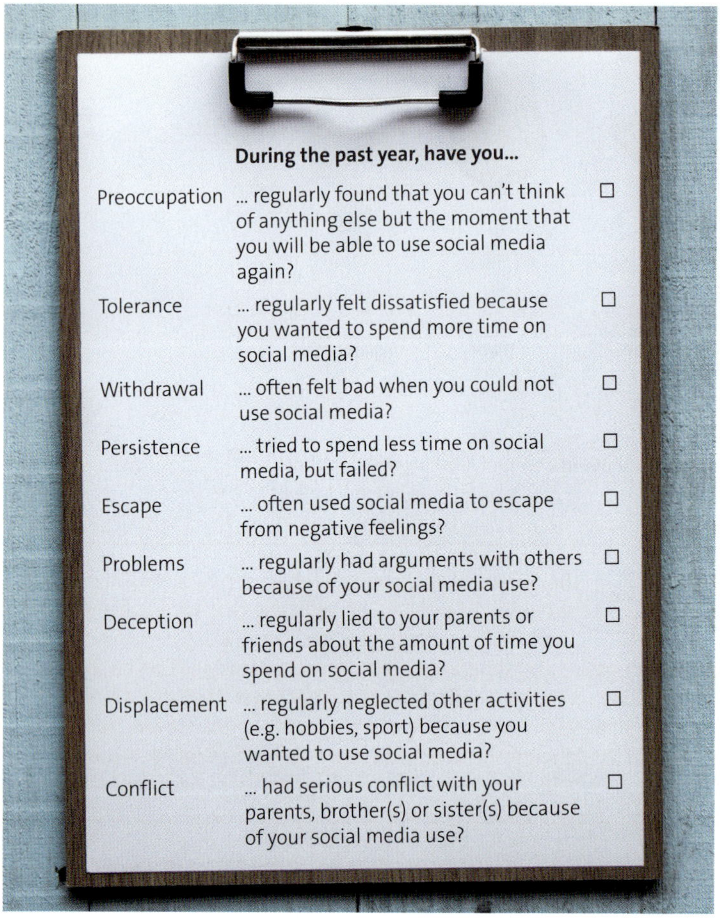

Abb. 74 Fragen der Social Media Disorder Scale (van den Eijnden u. a. 2016, S. 485 f.)

Co-Abhängigkeit: Mitbetroffenheit der Angehörigen von einer Abhängigkeitserkrankung

interdisziplinär: unter Einbeziehung mehrerer wissenschaftlicher Disziplinen (→ I-1.3.3, → I-7.2.5)

5.14.6 Therapie

Manchen Abhängigen gelingt es, sich aus eigener Kraft aus der Sucht zu befreien, sei es auf Basis einer starken Motivation oder mithilfe einer Selbsthilfegruppe (→ 5.14.7).

Am wichtigsten für eine Therapie der Abhängigkeitserkrankung sind die **Einsicht** in die eigene Abhängigkeit und der **Wille,** mit dem Konsum der betreffenden Substanz bzw. mit dem entsprechenden Verhalten aufzuhören. **Professionelle Unterstützung** hilft den Betroffenen, mit schwierigen Situationen auf dem Weg zur Abstinenz und mit Rückfällen umzugehen.

9.3.4 Rauchstopp

Der erste Kontakt mit professioneller Hilfe findet jedoch häufig erst viele Jahre nach Beginn der Symptomatik statt. Oft suchen sich Abhängige erst dann Hilfe, wenn sie viel verloren und sich verschuldet haben und nahe Menschen sich von ihnen abgewandt haben. **Angehörige** tragen oft über Jahre die Abhängigkeitserkrankung unbewusst mit, indem sie dem Abhängigen dabei behilflich sind, seine Sucht vor dem sozialen Umfeld geheim zu halten. Angehörige bagatellisieren und verheimlichen die Sucht nach außen. Dieses Verhalten wird als **Co-Abhängigkeit** bezeichnet.

Die **Drogenpolitikstrategie der WHO** sieht ein abgestuftes System der Suchthilfe vor (→ Abb. 75). An erster Stelle steht die Sicherung des Überlebens mit anschließender gesundheitlicher Stabilisierung und möglichst gesundem Überleben. Folgeschäden sollen durch Aufklärung vermieden werden. Einen besonders hohen Stellenwert hat die Sicherung der sozialen Umgebung des Betroffenen (z. B. Maßnahmen zum Erhalt der eigenen Wohnung) und die Verhinderung einer sozialen Isolation aufgrund des Drogenkonsums.

Interdisziplinäres Vorgehen

An der Therapie von Abhängigkeit sind verschiedene Berufsgruppen beteiligt.

Inwiefern **Suchtmediziner** in den Therapieprozess involviert sind, ist abhängig von der Art und dem Ausmaß der Sucht. Mithilfe der **Psychotherapie** in Form von Einzel- und/oder Gruppentherapie werden die Hintergründe und Auslöser der Sucht betrachtet und Verhaltensstrategien erarbeitet (→ 5.10.3). In der Suchthilfe arbeiten zudem **Sozialarbeiter und Sozialpädagogen,** zum Teil mit der Zusatzqualifikation „Suchttherapeut".

Die **Soziale Arbeit** mit Menschen mit einer Abhängigkeitserkrankung setzt immer an der konkreten Lebenssituation des Einzelnen an und bezieht sein soziales Lebensumfeld ein. Wichtige Themen sind Verhaltensstrategien, Verschuldung, der Aufbau und die Pflege des sozialen Umfelds, die Alltagsstrukturierung und die Freizeitgestaltung.

Die Therapie der Abhängigkeitserkrankung folgt in der Regel **in Schritten:**

- Erstkontakt und Beratung: Erkennung eines gesundheitsgefährdenden Konsums
- ggf. körperliche Entgiftung
- Entwöhnung
- Nachsorge bzw. Rehabilitation

Die Therapie der Abhängigkeitserkrankung hat meist die Beendigung des Suchtmittelkonsums (Abstinenz) zum Ziel. Manchmal zielt sie aber auch darauf ab, den Konsum zu reduzieren.

Erstkontakt und Beratung

Was kann ich tun, wenn meine Freundin oder mein Freund Anzeichen eines problematischen Konsums zeigt?

- Das (erste) Gespräch über den problematischen Konsum sollte in einer vertrauensvollen Atmosphäre stattfinden.
- Wichtig ist zu signalisieren, dass Sie die Not hinter dem problematischen Konsum sehen.
- Drücken Sie Ihre eigene Sorge um Ihren Freund bzw. Ihre Freundin aus, z. B. „Ich mache mir Sorgen, weil du dich immer mehr zurückziehst."

Für den professionellen Erstkontakt sind **niederschwellige Angebote** wichtig, wie sie vor allem die Information und Beratung im Internet, aber auch Begegnungsstätten bieten. Für viele Abhängige ist dies der erste Schritt, sich mithilfe professioneller Unterstützung die eigene Abhängigkeit einzugestehen, um sich dann ggf. auf den Weg aus der Abhängigkeit begeben zu können. Niederschwellige Angebote üben eine Brückenfunktion ins Hilfesystem aus.

Eine wichtige Rolle kommt den **Hausärzten** zu, da sie ihre Patienten regelmäßig sehen, bestenfalls Vertrauen zu ihnen genießen und ein problematisches Konsumverhalten ansprechen können.

Suchtberatungsstellen ermöglichen eine erste Abklärung der Sucht und ihrer Hintergründe und können gezielt über Therapieangebote informieren. Auch Angehörige können sich in Suchtberatungsstellen informieren, ebenso Fachkräfte, die dort Informationen und Fortbildungsmöglichkeiten erhalten. Einige Beratungsstellen bieten Onlineberatung an, in der die Beratung zeitlich und räumlich unabhängig und gegebenenfalls sogar anonym erfolgen kann.

1. Sicherung des Überlebens:
- Erste Hilfe-Leistungen
- Vermittlung/Gewährung der Grundsicherung

2. Gesundheitsstabilisierung und Gesundheitsförderung:
- Infektionsprophylaxe
- Motivierung zu und Vermittlung in weiterführende Maßnahmen

3. Sicherung der sozialen Umgebung – Verhinderung weiterer Desintegration:
- Aufbau und Förderung von Tagesstruktur
- Förderung von Alltagskompetenzen, Tagesstrukturen
- Erhaltung bestehender sozialer Unterstützungsstrukturen

4. Ermöglichung längerer Abstinenzphasen:
- Entwicklung von Strategien zur Konsumreduktion
- Förderung der Motivation zu konsumfreien Phasen
- Aufnahme in Substitutionsbehandlung

5. Einsicht in die Grunderkrankung:
- Einsicht in Art und Ausmaß „substanzbezogener Störungen"
- Einsicht in die Wechselwirkung von Lebenskontext und Gesundheitsfolgen

6. Akzeptanz des eigenen Handlungsbedarfs:
- Förderung von Behandlungsmotivation, Akzeptanz professioneller Hilfeangebote, Vermittlung in weiterführende Hilfen
- Förderung der Übernahme von Eigenverantwortlichkeit

7. Akzeptanz des Abstinenzziels:
- Förderung der Annahme abstinenzorientierter Hilfeangebote
- Mitwirkung bei der Bearbeitung der Suchtproblematik

8. Konstruktive Bearbeitung von Rückfällen:
- Sensibilisierung für Rückfallgefährdungen
- Einübung von Bewältigungsstrategien

9a. Therapeutische Aufarbeitung der Abhängigkeitsproblematik:
- Förderung der Selbstwirksamkeit
- Einübung von Beziehungs- und Konfliktfähigkeit

9b. Berufliche und soziale Integration:
- Qualifizierungen zur beruflichen/sozialen Integration
- Aufbau tragfähiger sozialer Bindungen, Loslösung vom Hilfesystem, Förderung autonomer Lebensgestaltung

Abb. 75 Drogenpolitikstrategie der WHO: abgestufte Interventionsziele in der Arbeit mit Suchtkranken (Frietsch 2011)

Bei schweren Abhängigkeiten können **Drogenkonsumräume,** in denen saubere Spritzen zur Verfügung gestellt werden, ein niederschwelliges Angebot sein. Auch stellen Cafés mit Begegnungsräumen und der Möglichkeit zu duschen, Wäsche zu waschen und kostenlosem oder preiswertem Essen eine Grundsicherung dar. Hier wird ein Kontakt zur „Szene" ermöglicht, worauf weiterführende Hilfsangebote zum Ausstieg aufbauen können.

Recherchieren Sie für Ihre Stadt oder Ihren Landkreis niederschwellige Hilfsangebote für Drogenabhängige.

niederschwellig: auch niedrigschwellig; Eigenschaft eines Angebots, das von den Nutzern nur einen geringen Aufwand zur Inanspruchnahme erfordert, z. B. kurze Wege, keine bzw. geringe Kosten, wenig Vorwissen erforderlich

Onlinesuchtberatung:
www.caritas.de/hilfeundberatung/onlineberatung/suchtberatung

www.suchtberatung.digital

www.mediensuchthilfe.info

Körperliche Entgiftung

Die körperliche Entgiftung befreit den Körper vom jeweiligen konsumierten „Gift". Wer über Monate oder Jahre täglich Alkohol oder illegale Drogen konsumiert hat, muss mit **Entzugserscheinungen** rechnen, die sehr stark und sogar lebensbedrohlich ausfallen können. Ein Entzug sollte daher unter ärztlicher Aufsicht stattfinden. Er kann durch Medikamente abgemildert werden. Die Entgiftung dauert drei bis fünf Tage und wird stationär, seltener ambulant, durchgeführt.

Substitution (Kontext Drogen):
Ersatz von Heroin durch ein anderes Opioid ohne berauschende Wirkung

Bei Drogenabhängigkeit von Heroin kann **Substitution** ein Weg sein, um von dieser Droge und ihren in der Regel massiven Folgen wegzukommen. Unter Substitution wird der Ersatz von Heroin durch ein Medikament verstanden (z. B. Methadon), das zwar die Entzugssymptome lindert, aber nicht die gleiche berauschende Wirkung wie Heroin aufweist. Es sollen vor allem die Folgeerscheinungen der Abhängigkeit gemildert und die Betroffenen gesundheitlich und sozial stabilisiert werden. Mit der Einnahme des Substituts entfallen die mit Heroin verbundenen Risiken, z. B. Überdosierung, Beschaffungskriminalität und die Verwendung von unsauberen Spritzen. Die Abgabe des Substituts erfolgt in speziellen Substitutionsambulanzen und Arztpraxen. Die Substitution kann durch eine psychosoziale Betreuung ergänzt werden, die Betroffene dabei unterstützt, (wieder) an der Gesellschaft teilzuhaben.

Selbsthilfegruppen in der Suchtselbsthilfe:
www.anonyme-alkoholiker.de

www.al-anon.de
www.narcotics-anonymous.de
www.anonyme-spieler.org

Entwöhnung

Im Mittelpunkt der Entwöhnung steht die **Auseinandersetzung mit der psychischen Abhängigkeit.** Eine Kombination von Psychotherapie, Gruppenprogrammen, Bewegungstherapie, Arbeits- und Beschäftigungstherapie unterstützt den Abhängigen in einem mehrmonatigen Behandlungszeitraum dabei, sein Leben wieder eigenverantwortlich ohne Suchtmittel zu führen, das heißt, gewohnte Verhaltensweisen wieder bewusst zu verlernen und durch alternative Verhaltensweisen zu ersetzen.

Bei der **PC-/Internetabhängigkeit** ist besonders, dass eine völlige Abstinenz von Computern, Smartphones und dem Internet in der heutigen Welt nicht möglich ist. Deswegen ist ein **moderater, kontrollierter Umgang** mit dem Digitalen zu erlernen. Bei Verhaltenssüchten werden vor allem verhaltenstherapeutische und kognitive Ansätze verfolgt (→ 5.10.3, → 5.13.5).

5.14.7 Rehabilitation und Pflege

Im Anschluss an eine stationäre Entgiftung und Therapie schließt sich in der Regel eine stationäre oder ambulante Rehabilitation an, in der gelernt wird, ein verändertes, suchtmittelfreies Leben dauerhaft im Alltag zu verankern. Es werden Strategien gefestigt, mit Situationen umzugehen, die ein erhöhtes Risiko für Rückfalle in sich bergen, z. B. Feiern oder Stress. Zudem muss der Umgang mit Rückfällen gelernt werden.

Rückfälle werden heute als Teil einer Abhängigkeitserkrankung angesehen. Sie können genutzt werden, um realistische Therapieziele zu formulieren. Vielleicht ist das Therapieziel Abstinenz momentan nicht erreichbar, da es noch zu viele Belastungen im Leben des Betroffenen gibt. Dann wäre eine Reduktion des Konsums, z. B. in der Menge und Dauer, angemessener und mit weniger Frustration verbunden.

In dieser Phase spielen **Selbsthilfegruppen** (→ I-9.2.5) eine wichtige Rolle bei der Unterstützung und Stabilisierung von suchtkranken Menschen und ihren Angehörigen. In Deutschland gibt es rund 8700 Selbsthilfegruppen im Suchtbereich (Deutsche Hauptstelle für Suchtfragen 2019).

Am bekanntesten im Suchtselbsthilfebereich sind die weltweit vertretenen **Anonymen Alkoholiker (AA).** Sie folgen dem Prinzip der gegenseitigen Unterstützung und treffen sich in wöchentlichen „Meetings", um sich über ihre Abhängigkeit und die Wege daraus auszutauschen. Das leitende Motto ist, dem Alkohol nicht für immer abzuschwören, sondern mit einem kleinen Schritt zu beginnen, indem man heute auf den Alkohol verzichtet und sich für jeden neuen Tag erneut vornimmt, an diesem nicht zu trinken.

Es gibt auch AA-Gruppen für Angehörige, die sogenannten Al-Anon-Gruppen, Selbsthilfegruppen bei Drogensucht (Narcotics Anonymous – NA) oder bei Spielsucht.

Machen Sie sich mit dem Konzept der Anonymen Alkoholiker vertraut. Was ist das Besondere am AA-Konzept?

Aufgrund der in den 1980er-Jahren eingeführten Programme zur Schadensminderung für Menschen, die illegale Drogen (v.a. Heroin) konsumieren, steigt der Anteil von älteren Drogenkonsumenten und älteren Menschen, die sich in Substitutionsprogrammen befinden. Dies stellt **Pflegeheime** und Hospize vor neue Herausforderungen.

Die erste Einrichtung für schwerstkranke Drogenabhängige, in der sie vorübergehend wohnen konnten, entstand in Unna mit dem Projekt LÜSA – Langzeit Übergangs- und Stützungsangebot. Das Ziel, nach einer Stabilisierung wieder ins normale Leben zurückzukehren, schaffen viele ältere Suchtkranke jedoch nicht. Daher entstand die Idee, eine dauerhafte Wohnperspektive für alternde chronisch Drogenabhängige zu schaffen: „DAWO – da wo man bleiben kann!"

In der professionellen Pflege gewinnt die Suchtthematik an Bedeutung, weil viele alte Menschen übermäßig Alkohol konsumieren oder psychoaktive Medikamente (z. B. Schmerz-, Schlaf und Beruhigungsmittel) einnehmen.

5.14.8 Verlauf und Prognose

Die Frage, ob es sogenannte **Einstiegsdrogen** (z. B. Cannabis) in den Konsum von illegalen Drogen (z. B. Heroin) gibt, wird seit langem kontrovers diskutiert. Mittlerweile gilt die sogenannte **Gateway-Hypothese** zwar nicht als gänzlich widerlegt, aber sie wird differenzierter betrachtet. Erste Rauscherfahrungen werden in unserer Gesellschaft häufig mit Alkohol gemacht und der Konsum von Tabak steht zumeist vor dem Konsum des ersten Joints. Unter Forschern gilt mittlerweile als unbestritten, dass der frühe Beginn eines Cannabiskonsums einen Risikofaktor für den späteren Konsum anderer Suchtmittel darstellt. Allerdings spielen bei der Entwicklung eines missbräuchlichen Suchtmittelkonsums vielfältige individuell-psychologische und soziokulturelle Faktoren eine Rolle (→ 5.14.2) (van Gundy, Rebellon 2010).

Eine stoffgebundene Abhängigkeitserkrankung ist häufig mit einer **verkürzten Lebenserwartung** verbunden. Bei **Alkoholabhängigkeit** ist die Lebenserwartung um ca. 20 Jahre reduziert. An einer Alkoholabhängigkeit bzw. den alkoholassoziierten Krankheiten (z. B. Leberzirrhose, → 4.7; verschiedene Krebserkrankungen) sterben jährlich 74 000 Menschen (John, Hanke 2002). In die Berechnungen fließen nur die Todesfälle ein, die hundertprozentig auf Alkoholkonsum zurückzuführen sind (Alkoholabhängigkeitssyndrom und Leberzirrhose), weshalb die Zahlen höher liegen dürften. Die Schwere von Abhängigkeitserkrankungen wird am Beispiel Alkohol deutlich: Bei einem professionellen Entzug werden 70–90 % der Patienten rückfällig, bei einer Langzeitbehandlung mit Nachsorge noch 50–60 %.

Schadensminderung: Angebote, die die schädlichen Auswirkungen des Drogenkonsums reduzieren sollen, z. B. kostenfreie Ausgabe von Spritzen, Drogenkonsumräume, Substitutionsbehandlung

Projekt LÜSA – Langzeit Übergangs- und Stützungsangebot: *www.luesa.de*

Auch bei **Rauchern** ist aufgrund der tabakassoziierten Erkrankungen (→ 9.3.2) die Lebenserwartung reduziert.

Die Zahl der **Drogentoten** in Deutschland steigt seit Jahren an und betrug im Jahr 2022 1990 (Drogenbeauftragter der Bundesregierung 2023). Hauptursache für den Drogentod sind Überdosierungen von Opioiden wie Heroin, Morphin/Methadon oder des Schmerzmittels Fentanyl. Eine langjährige Drogenkarriere ist mit einer kürzeren Lebenserwartung verbunden.

Informationen zu Suchtmittelmissbrauch und Abhängigkeit im Alter: *www.unabhaengig-im-alter.de*

5.14.9 Suchtprävention

Der Suchtprävention kommt eine große Rolle zu.

Das Ausprobieren psychoaktiver Substanzen gehört zum Jugendalter. Problematisch wird es dann, wenn der Konsum sehr früh beginnt, exzessiv ausgeübt wird und mit anderen Problemen im Leben der Jugendlichen, wie Schulproblemen oder Streit mit den Eltern, kombiniert auftritt.

Gateway-Hypothese: engl. Zufahrt, Einfallstor; Annahme, dass Cannabiskonsum den Weg zum Konsum von illegalen Drogen öffnet

Durch **Aufklärung** über die Wirkungsweisen und langfristig negativen Folgen eines Suchtmittelkonsums soll ein gesundheitsschädliches Verhalten verhindert oder zumindest zeitlich hinausgezögert werden. Je besser es gelingt, Kinder und Jugendliche **frühzeitig** zu erreichen, umso höher ist die Chance, dass sie erst gar kein problematisches Konsumverhalten entwickeln. Der Konsum illegaler Drogen soll möglichst komplett vermieden werden. Bei den stoffungebundenen Süchten stehen die Prävention der PC-/Internetabhängigkeit und des pathologischen Glücksspiels im Zentrum. Als weiteres Ziel von Suchtprävention sollen riskante Konsummuster möglichst frühzeitig erkannt werden, um ihnen entgegenwirken zu können.

Die früher häufig und von manchen Akteuren heute noch vertretene Auffassung, dass man Suchtproblemen im Jugendalter am besten mit **Abschreckung** und **Strafverfolgung** entgegentritt, wird von vielen Fachkräften heute abgelehnt. Stattdessen wird eine Suchtprävention befürwortet, die auf Aufklärung setzt und in der sich Kinder und Jugendliche aktiv mit den Motiven für einen Suchtmittelkonsum und Alternativen dazu auseinandersetzen.

Lebensweltenansatz

Moderne Suchtprävention ist **zielgruppenspezifisch** und **settingbezogen** ausgerichtet und möchte die Menschen in ihren Lebenswelten erreichen, z. B. im Betrieb, in der Kommune, Kita oder Schule. Sie verfolgt dabei einen **salutogenetischen Ansatz** (→ I-1.4.2) und setzt auf die **Lebenskompetenz- und Risikokompetenzstärkung**.

I-9.1.2 Lebensweltenansatz in der Gesundheitsförderung

5.9.2 Modelle und Konzepte zur psychosozialen Gesundheit

I-9.2.2 Steuerungsinstrumente im Gesundheitswesen: nationale Gesundheitsziele

Bewährt haben sich Suchtpräventionsmaßnahmen, wenn sie sowohl verhaltens- als auch verhältnisorientiert sind (→ I-9.1.1), also sich sowohl an den Einzelnen und das individuelle Verhalten richten als auch für gesundheitsförderliche Rahmenbedingungen durch entsprechende Strukturen sorgen. Zu den **verhaltensorientierten Maßnahmen** zählen z. B.:

- Stärkung der Lebenskompetenzen wie Selbstwahrnehmung, Gefühlsbewältigung, kritisches Denken und Risikokompetenz (→ 5.9.2)
- abschreckende Bilder auf den Verpackungen von Tabakprodukten

Als **verhältnisorientierte Maßnahmen** gelten z. B.:

- Erhöhung der Preise für legale Suchtmittel
- Erhöhung der Altersgrenze für den Konsum von legalen Suchtmitteln
- Einschränkung des Zugangs zu Suchtmitteln, z. B. verkürzte Öffnungszeiten von Kneipen, Bars und alkoholverkaufenden Geschäften, Konsumverbot in der Öffentlichkeit
- Rauchverbot im öffentlichen Raum, in Gaststätten usw.

Lebensweltorientierte Gesundheitsförderung möchte die jeweiligen Zielgruppen systematisch miteinbinden. Ein Beispiel für diese **Partizipation** ist das Drug Checking.

Der Drogenbeauftragte der Bundesregierung (→ I-4.6.1) hat sich für eine Analyse von Partydrogen, sogenanntes **Drug Checking,** in Deutschland ausgesprochen. Damit würde man Drogenkonsumenten erreichen, die sich durch das Angebot der klassischen Suchtberatung nicht angesprochen fühlen. Beim Drug Checking können Menschen ihre mitgebrachten Partydrogen auf ihre Inhaltsstoffe untersuchen lassen. Drug Chekking dient der Schadensminimierung und dem Gesundheitsschutz der Drogenkonsumenten, da schädliche Inhaltsstoffe und zu hoch dosierte Partydrogen offengelegt werden können. In der Schweiz ist Drug Checking bereits seit mehr als 20 Jahren etabliert.

Nationales Gesundheitsziel „Alkoholkonsum reduzieren"

Die nationalen Gesundheitsziele sind ein **Steuerungsinstrument** im Gesundheitswesen, um allen Beteiligten **Handlungsleitlinien** an die Hand zu geben, wie als gesellschaftlich relevant angesehene Gesundheitsprobleme gelöst werden können. Sie dienen der Prioritätensetzung in der Gesundheitspolitik.

Das **nationale Gesundheitsziel** „Alkoholkonsum reduzieren" wurde 2015 formuliert. Die negativen Folgen eines zu hohen Alkoholkonsums werden als ein vermeidbares Gesundheitsrisiko angesehen. Der Alkoholkonsum verschiedener Bevölkerungsgruppen und in bestimmten Lebenswelten soll deutlich reduziert werden. Die Ziele sind unter anderem:

- Problembewusstsein in Politik und Gesellschaft für die Risiken von Alkoholkonsum steigern
- gesellschaftliche Akzeptanz eines riskanten Alkoholkonsums und von Rauschtrinken reduzieren
- Schwangere sind abstinent
- Alkoholprobleme frühzeitig erkennen und ansprechen
- Beratungs- und Behandlungsmöglichkeiten durch passgenaue Angebote individualisieren
- berufliche (Re-)Integration von Menschen mit alkoholbezogenen Störungen sichern
- Lebenswelten gesundheitsförderlich gestalten
- alkoholfreie Arbeitsplätze sicherstellen

Programme und Kampagnen

Suchtpräventive Maßnahmen fallen in den Zuständigkeitsbereich des Bundes, der Länder oder der Kommunen. Sie können aber beispielsweise auch durch Krankenversicherungen, Arbeitgeber oder Sportvereine veranlasst werden. Es kommen Programme und Kampagnen zum Einsatz. **Bundesweite Präventionskampagnen** werden als Mehr-Ebenen-Kampagnen durch die Bundeszentrale für gesundheitliche Aufklärung (BZgA) gesteuert.

Welche suchtpräventiven Maßnahmen und Kampagnen haben Sie in Ihrer Schulzeit kennengelernt? Welche in Ihrer Freizeit? Wie haben Sie diese Maßnahmen erlebt? Haben sie dazu beigetragen, dass Sie Ihr eigenes Konsumverhalten kritischer hinterfragen?

Rauchen – „Be Smart – Don't Start"

Der Wettbewerb „Be Smart – Don't Start" ist ein Programm zum Nichtrauchen, das sich vor allem an 6. bis 8. Schulklassen richtet. Viele Jugendliche beginnen in diesem Alter, mit dem Rauchen zu experimentieren. Die Regeln des Wettbewerbs sind:

- Mindestens 90 % der Schülerinnen und Schüler einer Klasse entscheiden sich dafür, am Wettbewerb teilzunehmen.
- Die teilnehmenden Klassen verpflichten sich, ein halbes Jahr lang nicht zu rauchen.
- Wenn mehr als 10 % der Jugendlichen in einer Klasse rauchen, scheidet die Klasse aus dem Wettbewerb aus.

Die Schulklassen, die ein halbes Jahr lang rauchfrei bleiben, nehmen an einer Lotterie teil. Viele beteiligte Klassen führen zudem begleitende Aktionen zum Thema „Nichtrauchen" und zur Gesundheitsförderung durch, für die Auszeichnungen vergeben werden. „Be Smart – Don't Start" ist die größte schulische Maßnahme der Tabakprävention in Deutschland.

Im Schuljahr 2023/24 nehmen 6873 Schulklassen aus allen Schulformen teil. Im Vorjahr blieben von den 6020 teilnehmenden Schulklassen über 80 % (4982 Schulklassen), von November bis April rauchfrei.

1. *Besuchen Sie die Webseite des Programms „Be Smart – Don't Start" unter www.besmart.info. Diskutieren Sie in der Klasse, ob Sie an dem Programm teilnehmen möchten. Gibt es Raucherinnen und Raucher in der Klasse? Schaffen Sie es gemeinsam – Rauchende und Nicht-Rauchende –, sich gegenseitig zu unterstützen mit dem Ziel, mindestens 6 Monate nicht zu rauchen?*
2. *Sie finden auf der Webseite des Programms Informationen zu weiteren kreativen Aktionen zum Thema Nichtrauchen. Es können Projekttage durchgeführt werden, Videos, Songs oder Gedichte zum Nichtrauchen erstellt oder Verantwortliche in der Politik angeschrieben werden. Die Aktivitäten sollen das positive Image des Nichtrauchens stärken, dabei Raucherinnen und Raucher aber nicht diskriminieren. Überlegen Sie sich eine mögliche Aktion.*

„Alkohol? Kenn dein Limit."

Die Kampagne der BZgA „Alkohol? Kenn dein Limit." ist die bislang größte bundesweite Kampagne zur Alkoholprävention. Sie richtet sich an 16–20-Jährige und hat zum Ziel, Jugendliche zu einem kritischen und verantwortungsvollen Umgang mit Alkohol zu motivieren. Die Jugendkampagne „Alkohol? Kenn dein Limit." ist in die BZgA-Gesamtstrategie zur bundesweiten Alkoholprävention eingebettet und wird von zwei weiteren Kampagnen begleitet: „Null Alkohol – Voll Power" richtet sich an 12–16-Jährige sowie die Erwachsenenkampagne „Alkohol? Kenn dein Limit."

Gesundheitsziele: Vereinbarungen der verantwortlichen Akteure im Gesundheitssystem zur Stärkung der Gesundheit der Bevölkerung

www.gesundheitsziele.de

I-9.1.3 Programme und Kampagnen in der Gesundheitsförderung

Wettbewerb für rauchfreie Schulklassen „Be Smart – Don't Start": www.besmart.info

Kampagne „Alkohol? Kenn dein Limit.": www.kenn-dein-limit.info

Ein Teilziel von „Alkohol? Kenn dein Limit." ist, den ersten Alkoholkonsum von Jugendlichen hinauszuzögern. Weiterhin sollen das Rauschtrinken – auch Komasaufen genannt – und Alkoholexzesse unter Jugendlichen, die zu Kampagnenstart 2009 in der medialen Berichterstattung bedeutend waren, verringert werden.

Die Kampagne nutzt die Interaktivität des Internets, um die jugendliche Zielgruppe zu erreichen. Das **Portal www.kenn-dein-limit.info** richtet sich direkt an Jugendliche. Es verzeichnet mehr als 500 000 Aufrufe im Quartal und ist damit bekannt in der Zielgruppe. Die Kampagne basiert auf dem Prinzip der „Kommunikation auf Augenhöhe", das heißt, die Heranwachsenden werden in ihrem Anspruch auf Selbstbestimmung und in ihrer Lebenswelt mit ihren Bedürfnissen ernstgenommen (Goecke 2013).

„Alkohol? Kenn dein Limit." kombiniert in einem **Mehr-Ebenen-Ansatz** verschiedene **Medien- und Kommunikationsformen:**

- massenkommunikative Maßnahmen, z. B. Plakataktionen
- internetbasierte Maßnahmen, z. B. Portale, soziale Netzwerke
- Formen der personalen Kommunikation, z. B. Peer-Aktionen

Die Peers der Kampagne „Alkohol? Kenn dein Limit." sind Jugendliche, die dort, wo Jugendliche in ihrer Freizeit anzutreffen sind, mit ihnen das Gespräch und die Diskussion über Alkohol suchen. Damit wollen sie die Gleichaltrigen zum Nachdenken über ihren Alkoholkonsum bewegen. Die Peers sind z. B. auf Festivals, in Freibädern, Innenstädten, Parks und sozialen Netzwerken unterwegs. Sie haben eine Schulung durchlaufen und werden für ihre Tätigkeit vergütet.

Kampagne „Alkohol? Kenn dein Limit." – Schwerpunkt Erwachsene: *www.kenn-dein-limit.de*

In der Kampagne werden vielfältige **Maßnahmen** eingesetzt:

- Plakataktionen zum Thema Alkoholprävention (→ Abb. 76)
- Kinospots
- Klassenwettbewerbe

Abb. 76 Plakat der Kampagne „Alkohol? Kenn dein Limit."

- Online-Informationsmedien: Webseiten/Portale zur Kampagne
- Präsenz in sozialen Medien: Facebook, Instagram, YouTube
- Einsatz von Kampagnen-Peers
- KlarSicht-Mitmach-Parcours zu Tabak und Alkohol
- Bevölkerungsbefragungen, z. B. BZgA-Alkoholsurvey zum Alkoholkonsum der 12–25-jährigen Bevölkerung

Unter demselben Kampagnennamen „Alkohol? Kenn dein Limit." wird auch die erwachsene Bevölkerung angesprochen. Diese Kampagne legt einen besonderen Fokus auf **Eltern** und **schwangere Frauen.**

Während der Schwangerschaft sollten Frauen komplett auf Alkohol verzichten, da sich dieser negativ auf die Entwicklung des Ungeborenen auswirken kann. Während der Schwangerschaft gibt es keinen risikoarmen Konsum – auch ein Glas Alkohol kann bereits zu Schäden beim Ungeborenen führen (→ 12.8.2).

Schauen Sie sich die beiden Portale www.kenn-dein-limit.de und www.kenn-dein-limit.info an. An wen richten sich die beiden Portale jeweils? Wie sind die Portale inhaltlich und vom Design her aufgebaut? Welches Portal spricht Sie mehr an?

Cannabis – „Quit the Shit"

Das **Onlineprogramm** „Quit the Shit" unterstützt Jugendliche und junge Erwachsene beim Ausstieg aus dem Kiffen, d. h. dem Cannabiskonsum. Zentral ist ein **individuelles Beratungsprogramm,** in dem professionelle Suchtberatungskräfte die ausstiegswilligen Jugendlichen über vier Wochen lang mit zwei Verlängerungsmöglichkeiten begleiten. Die Teilnahme ist kostenlos und anonym.

Das Onlineprogramm basiert auf Chats mit Suchtberatern, dem Führen eines Tagebuchs über das eigene Konsumverhalten, verschiedenen Übungen sowie der Möglichkeit zum Austausch mit anderen Ausstiegswilligen im Rahmen eines Onlineforums.

Auf der Webseite des Programms können Erfahrungsberichte (Userberichte) von ehemaligen Programmteilnehmern gelesen werden. Sie zeigen, warum sie mit dem Kiffen aufgehört und wie sie es geschafft haben.

Beschäftigen Sie sich mit einigen Userberichten auf www.quit-the-shit.net. Was war die Motivation für die Programmteilnehmer, das Kiffen einzuschränken oder ganz damit aufzuhören, und wie haben sie es geschafft?

PC-/Internetabhängigkeit – „Ins Netz gehen"

Die webbasierte Kampagne „Ins Netz gehen. Online sein mit Maß und Spaß" setzt sich für einen maßvollen Computerspiel- und Internetgebrauch ein und richtet sich an Kinder, Jugendliche und Multiplikatoren. Auf der Webseite der Kampagne gibt es neben Informationen, warum Computer, Internet und Smartphone aus unserer Welt nicht mehr wegzudenken sind, auch Hintergrundinformationen zu Computerspielen, alternative Freizeitideen, einen Selbsttest zur Videospielsucht und exzessiver Internetnutzung, eine Datenbank mit lokalen Hilfs- und Beratungsangeboten sowie eine Onlineberatung.

AUFGABEN

1. *Erklären Sie anhand des Suchtdreiecks, wie Merkmale der Person, des sozialen Umfelds sowie des Suchtmittels die Entstehung einer Sucht beeinflussen können.*
2. *Erklären Sie, warum Jugendliche besonders gefährdet sind, Abhängigkeiten zu entwickeln. Beziehen Sie in Ihrer Erklärung die in → Kap. 5.14.2 vorgestellten theoretischen Erklärungsansätze zur Entstehung von Abhängigkeitserkrankungen ein.*
3. *Nennen Sie die typischen Schritte in der Therapie einer Abhängigkeitserkrankung.*
4. *Führen Sie aus, welche Vorteile das Eingebundensein in eine Selbsthilfegruppe in der Rehabilitationsphase nach der Abhängigkeitstherapie hat.*
5. *Wie ist Ihre Einstellung zum Drug Checking? Was spricht aus Ihrer Sicht dafür, was dagegen?*
6. *Sober Sensation-Partys sind in den USA gängig. Dies sind gezielt alkoholfrei organisierte Partys. Stellen Sie sich vor, Sie würden als Abiturfeier eine alkoholfreie Party planen. Mit welchen Reaktionen hätten Sie von den verschiedenen Teilnehmergruppen zu rechnen? Mit welchen Argumenten würden Sie sich für eine Sober Sensation-Abifeier aussprechen?*
7. *Setzen Sie sich mit verschiedenen Logos zum Alkoholverzicht in der Schwangerschaft auseinander. Welches Logo spricht Sie an? Begründen Sie Ihre Entscheidung.*
8. *Die Vor- und Nachteile einer möglichen Legalisierung von Cannabis werden diskutiert. Im Jahr 2024 wurde in Deutschland der Eigenanbau durch Erwachsene zum Eigenkonsum und der gemeinschaftliche, nicht-gewerbliche Eigenanbau von Cannabis in Anbauvereinigungen legalisiert.*
   a) *Recherchieren Sie Pro- und Kontra-Argumente, die diskutiert werden.*
   b) *Beziehen Sie Stellung zur Legalisierung von Cannabis und berücksichtigen Sie dabei Grundlagen zu Abhängigkeit, die Sie in diesem Kapitel gelernt haben.*

Onlineprogramm „Quit the Shit": *www.quit-the-shit.net*

I-9.3.1 Handlungsfelder und Maßnahmen in Lebenswelten – gesund aufwachsen: Computer- und Internetnutzung

Kampagne „Ins Netz gehen": *www.ins-netz-gehen.de*

5.15 Essstörungen
WUNDERER

Ich habe meinen Körper nie gemocht. Zum Beispiel habe ich mich immer mit anderen, dünneren Freundinnen verglichen. Dazu kam auch, dass meine älteren Geschwister mich immer wegen meiner Figur gehänselt haben, sie haben mich „Mopselchen“ genannt. Auch mein Vater hat immer viel Wert auf seine Figur gelegt und viel Sport getrieben.
Als ich in die Pubertät kam, wollte ich endlich auch dünn sein. Ich habe angefangen, Diät zu halten. Zuerst nur gesunde, fettarme Sachen, dann immer weniger. Ich hatte etwas, das ich kontrollieren konnte, und fühlte mich zuerst richtig gut. Doch ich konnte nicht mehr aufhören, ich hatte so viel Angst, wieder zuzunehmen. Ich stellte mich täglich auf die Waage, und wenn ich zugenommen hatte, war mein Tag gelaufen.
Ich beschäftigte mich dauernd mit Lebensmitteln. Ich roch daran, blätterte in Kochbüchern, schaute mir Kochsendungen an und ging durch alle möglichen Lebensmittelgeschäfte. Ich ging stundenlang in Geschäften die Regale entlang, nahm die Lebensmittel in die Hand, schaute die Nährwerte an, tastete die Packungen ab. Gekauft und gegessen habe ich nichts.
Es wurde immer schlimmer, mein Leben bestand nur noch aus Kalorienzählen und Lernen. Es war die Hölle. Und doch hat es mehr als ein Jahr gedauert, bis ich mir Hilfe gesucht habe. Erst bin ich zu einer Beratungsstelle, dann in eine Klinik. Ich bin noch auf dem Weg und der ist echt hart, aber ich werde es schaffen!
Leyla, 16 Jahre

1. *Nennen Sie die Anzeichen von gestörtem Essverhalten und Hinweise auf Essstörungen, die Sie bei Leyla finden.*
2. *Sammeln Sie Auslöser und Hintergründe, die ihre Essstörung haben könnte.*
3. *Welche Therapiemöglichkeiten bei Essstörungen kennen Sie? Recherchieren Sie z. B. auf der Seite der Bundeszentrale für gesundheitliche Aufklärung (BZgA) unter www.bzga-essstoerungen.de.*

Essstörungen: ernsthafte psychosomatische Erkrankungen mit Ähnlichkeiten zu Suchterkrankungen, die durch eine Störung des Essverhaltens, des Selbstwerts und meist auch des Körperbildes gekennzeichnet sind

Bei Essstörungen zeigen sich tiefer liegende psychosoziale Probleme in einer Störung des Essverhaltens. Essstörungen gehören zu den psychosomatischen Erkrankungen, haben aber Ähnlichkeiten zu Suchterkrankungen. In diesem Beitrag geht es um die **drei Hauptformen von Essstörungen:**

- Anorexia nervosa: Magersucht
- Bulimia nervosa: Ess-Brech-Sucht
- Binge-Eating-Störung: Ess-Sucht

Es gibt daneben Essstörungen, die nicht den unten beschriebenen entsprechen und als „sonstige näher bezeichnete“ bzw. „nicht näher bezeichnete“ Essstörungen klassifiziert werden.

5.15.1 Vorkommen

Verlässliche Aussagen über die Verbreitung von Essstörungen sind schwierig zu ermitteln, da von einer hohen **Dunkelziffer** auszugehen ist und es an Studien zu repräsentativen nicht-klinischen Stichproben mangelt (Wunderer u.a. 2024). Zudem sind die diagnostischen Kriterien unterschiedlich definiert und haben sich in den letzten Jahren noch einmal verändert – zum Beispiel wurde die starre Gewichtsgrenze zur Definition der Anorexie aufgegeben. Kritisiert wird auch, dass die gängigen Diagnoseinstrumente auf weibliche Essstörungen ausgerichtet sind und die

Symptome männlicher Betroffener, die oft eher nach einer muskulösen als nach einer schlanken Figur streben, nicht adäquat berücksichtigt werden (Mitchison, Mond 2015).

Eine zusammenfassende Übersicht kommt zu folgenden Lebenszeitprävalenzen für junge **Frauen** in westlichen Ländern (Silén, Keski-Rahkonen 2022):

- Anorexie ca. < 0,8–6,3 %
- Bulimie ca. 0,8–2,6 %
- Binge-Eating-Störung ca. 0,6–6,1 %

Allerdings bestehen je nach regionaler und ethnischer Herkunft, Altersgruppe sowie sexueller Orientierung deutliche Unterschiede. Zudem wurden im Zuge der COVID-19-Pandemie erhebliche Zuwächse an Essstörungsdiagnosen beobachtet (Kohring u. a. 2023).

Für **Männer** in Europa beziffern Silén und Keski-Rahkonen (2022) die Prävalenz von Essstörungen bis zum frühen Erwachsenenalter mit 0,6–2,4 %.

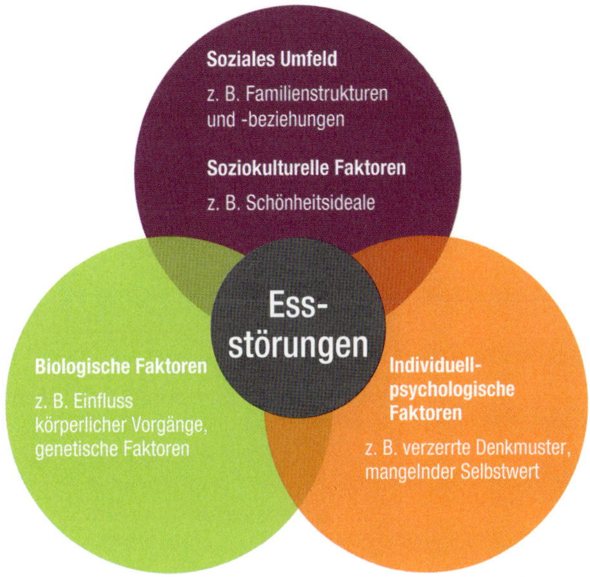

Abb. 77 Biopsychosoziale Entstehung von Essstörungen

Gestörtes Essverhalten berichten im Kinder- und Jugendgesundheitssurvey (KiGGS) des Robert Koch-Instituts (→ I-2.2.7) rund ein Fünftel der Jugendlichen (Cohrdes u. a. 2019).

5.15.2 Ursachen und Krankheitsentstehung

Essstörungen werden durch unterschiedliche Faktoren bedingt: Die Familie sowie das soziale und soziokulturelle Umfeld spielen ebenso eine Rolle wie individuelle und biologische Faktoren (→ Abb. 77). Ein nicht unbeträchtlicher Teil der Betroffenen hat Grenzverletzungen, emotionalen oder sexuellen Missbrauch erlebt (Deutsche Gesellschaft für Essstörungen 2018; Wunderer 2015).

Auslöser einer Essstörung können kritische Lebensereignisse sein, beispielsweise ein Umzug oder die Trennung vom Partner/von der Partnerin (→ I-3.4.5). Der Wunsch, etwas anders zu machen, Halt zu finden, wird übermächtig, die Essstörung bietet vermeintlich einen Ausweg.

Biologische Faktoren

Physiologische Zusammenhänge spielen bei Essanfällen eine bedeutsame Rolle: Der Körper entwickelt als Reaktion auf eine anhaltend restriktive Ernährung, also eine Ernährung mit vielen Einschränkungen und verbotenen Lebensmitteln, zwangsläufig Heißhunger; es besteht ein deutlicher Zusammenhang zwischen Diäthalten und Essstörungssymptomen (Stice, Presnell 2010).

Zwillingsstudien weisen auf eine genetische Komponente von Essstörungen hin, wobei mehrere Gene involviert zu sein scheinen (Himmerich u. a. 2019). Zudem sind Hormone und Neurotransmitter an der Entstehung und Aufrechterhaltung der Essstörung beteiligt.

Soziales Umfeld

Familiäre Beziehungen und Strukturen nehmen zweifelsfrei Einfluss auf den Verlauf der Essstörung. Inwieweit sie auch als ursächlich für deren Entstehung gesehen werden können, ist methodisch sehr schwer zu ermitteln. Ohnehin sind lineare Ursache-Wirkungs-Hypothesen („Wenn die Eltern sich so und so verhalten, dann erkrankt der Sohn bzw. die Tochter") (→ I-2.4) nicht angebracht, da die Entwicklung in Familien ein **wechselseitiges, systemisches Geschehen** ist, in dem jedes Familienmitglied vom anderen beeinflusst wird und dieses wiederum beeinflusst. Schuldzuweisungen sind nicht zielführend, jedoch sollten die Eltern in die Behandlung miteinbezogen werden (Fleming u. a. 2020).

Lebenszeitprävalenz: Auftreten eines Ereignisses in der bisherigen Lebenszeit, also zwischen Geburt und Zeitpunkt der Erhebung; Form der Periodenprävalenz (→ I-2.2.1)

I-1.4.1 Biopsychosoziales Modell

gestörtes Essverhalten: die Gedanken kreisen ständig um Essen, Nahrung, Gewicht; Essen wird entweder streng reglementiert oder das Essverhalten hängt stark vom momentanen Stress ab; noch keine Essstörung

Neurotransmitter: Transmitter; Botenstoff des Nervensystems

Als einflussreich im familiären Umfeld haben sich vor allem folgende Aspekte erwiesen:

- psychische Störungen bzw. Essstörungen anderer Familienmitglieder
- kritische Kommentare bezüglich Essverhalten, Figur und Gewicht
- problematische familiäre Kommunikationsmuster
- negatives Modell der Eltern oder anderer Familienmitglieder in Sachen Essen und Bewegung

> Wenn die Mutter nach jedem opulenteren Mahl einen Fastentag einlegt und der Vater sich mehrmals täglich auf die Waage stellt, ist ein natürlicher und ausgewogener Umgang mit Nahrungsmitteln und Körpergewicht kaum erlernbar.

Kritisch zu sehen ist weiterhin, wenn Essen als Belohnung oder Strafe eingesetzt und so mit bestimmten Gefühlen und Funktionen verknüpft wird. Ein Kind, das mit Keks und Schokolade erzogen wird, verlernt, Gefühle und Körperwahrnehmungen richtig zu deuten, körperlichen Hunger von seelischem Hunger, dem Bedürfnis nach Nähe, Anerkennung oder Beschäftigung zu unterscheiden.

Auch das weitere soziale Umfeld kann Einfluss nehmen, wenn z. B. Ausgrenzung erlebt wird oder im Freundeskreis Essen, Figur und Gewicht eine große Rolle spielen.

I-3.1.3 Entwicklungsbesonderheiten in der Jugend: „Size zero“

Abb. 78 Barbie: Magersucht im Spielwarenregal

Soziokulturelle Faktoren

Beteiligt an der Entstehung der Essstörung ist auch das in westlichen Ländern vorherrschende **Schönheitsideal:** Schön ist, wer schlank ist – am besten im Untergewichtsbereich. Und das beginnt bereits im Spielwarenregal mit der Barbiepuppe, die mit ihren Körpermaßen kaum überleben könnte (→ Abb. 78). Massenmedien machen Schönheit und Schlankheit zu den ausschlaggebenden Kriterien dafür, ob eine Person beliebt und erfolgreich ist. Auf diese Weise üben sie Druck auf Jugendliche aus, die die Medien in hohem Maße nutzen und im Zuge der Identitätsentwicklung Leitbilder und Orientierung suchen. Auf Instagram werden Selfies systematisch nachbearbeitet, Filter lassen Pickel verschwinden, die Hüfte und Taille schmaler, die Beine länger werden. So werden perfekte Körper inszeniert und die Unzufriedenheit mit dem eigenen realen Aussehen steigt.

> **Soziale Medien und Essstörungen:**
> Eine Reihe von Studien zeigt, dass sich die häufige Nutzung (bildbasierter) sozialer Medien negativ auf Körpergefühl, Wohlbefinden und Essverhalten auswirken kann. Von Essstörungen betroffene Mädchen und Frauen beschreiben rückblickend, dass ein Transfer vom virtuellen ins reale Leben stattfand und sie ihr Ess- und Sportverhalten verändert haben, um den schlanken, vermeintlich perfekten Influencerinnen zu entsprechen (Wunderer 2022; Wunderer u. a. 2021). Soziale Medien bieten aber auch die Möglichkeit, Vielfalt und Diversität von Körper- und Lebensformen zu zeigen und so Stigmatisierungen entgegenzuwirken.

Individuell-psychologische Faktoren

Essstörungen haben meist mit **Abgrenzung** und **Ablösung** zu tun.

- Wer bin ich?
- Wer will ich sein?
- Wo will ich hin?
- Zu wem gehöre ich?
- Bin ich etwas wert?

Fragen, auf die Jugendliche eine Antwort suchen – entsprechend treten Essstörungen vorwiegend im Jugend- und jungen Erwachsenenalter auf. Viele Heranwachsende, die eine Essstörung entwickeln, kommen mit den Entwicklungsanforderungen nicht zurecht, sie sind unsicher, fühlen sich inkompetent, ungeliebt und nichts wert. Sie suchen Bestätigung und Halt und finden dies vermeintlich in der Essstörung, die sie zu etwas Besonderem macht und ihnen hilft, Spannung abzubauen. Oft bezeichnen Betroffene die Essstörung als „beste Freundin“, als „die einzige, die immer für mich da ist und zu mir hält“, als „das, was sie besonders macht“ und ihnen Selbstwert gibt. Gerade die Anorexie vermittelt ein **Gefühl von Kontrolle** und hebt den Selbstwert.

Die Betroffenen sind stolz darauf, dass sie nichts essen müssen, während alle anderen ihrem Hunger nachgeben. Sie nehmen ab, bekommen zu Beginn viel Anerkennung dafür, und haben endlich das Gefühl, doch etwas zu können und im Griff zu haben.

Im Zuge der COVID-19-Pandemie könnte die Essstörung von Betroffenen als funktional erlebt worden sein, um dem äußeren Kontrollverlust entgegenzuwirken. Dies wird als ein Grund für den Anstieg von Essstörungen bzw. für die Verschlechterung bestehender Symptomatik benannt – neben fehlenden sozialen Ressourcen und Beratungs-/Behandlungsangeboten sowie den Einflüssen sozialer Medien (Wunderer u. a. 2024).

Verstärkt werden diese Tendenzen durch **verzerrte Denkmuster.** So neigen viele Betroffene zu Schwarz-Weiß-Denken: Entweder ich bin perfekt oder ein Versager. Zudem machen sie sich selbst oft für negative Ereignisse verantwortlich, während sie Erfolgserlebnisse äußeren Umständen zuschreiben.

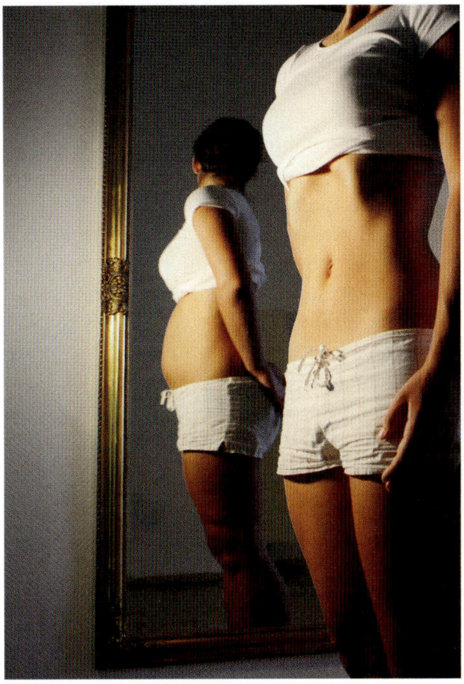

Abb. 79 Körperbildstörung

Körperbildstörung:
auch Körperschemastörung; Störung der Wahrnehmung und im Erleben des eigenen Körpers; typisch für die Anorexie ist, dass sich die Betroffenen viel dicker wahrnehmen, als sie tatsächlich sind

5.15.3 Symptome

Essstörungen zeigen sich auf unterschiedliche Weise, die Übergänge sind oft fließend. Gerade männliche Jugendliche und Erwachsene streben oftmals weniger nach einem sehr schlanken als nach einem sehr muskulösen Körper. Entsprechend beobachten Fachleute eine Zunahme von Muskelsucht oder **Muskeldysmorphie,** also einer zwanghaften Beschäftigung mit der eigenen Muskelmasse, verbunden mit Schamgefühlen ob der eigenen Unzulänglichkeit.

Recherchieren Sie zum Thema Muskelsucht bzw. Muskeldysmorphie. Beschreiben Sie dieses Störungsbild und nennen Sie Gemeinsamkeiten zu Essstörungen.

Anorexia nervosa – Magersucht

Die augenfälligste Essstörung ist die Anorexia nervosa („nervöse Appetitlosigkeit") oder Magersucht. Das wichtigste diagnostische Kriterium ist **Untergewicht.** Der Gewichtsverlust der Betroffenen ist dabei die Folge eingeschränkter Energieaufnahme durch Fasten oder selektives Essen, oft in Kombination mit starker körperlicher Aktivität oder Maßnahmen, die einer Gewichtszunahme entgegenwirken, wie Erbrechen oder Missbrauch von Abführ- oder Entwässerungsmitteln.

Trotz ihres meist erheblichen Untergewichts fühlen sich die Betroffenen in der Regel zu dick, das ist die sogenannte **Körperschema- oder Körperbildstörung** (→ Abb. 79), und haben panische Angst zuzunehmen und zu dick zu werden. Sie machen ihren Selbstwert in hohem Maße von Essen, Figur und Gewicht abhängig, jedes Gramm mehr auf der Waage wird als persönliches Versagen erlebt.

Bulimia nervosa – Ess-Brech-Sucht

Der Übergang von der Anorexie zur Bulimie ist fließend, ein Teil der bulimischen Betroffenen hatte eine Anorexie in der Vorgeschichte. Kernsymptomatik der Bulimia nervosa sind **Essanfälle** und anschließende **gegenregulierende Maßnahmen.** Manche Betroffene verzichten auf Erbrechen und Medikamente und versuchen, sich die überschüssigen Kalorien wieder abzutrainieren.

Bei den Essanfällen nehmen die Betroffenen in kurzer Zeit große Mengen von Nahrungsmitteln zu sich und haben das Gefühl, die Kontrolle über das Essverhalten zu verlieren. Bevorzugt werden beim Essanfall meist Le-

Muskeldysmorphie:
auch als Muskelsucht oder Adonis-Komplex bezeichnet; zwanghaftes Streben nach einem muskulösen Körper, meist durch exzessives Training, oft verbunden mit Diät und teilweise Einnahme von Medikamenten

Anorexia nervosa:
Magersucht; Essstörung, die durch Untergewicht und eine Störung des Körperbildes gekennzeichnet ist

Bulimia nervosa:
Ess-Brech-Sucht; Essstörung, die durch Essanfälle und gegenregulierende Maßnahmen sowie ein negatives Körperbild gekennzeichnet ist; das Gewicht ist nicht im Untergewichtsbereich

bensmittel, die sich die Betroffenen sonst verbieten, weil sie ihrer Ansicht nach zu viel Fett oder Kohlenhydrate enthalten.

Auch bei der Bulimie nehmen Figur und Gewicht einen übermäßigen Einfluss auf die Selbstbewertung. Der eigene Körper wird oft sehr negativ beurteilt. Das Gewicht bewegt sich im Normal- oder (leichten) Hochgewichtsbereich, und so kann die Erkrankung nicht selten jahrelang geheim gehalten werden. Die Betroffenen schämen sich, haben starke Schuldgefühle und ziehen sich mehr und mehr zurück.

Binge-Eating-Störung: Ess-Sucht; Essstörung mit Essanfällen, aber ohne gegenregulierende Maßnahmen; in der Folge haben die Betroffenen häufig Hochgewicht

Binge-Eating-Störung – Ess-Sucht

Die Binge-Eating-Störung ist ebenfalls durch **Essanfälle** gekennzeichnet, bei denen ein Kontrollverlust und starke Schamgefühle erlebt werden – jedoch fehlen gegenregulierende Maßnahmen. In der Folge nehmen die Betroffenen meist deutlich an Gewicht zu, viele sind hochgewichtig (→ 4.5).

5.15.4 Komplikationen

niederschwellig: auch niedrigschwellig; Eigenschaft eines Angebots, das von den Nutzenden nur einen geringen Aufwand zur Inanspruchnahme erfordert, z. B. kurze Wege, keine bzw. geringe Kosten, wenig Vorwissen erforderlich

Die Anorexie nervosa gilt als die gefährlichste psychiatrische Störung des Kindes- und Jugendalters; das Risiko, frühzeitig zu versterben, ist gegenüber gesunden Altersgenossinnen deutlich erhöht (van Hoeken, Hoek 2020). Essstörungen bringen eine Reihe körperlicher **Folge- und Begleiterscheinungen** mit sich, beispielsweise Magen-Darm- und Herz-Kreislauf-Probleme, Ausbleiben der Regelblutung und Verlust von sexuellem Interesse, Haarausfall, Zahnschäden, Veränderungen im Gehirn, Osteoporose (→ 3.7) und Minderwuchs.

Zudem gehen viele Essstörungen mit weiteren psychischen Störungen einher, beispielsweise Depressionen, Zwängen, Persönlichkeitsstörungen oder Suchterkrankungen.

5.15.5 Diagnostik

In der **Anamnese** der Essstörung wird eine Reihe von Daten erhoben:

- In der **psychiatrischen Anamnese** wird das Vorliegen weiterer psychischer Störungen und möglicher Medikation abgeklärt.
- Die **Anamnese der Essstörung** umfasst das aktuelle Ess- und Ernährungsverhalten und die Entwicklung der Essstörung.
- In der **sozialen Anamnese** werden die Lebensumstände erfragt: familiäre und soziale Beziehungen, Freizeitverhalten, finanzielle, schulisch-berufliche und Wohnsituation.
- Zudem wird nach **Vorbehandlungen** gefragt.
- Es wird erfasst, **ob traumatische Erfahrungen** vorliegen.
- Wichtig ist darüber hinaus der Blick auf die **Ressourcen** (→ 5.9.1, → I-1.4.2): Was kann ich? Was mag ich an mir? Wo bin ich gut?

In der **medizinischen Diagnostik** werden Parameter wie Größe, Gewicht sowie verschiedene Laborwerte erhoben.

Ressourcenorientierung bedeutet, Fähigkeiten, Stärken und Potenziale in den Vordergrund zu stellen und therapeutisch zu nutzen. Erklären Sie, warum es gerade bei Essstörungen wichtig ist, in der Beratung und Therapie ressourcenorientiert vorzugehen.

5.15.6 Therapie

Vor allem die Bulimie bleibt oft lange Zeit unbemerkt. Die Betroffenen schämen sich für ihre Essanfälle und verheimlichen diese erfolgreich. Der erste wichtige Schritt ist daher der aus der Heimlichkeit.

Niederschwelliger Einstieg

Was kann ich tun, wenn meine Freundin oder mein Freund Anzeichen gestörten Essverhaltens zeigt?

- Das Gespräch sollte in einer vertrauensvollen Atmosphäre stattfinden.
- Wichtig ist zu signalisieren, dass ich die Essstörung nicht als reines Problem mit dem Essen verstehe, sondern weiß, in welcher Not sich die/der Betroffene befindet.
- Entsprechend bewährt es sich, nicht die essensbezogenen Symptome anzusprechen: „Du isst ja gar nichts mehr“, sondern andere damit zusammenhängende Auffälligkeiten und die eigene Betroffenheit und Sorge, z. B.: „Ich mache mir Sorgen, weil du dich immer mehr zurückziehst“.

Für den professionellen Erstkontakt sind niederschwellige Angebote wichtig, wie sie vor allem die **Information und Beratung im Internet** bieten.

Beratungsstellen ermöglichen eine erste Abklärung der Essstörung und ihrer Hintergründe und können gezielt über Therapieangebote informieren. Auch Fachkräfte erhalten dort Informationen und Fortbildungsmöglichkeiten. Viele Beratungsstellen bieten Onlineberatung an, sodass die Beratung unabhängig von zeitlichen und räumlichen Gegebenheiten in Anspruch genommen werden kann. Orientierung, was professionelle Onlineberatung ausmacht, bieten die Qualitätsleitlinien von Hofer u. a. (2023).

Maßnahmen

Je nach Bedarf und Schweregrad der Essstörung schließen sich an die Beratung unterschiedliche Maßnahmen an (Deutsche Gesellschaft für Essstörungen 2018). Wenn die Essstörung erst vor Kurzem begonnen hat und nicht allzu stark ausgeprägt ist, bietet sich eine **ambulante Psychotherapie** (→ 5.10.3) an. Eine solche ist oft auch im Anschluss an einen Aufenthalt in einer Klinik ratsam, um die im Alltag aufkommenden Probleme oder auch Rückschritte besprechen und bearbeiten zu können.

Ist der körperliche Zustand des/der Betroffenen sehr schlecht oder liegen weitere psychiatrische Störungsbilder oder Suizidalität (→ 5.10.2) vor, empfiehlt sich eine **stationäre Therapie.** Spezialkliniken bieten intensive Betreuung und verschaffen eine Art „Auszeit" vom Alltag, einen Abstand vom gewohnten Umfeld, das möglicherweise an der Entstehung und/oder Aufrechterhaltung der Essstörung beteiligt ist.

Interdisziplinäre Therapie der Essstörung

Wichtig bei allen Formen der Essstörung ist die parallele Arbeit an Symptomen und Gewicht einerseits sowie Auslösern und Hintergründen andererseits. Wesentliche Therapieziele sind:

- Gewichtsveränderung (sofern nötig)
- Verbesserung der Körperwahrnehmung
- Aufbau einer bedarfs- und bedürfnisgerechten Ernährung
- Bearbeitung von Hintergründen
- Behandlung begleitend auftretender körperlicher Symptome und psychischer Störungen
- Zentral ist zudem der Aufbau sozialer Kompetenzen. Langzeituntersuchungen zeigen, dass die Betroffenen oftmals andauernde Schwierigkeiten im psychosozialen Bereich haben (Fichter u. a. 2006).

Da Essstörungen vielfältige Hintergründe haben und sich auf verschiedene Lebensbereiche auswirken, hat sich eine interdisziplinäre Herangehensweise bewährt, die mehrere Berufsgruppen einbezieht und vernetzt (→ Abb. 80, → I-7.2.5).

Medizinische Betreuung

Eine engmaschige medizinische Betreuung ist unabdingbar, da Essstörungen mit vielfältigen, zum Teil schwerwiegenden körperlichen Folge- und Begleiterscheinungen verbunden sind. So sollten sich Betroffene regelmäßig internistisch, gynäkologisch und zahnärztlich untersuchen lassen. Zudem zeigt ein großer Teil der Betroffenen weitere psychische Störungen, die teilweise eine Behandlung mit Psychopharmaka erforderlich machen können.

Psychotherapie

Im Rahmen der Psychotherapie werden die Hintergründe und Auslöser der Essstörungssymptomatik betrachtet. Oftmals ist nicht die vollständige Aufgabe der Symptomatik ein realistisches Therapieziel, sondern ihre Verminderung. Wichtig sind daher ein konstruktiver Umgang mit Rückfällen, der den Blick auf das lenkt, was die Betroffenen bereits erreicht haben, und die gemeinsame Erarbeitung alternativer Verhaltensweisen.

Da die Angehörigen bei der Genesung eine zentrale Rolle spielen können, sollte die Familie einbezogen werden – zum Beispiel im Rahmen systemisch-familientherapeutischer Therapieansätze (→ 5.10.3).

Soziale Arbeit

Die Soziale Arbeit mit Menschen mit Essstörungen setzt an Lebensweise und Lebenslage der Betroffenen an und bezieht in besonderer Weise deren Lebensumfeld mit ein. Zentrales Ziel ist die **soziale (Re-)Integration** der Betroffenen (Wunderer 2015). Viele Betroffene benötigen Unterstützung im schulischen und beruflichen Bereich, da sie durch die Essstörung ihre schulische oder berufliche Laufbahn unterbrechen mussten oder eine Neuorientierung in diesem Bereich anstreben. Treten

Information und Beratung im Internet:
www.bzga-essstoerungen.de

www.bundesfachverband essstoerungen.de

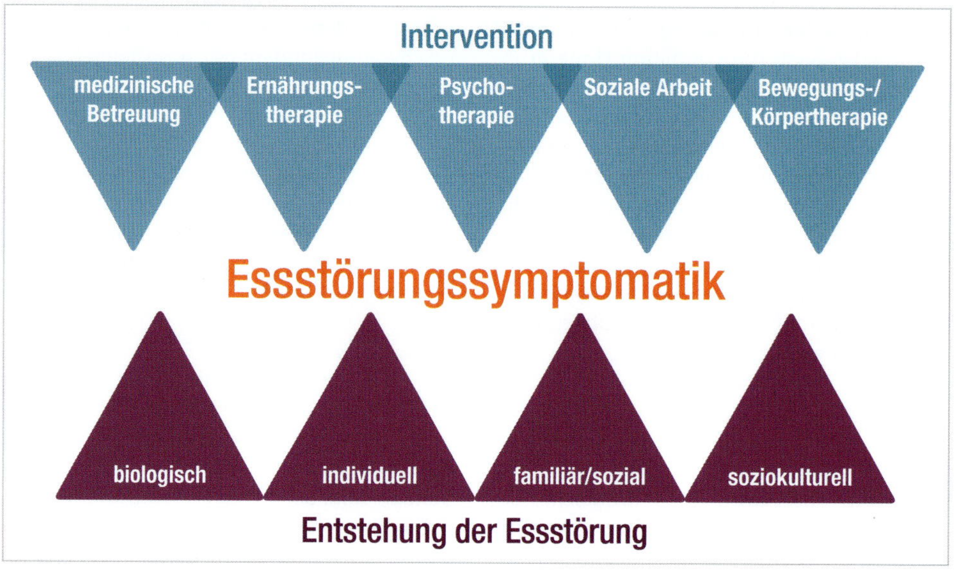

Abb. 80 Interdisziplinäre Essstörungstherapie (Wunderer, Schnebel 2008)

häufig Essanfälle auf, kann es zu finanziellen Schwierigkeiten kommen, da die Beschaffung der Nahrungsmittel viel Geld kostet. Bei einer Essstörung werden Essen, Figur und Gewicht zum Lebensinhalt, sodass kein Platz für andere Interessen bleibt. Die Förderung einer aktiven Freizeitgestaltung ist daher unverzichtbar. Zudem benötigen viele Betroffene Hilfestellung bei der Strukturierung ihres Alltags.

Ernährungstherapie

Ziel der Ernährungstherapie bei Personen mit Essstörungen ist, ähnlich wie in der Übergewichtstherapie (→ 4.4), ein flexibles Ernährungsverhalten mit Spielraum für persönliche Vorlieben und unterschiedliche Esssituationen aufzubauen. Dabei zeigt eine Kombination aus Einzelberatungen, Gruppenberatungen und praktischen Übungen, wie gemeinsames Kochen und Essen und Geschmackstraining, gute Erfolge (→ Abb. 81) (Baumer, Wunderer 2009).

Abb. 81 Praktische Übungen in der Ernährungstherapie

5.15.7 Rehabilitation

Bei schwerwiegenden Essstörungen ist eine stationäre Therapie oft unumgänglich. Doch im Anschluss an eine solche „Klinik-Auszeit" gestaltet sich die Rückkehr ins „normale Leben" oft schwierig. Den Übergang können therapeutische **Wohngruppen** ebnen, die speziell auf die Bedürfnisse von Menschen mit Essstörungen ausgerichtet sind und einen Wiedereinstieg in Schule und Beruf ermöglichen.

Im Anschluss ist eine ambulante Psychotherapie ratsam, teilweise ergänzt durch ambulante Ernährungstherapie. Zunehmend bieten Einrichtungen im Essstörungsbereich auch eine **Nachsorge per Internet** an. Auch die kontinuierliche Anbindung an eine spezialisierte Beratungsstelle ist hilfreich.

5.15.8 Verlauf und Prognose

Der erste Kontakt mit professioneller Hilfe findet oft erst mehrere Jahre nach Beginn der Symptomatik statt. Je früher Unterstützungsmaßnahmen einsetzen, desto besser sind jedoch die Heilungschancen. 50 bis 70 % der von Anorexie und Bulimie Betroffenen können ihre Essstörung überwinden, bis zu 30 % können ihren Zustand zumindest verbessern, bis zu 20 %

leiden an einer chronifizierten Essstörung. Die Rückfallrate ist vor allem in den ersten Jahren nach Behandlungsbeginn hoch (Wunderer 2015). Die Prognose für die Binge-Eating-Störung ist vergleichsweise gut, allerdings bleibt das Hochgewicht häufig bestehen.

5.15.9 Prävention und Gesundheitsförderung

In einem Präventionsprogramm wird eine Person mit Bulimie vor einem übervollen Kühlschrank und über eine Toilette gebeugt darstellt. Was halten Sie davon?

Die Prävention von Essstörungen kann früh beginnen, indem bereits im Kindergarten- und Grundschulalter auf einen ausgewogenen Lebensstil und eine vielfältige, gesunde Ernährung Wert gelegt und Freude an Bewegung und damit ein positives Körpererleben gefördert werden. Ebenso wichtig sind die allgemeine Förderung des Selbstwertes und die Auseinandersetzung mit soziokulturellen Einflüssen, wie dem in (sozialen) Medien propagierten Schlankheits- und Fitnessideal.

Typische **Themenfelder für Präventionsmaßnahmen** im Essstörungsbereich sind dementsprechend:

- Stärkung des Selbstwertgefühls
- kritischer Umgang mit Medien und Schönheitsideal
- Umgang mit Gefühlen
- Entwicklung eines positiven Körpergefühls

Primärpräventive Maßnahmen bieten sich im Schulsetting an, wobei oftmals eine Trennung in geschlechtshomogene Gruppen sinnvoll ist, um den offenen Austausch zu fördern. Auch im Internet gibt es entsprechende Initiativen, z. B. der interaktive Comic „Ninette“ zur Prävention von Anorexie.

Interaktiver Comic „Ninette: Dünn ist nicht dünn genug“: *www.ninette.berlin*

Kritisch ist hingegen die Darstellung von Symptomen einzelner Essstörungen zu sehen, da diese zu Nachahmungsverhalten führen können: „Erbrechen, um eine schlanke Figur zu behalten, könnte ich ja auch einmal ausprobieren.“ Entsprechend soll an den Hintergründen angesetzt werden. Zudem ist Stigmatisierung zu vermeiden. Essstörungen müssen als Lösungsversuche für hintergründige Probleme verstanden werden, nicht als verrückte Abweichungen im Essverhalten.

AUFGABEN

1. *Nennen und beschreiben Sie die verschiedenen Arten von Essstörungen. Benennen Sie ihre Gemeinsamkeiten.*
2. *Erklären Sie, warum soziale Medien allein keine Essstörung machen. Inwiefern können sie aber zu gestörtem Essverhalten beitragen?*
3. *Begründen Sie, warum eine interdisziplinäre Therapie der Essstörung wichtig ist.*
4. *Stellen Sie dar, welche Ansätze bei der Prävention von Essstörungen geeignet sind.*

Quellen

Quellen Anatomie/Physiologie

Deutsche Gesellschaft für Allgemeinmedizin und Familienmedizin e. V. (DEGAM) (2023): S1-Leitlinie Chronischer nicht tumorbedingter Schmerz; unter *https://register.awmf.org/de/leitlinien/detail/053-036* [29.01.2024].

Deutsche Schmerzgesellschaft e. V. (2024): Herausforderung Schmerz; unter: *www.schmerzgesellschaft.de/patienteninformationen/herausforderung-schmerz* [29.01.2024].

Medichron Publications (o. J.): Teeanager brauchen mehr Schlaf! Warum also bekommen sie weniger davon; unter *www.chronobiology.com/de/?s=Teenager* [29.01.2024].

Michael-Titus, A.; Revest, P.; Shortland, P. (2018): Organsysteme verstehen – Nervensystem. München: Elsevier.

Pschyrembel (2017): WHO-Stufenschema; unter *www.pschyrembel.de/WHO-Stufenschema/K0PQ7* [29.01.2024].

Schlack, R.; Hapke, U.; Maske, U.; Busch, M. A.; Cohrs, S. (2013): Häufigkeit und Verteilung von Schlafproblemen und Insomnie in der deutschen Erwachsenenbevölkerung. In: Bundesgesundheitsblatt 56: 740–748.

SPIEGEL Gesundheit, 07.06.2019: Viele Schüler leiden unter Kopfschmerzen; unter *www.spiegel.de/gesundheit/diagnose/studie-viele-schueler-haben-chronischen-kopfschmerz-a-1271416.html* [29.01.2024].

Süddeutsche Zeitung, 10.01.2018 - Schulte von Drach, M. C.: Großbaustelle Gehirn; unter *www.sueddeutsche.de/wissen/pubertaet-grossbaustelle-gehirn-1.1833081* [29.01.2024].

Vaupel, P.; Schaible, H-G.; Mutschler, E. (2015): Anatomie, Physiologie, Pathophysiologie des Menschen. Stuttgart: Wissenschaftliche Verlagsgesellschaft.

Zulley (o. J.): Webseite des Schlafforschers Prof. Dr. Jürgen Zulley; unter *www.zulley.de* [29.01.2024].

Quellen Psychosoziale Gesundheit

AOK Fachportal für Arbeitgeber (2019): BGF und BGM in der Praxis umsetzen; unter *www.aok.de/fk/betriebliche-gesundheit/grundlagen/betriebliche-gesundheitsfoerderung/bgf-und-bgm-in-der-praxis-umsetzen/* [29.01.2024].

Becker, P.; Bös, K.; Woll, A. (1994): Ein Anforderungs-Ressourcen-Modell der körperlichen Gesundheit: pfadanalytische Überprüfung mit latenten Variablen. In: Zeitschrift für Gesundheitspsychologie 2: 25–48.

Bestvater, C.; Paulus, P.; Witteriede, H. (2014): Auf zur guten gesunden Ganztagsschule. Berlin: Deutsche Kinder- und Jugendstiftung.

Blümel, S. (2015): Systemisches Anforderungs-Ressourcen-Modell in der Gesundheitsförderung. In: Bundeszentrale für gesundheitliche Aufklärung (BZgA) (Hrsg.): Leitbegriffe der Gesundheitsförderung; unter *www.leitbegriffe.bzga.de/alphabetisches-verzeichnis/systemisches-anforderungs-ressourcen-modell-in-der-gesundheitsfoerderung* [29.01.2024].

Bundesministerium für Gesundheit (BMG) (2019): Förderung der psychischen Gesundheit und des Wohlbefindens am Arbeitsplatz; unter *www.bundesgesundheitsministerium.de/themen/praevention/betriebliche-gesundheitsfoerderung/gesundheit-und-wohlbefinden-am-arbeitsplatz* [29.01.2024].

Bundesministerium für Gesundheit (BMG) (2015): Seelische Gesundheit. In: Glossar; unter *www.bundesgesundheitsministerium.de/service/begriffe-von-a-z/s/seelische-gesundheit.html* [29.01.2024].

Bundeszentrale für gesundheitliche Aufklärung (BZgA) (2005): Gesundheitsförderung durch Lebenskompetenzprogramme in Deutschland. Köln.

Deutsches Netzwerk für Betriebliche Gesundheitsförderung (DNBGF) (o. J.): Betriebliche Gesundheitsförderung; unter *www.dnbgf.de/betriebliche-gesundheitsfoerderung* [29.01.2024].

Franke, A. (2012): Modelle von Gesundheit und Krankheit. Göttingen: Hogrefe.

Franzkowiak, P.; Franke, A. (2018): Stress und Stressbewältigung. In: BZgA (Hrsg.): Leitbegriffe der Gesundheitsförderung; unter *www.leitbegriffe.bzga.de/alphabetisches-verzeichnis/stress-und-stressbewaeltigung* [29.01.2024].

Gsund und zwäg i de Schuel (2012): Lebenskompetenz entwickeln. Eine Arbeitshilfe für Schulen. Aarau, Schweiz.

Hallmann, J. (2015): Lebenskompetenzen und Kompetenzförderung. In: Bundeszentrale für gesundheitliche Aufklärung (BZgA) (Hrsg.): Leitbegriffe der Gesundheitsförderung; unter *https://leitbegriffe.bzga.de/alphabetisches-verzeichnis/lebenskompetenzen-und-kompetenzfoerderung/* [29.01.2024].

Kobat-Zinn, J. (2019): Achtsamkeit für Anfänger. Freiburg: Arbor.

Lazarus, R. S.; Folkman, S. (1984): Stress, Appraisal, and Coping. New York, USA: Springer Pub.

MindMatters-Programmzentrum (2017): MindMatters. Mit psychischer Gesundheit gute Schule entwickeln; unter *www.mindmatters-schule.de* [29.01.2024].

Neurologen und Psychiater im Netz (o. J.): Entspannungsverfahren: Autogenes Training; unter *www.neurologen-und-psychiater-im-netz.org/psychiatrie-psychosomatik-psychotherapie/therapie/entspannungsverfahren* [29.01.2024].

Petermann, F.; Vaitl, D. (2014): Entspannungsverfahren. Das Praxishandbuch. Weinheim, Basel: Beltz.

Ravens-Sieberer, U. u. a. (2023): Three years into the pandemic: Results of the longitudinal German COPSY study on youth mental health and health-related quality of life. In: Front. Public Health 11.

Renneberg, B.; Hammelstein, P. (2006): Gesundheitspsychologie. Berlin: Springer.

Stangl, W. (2019): Stichwort: Psychische Gesundheit. In: Online Lexikon für Psychologie und Pädagogik; unter *https://lexikon.stangl.eu/14319/psychische-gesundheit* [29.01.2024].

Weltgesundheitsorganisation (2004): Promoting mental health: concepts, emerging evidence, practice. Summary report. Genf, Schweiz.

Weltgesundheitsorganisation (1998): WHO-Fragebogen zum Wohlbefinden. Psychiatric Research Unit, WHO Collaborating Center for Mental Health. Hillerød, Dänemark.

Weltgesundheitsorganisation (1994): Life Skills Education in schools. Genf, Schweiz.

Zeit Online (06.07.2023): Sieben von zehn Kindern leiden unter psychischem Stress; unter *www.zeit.de/gesundheit/2023-07/corona-pandemie-folgen-psyche-kinder-jugendliche-kosten* [29.01.2024].

Quellen Neurologische Erkrankungen und psychische Störungen

Berufsverband Deutscher Psychologinnen und Psychologen e. V. (BDPP) (o. J.): Psychotherapie-Informationsdienst. Psychotherapie Basisinformationen; unter *www.psychotherapiesuche.de/pid/therapie* [29.01.2024].

Bundesanstalt für Arbeitsschutz und Arbeitsmedizin (BAuA) (2022): Volkswirtschaftliche Kosten durch Arbeitsunfähigkeit 2022; unter *www.baua.de/DE/Themen/Monitoring-Evaluation/Zahlen-Daten-Fakten/Kosten-der-Arbeitsunfaehigkeit.html* [29.01.2024].

Bundesministerium für Bildung und Forschung (BMBF) (2023): Neurologische und psychische Leiden; unter *www.bmbf.de/bmbf/de/forschung/gesundheit/volkskrankheiten/neurologische-und-psychische-leiden/neurologische-und-psychische-leiden.html#searchFacets* [29.01.2024].

DAK-Gesundheit (2023): DAK-Psychoreport 2023; unter *www.dak.de/dak/unternehmen/reporte-forschung/psychreport-2023_32618* [29.01.2024].

Deutsche Gesellschaft für Pneumonologie und Beatmungsmedizin e. V. u. a. (2023): S1-Leitlinie Long/Post-COVID - Living Guideline; unter *https://register.awmf.org/de/leitlinien/detail/020-027* [29.01.2024].

Deutsche Gesellschaft für Psychiatrie und Psychotherapie, Psychosomatik und Nervenheilkunde e. V. (DGPPN) (2019): Zahlen und Fakten der Psychiatrie und Psychotherapie; unter *www.dgppn.de/schwerpunkte/zahlenundfakten.html* [29.01.2024].

Statistisches Bundesamt (Destatis) (2019a): Diagnosedaten der Krankenhäuser ab 2000, Fachabteilung Neurologie; unter *www.gbe-bund.de* [29.01.2024].

Statistisches Bundesamt (Destatis) (2019b): Statistisches Jahrbuch 2019, Kapitel 4 Gesundheit. Wiesbaden.

Steffen, A.; Akmatov, M. K.; Holstiege, J.; Bätzing J. (2018): Diagnoseprävalenz psychischer Störungen bei Kindern und Jugendlichen in Deutschland: eine Analyse bundesweiter vertragsärztlicher Abrechnungsdaten der Jahre 2009 bis 2017. In: Versorgungsatlas-Bericht Nr. 18/07. Berlin: Zentralinstitut für die kassenärztliche Versorgung in Deutschland.

Storm, A. (Hrsg.) (2019): Kinder- und Jugendreport 2019. Beiträge zur Gesundheitsökonomie und Versorgungsforschung, Bd. 31. Bielefeld, Hamburg.

Quellen Schlaganfall

Berufsverband Deutscher Internisten e. V. (BDI) (2022): Schlaganfall: Was ist das?; unter *www.internisten-im-netz.de/krankheiten/hirninfarkt/was-ist-ein-schlaganfall.html* [29.01.2024].

Berufsverband Deutscher Internisten e. V. (BDI), 30.10.2017: Nachsorge bei Schlaganfall besonders wichtig; unter *www.internisten-im-netz.de/aktuelle-meldungen/aktuell/nachsorge-bei-schlaganfall-besonders-wichtig.html* [29.01.2024].

Busch, M. A.; Kuhnert, R. (2017): 12-Monats-Prävalenz von Schlaganfall oder chronischen Beschwerden infolge eines Schlaganfalls in Deutschland. In: Journal of Health Monitoring 2(1): 70–76.

Deutsche Gesellschaft für Allgemeinmedizin und Familienmedizin e. V. (DEGAM) (2020): S3-Leitlinie Schlaganfall; unter *https://register.awmf.org/de/leitlinien/detail/053-011* [29.01.2024].

Deutsche Gesellschaft für Neurologie (Hrsg.) (2022): Akuttherapie des ischämischen Schlaganfalls, S2e-Leitlinie. Leitlinien für Diagnostik und Therapie in der Neurologie; unter *www.dgn.org/leitlinien* [29.01.2024].

Foerch, C.; Misselwitz, B.; Sitzer, M.; Steinmetz, H.; Neumann-Haefelin, T. (2008): Die Schlaganfallzahlen bis zum Jahr 2050. In: Deutsches Ärzteblatt 105(26): 467–473.

Institut für Qualität und Wirtschaftlichkeit im Gesundheitswesen (IQWiG); Gesundheitsinformation.de (2022): Depression nach einem Schlaganfall; unter *www.gesundheitsinformation.de/depression-nach-einem-schlaganfall.html* [29.01.2024].

Institut für Qualität und Wirtschaftlichkeit im Gesundheitswesen (IQWiG) (2022): Portal gesundheitsinformation.de. Thema Schlaganfall; unter *www.gesundheitsinformation.de/schlaganfall.html* [29.01.2024].

Neurologen und Psychiater im Netz (o. J.): Was ist ein Schlaganfall?; unter *www.neurologen-und-psychiater-im-netz.org/neurologie/erkrankungen/schlaganfall* [29.01.2024].

O'Donnell, M. J. u. a. (2016): Global and regional effects of potentially modifiable risk factors associated with acute stroke in 32 countries (INTERSTROKE): A case-control study. In: Lancet 388(10046): 761–775.

Olivieri, M.; Tallen, G. (2018): Ursachen: Wie entstehen Schlaganfälle. Informationsportal kinderblutkrankheiten.de; unter *www.kinderblutkrankheiten.de/erkrankungen/durchblutungsstoerungen/schlaganfall/* [29.01.2024].

Robert Koch-Institut (RKI) (2023): Gesundheit A–Z: unter *www.rki.de/DE/Content/GesundAZ/S/Schlaganfall/Schlaganfall_inhalt.html* [29.01.2024].

Spiegel, 29.10.2018 – Willems, W.: „Wir müssen den Schlaganfall als chronische Erkrankung betrachten"; unter *www.spiegel.de/gesundheit/diagnose/schlaganfall-aerzte-bemaengeln-schlechte-nachsorge-a-1235266.html* [29.01.2024].

Stahmeyer, J. T.; Stubenrausch, S.; Geyer, S.; Weissenborn, K.; Eberhard, S: (2019): Häufigkeit und Zeitpunkt von Rezidiven nach inzidentem Schlaganfall. Eine Analyse auf Basis von GKV-Routinedaten. In: Deutsches Ärzteblatt 116(42): 711–717.

Stiftung Deutsche Schlaganfallhilfe (2024): Risikofaktoren erkennen – dem Schlaganfall vorbeugen; unter *www.schlaganfall-hilfe.de* [29.01.2024].

World Stroke Organization (WSO) (Hrsg.) (2018): Annual Report 2018. Genf, Schweiz.

Quellen Alzheimerdemenz

Ärztliches Zentrum für Qualität in der Medizin (ÄZQ) (2018): Patienteninformation Demenz – Angehörige; unter *www.patienten-information.de/kurzinformationen/demenz-angehoerige* [29.01.2024].

Buchholz, T.; Schürenberg, A. (2013): Basale Stimulation in der Pflege alter Menschen. Anregungen zur Lebensbegleitung. Bern: Huber.

Bundesministerium für Familie, Senioren, Frauen und Jugend (BMFSFJ) (o. J.): Wegweiser Demenz. Therapie der Alzheimer-Krankheit; unter *www.wegweiser-demenz.de/wwd/medizinisches/behandlung* [29.01.2024].

Bundesministerium für Gesundheit (BMG) (o. J.): Online-Ratgeber Demenz; unter *www.bundesgesundheitsministerium.de/themen/pflege/online-ratgeber-demenz/* [29.01.2024].

Deutsche Alzheimer Gesellschaft e. V. (2022): Die Häufigkeit von Demenzerkrankungen. Informationsblatt 1; unter *www.deutsche-alzheimer.de/publikationen/informationsblaetter* [29.01.2024].

Deutsche Alzheimer Gesellschaft e. V. (2019a): Vorsorge- und Rehabilitationsmaßnahmen für pflegende Angehörige und Menschen mit Demenz. Informationsblatt 23; unter *www.deutsche-alzheimer.de/publikationen/informationsblaetter* [25.01.2024].

Deutsche Alzheimer Gesellschaft e. V. (2019b): Patienten mit einer Demenz im Krankenhaus. Berlin.

Deutsche Gesellschaft für Neurologie e. V.; Deutsche Gesellschaft für Psychiatrie und Psychotherapie e. V. (2023): S3-Leitlinie Demenzen, Version 4.0; unter *https://register.awmf.org/de/leitlinien/detail/038-013* [29.01.2024].

Deutsches Netzwerk für Qualitätsentwicklung in der Pflege (DNQP) (2019): Expertenstandard Beziehungsgestaltung in der Pflege von Menschen mit Demenz. Osnabrück.

Erdmann, A.; Schnepp, W. (2016): Conditions, Components and Outcomes of Integrative Validation Therapy in a Long-Term-Care Facility for People with Dementia – A Qualitative Evaluation Study. In: Dementia. The International Journal of Social Research and Practice 15/5: 1184–1204.

Förstl, H.; Kleinschmidt, C. (2011): Demenz. Diagnose und Therapie. Stuttgart: Schattauer.

Haus Schwansen – Pflege für Menschen mit Demenz (o. J.): Konzepte; unter *www.haus-schwansen.de/konzepte.html* [29.01.2024].

Institut für Qualität und Wirtschaftlichkeit im Gesundheitswesen (IQWiG); Gesundheitsinformation.de (2021): Alzheimer-Demenz; unter *www.gesundheitsinformation.de/alzheimer-demenz.html* [29.01.2024].

Quellen Unipolare Depression

Bretschneider, J.; Kuhnert, R.; Hapke, U. (2017): Depressive Symptomatik bei Erwachsenen in Deutschland. In: Journal of Health Monitoring 2(3): 81–88.

Bundesärztekammer (BÄK); Kassenärztliche Bundesvereinigung (KBV); Arbeitsgemeinschaft der Wissenschaftlichen Medizinischen Fachgesellschaften (AWMF) (2022): Nationale VersorgungsLeitlinie Unipolare Depression. Version 3.2; unter *www.leitlinien.de/depression* [29.01.2024].

Bundesärztekammer (BÄK), Kassenärztliche Bundesvereinigung (KBV), Arbeitsgemeinschaft der Wissenschaftlichen Medizinischen Fachgesellschaften (AWMF) (2016): Patientenleitlinie zur S3-Leitlinie/Nationalen VersorgungsLeitlinie „Unipolare Depression".

Deutsche Gesellschaft für Psychiatrie und Psychotherapie, Psychosomatik und Nervenheilkunde (DGPPN) (Hrsg.) (2019): S3-Leitlinie. Psychosoziale Therapien bei schweren psychischen Erkrankungen. Berlin: Springer.

Institut für Qualität und Wirtschaftlichkeit im Gesundheitswesen (IQWiG) (o. J.): Depression; unter *www.gesundheitsinformation.de/depression.2125.de.html* [29.01.2024].

Jacobi, F.; Höfler, M.; Strehle J.; Mack, S.; Gerschler, A.; Scholl, L.; Busch, M. A.; Maske, U.; Hapke, U.; Gaebel, W.; Maier, W.; Wagner, M.; Zielasek, J.; Wittchen, H.-U. (2014): Psychische Störungen in der Allgemeinbevölkerung – Studie zur Gesundheit Erwachsener in Deutschland und ihr Zusatzmodul Psychische Gesundheit (DEGS1-MH). In: Nervenarzt 85(1): 77–87.

Meister, R.; Jansen, A.; Berger, M.; Baumeister, H.; Bschor, T.; Harfst, T.; Hautzinger, M.; Kriston, L.; Kühner, C.; Schauenburg, H.; Schorr, S. G.; Schneider, F.; Härter, M. (2018): Psychotherapie depressiver Störungen. Verfahren, Evidenz und Perspektiven. In: Der Nervenarzt 89(3): 252–262.

Psychotherapeuten Kammer NRW (o. J.): Zahlen & Fakten: Depression; unter *www.ptk-nrw.de/fileadmin/user_upload/downloads/06_presse/ptk_nl/PTK-NL_2008-3.pdf* [29.01.2024].

Sonnenmoser, M. (2007): Depressionen im Kindes- und Jugendalter: Die unsichtbare Erkrankung. In: Deutsches Ärzteblatt 9: 424–426.

Stiftung Deutsche Depressionshilfe (o. J. a): Depression im Kindes- und Jugendalter; unter *www.deutsche-depressionshilfe.de/depression-infos-und-hilfe/depression-in-verschiedenen-facetten/depression-im-kindes-und-jugendalter* [29.01.2024].

Stiftung Deutsche Depressionshilfe (o. J. b): Suizidalität; unter *www.deutsche-depressionshilfe.de/depression-infos-und-hilfe/depression-in-verschiedenen-facetten/suizidalitaet* [29.01.2024].

Weltgesundheitsorganisation (2017): Depression and Other Common Mental Disorders: Global Health Estimates. Genf, Schweiz.

ZEIT ONLINE, 16.09.2022 – Miku Sophie Kühmel: Wenn Kinder Depressionen erleben; unter *www.zeit.de/kultur/2022-09/kinder-psychisch-kranke-eltern-depression-10nach8* [30.05.2024].

Quellen Abhängigkeit und Suchtprävention

Bruijn, A. de; Tanghe, J.; Leeuw, R. de; Engels, R.; Anderson, P.; Beccaria, F.; Bujalski, M.; Celata, C.; Gosselt, J.; Schreckenberg, D.; Slodownik, L.; Wothge, J.; Dalen, W. van (2016): European longitudinal study on the relationship between adolescents' alcohol marketing exposure and alcohol use. In: Addiction 111(10): 1774–1783.

Bundesinstitut für Arzneimittel und Medizinprodukte (BfArM) (2022): Internationale statistische Klassifikation der Krankheiten, 11. Revision (ICD-11). Bonn/Köln.

Bundeskriminalamt (BKA) (Hrsg.) (2023): Rauschgiftkriminalität. Bundeslagebild 2022. Wiesbaden.

Bundeszentrale für gesundheitliche Aufklärung (BZgA) (o. J.): Drogenlexikon; unter *www.drugcom.de/drogenlexikon* [29.12.2023].

DAK-Gesundheit (2023): Mediensucht in Zeiten der Pandemie. Wie nutzen Kinder und Jugendliche Gaming, Social Media und Streaming? DAK-Studie; unter *www.dak.de/dak/bundesthemen/dak-studie-in-pandemie-hat-sich-mediensucht-verdoppelt-2612364.html#/* [28.12.2023].

DAK-Gesundheit (Hrsg.) (2017): WhatsApp, Instagram & Co – so süchtig macht Social Media. DAK-Studie: Befragung von Kindern und Jugendlichen zwischen 12 und 17 Jahren. Hamburg.

Deutsche Hauptstelle für Suchtfragen e. V. (DHS) (Hrsg.) (2020): DHS Jahrbuch Sucht 2020. Lengerich: Pabst.

Deutsche Hauptstelle für Suchtfragen e. V. (DHS) (Hrsg.) (2019): DHS Jahrbuch Sucht 2019. Lengerich: Pabst.

Deutsche Hauptstelle für Suchtfragen e. V. (DHS) (Hrsg.) (2017): Alkoholabhängigkeit. Suchtmedizinische Reihe Band 1. Hamm.

Deutsche Hauptstelle für Suchtfragen e. V. (DHS) (Hrsg.) (2016): Drogenabhängigkeit. Suchtmedizinische Reihe Band 4. Hamm.

Deutsche Hauptstelle für Suchtfragen e. V. (DHS) (Hrsg.) (2015): Suchtprobleme im Alter. Informationen und Praxishilfen für Fachkräfte und Ehrenamtliche im Sozial-, Gesundheits- und Bildungswesen. Hamm.

Deutscher Caritasverband (2020): Problematischer Computerspiel- und Internetgebrauch. Informationen – Materialien – Internetseiten – Beratungs- und Behandlungsangebote. Freiburg.

Deutsches Zentrum für Suchtfragen des Kindes- und Jugendalters (DZSKJ); DAK (2023): Problematische Mediennutzung im Kindes- und Jugendalter in der post-pandemischen Phase. Ergebnisbericht 2023; unter *www.dak.de/dak/download/ergebnisbericht-2640300.pdf* [13.03.2024].

Drogenbeauftragter der Bundesregierung (Hrsg.) (2023): 2022 erneuter Anstieg bei Zahl der Drogentoten. Pressemitteilung 11.05.2023. Berlin.

Drogenbeauftragte der Bundesregierung (Hrsg.) (2019): Drogen- und Suchtbericht 2019. Berlin.

Eijnden, R. J. J. M. van den; Lemmens, J. S.; Valkenburg, P. M. (2016): The Social Media Disorder Scale. In: Computers in Human Behavior 61: 478–487.

European Monitoring Centre for Drugs and Drug Addiction; Deutsche Beobachtungsstelle für Drogen und Drogensucht (DBDD) (2019): Kurzbericht. Situation illegaler Drogen in Deutschland. Basierend auf dem REITOX-Bericht 2019 an die EMCDDA.

Frietsch, R. (2011): Kernprozesse der Suchthilfe. fdr-Texte, 12. Hannover: Fachverband Drogen und Suchthilfe.

Goecke, M. (2013): Effektive Nutzung von (neuen) Medien in der Suchtprävention der Bundeszentrale für gesundheitliche Aufklärung (BZgA) am Beispiel der Jugendkampagne „Alkohol? Kenn dein Limit." In: Marks, E.; Steffen, W. (Hrsg.): Neue Medienwelten – Herausforderungen für die Kriminalprävention? Mönchengladbach: Forum Verlag Godesberg.

Gundy, K. van; Rebellon, C. (2010). A Life-course Perspective on the "Gateway Hypothesis". In: Journal of Health and Social Behavior 51(3): 244–259.

Hasebrink, U.; Lampert, C.; Thiel, K. (2019): Online-Erfahrungen von 9- bis 17-Jährigen. Ergebnisse der EU Kids Online-Befragung in Deutschland 2019. Hamburg: Verlag Hans-Bredow-Institut; unter *www.hans-bredow-institut.de/uploads/media/Publikationen/cms/media/s3lt3j7_EUKO_Bericht_DE_190917.pdf* [27.12.2023].

John, U.; Hanke, M. (2002): Alcohol-attributable mortality in a high per capita consumption country – Germany. In: Alcohol and Alcoholism 37(6): 581–585.

Kielholz, P.; Ladewig, D. (1973): Die Abhängigkeit von Drogen. München: dtv.

Küfner, H.; Soyka, M. (2017): Psychologische Suchttheorien als Erklärungsansätze. In: Nervenheilkunde 36(6): 439–456.

Kupferschmidt, K. (2018): Sucht – Motivation zu schlechten Zielen; unter *www.dasgehirn.info/denken/motivation/sucht-motivation-zu-schlechten-zielen* [27.12.2023].

Medienpädagogischer Forschungsverbund Südwest (mpfs) (Hrsg.) (2023): JIM-Studie 2023. Jugend. Information. Medien. Basisuntersuchung zum Medienumgang 12- bis 19-Jähriger; unter *www.mpfs.de/fileadmin/files/Studien/JIM/2022/JIM_2023_web_final_kor.pdf* [27.12.2023].

Meyer, G. (2023): Glücksspiel – Zahlen und Fakten zum Konsum. In: Deutsche Hauptstelle für Suchtfragen e.V. (DHS) (Hrsg.): DHS Jahrbuch Sucht 2023. Lengerich: Pabst: 89–110.

Morgenstern, M.; Isensee, B.; Hanewinkel, R. (2015): Alkoholwerbung und häufiges Rauschtrinken im Jugendalter. In: SUCHT 61(4): 213–221.

Nestler, E. J.; Malenka, R. C. (2004): Das süchtige Gehirn. In: Spektrum der Wissenschaft 6: 34–41.

Nutt, D. J.; King, L. A.; Philips, L. D. (2010): Drug harms in the UK: a multicriteria decision analysis. In: Lancet 376(9752): 1558–1565.

Nutt, D.; King, L. A.; Saulsbury, W.; Blakemore, C. (2007): Development of a rational scale to assess the harm of drugs of potential misuse. In: Lancet 369(9566): 1047–1053.

Orth, B.; Merkel, C. (2022): Der Substanzkonsum Jugendlicher und junger Erwachsener in Deutschland. Ergebnisse des Alkoholsurveys 2021 zu Alkohol, Rauchen, Cannabis und Trends. BZgA-Forschungsbericht. Köln.

Orth, B.; Merkel, C. (2020): Die Drogenaffinität Jugendlicher in der Bundesrepublik Deutschland 2019. Teilband Computerspiele und Internet. BZgA-Forschungsbericht. Köln.

Parekh, T.; Pemmasani, S.; Desai, R. (2020): Marijuana Use Among Young Adults (18–44 Years of Age) and Risk of Stroke: A Behavioral Risk Factor Surveillance System Survey Analysis. In: Stroke 51(1): 308–310.

Rauschert, C.; Möckl, J.; Seits, N.-N.; Wilms, N.; Olderbak, S.; Kraus, L. (2022): Konsum psychoaktiver Substanzen in Deutschland. Ergebnisse des Epidemiologischen Suchtsurveys 2021. In: Deutsches Ärzteblatt 119: 31–32.

Rummel, C.; Lehner, B.; Kepp, J. (2019): Daten, Zahlen und Fakten. In: Deutsche Hauptstelle für Suchtfragen e.V. (DHS) (Hrsg.): DHS Jahrbuch Sucht 2019. Lengerich: Pabst: 11–35.

Wartberg, L.; Kriston, L.; Thomasius, R. (2017): Prävalenz und psychosoziale Korrelate von Internet Gaming Disorder. Studie auf der Grundlage einer bevölkerungsrepräsentativen Stichprobe von 12- bis 25-Jährigen. In: Deutsches Ärzteblatt 114: 419–424.

Winhusen, T.; Theobald, J.; Kaelber, D. C.; Lewis, D. (2019): Regular cannabis use, with and without tobacco co-use, is associated with respiratory disease. In: Drug and Alcohol Dependence 204: 107557.

Zentralverband der deutschen Werbewirtschaft ZAW e.V. (2016): Alkohol und Werbung. Fakten zum gesellschaftlichen Diskurs in Stichworten; unter *www.spirituosen-verband.de/fileadmin/introduction/downloads/Daten_und_Fakten_zur_Alkoholpolitik-Stand_12.03.19-komplett.pdf* [29.12.2023].

Quellen Essstörungen

Baumer, V.; Wunderer, E. (2009): Ernährungstherapie bei Essstörungen. In: Ernährungsumschau 7: B25–B28.

Cohrdes, C.; Göbel, K.; Schlack, R.; Hölling, H. (2019): Essstörungssymptome bei Kindern und Jugendlichen. Häufigkeiten und Risikofaktoren: Ergebnisse aus KiGGS Welle 2 und Trends. In: Bundesgesundheitsblatt, Gesundheitsforschung, Gesundheitsschutz 62(10): 1195–1204.

Deutsche Gesellschaft für Essstörungen e.V. (DGESS) (Hrsg.) (2018): S3-Leitlinie Diagnostik und Behandlung der Essstörungen.

Fichter, M. M.; Quadflieg, N.; Hedlund, S. (2006): Twelve-year course and outcome predictors of anorexia nervosa. In: The International Journal of Eating Disorders 39: 87–100.

Fleming, C.; Le Brocque, R.; Healy, K. (2020): How are families included in the treatment of adults affected by eating disorders? A scoping review. In: The International Journal of Eating Disorders 54(3): 244-279.

Himmerich, H.; Bentley, J.; Kan, C.; Treasure, J. (2019): Genetic risk factors for eating disorders: an update and insights into pathophysiology. In: Therapeutic advances in psychopharmacology 9, 2045125318814734.

Hofer, A.; Borse, S.; Hasenöhrl, C.; Harrach, K.; Schnebel, A.; Wunderer, E. (2023): Qualitätsleitlinien für professionelle Online-Beratung bei Essstörungen; unter *www.bundesfachverbandessstoerungen.de/assets/docs/Leitlinien-Onlineberatung_001-145.pdf* [30.05.2024].

Kohring, C. et al. (2023): Inzidenztrends psychischer sowie Entwicklungs- und Verhaltensstörungen bei Kindern und Jugendlichen in der ambulanten Versorgung – Entwicklungen zwischen 2014 und 2021. Versorgungsatlas-Bericht 23/05. Berlin: Zentralinstitut für die kassenärztliche Versorgung in Deutschland (Zi).

Mitchison, D.; Mond, J. (2015): Epidemiology of eating disorders, eating disordered behaviour, and body image disturbance in males: a narrative review. In: Journal of Eating Disorders 3: 20.

Silén, Y.; Keski-Rahkonen, A. (2022): Worldwide prevalence of DSM-5 eating disorders among young people. In: Current Opinion in Psychiatry, 35(6): 362–371.

Stice, E.; Presnell, K. (2010): Dieting and the Eating Disorders. In: WS Agras (Hrsg.): The Oxford handbook of eating disorders. New York: Oxford University Press: 148–179.

van Hoeken, D.; Hoek, H. W. (2020): Review of the burden of eating disorders. Mortality, disability, costs, quality of life, and family burden. In: Curr Opin Psychiatry 33(6): 521–527.

Wunderer, E. (2015): Praxishandbuch Soziale Arbeit mit Menschen mit Essstörungen. Weinheim: Juventa.

Wunderer, E.; Hierl, F.; Götz, M. (2021): „Bin ich gut genug? Bin ich nicht zu dick? Sehe ich gut aus?" – Soziale Medien und Essstörungen: Zusammenhänge und Implikationen. In: Suchtmedizin 23(1): 7–20.

Wunderer, E.; Hofer, A.; Schradi, E.; Borse, S.; Schnebel, A. (2024): Essstörungen. In: Deutsche Hauptstelle für Suchtfragen e. V. (DHS) (Hrsg.): Jahrbuch Sucht 2024. Lengerich: Pabst: 123–133; unter *www.dhs.de/unsere-arbeit/dhs-jahrbuch-sucht* [31.05.2024].

Wunderer, E.; Schnebel, A. (2008): Interdisziplinäre Essstörungstherapie. Weinheim: Beltz.

Weiterführende Literatur

Beauftragter der Bundesregierung für Sucht- und Drogenfragen; Informationsportal; unter *www.drogenbeauftragte.de* [29.01.2024].

Becker, P. (2006): Gesundheit durch Bedürfnisbefriedigung. Göttingen: Hogrefe.

Beckmann, O. (2013): Nele im Nebel. Frankfurt a. M.: Mabuse.

Bundesanstalt für Arbeitsschutz und Arbeitsmedizin (BAuA); unter *www.baua.de/DE/Home/Home_node.html* [29.01.2024].

Bundesarbeitsgemeinschaft „Kinder psychisch erkrankter Eltern": Einrichtungen, Projekte, Veranstaltungen und Informationen für Familien mit einem psychisch erkrankten Elternteil; unter *www.bag-kipe.de* [29.01.2024].

Bundesfachverband Essstörungen (BFE): Informationen zu Essstörungen, Veranstaltungen, Therapieplätzen; unter *www.bundesfachverbandessstoerungen.de* [29.01.2024].

Bundesministerium für Gesundheit (BMG) (2020): Glossar Essstörungen; darin Informationsflyer für Eltern, Angehörige, Lehrkräfte; unter *www.bundesgesundheitsministerium.de/service/begriffe-von-a-z/e/essstoerungen.html* [29.01.2024].

Bundeszentrale für gesundheitliche Aufklärung (BZgA): Informationen rund um Essstörungen und Beratungsstellen; Informationsmaterial; unter *www.bzga-essstoerungen.de* [29.01.2024].

Bundeszentrale für gesundheitliche Aufklärung (BZgA): Internetportal zu legalen und illegalen Drogen; unter *www.drugcom.de* [29.01.2024].

Bundeszentrale für gesundheitliche Aufklärung (BZgA): Themenschwerpunkte und Arbeitsbereiche, u. a. Gesundheit und Schule, Gute gesunde Schule, Ernährung – Bewegung – Entspannung, Suchtprävention; unter *www.bzga.de/was-wir-tun/* [29.01.2024].

Deutsche Alzheimer Gesellschaft e. V.: Informationsportal; unter *www.deutsche-alzheimer.de* [29.01.2024].

Deutsche DepressionsLiga e. V.: Selbsthilfeorganisation; unter *www.depressionsliga.de* [29.01.2024].

Deutsche Gesellschaft für Neurologie: Fachportal; unter *www.dgn.org* [29.01.2024].

Deutsche Gesellschaft für Psychiatrie und Psychotherapie, Psychosomatik und Nervenheilkunde e. V. (DGPPN): Fachportal; unter *www.dgppn.de* [29.01.2024].

Deutsche Hauptstelle für Suchtfragen e. V. (DHS): Suchthilfe und Suchtprävention; unter *www.dhs.de* [29.01.2024].

Deutsche Schlaganfall-Gesellschaft (2020): Forschen – Fördern - Umsetzen; unter *www.dsg-info.de* [29.01.2024].

Deutsche Schmerzliga e. V.: Organisation und Informationsportal für Menschen mit chronischen Schmerzen; unter *https://schmerzliga.de* [29.01.2024].

Europäische Beobachtungsstelle für Drogen und Drogensucht (EMCDDA): Informationen zur Drogenproblematik; unter *https://european-union.europa.eu/institutions-law-budget/institutions-and-bodies/search-all-eu-institutions-and-bodies/european-monitoring-centre-drugs-and-drug-addiction-emcdda_de* [29.01.2024].

Internationales Zentralinstitut für das Jugend- und Bildungsfernsehen (IZI), ANAD e. V. (Hrsg.) (2016): Warum seh' ich nicht so aus? Fernsehen im Kontext von Essstörungen. München.

Klingelhöfer, J.; Berthele, A. (2017): Klinikleitfaden Neurologie. München: Urban & Fischer.

Landesinstitut für Arbeitsgestaltung des Landes Nordrhein-Westfalen: Themengebiete. Arbeitsschutz; unter *www.lia.nrw.de/themengebiete/Arbeitsschutz/index.html* [29.01.2024].

MAKS® (o. J.): Informationen zum Therapieansatz; unter *www.maks-therapie.de* [29.01.2024].

Stiftung Deutsche Depressionshilfe: Hilfe und Informationen zum Umgang mit der Erkrankung; unter *www.deutsche-depressionshilfe.de* [29.01.2024].

Stiftung Deutsche Schlaganfall-Hilfe: Informationsportal; unter *www.schlaganfall-hilfe.de* [29.01.2024].

Stiftung Gesundheitswissen (2020): Depression; unter *www.stiftung-gesundheitswissen.de/wissen/depression/hintergrund* [29.01.2024].

Unterricht Pflege (2013): Interaktion in der Pflege von Menschen mit Demenz, 16: Prodos.

Wilker, J. (2010): Das Einmaleins der Achtsamkeit: Vom täglichen Umgang mit alltäglichen Gefühlen. Bielefeld: Theseus.

Wunderer, E. (2022): Medien, Muskeln, Minderwertigkeit. Wenn Jugendlichen der eigene Körper nie gut genug erscheint - aktuelle Phänomene, mediale Einflüsse und Ansatzpunkte für die Klinische Sozialarbeit. In: Klinische Sozialarbeit 18(1): 4–6.

6 SINNESORGANE

DR. MONIKA REUS, MELANIE TULKE

Wir Menschen sind in der Lage, Reize aus der Umwelt wahrzunehmen und darauf zu reagieren. Die Qualität unserer Wahrnehmung und die der Reaktionen darauf wird unter anderem von der Funktion der Sinnesorgane bestimmt, von unserer Fähigkeit zu sehen, zu hören, zu riechen, zu schmecken und zu tasten, aber auch beispielsweise uns zu orientieren und Temperaturen wahrzunehmen.

1. *Reflektieren Sie, wie vielfältig die Sinnesorgane in ihrer Bedeutung sind.*
   a) *Benennen Sie zunächst die menschlichen Sinne.*
   b) *Ordnen Sie den Sinnen Funktionen zu. Finden Sie hierfür Begriffe in der Wortwolke und ergänzen Sie diese.*
   c) *Überlegen und begründen Sie, in welchen Lebensbereichen Sinne von Bedeutung sind, z. B. Sicherheit, Kommunikation, Vergnügen.*

2. *Trainieren Sie Ihre Sinne und Wahrnehmung:*
   a) *Führen Sie sich abwechselnd gegenseitig mit verbundenen Augen durch die Schule und beobachten Sie, wie sich andere Sinne wie Gehör und Geruch dabei verhalten. Versuchen Sie zu erkennen, wo im Schulgebäude Sie sich befinden.*
   b) *Essen Sie im Dunkeln und nehmen Sie den Geschmack und die Konsistenz der Speisen wahr. Versuchen Sie die Zutaten zu benennen, die verwendet wurden. Bestenfalls lassen Sie sich dazu von jemandem ein Ihnen nicht bekanntes Essen servieren.*
   c) *Schaukeln Sie auf einer Spielplatzschaukel und konzentrieren Sie sich auf den Rhythmus der Bewegung, zunächst mit geöffneten, dann mit geschlossenen Augen. Nehmen Sie die Unterschiede wahr.*
   d) *So vielfältig die Sinne sind, so vielfältig sind die Möglichkeiten, diese zu schulen. Denken Sie sich mehrere Wahrnehmungsübungen aus und testen Sie diese in der Gruppe. Benennen Sie bei jeder Übung die Sinne, die geschult werden.*

3. *Sinne sind häufig beeinträchtigt. Reflektieren Sie, welche Beeinträchtigungen der Sinne Sie selbst erfahren oder bereits erfahren haben.*

6.1 Funktionsweise von Sinnesorganen und Sinneszellen

REUS

Reiz:
physikalische oder chemische Einwirkung auf reizaufnehmende Strukturen (Sinneszellen bzw. Rezeptoren) eines Organismus, die eine Änderung des Energiezustands bewirkt

Sinneszelle:
spezialisierte Zellen, die mittels Rezeptoren Reize aufnehmen

Rezeptor:
Empfänger; i. d. R. Protein, das durch Bindung eines Moleküls Reize aufnimmt und weiterleitet

Sinnesepithel:
aus Sinneszellen bestehende Zellschicht in Sinnesorganen, die der Aufnahme meist einer bestimmten Reizqualität dient

Funktionen der Sinnesorgane

Der menschliche Organismus verfügt zur Wahrnehmung seiner Umwelt über die **fünf Sinnesorgane** Augen, Ohren, Nase, Zunge und Haut. Sie nehmen äußere Reize wie Licht, Schall, chemische Reize, Druck, Temperatur oder Bewegung auf, um sie in für den Organismus verwertbare Informationen umzuwandeln.

Die Wahrnehmung der Bewegung erfolgt einerseits über Druck-, Licht- und Temperaturveränderungen, andererseits nehmen wir mit dem Gleichgewichtssystem eigene Bewegungen wahr.

Die von **Augen und Ohren** empfangenen **Licht- bzw. Schallreize** rufen erst durch eine mehrstufige Verarbeitung die entsprechenden Wahrnehmungen hervor. Ihr Aufbau ist daher sehr komplex. Weil sie ausschließlich Umweltreize verarbeiten, werden sie **reine Sinnesorgane** genannt.

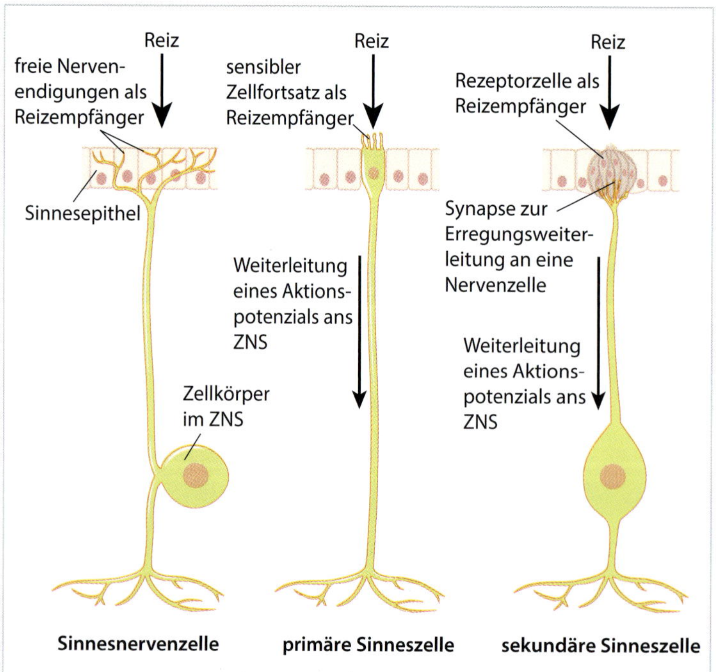

Abb. 1 Funktionelle Einteilung der Sinneszellen

Tab. 1 Rezeptorarten

Rezeptorart	Reiz	Sinnesorgan
Fotorezeptoren	Photonen (Licht)	Auge
Mechanorezeptoren	Druck (Schall)	Ohr
	Druck	Haut
Chemorezeptoren	Signalmoleküle, pH-Wert	Nase, Zunge
Thermorezeptoren	Temperatur	Haut
Nozizeptoren	Schmerz	Haut

Für die Aufnahme und Verarbeitung **chemischer und mechanischer Reize** reichen einfache Rezeptoren auf der Oberfläche der jeweiligen Organe. Daher ist der Aufbau von **Nase, Zunge und Haut** relativ einfach. Zudem besteht ihre Hauptaufgabe in der Erfüllung verschiedener Körperfunktionen:

- Nase: Atmung, Regulation der Luftfeuchte
- Zunge: nötig für Kauen und Sprechen
- Haut: Schutzorgan, Beteiligung an der Wärmeregulation

Funktionen der Sinneszellen

Die Aufnahme von Umweltreizen geschieht bei allen Sinnesorganen über **Rezeptoren,** das sind bestimmte Proteine oder Zellorganellen in den Sinneszellen.

Rezeptoren werden nach der **Empfänglichkeit für bestimmte Reize** unterschieden (→ Tab. 1).

In den Rezeptoren treffen die Reize auf für sie empfindliche Zielmoleküle. Als zelluläre Rezeptoren fungieren meist spezielle Proteine. Sie sind in der Lage, Moleküle nach dem Schlüssel-Schloss-Prinzip (→ 1.2.2, → 1.4) an ihre Struktur anzudocken.

Sinneszellen setzen als reizempfangende Strukturen unserer Sinnesorgane die Sinnesreize in Serien von Nervenimpulsen um. Nach ihrem Bau sowie ihrer Verschaltung werden drei Arten von Sinneszellen unterschieden (→ Abb. 1):

- Bei **Sinnesnervenzellen** sitzt der Zellkörper nicht im Sinnesepithel, sondern am oder im zentralen Nervensystem (ZNS, → 5.2), wobei die reizempfangenden Endfasern als freie Nervenendigungen stark verzweigt oder mit Hilfsstrukturen versehen sind.

- **Primäre Sinneszellen** nehmen Reize mit sensiblen Zellfortsätzen auf und sind in der Lage, die Nervenimpulse als Aktionspotenzial über ihr eigenes Axon und afferente Neurone ans ZNS weiterzuleiten (→ 5.1.1, → 5.1.3). Beispiele: Riechzellen der Nase, Stäbchen- und Zapfenzellen der Netzhaut.
- **Sekundäre Sinneszellen** liegen im Sinnesepithel und besitzen kein eigenes Axon. Sie sind reine Rezeptorzellen, die Nervenimpulse nur aufnehmen und ein Rezeptorpotenzial bilden. Dieses wird über Synapsen an verzweigte, die Sinneszelle umgebende Endfasern eines nachgeschalteten Axons übertragen und erst von dort als Aktionspotenzial an das ZNS weitergeleitet. Beispiele: Sinneszellen des Gehörs, Gleichgewichts und Geschmacks.

> Eine Berührung wird als „Druck"-Signal an die Sinneszellen der Haut gesendet. Die Mechanorezeptoren nehmen den mechanischen Reiz auf und wandeln diesen in ein elektrisches Signal um. Je nach dessen Intensität und Einwirkzeit wandeln die Rezeptoren das Signal in ein schwaches oder starkes **Rezeptorpotenzial** um. Überschreitet das Rezeptorpotenzial eine gewisse Schwelle, wird daraus ein **Aktionspotenzial** generiert und über **afferente Neurone** in das ZNS geleitet. Dadurch nimmt das Gehirn die Berührung wahr. Führt ein Reiz zur Ausbildung von Aktionspotenzialen, so spricht man auch von einem **adäquaten Reiz.** Nicht adäquate Reize werden nicht wahrgenommen.

6.2 Haut – Tast- und Temperatursinn

REUS

6.2.1 Anatomie

Die Haut ist das größte Organ des menschlichen Organismus. Sie ist zwar nur 1,5 bis 4 mm dick, kann bei einem Erwachsenen aber zwischen 10 und 14 kg wiegen und ausgebreitet eine Fläche von bis zu 2 m^2 einnehmen.

Bei der Haut wird unterschieden zwischen:

- **äußerer Haut:** Oberfläche des Körpers
- **Hautanhangsgebilden:** Haare, Nägel, Drüsen
- **Schleimhäuten:** innere Auskleidung von Hohlorganen

Äußere Haut

Die äußere Haut besteht im Wesentlichen aus **drei Schichten** (→ Abb. 2):

- **Oberhaut**
- **Lederhaut**
- **Unterhaut**

Oberhaut

Hauptfunktion der Oberhaut ist die Abschirmung des Körpers vor äußeren Einflüssen, z. B. Wasser, Keimen, Fremdstoffen wie Schmutz, mechanischen Belastungen usw. In dem dichten Zellverband, der keine Blutgefäße aufweist und darum durch Diffusion aus den Kapillaren der Lederhaut Nährstoffe erhält, münden teilweise auch freie Nervenendigungen. Charakteristisch ist ihre dünne Beschaffenheit, die an den meisten Körperstellen weniger als 0,1 mm beträgt. An stark belasteten Stellen kann sie jedoch auch bis zu etwa 2 mm dick sein, z. B. an den Handinnenflächen, Fußsohlen und Fersen. Von innen nach außen werden **fünf Schichten** unterschieden:

- Basalzellschicht
- Stachelzellschicht
- Körnerzellschicht
- Glanzzellschicht
- Hornzellschicht

} **Keimzellschicht**

Die **Basalzellschicht** grenzt mit der Basalmembran die Oberhaut von der darunterliegenden Lederhaut ab und ist zusammen mit der angrenzenden Stachelzellschicht der Ort der **Hautregeneration.** Hier teilen sich die Zellen (Keratinozyten) permanent und wandern im Laufe von vier Wochen bei fortschreitender Verhornung durch die Schichten zur Hautoberfläche, der Hornzellschicht, sodass dort in diesem Rhythmus eine komplett neue Hautschicht vorliegt. In dieser Schicht befinden sich auch pigmentbildende Zellen, die den Haut(pigmentierungs)typ (→ 6.2.2, Tab. 3) bestimmenden **Melanozyten.** Bei Sonneneinstrahlung produzieren sie verstärkt das braunschwarze Pigment **Melanin,** wodurch die Haut zum (bedingten) Schutz vor der UV-Strahlung gebräunt wird. Die in der Basal-

Haut:
Cutis; aus mehreren Schichten bestehendes, den Körper umgebendes Flächenorgan; Abgrenzung zur Außenwelt; Funktionen: Schutz des Körpers vor äußeren Einflüssen, Wärmeregulation, Sinneswahrnehmung u. a.

Oberhaut:
Epidermis; äußerste, verhornende Hautschicht, bestehend aus Hornzell- und Keimzellschicht; hat v. a. Schutzfunktion

Keratinozyten:
Zelltyp, der den größten Teil der menschlichen Oberhaut (Epidermis) bildet

Melanozyten:
Zellen, die das Pigment Melanin produzieren

Pigmente:
farbgebende, unlösliche Stoffe

Melanin:
für die Färbung von Haut, Haaren und Augen verantwortliches Pigment

Hauttyp:
Hautpigmentierungstyp; Hautbeschaffenheit bezüglich Sonnenverträglichkeit; von Typ I (sehr helle Haut) bis Typ VI (dunkelbraune/fast schwarze Haut)

UV-Strahlung:
Ultraviolett-Strahlung; elektromagnetische Strahlung im Wellenlängenbereich von 100 nm bis 400 nm (Nanometer)

Merkel-Tastscheiben: Merkel-Körperchen; zusammengelagerte Sinneszellen der behaarten Haut, die als Druckrezeptoren wirken

Keratohyalinkörner: aus dem Protein Keratohyalin bestehende Körner, die in Epithelzellen der Haut vorkommen und mit zunehmender Verhornung zu Keratin umgewandelt werden

Keratin: Sammelbegriff für verschiedene wasserunlösliche Faserproteine

Lederhaut: Dermis oder Corium; unter der Oberhaut gelegene, aus Kollagen- und elastischen Fasern aufgebaute Hautschicht, bestehend aus Papillar- und Netzschicht; Funktion: Verankerung der Oberhaut, Ernährung der Haut, Temperaturregulation, Sinneswahrnehmung u. a.

Papille: warzenförmige Ausstülpung der Haut

zellschicht der Handflächen und Fußsohlen gehäuft vorkommenden **Merkel-Tastscheiben** (→ 6.2.2) sind mit Nervenfasern verbunden und am Tastsinn beteiligt.

In der auf der Basalzellschicht liegenden **Stachelzellschicht** sind die Zellen durch stachelförmige Ausläufer des Zytoplasmas miteinander verzahnt. Eingewanderte Zellen aus der Basalzellschicht beginnen hier bereits zu verhornen. Hier finden sich auch die zum Immunsystem gehörenden Langerhans-Zellen.

In der **Körnerzellschicht** bewirken Keratohyalinkörner eine fortschreitende Verhornung der Zellen. Darüber hinaus produzieren die Körner eine fettartige Substanz, die für eine geschmeidige Beschaffenheit der Oberhaut sorgt.

Die **Glanzzellschicht** besteht aus durchsichtigen Zellen, in denen bereits keine Zellkerne mehr zu erkennen sind. Sie kommt ausgeprägt nur an Händen und Füßen vor und dient dort dem Schutz der Haut vor mechanischer Belastung.

Die dickste Schicht der Oberhaut, die **Hornzellschicht,** ist als Trennschicht des Körpers nach außen hoher Abnutzung ausgesetzt. Die in den tieferen Schichten der Oberhaut produzierten Keratinozyten sind hier bereits zu kernlosen Hornzellen geworden, die binnen zwei Wochen an die Hautoberfläche gelangen und sich schließlich als Schuppen ablösen.

Lederhaut

Die robuste Lederhaut, die der Haut Elastizität und Stabilität verleiht, lässt sich in **zwei Schichten** unterteilen:

- Die obere Schicht, die **Papillarschicht,** enthält zapfenartige Ausstülpungen (Papillen) aus lockerem Bindegewebe, die in die Oberhaut hineinragen und so Leder- und Oberhaut fest miteinander verbinden. In ihr befinden sich spezielle Zellen des Immunsystems (Mastzellen) sowie freie Nervenendigungen und Rezeptoren, die

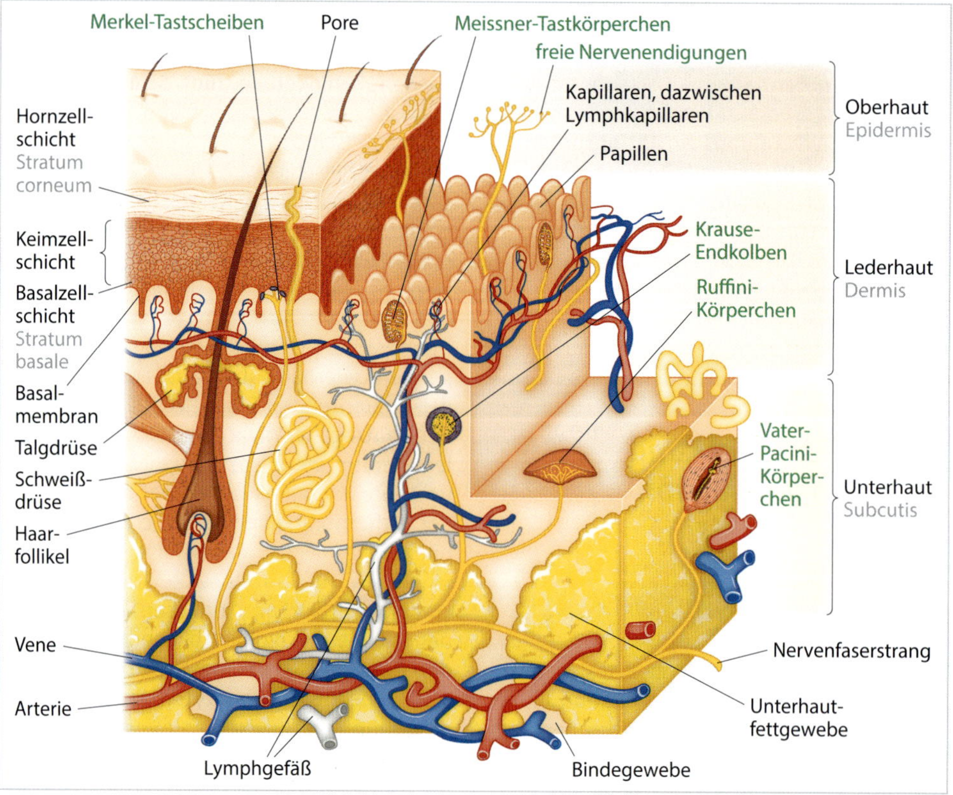

Abb. 2 Haut – Querschnitt

Reize wie Druck und Kälte an das ZNS weiterleiten. Feine Kapillaren sorgen zum einen für die Ernährung der Haut, zum anderen spielen sie durch Weiten oder Zusammenziehen bei der Regulierung der Körpertemperatur eine Rolle.

- Die untere Schicht, die **Netzschicht,** ist aus sowohl stabilen als auch elastischen Kollagenfasern aufgebaut. In ihr befinden sich Haarfollikel (Haarbälge), Talgdrüsen, Schweißdrüsen, Nervenendigungen für die Empfindung von Schmerz sowie Wärmerezeptoren.

Kapillaren: kleine Haargefäße zur Versorgung der Organe/Gewebe

Unterhaut

Im oberen Bereich der Unterhaut liegen die Haarwurzeln, Schweißdrüsen sowie Druck- und Vibrationsrezeptoren. Der untere Bereich besteht neben Blutgefäßen hauptsächlich aus fettgewebsreichem Bindegewebe. Diese Schicht dient als Wärmepolster, Energiespeicher und Puffer gegen stumpfe äußere Einwirkungen wie Stöße. Die von hier ausgehenden Fasern verbinden die Haut mit Knochen, Sehnen und Muskeln. Die Unterhaut sorgt dafür, dass die gesamte Haut verschiebbar ist.

Unterhaut: Subcutis; innerste Schicht der Haut, besteht v.a. aus fettgewebsreichem Bindegewebe; Funktion: u.a. Schutz vor Stößen, Isolierung, Energiespeicher, Vibrationswahrnehmung, ermöglicht Verschiebbarkeit der Haut

Hautanhangsgebilde

Zu den Hautanhangsgebilden zählen Haare, Nägel, Talg- und Schweißdrüsen. Sie durchstoßen die Oberhaut und enden sichtbar auf der Hautoberfläche.

Hautanhangsgebilde: Gewebestrukturen, die aus Ober- und Lederhaut gebildet werden; Haare, Nägel, Talg-, Schweißdrüsen

Haare

Haare sind zugfeste, biegsame Hornfäden. Sie lassen sich in Haarschaft, Haarbalg und Haarwurzel gliedern (→ Abb. 3).

Haar: v.a. aus Keratin bestehendes, fadenförmiges Hautanhangsgebilde an Kopf und Körper, dient v.a. der Wärmeregulation

Der aus Hornmaterial sowie aus einer pigmenthaltigen Faserschicht (Haarfarbe) und dem inneren Haarmark bestehende **Haarschaft** liegt in einer länglichen Einstülpung der Lederhaut, dem **Haarbalg (Haarfollikel).** An dessen unterem Ende, das in die Unterhaut reicht, befindet sich eine Schwellung, in der die Haarpapille, die darauf sitzende Haarzwiebel und die anschließende **Haarwurzel** angeordnet sind. In dieser Wachstumszone wird das Haar gebildet. Die in den Haarbalg mündenden Haarbalgdrüsen versorgen die Haare mit einer Fettschicht.

Haare in Ohren und Nase sowie die Wimpern schützen gegen das Eindringen kleinerer Fremdkörper, die Augenbrauen dagegen, dass Schweiß von der Stirn in die Augen tropft. Darüber hinaus haben Haare eine temperaturregulierende Funktion für den Körper. An jedem Haarbalg sitzt ein **Haarbalgmuskel,** der sich, durch Kälte oder Erregung gereizt, zusammenzieht und das Haar aufrichtet.

> Gänsehaut, alle kennen sie. Die Haare stellen sich auf und unsere Haut ähnelt der einer gerupften Gans.

Recherchieren Sie, was bei einer Gänsehaut physiologisch passiert und welchen Grund das hat.

Der Mensch hat ca. 80 000 bis 150 000 Kopfhaare und verliert etwa 40 bis 120 Haare pro Tag. Kopfhaare wachsen ca. 0,5 bis 1 cm im Monat.

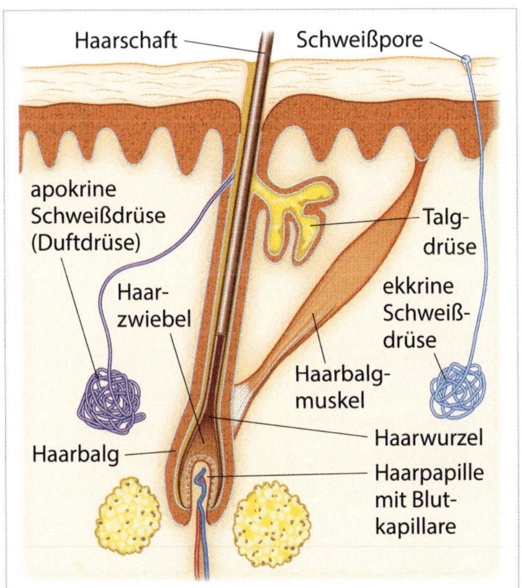

Abb. 3 Hautanhangsgebilde: Haar und Drüsen

Nägel

Nägel (→ Abb. 4) bestehen aus 0,5 bis 0,7 mm dicken Hornplatten, die auf dem Nagelbett aufliegen und so die Endglieder von Fingern und Zehen vor Verletzungen schützen. Das Wachstum der Nägel geht von der Nagelwurzel aus.

Nägel: Hautanhangsgebilde aus Hornplatten an den Endgliedern von Fingern und Zehen; schützen diese vor Verletzung

Drüsen

Die **Talgdrüsen,** auch Haarbalgdrüsen genannt, befinden sich im unteren Bereich der Lederhaut und sind i.d.R. direkt an einem

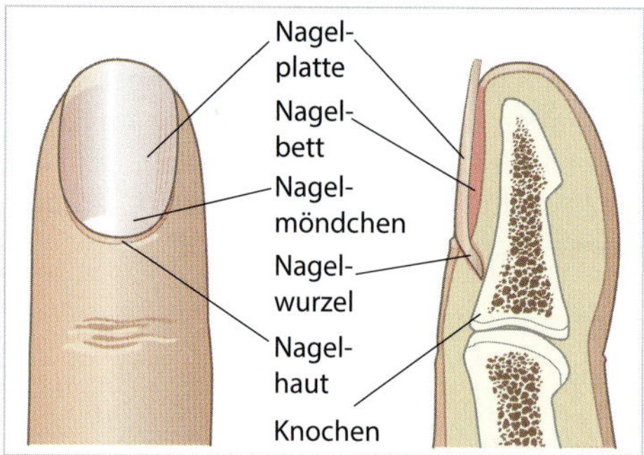

Abb. 4 Aufbau des Fingernagels

Haarschaft angeordnet (→ Abb. 3). Die exokrinen Drüsen geben ihr Sekret, den aus Fetten, Wachsen, Proteinen und Cholesterin zusammengesetzten **Talg,** über den Haarschaft nach außen ab. Er bewirkt den Glanz der Haut und schützt sie durch Bildung eines **Säureschutzmantels** vor Austrocknung, Krankheitserregern und schädlichen Stoffen. Gehäuft sind die Talgdrüsen auf der Kopfhaut, der sogenannten T-Zone im Gesicht (Nase, Stirn), am Ohr, in der vorderen und hinteren Schweißrinne des Rumpfs sowie im Genitalbereich zu finden. An den Handinnenflächen, Fußsohlen und Fersen befinden sich keine Talgdrüsen.

Talg:
Sebum; aus Lipiden und Proteinen bestehendes Sekret der Talgdrüsen; wird über den Haarschaft nach außen abgegeben; schützt die Haut vor Austrocknung

Schweiß:
saures, zu ca. 99 % aus Wasser sowie u. a. aus Elektrolyten und Säuren bestehendes Sekret der ekkrinen und apokrinen Schweißdrüsen, das über Poren oder den Haarschaft auf die Hautoberfläche gelangt; Funktion: Wärmeregulation, Hautschutz

ekkrin:
Eigenschaft exokriner Drüsen, ihr Sekret ohne Verlust von Zytoplasma oder Teilen der Zellmembran nach außen abzusondern

apokrin:
Eigenschaft exokriner Drüsen, ihr Sekret zusammen mit Teilen des Zytoplasmas und der Zellmembran nach außen abzusondern

Die Drüsenkörper der **Schweißdrüsen** liegen in der unteren Schicht der Lederhaut und in der Unterhaut. Sie produzieren ein Sekret, das an den **Hautporen** ausgeschieden wird. Es existieren **zwei Arten von Schweißdrüsen** (→ Abb. 3):

- Die **ekkrinen Schweißdrüsen** sondern ein wässriges Sekret, den **geruchlosen Schweiß,** durch Exozytose (→ 1.3.3) an die Hautoberfläche ab. Bei großer Wärme unterstützt dieser den Körper durch Verdunsten (Verdunstungskälte) bei der Abkühlung. Weitere Funktionen sind die Regulation des Säure-Basen-Haushalts und zu einem geringen Teil auch die Körperentgiftung. Ekkrine Schweißdrüsen finden sich am gesamten Körper, besonders zahlreich an Handinnenflächen, Fußsohlen und Stirn.
- Die **apokrinen Schweißdrüsen,** auch **Duftdrüsen** genannt, kommen nur in Achselhöhlen, an Brustwarzen und im Genital- und Analbereich vor. Ihre deutlich größeren Drüsenkörper liegen in der Unterhaut und stehen in enger Beziehung zu Haarfollikeln, über deren Ausführungsgänge sie ihr Sekret gemeinsam mit dem Talg absondern. Unter Einwirkung der **Normalflora** (→ 8.2.2) entwickelt sich daraus ein typischer **Körpergeruch.** Apokrine Schweißdrüsen, deren Funktion erst ab der Pubertät einsetzt, werden insbesondere durch emotionale Reize wie Angst, Wut und Erregung stimuliert. Sie spielen beim Sozial- und Sexualverhalten eine Rolle.

Schleimhäute

Schleimhäute dienen der Auskleidung von Hohlräumen und haben entsprechend unterschiedliche Funktionen:

- im Verdauungstrakt: Sekretion spezieller Verdauungsenzyme, Oberflächenschutz
- in den Atemwegen: Hinausbeförderung von Fremdkörpern mittels schleimigem Auswurf
- in den harnableitenden Wegen: Schutzfunktion gegenüber eindringenden Mikroorganismen
- teilweise in den Geschlechtsorganen: Schutzfunktion gegenüber eindringenden Mikroorganismen

6.2.2 Physiologie

Die Haut hat folgende **Funktionen:**

- Abgrenzung von innen und außen (Hüllorgan)
- Schutz vor Umwelteinflüssen
- Wahrung des inneren Gleichgewichts (Homöostase)
- Stoffwechselfunktionen
- Immunantwort
- Wärmeregulation
- Sinneswahrnehmungen (Oberflächensensibilität): Berührung, Druck, Vibration, Kitzel, Wärme, Kälte, Schmerz
- Ausdrücken von Gefühlsregungen

Sinnesfunktion der Haut

Zum Empfang von Reizen befinden sich in der Haut, vor allem der Leder- und Unterhaut, verschiedene Rezeptoren (→ Abb. 2):

- **Mechanorezeptoren:** mechanische Reize
- **Thermorezeptoren:** Temperatur
- **Nozizeptoren:** Schmerz

Die Rezeptoren dienen der Erkundung und der Kontaktaufnahme mit der Umwelt, zeigen dem Organismus aber auch für ihn schädliche Einflüsse durch Schmerz an. Bei Erwachsenen befinden sich besonders viele Rezeptoren in Händen und Füßen. Säuglinge und Kleinkinder nehmen taktile Reize verstärkt über den Mund wahr, weshalb sie viele Dinge zur Untersuchung in den Mund stecken. Durch die enge Verbindung von Haut und Psyche kann es bei psychischen Störungen auch zu einer gestörten taktilen Wahrnehmung kommen.

Mechanorezeptoren

Über die Mechanorezeptoren (→ Tab. 2, → Abb. 2) wird der Großteil unserer **Oberflächensensibilität** für Berührung, Druck, Vibration und Kitzel vermittelt.

Thermorezeptoren

Die Thermorezeptoren liegen als freie Nervenendigungen (→ Abb. 2) in der Haut und im Körperinneren. **Kälterezeptoren** in der oberen Lederhaut werden durch Temperatursenkung erregt, während **Wärmerezeptoren** in der unteren Lederhaut auf Temperaturerhöhung reagieren. Temperaturen unter 10 und über 45 °C führen zu Überreizung der Rezeptoren und werden als Schmerz wahrgenommen.

Nozizeptoren

Nozizeptoren empfangen als freie Nervenendigungen **Schmerzreize.** Generell kann durch alle Umwelteinflüsse, die zu einer Gewebeschädigung führen, ein Schmerzreiz ausgelöst werden, z. B. Verletzungen, extreme Temperaturen und chemische Stoffe.

Tab. 2 Mechanorezeptoren

Rezeptorart	Sinnesreiz	Hautschicht
Meissner-Tastkörperchen	einfacher Druck	Papillen der Lederhaut
Merkel-Tastscheiben	Druckänderung	untere Oberhaut
Ruffini-Körperchen	Druckänderung	untere Lederhaut, Unterhaut
Krause-Endkolben	Druck, Vibration	Lederhaut
Vater-Pacini-Körperchen (Lamellen-Körperchen)	Vibration	untere Lederhaut, Unterhaut
Golgi-Mazzoni-Körperchen	Vibration	Unterhaut
Nervengeflechte (Dendriten)	Berührung	obere Unterhaut
freie Nervenendigungen	starke, spitze Reize	Lederhaut, z. T. Oberhaut

Führen Sie folgende Wahrnehmungsversuche zur Haut durch:

1. *Der Nachbar hat die Augen geschlossen, Sie pieksen mit der Bleistiftspitze im Abstand von 1 cm mehrmals in die Fingerkuppe und in die Haut des Rückens. Wo fühlt sich der Abstand größer an? Wiederholen Sie das Experiment mit verschiedenen Abständen an unterschiedlichen Körperregionen.*
2. *Halten Sie die rechte Hand in eine Schüssel mit Eiswasser und die linke in sehr warmes Wasser, konzentrieren Sie sich auf die unterschiedliche Lokalisation der Kälte- und Wärmepunkte.*

Hautflora

Alle Mikroorganismen wie Bakterien und Pilze, die bei Besiedelung gesunder Haut nicht krankheitserregend wirken, werden als **Hautflora** oder **Normalflora** bezeichnet.

Die normale Hautflora unterscheidet sich von Mensch zu Mensch und ist abhängig von Alter, Geschlecht, genetischer Veranlagung, Hautareal und Umgebungsbedingungen.

Es wird unterschieden in residente und transiente Hautflora:
- **residente Hautflora:** Mikroorganismen, die permanent die Haut besiedeln
- **transiente Hautflora:** Mikroorganismen, die zeitweilig auf der Haut siedeln

Die Normalflora erfüllt eine wichtige Schutzfunktion, indem sie mit fremden Mikroorganismen um ihr „Revier“ konkurriert. Bevor sich fremde Mikroorganismen auf der Haut ansiedeln können, müssen zunächst die dort ansässigen (residenten) Platzhalter verdrängt werden. Erreger können sich nur vermehren, wenn sie sich gegen die Normalflora durchsetzen. Zudem hemmen Stoffwechselprodukte der Normalflora das Wachstum nichtresidenter Bakterien und Pilze und sorgen für ein ausgeglichenes Verhältnis der Standortkeime (→ 8.2.2). So haben pathogene Mikroorganismen nur eine Chance bei geschwächtem Immunsystem oder stark abweichenden Oberflächenbedingungen der Haut.

taktil:
den Tastsinn betreffend bzw. mithilfe des Tastsinns

Nozizeptor:
auf die Wahrnehmung von Gewebeschäden spezialisierter Rezeptor, fast überall im Körper vorkommend

Normalflora:
Standortflora; Gesamtheit der physiologischen Mikroorganismen (Kleinstlebewesen) auf und in einem vielzelligen Lebewesen

resident:
bleibend, niedergelassen

transient:
nur vorübergehend auftretend

Komedonen:
Singular Komedo; Mitesser; schwärzlich verfärbender Talgpfropf, der die Öffnung einer Hautpore verstopft

Akne:
Hauterkrankung mit entzündlichen, von Talgdrüsen ausgehenden Hautveränderungen in Form von Knötchen und Pusteln

Hautschutz, -reinigung und -pflege

Je nach Alter, Hauttyp und Zustand hat die Haut unterschiedliche Bedürfnisse.

Generell erfolgt die Reinigung der Haut mit klarem Wasser und einem Reinigungsmittel wie Seife oder einer Waschlotion, die pH-neutral oder leicht sauer ist, um den Säureschutzmantel der Haut und damit ihre Schutzfunktion zu erhalten.

Säuglinge

Bei einem Säugling mit unempfindlicher Haut reicht die Reinigung mit klarem Wasser. Bei Kälte oder Sonne können Cremes, fetthaltig oder mit Lichtschutzfaktor, verwendet werden. Im Windelbereich können sich aufgrund der Feuchtigkeit und Wärme Entzündungen bilden, die auch einen Pilzbefall („Windelsoor") begünstigen. Der Bereich ist möglichst trocken zu halten und bei Bedarf mit zinkhaltigen Cremes zu schützen.

Kinder

Auch zur Pflege von Kinderhaut reicht in der Regel klares Wasser. Beim Duschen oder Baden können rückfettende Produkte oder mildes Duschgel verwendet werden. Anschließendes Auftragen einer Feuchtigkeitscreme hilft, dass der natürliche Feuchtigkeitsgehalt der Kinderhaut erhalten bleibt.

Hautsekretionstyp:
Hautbild in Abhängigkeit von der Talgdrüsentätigkeit

Emulsion:
fein verteiltes Gemisch zweier normalerweise nicht mischbarer Flüssigkeiten; aufgrund eines enthaltenen Emulgators ohne sichtbare Entmischung

W/O-Emulsion:
Wasser-in-Öl-Emulsion; Emulsion, deren (äußerer) Hauptbestandteil Öl ist

O/W-Emulsion:
Öl-in-Wasser-Emulsion; Emulsion, deren (äußerer) Hauptbestandteil Wasser ist

Jugendliche

Während der Pubertät kommt es infolge der Hormonumstellung zu einer erhöhten Talgproduktion der Haut (→ Abb. 5). Bei fettiger Haut neigt die Hautoberfläche zu stärkerer Verhornung, wodurch die Ausführungsgänge der Talgdrüsen schnell verstopfen können.

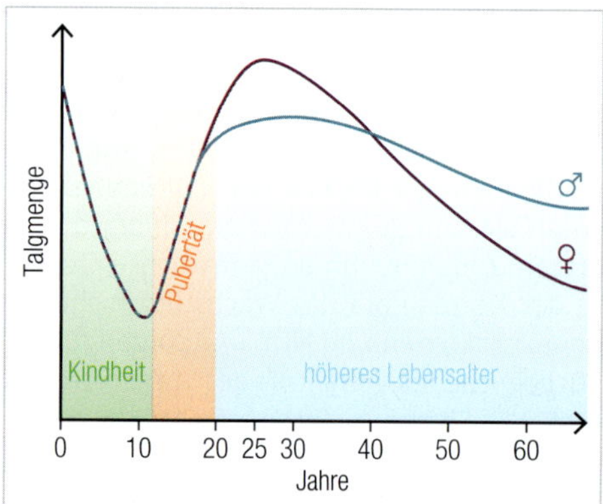

Abb. 5 Talgproduktion im Laufe des Lebens

Der Talg sammelt sich in den Poren und bildet „Mitesser" aus, die Komedonen. Da im Bereich der Haarfollikel besonders viele Keime siedeln, können sich die Mitesser leicht entzünden, es kommt zu Pickeln und Akne.

Tipps bei Akne (Kremser 2019):
- pH-neutrale, parfümfreie Reinigungsmittel verwenden
- Feuchtigkeitscremes auf Wasserbasis (O/W-Emulsion) verwenden
- übermäßige Sonnenbestrahlung meiden
- ausgewogene Ernährung, Nahrungsmittel meiden, die sich erfahrungsgemäß ungünstig auf die Haut auswirken
- medizinische Kosmetikerin besuchen
- Behandlung durch einen Hautarzt
- kein „Ausdrücken" von Pickeln oder Komedonen durch die betroffene Person

Erwachsene

In Abhängigkeit vom Hautsekretionstyp kann eine angepasste Pflege durchgeführt werden:
- **trockene Haut:** W/O-Emulsionen zur Erhöhung des Lipidgehalts in der Hornschicht; milchsäurehaltige Produkte als Feuchtigkeitsspender; harnstoffhaltige Produkte bei sehr trockener, rissiger Haut
- **fettige Haut:** O/W-Emulsionen
- **Mischhaut:** Kombination aus O/W- und W/O-Emulsionen, je nach Hautpartie
- **reife Haut ab 40:** neigt eher zu Trockenheit, d. h. W/O-Emulsionen, Harnstoff- und Milchsäureprodukte

Ältere Menschen

Im Alter nimmt die Elastizität der Haut durch strukturelle Veränderungen in Ober- und Lederhaut ab. Die Talg- und Schweißproduktion sinkt, sodass die Haut leicht austrocknet und sehr empfindlich wird. Zur Pflege werden Ölbäder und milde Reinigungsmittel empfohlen. Glycerin, Harnstoff, Milchsäure unterstützen die Funktion von fetthaltigen Cremes. Eine ausreichende Flüssigkeitszufuhr ist grundsätzlich von Vorteil.

Hauthygiene

In bestimmten Berufen, z. B. des Gesundheitswesens oder der Lebensmittelverarbeitung, wird die Haut vor allem der Hände durch häufiges Waschen oder Desinfizieren stark belastet. Händereinigung und -desinfektion sind essenziell, um die Übertragung von Krankheitserregern zu vermeiden (→ 8.5.9), beschädigen aber den Säureschutzmantel der Haut (→ 8.2.2). Zur Hautreinigung sollen deshalb milde Reinigungsmittel mit einem pH-Wert unter 6,5 verwendet werden. Anschließendes Eincremen der Hände hilft bei der Regeneration der Hautflora.

Sonnenschutz

1. *Beschreiben Sie die Bedeutung des Lichtschutzfaktors einer Sonnencreme.*

2. *Erklären Sie, warum das Verhalten von Anna und Jasmin zu Hautschäden führen kann, und beschreiben Sie mögliche Folgen des Sonnenbads.*

Anna und Jasmin sind im Schwimmbad, es sind 32 °C und die Sonne scheint.
Anna: „Lass uns in die Sonne gehen, da werden wir schnell warm, wenn wir aus dem Wasser kommen."
Jasmin: „Da ist es mir zu heiß, außerdem habe ich immer so schnell Sonnenbrand."
Anna: „Ach komm, ich habe eine Sonnencreme mit Lichtschutzfaktor 30 dabei, da können wir ewig in der Sonne liegen bleiben, ohne dass etwas passiert. Außerdem sehen gebräunte Beine in meinen neuen Shorts viel besser aus als die käsigen, die ich momentan habe."
Jasmin: „Meine sind schon vom Radfahren gestern rot, aber wenn du meinst, dass der Lichtschutzfaktor so toll ist, dann lass uns gehen."

Intensive Sonnenbestrahlung kann unsere Haut schädigen. Je nach Hauttyp (Melaningehalt, → 6.2.1) kann man unterschiedlich lange ohne Folgeschäden in der Sonne verweilen (→ Tab. 3). Sonnenschutz ist in jedem Alter ratsam, um vorzeitiger Hautalterung und bösartigen Neubildungen der Haut (→ 6.8) vorzubeugen.

Bedenklich ist, dass immer noch etwa 15 % der Erwachsenen und 60 % der Kinder mindestens einmal im Jahr einen **Sonnenbrand** durch zu intensive Sonnenbestrahlung erlei-

Test zur Ermittlung des Hauttyps: *www.bfs.de/DE/themen/opt/uv/wirkung/hauttypen/hauttypen_node.html*

Tab. 3 Verweilzeit in der Sonne je nach Hauttyp (Bundesamt für Strahlenschutz 2020; Deutsche Haut- und Allergiehilfe o. J.)

	Hauttyp I	Hauttyp II	Hauttyp III	Hauttyp IV	Hauttyp V	Hauttyp VI

Haut	sehr hell, extrem empfindlich, häufig Sommersprossen	hell, empfindlich, häufig Sommersprossen	hell bis hellbraun, selten Sommersprossen	hellbraun bis olivfarben	dunkelbraun	sehr dunkel
Haarfarbe	rotblond	blond bis braun	dunkelblond bis braun	dunkelbraun	dunkelbraun bis schwarz	schwarz
Augenfarbe	hell	blau, grau, grün, braun	hell oder braun	braun	braun bis dunkelbraun	dunkelbraun
Eigenschutzzeit (Richtwert)	< 10 Minuten	10–20 Minuten	20–30 Minuten	> 30 Minuten	> 60 Minuten	> 90 Minuten
Reaktion der Haut auf Sonne	bräunt nie	bräunt kaum bis mäßig	bräunt schneller als II	bräunt schnell	bräunt schnell	–
Sonnenbrand	sehr schnell	oft	manchmal	selten	selten	sehr selten

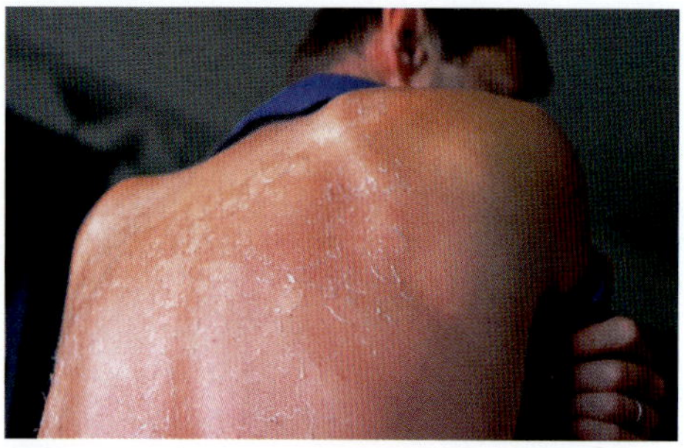

Abb. 6 Sonnenbrand mit Abschuppen der Haut

den. Hauptverursacher von Sonnenbrand sind die kurzwelligen, energiereichen **UVB-Strahlen** der Sonne, die in die Oberhaut vordringen. Es kommt zu einer schmerzhaften Rötung und Erhitzung der Haut, evtl. sogar zu Austritt von Flüssigkeit in das Gewebe mit anschließender Blasenbildung. Wenn die DNA der Hautzellen durch die UV-Strahlung zu stark geschädigt ist, kommt es zur Apoptose (→ 1.2.4). Die verbrannte Haut schält sich nach einigen Tagen ab (→ Abb. 6), um durch neue, infolge erhöhter Melaninproduktion stärker pigmentierte Haut ersetzt zu werden. Die durch Sonnenbrand entstandenen DNA-Schäden in den Zellen der Oberhaut sind potenziell krebsauslösend.

Behandeln kann man einen Sonnenbrand durch konsequentes Meiden der Sonne sowie durch Kühlen der Haut.

Die langwelligere, energieärmere **UVA-Strahlung** dringt tiefer ein, nämlich bis zur Unterhaut. Folgen von zu intensiver UVA-Bestrahlung sind Gefäßerweiterung und Kollagenzerstörung durch Entzündungsreaktionen, die zur Abnahme der Hautelastizität und dadurch zu Faltenbildung und Hautalterung führen. In sehr hohen Dosen können auch UVA-Strahlen zu Sonnenbrand führen.

Tauschen Sie sich aus:
- *Wer hatte Sonnenbrände in der Kindheit?*
- *Wie verhalten Sie sich in Bezug auf die Sonne im Urlaub?*

Übermäßiger Sonnenexposition kann man mit entsprechendem **Sonnenschutz** in Form von Kleidung oder Cremes vorbeugen. Der **Lichtschutzfaktor (LSF)** der Sonnencreme gibt an, um welchen Faktor sich die individuelle Aufenthaltszeit in der Sonne verlängert, ohne Hautschäden zu erleiden. Hierbei ist das ausreichende Auftragen der Creme deutlich vor dem Sonnenbad wichtig.

Berechnen Sie Ihre mögliche Verweildauer in der Sonne mit Lichtschutzfaktor 25 und 50.

Wichtig ist, dass die absolute Lichtschutzzeit auch durch regelmäßiges Nachcremen, das vor allem nach dem Baden oder bei starkem Schwitzen erforderlich ist, **nicht** verlängert werden kann.

UV-Strahlung ist aber keineswegs nur schädlich, sondern wirkt auch positiv auf den Organismus. Neben dem gemütsaufhellenden Aspekt ist insbesondere die Rolle der UVB-Strahlung bei der Synthese von **Vitamin D** (→ 4.4.5) nicht zu unterschätzen. Ein 10- bis 15-minütiger Aufenthalt in der Mittagssonne ohne Sonnenschutzmittel ist daher empfehlenswert.

Verbrennungen

Bei Einwirkung von Temperaturen über 60 °C auf den Organismus kann es binnen kürzester Zeit zu Verbrennungen mit Gewebeschädigungen und evtl. Brandwunden an der Haut kommen. Kälteverbrennungen infolge extrem niedriger Temperaturen verursachen lokal mit Verbrennungen vergleichbare Schäden.

Sonnenbrand:
Verbrennung der Haut infolge Überbelichtung durch natürliche (Sonne) oder künstliche (Lampen) UV-Strahlung

UV-Strahlung:
Ultraviolett-Strahlung; elektromagnetische Strahlung im Wellenlängenbereich von 100 bis 400 nm (Nanometer)

UVB-Strahlung:
kurzwelliger, energiereicher Bereich der UV-Strahlung; Eselsbrücke: B verursacht Brand

UVA-Strahlung:
langwelligster, energieärmster Bereich der UV-Strahlung; Eselsbrücke: A verursacht Alterung

Lichtschutzfaktor:
LSF; gibt an, wie viel länger die Bestrahlungszeit unter Einsatz eines Sonnenschutzmittels im Gegensatz zur ungeschützten Haut sein darf, ohne einen Sonnenbrand zu bekommen; weltweit einheitlich festgelegt; wird anhand von Expositionsdauer und Hauttyp ermittelt: Eigenschutzzeit der Haut (→ Tab. 3) × LSF × 60 % (Sicherheitsabzug) = Lichtschutzzeit

Vitamin D:
Kalziferole; Gruppe fettlöslicher Vitamine, die unter Einwirkung von UVB-Strahlung in der Haut gebildet werden

Erstmaßnahmen bei Verbrennungen

- Kleider entfernen, außer bei großen Verbrennungen mit an der Haut klebenden Kleidungsstücken.
- Notruf wählen.
- Kleinere Verbrennungen mit handwarmem Wasser kühlen für maximal 10 Minuten.
- Große Verbrennungen steril abdecken.
- Keine Hausmittel verwenden.
- Je nach Bewusstseinszustand erweiterte Erste Hilfe leisten, z. B. Schocklagerung oder stabile Seitenlage.

Reparaturmechanismen

Durch die permanente **Hautregeneration** in der Basalzell- und Stachelzellschicht besitzt unsere Haut einen Schutz gegen **mechanische Belastungen und Abnutzung** (→ 6.2.1).

Darüber hinaus verfügt die Haut über Mechanismen, um auf **Verletzungen** zu reagieren. So wandern spezielle Bindegewebszellen, sogenannte **Fibroblasten,** in das betroffene Hautareal ein, um die Wunde möglichst schnell und so gut wie möglich abzudichten. Dadurch wird das Eindringen von Krankheitserregern in den Körper verhindert. Nebeneffekt dieses schnellen Wundverschlusses ist allerdings oft eine deutliche Narbenbildung, verbunden mit erhöhter Schmerzempfindlichkeit. Immer wieder kommt es auch zu Störungen der Wundheilung, die chronisch offene Wunden zur Folge haben können. Hierbei besteht die Gefahr von Wundinfektionen.

Auswirkungen der Lebensführung auf die Haut

Rauchen, Alkohol, Schlafmangel, ungesunde Ernährung, Bewegungsmangel, übermäßige Sonnenbestrahlung und wenig frische Luft fördern eine frühzeitige Hautalterung. Eine reichliche Flüssigkeitsaufnahme, ausreichend Schlaf und Vitamine lassen die Haut nachweislich regenerieren.

Das **Tragen von Tattoos** ist in Deutschland weit verbreitet und wird insbesondere bei jungen Menschen immer beliebter. Die Auswirkung durch Farbpigmente in Tattoofarben ist jedoch umstritten. In einer Dokumentation fasst der Deutsche Bundestag die Studienlage und aktuelle Diskussion zusammen (Deutscher Bundestag 2020):

- Es besteht Einvernehmen darüber, dass die eingespritzte Farbe nicht im Tattoo verbleibt, sondern sich im Körper des Tätowierten verteilt.
- Mögliche gesundheitliche Folgen einer Tätowierung können sein:
  - Allergie
  - Hauterkrankung
  - Erkrankung der Organe
  - Krebserkrankung
  - zu spätes Erkennen von Hauterkrankungen

Tattoofarben sind daher auf dem Prüfstand. Dabei sind nationale und internationale Richtlinien zur Zulassung noch unzureichend (Deutscher Bundestag 2020).

Warnungstyp: kosmetische Mittel
Produktbezeichnung: Tätowierfarbe INTENZE Desert Sand Medium
Grund der Warnung: Unstimmigkeiten in der Zusammensetzung
Hersteller (Inverkehrbringer):
Premier Products GmbH,
Teichkoppel 23,
24229 Dänischenhagen
betroffene Länder (alphabetisch):
Baden-Württemberg, Bayern, Berlin, Hessen, Niedersachsen, Nordrhein-Westfalen, Rheinland-Pfalz, Saarland, Sachsen, Sachsen-Anhalt, Schleswig-Holstein, Thüringen
Bundesamt für Verbraucherschutz und Lebensmittelsicherheit unter www.lebensmittelwarnung.de, 24.02.2020

1. *Recherchieren Sie den wissenschaftlichen Stand zu den Auswirkungen von Tattoos auf die Gesundheit.*
2. *Diskutieren Sie, warum Tattoos eine derart große Verbreitung erfahren, obwohl sie gesundheitlich bedenklich sind.*
3. *Positionieren Sie sich: Wie stehen Sie zu Tattoos?*

6.3 Auge – Sehsinn

REUS

6.3.1 Anatomie

Das empfindliche Auge ist in den Gesichtsschädel eingebettet und hat mit dem Sehnerv eine direkte Verbindung zum Gehirn. **Schutzvorrichtungen** sollen Schäden durch äußere Einwirkungen am Auge verhindern: Die **Augenlider** und **Wimpern** schützen durch den **Lidschlussreflex** vor Fremdkörpern. In einem Fettgewebepolster unterhalb der äußeren Augenbraue liegt die Tränendrüse, in der **Tränenflüssigkeit** produziert wird. Sie verteilt sich bei jedem Lidschlag auf dem vorderen Augenabschnitt, beseitigt dabei Fremdpartikel und sorgt für klare Sicht. Gleichzeitig wird die Hornhaut mit einem vor Austrocknung schützenden **Tränenfilm** überzogen. Die in der Flüssigkeit enthaltenen **Immunglobuline**

Fibroblasten:
faserbildende Bindegewebszellen, die zum Aufbau der Extrazellulärmatrix benötigt werden

Öffentliche Warnungen bezüglich Lebensmittel und Kosmetika: *www.lebensmittelwarnung.de/bvl-lmw-de/liste/alle/deutschlandweit/10/0*

Auge:
Oculus; Sinnesorgan zur Wahrnehmung von Lichtreizen mithilfe spezialisierter Sinneszellen

Sehnerv:
Hirnnerv II; Nervenfaserbündel zur Übermittlung elektrischer Impulse vom Auge zum Gehirn

Lidschlussreflex:
Schutzmechanismus des Auges, der durch Einwirkungen auf die Hornhaut und die nähere Augenumgebung ausgelöst wird und ein rasches Verschließen der Augenlider bewirkt

Immunglobuline:
Antikörper; Eiweiße, die als Teil des Immunsystems Krankheitserreger und Fremdstoffe vor dem Eindringen in den Körper aufspüren und abwehren

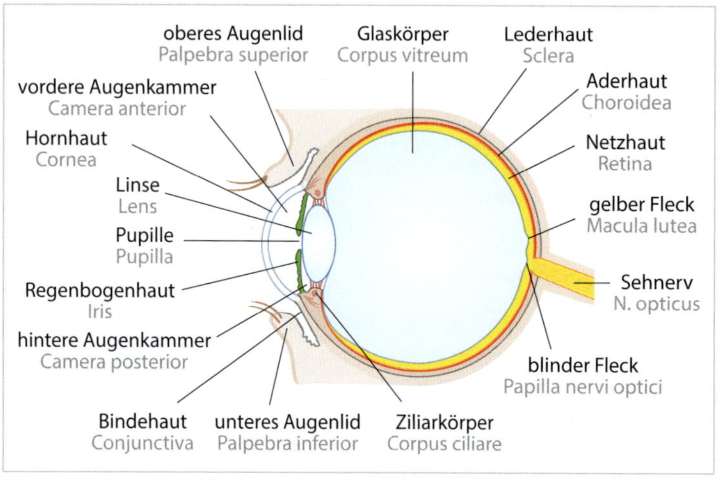

Abb. 7 Aufbau des Auges

Netzhaut:
Retina; innere Haut des Auges, in der die Sinneszellen liegen, die Licht in Nervenimpulse umwandeln

Augeninnendruck:
Druck auf der Augeninnenwand, der eine konstante glatte Wölbung der Hornhautoberfläche, einen gleichbleibenden Abstand zwischen Hornhaut, Linse und Netzhaut sowie eine gleichmäßige Ausrichtung der Fotorezeptoren auf der Netzhaut bewirkt sowie die Kugelform des Augapfels aufrecht erhält; Regulierung erfolgt durch Kammerwasser

(→ 8.2.4, Tab. 2) dienen der Abwehr von Krankheitserregern. Über den Tränen-Nasen-Gang fließt die Tränenflüssigkeit in die Nasenhöhle ab.

> Bei Schnupfen tränen oft die Augen. Schuld daran ist die Schwellung der Schleimhaut auch im Bereich des Tränen-Nasen-Gangs, sodass die Tränen nicht mehr abfließen können und sich einen anderen Weg suchen.

Der kugelförmige **Augapfel** (→ Abb. 7) liegt geschützt in der mit Fettgewebe ausgekleideten knöchernen Augenhöhle. Umschlossen wird der Augapfel von der weißen, derben **Lederhaut,** die vorn als durchsichtige **Hornhaut** ausgebildet ist. Nach innen liegt der Lederhaut die gefäßreiche **Aderhaut** auf, welche die ihr aufliegende Netzhaut mit Nährstoffen versorgt.

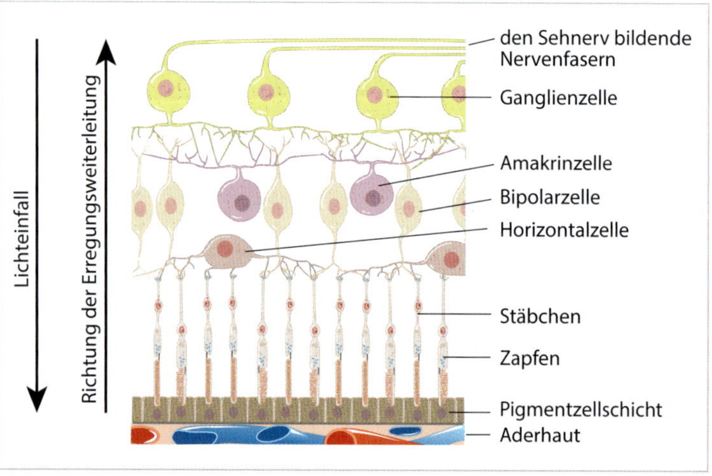

Abb. 8 Aufbau der Netzhaut

Die nur 200 µm dicke **Netzhaut** besteht aus einer Abfolge von Zellkörpern im Wechsel mit Zellfortsätzen (→ Abb. 8). In den Netzhautschichten sind drei Gruppen von **Nervenzelltypen** erkennbar (→ Abb. 8):

- **Fotorezeptoren:** lichtempfindliche Zellen, die das eintreffende Licht in Nervenimpulse umwandeln; zu ihnen gehören die Stäbchen und Zapfen sowie die fotosensitiven Ganglienzellen
- **Interneurone:** zwischengeschaltete Zellen, welche die erzeugten Impulse einer ersten Verarbeitung innerhalb der Netzhaut unterziehen; zu ihnen zählen Amakrinzellen, Bipolarzellen und Horizontalzellen
- **Ganglienzellen,** welche die verarbeiteten visuellen Informationen über den Sehnerv zur nächsten Schaltstelle im Gehirn weiterleiten

Das Innere des Auges ist mit einem durchsichtigen **Glaskörper** ausgefüllt (→ Abb. 7). Er ist mit einer zu 98 % aus Wasser, darüber hinaus aus Hyaluronsäure und Kollagenfasern bestehenden gelartigen Flüssigkeit gefüllt, die dem Augapfel Spannung und Festigkeit verleiht.

Die Aderhaut geht im Bereich der Hornhaut zunächst in den mit einer eingelagerten Muskelschicht (Ziliarmuskel) versehenen **Ziliarkörper** über und ist im Anschluss als ringförmige **Regenbogenhaut** ausgebildet, in deren Zentrum sich ein Sehloch, die **Pupille,** befindet. Vor der Pupille entsteht zur Hornhaut hin ein Raum, die **vordere Augenkammer.** Nach hinten hin liegt zwischen Pupille und Glaskörper die **hintere Augenkammer,** in der die **Linse** eingespannt ist. Diese ist über **Zonulafasern** mit dem Ziliarmuskel verbunden. Die beiden Augenkammern stehen über die Pupille miteinander in Verbindung und enthalten das im Ziliarkörper produzierte **Kammerwasser.** Dieses versorgt Hornhaut und Linse mit Nährstoffen und reguliert den **Augeninnendruck.** Es fließt über den **Schlemm-Kanal** in das venöse System ab.

Die durch die Pupille ins Auge eindringenden Lichtreize treffen im Verlauf der Sehachse zentral auf die Netzhaut. Hier befindet sich der **gelbe Fleck,** ein Areal von etwa 3 bis 5 mm Durchmesser. In seinem Zentrum liegt die **Sehgrube,** in der die Verteilung farbempfindlicher Sehzellen ihre größte Dichte erreicht und die die Stelle des schärfsten Sehens ist. Hier besitzt die Netzhaut die größte Auflösung, wie man sie z. B. für das „Kleingedruckte" braucht. Die umgebenden Areale haben ein geringeres Auflösungsvermögen, sie dienen im Wesentlichen der Wahrnehmung des Umfelds „aus den Augenwinkeln".

Seitlich des gelben Flecks, Richtung Schläfe verschoben, tritt der **Sehnerv** aus der Netzhaut aus; über ihn werden die Lichtreize ans Gehirn geleitet. An dieser Austrittsstelle befinden sich keine Sehzellen in der Netzhaut, sie wird daher als **blinder Fleck** bezeichnet.

6.3.2 Physiologie

Bewegungen des Auges

Zur optimalen Wahrnehmung unserer Umwelt müssen die Augen sehr beweglich sein. Dafür sorgt die **äußere Augenmuskulatur,** die je Auge aus vier geraden sowie zwei schrägen Augenmuskeln besteht. Sie setzen jeweils oben, unten, links und rechts sowie schräg außen oben und unten am Augapfel an und ermöglichen sämtliche Drehbewegungen, die in der Regel bei beiden Augen synchron und parallel verlaufen (→ Abb. 9). Auch der das Oberlid bewegende Lidhebermuskel wird zu den äußeren Augenmuskeln gezählt.

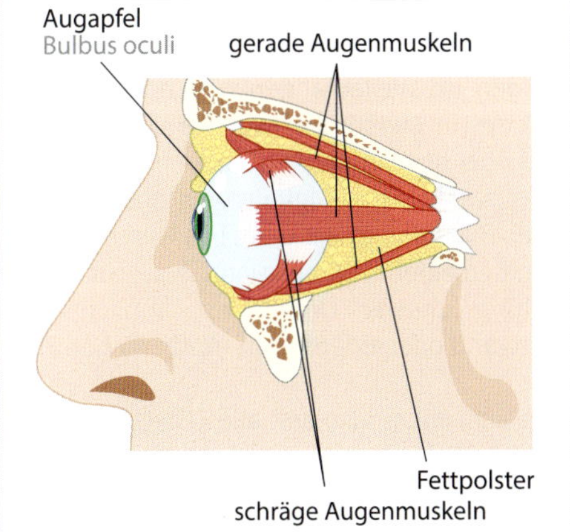

Abb. 9 Äußere Muskulatur des Augapfels

Zur **inneren Augenmuskulatur** zählt die jeweils ringförmig angeordnete Muskulatur der Iris und des Ziliarkörpers.

Versuchen Sie, mit beiden Augen in jeweils unterschiedliche Richtungen zu blicken. Gelingt dies? Begründen Sie.

Bildentstehung

Das Auge des Menschen ist ein Kameraauge mit einem Linsenapparat und mit zu einer Netzhaut zusammengefassten Sehzellen, den Sinneszellen des Auges. Bis zur Bildentstehung werden zahlreiche Prozesse vom Lichteinfall ins Auge bis zu dessen Verarbeitung und Auswertung im Gehirn durchlaufen.

Weg des Lichts durch das Auge

Der Weg des Lichts führt durch den **dioptrischen Apparat:** Die auf das Auge einfallenden Lichtstrahlen durchdringen zunächst die Hornhaut und das Kammerwasser, treten durch die Pupille in die Linse ein, durchqueren dann den Glaskörper und treffen auf die Netzhaut.

In Abhängigkeit von den gegebenen Lichtverhältnissen variiert die Irismuskulatur die Pupillenweite und reguliert somit, wie viel Lichtreize ins Auge gelangen und auf die Netzhaut treffen. Diesen Vorgang nennt man **Adaptation.**

In Abhängigkeit von der Entfernung eines Objektes zum Auge passt der Ziliarmuskel die Linsenkrümmung an, damit das Objekt scharf auf der Netzhaut abgebildet wird; dies wird als **Akkommodation** bezeichnet. Hierbei kommt dem Zusammenspiel von Ziliarmuskulatur und Zonulafasern eine zentrale Bedeutung zu (→ Abb. 10):

- Beim Sehen in die **Ferne** ist die Ziliarmuskulatur entspannt, wodurch die Zonulafasern anspannen. Dadurch wird die Linse weniger gekrümmt und die Brennweite der Linse vergrößert.
- Beim Sehen in der **Nähe** ist die Ziliarmuskulatur angespannt, wodurch die Zonulafasern entspannen. Dadurch wird die Linse stärker gekrümmt und die Brennweite der Linse verkleinert.

Besonderheiten der Bildentstehung

Wie in → Abb. 10 zu erkennen ist, wird das vom Auge anvisierte Objekt **falsch herum** auf

Schlemm-Kanal: zirkulär verlaufendes, lymphgefäßähnliches Sammelrohr im Auge, das dem Abfluss des Kammerwassers dient

gelber Fleck: Macula lutea; zentraler Bereich der Netzhaut, der die größte Dichte an farbempfindlichen Sehzellen besitzt

dioptrischer Apparat: Gesamtheit der lichtbrechenden Strukturen des Auges, bestehend aus Hornhaut, Kammerwasser, Linse und Glaskörper

Adaptation: Anpassung des Auges an die vorherrschende Leuchtdichte im Gesichtsfeld

Akkommodation: dynamische Anpassung des Auges an Objekte in unterschiedlichen Entfernungen durch Linsenkrümmung, um diese scharf auf der Netzhaut abzubilden

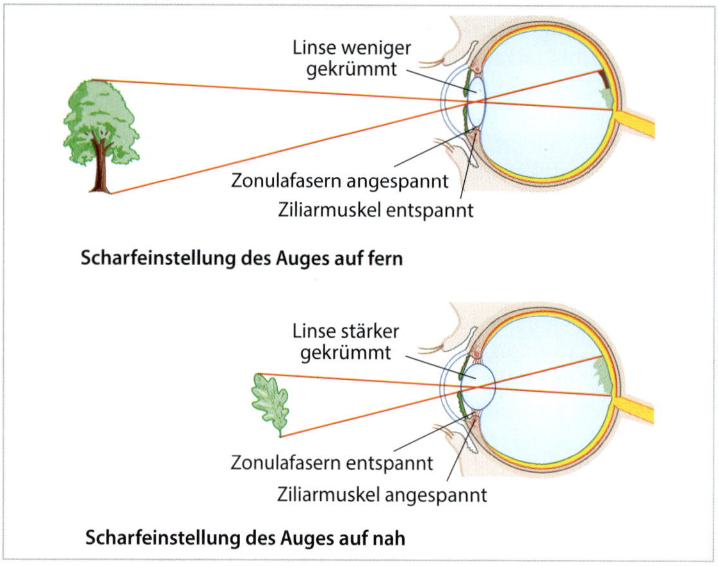

Abb. 10 Akkommodation des Auges

Chiasma opticum: in der mittleren Schädelgrube gelegene Kreuzungsstelle eines Teils der Nervenfasern der Sehnerven beider Augen

visuell: das Sehen betreffend; mit den Augen

die Netzhaut projiziert. Erst durch die Verarbeitung im Gehirn dreht sich das Bild in die für uns gewohnte Position.

Die von den beiden Netzhäuten unserer Augen gesammelten Informationen werden über die beiden Sehnerven an das Gehirn geleitet. Dabei wechselt jeweils ein Teil der Nervenfasern der beiden Sehnerven von der rechten auf die linke Kopfseite und umgekehrt (→ Abb. 11). Die temporal, also zur Schläfe hin gelegenen Nervenfasern der Sehnerven verbleiben jeweils auf ihrer Seite. Dagegen wechseln die nasal, also zur Nase hin gelegenen Nervenfasern der beiden Sehnerven in der Schädelgrube am sogenannten **Chiasma opticum** jeweils die Seiten, sodass die rechte Großhirnhemisphäre optische Reize des linken Auges und die linke Hemisphäre optische Reize des rechten Auges verarbeitet.

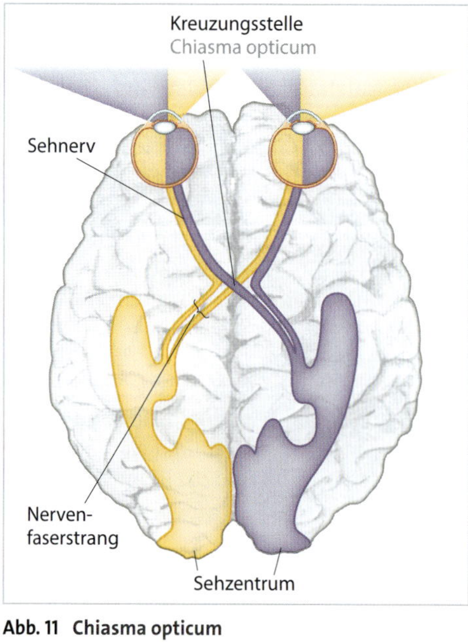

Abb. 11 Chiasma opticum

Unsere visuelle Wahrnehmung ist in gewisser Weise auch ein **individueller Vorgang,** der einer Interpretation unserer Seheindrücke durch persönliche Erfahrungen und Stimmungen unterliegt, die bei der Bildauswertung im Gehirn miteinbezogen werden. Gelegentlich spielt uns das Wechselspiel zwischen Sinneszellen und Gehirn einen Streich: Verlaufen die waagerechten Linien in → Abb. 12 parallel zueinander?

Abb. 12 Optische Täuschung

Verarbeitung der Lichtreize

Die auf die Netzhaut treffenden Lichtreize werden im Wellenlängenbereich von 380 bis 780 nm in elektrische Impulse umgewandelt und über den Sehnerv an das Gehirn weitergeleitet, wo aus den Signalen ein dreidimensionales Bild konstruiert wird. Die Netzhaut wird somit zu einer Art Projektionsfläche für die Abbildung unserer Umgebung, ähnlich einer Leinwand oder einem lichtempfindlichen Film.

Das Licht muss also erst alle Zellschichten der Netzhaut durchdringen, bis es die Fotorezeptoren an der Rückseite der Netzhaut erreicht. Hier werden die Lichtreize in Nervenimpulse umgewandelt und über die Horizontal-, Bipolar- und Amakrinzellen „zurück" an die Ganglienzellen geleitet (→ Abb. 8). Über die Axone der Ganglienzellen, die sich zum Sehnerv bündeln, gelangen die Signale schließlich ans Gehirn.

Die **Fotorezeptoren** stellen den eigentlich lichtempfindlichen Zelltyp der Netzhaut dar. Funktionen bei der Bilderkennung übernehmen nur die Stäbchen und Zapfen, während die fotosensitiven Ganglienzellen den Tag-Nacht-Rhythmus regeln. Im gelben Fleck befinden sich ausschließlich Zapfen, etwa 70 000. Die Fotorezeptoren nehmen unterschiedliche Sinnesqualitäten als Potenzialunterschiede wahr:

- Die ca. 120 Millionen **Stäbchen** dienen dem Sehen bei geringer Helligkeit, also in der Dämmerung oder Nacht ohne Farbwahrnehmung (→ Abb. 13).
- Die ca. 6 Millionen **Zapfen** dienen dem Tageslicht- und Farbensehen, wobei drei Zapfentypen mit unterschiedlichen Wellenlängenabsorptionsmaxima vorliegen: blau, rot, grün.
- Die **fotosensitiven Ganglienzellen** dienen der stabilen Wahrnehmung der Umgebungshelligkeit und sind u. a. an der Anpassung der Pupillenweite (Adaptation) beteiligt.

In den unterschiedlichen Fotorezeptortypen befindet sich jeweils ein anderer Sehfarbstoff, der ihre Empfindlichkeit gegenüber bestimmten Wellenlängen des Lichts bestimmt und ein Aktionspotenzial (→ 5.1.3) auslöst. Bei Fotorezeptorzellen besteht dabei gegenüber vielen anderen Zellen des Körpers eine Besonderheit: Sie schütten im Dunkeln den Neurotransmitter Glutamat vermehrt aus und mit zunehmender Belichtung immer weniger. Ohne Lichteinfall reagieren die Fotorezeptoren also mit einer Depolarisation, bei Lichteinfall mit einer Hyperpolarisation.

Wenn auf den Sehfarbstoff eines Fotorezeptors, Rhodopsin in einem Stäbchen bzw. Iodopsin in einem Zapfen, Licht fällt, wird eine **Signaltransduktionskaskade** (→ 1.4) ausgelöst, worauf sich Ionenkanäle in der Zellmembran des Fotorezeptors schließen. Die Rezeptorzelle wird hyperpolarisiert und schüttet den Neurotransmitter Glutamat in vermindertem Maße aus. In der Folge werden die Ionenkanäle der nachgeschalteten Bipolar- und Horizontalzellen geöffnet und so der Impuls an diese übertragen, d. h., die nachgeschalteten Nervenzellen können anhand der Reduzierung der Neurotransmittermenge die Intensität des Lichtsignals feststellen. Die Bipolar- und Horizontalzellen geben ihre Erregung wiederum an die ihnen nachgeschalteten Amakrin- und Ganglienzellen weiter, von wo der Impuls schließlich über den Sehnerv zum Sehzentrum im Gehirn weitergeleitet und dort verrechnet wird. Dieser Vorgang wird als **Fototransduktion** bezeichnet.

Adaptation und Kontrast

> Das Beobachten von Sternen gelingt am besten in absoluter Dunkelheit, ohne störende andere Lichtquellen, z. B. auf dem Land statt in der Stadt. Das Auge gewöhnt sich nach einer gewissen Zeit an die Dunkelheit und die Sterne leuchten umso heller und klarer.

Bei der Adaptation übernimmt die Pupille über den **Pupillenreflex** das schnelle Reagieren auf **plötzliche Helligkeitsunterschiede,** indem sie sich bei wenig Licht weitet oder bei viel Licht verengt. Aufgrund der teilweise sich kreuzenden Sehnerven im Gehirn reagiert hierbei auch die nicht direkt vom Helligkeitswechsel betroffene Pupille.

Die genauere Anpassung an unterschiedliche Umgebungshelligkeiten kommt erst nach einer gewissen Verzögerung durch die **allmähliche Lichtempfindlichkeitsänderung** der Netzhaut zustande. Durch die **retinale Adaptation** gelingt dem Auge die Verarbeitung von Lichtreizen mit starken Kontrasten. Es wird unterschieden zwischen Hell- und Dunkel-Adaptation. Bei der **Dunkel-Adaptation** geschieht Folgendes:

- Umschaltung vom Zapfensehen auf das Stäbchensehen, d. h., die Tätigkeit der lichtempfindlicheren Stäbchen wird erhöht.
- Dadurch nimmt die Schärfe des Sehens ab, da die Stäbchen überwiegend außerhalb der Sehgrube (dem Ort des schärfsten Sehens) vorkommen.
- Somit sind auch Farben nur noch schlecht erkennbar, da Stäbchen für diese nicht empfindlich sind.

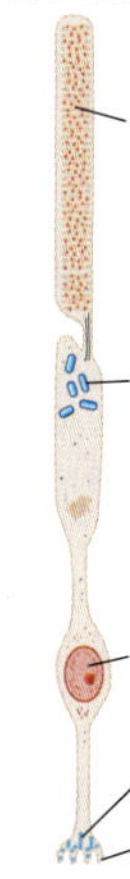

Abb. 13 Aufbau eines Stäbchens

Depolarisation:
Verminderung des Membranpotenzials an der Zellmembran

Hyperpolarisation:
Steigerung der Membranspannung über den Ruhewert, also noch negativer

Neurotransmitter:
kurz Transmitter; Botenstoff des Nervensystems

Fototransduktion:
Umwandlung und Weiterleitung eines Lichtreizes im Sehsinnessystem

Pupillenreflex:
schnelle Anpassung des Auges an kurzfristig sich verändernde Lichtverhältnisse durch Änderung der Pupillenweite

retinale Adaptation:
allmähliche Anpassung des Auges an unterschiedliche Lichtverhältnisse durch Änderung der Lichtempfindlichkeit der Netzhaut

Kontrast:
Unterscheidungsmerkmal für den Helligkeitsverlauf eines Bildes

Die **Hell-Adaptation** führt zu gegenläufigen Veränderungen.

Farbensehen

trichromatisches Sehen: Theorie, die besagt, dass durch das Mischen der drei reinen Spektralfarben Rot, Grün und Blau alle wahrnehmbaren Farben erzeugt werden können

Das Farbensehen, auch als **trichromatisches Sehen** bezeichnet, ist unsere Fähigkeit, die Unterschiede im Farbspektrum des sichtbaren Lichts erkennen zu können. Grundlage hierfür sind die drei Zapfentypen der Netzhaut, die jeweils nur auf bestimmte Wellenlängenbereiche des Lichts reagieren:

- Zapfen für **rotes** Licht auf **längere** Wellenlängen
- Zapfen für **grünes** Licht auf **mittlere** Wellenlängen
- Zapfen für **blaues** Licht auf **kürzere** Wellenlängen

stereoskopisches Sehen: beidäugiges Sehen mit Entfernungs- und Tiefenwahrnehmung

binokular: mit beiden Augen sehend

monokular: mit einem Auge sehend

Reflektiert die Oberfläche eines Gegenstands z. B. nur lange Wellen, so wird sie von uns als rot wahrgenommen; wirft die Oberfläche nur kurze Wellen zurück, sehen wir Blau. Erst wenn eine Oberfläche verschieden lange Wellen reflektiert, entstehen Mischfarben wie Gelb, Orange oder Violett.

absorbieren: aufnehmen, verschlingen, einsaugen

Ein weiterer zu berücksichtigender Faktor ist die Tatsache, dass Oberflächen Farben nicht nur reflektieren, sondern Teile des Lichtspektrums auch absorbieren. Bei einem uns in leuchtendem Rot erscheinenden Gegenstand werden die grünen und blauen Lichtanteile von der Oberfläche absorbiert und nur die langen roten Lichtwellen reflektiert.

Fehlsichtigkeit: Normabweichungen des Sehvermögens, v. a. der Sehschärfe

So entstehen in unserem Gehirn aus Lichtreizen unterschiedlicher Länge und Intensität beliebige Farbmischungen. Unsere Augen nehmen über 200 verschiedene Farbtöne, 20 Sättigungs- und 500 Helligkeitsstufen wahr und befähigen uns, mehrere Millionen Farben zu unterscheiden.

Eine Rot-Grün-Sehschwäche oder Rot-Grün-Blindheit ist eine erbliche Farbfehlsichtigkeit, die überwiegend Männer betrifft. Deren entsprechende Zapfen arbeiten nicht korrekt, sodass die Farben Rot und Grün schlecht unterschieden werden können. Eine Differenzierung der beiden Farben gelingt bei ausgeprägter Fehlsichtigkeit nur anhand der verschiedenen Grautöne. Dies kann zu Problemen im Straßenverkehr führen. Auch bei der Berufswahl sind die betroffenen Männer eingeschränkt.

Räumliches Sehen

Das räumliche, **stereoskopische Sehen** ist von der uneingeschränkten Funktion beider Augen abhängig und ermöglicht uns das korrekte Wahrnehmen von Entfernungen und räumlichen Tiefen. Es werden zwei Formen unterschieden.

Das **binokulare Sehen** kommt bei **kurzen Distanzen** bis maximal 10 m Entfernung zum Einsatz. Die beiden Augen betrachten einen Gegenstand durch ihre leicht unterschiedliche Position zu diesem jeweils aus einem etwas anderen Winkel. Dadurch sind die auf die Netzhaut projizierten Bilder ebenfalls etwas gegeneinander verschoben. Das Gehirn interpretiert diese Informationen, bezieht den Grad der Akkommodation mit ein und erzeugt daraus ein dreidimensionales Bild.

Auf **großen Distanzen** ist echtes räumliches Sehen nicht möglich. Beim **monokularen Sehen** kommen spezielle psychologische Mechanismen zum Tragen, die uns dennoch Entfernungen, räumliche Tiefen und unterschiedliche Größen wahrnehmen lassen. Auch hier spielt der Akkommodationsgrad der Linse eine wichtige Rolle.

Bei gestörtem räumlichen Sehen kann es zu Einschränkungen in der Lebensführung kommen. So kann z. B. das Autofahren eventuell nur mit Beschränkungen bezüglich der Geschwindigkeit und der Tageszeit (Nachtfahrverbot) erlaubt sein.

Schließen Sie das linke Auge und halten Sie den Zeigefinger senkrecht ca. 15 cm vor dem Gesicht auf Nasenhöhe. Öffnen Sie nun das linke und schließen Sie das rechte Auge und erklären Sie Ihre Beobachtung.

Veränderungen im Alter

Im Alter kommt es gehäuft zu einer **Fehlsichtigkeit.** Außerdem kann es zu Sehbehinderungen durch überwiegend altersbedingte **Augenkrankheiten** kommen:

- **Makuladegeneration:** Zerstörung der Nervenzellen im Bereich der Makula; medikamentös zu stoppen
- **Grauer Star (Katarakt):** Linsentrübung mit Beeinträchtigung des Sehvermögens und der Farbwahrnehmung; operativ behandelbar

- **Grüner Star (Glaukom):** Erhöhung des Augeninnendrucks mit Schädigung des Sehnervs und Verlust des Sehvermögens bis hin zur Erblindung; durch Augentropfen oder operativ zu stoppen

6.4 Ohr – Hör- und Gleichgewichtssinn

REUS

Das Ohr nimmt akustische Reize in Form von Schalldruckwellen auf, wandelt diese um und leitet Impulse an das Gehirn weiter. Darüber hinaus ist im Ohr das Gleichgewichtsorgan angelegt, das für unsere Orientierung im Raum, für die Balance und die Koordination unserer Bewegungen notwendig ist.

6.4.1 Anatomie

Das Ohr lässt sich in drei Abschnitte gliedern (→ Abb. 14):

- **Außenohr:**
  - Ohrmuschel
  - äußerer Gehörgang
  - Außenseite des Trommelfells
- **Mittelohr:**
  - Trommelfell
  - Paukenhöhle mit Gehörknöchelchen
  - Ohrtrompete
- **Innenohr:**
  - Hörschnecke
  - Gleichgewichtsorgan mit Bogengängen und Vorhofsäckchen

Mittel- und Innenohr liegen geschützt im Schädel. Die Abgrenzung zwischen Außenohr und Mittelohr bildet das **Trommelfell,** die zwischen Mittelohr und Innenohr das **ovale** und das **runde Fenster.**

Das **Außenohr** besteht aus der knorpeligen Ohrmuschel und dem äußeren Gehörgang mit den Ohrschmalzdrüsen.

Im **Mittelohr,** zu dem das Trommelfell gehört, befindet sich die mit einer dünnen Schleimschicht ausgekleidete Paukenhöhle, die über die Ohrtrompete (eustachische Röhre) mit dem Rachen verbunden ist. Die Ohrtrompete dient dem Druckausgleich zwischen Paukenhöhle und Umwelt. In der Paukenhöhle sind die drei Gehörknöchelchen nacheinander angeordnet.

Im **Innenohr** sind **Gleichgewichtsorgan** und **Hörschnecke** angeordnet. Diese bildet die anatomische Grundlage für unsere **Schallempfindung.** Sie besteht aus einem etwa 3 cm langen mit lymphähnlicher Flüssigkeit gefüllten und zu einer Schneckenform aufgerollten Schlauch. Der Schlauch wiederum ist aus drei aneinanderliegenden hohlen Gängen zusammengesetzt, die durch Membranen voneinander getrennt sind (→ Abb. 15):

- **Vorhofgang:**
  - Gangsystem, das am ovalen Fenster beginnt und spiralförmig bis zur Schneckenspitze verläuft
  - über das an der Schneckenspitze befindliche Schneckenloch mit dem anschließenden Paukengang verbunden
  - hat Verbindung zum Subarachnoidalraum zwischen den Hirnhäuten (→ 5.11.2)
  - mit Perilymphe gefüllt
- **Paukengang:**
  - Gangsystem, das als Fortsetzung des Vorhofgangs spiralförmig vom Schneckenloch bis zum runden Fenster verläuft
  - hat Verbindung zum Subarachnoidalraum zwischen den Hirnhäuten
  - mit Perilymphe gefüllt

Hörschnecke:
Cochlea; Teil des Innenohrs, Sitz des Corti-Organs, das die Schallrezeptoren enthält

Ohr:
Auris; Sinnesorgan zur Wahrnehmung akustischer Reize durch Umwandlung von Schall in elektrische Signale; Sitz des Gleichgewichtsorgans

Subarachnoidalraum:
Raum zwischen mittlerer (Arachnoidea mater) und innerer Hirnhaut, in dem die Hirnflüssigkeit zirkuliert

Perilymphe:
natriumreiche, kaliumarme lymphähnliche Flüssigkeit; ähnlich der Extrazellularflüssigkeit (Liquor) zusammengesetzt

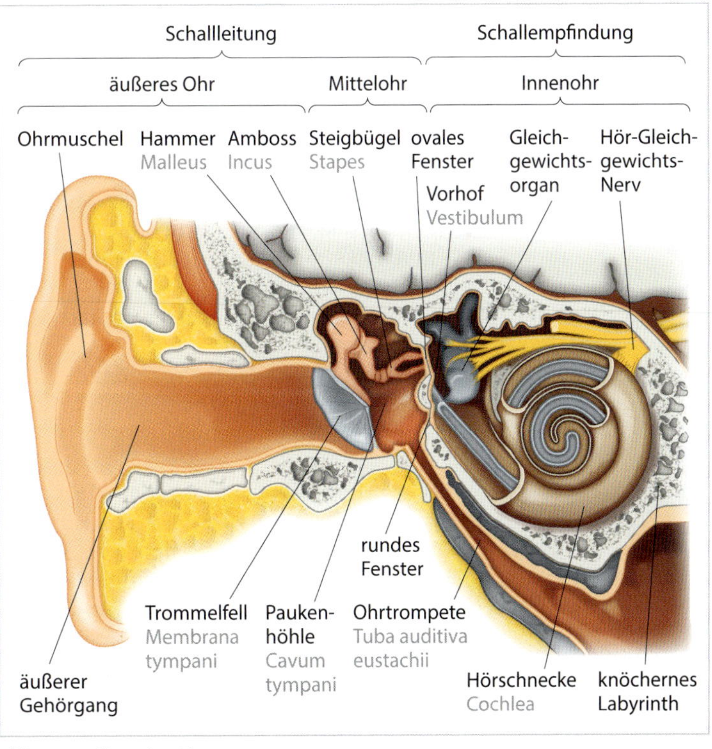

Abb. 14 Aufbau des Ohres

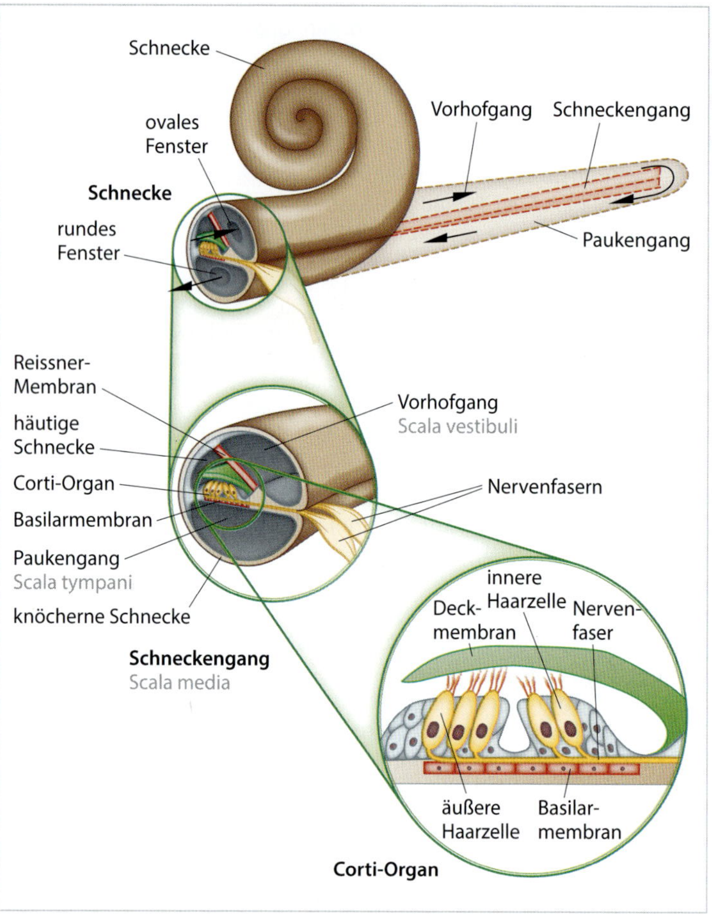

Abb. 15 Aufbau der Hörschnecke und des Corti-Organs

- **Schneckengang:**
  - Gangsystem, das sich zwischen Vorhofgang und Paukengang befindet
  - vom Vorhofgang durch die Reißner-Membran getrennt
  - vom Paukengang durch die Basilarmembran getrennt
  - beherbergt das Corti-Organ, das die Schallrezeptoren enthält
  - mit Endolymphe gefüllt

Endolymphe:
kaliumreiche, natriumarme lymphähnliche Flüssigkeit; ähnlich der Intrazellularflüssigkeit (Zytoplasma) zusammengesetzt

Corti-Organ:
Sitz des Hörsinns in der Hörschnecke; enthält Haarzellen (Mechanorezeptoren) zur Wahrnehmung und Umwandlung von Schallreizen in elektrische Impulse

auditiv:
das Hören/den Hörsinn betreffend

Das im Schneckengang angeordnete **Corti-Organ** ist der eigentliche Sitz des Hörsinns und besteht aus einem System von Sinnes- und Stützzellen sowie Nervenfasern. Es liegt der Basilarmembran auf. Nach oben hin wird es im Hohlraum des Schneckengangs durch die Deckmembran begrenzt (→ Abb. 15). Im Corti-Organ befinden sich die für die auditive Wahrnehmung zuständigen Mechanorezeptoren in Form von etwa 15000 **Haarzellen:**

- Die äußeren Haarzellen auf der Außenseite des Corti-Organs stehen in Kontakt mit der Deckmembran.
- Die inneren Haarzellen an der Innenseite des Corti-Organs haben keinen Kontakt zur Deckmembran.

Diese sind nach verschiedenen Tonhöhen sortiert angeordnet. Die Lautstärke wird über eine stärkere oder schwächere Frequenz an Aktionspotenzialen kodiert. Nach oben hin ragen die Köpfe der Haarsinneszellen in die Endolymphe hinein, an ihrer Basis stehen sie im Kontakt mit einer Faser des Hörnervs.

6.4.2 Physiologie

Hören

Die drei Abschnitte des Ohrs haben unterschiedliche **Funktionen:**

- **Außenohr:**
  - Schallaufnahme
  - Richtungshören
- **Mittelohr:**
  - Schallweiterleitung
  - Impedanzanpassung
- **Innenohr:**
  - Schallempfindung
  - Registrieren von Linear- und Drehbeschleunigungen

Bevor wir ein Schallereignis wie Stimmen, Musik oder ein Motorengeräusch bewusst hören, muss es mehrere Stationen vom äußeren Ohr bis zum Hörzentrum im Gehirn durchlaufen.

Außenohr

Ein am Außenohr ankommendes Schallereignis wird zunächst an den Kanten der Ohrmuschel gebrochen und dadurch unterschiedlich gedämpft. Daraus gewinnt das Gehirn Informationen über die **Richtung,** aus der der Schall eingetroffen ist. Die Ohrmuschel funktioniert ähnlich einem Trichter, in dem die Schallwellen aufgefangen und entlang ihrer Windungen in den äußeren Gehörgang hineingeleitet werden. Durch seine röhrenartige Form erzeugt der Gehörgang eine Eigenresonanz, wodurch wichtige Schallanteile bereits eine kleine Verstärkung erhalten, bevor der Schall am Ende des Gehörgangs auf die Außenseite des Trommelfells trifft.

Mittelohr

Der Schall versetzt nun das Trommelfell in rhythmische Schwingungen und wird damit ins Mittelohr in die Paukenhöhle geleitet. Vom Trommelfell werden die Schwingungen auf den fest mit ihm verwachsenen Hammer übertragen, der die Bewegung aufnimmt und über den Amboss und die Fußplatte des Steigbügels an das ovale Fenster leitet.

Innenohr

Am ovalen Fenster wechselt der Schall vom Medium **Luft** (Mittelohr) in das Medium **Flüssigkeit** (Innenohr). Die akustische Impedanz von Luft ist etwa 3000-mal kleiner als die von Flüssigkeit, sodass der Schall beim Übertritt vom Mittel- ins Innenohr abgebremst würde. Damit er sich im Innenohr ohne Verluste ausbreiten kann, muss er verstärkt werden. Diese **Impedanzanpassung** geschieht

- durch die **Hebelwirkung,** die über die miteinander gekoppelten Gehörknöchelchen erzeugt wird;
- durch die **Flächentransformation,** die vom etwa 80 mm^2 großen Trommelfell bis hin zur gerade einmal 3 mm^2 kleinen Steigbügelfußplatte erfolgt; die Kraft der Schallwellen wird also von der relativ großen Fläche des Trommelfells auf die viel kleinere Fläche der Steigbügelfußplatte transformiert und konzentriert.

Am ovalen Fenster kippt die im Rhythmus der vorverstärkten Schallwellen schwingende Fußplatte des Steigbügels mit seiner Bewegung immer wieder in das flüssigkeitsgefüllte **Innenohr** hinein. Diese Kippbewegungen bringen die Perilymphe im Vorhofgang in Bewegung und transportieren sie wellenförmig an die Schneckenspitze, wo sie durch das Schneckenloch in den Paukengang und in entgegengesetzter Richtung zum runden Fenster fließt (→ Abb. 15). Dadurch werden Basilar- und Deckmembran gegeneinander verschoben und die äußeren Haarzellen zu einer Längenänderung stimuliert, was zu einer Signalverstärkung führt. Erst diese Verstärkung bewirkt eine Stimulierung der für die eigentliche Wahrnehmung von Schallreizen zuständigen inneren Haarzellen. Zur Umsetzung der mechanischen Schallwellen in elektrische Nervenimpulse wird das Spannungspotenzial genutzt, das aufgrund der unterschiedlichen Elektrolytzusammensetzung zwischen Endo- und Perilymphe besteht. Durch die Änderung des Ruhepotenzials werden Nervenimpulse bewirkt. Die Impulse gelangen über den Hörnerv zum Hirnstamm und auf die Hörbahn. Das Gehirn überträgt diese Impulse schließlich in Klänge.

Ursachen und Formen von Schwerhörigkeit

Altersschwerhörigkeit

Altersschwerhörigkeit beruht auf der stetig abnehmenden Empfindlichkeit der Haarzellen im Corti-Organ als Folge des physiologischen Alterungsprozesses etwa ab dem 50. Lebensjahr. Sie äußert sich in einem langsam nachlassenden Hörvermögen und betrifft in der Regel beide Ohren gleich stark. Insbesondere die hohen Frequenzen werden nicht mehr gut wahrgenommen; Gesprächen vor allem in lauter Umgebung kann im fortgeschrittenen Stadium der Schwerhörigkeit kaum noch gefolgt werden. Ohne Behandlung, z. B. durch ein Cochleaimplantat, oder Ausgleich durch geeignete Hilfsmittel verschlechtert sich das Hörvermögen zusehends.

Lärmschwerhörigkeit

Eine Lärmschwerhörigkeit kann als Folge eines plötzlichen lauten Schallereignisses bereits nach wenigen Minuten auftreten, z. B. beim Besuch eines Rockkonzerts. Man spricht in diesem Fall von einem **akuten Lärmtrauma,** das Tage, Wochen, bei einem Knalltrauma sogar Monate andauern kann. Eine **chronische Lärmschwerhörigkeit** entwickelt sich dagegen schleichend durch langfristig einwirkende Schallpegel hoher Ausprägung. Die Höreinschränkungen betreffen anfangs nur die hohen Töne, später treten sie auch in anderen Frequenzbereichen auf. Ursache für die Lärmschwerhörigkeit ist eine Beeinträchtigung der Sauerstoffversorgung der Haarzellen aufgrund der Einwirkung langfristiger Lärmereignisse. Lärmschwerhörigkeit ist eine der häufigsten **Berufskrankheiten.** Auch unter Jugendlichen nimmt die Hörstörung bedingt durch dauerhafte Lärmbelastung zu.

Schwerhörigkeit tritt bereits bei Teenagern auf. Erklären Sie mögliche Ursachen hierfür.

Die **Prävention** vor allem an lärmbelasteten Arbeitsplätzen, aber auch im privaten Bereich ist essenziell zur Vermeidung von Lärmschwerhörigkeit.

Schallereignis:
Schallwellen; mechanische Schwingungen in einem elastischen Medium (Gas, Flüssigkeit, Festkörper), die sich in Form von Schallwellen fortpflanzen; in Luft sind Schallwellen Druck- und Dichteschwankungen

Eigenresonanz:
ein sich nach Anregung natürlich fortsetzendes Mitschwingen

akustische Impedanz:
Maß für die Widerstände, die der Ausbreitung von Schallwellen entgegenstehen; je größer der Impedanzunterschied zwischen zwei Medien ist, desto mehr Schall wird reflektiert

Cochleaimplantat:
Innenohrprothese

Knalltrauma:
akustisches Trauma, das durch einen kurzzeitigen, hohen Schallpegel ausgelöst wird, z. B. Feuerwerkskörper, Schüsse, und zu einer meist vorübergehenden, aber auch chronischen Schädigung des Innenohrs führt

I-9.3.2
Arbeitsschutz am Beispiel Lärmprävention

vestibuläre Wahrnehmung: Wahrnehmung von Körperhaltung, Bewegung und Geschwindigkeitsänderung mithilfe des Gleichgewichtsorgans (Vestibularapparat), bestehend aus Vorhof und Bogengängen im Ohr

Gleichgewicht: Zustand eines Körpers, in dem entgegengesetzt auf ihn wirkende Kräfte einander aufheben

Gravitation: Schwerkraft, Erdanziehungskraft, die einer Linearbeschleunigung entspricht und sich in der gegenseitigen Anziehung von Massen äußert

Makulaorgan: aus Sinneszellen (Mechanorezeptoren) bestehendes Rezeptorfeld im Vorhofsäckchen des Gleichgewichtsorgans

Spezielle Smartphone-Apps warnen, wenn beispielsweise beim Hören von Musik über In-Ear-Ohrstöpsel die Lautstärke einen als gesundheitsgefährdend eingestuften Pegel erreicht.

Gleichgewichtssinn

Der Gleichgewichtssinn ermöglicht es, unseren Körper im Raum zu orientieren, die Körperhaltung festzustellen und diese sowohl in Ruhe als auch in Bewegung zu kontrollieren und auszubalancieren. Der Gleichgewichtssinn setzt sich aus mehreren Einzelsinnen zusammen:

- **vestibuläre Wahrnehmung** zur Feststellung der Körperhaltung, Gleichgewichtsregulation, Bestimmung von Gravitationsrichtung und Beschleunigung (Geschwindigkeitsänderung)
- **visuelle Wahrnehmung** zur Orientierung im Raum
- **Tiefensensibilität** (→ 6.7.2) zur Wahrnehmung von Reizen aus dem Körperinneren

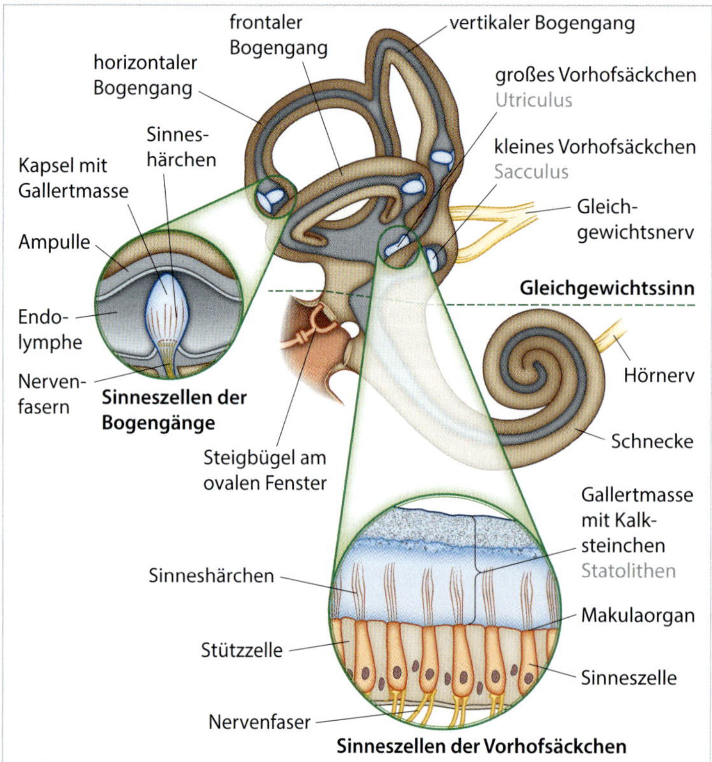

Abb. 16 Aufbau des Gleichgewichtsorgans

Das der **vestibulären Wahrnehmung** dienende **Gleichgewichtsorgan** (Vestibularapparat) (→ Abb. 16) liegt unmittelbar hinter dem ovalen Fenster im mit Perilymphe gefüllten **Vorhof** des Innenohrs (→ Abb. 14) und besteht aus:

- **2 Vorhofsäckchen,** die auf lineare Bewegungen und auf die Gravitation ansprechen
- **3 Bogengängen,** die Drehbewegungen registrieren

Vorhofsäckchen

Die zwei Vorhofsäckchen sind in Form von miteinander verbundenen mit **Endolymphe** gefüllten Bläschen – **Sacculus** und **Utriculus** – angeordnet (→ Abb. 16). Sie enthalten jeweils ein **Makulaorgan,** wobei das des Sacculus (Macula sacculi) vertikal angeordnet ist und auf vertikale Beschleunigungen anspricht, das des Utriculus (Macula utriculi) horizontal angeordnet und für horizontale Bewegungen sensibel ist. In den Makulaorganen befinden sich Strukturen aus Sinneszellen, zwischen denen lang gestreckte Stützzellen eingelagert sind. Die Härchen der Sinneszellen ragen in eine Gallertmasse hinein, in die feine Kalkkristalle eingelagert sind, sogenannte **Statolithen** (→ Abb. 16). Diese weisen ein höheres spezifisches Gewicht als die Endolymphe auf. Wenn wir aufrecht stehen und den Kopf gerade halten, folgen die Statholiten der Schwerkraft und drücken auf die horizontal angeordneten Sinneshärchen (Mikrovilli, → 1.2.1) der Macula utriculi und ziehen an den vertikal stehenden der Macula sacculi. Dadurch entsteht die Empfindung einer aufrechten Körperhaltung. Bei Lageänderung des Kopfes oder des Körpers folgen die Statolithen der Schwerkraft und ziehen durch ihre Masseträgheit die Gallertmasse mit. Dies führt zu Scherbewegungen und damit zur Erregung der Sinneshärchen. Es entsteht ein Gefühl von oben und unten. Das Gefühl von Steigen und Fallen wie etwa bei einer Achterbahnfahrt stellt sich dadurch ein, dass bei der Aufwärtsfahrt die Macula utriculi stärker belastet, hingegen bei der Abwärtsfahrt wieder entlastet wird.

Bogengänge

Die drei Bogengänge sind in Form von nahezu kreisrunden mit **Endolymphe** gefüllten Kanälen stehend (frontaler und vertikaler Bogengang) bzw. liegend (horizontaler Bogengang)

angeordnet (→ Abb. 16). Alle drei Bogengänge entspringen dem Utriculus und münden auch in diesen. Sie repräsentieren die drei Raumebenen, wobei jeder Bogengang für eine bestimmte Bewegungsrichtung des Kopfes zuständig ist:
- Neigung nach oben oder unten
- Neigung nach rechts oder links
- Seitwärtsdrehung

An einem ihrer Enden weisen die Bogengänge eine Verdickung, die sogenannte **Ampulle** auf, in der sich das Ende einer Sinneszelle befindet. Über diese wölbt sich eine Kapsel, die mit Gallertmasse gefüllt ist und in die die Sinneshärchen des Mechanorezeptors hineinragen. Bei einer Drehbewegung des Kopfes oder des Körpers bewegt sich in dem für die jeweilige Bewegungsrichtung zuständigen Bogengang mit einiger Verzögerung auch die Endolymphe, sodass die Gallertmasse gedehnt wird, wodurch wiederum die Sinneshärchen umgebogen werden. Diese reagieren nur auf Drehbeschleunigungen sensibel, nicht aber auf gleichförmige Drehungen.

Verarbeitung der Sinnesreize

Die mechanische Erregung der Sinneshärchen in den Vorhofsäckchen und den Bogengängen wird in Nervenimpulse umgewandelt. Die Nervenfasern der Makulaorgane und Bogengänge laufen zusammen zum Gleichgewichtsnerv, der sich mit dem Hörnerv zum **VIII. Hirnnerv** (→ 5.3.2, Abb. 24) bündelt. Im Gehirn werden dessen Signale mit den Informationen der übrigen Sinnesorgane verknüpft und weiterverarbeitet.

Aufgabe des Gleichgewichtssinns ist es, dem Menschen komplexe Bewegungsabläufe wie Aufrechtgehen, Laufen, Springen, Klettern, Balancieren usw. zu ermöglichen und zu erleichtern, und dies unabhängig davon, ob er dabei über den Sehsinn verfügt oder nicht, wie etwa im Dunkeln oder durch Blindheit.

Die Informationen, die das Gleichgewichtsorgan an das Gehirn liefert, werden dort verarbeitet und an andere, auf diese Informationen angewiesene Organe, z. B. die Augen, Gelenke oder Muskeln, sowie an Nervenbahnen weitergegeben. Dadurch können wir uns im Raum orientieren und unseren Körper im Gleichgewicht halten.

Dadurch, dass es unter dem Einfluss hohen Alkoholkonsums nicht mehr zu einem koordinierten Zusammenspiel zwischen Gleichgewichtsorgan, Augen und Gehirn kommt, entsteht Schwindel.

Im Freizeitpark nach dem Achterbahnfahren zurück auf dem Boden kreist immer noch alles. Erklären Sie dies.

6.5 Nase – Geruchssinn

REUS

Der auch als **olfaktorische Wahrnehmung** bezeichnete Geruchssinn befähigt zur Aufnahme und Verarbeitung von Geruchsreizen. Im Vergleich mit dem Riechsinn vieler Tierarten scheint er bei uns Menschen eine eher untergeordnete Rolle zu spielen.

6.5.1 Anatomie

Das Geruchssystem lässt sich in drei Strukturen einteilen:
- Riechschleimhaut
- Riechfäden
- Riechkolben

Die **Riechschleimhaut** ist ein etwa 5 bis 10 cm^2 kleines Areal der Nasenschleimhaut und in der oberen Nasenmuschel angeordnet (→ Abb. 17). Eingelagert in die Riechschleimhaut sind die **Bowman-Drüsen,** die für die Absonderung des die Schleimhaut bedeckenden Sekrets verantwortlich sind, **Stützzellen** sowie bis zu 30 Millionen **Riechzellen.** Aus jeder Riechzelle ragen 5 bis 20 Härchen heraus, auf denen die **Chemorezeptoren** zur Aufnahme der Geruchsreize sit-

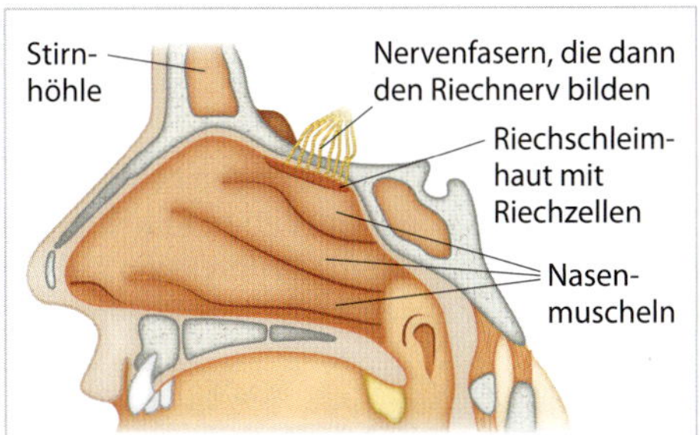

Abb. 17 Sitz des Geruchssinns

Statolith: auch Otolith; mikroskopisch kleines Kristall aus Kalziumkarbonat

olfaktorisch: den Geruchssinn betreffend

Nase: Nasus; Riech- und Atmungsorgan

gustatorisch:
den Geschmackssinn betreffend

zen. Von den Riechzellen ziehen Bündel von Nervenfasern durch kleine Poren in der Siebplatte des Siebbeins hindurch und bilden den **Riechnerv,** der in den **Riechkolben** mündet. Von dort werden die Nervenimpulse über die Riechbahn zum Gehirn geleitet (→ Abb. 17).

6.5.2 Physiologie

Die **Riechzellen** des Epithels bilden sich, im Gegensatz zu vielen anderen Nervenzellen, etwa alle 60 Tage neu.

Sobald Geruchsmoleküle die Riechzellen passieren, werden die entsprechenden Rezeptoren erregt und unter Aktivierung eines G-Proteins eine Signalkaskade (→ 1.4) ausgelöst.

Die **Geruchsidentifikation** findet im **Thalamus** statt. Durch die Verarbeitung von Geruchswahrnehmungen im **Hippocampus** werden die Gerüche dauerhaft in einem **Geruchsgedächtnis** gespeichert. Durch die Verschaltung mit anderen Gehirnzentren können mit bestimmten Gerüchen körperliche und emotionale Reaktionen verbunden werden.

Der Geruchsinn hat u. a. folgende Aufgaben:
- Wahrnehmung und Unterscheidung von Gerüchen und Geruchsqualitäten
- Erkennen von Nahrung und Nahrungsqualitäten
- Auslösung der Speichel- und Magensaftsekretion durch angenehme Essensdüfte
- Warnung vor verdorbenen Lebensmitteln, giftigen Stoffen oder Gefahrenquellen, evtl. auch durch Auslösung von Ekel oder Verursachen eines Würgereizes
- Kontrolle der Hygiene, z. B. durch Wahrnehmung von unangenehmen Körper- und Verschmutzungsgerüchen
- Unterscheidung von Freund und Feind (jemanden „riechen“ können)
- Auslösung von Lust- oder Unlustgefühlen und körperlichen Reaktionen
- Beeinflussung des Sexualverhaltens

Im **Alter** kann das Riechvermögen nachlassen. Es kann auch bei verschiedenen Krankheiten wie z. B. bei einer **COVID-19-Infektion** beeinträchtigt sein oder sogar ganz verschwinden.

Recherchieren Sie die Gründe für unterschiedliche Riechvermögen bei Menschen und Hunden.

6.6 Zunge – Geschmackssinn
REUS

Der Geschmackssinn, auch als **gustatorische Wahrnehmung** bezeichnet, dient dem Genuss und liefert wichtige Informationen über die Genießbarkeit von Nahrungsmitteln. Im Zusammenspiel mit dem Geruchssinn entsteht aus den von der Zunge wahrgenommenen Geschmacksqualitäten das Aroma eines Lebensmittels.

6.6.1 Anatomie

Die Sinneszellen für die Aufnahme von Geschmacksreizen sind vor allem auf der **Zunge,** aber auch in der **Mund- und Rachenschleimhaut** sowie der oberen **Speiseröhre** angelegt. Unter der Zungenschleimhaut bilden zahlreiche warzenähnliche Erhebungen die **Geschmackspapillen.** Diese enthalten **Geschmacksknospen,** in denen sich jeweils bis zu 100 Sinneszellen befinden, Chemorezeptoren, die wiederum mit Geschmacksnerven verbunden sind.

6.6.2 Physiologie

Etwa alle 10 bis 15 Tage werden die Geschmackssinneszellen neu gebildet.

umami:
würzig, herzhaft

Die im Speichel gelösten Geschmacksstoffe der Nahrung reizen die Geschmacksknospen. Diese können **fünf Geschmacksqualitäten** unterscheiden (→ 4.1.1, Abb. 3):
- **süß:** durch Zucker sowie weitere Kohlenhydrate ausgelöst
- **sauer:** durch Wasserstoffionen ausgelöst
- **salzig:** durch Salze, vor allem Natriumchlorid ausgelöst
- **bitter:** durch Bitterstoffe ausgelöst
- **umami:** durch Glutamat ausgelöst

Derzeit wird erforscht, ob weitere Geschmacksqualitäten unterschieden werden können, u. a. fetthaltig, ausgelöst durch Fettsäuren.

Über eine Pore in der Geschmacksknospe diffundieren die Geschmacksstoffe zu den Sinneszellen. Die Geschmacksqualitäten **Sauer** und **Salzig** binden an **Ionenkanäle** und bewirken eine Änderung des Membranpotenzials der Sinneszellen, während **Süß, Bitter** und

Umami eine G-Protein-gekoppelte **Signalkaskade** (→ 1.4) auslösen. Auf beiden Wegen werden Hauptnerven zum Gehirn erregt (→ 5.3.2, Abb. 24):

- Hirnnerv VII: Nervus facialis
- Hirnnerv IX: Nervus glossopharyngeus
- Hirnnerv X: Nervus vagus

Sie münden in den Geschmackskern. Von dort gelangen die Geschmacksinformationen weiter an den Thalamus und über verschiedene Geschmacksareale des Kortex an den Hypothalamus und die Amygdala sowie zum Hirnstamm (→ 5.2.2).

1. *Testen Sie die Geschmacksrichtungen von Zucker, Salz, Zitronensaft, Wermuttee und Sojasauce.*

2. *Testen Sie den Geschmack verschiedener Lebensmittel mit geöffneter und verschlossener Nase.*

Im **Alter** schrumpfen die Geschmacksknospen, was zu einem Nachlassen der Geschmacksempfindung führt. Der Sinneseindruck Geschmack kann auch im Rahmen einer **COVID-19-Infektion** beeinträchtigt sein oder verschwinden.

6.7 Schmerzempfinden und Tiefensensibilität

REUS

6.7.1 Schmerzempfinden

Das Schmerzempfinden ist ein sehr komplexer Prozess. Grundsätzlich unterscheidet man beim Schmerz (→ 5.6), der durch eine Überreizung der Sinneszellen hervorgerufen wird, zwei Formen:

- **nozizeptiver Schmerz;** dieser entsteht durch Reizung der Nozizeptoren, ist meist zeitlich und örtlich begrenzt und wird weiter unterschieden nach dem Ort der Entstehung:
  - **somatischer Schmerz:** Oberflächen- (Haut, Schleimhaut) und Tiefenschmerz (z. B. in Knochen, Muskeln)
  - **viszeraler Schmerz:** dumpfer Schmerz in den Eingeweiden, z. B. infolge von Entzündungen, Kontraktion der glatten Muskulatur bei Koliken
- **neuropathischer Schmerz (Nervenschmerz):** durch eine **Schädigung** oder eine **Dysfunktion von Nervengewebe** verursacht

Wie wir Schmerz empfinden, hängt sehr stark von unserer **subjektiven Wahrnehmung und Psyche** ab. Schmerz ist per se nicht als negativ zu bewerten, sondern er soll uns und unseren Organismus vor weitergehenden Schäden bewahren und bei Heilung eine Schonung auslösen, sodass der betroffene Bereich besser regenerieren kann.

Unterschieden werden **der akute und der chronische Schmerz** (Schmerzen über 3 Monate Dauer oder wiederkehrende Schmerzen). Vor allem beim chronischen Schmerz gibt es Verbindungen zur Psyche.

Die Stärke des subjektiv empfundenen Schmerzes wird mit der **numerischen Rating-Skala (NRS),** einer eindimensionalen Schmerzskala, gemessen. Dabei wird der Patient aufgefordert, seine Schmerzen auf der Skala von 1 bis 10 einzuordnen. Der maximal mögliche Schmerz wird mit 10 angegeben, und die völlige Schmerzfreiheit liegt bei 0. Für Kinder steht eine **symbolische Rating-Skala** mit unterschiedlichen **Smileys** zur Verfügung.

Sicher ist Ihnen schon einmal aufgefallen, dass Menschen unterschiedlich auf den gleichen Schmerzreiz reagieren. Während die einen beispielsweise die Behandlung beim Zahnarzt oder im Tattoo-Studio „ohne mit der Wimper zu zucken" ertragen, schreien andere bei der bloßen Vorstellung davon bereits auf.
Unsere Schmerzverarbeitung ist abhängig von individuellen Voraussetzungen, z. B. von unserer Persönlichkeit, unserer Erziehung, früheren Erfahrungen usw. Wie wir Schmerzen empfinden, wird also von unseren persönlichen körperlichen, sozialen, gesellschaftlichen und psychologischen Umständen bestimmt.

Geschmackskern: Nucleus tractus solitarii; für die Geschmackswahrnehmung zuständiger Hirnnervenkern des Hirnstamms

neuropathischer Schmerz: Nervenschmerz; durch Schädigung sensibler Nervenfasern verursacht; führt zu einer gestörten Schmerzverarbeitung; besteht auch dann noch, wenn keine Gewebeschädigung mehr vorliegt

Dysfunktion: Fehlfunktion

I-12.3.2 Assessmentinstrumente

nozizeptiver Schmerz: normale physiologische Reaktion auf einen Schmerzreiz

somatischer Schmerz: von Haut, Knochen, Bindegewebe, Muskeln oder Gelenken ausgehender druck- und bewegungsabhängiger Schmerz

viszeraler Schmerz: von inneren Organen im Bereich des Brustkorbs oder des Bauchraums ausgehender Schmerz

Abb. 18 **Wahrnehmung der Lage/Stellung der Gelenke und der Muskelspannung bei Bewegung**

6.7.2 Tiefensensibilität

Propriorezeptoren: Muskel- und Sehnenspindeln sowie sensible Rezeptoren der Gelenke (Ruffini- und Vater-Pacini-Körperchen)

Propriozeption: auch Propriorezeption; Wahrnehmung von Körperstellung und Bewegung im Raum vermittelt durch Propriorezeptoren und das Gleichgewichtsorgan

Die Rezeptoren der **Tiefensensibilität,** sogenannte **Propriorezeptoren,** befinden sich in Muskeln, Sehnen und Gelenken. Sie senden permanent Informationen über die exakte Position unserer Körperteile an das Gehirn, ohne dass wir diese beobachten müssen. Die **Propriozeption,** an der die Tiefensensibilität und das Vestibularorgan (→ 6.4.2) beteiligt sind, ist ein wichtiger Teil unserer Eigenwahrnehmung und befähigt uns zu folgenden Funktionen:

- **Stellungssinn:** Informationen über die aktuelle Körperstellung
- **Bewegungssinn:** kontinuierliche Registrierung von Körperbewegungen und deren Ausmaß
- **Kraft-/Widerstandssinn:** Regelung des Mechanismus von Druck und Zug

Für unsere Bewegungen ist die Tiefensensibilität essenziell, z. B. beim Sport (→ Abb. 18).

AUFGABEN

1. *Unterscheiden Sie mithilfe einer Tabelle primäre und sekundäre Sinneszellen. Vervollständigen Sie Ihre Tabelle mit Skizzen.*
2. *Fassen Sie die Aufgaben der Haut zusammen.*
3. *Erklären Sie die Bedeutung von Hautanhangsgebilden.*
4. *Diskutieren Sie die Risiken von Tattoos und Piercings.*
5. *Sie sollen mit einem Presslufthammer zwei Stunden arbeiten. Beschreiben Sie, welche Bestandteile der Haut erregt werden.*
6. *Erklären Sie das Schmerzen der Haut bei Verbrennungen.*
7. *Die Pflege der Haut ist stark abhängig von Hautsekretionstyp und Alter. Entwickeln Sie ein Pflegeprogramm für Jugendliche mit Mischhaut.*
8. *Erläutern Sie die Unterschiede in der Pflege fettiger, reifer Haut im Vergleich zu jugendlicher Mischhaut (Aufgabe 7).*
9. *Erklären Sie, warum Sonnenbrände so gefährlich sind.*
10. *Beschreiben Sie die Fototransduktion.*
11. *Atropin erweitert die Pupillen. Begründen Sie, warum dies beim Augenarzt vor bestimmten Untersuchungen wichtig ist.*
12. *Sehen Sie sich verschiedene Bilder zu optischen Täuschungen an und erklären Sie jeweils das zugrunde liegende Phänomen.*
13. *Beschreiben Sie den Hörvorgang in einem Fließdiagramm.*
14. *Nennen Sie die Aufgabe der Gehörknöchelchen.*
15. *Recherchieren Sie, welche Frequenzen beim Hörsturz meist betroffen sind. Worin liegt der Unterschied zur Lärm- und Altersschwerhörigkeit?*
16. *Auf einem Weichboden in der Turnhalle: Halten Sie einen Stab und umkreisen Sie diesen schnell. Lassen Sie ihn los und laufen Sie los. Erklären Sie die entstehenden Sinneseindrücke.*
17. *Erklären Sie, warum man bei Schnupfen weniger schmeckt.*

6.8 Malignes Melanom

REUS

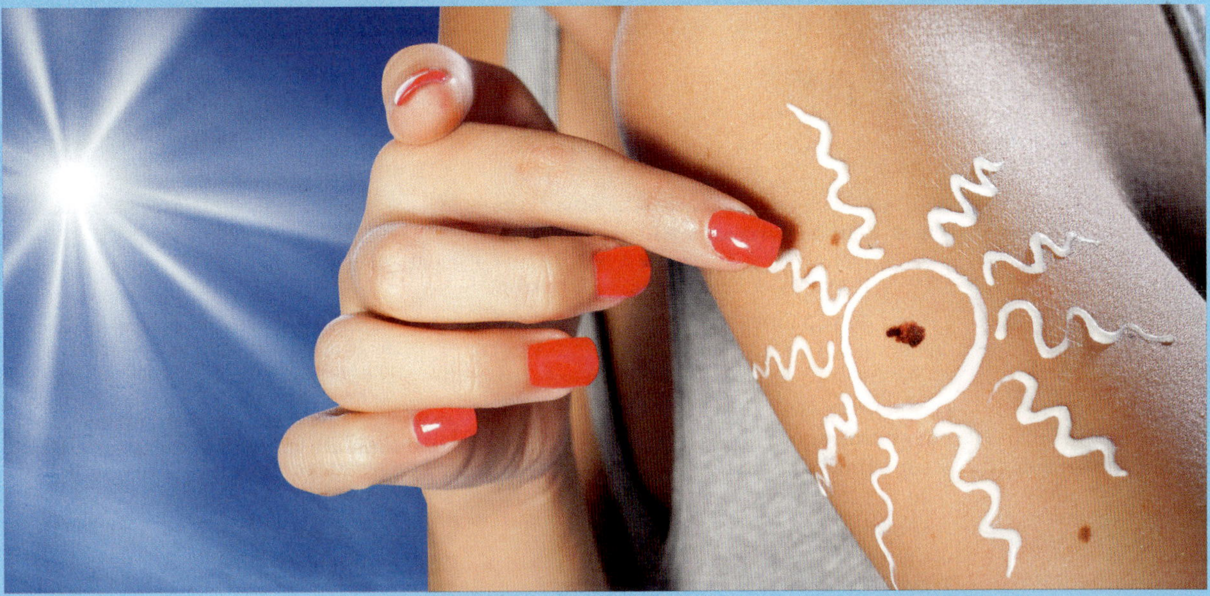

Minderjährige dürfen nicht ins Solarium
Das Sonnenstudio-Verbot für Minderjährige ist verfassungsgemäß. Das entschied das Bundesverfassungsgericht in einem [...] veröffentlichten Beschluss. [...]
Die Richter wiesen damit die gemeinsame Verfassungsbeschwerde einer 17-Jährigen und ihrer Eltern sowie eines Sonnenstudio-Betreibers zurück. Seit 2009 ist die Nutzung öffentlicher Sonnenstudios für Minderjährige verboten.
Süddeutsche Zeitung unter www.sueddeutsche.de, 19.01.2012

1. *Stellen Sie positive und negative Wirkungen von UV-Strahlung gegenüber.*
2. *Seit 2009 ist die Nutzung von Sonnenstudios durch Minderjährige wegen des besonderen Hautkrebsrisikos verboten.*
   a) *Sammeln Sie Argumente, die für und die gegen diese gesetzliche Regelung sprechen.*
   b) *Beziehen Sie Position. Ist diese Regelung Ihrer Meinung nach angemessen?*
3. *Diskutieren Sie die Aussage: „Wer braungebrannt ist, ist schön."*

Der Begriff **Hautkrebs** bezeichnet verschiedene Tumore der Haut. Unterschieden werden:

- nicht-melanotischer Hautkrebs – heller oder weißer Hautkrebs
- malignes Melanom – schwarzer Hautkrebs

Der **nicht-melanotische Hautkrebs** ist als **semimaligne** eingestuft. Die zwei häufigsten Formen sind (→ Abb. 19):

- **Basalzellkarzinom** (Basaliom); entsteht aus den Basalzellen der Oberhaut und aus Wurzelscheiden der Haarfollikel
- **Plattenepithelkarzinom** (Spinaliom); entsteht aus den Stachelzellen der Oberhaut

Beiden Arten ist gemeinsam, dass sie selten metastasieren und deswegen eine vergleichsweise gute Prognose haben.

Das **maligne Melanom** tritt in Relation zum nicht-melanotischen Hautkrebs zwar seltener auf, zählt jedoch zu den fünf häufigsten Krebsarten in Deutschland und ist deutlich gefährlicher, da es sehr früh Metastasen (→ 2.4.2) bildet. Es geht von den **Melano-**

2.4 Grundlagen Tumore/Krebs

Tumor:
prinzipiell jede Art der Schwellung (Volumenzunahme, Raumforderung) eines Gewebes; üblicherweise gemeint ist aber die unkontrollierte Neubildung und Wucherung von Gewebe (Neoplasie)

nicht-melanotisch:
nicht von den Melanozyten, pigmentbildenden Hautzellen, ausgehend

maligne:
bösartig

Melanom:
maligner Hauttumor, der von den Melanozyten ausgeht

semimaligne:
destruktiv, invasiv, selten metastasierend

Basalzellkarzinom:
Basaliom; semimaligner Hauttumor, der von den Zellen der Basalzellschicht ausgeht

Plattenepithelkarzinom:
Spinaliom; semimaligner Hauttumor, der von den Zellen der Stachelzellschicht ausgeht

superfiziell:
oberflächlich, an der Oberfläche liegend

nodulär:
knotig, knötchenförmig

Lentigo:
kleines, scharf begrenztes, rundliches, braunes bis tiefschwarzes Pigmentmal

akrolentiginös:
in Form einer Lentigo an den Körperenden (Finger, Zehen usw.) auftretend

Inzidenz:
Anteil der in einem bestimmten Zeitraum neu hinzukommenden Merkmalsträger (→ I-2.2.1)

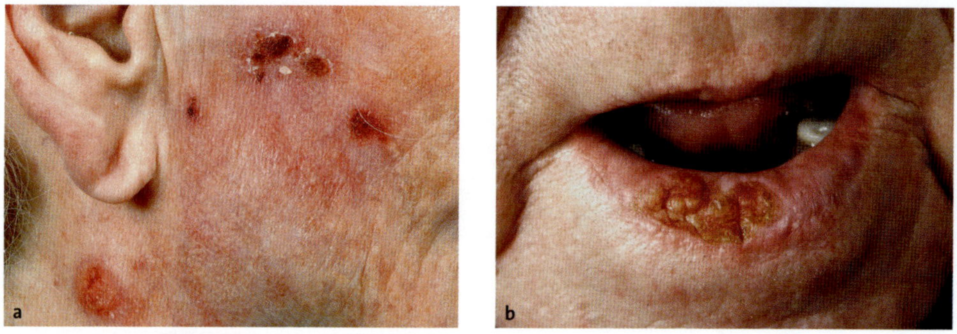

Abb. 19 a. Basalzellkarzinom, b. Plattenepithelkarzinom

zyten, den pigmentbildenden Zellen der Oberhaut aus (→ 6.2.1).

Das maligne Melanom hat mehrere **Erscheinungsformen:**

- **superfiziell spreitendes Melanom, SSM;** zunächst horizontal sich ausbreitend, erst später in die Tiefe wachsend – 60–70 % der Fälle
- **noduläres malignes Melanom, NMM;** knotig, stark in die Tiefe wachsend – ca. 20 % der Fälle
- **lentigo-maligna-Melanom, LMM;** sich schleichend entwickelnd, erhaben, variabel begrenzt, bei Menschen ab etwa 65 Jahren – ca. 10 % der Fälle
- **akrolentiginöses Melanom, ALM;** an Handinnenseiten, Fußsohlen, unter Nägeln – ca. 5 % der Fälle

Neben diesen Hauptformen existieren seltenere **Sonderformen,** z. B. das amelanotische Melanom (AMM), das dem nodulären malignen Melanom ähnlich ist, jedoch durch Zellentartung keine Pigmentbildung (amelanotisch) mehr aufweist und deshalb meist erst nach Metastasierung erkannt wird, oder maligne Melanome der Schleimhäute, des Auges, Zentralnervensystems, der inneren Organe oder des Anus.

6.8.1 Vorkommen

Am nicht-melanotischen Hautkrebs erkranken in Deutschland ca. 208 000 Personen im Jahr, am malignen Melanom ca. 33 500. Das Risiko, hierzulande in den kommenden 10 Jahren an einem malignen Melanom zu erkranken, ist alters- und geschlechtsabhängig und schwankt zwischen 1 : 120 und 1 : 650 (Robert Koch-Institut 2023) (→ Tab. 4).

Tab. 4 Erkrankungsrisiko für das maligne Melanom der Haut in Deutschland in den nächsten 10 Jahren nach Alter und Geschlecht (Robert Koch-Institut 2023)

Im Alter von	Männer	Frauen
35 Jahren	1 von 750	1 von 450
45 Jahren	1 von 380	1 von 290
55 Jahren	1 von 240	1 von 270
65 Jahren	1 von 140	1 von 220
75 Jahren	1 von 100	1 von 190

Frauen erkranken hierzulande im Mittel mit Ende 50 am malignen Melanom, während es bei **Männern** im Durchschnitt mit Mitte 60 auftritt. Seit den 1970er-Jahren hat sich die Inzidenz verfünffacht. Hauptursache hierfür ist der deutliche Anstieg der Diagnosezahlen für die oberflächlich spreitende Form des malignen Melanoms (Robert Koch-Institut 2019).

Weltweit betrachtet weisen Neuseeland und Australien das mit Abstand größte Hautkrebsrisiko auf. Zwei von drei Australiern erkranken mindestens einmal im Leben an Hautkrebs (Deutschlandfunk 2014).

Diskutieren Sie über die weltweite Prävalenz des Hautkrebses. Warum kommt er in manchen Ländern häufiger vor als in anderen?

6.8.2 Ursachen und Krankheitsentstehung

Verursacht wird das maligne Melanom vorrangig durch **hohe UV-Strahlenbelastung.** Dabei spielen **kurze, intensive Aufenthalte** in der Sonne mit langen Pausen dazwischen – wie z.B. bei Strandurlauben oder Solarienbesuchen – eine entscheidende Rolle. Insbesondere die Anzahl der dabei in **Kinder- und Jugendjahren** erworbenen **schweren Sonnenbrände** (→ 6.2.2) sind ein wesentliches Hautkrebsrisiko. Die Melanome treten dann eher in jüngeren Jahren und besonders häufig an normalerweise von Kleidung bedeckten Hautarealen auf, z.B. an Rumpf oder Oberschenkel. Der **ständige Aufenthalt in der Sonne,** z.B. durch Arbeiten im Freien, scheint dagegen für diese Krebsart nicht unbedingt ein erhöhtes Risiko darzustellen. Melanome entstehen unter diesen Bedingungen meist erst im fortgeschrittenen Alter, an lichtexponierten Stellen wie Kopf oder Hals.

Die UV-Strahlenbelastung ruft Mutationen im Erbgut hervor. Bei 50 % der malignen Melanome werden die Mutationen im **BRAF-Gen** verursacht. BRAF ist Teil von Signalkaskaden (→ 1.4), die die Einleitung und Regulation verschiedener Phasen des Zellzyklus steuern. Gerät dieser außer Kontrolle, kann Hautkrebs die Folge sein.

Neben den oben genannten verhaltensbedingten Risikofaktoren gelten als weitere Kriterien, die eine Melanomerkrankung begünstigen, folgende **genetische Ursachen:**

- heller Hauttyp
- Anzahl angeborener bzw. im Laufe des Lebens erworbener Pigmentmale
- erbliche Prädisposition

Hellhäutige Menschen mit rötlichen Haaren (Hauttyp I und II) (→ 6.2.2, Tab. 3) haben ein hohes Gefährdungspotenzial. Sie produzieren eine andere Variante des Hautpigments Melanin (→ 6.2.1). Es wird angenommen, dass dieses **Pheomelanin** mehr UV-Licht in die Haut lässt und das Melanomrisiko dadurch erhöht. Vermutlich ist Pheomelanin sogar unmittelbar an der Tumorentwicklung beteiligt, indem es an der Produktion aggressiver, erbgutschädigender Substanzen mitwirkt.

Auch **Menschen mit vielen Pigmentmalen** erkranken häufiger an Melanomen. Pigmentmale sind aber nicht zwangsläufig Vorstufen des schwarzen Hautkrebses. Es wird jedoch vermutet, dass insbesondere sehr große Pigmentmale, wenn sie UV-Bestrahlung ausgesetzt sind, eine niedrige Schwelle zur Entartung aufweisen, denn zu etwa einem Drittel entstehen die Tumoren direkt aus den Pigmentmalen.

In Neuseeland und Australien besteht die Hautkrebs begünstigende Kombination der Risikofaktoren in besonderem Maß:

- überwiegend hellhäutige Menschen
- hohe UV-Strahlen-Belastung durch Äquatornähe und Ozonloch

Des Weiteren gibt es Hinweise auf eine **erbliche Belastung.** Sind maligne Melanome in der Verwandtschaft ersten Grades bereits aufgetreten, steigt das eigene Risiko für eine Erkrankung. Meist treten diese erblich bedingten Melanome in jungen Jahren auf.

Ein weiterer Risikofaktor für die Entstehung maligner Melanome ist eine **geschwächte Immunabwehr** infolge einer Chemotherapie, chronischen lymphatischen Leukämie, HIV-Infektion oder Organtransplantation.

6.8.3 Symptome

Solange keine Metastasen (→ 2.4.2) vorliegen, ist das maligne Melanom bis auf den sichtbaren Tumor meist symptomlos. Gelegentlich kommt es zu Jucken, Nässen oder leichten Blutungen an dem Tumor.

Wie → Abb. 20 zeigt, ist das Aussehen der Tumore sehr variabel:

Melanome sind trotz fehlender Beschwerden und einer relativ geringen Größe in der Lage, bereits frühzeitig **Metastasen** in den Lymphknoten zu bilden. Darüber hinaus metastasiert der Tumor häufig auch in die Lunge, die Leber, das Gehirn und in Knochen. Erkrankte verspüren dann möglicherweise Symptome der Metastasen in den betroffenen Körperteilen. Nur wenn die Tumore noch in der obersten Hautschicht lokalisiert sind, erfolgt keine Metastasierung.

BRAF-Gen:
Protoonkogen, das in mutierter Form häufig in malignen Melanomen festgestellt wird und zu einer unkontrollierten Aktivierung des MAPK-Stoffwechselwegs (Mitogen-aktivierte Protein-Kinase) führt

Protoonkogene:
normale Gene der Zelle, die durch eine Mutation oder epigenetische Veränderungen im Regulationsbereich zu Onkogenen aktiviert werden können

Onkogen:
mutiertes Protoonkogen, das wesentlich zur Krebsentstehung beiträgt

Pigmentmal:
Muttermal, Leberfleck; gutartige, meist bräunlich gefärbte Wucherung pigmentbildender Hautzellen

Ozonloch:
starke Abnahme der Ozonschicht, der vor der UV-Strahlung schützenden Schicht des Spurengases Ozon in der Atmosphäre, vor allem über der Arktis und Antarktis; verursacht durch Fluorchlorkohlenwasserstoffe (FCKW)

Metastase:
Tochtergeschwulst; Tumor, der durch Wanderung von Tumorzellen an einer anderen Körperstelle als der Primärtumor entstanden ist

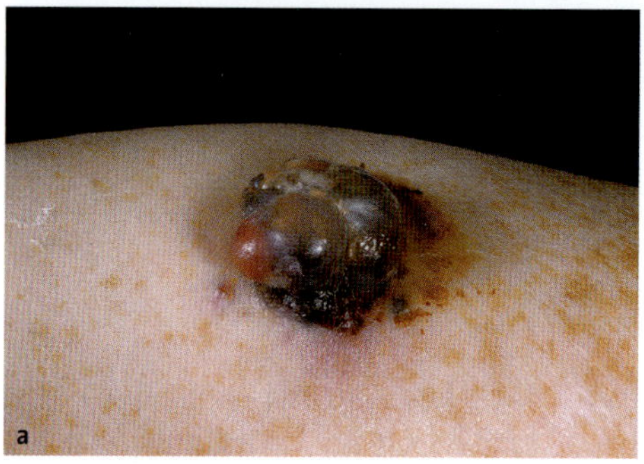

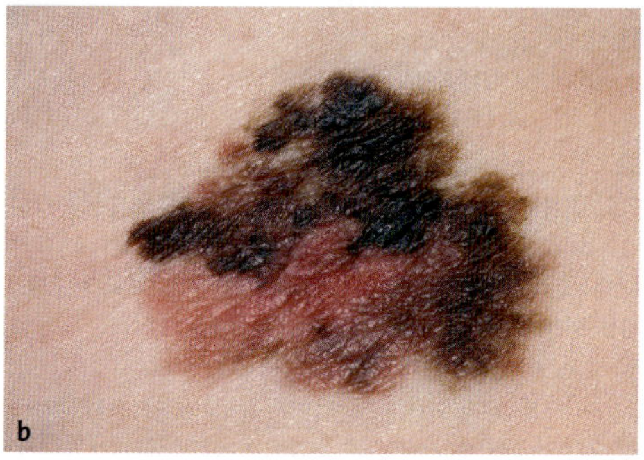

Abb. 20 a. Knotiges Melanom (NMM), b. oberflächlich spreitendes Melanom (SSM)

Auflichtmikroskop:
Lupe mit eingebauter Lampe zur Untersuchung von Hautveränderungen

histologisch:
das Gewebe betreffend

Biopsie:
Untersuchung von Gewebe, das dem lebenden Organismus entnommen wurde

Staging:
Bestimmung des Stadiums einer malignen Tumorerkrankung, meist anhand der TNM-Klassifikation

TNM-Klassifikation:
System zur Einteilung von malignen Tumoren in Stadien (Staging);
T = Tumor (Größe, Ausbreitung),
N = Nodus (Vorhandensein von Lymphknotenmetastasen),
M = Metastasen (Vorhandensein von Fernmetastasen)

Grading:
Klassifikation der Abweichung des Tumorgewebes von normalem Gewebe bezüglich seines Differenzierungsgrades

6.8.4 Diagnostik

Bei der Früherkennung von Melanomen können wir alle durch **Selbstbeobachtung** und regelmäßige **Untersuchung der Haut** auf verdächtige Veränderungen mitwirken. Die sogenannte **ABCDE-Regel** hilft dabei, Auffälligkeiten auch als Laie zu beurteilen und maligne Melanome zu erkennen (→ Tab. 5).

Wenn eines dieser Anzeichen an auffälligen Hautstellen festgestellt wird oder ein bereits vorhandenes Pigmentmal zu wachsen beginnt, seine Farbe verändert, blutet, nässt oder juckt, sollte dies ärztlich untersucht werden.

Der Arzt erhebt die Anamnese und begutachtet verdächtige Hautstellen mit einem **Auflichtmikroskop.** Dabei versucht er, zwischen benignen (gutartigen), semimalignen und malignen Hauttumoren zu differenzieren. Sollte sich der Verdacht auf ein malignes Melanom erhärten, erfolgt eine **Biopsie.** Dabei wird ein Teil des betroffenen Bereichs operativ entfernt und histologisch untersucht.

Tab. 5 Kriterien der ABCDE-Regel und ableitbare Anzeichen für ein malignes Melanom

	Kriterium	Anzeichen für ein malignes Melanom
A	Asymmetrie	unregelmäßige Form
B	Begrenzung	unscharfe Grenzen oder Einbuchtungen
C	Colour (Farbe)	unterschiedliche Färbungen
D	Durchmesser	meist > 5 mm
E	Erhabenheit	über das Hautniveau erhaben
	Entwicklung	in kurzer Zeit entstanden und wachsend

Die Biopsie liefert Informationen zu Art und Ausdehnung der Hautveränderung. Wenn diese Untersuchung die Diagnose malignes Melanom bestätigt, fasst der Arzt das Ergebnis im **Staging** (TNM-Klassifikation, → 2.4.2; → 6.8.8) und **Grading** (→ 2.4.2) zusammen.

Anhand der Anamnese und ggf. weiterer Untersuchungen, z. B. Bluttests und bildgebende Verfahren, werden die (erbliche) Prädisposition und der allgemeine Gesundheitszustand des Betroffenen erhoben. Besonders wichtig ist dabei, eine mögliche Metastasierung festzustellen bzw. auszuschließen.

Zwei Drittel aller Melanome werden in einem frühen Stadium diagnostiziert (Robert Koch-Institut 2023). Bei Frauen treten die Tumore häufig an Beinen und Hüfte auf, während sie bei Männern vor allem am Rumpf festgestellt werden.

6.8.5 Therapie

Um alle erkrankten Zellen zu entfernen, erfolgt ein weiterer operativer Eingriff. Das Ausmaß der **Operation** richtet sich nach der feingeweblich bestimmten Dicke des Tumors.

Ab einer **vertikalen Tumordicke** (Eindringtiefe) von **mehr als 1 mm** wird zusätzlich der erste im Lymphabfluss des betroffenen Hautareals gelegene **Lymphknoten,** der Schildwächter-Lymphknoten, entfernt und zwecks Prognose des möglichen Krankheitsverlaufs und Auswahl weiterer notwendiger therapeutischer Maßnahmen untersucht. Falls der

Schildwächter-Lymphknoten bereits von Tumorzellen befallen ist, werden auch die nahegelegenen Lymphknoten vollständig entfernt.

Bei einer **vertikalen Tumordicke** von **mehr als 2 mm** ist zusätzlich zur Operation eine **Immuntherapie** angezeigt. Diese adjuvante Therapie (→ 2.4.2) mit Interferon-alpha (IFN-α), die das Immunsystem stimulieren soll, erfolgt zur Bekämpfung eventuell verbliebener, nicht sichtbarer Tumorzellen.

Hat der Tumor bereits nicht operable Metastasen in innere Organe gebildet, kommen **Strahlen- und Immuntherapie** zum Einsatz. Die Chemotherapie wird bei malignen Melanomen inzwischen kaum noch angewandt.

Melanompatienten, die eine **Mutation im BRAF-Gen** aufweisen (→ 6.8.2), können mit einer Kombination aus einem **BRAF-** und einem **MEK-Inhibitor** behandelt werden. Der BRAF-Inhibitor kann das Krebswachstum vorübergehend verhindern und die Überlebenszeiten der Patienten um einige Monate verlängern. Jedoch entwickeln sich rasch Resistenzen, weshalb als weiterer Wirkstoff ein MEK-Inhibitor eingesetzt wird, der an einem anderen Teil des MAPK-Stoffwechsels ansetzt und diesen hemmt (Deutsches Ärzteblatt 2014).

6.8.6 Rehabilitation

Laut den Behandlungsleitlinien zum malignen Melanom hat der Betroffene Anspruch auf Rehabilitationsmaßnahmen allgemeiner Art nach Krebserkrankungen und, soweit die Bereitschaft des Patienten besteht, auch für die Anbindung an die Psychoonkologie (Leitlinienprogramm Onkologie 2019).

Informieren Sie sich über das Aufgabengebiet der Psychoonkologie.

6.8.7 Pflege

Pflegefachkräfte und andere pflegende Menschen haben bei ihrer Arbeit die Gelegenheit, die Haut der zu Pflegenden unter Anwendung der ABCDE-Regel zu beobachten. Auffällige Veränderungen sollen sie unverzüglich dem Hautarzt mitteilen – eine wichtige Form der Prävention.

Nach einer Tumoroperation erfolgt die gängige Wundpflege, bei Bedarf werden auch Schmerzmedikamente gegeben. Je nach Krankheitsverarbeitung bedarf der Betroffene einer psychischen Unterstützung und eventuell auch einer Anbindung an die Psychoonkologie.

Da das maligne Melanom je nach Melanomart eine schlechte Prognose hat, ist gegebenenfalls an die Anbindung an eine palliativmedizinische Versorgung zu denken.

6.8.8 Verlauf und Prognose

Die Tumorentwicklung wird in **Stadien** eingeteilt, die sich auf die Dicke des Melanoms, den Befall von Lymphknoten und Tochtergeschwülste in anderen Körperregionen (Fernmetastasen) beziehen (→ Tab. 6).

Die relative **5-Jahres-Überlebensrate** liegt bei 92%. Für den vorherrschenden Typ des malignen Melanoms, das oberflächlich spreitende Melanom (SSM), besteht eine verhältnismäßig günstige Prognose, wenn es frühzeitig erkannt und nur in der Oberhaut lokalisiert ist.

Ein Drittel aller Melanome wird erst in einem späten Stadium diagnostiziert. Ist bereits eine Metastasierung erfolgt, verschlechtert sich die Prognose deutlich, insbesondere für die hochaggressiven Formen noduläres und amelanotisches Melanom (Robert Koch-Institut 2023).

6.8.9 Prävention und Gesundheitsförderung

Vorrangiges Ziel der Primärprävention gegen das maligne Melanom ist die **Verhinderung starker UV-Strahlenexposition** und die **Vermeidung von Sonnenbrand:**

Tab. 6 Stadien des malignen Melanoms

Stadien	Tumordicke	Befall der Lymphknoten	Metastasen/ Fernmetastasen
Stadium I	gering, ≤ 1 mm	nein	keine Metastasen/ keine Fernmetastasen
Stadium II	mittel, > 2 mm	nein	keine Fernmetastasen
Stadium III	jede	ja	keine Fernmetastasen
Stadium IV	–	–	Tochtergeschwülste in anderen Organen

Schildwächter-Lymphknoten:
Sentinel-Lymphknoten; die im Abflussgebiet der Lymphflüssigkeit eines bösartigen Tumors nächstgelegenen Lymphknoten

adjuvant:
unterstützend, ergänzend

Interferon-alpha (IFN-α):
Form eines von Monozyten (Blutzellen) gebildeten Zytokins (regulatorisches Protein)

BRAF-Inhibitoren:
proteinkinasehemmende Arzneistoffe, z. B. Vemurafenib (Zelboraf®) und Dabrafenib (Tafinlar®)

MEK-Inhibitoren:
MAP-Kinase-hemmende Arzneistoffe, z. B. Cobimetinib, Trametinib

Fernmetastase:
Tochtergeschwulst, die durch Wanderung von Tumorzellen über Blut oder Lymphe in einer weit vom Primärtumor entfernten Körperregion entstanden ist

MAPK:
Mitogen-aktivierte Proteinkinasen; steuern im Zellzyklus die Induktion und Regulation unterschiedlicher Phasen

- Vermeidung starker UV-Strahlenexposition:
  - Mittagssonne meiden
  - Eigenschutzzeit der Haut beachten
  - die Haut im Frühjahr langsam an die Sonne gewöhnen
  - nicht völlig auf Aufenthalt in der Sonne verzichten
  - keine Solarien benutzen
- Sonnenschutz durch geeignete Bekleidung und Sonnenbrille
- Anwendung von Sonnenschutzmitteln

Informationsportal der Arbeitsgemeinschaft Dermatologische Prävention (ADP) und Deutschen Krebshilfe: *www.hautkrebs-screening.de*

Seit einigen Jahren sind die Gesundheitsbehörden in Australien bestrebt, durch Aufklärungskampagnen wie „Heute rot, morgen tot" den Sonnenhunger der Australier und die schädlichen Auswirkungen der UV-Strahlen durch das Propagieren von strikten Sonnenschutzmaßnahmen einzudämmen. Mit Erfolg, der mittlerweile aber auch seine Schattenseiten zeigt. Inzwischen wird bereits befürchtet, dass als Folge der rigorosen Sonnenabstinenz eine Generation von Australiern heranwächst, die aufgrund chronischen Vitamin-D-Mangels im Alter unter porösen Knochen leiden wird (→ 3.7).

Screening: Reihenuntersuchung auf eine bestimmte Erkrankung in einer definierten Bevölkerungsgruppe

Im Rahmen der Sekundärprävention nimmt das **Hautkrebsscreening** eine Schlüsselstellung ein. Seit 2008 haben gesetzlich Krankenversicherte einen Anspruch, alle zwei Jahre ein von der Krankenkasse finanziertes Hautkrebsscreening bei einem Hautarzt durchführen zu lassen. Grundsätzlich besteht dieser Anspruch für Versicherte ab 35 Jahren, bei einigen Krankenkassen sogar bereits ab einem Alter zwischen 14 und 20 Jahren (→ 2.4.2).

I-9.2.5 Früherkennungsuntersuchungen der gesetzlichen Krankenversicherung nach SGB V

Das Hautkrebsscreening besteht in einer visuellen **Ganzkörperinspektion** in unbekleidetem Zustand, die nur wenige Minuten dauert. Der Arzt betrachtet dabei die gesamte Hautoberfläche des Körpers inklusive der Kopfhaut, der Lippen, des Zahnfleischs, der Genitalien, des Anus, der Handinnenflächen, Fußsohlen, Finger- und Zehenzwischenräume, Finger- und Fußnägel. An verdächtigen Stellen wird ein Auflichtmikroskop eingesetzt, um das Hautareal genauer untersuchen zu können. Das Screening kann vom Arzt auch für eine **Beratung zu Risikofaktoren und Prävention** von Hautkrebs genutzt werden.

AUFGABEN

1. *Nennen Sie den entscheidenden Unterschied zwischen dem nicht-melanotischen Hautkrebs und dem malignen Melanom.*
2. *Geben Sie die wesentlichen Erscheinungsformen des malignen Melanoms wieder.*
3. *Wiederholen Sie den Aufbau der Haut und bewerten Sie folgende Aussage: „Das Melanom metastasiert nur, wenn es in der obersten Hautschicht lokalisiert ist."*
4. *Begleiten Sie einen fiktiven Patienten von der ersten Selbstbeobachtung bis hin zur vollständigen Genesung bei der Diagnose „malignes Melanom". Notieren Sie den Ablauf in Stichworten.*
5. *Beschreiben Sie die ABCDE-Regel.*
6. *Führen Sie die wesentlichen primären Präventionsmaßnahmen gegen Hautkrebs auf.*
7. *Im Rahmen einer Projektwoche in der 2. Klasse soll spielerisch zum Thema „Haut und Sonnenschutz bei Kindern" gearbeitet werden. Es stehen drei Unterrichtsstunden zur Verfügung. Konzipieren Sie diese Stunden. Erstellen Sie einen Ablaufplan und berücksichtigen Sie dabei verschiedene Methoden.*

6.9 Neurodermitis

REUS, TULKE

Ich war schon immer krank, die Haut hat gejuckt, gespannt und ich konnte nicht schlafen. Als ich drei Jahre alt war, hatte ich immer noch Krusten auf dem Kopf und das Kämmen tat so weh. Ständig habe ich mich an den Armen gekratzt, immer wieder, bis es blutig war. Meine Eltern waren verzweifelt. Nachts habe ich so viel geweint, dass niemand zur Ruhe kam, auch meine drei Jahre ältere Schwester nicht. Sie musste am nächsten Tag völlig übermüdet in die Schule und Klassenarbeiten schreiben. Es war einfach schlimm. Heute geht es mir viel besser, auch wenn ich noch viel aufpassen muss, damit die Haut nicht juckt und schuppt.
Lina, 16 Jahre alt

1. *Arbeiten Sie aus dem Bericht von Lina die unterschiedlichen Beeinträchtigungen durch die Neurodermitis heraus.*
2. *Versuchen Sie sich in die Lage von Lina und ihrer Familie hineinzuversetzen:*
   a) *Sammeln Sie Adjektive, um die Krankheit und ihre Folgen zu charakterisieren.*
   b) *Wie hätte die Situation für die Beteiligten verbessert werden können? Entwickeln Sie mögliche Strategien.*
3. *Haben Sie Betroffene im Freundes- oder Bekanntenkreis? Welche Symptome zeigen diese? Welche Belastungen oder Einschränkungen bedeutet die Erkrankung für die Betroffenen und/oder das Umfeld?*

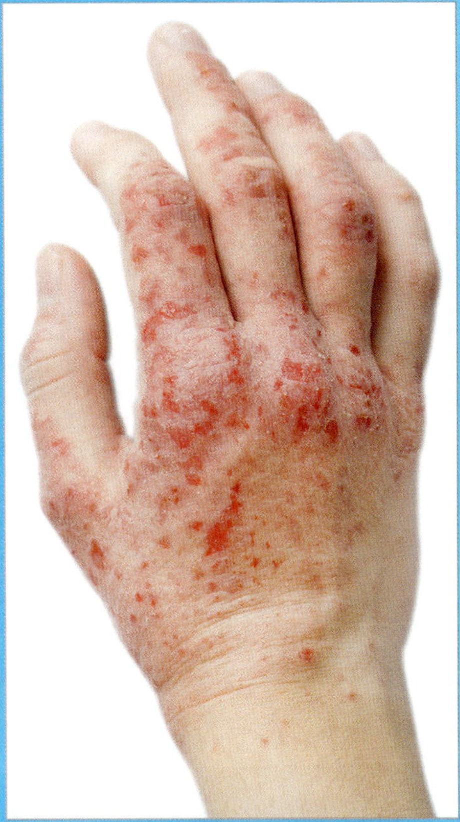

Hautbild einer ausgeprägten Neurodermitis

Die Neurodermitis ist eine chronische oder chronisch-rezidivierende, nicht ansteckende entzündliche Hauterkrankung. Sie verläuft in Schüben, die durch Hautausschlag und Juckreiz geprägt sind.

Bei der Neurodermitis, in Fachkreisen auch **atopische Dermatitis** oder **atopisches Ekzem** genannt, handelt es sich um eine Erkrankung des **atopischen Formenkreises.** Zum atopischen Formenkreis werden Krankheiten zusammengefasst, bei denen eine genetische Veranlagung vorliegt und bei denen durch Provokations- bzw. Triggerfaktoren, d.h. Reizstoffe und allergieauslösende Stoffe (→ 8.8), eine übersteigerte (Abwehr-)Reaktion des Immunsystems ausgelöst wird. Neben der Neurodermitis zählen Asthma bronchiale (→ 9.4) sowie allergischer Schnupfen mit Bindehautentzündung einschließlich Heuschnupfen zu den atopischen Erkrankungen.

Die Neurodermitis geht oft mit **Komorbiditäten** einher. Dabei finden sich vor allem die anderen atopischen Erkrankungen, die dann wiederum als Triggerfaktoren für die Neurodermitis wirken.

Weitere Komorbiditäten sind:
- Nahrungsmittelallergien
- psychosomatische Erkrankungen und psychische Störungen (→ 5.10) wie Schlafstörungen usw.

Sie können Folge der Neurodermitis, aber auch Trigger für neue Schübe sein.

Neurodermitis:
atopische Dermatitis, atopisches Ekzem; chronische oder chronisch rezidivierende, nicht ansteckende, schubhaft entzündliche Hauterkrankung mit variabler, altersabhängiger Manifestation aufgrund genetischer Veranlagung und Umweltreize

Ekzem:
nicht ansteckende, entzündliche, meist juckende Hauterkrankung

atopisch:
ortlos (kann überall auftreten); aufgrund genetischer Veranlagung bereit, auf Umweltreize überempfindlich zu reagieren

atopischer Formenkreis:
Bezeichnung für Erkrankungen, die mit einer erblich bedingten Überempfindlichkeit des Immunsystems gegen körperfremde Stoffe zusammenhängen

Triggerfaktor:
Reiz, der einen Vorgang oder eine Erkrankung auslöst oder unterhält

Allergie:
Erkrankung durch eine spezifische Abwehrreaktion (Typ I bis IV) gegen einen körperfremden Stoff, der normalerweise nicht zu einer Abwehrreaktion führt

Asthma bronchiale:
chronisch-entzündliche Erkrankung der unteren Atemwege mit dem Leitsymptom wiederkehrender Atemnotanfälle

Komorbidität:
Begleit-, Zusatzerkrankung; im Rahmen einer Grunderkrankung auftretende weitere, diagnostisch abgrenzbare Erkrankung; diese kann, muss aber nicht kausal mit der Grunderkrankung zusammenhängen

psychosomatisch:
durch Einfluss der Psyche auf den Körper

intrinsisch:
von innen kommend, von innen her angeregt

extrinsisch:
von außen kommend, von außen her angeregt

IgE:
Immunglobulin E; Klasse von Proteinen mit Abwehrfunktion (Antikörper), die an Parasitenabwehr und Allergien beteiligt sind

Eine weitere Komorbidität kann Ichthyosis vulgaris sein, ein genetischer Defekt der Hautbarriere. Bei dieser sogenannten Fischschuppenkrankheit handelt es sich um eine starke Verhornungsstörung der Haut.

6.9.1 Vorkommen

REUS

Die Neurodermitis gehört zu den häufigsten Krankheiten im Kindes- und Jugendalter. Im Alter von 0 bis 17 Jahre wird eine Neurodermitis bei 12,8 % aller Kinder und Jugendlichen ärztlich festgestellt. Die Erkrankung tritt häufig bereits im Säuglingsalter auf, die Betroffenheit sinkt aber mit zunehmendem Alter: 10,0 % aller Kinder sind bereits im Alter von 0 bis 2 Jahren erkrankt, von den 14–17-Jährigen sind es noch 5,1 % . Insgesamt erkranken Mädchen etwas häufiger als Jungen (Thamm u. a. 2018).

Im Erwachsenenalter liegt die 12-Monats-Prävalenz bei 1,7 % (Werfel u. a. 2023).

Die Langzeitstudie KiGGS (→ I-2.2.7) zeigt, dass die Erkrankungshäufigkeiten sich über die Jahre nicht verändern (Thamm u. a. 2018).

6.9.2 Ursachen und Krankheitsentstehung

REUS

Die Neurodermitis ist ein sehr komplexes Krankheitsbild mit zahlreichen Auslösern, sogenannten Triggerfaktoren, und vielfältigen Therapieansätzen. Die genauen Ursachen der Erkrankung sind noch nicht bekannt. Besteht die genetische Veranlagung, so reicht häufig das Vorhandensein weniger Triggerfaktoren, um die Erkrankung zum Ausbruch zu bringen.

Das Risiko, an Neurodermitis zu erkranken, steigt, wenn die Eltern ebenfalls daran erkrankt sind. Sind beide Elternteile betroffen, liegt das Risiko für das Kind bei 60 bis 80 % (Werfel u. a. 2023).

Grundsätzlich unterscheidet man bei der Neurodermitis die **intrinsische** und die **extrinsische Krankheitsform.** Man geht davon aus, dass es neben diesen beiden weitere Formen gibt.

Intrinsische Form der Neurodermitis

Von der intrinsischen Form der Neurodermitis sind etwa 20 bis 35 % der Erkrankten betroffen. Sie zeigen folgende Merkmale:

- gestörte Hautbarriere durch:
  - genetisch bedingten zu geringen Lipidanteil in der Oberhaut
  - evtl. genetisch bedingten Mangel an dem Protein Filaggrin in der Oberhaut, wodurch die Verhornung gestört ist
  - evtl. übertriebene Hygiene
- dadurch erhöhte Empfindlichkeit gegenüber Umweltreizen
- normaler IgE-Spiegel (→ 8.2.4) im Blut; daraus lässt sich folgern, dass die Erkrankten nicht durch allergieauslösende Stoffe, sondern durch andere Triggerfaktoren Ekzeme entwickeln
- keine erhöhte Anfälligkeit für Allergien
- geringe Tendenz, eine weitere atopische Erkrankung zu entwickeln
- i. d. R. gut behandelbar

Die intrinsische Form der Neurodermitis zeichnet sich durch eine **gestörte Hautbarriere** (→ 8.2.2) mit einem unvollständigen Säureschutzmantel (→ 6.2.1) aus. Die Zusammensetzung der Hautlipide ist genetisch bedingt verändert, in der Oberhaut befinden sich zu wenige Lipide. Dies führt zu Austrocknung, erhöhter Empfindlichkeit für Umweltreize und Infektionen. Ursache hierfür kann neben der erblichen Veranlagung auch eine übertriebene Hygiene in Form von zu häufigem Waschen, Duschen oder Baden sein.

Triggerfaktoren für einen Schub können sein:

- Textilien, v. a. Wolle
- Schwitzen
- klimatische Bedingungen, z. B. Kälte, Temperaturschwankungen
- berufliche Bedingungen, z. B. Feuchtarbeiten, Stäube
- Tabakrauch
- psychische und psychosoziale Bedingungen, z. B. Stress, Angst
- hormonelle Bedingungen, z. B. Schwangerschaft, Monatsblutung
- Infekte

Manche Betroffene erfahren Ablehnung oder Befremdetsein durch ihr Umfeld aufgrund der durch die Neurodermitis verursachten Hauterscheinungen. Wirken derartige psychische Störfaktoren auf Erkrankte ein, kann sich dies auf den Hautzustand unmittelbar negativ auswirken. Da das Aussehen der Haut für unser Wohlbefinden von großer Bedeutung ist, wirken diese Verschlechterungen des Hautbilds wiederum zusätzlich belastend – ein Teufelskreis.

Extrinsische Form der Neurodermitis

Von der extrinsischen Form der Neurodermitis sind etwa 65 bis 80 % der Erkrankten betroffen. Sie zeigen folgende Merkmale:

- **wie bei der intrinsischen Form:** gestörte Hautbarriere, dadurch erhöhte Empfindlichkeit gegenüber Umweltreizen
- **zusätzlich:** sensibel auf allergieauslösende Stoffe reagierendes Immunsystem
- dadurch erhöhte IgE-Spiegel im Blut, was zur Ausschüttung entzündungsfördernder Stoffe führt und – neben den anderen Triggerfaktoren – einen wichtigen Auslöser der Ekzeme darstellt
- Tendenz, eine weitere atopische Erkrankung zu entwickeln
- Identifikation der Ursachen und der geeigneten Therapie mitunter problematisch

Allergieauslöser heißen auch **Allergene.** Dies sind körperfremde Proteine, auf die das Immunsystem der Erkrankten überschießend, d. h. allergisch reagiert. Diese Proteine gelangen über den Kontakt mit verschiedenen Trägern dieser Stoffe in den Körper.

Bei Eindringen in den Körper rufen die Stoffe im Blut oder Gewebe die Bildung spezifischer **Antikörper,** der **IgE,** hervor oder reagieren mit bereits vorhandenen IgE. Dadurch werden entzündungsfördernde Stoffe freigesetzt, die zu typischen allergischen Symptomen wie Gefäßerweiterung, Anschwellen der Schleimhäute usw. führen. Dieser Vorgang wird als **allergische Typ-I-Reaktion** (→ 8.8.2) bezeichnet. Die IgE verkleben mit den Allergenen zu einem „ungefährlichen" Komplex. Dieses Abfangen körperfremder Proteine stellt an sich eine sinnvolle Reaktion des Immunsystems auf gefährliche Stoffe dar, ist bei der Allergie aber eine Überreaktion auf eigentlich ungefährliche Stoffe.

Die sogenannte Katzenhaarallergie ist weitverbreitet. Die Betroffenen reagieren jedoch nicht direkt auf Katzenhaare allergisch. Das eigentliche Allergen ist eine Proteinverbindung, die in der Speicheldrüse der Katze gebildet wird und in anderen Körperflüssigkeiten vorkommt. Durch die katzentypische Fellpflege werden die Proteine auf das Katzenhaar übertragen. Bei Kontakt mit einer Katze gelangen sie dann über die Schleimhäute oder durch Einatmen über die Atemwege in den menschlichen Organismus.

Einen Erklärungsansatz für das recht häufige Vorkommen der extrinsischen Neurodermitis stellt die sog. **Hygienehypothese** dar (→ 8.8.2). Demnach wirkt sich der zu seltene Kontakt von Säuglingen und Kindern mit potenziellen Allergenen nachteilig auf die Entwicklung des Immunsystems aus.

Die intrinsische Form der Neurodermitis ist oft Vorläufer der extrinsischen Form, da durch die gestörte Hautbarriere auch Allergene leichter eindringen und zu der IgE-vermittelten allergischen Reaktion führen können.

6.9.3 Symptome

REUS

Nach dem Stadium der Erkrankung werden akute (im Schub) und chronische Symptome unterschieden:

- **akute Symptome:** Nässen, Entzündung, Rötung, Bläschen, Krusten
- **chronische Symptome:** Verdickung und Vergröberung der Haut (Lichenifikation), Schuppung

Oft treten akute und chronische Symptome nebeneinander auf.

Die Symptome zeigen sich je nach **Lebensalter** der Patienten in charakteristischen Ausprägungen und Verläufen an den betroffenen Körperregionen (→ Abb. 21).

Allergen:
an sich harmloses körperfremdes Protein, auf welches das Immunsystem mancher Menschen überschießend, d. h. allergisch reagiert

Antikörper:
im menschlichen Organismus erzeugte Proteine mit Abwehrfunktion aus der Gruppe der Immunglobuline, die mit eingedrungenen körperfremden Proteinen zu einem ungefährlichen Komplex verkleben

allergische Typ-I-Reaktion:
Allergie vom Soforttyp; Allergie vermittelt durch IgE und Histamin mit rasch einsetzenden Beschwerden nach erneutem Allergenkontakt

Lichenifikation:
Flechtenbildung; flächenhafte, lederartige Vergröberung der Haut

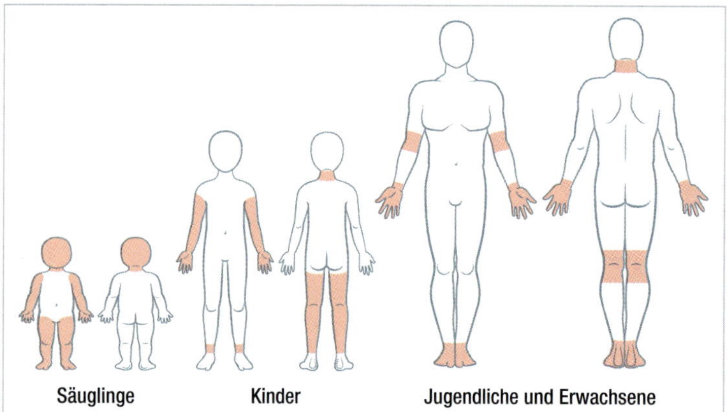

Abb. 21 Typische Lokalisationen der Neurodermitis in Abhängigkeit vom Lebensalter

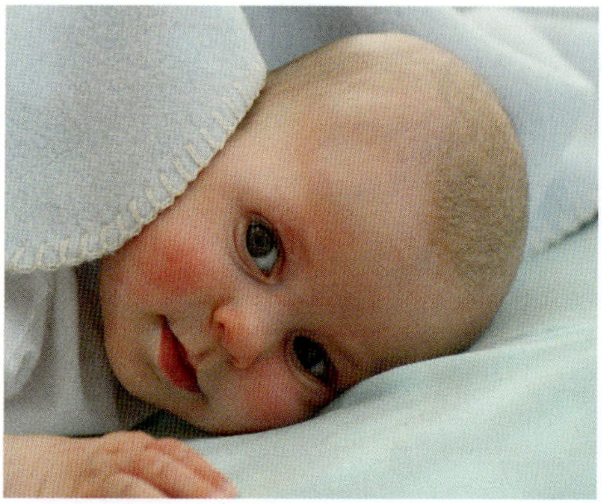

Abb. 22 Milchschorf bei einem Säugling

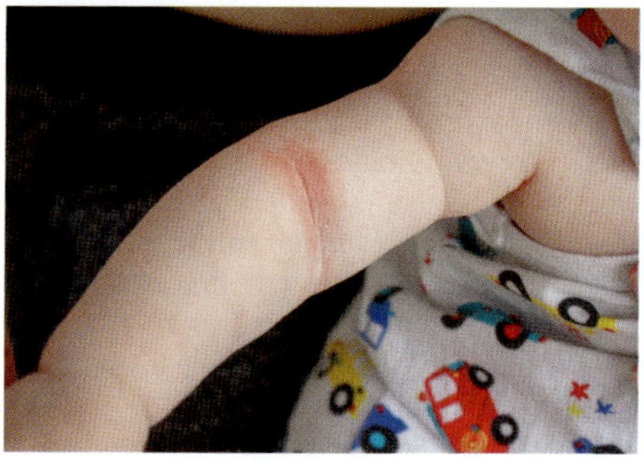

Abb. 23 Typisches Hautbild einer Neurodermitis

Milchschorf:
erstes Anzeichen einer Neurodermitis, das sich beim Säugling nach dem 3. Lebensmonat zeigt; entzündlicher, juckender Hautausschlag, evtl. mit Bläschenbildung, auf der Kopfhaut

- **Säuglinge:**
  - nach dem 3. Lebensmonat Milchschorf (→ Abb. 22), d. h. entzündete, juckende Bereiche auf der Kopfhaut
  - flächendeckend gerötete und juckende Haut an den Streckseiten von Armen und Beinen
  - gelegentlich auch nässendes Ekzem im Mundbereich, das durch Speichelfluss verstärkt wird
  - in seltenen Fällen Augenerkrankungen
- **Kleinkinder/Schulkinder:**
  - ab dem 1. Lebensjahr Rötung, Schuppung, Nässen, Krustenbildung bei gleichzeitig zu trockener Haut wegen fehlender Fähigkeit zur Feuchtigkeitsspeicherung
  - Ekzem vor allem in den Hautfalten in Kniekehlen, Armbeugen, Handgelenken, die beim Beugen der Gelenke entstehen (→ Abb. 23)
  - mit fortschreitendem Lebensalter Lichenifikation
  - bei vielen Kindern spontane Verbesserung bis zum Schulalter; Rückfälle jederzeit möglich
- **Jugendliche:**
  - meist milder Krankheitsverlauf mit trockener Haut und teils nässenden Ekzemen, z. B. am Haaransatz im Nackenbereich, im Augen- und Stirnbereich sowie in der Region um den Mund, an Schultergürtel, Armbeugen, Kniekehlen, Handgelenken und Handrücken mit anschließender Hautverdickung
- **Erwachsene:**
  - oft berufsbedingte Ekzeme an Händen, Füßen und auf der Kopfhaut
  - gerötete, rissige, entzündete Ränder der Ohrläppchen und juckende Lippen

Eine besondere Belastung stellt der teils unerträgliche **Juckreiz** dar; dies gilt vor allem für erkrankte Kinder und deren Eltern. Es treten mitunter massive Schlaf- und Konzentrationsstörungen sowie Gereiztheit auf. Oft kommt es zu einem Kreislauf von Juckreizschüben, die mit heftigen Kratzattacken beantwortet werden und nach kurzer Linderung erneute Juckreizschübe auslösen.

Stellen Sie sich vor, Sie haben einen Mückenstich, der nicht lokal, sondern am ganzen Körper juckt. Sie kratzen und kratzen – doch der Juckreiz hört nicht auf.

Äußerst beeinträchtigend und behandlungsbedürftig sind schwere Krankheitsverläufe, die durch häufiges Kratzen an den entzündeten Hautstellen verursacht werden und durch **Infektionen** mit Bakterien, Viren oder Pilzen gekennzeichnet sind. Diese gehen mit Bläschen- und Eiterbildung sowie evtl. hohem Fieber einher. Am weitaus häufigsten kommt die bakterielle Infektion mit dem fakultativ pathogenen Mikroorganismus Staphylococcus aureus (→ 8.5.2, → 8.6) vor, der auch bei gesunden Menschen die Haut besiedeln kann, dort aber keine Probleme verursacht.

6.9.4 Diagnostik

REUS

Im Rahmen der **Anamnese** werden vom Hautarzt die gesundheitliche Verfassung, Vor- und Begleiterkrankungen (Komorbiditäten) und bisher durchgeführte Untersuchungen oder Behandlungen erhoben. Eine **körperliche Untersuchung** liefert Informationen zum Zustand der Haut. Der **Schweregrad** der Erkrankung kann anhand von Scores (z. B. SCORAD, EASI) beurteilt werden; hierbei werden die Ausdehnung und Intensität der Hautveränderungen sowie das Ausmaß weiterer Symptome, z. B. Juckreiz, mit einem Punktesystem bewertet. Dies dient auch der späteren Verlaufs- und Therapiekontrolle.

Die Beeinträchtigung der Lebensqualität der Betroffenen wird mit diesen Scores nicht erfasst; dies kann mithilfe von **Fragebögen** erfolgen.

Zur Identifikation krankheitsauslösender Allergene stehen folgende **Testverfahren** zur Verfügung (→ 8.8.5):

- Tests auf eine Typ-I-Allergie (Pricktest, Scratchtest, Intrakutantest und Reibetest) mit Einbringen von Allergenlösung in die Haut
- Blutuntersuchungen (Gesamt-IgE und Radio-Allergo-Sorbent-Test – RAST – zum Nachweis spezifischer IgE-Antikörper)
- Epikutantest und Atopie-Patchtest (bisher nicht als Routineverfahren empfohlen)

Falls die Blutuntersuchungen eine Sensibilisierung auf ein oder mehrere Allergene ergeben, wird geprüft, ob dies „klinisch relevant“ ist, d. h., ob der Betroffene tatsächlich allergisch auf das Allergen reagiert. Dies kann durch Allergenkarenz und/oder Provokationstests erfolgen.

6.9.5 Therapie

REUS

Eine erfolgreiche Neurodermitistherapie setzt sich aus nicht medikamentösen und medikamentösen Maßnahmen zusammen. Die Therapie folgt einem Stufenschema, abhängig vom Hautzustand (→ Abb. 24).

Nicht medikamentöse Therapie

Zur nicht medikamentösen **Basistherapie** in allen Stadien der Erkrankung gehören:

- Form der Hautreinigung, die auf die Erkrankung abgestimmt ist
- Hautpflege, die dem aktuellen Hautzustand entspricht
- Vermeidung aller Triggerfaktoren, soweit möglich
- Strategien zum Umgang mit der Erkrankung

Die Haut wird nicht mehr und nicht öfter als erforderlich **gereinigt,** um sie nicht unnötig zu entfetten. Dabei ist zu beachten:

- pH-neutrale oder leicht saure medizinische Seifen (Syndets) verwenden
- nicht zu heiß baden oder duschen; rückfettende medizinische Ölbäder verwenden
- beim Abtrocknen nicht zu stark rubbeln

Die **Hautpflege** erfolgt je nach aktuellem Hautzustand (→ Abb. 24, → 6.9.7, Tab. 7). Ziel der **Basispflege** ist es, die trockene Haut mit Feuchtigkeit und Lipiden zu versorgen, um den Juckreiz zu stillen und den nächsten Schub möglichst hinauszuzögern. Verwendet werden Cremes, Lotionen oder Salben, die Wasser in der Haut binden, z. B. harnstoffhaltige Produkte, und mehr oder weniger lipidhaltig sind, je nach Zustand der Haut.

Triggerfaktoren werden gemieden, soweit das möglich ist:

- Pollen, Tieren, Nahrungsmitteln, Duftstoffen, Kosmetika und anderen Reizstoffen, die die Erkrankung verschlechtern, möglichst aus dem Weg gehen
- bei Hausstaubmilbenallergie Allergensanierung der Wohnung durchführen; spezielle Matratzen- und Bettdeckenzwischenbezüge verwenden; Kopfkissen regelmäßig bei 60 °C waschen; Zimmer möglichst oft reinigen
- Reisen in Gebiete mit extremen Klimabedingungen wie großer Kälte oder feuchter Hitze vermeiden
- sich vor akuten Infektionen wie heftigen Erkältungen und Grippe möglichst schützen
- psychische Störfaktoren wie Stress oder Angst klein halten

Score: Bewertungssystem

Gesamt-IgE: Bestimmung des Gesamt-IgE-Gehalts (Antikörper vom Typ IgE) des Blutes

Radio-Allergo-Sorbent-Test: RAST; Test auf spezifische IgE zur Beurteilung des Schweregrads einer Allergie

Epikutantest: Test auf eine Typ-IV-Allergie mit Einbringen des Allergens auf die Haut

Atopie-Patchtest: Sonderform des Epikutantests auf eine Typ-I-Allergie

Testverfahren zur Identifikation von Allergenen: *www.neurodermitistherapie.info*

Allergenkarenz: Meiden der allergieauslösenden Substanz

Provokationstest: Versuch, mögliche Beschwerden durch Allergengabe hervorzurufen

Allergensanierung: Maßnahmen zur Allergenbeseitigung im (häuslichen) Umfeld

Stufe 4
Hautzustand: andauernde schwer ausgeprägte Ekzeme (z. B. Hautverdickung, Knötchenbildung, Nässen, Krustenbildung), starke Rötung; starker Juckreiz

Behandlung Stufe 1 + 2 + 3 +
innerliche Therapie (z. B. mit Ciclosporin)

Stufe 3
Hautzustand: mittelschwere Ekzeme (z. B. mit Hautverdickung, Knötchenbildung); mäßiger bis starker Juckreiz

Behandlung Stufe 1 + 2 +
äußerliche Therapie mit stärker wirksamen Glukokortikoiden und/oder Calcineurinhemmern
ggf. weitere Maßnahmen, z. B. Lichttherapie, Medikamente gegen Juckreiz, Mittel zur Reduktion von Bakterien und anderen Mikroorganismen

Stufe 2
Hautzustand: trocken bis schuppig und gerötet, leichte Ekzeme (ggf. mit leichter Knötchenbildung und Hautverdickung); Juckreiz

Behandlung Stufe 1 +
äußerliche Therapie mit schwach wirksamen Glukokortikoiden und/oder Calcineurinhemmern
ggf. Lichttherapie

Stufe 1
Hautzustand: trocken

Basistherapie:
regelmäßige Hautpflege mit wirkstofffreien, rückfettenden Pflegepräparaten (Salben, Cremes, Lotionen), evtl. Ölbäder
Vermeiden oder Reduktion von auslösenden Faktoren (z. B. Stress, Nahrungsmittel)

Abb. 24 Vier Therapiestufen der Neurodermitisbehandlung (Allergieinformationsdienst 2019, modifiziert nach Heratizadeh u. a. 2008)

Für die Betroffenen und ggf. auch das Umfeld ist es hilfreich, individuelle **Strategien zum Umgang mit der Erkrankung** zu entwickeln:

- Kinder (nachts) mit Overalls ausstatten, um das direkte Kratzen der Haut zu verhindern
- Fingernägel kurz halten, schonende Kratztechniken und Kratzalternativen erlernen und anwenden, Baumwollhandschuhe zur Minimierung der Folgen von Kratzattacken tragen
- weite, leichte, nicht scheuernde Kleidung tragen
- Entspannungstechniken erlernen und regelmäßig anwenden, z. B. autogenes Training, Meditation, Yoga (→ 5.9.3)
- auf positive Erlebnisse konzentrieren

In Schulungen können sowohl die Betroffenen als auch die Eltern erkrankter Kinder Unterstützung im Umgang mit der Erkrankung erhalten.

Lichttherapie bei Erwachsenen, teils auch Jugendlichen, mit UVA-Strahlen, PUVA und UVB-Strahlen unterstützt das Immunsystem und wirkt antientzündlich. Sie kann ab Stufe 2 der Therapie (→ Abb. 24) angewendet werden.

Medikamentöse Therapie

Die medikamentöse Therapie der Neurodermitis erfolgt mit Immunsuppressiva. Unterschieden werden:

- topische (örtliche) Therapie mit Glukokortikoiden und/oder Calcineurinhemmern
- systemische Therapie (oral oder subkutan) mit Ciclosporin bei schwerer Erkrankung

Neuere Wirkstoffe zur Therapie der Neurodermitis sind die Januskinase-Inhibitoren Baricitinib, Abrocitinib und Upadacitinib und die zu den Biologika zählenden Antikörper Dupilumab und Tralokinumab. Komplikationen und Begleiterscheinungen können behandelt werden mit:

- Antihistaminika (gegen Juckreiz)
- Antibiotika (gegen bakterielle Infektionen)
- Antimykotika (gegen Pilzerkrankungen)

PUVA:
Lichttherapie mit UVA-Strahlen, nachdem die Haut zunächst mit einem Lichtsensibilisator (Psoralen) behandelt wurde

Immunsuppressivum:
Arzneimittel zur Unterdrückung des Immunsystems

Glukokortikoide:
in der Nebennierenrinde gebildete Steroidhormone, z. B. Kortisol, Kortison; Funktion: Glukoneogenese, Proteolyse, Lipolyse, Entzündungshemmung

Calcineurinhemmer:
Gruppe von immunsuppressiv und entzündungshemmend wirkenden Arzneimitteln

systemisch:
generalisiert, den gesamten Organismus betreffend

Ciclosporin:
Immunsuppressivum, das aus Schlauchpilzen gewonnen wird

Antihistaminikum:
Arzneimittel zur Unterdrückung und damit symptomatischen Behandlung einer Allergie

6.9.6 Rehabilitation

REUS

Das Ziel einer Rehabilitationsmaßnahme ist ein möglichst beschwerdearmer Alltag. Hierzu existieren zahlreiche Ansätze:

- Durchführen einer Reha am Meer oder im Hochgebirge zur zeitweisen Elimination von Provokationsfaktoren aus dem Umfeld
- nach Karenz und Provokationstest (→ 6.9.4) bei Bedarf Ernährungsumstellung mit Eliminationsdiät unter Vermeidung von Mangelerscheinungen
- Stärkung der psychosozialen Gesundheit, z. B. durch autogenes Training (→ 5.9.3)
- Förderung der Akzeptanz der Erkrankung
- Steigern des Selbstwertgefühls (→ 5.9.2)
- Integration der Familie und des sozialen Umfelds in den Umgang mit der Erkrankung
- Beratung hinsichtlich geeigneter Berufswahl

Recherchieren Sie, welche Berufe aufgrund einer hohen Allergenexposition für Menschen mit Neurodermitis ungeeignet sein könnten.

6.9.7 Pflege

TULKE

Professionelle Pflege bei Neurodermitis

Informieren, Anleiten und Beraten sind zentrale Aufgaben von Pflegefachpersonen. Die auslösenden Provokationsfaktoren gilt es zu ermitteln und auszuschalten. Pflegefachpersonen schulen die Betroffenen z. B. darin, Tagebuch zu führen, um die Triggerfaktoren zu identifizieren. Sie beobachten Haut, Haare und Körpertemperatur, um Veränderungen und Infektionszeichen frühzeitig zu erkennen.

Der psychische Zustand der Betroffenen sollte stets beobachtet werden, um Veränderungen wahrzunehmen, die zu einem erneuten Krankheitsschub führen können. Pflegefachpersonen schulen Entspannungstechniken und vermitteln an Selbsthilfegruppen. Weitere zentrale pflegerische Aufgaben werden in → Tab. 7 dargestellt.

Anwendung des Pflegeprozesses nach Fiechter und Meier

Das in Deutschland am weitesten verbreitete Pflegeprozessmodell geht auf Fiechter und Meier zurück. Es besteht aus sechs Schritten (→ Abb. 25).

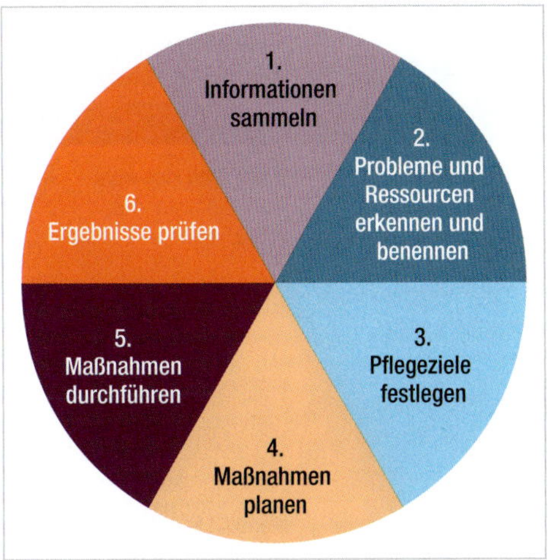

Abb. 25 Pflegeprozess nach Fiechter und Meier

Grundlage der pflegerischen Tätigkeit und erster Schritt ist die **Informationssammlung.** Hier werden relevante Kenntnisse zum zu pflegenden Menschen zusammengeführt, analysiert und dokumentiert. Auf diesem Schritt baut der Pflegeprozess auf. → Tab. 7 verdeutlicht den **2. bis 4. Schritt des Pflegeprozessmodells.** Dies erfolgt für das nachstehende Beispiel „Marie" und bezogen auf ausgewählte **ABEDL®** (→ I-12.2.2).

Marie ist 14 Jahre alt und leidet seit dem 2. Lebensjahr unter Neurodermitis. Die Schübe haben sich in den letzten Jahren sehr minimiert, nachdem die auslösenden Faktoren identifiziert und ausgeschaltet wurden. Seit drei Wochen verschlechtert sich nun ihr Hautbild zunehmend. Die typischen Hautareale in den Ellenbeugen und Kniekehlen jucken stark, sind gerötet und schuppend. Durch den quälenden Juckreiz hat Marie sich die Unterarme wund gekratzt, sodass sie stark schmerzen. Sie duscht mindestens dreimal täglich, benutzt parfümierte Bodylotion und Make-up. Zweimal in der Woche geht Marie zum Schwimmen und zweimal zum Reiten. Anschließend treten die Symptome verstärkt auf.

Im 5. Pflegeprozessschritt werden die pflegerischen **Maßnahmen durchgeführt** und im letzten Schritt deren **Wirksamkeit** evaluiert.

I-12.3.2 Pflegeprozess nach Fiechter und Meier

Eliminationsdiät: Auslassdiät; Weglassen bestimmter Nahrungsmittel mit dem Ziel, die Beschwerden einer Krankheit zu lindern

ABEDL®: pflegerisches Strukturmodell nach Krohwinkel; Abkürzung für **A**ktivitäten, soziale **B**eziehungen und existenzielle **E**rfahrungen **d**es **L**ebens

Tab. 7 Pflegeprozess nach Fiechter und Meier, mögliche Schritte 2 bis 4 zum Beispiel „Marie“

Ausgewählte ABEDL® nach Krohwinkel	2. Schritt: Probleme und Ressourcen erkennen und benennen	3. Schritt: Pflegeziele festlegen	4. Schritt: Maßnahmen planen
sich pflegen können	Marie ist in ihrer Körperpflege eingeschränkt. Ihre Haut ist stark gerötet, schuppend, trocken und es befinden sich bereits offene Hautareale an den Unterarmen. Sie nimmt Unterstützung an und hilft ihrem Alter entsprechend mit.	Marie fühlt sich wohl. Der Hautzustand ist intakt.	• regelmäßige Nagelpflege durchführen und Fingernägel kurz halten • regelmäßig und mindestens zweimal täglich mit Basistherapeutika eincremen, um trockener Haut vorzubeugen • vor dem Eincremen stets Hände waschen • Präparate mit rückfettender Wirkung sowie ohne Duft- und Konservierungsstoffe verwenden • pH-neutrale Reinigungsmittel (Syndets) verwenden • Duschen statt Baden, da dies hautfreundlicher ist • Wassertemperatur soll höchstens 35 °C betragen
sich kleiden können	Marie ist nicht krankheitsspezifisch gekleidet. Sie trägt nachts einen Polyesterschlafanzug und kratzt sich nachts sehr stark. Sie erkennt die Notwendigkeit von angepasster Kleidung.	Marie ist krankheitsspezifisch gekleidet.	• in der Nacht evtl. Baumwolloverall mit Fäustlingen tragen • atmungsaktive Kleidung tragen • keine zu enge oder scheuernde Kleidung tragen
für eine sichere Umgebung sorgen	Marie leidet aufgrund ihrer Erkrankung an starkem Juckreiz. Dies äußert sich durch Kratzen, wodurch bereits offene Hautstellen und Schmerzen entstanden sind. Sie kennt Kratzalternativen und kann Schmerzen äußern.	Marie kann mit dem Juckreiz sicher umgehen.	• Schmerzmanagement der Haut durchführen • bei pflegerischen Tätigkeiten vorsichtig, sanft berühren • für kühle, unbeheizte Räume sorgen, dünnes Bettzeug verwenden • Maßnahmen gegen Juckreiz anwenden (kühlen; Kratzalternativen anwenden, z. B. kneifen, drücken; sich ablenken; sich entspannen)
	Marie ist aufgrund des starken Juckreizes infektionsgefährdet. Sie hat bereits aufgekratzte offene Hautstellen an den Unterarmen. Sie kennt die Infektionszeichen.	Die betroffenen Hautareale sind infektionsfrei.	• medikamentöse Therapie nach AVO durchführen, z. B. Salben mit antientzündlichen Wirkstoffen auftragen • vor jeglicher pflegerischer Maßnahme Hände waschen und desinfizieren • Haut beobachten und auf Infektionszeichen kontrollieren • täglich Temperatur messen • ggf. Hautareale/Wunden steril abdecken • Wunden nach ärztlicher Verordnung versorgen
sich beschäftigen	Marie ist in ihren Freizeitaktivitäten aufgrund ihrer Erkrankung eingeschränkt. Nach dem Schwimmen und dem Reiten ist die Haut stark gerötet und juckt. Sie ist bereit, im akuten Schub reizende Aktivitäten zu reduzieren.	Marie hat ein erfüllendes Hobby. Marie fühlt sich ausgeglichen.	• Selbsthilfegruppen besuchen • Gespräche führen • im akuten Krankheitsschub die reizenden/auslösenden Faktoren der Hobbys reduzieren

Versetzen Sie sich in die Rolle einer Pflegefachperson:

1. *Sie möchten ein Beratungsgespräch mit Marie und ihren Eltern durchführen. Planen Sie dieses Gespräch und machen Sie sich Stichworte für den Ablauf und die Inhalte. Legen Sie Ihre Schwerpunkte dabei auf die Körperpflege, Hautpflegeprodukte und Freizeitaktivitäten.*
2. *Ein Mitschüler/eine Mitschülerin übernimmt nun die Rolle von Marie. Besprechen Sie mit Marie die Thematik des Juckreizes und zeigen Sie der Patientin Kratzalternativen auf.*

Selbstpflege

Die wesentlichen Pflegeprozessschritte sollten ab einem gewissen Reifegrad der Betroffenen auch im Sinne einer zu erwerbenden Selbstpflegekompetenz in Eigenregie durchgeführt werden können.

6.9.8 Verlauf und Prognose

REUS

Die Neurodermitis verläuft in Schüben, eine Spontanheilung ist möglich. Die meisten der erkrankten Kinder und Jugendlichen sind bis zum frühen Erwachsenenalter symptomfrei – allerdings entwickeln mindestens 30 % der betroffenen Kinder auch im Erwachsenenalter Ekzeme (Werfel u.a. 2023). Die betroffenen Kinder weisen im späteren Leben jedoch ein erhöhtes Risiko für andere atopische Erkrankungen auf: Typisch ist eine Neurodermitis im Säuglings- oder Kleinkindalter, auf die später evtl. ein allergischer Schnupfen und/oder Asthma bronchiale folgen.

Ein Teil der im Kindesalter an Neurodermitis Erkrankten neigt im Erwachsenenalter zu Ekzemen und empfindlicher Haut.

6.9.9 Prävention und Gesundheitsförderung

REUS

Bei einer erblichen Prädisposition durch atopische Eltern kann eine frühe **Konfrontation mit Allergenen** zur Toleranzentwicklung beitragen. Seit langem weiß man, dass das Erkrankungsrisiko für Kinder, die auf dem Land bzw. auf einem Bauernhof heranwachsen, geringer ist als bei Stadtkindern ohne regelmäßigen Kontakt zu Tieren (→ 8.8.2).

Der durch die Neurodermitis verursachte Juckreiz und die sichtbaren Hauterscheinungen haben einen hohen Einfluss auf die Psyche der Betroffenen und das Umfeld, insbesondere auf die familiäre Situation. Es gilt, das Selbstwertgefühl zu stärken und in diesem Kontext Problemen in Kita und Schule sowie im Kontakt mit Gleichaltrigen wirksam entgegenzusteuern. Für das Familienleben sollten frühzeitig geeignete Strategien, auch mit Unterstützung durch Experten, entwickelt werden, um die Lebensqualität der Beteiligten vor dem Hintergrund der enormen Belastungen zu fördern.

Darüber hinaus ist es wichtig, Provokationsfaktoren zu meiden, eine angemessene Körperhygiene und ein der Haut entsprechendes Pflegekonzept zu befolgen.

Bei beruflich bedingter Neurodermitis ist rechtzeitig das sogenannte **Hautarztverfahren** einzuleiten. In diesem informieren Hautärzte die Unfallversicherungen, wenn der Verdacht besteht, dass bei Patienten mit Hautveränderungen ein beruflicher Zusammenhang möglich ist. Die Unfallversicherungsträger können dann frühzeitig Präventionsmaßnahmen einleiten, z.B. Beratungen oder Seminare, um Verschlechterungen aufzuhalten und die krankheitsbedingte Aufgabe des Berufs zu verhindern.

Zur **Primärprävention** wird Folgendes empfohlen (Schäfer u.a. 2014) (→ 8.8.9):

- Ernährung: volles Stillen mindestens 4 Monate, schrittweises Einführen der Beikost ab dem 5. Monat, während das Stillen fortgesetzt wird; dabei kein Verzicht auf häufige Allergene; Fisch wird empfohlen
- Kontakt mit Allergenen, aber bei familiärer Vorbelastung keine Katzenhaltung
- möglichst schadstofffreie Wohnumgebung (ohne Tabakrauch, Schimmelpilze)
- Durchführung von Impfungen nach STIKO-Empfehlungen (→ I-9.2.5), allerdings nicht im akuten Schub

Bei familiärer Vorbelastung kann eine geeignete Hautpflege (Basistherapie, → 6.9.5) durchgeführt werden.

Als **Sekundärprävention** dient die Aufrechterhaltung der Basistherapie (→ 6.9.5) auch bei Fehlen von Entzündungszeichen, um Schübe zu verhindern oder hinauszuzögern. Zudem wird eine **Neurodermitisschulung** empfohlen:

- Informationen über die Krankheit
- Aufklärung über Therapieoptionen
- Umgang mit Triggerfaktoren
- Umgang mit und Pflege der Haut
- Eigenbehandlung des Juckreizes

Betroffene können Selbsthilfegruppen besuchen, auch um die seelischen Belastungen durch mögliche Ausgrenzung infolge der Hautproblematik besser zu kompensieren und zu verarbeiten.

Informationen zu Neurodermitis für Betroffene:

Allergieinformationsdienst: *www.allergieinformationsdienst.de/krankheitsbilder/neurodermitis.html*

Deutsche Haut- und Allergiehilfe e.V. (DHA): *www.dha-neurodermitis.de*

Deutscher Allergie- und Asthmabund e.V. (daab): *www.daab.de/haut/hautwelt*

Neurodermitisschulung: *www.neurodermitisschulung.de*

AUFGABEN

1. *Nennen Sie die Krankheiten, die dem atopischen Formenkreis zugeordnet werden.*
2. *Beschreiben Sie die typischen Symptome, die während eines Neurodermitisschubs auftreten.*
3. *Erläutern Sie den Begriff Triggerfaktoren (Provokationsfaktoren).*
4. *Nennen Sie die Triggerfaktoren, die eine Neurodermitis auslösen können. Erweitern Sie die Oberbegriffe durch Beispiele.*
5. *Nennen Sie die Möglichkeiten der Allergiediagnostik.*
6. *Beschreiben Sie die Therapie, die bei einem Kleinkind mit juckenden Stellen in den Armbeugen erfolgt.*
7. *Recherchieren Sie über Selbsthilfegruppen und ihre Angebote für Betroffene mit Neurodermitis und deren Angehörige.*

Quellen

Quellen Anatomie/Physiologie

Bundesamt für Strahlenschutz (2020): Optische Strahlung. Die verschiedenen Hauttypen; unter *www.bfs.de/DE/themen/opt/uv/wirkung/hauttypen/hauttypen.html* [15.01.2024].

Bundesamt für Verbraucherschutz und Lebensmittelsicherheit (BVL), 24.02.2020: Warnungsdetails Tätowierfarbe INTENZE Light Green; unter *www.lebensmittelwarnung.de/bvl-lmw-de/detail/kosmetische+mittel/49970* [25.08.2020].

Deutsche Haut- und Allergiehilfe e. V. (o. J.): Sonnenschutz; unter *www.dha-sonnenschutz.de/sonnenschutz.html* [15.01.2024].

Deutscher Bundestag (2020): Dokumentation – Gefährdung der menschlichen Gesundheit durch Farbpigmente in Tattoofarben. Informationen zu Studien und zur aktuellen Diskussion. Wissenschaftliche Dienste

Endspurt Vorklinik (2020): Physiologie 3. Stuttgart: Thieme.

Golenhofen, K. (2006): Basislehrbuch Physiologie. München: Urban und Fischer.

Kremser, K. (2019): Was genau ist Akne und was hilft dagegen?; unter *www.apotheken-umschau.de/Akne* [15.01.2024].

NetDoktor – Rudolf-Müller, E. (2016): Taktile Wahrnehmung; unter *www.netdoktor.de/anatomie/taktile-wahrnehmung* [15.01.2024].

NetDoktor – Tiefenböck, F. (2016): Verbrennung; unter *www.netdoktor.de/krankheiten/verbrennung* [15.01.2024].

Silbernagl, S. (2018): Taschenatlas Physiologie. Stuttgart: Thieme.

Quellen Malignes Melanom

Deutsche Dermatologische Gesellschaft (DDG); Arbeitsgemeinschaft für Berufs- und Umweltdermatologie (ABD) (2010): Empfehlungen zur Qualitätssicherung: Hautarztverfahren; unter *www.awmf.org/service/gesamtarchiv/qualitaetssicherung/empfehlungen.html* [15.01.2024].

Deutsches Ärzteblatt, 02.10.2014: Melanom: Kombinierte BRAF- und MEK-Inhibition verbessert Prognose; unter *www.aerzteblatt.de/nachrichten/60322/Melanom-Kombinierte-BRAF-und-MEK-Inhibition-verbessert-Prognose* [15.01.2024].

Deutschlandfunk, 15.08.2014 – Stummer, A.: Australien versucht, seine Haut zu retten; unter *www.deutschlandfunk.de/ozonloch-australien-versucht-seine-haut-zu-retten.724.de.html?dram:article_id=294701* [15.01.2024].

Leitlinienprogramm Onkologie (Deutsche Krebsgesellschaft, Deutsche Krebshilfe, AWMF) (2019): Diagnostik, Therapie und Nachsorge des Melanoms, Langversion.

ONKO-Internetportal (2020): Malignes Melanom: schwarzer Hautkrebs; unter *www.krebsgesellschaft.de/onko-internetportal/basis-informationen-krebs/krebsarten/hautkrebs/malignes-melanom-schwarzer-hautkrebs.html* [15.01.2024].

Robert Koch-Institut (RKI) (2023): Krebs in Deutschland für 2019/2020. Berlin.

Süddeutsche Zeitung, 19.01.2012: Minderjährige dürfen nicht ins Solarium; unter *www.sueddeutsche.de/panorama/verfassungsgericht-bestaetigt-verbot-minderjaehrige-duerfen-nicht-ins-solarium-1.1261863* [15.01.2024].

Quellen Neurodermitis

Allergieinformationsdienst (2019): Krankheitsbilder: Neurodermitis; unter *www.allergieinformationsdienst.de/krankheitsbilder/neurodermitis.html* [15.01.2024].

Hautinfo.at (o. J.): Neurodermitis – Alternativmedizin; unter *www.hautinfo.at/kategorie/neurodermitis/alternativmedizin-1.html* [15.01.2024].

Heratizadeh, A. u. a. (2015): S2k-Leitlinie Neurodermitis.

Schäfer, T. u. a. (2014): S3-Leitlinie Allergieprävention. Leitlinie der Deutschen Gesellschaft für Allergologie und klinische Immunologie (DGAKI) und der Deutschen Gesellschaft für Kinder- und Jugendmedizin (DGKJ).

Thamm, R.; Poethko-Müller, C.; Hüther, A.; Thamm, M. (2018): Allergische Erkrankungen bei Kindern und Jugendlichen in Deutschland – Querschnittergebnisse aus KiGGS Welle 2 und Trends. In: Journal of Health Monitoring 3(3): 3–18.

Werfel, T. u. a. (2023): S3-Leitlinie „Atopische Dermatitis" (AWMF-Registernr. 013-027); unter: *https://register.awmf.org/de/leitlinien/detail/013-027* [12.02.2024].

Weiterführende Literatur

Deutsche Krebshilfe: Hautkrebs-Materialien; unter *www.krebshilfe.de/informieren/fuer-fachkreise/materialien-fuer-ihre-praxis/hautkrebs* [15.01.2024].

Deutscher Neurodermitis Bund e. V. (DNB): Betroffenenverein und Informationsportal; unter *www.neurodermitis-bund.de* [15.01.2024].

Frings, S.; Müller, F. (2019): Biologie der Sinne. Springer: Berlin.

Leitlinienprogramm Onkologie (Deutsche Krebsgesellschaft, Deutsche Krebshilfe, AWMF) (2014): Melanom. Ein Ratgeber für Patientinnen und Patienten. Berlin.

Planet Wissen (2020): Haut des Menschen; unter *www.planet-wissen.de/natur/anatomie_des_menschen/haut_des_menschen/index.html* [15.01.2024].

7 HORMONELLES SYSTEM

NICOLE H. KNEPPER, DR. VERONIKA WANSCHURA

Der Macht der Hormone ist jeder Mensch unterlegen. Fortpflanzung, Entwicklung, Stoffwechsel, Wachstum, Altern, begleitet von Emotionen und Verhaltensweisen, stellen Ereignisse hormoneller Steuerungsprozesse dar – ohne Hormone ist der Mensch nicht lebensfähig.

1. *Die Bildercollage betont die Vielfältigkeit der Hormonwirkungen. Versuchen Sie die folgenden Hormone den Bildern passend zuzuordnen:*
   Adrenalin, β-hCG, Gestagen, Insulin, Melatonin, Östrogen, Oxytozin, Prolaktin, Serotonin, Somatropin, Testosteron.

2. *Überlegen und diskutieren Sie:*
   a) *Haben in Ihrem bisherigen Leben Hormone bereits eine bedeutsame Rolle gespielt?*
   b) *Kennen Sie Personen aus Ihrem Umfeld, deren Hormonhaushalt nicht ausgeglichen ist, sodass in der Folge entsprechende Maßnahmen getroffen werden müssen?*

7.1 Überblick und anatomische Grundlagen

KNEPPER

Hormon:
Signal-/Botenstoff, der in Organen oder Geweben gebildet wird und Vorgänge im Körper reguliert

endokrin:
in das Blut absondernd

Neurotransmitter:
Transmitter; Botenstoff des Nervensystems

endokrine Drüse:
Drüse, die keine Ausführungsgänge besitzt und die Sekrete direkt in die Blutbahn abgibt

Das hormonelle System, oft auch als **Hormonsystem** oder **endokrines System** bezeichnet, reguliert mit weit mehr als 50 Hormonen eine Fülle an Körperreaktionen.

Das hormonelle System ist neben dem Nervensystem das zweite wichtige System, welches für die **Regelung und Koordination** der Vorgänge im menschlichen Organismus zuständig ist.

Während das **Nervensystem** (→ 5) Informationen elektrisch über Nervenbahnen sowie chemisch mittels Neurotransmittern an Synapsen überträgt, kann man das **hormonelle System** mit einem „drahtlosen" Kommunikationssystem vergleichen. Hierbei sind die Nachrichten in chemischen Strukturen von Botenstoffen, den Hormonen, verschlüsselt enthalten. Diese werden von **endokrinen Drüsen** gebildet und anschließend in die Blutbahn abgegeben. An Zielzellen angekommen lösen Hormone mithilfe spezieller Rezeptoren bestimmte Körperreaktionen aus (→ Tab. 1).

Das hormonelle System dient vor allem der länger dauernden und globalen Regulation von Zellfunktionen. Diese Aufgabe bringt eine permanente, dem wechselnden Bedarf angepasste Bildung der Hormone, deren kontrollierte Abgabe und gesteuerte Inaktivierung mit sich.

Sowohl Unter- als auch Überfunktion führen letztendlich zu Erkrankungen (→ 7.4, → 7.5).

Wichtige **endokrine Drüsen** sind:
- Hypophyse (Hirnanhangdrüse)
- Epiphyse (Zirbeldrüse)
- Schilddrüse
- Nebenschilddrüse
- Nebennieren

Organe mit endokrinen Zellgruppen sind:
- Eierstöcke
- Hoden
- Bauchspeicheldrüse
- u. a.

Viele dem Willen entzogene Prozesse, wie z. B. das Wachstum oder die Fortpflanzung, werden sowohl vom vegetativen Nervensystem (→ 5.4.2) als auch vom hormonellen System reguliert. Man spricht von der **neuroendokrinen Kopplung,** welche die Kooperation beider Systeme beschreibt, die durch den **Hypothalamus** koordiniert wird.

Tab. 1 Regulationssysteme des Körpers im Vergleich

	Hormonelles System	Nervensystem
Informationsüberträger	Hormone	• elektrische Signale • Neurotransmitter
Informationsübertragungsweg	Blut	• Nervenbahnen • Synapsen
Geschwindigkeit der Informationsweitergabe	langsam (bis 0,5 m/s)	schnell (bis 120 m/s)
Auswirkung	langsam – z. B. Regulation von Verdauungsprozessen	schnell – z. B. Fluchtreaktion
Wirkungsdauer	länger anhaltend	kurz anhaltend
Zielorte	Körperzellen mit passenden (spezifischen) Hormonrezeptoren	• Muskelzellen • Drüsenzellen • andere Nervenzellen
Funktion	hormonspezifische Reaktionen, z. B.: • Blutzuckerregulation • Temperaturregulation • Sexualtrieb • Hunger, Durst	neurotransmitterspezifische Reaktionen, z. B.: • Muskelkontraktion • Drüsensekretion • Aktivierung oder Inhibierung anderer Nervenzellen
technischer Vergleich	Radio: Meldung wird an jene Zuhörer verteilt, welche den passenden Sender eingestellt haben	Schnurtelefon: Sender und Empfänger sind direkt miteinander verbunden

7.1.1 Hypothalamus und Hirnanhangdrüse

Über einen kaum millimeterdicken hohlen Stiel, den Hypophysenstiel, ist das Zwischenhirn über den Hypothalamus mit der Hirnanhangdrüse verbunden (→ Abb. 1, → 5.2.2).

Der **Hypothalamus,** dessen Größe ungefähr der eines 5-Cent-Stücks entspricht, ist das oberste Steuerungsorgan des endokrinen Systems. Er befindet sich im unteren Abschnitt des Zwischenhirns, unterhalb des Thalamus.

Ausgehend vom Hypothalamus erfolgt die Regulation vegetativer sowie endokriner

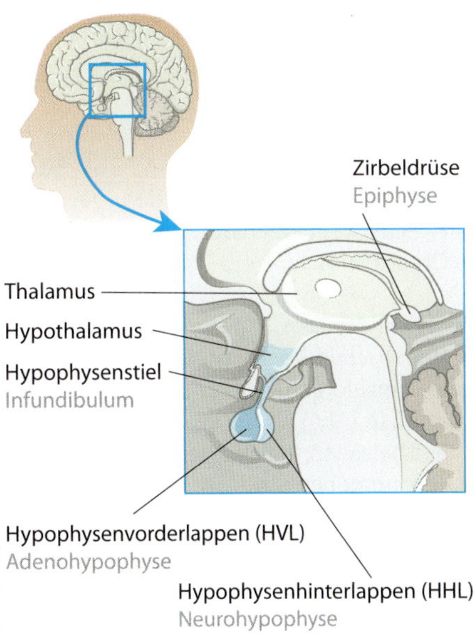

Abb. 1 Lage von Hypothalamus, Hypophyse und Epiphyse im ZNS

Vorgänge über unterschiedliche Teilabschnitte des **Hypothalamus-Hypophysen-Systems** (→ Abb. 2):

- In den **magnozellulären Kernen** (großzelligen Neuronen) des Hypothalamus werden Neurosekrete gebildet, diese gelangen zum Hypophysenhinterlappen (HHL), werden dort gespeichert bzw. folglich ins Blut abgegeben, z. B. (→ 7.2):
  - antidiuretisches Hormon, ADH
  - Oxytozin
- Die **parvozellulären Kerne** (kleinzellige Neuronen) des Hypothalamus bilden Neurosekrete, welche über ein Geflecht von Blutkapillaren zum Hypophysenvorderlappen (HVL) gelangen; es handelt sich um die Steuerhormone (→ 7.2):
  - Freisetzungshormon, RH
  - hemmendes Steuerhormon, IH

Die **Hypophyse** hängt, wie der Name sagt, am (Zwischen-)Hirn unten an. Sie ist eine etwa bohnengroße endokrine Drüse und liegt im Zentrum des Schädels, eingebettet in einer knöchernen Wanne.

Die Hypophyse ist sowohl in ihrer Gestalt als auch in ihrer Funktion zweigeteilt:

- **Hypophysenvorderlappen (HVL);** dieser ist aus Drüsenepithelien (→ 1.2.5) aufgebaut und von weiten Kapillaren umgeben. Hier wird durch Einfluss der Steuerhormone ein Großteil der Hormone (→ 7.2) entsprechend produziert:
  - Thyreoidea-stimulierendes Hormon, TSH
  - Adrenocorticotropes Hormon, ACTH
  - follikelstimulierendes Hormon, FSH
  - luteinisierendes Hormon, LH
  - Prolaktin
  - somatotropes Hormon, STH
- **Hypophysenhinterlappen (HHL);** dieser besteht aus Gliagewebe (→ 1.2.5, → 5.1.2), das von marklosen Nervenfasern und Blutgefäßen durchzogen wird. Der aus dem Hypothalamus kommende dünne Hypophysenstiel setzt sich hier fort. Dies zeigt sich u. a. darin, dass die von den magnozellulären Kernen des Hypothalamus gebildeten Neurosekrete, ADH und Oxytozin, im HHL gespeichert und in der Folge je nach Bedarf an die Blutbahn abgegeben werden.

7.1.2 Periphere endokrine Drüsen

Periphere endokrine Drüsen geben ihre Sekrete, also die Hormone, nach entsprechender Steuerung durch Hypothalamus bzw. Hypophyse direkt in die Blutbahn ab. → Abb. 3 zeigt die wichtigsten Drüsen dieser Art.

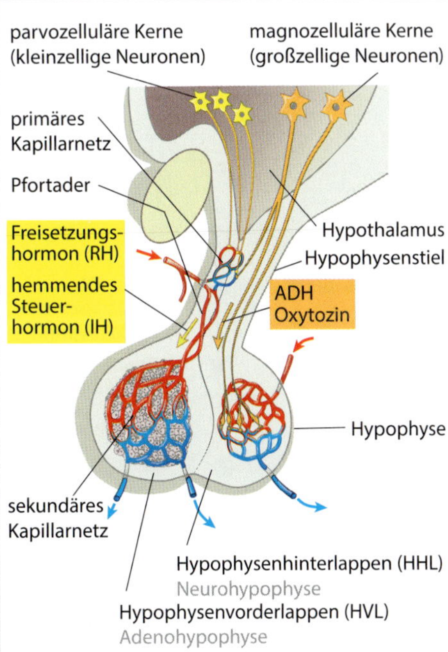

Abb. 2 Hypothalamus-Hypophysen-System

endokrine Drüse:
Drüse, die keine Ausführungsgänge besitzt und die Sekrete direkt in die Blutbahn abgibt

neuroendokrine Kopplung:
Koordination des Zusammenwirkens von Nervensystem und hormonellem System

Hypothalamus:
Teil des Zwischenhirns; Verbindungsstelle zwischen Nerven- und Hormonsystem; steuert zahlreiche vegetative und hormonelle Vorgänge im Körper

Hypophysenstiel:
Infundibulum; Verbindungsgang zwischen Hypothalamus und Hypophyse

Epiphyse:
Zirbeldrüse, steht über den Hypothalamus mit der Retina in Verbindung, setzt das Hormon Melatonin licht- und tageszeitabhängig frei

magnozellulär:
großzellig

Hypophyse:
Hirnanhangdrüse; Hormondrüse, die vor allem andere Hormondrüsen reguliert

Hypophysenhinterlappen:
HHL, Neurohypophyse; Speicher- und Abgabeort für im Hypothalamus gebildete Hormone

parvozellulär:
kleinzellig

Hypophysenvorderlappen:
HVL, Adenohypophyse; endokrine Drüse, die Hormone bildet; wird selbst von Hormonen des Hypothalamus und durch negative Rückkopplung gesteuert

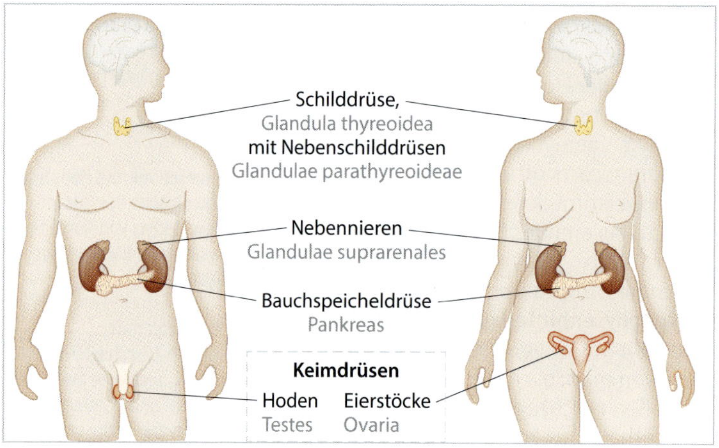

Abb. 3 Periphere Hormondrüsen

Schilddrüse:
Glandula thyreoidea; periphere endokrine Drüse im Halsbereich; produziert die iodhaltigen Hormone Triiodthyronin und Thyroxin, die Stoffwechsel und Wachstum des Körpers steuern

Follikel:
Bläschen

Kolloid:
in Wasser oder Öl fein verteilte Teilchen oder Tröpfchen eines Stoffes

Thyreoglobulin:
Protein der Schilddrüse, aus dem die Schilddrüsenhormone gebildet werden

Nebenschilddrüsen:
Glandulae parathyreoideae, Epithelkörperchen; auf der Schilddrüse liegende Hormondrüsen; produzieren Parathormon vor allem zur Steuerung des Kalziumhaushalts

Parathormon:
PTH, Parathyrin; dient vor allem der Steuerung des Kalzium- und Phosphathaushalts

Bauchspeicheldrüse:
Pankreas; periphere Drüse im Bauchraum, die Verdauungssäfte in den Dünndarm sowie Hormone (z.B. Glukagon, Insulin) ins Blut abgibt

Schilddrüse

Dicht unterhalb des Schildknorpels umschließt die Schilddrüse mit zwei Seitenlappen und einem schmalen Mittellappen hufeisenförmig die Luftröhre.

Mikroskopisch betrachtet erkennt man das Drüsengewebe. Dies besteht aus unregelmäßig gestalteten Bläschen, deren Durchmesser sich auf ca. 1 mm beläuft. Diese sog. **Follikel** tragen in ihrem Inneren eine strukturlose Masse, das Kolloid, welches nach außen hin von einem einschichtigen Epithel umrandet ist. Die **Bildung** der Schilddrüsenhormone Thyroxin und Triiodthyronin findet in den Epithelzellen, die **Speicherung** in Form von Thyreoglobulin im Kolloid der Follikel statt. Jeder Follikel ist von einem Netzwerk von Blutkapillaren umgeben (→ Abb. 4).

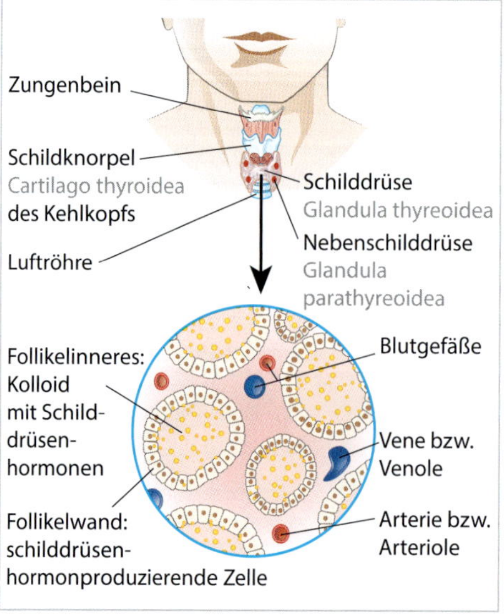

Abb. 4 Schilddrüse und deren Feinbau

Die Schilddrüsenhormone (→ 7.3.4) haben eine große Bedeutung für den gesamten Stoffwechsel, für Wachstum und Entwicklung des Organismus.

Nebenschilddrüsen

Die Nebenschilddrüsen sind meist vier linsengroße Einzelorgane an der Rückseite der Schilddrüse (→ Abb. 4). Die Organe bestehen aus Epithelzellen, welche reichlich von Blutkapillaren umgeben sind. Hier wird das Parathormon gebildet, das unter anderem den Kalziumionen- und Phosphathaushalt reguliert (→ 3.1.2).

Bauchspeicheldrüse

Die Bauchspeicheldrüse hat eine Masse von 70 bis 120 g und ist ca. 13 bis 20 cm lang. Sie liegt hinter dem Magen und reicht vom Zwölffingerdarm bis zur Milz, eingebettet in die rückwärtige Körperwand (→ Abb. 5).

Die Bauchspeicheldrüse, das Pankreas, besteht überwiegend aus **exokrinem** Drüsengewebe, in welches **endokrine** Zellinseln, die Langerhans-Inseln (ca. 2% der Organmasse), eingelagert sind:

- **exokrine Funktion:** Das Drüsenepithel bildet den Pankreassaft. Dieser gelangt über den Ausführungsgang in den Dünndarm.
- **endokrine Funktion:** In den Langerhans-Inseln erfolgt die Hormonproduktion. Diese werden direkt ins Blut abgegeben.

Die **Langerhans-Inseln** liegen bevorzugt im Pankreasschwanz. Ihre Gesamtheit von ca. 1 Million Inseln bezeichnet man auch häufig als **Inselorgan.** Jede Insel besteht aus ca. 3000 hormonproduzierenden Zellen, welche stark von Blutkapillaren durchzogen sind und wie folgt differenziert werden (→ Abb. 5):

- **A-Zellen** (ca. 15%) – produzieren das Peptidhormon Glukagon
- **B-Zellen** (ca. 70–80%) – produzieren das Peptidhormon Insulin; „messen" den Blutzuckergehalt (→ 7.3.2)
- **D-Zellen** (ca. 5%) – produzieren das Peptidhormon Somatostatin
- **F-Zellen** oder **PP-Zellen** (ca. 1 bis 2%) – produzieren das pankreatische Polypeptid

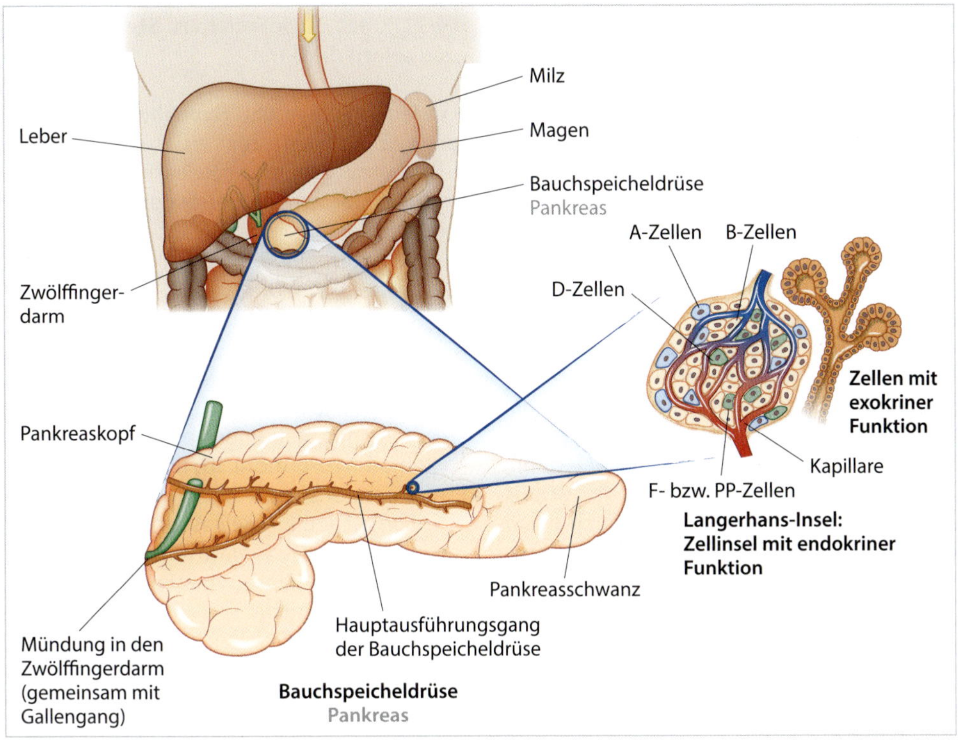

Abb. 5 Bauchspeicheldrüse mit hormonproduzierenden Zellen

Nebennieren

Die beiden Nebennieren (→ Abb. 6) sind kleine pyramidenförmige Drüsen, die wie Kappen auf dem oberen Nierenpol aufsitzen. Man unterteilt die Nebennieren in:

- **Nebennierenrinde** – Produktion von Steroidhormonen in drei Zonen:
  - **Zona glomerulosa** – Bildung von Mineralkortikoiden, Aldosteron
  - **Zona fasciculata** – Bildung von Glukokortikoiden, Kortisol
  - **Zona reticularis** – Bildung von Androgenen, den männlichen Geschlechtshormonen (ca. 5 % der Gesamtproduktion)
- **Nebennierenmark** – Produktion von Adrenalin und Noradrenalin (→ 7.3.3)

Insgesamt werden die Nebennieren von drei Arterien versorgt, wodurch eine gute Durchblutung und folglich eine Verteilung freigesetzter Hormone mit dem Blut gewährleistet ist.

Keimdrüsen

Die Keimdrüsen (Gonaden) zählen zu den inneren Geschlechtsorganen (→ 12.1.2, → 12.2.2), in denen sowohl die Geschlechtszellen als auch die **Sexualhormone** gebildet werden:

- **männliche Keimdrüsen:** Hoden – in den Hodenzwischenzellen, den sog. Leydig-Zwischenzellen, werden die männlichen

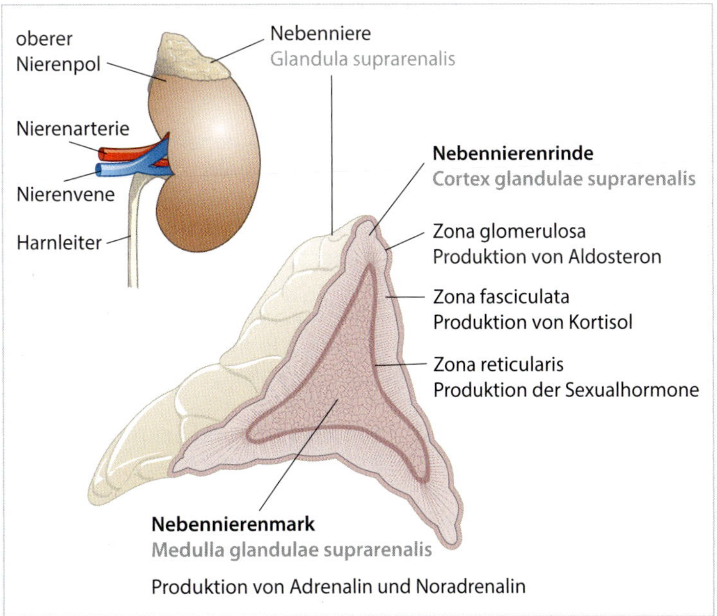

Abb. 6 Niere, Nebenniere und deren Feinbau

Langerhans-Inseln:
endokrine Zellgruppen in der Bauchspeicheldrüse; regulieren den Blutzuckerspiegel bzw. Kohlenhydratstoffwechsel; bilden die Hormone Insulin und Glukagon

Somatostatin:
Soma(to)tropin-Release-Inhibiting-Hormon GIH; vom Hypothalamus und in der Bauchspeicheldrüse gebildetes Peptidhormon; hemmt die Ausschüttung verschiedener Hormone, v. a. des Wachstumshormons Soma(to)tropin

pankreatisches Polypeptid:
PP; in der Bauchspeicheldrüse gebildetes Peptidhormon; bewirkt u. a. Sättigungsgefühl

Nebenniere:
Glandula suprarenalis; periphere endokrine Drüse, die auf der Niere aufsitzt; bildet in der Rinde Steroidhormone sowie im Mark Adrenalin und Noradrenalin

Derivat:
Abkömmling

Arachidonsäure:
vierfach ungesättigte Fettsäure in der Gruppe der Omega-6-Fettsäuren

Substitution:
äußere Zufuhr als Ersatz für Substanzen, die dem Körper nicht (mehr) ausreichend zur Verfügung stehen

Tyrosin:
Aminosäure; Ausgangsstoff für die Biosynthese zahlreicher Hormone, z. B. Adrenalin, Noradrenalin, Schilddrüsenhormone

Tryptophan:
unentbehrliche Aminosäure; Ausgangsstoff für Proteine und verschiedene Hormone, z. B. Melatonin

Sekretion:
unwillkürliche Absonderung von Stoffen, meist aus Drüsenzellen

Releasing-Hormon:
Freisetzungshormon, Liberin, RH; im Hypothalamus gebildete Neurohormone; fördern die Hormonabgabe im HVL

Inhibiting-Hormon:
Statin, IH; im Hypothalamus gebildete Neurohormone; hemmen die Hormonabgabe im HVL

neurosekretorisch:
durch spezialisierte Neuronen freigesetzt

Neurohormone:
von Neuronen freigesetzte Hormone

antidiuretisches Hormon:
ADH, Adiuretin; im Hypothalamus gebildetes Peptidhormon; Funktion: Regulation des Wasserhaushalts

Geschlechtshormone, v. a. Testosteron, gebildet (→ 7.3.5).

- **weibliche Keimdrüsen:** Eierstöcke – hier werden die weiblichen Geschlechtshormone Östrogen und Progesteron gebildet (→ 7.3.5, → 12.1.4).

7.2 Hormone

KNEPPER

Mithilfe spezieller Botenstoffe, der **Hormone,** werden im hormonellen System Informationen übertragen. Die zu übermittelnden Nachrichten liegen in den **Molekülstrukturen** verschlüsselt vor. Die Entschlüsselung der Informationen erfolgt über das **Schlüssel-Schloss-Prinzip** (→ 1.2.2), wodurch es anschließend zu unterschiedlichen Reaktionen kommt.

7.2.1 Molekülstruktur von Hormonen

Aufgrund der Molekülstruktur kann man Hormone unterschiedlichen chemischen Stoffklassen bzw. Hormontypen zuordnen (→ Tab. 2):

- **Peptid- und Proteohormone**
- **Steroidhormone**
- **Aminosäure-Derivate**
- **Arachidonsäure-Derivate**

Mit der Kenntnis der Molekülstruktur von Hormonen lassen sich weitere Aussagen im Kontext treffen:

- Aus der Molekülstruktur lässt sich die Art und Weise der hormonellen **Wirkung** ableiten.
- Der Abbau von Hormonen, welcher letztendlich mit der chemischen Struktur der Hormone korreliert, ermöglicht Aussagen über den **Hormonhaushalt.**
- Wissen über die hormonelle Molekülstruktur ermöglicht die **Substitution** von Hormonen im Zuge therapeutischer Maßnahmen, z. B. durch gentechnisch hergestelltes Insulin.

7.2.2 Bildungsorte und Sekretion von Hormonen

Bildungsort Hypothalamus

Die Bildung und Abgabe der Hormone und folglich das Funktionieren des hormonellen Systems wird vom ZNS kontrolliert. Hierzu synthetisieren die parvozellulären Kerne (→ 7.1.1) des Hypothalamus **Steuerhormone** und setzen diese frei.

Für jeden Zelltyp des **Hypophysenvorderlappens** gibt es mindestens ein Steuerhormon:

- Freisetzungshormon (Releasing-Hormon), **RH;** RH fördern die Hormonabgabe im HVL; Beispiele:
  - Thyreotropin-Releasing-Hormon oder Thyroliberin, TRH
  - Corticotropin-Releasing-Hormon oder Corticoliberin, CRH (→ 7.3.3)
  - Gonadotropin-Releasing-Hormon oder Gonadoliberin, GnRH (→ 7.3.5)
- hemmende Steuerhormone (Inhibiting-Hormon), **IH;** IH unterdrücken die Hormonabgabe im HVL; Beispiele:
  - Soma(to)tropin-Release-Inhibiting-Hormon oder Somatostatin, GIH
  - Prolaktin-Release-Inhibiting-Hormon oder Prolaktostatin, PIH

Die in Nervenzellen gebildeten Hormone, wie die Hormone des Hypothalamus, heißen auch neurosekretorische Hormone oder Neurohormone.

Der **Hypophysenhinterlappen** dient als eine Art Speicherort von zwei Hormonen, deren Vorstufen im Hypothalamus gebildet werden. Während des Transports zum HHL erfolgt eine enzymatische Spaltung, die letztendlich die beiden HHL-Hormone liefert. Diese werden bei Bedarf direkt ins Blut abgegeben, um folglich gezielt im Körper wirken zu können:

- antidiuretisches Hormon, ADH; wirkt z. B. in der Niere (→ 11.2.2)
- Oxytozin; wirkt z. B. in der Gebärmutter, wehenauslösend

Bildungsorte HVL und periphere endokrine Drüsen

Die Steuerhormone des Hypothalamus regeln die Ausschüttung stimulierender Hormone im **Hypophysenvorderlappen.**

Entsprechend den Drüsenepithelien werden folgend Hormone aus dem HVL gebildet und freigesetzt:

- **Thyrotrope Zellen** produzieren das Thyreoidea-stimulierende Hormon, TSH; TSH reguliert die Schilddrüsenfunktion (→ 7.3.4).
- **Kortikotrope Zellen** synthetisieren das adrenokortikotrope Hormon, ACTH; ACTH beeinflusst die Nebennierenrinde (→ 7.3.3).

Tab. 2 Hormone und deren molekülstrukturbedingte Eigenschaften

Hormontypen/Grundstruktur	Eigenschaften	Beispiele nach Bildungsorten	Abkürzung
Peptid- und Proteohormone 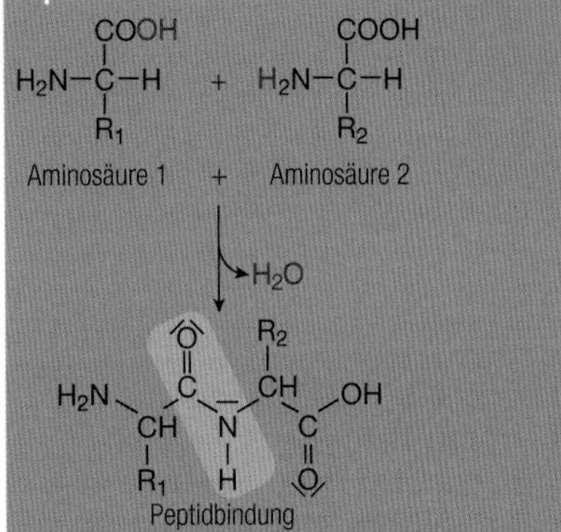 Peptidbindung: durch Wasserabspaltung entstandene Bindung zwischen zwei Aminosäuren Peptidhormon: aus bis zu 200 peptidisch verknüpften Aminosäuren aufgebautes Hormon, ein Peptid (Makromolekül) Proteohormon: aus mehr als 200 peptidisch verknüpften Aminosäuren aufgebautes Hormon, ein Protein (Makromolekül)	• lipidunlösliche, hydrophile Hormone • Wirkmechanismus erfolgt über membranständige G-Protein-gekoppelte Rezeptoren	Hormone des Hypothalamus: • Oxytozin • antidiuretisches Hormon • Releasing-Hormone (z. B. Thyreotropin-Releasing-Hormon) • Inhibiting-Hormon (z. B. Prolaktin-Release-Inhibiting-Hormon)	• OT • ADH • RH (z. B. TRH) • IH (z. B. PIH)
		Hormon der Bauchspeicheldrüse: • Insulin • Glukagon	–
		Hormone des Hypophysenvorderlappens: • Thyreoidea-stimulierendes Hormon • adrenokortikotropes Hormon • follikelstimulierendes Hormon • luteinisierendes Hormon • somatotropes Hormon • Prolaktin (laktotropes Hormon)	• TSH • ACTH • FSH • LH • STH • PRL (LTH)
		Schilddrüsenhormon: • Thyreokalzitonin (Kalzitonin)	• CALC
		Hormon der Nebenschilddrüse: • Parathormon	• PTH
Steroidhormone Hormone mit Sterangerüst als Grundstruktur 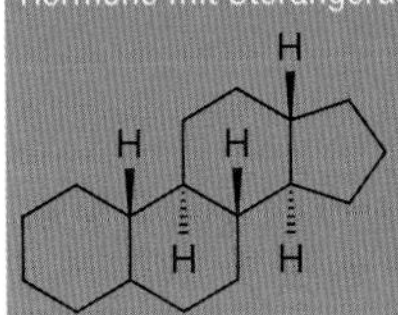 Sterangerüst, bestehend aus drei sechsgliedrigen und einem fünfgliedrigen Ring	• lipidlösliche, hydrophobe Hormone • Wirkmechanismus erfolgt über intrazelluläre Hormon-Rezeptoren • keine Speicherung in den Drüsen, sondern sofortige Freisetzung ins Blut nach der Synthese	Hormone der Nebennierenrinde: • Mineralcorticoide (z. B. Aldosteron) • Glucocorticoide (z. B. Cortisol) • Androgene (z. B. Testosteron)	–
		Hormone der weiblichen Keimdrüsen (Eierstöcke): • Östrogene (z. B. Östradiol) • Gestagene (Progesteron) Hormone der männlichen Keimdrüsen (Hoden): Testosteron	–
Aminosäure-Derivate 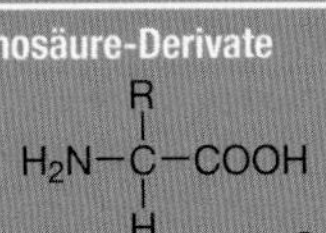 Aminosäure 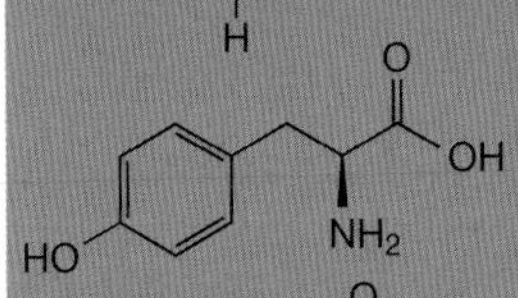 Tyrosin 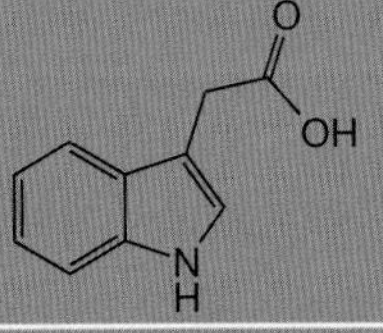 Tryptophan	• lipidunlösliche, hydrophile Hormone • Wirkmechanismus erfolgt über membranständige G-Protein-gekoppelte Rezeptoren **Ausnahme:** Schilddrüsenhormone!	Schilddrüsenhormone (Derivate des Tyrosins): • Triiodthyronin • Thyroxin (Tetraiodthyronin)	• T_3 • T_4
		Hormone des Nebennierenmarks (Katecholamine, Derivate des Tyrosins): • Adrenalin • Noradrenalin	• A • NA
		Derivat des Tryptophans: • Melatonin	–
Arachidonsäure-Derivate 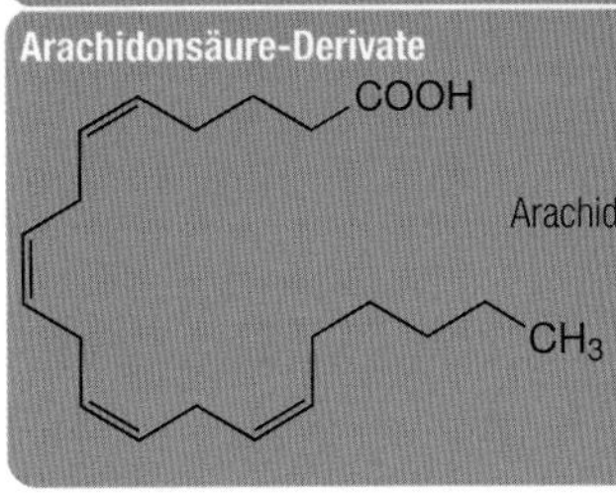 Arachidonsäure	Gewebshormone	fast überall im Körper gebildet: • Prostaglandine • Thromboxan	–

Oxytozin:
im Hypothalamus gebildetes Peptidhormon; Funktion: Gebärmutterkontraktion, Milchabgabe, Steuerung des Sozialverhaltens („Bindungshormon")

Gewebshormone:
fast überall im Körper in spezialisierten Einzelzellen gebildete Hormone; wirken in ihrer unmittelbaren Umgebung

Prolaktin:
im Hypophysenvorderlappen gebildetes Proteohormon; Wirkung: Brustwachstum, Milchproduktion

Somatropin:
somatotropes Hormon, STH, GH; im Hypophysenvorderlappen gebildetes Proteohormon; Wirkung: Knochen- und Muskelwachstum, Proteinsynthese, Lipolyse, Hemmung der Glukoseaufnahme

glandotrop:
auf Drüsen wirkend

Effekthormone:
Hormone, die mit dem Blutstrom über den Organismus verteilt werden und in Zielzellen eine entsprechende Reaktion auslösen

glandulär:
in einer endokrinen Drüse synthetisiert

aglandulär:
nicht in Drüsen, sondern in spezialisierten Einzelzellen synthetisiert

- **Gonadotrope Zellen** liefern das follikelstimulierende Hormon, FSH, und das luteinisierende Hormon, LH;
  FSH bzw. LH wirken auf Eierstöcke und Hoden (→ 7.3.5).
- **Mammotrope Zellen** produzieren Prolaktin; es wirkt vor allem auf die Brustdrüsen.
- **Somatrope Zellen** liefern das Wachstumshormon somatotropes Hormon, STH (oder growth hormone, GH);
  STH (GH) fördert u. a. das Skelettwachstum.

TSH, ACTH, FSH und LH wirken nach ihrer Freisetzung aus dem Hypophysenvorderlappen auf untergeordnete periphere endokrine Drüsen und werden daher auch als **glandotrope Hormone** bezeichnet.

Somatropin und Prolaktin wirken überwiegend direkt auf ihre Zielzellen und heißen daher auch **Effekthormone.**

Auch die in den **peripheren endokrinen Drüsen** (→ 7.1.2) gebildeten Hormone sind daher Effekthormone.

Hormone, die in Drüsen gebildet werden, heißen auch **glanduläre Hormone.**

1 *Erstellen Sie zwei Tabellen zur „hierarchischen Hormonabgabe":*
Tab. 1: Vom Hypothalamus über den Hypophysenvorderlappen (HVL) zur peripheren endokrinen Drüse
Tab. 2: Vom Hypothalamus über den Hypophysenhinterlappen (HHL) zur Zielzelle und der resultierenden Wirkung

2 *Erstellen Sie ein Abkürzungsverzeichnis mit den jeweiligen ausformulierten Bezeichnungen der Botenstoffe. Berücksichtigen Sie dabei auch die im HHL gespeicherten Hormone.*

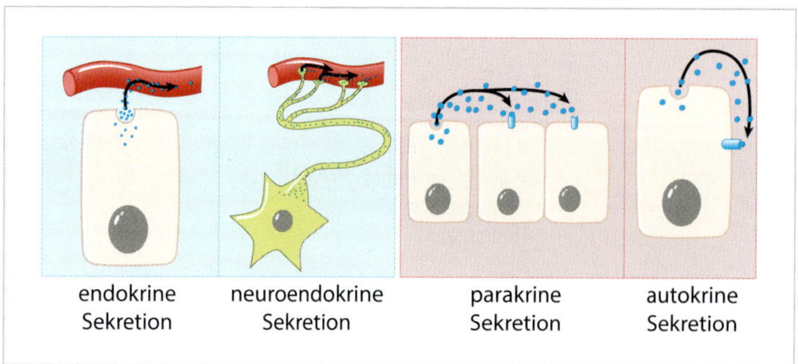

Abb. 7 Arten der Hormonsekretion

Weitere Bildungsorte

Aglanduläre Hormone werden nicht von Drüsen, sondern von spezialisierten Einzelzellen gebildet und abgegeben:

- **Gewebshormone,** z. B. Prostaglandine, Histamin, Hormone des Verdauungstraktes; Prostaglandine zeigen aufgrund ihres raschen Abbaus lokale Wirkungen (z. B. Schmerzen aufgrund von Entzündungsreaktionen)
- Melatonin, gebildet in Zellen der **Epiphyse** (→ Abb. 1), steuert den Tag-Nacht-Rhythmus des menschlichen Organismus
- Kalzitonin, gebildet in den **C-Zellen** der Schilddrüse; ist als Gegenspieler des Parathormons zuständig für den Kalziumionen- und Phosphathaushalt

Die Wirkung vieler Schmerzmittel beruht darauf, dass die Produktion von Prostaglandinen gehemmt wird.

7.2.3 Wege der Hormone vom Bildungs- zum Wirkort

Aufgrund der verschiedenen Wege der Informationsübertragung vom Bildungs- zum Wirkort unterscheidet man zwischen vier Prinzipien der hormonellen Signalübertragung, bedingt durch unterschiedliche **Sekretion** (→ Abb. 7):

- **endokrine Sekretion** – Ein endokrines Organ, z. B. die Schilddrüse, sondert die gebildeten Hormone ins Blut ab, wodurch diese sich im Körper verteilen und somit zu den Zielzellen gelangen.
- **neuroendokrine Sekretion** – Nervenzellen, z. B. des Hypothalamus, sind an der Bildung der Hormone beteiligt, welche in der Folge ins Blut abgegeben werden.
- **parakrine Sekretion** – Hormone (z. B. Gewebshormone wie Histamine) diffundieren durch das Bindegewebe in nahe gelegene Zielzellen.
- **autokrine Sekretion** – Eine Zelle produziert Hormone, die auf sie selbst wirken – negative Rückkopplung (→ 7.3.1); wichtig z. B. im Zuge der Zelldifferenzierung in der Embryonalentwicklung.

Da manche Hormone beispielsweise sowohl parakrine als auch endokrine Effekte bewirken (z. B. Somatropin), sind eindeutige Abgrenzun-

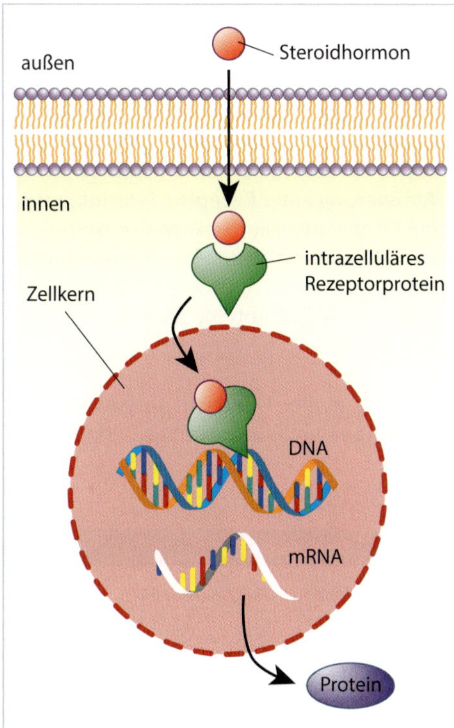

Abb. 8 **Interaktion von Hormonen am intrazellulären Rezeptor**

gen zwischen den verschiedenen Prinzipien der hormonellen Signalübertragung nicht immer möglich.

7.2.4 Wirkmechanismen von Hormonen

Hormone werden mit dem Blut im gesamten Organismus verteilt. Dennoch wirken Hormone nur an den Zellen, die **spezifische Rezeptoren** besitzen.

In Abhängigkeit von der chemischen Struktur der Hormone erfolgt die **Vermittlung der Hormonwirkung** auf zwei grundsätzlich unterschiedlichen Wegen:

- Die meisten Hormone sind **hydrophil** und können eine Zellmembran nur schlecht passieren. Hierzu befinden sich spezifische **Rezeptoren in der Zellmembran,** über die es zu einer Signaltransduktion (→ 1.4) kommt. Zu den hydrophilen Hormonen zählen u. a. die Peptidhormone, z. B. das Insulin (→ 7.3.2).
- Die spezifischen Rezeptoren für **lipidlösliche** Hormone befinden sich **im Zytoplasma** der Zielzelle. Diese intrazellulär gelegenen Rezeptoren dienen sowohl den Steroid- als auch den Schilddrüsenhormonen zur Signaltransduktion, da diese Hormone sehr leicht die Zellmembran passieren und somit das Zellinnere erreichen können.

Nach erfolgter Hormon-Rezeptor-Wechselwirkung gemäß dem Schlüssel-Schloss-Prinzip kann man **drei unterschiedliche Wirkungsweisen von Hormonen** betrachten, durch welche die Zellen in der Folge fördernd oder hemmend beeinflusst werden (→ Abb. 8 bis 10):

- **direkte Beeinflussung der Genexpression** – Das Ausmaß der Proteinbiosynthese (→ 1.2.2) passt sich aufgrund hormoneller Wechselwirkung den aktuellen Anforderungen an;
  Beispiel: Steroidhormone und Schilddrüsenhormone (→ Abb. 8)
- **Bildung eines zweiten Botenstoffs (Second Messenger)** (→ 1.4) durch Interaktion des Hormons mit einem Transmembranrezeptor, der an ein G-Protein gekoppelt ist. Bei dem G-Protein handelt es sich um ein heterotrimeres Protein aus den Bestandteilen α, β und γ, das in seiner inaktiven Form GDP gebunden hat. Bei Aktivierung des G-Proteins wird GDP durch GTP ausgetauscht, wodurch das G-Protein in die

Prostaglandine:
Gewebshormone, die Entzündungsreaktionen hervorrufen wie Gefäßerweiterung, Schmerz

Melatonin:
in den Nachtstunden in der Epiphyse gebildetes Hormon; steuert den Tag-Nacht-Rhythmus, bewirkt Müdigkeit

C-Zellen:
parafollikuläre Zellen der Schilddrüse; befinden sich im Bindegewebe der Schilddrüse neben (= para) den Schilddrüsenfollikeln einzeln oder in Gruppen; Funktion: v. a. Produktion des Hormons Kalzitonin (C steht für Calcitonin)

G-Protein:
GTP-bindendes Protein

heterotrimeres Protein:
aus den Untereinheiten α, β und γ bestehendes G-Protein, das einen Second Messenger aktiviert und so transmembrane Signale überträgt

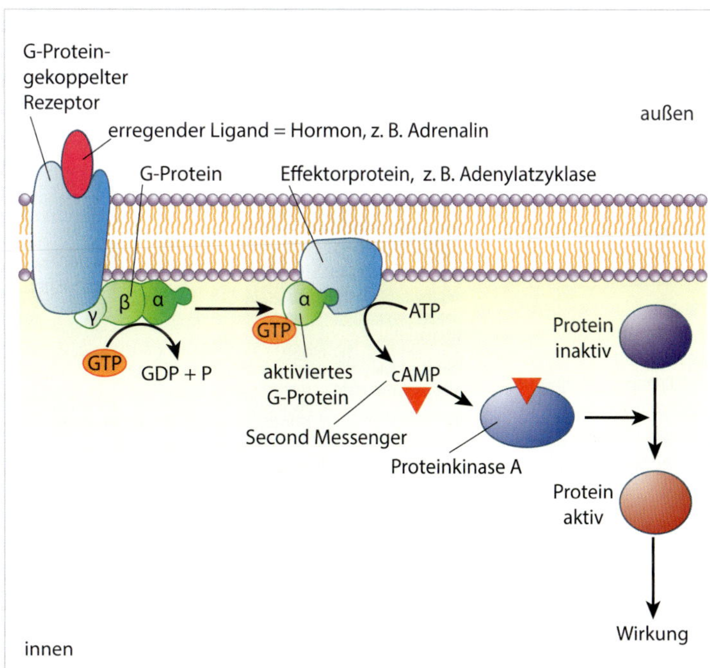

Abb. 9 **Interaktion von Hormonen mit einem G-Protein-gekoppelten Rezeptor**

intrinsische GTPase-Aktivität:
Fähigkeit, GTP in GDP + P zu spalten

Katecholamine:
Dopamin, Noradrenalin und Adrenalin sowie deren Derivate; Gruppe von Stoffen, die sowohl Neurotransmitter als auch Neurohormone darstellen

Tyrosinkinasen:
Gruppe von Enzymen aus der Familie der Proteinkinasen; Funktion: reversible Übertragung einer Phosphatgruppe (Phosphorylierung) auf die Hydroxygruppe der Aminosäure Tyrosin eines anderen Proteins

Wasserretention:
Zurückhalten von Wasser

α- und die β/γ-Untereinheit zerfällt. Die α-Untereinheit mit GTP bindet an ein Effektorprotein, wodurch dieses aktiviert wird; dies führt zur Bildung des **Second Messengers.** Soll das Effektorprotein inaktiviert werden, wird durch die GTPase der α-Untereinheit GTP wieder in GDP und P gespalten, da die α-Untereinheit eine intrinsische GTPase-Aktivität besitzt (= Selbstregulierungsmechanismus); α- und β/γ-Untereinheit können sich wieder aneinander(an)lagern zur inaktiven Form und erneut an einen Transmembranrezeptor gekoppelt werden.

Der G-Protein-gekoppelte Rezeptor löst also über Second Messenger eine Signalkaskade aus, die eine **indirekte** Beeinflussung der Proteinbiosynthese mit sich bringen kann; Beispiel: viele Peptid- und Proteohormone sowie die Katecholamine (→ Abb. 9)

- **Aktivierung einer Rezeptor-Tyrosinkinase,** ein Enzym-assoziierter Rezeptor, mit nachfolgend weiteren Phosphorylierungsreaktionen, die in der Folge der Aktivierung zellulärer Signalproteine dienen; Beispiel: Insulin (→ Abb. 10)

→ Tab. 3 zeigt eine Übersicht ausgewählter Effekthormone und ihre jeweilige Wirkung.

Tab. 3 Ausgewählte Effekthormone und ihre Wirkung

Effekthormon	Abkürzung	Freisetzungsort	Hormonwirkung
antidiuretisches Hormon, auch Adiuretin, Vasopressin	ADH	HHL	Wasserretention in der Niere
Oxytozin	OT	HHL	Gebärmutterkontraktion, Milchabgabe, Steuerung des Sozialverhaltens
Prolaktin	PRL, LTH	HVL	Brustwachstum, Milchproduktion
soma(to)tropes Hormon, auch Somatropin, Wachstumshormon	STH, GH	HVL	Knochen- und Muskelwachstum, Proteinsynthese, Lipolyse, Hemmung der Glukoseaufnahme
Triiodthyronin	T_3	Schilddrüse	Stoffwechselsteigerung, Wachstum und Entwicklung
Thyroxin, auch Tetraiodthyronin, Levothyroxin	T_4	Schilddrüse	siehe T_3
Adrenalin	A	Nebennierenmark	Förderung der Herztätigkeit, Blutverteilung, Glykogenolyse, Stimulation des ZNS
Noradrenalin	NA	Nebennierenmark	Blutdrucksteigerung
Glukokortikoide, z. B. Kortisol	–	Nebennierenrinde (Zona fasciculata)	Glukoneogenese, Proteolyse, Lipolyse, Entzündungshemmung
Östrogene, auch Estrogene	–	Eierstöcke (Follikelepithel), Plazenta	Wachstum der weiblichen Sexualorgane, Proliferation der Gebärmutterschleimhaut
Gestagene, z. B. Progesteron	–	Eierstöcke (Gelbkörper), Plazenta	Entstehung und Erhaltung einer Schwangerschaft
Androgene, z. B. Testosteron	–	Hoden (Leydig-Zwischenzellen)	Wachstum der männlichen Sexualorgane, Proteinsynthese, Bildung und Reifung der Samenzellen
Insulin	–	B-Zellen der Langerhans-Inseln in der Bauchspeicheldrüse	Senkung der Blut-Glukose-Konzentration, Glykogenaufbau, Lipogenese, Proteinsynthese
Glukagon	–	A-Zellen der Langerhans-Inseln in der Bauchspeicheldrüse	Steigerung der Blut-Glukose-Konzentration, Glykogenolyse, Lipolyse, Proteolyse

Proliferation:
Bezeichnung für schnelles Wachstum bzw. Vermehrung von Gewebe, basierend auf Zellwachstum und Zellteilung

7.2.5 Inaktivierung von Hormonen

Da Hormone Informationsträger sind, ist es notwendig, dass sie nur eine begrenzte Zeit wirken und eine Anreicherung im Zielorgan unterbunden wird. Hierzu besitzt der Organismus verschiedene Möglichkeiten:

- **Um- bzw. Abbauprozesse** (Biotransformation) der Hormone entweder im Erfolgsorgan selbst oder in anderen Organen, vor allem der Leber;
  z. B. Östrogene
- **Wiederaufnahme in die Zellen – Reuptake,** d. h. Speicherung des Botenstoffs in spezifischen Vesikeln, sodass er momentan nicht mehr wirken kann;
  z. B. Adrenalin
- **Gegenspieler-Prinzip,** d. h. Abgabe antagonistisch wirkender Hormone
  z. B. Insulin ⟷ Glukagon
- **Inaktivierung durch Internalisierung** der spezifischen Hormonrezeptoren (Down-Regulation), sodass Hormone nicht mehr an membranständige Rezeptoren binden können, folglich keine Reaktion im Endorgan erfolgen kann;
  z. B. Insulin

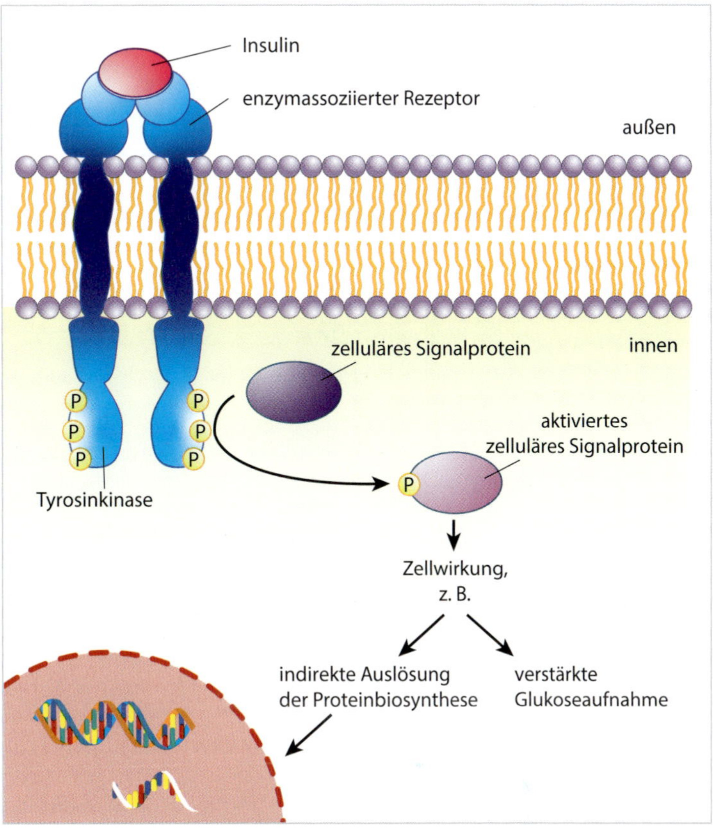

Abb. 10 Enzym-assoziierter Rezeptor

7.3 Regulation des hormonellen Systems

KNEPPER

Hormone wirken schon in geringster Konzentration auf ihre Zielzellen. Deshalb wird die Synthese bzw. Ausschüttung von Hormonen permanent und selbststeuernd reguliert.

7.3.1 Regelkreis

Reaktionsabfolge im hormonellen System

Reaktionen, die durch Hormone ausgelöst werden, unterliegen meist einer **dreistufigen Reaktionsabfolge,** die hierarchisch aufgebaut ist (→ Abb. 11):

1. Ein im zentralen Steuerorgan, dem **Hypothalamus,** gebildetes Releasing-Hormon **RH** löst
2. in der **Hypophyse** die Bildung bzw. Ausschüttung eines zweiten Hormons aus. Dies regt
3. in einer **peripheren endokrinen Drüse** die Produktion und Freisetzung eines Effekthormons an. Dies verteilt sich mit dem Blutstrom im Organismus, um über spezifische Rezeptoren eine angestrebte Reaktion auszulösen.

Nicht alle Hormondrüsen unterliegen der Regelung durch den Hypothalamus. Die Epiphyse z. B. arbeitet unabhängig vom Hypothalamus; ihre Hormonproduktion ist licht- und tageszeitabhängig.

Regulation und negative Rückkopplung

Effekthormonen können innerhalb von **Regelkreisen** (→ 1.5) unterschiedliche Bedeutungen zukommen:

- als **Stellgröße,** der Störgröße entgegengerichtet, um den Istwert dem Sollwert wieder anzugleichen; Beispiel: ADH zur Konstanthaltung der osmotischen Konzentration im Extrazellularraum (→ 11.2.1);
- als **Regelgröße,** das heißt, die Hormonkonzentration unterliegt selbst einer Kontrolle; Beispiel: T_3 und T_4 unterliegen der Kontrolle durch TRH und TSH zur Konstanthaltung der Schilddrüsenhormone.

Biotransformation: Umwandlung von Stoffen, um diese ausscheiden zu können

Erfolgsorgan: Organ, in dem eine bestimmte Reaktion ausgelöst wird

Reuptake: Wiederaufnahme

Internalisierung: Zurückziehen von Strukturen von der Zelloberfläche in das Zellinnere

Down-Regulation: abnehmende Sensibilität und/oder Anzahl von Hormonrezeptoren als Reaktion auf eine Überstimulierung

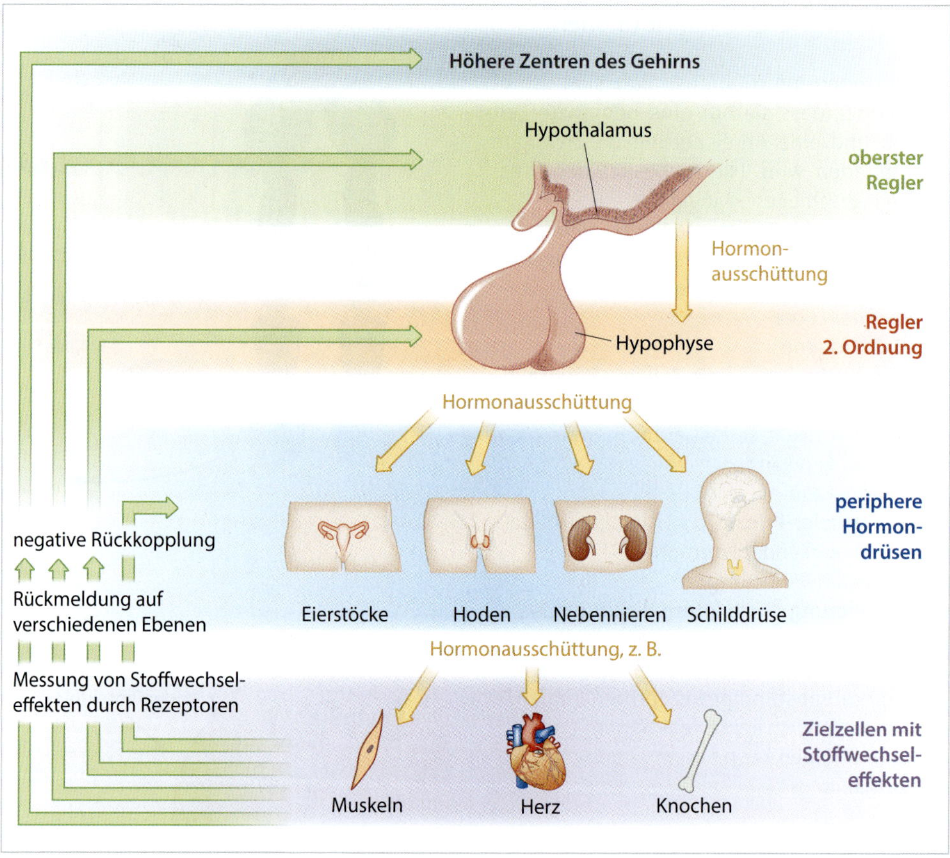

Abb. 11 Hierarchie der Hormondrüsen

Glukokortikoide:
in der Nebennierenrinde gebildete Steroidhormone, z. B. Kortisol, Kortison; Funktion: Glukoneogenese, Proteolyse, Lipolyse, Entzündungshemmung

Aldosteron:
in der Nebennierenrinde gebildetes Steroidhormon aus der Gruppe der Mineralkortikoide; Funktion: Regulation von Wasserhaushalt und Blutdruck

In Abhängigkeit von der zu regulierenden Hormonkonzentration greifen im Detail unterschiedliche Regulationsmechanismen, die die folgenden Unterkapitel zeigen.

Je nach Hormontyp/Grundstruktur (→ Tab. 2) erfolgt die **Speicherung und Sekretion** der Hormone unterschiedlich. Die Peptid- und Proteohormone sowie die Katecholamine liegen intrazellulär in Vesikeln, Schilddrüsenhormone bzw. deren Vorstufen liegen im Kolloid (→ Abb. 4) gespeichert vor.

Steroidhormone werden erst bei Bedarf synthetisiert und unmittelbar danach in die Blutbahn abgegeben.

Dabei richtet sich die **Abgaberate** von Hormonen entweder nach der Stoffwechselsituation des Organismus oder nach inneren oder äußeren Reizen, auf die sie die Antwort darstellt. Dies ist z. B. bei ADH, Insulin, Aldosteron und Adrenalin der Fall.

Die Abgaberaten von Glukokortikoiden und dem Wachstumshormon (STH) folgen primär einer Basissekretion im 24-Stunden-Rhythmus, eine Anpassung an veränderte Bedürfnisse ist möglich.

Weibliche Sexualhormone variieren in ihrer Abgaberate über längere Zeiträume, z. B. während des Menstruationszyklus oder einer Schwangerschaft.

Die Sekretion von Gonadotropin-Releasing-Hormon (GnRH) (→ 7.3.5) durch den Hypothalamus unterliegt einem auffallend kurzen Abgaberhythmus von ca. 90 Minuten.

Die Schilddrüsenhormone sind dafür prädestiniert, unter physiologischen Gegebenheiten die normale körperliche und geistige Entwicklung eines Menschen und die Erhaltung normaler Funktionen des Körpers und des Nervensystems aufrecht zu erhalten. Somit sollen deren Sekretion und damit die

Konzentration im Blut relativ konstant gehalten werden.

Ist ein Organismus ausreichend mit Effekthormonen versorgt, erfolgt eine Information an den Hypothalamus, sodass keine weiteren stimulierenden Hormone ausgeschüttet werden. Die Hormonproduktion des Hypothalamus wird über die sog. **negative Rückkopplung** gehemmt (→ Abb. 11). In der Folge setzen sowohl die Hypophyse als auch entsprechende endokrine Drüsen weniger bzw. keine Hormone frei.

Das Hormonsystem ist also in Abhängigkeit von der Konzentration der Effekthormone in der Lage, sich selbst zu regulieren.

In Kapitel 1.5 haben Sie die Grundlagen der Regulation kennengelernt. Erstellen Sie zwecks Festigung der Thematik wiederholend ein Regelkreisschema zur Thermoregulation und berücksichtigen Sie im Kontext die negative Rückkopplung.

7.3.2 Blutzuckerregulation

Die Regelung des Blutzuckerspiegels stellt insgesamt ein äußerst komplexes System dar. Mindestens zwei miteinander vernetzte Regelkreise sind an der Regulation beteiligt:

- einer mit dem Regelglied (Regler) in der Bauchspeicheldrüse
- ein zweiter mit dem Regelglied im Hypothalamus, bei dem Adrenalin, Glukokortikoide sowie Thyroxin von Bedeutung sind

Die beiden in den Langerhans-Inseln produzierten Effekthormone **Insulin** und **Glukagon** wirken als Hauptregulatoren. Sie wirken als **Antagonisten** und halten durch ihr Zusammenspiel den Blutzuckerspiegel relativ konstant. Somit sorgen sie u.a. unter physiologischen Bedingungen dafür, dass der Körper stets genügend Brennstoff in Form von Glukose zur Verfügung hat, beispielsweise um im Zuge der Zellatmung den universellen Energieträger **ATP** zu gewinnen.

Sowohl hyper- als auch hypoglykämische Zustände (→ 4.6.5) hemmen die Glukoseaufnahme in die Zellen.

Insulinwirkung

Insulin, ein **lebensnotwendiges Hormon,** fördert die Aufnahme von Glukose, von freien Fettsäuren und Aminosäuren in Muskel- und Fettzellen. Seine anabole Wirkung (→ 4.3) fördert den Aufbau von Glykogen und Fett, daher wird Insulin auch als **Speicherhormon** bezeichnet.

Insulin **senkt** die Blut-Glukose-Konzentration.

Der Wirkmechanismus des Peptidhormons Insulin basiert auf einer Wechselwirkung mit einem membranständigen Rezeptor, der in der Folge die **Tyrosinkinase** aktiviert (→ Abb. 10).

Glukagonwirkung

Als Gegenspieler des Insulins mobilisiert Glukagon die Energiereserven des Organismus sowohl bei erhöhtem Energiebedarf als auch bei drohender Hypoglykämie, indem es zu einer gesteigerten **Glykogenolyse** sowie einer gesteigerten **Glukoneogenese** in der Leber kommt (→ 4.2.6).

Glukagon **steigert** die Blut-Glukose-Konzentration.

Der Wirkmechanismus des Glukagons basiert auf einer Wechselwirkung mit einem membranständigen **G-Protein-gekoppelten Rezeptor,** der in der Folge u.a. die Bildung eines **Second Messengers** (cAMP, → 1.4.1) induziert (→ Abb. 9).

Regelkreis: Blutzuckerspiegel

Unter physiologischen Bedingungen wird die **Blut-Glukose-Konzentration** in nüchternem Zustand bei einem Wert von **55 bis 100 mg/dl** konstant gehalten.

Das Auftreten von **Schwankungen,** bedingt durch z.B. Nahrungsaufnahme oder gesteigerte körperliche Aktivität, führt zu Abweichungen des Istwertes vom Sollwert. Hormonell gesteuerte Prozesse tragen immer wieder zum Angleichen von Ist- und Sollwert bei, um den Körper in **Homöostase** zu halten.

Ein **Anstieg der Blut-Glukose-Konzentration** auf über 80 mg/dl stellt einen adäquaten Reiz für die Insulinfreisetzung dar (→ Abb. 12, → Tab. 4). Hierbei wird das Ausmaß der Insulinfreisetzung über das vegetative Nervensystem (→ 5.4.2) gesteuert.

negative Rückkopplung: Regelungsmechanismus, bei dem die Veränderung einer Variablen eine Wirkung verursacht, welche die ursprüngliche Veränderung hemmt oder ihr entgegenwirkt

Blutzuckerspiegel: Blut-Glukose-Konzentration; Glukosekonzentration im Blut; nüchtern 55 bis 100 mg/dl

Insulin: in der Bauchspeicheldrüse gebildetes Peptidhormon; Funktion: Senkung des Blutzuckerspiegels, Glykogenaufbau, Lipogenese, Proteinsynthese

Glukagon: in der Bauchspeicheldrüse gebildetes Peptidhormon; Funktion: Steigerung des Blutzuckerspiegels, Glykogenolyse, Lipolyse, Proteolyse

Antagonist: Gegenspieler

ATP: Adenosintriphosphat; universeller Energieträger der Zellen

Hyperglykämie: oberhalb der definierten Grenzwerte liegender Blutzuckerspiegel

Hypoglykämie: unterhalb der definierten Grenzwerte liegender Blutzuckerspiegel, „Unterzuckerung“

Glykogenolyse: Glykogenabbau

Glukoneogenese: Bildung von Glukose aus organischen Nicht-Kohlenhydrat-Vorstufen (z.B. Pyruvat)

cAMP: zyklisches Adenosinmonophosphat, Second Messenger

Homöostase: Gleichgewicht der physiologischen Körperfunktionen

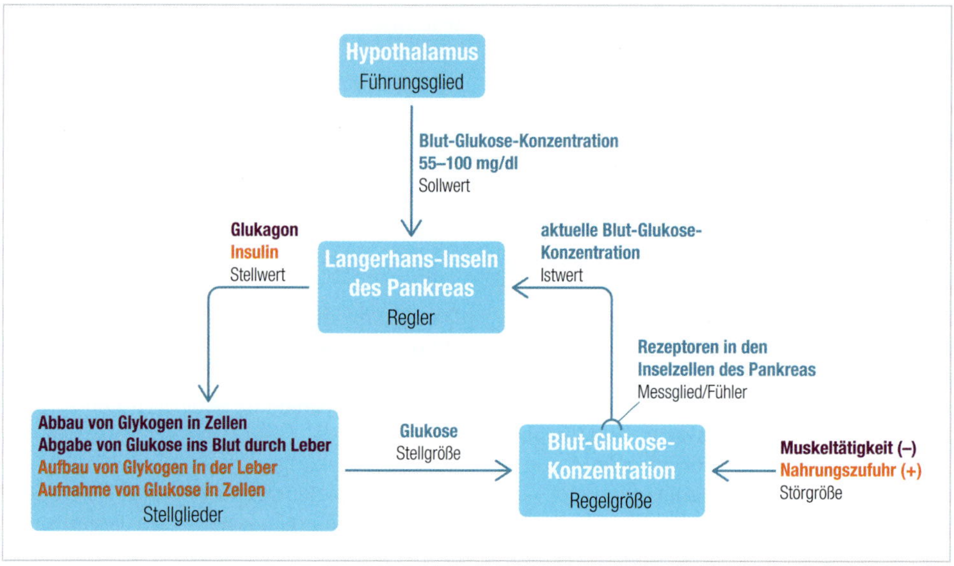

Abb. 12 Blut-Glukose-Konzentration – Regelkreis mit Regler in der Bauchspeicheldrüse

Tab. 4 Übertragung der kybernetischen Begriffe auf den Regelkreis des Blutzuckerspiegels mit der Bauchspeicheldrüse als Regler

Begriff aus der Kybernetik	Anwendung in der Biologie	Regelkreis des Blutzuckerspiegels
Regelgröße	Größe, die auf einem konstanten Wert gehalten werden muss	Blut-Glukose-Konzentration
Regelstrecke	Raum, in dem diese Größe konstant gehalten werden soll = geregeltes System	Blutkreislauf
Störgröße	Einfluss, der die Regelgröße verändert	Muskeltätigkeit, Nahrungszufuhr
Führungsglied, Führungsgröße	übergeordnetes Zentrum, das den Sollwert vorgibt	Hypothalamus
Sollwert	vom Führungsglied vorgegebener Wert, der in bestimmten Parametern konstant zu halten ist	Blut-Glukose-Konzentration: 55–100 mg/dl (nüchtern)
Messglied, Fühler	ermittelt Istzustand, gibt diesen als Istwert an das Regelglied, den Regler, weiter	Glukose-Rezeptoren in den Inselzellen des Pankreas
Istwert	tatsächlich gemessener Wert, der vom Messglied/Fühler ermittelt wurde	ermittelte Blut-Glukose-Konzentration
Regelglied, Regler	untergeordnetes Zentrum, gleicht regelmäßig den Sollwert mit dem ermittelten Istwert ab; gibt Befehle in Form von Stellwerten an die Stellglieder	Langerhans-Inseln im Pankreas
Stellwert	Information bzw. Befehl vom Regler ans Stellglied über die auszulösende Tätigkeit	Freisetzung des Hormons Insulin oder Glukagon
Stellglied	Korrekturmechanismus, der den Istwert wieder an den Sollwert annähern kann	Leberzellen und Muskelzellen
Stellgröße	ist der Störgröße entgegengerichtet, bringt den Istwert wieder auf den Sollwert	Glukose

Tab. 5 Symptome von Hypoglykämien und Gegenregulationsmechanismen

Blut-Glukose-Konzentration	Symptome	Gegenregulationsmechanismen
< 80 mg/dl	–	Drosselung der Insulinproduktion
65 bis < 70 mg/dl	–	gesteigerte Adrenalin-, Glukagon- und Somatropinfreisetzung
55 bis < 65 mg/dl	Schwitzen, Unruhe, Zittern, Herzklopfen bedingt durch Sympathikusaktivierung; Heißhunger, Übelkeit bedingt durch Parasympathikusaktivierung	gesteigerte Kortisolfreisetzung
40 bis < 55 mg/dl	Konzentrationsmangel, Denkstörungen, Verwirrtheit	–
30 bis < 40 mg/dl	Sehstörungen, Lethargie	gesteigerte Glukoseproduktion durch die Leber
< 30 mg/dl	hypoglykämisches Koma	–
< 20 mg/dl	Krampfanfälle, Tod	–

Sinkt die Blut-Glukose-Konzentration unter den Sollwert, kommt der Gegenspieler Glukagon zum Einsatz.

Hypoglykämien

Sinkt die Blutzuckerkonzentration unter 50 mg/dl, liegt eine Hypoglykämie vor. Zwei Kategorien von Ursachen werden unterschieden:

- **endogene Ursachen:**
  - Insulinome
  - Tumore außerhalb der Bauchspeicheldrüse, die die Glukoseverwertung fördern
  - Lebererkrankungen mit Glukosebildungsstörungen
  - angeborene Stoffwechselerkrankungen mit Defekten glykogenolytischer Enzyme
  - Hypophysen- und Nebennierenrinden-Unterfunktion
  - Glukosurie bei Diabetes renalis
- **exogene Ursachen:**
  - Fasten
  - unsachgemäße Anwendung von Insulin bzw. oralen Antidiabetika
  - Alkoholabusus (Missbrauch), infolgedessen Hemmung der Glukoneogenese

Die **Symptome einer Hypoglykämie** (→ Tab. 5) sind abhängig von dem Grad der Unterzuckerung. Sie lassen sich in drei Gruppen einteilen:

- **autonome Symptome:**
  Sie werden auch als adrenerge Symptome oder Warnsymptome bezeichnet. Sie treten nach raschem Blutzuckerabfall aufgrund der reaktiven Ausschüttung von Adrenalin auf: Schwäche, Zittrigkeit, Schwitzen, Heißhunger, Herzrasen, Blässe, Unruhe.
- **neuroglukopenische Symptome:**
  Diese können Folgen langsamen Blutzuckerabfalls im ZNS sein, der mit Schwächegefühl, diversen zentralen Störungen wie Verwirrtheit, Schläfrigkeit, Schwierigkeiten beim Sprechen sowie Krämpfen einhergehen kann.
  Treten diese Symptome plötzlich und unerwartet auf, kann es zu schweren Störungen des ZNS kommen: hypoglykämischer Schock (→ 4.6.5).
- **unspezifische Symptome:**
  Sie stellen Begleitsymptome dar, die für eine Hypoglykämie uncharakteristisch sind: z. B. Schwindel, Kopfschmerzen, Übelkeit.

Ein Organismus ist ggf. in der Lage, durch bestimmte **Gegenregulationsmechanismen** den Körper wieder in einen homöostatischen Zustand zu bringen (→ Tab. 5).

Greifen Gegenregulationsmechanismen nicht, so müssen zeitnah therapeutische Maßnahmen unter Kontrolle des Blutzuckerspiegels erfolgen.

Diabetes mellitus Typ 1

Am Typ-1-Diabetes, einer seltenen Form der Zuckerkrankheit (→ 4.6), leiden ca. 5% der an Diabetes erkrankten Menschen. Dem Typ-1-Diabetes liegt eine **Autoimmunerkrankung** zugrunde, bei der körpereigene Antikörper die In-

Insulinom:
Tumor in Insulin bildenden Inselzellen der Bauchspeicheldrüse

Glukosurie:
vermehrte Ausscheidung von Glukose über den Harn durch die Niere

Diabetes renalis:
Funktionsstörung der Niere

adrenerg:
durch Adrenalin bewirkt

Neuroglukopenie:
Glukosemangel im Gehirn mit negativer Auswirkung auf die Funktion von Neuronen, folglich Veränderung der Gehirnfunktion, des Verhaltens; länger anhaltend kann dies zu Verlust des Bewusstseins, Schädigung des Gehirns und letztendlich zum Tod führen

4.6.5
Blutzuckerentgleisung bei Diabetes mellitus

Diabetes mellitus Typ 1:
Autoimmunerkrankung, bei der infolge einer Zerstörung der Insulin produzierenden B-Zellen der Bauchspeicheldrüse ein absoluter Insulinmangel vorliegt

Autoimmunerkrankung:
Erkrankung, bei der das Immunsystem körpereigene Strukturen bekämpft, z. B. beim Diabetes mellitus Typ 1 die Insulin produzierenden Zellen der Bauchspeicheldrüse

sulin produzierenden B-Zellen der Bauchspeicheldrüse nach und nach zerstören (→ Abb. 5).

Die Ursache der Autoimmunreaktion ist noch nicht vollständig geklärt. Bisher wurden bereits mehrere Genveränderungen identifiziert, vor allem auf den Chromosomen 6 und 21, die mit dem Typ-1-Diabetes korrelieren. Hierbei kommt der Fehlsteuerung des Immunsystems im Kontext des humanen Leukozytenantigen-Systems (HLA-System) eine große Bedeutung zu (→ 8.2.4).

5.9.2 Stressbewältigungsmodell nach Lazarus

Darüber hinaus werden von Forschern **weitere Faktoren** als mögliche Ursache für die Entstehung des Typ-1-Diabetes **diskutiert:**
- zu kurze Stillzeit
- zu frühe Gabe von Kuhmilch an Kinder
- zu frühe Gabe glutenhaltiger Kost
- Giftstoffe wie Nitrosamine
- Infektionskrankheiten

Mit Beginn der Erkrankung nimmt der Insulinmangel rasch zu, bis es schließlich zu einem **absoluten Insulinmangel** kommt. Die betroffene Person muss das fehlende, lebensnotwendige Insulin ersetzen, um einer Hyperglykämie entgegenzuwirken. Man spricht daher auch von der **insulinabhängigen Diabetes-Erkrankung.**

Bedingt durch einen stark erhöhten Blutzuckerspiegel zeigen Typ-1-Diabetiker typischerweise eine Polydipsie und Polyurie (→ 4.6.4).

Daneben leiden viele Betroffene auch unter Gewichtsverlust, Müdigkeit, Übelkeit, Motivationsmangel und Schwindelgefühlen.

Ein zu stark erhöhter Blutzuckerspiegel kann zu Bewusstseinsstörungen führen und letztendlich zum hyperglykämischen Koma (→ 4.6.5).

Da beim Typ-1-Diabetes ein absoluter Insulinmangel vorliegt, müssen Patienten lebenslang Insulin injizieren.

absoluter Insulinmangel: fehlende Insulinausschüttung bei normalem Insulinbedarf

Polydipsie: vermehrter Durst

Polyurie: gesteigerte Urinausscheidung (> 2 l Harn/Tag)

Stress: durch Stressoren hervorgerufene psychische und physische Reaktionen, die zur Bewältigung besonderer Anforderungen befähigen, z. B. Flucht bei Gefahr; körperliche und geistige Belastung, wenn diese Stressreaktionen lange Zeit wirken

Stressoren: Reizereignisse, die vom Organismus eine Anpassungsreaktion verlangen; Bedingungen, die Stress auslösen, z. B. hohe Konzentrationsanforderungen, emotionale Belastungen, Wettkampfsituationen, Krankheit, Armut

Adaptation: Anpassung

7.3.3 Stressregulation

„Hey, pass doch mal auf, wenn ich nicht zur Seite gesprungen wäre, hätte ich jetzt Deinen Cocktail auf meiner Hose!" → FFS

„... ich schaffe die Abschlussprüfung nicht. Bereits seit Wochen komme ich nachts kaum noch zur Ruhe. Ich glaube ich werde krank ..." → AAS

Ob sich jemand gestresst fühlt und wie jemand mit stressigen Situationen umgeht, ist individuell sehr unterschiedlich. Es können die physiologischen Vorgänge bei Stress und die individuelle Stressbewältigung aus psychosozialer Sicht betrachtet werden.

Der Mediziner, Biochemiker und Hormonforscher Selye (1907–1982), der „Vater der Stressforschung", definierte in diesem Zusammenhang Folgendes:

> Stress ist die Summe aller Adaptationsvorgänge und Reaktionen körperlicher wie psychischer Art, mit denen ein Lebewesen auf seine Umwelt und die von innen und außen kommenden Anforderungen reagiert.
> *Selye 1953*

Im Kontext der hormonellen Regulation stellt Stress eine **Störgröße** dar, sog. **Stressoren,** welche – abhängig von Art, Intensität und Dauer – dem Körper unterschiedliche Anpassungsmechanismen abverlangen (→ Abb. 13):
- **Sofortreaktion** – Kurzfristige Einwirkungen von Stressoren lösen über ein schnell wirkendes Kurzzeit-Stresssystem das **Fight-or-Flight-Syndrom (FFS)** aus.
- **chronische Stressantwort** – Stressoren, die langfristig einwirken, aktivieren das Langzeit-Stresssystem, das aufgrund des **allgemeinen Adaptationssyndroms (AAS)** zu körperlichen Veränderungen führt.

Wenn Belastungsphasen nicht von Phasen der Entspannung und Erholung unterbrochen werden, führt Stress zu Erschöpfung oder gar zu Erkrankung: Chronischer Stress ist ein unspezifisch wirkender Co-Faktor bei der Entstehung zahlreicher Krankheiten (→ Abb. 13), u. a. Herz-Kreislauf-Erkrankungen, bösartige Neubildungen, Depressionen und Abhängigkeiten.

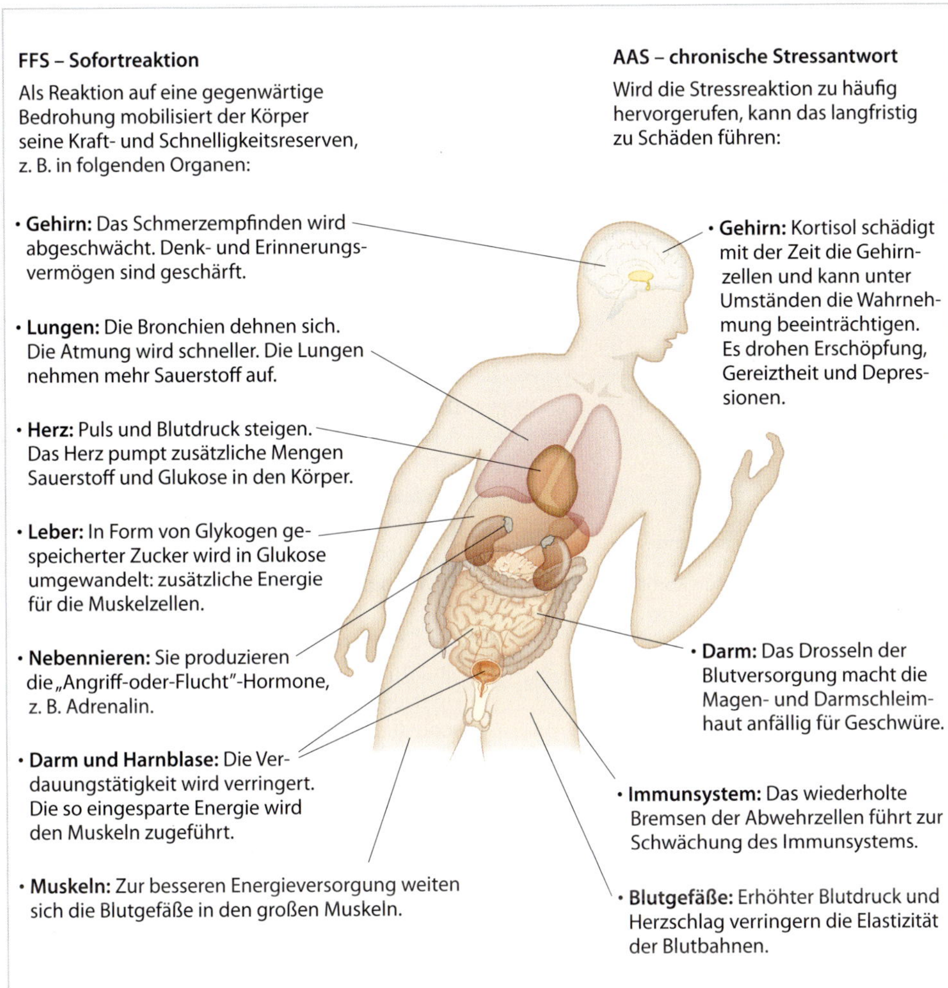

Abb. 13 Auswirkungen kurz und lang anhaltender Stressoren

Stressregulation im Sympathikus-Nebennierenmark-System (FFS)

Über die Sinnesorgane nimmt der Organismus Stressoren wahr. Daraufhin aktiviert das ZNS über den Hypothalamus den **Sympathikus** des vegetativen Nervensystems (→ 5.4.2). Dies wiederum führt im **Nebennierenmark** zur Ausschüttung der Katecholamine **Adrenalin** und **Noradrenalin,** die folglich im Kurzzeit-Stresssystem (FFS) als Stresshormone fungieren.

Blitzschnell wird der Körper in eine Lage versetzt, auf die Stresssituation zu reagieren (→ Abb. 13):

- effizienter arbeitendes Herz-Kreislauf-System:
  - Deckung des gesteigerten Sauerstoff- und Glukosebedarfs
  - bessere Durchblutung von Gehirn und Skelettmuskulatur
- Bereitstellung von Glukose durch Mobilisation der Glykogenspeicher aus Leber und Muskulatur
- Minimierung aktuell unwichtiger Körperfunktionen, z. B. Verdauung

Nach Abklingen der Stresssituation erfährt der Körper durch den parasympathischen Teil des vegetativen Nervensystems eine entsprechende **Regeneration.**

Stressregulation im Hypothalamus-Hypophysen-Nebennierenrinden-System (AAS)

Länger anhaltende Stressoren tragen dazu bei, dass im Körper ein Langzeit-Stresssystem aktiviert wird: Der **Hypothalamus** sondert das Freisetzungshormon Kortikotropin-Releasing-Hormon, **CRH,** ab, das wiederum den HVL

FFS:
siehe Fight-or-Flight-Syndrom

AAS:
siehe allgemeines Adaptationssyndrom

Fight-or-Flight-Syndrom:
FFS; Sofortreaktion des Körpers auf Stress, Sympathikus-Nebennierenmark-Achse, Kurzzeit-Stresssystem

allgemeines Adaptationssyndrom:
AAS; chronische Stressantwort des Körpers, Hypothalamus-Hypophysen-Nebennierenrinden-Achse, Langzeit-Stresssystem

Adrenalin:
im Nebennierenmark gebildetes Hormon (auch Neurotransmitter); Tyrosin-Derivat; Funktion: Förderung der Herztätigkeit, Durchblutungsverteilung, Glykogenolyse, Stimulation des ZNS

Noradrenalin:
im Nebennierenmark gebildetes Hormon (auch Neurotransmitter); Tyrosin-Derivat; Funktion: Blutdrucksteigerung

Kortikotropin-Releasing-Hormon:
auch Kortikoliberin, CRH; im Hypothalamus gebildetes Peptidhormon; Wirkung: v. a. Erhöhung von Blutzuckerspiegel, Herzfrequenz und Blutdruck, Hemmung des Immunsystems

adrenokortikotropes Hormon:
ACTH; im Hypophysenvorderlappen gebildetes Peptidhormon; Funktion: beeinflusst die Nebennierenrinde, v. a. die Kortisolausschüttung bei Stress

Kortisol:
Hydrokortison; in der Nebennierenrinde gebildetes, zur Gruppe der Glukokortikoide gehörendes Steroidhormon; Funktion: „Stresshormon"; Glukoneogenese, Proteolyse, Lipolyse, Entzündungshemmung, im ZNS Erhöhung der Aufmerksamkeit und Merkfähigkeit

Synergismus:
förderliches Zusammenwirken

Eustress:
positiver Stress; als positiv empfundene Belastung, auf die eine Anpassungsreaktion des Organismus folgt, die eine Bewältigung der Belastungssituation erlaubt

Disstress:
negativer Stress; als negativ oder überfordernd empfundene Belastung, die häufig/dauernd auftritt und auf die keine Entlastung oder kein Ausgleich folgt

Thyroxin:
Tetraiodthyronin, T_4; in der Schilddrüse gebildetes Hormon; Tyrosin-Derivat; Prohormon von Triiodthyronin

Triiodthyronin:
T_3; in der Schilddrüse und aus Thyroxin gebildetes Hormon; Tyrosin-Derivat; Funktion: Stoffwechselsteigerung, Wachstum und Entwicklung

Kalzitonin:
in den C-Zellen der Schilddrüse gebildetes Peptidhormon; Funktion: Steuerung des Kalziumionen- und Phosphathaushalts

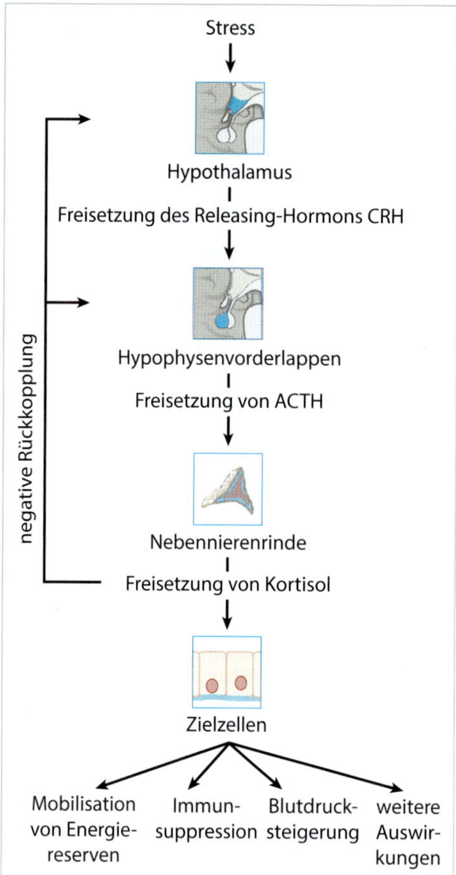

Abb. 14 Kortisol – Regelkreis

der **Hypophyse** stimuliert. Der HVL steigert die Produktion des adrenokortikotropen Hormons, **ACTH,** das die **Nebennierenrinde** anregt, verstärkt Glukokortikoide auszuschütten: **Kortisol,** ebenfalls ein Stresshormon (→ Abb. 14).

Die **Wirkungen von Kortisol** im Zuge der Stressregulation sind vielfältig:
- Synergismus mit den Katecholaminen A und NA (zusätzliche Aktivierung des Sympathikus)
- Unterdrückung der Proteinbiosynthese; in der Folge Unterdrückung von Entzündungsreaktionen sowie Abwehrreaktionen
- Steigerung des Blutdrucks, folglich Auftreten von Arteriosklerose (→ 10.5)
- Bildung von Magengeschwüren

Arten von Stress

Nicht jede Art von Stress muss krank machen. In dem Moment, wo eine Belastung gut zu meistern ist, nimmt man Stress als positiv wahr. Diese Art von Stress wird als **Eustress** bezeichnet (→ Tab. 6):
- Aufregung vor einer Prüfung, vorausgesetzt, man ist gut vorbereitet
- Anspannung eines Sportlers vor einem Wettkampf
- Glücksgefühle vor einem Ereignis, z. B. ein besonderer Geburtstag, ein erstes Date

Alle Situationen, die man als negativ empfindet, z. B. weil man eine Anforderung nicht zufriedenstellend bewältigen kann, zählen zum **Disstress** (→ Tab. 6). Man ist unzufrieden und fühlt sich schlecht, ausgelöst z. B. durch:
- Prüfungsängste
- Dauererreichbarkeit, das Handy immer in der Hand
- Doppelbelastungen, z. B. Familie und Schule
- Mobbing

Die Grenzen zwischen Eustress und Disstress sind fließend. Ob Stressoren zum Eu- oder Disstress führen, ist individuell sehr unterschiedlich. Es gibt Personen, die von Natur aus belastbarer sind als andere. Dennoch kann jeder seinen Stress abbauen und lernen, gelassener mit stressigen Situationen umzugehen, um Disstress gezielt vorzubeugen (→ 5.9).

7.3.4 Regulation des Energiehaushalts

An der Regelung des körpereigenen Energiehaushalts sind die Hormone der Schilddrüse – **Thyroxin (T4), Triiodthyronin (T3)** – sowie ein den Kalziumhaushalt beeinflussendes Hormon, das **Kalzitonin** (→ 3.1.2), maßgeblich beteiligt. Sie wirken vor allem auf:
- Herzaktivität und Blutdruck
- Energiestoffwechsel, Körpergewicht
- Kohlenhydratstoffwechsel, Insulinproduktion
- Lipid- und Proteinstoffwechsel, Cholesterinwerte
- Gehirnaktivität, Psyche
- Muskelstoffwechsel, Muskelkraft
- Darmtätigkeit, Verdauung
- Wachstum und Reifung von Ungeborenen im Mutterleib und von Kindern

Hormoneller Regelkreis der Schilddrüse

Unter physiologischen Bedingungen werden täglich etwa 90 µg T_4 und etwa 8 µg T_3 von der Schilddrüse synthetisiert.

Wann und in welcher Menge die Schilddrüse die eingespeicherten Hormone dem Körper zur Verfügung stellt, wird vom ZNS gesteuert.

Ein **Abfall der Schilddrüsenhormone** aktiviert folgenden Regelkreis (→ Abb. 15):

Der **Hypothalamus** sondert das Freisetzungshormon **TRH** ab, das den **Hypophysenvorderlappen (HVL)** stimuliert, das Hormon **TSH** verstärkt zu produzieren. TSH regt die **Schilddrüse** an, T_3 und T_4 zu bilden sowie aus der Speicherform ins Blut abzugeben. Ferner werden die Proliferation der Follikelzellen und die Durchblutung der Schilddrüse gefördert.

Bei **erhöhter Konzentration** der **Schilddrüsenhormone** im Blut vermindert der HVL die Sekretion von TSH; die Schilddrüsenfunktion wird reduziert.

Tab. 6 Eustress und Disstress – Merkmale

Merkmal	Eustress	Distress
Problembewältigung	möglich	schwierig bis unmöglich, da überfordernd
zeitlicher Rahmen	• kurz • evtl. wiederkehrend, dann Wechsel zwischen An- und Entspannung	• lang dauernd • keine Zeiten der Entspannung
Auswirkungen	• gesundheitsförderlich • leistungssteigernd	• gesundheitsbelastend • leistungsmindernd
Stimmungslage, Gefühle	• positiv • zufrieden • beflügelt • glücklich	• „gestresst" • frustriert • angespannt • bedrückt • unzufrieden • erschöpft • ausgebrannt

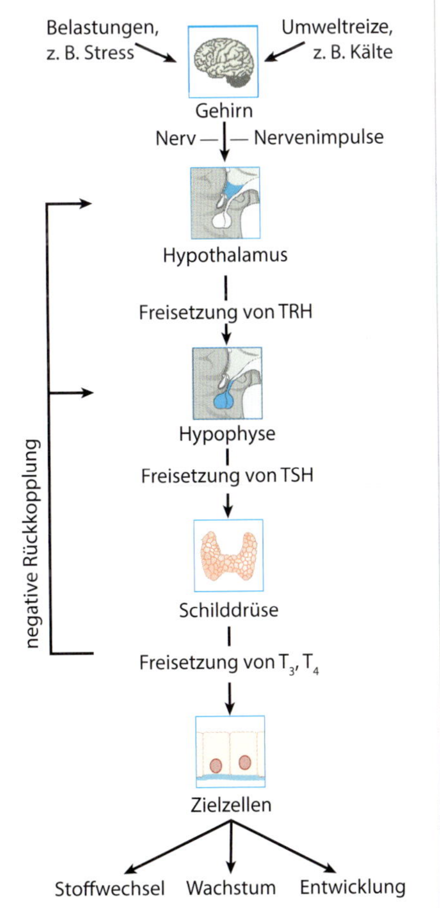

Abb. 15 Schilddrüsenhormone – Regelkreis

Auch hier trägt eine negative Rückkopplung zur Homöostase des Organismus bei. Ist der Hormonhaushalt gestört, kann der gesamte Organismus aus dem Lot geraten.

Bedeutung von Iod

Iod wird als Grundstoff für die Produktion der Schilddrüsenhormone benötigt. Da der menschliche Körper Iod nicht selbst produzieren und auch nur sehr begrenzt speichern kann, zählt Iod zu den **Spurenelementen** (→ 4.4.5) und ist essenziell; das bedeutet, dass Iod regelmäßig mit der Nahrung aufgenommen werden muss. Es gelangt über den Magen-Darm-Trakt passiv ins Blut und von dort aktiv in die Schilddrüse, wo bis zu 80 % des täglich aufgenommenen Iods verbraucht werden.

Recherchieren Sie, welche Lebensmittel Iod enthalten.

Die Deutsche Gesellschaft für Ernährung e. V. gibt Zufuhrempfehlungen für Iod pro Person je nach Alter und Geschlecht, um den täglichen Iodbedarf abzudecken.

Thyreotropin-Releasing-Hormon: Thyroliberin, TRH; im Hypothalamus gebildetes Peptidhormon; Funktion: u. a. Regulation der Schilddrüsenfunktion und der Prolaktinfreisetzung; ist auch Neurotransmitter

Thyroidea-stimulierendes Hormon: Thyreotropin, TSH; im Hypophysenvorderlappen gebildetes Peptidhormon; Funktion: Regulation der Schilddrüsenhormone T_3 und T_4

Iod: Spurenelement; Bestandteil des Schilddrüsenhormons

Zufuhrempfehlungen der Deutschen Gesellschaft für Ernährung: *www.dge.de*

Östrogene:
Gruppe von v. a. in Eierstöcken und Plazenta gebildeten Steroidhormonen; weibliche Sexualhormone; Funktion: u. a. Wachstum der weiblichen Sexualorgane, Proliferation der Gebärmutterschleimhaut

Gestagene:
Gruppe von v. a. in Eierstöcken und Plazenta gebildeten Steroidhormonen, z. B. Progesteron; weibliche Sexualhormone; Funktion: Entstehung und Erhaltung einer Schwangerschaft

12.1.4
Menstruationszyklus

β-hCG:
Beta-humanes Choriongonadotropin; in der Plazenta gebildetes Peptidhormon; Funktion: Erhaltung der Schwangerschaft

Androgene:
Gruppe von v. a. in den Hoden und der Nebennierenrinde gebildeten Steroidhormonen, z. B. Androsteron, Testosteron; männliche Sexualhormone; Funktion: Wachstum der männlichen Sexualorgane, Proteinsynthese, Bildung und Reifung der Samenzellen

Gonaden:
Keimdrüsen; Hoden und Eierstöcke

GnRH:
Gonadotropin-Releasing-Hormon, Gonadoliberin; im Hypothalamus gebildetes Peptidhormon; wird ca. alle 90 min freigesetzt; bewirkt die Freisetzung der Sexualhormone LH und FSH

LH:
luteinisierendes Hormon, Lutropin; im Hypophysenvorderlappen gebildetes Peptidhormon; bewirkt u. a. die Bildung von Androgenen

7.3.5 Regulation der Sexualhormone

Spätestens ab der Pubertät, wenn der Körper geschlechtsreif wird, treten die Sexualhormone mehr oder minder stark in das Bewusstsein eines jeden Menschen.

Grundsätzlich produzieren Männer und Frauen dieselben Sexualhormone. Bedingt durch den unterschiedlichen Anteil der Sexualhormonproduktion in den jeweiligen Keimdrüsen (→ 7.1) kommt es zur Geschlechtsdifferenzierung. Hierbei kommen den Sexualhormonen spezifische **Funktionen** zu:

- Ausbildung und Aufrechterhaltung der primären und sekundären Geschlechtsmerkmale bei Mann (→ 12.2) und Frau (→ 12.1)
- Bildung und Reifung von Spermien
- Steuerung von Menstruationszyklus und Schwangerschaft (→ 12.4.2)

Frauen produzieren überwiegend weibliche Sexualhormone – Östrogene, Gestagene, β-hCG (→ 12.4.2).

Männer produzieren überwiegend männliche Sexualhormone – Androgene.

Sexualhormone gehören zu der chemischen Stoffklasse der Steroidhormone (→ 7.2). Ihre Freisetzung wird über die **Hypothalamus-Hypophysen-Gonaden-Achse** gesteuert (→ Abb. 16).

Die pulsartige Ausschüttung des GnRH, etwa alle 60 bis 120 Minuten, stellt den Taktgeber für die **Synthese** und **Regulation** der Sexualhormone dar. Durch die Stimulierung der Hypophyse erfolgt die Ausschüttung von LH und FSH, welche folglich geschlechtsspezifisch auf die Keimdrüsen wirken (→ Abb. 16). Negative Rückkopplungen haben auch in hiesigem Kontext Anteil an der Regulation der Hormonkonzentrationen.

Die „Pille" (→ 12.3.4) greift in die natürliche hormonelle Regelung ein und verhindert dadurch die Entstehung einer Schwangerschaft.

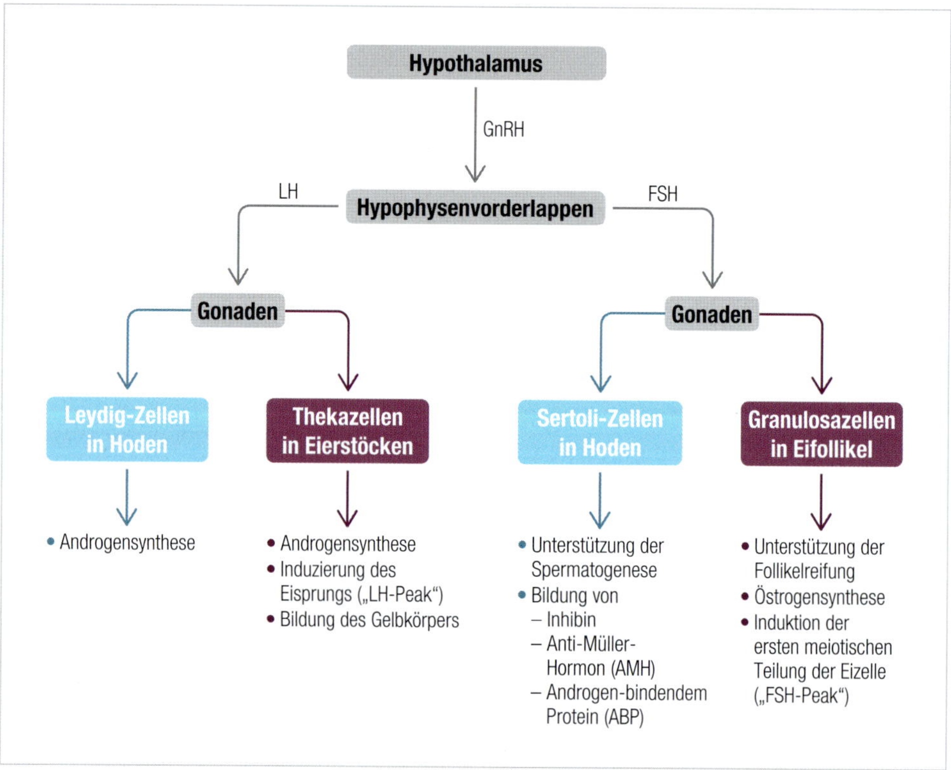

Abb. 16 Sexualhormone und ihre Wirkungen – Hypothalamus-Hypophysen-Gonaden-Achse

AUFGABEN

1. *Das hormonelle System ist neben dem Nervensystem das zweite wichtige System zur Informationsübertragung.*
   a) Nennen Sie die wichtigsten Unterschiede zwischen beiden Systemen.
   b) Erklären Sie, wo und warum welches Informationssystem zum Einsatz kommt.
   c) Erläutern Sie folgende Aussage: „In bestimmten Situationen ergänzen sich das Hormonsystem und das vegetative Nervensystem synergistisch."

2. *a) Skizzieren Sie die Umrisse von Mann und Frau und zeichnen Sie die wichtigsten Hormondrüsen von Mann und Frau in Ihre Skizze ein. Beschriften Sie die Drüsen entsprechend.*
   b) Erstellen Sie eine Tabelle, welche die Bildungsorte, das jeweilige Hormon sowie dessen Wirkung wiedergibt.
   c) Beschreiben Sie abschließend eine mögliche dreistufig hierarchisch aufgebaute hormonelle Reaktionsabfolge.

3. *Hormone lassen sich aufgrund ihrer molekularen Struktur unterschiedlichen Stoffklassen zuordnen.*
   a) Benennen Sie die Stoffklassen und ordnen Sie jeder Stoffklasse zwei Hormone zu.
   b) Differenzieren Sie die zugeordneten Hormone hinsichtlich ihrer Löslichkeit sowie ihrer Bildungsorte.
   c) Nach erfolgter Hormon-Rezeptor-Bindung kann man zwischen drei verschiedenen Wirkungsweisen von Hormonen differenzieren. Erläutern Sie diese unter Berücksichtigung eines von Ihnen gewählten Hormons.

4. *Die obere Abbildung auf der nächsten Seite zeigt die Regulation der Glukosekonzentration im Blut.*
   a) Erstellen Sie eine Tabelle, in der Sie die kybernetischen Fachbegriffe den einzelnen Positionen in der Abbildung zuordnen.
   b) Beschreiben Sie die Wirkung von Insulin und Glukagon im Zusammenhang.
   c) Erklären Sie mithilfe der Abbildung die Ursache und Auswirkung von Diabetes mellitus Typ 1.
   d) Formulieren Sie eine Hypothese und begründen Sie, wie die Erkrankung an Diabetes mellitus Typ 1 behandelt werden kann und welche weiteren Maßnahmen hilfreich sein könnten.

5. *Rund um die Uhr wird der menschliche Organismus physiologisch mit Hormonen versorgt. Die untere Abbildung auf der nächsten Seite zeigt den zirkadianen Rhythmus der Hormonfreisetzung.*
   a) Arbeiten Sie aus der Abbildung die unterschiedlich konzentriert auftretenden Hormone sowie Körperverfassungen heraus und bringen Sie diese in einem 24-h-Tagesdiagramm unter.
   b) Betrachten Sie Ihren individuellen Alltagsablauf und versuchen Sie, diesen kritisch mit dem unter a) herausgearbeiteten Tagesraster zu vergleichen. Gibt es Auffälligkeiten oder Besonderheiten?
   c) Optimieren Sie Ihren Tagesablauf hypothetisch.

FSH:
Follikel-stimulierendes Hormon, Follitropin; im Hypophysenvorderlappen gebildetes Peptidhormon; stimuliert v. a. Follikelreifung und Spermatogenese

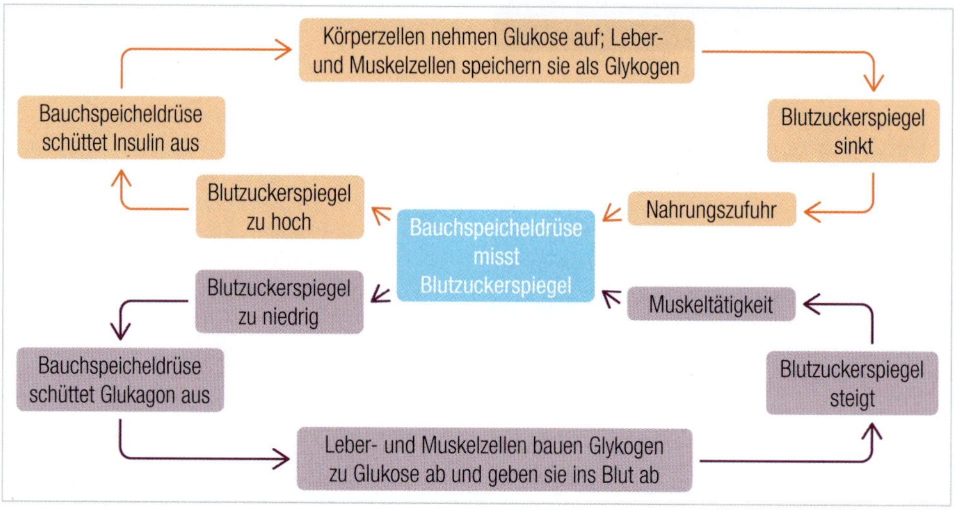

Abb. zu Aufgabe 4

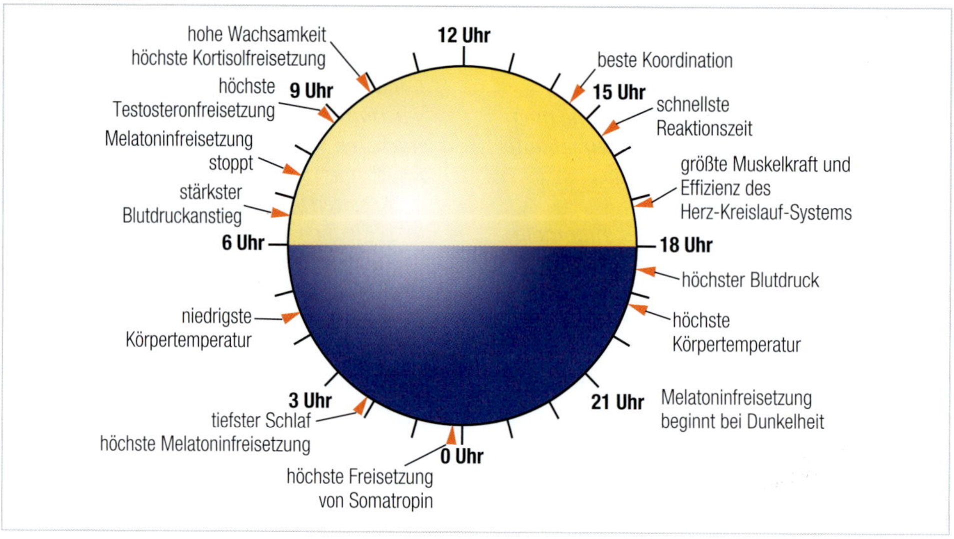

Abb. zu Aufgabe 5 (Zündorf, Dingermann 2014)

Hypothyreose: krankhafte Schilddrüsenunterfunktion mit verminderter Ausschüttung der Schilddrüsenhormone Triiodthyronin (T3) und Thyroxin (T4)

Hyperthyreose: krankhafte Schilddrüsenüberfunktion mit vermehrter Ausschüttung der Schilddrüsenhormone Triiodthyronin (T3) und Thyroxin (T4)

7.4 Hypothyreose und Hyperthyreose

WANSCHURA

Wird die Schilddrüse in ihrer Funktion als hormonproduzierendes Organ gestört, verändert sich die Ausschüttung der Schilddrüsenhormone Triiodthyronin (T_3) und Thyroxin (T_4). Bei einer **Hypothyreose (Schilddrüsenunterfunktion)** mangelt es an Schilddrüsenhormonen, bei einer **Hyperthyreose (Schilddrüsenüberfunktion)** steigt der Hormonspiegel zu stark an.

Unter- und Überfunktion der Schilddrüse beschreiben weder eigenständige Krankheitsbilder noch sind sie zwingend bestimmten Erkrankungen zuzuordnen. Vielmehr handelt es sich um zwei **Symptomkomplexe,** welche Ausdruck unterschiedlichster, die Schilddrüse betreffender Prozesse sein können – gewissermaßen die gemeinsame Endstrecke verschiedener Erkrankungen.

In sehr seltenen Fällen können diese Störprozesse auch „zentral“ bedingt sein, also von den im Gehirn liegenden, übergeordneten Regelzentren der Schilddrüse ausgehen (→ 7.3.4). Ist hierbei der Hypothalamus der Ausgangspunkt, spricht man von **tertiärer,** bezogen auf die Hypophyse von **sekundärer** Unter- oder Überfunktion. Dies geschieht in Abgrenzung zur **primären,** unmittelbar von der Schilddrüse ausgehenden Funktionsstörung.

Die Vielfalt und Schwere der Symptomatik (→ Tab. 7) macht deutlich, weshalb Hypo- und Hyperthyreose medizinisch bedeutsam sind. Unter Berücksichtigung der zugrunde liegenden Erkrankung gilt es vordringlich, eine normale Stoffwechsellage, d.h. eine **Euthyreose,** wiederherzustellen. Dies erfolgt bei einer Unterfunktion üblicherweise durch die Substitution mit einem synthetisch hergestellten Schildddrüsenhormon (meist L-Thyroxin). In Bezug auf die Überfunktion kommen z.B. medikamentöse „Schilddrüsenblocker", eine Therapie mit radioaktiven Substanzen oder eine operative Gewebeverkleinerung in Betracht.

Lässt eine Blutuntersuchung erkennen, dass die Schilddrüsenhormone im Normbereich sind, sich aber auf Ebene des Regelkreises (→ 7.3.4) eine Fehlfunktion abzeichnet, sodass der Wert für das Hypophysenhormon **TSH** zu hoch oder zu niedrig ist, spricht man von einer **latenten** Hypo- bzw. Hyperthyreose. Diese muss jedoch nicht zwingend manifest werden.

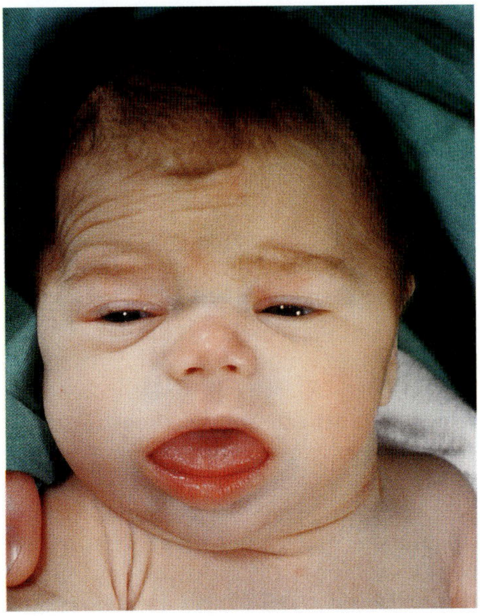

Abb. 17 An Kretinismus leidender Säugling

Manche Menschen nehmen missbräuchlich das Hormon Thyroxin ein, weil sie sich hiervon eine Gewichtsabnahme versprechen. Sie verlieren jedoch – anstelle von Körperfett – eher Muskelmasse und Flüssigkeit. Erklären Sie, weshalb außerdem von einer missbräuchlichen Einnahme/Überdosierung dringend abzuraten ist.

Euthyreose:
normale Schilddrüsenfunktion mit ausgeglichenem Hormonspiegel

Myxödem:
teigige Auftreibung der Unterhaut

Kretinismus:
mit Missbildung einhergehender geistiger, psychischer und körperlicher Entwicklungsrückstand

thyreotoxische Krise:
akute, lebensbedrohliche Stoffwechselentgleisung bei Schilddrüsenüberfunktion

Tab. 7 Unterfunktion und Überfunktion der Schilddrüse im Vergleich

	Hypothyreose	Hyperthyreose
Wirkung auf Psyche und (vegetatives) Nervensystem	• **Müdigkeit,** Verlangsamung, Antriebsarmut, Teilnahmslosigkeit, Desinteresse, Abnahme der sexuellen Lust, Depressivität, Konzentrationsstörungen • Pulsverlangsamung	• **Übererregbarkeit,** psychomotorische Unruhe, Zittern, gesteigerte Nervosität, Schlaflosigkeit • **Herzrasen** und andere Herzrhythmusstörungen
Wirkung auf Verdauung und Stoffwechsel	• **Gewichtszunahme,** Verstopfung, Appetitlosigkeit, Unfruchtbarkeit, **Kälteempfindlichkeit** • **Myxödem:** teigig geschwollene, kühle, trockene, raue Haut, v.a. an Gesicht, Armen und Beinen • raue, heisere Stimme	• **Gewichtsverlust,** Muskelabbau, Durchfall, diabetesähnliche Stoffwechsellage, Durst, Heißhunger • warme, feuchte Haut, **Schwitzen,** Wärmeintoleranz, Haarausfall, weiches, dünnes Haar
Entgleisung – Notfall	• **Myxödemkoma:** Blutdruckabfall, extremer Abfall der Körperkerntemperatur, Minderatmung mit Sauerstoffmangel und Kohlenstoffdioxidvergiftung	• **thyreotoxische Krise:** Herzrhythmusstörungen, hohes Fieber, Austrocknung, Unruhe, Angst, Erbrechen, ggf. Kreislaufversagen, Koma
Symptombild bei angeborener Form	• bei Neugeborenen „Trinkfaulheit", Bewegungsarmut, Verstopfung, lang anhaltende Gelbsucht • ohne Behandlung langfristig geistige, körperliche und psychische Behinderung mit Sprachstörungen, Schwerhörigkeit, Kleinwuchs, eingesunkener Nasenwurzel und vergrößerter Zunge – als Vollbild auch **Kretinismus** (→ Abb. 17) genannt	• sehr selten; meist Ausdruck einer mütterlichen Schilddrüsenerkrankung und damit vorübergehend, potenziell jedoch lebensbedrohlich in diesem Zeitraum

7.4.1 Vorkommen

Eine Schilddrüsenfunktionsstörung kann bereits **angeboren** sein.

In den meisten Fällen ist sie jedoch **erworben,** das heißt, sie entwickelt sich erst nach der Geburt. Zwar ist anzunehmen, dass mitunter eine erhöhte genetische Bereitschaft für eine Erkrankung vorliegt, doch müssen bestimmte Faktoren im Laufe des Lebens hinzutreten, damit sie tatsächlich manifest wird.

Angeborene Schilddrüsenfunktionsstörung
Die häufigste angeborene Schilddrüsenfunktionsstörung – und zugleich die häufigste bei Geburt vorhandene Hormonerkrankung – ist die **primäre angeborene Hypothyreose.** Sie betrifft ca. 1 von 4000 Neugeborenen und beruht meist auf einer Schilddrüsenfehlanlage, bei der die Schilddrüse entweder unzureichend entwickelt ist oder vollständig fehlt (Harms, Olgemöller 2011).

I-9.2.5
SGB V § 26 Gesundheitsuntersuchungen für Kinder und Jugendliche

Screening: Reihenuntersuchung auf eine bestimmte Erkrankung in einer definierten Bevölkerungsgruppe

Dank des **Neugeborenenscreenings**, das seit 1979 einen Test auf Hypothyreose vorsieht, kann diese Form der Schilddrüsenfunktionsstörung heutzutage rechtzeitig erkannt werden; auch seltenere Hormon- und Stoffwechselerkrankungen werden hierüber frühzeitig erfasst.

Für die Durchführung werden dem Neugeborenen üblicherweise am dritten Lebenstag – oft im Rahmen der U2, der zweiten Vorsorgeuntersuchung des Kindes – wenige Blutstropfen aus der Ferse entnommen und die Konzentration von TSH (→ 7.3.4) bestimmt. Ist der TSH-Wert auffällig (bei fehlender Schilddrüsenhormonproduktion wäre er wegen negativer Rückkopplung deutlich zu hoch), schließt sich eine Messung von T_3 und T_4 nebst weiteren Untersuchungen an. Bei positivem Befund wird eine möglichst umgehende Behandlung veranlasst.

Durch die Möglichkeit der Früherkennung, die mittlerweile in vielen Ländern in ähnlicher Form praktiziert wird, kann inzwischen eine schwere Behinderung als Folge einer angeborenen Hypothyreose erfolgreich verhindert werden. Das Bild des „Kretinismus" ist somit kaum noch präsent (→ Abb. 17). Um eine gänzlich normale Entwicklung – z. B. im Hinblick auf Intelligenz oder Hörvermögen – zu fördern, soll die Behandlung innerhalb der ersten zwei Lebenswochen und ausreichend hoch beginnen (Herold 2023).

Im Jahr 2022 wurden in Deutschland etwa 740 000 Kinder geboren (Statistisches Bundesamt (Destatis) 2023). Vorausgesetzt, dass bei allen ein Neugeborenenscreening durchgeführt wurde: Berechnen Sie, wie viele von ihnen davon profitieren konnten, dass eine angeborene Hypothyreose rechtzeitig erkannt und behandelt wurde.

Erworbene Schilddrüsenfunktionsstörung
Die Prävalenz der erworbenen manifesten **Hypothyreose** liegt bei 1 bis 5 %, die Prävalenz der manifesten **Hyperthyreose** bei 0,5 bis 2 % (Grünwald, Derwahl 2017). Beide Formen nehmen mit zunehmendem **Alter** zu; Erkrankungen im Kindesalter kommen vor, sind jedoch selten. **Frauen** erkranken jeweils fünfmal häufiger als Männer.

Bei Angaben zur Häufigkeit der Hypothyreose ist folgendes widersprüchliche Phänomen zu berücksichtigen:

- Wird z. B. eine Demenz oder Depression für eine eigenständige Erkrankung gehalten und auf eine umfassendere Diagnostik verzichtet, kann eine manifeste Hypothyreose als (seltene) Ursache **unentdeckt** bleiben und statistisch nicht erfasst werden.
- Diagnostiziert man umgekehrt, oft als Zufallsbefund, eine latente Hypothyreose (Prävalenz in Industrieländern 3 bis 10 %), wird ein Mensch unter Umständen **vorschnell als krank definiert** und übertherapiert (auch abhängig davon, welcher Grenzwert für TSH gilt). Eine frühzeitige Substitution mit Schilddrüsenhormonen hat sich hier nicht in allen Fällen als notwendig bzw. vorteilhaft erwiesen (Schübel u. a. 2017).

Gesetzlich Versicherte haben ab dem Alter von 35 Jahren alle drei Jahre Anspruch auf eine von der Kasse finanzierte Gesundheitsuntersuchung („Gesundheits-Check-up") (→ I-9.2.5). Prüfen Sie, ob ein Screening der Schilddrüse darin vorgesehen ist.

7.4.2 Ursachen einer erworbenen Hypo- oder Hyperthyreose

Zu den häufigsten Ursachen erworbener Schilddrüsenfunktionsstörungen zählen Autoimmunerkrankungen, Veränderungen im schilddrüsenbezogenen Regelkreis sowie ärztliche Behandlungsfolgen.

Autoimmunprozesse

Die Schilddrüse ist bevorzugt von Autoimmunerkrankungen betroffen. Man unterscheidet zwei gegensätzliche Erkrankungen, die sich oft bereits im jungen Erwachsenenalter bemerkbar machen.

Hashimoto-Thyreoiditis

Die Hashimoto-Thyreoiditis ist ein „klassisches“ Beispiel für eine Autoimmunerkrankung: Spezielle **Antikörper** (→ 8.2.4) greifen fälschlicherweise gesunde, körpereigene Stoffe (z. B. Enzyme) oder Zellen an und lösen eine **Entzündung** aus. Ist ein Großteil der Schilddrüse zerstört, entwickelt sich eine **Hypothyreose.** Dieser Entwicklung können Kompensationsmechanismen, die teils über das Ziel hinausschießen, vorausgehen; der selbstzerstörerische Prozess ist jedoch nicht aufzuhalten.

Morbus Basedow – immunogene Hyperthyreose

Beim Morbus Basedow ähnelt ein spezieller **Antikörper** dem Hypophysenhormon TSH und aktiviert wie dieses den **TSH-Rezeptor.** Die hierdurch angeregte Schilddrüse entwickelt eine **Struma,** d. h. nimmt an Größe zu, und produziert zu viele Schilddrüsenhormone. Es entwickelt sich eine **Hyperthyreose.**

Zu einer Besonderheit kommt es beim Morbus Basedow dadurch, dass auch TSH-empfängliches Gewebe in der Augenhöhle durch die Antikörper stimuliert wird. Wächst dieses Gewebe, schiebt es die Augäpfel nach vorne und lässt sie hervortreten; dies nennt man **Exophthalmus** (→ Abb. 18). Der verdickte Hals und das Hervortreten der Augäpfel sind so typisch, dass sie eine Blickdiagnose zulassen. Zusammen mit dem Symptom Herzrasen (als Ausdruck der Hyperthyreose) spricht man auch von der „Merseburger Trias“.

Autonomieentwicklung

Eine **Hyperthyreose** kann auch dadurch entstehen, dass physiologischerweise vorhandene autonome, d. h. vom Regelkreis abgekoppelte Bezirke in der Schilddrüse „übermächtig“ werden. Eine Drosselung der Hormonproduktion in der Schilddrüse über die Hypothalamus-Hypophysen-Achse (→ 7.3.4) wird hierdurch mehr und mehr ausgehebelt.

Eine Autonomie wird meist nach dem 40. Lebensjahr auffällig.

Iatrogene Ursachen

Alle therapeutischen Maßnahmen, welche die Schilddrüse hemmen oder verkleinern, können eine **Hypothyreose** auslösen. Dazu zählen:

- **schilddrüsenhemmende Medikamente** – Thyreostatika
- Therapie mit **radioaktiv markiertem Iod** – Radioiodtherapie
- teilweise oder vollständige operative **Entfernung** der Schilddrüse – Thyreoidektomie

Eine Störung der Schilddrüsenfunktion kann auch als **unerwünschte Medikamentenwirkung** auftreten.

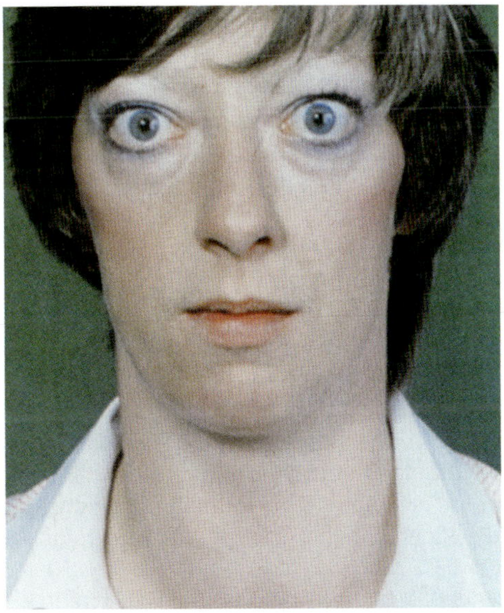

Abb. 18 **Frau mit Morbus Basedow; der Exophthalmus in Kombination mit einer Struma erlaubt eine Blickdiagnose**

Hashimoto-Thyreoiditis: autoimmun bedingte, chronische Entzündung der Schilddrüse mit fortschreitender Zerstörung der Schilddrüsenzellen

iatrogen: vom Arzt hervorgerufen, durch Therapie bedingt

Morbus Basedow: autoimmun bedingte Überstimulation der Schilddrüse, die mit Hyperthyreose, Struma und einem Hervortreten der Augäpfel einhergeht

Struma: Schilddrüsenvergrößerung; Volumen > 18 ml (Frauen) bzw. > 25 ml (Männer)

7.5 Euthyreote Struma

WANSCHURA

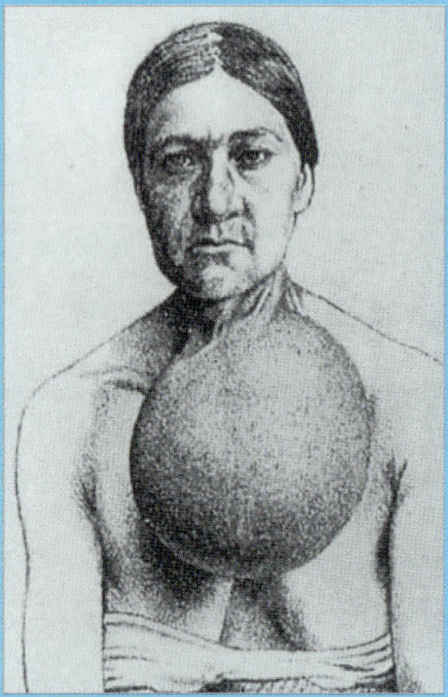

Berner Frau mit Kropf (aus einer Arbeit von Theodor Kocher 1874)

> Es war Vermessenheit, aus den Erfahrungen weniger Jahre schließen zu wollen, dass die Schilddrüse für den Menschen entbehrlich sei und daher vollständig entfernt werden könne. [...] Die Exzision der Schilddrüse hat an meinen Kranken das zerstört, was dem Menschen Menschenwürde gibt. Ich habe kropfkranke, aber geistig gesunde Menschen zum Vegetieren verurteilt. Ich habe viele von ihnen zu halben oder ganzen Kretins gemacht und zu einem Leben gerettet, das kein Leben ist [...].

Diese Aussage aus dem Jahr 1883 wird dem Schweizer Chirurgen Emil Theodor Kocher (1841 – 1917) zugeschrieben. Kocher hatte als erster Arzt die Entfernung der Schilddrüse gewagt und in der Folgezeit viele Menschen operiert, die an einer – die Atmung behindernden – **Vergrößerung der Schilddrüse** litten; die deutlich sichtbare Struma wurde damals „Kropf" genannt. Da die Betroffenen ansonsten gesund schienen und die Schilddrüse noch unerforscht war, hielt man die Schilddrüse für ein entbehrliches Organ.

Begründen Sie in eigenen Worten die Unentbehrlichkeit des Organs „Schilddrüse".

euthyreote Struma: Schilddrüsenvergrößerung mit normaler Ausschüttung von T_3 und T_4

In Abgrenzung zu anderen Strumen stellt die euthyreote Struma eine gutartige, nicht entzündliche **Schilddrüsenvergrößerung mit normaler Schilddrüsenfunktion** dar. Im engeren Sinne ist meist die durch Iodmangel bedingte Struma gemeint.

7.5.1 Vorkommen

Endemie: ständiges Auftreten einer Krankheit in einem bestimmten Gebiet

Dass es gerade ein Schweizer Arzt war, der sich auf die Operation der Struma spezialisiert hatte, ist kein Zufall. In der Schweiz war die Struma eine sehr häufige Erscheinung, in Deutschland ebenso. Beide Länder gelten bis heute als natürliche **Iodmangelgebiete,** da die Böden und ihre Erträge arm an Iod sind.

Anders als lange angenommen, konnte in einer Studie bezüglich des Iodmangels kein ausgeprägtes „Süd-Nord-Gefälle" innerhalb Deutschlands nachgewiesen werden, die Zahlen waren in allen Regionen ähnlich hoch (Reiners u.a. 2004). Man nimmt an, dass der Eindruck in früherer Zeit dadurch entstanden ist, dass im süddeutschen Raum Strumen im Durchschnitt größer ausfielen – und damit eher auffielen – als im norddeutschen Raum (Köbberling, Pickardt 1990). Doch auch der Norden war und ist Iodmangelgebiet, wobei anzunehmen ist, dass der Mangel in Küstennähe durch regelmäßigen Verzehr von iodhaltigem Meeresfisch vergleichsweise gut kompensiert werden konnte.

Heute noch gilt die euthyreote Struma in Deutschland als **endemische Erkrankung** und findet sich bei mindestens einem **Fünftel,** wenn nicht Drittel der Bevölkerung, ohne dass dies den meisten Betroffenen bewusst ist. Ihren Häufigkeitsgipfel hat die Struma im Alter zwischen 45 und 65 Jahren (Führer u.a. 2012).

Während die endemische Struma gleichermaßen Männer und Frauen betrifft, findet sich eine auf hormoneller Umstellung oder Störeinflüssen basierende euthyreote Struma viermal häufiger bei **Frauen** (Herold 2023). Mischbilder sind entsprechend möglich.

7.5.2 Ursachen und Krankheitsentstehung

Iodmangel

Ein starker Iodmangel kann bei Menschen mit **genetisch bedingter Veranlagung** das Schilddrüsenwachstum anregen und bewirken, dass sich deren Zellen vermehren (Hyperplasie) (→ Abb. 19, → 2.2.2). Da das Spurenelement Iod essenziell für die Bildung von Schilddrüsenhormonen ist, wird mittels Zellvermehrung die Iodausschöpfung der Schilddrüse, welche üblicherweise bei 40 % liegt, so gesteigert, dass der Hormonhaushalt im Normbereich, also **euthyreot** bleibt.

Droht dennoch eine Hypothyreose, erfolgt im Zuge der negativen Rückkopplung (→ 7.3.1) eine **vermehrte Sekretion von TSH,** um die Hormonproduktion im Ganzen zu steigern. Auch hierdurch wächst die Schilddrüse, da die Normalisierung des Hormonspiegels anders nicht zu erreichen wäre. In diesem Fall basiert das Wachstum auf Zellvergrößerung (Hypertrophie).

Die Größenzunahme kann mitunter beträchtlich sein. Man hat schon Strumen gesehen, die mehrere Kilo wogen.

Hormonelle Umstellung

Generell werden in folgenden Lebensphasen vermehrt Schilddrüsenhormone benötigt, sodass Frauen anfälliger für Anpassungsstörungen der Schilddrüse sind:

- Pubertät
- Schwangerschaft und Stillzeit
- Wechseljahre

Strumigene Substanzen – Goitrogene

Bestimmte Substanzen können eine Struma provozieren; man bezeichnet sie als strumigen oder auch goitrogen. Zu den Goitrogenen zählen vor allem bestimmte **Lebensmittel** (z. B. Kohlarten) wie auch **Medikamente** (z. B. Lithium, das bei bestimmten psychischen Störungen eingesetzt wird).

Der strumigene Effekt wird durch folgende Mechanismen ausgelöst, die einzeln oder in Kombination vorkommen können:

- Verminderung der Iodidaufnahme in die Schilddrüse
- Hemmung der Umwandlung von Iodid zu Iod wie auch der nachfolgenden Iodspeicherung innerhalb der Schilddrüse
- Hemmung der Schilddrüsensynthese mit verminderter Ausschüttung von Schilddrüsenhormonen

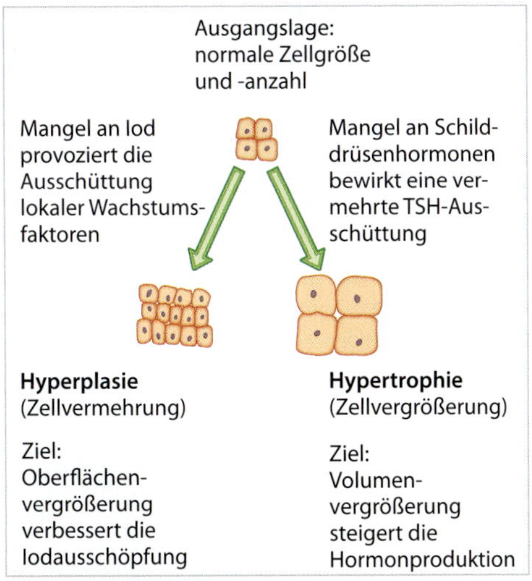

Abb. 19 Strumaentwicklung als Folge von Hyperplasie und Hypertrophie

Die eigentliche Struma entsteht mittels Hyperplasie bzw. Hypertrophie, wie für den Iodmangel beschrieben.

Risikofaktoren

Als begünstigende Faktoren für die Entwicklung einer Struma gelten das Rauchen, das Alter und der Mangel an bestimmten Spurenelementen (z. B. Selen).

7.5.3 Symptome

Eine euthyreote Struma geht definitionsgemäß immer mit einer Vergrößerung der Schilddrüse einher. Die Vergrößerung muss jedoch nicht auf den ersten Blick erkennbar sein und auch nicht zwangsläufig Beschwerden machen; so kann allein das Vermeiden einer Halskette oder die Zunahme der Kragenweite ein diskretes Zeichen sein. Zu beachten ist, dass manche Strumen mehr nach innen wachsen als nach außen.

Man unterscheidet die **Strumagrade 0 bis 3:**

- 0 – allenfalls im Ultraschall messbar
- 1 – tastbar
- 2 – bei normaler Kopfhaltung sichtbar (→ Abb. 20)
- 3 – mit örtlichen Komplikationen einhergehende große sichtbare Struma

Hyperplasie: erworbene Vergrößerung eines Gewebes oder Organs durch Zunahme der Zellzahl bei unveränderter Zellgröße

Hypertrophie: erworbene Vergrößerung von Geweben oder Organen durch Zunahme des Zellvolumens bei gleichbleibender Zellzahl

Goitrogene: strumigene Substanzen; Struma hervorrufende Substanzen

Iodid: negativ geladenes Iodatom bzw. Iod-Anion (I-)

Kompression:
Druckausübung, Zusammenpressung

heißer Knoten:
Bereich der Schilddrüse, der vermehrt Hormone produziert und in der Szintigrafie durch eine vermehrte Speicherung der radioaktiven Substanz imponiert

autonomes Adenom:
gutartiger Tumor aus autonomem Schilddrüsengewebe, der losgelöst vom Regelkreis dauerhaft Hormone produziert

Szintigrafie:
nuklearmedizinische Untersuchung, bei der eine radioaktive Substanz verabreicht wird, um ihre Anreicherung im Körper mittels Kamera zu erfassen und die Aktivität eines Organs durch Computerauswertung zu beurteilen

kalter Knoten:
Bereich der Schilddrüse, der vermindert Hormone produziert und in der Szintigrafie durch eine verminderte Speicherung der radioaktiven Substanz imponiert

Zyste:
krankhafter, flüssigkeitsgefüllter Hohlraum in Gewebe

Struma nodosa:
ungleichmäßig vergrößerte Schilddrüse, die einen oder mehrere Knoten aufweist

Struma diffusa:
gleichmäßig vergrößerte Schilddrüse mit einheitlicher Gewebestruktur

Biopsie:
Untersuchung von Gewebe, das dem lebenden Organismus entnommen wurde

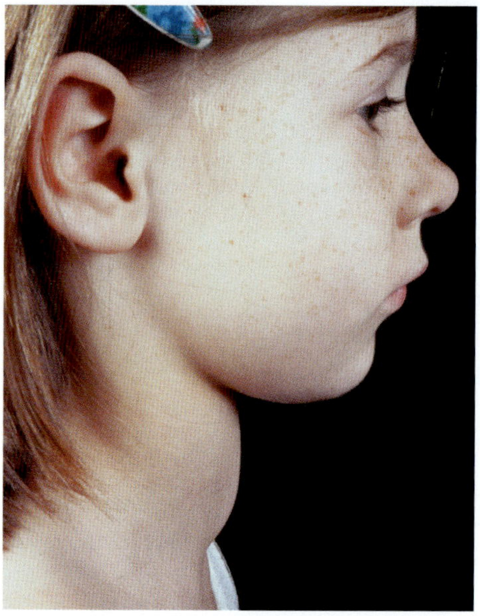

Abb. 20 Mädchen mit Struma 2. Grades

Benennen Sie den Grad der Struma, die früher Kropf (→ Kapiteleinstieg) genannt wurde.

7.5.4 Komplikationen

Sowohl durch Druck auf Nachbarorgane (lokale Kompression) als auch durch Gewebeveränderungen innerhalb der Schilddrüse können Komplikationen entstehen.

Kompression

Eine vergrößerte Schilddrüse übt vor allem Druck auf die unmittelbar dorsal liegende **Luftröhre** aus. Im einfachsten Fall wird diese nur verdrängt, problematischer ist die Einengung oder das Aufweichen von Knorpelspangen (→ 9.1.1). Die Behinderung des Atemstroms kann nicht nur als pfeifendes Atemgeräusch hörbar sein, sondern auch schwere Anfälle von **Atemnot** provozieren. Als Ausdruck der Kompression sind ggf. die Halsvenen gestaut. **Schluckstörungen** bis hin zum Verschlucken sind möglich, wenn die Struma bis zur Speiseröhre reicht.

Knotenbildung

Heißer Knoten

Bereits physiologisch vorhandene autonome Bereiche in der Schilddrüse können sich so in ihrer Aktivität steigern, dass sie vermehrt Hormone produzieren (→ 7.4.2). Diese gutartigen Vergrößerungen werden **autonome Adenome** genannt. Da sie in der Szintigrafie, einer speziellen diagnostischen Methode (→ 7.5.5), durch erhöhte Speicherung der radioaktiven Substanz auffallen, beschreibt man sie auch als warme oder **heiße Knoten.**

Ist die Autonomie der Schilddrüse sehr ausgeprägt und durch Unterdrückung des restlichen Schilddrüsengewebes kaum mehr kompensierbar, resultiert eine (latente) **Hyperthyreose.** Diese kann insbesondere dann gefährlich werden, wenn sie noch unerkannt ist und ein Betroffener ohne entsprechende Vorkehrungen Produkte mit hohem Iodanteil erhält (z. B. bestimmte Medikamente oder Kontrastmittel): Im schlimmsten Fall wird hierdurch eine **thyreotoxische Krise** (→ 7.4) ausgelöst. Diese Gefahr besteht jedoch nicht bei iodiertem Speisesalz im Hausgebrauch, gelegentlichem Verzehr von Meeresfischen oder Reisen ans Meer.

Kalter Knoten

Häufiger als heiße Knoten entstehen in der Schilddrüse kalte Knoten, die kaum oder keine Hormone mehr produzieren und in der Szintigrafie durch eine verminderte bis fehlende Speicherung der radioaktiven Substanz auffallen. Kalte Knoten sind:

- meist **Zysten, gutartige Tumore** o. Ä.
- selten (2 %) Vorstufen eines **Schilddrüsenkarzinoms.**

Eine knotig veränderte Struma bzw. Knotenstruma wird fachsprachlich **Struma nodosa** genannt, in Abgrenzung zur **Struma diffusa,** die eine gleichmäßige Vergrößerung mit homogener Gewebestruktur beschreibt.

7.5.5 Diagnostik

Krankheitsgeschichte, körperliche Untersuchung, **Laboruntersuchung des Blutes** und **Ultraschall** stellen die Basisdiagnostik jeder Schilddrüsenerkrankung dar. Erfasst werden vor allem die Struma(größe), die Schilddrüsenfunktion und mögliche Kompressionszeichen.

Weiterführende Untersuchungen dienen eher der Abklärung von Knoten und anderer Auffälligkeiten; dazu zählen z. B. die Szintigrafie und die Biopsie, ggf. auch konventionelles Röntgen und andere bildgebende Verfahren.

Die **Szintigrafie** ist eine nuklearmedizinische Untersuchung, bei der eine radioaktive Substanz verabreicht wird, um im Anschluss ihre Anreicherung im Körper zu erfassen und die Aktivität bzw. Funktionsfähigkeit eines Organs zu beurteilen.

Im Falle der Schilddrüse nutzt man meist **Technetium** (^{99m}Tc), das sich im Körper wie Iod verhält, aber im Vergleich zu radioaktivem Iod eine kürzere Halbwertszeit hat und mit einer geringeren Strahlenbelastung verbunden ist. Radioaktives **Iod** (^{131}I oder ^{123}I) wird eher bei speziellen Fragestellungen eingesetzt.

Die Aktivität wird üblicherweise mithilfe einer Gammakamera aufgezeichnet (→ Abb. 21) und mittels Computer ausgewertet; die unterschiedliche Farbschattierung erklärt die Begriffe „heiß“, „warm“ oder „kalt“.

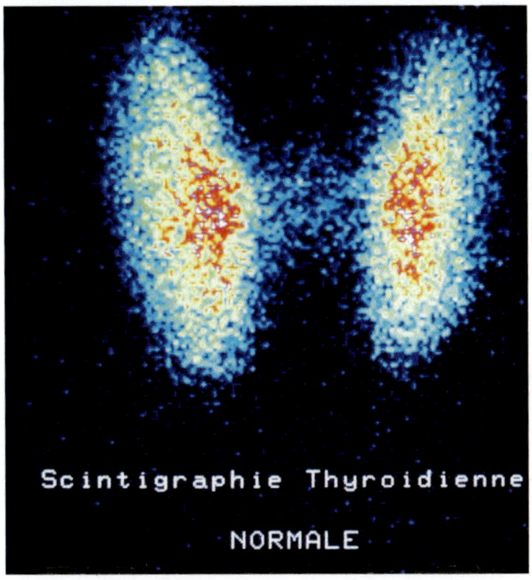

Abb. 21 Normalbefund der Schilddrüse in der Szintigrafie

> Die Bereitschaft unseres Körpers, radioaktives Iod aufzunehmen, kann sich als problematisch erweisen, wenn bei einem **Reaktorunfall** radioaktives Iod in die Umwelt gelangt. Dieses erhöht das Risiko für ein Schilddrüsenkarzinom um ein Vielfaches. Um zu verhindern, dass die Schilddrüse radioaktives Iod speichert, ist daher im Rahmen des Katastrophenschutzes vor allem an Kinder, Jugendliche und Schwangere hochdosiertes „normales“ Iod in Form von **Kaliumiodidtabletten** auszuteilen und von diesen zu einem optimalen Zeitpunkt einzunehmen: sogenannte **Iodblockade.**

7.5.6 Therapie

Eine euthyreote Struma wird **vorrangig konservativ** behandelt. Die **chirurgische** Intervention erfolgt ab einer Struma 3. Grades und/oder bei begleitenden Komplikationen, vor allem Atemnot, Autonomieentwicklung oder Malignität. Alternativ kommt auch eine **Radioiodtherapie** in Betracht.

Ist eine Struma nachweisbar, ohne dass Symptome, Risiken oder ein Leidensdruck gegeben sind, ist als Handlungsmaxime auch ein „Abwarten und Beobachten“ vertretbar.

Medikamentöse Therapie

Sofern weder eine Schilddrüsenautonomie noch eine Iodallergie bestehen, die absolute Gegenanzeigen darstellen würden, wird vorrangig mit **Iodid** substituiert. Der Iodmangel wird beseitigt und die Hyperplasie kann sich teilweise zurückbilden. Durch zeitweise **kombinierte** Gabe mit **L-Thyroxin,** dem synthetisch hergestellten T_4, kann die Struma weiter verkleinert werden, da auch die Hypertrophie gemindert wird. Im Ganzen beläuft sich der Volumenrückgang auf etwa 10 bis 20 %.

Begründen Sie, warum die Gabe von L-Thyroxin nicht zwingend therapeutisch notwendig ist.

Operation

Ausmaß der Resektion

Sofern eine Operation angezeigt ist, ist sicherzustellen, dass ein ausreichend großes Gebiet entfernt wird, um z. B. Strumarezidive zu vermeiden; zugleich muss das Risiko für operationsbedingte Komplikationen möglichst klein gehalten werden. Oft wird daher nur ein Teil der Schilddrüse entfernt. Üblich sind vor allem die halbe oder nahezu komplette, bei Bedarf auch die totale, also vollständige Resektion der Schilddrüse. Letztere ist stets bei nachgewiesenen bösartigen Veränderungen angezeigt, zusammen mit der Entfernung zugehöriger Lymphknoten (→ 8.3.2).

Rezidiv: Wiederauftreten der Erkrankung

Resektion: operative Entfernung

Anders als zu Zeiten des Chirurgen Kocher (→ 7.5 Kapiteleinstieg) weiß man heute um die Bedeutung der Schilddrüse und der von ihr produzierten Hormone. Thyroxin konnte 1914/15 erstmals isoliert, 1926 synthetisiert und auf den Markt gebracht werden. Wegen der im Blut stattfindenden Umwandlung von T_4 zu T_3 und der langen Halbwertszeit von T_4 reicht es aus, einmal täglich L-Thyroxin zu substituieren, um selbst bei vollständiger Organentfernung eine Euthyreose sicherzustellen. Den Hormonspiegel gilt es vorab und nachfolgend regelmäßig zu kontrollieren. Ist bei Beteiligung der Nebenschilddrüsen auch der Kalziumhaushalt gestört, ist dieser ebenfalls medikamentös auszugleichen.

Komplikationen einer Schilddrüsenoperation

Aufgrund der guten Durchblutung wie auch engen Nachbarschaft zu empfindlichen Strukturen birgt jeder operative Eingriff an der Schilddrüse ein besonderes Risiko. Gefahren ergeben sich nicht nur für die ersten Stunden bis Tage nach der Operation, sondern auch im Hinblick auf längerfristige oder bleibende Schäden. Dazu zählen:

- **(Nach-)Blutungen,** ggf. Ersticken
- bei Verletzung des Stimmnervs: vorübergehende oder dauerhafte Stimmbandlähmung mit chronischer **Heiserkeit,** Veränderung der Stimme oder, seltener, Atmungsprobleme
- bei Verletzung der Nebenschilddrüsen: Veränderung des Kalziumhaushalts mit **Tetanie,** d. h. einer übersteigerten muskulären Erregbarkeit in Form von Kribbeln, Muskelkrämpfen bis hin zu Herzrhythmusstörungen
- **Schilddrüsenfunktionsstörungen**

Beta-Strahlung: durch radioaktiven Zerfall entstehende Teilchenstrahlung mit geringerer Eindringtiefe als Gamma-Strahlung

Tetanie: übersteigerte muskuläre Erregbarkeit

Der postoperativen Pflege und Kontrolle kommt eine hohe Bedeutung zu, um Komplikationen rechtzeitig zu erkennen und ihnen frühestmöglich zu begegnen; dazu zählt auch die Begleitung durch Logopädinnen/Logopäden oder Atem-, Stimm- und Sprechlehrerinnen/-lehrern.

Je erfahrener und routinierter ein Operationsteam ist, desto weniger Komplikationen sind zu erwarten. Studien zeigten, dass z. B. in Kliniken, in denen nur selten operiert wurde, mehr als doppelt so häufig eine Stimmbandlähmung eintrat wie in Häusern mit vielen Operationen (Klauber u. a. 2017). Aktueller Diskussionsgegenstand ist daher, ob für planbare Schilddrüsenoperationen eine verbindliche **Mindestmengenregelung** eingeführt wird, wie sie bereits bei anderen Operationen existiert (Gemeinsamer Bundesausschuss 2023). Ziel wäre, dass Schilddrüsenoperationen nur noch an Häusern/von Ärzten vorgenommen würden, die eine Operations-Mindestmenge nachweisen können.

Angenommen, es wäre unausweichlich, zugleich aber gut planbar, dass Sie an der Schilddrüse operiert werden müssten:

1 *Benennen Sie Kriterien, anhand derer Sie entscheiden würden, in welcher Klinik Sie einen solchen Eingriff durchführen ließen.*

2 *Diskutieren Sie die Vor- und Nachteile einer Mindestmengenregelung.*

Radioiodtherapie

Mithilfe der Radioiodtherapie lässt sich selbst eine große Struma um gut die Hälfte reduzieren. Hierzu wird eine winzige Menge radioaktiven Iods in Form einer Tablettenkapsel geschluckt und allein von den hormonproduzierenden Schilddrüsenzellen aufgenommen, die durch die in diesem Moment abgegebene Beta-Strahlung gezielt zerstört werden.

Die Radioiodtherapie stellt meist eine **Alternative zur Operation** dar, z. B. bei alten Menschen oder Menschen in Sprechberufen.

Außer zur Verkleinerung einer Struma wird die Methode auch bevorzugt beim autonomen Adenom (→ 7.5.4) und dem Morbus Basedow (→ 7.4.2) eingesetzt.

7.5.7 Pflege nach Operation

An der Schilddrüse operierte Menschen können sich meist schnell wieder alleine versorgen, die ersten zwei Wochen ist jedoch noch Schonung angezeigt. Für den ersten Monat wird kalziumreiche Kost empfohlen.

Ein besonderes Augenmerk kommt der **Narbenpflege** zu, aus kosmetischen wie funktionellen Gründen. Insbesondere will man ein Festhalten der Narbe (→ Abb. 22) in einer bestimmten Position und Schluckstörungen verhindern. Pflege und Massage richten sich

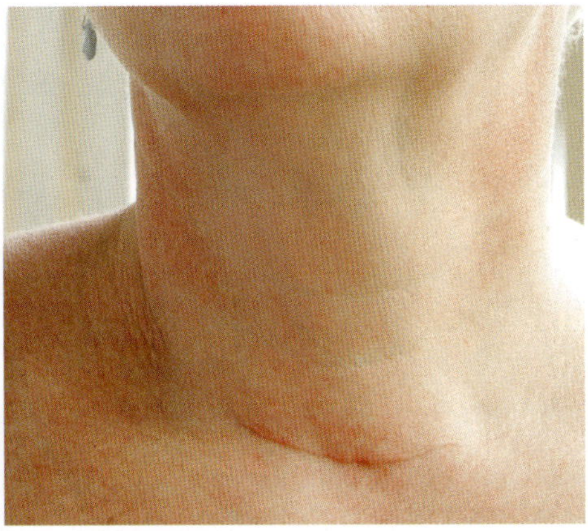

Abb. 22 58-jährige Frau nach Schilddrüsenoperation wegen mehrerer kalter Knoten

nach Größe, Zustand und Belastbarkeit der Wunde und sollen **konsequent** durchgeführt werden.

Möglichst zu vermeiden sind:

- bis zu sechs Wochen: Überstreckung des Halses, ruckartiges Kopfdrehen, Vollbad, Besuch eines Schwimmbads oder einer Sauna
- bis zu sechs Monate: direkte Sonneneinstrahlung oder Besuch eines Solariums (alternativ Narbe abdecken oder hohen Lichtschutzfaktor verwenden)

7.5.8 Verlauf und Prognose

Die euthyreote Struma hört auf, euthyreot zu sein, wenn der Iodmangel zu ausgeprägt bzw. die Kompensationsmöglichkeiten ausgeschöpft sind. Es kann sich eine **Hypothyreose** entwickeln, die durch lebenslange Substitution mit L-Thyroxin auszugleichen ist.

Nach Therapie (und fehlender Rezidivprophylaxe) beträgt das Risiko für ein **Strumarezidiv** etwa 10 bis 20%; die Prognose hängt von der zugrunde liegenden Ursache ab.

Regelmäßige **Kontrollen** haben vor allem die Komplikationen im Blick: Ein Atemnotanfall bei Strumarezidiv kann ebenso lebensbedrohlich werden wie eine thyreotoxische Krise oder ein Schilddrüsenkarzinom, sodass deren Prognose vor allem von der rechtzeitigen Diagnose und der angemessenen Intervention abhängt. Die Entwicklung einer Autonomie lässt sich durch rechtzeitige, angemessene Therapie gut verhindern, da sie einer Verselbstständigung der autonomen Bereiche entgegenwirkt.

7.5.9 Prävention und Gesundheitsförderung

Eine ausreichende **Iodversorgung** beugt einer euthyreoten Struma am effektivsten vor. Dies kann über die **Nahrung** erreicht werden, etwa durch die Verwendung iodierten Speisesalzes oder den regelmäßigen Verzehr von **Salzwasserfischen** und Meeresfrüchten.

Insbesondere während des Wachstums sowie in Schwangerschaft/Stillzeit soll eine ausreichende Iodversorgung sichergestellt sein; so empfiehlt die Deutsche Gesellschaft für Ernährung die Zufuhr von 230 µg Iodid pro Tag für (schilddrüsengesunde) Schwangere, was ggf. durch die Einnahme von **Tabletten** unterstützt werden kann. Dies ist wichtig, weil der Fetus bereits ab der 12. Woche ausreichend Iod zur Schilddrüsenhormonsynthese benötigt.

empfohlene Zufuhr von Iod in verschiedenen Altersgruppen – Referenzwerte der Deutschen Gesellschaft für Ernährung e.V. (DGE): *www.dge.de/wissenschaft/referenzwerte/jod*

Wegen der prophylaktischen Iodierung von Lebensmitteln ist die durch Iodmangel getriggerte Struma seit den 1980er-Jahren in Deutschland rückläufig. Die Iodversorgung der Bevölkerung ist jedoch weiterhin nicht optimal und hat sich zuletzt sogar verschlechtert (Bundesinstitut für Risikobewertung 2022). Zum Teil ist dies auf veränderte Ernährungsgewohnheiten zurückzuführen, z. B. das Vermeiden tierischer Nahrungsmittel, das Verwenden nicht iodierter Salze oder ein – an sich sinnvolles – Reduzieren des Salzkonsums.

Bei entsprechendem Risiko ist auch ein zurückhaltender Gebrauch strumigener Lebensmittel oder Medikamente prophylaktisch sinnvoll. Hierüber gilt es entsprechend aufzuklären oder ärztlicherseits die Medikamentengabe gut abzuwägen.

Vermutlich wurden auch Sie schon im Hinblick auf Ihre Schilddrüse untersucht, z. B. dann, wenn Sie die Vorsorgeuntersuchung J1 im Alter von 12 bis 14 Jahren (→ I-9.2.5) wahrgenommen haben. Erinnern Sie sich daran, dass Ihr Hals abgetastet wurde? Vielleicht wurde auch Blut abgenommen und der TSH-Wert bestimmt, wenn in Ihrer Familie Schilddrüsenkrankheiten bekannt sind.
Spätestens nach der Lektüre dieses Kapitels wissen Sie: Eine erkennbare Vergrößerung der Schilddrüse oder Zeichen einer Unter- oder Überfunktion sollten auch unabhängig von der Vorsorgeuntersuchung stets ärztlich abgeklärt werden.

AUFGABEN

1. *Entscheiden und begründen Sie, welches der unten stehenden Fallbeispiele eher den Zustand einer Hyperthyreose und welches den einer Hypothyreose beschreibt. Erörtern Sie anschließend die möglichen Ursachen.*

   1. Die 37-jährige Huda quält sich morgens nur noch aus dem Bett, fühlt sich selbst nach langem Schlafen nicht ausgeruht und würde abends am liebsten schon um 19 Uhr wieder schlafen gehen. Ihr macht auch zu schaffen, dass sie an Gewicht zugenommen hat, obwohl sie sich genauso (gesund) ernährt wie in den letzten Jahren. Ihre Freunde haben sich darüber beschwert, dass sie so lethargisch geworden sei; sie selbst bemerkt das auch und ist darüber traurig.

   2. Die 27-jährige Sara sucht den Kardiologen auf, weil sie öfters ein Herzstolpern verspürt und ihren Puls als ungewöhnlich schnell empfindet. Sie wirkt fahrig. Als man sie bittet, ein (älteres) Passfoto zu zeigen, wird deutlich, dass die Augen früher weniger hervorstanden. Auf Nachfrage erklärt sie, dass sie nicht mehr so gerne Rollkragenpullis trage, da sie sich dadurch eingeengt fühle, auch wäre ihr das viel zu warm, denn sie schwitze leicht.

2. *Die Schilddrüsenhormone T_3 und T_4 sind bei einer primären Überfunktion erhöht, der TSH-Wert hingegen erniedrigt. Leiten Sie dies von der Physiologie her.*

3. *Begründen Sie, warum es bei einer operativ bedingten Beeinträchtigung der Nebenschilddrüsen zu einem Kalziummangel kommt.*

Quellen

Quellen Anatomie/Physiologie

Hein, L.; Fischer, J. (2019): Taschenatlas Pharmakologie. Stuttgart: Thieme.

Kugler, P. (2021): Der menschliche Körper. Anatomie Physiologie Pathologie. München: Elsevier.

Selye, H. (1953): Einführung in die Lehre vom Adaptationssyndrom. Stuttgart: Thieme.

Vaupel, P.; Schaible, H.-G.; Mutschler, E. (2015): Anatomie, Physiologie, Pathophysiologie des Menschen: Stuttgart: Wissenschaftliche Verlagsgesellschaft.

Zündorf, I.; Dingermann, T. (2014): Was uns steuert – Ein Überblick über die Welt der Hormone. In: Deutsche ApothekerZeitung Nr. 13: 46.

Quellen Hypothyreose, Hyperthyreose, Euthyreote Struma

Bundesinstitut für Risikobewertung (BfR) (2022): Rückläufige Jodzufuhr in der Bevölkerung: Modellszenarien zur Verbesserung der Jodaufnahme bei Kindern und Jugendlichen. Stellungnahme; unter *www.openagrar.de/receive/openagrar_mods_00082755* [15.03.2024].

Führer, D.; Bockisch, A.; Schmid, K. W. (2012): Euthyreote Struma mit und ohne Knoten – Diagnostik und Therapie. In: Deutsches Ärzteblatt 109(29–30): 506–516.

Gemeinsamer Bundesausschuss (G-BA) (2023): Mindestmengenregelungen gemäß § 136b Abs. 1 Satz 1 Nr. 2 SGB V; unter *www.g-ba.de/richtlinien/5/* [15.03.2024].

Grünwald, F.; Derwahl, K.-M. (2017): Diagnostik und Therapie von Schilddrüsenkrankheiten. Ein Leitfaden für Klinik und Praxis. Berlin: Lehmanns Media.

Harms, E.; Olgemöller, B. (2011): Neugeborenenscreening auf Stoffwechselerkrankungen und Endokrinopathien. In: Deutsches Ärzteblatt 108(1–2): 11–22.

Herold, G. und Mitarbeiter (2023): Innere Medizin 2024. Köln: Herold.

Klauber, J.; Geraedts, M.; Friedrich, J.; Wasem, J. (Hrsg.) (2017): Krankenhaus-Report 2017 „Zukunft gestalten". Auszug Seite 197–211. Stuttgart: Schattauer.

Klett, M.; Schönberg, D. (1981): Neugeborenen-Hypothyreose-Screening in der Bundesrepublik Deutschland: Ergebnisse einer Umfrage. In: DMW – Deutsche medizinische Wochenschrift 106(01): 6–12.

Köbberling, J.; Pickardt, C. R. (Hrsg.) (1990): Struma. Berlin: Springer.

Osterloh, F. (2017): Mindestmengen: Mehr Vorgaben, mehr Sanktionen. In: Deutsches Ärzteblatt 114(12): A-565 / B-487 / C-477.

Schübel, J.; Feldkamp, J.; Bergmann, A.; Drossard, W.; Voigt, K. (2017): Latente Hypothyreose des Erwachsenen. In: Deutsches Ärzteblatt 114(25): 430–438.

Schumm-Dräger, P. M.; Feldkamp, J. (2007): Schilddrüsenkrankheiten in Deutschland. Ausmaß, Entwicklung, Auswirkungen auf das Gesundheitswesen und Präventionsfolge. In: Prävention und Gesundheitsförderung 3: 153–158.

Statistisches Bundesamt (Destatis) (2023): Geburtenziffer 2022 auf 1,46 Kinder je Frau gesunken. Pressemitteilung Nr. 290 vom 21. Juli 2023; unter *www.destatis.de/DE/Presse/Pressemitteilungen/2023/07/PD23_290_12.html* [15.03.2024].

Strahlenschutzkommission (Hrsg.) (2018): Verwendung von Jodtabletten zur Jodblockade der Schilddrüse bei einem Notfall mit Freisetzung von radioaktivem Jod. Empfehlung der Strahlenschutzkommission. Bonn.

Thorwald, J.: (1965): Die Geschichte der Chirurgie. Stuttgart: Steingrüben.

Völzke, H.; Ittermann, T.; Albers, M.; Friedrich, N.; Nauck, M.; Below, H.; Kramer, A. (2012): Five-year change in morphological and functional alterations of the thyroid gland: the Study of Health in Pomerania. In: Thyroid 22(7): 737–746.

Weiterführende Literatur

Berufsverband Deutscher Internisten e. V. (BDI): Gesundheitsportal Internisten im Netz; unter *www.internisten-im-netz.de* [15.03.2024].

Deutsche Gesellschaft für Endokrinologie e. V. (2020): Schilddrüsenknoten; unter *www.endokrinologie.net/krankheiten-schilddruese-knoten.php* [15.03.2024].

Deutsches Schilddrüsenzentrum GmbH: Interdisziplinäre Plattform von Ärztinnen und Ärzten, die sich in besonderem Maße mit der Schilddrüse beschäftigen; unter *www.deutsches-schilddruesenzentrum.de* [15.03.2024].

Schilddrüsen-Liga e. V.: Dachverband der Selbsthilfe-Gruppen für Schilddrüsenkranke und deren Angehörige; unter *www.schilddruesenliga.de* [15.03.2024].

8 DR. NICOLE MENCHE
BLUT UND IMMUNSYSTEM

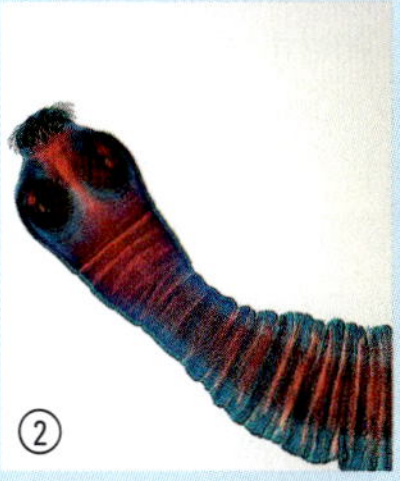

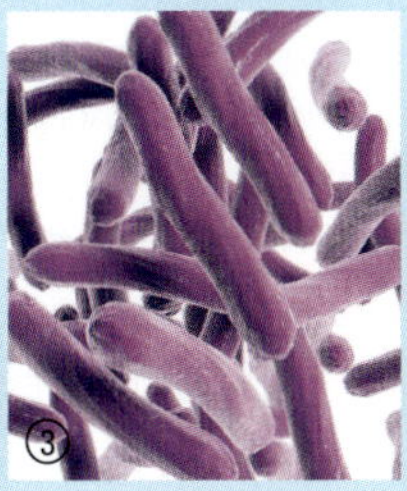

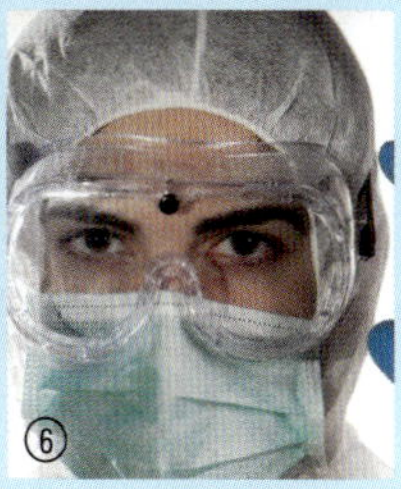

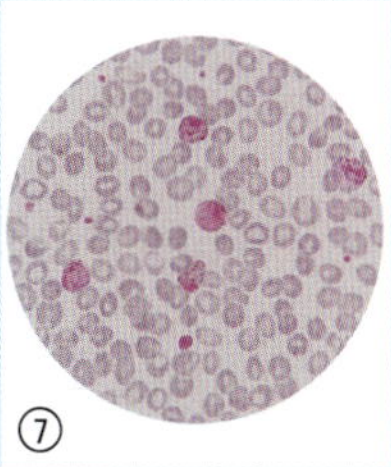

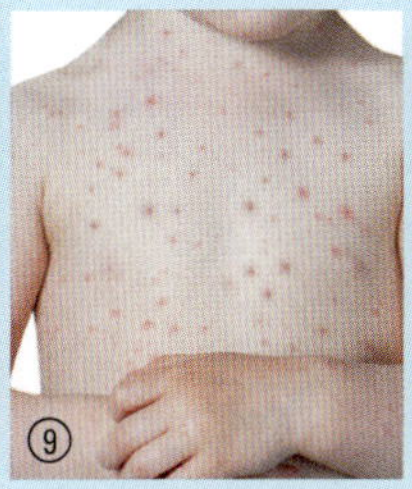

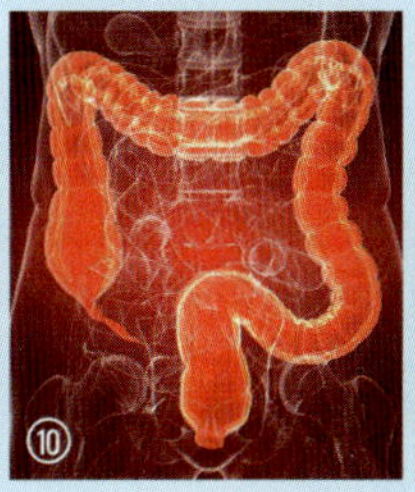

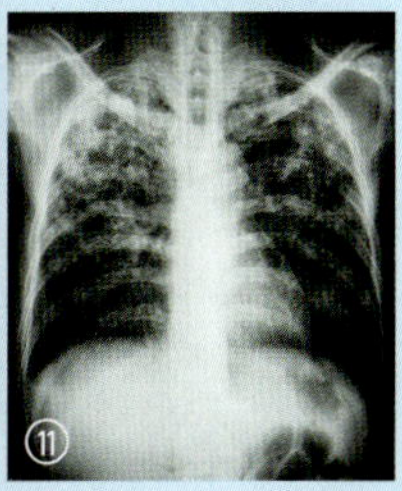

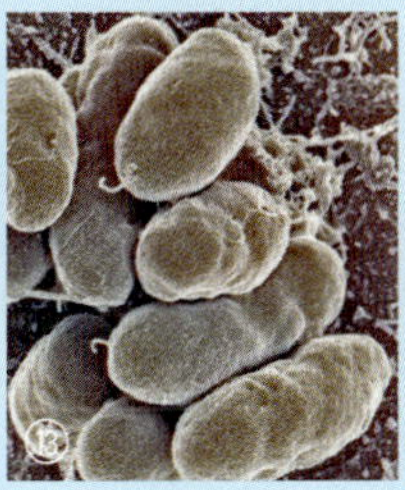

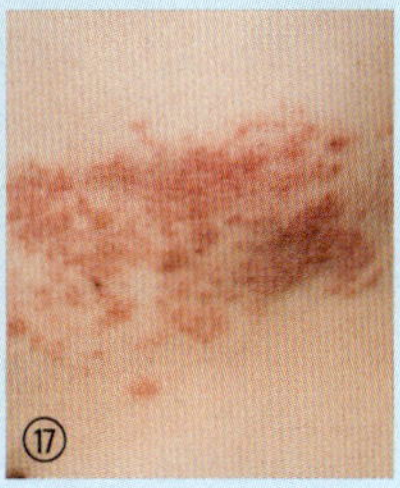

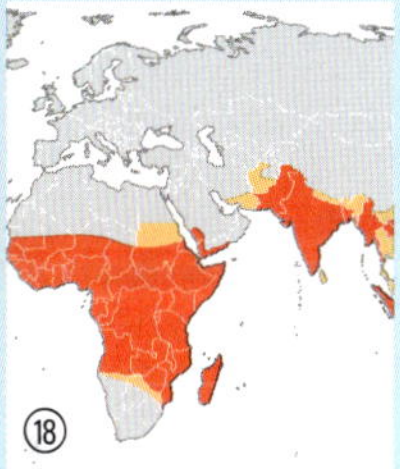

Aidsschleife

HÄNDEHYGIENE

Menschlicher Darm

Bandwurm

Helicobacter

Blutplasmodien

Pestmaske

Lungentuberkulose

Choleravibrionen

Verbreitung Malaria

Menschenfloh

ELENDSVIERTEL

SAFERSEX

Mykobakterien

Gürtelrose

Schutzausrüstung

Windpocken

Steinzeitmensch

1. *Schauen Sie sich die Abbildungen an, ebenso die Begriffe, die jeweils ein Bild benennen.*
2. *Ordnen Sie im ersten Schritt jedem Bild seine Bildunterschrift zu.*
3. *Es passen jeweils zwei Bilder zueinander, z. B. Kondome und Aidsschleife. Bestimmen Sie die Bildpärchen, die zusammengehören.*

Infektionskrankheiten sind so alt wie die Menschheit: Bereits Frühmenschen haben an Tuberkulose gelitten. Die ersten Menschen haben möglicherweise Infektionskrankheiten aus Afrika mitgebracht, die am Aussterben der Neandertaler mitbeteiligt waren. Infektionen mit Helicobacter-pylori-Bakterien und Hepatitis-B-Viren in der Steinzeit sind ebenso gesichert wie die weite Malariaverbreitung in der Antike. Im 14. Jahrhundert raffte die Pest 25–50 der 80 Millionen Menschen in Europa dahin, auf den Schlachtfeldern starben teilweise mehr Menschen an Infektionen als an den Verletzungen als solchen. Anfang des 20. Jahrhunderts forderte die „spanische Grippe" Millionen Tote, und noch bis in die 1960er-Jahre kam es hierzulande zu Ausbrüchen von Kinderlähmung.

Blut:
im Herzen und den Blutgefäßen zirkulierende Flüssigkeit mit zahlreichen Aufgaben

Versuche der Menschen, sich vor Infektionen zu schützen, zeigten über Jahrhunderte wenig Erfolge. Ab Ende des 19. Jahrhunderts verbesserten sich dann zum einen die allgemeinen Lebensverhältnisse. Zum anderen legten die Entdeckung etwa der Händedesinfektion, der Tuberkulosebakterien, des Diphtherie- und Tetanus-Heilserums, der Pockenimpfung und des Penizillins die Grundsteine für eine gezielte Infektionsbekämpfung.

In der Folge sank die Sterblichkeit an Infektionskrankheiten in den Industrieländern stetig, nicht wenige Menschen dort nahmen sie kaum mehr als Bedrohung wahr.

emerging infections:
in einem bestimmten Gebiet neu oder (wieder) verstärkt auftretende oder sich rasch ausbreitende Infektionen oder Infektionen, bei denen eine schnelle Ausbreitung zu befürchten ist und die eine Bedrohung darstellen

Hämatopoese:
Blutzellbildung

In den Jahren 2020–2023 führte dann die **COVID-19-Pandemie** eindrücklich vor Augen, dass Entwarnung nirgendwo angezeigt ist:

- Infektionskrankheiten sind in den sog. Entwicklungsländern aufgrund schlechter hygienischer Bedingungen und unzureichender medizinischer Versorgung nach wie vor die häufigste Todesursache.
- Zweiter Grund sind die **emerging infections:** Ständig entstehen neue Erreger, z. B. veränderte Influenza-A-Viren wie etwa 2009 der Subtyp A/California/7/2009 (H1N1) als Erreger der sog. Schweinegrippe oder Coronaviren (etwa 2002 SARS-CoV, 2012 MERS-CoV, 2019 SARS-CoV-2). Zunehmend werden Infektionserreger gegen Arzneimittel unempfindlich (resistent), z. B. Tuberkulosebakterien gegen Antibiotika. Infolge des Klimawandels breiten sich Infektionskrankheiten aus den (Sub-)Tropen nach Europa aus, etwa das Dengue-Fieber. Und nicht zuletzt wird die Ausbreitung von Infektionen durch die gestiegene Mobilität erheblich beschleunigt – auch Infektionserreger nutzen das Flugzeug.

Aufgrund der Transportfunktion des Blutes und der Tatsache, dass es sich bei vielen Blutzellen um Abwehrzellen handelt, sind **Blut** und **Immunsystem** aufs Engste miteinander verbunden. Auch das **lymphatische System** ist wegen seiner Aufgaben in der Abwehr damit verknüpft. Daher werden alle drei Themen in einem Kapitel dargestellt.

8.1 Blut

8.1.1 Aufgaben und Bestandteile des Blutes

Aufgaben des Blutes

Blut ist nicht nur ein „ganz besonderer", sondern auch ein lebenswichtiger Saft:

- Blut hat Transportfunktion z. B. für Sauerstoff, Kohlenstoffdioxid, Nährstoffe, Stoffwechselprodukte, Hormone, aber auch Wärme.
- Blut nimmt Abwehraufgaben wahr.
- Blut dichtet Gefäßverletzungen ab und hilft so, die Integrität des Körpers zu bewahren.
- Blut hat Regulationsaufgaben, z. B. bei der Temperaturregulation und im Säure-Basen-Haushalt.

Daher wird Blut oft auch als flüssiges Organ bezeichnet.

Bestandteile des Blutes

Ein Erwachsener hat etwa 60–80 ml Blut/kg Körpergewicht, das entspricht ca. 4–6 l.

Durch Zentrifugieren lässt sich das einheitlich rote, zähflüssige Blut in zwei Phasen auftrennen (→ Abb. 1):

- das flüssige **Blutplasma**
- die festen **Blutzellen** oder Blutkörperchen, unterteilt in
  - **Erythrozyten** (rote Blutkörperchen)
  - **Leukozyten** (weiße Blutkörperchen)
  - **Thrombozyten** (Blutplättchen)

Alle Blutzellen entwickeln sich aus einer Stammzelle im Knochenmark, der hämatopoetischen oder **Blutstammzelle** (→ Abb. 2).

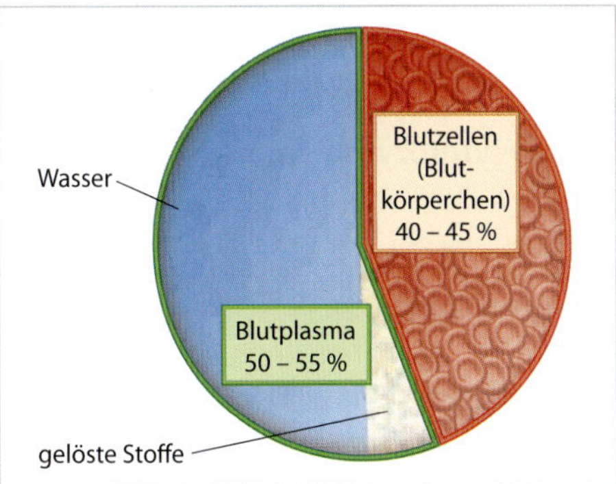

Abb. 1 Bestandteile des Blutes

8.1.2 Blutplasma

Hauptbestandteil des Blutplasmas ist mit rund 90 % Wasser. Darin gelöst sind Proteine (ca. 7 %), niedermolekulare Substanzen (ca. 2 %, z. B. Nährstoffe, Stoffwechselprodukte) und Mineralstoffe (ca. 1 %).

Plasmaproteine

Die Plasmaproteine lassen sich mittels **Serumproteinelektrophorese** in Albumin, α_1-, α_2-, β- und γ-Globuline auftrennen (→ Abb. 3).

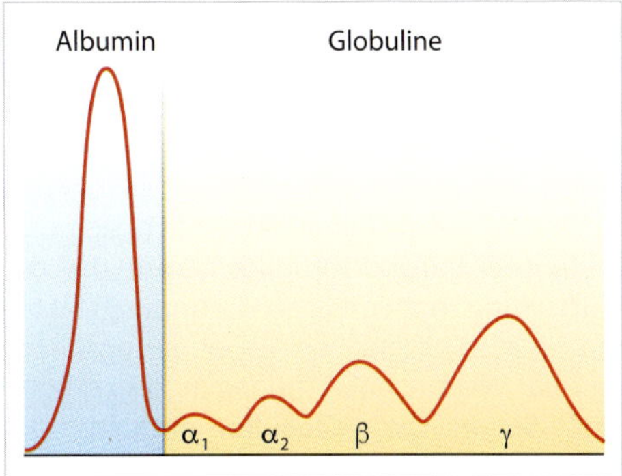

Abb. 3 Serumproteinelektrophorese mit Auftrennung der Plasmaproteine in Albumin, α_1-, α_2-, β- und γ-Globuline

Plasmaprotein: im Blutplasma gelöstes Eiweiß

Elektrophorese: Verfahren, bei dem in einer Flüssigkeit gelöste Teilchen durch unterschiedlich schnelle Wanderung in einem elektrischen Feld getrennt werden

Blutplasma: flüssiger, zellfreier Anteil des Blutes; Funktion: Transport

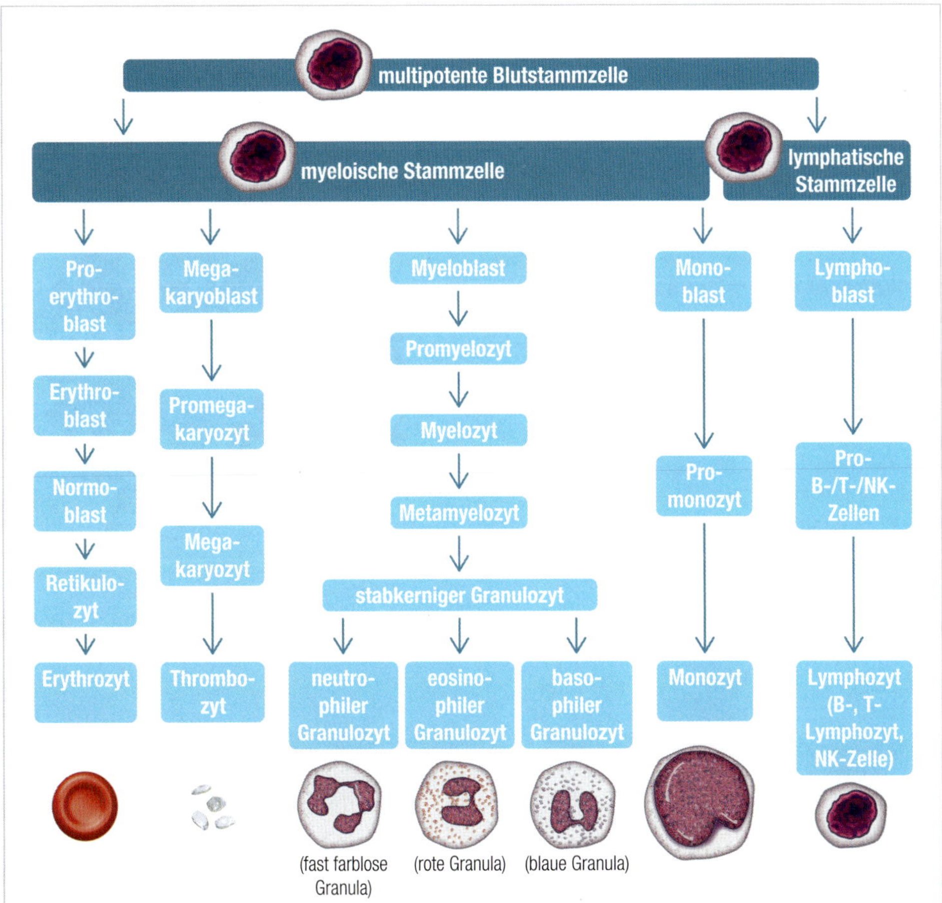

Abb. 2 Bildung der Blutzellen. NK-Zelle = natürliche Killerzelle

Stammzelle: unbegrenzt teilungsfähige Zelle mit mehreren Entwicklungsmöglichkeiten: omnipotent: ganzer Organismus; pluripotent: alle Zellarten, aber kein ganzer Organismus; multipotent: mehrere Zellarten eines Gewebes

Blutstammzelle: hämatopoetische Stammzelle; Stammzelle im Knochenmark, aus der sich alle Blutzellen entwickeln

Bildatlas für hämatologische Zytologie: *www.hemato-images.eu/content/index_ger.html*

Albumin:
wichtiges Plasmaprotein

Osmose:
Durchtritt von Lösungsmittel durch eine „halbdurchlässige" Membran, die durchlässig ist für das Lösungsmittel, aber nicht die gelöste Substanz; daraus folgt ein Konzentrationsausgleich

Globuline:
zusammenfassende Bezeichnung für alle Plasmaproteine außer Albumin

Blutserum:
Blutplasma ohne Gerinnungsfaktoren

pH:
Maß für die H^+-Konzentration einer wässrigen Lösung
pH 7 → neutrale Lösung
pH > 7 → basische (alkalische) Lösung mit mehr OH^-- als H^+-Ionen
pH < 7 → saure Lösung mit mehr H^+- als OH^--Ionen

Kohlensäure-Hydrogenkarbonat-Puffersystem:
Hauptpuffersystem im Blut mit Hydrogenkarbonat als Pufferbase und Kohlensäure als Puffersäure

HCO_3^-:
chemische Formel für Hydrogenkarbonat (Bikarbonat)

H_2CO_3:
chemische Formel für Kohlensäure

CO_2:
chemische Formel für Kohlen(stoff)dioxid

H_2O:
chemische Formel für Wasser

Erythrozyt:
rotes Blutkörperchen; Funktion: vor allem Sauerstofftransport

Albumin macht mit etwa 60 g/l knapp zwei Drittel des Gesamtproteins aus. Es ist Transportprotein und darüber hinaus wichtig für den Flüssigkeitshaushalt. Da Albumin sehr groß ist und die Kapillarwände nicht durchdringen kann, zieht es osmotisch Wasser aus den Geweben in die Blutgefäße. Ausgeprägter Albuminmangel führt daher zu krankhaften Wassereinlagerungen in den Geweben, den Ödemen (→ 2.2.3).

In den **α- und β-Globulinen** finden sich u.a. zahlreiche Transportproteine sowie die zur Blutstillung notwendigen Gerinnungsfaktoren (→ 8.1.7). Plasma ohne Gerinnungsfaktoren, vor allem ohne Fibrinogen bzw. Fibrin, heißt **Serum.** Die **γ-Globuline** enthalten die verschiedenen Immunglobuline, welche Bestandteile des Abwehrsystems sind.

Puffersysteme im Blut

Puffersysteme im Blut sind wesentlich für die Konstanthaltung des Blut-pHs.

Der Blut-pH liegt normalerweise bei etwa 7,4. Ohne Puffersysteme würden Stoffwechselveränderungen schnell zu pH-Änderungen und dadurch zu Beeinträchtigungen der Körperfunktionen führen. Puffersysteme fangen H^+- und OH^--Ionen ab und dämpfen dadurch pH-Änderungen. Wichtigstes Puffersystem im Blut ist das **Kohlensäure-Hydrogenkarbonat-Puffersystem** des Plasmas (→ Abb. 4): H^+- und OH^--Ionen werden nicht nur abgefangen, sondern können – innerhalb gewisser Grenzen – auch über Lungen bzw. Nieren ausgeschieden oder zurückgehalten werden. Fallen beispielsweise im Stoffwechsel H^+ an, so werden sie vom HCO_3^- im Blut gebunden. Das entstehende H_2CO_3 zerfällt zu CO_2 und H_2O. CO_2 wird abgeatmet (→ 9.2.4) und nur das neutrale H_2O verbleibt im Körper.

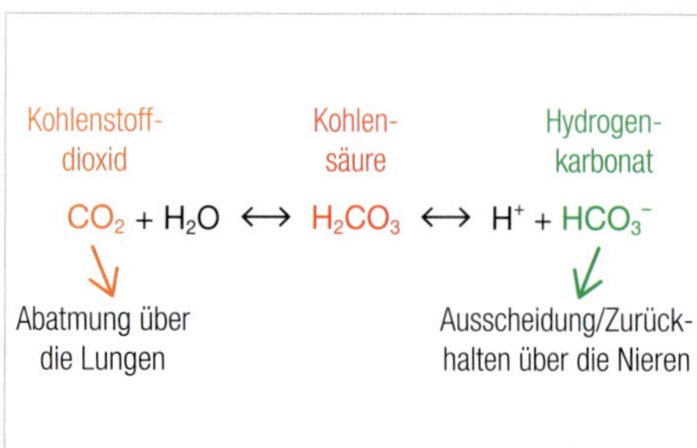

Abb. 4 Kohlensäure-Hydrogenkarbonat-Puffersystem

Auch die Plasmaproteine sowie der rote Blutfarbstoff Hämoglobin haben Pufferwirkung.

8.1.3 Erythrozyten

Die Erythrozyten machen ca. 99 % der festen Blutbestandteile aus. Es sind winzige, beidseits eingedellte runde Scheiben (→ Abb. 5, → Abb. 7). Durch ihre extreme Verformbarkeit können sie kleinste Kapillaren durchfließen.

Hauptfunktion der Erythrozyten ist der Sauerstofftransport. Dazu besitzen sie den roten Blutfarbstoff **Hämoglobin.** Dieser macht ungefähr ein Drittel des Erythrozyten aus. Hämoglobin besteht aus vier Polypeptidketten, dem **Globin,** an die jeweils ein eisenhaltiges Farbstoffmolekül gebunden ist, das **Häm** (→ Abb. 5). Das Häm-Eisen bindet in den Lungen Sauerstoff und gibt ihn in den Geweben wieder ab.

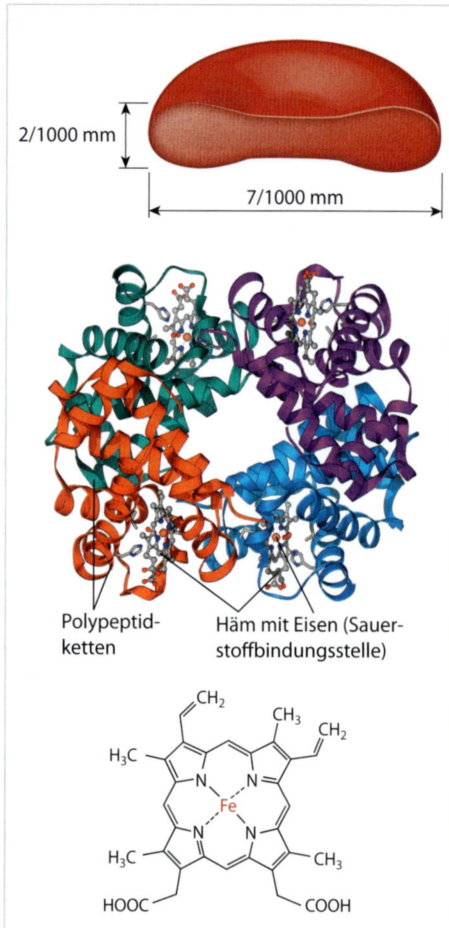

Abb. 5 Oben Erythrozyt, Mitte Hämoglobinmolekül, unten molekulare Struktur des Häm

Gebildet werden die Erythrozyten im roten Knochenmark. Ihre Bildung wird durch das Hormon **Erythropoetin** aus den Nieren gefördert, das bei Sauerstoffmangel vermehrt freigesetzt wird. Während ihrer Entwicklung verlieren die Vorläuferzellen der Erythrozyten Kern und Organellen (→ Abb. 2). Ganz junge Erythrozyten, die **Retikulozyten,** enthalten noch Reste davon. Nach etwa 120 Tagen werden die Erythrozyten v. a. in der Milz (→ 8.3.2) „aussortiert" und abgebaut. Der Globinanteil wird in Aminosäuren zerlegt, das Eisen aus dem Häm freigesetzt und zu großen Teilen wiederverwertet und der Rest des Häm zum Gallenfarbstoff **Bilirubin** abgebaut.

8.1.4 Blutgruppen

Die Erythrozyten tragen auf ihrer Oberfläche große Moleküle. Medizinisch bedeutsam sind diese dadurch, dass sie **Antigene** sind (→ 8.2.4), also bei anderen Menschen Abwehrreaktionen hervorrufen können. Diese Moleküle werden in mehr als 30 **Blutgruppensysteme** eingeteilt. Da die Blutgruppen vererbt werden, ändern sie sich zeitlebens nicht.

ABO-System

Im ABO-System werden die Antigene A und B unterschieden. Ein Mensch hat Antigen A, Antigen B, keines oder beide auf der Oberfläche seiner Erythrozyten und entsprechend **Blutgruppe A, B, 0 (Null)** oder **AB** (→ Tab. 1, → Abb. 6). Im Plasma finden sich schon bald nach der Geburt Antikörper (→ 8.2.4) gegen die ABO-Antigene, die er selbst nicht hat, also **Anti-B** bei Menschen mit Blutgruppe A oder **Anti-A** bei Menschen mit Blutgruppe B.

Rhesus-System

Im Rhesus-System gibt es die **Antigene C, D, E, c** und **e,** wobei Antigen D am stärksten antigen wirksam und namenbestimmend ist: Menschen mit Antigen D sind **Rhesus-positiv,** solche ohne **Rhesus-negativ.** In Mitteleuropa sind ca. 85 % der Bevölkerung Rhesus-positiv und etwa 15 % Rhesus-negativ.

Rhesus-Antikörper (Anti-D) werden im Unterschied zu den Antikörpern im ABO-System erst nach Kontakt mit im eigenen Blut nicht vorhandenen Antigenen gebildet. Außerdem sind Rhesus-Antikörper plazentagängig, d. h., sie gelangen in der Schwangerschaft von der Mutter zum Ungeborenen.

Tab. 1 Blutgruppen des ABO-Systems (Häufigkeiten bezogen auf Deutschland)

Antigen auf den Erythrozyten	Blutgruppe	Antikörper im Blut	Häufigkeit
A	A	Anti-B	43 %
B	B	Anti-A	11 %
A und B	AB	keine	5 %
keine	0	Anti-A und Anti-B	41 %

Blutgruppenbestimmung

Bei der Blutgruppenbestimmung werden Patientenerythrozyten zu Prüfseren mit Anti-A, Anti-B und Anti-D gegeben und die Reaktion beobachtet. Bei einer Antigen-Antikörper-Reaktion kommt es zu einer **Agglutination** (→ Abb. 6). In einer Gegenprobe wird außerdem Patientenserum gegen Erythrozyten bekannter Blutgruppen getestet. Die Ergebnisse beider müssen übereinstimmen.

Wichtig ist die Blutgruppenbestimmung nicht nur vor der Gabe von Blutprodukten, sondern auch bei Schwangeren (→ 12.5.2), um Blutgruppenunverträglichkeiten zwischen Mutter und Kind rechtzeitig festzustellen.

Am häufigsten ist die **Rhesusunverträglichkeit:** Bei einer Fehlgeburt oder Geburt treten kindliche Erythrozyten ins Blut der Mutter über. Ist eine Frau Rhesus-negativ, das Kind

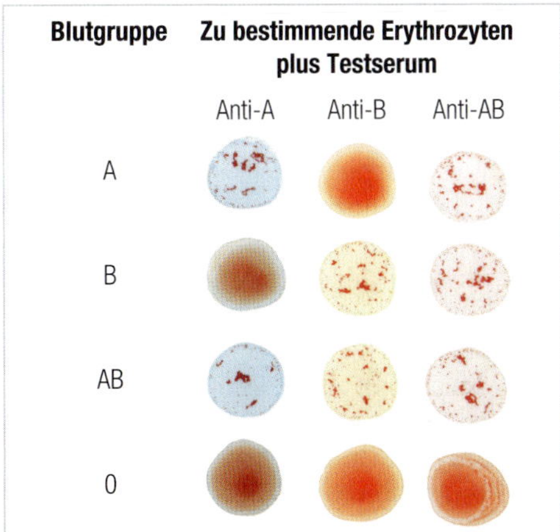

Abb. 6 Blutgruppenbestimmung im ABO-System

Hämoglobin: roter Blutfarbstoff aus Proteinanteil (Globin) und Farbstoffanteil (Häm, zur Sauerstoffbindung)

Erythropoetin: in der Niere gebildeter Wachstumsfaktor der Erythrozytenbildung

Retikulozyt: junger Erythrozyt

Antigen (vereinfachte Definition): Substanz, die eine Abwehrreaktion des Immunsystems hervorrufen kann

Blutgruppen: Oberflächenmerkmale der Erythrozyten eines Menschen, die in unterschiedlicher Ausprägung antigen wirksam sind

Blutgruppensysteme: Klassifikationssysteme der Erythrozyten-Antigene

ABO-System: wichtigstes Blutgruppensystem mit den Antigenen A und B und den Blutgruppen A, B, AB und 0 („Null")

Antikörper: Proteine mit Abwehrfunktion

Rhesus-System: zweitwichtigstes Blutgruppensystem mit den Antigenen C, c, D, E und e und den Blutgruppen Rhesus-positiv und Rhesus-negativ, je nach Vorhandensein von Antigen D

Blutgruppenbestimmung: Bestimmung meist der ABO- und Rhesus-Blutgruppe eines Menschen durch Antigen-Antikörper-Reaktionen

Agglutination: Verklumpung

µ:
Zeichen für Mikro = 10^{-6} = Millionstel

Rhesusunverträglichkeit:
Unverträglichkeit der Rhesusblutgruppen einer Schwangeren und ihres ungeborenen Kindes mit Antikörperbildung der Rhesus-negativen Schwangeren gegen Antigen D des Rhesus-positiven Ungeborenen und Komplikationen bei Folgeschwangerschaften mit einem Rhesus-positiven Kind

Leukozyt:
weißes Blutkörperchen; Funktion: Abwehr

Granulozyten:
Untergruppe der Leukozyten, unterteilt in neutrophile, eosinophile, basophile Granulozyten

Lymphozyten:
Untergruppe der Leukozyten, unterteilt in T-, B-Lymphozyten, natürliche Killerzellen

Monozyten:
Untergruppe der Leukozyten, Weiterentwicklung zu Makrophagen

Makrophagen:
aus Monozyten hervorgehende Gruppe der Phagozyten („Fresszellen“); Bestandteil des Immunsystems; Funktion: Beseitigung von Fremdteilchen durch Phagozytose

Thrombozyt:
Blutplättchen; Funktion: Einleitung der Blutstillung

Blutstillung:
Hämostase; körpereigener Vorgang zum Stoppen einer Blutung aus Gefäßverengung, Bildung eines Thrombozytenthrombus, Blutgerinnung

Thrombus:
Blutgerinnsel, das in einem Gefäß oder im Herzen entsteht und zum arteriellen oder venösen Verschluss führen kann

jedoch Rhesus-positiv, so kann dies – ebenso wie die Transfusion Rhesus-positiven Blutes – zur Bildung von Rhesus-Antikörpern bei der Mutter führen. In einer weiteren Schwangerschaft mit einem Rhesus-positiven Kind können die Antikörper der Mutter die Erythrozyten des Ungeborenen zerstören und sogar zu seinem Tod führen.

8.1.5 Leukozyten

Leukozyten (→ Abb. 7) sind verschiedene Zellen, die alle Zellkern und Organellen besitzen und zum Abwehrsystem gehören. Mit 7–20 µm Durchmesser sind sie durchschnittlich größer als die Erythrozyten.

Die Leukozyten werden ebenfalls aus Blutstammzellen im roten Knochenmark (→ Abb. 2, → 3.1.2) gebildet und ins Blut freigesetzt. Sie nehmen zwar auch im Blut Abwehraufgaben wahr, vor allem ist das Blut aber ein Transportweg zu den Geweben, wo sich der weitaus größere Teil der Leukozyten befindet. Die Lebensdauer der Leukozyten liegt zwischen einigen Stunden und mehreren Jahren.

Folgende **Leukozytenuntergruppen** im Blut werden unterschieden:
- **Granulozyten:** Durchmesser 10–17 µm, mit kleinen Körnchen (Granula) im Zytoplasma
  - **neutrophile Granulozyten:** farblose Granula, Phagozytose (→ 8.2.3), 50–75 % der Leukozyten
  - **eosinophile Granulozyten:** rote Granula, v. a. Phagozytose, Parasitenabwehr, 1–4 % der Leukozyten
  - **basophile Granulozyten:** blaue Granula, Parasitenabwehr, < 1 % der Leukozyten
- **Lymphozyten:** Durchmesser 7–12 µm, großer, rundlicher Kern, 25–45 % der Leukozyten, Untergruppen lichtmikroskopisch nicht unterscheidbar
  - **T-, B-Lymphozyten:** zielgerichtete Zerstörung von Krankheitserregern, virusinfizierten Zellen und Tumorzellen, Antikörperbildung
  - **natürliche Killerzellen:** eher ungerichtete Vernichtung von virusinfizierten Zellen und Tumorzellen
- **Monozyten:** Durchmesser ca. 20 µm, 3–7 % der Leukozyten, Vorläufer der **Makrophagen** (Phagozytose)

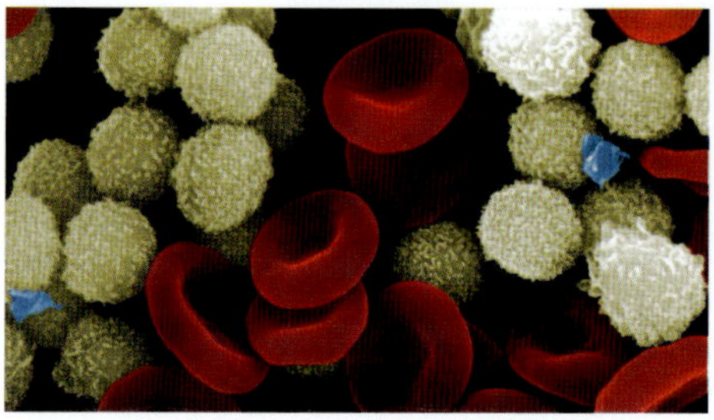

Abb. 7 Kolorierte rasterelektronenmikroskopische Aufnahme von Erythrozyten (rot), Lymphozyten (weiß) und Thrombozyten (blau)

8.1.6 Thrombozyten

Thrombozyten sind mit einem Durchmesser von höchstens 3 µm die kleinsten Blutkörperchen (→ Abb. 7). Sie leiten die Blutstillung ein.

Die Thrombozyten werden im roten Knochenmark aus den großen **Megakaryozyten** abgeteilt (→ Abb. 2), zirkulieren 1–2 Wochen im Blut und werden dann vor allem in der Milz (→ 8.3.2) abgebaut.

8.1.7 Blutstillung

Die Blutstillung ist ein lebenswichtiger körpereigener Schutz vor Blutverlusten (→ Abb. 8).

Phasen der Blutstillung und Blutgerinnung

Die Blutstillung kann in drei Phasen unterteilt werden:
- **Gefäßverengung:** Praktisch sofort zieht sich das verletzte Gefäß zusammen, um den Blutaustritt zu minimieren.
- **Bildung eines Thrombozytenthrombus (weißer Thrombus):** Thrombozyten aus dem Blut heften sich an die verletzte Gefäßwand (Thrombozytenadhäsion), verformen sich, ballen sich zusammen (Thrombozytenaggregation) und sorgen dadurch für einen schnellen, aber nur vorübergehenden Verschluss des verletzten Gefäßes.
- **Blutgerinnung:** Die Blutgerinnung ist eine Kettenreaktion, die durch eine fremde Oberfläche oder Gewebsverletzung angestoßen wird. Nacheinander werden die Gerinnungsfaktoren I–XIII im Blut aktiviert (→ Abb. 8). Man spricht auch von der **Gerinnungskaskade.** Bis auf Faktor IV (Kalziumionen) handelt es sich dabei um im Blut gelöste Proteine. Die meisten davon werden in der Leber gebildet, die Faktoren II, VII, IX und X jedoch nur bei Vorhan-

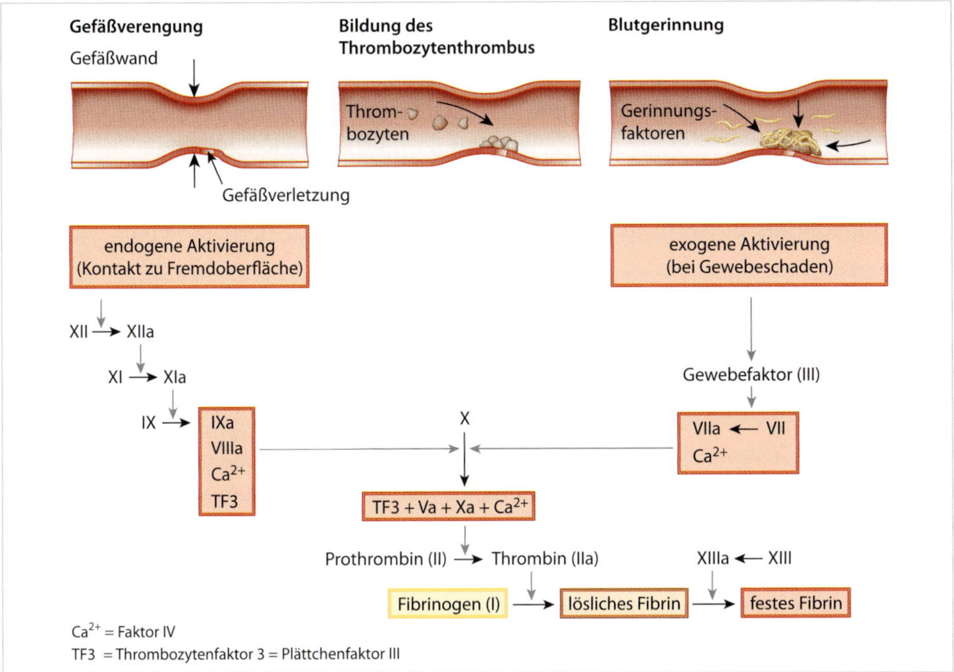

Abb. 8 Phasen der Blutstillung (Hämostase)

densein von Vitamin K. Am Ende steht die Umwandlung von löslichem Fibrinogen in festes Fibrin. Die Fibrinfäden werden vernetzt, Thrombo- und Erythrozyten lagern sich ein. Dieser **rote Thrombus** sorgt für einen dauerhaften Gefäßverschluss.

Körpereigene Gerinnungshemmung

Im Blut sind nicht nur Gerinnungsfaktoren vorhanden, sondern auch Hemmstoffe der Gerinnung wie etwa **Antithrombin.** Sie verhindern eine überschießende Gerinnung und damit Gefäßverschlüsse.

Blutgerinnung:
Bildung von Fibrin durch kettenförmige Aktivierung mehrerer Gerinnungsfaktoren im Blut (Gerinnungskaskade)

Fibrin:
bei der Blutgerinnung aus Fibrinogen entstehendes Blutprotein; elastischer, vernetzter Faserstoff, der Wunden verschließt

Erstmaßnahmen bei Blutungen

Bei Verletzung großer Gefäße oder erheblichen Gewebeschäden reicht die Blutstillung nicht.

Innere Blutungen, etwa bei Beckenbruch oder Reißen einer großen Arterie, sind von außen nicht sichtbar. Sie zeigen sich vor allem durch Pulsanstieg und Blutdruckabfall. Ersthelfende können die Blutung nicht stoppen, vorrangig ist der **Notruf (112).**

Äußere Blutungen sind nach außen sichtbar. Ersthelfende ziehen zum **Eigenschutz** Handschuhe an und bedecken die Wunde mit einer (keimfreien) Auflage. Bei starken Blutungen rufen sie um Hilfe. An Extremitäten ist ein **Druckverband** möglich:

- sterile Auflage auf die Wunde legen
- Auflage mit 2 bis 3 Touren einer elastischen Binde fixieren
- Verbandpäckchen im Bereich der Wunde auf die Binde legen
- mit weiteren Bindentouren Druck auf das Verbandpäckchen ausüben
- Extremität hochlagern

Ist ein Druckverband nicht möglich, wird eine sterile Kompresse, falls nicht vorhanden auch eine saubere Auflage, direkt auf die Wunde gedrückt.

Meist ist die **Schocklage** sinnvoll: Rückenlage mit leicht erhöhten Beinen.

Bei allen starken oder länger dauernden Blutungen wird der **Notruf** getätigt.

steril:
keimfrei, d. h. frei von Mikroorganismen und Sporen

Fibrinolyse:
körpereigener Vorgang zum Auflösen von Thromben

Informationen zur Blutspende:
www.einfachlebenretten.de/startseite.html

Seiten der Bundesärztekammer zu Hämotherapie/Transfusionsmedizin: *www.bundesaerztekammer.de/themen/medizin-und-ethik/wissenschaftlicher-beirat/stellungnahmen-richtlinien-jahresberichte/haemotherapie-transfusionsmedizin*

Apherese:
Verfahren außerhalb des Körpers zur Entfernung bestimmter Substanzen aus dem Blut; angewandt zur Gewinnung von Blutbestandteilen oder zur Behandlung

Transfusion:
Gabe von Blut oder Blutprodukten, gewonnen aus Spender(voll)blut

Blutprodukt:
Arzneimittel aus menschlichem Blut, z. B. Blutzellkonzentrate, Albumin, Fibrinkleber

Majorkompatibilität:
Verträglichkeit der Spendererythrozyten mit dem Empfänger (bei Erythrozytenkonzentraten)

Minorkompatibilität:
Verträglichkeit der Spenderantikörper mit dem Empfänger (bei Plasmaprodukten)

Fibrinolyse

Die Fibrinolyse ist das Gegenstück der Gerinnung: Durch verschiedene Aktivatoren entsteht **Plasmin,** das dann Fibrin in lösliche **Fibrinabbauprodukte** spaltet. Der Thrombus wird abgebaut, das Gefäß wiedereröffnet.

8.1.8 Blutspende und Blutprodukte

Zwar können einzelne Gerinnungsfaktoren gentechnologisch hergestellt werden, künstliches Blut gibt es bislang aber nicht. Zum Ersatz fehlender Blutbestandteile, etwa bei hohen Blutverlusten, sind **Blutspenden** nötig.

Es gibt verschiedene Spendearten. Am wenigsten aufwendig und daher am häufigsten ist die **Vollblutspende** (→ Abb. 9). Aus einer Armvene wird Blut entnommen, das dann zu Erythrozyten-, Thrombozytenkonzentraten und Plasma bzw. Plasmaprodukten weiterverarbeitet wird.

Mittels spezieller Apheresegeräte ist außerdem eine **Plasma-, Thrombozyten-** oder **Granulozytenspende** möglich.

Risiken für Spendende sind vor allem kurzzeitige Kreislaufreaktionen und bei häufiger Vollblutspende eine Eisenmangelanämie (→ 8.4), die aber vor einer erneuten Spende erkannt wird und ein Spendeausschlusskriterium ist.

Haben Sie Erfahrung mit Blutspenden, sei es als Helfer bzw. Helferin oder als Spender bzw. Spenderin? Was waren die Beweggründe, was die Eindrücke und Erfahrungen? Fragen Sie auch Angehörige und Bekannte und tragen Sie die Ergebnisse zusammen.

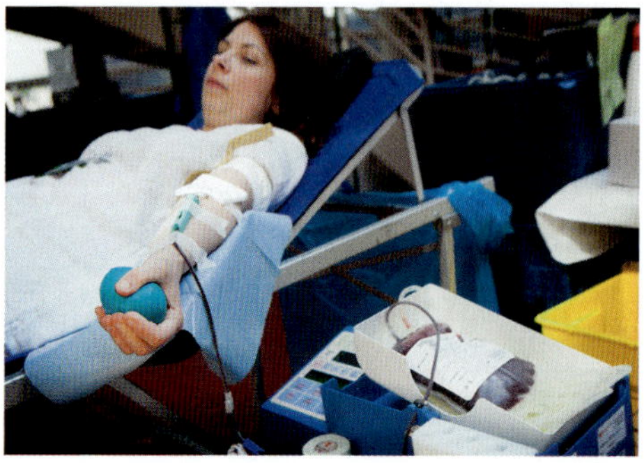

Abb. 9 Vollblutspende, hier mithilfe eines mobilen Blutspendeteams

Hauptgefahren für Empfänger bzw. Empfängerinnen einer **Transfusion** sind die Erregerübertragung und **Transfusionsreaktionen** (Unverträglichkeitsreaktionen):

- Spenderbefragung und -untersuchung, Untersuchung des Spenderbluts auf Infektionserreger und Quarantänelagerung oder Verfahren zur Virusinaktivierung bei Plasma/-produkten haben das Infektionsrisiko hierzulande minimiert. 2011–2021 wurden insgesamt nur zwei Hepatitis-C-Übertragungen und keine HIV-Übertragung gemeldet (Paul-Ehrlich-Institut 2023).
- Bei vielen Blutprodukten müssen Spender- und Empfängerblutgruppe gleich oder zumindest miteinander verträglich (kompatibel) sein, um schwere Unverträglichkeitsreaktionen zu vermeiden. Hierzulande wird z. B. bei Erythrozytenkonzentraten AB0- und Rhesus-Blutgruppengleichheit angestrebt. Nur falls dies nicht möglich ist, reicht sog. **Majorkompatibilität** der Erythrozytenkonzentrate (→ Abb. 10). Die früheren Bezeichnungen **Universalspender/-empfänger** sollten nicht mehr pauschal benutzt, sondern zumindest bezüglich des Blutprodukts präzisiert werden (z. B. Universal-Erythrozyten oder Universalspender bei Erythrozytenkonzentraten).

Auch Blutstammzellen können übertragen werden. Diese werden meist durch Knochenmarkpunktion in Vollnarkose oder nach vorheriger medikamentöser Spendervorbehandlung durch **Stammzellapherese** aus Venenblut gewonnen. Die Blutstammzellen werden aufbereitet und in eine große Vene transfundiert, besiedeln das Knochenmark und bilden neue Blutzellen. Häufigster Grund für eine **Blutstammzelltransplantation** sind bösartige Bluterkrankungen wie etwa **Leukämien.** Vor

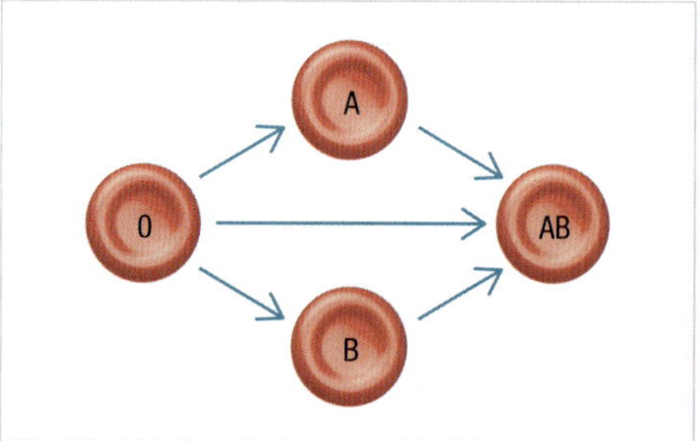

Abb. 10 Majorkompatibilität bei Erythrozytenkonzentraten

Blutstammzelltransplantationen sind umfangreiche Untersuchungen erforderlich, um eine bestmögliche Gewebeverträglichkeit von Spender und Empfänger zu erreichen. Dennoch sind sie, auch aufgrund der Grunderkrankung, immer mit teils lebensbedrohlichen Nebenwirkungen verbunden und deshalb nur in speziellen Zentren möglich.

8.2 Immunsystem

8.2.1 Aufgaben, Bestandteile und Einteilung des Immunsystems

Aufgaben des Immunsystems

Der Mensch steht über die Haut und noch mehr über die Schleimhäute (Atmung, Nahrungsaufnahme) ständig in Kontakt mit der Umwelt und damit potenziell gefährlichen Fremdstoffen einschließlich Krankheitserregern. Auch im Körperinneren droht Gefahr, z.B. durch bösartige Zellen. Diese Schädigungsfaktoren möglichst frühzeitig zu erkennen und zu beseitigen ist Aufgabe des **Immunsystems.**

Bestandteile und Einteilung

Das Immunsystem ist mit einer Vielzahl von Zellen und Botenstoffen äußerst komplex. Zur besseren Überschaubarkeit wird es in der Regel eingeteilt (→ Abb. 11):

- nach den beteiligten Strukturen in **zelluläre und humorale Abwehr:** Die zelluläre Abwehr besteht aus den verschiedenen Abwehrzellen, die humorale aus in Blut und Körperflüssigkeiten gelösten Molekülen.
- nach der Art zu arbeiten in **unspezifische und spezifische Abwehr:** Die unspezifische Abwehr arbeitet schnell, aber wenig zielgerichtet; die spezifische langsamer, aber sehr zielgenau.

Somit ergeben sich vier Teilsysteme der Abwehr, die aber aufs Engste miteinander verzahnt und nur zusammen funktionsfähig sind. Die Einteilung soll in erster Linie das Lernen erleichtern.

8.2.2 Schutzbarrieren des Körpers

Für Schädigungsfaktoren von außen sind Haut bzw. Schleimhäute das erste Hindernis (→ Abb. 12). Sie werden meist nicht zum Immunsystem gerechnet, sondern sind diesem vorgeschaltet.

- Die Epithelien mit ihren eng beieinanderliegenden Zellen und zahlreichen Zellkontakten stellen einen **mechanischen Schutz** dar. Die Haut ist durch ihre Hornschicht eine besonders schwer zu durchdringende Barriere. Schleimhäute werden durch spezielle Transportmechanismen, etwa das Flimmerepithel in den Atemwegen oder den Urinfluss in den Harnwegen, gereinigt.
- Haut und viele Schleimhäute sind von harmlosen Bakterien besiedelt. Diese physiologische Standort- oder Normalflora (→ 6.2.2) hält als **biologischer Schutz** schädliche Bakterien in Schach. Die Normalflora ist abhän-

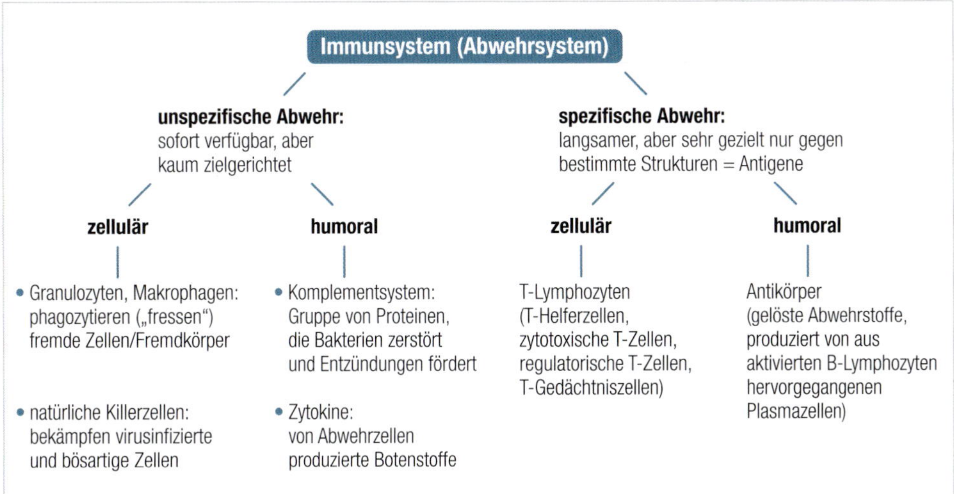

Abb. 11 Teilsysteme des Immunsystems

Blutstammzelltransplantation: hämatopoetische Stammzelltransplantation; Übertragung von (eigenen oder fremden) Blutstammzellen

Leukämie: bösartige Erkrankung mit unkontrollierter Vermehrung der Leukozyten oder ihrer Vorstufen

Stammzellspende: DKMS gemeinnützige GmbH (früher Deutsche Knochenmarkspenderdatei): *www.dkms.de*

Immunsystem: Abwehrsystem; Gesamtheit der körpereigenen Mechanismen zum Schutz vor Krankheitserregern und schädlichen körpereigenen Zellen

zelluläre Abwehr: Gesamtheit der Abwehrzellen

humorale Abwehr: Gesamtheit der nichtzellulären Bestandteile des Abwehrsystems

unspezifische Abwehr: wenig zielgerichtete Abwehrmechanismen

spezifische Abwehr: gegen ganz bestimmte molekulare Eigenschaften gerichtete Abwehrmechanismen

Normalflora: Standortflora, Mikrobiom; Gesamtheit der physiologischen Mikroorganismen (Kleinstlebewesen) auf und in einem vielzelligen Lebewesen

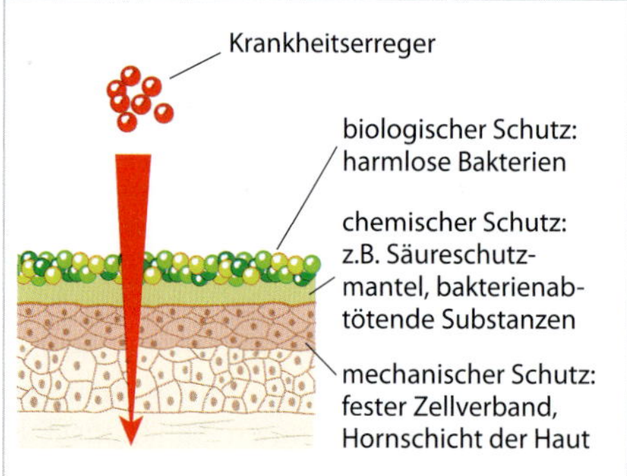

Abb. 12 Schutzbarrieren des Körpers

gig von der Körperregion; in der Scheide sorgen z. B. Milchsäurebakterien für ein saures Milieu. Die Gesamtheit aller Mikroorganismen (→ 8.5.2) auf und im Menschen wird auch **Mikrobiom des Menschen** genannt.

Mikrobiom des Menschen: Gesamtheit der Mikroorganismen (Kleinstlebewesen) auf und im Menschen

- Körpereigene bakterienhemmende Substanzen wie etwa das Lysozym in Tränen und Speichel oder die Salzsäure des Magens verstärken als **chemischer Schutz** den Schutz.

Nina und Marie gehen barfuß durchs Gras. Nina: „Au, was ist denn das, da bin ich auf irgendetwas getreten." Nina schaut auf ihren Fuß. In der rechten Großzehe steckt ein Dorn, nach dem Herausziehen blutet es. Marie meint: „Ach, du bist jung und gesund, da passiert nicht so oft was. Aber mein Opa mit seinen Durchblutungsstörungen und seinem Diabetes, der muss aufpassen, dass sich so was nicht entzündet. Kleine Wunden sind nämlich Eintrittspforten für Bakterien und Pilze. Deshalb trägt der draußen immer Schuhe."

Geschädigte Haut und Schleimhäute büßen ihre Schutzfunktion ein, eindringende Erreger haben leichtes Spiel. Zur Vermeidung trockener, rissiger **Haut** kommt einer sorgfältigen Hautpflege durch häufiges Eincremen mit an den Hauttyp angepassten Produkten große Bedeutung zu (→ 6.2.2). In besonderem Maße gilt dies für Tätige im Gesundheitswesen, deren Haut vor allem an den Händen durch das häufige Waschen und Desinfizieren stark beansprucht ist und die gleichzeitig vermehrt mit Krankheitserregern in Berührung kommen. Hinzu kommt der Schutz vor Verletzungen, etwa durch Tragen von Handschuhen bei der Gartenarbeit oder sorgfältige Maniküre.

Im Bereich der **Schleimhäute** wichtig sind:

- eine gute Mundpflege zum Schutz der Mundschleimhaut
- ein angemessenes Raumklima, d. h. nicht zu trockene Luft, und Vermeiden von beeinflussbaren Schädigungsfaktoren wie etwa Rauchen zum Schutz der Nasen-Rachen-Schleimhäute
- Antibiotikaeinnahme nur bei Notwendigkeit, da die Normalflora durch Antibiotika beeinträchtigt wird

8.2.3 Unspezifische Abwehr

Die unspezifische Abwehr ist ab der Geburt einsatzbereit und heißt deshalb auch angeborene Abwehr. Sie stellt die „erste Verteidigungslinie" dar.

Zelluläre unspezifische Abwehr

Neutrophile Granulozyten und Makrophagen

Phagozyt: zur Phagozytose fähige Zelle, „Fresszelle"

Phagozytose: aktive Aufnahme größerer, fester Teilchen und Zellen durch eine Zelle

Neutrophile Granulozyten (→ 8.1.5) und die aus den Monozyten des Blutes hervorgehenden Makrophagen sind **Phagozyten,** sog. Fresszellen. Treffen sie bei ihrer „Streife" durch den Körper auf möglicherweise gefährliche Fremdteilchen, so binden sie diese, umschließen sie, nehmen sie in sich auf und verdauen sie (→ Abb. 13). Die Phagozytose ist eine Form der Endozytose (→ 1.3.3): die Endozytose größerer, fester Teilchen. Das kann z. B. ein Bakterium sein, aber auch anorganische Teilchen.

Mustererkennungsrezeptoren: Pattern-recognition-Rezeptoren, PRRs; Rezeptoren, die Krankheitserreger anhand von charakteristischen Molekülmustern erkennen

Bei der Bindung an Fremdteilchen sind die Zellen der unspezifischen Abwehr wenig wählerisch: Sie binden mit ihren Rezeptoren nicht an bestimmte Oberflächenmoleküle, sondern an solche, die auf vielen Krankheitserregern vorhanden sind und somit eine mögliche Gefahr signalisieren, vergleichbar einer roten Fahne. Man spricht deshalb von **Mustererkennungsrezeptoren** oder Pattern-recognition-Rezeptoren (PRRs). Ein Beispiel sind die **Toll-ähnlichen Rezeptoren** (toll-like receptors).

Chemotaxis: Fähigkeit von Substanzen, die Fortbewegungsrichtung von Zellen zu beeinflussen; positive Chemotaxis = Bewegung zur Substanz hin = „Anlocken", negative Chemotaxis = Bewegung von der Substanz weg = „Abschrecken"

Die Phagozyten können auch z. B. durch Botenstoffe anderer Abwehrzellen oder Bakterientoxine angelockt werden. Diese (positive) **Chemotaxis** sorgt für eine schnelle Anreicherung von Abwehrzellen um den Schädigungsfaktor.

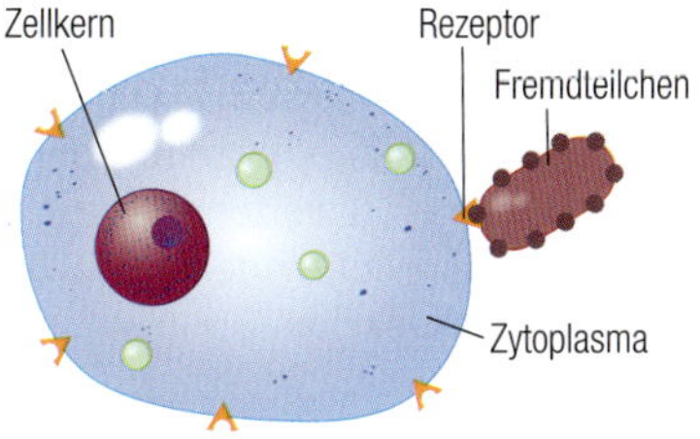

a) Anlagerung (Adhärenz) des Fremdteilchens an Rezeptoren des Phagozyten

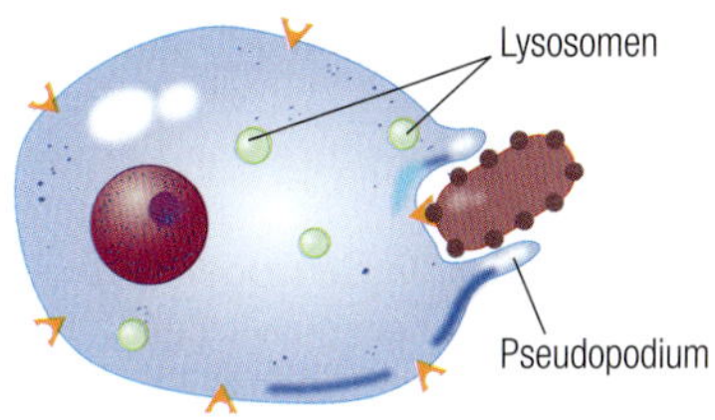

b) Ausbildung von Pseudopodien (Scheinfüßen), Umschließen des Fremdteilchens

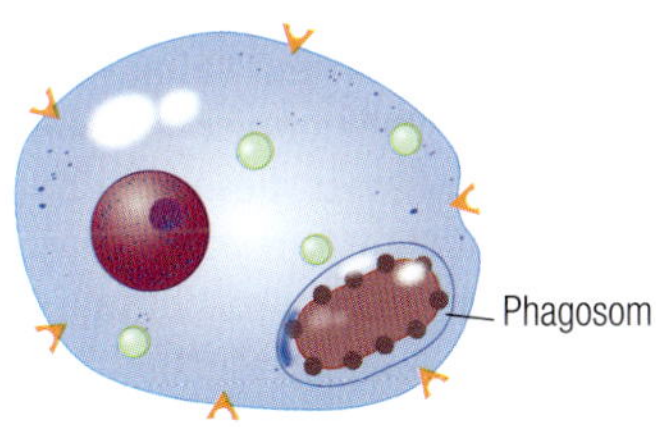

c) Aufnahme des Fremdteilchens in den Phagozyten in ein membranumschlossenes Bläschen

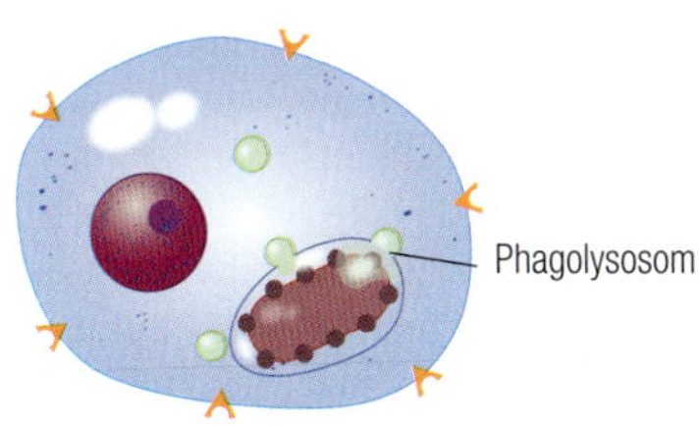

d) Verschmelzen des Bläschens mit Lysosomen zum Phagolysosom

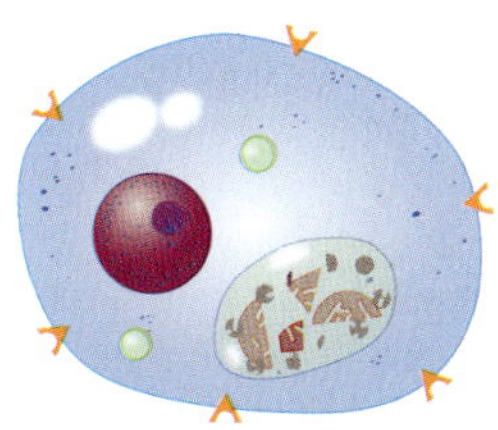

e) Abbau des Fremdteilchens durch die Enzyme der Lysosomen, evtl. Exozytose „unverdaulicher“ Reste

Abb. 13 Phagozytose eines Fremdteilchens

Verstärkt wird die Phagozytosetätigkeit u.a. durch Beladung der Fremdteilchen mit Antikörpern oder Komplementfaktoren. Diese Markierung heißt **Opsonierung.**

Vielfach leiten die Phagozyten außerdem eine Entzündungsreaktion (→ 2.3) ein: Sie setzen Botenstoffe, sog. Entzündungsmediatoren, frei. Diese wirken positiv chemotaktisch, schmerzfördernd und steigern die Gefäßdurchlässigkeit. Beim „Verdauen“ der Fremdteilchen wird teilweise umliegendes Gewebe geschädigt, das ersetzt werden muss. Durch Untergang von Gewebe und Abwehrzellen kann **Eiter** entstehen.

Makrophagen bieten zudem Bruchstücke der Fremdteilchen T-Lymphozyten an und aktivieren so die spezifische Abwehr – **Antigenpräsentation** (→ 8.2.4).

Natürliche Killerzellen

Natürliche Killerzellen sind eine Untergruppe der Lymphozyten. Sie erkennen v.a. virusinfizierte und bösartige körpereigene Zellen an deren veränderter Oberfläche. Dann setzen sie zellschädigende Substanzen wie etwa Perforin frei, welche letztlich die Apoptose (→ 1.2.4) der veränderten Zelle auslösen.

Humorale unspezifische Abwehr

Zur humoralen unspezifischen Abwehr zählen u.a.:

- **Zytokine:** Zytokine sind Botenstoffe wie etwa Interleukine, Interferone oder Tumornekrosefaktoren. Viele von ihnen stimulieren Abwehrreaktionen, fördern Entzündungen oder hemmen das Wachstum virusinfizierter oder bösartiger Zellen.
- **Lysozym:** Es wirkt in Körpersekreten bakterienhemmend.
- **Komplementsystem:** In Gang gesetzt z.B. durch Bakterien oder Antigen-Antikörper-Komplexe, werden in einer Kettenreaktion ca. 20 Proteine aktiviert, die **Komplementfaktoren.** Diese heften sich an Fremdzellen zum Zwecke der Opsonierung, wirken chemotaktisch und entzündungsfördernd und bilden den sog. **Membranangriffskomplex (MAC),** der eine Pore in die Zellmembran der Fremdzelle „bohrt“ und diese dadurch lysiert (auflöst).

Opsonierung:
Markierung von Fremdteilchen mit Antikörpern oder Komplementfaktoren zur Verstärkung der Phagozytose

Antigenpräsentation:
Darbietung von Molekülen (Antigenen) auf der Oberfläche von Abwehrzellen, damit die Antigene von anderen Abwehrzellen erkannt werden können

Perforin:
in natürlichen Killerzellen und zytotoxischen T-Zellen vorkommendes Protein, welches in der Zellmembran anderer Zellen Poren bildet

Zytokin:
Botenstoff mit Wirkung auf Zellwachstum und -differenzierung

Lysozym:
körpereigenes bakterienhemmendes Enzym in Körperflüssigkeiten

Komplementsystem:
aus den Komplementfaktoren bestehender Teil der unspezifischen Abwehr, der an der Unschädlichmachung von Fremdzellen (z.B. Mikroorganismen) beteiligt ist

Komplementfaktoren:
knapp zwei Dutzend Proteine im Blut und auf Zelloberflächen, die, ausgelöst z.B. durch Bakterien, nacheinander aktiviert werden; wirken u.a. opsonierend, entzündungsfördernd, zellzerstörend

lysieren:
auflösen

MHC-Moleküle/HLA-Moleküle:
MHC = major histocompatibility complex, HLA = human leucocyte antigen; Oberflächenmoleküle auf menschlichen Zellen, die von Mensch zu Mensch unterschiedlich sind und dem Abwehrsystem die Unterscheidung von intakten körpereigenen und veränderten körpereigenen bzw. körperfremden Zellen ermöglichen

Antigen:
Substanz, die von T- oder B-Zell-Rezeptoren oder Antikörpern gebunden wird, also eine Abwehrreaktion hervorruft

Gedächtniszelle:
nach Erstkontakt mit einem Antigen gebildete, langlebige (spezifische) Abwehrzelle, die beim Zweitkontakt mit dem gleichen Antigen zu einer sehr schnellen, gezielten Abwehrreaktion führt

11.3.5
Nierentransplantation bei chronischer Niereninsuffizienz

Immunsuppressivum:
Arzneimittel zur Unterdrückung des Immunsystems

T-Lymphozyten:
Zellen der spezifischen Abwehr

Lymphozytenprägung:
Prozess, durch den unreife Lymphozyten ihre Funktionstüchtigkeit erlangen, z. B. Ausstattung mit Rezeptoren

Selbsttoleranz:
Nicht-Reagieren des Immunsystems gegen intakte körpereigene Zellen

zytotoxische T-Zellen:
Untergruppe von CD8-T-Lymphozyten, welche v. a. veränderte körpereigene Zellen abtöten

8.2.4 Spezifische Abwehr

Die spezifische Abwehr bildet sich erst nach der Geburt aus, daher wird sie auch erworbene Abwehr genannt. Sie ist die zweite Verteidigungslinie.

MHC-Moleküle

Die spezifische Abwehr kann sehr genau zwischen körpereigenen und körperfremden Strukturen unterscheiden. Dies wird ermöglicht durch **MHC-Moleküle** (MHC, kurz für major histocompatibility complex) auf den Körperzellen, beim Menschen auch HLA (kurz für human leucocyte antigen) genannt. Sie werden vererbt und bleiben somit zeitlebens gleich, unterscheiden sich aber von Mensch zu Mensch. MHC können Peptide binden. Diese werden dann T-Lymphozyten „dargeboten"; durch diese **Antigenpräsentation** wird die spezifische Abwehr aktiviert.

- **MHC-Klasse-I-Moleküle** finden sich auf fast allen kernhaltigen Zellen und präsentieren (zeigen) körpereigene Peptide.
- **MHC-Klasse-II-Moleküle** sind hingegen nur auf antigenpräsentierenden Zellen (= APC, z. B. Monozyten, Makrophagen, Lymphozyten) vorhanden. Sie zeigen körperfremde Peptide, z. B. von Bakterien.

MHC-Klasse-I-Moleküle haben entscheidende Bedeutung für akute Abstoßungsreaktionen nach Organtransplantationen: Die fremden MHC werden von zytotoxischen T-Zellen erkannt und bekämpft. Vor Transplantationen erfolgt eine **HLA-Typisierung** von Spender und Empfänger, um durch möglichst ähnliche MHC-Moleküle Abstoßungen zu verhindern. Trotzdem muss der Empfänger lebenslang Immunsuppressiva zur Verhinderung von Abstoßungsreaktionen einnehmen.

Spezifität und Gedächtnisfunktion

Wie beschrieben reagiert die spezifische Abwehr nur auf ganz bestimmte Strukturen. Die Lymphozyten als Zellen der spezifischen Abwehr tragen auf ihrer Oberfläche Membranrezeptoren (→ 1.3) als **Erkennungsmoleküle.** Auf den T-Lymphozyten heißen diese **T-Zell-Rezeptoren,** auf den B-Lymphozyten **B-Zell-Rezeptoren.** Auch die **Antikörper** in den Körperflüssigkeiten zählen dazu. Nur wenn diese Rezeptoren nach dem Schlüssel-Schloss-Prinzip (→ 1.2.2) ganz genau zu einem Antigen passen, wird eine Abwehrreaktion eingeleitet.

Bei einer spezifischen Abwehrreaktion werden nicht nur baldmöglichst einsatzbereite Zellen gebildet, sondern auch langlebige **Gedächtniszellen.** Dadurch verläuft die Abwehrreaktion bei einem zweiten Kontakt mit dem gleichen Antigen viel schneller. Nur durch diese **Gedächtnisfunktion** können Impfungen erfolgreich sein.

Zelluläre spezifische Abwehr: T-Lymphozyten

Die Zellen der spezifischen Abwehr sind die **T-Lymphozyten.** Ihre Vorläuferzellen werden im Knochenmark gebildet und wandern in den **T**hymus (→ 8.3.2). Dort entwickeln sich u. a. die T-Zell-Rezeptoren und es werden Zellen aussortiert, die unzureichend an MHC-Moleküle binden oder mit körpereigenen Zellen reagieren würden. Diese Erlangung der Funktionstüchtigkeit heißt **Lymphozytenprägung,** das Nicht-Reagieren mit körpereigenen Zellen wird als **Selbsttoleranz** bezeichnet.

T-Lymphozyten können aber trotz ihrer T-Zell-Rezeptoren Antigene nicht selbst erkennen, sondern müssen diese von antigenpräsentierenden Zellen wie etwa Makrophagen gezeigt (präsentiert) bekommen (→ Abb. 14). Erst dann werden sie aktiviert.

- **Zytotoxische T-Zellen** erkennen die Kombination aus Antigen und MHC-Klasse-I-Molekül, also v. a. virusinfizierte oder bösartige körpereigene Zellen. Neben dem T-Zell-Antigenrezeptor ist zur Erkennung noch ein weiteres Molekül als **Korezeptor** auf der T-Zell-Oberfläche erforderlich, das **CD8.** Deshalb heißen die zytotoxischen T-Zellen auch CD8-Zellen. Die aktivierten zytotoxischen Zellen geben Perforin und andere Enzyme ab und lösen dadurch die Apoptose der veränderten Zelle aus.
- **T-Helferzellen** oder CD4-Zellen (wegen des Moleküls CD4 als Korezeptor) erkennen (Fremd-)Antigene zusammen mit MHC-Klasse-II-Molekülen auf antigenpräsentierenden Zellen. Sie produzieren dann Zytokine und stimulieren dadurch Makrophagen oder B-Lymphozyten.
- **Regulatorische T-Zellen,** teils auch T-Suppressorzellen genannt, bremsen das Immunsystem und sind somit an der Selbsttoleranz und am Abklingen der Immunantwort nach einer Infektion beteiligt.
- **T-Gedächtniszellen** halten die „Erinnerung" an frühere Antigenkontakte aufrecht.

Humorale spezifische Abwehr: B-Lymphozyten, Plasmazellen und Antikörper

B-Lymphozyten und Plasmazellen

Die humorale spezifische Abwehr beginnt bei den **B-Lymphozyten.** Ihre Vorläuferzellen reifen im Knochenmark (engl. **b**one marrow) heran.

Im Gegensatz zu den T-Lymphozyten können B-Lymphozyten Antigene selbst erkennen. Zur vollen Aktivierung benötigen sie aber je nach Antigen oft eine Verstärkung durch T-Helferzellen (→ Abb. 14).

Aktivierte B-Lymphozyten bringen dann die **Plasmazellen** hervor. Diese produzieren ab etwa einer Woche nach Antigenkontakt große Mengen Antikörper, die in ihrer „Passung" dem B-Zell-Rezeptor entsprechen. Außerdem entstehen langlebige **B-Gedächtniszellen** und evtl. auch Plasmazellen als „Gedächtnis".

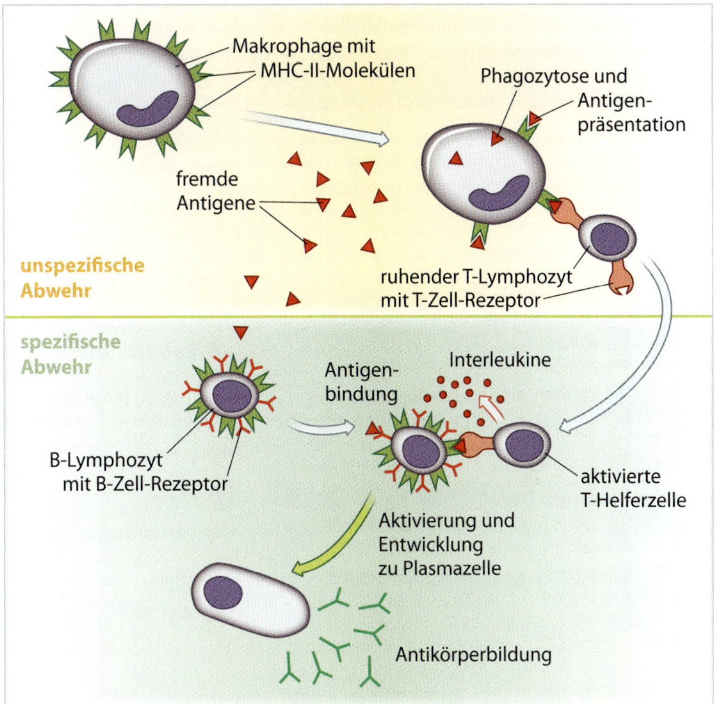

Abb. 14 T-Zell-abhängige B-Zell-Aktivierung als Beispiel der Zusammenarbeit von unspezifischer (Makrophage) und spezifischer (T-, B-Lymphozyten) Abwehr

Antikörper

Antikörper oder Immunglobuline (Ig) sind Proteine mit Y-förmiger Grundstruktur (→ Abb. 15). Sie können z. B.:

- mit dem Antigen einen **Antigen-Antikörper-Komplex** (Immunkomplex) bilden und das Antigen durch **Neutralisation** unschädlich machen; eine andere mögliche Folge je nach Mengenverhältnis zwischen Antigenen und Antikörpern ist die **Präzipitation,** d. h. Ausfällung der Komplexe
- das Komplementsystem (→ 8.2.3) aktivieren
- größere antigentragende Teilchen miteinander vernetzen, sodass es zur **Agglutination** kommt
- durch Opsonierung die Phagozytose fremder Zellen fördern

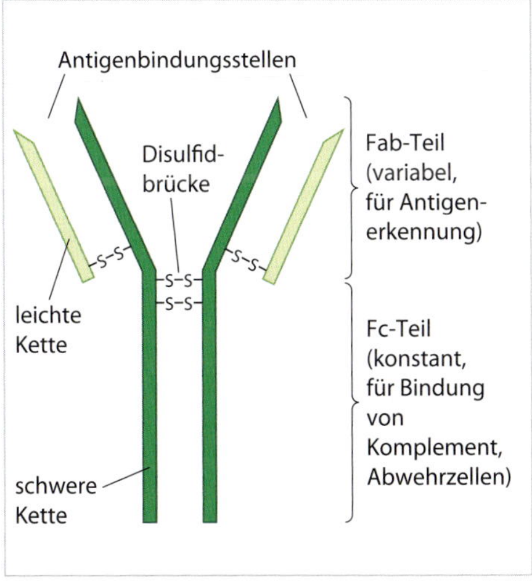

Abb. 15 Antikörper-Grundstruktur

Die verschiedenen **Antikörperklassen** (→ Tab. 2) kommen im Blut, in Körpersekreten und auf Abwehrzellen vor, sind aus 1 bis 5 Y-Grundstrukturen zusammengesetzt und haben unterschiedliche Funktionen.

Primäre und sekundäre Immunantwort

Bei Erstkontakt mit einem Antigen, z. B. einem Infektionserreger, springt die unspezifische Abwehr binnen Minuten an. Vielfach kann das Antigen dadurch unschädlich gemacht werden. Ansonsten wird die spezifische Abwehr aktiviert. Nach knapp einer Woche beginnt die Antikörperproduktion, zunächst von IgM, nach ca. 3 Wochen auch von IgG. Die IgM-Spiegel sinken bereits nach kurzer Zeit wieder ab, die IgG-Spiegel bleiben vergleichsweise niedrig und sinken ebenfalls wieder. Dies ist die **primäre Immunantwort** (→ Abb. 16).

CD-Moleküle: für Zellart und Entwicklungsstadium charakteristische Oberflächenmoleküle v. a. auf Abwehrzellen

T-Helferzellen: Untergruppe von CD4-T-Lymphozyten, welche nach Antigenkontakt andere Abwehrzellen aktivieren

regulatorische T-Zellen: Untergruppe von T-Lymphozyten, welche das Immunsystem bremsen

T-Gedächtniszellen: langlebige T-Zellen

B-Lymphozyten: Zellen der spezifischen Abwehr, die sich nach Antigenkontakt zu den Antikörper produzierenden Plasmazellen differenzieren

Plasmazellen: aus aktivierten B-Lymphozyten entstandene, Antikörper produzierende Zellen

Tab. 2 Antikörperklassen (Ig = Immunglobulin)

Antikörperklasse	Vorkommen	Struktur Lebensdauer	Funktion
IgG	Hauptantikörper im Blut, gebildet als zweiter Antikörper ab etwa 3 Wochen nach Erstkontakt und bei erneutem Antigenkontakt	• Monomer (aus einer Grundstruktur) • Halbwertszeit knapp 3 Wochen	• Opsonierung, Aktivierung des Komplementsystems, Neutralisation von Antigenen • geht in der Schwangerschaft vom mütterlichen ins kindliche Blut über und schützt dadurch das Baby in den ersten Monaten
IgM	auf B-Lymphozyten und im Blut, gebildet als erster Antikörper nach Erstkontakt mit einem Antigen	• als Rezeptor Monomer, im Blut Pentamer (aus fünf Grundstrukturen) • Halbwertszeit 5–6 Tage	• B-Zell-Rezeptor • Opsonierung, Aktivierung des Komplementsystems, Neutralisation von Antigenen
IgA	vor allem auf Schleimhäuten, in Tränen, Speichel, in geringer Konzentration im Blut	• in Sekreten Dimer (aus zwei Grundstrukturen), im Blut Monomer • Halbwertszeit 5–6 Tage	• Schleimhautschutz • geht in die Muttermilch über und schützt die Magen-Darm-Schleimhäute des Kindes
IgE	vor allem auf Mastzellen, eosino- und basophilen Granulozyten, frei kaum im Blut	• Monomer • Halbwertszeit 2–3 Tage	beteiligt an der Parasitenabwehr und an Allergien
IgD	auf B-Lymphozyten, kaum im Blut	• Monomer • Halbwertszeit 2–3 Tage	B-Zell-Rezeptor

Antikörper:
Immunglobuline, Ig; Proteine mit Abwehrfunktion; fünf Antikörperklassen (IgA, IgD, IgE, IgG, IgM), die aus 1 bis 5 Y-förmigen Grundmolekülen zusammengesetzt sind und als Rezeptoren auf Abwehrzellen und gelöst in Körperflüssigkeiten vorkommen

Immunantwort:
Reaktion des Immunsystems auf Antigene

Immunität:
Unempfänglichkeit eines Organismus gegenüber einem Infektionserreger oder Toxin

Autoimmunität:
Verlust der Selbsttoleranz des Immunsystems mit Abwehrreaktion gegen gesunde körpereigene Strukturen

Autoimmunerkrankung:
Erkrankung, bei der das Immunsystem körpereigene Strukturen bekämpft, z. B. beim Diabetes mellitus Typ 1 die Insulin produzierenden Zellen der Bauchspeicheldrüse

Beim zweiten Antigenkontakt (also erneutem Kontakt mit dem gleichen Erreger) reagiert die spezifische Abwehr viel schneller und stärker. Dies liegt an den T- bzw. B-Gedächtniszellen. Bei dieser **sekundären Immunantwort** werden kaum IgM produziert und schon nach einer halben Woche weit höhere IgG-Spiegel erreicht als beim Erstkontakt (→ Abb. 16).

Im Rahmen einer normalen Immunantwort gebildete Antikörper unterscheiden sich immer ein bisschen, sie werden polyklonale Antikörper genannt. Monoklonale Antikörper hingegen sind exakt gleich. Künstlich hergestellte monoklonale Antikörper werden diagnostisch und therapeutisch eingesetzt. Beispiele für den diagnostischen Einsatz sind der ELISA (→ 8.5.7), aber auch die frei verkäuflichen Schwangerschafts-Stäbchentests, die monoklonale Antikörper gegen das Schwangerschaftshormon hCG enthalten (→ 12.4.2). Therapeutisch werden z. B. der Antikörper Trastuzumab gegen bestimmte Formen des Brustkrebses oder der TNF-α-Antikörper Adalimumab gegen rheumatoide Arthritis und Schuppenflechte gegeben.

Immunität

Immunität ist die Unempfänglichkeit eines Organismus gegenüber einem bestimmten Infektionserreger oder Toxin. Diese kann angeboren und unspezifisch oder durch spezifische Abwehrmechanismen erworben sein.

Autoimmunität und Autoimmunerkrankungen

Trotz Kontrollmechanismen des Organismus kann es vorkommen, dass sich Abwehrzellen oder Antikörper gegen eigene, normale Körpergewebe richten. Die Ursachen dieser **Autoimmunität** sind uneinheitlich und nur teilweise geklärt.

Der Nachweis von **Autoantikörpern** ist dabei nicht gleichbedeutend mit einer **Autoimmun-**

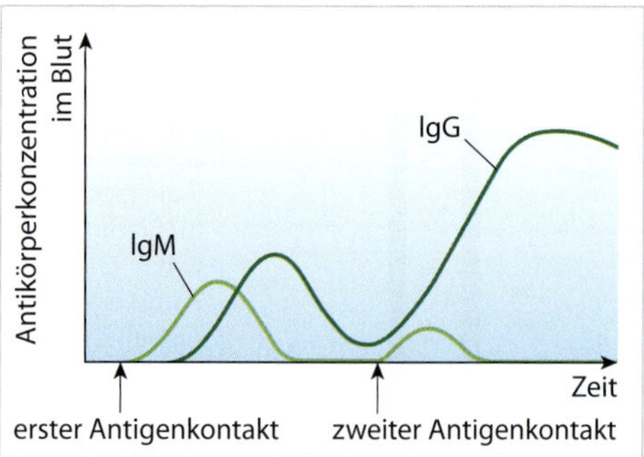

Abb. 16 Primäre und sekundäre Immunantwort

erkrankung, es müssen Krankheitszeichen hinzutreten. Diese können leicht oder lebensbedrohlich sein, nur ein Organ oder den ganzen Körper betreffen, je nachdem, welche Struktur bekämpft wird.

Autoimmunerkrankungen sind mit einer Häufigkeit von insgesamt 5–10 % keineswegs selten. Beispiele sind die rheumatoide Arthritis (→ 4.5.2), der Diabetes mellitus Typ 1 (→ 7.3.2), die Hashimoto-Thyreoiditis (→ 7.4.2) und der Morbus Basedow (→ 7.4.2).

8.2.5 Immunisierung

Immunisierung im engeren Sinne bezeichnet das künstliche und gezielte Herbeiführen einer Immunität und ist dann gleichbedeutend mit (Schutz-)Impfung. Immunisierung im weiteren Sinne umfasst auch das Entstehen einer Immunität auf natürlichem Weg.

Bei der **aktiven Immunisierung** bzw. aktiven Impfung wird die spezifische Abwehr aktiviert und der Geimpfte bildet selbst – aktiv – Antikörper und ein T- und B-Zellgedächtnis. Diese stehen dann bei Kontakt mit dem „echten“ Infektionserreger zur Verfügung und vernichten die Erreger so schnell, dass die Erkrankung gar nicht ausbricht oder sehr mild verläuft. Die verschiedenen Impfstoffarten enthalten unschädlich gemachte Erreger/Erregergifte, Erregerbestandteile oder die genetische Information zur Herstellung von Erregerbestandteilen, die dann kurzzeitig im Körper des Geimpften produziert werden (→ Abb. 17).

Die Auseinandersetzung des Immunsystems mit den Antigenen benötigt Zeit, die Wirkung setzt also nicht sofort ein. Außerdem ist eine **Impfreaktion** oder **Impfkrankheit** mit z. B. Mattigkeit und leichtem Fieber möglich, die nicht mit einer **Impfkomplikation** verwechselt werden dürfen.

Ein lang anhaltender Schutz erfordert meist eine **Grundimmunisierung** in Form von mehreren Impfungen vergleichsweise kurz hintereinander und spätere **Auffrischimpfungen** im Abstand von mehreren Jahren.

Die aktive Immunisierung ist bei vielen Infektionskrankheiten Hauptpfeiler der Prävention (→ 8.5.9). So ist beispielsweise Tetanus (Wundstarrkrampf) dank der (aktiven) Immunisierung in Deutschland sehr selten gewor-

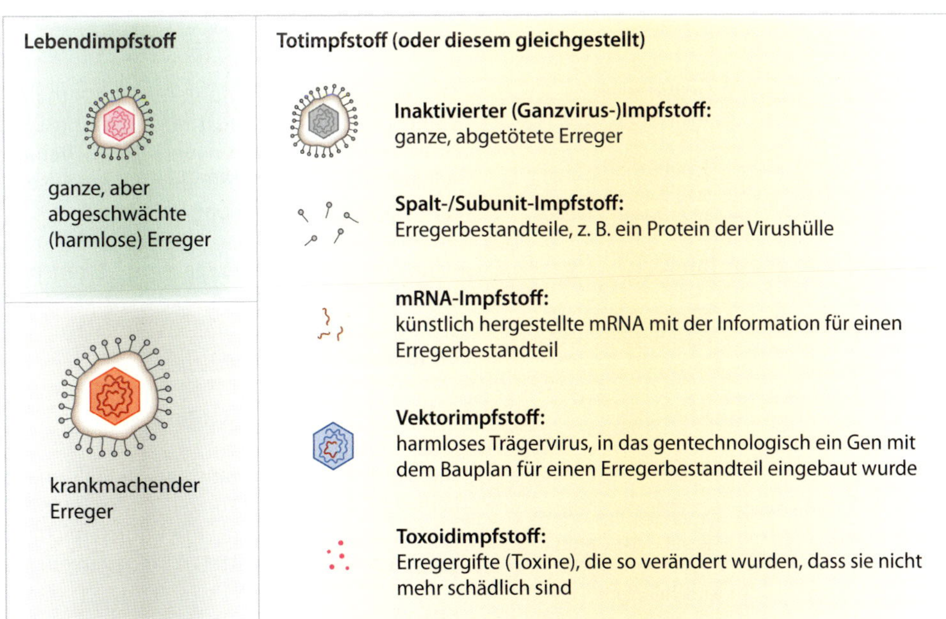

Abb. 17 Impfstoffarten bei der aktiven Immunisierung (hier dargestellt an einem Virus)

Immunisierung: im engeren Sinne (Schutz-)Impfung, also gezieltes, künstliches Herbeiführen einer Immunität

aktive Immunisierung: Aktivierung des Immunsystems mit Bildung eines Immungedächtnisses durch Gabe von abgeschwächten lebenden oder toten Infektionserregern, Teilen von Infektionserregern oder Toxinen

Impfreaktion: leichte Beschwerden nach einer Impfung, z. B. Reaktion an der Impfstelle, leichtes Fieber

Impfkrankheit: leichte Form der Krankheit, gegen die geimpft wurde; heilt folgenlos aus

I-9.2.5 SGB V § 20i: Primäre Prävention durch Schutzimpfungen, STIKO-Impfempfehlungen

Impfkomplikation: über das Normale hinausgehende Beschwerden nach einer Impfung

Tetanus: Wundstarrkrampf; mit Muskelkrämpfen einhergehende, oft tödliche Infektionskrankheit durch das Bakterium Clostridium tetani

passive Immunisierung: kurz dauernder Schutz durch Antikörpergabe ohne Aktivierung des Immunsystems

Tollwut: nach Ausbruch immer tödliche Infektionskrankheit mit Gehirnentzündung durch das Tollwut-Virus

Simultanimpfung:
gleichzeitige aktive und passive Immunisierung

Hepatitis:
Leberentzündung

lymphatisches System:
Gesamtheit der Lymphbahnen und lymphatischen Organe; Transport-, Abwehrfunktion

Lymphe:
wässrige, proteinarme Flüssigkeit, die in den Geweben entsteht und über die Lymphbahnen letztlich ins venöse Blut geleitet wird; Drainage-, Abwehrfunktion

Lymphödem:
durch Lymphstau bedingtes Ödem, unterteilt in primäres Lymphödem durch Unterentwicklung der Lymphgefäße und sekundäres Lymphödem infolge Schädigung oder Verlegung der Lymphgefäße, etwa durch Lymphknotenentfernung bei einer Krebserkrankung

den, obwohl die Erreger praktisch überall vorkommen und kleinste Wunden ihnen zum Eindringen reichen. Die ehemals gefürchteten und verbreiteten Pocken sind sogar weltweit ausgerottet.

Ist z.B. nach möglichem Kontakt mit Infektionserregern ein sofortiger Schutz erforderlich, kommt bei einigen Erkrankungen eine **passive Immunisierung** bzw. passive Impfung in Betracht. Hier werden fertige Antikörper gegeben. So kann z.B. nach dem Biss eines tollwutverdächtigen Tieres der Ausbruch der tödlichen Tollwut verhindert werden. Der Schutz hält allerdings nur wenige Wochen, weil die Antikörper vom Organismus abgebaut werden.

Aktiv- und Passivimpfung können gleichzeitig (an verschiedenen Körperstellen) erfolgen. Eine solche **Simultanimpfung** ist sinnvoll, wenn nach einem (möglichen) Erregerkontakt das Risiko weiter besteht und somit ein sofortiger und ein lang anhaltender Schutz erforderlich sind. Beispiel ist die gleichzeitige aktive und passive Impfung gegen Hepatitis B nach Nadelstichverletzung (→ 8.5.9) einer nicht gegen Hepatitis B geimpften Person.

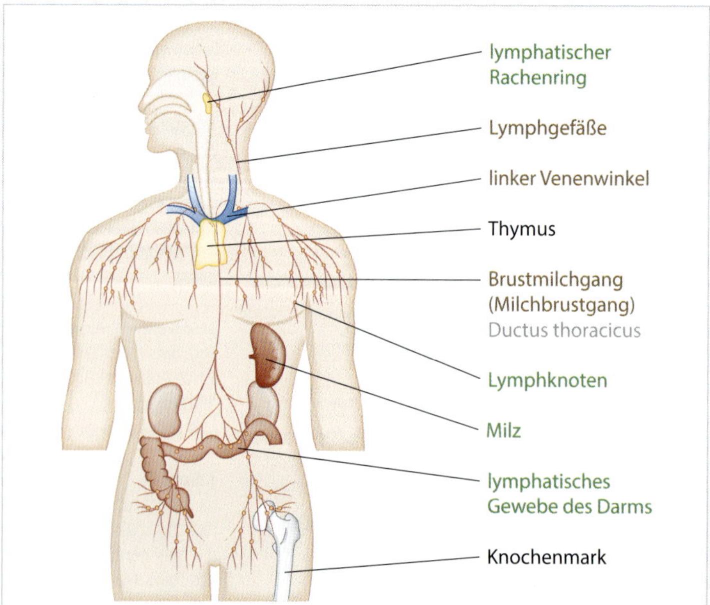

Abb. 18 **Lymphatisches System aus Lymphgefäßen (braune Beschriftung), primären lymphatischen Organen (schwarze Beschriftung) und sekundären lymphatischen Organen (grüne Beschriftung)**

8.3 Lymphatisches System

Das lymphatische System, bestehend aus den Lymphbahnen und den lymphatischen Organen (→ Abb. 18), nimmt zum einen Abwehr- und zum anderen Transportaufgaben wahr.

8.3.1 Lymphe und Lymphbahnen

Die **Lymphe** ist eine wässrige, proteinarme Flüssigkeit.

Gebildet wird die Lymphe im Bereich der Kapillaren: Täglich treten beim Erwachsenen etwa 20 l Flüssigkeit aus dem arteriennahen Teil der Kapillaren in die Gewebe aus. Etwa 90 % davon werden im venennahen Teil wieder ins Blut aufgenommen (→ 10.2.1). Die übrigen 10 % werden über die **Lymphbahnen** ins Blut zurückgeführt. In den Lymphbahnen des Darms wird außerdem Nahrungsfett vom Darm zur Leber transportiert.

Die Lymphbahnen beginnen als winzig kleine, poröse **Lymphkapillaren.** Sie schließen sich zu immer größeren Lymphgefäßen zusammen, die ähnlich aufgebaut sind wie Venen. Beim Durchfließen der Lymphgefäße passiert die Lymphe auch die darin „zwischengeschalteten" **Lymphknoten** (→ 8.3.2).

Die Lymphe aus der unteren Körperhälfte sammelt sich im **Brustmilchgang** (Milchbrustgang), der dann in den **linken Venenwinkel** mündet. Dort münden auch beidseits die Lymphgefäße von Kopf, Hals und Arm.

Kann die Lymphe nicht regelrecht abtransportiert werden, lagert sich krankhaft viel Flüssigkeit im Gewebe ab; es entsteht ein **Lymphödem** (→ 2.2.3, → 12.11.5).

8.3.2 Lymphatische Organe

Die lymphatischen Organe sind die Bildungs-, Reifungs- und Vermehrungsorte der Lymphozyten. Sie sind gekennzeichnet durch reichlich Lymphozyten, eingebettet in Bindegewebe.

Primäre lymphatische Organe

Knochenmark (→ 3.1.2) und Thymus sind die primären lymphatischen Organe. Hier erfolgen Lymphozytenbildung und -reifung, z.B. Ausstattung mit den entsprechenden Rezep-

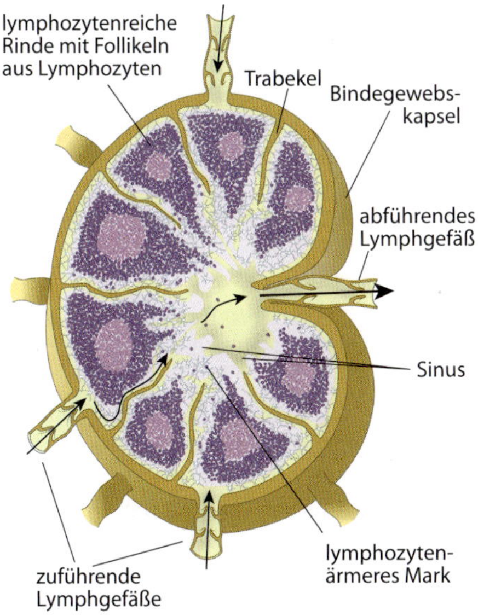

Abb. 19 Lymphknoten – die Pfeile geben die Richtung des Lymphflusses an

toren. Erst danach sind die Lymphozyten funktionsfähig.

Der aus zwei Lappen bestehende **Thymus** ist dem Herzen vorne oben aufgelagert. Er ist zentral für die Reifung der T-Lymphozyten. Beim Kind ist der Thymus am größten, ab dem Jugendalter bildet er sich zurück.

Sekundäre lymphatische Organe

In den sekundären lymphatischen Organen werden die Lymphozyten durch „ihr" Antigen aktiviert und vermehren sich.

Lymphknoten

Die bohnenförmigen, bis etwa 1,5 cm großen Lymphknoten sind in die Lymphgefäße eingeschaltet.

Die Lymphe tritt über mehrere zuführende Lymphgefäße in den Lymphknoten ein, fließt langsam durch das Sinussystem und wird von den dort vorhandenen Makrophagen und Lymphozyten „überprüft". Anschließend verlässt sie den Lymphknoten wieder durch ein abführendes Lymphgefäß auf der anderen Seite (→ Abb. 19).

„Finden" die Lymphozyten Krankheitserreger, so werden sie aktiviert und vermehren sich stark, mikroskopisch erkennbar an sog. Sekundärfollikeln mit hellem Inneren und dunklem Rand. Je nach Ausprägung dieser Reaktion kommt es zur **Lymphknotenschwellung.**

Tragen Sie eigene Erfahrungen mit geschwollenen Lymphknoten zusammen. Was waren die Ursachen?

Der Lymphknoten, der als erster die Lymphe eines bestimmten Körpergebiets erhält, ist der **regionäre Lymphknoten** dieses Gebiets. Dahinter liegende Lymphknoten, die Lymphe aus größeren Bereichen erhalten, heißen **Sammellymphknoten.**

Schleimhautassoziierte lymphatische Gewebe

Die schleimhautassoziierten lymphatischen Gewebe sollen Schadstoffe aus Luft und Nahrung abfangen. Dazu zählen

- der **lymphatische Rachenring** aus
  - der **Rachenmandel** ganz oben im Rachen nahe den hinteren Nasenöffnungen,
  - den **Gaumenmandeln** (oft kurz als Mandeln oder Tonsillen bezeichnet) rechts und links zwischen vorderem und hinterem Gaumenbogen (→ 4.1.1),
  - lymphatischem Gewebe am seitlichen Rachen (sog. Seitenstränge),
  - lymphatischem Gewebe am Zungengrund, **Zungenmandel** genannt;
- das **lymphatische Gewebe der Atemwege;**
- das **lymphatische Gewebe des Darms,** das im unteren Dünndarm (Peyer-Plaques) und im Wurmfortsatz besonders ausgeprägt ist.

Milz

Die Milz ist etwa 4×7×11 cm groß und liegt im linken Oberbauch. Sie ist gleichzeitig Organ des Blutsystems (z. B. Erythrozyten-, Thrombozytenabbau) und des Immunsystems (z. B. Entfernen von Infektionserregern, Lymphozytenvermehrung). Die Milz ist nicht lebensnotwendig, nach Milzentfernung ist aber das Infektionsrisiko auf Dauer erhöht.

Thymus:
hinter dem Brustbein vorne oben am Herzen gelegenes lymphatisches Organ, in dem die T-Lymphozyten ausreifen und ihre Funktionsfähigkeit erlangen

Lymphknoten:
in die Lymphgefäße eingeschaltete bohnenförmige lymphatische Organe, in denen die Lymphe von Abwehrzellen überprüft und „gefiltert" wird

schleimhautassoziiertes lymphatisches Gewebe:
Gesamtheit der Lymphozytenansammlungen/lymphatischen Gewebe auf den Schleimhäuten; soll das Eindringen von Krankheitserregern über die Schleimhäute verhindern

lymphatischer Rachenring:
zusammenfassende Bezeichnung für Rachen-, Gaumen-, Zungenmandel, Seitenstränge

Gaumenmandeln:
Mandeln, Tonsillen; mandelförmige lymphatische Organe rechts und links zwischen vorderem und hinterem Gaumenbogen zur Abwehr von Erregern im Mund-Rachen-Raum

Milz:
knapp 200 g schweres lymphatisches Organ im linken Oberbauch; Funktionen: Erythrozyten-, Thrombozytenabbau, Abwehr

AUFGABEN

1. *Nennen Sie die Aufgaben des Blutes.*
2. *Wie viel Blut hat eine 60 kg schwere Frau ungefähr?*
3. *Nennen Sie die Bestandteile des Blutes.*
4. *Beschreiben Sie Erythrozyten, ihren Aufbau und ihre Hauptaufgabe.*
5. *Insbesondere Ausdauersportler und -sportlerinnen gehen zum Training ins Gebirge. Versuchen Sie dies zu begründen.*
6. *Zur Blutgruppenbestimmung werden Testseren mit bekannten Antikörpern zu Patienten-/Probandenerythrozyten mit unbekannter Blutgruppe gegeben. Gehen Sie umgekehrt vor und überlegen Sie das Schema, wenn man Testerythrozyten der Blutgruppen A, B, AB und 0 zu Patienten-/Probandenplasma mit unbekannter Blutgruppe gibt.*
7. *Die Blutgruppen werden vererbt. A und B sind dabei kodominant und jeweils dominant über 0. Überlegen Sie, welche Blutgruppen die Kinder haben können, wenn die Eltern die Blutgruppen*
   - *A und 0,*
   - *beide B oder*
   - *A und B haben.*
8. *Charakterisieren Sie kurz die verschiedenen Leukozyten.*
9. *Stellen Sie dar, wie die Blutstillung abläuft.*
10. *Recherchieren Sie: Wer darf Blut spenden? Informieren Sie sich evtl. bei einem Blutspendetermin oder einer Plasmaspendeeinrichtung über den Ablauf der Blutspende.*
11. *Geben Sie Maßnahmen an, die das Infektionsrisiko für Empfänger bzw. Empfängerinnen einer Transfusion minimieren sollen.*
12. *Informieren Sie sich über die Belastungen, die mit einer Blutstammzellspende für Spendende verbunden sind.*
13. *Erläutern Sie die Aufgabe des Immunsystems.*
14. *Nennen Sie die Teilsysteme des Immunsystems mit je einem Beispiel pro Teilsystem.*
15. *Beschreiben Sie die Leistungen der zellulären unspezifischen Abwehr.*
16. *Erläutern Sie den Vorgang der Antigenpräsentation.*
17. *Nennen Sie die Merkmale, welche die spezifische Abwehr kennzeichnen.*
18. *Verdeutlichen Sie, was passiert, wenn ein Makrophage im Körper einem Bakterium „begegnet".*
19. *Beschreiben Sie Antikörper und ihre Aufgaben.*
20. *Charakterisieren Sie die primäre und die sekundäre Immunantwort.*
21. *Bei einer aktiven Immunisierung können leichte Beschwerden auftreten. Begründen Sie dies.*
22. *Kleine Kinder haben oft Erkältungen und andere Infekte. Eltern klagen dann häufig über eine geschwächte Abwehr. Nehmen Sie dazu Stellung.*
23. *Nennen Sie die Bestandteile des Lymphsystems.*
24. *Benennen Sie die primären und sekundären lymphatischen Organe und ihre Aufgaben.*

8.4 Eisenmangelanämie

Herr Weber, 74 Jahre alt, wird wegen akuter „Herzschmerzen" mit dem Notarztwagen ins Krankenhaus gebracht. Es ist eine koronare Herzkrankheit bekannt, die aber bislang stabil war. Außerdem hat Herr Weber eine schmerzhafte Kniegelenkarthrose, weshalb er regelmäßig Schmerzmittel einnimmt. In letzter Zeit sei ihm so häufig schwindelig gewesen und er habe ständig Kreislaufprobleme gehabt. Bei der Untersuchung fällt der Ärztin auf, dass Herr Weber blass und sein Blutdruck trotz eines Pulses von 85 Schlägen pro Minute mit 100/60 mmHg niedrig ist.

Gegen seine Kniegelenkschmerzen nimmt Herr Weber ein Arzneimittel mit dem Wirkstoff Ibuprofen. Informieren Sie sich anhand einer Packungsbeilage (verfügbar z. B. im Internet) über dessen Nebenwirkungen.

Die Eisenmangelanämie ist eine Anämie durch unzureichende Versorgung des Körpers mit Eisen. Der Eisenmangel ist die häufigste Mangelerkrankung weltweit und die Eisenmangelanämie die häufigste Anämieform. Eisenmangel und Eisenmangelanämie sind in der Regel gut behandelbar.

8.4.1 Vorkommen

Schätzungsweise 5–10 % der Menschen in Europa haben eine Eisenmangelanämie. In Risikogruppen ist sie noch deutlich häufiger: Bei Frauen vor den Wechseljahren, Schwangeren, aber auch Kleinkindern reichen die Zahlen bis 20 % (Deutsche Gesellschaft für Hämatologie und Medizinische Onkologie 2022).

8.4.2 Ursachen und Krankheitsentstehung

Eisenhaushalt

Eisen ist ein Spurenelement, das der Mensch über die Nahrung aufnehmen muss (→ 4.4.5). Von den täglich etwa 10–20 mg Eisen in der Nahrung werden je nach Bedarf 5–15 % über den Darm aufgenommen, bei Eisenmangel bis zu 30 %.

Gleichzeitig verlieren Männer und Frauen nach den Wechseljahren ungefähr 1 mg Eisen pro Tag, z. B. durch die Erneuerung der Magen-Darm-Schleimhäute. Bei Frauen zwischen Pubertät und Wechseljahren sind es durch die monatliche Regelblutung bis zu 3 mg (1 ml Blut enthält 0,5 mg Eisen).

Zu berücksichtigen ist außerdem, dass für Wachstum zusätzliches Eisen benötigt wird.

Der Gesamteisenbestand im menschlichen Körper beträgt bei Erwachsenen etwa 3–5 g. Davon befinden sich gut zwei Drittel im Hämoglobin.

Eisenmangel und Eisenmangelanämie

Ein Eisenmangel entsteht, wenn die tägliche Eisenaufnahme über längere Zeit unter den täglichen Eisenverlusten liegt.

Die Ursachen lassen sich in drei große Gruppen gliedern:

- **erhöhte Eisenverluste:** Bei Frauen sind hier insbesondere verstärkte Regelblutungen als Ursache zu nennen. Eine weitere häufige Ursache sind Blutverluste über den Magen-Darm-Trakt, z. B. bei Magen-Darm-Geschwüren.
- **verminderte Eisenaufnahme:** Diese kann durch zu geringe Eisenaufnahme mit der Nahrung bedingt sein, z. B. bei veganer Ernährung, oder durch eine gestörte Eisenaufnahme aus dem Darm, etwa bei chronischen Darmentzündungen.

Anämie:
„Blutarmut" mit Verminderung der Hämoglobinkonzentration bei normalem Blutvolumen; häufigste Bluterkrankung

Eisenmangelanämie:
Anämie durch Mangel an Eisen mit dadurch gestörter Hämoglobin- und infolgedessen Erythrozytenbildung

Eisen:
für den Menschen notwendiges Spurenelement, das mit der Nahrung aufgenommen werden muss; Gesamtkörpereisen eines Erwachsenen ca. 3–5 g, davon gut 2/3 im Hämoglobin

- **gesteigerter Eisenbedarf:** Gesteigerter Eisenbedarf führt bei vielen Schwangeren zu einer Eisenmangelanämie. Auch Säuglinge, Kleinkinder und Jugendliche haben wachstumsbedingt einen hohen Eisenbedarf, der je nach Ernährungsform nicht immer gedeckt wird.

Alle Körperzellen benötigen Eisen, somit können alle Organsysteme von einem Eisenmangel betroffen sein. Meist leidet aber die Blutbildung am stärksten: Ist das im Körper gespeicherte Eisen aufgebraucht, steht bei der Produktion der Erythrozyten im Knochenmark nicht mehr genug Eisen zur Verfügung. Zuerst sinkt die Hämoglobinproduktion und damit der Eisengehalt der Erythrozyten, dann auch die Zahl der Erythrozyten.

µ:
Zeichen für Mikro = 10^{-6} = Millionstel

Hämoglobinkonzentration:
Hb; Konzentration des roten Blutfarbstoffs im Blut

Hämatokrit:
Hkt; Anteil der Blutzellen am Gesamtblutvolumen

Blutbild:
Blutuntersuchung, die Aufschluss über die verschiedenen Blutzellen gibt; kleines Blutbild mit Gesamtzahl der Erythro-, Leuko-, Thrombozyten und weiteren Werten zu den Erythrozyten, großes Blutbild mit zusätzlichem Differenzialblutbild

8.4.3 Symptome und Komplikationen

Typischerweise geben Patienten und Patientinnen mit einer Anämie bei der Anamnese an, dass sie häufig müde und insgesamt wenig belastbar sind und sich schlechter konzentrieren können als früher. Ihnen wird oft schwindelig, bei körperlicher Anstrengung geraten sie schnell außer Atem und bekommen einen hohen Puls. Die Augenbindehaut, z. B. sichtbar beim Herunterziehen des Unterlids, und möglicherweise auch die Haut sind blass. Diese Beschwerden treten nicht nur bei der Eisenmangelanämie, sondern auch bei anderen Anämieformen auf.

Differenzialblutbild:
Auszählung der Lymphozytenuntergruppen

Der Eisenmangel kann auch Beschwerden an anderen Organsystemen hervorrufen, insbesondere an Haut und Schleimhäuten, z. B. brüchige Nägel mit Rillen oder Einrisse an den Mundwinkeln.

Komplikationen können durch Sauerstoffminderversorgung von Organen entstehen. Bei einer ausgeprägten Eisenmangelanämie Schwangerer kann das ungeborene Kind beeinträchtigt werden.

8.4.4 Diagnostik

Herr Weber liegt in der Notaufnahme, angeschlossen an einen Monitor, und wartet auf das Ergebnis der Notfall-Blutuntersuchung. Da kommt die Ärztin: „Herr Weber, Ihre Herzinfarktwerte sind normal. Aber Sie haben viel zu wenig roten Blutfarbstoff. Das könnte Ihre Beschwerden erklären. Ihr Herz hat durch die Blutarmut nicht mehr genug Sauerstoff bekommen. Ich habe gesehen, dass Sie zwei Medikamente einnehmen, die Magen-Darm-Blutungen fördern. Hatten Sie in letzter Zeit schwarzen Stuhlgang?"

Erster Schritt bei Verdacht auf Eisenmangelanämie ist die Erstellung eines Blutbilds. Das **Blutbild** ist eine heute vollautomatische Blutuntersuchung, die Auskunft über die Blutzellen gibt.

Das **kleine Blutbild** umfasst (Niederau 2021):
- die **Erythrozytenzahl,** normal Frauen 3,5–5,0 Millionen/µl, Männer 4,3–5,9 Millionen/µl
- die **Hämoglobinkonzentration (Hb),** normal Frauen 12–15 g/dl, Männer 13,6–17,2 g/dl
- den Anteil der festen Blutbestandteile, **Hämatokrit** oder kurz Hkt genannt, normal Frauen 34–44 %, Männer 36–48 %
- die **Leukozytenzahl,** normal 4 000–10 000/µl
- die **Thrombozytenzahl,** normal 150 000–450 000/µl
- einige automatisch errechnete Werte zur Erythrozytengröße und -beladung mit Hämoglobin

Das **große Blutbild** beinhaltet zusätzlich das **Differenzialblutbild,** das ist die Auszählung der Leukozytenuntergruppen (→ 8.1.5).

Eine Anämie liegt nach WHO vor, wenn die Hämoglobinkonzentration bei Frauen unter 12 g/dl und bei Männern unter 13 g/dl liegt (Weltgesundheitsorganisation 2011). In aller Regel sind Hämatokrit und Erythrozytenzahl ebenfalls zu niedrig. Bei einer Eisenmangelanämie sind die Erythrozyten zu klein und enthalten zu wenig Hämoglobin, wodurch sie blasser als normal sind; d. h., es handelt sich um eine **mikrozytäre hypochrome Anämie** (→ Abb. 20). Falls erforderlich folgen weitere Blutuntersuchungen zur Beurteilung des Eisenstoffwechsels.

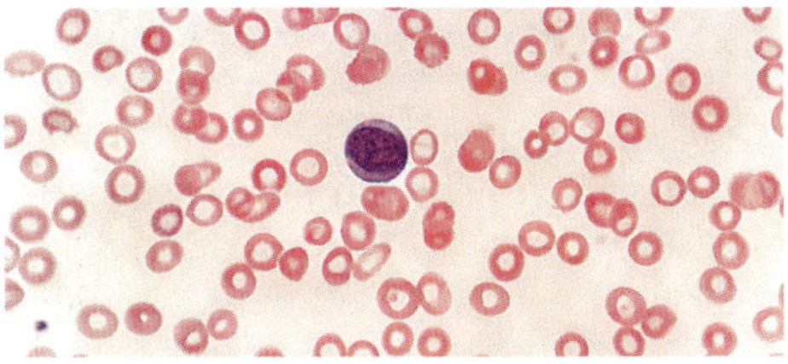

Abb. 20 Blutausstrich bei Eisenmangelanämie mit kleinen, blassen und ausgeprägt ringförmigen Erythrozyten

Bei Fehlen einer offensichtlichen Ursache muss außerdem die Ursache des Eisenmangels geklärt werden.

8.4.5 Therapie

Eine Steigerung der Eisenzufuhr mit der Nahrung reicht bei einer Eisenmangelanämie nicht. Es ist eine **Einnahme von Eisentabletten** nötig. Die Tabletten müssen über Monate genommen werden, um nicht nur das Blutbild zu normalisieren, sondern auch die leeren Eisenspeicher wieder aufzufüllen.

Wenn irgend möglich wird die Ursache des Eisenmangels behoben, etwa die Ernährung umgestellt oder Magengeschwüre behandelt.

> Am besten werden Eisentabletten morgens nüchtern ½–1 Stunde vor dem Frühstück genommen. Sie sind aber oft schlecht magenverträglich. Bei Übelkeit kann als Erstes auf eine abendliche Gabe mindestens zwei Stunden nach der letzten Mahlzeit ausgewichen werden. Hilft auch das nicht, sollen Betroffene die Tabletten zu den Mahlzeiten nehmen. Das vermindert zwar die Eisenaufnahme, ist aber besser als ein (eigenmächtiger) Therapieabbruch oder Infusionen.
> Auch Darmbeschwerden sind eine häufige Nebenwirkung, etwa Verstopfung.

8.4.6 Verlauf und Prognose

Bei rechtzeitiger Diagnose und Behandlung haben Eisenmangel und Eisenmangelanämie eine gute Prognose.

8.4.7 Prävention und Gesundheitsförderung

Eine große Rolle bei der Primärprävention kommt der Ernährung zu:

4.4.5 Eisen in der Ernährung

- Ein guter Eisenlieferant ist Fleisch, da dieses reichlich Eisen enthält, das gut aufgenommen wird. Allerdings hat vor allem rotes Fleisch ernährungsphysiologische Nachteile und soll daher nur wenig verzehrt werden.
- Pflanzliches Eisen wird schlechter aufgenommen. Menschen, die sich vegetarisch oder vegan ernähren, sollen besonders auf den Eisengehalt der Lebensmittel achten. Die Eisenaufnahme wird zudem durch andere Lebensmittel beeinflusst. Vitamin C beispielsweise fördert die Eisenaufnahme; Kalzium, Kaffee, Schwarztee und andere senken sie.

Bei Schwangeren wird im Rahmen der Schwangerenvorsorge wiederholt die Hämoglobinkonzentration bestimmt, um Risiken für Mutter und Kind durch eine Eisenmangelanämie zu verhindern.

AUFGABEN

1. *Recherchieren Sie: Welche tägliche Eisenaufnahme wird empfohlen? Wie viel Eisen nehmen Menschen in Deutschland täglich auf?*
2. *Frau Schmitt (31 Jahre, ein 3 Monate altes Kind) hat einen Hämoglobinwert von 11 g/dl. Beurteilen Sie den Wert und nennen Sie die wahrscheinlichste Ursache.*
3. *Erstellen Sie eine Tabelle zu dem Krankheitsbild aus Frage 2 mit Krankheitsentstehung/Risikogruppen, Symptomen, Diagnostik, Therapie und Prävention.*
4. *Auch ältere Menschen gehören zu den Risikogruppen eines Eisenmangels. Nennen Sie mögliche Ursachen.*
5. *Lesen Sie nach, welche Blutwerte neben den im Buch genannten indirekt oder direkt Auskunft über den Eisenstoffwechsel geben. Genaue Normwerte sind nicht nötig.*

8.5 Infektionskrankheiten

70 Neuinfektionen auf Kreuzfahrtschiff „Diamond Princess"

In Japan sind an Bord des unter Quarantäne stehenden Kreuzfahrtschiffes Diamond Princess 70 neue Coronavirus-Fälle festgestellt worden. Damit erhöhe sich die Zahl der Infizierten an Bord auf 355 [...]. 73 der nachweislich Infizierten zeigten aber keine Symptome. Die Diamond Princess wird seit dem 3. Februar im Hafen von Yokohama unter Quarantäne gehalten. Auf dem Schiff befinden sich rund 3.700 Passagiere und Crewmitglieder. [...]

ZEIT ONLINE unter www.zeit.de, 16.02.2020

Infektionskrankheit:
erregerbedingte Erkrankung

Infektion:
Übertragung, Eindringen und Vermehrung von Erregern im menschlichen Körper; oft synonym zu Infektionskrankheit benutzt

Infektionskrankheiten A–Z: *www.rki.de*

Kolonisation:
Trägerschaft; Besiedelung von Lebewesen mit Erregern

Kontamination:
Verunreinigung von Gegenständen

Eukaryot:
Lebewesen aus Zellen mit Zellkern, z. B. Pflanzen, Tiere

Mikroorganismus:
nicht mit dem bloßen Auge sichtbares Kleinstlebewesen

Bakterium:
Einzeller ohne Zellkern (Prokaryot), mit Zellorganellen und meist einer starren Zellwand zusätzlich zur Zellmembran; Vermehrung durch Teilung

Prokaryot:
Lebewesen aus Zellen ohne Zellkern, z. B. Bakterien

Plasmid:
überwiegend ringförmige DNA außerhalb der Chromosomen

Fimbrien:
im Zusammenhang mit Bakterien dünne, kurze Proteinfäden an Bakterien; Funktionen: Erkennung der Zielstruktur, Anheften, Haftenbleiben

Infektionskrankheiten sind Erkrankungen durch Übertragung, Eindringen und Vermehrung von Erregern im menschlichen Körper. Oft wird kurz, aber eigentlich nicht korrekt, nur von **Infektionen** gesprochen.

Abgrenzend dazu bezeichnet **Kolonisation** die Besiedelung von Lebewesen mit Erregern. Mit **Kontamination** ist die Verunreinigung von Gegenständen mit Erregern gemeint.

Tragen Sie Ihre Erfahrungen mit Infektionskrankheiten zusammen:
- *Gab es darunter schwere Erkrankungen?*
- *Wie war es mit der Zahl der Erkrankungen im Umfeld?*
- *Hatten Sie schon einmal „richtig" Angst vor Ansteckung und weshalb?*
- *Was wirkte angstverstärkend, was angstmindernd?*
- *Hatte die Angst Einfluss auf das Verhalten?*

8.5.1 Vorkommen

Infektionskrankheiten kommen weltweit vor. Genaue Zahlen zur Gesamthäufigkeit gibt es nicht, denn nur ein kleiner Bruchteil davon wird statistisch erfasst (z. B. mit tödlichem Verlauf, mit bestimmten Erregern). Die festgestellten Infektionen sind sehr ungleich verteilt: 2019 waren parasitäre und Infektionskrankheiten in Afrika für fast 30 % der Todesfälle verantwortlich, in Europa hingegen nur für 1,8 % (Weltgesundheitsorganisation 2020).

8.5.2 Infektionserreger

Arten von Infektionserregern

Es gibt mehrere Arten von Infektionserregern:
- Bakterien
- Viren
- Pilze
- Parasiten – Tiere oder parasitisch lebende **Protozoen** (tierische Einzeller, also Eukaryoten, früher Urtierchen genannt)

Bakterien, Viren, Pilze und Protozoen gehören zu den nicht mit dem bloßen Auge sichtbaren **Mikroorganismen** (Kleinstlebewesen).

Bakterien

Bakterien (Sing. Bakterium) sind einzellige, einfach gebaute, aber „vollwertige" Lebewesen.

Die Bakterienzelle hat keinen Kern und gehört damit zu den Prokaryoten; das **Bakterienchromosom** liegt als meist ringförmiger DNA-„Faden" ohne Umhüllung im Zytoplasma (→ Abb. 21). Darüber hinaus können kleinere DNA-Moleküle vorkommen, die **Plasmide.**

Bakterien besitzen Ribosomen zur Proteinproduktion. Umhüllt werden Bakterien von einer Zellmembran, an der auch die Energiegewinnung stattfindet. Die meisten Bakterien besitzen außerdem noch eine starre **Zellwand,** viele darüber hinaus eine **Schleimkapsel** als Schutz vor dem Immunsystem, ein Teil **Geißeln** zur Fortbewegung oder **Fimbrien** zur Anheftung an andere Zellen.

Bakterien vermehren sich durch einfache Teilung, die je nach Bakterium evtl. alle 20 Minuten erfolgen kann. Einige Bakterien wie etwa

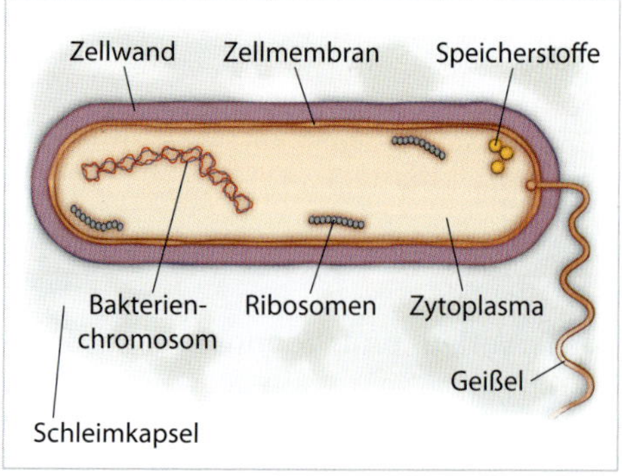

Abb. 21 Aufbau eines Bakteriums

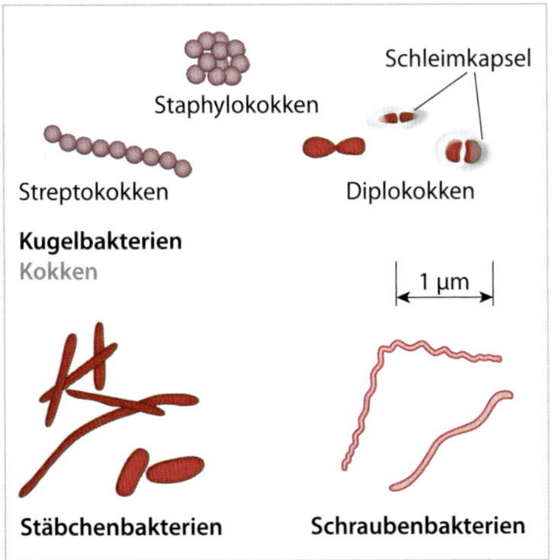

Abb. 22 Verschiedene Bakterienformen

die Tetanusbakterien können anspruchsarme Dauerformen ausbilden, die **Sporen,** und so „schlechte Zeiten" überleben.

Eingeteilt werden Bakterien u. a.:

- nach **Form** (→ Abb. 22) z. B. in:
  - **Kugelbakterien** (Kokken)
  - **Stäbchenbakterien**
  - **Schraubenbakterien**
  - **Kommabakterien**
- nach **Färbeverhalten** in grampositive und gramnegative Bakterien:
  - Bakterien mit einer dicken Schicht Murein (stützendes Makromolekül) in ihrer Zellwand sehen in der Gramfärbung lila aus und heißen grampositiv
  - Bakterien mit wenig Murein erscheinen rötlich und heißen gramnegativ
- nach Sauerstofftoleranz in:
  - Aerobier – brauchen Sauerstoff zum Leben
  - fakultative Anaerobier – können mit und ohne Sauerstoff leben
  - obligate Anaerobier – vertragen keinen Sauerstoff

Bakterien können menschliche Zellen auf verschiedenen Wegen schädigen:

- direkt
- durch Toxine, die sie entweder freisetzen oder die beim Zerfall absterbender Bakterien frei werden
- indirekt, z. B. durch die Entzündungsreaktion des Körpers

Beispiele für **bakterielle Erkrankungen** sind eitrige Mandelentzündungen, Borreliose, Harnwegsinfektionen, viele Lungenentzündungen oder die Tuberkulose.

Viren

Viren (Sing. Virus) sind durchschnittlich noch viel kleiner als Bakterien. Sie sind nicht aus Zellen aufgebaut, sondern bestehen lediglich aus DNA oder RNA und einer diese umgebenden Proteinhülle, dem **Kapsid.** Umhüllte Viren haben außerdem noch eine lipidhaltige Hülle aus Teilen der Wirtszellmembran (→ Abb. 23). Viren können sich nicht eigenständig vermehren und haben keinen eigenen Stoffwechsel, sondern sind dafür auf Wirtszellen angewiesen. Deshalb werden sie üblicherweise nicht zu den Lebewesen gerechnet.

Viren heften sich an die **Wirtszelle,** dringen in sie ein und setzen ihre Erbsubstanz frei. Die virale Erbsubstanz wird in der Wirtszelle vervielfältigt (je nach Virus im Zytoplasma oder im Kern), es werden virale Proteine produziert und zum Virus zusammengesetzt. Nicht umhüllte Viren werden dann überwiegend durch den Untergang der infizierten Zelle freigesetzt. Dies wird als **lytischer Zyklus** bezeichnet. Umhüllte Viren werden mit einer Hülle umschlossen, die aus Membranen der Zelle entsteht, und dann meist ohne Untergang der Zelle freigesetzt (→ Abb. 24).

Einige Viren, die Onko- oder **Tumorviren,** sind (auch) an der Entstehung bösartiger Tumoren beteiligt.

> Zu den Tumorviren zählen u. a. die Hochrisikotypen humaner Papillomaviren (HPV). Die Ansteckung erfolgt durch sexuelle Kontakte. In ca. 10 % heilt die Infektion nicht von selbst aus, sondern persistiert (bleibt bestehen). Bei ca. 10 % der betroffenen Frauen entwickelt sich dann über viele Jahre ein Gebärmutterhalskrebs. In Deutschland gibt es seit Jahrzehnten ein Screeningprogramm zur Früherkennung des Gebärmutterhalskrebses. Die Impfung gegen häufige Hochrisikotypen wird für alle Kinder und Jugendliche im Alter von 9 bis 14 Jahren empfohlen (→ I-9.2.5).

Sporen:
im Zusammenhang mit Bakterien anspruchslose Dauerformen, die unempfindlich gegen widrige äußere Einflüsse sind und so das Überleben der Bakterien sichern

Gramfärbung:
Färbemethode für Bakterien je nach Beschaffenheit ihrer Zellwand; Zellwand mit viel Murein = lila = grampositiv, Zellwand mit wenig Murein = rötlich = gramnegativ

Aerobier:
Lebewesen, das Sauerstoff zum Leben benötigt

Anaerobier:
Lebewesen, das ohne Sauerstoff leben kann

Virus:
winzig kleiner Infektionserreger nur aus Erbsubstanz und Proteinhülle

Kapsid:
Proteinhülle um die Erbsubstanz eines Virus

Wirtszelle:
von einem Virus, intrazellulären Parasiten oder intrazellulären Bakterium befallene Zelle

lytischer Zyklus:
Vermehrungszyklus von Viren mit Freisetzung neu gebildeter Viren durch Auflösung der Zelle

HPV:
humane Papillomaviren; Krankheitserreger, die in die Haut oder Schleimhaut eindringen und Entzündungen und Hautveränderungen hervorrufen können; können Krebs verursachen, v. a. am Gebärmutterhals, aber auch am After, Penis und im Mund/Rachen

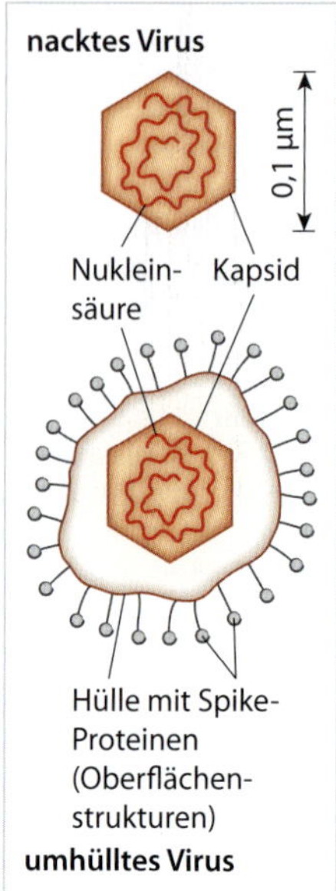

Abb. 23 Aufbau eines Virus

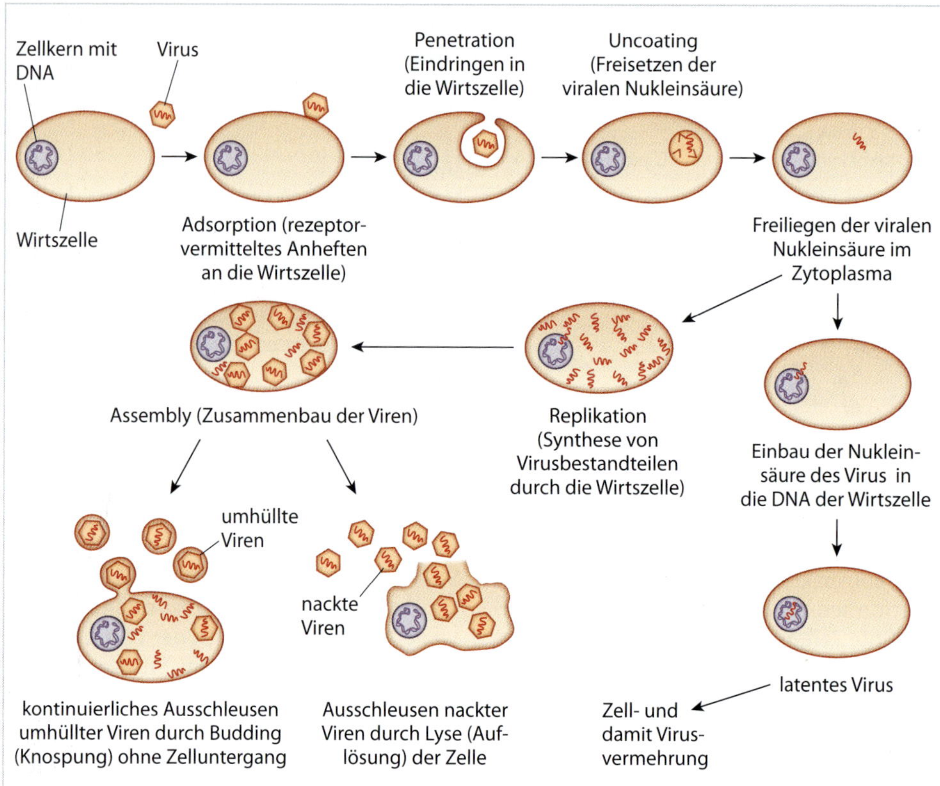

Abb. 24 Virusvermehrung in der Wirtszelle

Mutation:
spontan auftretende, dauerhafte Veränderung des Erbguts

SARS:
severe acute respiratory syndrome, schweres akutes Atemnotsyndrom; Infektionserkrankung durch das SARS-Coronavirus

SARS-CoV-2:
severe acute respiratory syndrome coronavirus type 2; ein Ende 2019 entdecktes, neues Coronavirus

Beispiele für **Viruserkrankungen** sind Erkältungskrankheiten, die Virusgrippe (Influenza), COVID-19, FSME (Frühsommermeningoenzephalitis), die verschiedenen Virushepatitiden, Masern, Mumps, Röteln und Windpocken sowie viele Magen-Darm-Infektionen.

Die virale Erbsubstanz kann sich durch Fehler bei der Virusvermehrung verändern. Diese **Mutationen** (→ 1.2.2) sind zufällig, können aber zu veränderten Viruseigenschaften führen. Verschaffen diese der neuen Variante einen Vorteil (z. B. dass sie ansteckender ist), so wird sich die neue Variante durchsetzen. Beispiele für sich oft schnell verändernde Viren sind die Influenza-Viren oder das SARS-CoV-2, dessen Veränderungen zu mehreren Erkrankungswellen der COVID-19-Pandemie führten (→ Abb. 25).

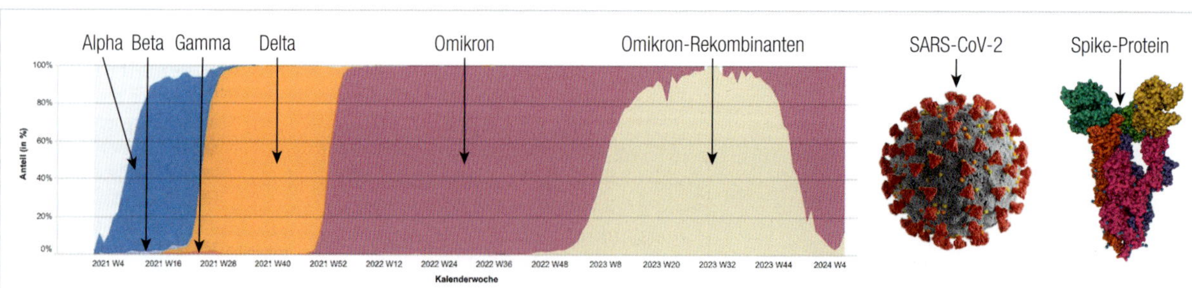

Abb. 25 Varianten des SARS-CoV-2 und ihr jeweiliger Anteil an den untersuchten Proben (SARS-CoV-2 und COVID-19 → 8.7); die Veränderungen betrafen vielfach das Spike-Protein des Virus, das für das Eindringen in die Zellen wichtig ist

Pilze
Pilze sind ein- oder vielzellige Eukaryoten. Die meisten besitzen chitinhaltige Zellwände.

Fadenpilze bilden fadenförmige Verbände, die Hyphen, die zu einem verzweigten Myzel auswachsen können. Sie vermehren sich durch **Sporen. Sprosspilze** oder **Hefen** sind eher rund und vermehren sich durch **Sprossung,** d. h., es schnürt sich langsam eine Tochter- von der Mutterzelle ab (→ Abb. 26).

Pilze können Vergiftungen, Allergien oder Infektionskrankheiten verursachen. Die wohl häufigsten pilzbedingten Infektionskrankheiten sind **Hautpilzerkrankungen,** auch Dermatomykosen genannt (→ Abb. 27).

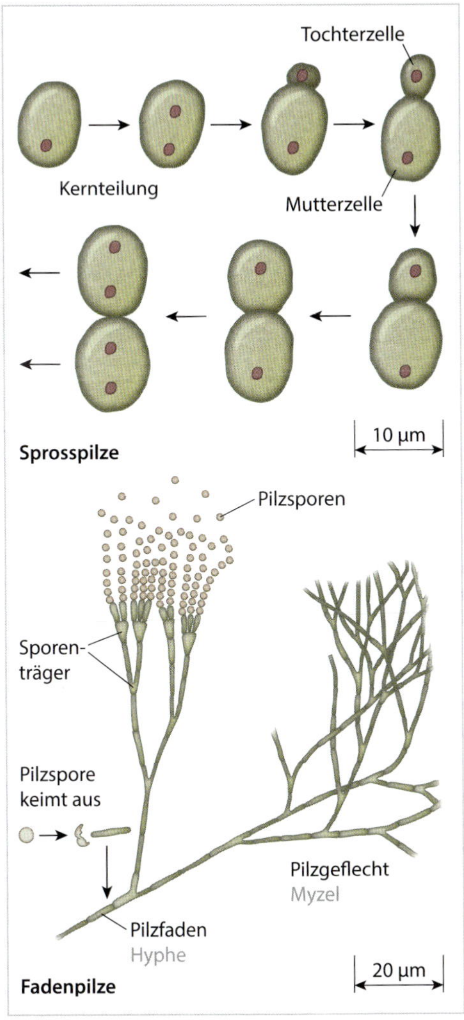

Abb. 26 Vermehrung von Sprosspilzen (oben) und Fadenpilzen (unten)

Parasiten
Parasiten leben zeitweilig oder ständig auf oder in einem anderen Organismus (Ekto- bzw. Endoparasiten), der meist wesentlich größer ist als sie selbst und als **Wirt** bezeichnet wird. Parasiten schaden dem Wirt zwar, etwa indem sie sich von ihm ernähren, führen aber erst spät oder gar nicht zu dessen Tod.

Protozoen sind parasitisch lebende tierische Einzeller. Protozoenbedingte Infektionskrankheiten sind beispielsweise die Toxoplasmose durch Toxoplasma gondii und die Malaria durch verschiedene Arten von Plasmodien.

Bei den mehrzelligen **tierischen Parasiten** handelt es sich um Würmer oder Gliederfüßer. **Würmer** wie etwa Madenwürmer oder die verschiedenen Bandwürmer leben **im** Menschen. Bei den **Gliederfüßern** sind Insekten und Spinnentiere bedeutsam. Sie leben **auf** dem Menschen. Zu den Insekten zählen z. B. die Kopfläuse, zu den Spinnentieren die Krätzemilbe als Erreger der Krätze (Skabies).

Pathogenität von Infektionserregern
Pathogenität bezeichnet die prinzipielle Fähigkeit eines Infektionserregers, eine Krankheit hervorzurufen.

- Die meisten Mikroorganismen rufen beim Menschen keine Erkrankung hervor. Sie sind für den Menschen **apathogen.** Nicht wenige sind sogar nützlich, etwa die Milchsäurebakterien in der Scheide.
- Das Gegenteil sind **obligat pathogene** Mikroorganismen. Sie können bei zuvor gesunden Menschen mit intaktem Immunsystem zu einer Erkrankung führen, wobei aber nicht jeder erkranken muss. Obligat pathogen sind u. a. Salmonellen (bakterielle Erreger von Magen-Darm-Infektionen) oder Masernviren.
- Eine Zwischenstellung nehmen **fakultativ** (bedingt) **pathogene** Mikroorganismen ein. Sie führen nur bei lokaler (örtlicher) Vorschädigung oder allgemeiner Abwehrschwäche zu einer Erkrankung. So kann der Sprosspilz Candida albicans bei feucht-warmem Hautmilieu zu einer Hautpilzerkrankung und bei starker allgemeiner Abwehrschwäche sogar zu Organentzündungen führen. Infektionen durch fakultativ pathogene Erreger heißen **opportunistische Infektionen.**

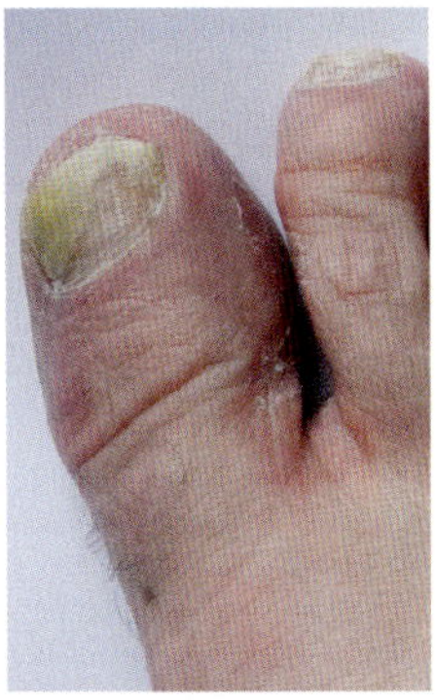

Abb. 27 Hautpilzerkrankung, hier der Füße, mit Befall der Zehenzwischenräume und der Nägel

Pilz:
ein- oder vielzelliges, sesshaftes und nicht zur Photosynthese fähiges Lebewesen (Eukaryot)

Parasit:
Lebewesen, das auf Kosten eines anderen Lebewesens (Wirt) lebt und diesen meist auch schädigt

Protozoon:
tierischer Einzeller, Eukaryot; Urtierchen

Pathogenität:
prinzipielle Fähigkeit eines Infektionserregers, eine Krankheit hervorzurufen

obligat pathogen:
auch bei Gesunden eine Krankheit hervorrufend

fakultativ pathogen:
nur bei geschwächtem Organismus eine Krankheit hervorrufend

opportunistische Infektion:
Infektion durch fakultativ pathogenen Erreger

Infektionsquelle:
Lebensraum eines Infektionserregers

Infektionskette:
Weg eines Infektionserregers von einem Menschen zum nächsten

Zoonose:
bei Menschen und Tieren vorkommende Infektionskrankheiten, deren Erreger prinzipiell in beide Richtungen übertragbar sind, z. B. Borreliose, Influenza A

Epidemie:
vermehrtes, zeitlich und örtlich begrenztes Auftreten einer Krankheit, meist einer Infektionskrankheit

Pandemie:
weltweiter, zeitlich begrenzter Ausbruch einer (neuen) Infektionskrankheit

Endemie:
ständiges Auftreten einer Krankheit in einem bestimmten Gebiet

Eintrittspforte:
Ort, an dem ein Infektionserreger in den Körper gelangt

Austrittspforte:
Ort, an dem ein Infektionserreger den Körper verlässt

Inkubationszeit:
Zeit zwischen Eindringen von Erregern und ersten Symptomen

8.5.3 Übertragungswege von Infektionserregern

Der Übertragungsweg beschreibt, wie ein Infektionserreger sich weiterverbreitet. Bezieht man die **Infektionsquelle,** also den Ort, an dem sich die Erreger charakteristischerweise aufhalten und vermehren, und ggf. weitere Stationen des Erregers mit ein, so ergibt sich die **Infektionskette** (→ Abb. 28). Kenntnis von Übertragungsweg und Infektionskette ist wichtig zur Vermeidung weiterer Infektionen.

Es gibt Infektionskrankheiten, die nur bei Menschen oder Tieren vorkommen, etwa die Masern (nur beim Menschen) oder die afrikanische Schweinepest (nur bei Tieren). Etliche Erreger können aber Menschen und Tiere befallen und zwischen beiden übertragen werden, wenn auch unterschiedlich „gut". Beispiele für solche **Zoonosen** sind die Borreliose, die Tollwut und viele Wurmerkrankungen.

Nur direkt von Mensch zu Mensch übertragbare Infektionskrankheiten werden als **ansteckend** bezeichnet. Und: Je nach Erreger bzw. Erkrankung können auch Infizierte ohne Beschwerden ansteckend sein.

→ Tab. 3 zeigt die Wege der **horizontalen Übertragung.** Ein Teil der Erreger wird auf mehreren Wegen und/oder je nach befallenem Organ unterschiedlich übertragen.

Hinzu kommt bei einigen Infektionserregern die Möglichkeit der **vertikalen Übertragung** auf die nächste Generation, z. B. von der Schwangeren über die Plazenta (Mutterkuchen) auf das Ungeborene oder von der Mutter über die Muttermilch auf den Säugling.

8.5.4 Infektionsepidemiologische Begriffe

Es gibt einige epidemiologische Begriffe, die überwiegend bei Infektionskrankheiten benutzt werden (→ I-6.5.4, → I-6.5.5):

- **Epidemie** oder Erkrankungswelle bezeichnet das gehäufte, zeitlich und örtlich begrenzte Auftreten einer Krankheit mit einheitlicher Ursache. Beispielsweise kommt es alle paar Jahre zu einer Grippeepidemie.
- Eine **Pandemie** kann beschrieben werden als Epidemie, die sich über die ganze Welt ausbreitet – sie ist zeitlich, aber nicht örtlich begrenzt. Ein Beispiel ist die COVID-19-Pandemie.
- Umgekehrt tritt bei der **Endemie** die Erkrankung/der Erreger regional gehäuft ohne zeitliche Begrenzung auf. So ist z. B. die Malaria in Teilen Afrikas endemisch.

8.5.5 Verlauf von Infektionskrankheiten

Voraussetzung jeder Infektionskrankheit ist eine **Infektion,** d. h. die Übertragung eines Infektionserregers auf einen Menschen, sein Haftenbleiben auf ihm und nachfolgend das Eindringen des Erregers in den Menschen über die **Eintrittspforte.** Häufige Eintrittspforten sind die verletzte Haut, einschließlich z. B. Nadelstichverletzung (→ 8.5.9), oder intakte oder verletzte Schleimhäute (→ 6.2.1). Nach einer gewissen Zeit beginnt der Erreger sich zu vermehren. Der Infizierte hat dabei (noch) keine Beschwerden.

Meist nach wenigen Tagen bis Wochen (Spannbreite Stunden bis Jahrzehnte) setzen Beschwerden ein. Die Zeitspanne zwischen Ansteckung und Beschwerdebeginn heißt **Inkubationszeit.**

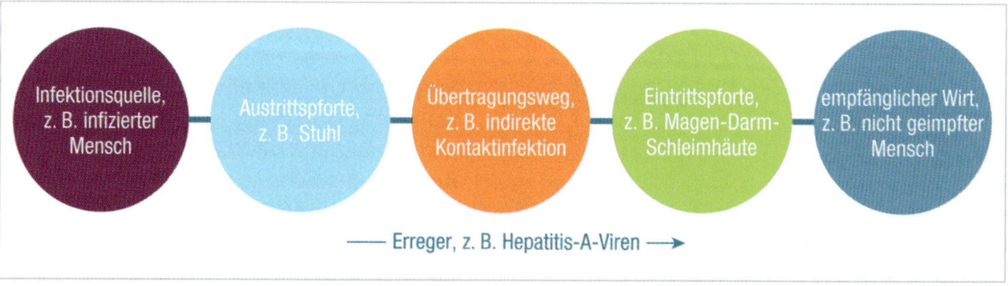

Abb. 28 Beispiel einer einfachen Infektionskette

Tab. 3 Übertragungswege von Infektionserregern

Übertragungsweg	Kurzcharakterisierung	Beispiel
parenterale Übertragung	Übertragung durch Körperflüssigkeiten (Blut, Urin, Sperma, Scheidensekret, Speichel)	Hepatitis B/C (virale Leberentzündungen), HIV
sexuelle Übertragung	Übertragung durch Geschlechtsverkehr und anderen sehr engen Schleimhautkontakt; in der Regel als Sonderfall der parenteralen Übertragung angesehen	Hepatitis B, C, HIV, Syphilis (Lues), Gonorrhoe (Tripper)
Kontaktinfektion	Übertragung durch Berührung:	
• direkte Kontaktinfektion	• direkte Berührung, z. B. Hände	Staphylokokken (MRSA)
• indirekte Kontaktinfektion (Schmierinfektion)	• zuerst Erregerübertragung auf andere Personen oder Gegenstände durch Berührung, dann Erregeraufnahme von dort vom nächsten Menschen durch Berührung	
fäkal-orale Infektion	Erregerausscheidung mit dem Stuhl, dann Verschleppen von Stuhl und Erregeraufnahme durch den nächsten Menschen mit dem Mund; in der Regel als Sonderfall der (indirekten) Kontaktinfektion angesehen	Hepatitis A/E, Salmonellen
Tröpfcheninfektion	Erregerausscheidung durch Freisetzen erregerhaltiger Tröpfchen beim Niesen, Husten, Sprechen, die der nächste Mensch dann über Schleimhäute aufnimmt; Reichweite der relativ großen Tröpfchen bis etwa 3 m	Influenza (Virusgrippe), COVID-19, Streptokokken (eitrige Angina, Scharlach)
Infektion über die Luft (aerogene Infektion)	vergleichbar der Tröpfcheninfektion mit dem Unterschied, dass die Teilchen so klein sind (sog. Tröpfchenkerne, Aerosole), dass sie in der Luft schweben und dadurch eine größere Reichweite haben	(Lungen-)Tuberkulose, COVID-19, Windpocken
Übertragung durch Vektoren	Übertragung durch lebende Überträger, z. B. Mücken, die den Erreger beim Stich aufnehmen und beim nächsten Stich an einen anderen Menschen weitergeben	Borreliose, FSME (Frühsommermeningoenzephalitis), Gelbfieber, Malaria
Übertragung durch Vehikel	Übertragung durch unbelebte Überträger wie z. B. Wasser	Cholera

Chlamydieninfektionen, die zu den häufigsten sexuell übertragbaren Infektionen gehören, verlaufen in mehr als 50 % (zunächst) ohne Beschwerden. Trotzdem können sie sich im Körper ausbreiten oder zu Unfruchtbarkeit führen.

Die dann folgende **Krankheitsphase** kann kurz oder lang dauern (akuter bzw. chronischer Verlauf), mit oder ohne Prodromalphase (Vorläuferphase), mit uncharakteristischen oder kennzeichnenden Beschwerden einhergehen, kaum bemerkt oder lebensbedrohlich sein. Es gibt auch Infektionen, die völlig asymptomatisch (ohne Beschwerden) verlaufen.

Meist kann der Organismus den Erreger in der **Überwindungsphase** beseitigen und die Infektion heilt aus. Bei der **persistierenden Infektion** verbleibt der Erreger im Körper und vemehrt sich weiter, wenn auch überwiegend langsam. Manche Erreger können in „Nischen" überleben, ohne dass der Betroffene Beschwerden hat **(latente Infektion),** und im weiteren Verlauf durch **Reaktivierung** erneut zu Beschwerden führen.

Infektionen können auch Langzeitfolgen haben. Beispiele sind ein chronisches Erschöpfungssyndrom, **ME/CFS** (myalgische Enzephalomyelitis/chronisches Fatigue-Syndrom) genannt, das Long COVID/Post-COVID-Syndrom (→ 8.7), aber auch umschriebene Schäden wie etwa Herzklappendefekte.

parenterale Übertragung: (horizontale) Übertragung durch Körperflüssigkeiten; Sonderfall sexuelle Übertragung

Kontaktinfektion: (horizontale) Übertragung durch (direkte oder indirekte) Berührung; Sonderfall fäkal-orale Infektion

Tröpfcheninfektion: (horizontale) Übertragung durch große Tröpfchen

aerogene Infektion: (horizontale) Übertragung über die Luft durch winzig kleine Tröpfchen/Aerosole

Übertragung durch Vektoren: (horizontale) Übertragung durch lebende Überträger

Übertragung durch Vehikel: (horizontale) Übertragung durch unbelebte Überträger

persistierende Infektion: Form der Infektion, bei der der Erreger im Körper verbleibt und sich (langsam) weiter vermehrt

latente Infektion: Form der Infektion, bei der der Erreger im Körper verbleibt, aber sich nicht oder kaum vermehrt und keine Beschwerden bereitet

Reaktivierung: Wiederaufflackern (einer Infektion)

ME/CFS: myalgische Enzephalomyelitis/chronisches Fatigue-Syndrom; chronische Erkrankung mit den Leitsymptomen krankhafter Erschöpfung, Belastungsintoleranz, Schlaf- und Konzentrationsstörungen, genaue Krankheitsentstehung nach wie vor unklar

8.5.6 Symptome von Infektionskrankheiten

Art und Ausprägung der Symptome von Infektionskrankheiten variieren ebenfalls sehr.

Lokalinfektion: örtlich begrenzte Infektion

Lokalinfektionen bleiben auf die Eintrittsstelle der Infektion beschränkt und rufen lediglich **Lokalsymptome** (örtlich begrenzte Beschwerden) hervor. Eine leichte Wundinfektion beispielsweise zeigt sich durch eine lokale Entzündung mit Rötung, Schwellung, Überwärmung, Schmerz und möglicherweise Eiterbildung (→ 2.3.2).

Allgemeininfektion: generalisierte Infektion; Infektion mit Beteiligung des ganzen Körpers

Bei **Allgemeininfektionen,** auch als generalisierte Infektionen bezeichnet, haben sich die Infektionserreger im ganzen Körper ausgebreitet. Sie zeigen sich typischerweise durch **Allgemeinsymptome,** z. B. Fieber, Kopfschmerzen, Krankheitsgefühl, und zusätzliche Lokalsymptome wie etwa Husten und Auswurf bei einer Lungenentzündung. Auch Hautausschläge sind vergleichsweise häufig.

Entzündungswerte: (Blut-)Laborwerte, die bei einer Entzündung typischerweise erhöht sind

Allgemeininfektionen können auch entstehen, wenn eine Lokalinfektion vom Körper nicht eingedämmt werden kann.

Sepsis: „Blutvergiftung"; Organfunktionsstörung auf Basis einer (meist bakteriellen) Infektion mit komplexer systemischer Entzündungsreaktion; medizinischer Notfall

Schwerstform der Allgemeininfektion ist die lebensbedrohliche **Sepsis,** umgangssprachlich Blutvergiftung, die immer mit Organfunktionsstörungen einhergeht (→ 2.3.1). Häufige Warnzeichen sind Veränderungen des Bewusstseins sowie beim Erwachsenen 22 oder mehr Atemzüge pro Minute und ein systolischer Blutdruck von 100 mmHg oder weniger. Sie erfordern einen sofortigen Arztbesuch – ein Sepsisverdacht ist ein Notfall!

BSG: Blutkörperchensenkungsgeschwindigkeit, -reaktion; Absenkungsgeschwindigkeit der Blutzellen in einem standardisierten Blutprobenröhrchen

8.5.7 Diagnostik von Infektionen

Bei einigen Infektionskrankheiten reichen **Anamnese** und **Untersuchung** zur Diagnose. So können Windpocken beispielsweise in aller Regel anhand des charakteristischen Hautausschlags diagnostiziert werden (→ Abb. 29). Bei anderen Infektionskrankheiten (z. B. Erkältungen) bleibt zwar der genaue Erreger unbekannt, er ist aber auch nicht wichtig.

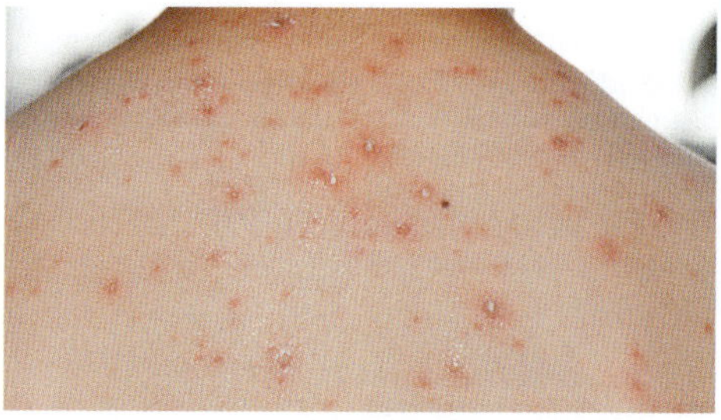

Abb. 29 Blickdiagnose bei Windpocken: Nebeneinander von Flecken, Pusteln und Schorf

Insbesondere bei schweren Infektionskrankheiten oder besonders komplikationsgefährdeten Menschen ist eine **weitergehende Diagnostik** nötig:
- Bestimmung der sog. Entzündungswerte
- Versuch der Erregersicherung, d. h. den genauen Infektionserreger festzustellen
- Diagnostik möglicher Komplikationen, z. B. einer unzureichenden Sauerstoffversorgung bei einer Lungenentzündung

Entzündungswerte

Generalisierte sowie ausgeprägte lokale Infektionen führen zu einer Entzündungsreaktion (→ 2.3), die den ganzen Körper betrifft und im Blut nachweisbar ist. Allerdings sind diese sog. Entzündungswerte nicht spezifisch für Infektionen, sondern z. B. auch bei Entzündungen anderer Ursache erhöht. Durchschnittlich sind die Entzündungswerte bei bakteriellen Infektionen höher als bei viralen.

Leukozytenzahl

Bakterielle Infektionen lassen die Leukozytenzahl im Blut durch Aktivierung des Abwehrsystems ansteigen. Insbesondere sind die neutrophilen Granulozyten (→ 8.2.3) vermehrt.

BSG

Lässt man Blut mit einem gerinnungshemmenden Zusatz stehen, so setzen sich die festen Bestandteile als Bodensatz ab und das Plasma bildet einen flüssigen Überstand. Bei der BSG (Blutkörperchensenkungsgeschwindigkeit, -reaktion) wird gemessen, um wie viele Millimeter sich die festen Bestandteile in der ersten Stunde absenken. Normal sind bei bis zu 50-jährigen Männern bis 10 mm, bei Frauen bis 20 mm, bei Älteren etwas mehr. Bei Entzündungen erfolgt die Absenkung schneller, also um mehr Millimeter, daher der Ausdruck „beschleunigte BSG". Die BSG reagiert allerdings sehr träge mit mindestens einem Tag Verzögerung.

CRP

Bei Entzündungen werden bestimmte Proteine im Rahmen der unspezifischen Abwehr vermehrt gebildet und sind im Blut in erhöhter Konzentration nachweisbar. Dazu gehört u. a. das C-reaktive Protein, kurz CRP, das physiologischerweise opsoniert und das Komplementsystem aktiviert (→ 8.2.3). Das CRP reagiert sehr schnell und empfindlich und es sind Schnelltests verfügbar.

Erregersicherung

Direkter Erregernachweis

Beim direkten Erregernachweis werden die Infektionserreger selbst oder Erregerbestandteile nachgewiesen. Selten gelingt dies mit dem bloßen Auge oder einer Lupe, z. B. bei Kopflausbefall, gelegentlich durch Lichtmikroskopie einer evtl. vorher angefärbten Probe, etwa bei Malaria.

Meist gelingt dies aber nicht, weil zu wenige Erreger in einer Probe vorhanden sind. Standard bei **Bakterien** und **Pilzen** ist dann die **Erregerkultur:** Eine Probe wird auf oder in ein geeignetes Nährmedium gegeben und bei Körpertemperatur im Brutschrank bebrütet. Die Erreger vermehren sich (Bakterien schneller als Pilze) und können dann lichtmikroskopisch nachgewiesen werden. Erregerkulturen sind z. B. aus Urin, Blut, Bronchialsekret oder einem Wundabstrich möglich.

Unmittelbar danach kann eine **Resistenzprüfung** erfolgen: Auf die Kultur werden mehrere kleine Blättchen mit bakterien- bzw. pilzhemmenden Arzneimitteln gelegt. Wirkt das Arzneimittel, so bildet sich um das Blättchen ein deutlich sichtbarer Hof, in dem die Bakterien bzw. Pilze abgestorben sind. Das Ergebnis der Resistenzprüfung heißt **Antibiogramm** (→ Abb. 30).

Für den routinemäßigen Virusnachweis eignen sich Kulturen nicht, da hierzu aufwendige Zellkulturen nötig sind.

Bei **immunologischen Erregernachweisen** werden Antikörper zur Probe gegeben, die genau auf ein Antigen des Erregers passen. Ist das Antigen, also der Infektionserreger, in der Probe vorhanden, bilden sich Antigen-Antikörper-Komplexe, die dann sichtbar gemacht werden.

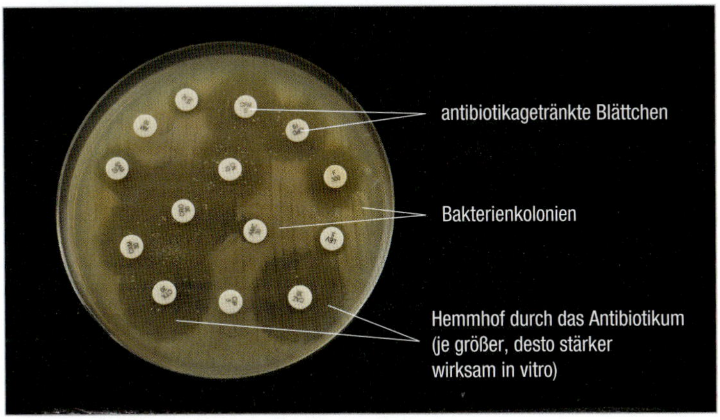

Abb. 30 Antibiogramm

> Ein Beispiel ist der Enzyme-Linked Immunosorbent Assay (enzymgekoppelter Immunadsorptionstest), kurz **ELISA.** Es gibt verschiedene Varianten, z. B. **Sandwich-ELISA:**
> - Eine Mikrotitertestplatte wird mit „primären“ Antikörpern gegen das gesuchte Antigen beschichtet.
> - Dann wird die fraglich antigenhaltige (= erregerhaltige) Probe zugegeben.
> - Ist die Probe antigenhaltig, bilden sich Antigen-Antikörper-Komplexe.
> - Durch Waschen werden nicht-gebundene Antigene entfernt.
> - Nun wird der zweite, „sekundäre“ Antikörper dazugegeben, der an ein Enzym gekoppelt ist, das einen Farbstoff aktivieren kann. Diese Antikörper binden an die Antigen-Antikörper-Komplexe auf der Platte.
> - Es folgt erneutes Waschen.
> - Dann wird der Farbstoff hinzugefügt. Je mehr sekundäre Antikörper gebunden sind, desto mehr Farbstoff wird aktiviert und kann gemessen werden.

Ein weiteres Beispiel sind **Schnelltests,** etwa auf Streptokokken oder SARS-CoV-2 (→ Abb. 31).

Molekularbiologische Erregernachweise weisen Erregererbsubstanz nach. Wegen der geringen Konzentration wird die Erbsubstanz in der Probe zuerst vervielfältigt (Amplifikation), häufig durch **PCR,** d. h. Polymerase-Kettenreaktion (→ Abb. 32). Danach wird ein zur Erre-

CRP:
C-reaktives Protein; Eiweiß, das bei unspezifischen Abwehrreaktionen vermehrt gebildet wird und als Entzündungswert im Blut dient

Erregerkultur:
Anzüchten eines Infektionserregers auf/in einem Nährmedium

Resistenzprüfung:
Testen eines Infektionserregers auf seine Empfindlichkeit gegenüber Arzneimitteln

Antibiogramm:
Ergebnis der Resistenzprüfung

in vitro:
im Glas, außerhalb des Körpers

immunologischer Erregernachweis:
Nachweis von Infektionserregern basierend auf der Bildung von Antigen-Antikörper-Komplexen

molekularbiologischer Erregernachweis:
Erregersicherung durch Nachweis von Infektionserreger-DNA/-RNA

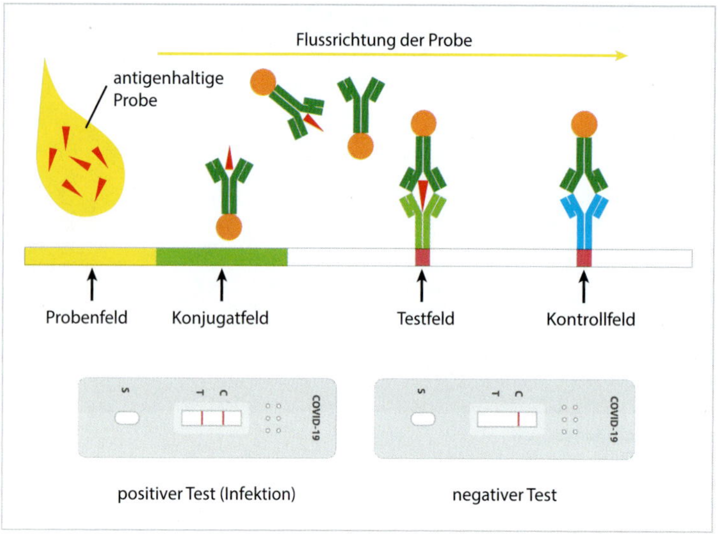

Abb. 31 Funktionsweise eines Antigenschnelltests: Antigene aus der Probe (z. B. Viren) binden an die beweglichen, markierten Antikörper im Konjugatfeld, die mit der Probenflüssigkeit mitgetragen werden. Antigenbeladene Antikörper werden im Testfeld, Antikörper ohne Antigene im Kontrollfeld von weiteren Antikörpern gebunden und durch die Markierung als Linie sichtbar.

PCR:
Polymerase Chain Reaction, Polymerase-Kettenreaktion; Verfahren zur Vervielfältigung von Erreger-DNA mithilfe des Enzyms DNA-Polymerase

indirekter Erregernachweis:
Erregersicherung durch Nachweis von spezifischen Antikörpern, gebildet als Reaktion auf den Infektionserreger

gererbsubstanz passendes DNA-Stück hinzugegeben, eine sog. **Sonde.** Paaren sich beide, kann dies z. B. durch Farbstoffreaktion sichtbar gemacht werden.

Immunologische und molekularbiologische Nachweise sind auch für **Viren** geeignet.

Indirekter Erregernachweis

Beim indirekten Erregernachweis werden die Antikörper nachgewiesen, die der Organismus als Reaktion auf den Erreger gebildet hat. IgM zeigen eine kürzliche, IgG eine frühere Infektion an (→ Abb. 16). Da es aber bis zur Antikörperbildung eine gewisse Zeit dauert, helfen Antikörpernachweise bei einer frischen Infektion diagnostisch nicht weiter.

8.5.8 Therapie von Infektionen

Nicht alle Infektionen bzw. Infektionskrankheiten müssen behandelt werden. So heilen z. B. leichte Atemwegsinfektionen ohne weitere Maßnahmen in wenigen Tagen von selbst. Bei vielen Infektionen ist aber eine Behandlung möglich und sinnvoll.

Die symptomatische Behandlung richtet sich rein gegen die Beschwerden. Hierzu gehören u. a. Schmerzmittelgabe bei starken Kopfschmerzen oder Flüssigkeitsersatz bei Durchfall.

Arzneimittel gegen Infektionserreger heißen **Antiinfektiva.** Sie stellen eine kausale Behandlung dar. Gegen einige Infektionserreger gibt es allerdings bis heute keine wirksamen Arzneimittel, etwa gegen Tollwut-Viren. Manchmal sind auch chirurgische Maßnahmen nötig, um den Erreger zu beseitigen, etwa das Eröffnen eines Abszesses.

Antiinfektiva

Bei den Antiinfektiva werden unterschieden:
- **Antibiotika** gegen Bakterien
- **Virostatika** gegen Viren
- **Antimykotika** gegen Pilze
- **Antiparasitika** gegen Parasiten, z. B. **Anthelmintika** gegen Würmer

Um eine bestmögliche Wirkung bei guter Verträglichkeit zu erzielen, wird versucht, an Strukturen der Krankheitserreger anzugreifen, die es beim Menschen nicht gibt, bei-

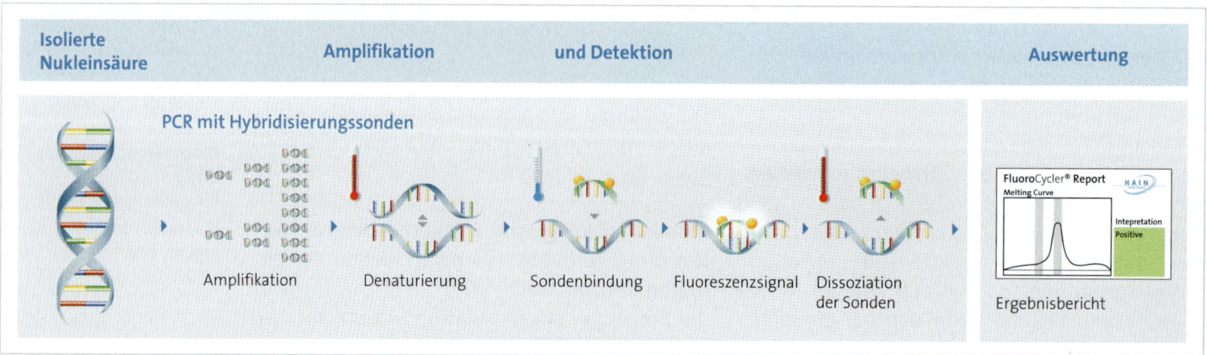

Abb. 32 Prinzip des molekularbiologischen Erregernachweises mittels PCR

spielsweise an der bakteriellen Zellwand oder an virusspezifischen Enzymen. Prinzipiell ist dies bei Viren schwierig, da sie sich für Stoffwechsel und Vermehrung menschlicher Zellen bedienen.

Mittlerweile ein großes Problem sind Resistenzen der Infektionserreger gegen die Antiinfektiva. **Resistenz** bezeichnet hier die Unempfindlichkeit des Erregers gegen das Arzneimittel, das „Nichtgreifen" des Arzneimittels. Resistenzen sind gegen alle Gruppen von Antiinfektiva möglich, am bekanntesten sind Antibiotikaresistenzen. Exemplarisch sollen an dieser Stelle Antibiotika und Antibiotikaresistenzen dargestellt werden.

Antibiotika

Der Begriff Antibiotikum bezeichnet in aller Regel spezifisch gegen Bakterien wirksame Medikamente.

Wirkungsweise von Antibiotika

Antibiotika greifen an Unterschieden zwischen menschlichen und Bakterienzellen an (→ Abb. 33). So haben menschliche Zellen beispielsweise keine Zellwand, menschliche und Bakterienzelle haben unterschiedlich gebaute Ribosomen und Bakterien bilden Folsäure selbst, wohingegen menschliche Zellen sie von außen aufnehmen. Dadurch werden menschliche Zellen durch Antibiotika weitaus weniger geschädigt als Bakterienzellen.

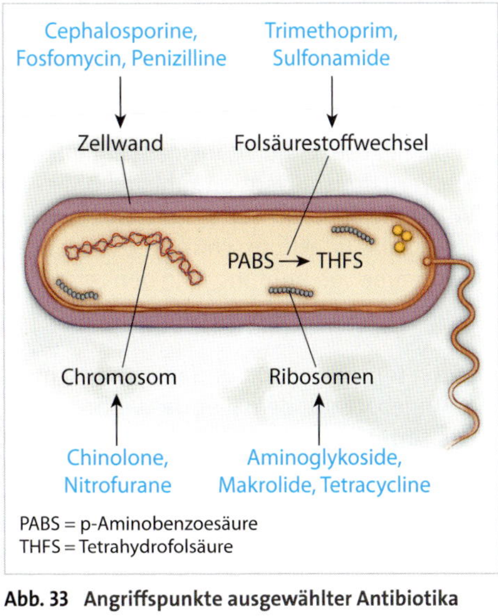

Abb. 33 Angriffspunkte ausgewählter Antibiotika

Bakteriostatische Antibiotika hemmen lediglich das Bakterienwachstum, **bakterizide Antibiotika** können Bakterien abtöten. **Engspektrumantibiotika** wirken gegen wenige, **Breitspektrumantibiotika** gegen viele Bakterienarten.

Am besten werden Antibiotika gezielt nach Erstellung eines Antibiogramms (→ Abb. 31) gegeben. Kann bei schweren Infektionen nicht so lange gewartet werden, werden solche Antibiotika verabreicht, die den verursachenden Erreger mit hoher Wahrscheinlichkeit treffen.

> Antibiotika sind hoch wirksame Medikamente, bei denen die Beachtung der Einnahmevorschriften besonders wichtig ist. Um den Antibiotikaspiegel im Blut immer im wirksamen Bereich zu halten, sollen die Einnahmeabstände möglichst gleich sein, z. B. bei dreimal täglich 8 Stunden, also Einnahme um 6 Uhr, 14 Uhr und 22 Uhr. Weitere Einnahmevorschriften sind der Packungsbeilage zu entnehmen. So dürfen Tetracycline nicht mit Milch oder kalziumreichen Mineralwässern eingenommen werden, da das Antibiotikum einen Komplex mit dem Kalzium bilden und nicht aus dem Darm resorbiert würde. Die Anwendungsdauer darf nicht verkürzt werden (auch wenn die Beschwerden schon weg sind), um die Gefahr eines Rückfalls und von Resistenzproblemen zu minimieren.

Hauptnebenwirkungen von Antibiotika

Antibiotika schädigen nicht nur die krankheitsverursachenden Bakterien, sondern auch harmlose oder gar nützliche Bakterien, sofern sie in ihrem Wirkspektrum liegen. Durch die Beeinträchtigung der normalen Haut- und Schleimhautbakterien kann es insbesondere bei einer Behandlung mit Breitbandantibiotika zu Pilzinfektionen, v. a. **Scheidenpilzinfektionen,** und Durchfällen, sog. **Antibiotika-assoziierte Diarrhö,** kommen.

Wie gegen alle Medikamente sind außerdem Allergien möglich. Einige Antibiotika haben darüber hinaus substanzspezifische Nebenwirkungen, z. B. Beeinträchtigung von Gehör oder Nierenfunktion.

Antiinfektiva:
Arzneimittel gegen Infektionserreger

Abszess:
„Eiterbeule"; von einer Kapsel umschlossene Eiteransammlung, entstanden meist durch eine bakterielle Infektion mit Gewebeuntergang

Antibiotika:
Arzneimittel gegen Bakterien

Virostatika:
Arzneimittel gegen Viren

Antimykotika:
Arzneimittel gegen Pilze

I-13.6 Umgang mit Arzneimitteln

I-13.5.3 Pharmakodynamik: Angriff an Strukturen von Krankheitserregern

Antiparasitika:
Arzneimittel gegen Parasiten

Anthelmintika:
Arzneimittel gegen Würmer

Resistenz:
von Anfang an vorhandene oder erworbene Unempfindlichkeit eines Infektionserregers gegen ein Antiinfektivum

Engspektrumantibiotikum:
gegen wenige Bakterienarten wirksames Antibiotikum

Breitspektrumantibiotikum:
gegen viele Bakterienarten wirksames Antibiotikum

Antibiotikaresistenz: Unempfindlichkeit eines Bakteriums gegenüber einem Antibiotikum

Wirkungslücke (eines Antibiotikums): primäre, d. h. von Anfang an vorhandene Resistenz einer Bakterienart gegenüber einem Antibiotikum

Konjugation: Übertragung von Plasmiden und damit genetischer Information zwischen Bakterien über eine Zytoplasmabrücke

Multiresistenz: Mehrfachresistenz; Unempfindlichkeit eines Bakteriums gegenüber mehreren Antibiotika

nosokomiale Infektion: Infektion, die in zeitlichem Zusammenhang mit einer medizinischen Maßnahme erworben wird, egal ob in einem Krankenhaus oder einer Arztpraxis; oft opportunistische Infektion (→ 8.5.2)

Seite der BZgA zu Infektionen/Infektionsschutz: *www.infektionsschutz.de*

Weltgesundheitsorganisation: *www.who.int*

Antibiotikaresistenzen

Kann ein Antibiotikum einem Bakterium nicht schaden, liegt Antibiotikaresistenz vor.

Die Resistenz kann alle Bakterien dieser Art umfassen. Man spricht von **primärer Resistenz** bzw. **Wirkungslücke** des Antibiotikums. So sind z. B. E.-coli-Bakterien generell nicht empfindlich gegenüber Penizillin.

Meist ist jedoch die **sekundäre Resistenz** gemeint, d. h. die Wirkungslosigkeit des Antibiotikums bei an sich empfindlichen Bakterien. Sie kann zu Beginn der Behandlung bereits vorhanden sein oder erst während der Behandlung entstehen, entweder durch Mutation oder durch Übertragung von Plasmiden zwischen Bakterien über eine Zytoplasmabrücke. Dieser Vorgang heißt **Konjugation.**

Die sekundäre Resistenz kann auf verschiedenen Mechanismen gründen, v. a.:

- verändertes Eindringen des Antibiotikums in das Bakterium
- veränderte Zielstruktur im Bakterium
- Inaktivierung des Antibiotikums
- Umgehung des durch das Antibiotikum blockierten Stoffwechselschritts
- Herauspumpen des Antibiotikums aus der Zelle

Sind Bakterien gegen mehrere (bestimmte) Antibiotika resistent, liegt eine Mehrfach- oder **Multiresistenz** vor.

Antibiotikaresistenzen zählen zu den größten globalen Gesundheitsbedrohungen. Die Problematik ist eng mit der Tiergesundheit und der Umwelt verknüpft. 2019 standen fast 5 Millionen Todesfälle weltweit im Zusammenhang mit Antibiotikaresistenzen, davon waren mindestens 1,27 Millionen direkt dadurch bedingt. Für Deutschland lagen die Zahlen bei ca. 9650 bzw. 45 700 (IHME, Robert Koch-Institut 2022). Vielfach handelt es sich um **nosokomiale Infektionen.**

Die wohl bekanntesten resistenten Erreger sind MRSA (→ 8.6).

8.5.9 Infektionsprävention

Anfang 2020 führte das Coronavirus SARS-CoV-2 ausgehend von China innerhalb weniger Wochen zur COVID-19-Pandemie (COVID-19 → 8.7). Unter dem Eindruck exponentiell ansteigender Infektionszahlen und massiv überforderter Gesundheitssysteme wurden weltweit massive Einschränkungen des Alltagslebens beschlossen, um die weitere Verbreitung des Virus zu bremsen. Tragen Sie die wichtigsten Maßnahmen zusammen. Wie haben Sie diese Zeit erlebt, welche Probleme sind in Ihrem Umfeld aufgetreten, welche Folgen sind heute noch spürbar?

Infektionsprävention hat die Vorbeugung von Infektionskrankheiten zum Ziel.

Infektionsprävention geht jeden an:

- Eine gute Alltagshygiene des Einzelnen minimiert die Weitergabe pathogener Bakterien.
- Bei erhöhtem Infektionsrisiko, etwa in Kindertagesstätten oder medizinischen Einrichtungen, müssen Einrichtung, Betreiber, Beschäftigte, Betreute und Besuchende, zusätzliche Vorschriften einhalten.
- Verantwortlich u. a. für Wasser- und Abfallhygiene sind vor allem die Kommunen.
- Der Gesetzgeber ist gefordert, den rechtlichen Rahmen zu schaffen. Ein Beispiel ist hier das Infektionsschutzgesetz.
- Auch nationale und internationale Institutionen wie etwa die Bundeszentrale für gesundheitliche Aufklärung (BZgA) oder die Weltgesundheitsorganisation (WHO) sind an der Infektionsprävention beteiligt, etwa durch Aufklärung von Bevölkerung, aber auch medizinisch Tätigen z. B. über Infektionskrankheiten, Übertragungswege, Hygiene und Impfungen.

Aus dieser Aufzählung wird schon deutlich, dass sowohl **Verhältnis-** als auch **Verhaltensprävention** (→ I-9.1.1) an der Infektionsprävention beteiligt sind und oft ineinandergreifen:

- Zur Verhältnisprävention zählen z. B. die Wasserhygiene, die Lebensmittelüberwachung, das Infektionsschutzgesetz oder die Aufnahme von Impfungen in den Leistungskatalog der gesetzlichen Krankenkassen.
- Verhaltensprävention umfasst ungerichtete Angebote mit dem Ziel, das Verhalten des Einzelnen zu ändern, etwa Plakate zu Impfungen.

Alltagshygiene

Alltagshygiene ist ein unscharf definierter Begriff. Er umfasst üblicherweise die Verhaltensregeln, die jeder Einzelne auch ohne besondere Gefährdung im Alltag beachten soll, um Gesundheitsrisiken zu minimieren.

Händehygiene

Einer der wichtigsten Punkte in praktisch allen Bereichen: die Händehygiene.

Die Hände sind wohl das beliebteste „Transportmittel" für Infektionserreger (→ 8.5.2). Entsprechend ist regelmäßiges **Händewaschen** mit Wasser und Seife (→ Abb. 34) eine der wichtigsten Hygienemaßnahmen.

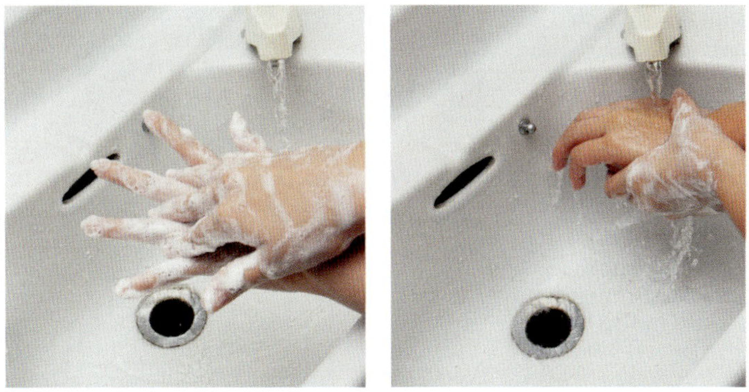

Hände nass machen, ausreichend Seife nehmen und durch Reiben verteilen, auch an Fingerkuppen und in Fingerzwischenräumen (Zeitbedarf ca. 20–30 Sekunden)

Seife gut abwaschen und Hände mit einem Einmalhandtuch gründlich abtrocknen

Abb. 34 Extrem wichtig und oft vernachlässigt – das Händewaschen

Die Hände sollen gewaschen werden:

- bei sichtbarer Verschmutzung
- nach dem Heimkommen aus der Schule, dem Büro, vom Einkaufen usw.
- nach Gartenarbeit
- nach Müllentsorgung
- nach dem Toilettengang
- nach Tierkontakten
- nach anderen (möglichen) Erregerkontakten, z. B. durch Niesen, Kontakt mit Kranken
- vor der Essenszubereitung, je nach verarbeiteten Lebensmitteln auch zwischendurch
- vor dem Essen

Nach dem Waschen werden die Hände gut abgetrocknet und je nach Hautbeschaffenheit mehrfach am Tag eingecremt, da bei rissiger Haut deren Barrierefunktion (→ 8.2.2) beeinträchtigt ist.

Händedesinfektion hingegen ist im häuslichen Bereich nur in Sonderfällen nötig, etwa bei abwehrgeschwächten Menschen oder Erkrankungen im gleichen Haushalt.

Küchen- und Lebensmittelhygiene

Durch Lebensmittel können Infektionserreger übertragen werden. Diese können schon beim Einkaufen auf oder im Lebensmittel gewesen sein (z. B. bei fäkalgedüngtem Gemüse) oder erst durch Verarbeitung bzw. Zubereitung darauf gelangen (z. B. wenn der Koch Erreger an den Händen hat). Daher gilt:

- Ab dem Einkauf auf Einhalten der Kühlkette achten, ggf. Kühlbox mitnehmen.
- Kühl-/Gefrierschrank auf die richtige Temperatur stellen (maximal 6 °C bzw. -18 °C).
- Auf Sauberkeit in der Küche achten: Flächen einschließlich Kühlschrank regelmäßig reinigen, möglichst heiß spülen, unterschiedliche Lappen/Trockentücher für Besteck/Geschirr und Arbeitsflächen verwenden. Lappen regelmäßig bei mindestens 60 °C waschen, Spülbürsten in die Spülmaschine geben. Schwämme, falls überhaupt verwendet, in engen Abständen wechseln. Lappen, Bürsten und Schwämme nach Gebrauch so legen/hängen, dass sie austrocknen. Verschüttete, evtl. erregerhaltige Flüssigkeiten oder Speisereste vor dem Reinigen mit Papiertuch aufnehmen und sofort in den Abfall entsorgen.
- (Halb)rohes Fleisch/Geflügel, Fisch, Eier so aufbewahren, dass sie nicht in Kontakt mit anderen Lebensmitteln kommen.
- Kochutensilien und Flächen, die mit (halb) rohen tierischen Produkten in Kontakt gekommen sind (→ Abb. 35), vor weiterer Benutzung mit möglichst heißem Wasser und Spülmittel säubern, Hände waschen.
- Gefährdete Speisen gründlich durchgaren. Beim Garen oder Wärmen in der Mikrowelle darauf achten, dass alle Bereiche der Speise lange genug erhitzt wurden.
- Speisen nicht lange warm halten („Wohlfühltemperatur" der Bakterien). Heiße Speisen schnell abkühlen lassen, im Kühlschrank kalt stellen und aufwärmen.
- Obst, Salat und Gemüse gründlich unter fließendem Wasser waschen, vor allem wenn sie zum Rohverzehr gedacht sind.
- Alle kleingeschnittenen/zerkleinerten Lebensmittel bald essen oder im Kühlschrank lagern, da die große Oberfläche Mikroorganismen eine große Fläche bietet.

I-9.3.1 Hygiene in der Lebenswelt Schule

Hygiene:
Lehre von der Förderung der menschlichen Gesundheit und der Verhütung von Krankheit (sowohl des Einzelnen als auch der Allgemeinheit), insb. der Vermeidung schädigender äußerer Einflüsse; unterteilt in sich teils überlappende Teilbereiche, z. B. Infektions-, Krankenhaus-, Lebensmittel-, Umwelt-, Ab-/Trinkwasserhygiene

Desinfektion:
so weitgehende Reduktion von Infektionserregern durch Abtöten oder Inaktivieren, dass eine Infektion unwahrscheinlich ist

AHA+L-Regel: Verhaltensregeln zum Schutz vor durch Tröpfchen übertragbaren Infektionen, bestehend aus Abstandhalten, Einhalten von Hygieneregeln, Tragen von Maske im Alltag und Lüften

räumliche Distanzierung: (nicht ganz korrekt) social distancing; Abstandhalten und Vermeiden körperlicher Kontakte, um die Ausbreitung ansteckender Infektionskrankheiten zu minimieren

Hustenetikette: Hustenhygiene; alle Maßnahmen zur Verhinderung einer Infektion anderer beim Husten oder Niesen

Dispositionsprophylaxe: alle Maßnahmen, welche die Empfänglichkeit des Einzelnen für eine Infektionserkrankung herabsetzen, z. B. Verbesserung des allgemeinen Gesundheitszustands, Impfung

I-3.4.6 Einflussfaktoren auf die Gesundheit durch die COVID-19-Pandemie

Abb. 35 Nebeneinander von rohem Fleisch und Salat oder Gemüse – ein häufiges Problem der Küchenhygiene

„Verschärfte" Regeln gelten u. a. für Schwangere. Sie sollen wegen der Gefahr v. a. einer Listerien- und Toxoplasmenübertragung insbesondere keine (halb)rohen tierischen Produkte essen, z. B. auch keine Salami.

Toilettenhygiene

Da normale Darmkeime an anderen Körperstellen zu einer Erkrankung führen können und etliche Infektionserreger mit dem Stuhl ausgeschieden werden, soll eine Verschleppung von Stuhl vermieden werden:

- Toilettenspülung bei geschlossenem Deckel betätigen, damit keine erregerhaltigen Tröpfchen/Aerosole in den Raum gelangen.
- Nach dem Toilettengang Hände waschen, zum Abtrocknen möglichst personenbezogene Handtücher verwenden, diese regelmäßig waschen.
- Beim Putzen separaten Lappen/Einmallappen fürs WC benutzen. Desinfektionsmittel sind zu Hause nur in Sonderfällen nötig.

Weitere Problembereiche der Alltagshygiene

Insbesondere im Winterhalbjahr häufen sich Atemwegsinfektionen. Folgende Maßnahmen, bekannt geworden in der COVID-19-Pandemie als **AHA-L-Regel,** schützen vor allen Infektionen, deren Erreger durch Tröpfchen oder über die Luft übertragen werden:

- **A**bstand halten, mind. 1,5 m (→ Abb. 36)
- **H**ygieneregeln einhalten, v. a. die zur Hände- und **Hustenhygiene** (Hustenetikette); Hustenhygiene meint das Abstandhalten oder zumindest Wegdrehen von anderen beim Husten/Niesen und das Husten/Niesen in ein Papiertaschentuch oder, falls nicht verfügbar, in die Armbeuge; benutzte Papiertaschentücher baldmöglichst in den Abfall werfen; nach dem Husten/Niesen Hände waschen
- Im **A**lltag Maske tragen (medizinische oder FFP2-Maske)
- **L**üften, also regelmäßiges Stoß- und Querlüften zur Verminderung der Erregerkonzentration in der Luft

Abb. 36 Räumliche Distanzierung – während der COVID-19-Pandemie vorgeschrieben; einige Maßnahmen sind zum Schutz vor Atemwegsinfektionen weiter sinnvoll

Tiere tun vielen Menschen zweifellos gut. Ein paar **Hygieneregeln im Umgang mit Tieren** sind aber sinnvoll.

- Das Tier soll gesund sein, z. B. regelmäßig entwurmt werden. Bei Krankheitszeichen soll baldmöglichst ein Tierarzt aufgesucht werden.
- Verfüttern rohen Fleisches an Hunde oder Katzen liegt im Trend, ist aber gesundheitlich bedenklich. Rohes Fleisch enthält nicht selten Krankheitserreger. Das Tier kann diese weitergeben, ohne selbst zu erkranken.
- Tiere sollen nicht geküsst, ins Bett mitgenommen werden o. Ä. Nach Kontakt mit dem Tier oder Tierutensilien sollen die Hände gewaschen werden.
- Die Einstreu von Käfigen, Tiertoiletten u. a. wird regelmäßig gewechselt, Tierutensilien werden sauber gehalten.
- Bei Kratzern durch Tiere empfiehlt sich eine Hautdesinfektion, Tierbisse müssen ärztlich versorgt werden.
- Das Tier hat in der Nähe von Lebensmitteln für Menschen nichts zu suchen.
- Besondere Vorsicht ist bei unbekannten Tieren geboten (nicht anfassen).
- Für Schwangere gelten „verschärfte" Regeln.

Bei der **Hygiene auf Reisen** ist maßgeblich, wohin und wie man reist. Generell gelten die gleichen Regeln wie zu Hause. Bei Reisen in Länder mit schlechterem Hygienestandard sollte besonderes Augenmerk auf Wasser und Lebensmitteln liegen:

- Wasser vorher abkochen oder zum Zähneputzen, zur Teezubereitung usw. Trinkwasser aus der Flasche benutzen. Im Restaurant kein Wasser aus Karaffen, sondern nur aus originalverschlossenen Flaschen trinken. Eiswürfel ablehnen bzw. entfernen.
- Beim Essen die Regel „Cook it, boil it, peel it or forget it" beachten.

Impfungen

Neben der allgemeinen Hygiene sind Impfungen (→ 8.2.5), insbesondere die aktive Immunisierung, eine wesentliche Säule der Infektionsprävention. Impfungen gehören zur **Dispositionsprophylaxe.**

Welche Impfungen sinnvoll sind, hängt von den individuellen Risiken ab. Für Deutschland gibt die Ständige Impfkommission beim Robert Koch-Institut (STIKO) jährlich aktualisierte Impfempfehlungen heraus. **Standardimpfungen** werden für alle Menschen einer Altersgruppe empfohlen. Hierzu zählen z. B. die Impfungen gegen Diphtherie, Tetanus und Polio (Kinderlähmung), aber auch COVID-19. **Indikationsimpfungen** sind Impfungen bei erhöhtem Erkrankungs- oder Komplikationsrisiko oder zum Schutz anderer, etwa die Hepatitis-A-Impfung bei Beschäftigten im Gesundheitswesen, die Typhus-Impfung vor einer Fernreise oder die Pneumokokken-Impfung bei einem herzkranken jungen Mann. Die empfohlenen Impfungen sind Pflichtleistungen der gesetzlichen Krankenkassen. Ausnahme sind privat bedingte Reiseimpfungen.

Impfungen gegen nur von Mensch zu Mensch übertragbare Erkrankungen, z. B. die Masern-Mumps-Röteln-Impfung, können nicht nur den Geimpften, sondern auch andere schützen: Die **Herdenimmunität** (→ I-9.5.2) schützt Menschen, die nicht geimpft werden können, etwa Abwehrgeschwächte.

Die WHO hat sich u. a. die Ausrottung der Masern als Ziel gesetzt. Es wird angenommen, dass hierzu 95 % der Bevölkerung immun sein müssen. Als Indikator werden die Impfquoten genutzt. 2019 lag die Impfquote der zweiten Masernimpfung bei Schulanfängern bei ca. 93 %. (Robert Koch-Institut 2023a). Das Impfziel wurde somit nicht erreicht. Seit 2020 wurde zwar weniger als ein Masernfall pro Million Einwohner registriert, wahrscheinlich ist dies aber durch die Maßnahmen gegen die COVID-19-Pandemie mitbedingt (Robert Koch-Institut 2023b). Seit März 2020 gilt für Kinder und Angestellte in Kindergärten, Schulen und anderen Gemeinschaftseinrichtungen sowie für Mitarbeitende in Krankenhäusern und Arztpraxen eine Impfpflicht für Masern.

Krankenhaushygiene

In medizinischen Einrichtungen sind strengere Hygieneregeln erforderlich als zu Hause: Es finden sich dort mehr und gefährlichere Krankheitserreger als im häuslichen Umfeld und die Kranken sind aufgrund ihrer Grunderkrankung und/oder medizinischer Maßnahmen stärker infektions- und komplikationsgefährdet.

Krankenhaushygiene bezeichnet nicht nur die Hygiene in Krankenhäusern, sondern in allen medizinischen Einrichtungen. Ziel ist die Minimierung nosokomialer Infektionen.

Nach dem seit 2001 geltenden Infektionsschutzgesetz müssen Einrichtungen des Gesundheitswesens, aber auch Kindergemeinschaftseinrichtungen, Gemeinschaftsunterkünfte und Justizvollzugsanstalten über „innerbetriebliche Verfahrensweisen zur Infektionshygiene" verfügen, festgelegt in **Hygieneplänen.** Rechtsverordnungen der Bundesländer regeln die Umsetzung, z. B.:

- bauliche Anforderungen
- personelle Anforderungen, etwa Einrichtung einer **Hygienekommission,** Einstellung von **Hygienefachpersonal**
- Personalschulungen
- Erkennung und Erfassung nosokomialer Infektionen

Grundsätzlich ist die Form des Hygieneplans frei. Inhaltlich sind aktuelle Leitlinien und die Empfehlungen der Kommission für Krankenhaushygiene und Infektionsprävention (KRINKO) beim Robert Koch-Institut zu berücksichtigen.

Basishygiene

In medizinischen Einrichtungen gibt es Hygienerichtlinien, die ausnahmslos immer gelten,

Herdenimmunität: Schutz der wenigen nicht-immunen Personen in einer Bevölkerung vor einem Infektionserreger, wenn fast alle Menschen dieser Bevölkerung immun sind und dadurch die Infektionskette unterbrochen wird

BZgA-Seite zum Impfen: *www.impfen-info.de/*

Impfungen in Europa: *https://vaccine-schedule.ecdc.europa.eu/*

I-9.2.5 SGB V § 20i: Primäre Prävention durch Schutzimpfungen, STIKO-Impfempfehlungen

Standardimpfung: für alle Menschen einer Altersgruppe empfohlene Impfung

Indikationsimpfung: aufgrund erhöhter Gefährdung empfohlene Impfung

Hygieneplan: schriftliche Anweisungen zu Hygienemaßnahmen zur Vorbeugung und Eindämmung von Infektionen einschließlich der Dokumentation der durchgeführten Maßnahmen

Deutsche Gesellschaft für Krankenhaushygiene e. V.: *www.krankenhaushygiene.de*

I-9.5.2 Nutzen und Risiken der Gesundheitsförderung: Impfpflicht am Beispiel Masern

Seite des Robert Koch-Instituts zur Krankenhaushygiene: *www.rki.de/DE/Content/Infekt/Krankenhaushygiene/krankenhaushygiene_node.html*

Hygienekommission:
in Krankenhäusern o. ä. Einrichtungen obligate Kommission aus Angehörigen mehrerer Berufsgruppen, zuständig u. a. für Erstellung des Hygieneplans, Hygiene-Fortbildungen des Personals, Dokumentation von nosokomialen Infektionen und resistenten Erregern

aseptisch:
ohne Beteiligung von Erregern

persönliche Schutzausrüstung:
PSA; von einem Menschen getragene Schutzausrüstung zur Vorbeugung vor Gesundheitsgefahren, hier Infektionen

„Aktion saubere Hände": *www.aktion-sauberehaende.de*

da auch Menschen ohne Symptome von Infektionserregern besiedelt oder infiziert sein können. Diese Standard- oder **Basishygiene** dient dem Schutz von Patienten, Besuchern und Personal vor Infektionen. Sie sollte wie die Alltagshygiene zu Hause „in Fleisch und Blut übergehen".

Kernpunkte sind v. a. (Kommission für Krankenhaushygiene und Infektionsprävention 2015):

- **Händehygiene:** Eine **hygienische Händedesinfektion** (→ Abb. 37) ist nötig:
  - vor Kontakt mit dem Patienten
  - vor aseptischen Maßnahmen wie etwa Blutentnahmen, Injektionen und anderen Punktionen
  - nach Kontakt mit dem Patienten
  - nach Kontakt mit seiner unmittelbaren Umgebung
  - nach Kontakt mit Körperflüssigkeiten oder anderen möglicherweise infektiösen Materialien
  - auch wenn Handschuhe getragen wurden

  Eine spezielle Technik ist nicht vorgeschrieben, maßgeblich ist, dass in allen Bereichen der Hand die erforderliche Einwirkzeit nach Herstellerangaben erreicht wird.
- **Barrieremaßnahmen:** Die **persönliche Schutzausrüstung (PSA)** ist ein mechanisches Hindernis für Infektionserreger. Sie umfasst:
  - (nicht-sterile) **Einmalhandschuhe,** zu tragen bei möglichem Kontakt zu nicht-intakter Haut, Schleimhäuten, Körperflüssigkeiten, kontaminierten Flächen
  - **Schutzkleidung** (Schutzkittel, Schürze), zu tragen patientenbezogen über der Arbeitskleidung bei möglichem Erregerkontakt der Kleidung
  - **Mund-Nasen-, Augenschutz** bei eventuellem Verspritzen erregerhaltigen Materials
- regelmäßige **Flächendesinfektion**
- fachgerechte **Aufbereitung von Medizinprodukten**
- **Wäschehygiene,** z. B. mindestens wöchentlicher Wechsel der Bettwäsche, Waschen der gesamten Wäsche mit desinfizierenden Verfahren
- korrekter Umgang mit Geschirr
- Hygiene bei den jeweiligen medizinischen Maßnahmen, z. B. Punktionen

Bei engem Patientenkontakt wird kurzärmelige Arbeitskleidung („bare below elbows") als günstig angesehen.

An Händen und Unterarmen darf kein Schmuck getragen werden, auch kein Ehering. Fingernägel sollen kurz sein, lange Haare zusammengebunden.

Die 5 Momente der Händehygiene

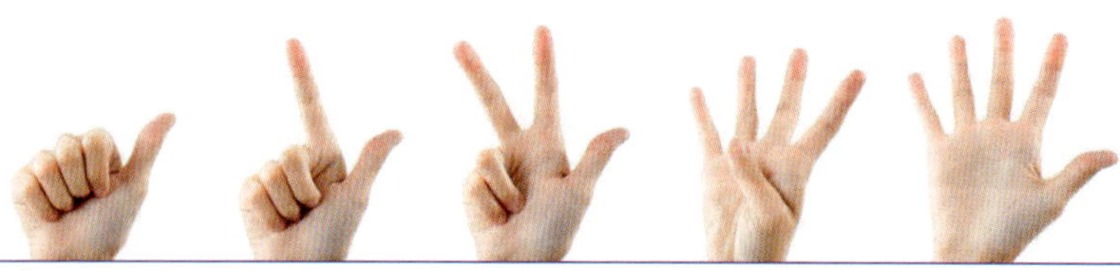

Wann?				
VOR Kontakt mit Patienten/Bewohnern	**VOR** aseptischen Tätigkeiten	**NACH** Kontakt mit potenziell infektiösen Materialien	**NACH** Kontakt mit Patienten/Bewohnern	**NACH** Kontakt mit der direkten Umgebung des Patienten/Bewohners*
Warum?				
Schutz der Patienten/Bewohner vor einer Übertragung pathogener Keime	Schutz der Patienten/Bewohner vor einer Übertragung pathogener Keime und dem Eintrag patienten-/bewohnereigener Keime in den Körper	Schutz des Personals und der Umgebung vor pathogenen Erregern, Schutz nachfolgender Patienten/Bewohner	Schutz des Personals und der Umgebung vor pathogenen Erregern, Schutz nachfolgender Patienten/Bewohner	Schutz des Personals und der Umgebung vor pathogenen Erregern, Schutz nachfolgender Patienten/Bewohner

Eigenverantwortliche Einreibmethode – bessere Benetzung.

Zur hygienischen Händedesinfektion Präparat in die trockene, hohle Hand (ca. 2 Hübe, 3 ml) geben und sorgfältig über die gesamte Einwirkzeit hinweg bis zu den Handgelenken kräftig einreiben. Hände über die gesamte Einwirkzeit feucht halten. Bei der Desinfektion gezielt die Fingerkuppen und Handflächen, insbesondere die Daumenpartien und Zwischenräume, behandeln.

Abb. 37 Hygienische Händedesinfektion

Erweiterte Maßnahmen

Zusätzliche Maßnahmen sind bei Patienten mit Infektionskrankheiten, aber auch Abwehrschwäche nötig. Bei Patienten mit Infektionskrankheiten hängen sie z. B. von Übertragungsweg und Gefährlichkeit der Erkrankung ab, resistente Erreger wie etwa MRSA (→ 8.6) erfordern ebenfalls zusätzliche Maßnahmen.

Eigenschutz im Gesundheitswesen

Eine Besonderheit des Arbeitsschutzes im Gesundheitswesen ist die Notwendigkeit des Infektionsschutzes der Beschäftigten, vor allem:

- Einhaltung der Basis- und ggf. erweiterten Hygienemaßnahmen
- konsequenter Hautschutz, da die Haut der Hände in besonderem Maße belastet ist und Hautrisse gleichzeitig Eintrittspforte für Erreger sind
- korrekter Umgang mit möglicherweise erregerhaltigen Materialien, z. B. Blutproben
- Indikationsimpfungen, z. B. gegen Hepatitis A, B
- Schutz vor **Nadelstichverletzungen;** zu nennen sind hier besonders die konsequente Nutzung von Sicherheitsgeräten, z. B. von Kanülen, bei denen nach der Blutabnahme ein Schild über die Nadel gelegt wird, und die sofortige Entsorgung benutzter Instrumente ohne Recapping (Zurückstecken in die Schutzhülle); ist es dennoch zu einer Nadelstichverletzung oder einem Schleimhautkontakt mit infektiösem Material gekommen, muss nach der Ersten Hilfe unverzüglich der Betriebsarzt aufgesucht werden

Infektionsschutzgesetz

Ziel des 2001 in Kraft getretenen Infektionsschutzgesetzes (IfSG) ist es, übertragbaren Krankheiten beim Menschen vorzubeugen, Infektionen frühzeitig zu erkennen und ihre Weiterverbreitung zu verhindern. Es hat somit v. a. präventiven Charakter. Das Infektionsschutzgesetz gilt bundesweit und kann durch Länderverordnungen der Bundesländer ergänzt werden.

Das Infektionsschutzgesetz regelt insbesondere:

- die **Meldepflicht** (→ I-10.6.3) bei bestimmten Infektionserkrankungen, Infektionserregern, Ausbrüchen, nosokomialen Infektionen, resistenten Erregern
- die Möglichkeit weiterer epidemiologischer Überwachungen
- die Ermächtigungen zu Maßnahmen der Gefahrenabwehr einschließlich ggf. erforderlicher Einschränkungen der Grundrechte
- Prävention, Diagnostik und Therapie von nosokomialen Infektionen und Infektionen mit resistenten Erregern
- die Verpflichtung zu Maßnahmen der Hygiene und der Infektionsprophylaxe (z. B. Hygienepläne) seitens medizinischer und Gemeinschaftseinrichtungen
- wichtige Fragen zu Impfempfehlungen, Impfungen, Impfschäden
- die Möglichkeit der Beobachtung von Personen, von Quarantäne und Tätigkeitsverboten bei bestimmten Infektionskrankheiten
- Besuchs-/Tätigkeitsverbote von/in Gemeinschaftseinrichtungen bei bestimmten Infektionskrankheiten
- Anforderungen an Trink- und Schwimmbeckenwasser, Abwasser
- Pflichten der Gesundheitsämter, z. B. bei Beratung und Belehrung

Medizinprodukt:
Produkt zur diagnostischen oder therapeutischen Anwendung am Menschen, das v. a. physikalisch wirkt, z. B. Implantate, Katheter

Nadelstichverletzung:
jede Hautverletzung durch mit Patientenmaterial verunreinigte, stechende oder schneidende Instrumente, z. B. Kanülenstich

Infektionsschutzgesetz:
www.gesetze-im-internet.de/ifsg/index.html

Meldepflicht (bei Infektionen):
Verpflichtung von Ärzten und Angehörigen anderer Gesundheitsfachberufe, das Auftreten bestimmter Infektionen/Erreger unter Mitteilung festgelegter Angaben an das örtliche Gesundheitsamt zu melden

Quarantäne:
zeitlich befristete Isolierung von Menschen oder Tieren bei Möglichkeit oder Vorhandensein bestimmter ansteckender Infektionen

Technische Regel für Biologische Arbeitsstoffe im Gesundheitswesen und in der Wohlfahrtspflege (TRBA 250):
www.baua.de/DE/Angebote/Regelwerk/TRBA/TRBA-250.html

Aufgrund der COVID-19-Pandemie wurden den Menschen in Deutschland 2020 vonseiten des Bundes und der Länder für mehrere Wochen bzw. Monate Beschränkungen in bis dahin nicht bekanntem Ausmaß auferlegt, z. B. Schließung von Bildungseinrichtungen, Sportstätten, Geschäften, Hotels, Restaurants, Besuchsverbot in Pflegeeinrichtungen, Versammlungs- u. a. Kontaktverbote, später Maskenpflicht in Geschäften, im öffentlichen Personenverkehr und in Schulen (→ Abb. 36).

Wesentliche gesetzliche Grundlage dafür war das bis dahin abgesehen von den Meldepflichten eher unbekannte Infektionsschutzgesetz, insbesondere die §§ 28 und 32. Das Infektionsschutzgesetz erlaubt zur Bekämpfung von Infektionskrankheiten ausdrücklich Veranstaltungs- und Versammlungsverbote, die Schließung von Gemeinschaftseinrichtungen sowie weitere Ge- und Verbote auch durch Rechtsverordnungen. Dazu dürfen die Grundrechte der Freiheit der Person, der Freizügigkeit, der Versammlungsfreiheit, der Unverletzlichkeit der Wohnung und des Brief- und Postgeheimnisses eingeschränkt werden.

AUFGABEN

1. *Erstellen Sie eine Kurzcharakterisierung von Bakterien, Viren, Pilzen und Parasiten in Stichwort- oder Tabellenform. Nennen Sie für jeden Erreger jeweils ein Beispiel.*

2. *Unterscheiden Sie obligat und fakultativ pathogene Mikroorganismen.*

3. *Nennen und beschreiben Sie drei mögliche Übertragungswege von Infektionserregern.*

4. *Unterscheiden Sie Epidemie und Pandemie.*

5. *Erläutern Sie den Begriff Inkubationszeit.*

6. *Beschreiben Sie die Möglichkeiten, den Erreger einer Infektionskrankheit festzustellen. Nennen Sie jeweils ein Beispiel.*

7. *Definieren Sie Antibiotika und erläutern Sie ihre Wirkweise.*

8. *Sie haben seit zwei Tagen etwas Halsschmerzen, Husten, Schnupfen, Kopfschmerzen, das Thermometer zeigt knapp unter 38 °C. Ihre Nachbarin bietet Ihnen einen Rest ihrer Antibiotikatabletten an. Die habe sie im letzten Winter vom Hausarzt gegen ihre eitrige Bronchitis verschrieben bekommen, aber nicht alle aufgebraucht, die Beschwerden seien schnell wieder weg gewesen. Die würden bestimmt helfen und seien auch noch haltbar, da könnten Sie sich die Rezeptgebühr sparen. Entscheiden Sie, ob Sie dieses Angebot annehmen möchten, und begründen Sie Ihre Entscheidung.*

9. *Analysieren Sie Ihr eigenes Verhalten beim Einkaufen und Kochen in Bezug auf Hygieneschwachpunkte.*

10. *Ihre Nachbarin steht Impfungen äußerst kritisch gegenüber. Statt zur Impfung sei sie mit ihrer kleinen Tochter damals zur Masernparty gegangen, das fördere eine gesunde Durchseuchung, sei nicht mit Impfnebenwirkungen und -schäden verbunden und die Krankheitserfahrung lasse das Kind psychisch reifen. Mit Mumps habe sie es genauso gemacht. Beurteilen Sie diese Haltung und entwickeln Sie Gegenargumente, die Sie der Nachbarin gegenüber anführen können.*

11. *Erklären Sie Verhaltens- und Verhältnisprävention am Beispiel Händedesinfektion.*

12. *Erkundigen Sie sich in einer Allgemeinarztpraxis, Zahnarztpraxis, Pflegeeinrichtung oder einem Akutkrankenhaus (Bettenstation) nach dem Hygieneplan.*

13. *Es gibt verschiedene Formen der Virushepatitis (viral verursachte Leberentzündung). Informieren Sie sich über die Hepatitis A und B. Erstellen Sie Kurzcharakteristiken mit besonderem Augenmerk auf Übertragungswegen und Präventionsmöglichkeiten.*

8.6 Staphylokokkeninfektionen: MRSA

Frau Müller möchte ihre Mutter im Krankenhaus besuchen, wie fast jeden Tag in den letzten Wochen. Dass sie aber auch unbedingt die Gardinen hat selbst abnehmen wollen, wo sie doch schon lange mit Schwindel, ihrem Herz und dem Diabetes zu kämpfen hat! Erst die Operation der Brüche, dann durch das Liegen eine Lungenentzündung, die ganze Zeit der Blasenkatheter, und vor ein paar Tagen war auch noch eine Naht wieder aufgegangen. Frau Müller biegt um die Ecke und sieht ein Schild an der Zimmertür: „Besucher bitte vor Betreten des Patientenzimmers beim Pflegepersonal melden!" Das kann doch nichts Gutes bedeuten! Was ist denn jetzt schon wieder?

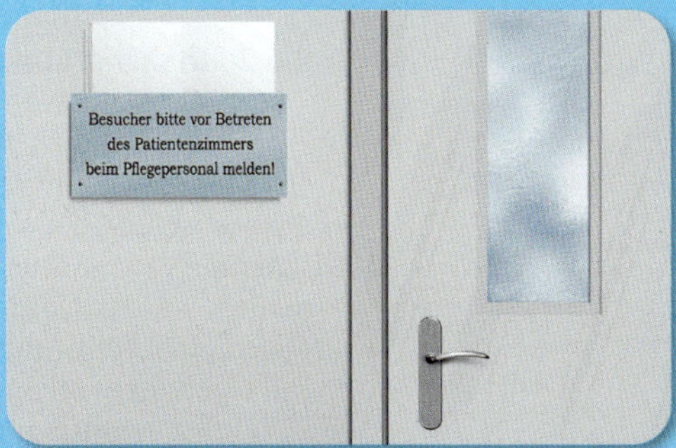

Überlegen Sie, welche Gründe es geben kann, ein solches Schild aufzuhängen.

Staphylokokken sind grampositive Kugelbakterien, die meist paarweise oder in Haufen zusammenliegen (→ Abb. 38). Die Unterart **Staphylococcus aureus** ist fakultativ pathogen.

Staphylokokken: grampositive Kugelbakterien, die oft in Haufen zusammenliegen

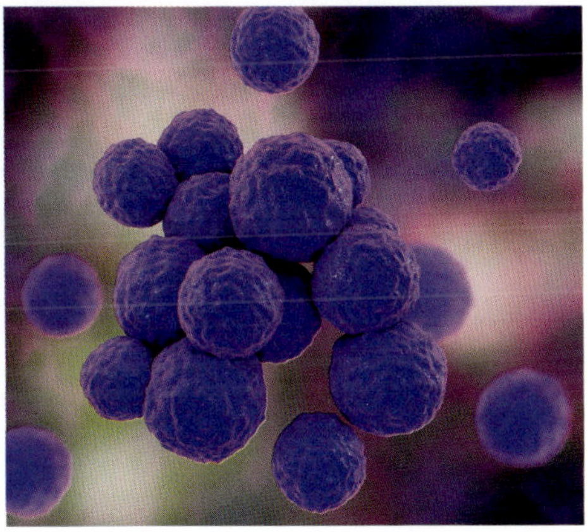

Abb. 38 MRSA im kolorierten rasterelektronenmikroskopischen Bild

MRSA steht kurz für methicillinresistenter Staphylococcus aureus. Da ein Teil der Stämme noch gegen weitere Antibiotika resistent ist, wird oft auch von multiresistentem Staphylococcus aureus gesprochen.

8.6.1 Vorkommen

Wenn von MRSA die Rede ist, sind in der Regel die mit Gesundheitseinrichtungen assoziierten **ha-MRSA** gemeint. In Europa zeigten 2022 8,9 % der untersuchten Staphylokokkenisolate eine Resistenz gegen eines der getesteten Antibiotika (davon 3,3 % gegen Methicillin, → Abb. 39) und 9,1 % gegen zwei oder drei Antibiotikagruppen (European Centre for Disease Prevention and Control 2023).

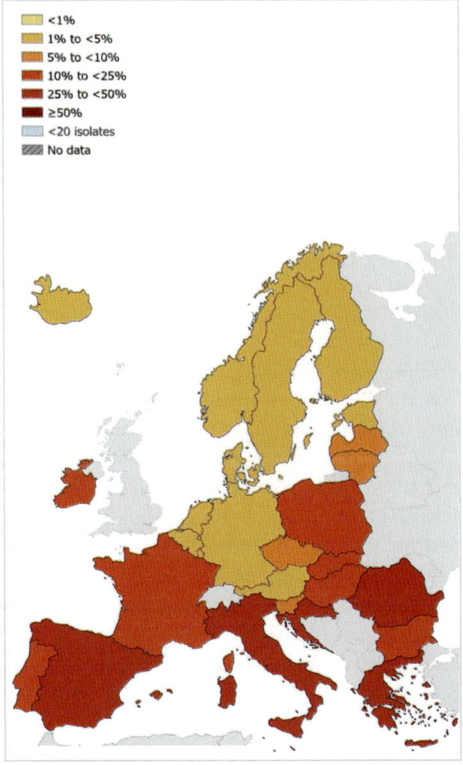

Abb. 39 MRSA in Europa; Anteil der nur gegen Methicillin resistenten invasiven Staphylokokkenisolate in Prozent

MRSA: methicillin-, oft multiresistenter Staphylococcus aureus (Methicillin ist ein bestimmtes Antibiotikum)

Seite der BZgA zu MRSA: *www.infektionsschutz.de/erregersteckbriefe/mrsa*

ha-MRSA: hospital acquired MRSA, health care-associated MRSA, nosokomiale MRSA; mit dem Kontakt zu medizinischen Einrichtungen verbundene MRSA

ca-MRSA:
community acquired MRSA; MRSA ohne Bezug zu Gesundheitseinrichtungen

la-MRSA:
livestock associated MRSA; mit der Tiermast verbundene MRSA

Darüber hinaus gibt es die **ca-MRSA** ohne Bezug zu Gesundheitseinrichtungen sowie die **la-MRSA** in der Tiermast.

8.6.2 Ursachen und Krankheitsentstehung

Haupterregerreservoir für Staphylokokken ist der Mensch. MRSA siedeln wie ihre nicht resistenten Verwandten auf Haut oder Schleimhäuten, v.a. des Nasen-Rachen-Raums. In der Allgemeinbevölkerung sind wohl etwa 1–2% der Menschen MRSA-Träger (Bundesinstitut für Risikobewertung 2014). Mehr sind es z.B. bei Beschäftigten im Gesundheitswesen (bis ca. 5%), Beschäftigten mit unmittelbarem Kontakt zu Nutztieren (bei betroffenen Anlagen bis über 80%), Menschen in Pflegeeinrichtungen (gut 8%), mit offenen Wunden oder unter Dialyse (3,3–12%) (Kommission für Krankenhaushygiene und Infektionspräventation 2014).

endogene Infektion:
Infektion durch körpereigene Erreger, z.B. der Blase durch Darmbakterien

exogene Infektion:
Infektion durch von außen kommende Erreger

Wichtigster Übertragungsweg ist die direkte oder indirekte Kontaktinfektion. Die Erreger stammen bei der **endogenen Infektion** vom Patienten selbst, bei der **exogenen Infektion** von anderen. Da Staphylokokken recht unempfindlich gegenüber Umwelteinflüssen sind, können sie auf Gegenständen lange überleben. Eine Tröpfcheninfektion ist bei Besiedelung der Nasenvorhöfe und Atemwegsinfekt durch Niesen möglich, aber weitaus seltener.

8.6.3 Symptome und Komplikationen

Die reine Kolonisation mit Staphylokokken inkl. MRSA führt nicht zu Beschwerden.

Kolonisation:
Trägerschaft; Besiedelung von Lebewesen mit Erregern

Dekolonisierung (bei Bakterien):
auch Dekolonisation; Beseitigung einer asymptomatischen bakteriellen Besiedlung

antiseptisch:
gegen Infektionserreger/Keime gerichtet

Vor allem bei nicht intakter Haut (z.B. Wunden, Neurodermitis), Durchbrechung der natürlichen Schutzbarrieren beispielsweise durch Katheter oder bei allgemeiner Abwehrschwäche kann aus der Besiedelung eine Infektion und dann eine Erkrankung werden. Am häufigsten sind eitrige Haut- und Weichteilinfektionen (z.B. Wundinfektionen) und Atemwegsinfektionen (z.B. Lungenentzündung). Die Symptome sind die gleichen wie bei Erkrankungen durch nicht resistente Staphylokokken.

Im schlimmsten Fall führt die MRSA-Infektion zur lebensbedrohlichen Sepsis (→ 2.3.1, → 8.5.6).

8.6.4 Diagnostik

MRSA-Träger ohne Beschwerden können nur durch Umgebungs- oder Screening-Untersuchungen festgestellt werden (→ 8.6.8).

Bei einer manifesten Erkrankung muss sowohl die Staphylokokkenart als auch die Resistenz gesichert werden, z.B. bei einer Wundinfektion durch Entnahme eines Wundabstrichs (→ Abb. 40) mit Anzucht der Erreger und Resistenzprüfung. Der Nachweis von MRSA in Blut oder Liquor sowie Ausbrüche sind meldepflichtig.

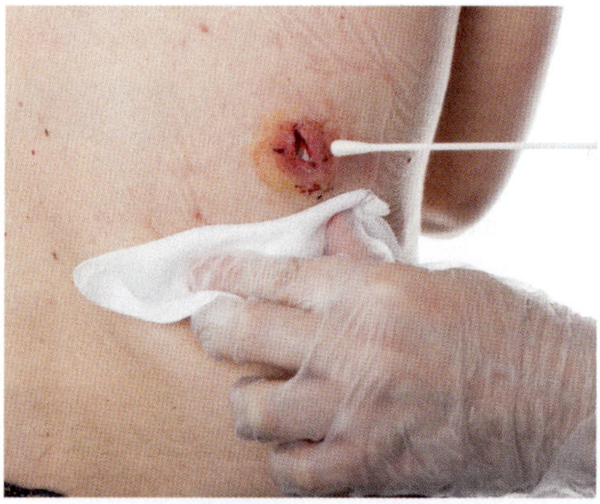

Abb. 40 Wundabstrich bei einer Wundinfektion, einer der häufigsten Infektionen durch MRSA

8.6.5 Therapie

Die Behandlung manifester Erkrankungen folgt prinzipiell den üblichen Richtlinien (→ 8.5.8), es ist aber darauf zu achten, dass der Erreger empfindlich gegenüber dem eingesetzten Antibiotikum ist.

Außerdem wird (auch bei Trägern ohne Beschwerden) eine **Dekolonisierung** versucht, d.h. die Beseitigung der MRSA-Besiedelung. Sie besteht aus einem ganzen Bündel von Maßnahmen:

- Auftragen von Mupiroxin-Nasensalbe mehrfach täglich
- antiseptische Mundspülungen mehrfach täglich
- tägliche antiseptische Waschung von Haut und Haaren
- tägliche Wäschewechsel
- täglicher Wechsel/tägliche Desinfektion von Hygiene-/Gebrauchsartikeln
- tägliche Desinfektion patientennaher Flächen

8.6.6 Pflege

Frau Müller hat mittlerweile die Stationsleitung Frau Sieben gefunden. „Frau Müller, beruhigen Sie sich, es ist nichts Dramatisches, Ihrer Mutter geht es gut. Wir haben aber bei ihr einen Keim gefunden, der auf einige Antibiotika nicht mehr anspricht. MRSA heißt er, vielleicht haben Sie davon schon mal gelesen. Wir treffen nun Vorsichtsmaßnahmen, um eine Ausbreitung zu verhindern. Dazu gehört, dass Ihre Mutter alleine im Zimmer ist und Sie vor dem Betreten des Zimmers Schutzkleidung anziehen müssen. Ich gehe jetzt mit Ihnen zum Zimmer und zeige Ihnen, wie man die anlegt. Wir haben hier auch eine Broschüre dazu, die gebe ich Ihnen mit. Und dann werden wir versuchen, den Keim wegzubekommen."

Bei MRSA-Besiedelung und -Infektionen sind zusätzliche **Hygieneregeln** zu beachten, damit die MRSA nicht weiterverbreitet werden (→ Abb. 41).

Am aufwendigsten sind die **Maßnahmen im Krankenhaus** (Kommission für Krankenhaushygiene und Infektionsprävention 2014):

- Unterbringung im Einzelzimmer mit eigener Nasszelle
- Tragen von Schutzkleidung bei Betreten des Zimmers (Einmalhandschuhe, langärmeliger Schutzkittel, Mund-Nasen-Schutz); gilt auch für Besucher und Besucherinnen (nicht aufs Bett setzen)
- Transporte/Verlassen des Zimmers nur mit besonderen Vorsichtsmaßnahmen
- Verbleib von Pflegeutensilien im Zimmer
- intensivierte Desinfektionsmaßnahmen
- keine Zwischenlagerung von Wäsche und Geschirr außerhalb des Zimmers, sondern sofortige Verpackung/Entsorgung
- Kennzeichnung des Zimmers von außen
- Information und Schulung von Personal, Besuchenden und des bzw. der Betroffenen
- bei Verlegung spezielles Übergabeprotokoll

Einzelheiten können dem **Hygieneplan** entnommen werden. Die Maßnahmen werden aufgehoben, wenn drei Abstriche an drei aufeinanderfolgenden Tagen negativ waren.

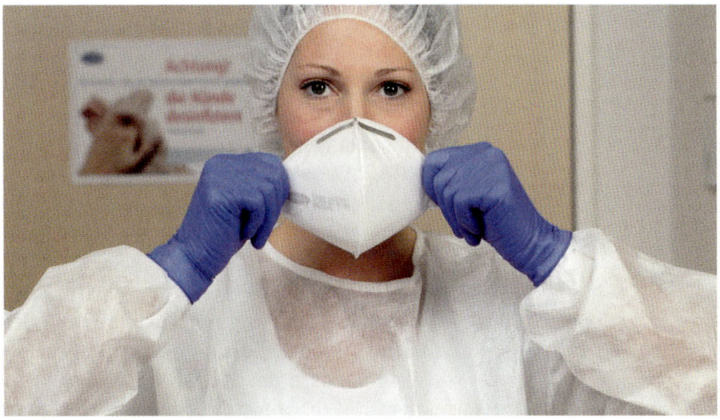

Abb. 41 Maßnahmen gegen MRSA

In Arztpraxen, Pflegeeinrichtungen und ambulanter Pflege sind ebenfalls zusätzliche Maßnahmen erforderlich, die jedoch weniger eingreifend sind. So ist eine Isolierung nicht generell notwendig und Teilnahme am Gemeinschaftsleben prinzipiell möglich. Die Maßnahmen werden nach **individueller Risikobeurteilung** (offene Wunden? Demenz?) modifiziert. Regionale MRE-Netzwerke und Gesundheitsämter halten Merkblätter mit Handlungshilfen bereit.

EUREGIO MRSA-net Twente/Münsterland: *www.mrsa-net.nl/de/*

MRE: multiresistente Erreger

8.6.7 Verlauf und Prognose

Eine MRSA-Besiedelung kann lange anhalten, insbesondere bei Menschen mit Risikofaktoren wie etwa Kathetern, und auch zu einer manifesten Erkrankung führen. Umgekehrt kann sie v.a. bei Gesunden von selbst wieder verschwinden.

Die Sterblichkeit bei Erkrankungen durch MRSA ist im Vergleich zu Erkrankungen durch nicht resistente Staphylokokken erhöht. Dies ist zumindest teilweise durch die Antibiotikaresistenz der Erreger zu erklären.

Eine abermalige Besiedelung bzw. Infektion ist möglich.

8.6.8 Prävention und Gesundheitsförderung

In Deutschland nimmt zwar die Zahl der MRSA bei den Isolaten aus klinischen Materialien seit 2010 ab. MRSA bleiben aber ein großes Problem.

Zudem gibt es weitere **multiresistente Erreger** (mehrfachresistente Erreger, kurz MRE), etwa:

- VRE, GRE = **Vancomycin- bzw. glykopeptidresistente Enterokokken** (Enterokokken sind kugelformige Darmbakterien)
- MRGN/MRE = **multiresistente gramnegative Stäbchen/Erreger,** z. B. Acinetobacter baumanii, E. coli, Klebsiella pneumoniae, Pseudomonas aeruginosa

Ein **bewusster Umgang mit Antibiotika in der Tier- und Humanmedizin** kann die Selektion resistenter Bakterien eindämmen: Antibiotikagabe tötet die meisten Bakterien ab. Einige resistente Bakterien überleben, können sich nun besser vermehren und geben die Resistenz nicht nur an ihre Tochterzellen, sondern auch an andere Bakterien weiter. Von Tieren gelangen die resistenten Bakterien durch Kontakt oder Lebensmittel zum Menschen, wo sie sich dann weiter verbreiten.

> Billig-Hähnchen aus Discountern sind zu 56 Prozent mit Keimen kontaminiert, die resistent sind gegen Antibiotika. Dabei ist mehr als jedes dritte Hähnchen mit Keimen belastet, die Resistenzen gegen Reserveantibiotika aufweisen. Das ergab eine Stichprobenuntersuchung im Auftrag von Germanwatch, bei der insgesamt 59 Hähnchenfleischproben aus industrieller Fleischerzeugung mit den Haltungsziffern 1 und 2 auf resistente Erreger untersucht wurden. [...]
> Ergänzend hat Germanwatch elf Stichprobenkäufe bei Hofschlachtereien aus ganz Deutschland vorgenommen. Eine der Hähnchenfleischproben aus handwerklicher Schlachtung war mit MRSA belastet, das entspricht neun Prozent der Hofschlachtungsproben. [...] Sechs der elf Proben aus Hofschlachtungen stammten aus Öko-Betrieben. Bei diesen Öko-Hähnchenfleischproben wurden gar keine antibiotikaresistenten Keime gefunden.
> *Benning 2019*

Strikte Beachtung der **Alltagshygiene** und der **Basishygiene im Krankenhaus** (→ 8.5.9) vermindert die Weiterverbreitung resistenter Erreger von unerkannt Besiedelten auf andere. Die Bedeutung der Händehygiene kann dabei nicht zu stark betont werden!

MRSA-Screening: gezielte, systematische Suche nach einer MRSA-Besiedelung

Ein **MRSA-Screening** zumindest von Risikopersonen vor bzw. bei Krankenhausaufnahme sowie in Risikobereichen ist mittlerweile etabliert. **Risikopersonen** sind u. a. Menschen

- mit früherer MRSA-Besiedelung,
- mit einem Krankenhausaufenthalt über drei Tagen im Jahr vor der Aufnahme,
- mit chronischen Wunden oder Dialysebehandlung,
- mit regelmäßigem Kontakt zu MRSA (etwa durch Kontakt zu Nutztieren).

Es werden Abstriche mindestens aus den Nasenvorhöfen (→ Abb. 42) und Wunden entnommen. Meist werden PCR-basierte Schnelltests verwendet, sodass das Ergebnis innerhalb weniger Stunden vorliegt. Bei bekannter Besiedelung sollen die Hygienemaßnahmen streng beachtet und ein Dekolonisierungsversuch unternommen werden.

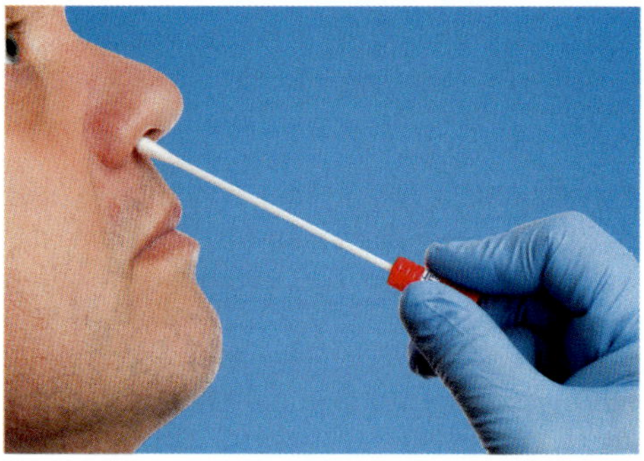

Abb. 42 Nasenabstrich zum Screening auf MRSA

Meldepflichten ermöglichen eine frühzeitige Erkennung von Ausbrüchen, regionale und überregionale Netzwerke einen Erfahrungsaustausch und Koordination der Maßnahmen.

AUFGABEN

1. *Das Problem der Antibiotikaresistenzen ist mit dem Tier- und Umweltschutz verknüpft. Nennen Sie mögliche Gründe.*
2. *Informieren Sie sich über die erforderlichen Hygienemaßnahmen bei MRSA-positiven Patienten in Arztpraxen.*
3. *Wie würden Sie sich fühlen, wenn Sie wegen MRSA oder einer anderen Infektionskrankheit isoliert würden und alle Kontaktpersonen Schutzkleidung trügen? Wenn Sie jemanden kennen, der bereits in dieser Situation war, fragen Sie ihn nach seinen Erfahrungen.*

8.7 Exkurs: SARS-CoV-2 und COVID-19

Die Jahre 2020 bis 2023 wird wohl keiner so schnell vergessen: Das Coronavirus **SARS-CoV-2** und die dadurch verursachte **COVID-19-Pandemie** erschütterten Gesundheitssysteme und Gesellschaften weltweit. Dabei zeigte weder der Erreger noch die Erkrankung eine einzelne Eigenschaft, die ihn gegenüber anderen Erregern bzw. Krankheiten abgrenzt.

8.7.1 SARS-CoV-2

SARS-CoV-2 entstand höchstwahrscheinlich in China aus Fledermaus-Coronaviren, möglicherweise über weitere Wildtiere als Zwischenwirte. Es handelt sich also um eine Zoonose (→ 8.5.3). Durch (zunächst unbemerkte) Mutationen (→ 8.5.2) konnten die Viren nun leicht in menschliche Zellen eindringen (→ Abb. 43). Wesentlich dafür sind die **S(Spike)-Proteine** auf der Virusoberfläche (→ Abb. 24). Auf einem Wildtiermarkt in Wuhan kam es Ende 2019 zu den ersten menschlichen Infektionen, begünstigt durch das enge räumliche Miteinander von Tier und Mensch.

Auch hierzulande wurde SARS-CoV-2 in Tieren nachgewiesen. Übertragen wird es aber von Mensch zu Mensch durch Tröpfchen und Aerosole, die beim Niesen, Husten und Sprechen freigesetzt werden.

8.7.2 Akuterkrankung COVID-19

Zuerst als schwere Lungenentzündung eingestuft, stellte sich schnell heraus, dass COVID-19 eine teils lebensbedrohliche Allgemeinerkrankung ist:

- Das Virus kann nicht nur die Epithelien der Atemwege und Lungen infizieren, sondern z. B. auch Herzmuskel- und Leberzellen.
- Ein Befall der Blutgefäß-Endothelien kann über Bildung von Blutgerinnseln zu Schäden überall im Körper führen.
- Eine überschießende Entzündungsantwort kann ebenfalls alle Organe in Mitleidenschaft ziehen.

Nicht alle Infizierten erkranken. Bei Erkrankten beginnt COVID-19 nach einer Inkubationszeit von meist wenigen Tagen mit Krankheitsgefühl, Fieber, Halsschmerzen, Husten und Schnupfen als Leitsymptomen. Kennzeichnend, aber nur teilweise vorhanden, sind Geruchs- und/oder Geschmacksstörungen. Die meisten haben diesen milden Verlauf.

Bei mittelschwerem oder schwerem Verlauf entwickelt sich Ende der ersten Krankheitswoche eine Lungenentzündung, die zum Lungenversagen führen kann. Warnzeichen sind beschleunigte Atmung und Atemnot. Weitere Komplikationen sind z. B. Thrombosen und Herzmuskelentzündung. Besonders gefährdet sind Schwangere, alte, vorerkrankte, abwehrgeschwächte, stark übergewichtige und rauchende Menschen.

Mehrfacherkrankungen sind durch die mit der Zeit nachlassende Immunität und Veränderungen des Virus möglich.

8.7.3 COVID-19-Pandemie

Es gibt eine gewisse Kreuzimmunität zwischen Erkältungs-Coronaviren und SARS-CoV-2. Diese ist jedoch insgesamt gering. Somit traf 2020 ein leicht übertragbarer Erreger einer potenziell bedrohlichen Erkrankung auf eine ungeschützte Bevölkerung. Hohe Mobilität, viele Kontakte der Menschen sowie die Tatsache, dass auch (noch) nicht Erkrankte ansteckend sind, begünstigten die rasche Ausbreitung: Weniger als drei Monate nach Meldung der ersten Krankheitsfälle rief die WHO die Pandemie aus. Durch einschneidende Maßnahmen gelang es in vielen Ländern, einen Kollaps der Gesundheitssysteme zu vermeiden, jedoch um einen hohen gesellschaftlichen Preis.

Durch Mutationen entwickelten sich ständig neue SARS-CoV-2-Varianten. Diese führten zu einer leichteren Übertragung und **Immunevasion** mit geringerem Schutz durch frühere Erkrankung oder Impfung. Insgesamt wurden die Verläufe ab 2021 durch die bessere Immunitätslage der Menschen und veränderte Eigenschaften der Virusvarianten milder: Die Fallsterblichkeit in Deutschland sank von 4,5 % Anfang 2021 auf 0,1 % 2023 (Kluge 2023).

2023 wurde die Pandemie für beendet erklärt. Das Virus ist aber nach wie vor vorhanden und wird wohl immer wieder zu kleineren Erkrankungswellen führen.

SARS-CoV-2:
severe acute respiratory syndrome coronavirus type 2; ein Ende 2019 entdecktes, neues Coronavirus

COVID-19:
coronavirus disease 2019; Allgemeinerkrankung durch SARS-CoV-2 mit breitem Symptomspektrum und unterschiedlich schwerem Verlauf

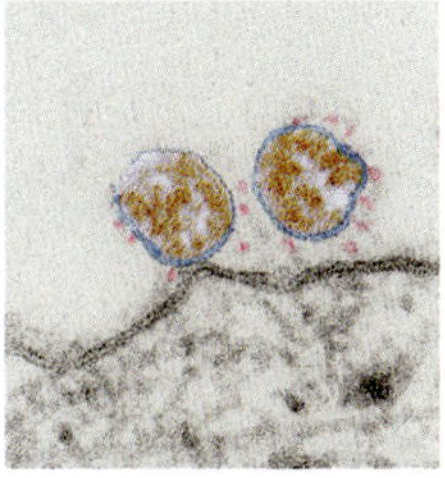

Abb. 43 SARS-CoV-2 auf einer Zelle

Spike-Protein:
Spike, S-Protein; nach außen hervorstehendes, meist kohlenhydrathaltiges Eiweiß in der Virushülle, Bedeutung bei der Bindung an die Wirtszelle

I-3.4.6, I-6.5.5, I-9.5.3
COVID-19-Pandemie in Deutschland und global: Maßnahmen und Beeinträchtigungen

Immunevasion:
Immunflucht; Vorgang, bei dem sich Erreger oder Tumorzellen, z. B. durch Mutationen, der Bekämpfung durch das Abwehrsystem entziehen

8.7.4 Diagnostik

Goldstandard der Diagnostik bei klinischem Verdacht ist der Nachweis von Virus-Erbsubstanz mittels eines PCR-Tests (→ Abb. 32) aus Atemwegssekret. In der Regel wird die Diagnose aber durch einen Antigenschnelltest aus Rachensekret gesichert, meist als Selbsttest (→ Abb. 31). Organbeteiligungen und Komplikationen werden entsprechend der üblichen Richtlinien festgestellt.

8.7.5 Verlauf, Therapie und Pflege

Leicht Erkrankte können COVID-19 zu Hause auskurieren. Selbstisolation wird empfohlen. Nur besonders Komplikationsgefährdeten wird die frühzeitige Gabe von Virostatika empfohlen. Ansonsten ist die Therapie symptomatisch.

Schwere Verläufe können eine Krankenhausaufnahme bis hin zur intensivmedizinischen Betreuung z. B. mit künstlicher Beatmung erfordern. Dabei müssen strenge Hygieneregeln beachtet werden, um weitere Ansteckungen zu vermeiden.

Long COVID/Post-COVID-Syndrom

Etwa 10–15% der Erkrankten hat auch nach mehr als vier Wochen noch Beschwerden (nach Infektion mit der Omikron-Variante weniger) (Robert Koch-Institut 2023). Dieses **Long COVID/Post-COVID-Syndrom** wird weiter unterteilt in

- **Long COVID** mit einer Beschwerdedauer von 4 bis 12 Wochen und
- **Post-COVID-Syndrom** mit Symptomen länger als 12 Wochen, die nicht durch eine andere Erkrankung erklärbar sind (Koczulla 2022).

Long COVID:
Symptome durch eine SARS-CoV-2-Infektion von 4 bis 12 Wochen

Post-COVID-Syndrom:
Symptome durch eine SARS-CoV-2-Infektion länger als 12 Wochen nach Infektion

Die Ursachen sind weitgehend unbekannt und nicht bei allen Betroffenen gleich: z. B. Gewebeschäden durch die Akuterkrankung, Viruspersistenz, Veränderungen der Darmbakterien, Fehlsteuerung des Immunsystems mit lang andauernder Entzündung oder Autoimmunreaktionen.

I-9.5.3 Wahrung der öffentlichen Gesundheit am Beispiel von COVID-19

Auch die Beschwerden sind sehr unterschiedlich (→ Abb. 44). Am häufigsten sind Einschränkungen der körperlichen und geistigen Leistungsfähigkeit, **Fatigue,** Husten, Atemnot, Schmerzen, Geruchs- und Geschmacksstörungen (Koczulla 2022).

Fatigue:
im Vergleich zu den Belastungen unverhältnismäßige, krankhafte Erschöpfung mit Beschwerden auf körperlicher, geistiger und psychischer Ebene, die sich durch Erholung oder Schlaf nicht ausreichend bessert

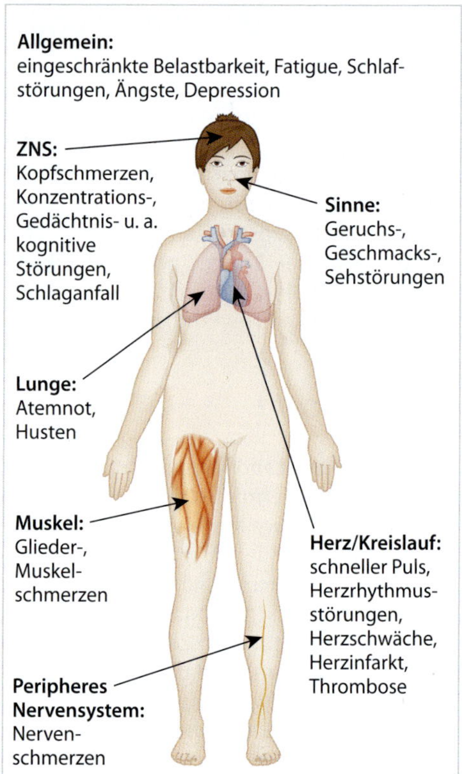

Abb. 44 Vielschichtige Symptome des Long COVID/Post-COVID-Syndroms

Die Diagnostik ist schwierig, da es keine kennzeichnenden Beschwerden oder Befunde gibt. Bei langanhaltenden Beschwerden oder Warnzeichen erfolgen beschwerdeorientierte Untersuchungen, etwa EKG und Ultraschalluntersuchung bei Herzbeschwerden. Auch die Behandlung richtet sich nach den Beschwerden bzw. Organschäden.

8.7.6 Prävention

Die Vorbeugung vor COVID-19 fußt auf zwei Säulen:

- Verhaltensmaßnahmen, bekannt geworden als AHA-L-Regel (→ 8.5.9)
- Impfungen; es gibt mehrere Impfstoffe gegen das SARS-CoV-2. Sie schützen zwar weder vor einer Infektion noch vor Weitergabe des Virus, senken aber das Risiko einer schweren Erkrankung erheblich. Die Grundimmunisierung wird für alle über 18-Jährigen empfohlen, für über 60-Jährige oder besonders Gefährdete außerdem eine jährliche Auffrischung (→ I-9.2.5)

8.8 HIV-Infektion und Aids

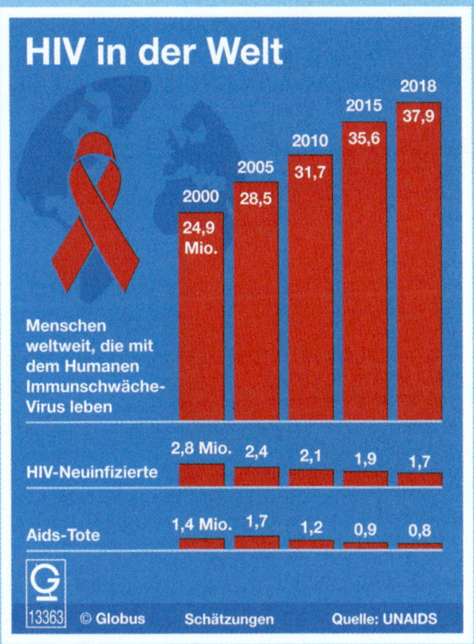

Entwicklung der HIV-Infektionen

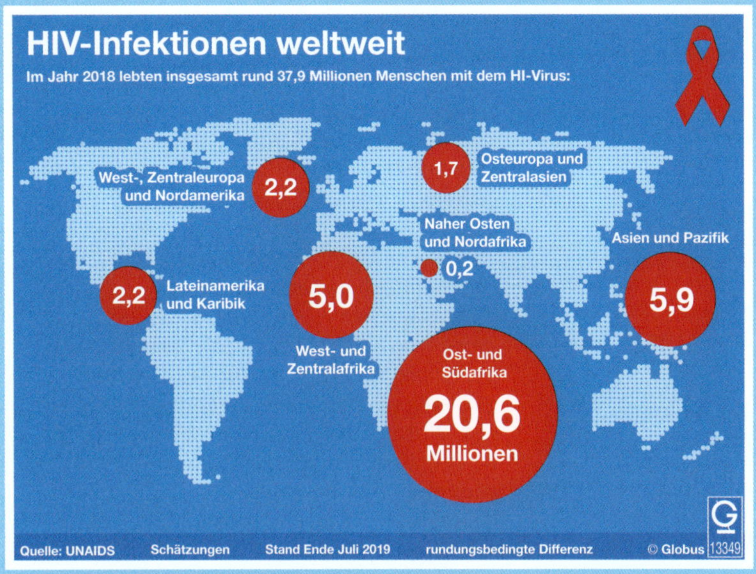

Verteilung der HIV-Infektionen weltweit

1. *Schauen Sie sich die Abbildungen an.*
2. *Überlegen Sie, woran die so ungleiche Krankheitslast weltweit liegen könnte.*
3. *Tragen Sie Ihr bereits vorhandenes Wissen über die HIV-Infektion zusammen.*
4. *Trotz weniger Neuinfektionen gibt es immer mehr Menschen mit einer HIV-Infektion. Versuchen Sie, dies zu erklären.*
5. *Stellen Sie sich vor, Ihr Nachbar/Freund/Freundin würde Ihnen sagen, dass er/sie HIV-infiziert ist. Was wären Ihre ersten Gefühle und Gedanken?*

Die **HIV-Infektion** ist eine chronische Infektion mit dem humanen Immundefizienz-Virus, kurz **HIV.** Unbehandelt mündet die Infektion nach Jahren in die Erkrankung **Aids** mit hochgradiger Abwehrschwäche.

8.8.1 Vorkommen

Nach heutigem Wissen hat das HIV seinen Ursprung in Afrika und hat dort wahrscheinlich in der ersten Hälfte des 20. Jahrhunderts die Artengrenze zwischen Affe und Mensch überwunden. Es gelangte dann wohl nach Haiti und Amerika, wo Anfang der 1980er-Jahre die ersten Aidserkrankungen beschrieben wurden. In der Folge breitete sich das Virus über die ganze Welt aus.

Ende 2022 waren weltweit etwa 39 Millionen Menschen infiziert (Weltgesundheitsorganisation 2023a). Dabei ist Afrika nach wie vor sowohl bei den absoluten Erkrankungszahlen als auch bei der Prävalenz am stärksten betroffen (→ Abb. Kapiteleinstieg).

In Deutschland lag die Zahl der Infizierten Ende 2021 bei ca. 90 800, von denen gut 90 % von ihrer Infektion wussten. Die Zahl der Neuinfektionen ist nach einem Minimum in der zweiten Hälfte der 1990er-Jahre nach der Jahrtausendwende wieder deutlich gestiegen, aber seit einem Maximum in 2015 wieder rückläufig. Die Zahl der HIV-Neuinfektionen in Deutschland 2021 wird auf ca. 1800 geschätzt (Robert Koch-Institut 2022).

HIV:
humanes Immundefizienz-Virus; umhülltes RNA-Virus, das besonders die Abwehrzellen befällt

Aids:
acquired immune deficiency syndrome, erworbenes Immunschwächesyndrom; Schwerstform der HIV-Infektion mit hochgradiger Abwehrschwäche, gekennzeichnet v. a. durch lebensbedrohliche opportunistische Infektionen und bestimmte bösartige Tumoren

Gemeinsames Programm der Vereinten Nationen für HIV/Aids: *www.unaids.org/en*

i.v.:
intravenös, in eine Vene

CD4-positiv:
Zelle mit dem Oberflächenmarker CD4

reverse Transkriptase:
Enzym für die Umschreibung von RNA in DNA

Integrase:
Enzym für den Einbau von Virus-DNA in Wirtszell-DNA

Protease:
Enzym für die Spaltung von Peptiden/Proteinen

Aids-definierende Erkrankung:
Erkrankung, die zusammen mit einem positiven HIV-Test ausreichend ist für die Diagnose „Aids"

8.8.2 Ursachen und Krankheitsentstehung

Das HIV wird parenteral übertragen, also durch Körperflüssigkeiten (→ Tab. 3). Besonders virushaltig sind Blut, Vaginalsekret und der Sekretfilm auf der Darmschleimhaut. Das HIV dringt durch intakte oder verletzte Schleimhäute oder verletzte Haut in den Körper ein.

2021 war in Deutschland Sex zwischen Männern der häufigste Infektionsweg, gefolgt von heterosexuellen Sexualkontakten und i.v.-Drogenkonsum (Robert Koch-Institut 2022). Das Risiko, sich durch Bluttransfusionen zu infizieren, ist seit der Pflichtuntersuchung von Blutspenden auf HIV-Erbmaterial seit 2004 extrem gering. Die letzte HIV-Übertragung durch Blutprodukte wurde 2010 dokumentiert (Paul-Ehrlich-Institut 2023).

In Ländern mit hoher HIV-Prävalenz sind heterosexuelle Kontakte der häufigste Übertragungsweg.

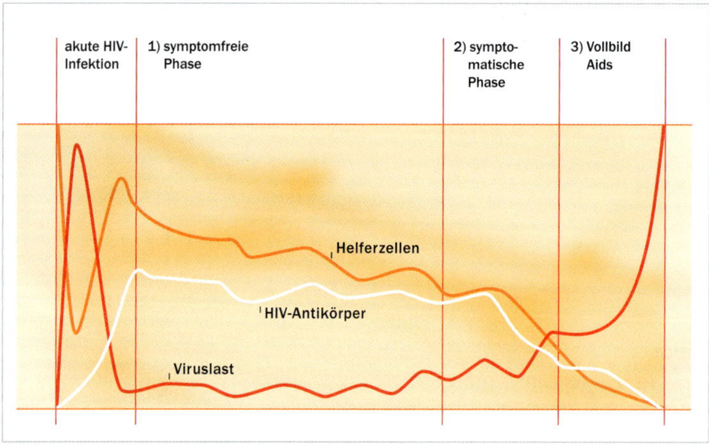

Abb. 46 Verlauf der unbehandelten HIV-Infektion

Tab. 4 Stadien der HIV-Infektion, vereinfacht nach CDC-Klassifikation, Centers for Disease Control and Prevention (2014)

Stadium	Aidserkrankung	CD4-Zellen
1	keine	>500/µl oder ≥26 %
2	keine	200–499/µl oder 14–25 %
3	dokumentierte AIDS-definierende Erkrankung	oder <200/µl oder <14 %

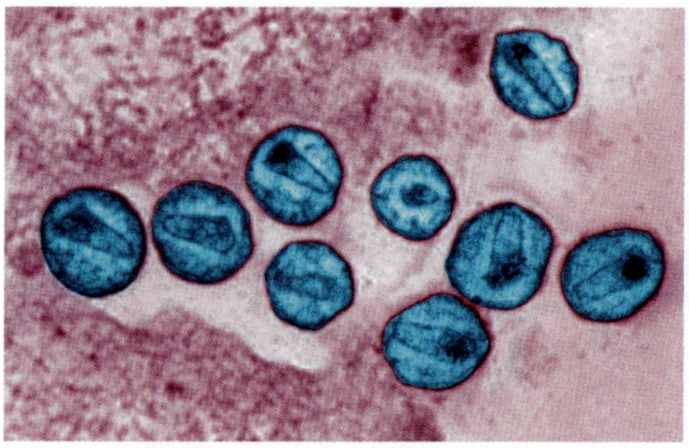

Abb. 45 HIV

Das HIV ist ein umhülltes RNA-Virus (→ Abb. 45). Es gibt zwei HIV-Typen mit jeweils mehreren Subtypen. 99 % der Infektionen sind durch HIV-1 bedingt.

Das HIV dringt in CD4-positive Abwehrzellen (→ 8.2.4) ein. Die Virus-RNA wird freigesetzt, mittels der **reversen Transkriptase** in DNA umgeschrieben und diese durch das Enzym **Integrase** in die DNA der infizierten Zelle eingebaut. Danach bildet die infizierte Zelle neue Virusteile, die u.a. mithilfe der **Protease** heranreifen, und setzt neue HIV frei.

Die CD4-positiven Abwehrzellen (u.a. T-Helferzellen, Makrophagen, Monozyten) erfüllen ihre Aufgaben nicht mehr und sterben ab. Auch das Gehirn kann geschädigt werden.

8.8.3 Symptome und Komplikationen

Ein Teil der Betroffenen bekommt 1–6 Wochen nach der Infektion eine **akute HIV-Infektion,** die sich v.a. durch Allgemeinbeschwerden, Fieber, Lymphknotenschwellung und Halsschmerzen zeigt (→ Abb. 46).

Es folgt eine Phase von meist mehreren Jahren, während der die Zahl der CD4-Zellen langsam abfällt, die Infizierten aber bis auf evtl. Lymphknotenschwellungen keine Beschwerden haben (symptomfreie Phase).

In der darauf folgenden symptomatischen Phase treten Erkrankungen auf, die auf Störungen der zellulären Abwehr hinweisen und/oder durch die HIV-Infektion verursacht sind, etwa länger dauernde Candida-Infektionen, Durchfall, Fieber oder Nervenschäden.

Letzte Phase ist **Aids** mit lebensbedrohlichen Komplikationen (→ Abb. 46, → Tab. 4): Die ausgeprägte Abwehrschwäche führt zu schweren opportunistischen Infektionen, etwa Tuberkulose, Candida-Infektion der Speiseröhre (Speiseröhrensoor), Lungenentzündung durch den Pilz Pneumocystis jiroveci oder Toxoplasmose des Gehirns. Abmagerung, Gehirnbefall und bestimmte bösartige Tumoren wie etwa die Kaposi-Sarkome sind ebenfalls Aids-definierende Erkrankungen.

8.8.4 Diagnostik

Anamnese, Untersuchungsbefund und Umstände der Diagnose und Diagnosemitteilung sind sehr unterschiedlich. Sie reichen von der beschwerdefreien Schwangeren, die einem „Routine-HIV-Test" im Rahmen der Mutterschaftsvorsorge zustimmt, über Menschen mit Angst vor einer Infektion nach Risikokontakt bis zu Betroffenen mit auffälligen Infektionen, die eine HIV-Infektion befürchten oder vielleicht sogar schon einen Selbsttest gemacht haben.

Vor einem **HIV-Test** ist das Einverständnis des bzw. der Betroffenen einzuholen. Suchtests der vierten und fünften Generation weisen HIV-Antigene und Antikörper gegen HIV nach, in der Regel mittels ELISA (→ 8.5.7). Es bleibt allerdings eine Phase nach der Infektion, in der beide Tests noch negativ sind, das sog. **diagnostische Fenster.** Das diagnostische Fenster ist testabhängig. Bei Suchtests ab der vierten Generation gilt eine Infektion bei nichtreaktivem Test sechs Wochen nach Exposition als ausgeschlossen. Bei positivem Ausfall folgen ein Bestätigungstest (meist Immunoblot, z.B. Westernblot) aus der gleichen Blutprobe und dann ein erneuter Test aus einer zweiten Blutprobe, um Verwechslungen auszuschließen.

diagnostisches Fenster: Zeitraum, während dessen eine Infektion vorhanden ist, aber durch die Diagnostik nicht erfasst wird, insbesondere Zeit zwischen Ansteckung und Positivwerden der Tests

Statt nach Antigenen kann mittels PCR (→ 8.5.7) nach HIV-RNA gesucht werden. Diese Tests werden v.a. bei bestimmten Fragestellungen und zur Therapiekontrolle empfohlen.

HIV gehört zu den meldepflichtigen Erregern.

Bei gesicherter HIV-Diagnose werden regelmäßig im weiteren Verlauf bestimmt:

- **Zahl der CD4-T-Helferzellen** im Blut, kurz CD4-Zellen genannt, zur Einschätzung des Immunsystems (je niedriger die Helferzellen, desto ausgeprägter die Abwehrschwäche); die Zahl der CD4-Zellen und die Symptome bestimmen das Stadium der HIV-Infektion (→ Abb. 46)
- **Viruslast** im Blut – je höher die Virusmenge im Blut, desto größer das Ansteckungsrisiko für andere

Viruslast: Virusmenge/-konzentration im Blut

Außerdem ist eine Suche z.B. nach weiteren sexuell übertragenen Erkrankungen (→ 12.3.7) sinnvoll. Weitere Untersuchungen hängen von möglicherweise vorhandenen Beschwerden ab.

8.8.5 Therapie

Ziele der Therapie sind:

- Senkung der Viruslast, möglichst unter die Nachweisgrenze
- Anstieg der CD4-Zellzahl
- Verbesserung des Allgemeinzustands

Die hierzu erforderliche direkt gegen das HIV gerichtete **antiretrovirale Therapie (ART)** besteht aus einer Kombination mehrerer Medikamente mit mindestens zwei verschiedenen Angriffspunkten (→ Abb. 47). Der Therapiebeginn wird mit den Patienten und Patientinnen besprochen, da die Medikamenteneinnahme trotz der möglichen Nebenwirkungen lebenslang ohne Unterbrechung durchgehalten werden muss. Empfohlen wird ein frühzeitiger Therapiebeginn, da dieser sich als prognoseverbessernd herausgestellt hat. Während der Therapie sind regelmäßige ärztliche Kontrolluntersuchungen nötig.

antiretrovirale Therapie: ART; Arzneimittelbehandlung gegen das HIV

Schwangere sollen sich im Interesse des ungeborenen Kindes unbedingt behandeln lassen. Durch die ART, ggf. einen geplanten Kaiserschnitt, Verzicht auf Stillen und vorübergehende Behandlung des Kindes sinkt das Infektionsrisiko für das Kind von etwa 20% auf unter 1%.

Kommt es im Verlauf zu Infektionen oder bösartigen Tumoren, werden diese ebenfalls behandelt. Teilweise sind bei hochgradiger Abwehrschwäche vorbeugende Medikamente gegen Infektionen nötig.

Infizierte sollen außerdem auf ihren allgemeinen Gesundheitszustand achten, da Begleiterkrankungen die Prognose verschlechtern.

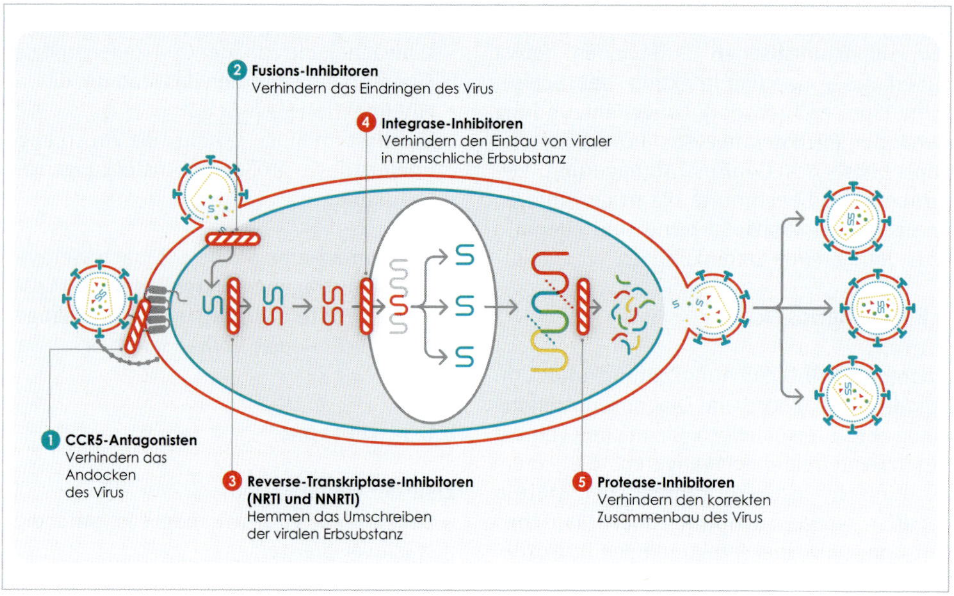

Abb. 47 Angriffspunkte der wichtigsten antiretroviralen Substanzen

8.8.6 Rehabilitation

Ganz wesentlich ist die kontinuierliche psychosoziale Betreuung der Betroffenen vom Zeitpunkt der Diagnose an. Trotz der Unterschiede in der individuellen Situation bedeutet die HIV-Diagnose fast immer einen Schock: Wie geht es jetzt weiter, mit Familie, Freunden, Liebesleben, im Beruf? Welche Behandlungsmöglichkeiten gibt es heute? Oder ist das der Anfang vom Ende? Auch im weiteren Verlauf sind Phasen von Angst, Traurigkeit und evtl. Depression möglich, die aufgefangen werden müssen, damit sie nicht in eine Abwärtsspirale münden.

Versuchen Sie sich vorzustellen, Sie bekämen die Diagnose „HIV-positiv“:
- *Was ginge wohl in Ihnen vor, wem würden Sie sich anvertrauen?*
- *Welchen Einfluss hätte die Infektion auf Ihr Leben, Ihre Lebensplanung?*
- *Was sollten/würden Sie weiter tun, was nicht?*

Wesentliches Problem vieler Betroffener und nicht selten ein Rehabilitationshindernis ist nach wie vor die **Stigmatisierung.** HIV-Infizierte ohne weitere Erkrankungen (wie etwa Abhängigkeitserkrankung, Hepatitis C mit Leberzirrhose → 4.7) können unter konsequenter antiretroviraler Therapie fast immer ihren Beruf weiter ausüben, auch Erzieherinnen oder Beschäftigte im Gesundheitswesen. Auch ein weitgehend normales Privatleben bis hin zur Familiengründung ist überwiegend möglich.

8.8.7 Pflege

Bei rechtzeitiger und konsequenter Therapie sind die meisten Betroffenen lange nicht erhöht pflegebedürftig.

Die zum **Eigenschutz** erforderlichen Hygienemaßnahmen entsprechen denen bei anderen parenteral übertragbaren Erkrankungen (v. a. Tragen von Handschuhen bei möglichem Kontakt mit Körperflüssigkeiten, Vermeiden von Nadelstichverletzungen). Darüber hinausgehende Hygienemaßnahmen sind lediglich bei weiteren Erkrankungen (z. B. schweren Durchfällen) oder hochgradiger Abwehrschwäche (zum Schutz des Patienten) nötig.

8.8.8 Verlauf und Prognose

Die HIV-Infektion ist bis heute nicht heilbar.

In den Industrieländern ist die HIV-Infektion durch die antiretrovirale Therapie lange beherrschbar und die Lebenserwartung der Betroffenen bei Fehlen weiterer Erkrankungen annähernd normal.

Die Behandlungsraten sind sehr unterschiedlich: Weltweit erhielten 2022 ca. 76 % aller Infizierten eine antiretrovirale Therapie mit Swasiland als Spitzenreiter (95 %) und Afghanistan (9 %) als Schlusslicht (Weltgesundheitsorganisation 2023b). Die Daten sind allerdings lückenhaft. In Deutschland erhalten etwa 96 % eine Behandlung (Robert Koch-Institut 2022).

8.8.9 Prävention und Gesundheitsförderung

Angesichts der Tatsache, dass die HIV-Infektion bis heute nicht heilbar ist, ist die **Primärprävention** besonders wichtig:

- In Deutschland sind sexuelle Kontakte der Hauptübertragungsweg. **Safer Sex** bezeichnet alle Maßnahmen, um das Ansteckungsrisiko mit HIV oder einer anderen sexuell übertragbaren Erkrankung zu senken, v. a. Kondombenutzung, Dental Dams.
- Drogenabhängige sollen nie Spritzen mit anderen teilen.
- Besonders wichtig für Tätige im Gesundheitswesen ist, Kontakte zu Blut und anderen Körperflüssigkeiten (auch durch Nadelstichverletzungen oder Aerosole) zu vermeiden.
- Seit 2016 zugelassen ist die **medikamentöse Präexpositionsprophylaxe (PrEP).** Hierbei nehmen Hochrisikopersonen einmal täglich eine Fixkombination zweier Wirkstoffe ein.
- Erscheint z. B. nach Platzen eines Kondoms oder einer Nadelstichverletzung eine HIV-Übertragung möglich, soll eine **medikamentöse Postexpositionsprophylaxe (PEP)** mit vorübergehender Medikamenteneinnahme das Risiko reduzieren.

Weitere Maßnahmen der Primärprävention sind z. B. die Einrichtung sog. Drogenkonsumräume und das Aufstellen von Spritzenautomaten, um das risikoreiche Tauschen von (benutzten) Spritzen bei i.v.-Drogenabhängigen zu verhindern.

Im Zusammenleben mit HIV-Infizierten in Familie, Kindergarten, Schule ist wichtig: Durch Alltagskontakte einschließlich Begrüßungsküssen, Trinken aus demselben Glas, Benutzung derselben Toilette, Husten, Kontakt zu Schweiß oder Tränen wird HIV nicht übertragen. Blut-zu-Blut-Kontakte müssen allerdings vermieden werden, also keine Rasierer, Zahnbürsten o. Ä. gemeinsam benutzen, bei der Versorgung von Wunden entsprechende Handschuhe anziehen. Zu einem verantwortungsvollen Miteinander gehört außerdem der Schutz des Sexualpartners bzw. der Sexualpartnerin. Welche Maßnahmen hier am sinnvollsten sind, hängt von der individuellen Situation ab (z. B. Viruslast beim Infizierten) und wird am besten mit diesbezüglich erfahrenen Ärzten bzw. Ärztinnen besprochen.

Abb. 48 BZgA-Kampagne „Liebesleben“

Seit 1987 ist die **Bundeszentrale für gesundheitliche Aufklärung (BZgA)** in der Aidsprävention aktiv, zunächst unter dem Namen „Gib AIDS keine Chance“, seit 2016 unter dem Namen „Liebesleben“ (→ Abb. 48) (→ I-9.1.3).

Recherchieren Sie, welches Infomaterial bei der BZgA für die Aidsprävention zur Verfügung steht.

Während sich die BZgA in erster Linie an die Allgemeinbevölkerung wendet, richten sich **Deutsche Aidshilfe** (DAH, gegründet 1983) (→ I-9.4.3) und **Deutsche AIDS-Stiftung** (gegründet 1987) in erster Linie an besonders Gefährdete und Betroffene.

I-6.5.5 Internationale Herausforderungen im Gesundheitswesen

I-9.1.1 Klassifikation von Präventionsmaßnahmen

12.3.7 Prävention sexuell übertragbarer Erkrankungen

Dental Dam: Latextuch zum Schutz bei Oralverkehr

medikamentöse Präexpositionsprophylaxe: PrEP; Einnahme antiretroviraler Medikamente zur Vorbeugung einer HIV-Infektion vor Exposition (bei hohem Risiko)

Postexpositionsprophylaxe: PEP; Einnahme antiretroviraler Medikamente zur Vorbeugung einer HIV-Infektion nach möglicher oder sicherer Exposition

Deutsche Aidshilfe e.V.: *www.aidshilfe.de*

Deutsche AIDS-Stiftung: *www.aids-stiftung.de*

Bundeszentrale für gesundheitliche Aufklärung: *www.bzga.de*

Deutsche AIDS-Gesellschaft e.V.: *www.daignet.de*

Seite der WHO zu HIV/Aids: *www.who.int/hiv/en*

Online-Beratung zu HIV-Selbsttests: *www.pei.de/DE/newsroom/hiv-selbsttests/hiv-selbsttests-inhalt.html*

Ziele sind neben der HIV-/Aidsprävention auch die Enttabuisierung von HIV und anderen sexuell übertragbaren Erkrankungen, die soziale Integration Infizierter und die gesellschaftliche Akzeptanz verschiedener sexueller Orientierungen.

Die **Sekundärprävention** umfasst die verschiedenen HIV-Tests in unterschiedlichen Settings. Anonyme Tests sind in Gesundheitsämtern und bei einigen Aidshilfe-Beratungsstellen möglich, teils gegen Gebühr, teils kostenlos. Seit 2018 gibt es in Deutschland außerdem Selbsttests (käufliche Schnelltests für zu Hause).

Tertiärprävention ist die Behandlung Infizierter bzw. Erkrankter – von der ART des beschwerdefreien HIV-Infizierten bis zur Betreuung bereits Erkrankter.

AUFGABEN

1. *Erklären Sie, wodurch HIV übertragen und wodurch HIV nicht übertragen wird.*
2. *Recherchieren Sie in Ihrer Umgebung die Möglichkeit zu anonymen/kostenlosen HIV-Tests.*
3. *Beschreiben Sie die Therapie einer HIV-Infektion.*
4. *Stellen Sie aus Ihrer Sicht die Vor- und Nachteile von Selbsttests einander gegenüber.*
5. *Kondom und Präexpositionsprophylaxe (PrEP) sind Möglichkeiten, wie sich Nicht-Infizierte vor einer HIV-Infektion schützen können. Informieren Sie sich über beide und vergleichen Sie sie.*
6. *Schauen Sie sich verschiedene Plakate zur HIV-/STD-Prävention an (z. B. auf den Internetseiten der BZgA). Welche sprechen Sie persönlich an, welche nicht? Begründen Sie Ihre Bewertung.*
7. *In Frankfurt gibt es jährlich den Benefizlauf „Lauf für mehr Zeit“ zugunsten der Frankfurter Aidshilfe. Erkundigen Sie sich, welche Aktionen es in Ihrer Region gibt.*
8. *Trotz aller Bemühungen und eines Rückgangs bleibt die Rate der HIV-Neuinfektionen in Deutschland vergleichsweise hoch. Woran könnte das liegen?*
9. *Kehren Sie zu Ihren Eingangsgedanken zu Erfahrungen mit und Angst vor Infektionserkrankungen zurück* (→ 8.5)*. Haben sich Ihre Gefühle, Überlegungen und Handeln mit dem nun erworbenen Wissen z. B. über die Übertragungswege geändert?*

STD: sexually transmitted disease; sexuell übertragbare Krankheit

8.9 Allergien

Lange als „unhygienisch" verpönt und vielleicht gerade deshalb gut fürs Immunsystem: der enge Kontakt von Babys und Kleinkindern zu Stalltieren

„Stalltierkontakt" und „Bauernhofkinder" sind plakative Schlagworte, die häufig fallen, wenn es um die Zunahme von Allergien in den letzten Jahrzehnten geht.
Überlegen Sie: Muss bei einem „Bauernhofkind" der „Stallkontakt" der maßgebliche Faktor für das Immunsystem sein? Worin unterscheidet sich die Umwelt eines „Bauernhofkindes" von der eines „Stadtkindes" noch?

Allergien sind Erkrankungen durch eine spezifische Abwehrreaktion gegen körperfremde Antigene, die das Immunsystem normalerweise toleriert, z. B. Erdbeeren.

8.9.1 Vorkommen

Am häufigsten sind Allergien in Ländern mit sog. westlichem Lebensstil, wo sie in der zweiten Hälfte des letzten Jahrhunderts stark zugenommen haben. Seit Anfang dieses Jahrtausends scheinen sich die Zahlen auf hohem Niveau zu stabilisieren.

Das Robert Koch-Institut gibt aufgrund der **KiGGS-Studie** (Studie zur Gesundheit von Kindern und Jugendlichen in Deutschland) bei bis 17-Jährigen eine Lebenszeitprävalenz für atopische Erkrankungen von 23,7 % und für ein allergisches Kontaktekzem von 2,8 % an (Thamm u. a. 2018). Bei den 18- bis 79-Jährigen liegt die Lebenszeitprävalenz für allergische Erkrankungen nach der **DEGS-Studie** (Studie zur Gesundheit Erwachsener in Deutschland) bei 30 % (Langen u. a. 2013).

Ermitteln Sie in Ihrem Kurs den Anteil der Lernenden mit einer Allergie. Wie häufig sind Allergien bei anderen Familienmitgliedern Betroffener bzw. Nicht-Betroffener?

8.9.2 Ursachen und Krankheitsentstehung

Bei Allergien kommt es zu einer Reaktion der spezifischen Abwehr gegen harmlose körperfremde Antigene, auf die das Immunsystem normalerweise keine Reaktion zeigt. Das Antigen wird hier als **Allergen** bezeichnet, die Immunisierung (also die Erkennung des Allergens als „Feind") als **Sensibilisierung.** Folge ist eine Entzündung v. a. an Haut und Schleimhäuten.

Es gibt vier Typen allergischer Reaktionen.

Weitaus am häufigsten ist die **allergische Typ-I-Reaktion.** Beim Erstkontakt mit dem Allergen werden B-Lymphozyten aktiviert und IgE produziert, welches sich an Mastzellen und basophile Granulozyten heftet. Bei erneutem Allergenkontakt bindet das Allergen an die IgE auf den Zellen und bildet „Brücken" zwischen den IgE. Die Zellen setzen praktisch sofort **Histamin** und andere Entzündungsbotenstoffe frei (→ Abb. 49). Deshalb heißt dieser Allergietyp auch Soforttyp. Auf einer allergischen Typ-I-Reaktion beruhen z. B. die allergische Bindehautentzündung, der allergische Schnupfen (etwa Heuschnupfen), das allergische Asthma bronchiale (→ 9.4), allergische

Allergie:
Erkrankung durch eine spezifische Abwehrreaktion (Typ I bis IV) gegen einen körperfremden Stoff, der normalerweise nicht zu einer Abwehrreaktion führt

atopische Erkrankungen:
zusammenfassende Bezeichnung für Typ-I-Allergien und Neurodermitis (→ 6.9)

atopisch:
ortlos (kann überall auftreten); aufgrund genetischer Veranlagung bereit, auf Umweltreize überempfindlich zu reagieren

Lebenszeitprävalenz:
Auftreten eines Ereignisses in der bisherigen Lebenszeit, also zwischen Geburt und Zeitpunkt der Erhebung; Form der Periodenprävalenz (→ I-2.2.1)

Allergen:
eine Allergie verursachendes Antigen

Sensibilisierung: Entwicklung der spezifischen Immunantwort bei einer Allergie

allergische Typ-I-Reaktion: Allergie vom Soforttyp; Allergie vermittelt durch IgE und Histamin mit rasch einsetzenden Beschwerden nach erneutem Allergenkontakt

Hautquaddeln und ein Teil der allergischen Durchfälle. Häufige Allergene sind u.a. Pollen, Hausstaubmilben, Tierhaare, Insektengifte, Kuhmilch, Hühnereiweiß oder Nüsse.

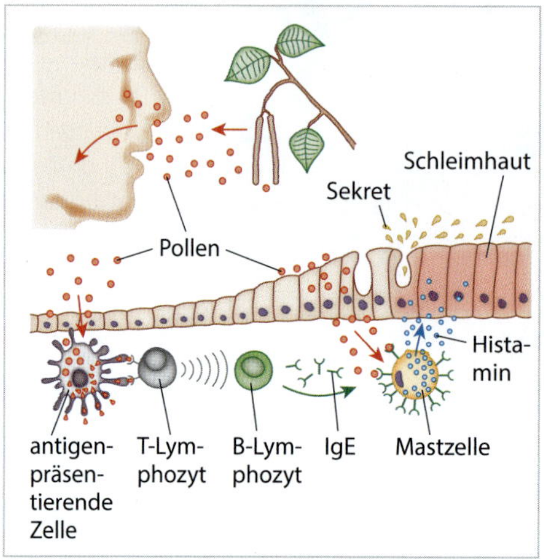

Abb. 49 Entstehung der Pollenallergie als Beispiel einer allergischen Typ-I-Reaktion

Hygienehypothese: Hypothese, nach der geringerer Kontakt von Säuglingen und Kleinkindern mit Erregern wesentlich mitbeteiligt ist am Häufigkeitsanstieg der Allergien in den letzten 50 Jahren in den Industrieländern

allergische Typ-IV-Reaktion: Allergie vom Spättyp; Allergie vermittelt v.a. durch sensibilisierte T-Lymphozyten mit Beschwerden 12 Stunden bis 3 Tagen nach erneutem Allergenkontakt

Am zweithäufigsten ist die **allergische Typ-IV-Reaktion.** Sie wird durch sensibilisierte T-Lymphozyten und Makrophagen getragen, die 12 Stunden bis 3 Tage nach Zweitkontakt zu einer Entzündung mit Gewebeschäden führen (→ Abb. 50). Wegen dieser zeitlichen Verzögerung spricht man auch von verzögertem oder Spättyp. Häufigste Allergie dieses Typs ist das allergische Kontaktekzem, etwa auf Modeschmuck. Auch die akute Transplantatabstoßung gehört hierzu (→ 11.3.5).

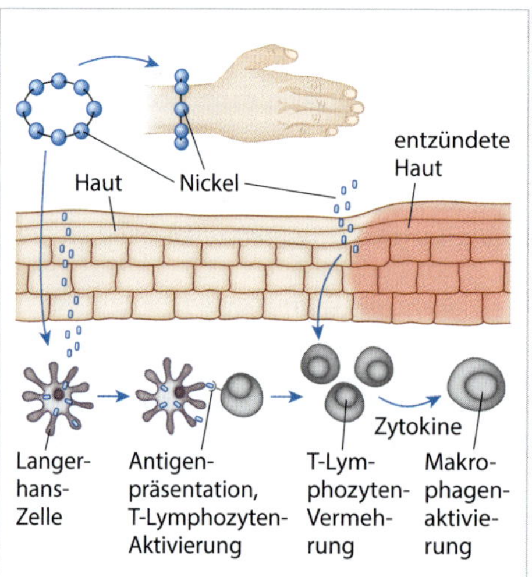

Abb. 50 Entstehung der Kontaktallergie als Beispiel einer allergischen Typ-IV-Reaktion

Demgegenüber weitaus seltener sind die **allergische Typ-II-Reaktion** (zytotoxischer Typ) und die **allergische Typ-III-Reaktion** (Immunkomplextyp), die durch Aktivierung von Komplementsystem und Entzündungszellen vermittelt werden. Beispiel für eine Typ-II-Reaktion ist der Transfusionszwischenfall bei AB0-Unverträglichkeit (→ 8.1.8), für eine Typ-III-Reaktion die Vogelzüchterlunge mit Entzündung der Lungenbläschen.

Die genaue Ursache von Allergien ist unklar, es ist von einem Zusammenspiel von erblicher Veranlagung und Umweltfaktoren auszugehen. Luftschadstoffe und Schimmelpilzbefall der Wohnung beispielsweise sind mit einem erhöhten Allergierisiko verbunden, eine vielfältige Darmflora scheint das Risiko zu vermindern.

Derzeit beste Hypothese zur Erklärung der Häufigkeitszunahme in den letzten Jahrzehnten ist die sog. **Hygienehypothese** (→ 8.9 Kapiteleinstieg). Demnach führte der Rückgang von Erregerkontakten in den letzten Jahrzehnten zu einem Ungleichgewicht im Immunsystem und Lostreten „unnötiger" Entzündungsreaktionen.

1989 ergab eine epidemiologische Studie erstmals, dass Leben in einem großen Haushalt und mit älteren Geschwistern die Allergiehäufigkeit vermindert. Wenige Jahre später wurde für den frühen Besuch einer Kindertagesstätte eine ähnliche Beziehung aufgestellt. Um die Jahrtausendwende wurden die Untersuchungen auf Bauernhöfe (→ 8.9 Kapiteleinstieg) mit ihren vielen Mikroorganismen ausgedehnt.

ALEX-Studie: *https://repository.publisso.de/resource/frl:3273850-1/data*

I-2.4.2 Studientypen

Eine der frühen **Bauernhofstudien** war die ALEX-Studie („Schutz vor der Entstehung allergischer Erkrankungen: Protektive Faktoren des bäuerlichen Lebens") 1999–2002. Es handelt sich hierbei um eine Beobachtungsstudie, die als Querschnittstudie durchgeführt wurde.

Studienpopulation waren Kinder der Klassen 1 bis 6 aus dem Ostallgäu. Teilnehmende Kinder (Fragebogen ausgefüllt, Einverständnis zu Blut- und Staubuntersuchungen) wurden in drei Gruppen eingeteilt: Bauernkinder, Nicht-Bauernkinder mit regelmäßigem Stalltierkontakt, Nicht-Bauernkinder ohne (regelmäßigen) Stalltierkontakt (Kontrollgruppe). Über Fragebögen/Interviews wurden allgemeiner Gesundheitszustand, Ernährung (inkl. früherem Stillen) und Impfungen erfasst. In Blutproben wurden ein Differenzialblutbild und Allergiewerte (z. B. Gesamt-IgE) bestimmt und die Zytokinproduktion nach Stimulation gemessen. Außerdem wurden Staubproben aus der Matratze des Kindes und dem Wohnraum gewonnen und darin der Endotoxin- und Allergengehalt (Milben, Katzenallergen) bestimmt. Bei Bauern mit Milchwirtschaft wurden außerdem Milchproben untersucht. Die Daten wurden kombiniert mit Daten aus Österreich und der Schweiz, die auf gleiche Weise erhoben wurden.

Die wichtigsten **Ergebnisse der ALEX-Studie** waren (Maisch, Mutius 2002):

- Stallkontakt und/oder Rohmilchkonsum im ersten Lebensjahr verminderten die Häufigkeit von atopischer Sensibilisierung, Heuschnupfen und Asthma deutlich (→ Tab. 5).
  Ein Lesebeispiel: 16 % der Kinder, die im ersten Lebensjahr weder Stall- noch Rohmilchkontakt hatten, hatten bis zum Zeitpunkt der Datenerhebung Heuschnupfen, jedoch nur 3,2 % der Kinder mit beidem. Die Odds Ratio liegt bei 0,2, d. h., die Kombination beider ist ein Schutzfaktor gegenüber Heuschnupfen. Das 95 %-Konfidenzintervall liegt bei 0,08–0,5. Dies bedeutet, dass mit 95 %iger Wahrscheinlichkeit die Intervallgrenzen von 0,08 und 0,5 den wahren Wert beinhalten. Der Einfluss der Störfaktoren Alter, Geschlecht, Bildungsstand der Eltern, Familienanamnese von Asthma und Heuschnupfen, Anzahl der älteren Geschwister und Bauernstatus wurde herausgerechnet.
- Der Endotoxingehalt des Matratzen- und Wohnraumstaubs (als Maß für die Exposition gegenüber mikrobiellen Produkten) war bei Bauernkindern deutlich höher als bei Nicht-Bauernkindern.
- Mit steigender Endotoxinbelastung nahm die Prävalenz von atopischer Sensibilisierung, Heuschnupfen, Heuschnupfensymptomen und allergischem Asthma ab, die von nicht atopischem Giemen und Asthma hingegen zu. Auch die Produktion entzündungsfördernder Zytokine durch Leukozyten sank mit steigender Endotoxinbelastung.

Die Beobachtungen legten nahe, dass Exposition zu mikrobiellen Produkten sowohl bei Bauernhof- als auch bei Nicht-Bauernhof-Kindern mit einem geringeren Risiko für atopische Atemwegserkrankungen assoziiert ist. Es wird angenommen, dass die aktuelle Endotoxinbeladung der Matratze die Langzeit-Endotoxin-Exposition widerspiegelt. Möglicherweise führt Langzeit-Endotoxinexposition zur „Herunterregulation" der Antwort der unspezifischen Abwehr und vermindert allergiefördernde Immunreaktionen.

Mittlerweile haben mehr als 20 Studien bestätigt, dass Bauernhofkinder seltener an Allergien und Asthma leiden. Der genaue Schutzmechanismus ist jedoch nach wie vor unklar.

Die Hygienehypothese ist, wie der Name schon sagt, eine Hypothese. Kritikpunkte sind z. B., dass sich nicht nur der Kontakt zu Bakte-

I-2.2.5 Maße des Zusammenhangs von Risikofaktoren und Erkrankung: Odds Ratio

Endotoxin: Bestandteil der Zellmembran gramnegativer Bakterien, der bei Zerfall des Bakteriums freigesetzt wird und v. a. auf das Immunsystem wirkt

Giemen: krankhaftes Atemnebengeräusch, i. d. R. bei der Ausatmung als Pfeifen hörbar; tritt u. a. bei Asthma aufgrund verengter Bronchien auf

Tab. 5 Auszug aus Tabelle 2 der ALEX-Studie: Häufigkeit und Risiko (adjustierte* Odds Ratios, 95 % Konfidenzintervall) für Asthma, Heuschnupfen und atopische Sensibilisierung in Abhängigkeit von der Exposition gegenüber Ställen und dem Bauernmilchkonsum im 1. Lebensjahr (Maisch, Mutius 2002)

Diagnose	Stallkontakt und Milch im 1. Lebensjahr (n = 218)	Stallkontakt, aber keine Milch im 1. Lebensjahr (n = 48)	Milch, aber keinen Stallkontakt im 1. Lebensjahr (n=189)	Stallkontakt, Milch oder beides nach dem 1. Lebensjahr (n=138)	Weder Stallkontakt noch Milchexposition
Asthma	1,4 % 0,14 (0,04–0,48)	6,3 % 0,51 (0,14–1,86)	5,8 % 0,48 (0,21–1,1)	10,9 % 0,88 (0,42–1,86)	11,8 % Referenz
Heuschnupfen	3,2 % 0,20 (0,08–0,50)	4,2 % 0,25 (0,05–1,13)	4,2 % 0,24 (0,10–0,56)	13,1 % 0,88 (0,44–1,74)	16,0 % Referenz
atopische Sensibilisierung	12,4 % 0,32 (0,17–0,62)	20,8 % 0,56 (0,25–1,27)	15,3 % 0,43 (0,24–0,62)	29,0 % 0,99 (0,58–1,69)	32,9 % Referenz

* adjustiert für Alter, Geschlecht, Bildungsstand der Eltern, Familienanamnese von Asthma und Heuschnupfen, Anzahl der älteren Geschwister und Bauernstatus

Biodiversität: biologische Vielfalt; Vielfalt der Gene, Arten, Lebensräume, Ökosysteme und deren Funktionen; oft, aber nicht korrekt mit dem Teilaspekt der Artenvielfalt gleichgesetzt

anaphylaktische Reaktion: meist Bezeichnung für Haut- oder Allgemeinreaktionen (bis hin zum Schock) bei einer allergischen Typ-I-Reaktion

rien, sondern auch Essgewohnheiten, Schadstoffbelastung, Innenraumluft usw. in den vergangenen Jahrzehnten verändert haben und dass auch die Hygienehypothese nicht alles erklären kann. In der Folge wurde die Hygienehypothese v.a. zur **Biodiversitäts-Hypothese** erweitert: Nicht nur zu wenige, sondern auch zu einseitige Mikroorganismen in der Umwelt (und damit auf und im Menschen) sind ungünstig für das Immunsystem. Positiv wirkt sich hingegen eine „natürliche“ Umwelt mit vielen verschiedenen Arten aus. Unumstritten und allumfassend ist keine derzeitige Hypothese.

8.9.3 Symptome

Die Symptome sind durch die Entzündung von Haut bzw. Schleimhäuten verursacht und hängen vom befallenen Organ ab:
- Quaddeln oder Ekzem der Haut (Typ-I- bzw. -IV-Reaktion)
- Augentränen, -brennen, -rötung bei allergischer Augenbindehautentzündung
- Schnupfen, Niesen bei allergischem Schnupfen
- Atemnotanfälle bei allergischem Asthma (→ 9.4.3)

8.9.4 Komplikationen

Allergien vom Typ I können sich auf den ganzen Körper ausbreiten. Häufige Auslöser sind Insektengifte, Nahrungsmittel und Medikamente.
- Warnzeichen einer solchen **anaphylaktischen Reaktion** sind oft Unruhe, Schwindel oder Kribbelgefühle.
- Eine leichte anaphylaktische Reaktion zeigt sich durch großflächige Hautsymptome (Rötung, Quaddeln, Jucken).
- Bei stärkerer Ausprägung kommt es zu Übelkeit, Erbrechen, Luftnot, Pulsanstieg, Blutdruckabfall.
- Schwerstform ist der **anaphylaktische Schock** mit Herz-Kreislauf-Stillstand.

Die Beschwerden beginnen meist in der ersten halben Stunde nach Allergenzufuhr. Sie können auf jeder Stufe stehen bleiben und wieder verschwinden, aber auch schnell lebensbedrohlich werden.

8.9.5 Diagnostik

Die Suche nach dem auslösenden Allergen beginnt mit Anamnese und körperlicher Untersuchung. Teilweise ist der Zusammenhang eindeutig (z.B. ausgeprägte Hautreaktion nach Verzehr von Erdbeeren, Hautausschlag unter einem Armband), manchmal kann nur

Erstmaßnahmen bei anaphylaktischer Reaktion

- Allergenzufuhr stoppen, falls noch möglich
- nach Hilfe rufen, Notruf tätigen (Notarzt/-ärztin anfordern)
- bei Kreislaufsymptomen Betroffene in Schocklage bringen (Rückenlage mit erhöhten Beinen), bei Luftnot Oberkörper hoch lagern, bei Bewusstlosigkeit in stabile Seitenlage bringen
- bei Vorhandensein eines Notfallsets Notfallmedikamente nach Notfallplan verabreichen:
  - Antihistaminika und Kortison als Tropfen oder Zäpfchen
  - bei Kreislauf- oder Atembeschwerden Adrenalin-Fertigspritze, die auch Laien in den Muskel spritzen können (→ Abb. 51), und
  - „Asthmaspray“ mit β_2-Sympathomimetikum zur Erweiterung der Atemwege
- bei Herz-Kreislauf-Stillstand sofort mit Herz-Lungen-Wiederbelebung beginnen (→ 10.5.6)

Abb. 51 Adrenalin-Fertigspritze (Injektion in die Außenseite des Oberschenkels auch durch Kleidung möglich)

ein Verdacht formuliert werden (z. B. verquollene Augen während Arbeitswochen, im Urlaub Besserung; „ständiger" Schnupfen).

Es folgen Allergietests, je nach Situation mit Allergensammlungen oder einzelnen Allergenen. Weitaus am häufigsten sind **Hauttests** (→ Abb. 52):

- **Prick-, Scratch- und Intrakutantests** erfolgen bei Verdacht auf Typ-I-Allergien. Allergenlösung wird in die Haut gebracht, beim Prick- und Scratchtest durch oberflächliches Einstechen/Einritzen der Haut (→ Abb. 51), beim Intrakutantest durch Einspritzen der Lösung mit einer Feindosierungsspritze. Abgelesen wird schon nach etwa 20 Minuten. Bei diesen Tests besteht die Gefahr einer anaphylaktischen Reaktion.
- Beim **Epikutantest** bei Verdacht auf Typ-IV-Allergien wird ein allergenhaltiges Pflaster für 1–2 Tage auf die Haut geklebt (→ Abb. 52). Abgelesen wird sofort und einen Tag nach Entfernen des Pflasters.

Durch Blutuntersuchung können antigenspezifische IgE nachgewiesen werden, die allerdings nur die Sensibilisierung, nicht die Allergie beweisen.

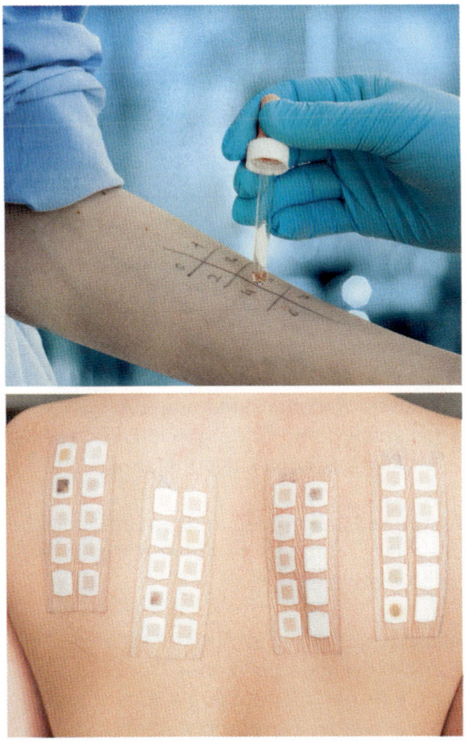

Abb. 52 Oben Prick-, unten Epikutantest

8.9.6 Therapie

Am wichtigsten ist das Meiden des Allergens, die **Allergenkarenz,** z. B. der Verzicht auf ein Nahrungsmittel. Evtl. erforderliche Maßnahmen im (häuslichen) Umfeld werden auch als **Allergensanierung** bezeichnet. Damit ist die Allergie nicht geheilt, aber unter Kontrolle.

Bei Allergien gegen viele oder häufig vorkommende Allergene wie etwa Milchprotein kann Allergenkarenz allerdings schwierig sein, bei einigen wie z. B. Hausstaubmilben- oder Pollenallergie ist sie sogar unmöglich.

Ursächlich können allergischer Schnupfen und allergisches Asthma durch die **spezifische Immuntherapie (SIT)** behandelt werden. Regelmäßige Allergenzufuhr über mindestens drei Jahre führt zur:

- Bildung von IgG, welche die Bindung von IgE und damit die Histaminfreisetzung blockieren
- Aktivierung regulatorischer T-Zellen
- verstärkten Produktion entzündungshemmender Botenstoffe

Dadurch entwickelt sich eine Toleranz gegenüber dem Allergen. Bei der **subkutanen spezifischen Immuntherapie (SCIT)** wird eine Allergenlösung unter die Haut gespritzt. Wegen der Gefahr einer anaphylaktischen Reaktion müssen die Behandelten nach der Injektion noch eine halbe Stunde in der Arztpraxis bleiben. Bei der **sublingualen spezifischen Immuntherapie (SLIT)** nehmen die Betroffenen eine allergenhaltige Lösung oder Schmelztablette unter die Zunge. Sie hat kaum Nebenwirkungen und ist zu Hause möglich, kommt aber nicht immer in Betracht. Die Wirksamkeit der **oralen Immuntherapie** (**OIT,** bislang nur bei kindlicher Erdnussallergie) ist nach wie vor unklar. Die **epikutane Immuntherapie** mit Aufkleben eines allergenhaltigen „Pflasters" wird in Studien untersucht.

Beschwerdelindernd bei Allergien wirken **Antihistaminika,** welche die Histaminrezeptoren blockieren, und entzündungshemmende Kortisonpräparate. Letztere werden möglichst lokal verabreicht, damit sie nur „am Ort des

Prick-, Scratch- und Intrakutantest:
Tests auf eine Typ-I-Allergie mit Einbringen von Allergenlösung in die Haut

Epikutantest:
Test auf eine Typ-IV-Allergie mit Einbringen des Allergens auf die Haut

Allergenkarenz:
Meiden der allergieauslösenden Substanz

Allergensanierung:
Maßnahmen zur Allergenbeseitigung im (häuslichen) Umfeld

spezifische Immuntherapie:
SIT, Hyposensibilisierung; kausale Behandlung von Allergien durch regelmäßige Allergenzufuhr mit dem Ziel, eine Toleranz des Immunsystems gegenüber dem Allergen zu erreichen

subkutane spezifische Immuntherapie:
SCIT; Form der spezifischen Immuntherapie, bei der das Allergen s. c. (subkutan, unter die Haut) gespritzt wird

sublinguale spezifische Immuntherapie:
SLIT; Form der spezifischen Immuntherapie, bei der das Allergen über die Mundschleimhaut aufgenommen wird

Antihistaminikum:
Arzneimittel zur Unterdrückung und damit symptomatischen Behandlung einer Allergie

Geschehens“ und nicht im ganzen Körper wirken und Nebenwirkungen minimiert werden. Beispiel sind kortisonhaltige Asthma„sprays“ zum Inhalieren (→ 9.4.5, → 9.4.7).

Betroffene erhalten einen **Notfallausweis** (Allergiepass). Besonders wichtig ist er bei Medikamentenallergien oder Neigung zu anaphylaktischen Reaktionen. Solche Patienten sollten ein **Notfallset** bei sich führen, damit z. B. nach einem Insektenstich schnelle Laienhilfe möglich ist.

Milcheiweißallergie: Erkrankung durch eine Abwehrreaktion gegen Milcheiweiß; v. a. bei Säuglingen und Kleinkindern auftretend; Symptome z. B. Hautausschlag, Übelkeit, Bauchschmerzen

8.9.7 Rehabilitation

Ein stationärer Aufenthalt in einer Reha-Klinik kann bei Allergien sinnvoll sein, um eine Zustandsstabilisierung oder -besserung zu erreichen, etwa bei Neurodermitis oder allergischem Asthma. Bei Bedarf kann dort auch Diagnostik nachgeholt werden. Gleichzeitig können Betroffene z. B. bezüglich der Allergenkarenz im Alltag oder im Umgang mit Medikamenten (erneut) geschult werden.

Deutscher Allergie- und Asthmabund e. V.: *www.daab.de*

Allergieinformationsdienst: *www.allergieinformationsdienst.de*

Teilweise kommt es nur im Beruf zum Allergenkontakt, ohne dass Schutzmaßnahmen wie etwa Tragen von Handschuhen möglich sind oder zu einer Verbesserung führen. Manchmal ist die Allergie sogar beruflich bedingt und somit eine Berufskrankheit. In diesen Fällen ist im Rahmen der beruflichen Rehabilitation eine Versetzung an einen anderen Arbeitsplatz oder eine Umschulung angezeigt.

8.9.8 Verlauf und Prognose

Verlauf und Prognose hängen von der Möglichkeit der Allergenkarenz und spezifischen Immuntherapie ab. Überwiegend ist die Prognose gut, allerdings oft mit Rücksichtnahme im Alltag und/oder einem gewissen Maß an Beschwerden.

1. *Überlegen Sie, in wie vielen Produkten Milcheiweiß enthalten ist. Gehen Sie dazu auch in einen Supermarkt und schauen Sie sich die Zutatenlisten auf Fertigprodukten an.*

2. *Welche Auswirkungen hätte eine Milcheiweißallergie auf Ihren Speiseplan?*

Die gute Prognose bedeutet allerdings nicht, dass die Allergie nicht subjektiv stark belastend sein kann, beispielsweise eine Allergie mit sehr häufig vorkommenden Inhaltsstoffen wie etwa Milcheiweiß. Für Betroffene bedeutet dies den Verzicht nicht nur auf Milch und Milchprodukte, sondern auch auf unzählige Fertigprodukte und Speisen, die von anderen zubereitet wurden und deren Inhaltsstoffe nicht ohne Weiteres herauszufinden sind. Eltern betroffener Kindergarten- und Grundschulkinder sprechen z. B. vor Kindergeburtstagen mit den Gastgebereltern, geben für einen Aufenthalt in der Jugendherberge Essen mit oder fahren das Benötigte sogar dorthin.

8.9.9 Prävention und Gesundheitsförderung

In der Primärprävention von Allergien hat sich ein Paradigmenwandel vollzogen. Es wird heute davon ausgegangen, dass das Immunsystem bei Geburt ein „Rohbau“ ist, der zu seiner „Fertigstellung“ Reize aus der Umwelt benötigt. Entsprechend wurde die Empfehlung, Säuglinge so lange wie möglich von Allergenen fernzuhalten, verlassen.

Empfohlen wird insbesondere (Kopp u. a. 2022):

- ausgewogene Kost in der Schwangerschaft einschließlich Fisch, Nüssen, Eiern
- ausschließliches Stillen für 4–6 Monate
- schrittweise Beikost ab dem 5.–7. Monat, während das Stillen fortgesetzt wird; dabei kein Verzicht auf häufige Allergene wie etwa Fisch, jedoch Ei nur durchgegart (kein rohes oder Rührei)
- möglichst geringe Schadstoffbelastung, also kein Rauchen in Haushalten mit Kindern, kein Schimmelpilzbefall von Wohnräumen
- Zulassen von Kontakt mit anderen Kindern, Tieren (z. B. Hunden), keine „vorsorgliche“ Hausstaubmilbensanierung o. Ä.
- bei gefährdeten Kindern (Allergien in der Familie) z. B. keine Katzenhaltung

Alle diese Maßnahmen mindern das individuelle Allergierisiko, können aber Allergien nicht völlig vermeiden.

Allergieverdächtige Symptome sollen im Rahmen der Sekundärprävention frühzeitig abgeklärt, eine gesicherte Allergie konsequent behandelt werden (Tertiärprävention).

Jugendliche mit bereits vorhandener Allergie sollen keinen Beruf wählen, in dem sie „ihrem“ Allergen ausgesetzt sind, z. B. Jugendliche mit Katzenallergie nicht Tierpfleger oder Tierarzt werden. Für Jugendliche mit Neurodermitis sind wegen der Gefahr von Handekzemen „Feuchtberufe“ ungünstig, zu denen auch einige Gesundheitsberufe zählen. Hier ist statt einer Pflegeausbildung z. B. eine Ergotherapie- oder Logopädieausbildung günstiger.

Bei Jugendlichen mit erhöhtem Risiko ist es nicht zuverlässig möglich vorherzusagen, ob sie in einem Risikoberuf (z. B. Friseur, Pflegeberuf) eine Allergie entwickeln werden oder nicht. Möchten sie einen solchen Beruf wählen, sollen sie mögliche Schutzmaßnahmen von Beginn an konsequent anwenden. Im Gesundheitswesen bedeutet dies beispielsweise das Tragen von Handschuhen beim Auftragen von Salben oder anderem Kontakt mit Allergenen, die Wahl von latexfreien oder ungepuderten Latexhandschuhen und konsequenten Hautschutz (regelmäßiges Eincremen der Hände mit geeigneten Produkten).

AUFGABEN

1. *Benennen Sie die Typen allergischer Reaktionen und charakterisieren Sie einen der häufigen Typen genauer.*
2. *Stellen Sie die Hygienehypothese dar.*
3. *Nennen Sie die Hauptbeschwerden bei Allergien.*
4. *Erläutern Sie, wie Allergien behandelt werden.*
5. *Pollen- und Hausstaubmilbenallergien sind ziemlich häufig. Erkundigen Sie sich über die Möglichkeiten, die Exposition gegenüber dem Allergen zu vermindern.*

Quellen

Quellen 8.1–8.3

Fritsch, H.; Kühnel, W. (2018): Taschenatlas der Anatomie, Band 2. Stuttgart: Thieme.

Paul-Ehrlich Institut (PEI) (2023): Hämovigilanzbericht des Paul-Ehrlich-Instituts 2021. Auswertung der Meldungen von schwerwiegenden Reaktionen und Zwischenfällen nach § 63i AMG. Langen.

Speckmann, E.-J.; Hescheler, J.; Köhling, R. (Hrsg.) (2019): Physiologie. München: Elsevier.

Vaupel, P.; Schaible, H.-G.; Mutschler, E. (2015): Anatomie, Physiologie, Pathophysiologie des Menschen. Stuttgart: Wissenschaftliche Verlagsgesellschaft.

Quellen Eisenmangelanämie

Deutsche Gesellschaft für Hämatologie und Medizinische Onkologie e. V. (2022): Eisenmangel und Eisenmangelanämie; unter *www.onkopedia.com/de/onkopedia/guidelines/eisenmangel-und-eisenmangelanaemie/@@view/html/index.html* [12.03.2024].

Niederau, C.; Böhm, B. O. (Hrsg.) (2021): Klinikleitfaden Labordiagnostik. München: Elsevier.

Weltgesundheitsorganisation (WHO) (2011): Haemoglobin concentrations for the diagnosis of anaemia and assessment of severity. Vitamin and Mineral Nutrition Information System; unter *www.who.int/publications/i/item/WHO-NMH-NHD-MNM-11.1* [12.03.2024].

Quellen Infektionskrankheiten

Kommission für Krankenhaushygiene und Infektionsprävention (KRINKO) (2015): Infektionsprävention im Rahmen der Pflege und Behandlung von Patienten mit übertragbaren Krankheiten. Empfehlung der Kommission für Krankenhaushygiene und Infektionsprävention (KRINKO) beim Robert Koch-Institut. In: Bundesgesundheitsblatt – Gesundheitsforschung – Gesundheitsschutz 10(58): 1151–1170.

Robert Koch-Institut (RKI) (2023a): Impfquoten von Kinderschutzimpfungen in Deutschland. In: Epidemiologisches Bulletin 48:3–26.

Robert Koch-Institut (RKI) (2023b): Epidemiologische Situation der Masern und Röteln in Deutschland in 2022; unter *www.rki.de/DE/Content/Infekt/Impfen/Praevention/elimination_04_01.html* [12.03.2024].

The Institute for Health Metrics and Evaluation (IHME), in Zusammenarbeit mit dem Robert Koch-Institut (2022): Antimikrobielle Resistenzen. Krankheitslast in G7-Staaten und weltweit; unter *www.rki.de/DE/Content/Infekt/Antibiotikaresistenz/Broschuere_IHME_RKI.pdf?__blob=publicationFile* [12.03.2024].

Weltgesundheitsorganisation (WHO) (2020): Global Health Estimates 2019: Deaths by Cause, Age, Sex, by Country and by Region, 2000–2019; unter *www.who.int/data/gho/data/themes/mortality-and-global-health-estimates/ghe-leading-causes-of-death* [12.03.2024].

ZEIT ONLINE, 16.02.2020: 70 Neuinfektionen auf Kreuzfahrtschiff „Diamond Princess“; unter *www.zeit.de/wissen/gesundheit/2020-02/coronavirus-infizierte-tote-kreuzfahrtschiff-quarantaene-japan-diamond-princess* [12.03.2024].

Quellen Staphylokokkeninfektionen: MRSA

Benning, R. (2019): Germanwatch-Analyse von Hähnchenfleisch auf antibiotikaresistente Erreger. Bonn: Germanwatch e.V.

Bundesinstitut für Risikobewertung (BfR) (2014): Fragen und Antworten zu Methicillin-resistenten Staphylococcus aureus (MRSA). Wie häufig sind gesunde Menschen mit MRSA besiedelt; unter *www.bfr.bund.de/de/fragen_und_antworten_zu_methicillin_resistenten_staphylococcus_aureus__mrsa_-11172.html* [12.03.2024].

European Centre for Disease Prevention and Control (2023): Antimicrobial resistance in the EU/EEA (EARS-Net) - Annual Epidemiological Report 2022 Stockholm.

Kommission für Krankenhaushygiene und Infektionsprävention (KRINKO) (2014): Empfehlungen zur Prävention und Kontrolle von Methicillinresistenten Staphylococcus aureus-Stämmen (MRSA) in medizinischen und pflegerischen Einrichtungen. Empfehlung der Kommission für Krankenhaushygiene und Infektionsprävention (KRINKO) beim Robert Koch-Institut. In: Bundesgesundheitsblatt – Gesundheitsforschung – Gesundheitsschutz 6(57): 696–732.

Quellen Exkurs: SARS-CoV-2 und COVID-19

Kluge, S.; Janssens, U.; Welte, T. u. a. (2023): S3-Leitlinie – Empfehlungen zur Therapie von Patienten mit COVID-19; unter *https://register.awmf.org/assets/guidelines/113-001LGl_S3_Empfehlungen-zur-stationaeren-Therapie-von-Patienten-mit-COVID-19_2023-03.pdf* [12.03.2024].

Koczulla; A. R.; Ankermann, T.; Behrends, U. u. a. (2022): S1-Leitlinie Long/Post-COVID; unter *https://register.awmf.org/assets/guidelines/020-027l_S1_Post_COVID_Long_COVID_2022-08.pdf* [12.03.2024].

Robert Koch-Institut (2023): Long COVID; unter *www.rki.de/SharedDocs/FAQ/NCOV2019/FAQ_Liste_Gesundheitliche_Langzeitfolgen.html?nn=2386228* [12.03.2024].

Quellen HIV-Infektion und Aids

Centers for Disease Control and Prevention (2014): Revised Surveillance Case Definition for HIV Infection — United States, 2014; unter *www.cdc.gov/mmwr/pdf/rr/rr6303.pdf* [17.06.2024].

Paul-Ehrlich-Institut (PEI) (2023): Hämovigilanzbericht des Paul-Ehrlich-Instituts 2021. Auswertung der Meldungen von schwerwiegenden Reaktionen und Zwischenfällen nach § 63i AMG. Langen.

Robert Koch-Institut (RKI) (2022): Schätzung der Zahl der HIV-Neuinfektionen im Jahr 2021 und der Gesamtzahl von Menschen, die Ende 2021 mit HIV in Deutschland leben. In: Epidemiologisches Bulletin 47: 3–19.

Weltgesundheitsorganisation (WHO) (2023a): HIV/AIDS; unter *www.who.int/news-room/fact-sheets/detail/hiv-aids* [12.03.2024].

Weltgesundheitsorganisation (WHO) (2023b): Estimated antiretroviral therapy coverage among people living with HIV (%); unter *www.who.int/data/gho/indicator-metadata-registry/imr-details/4477* [12.03.2024].

Quellen Allergien

Kopp, M.V. u. a. (2022): S3-Leitlinie Allergieprävention. Leitlinie der Deutschen Gesellschaft für Allergologie und klinische Immunologie (DGAKI) und der Deutschen Gesellschaft für Kinder- und Jugendmedizin (DGKJ).

Langen, U.; Schmitz, R.; Steppuhn, H. (2013): Häufigkeit allergischer Erkrankungen in Deutschland. Ergebnisse der Studie zur Gesundheit Erwachsener in Deutschland (DEGS1). In: Bundesgesundheitsblatt – Gesundheitsforschung – Gesundheitsschutz 5/6(56): 698–706.

Maisch, S.; von Mutius, E. (2002): „Schutz vor der Entstehung allergischer Krankheiten: Protektive Faktoren des bäuerlichen Lebens" (Alex-Studie). In: Bayerisches Staatsministerium für Gesundheit, Ernährung und Verbraucherschutz (StMGEV) (Hrsg.): Gesundheit und Umwelt – Materialien zur Umweltmedizin. Band 6. München.

Thamm, R.; Poethko-Müller, C.; Hüther, A.; Thamm, M. (2018): Allergische Erkrankungen bei Kindern und Jugendlichen in Deutschland – Querschnittergebnisse aus KiGGS Welle 2 und Trends. In: Journal of Health Monitoring 3(3): 3–18.

Weiterführende Literatur

Deutsche AIDS-Gesellschaft e.V.: Leitlinien für Diagnostik und Therapie der HIV-Infektion; unter *https://daignet.de/leitlinien-und-empfehlungen/hiv-leitlinien/* [12.03.2024].

Deutsche Gesellschaft für Allergologie und Klinische Immunologie (DGAKI) e.V. (o. J.): Leitlinien; unter *www.dgaki.de/leitlinien* [12.03.2024].

Deutsche Gesellschaft für Immunologie e.V. (DGfI): Immunologie für Jedermann. Das Informationsportal rund um das menschliche Immunsystem; unter *https://das-immunsystem.de* [12.03.2024].

Häcker, B. (2021): Immunologie für Dummies. Weinheim: Wiley-VCH.

Holtmann, H.; Holtmann, J.; Lommen, J.; Schorn, L.K. (2023): BASICS. Medizinische Mikrobiologie, Hygiene und Infektiologie. München: Elsevier.

Rink, L.; Kruse, A.; Haase, H. (2018): Immunologie für Einsteiger. Berlin, Heidelberg: Springer.

Robert Koch-Institut (RKI) (2019): Regionale MRE-Netzwerke; unter *www.rki.de/DE/Content/Infekt/Krankenhaushygiene/Netzwerke/Netzwerke_node.html* [12.03.2024].

Robert Koch-Institut (RKI): Vertiefende Literatur zu Impfen, Infektionskrankheiten, Krankenhaushygiene; unter *www.rki.de* [12.03.2024].

Schwarzkopf, A. (2016): Multiresistente Erreger im Gesundheitswesen. Hygienemaßnahmen in medizinischen und pflegerischen Einrichtungen. Wiesbaden: mhp.

9 ATMUNGSSYSTEM

DR. MONIKA REUS, MELANIE TULKE

Ca. 20 000 Atemzüge am Tag – ohne dass wir aktiv etwas unternehmen müssten.

1. *Betrachten Sie die Bildercollage:*
   a) *Beschreiben Sie jedes Bild: Welche Bedeutung hat die Atmung in der jeweiligen Situation?*
   b) *Überlegen Sie weitere Situationen, in denen die Atmung wichtig ist oder eine besondere Rolle spielt.*

2. *Setzen oder legen Sie sich alleine an einem stillen Platz hin. Atmen Sie bewusst langsam, streuen Sie kleine Atempausen ein. Lassen Sie den Atem lang ausströmen. Wie wirkt das auf den Körper?*

3. *Singen Sie laut Töne und Vokale: hi, ha, ho, hu. Erkunden Sie, wie sich dies anfühlt und welche Mundstellung Sie jeweils einnehmen.*

4. *Sammeln Sie Faktoren, die eine ruhige, volle und gesunde Atmung beeinträchtigen können.*

Aufgaben des Atmungssystems sind:
- Versorgung des Körpers mit Sauerstoff
- Abgabe von Kohlenstoffdioxid aus dem Körper
- Homöostase/Säure-Basen-Haushalt
- Schutz vor Fremdkörpern und Immunabwehr
- Tonerzeugung
- Riechen

Atemwege:
Körperteile, die beim Atmen durchströmt werden; unterteilt in obere Atemwege (Nase, Nasennebenhöhlen, Mundhöhle, Rachen) und untere Atemwege (Kehlkopf, Luftröhre, Bronchien, Bronchiolen)

Zwerchfell:
Diaphragma; kuppelförmige muskuläre Scheidewand zwischen Brust- und Bauchraum, wichtigster Atemmuskel

Nase:
Nasus; Riech- und Atmungsorgan

Bei der Atmung wird zwischen innerer und äußerer Atmung unterschieden:
- **äußere Atmung:** Austausch von Atemgasen zwischen Umgebung und Lunge
  - Aufnahme von Sauerstoff
  - Abgabe von Kohlenstoffdioxid
- **innere Atmung:** Zellatmung in den Zellen, hauptsächlich den Mitochondrien, zur Gewinnung von ATP

9.1 Anatomie

REUS

Das Atmungssystem (→ Abb. 1) befindet sich im Gesichtsschädel, Hals und Brustkorb. Die

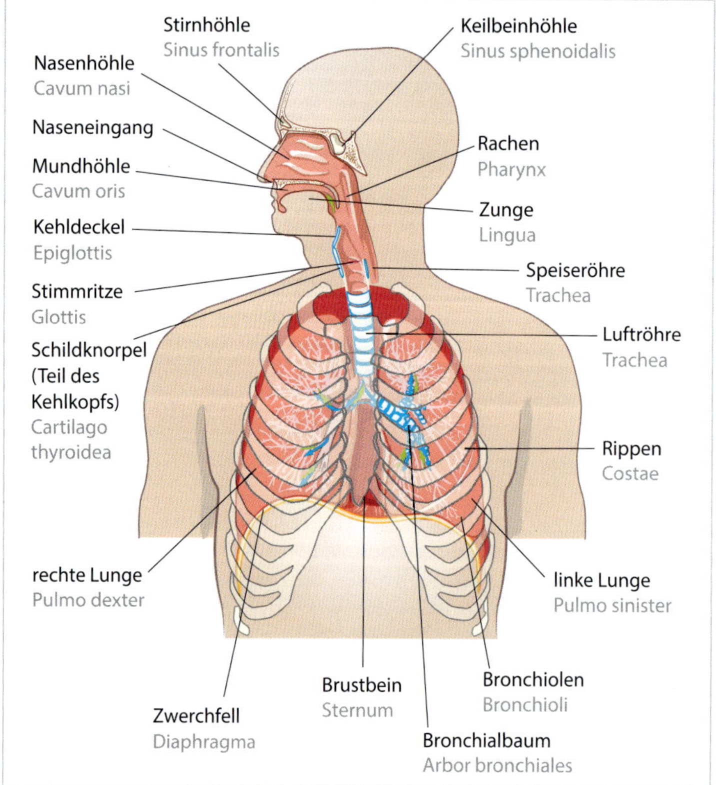

Abb. 1 Lage des Atmungssystems im Gesichtsschädel, Hals und Brustkorb

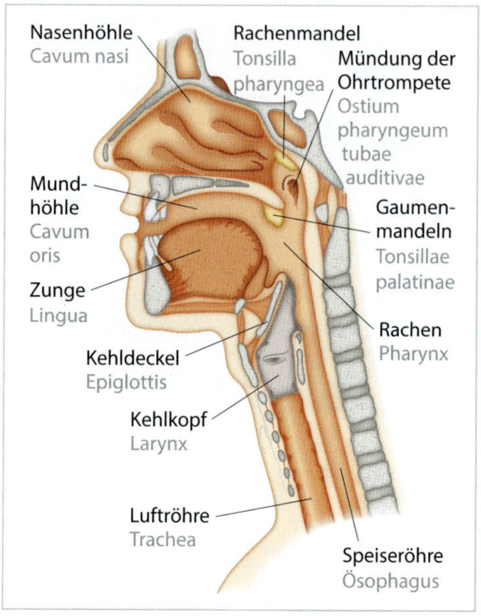

Abb. 2 Obere Atemwege, Kehlkopf und Luftröhre

beiden **Lungen** bzw. Lungenflügel liegen gut geschützt hinter den Rippen und dem Brustbein. Zum Bauchraum hin wird die Lunge durch das Zwerchfell abgegrenzt.

9.1.1 Atemwege

Körperteile, die beim Atmen durchströmt werden, werden als **Atemwege** bezeichnet. Unterschieden werden die oberen und die unteren Atemwege.

Obere Atemwege

Die oberen Atemwege (→ Abb. 2) transportieren die Luft aus der Umgebung zu den unteren Atemwegen. Dabei durchströmt die Luft folgende Strukturen:
- Nase mit Nasenhöhle und Nasennebenhöhlen
- Mundhöhle
- Rachen

Nase mit Nasennebenhöhlen

Die **äußere Nase** besteht aus einem knöchernen und einem knorpeligen Teil. Der knorpelige Teil gibt der Nase Struktur und schützt das Nasenskelett. Die Nasenlöcher werden zur Seite von den Nasenflügeln begrenzt, zur Mitte vom Nasensteg.

Die **innere Nase** beinhaltet die paarige Nasenhöhle, die durch die Nasenscheidewand in eine rechte und linke Hälfte getrennt ist. Die große Nasenhaupthöhle liegt gut geschützt in den Schädelknochen. Seitlich aufsitzende Nasenmuscheln (obere, mittlere und untere) vergrößern die Fläche.

Die innere Nase ist fast überall von Nasenschleimhaut bedeckt. Die untere und mittlere Nasenmuschel ist von Flimmerepithel (→ 1.2.5) überzogen, die obere Nasenmuschel und das Dach der Nasenhöhle von Riechschleimhaut (→ 6.5.1).

Im Schädel liegen luftgefüllte Hohlräume, die erst ab dem Schulalter belüftet sind, die **Nasennebenhöhlen** (→ Abb. 3):

- Stirnhöhle
- Siebbeinzellen
- Keilbeinhöhle
- Kieferhöhle

Die Nasennebenhöhlen sind über kleine Gänge mit der Nasenhöhle verbunden und führen einerseits zu einem leichteren Schädel, andererseits zu einer erhöhten Resonanz der eigenen Stimme.

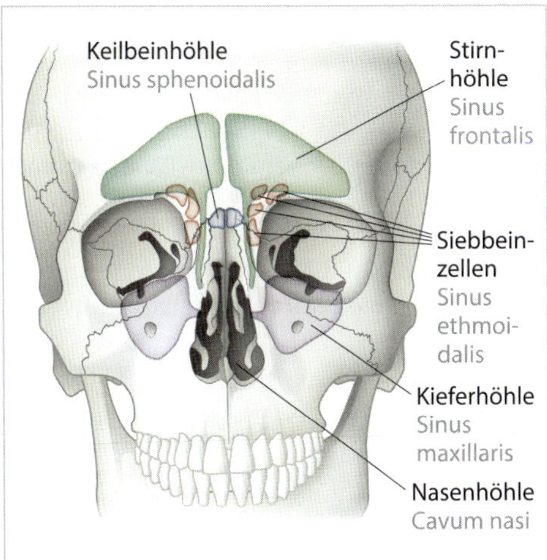

Abb. 3 Nasenhöhle und Nasennebenhöhlen

Mundhöhle

Zum einen bildet die Mundhöhle (→ 4.1.1) den ersten Teil des Verdauungsapparates, zum anderen durch ihre Verbindung zum Rachen einen Teil der oberen Atemwege.

Dabei durchströmt die Luft die Mundhöhle und mündet gemeinsam mit der Luft aus der Nasenhöhle in den Rachen.

Rachen

Der Rachen verbindet Nasen- und Mundhöhle mit der Luftröhre und die Mundhöhle mit der Speiseröhre. Im Rachen kreuzen sich der Weg des Atems und der Nahrung. Damit keine Speisen oder Flüssigkeiten in die Luftröhre kommen, koordiniert der Kehlkopf Schlucken und Atmen.

Der Rachen beginnt am Zäpfchen, das den Nasenraum von der Mundhöhle abschließen kann. Durch Hochklappen des Zäpfchens beim Schlucken wird verhindert, dass Flüssigkeit oder feste Nahrung in die Nasenhöhle gelangen.

Untere Atemwege

Das Durchströmen der unteren Atemwege (→ Abb. 4) mit Luft beginnt am Kehlkopf und setzt sich in der Luftröhre, den Bronchien und Bronchiolen bis in die Lungenbläschen fort.

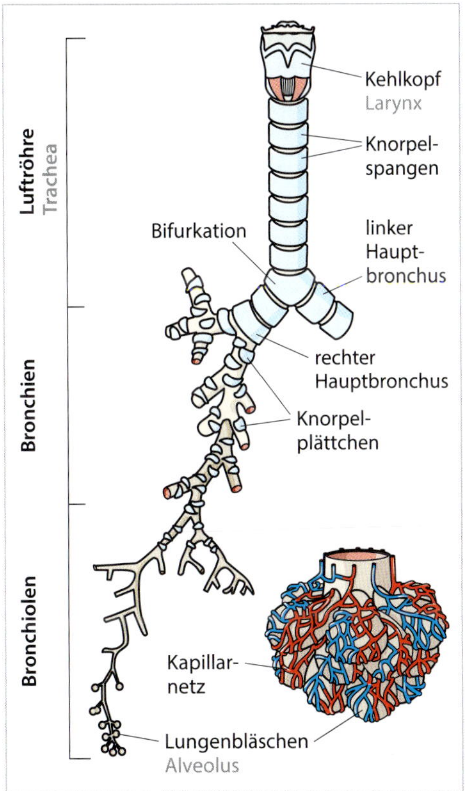

Abb. 4 Untere Atemwege

Kehlkopf

Der Kehlkopf besteht unter anderem aus Knorpeln (→ Abb. 5):

- **Schildknorpel** nach vorne zur Abgrenzung (gut tastbar von außen)

Rachen:
Pharynx; von Mund- und Nasenhöhle bis zum Eingang von Luft- und Speiseröhre liegender Teil der oberen Atemwege und des Speisewegs

Nasennebenhöhlen:
luftgefüllte Hohlräume der Schädelknochen, die mit der Nasenhöhle verbunden sind

Kehlkopf:
Larynx; Stimmorgan aus Knorpelgerüst und Stimmapparat im innen befindlichen Hohlraum

Kehldeckel:
Epiglottis; bewegliche Knorpelplatte, die den Kehlkopf beim Schlucken verschließt

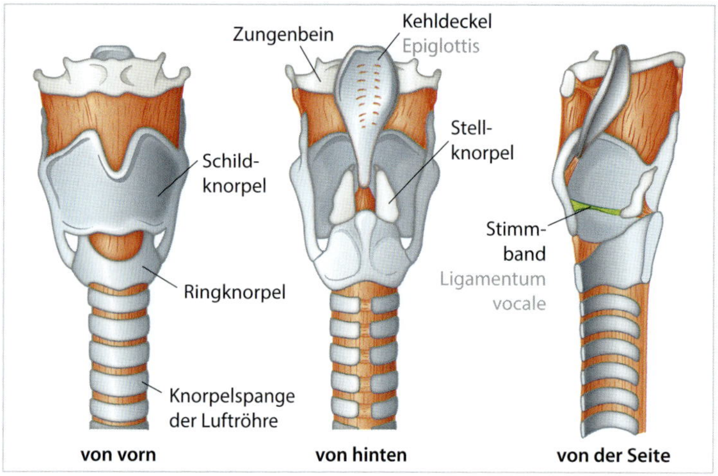

Abb. 5 Aufbau des Kehlkopfes

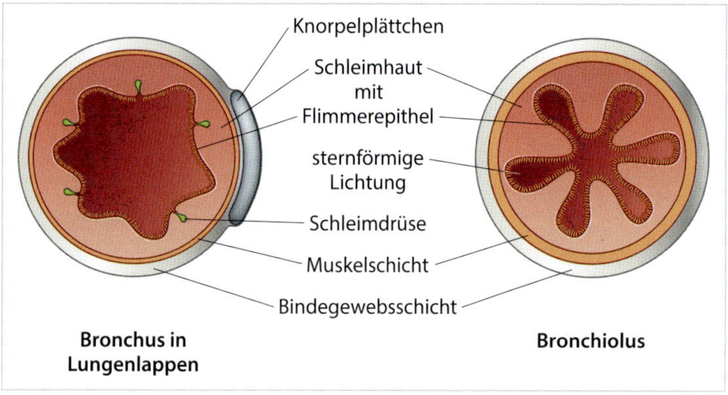

Abb. 6 Bronchus und Bronchiolus – Querschnitt

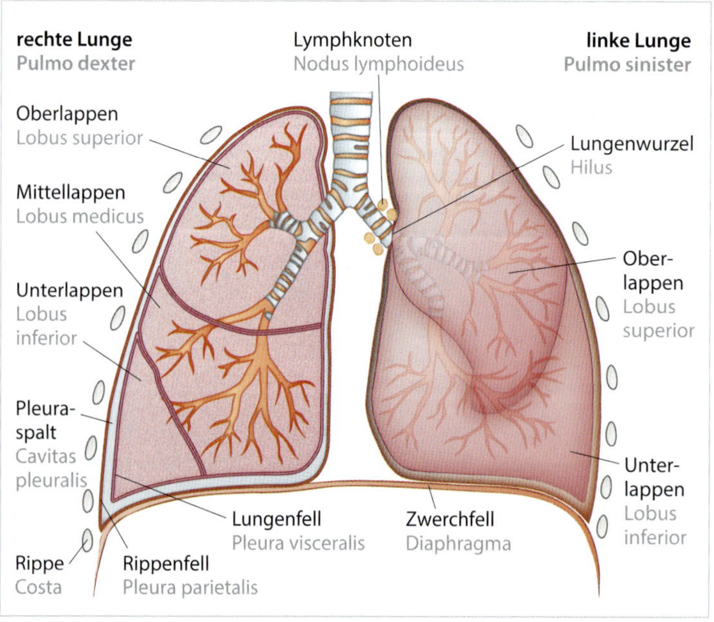

Abb. 7 Lunge

- **Ringknorpel** direkt unterhalb des Schildknorpels, parallel zu den Knorpelspangen der Luftröhre, dient zum Offenhalten
- **Kehldeckel** zum Verschluss des Kehlkopfes zum Rachen
- zwei **Stellknorpel** mit gelenkiger Verbindung zum Ringknorpel zur erhöhten Beweglichkeit der Stimmbänder

Innen kleidet eine Schleimhaut den Kehlkopf aus.

Der Kehlkopf grenzt nicht nur die oberen und unteren Atemwege voneinander ab, sondern trennt auch den Weg des Atems vom Weg der Speisen und Getränke. Daneben dient er mithilfe der Stimmbänder der Stimmbildung.

Luftröhre, Bronchien, Bronchiolen

Je nach Körpergröße ist die **Luftröhre** 10 bis 12 cm lang. Sie ist sehr elastisch und von Knorpelspangen umgeben, die sie offenhalten (→ Abb. 4).

An der **Bifurkation** teilt sich die Trachea in den rechten und linken Hauptbronchus auf. Diese verzweigen sich zu immer kleineren **Bronchien** und schließlich zu den **Bronchiolen.**

Die Bronchien und Bronchiolen sind mit Flimmerepithel der Bronchialschleimhaut ausgekleidet und von Bronchialmuskulatur durchzogen (→ Abb. 6).

Bis hierher handelt es sich bei dem Atmungssystem nur um ein röhrenförmiges Transportsystem.

9.1.2 Lunge

Die rechte Lunge hat drei Lappen, die linke zwei (→ Abb. 7). Die Lunge ist vom Brustfell, der **Pleura,** umgeben:
- **Pleura viszeralis:** Lungenfell, direkt der Lunge anliegend
- **Pleura parietalis:** Rippenfell, direkt der Brustkorbwand anliegend

Zwischen den beiden Schichten – im Pleuraspalt – befindet sich die Pleuraflüssigkeit.

In der Lunge münden die Bronchiolen in die **Alveolen,** in denen der Gasaustausch stattfindet (→ Abb. 8). Sie nehmen eine Gesamtfläche von 80 bis 100 m² ein. Jeder Mensch besitzt etwa 300 bis 400 Mio. Alveolen. Es handelt sich um kleine dünnwandige Bläschen, die wie bei einer Weinrebe um einen Alveolargang herum angeordnet sind.

Der vom Herzen kommende sauerstoffarme Lungenarterienast transportiert das Blut zu den Alveolen hin, verzweigt sich in dünne Kapillaren (→ 10.1.1), die die Alveolen direkt umspülen. Nach erfolgtem Gasaustausch transportieren die Kapillaren und anschließend die Venolen das sauerstoffhaltige Blut über den Lungenvenenast zurück zum Herzen.

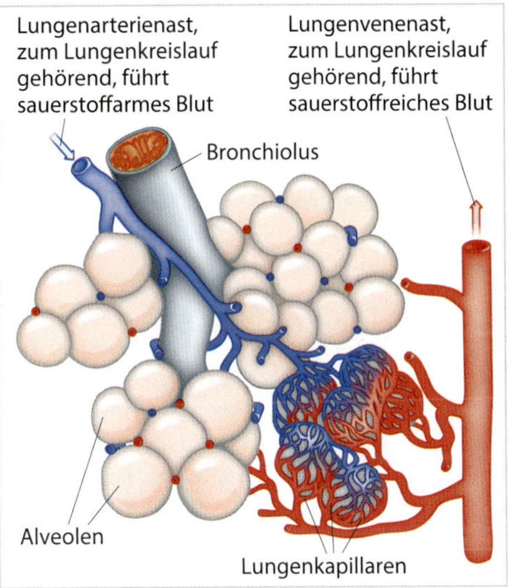

Abb. 8 Alveolen mit Kapillarnetz

9.2 Physiologie

REUS

9.2.1 Physiologie der Atemwege

Die Atemwege transportieren die Luft in die Lunge und zurück. Die Bronchialschleimhaut **reinigt** die Atemwege, indem sie mithilfe der Zilien ihres Flimmerepithels in den oberen und unteren Atemwegen ständig Fremdkörper wie Krankheitserreger oder Staub aus dem Atemtrakt transportiert (→ Abb. 9). Becherzellen helfen dabei durch Schleimbildung; außerdem **befeuchtet** der Schleim die Atemluft. Durch die Regulation der Durchblutung kann **Wärme** abgegeben werden.

Bei den Atemwegen handelt sich um ein **Transportsystem,** das zwar die Atemluft aufbereiten, aber keinen Gasaustausch betreiben kann. Deshalb wird das Volumen in diesem Bereich als **Totraum** bezeichnet.

Beim Verschlucken kleinster Nahrungspartikel in die Luftröhre kann man kurzzeitig nicht richtig atmen und man versucht sofort reflexartig, die Stückchen wieder auszuhusten.
Wenn die Flimmerhärchen – z. B. durch langandauernden Zigarettenkonsum – zerstört sind, können sie ihre normale Reinigungstätigkeit nicht mehr ausführen und es kommt zu Husten.

9.2.2 Atemmechanik

Damit in den Alveolen der Gasaustausch stattfinden kann, muss die Lunge belüftet werden; man bezeichnet dies als **Ventilation.** Bei der Atemmechanik unterscheidet man zwischen **Inspiration** und **Exspiration.**

Bei der **Brustatmung** bewegt sich hauptsächlich der Brustkorb, bei der **Bauchatmung** hauptsächlich der Bauch, um Platz für die sich ausdehnende Lunge zu machen (→ Abb. 10). Bei der Brustatmung kontrahieren vor allem die äußeren **Zwischenrippenmuskeln** und heben so die Rippen an; der Durchmesser und dadurch das Volumen des Brustkorbs werden größer. Bei der Bauchatmung zieht sich vor allem das **Zwerchfell** zusammen. In der Regel erfolgt eine Kombination aus Brust- und Bauchatmung.

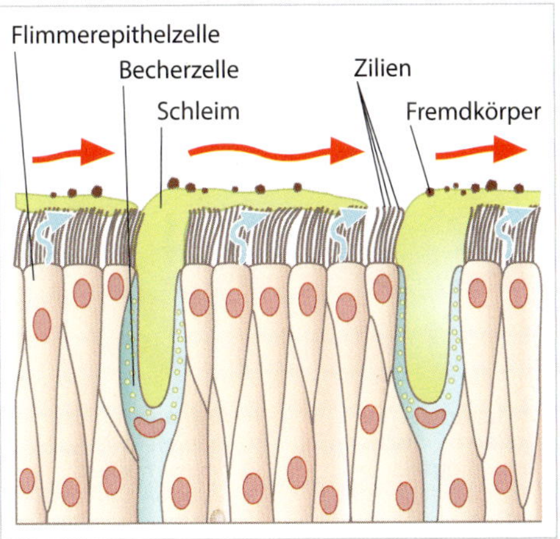

Abb. 9 Reinigung des Atemtraktes

Luftröhre:
Trachea; elastisches, mit Schleimhaut ausgekleidetes, von Knorpelspangen offen gehaltenes Verbindungsrohr zwischen Kehlkopf und Bronchien

Bifurkation:
Verzweigung der Luftröhre in die beiden Hauptbronchen

Bronchien:
Äste der Atemwege

Bronchiolen:
kleinste Verzweigungen der Atemwege

Lunge:
Pulmo; Atmungsorgan, das dem Gasaustausch und der Abgabe von Wasserdampf dient

Brustfell:
Pleura; zweiblättrige Haut; die innere umhüllt die Lungen (Lungenfell), die äußere kleidet den Brustkorb von innen aus (Rippenfell)

Alveolen:
Lungenbläschen, durch deren Wände Sauerstoff und Kohlenstoffdioxid mit dem Blut ausgetauscht werden

Kapillaren:
kleine Haargefäße zur Versorgung der Organe/ Gewebe

Venolen:
kleinste Venen, die das Blut direkt nach der Durchblutung des Gewebes/ Organs sammeln

Flimmerhärchen:
Zilien, Kinozilien; Zellfortsätze von Flimmerepithelzellen; Funktion: Transport von Flüssigkeit, Schleim, Fremdkörpern

Becherzelle:
einzellige, becherförmige, Schleim produzierende Drüse; zwischen anderen Epithelzellen eingebaut

Ventilation:
Belüftung der Lunge mithilfe der Atemmuskulatur

Inspiration:
Einatmung

Exspiration:
Ausatmung

Interkostalmuskeln:
Zwischenrippenmuskeln; Teil der Atemmuskulatur

M. sternocleidomastoideus:
Kopfwender; Skelettmuskel der Halsmuskulatur; Atemhilfsmuskel

Kohäsionskraft:
Wechselwirkung zwischen Atomen/Molekülen eines einzigen flüssigen oder festen Stoffes

Adhäsionskraft:
Wechselwirkung zwischen Atomen/Molekülen verschiedener Stoffe an Phasengrenzen

Atemruhelage:
Zustand der Lunge am Ende der Ausatmung bei normaler Atmung in körperlicher Ruhe

intrapulmonaler Druck:
Druck in den Alveolen

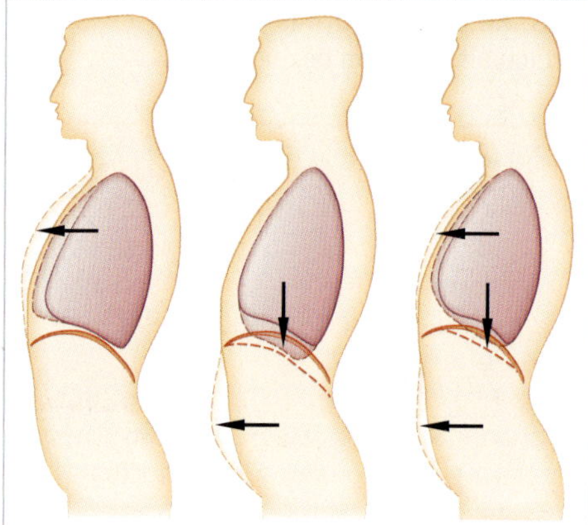

Abb. 10 Brust- und Bauchatmung bei der Inspiration

Beobachten Sie am eigenen Körper die unterschiedliche Ausdehnung des Brustkorbs und Bauches je nach Brust- und Bauchatmung.

Normalerweise ist bei der Einatmung das Zwerchfell der wichtigste **Atemmuskel,** gefolgt von der Interkostalmuskulatur. Entspannen diese Muskeln, atmen wir aus (→ Abb. 11).

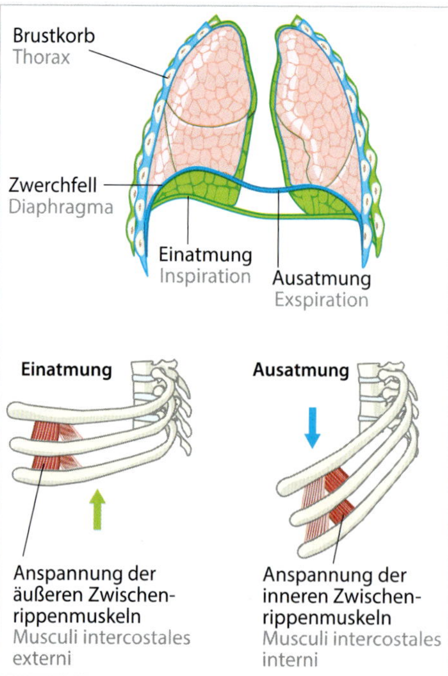

Abb. 11 Atemmuskulatur

Bei erhöhtem Bedarf, z. B. durch Sport oder andere körperliche Anstrengungen, kommt auch die **Atemhilfsmuskulatur** zum Einsatz: die Halsmuskeln, vor allem der M. sternocleidomastoideus, sowie Bauch- und Brustmuskeln (→ Abb. 12).

Versuchen Sie, stark einzuatmen:
- *wenn Sie aufrecht sitzen*
- *wenn Sie im Sitzen die Hände auf den Oberschenkeln abstützen*
- *in gekrümmter Sitzhaltung*

Vergleichen Sie jeweils die Atmung.

Während der Ventilation muss sich die Lunge durch die Arbeit der Atemmuskeln ausdehnen und zusammenziehen. Damit dies reibungslos funktioniert, ist der Pleuraspalt (→ Abb. 7) mit einer Flüssigkeit gefüllt. Außerdem halten Kohäsions- und Adhäsionskräfte im Pleuraspalt Rippenfell und Lungenfell dicht aneinander.

Bei der Atmung wirken zwei Kräfte (→ Abb. 13): Das elastische Lungengewebe hat das Bestreben, nach innen zu ziehen, während sich die Brustkorbwand durch die Kontraktion der Atemmuskeln ausdehnen möchte. In Atemruhelage liegt ein Gleichgewicht dieser beiden Komponenten vor. Der **intrapulmonale Druck,** also der Druck in der Lunge, entspricht dem atmosphärischen Druck, und eine Mittelstellung der Lunge kann ohne Kraft aufrechterhalten werden. Aus der Atemruhelage heraus kann sich die Lunge entfalten oder zusammenziehen.

Luft strömt immer von einem Ort höheren Drucks zu einem Ort geringeren Drucks, also wenn ein Druckgefälle besteht. Das ist auch bei der Atmung so. Diese Unterschiede zwischen den Drücken sind die treibende Kraft für die Atmung.

Zum Einatmen, also damit Luft in die Lunge hineinströmt, muss der intrapulmonale Druck geringer sein als der atmosphärische Druck. Kontrahieren Zwerchfell oder Zwischenrippenmuskulatur, vergrößert sich das Volumen im Brustkorb – es entsteht ein Unterdruck: Luft wird über die Atemwege in die Lunge eingeatmet. Beim Ausatmen ist der intrapulmonale Druck größer als der atmosphärische Druck – Luft strömt aus.

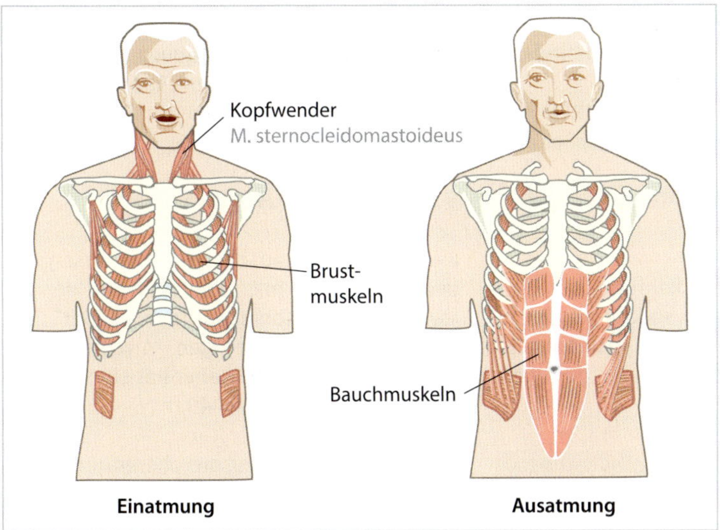

Abb. 12 Atemhilfsmuskulatur

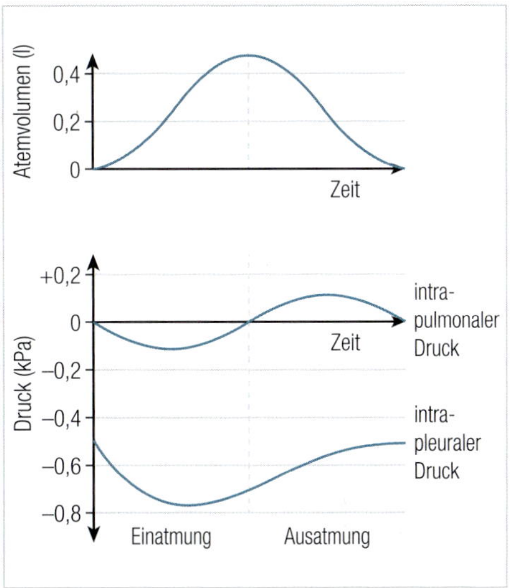

Abb. 13 Intrapulmonaler und intrapleuraler Druck beim Ein- und Ausatmen

Der **intrapleurale Druck,** also der Druck zwischen Rippen- und Lungenfell, ist immer leicht subatmosphärisch, d. h., im Pleuraspalt herrscht ein leichter Unterdruck. Dadurch haftet die Lunge am Lungenfell. Wenn man einatmet, nimmt der Unterdruck im Pleuraspalt zu.

Die beim Ein- und Ausatmen bewegten Luftmengen sind individuell verschieden. Man unterscheidet folgende **Atemvolumina und Atemkapazitäten** (→ Abb. 14):

- **Atemzugvolumen (AZV):** Volumen, das bei normaler ruhiger Einatmung eingeatmet wird; ca. 0,5 l
- Das **Atemzeitvolumen** (z. B. Atemminutenvolumen): Atemzugvolumen × Atemfrequenz
- **inspiratorisches Reservevolumen (IRV):** bei Bedarf zusätzlich zum AZV eingeatmetes Volumen
- **exspiratorisches Reservevolumen (ERV):** bei Bedarf zusätzlich zum AZV ausgeatmetes Volumen
- **Residualvolumen (RV):** in der Lunge verbleibendes Volumen nach maximaler Expiration
- **Vitalkapazität (VC):** Atemzugvolumen und inspiratorisches und exspiratorisches Reservevolumen (AZV + IRV + ERV)

intrapleuraler Druck:
Druck im Pleuraspalt zwischen Lungen- und Rippenfell

Atemkapazität:
Summe von Atemvolumina

Atemzugvolumen:
AZV; Luftmenge, die pro Atemzug ein- und wieder ausgeatmet wird

Atemfrequenz:
Anzahl der Atemzüge pro Minute

Vitalkapazität:
VC; Atemzugvolumen plus inspiratorisches plus exspiratorisches Reservevolumen

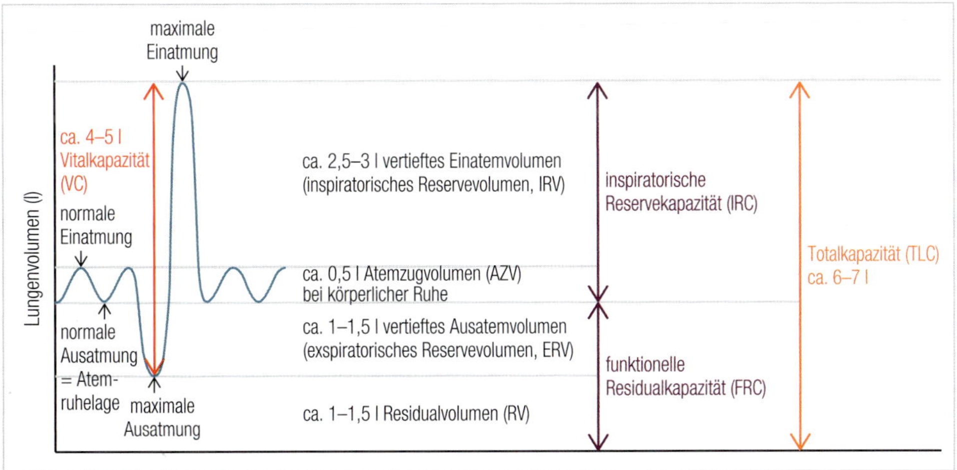

Abb. 14 Atemvolumina

- **funktionelle Residualkapazität (FRC):** in Atemruhelage noch in der Lunge befindliches Volumen (ERV + RV)
- **inspiratorische Reservekapazität (IRC):** Atemzugvolumen plus inspiratorisches Reservevolumen (AZV + IRV)
- **Totalkapazität (TLC):** alle Atemvolumina zusammen

Im Alter oder bei Rauchern kann sich die Elastizität der Lunge verringern, sodass bei gleichbleibender Totalkapazität das Residualvolumen vergrößert ist und somit weniger Vitalkapazität zur Verfügung steht.

Blut-Luft-Schranke: Zellschicht zwischen Alveolen und Kapillaren, also zwischen Luft und Blut

Perfusion: Durchströmung von Organen/Geweben mit Flüssigkeit, v. a. Blut (Durchblutung)

Kohlensäure-Hydrogenkarbonat-Puffer: wichtigster Puffer im Körper, steuert pH-Wert über CO_2

Homöostase: Gleichgewicht der physiologischen Körperfunktionen

Informieren Sie sich über die Veränderungen der Volumina bei Rauchern.

Bei Sport wird die Lungendurchblutung verbessert und das Atemzeitvolumen vergrößert sich.

Die physiologische **Atemfrequenz** beträgt etwa 15 Züge (12 bis 18) pro Minute beim Erwachsenen, bei Säuglingen 40 bis 45. Sie ist stark vom Trainingszustand oder von psychischen Faktoren wie Stress abhängig. Bei Stress erhöht sich die Frequenz deutlich. Mit geeigneten Atemübungen kann man Anspannung entgegenwirken und Entspannung üben (→ 5.9.3).

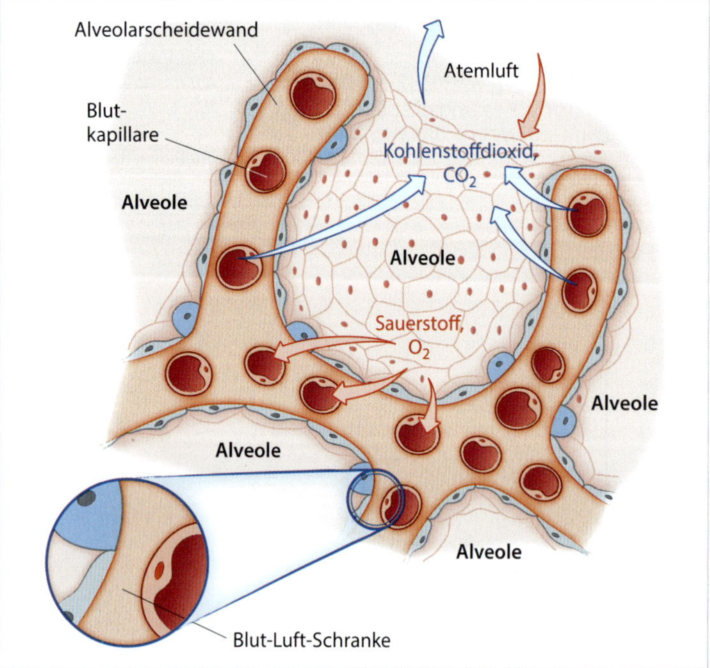

Abb. 15 Gasaustausch zwischen Alveolen und Blut, Blut-Luft-Schranke

9.2.3 Gasaustausch

Ziel des Gasaustausches ist die Versorgung des Organismus mit Sauerstoff und der Abtransport von Kohlenstoffdioxid. Der Gasaustausch findet in den Alveolen statt (→ Abb. 15). Ein Erwachsener hat eine Gasaustauschfläche von 70 bis 140 m^2.

Sauerstoff dringt über die oberen und unteren Atemwege in die Alveolen ein. Diese sind von einem feinen Kapillarnetz umsponnen, in dem das Blut wegen der sehr dünnen Durchmesser sehr langsam fließt. Die Membranen der Alveolen und Kapillaren sind teilweise miteinander verschmolzen. Diese Schicht – die **Blut-Luft-Schranke** – ist so dünn, dass sie für Sauerstoff und Kohlenstoffdioxid permeabel ist.

Sauerstoff diffundiert durch die Wand der Alveolen ins Blut. Dort bindet er an das Hämoglobin in den Erythrozyten (→ 8.1.3). Gleichzeitig diffundiert Kohlenstoffdioxid aus dem Blut in die Alveolen und kann abgeatmet werden.

Entscheidend für ein optimales Ergebnis des Gasaustausches sind:
- **Perfusion** durch ein funktionierendes Herz-Kreislauf-System
- optimale alveoläre **Ventilation**
- uneingeschränkte **Diffusion**

9.2.4 Säure-Basen-Haushalt

Die Funktionsfähigkeit unseres Organismus wird neben anderen Puffersystemen (→ 11.2.3) vom **Kohlensäure-Hydrogenkarbonat-Puffersystem** des Blutes gewährleistet (→ 8.1.2, Abb. 4). Es hilft, den pH-Wert konstant zu halten und so die **Homöostase** zu gewährleisten. Das Optimum des pH-Werts im Blut liegt bei etwa 7,4.

Der beeinflussbare Faktor dieses Puffersystems ist CO_2, da dessen Konzentration durch die Atmung gesteuert werden kann. Ein Großteil des CO_2 liegt im Blut als HCO_3^--Ionen (Hydrogenkarbonationen bzw. Bikarbonationen) vor.

Die Kohlensäure hat die Eigenschaft, sofort entweder in Hydrogenkarbonationen oder CO_2 zu zerfallen. Dabei kann zu viel entstandenes CO_2 über die Lunge abgeatmet oder Hydrogenkarbonat über die Niere ausgeschieden werden (→ 11.2.1).

Wenn durch Stoffwechselprozesse mehr Säuren (H^+-Ionen) im Körper anfallen, sinkt der pH-Wert im Blut. Die H^+-Ionen reagieren mit Hydrogenkarbonationen, die Kohlensäure zerfällt zu H_2O und CO_2, und CO_2 wird vermehrt abgeatmet. Wenn aber der pH-Wert kurzfristig steigt, gibt die Kohlensäure ein H^+-Ion ab und es wird weniger CO_2 abgeatmet.

Bei niedrigem pH-Wert im Blut spricht man von einer **Azidose,** bei hohem von einer **Alkalose.**

Zu einer **respiratorischen Azidose** kommt es, wenn zu wenig CO_2 in der Lunge abgeatmet wird. Dadurch steigt der Säuregehalt im Blut deutlich an und das Puffersystem vor allem in den Nieren versucht, das Gleichgewicht wiederherzustellen. Bei einer **metabolischen Azidose** durch beispielweise zu viel saure Stoffwechselprodukte beim Diabetes mellitus versucht die Lunge verstärkt, CO_2 abzuatmen.

Wenn zu viel CO_2 – zum Beispiel bei einer Hyperventilation – abgeatmet wird, kommt es zu einer **respiratorischen Alkalose.** Der Betroffene muss in eine Tüte atmen, damit er das zu viel ausgeatmete CO_2 wieder einatmet und über das Puffersystem der Lunge den pH-Wert wiedereinstellt und die anderen Puffersysteme nicht überbeansprucht. Bei einer **metabolischen Alkalose** durch zu wenig Säuren im Körper – zum Beispiel bei heftigem Erbrechen bei Ess-Brech-Sucht (→ 5.15) – kompensiert das Atmungssystem über eine verringerte Atemtiefe und -frequenz.

Bei Aufregung vor einer Klausur fangen Schülerinnen und Schüler gelegentlich an zu hyperventilieren. Dabei atmen sie verstärkt Kohlenstoffdioxid aus und es kann dadurch zu einer Hyperventilationstetanie kommen.

Infomieren Sie sich über die Folgen einer Hyperventilationstetanie.
Wer hat dies schon einmal erlebt und kann darüber berichten?

9.2.5 Regelung der Atmung

Komplexe zentralnervöse Vorgänge regeln die Atmung (→ Abb. 16), z. B.

- den Atemantrieb,
- die Atemfrequenz und
- die Atemtiefe.

Das **Atemzentrum** im Gehirn liegt vor allem in der Medulla oblongata, dem verlängertem Mark (→ 5.2.2). Dortige Neuronengruppen wirken so auf die Atemmuskeln, dass es zu einer rhythmischen Atemfrequenz von ca. 15 Atemzügen pro Minute kommt.

Dabei dient vor allem der **Partialdruck des CO_2** in den Arterien als Reiz; weitere Parameter sind der O_2-Partialdruck und pH-Wert. Der Partialdruck des CO_2 wird im Blutplasma z. B. im Bereich der Halsschlagader und der Aorta (→ 10.2.1, Abb. 11), durch Chemorezeptoren gemessen. Zudem gibt es zahlreiche andere Rezeptoren im Hirnstamm verteilt.

Die chemischen Reize werden direkt an die Medulla oblongata übermittelt. Diese sendet dann Impulse über das Rückenmark moduliert durch das vegetative Nervensystem an die Atemmuskulatur:

- Steigt der Partialdruck des CO_2, wird die Atemfrequenz und -tiefe durch Aktivierung des Sympathikus erhöht.
- Sinkt der Partialdruck des CO_2, wird die Atemfrequenz und -tiefe durch Aktivierung des Parasympathikus erniedrigt.

Dehnungs-, Schmerz- und Temperaturrezeptoren dienen ebenfalls als Sensoren zur Übermittlung von erhöhtem Sauerstoffbedarf an die Medulla oblongata.

Im Gegensatz zu zahlreichen rein autonom arbeitenden Organen kann man den Atemantrieb zusätzlich willkürlich steuern. Man kann zwar nicht zwei Minuten den Herzschlag aussetzen, aber zwei Minuten die Luft anhalten. Dieser Mechanismus ist noch nicht geklärt.

Auch die Psyche hat starken Einfluss auf das Atemzentrum: Angst, Freude, Sex beispiels-

Medulla oblongata:
verlängertes Mark; Teil des Hirnstamms im ZNS; Funktion: Steuerung vieler Vitalfunktionen (z. B. Herz-Kreislauf-Funktion, Atmung) und Reflexe (z. B. Niesen, Schlucken)

Azidose:
zu geringer pH-Wert im Blut durch Störung im Säure-Basen-Haushalt

Alkalose:
zu hoher pH-Wert im Blut durch Störung im Säure-Basen-Haushalt

respiratorisch:
die Atmung betreffend

metabolisch:
im Stoffwechsel entstanden

Partialdruck:
Teildruck; der Anteil am Gesamtdruck eines Gasgemisches, der einem bestimmten Gas zugeordnet werden kann

Chemorezeptor:
Chemosensor; reizaufnehmende Zelle oder Nervenendigung in Gewebe, die sensibel ist für Änderung der chemischen Zusammensetzung ihrer Umgebung

Hyperventilation:
deutlich gesteigerte Atemfrequenz und -tiefe

Tetanie:
anfallartige Störung der Motorik und Sensibilität; übersteigerte muskuläre Erregbarkeit, z. B. bei Hyperventilation

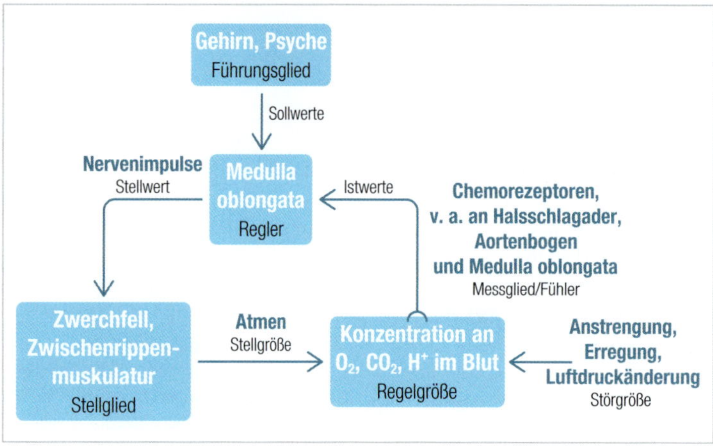

Abb. 16 Regelung der Atmung mit Chemorezeptoren als Messglied

Benzopyren: krebserregende Substanz (polyzyklischer aromatischer Kohlenwasserstoff), die z. B. in Zigarettenrauch, Ruß von Kaminen/Öfen und Auto- und Industrieabgasen vorkommt; entsteht u. a. bei unvollständiger Verbrennung fossiler Brennstoffe

weise haben eine anregende Wirkung auf das Atemzentrum.

9.2.6 Funktion des Kehlkopfes

Die **Stimmbildung** im Kehlkopf erfolgt durch die Stimmbänder (→ Abb. 17). Beim Atmen sind sie geöffnet. Zur Stimmbildung schwingen die nur einen kleinen Spalt geöffneten Stimmbänder durch die ausströmende Luft. Je nachdem, ob man spricht, flüstert oder nur haucht, nimmt die Stimmritze eine andere Stellung ein. Je nach Spannung der Stimmbänder werden unterschiedliche Töne erzeugt: Je geringer die Spannung, desto langsamer ist die Schwingung und desto tiefer ist der Ton.

Recherchieren Sie, warum bei Jungen in der Pubertät die Stimme tiefer wird.

Beim Schlucken verschließt der Kehldeckel den Kehlkopf und beim Atmen ist er geöffnet (→ 4.2.2).

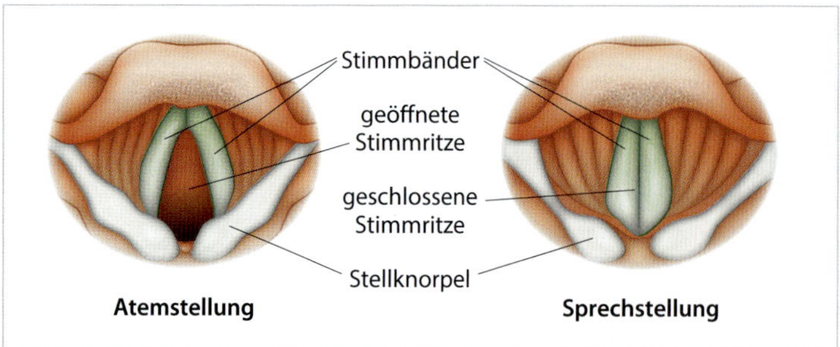

Abb. 17 Stellung der Stimmbänder

9.3 Erkrankungen des Atmungssystems

REUS

Beim Atmungssystem handelt es sich um ein **offenes System,** bei dem äußere Einflüsse wie Tabakrauch, Schadstoffe und Krankheitserreger in der Luft mit tiefer liegenden Organen Kontakt haben. So können Mikropartikel bis in die feinsten Bronchien und Alveolen eindringen und diese zarten, dünnwandigen anatomischen Strukturen beschädigen.

Der größte zu vermeidende Risikofaktor für Atemwegserkrankungen ist das **Rauchen.** Auch die **Inhalation von Feinstaub** und anderen **Luftschadstoffen** wie Kohlenstoffmonoxid, Stickstoffdioxiden oder Benzopyrenen ist ein wichtiger Faktor, der individuell aber meist weniger gut zu beeinflussen ist.

9.3.1 Vorkommen und Bedeutung

Erkrankungen des Atmungssystems machen einen erheblichen Teil der Krankheitslast und der Sterblichkeit aus. Meist liegen **akute Infektionen der oberen Atemwege** vor, z. B. grippale Infekte und Nasennebenhöhleninfektionen. Mitunter sind auch die **unteren Abschnitte** betroffen und es kommt zu schweren Erkrankungen wie Lungenentzündungen.

Bei den **akuten respiratorischen Erkrankungen (ARE)** zeigen sich **altersbedingte und saisonale Schwankungen** der Inzidenz. Meist sind Viren für die ARE verantwortlich. Die häufigsten Erreger sind Rhinoviren (banale „Erkältungsviren“, „grippaler Infekt“), das Respiratorische Synzytial-Virus (RSV), Grippeviren (Influenza) und das SARS-CoV-2.

RSV-Infektionen treten gehäuft im Winter auf. Vor allem Frühgeborene, junge Säuglinge und Menschen mit Vorerkrankungen haben ein höheres Risiko, schwer zu erkranken, ansonsten verläuft die Infektion eher harmlos.

Die **Influenza** ist eine ernsthafte Erkrankung, die v. a. bei älteren oder vorerkrankten Menschen schwer verlaufen kann. Es kommen auch Todesfälle vor.

SARS-CoV-2 ist das im Jahr 2019 neu aufgetretene Coronavirus. Es verursacht die Erkrankung COVID-19 (→ 8.7).

Während sich bei akuten Formen kein Unterschied bei den Geschlechtern zeigt, liegen bei den meisten chronischen **Atemwegserkrankungen** die Männer hinsichtlich der Anzahl vorne.

Insgesamt sind Atemwegserkrankungen in Deutschland für etwa 18 % der **Sterbefälle** verantwortlich; dabei liegt die Sterberate der Männer über der der Frauen (91,1 gegenüber 76,4/100 000 Einwohner). Die Sterblichkeit nach einer COVID-19-Erkrankung lag 2021 noch bei 6,9 % aller Todesfälle auf Platz 3, im Jahr 2022 verringerte sich der Anteil auf 4,9 % (Statistisches Bundesamt (Destatis) 2023).

Insgesamt belaufen sich die direkten **Behandlungskosten** jährlich auf 14,7 Milliarden Euro (letzte Erhebung 2008). Da Atemwegserkrankungen mit zu den häufigsten Gründen für **Arbeitsunfähigkeit** gehören, entstehen aber noch weitere, indirekte Kosten durch den Arbeitsausfall.

Herr Straub, 65 Jahre alt, geht im Januar zu seinem Hausarzt, weil er plötzlich Gliederschmerzen und Schüttelfrost in der Nacht hatte. Gleichzeitig klagt er über Halsschmerzen und Kurzatmigkeit. Seine Körpertemperatur liegt bei 38,5 °C. Sein Enkel, 3 Jahre alt und gerade Kindergartenkind geworden, hat ebenfalls seit 2 Tagen sehr starken Husten und Schnupfen bei hohem Fieber von 39,5 °C. Allerdings haben sie sich seit einer Woche nicht mehr gesehen.

1. *Erstellen Sie nach eingehender Recherche eine Tabelle, in der Sie die Krankheitsbilder Influenza, COVID-19 und RSV-Infektion gegenüberstellen.*

2. *Diskutieren Sie mögliche Erkrankungen von Herrn Straub und seinem Enkel, achten Sie dabei auf die Häufigkeit der Verteilung der Atemwegsinfektionen in Bezug auf das Alter.*

9.3.2 Risikofaktor Rauchen

Rauchen wird definiert als das bewusste Einatmen des Rauchs von verbrennenden Pflanzenteilen oder chemischen Substanzen bis in die Mundhöhle oder die tiefen Abschnitte des Atmungssystems. Rauchen spielt bei der Entstehung und Verschlechterung vieler Atemwegserkrankungen eine entscheidende Rolle und ist eine Abhängigkeitserkrankung.

Arten des Rauchens

Viele Menschen rauchen – seit Jahrhunderten und auf unterschiedlichste Weise. Dabei unterliegen die verschiedenen Arten zu Rauchen dem zeitlichen Wandel und Trends.

Die **Zigarette,** der **Zigarillo** und die **Zigarre** enthalten Tabak mit unterschiedlicher Nikotinkonzentration und unterschiedlichem Geschmack. Daneben finden sich in ihnen zahlreiche krebserregende Stoffe sowie Schwermetalle und Gifte (z. B. Blausäure). Die Zigarre enthält dabei den höchsten Anteil an krebserregenden Stoffen.

Bei der **E-Zigarette** werden Flüssigkeiten (Liquids) mit unterschiedlichen Geschmacksrichtungen erhitzt, die als Dampf inhaliert werden. Auch hierbei werden durch die chemischen Stoffe im Dampf schädliche Substanzen aufgenommen.

Bei der Verwendung von **Heat-not-burn-Modellen** wird der Tabak nicht verbrannt, sondern nur erhitzt. Die Hersteller geben an, dass dabei weniger Schadstoffe aufgenommen werden. Der Geruch entfällt und es entsteht keine Asche, Nikotin ist aber enthalten.

Bei der **Shisha** wird der Rauch durch Wasser geleitet, wobei man bei einer Session im Vergleich zum Rauchen einer Zigarette mehr als das 10-Fache an krebsauslösenden Substanzen inhaliert.

Neben Tabak können Bestandteile der **Hanfpflanze (Cannabis)** geraucht oder nach Verdampfung inhaliert werden, die das Suchtmittel THC in unterschiedlich hoher Konzentration enthalten (→ 5.14.4). Konsumiert werden die Blüten und Blätter als **Marihuana** oder das gepresste Harz der weiterverarbeiteten Pflanzenbestandteile als **Haschisch.** Cannabisprodukte enthalten schädliche Substanzen (z. B. Blausäure, Formaldehyd).

Rauchen:
bewusstes Einatmen des Rauchs von verbrennenden Pflanzenteilen oder chemischen Substanzen

5.14
Abhängigkeit und Suchtprävention

Nikotin:
stark giftige Hauptwirksubstanz der Tabakpflanze; kann anregend und beruhigend wirken; hat hohes Abhängigkeitspotenzial

E-Zigarette:
auch Liquid-Zigarette genannt; elektrische Zigarette, bei der ein Liquid, eine Flüssigkeit, verdampft und dann inhaliert wird

Heat not burn:
Tabakerhitzer; Form des Rauchens, bei der Tabak erhitzt statt verbrannt wird; ähnliches Abhängigkeitspotenzial wie Zigaretten

Shisha:
Wasserpfeife; Form des Rauchens; durch Wasser geleiteter und so abgekühlter Rauch wird inhaliert

Hanf:
Cannabis; Pflanzengattung; Nutzpflanze zur Herstellung von Seilen, Ölen, Haschisch und Marihuana

THC:
Tetrahydrocannabinol, psychoaktiver Wirkstoff der Hanfpflanze

Marihuana:
Rausch- und Arzneimittel aus den Blüten und blütennahen Blättern der Hanfpflanze; enthält den psychoaktiven Wirkstoff THC

Haschisch:
Rauschmittel aus dem Harz der Hanfpflanze; enthält den psychoaktiven Wirkstoff THC

Expositionsdosis:
Umfang des Ausgesetztseins

Packyear:
Packungsjahr, PY; Maß für die im bisherigen Leben inhalierte Rauchdosis;
PY = Anzahl gerauchte Zigarettenpackungen (à 20 Stück) pro Tag × Anzahl Raucherjahre; zur Einschätzung des Lungenkrebs- und COPD-Risikos verwendet

Lungenemphysem:
Endstadium verschiedener Lungenerkrankungen mit irreversibler Überdehnung und Zerstörung der Lungenbläschen und infolgedessen Verkleinerung der Oberfläche für den Gasaustausch

Raucherquote

Unter einem Raucher versteht man einen Menschen, der täglich eine bestimmte Menge Zigaretten konsumiert. Bei mehr als 20 Zigaretten pro Tag spricht man von einem **starken Raucher.** Daneben gibt es **Gelegenheitsraucher, Exraucher** (früherer täglicher Tabakkonsum > 6 Monate) und **Nichtraucher** (kein Konsum bzw. früherer Konsum < 6 Monate). Die Expositionsdosis mit Tabakrauch wird in **Packyears (PY)** angegeben.

Der 20-jährige Paul raucht seit seinem 15. Geburtstag. Bis er 17 Jahre alt war, kam er auf etwa 10 Zigaretten pro Tag, danach waren es täglich um die 20. Wie viele Packyears wird er bis Mitte 20 erreicht haben?

Den höchsten Raucheranteil findet man im mittleren Erwachsenenalter und bei Personen mit niedrigem sozioökonomischem Status. Über alle Altersgruppen hinweg rauchen mehr Männer als Frauen (Seitz u. a. 2019; Robert Koch-Institut, Statistisches Bundesamt (Destatis) 2024).

In der jugendlichen Bevölkerung ist der Anteil der Raucher und Raucherinnen nach einem Abwärtstrend) im Jahr 2022 stark angestiegen (→ Abb. 18): Gegenüber dem Jahr 2021 sprang im Jahr 2022 die Quote von rauchenden Jugendlichen im Alter von 14–17 Jahren sprunghaft von 8,7 auf 15,9 % an, bei den jungen Erwachsenen sogar auf 40,8 % (Kotz u. a. 2022). Im Jahr 2023 sinken die Zahlen wieder leicht.

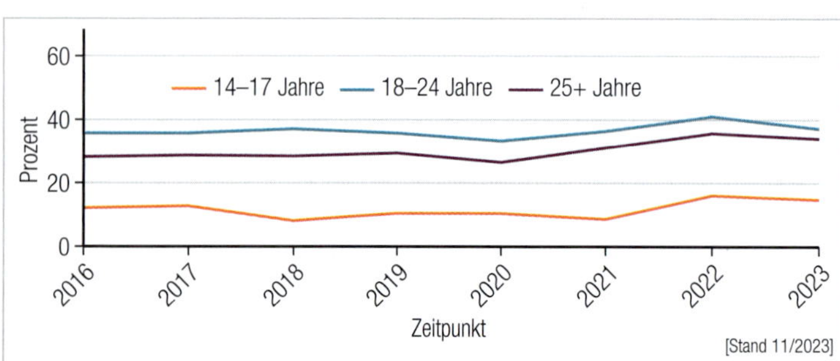

Abb. 18 Tabakrauchen nach Alter; dargestellt in % pro Jahr (DEBRA-Studie, Kotz 2023)

In den USA wurde das Alter für den Kauf von Tabak und Zigaretten auf 21 Jahre angehoben, in Deutschland liegt das gesetzliche Mindestalter bei 18 Jahren. Diskutieren Sie den Sinn und die möglichen Folgen dieser gesetzlichen Maßnahme.

Gesundheitliche Auswirkungen des Rauchens

Tabakrauch enthält ein Gemisch aus bis zu **5300 Substanzen,** von denen zahlreiche als giftig oder **krebserregend** eingestuft werden und die sich in ihrer schädlichen Wirkung gegenseitig beeinflussen. Außerdem enthalten Tabakwaren bis zu **600 Zusatzstoffe** – die am häufigsten verwendeten sind Menthol, Zucker, Lakritze und Kakao. Wenn diese verbrennen oder verdampfen, können zahlreiche zusätzliche krebserzeugende Verbrennungsprodukte sowie Kohlenstoffmonoxid, Stickstoffoxide und Schwefeldioxid entstehen.

E-Inhalationsprodukte sind keine gefahrlose Alternative.

Auch der Tabakkonsum mittels Wasserpfeife ist nicht weniger schädlich als der herkömmlicher Tabakwaren. Bei E-Inhalationsprodukten können beim Erhitzen des Liquids krebserzeugende Substanzen gelöst werden. Zudem können die zugesetzten Aromastoffe eine allergene Wirkung haben.

Tabakrauch hat einerseits direkte Auswirkungen auf die Lunge (→ Abb. 19), andererseits gelangen die Inhaltsstoffe über die Schleimhaut der Lunge in den Blutkreislauf und somit in den gesamten Körper und können für zahlreiche **Erkrankungen und Beeinträchtigungen** in verschiedenen Organsystemen verantwortlich gemacht werden (Deutsches Krebsforschungszentrum 2015):

- Gehirn:
  - Abhängigkeit
  - Schlaganfall
- Augen:
  - Blindheit
  - grauer Star (Linsentrübung)
  - altersbedingte Makuladegeneration (Verringerung der Netzhautfunktion)

- Atemwege:
  - akute Erkrankungen (z. B. Lungenentzündung)
  - chronische Erkrankungen (z. B. Atemnot, Asthma, COPD)
  - Tuberkulose
- Herz-Kreislauf-System:
  - koronare Herzerkrankung, Herzinfarkt
  - periphere arterielle Verschlusserkrankungen (z. B. Raucherbein)
  - Aneurysmen der Bauchaorta
- Verdauungssystem/Stoffwechsel:
  - Parodontose (Zahnfleischschwund)
  - Karies
  - Magengeschwüre
  - chronisch entzündliche Darmerkrankungen
  - Diabetes mellitus Typ 2
- Stütz- und Bewegungssystem:
  - rheumatische Arthritis
  - verminderte Knochendichte
  - Hüftfrakturen
- Fortpflanzungssystem:
  - Erektionsstörungen
  - verminderte Fruchtbarkeit bei Frauen
  - Schwangerschaftskomplikationen
  - Schäden beim Ungeborenen und Langzeitfolgen
- allgemeine Beeinträchtigungen
  - der Immunfunktion
  - der allgemeinen Gesundheit
  - von Operationserfolgen
- Krebs
  - Rachen, Kehlkopf
  - Speiseröhre, Luftröhre
  - Lunge
  - Blut (Leukämie)
  - Brust
  - Magen
  - Leber
  - Bauchspeicheldrüse
  - Nieren, Harnleiter, Blase
  - Dick- und Enddarm
  - Gebärmutterhals

> Raucherinnen leiden häufiger unter Zyklusstörungen und Schwierigkeiten, schwanger zu werden. Auch können die Wechseljahre früher einsetzen. Bei männlichen Rauchern kommt es vermehrt zu Impotenz. Es findet sich gehäuft eine verminderte Anzahl und Beweglichkeit der Spermien.

Das ins Blut aufgenommene **Nikotin** aktiviert nikotinerge Azetylcholinrezeptoren auf zahlreichen Körperzellen und regt sympathische wie auch parasympathische Funktionen an. In geringen Dosen wirkt es eher anregend, in hohen Dosen beruhigend. Nikotin fördert außerdem das Wachstum von Krebszellen. Im **Gehirn** führt Nikotin über die Freisetzung von Dopa-

nikotinerg: auf Nikotin reagierend

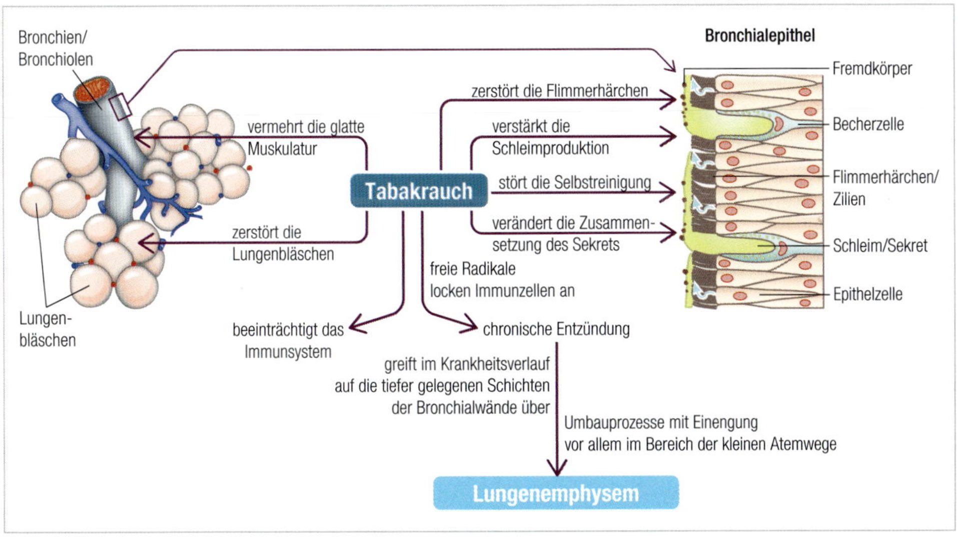

Abb. 19 Auswirkungen des Tabakrauchs auf die Atemwege und die Lunge (Deutsches Krebsforschungszentrum 2008)

min im Belohnungszentrum zu **physischer Abhängigkeit** (→ 5.14.2). Bei Nichtbesetzen eines Teils der Dopaminrezeptoren (ca. 4 bis 6 Stunden nach dem letzten Nikotinkonsum) kommt es zu **Entzugserscheinungen** wie innerer Unruhe, Reizbarkeit, Bedrücktheit oder Antriebslosigkeit. Die **psychische Abhängigkeit** entsteht durch Verknüpfung der Wohlfühlerfahrungen durch das Rauchen mit bestimmten Situationen und Zuständen wie der Tasse Kaffee am Morgen, der geselligen Raucherpause mit den Kollegen oder aber bei Gefühlen von Stress und Anspannung (→ 5.14.2).

In sehr großen Mengen führt Nikotin zu **Vergiftungserscheinungen** wie Übelkeit und Erbrechen, die bis hin zu Atemnot und epileptischen Anfällen und in seltenen Fällen sogar zum Tod führen.

Tabakkonsum wird in Deutschland für 13,5% der **Todesfälle** verantwortlich gemacht. Dabei hatten **Krebserkrankungen** mit 52% bei Männern und 41% bei Frauen den größten Anteil an den durch das Rauchen bedingten Todesfällen, gefolgt von Herz-Kreislauf- und Atemwegserkrankungen (Deutsches Krebsforschungszentrum 2015). Insgesamt sinkt die **Lebenserwartung** bei Männern, die mehr als 10 Zigaretten am Tag rauchen, um 9,4 Jahre, bei Frauen um 7,3 Jahre. Auch beim Konsum von weniger als 10 Zigaretten pro Tag verlieren beide Geschlechter im Schnitt immer noch 5 Lebensjahre (Deutsches Krebsforschungszentrum 2014).

Aber auch **Passivrauchen** führt zur Aufnahme der giftigen und krebserzeugenden Substanzen, und zwar nicht nur durch den Hauptstromrauch aus der Ausatemluft Rauchender, sondern besonders durch den Nebenstromrauch, der beim Glühen des Tabaks zwischen den Zügen entsteht.

Vor allem Kinder sind durch ihre höhere Atemfrequenz und ein weniger effizientes Entgiftungssystem besonders von den gesundheitlichen Folgen durch Passivrauchen betroffen. Rauchen ihre Eltern, finden sich bei ihnen gehäuft Mittelohrentzündungen und Atemwegserkrankungen wie Bronchitis oder Lungenentzündungen. Bei Säuglingen kann Passivrauchen zum plötzlichen Kindstod führen.

1. *Recherchieren Sie die Auswirkungen von Tabakkonsum in der Schwangerschaft*
   - *auf das Kind,*
   - *auf die Schwangere.*

2. *In Deutschland sind 12% der Ungeborenen Tabakrauch ausgesetzt. Recherchieren Sie den Zusammenhang zwischen Rauchen in der Schwangerschaft und sozioökonomischem Status.*

9.3.3 Diagnostik und Therapie

Zunächst stehen bei der Diagnostik der Atemwegserkrankungen die **Anamnese** und **körperliche Untersuchung** (→ I-10.1.2) im Vordergrund.

Die **Inspektion** (→ I-10.1.2) gibt Hinweise auf eine mögliche Unterversorgung mit Sauerstoff. Ein wichtiges Zeichen hierfür ist eine bläuliche Verfärbung von Haut und Schleimhäuten (Zyanose). Trommelschlegelfinger, Uhrglasnägel und besondere Formen des Brustkorbs weisen auf eine schon länger bestehende Unterversorgung mit Sauerstoff hin.

Bei der **Auskultation** (→ I-10.1.2) achtet man auf:

- Regelmäßigkeit der Atmung
- Atemfrequenz
- Atemgeräusche, Reibegeräusche, Rasselgeräusche

Die **Perkussion** (→ I-10.1.2) liefert Hinweise auf die Belüftung der Lunge.

Im **Röntgenbild** und den anderen bildgebenden Verfahren wie **CT** oder **MRT** (→ I-10.1.3) erkennt man die belüfteten Teile sowie das Gewebe der Lunge und mögliche Veränderungen.

Zusätzlich werden labordiagnostisch die **Blutgase** und das **Sputum** untersucht.

Für die rasche und nicht invasive Bestimmung von arterieller Sauerstoffsättigung und Herzfrequenz wird die **Pulsoximetrie** angewendet. Über einen Sensor am Finger oder Ohrläppchen wird dabei die Absorption von Licht bestimmter Wellenlängen gemessen und so auf die Beladung des Hämoglobins (→ 8.1.3) mit Sauerstoff rückgeschlossen (→ Abb. 20). Die Sättigung wird in Prozent angegeben. Werte

plötzlicher Kindstod:
Tod eines Säuglings (selten Kleinkinds) während des Schlafs aus ungeklärter Ursache; Risikofaktoren, z.B. Rauchen der Eltern, sind bekannt

Zyanose:
blau-rote Verfärbung von Haut und Schleimhäuten infolge Sauerstoffmangels im Blut

Trommelschlegelfinger:
Finger mit verdickten Endgliedern; Ursache: Sauerstoffmangel

Uhrglasnägel:
stark längsgewölbte, große Nägel als Zeichen von Sauerstoffmangel

Blutgasanalyse:
Bestimmung des Wirkungsgrads der Lunge durch Messung des O_2- und CO_2-Partialdrucks sowie der Regulierung des Säure-Basen-Haushalts

Sputum:
Auswurf aus dem Atmungssystem

Pulsoximetrie:
nicht invasives Verfahren zur Ermittlung des Sauerstoffgehalts im Blut und der Herzfrequenz

Sauerstoffsättigung:
Anteil von im arteriellen Blut vorhandenem Sauerstoff in % der maximalen Sauerstoffkapazität des Bluts

von 97–100 % gelten als normal, Werte < 90 % als behandlungsbedürftig und solche < 85 % als kritisch.

Lungenfunktionstests

Zur Untersuchung der Ventilation erfolgen apparative Lungenfunktionstests. Dabei wird zwischen obstruktiven und restriktiven Ventilationsstörungen unterschieden.

Bei den **obstruktiven Ventilationsstörungen,** z. B. bei COPD (→ 9.5) oder Asthma (→ 9.4), sind die Bronchien verengt und der Widerstand in den Atemwegen daher erhöht. Die Luft kann nur schwer ausgeatmet werden und die Lunge überbläht. Von einer **restriktiven Ventilationsstörung** spricht man, wenn die Flexibilität des Lungengewebes abnimmt. Dies führt zu einer verringerten Dehnbarkeit der Lunge, wodurch das Einatmen erschwert wird, z. B. bei Lungenfibrose. Diese grundsätzliche Einteilung ist hinsichtlich der unterschiedlichen Therapien von großer Bedeutung.

Apparative Tests

Die **Spirometrie** (→ Abb. 21), auch Lungenfunktionsprüfung genannt, liefert Ergebnisse über den Funktionszustand der Atemwege.

Der Patient atmet über ein Mundstück in ein Gerät (Spirometer), während seine Nase mit einer Klammer verschlossen ist. Durch forciertes Ein- und Ausatmen nach Anweisung können so Lungen- und Atemvolumina gemessen werden (→ 9.2.2). Dabei zeigen sich obstruktive Störungen durch eine erniedrigte **Einsekundenkapazität (FEV_1),** also die Luftmenge, die innerhalb der ersten Sekunde bei maximaler Anstrengung ausgeatmet werden kann, und ein erhöhtes **Residualvolumen (RV).** Restriktive Störungen dagegen zeichnen sich durch eine erniedrigte **Vitalkapazität (VC)** aus (→ Abb. 22).

Geschulte Patienten können zu Hause mit einem **Peak-Flow-Meter** frühzeitig Veränderungen der Lungenfunktion erkennen. Dabei wird nach tiefer Inspiration maximal schnell und heftig in das Gerät ausgeatmet und so die maximale Strömungsgeschwindigkeit der ausgeatmeten Luft gemessen (→ Abb. 23). Der dabei erreichte Wert wird in l/min angegeben. Der Vergleich mit dem persönlichen Durchschnittswert ermöglicht dem Patienten die rasche Einschätzung, ob eine Therapieanpassung oder sogar ein Arztbesuch notwendig ist.

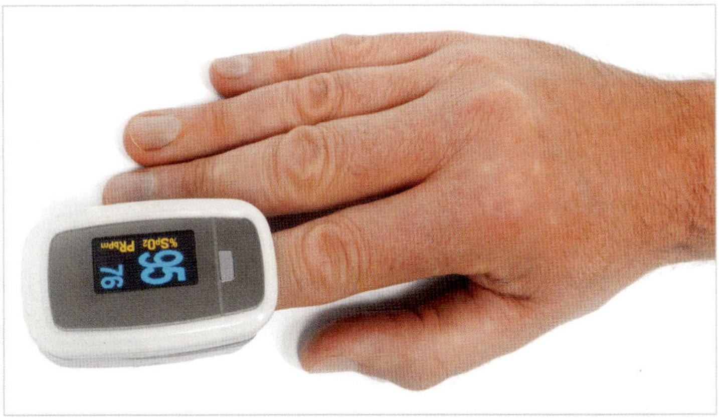

Abb. 20 Pulsoximetrie – nicht invasive Messung der arteriellen Sauerstoffsättigung und des Pulses

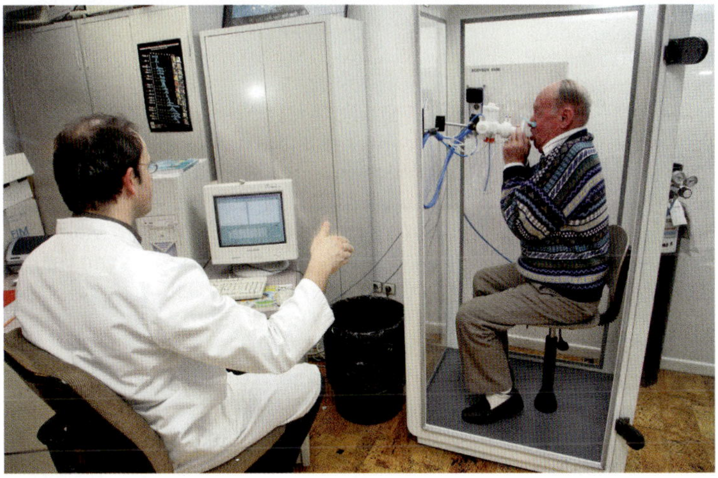

Abb. 21 Spirometrie

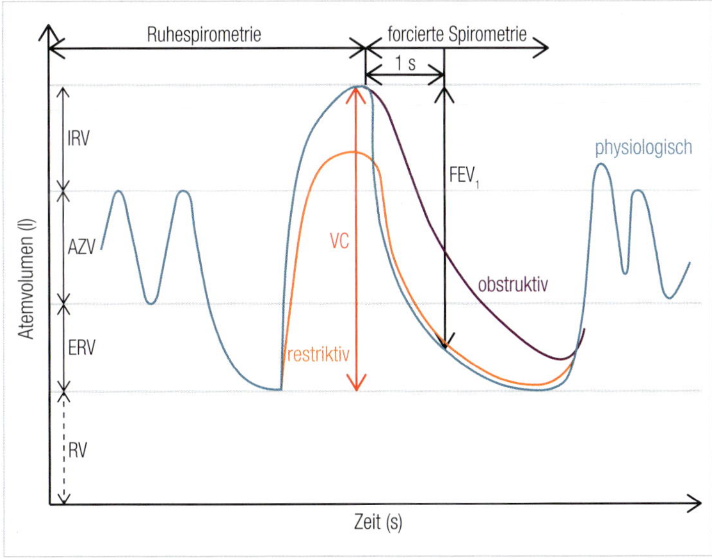

Abb. 22 Atemvolumina bei der Spirometrie – physiologisch, obstruktiv, restriktiv

obstruktive Ventilationsstörung:
Störung der Atmung mit erhöhtem Widerstand in den Atemwegen; dadurch erniedrigte Einsekundenkapazität und erhöhtes Residualvolumen; z. B. bei Asthma, COPD

restriktive Ventilationsstörung:
Störung der Atmung mit verringerter Flexibilität des Lungengewebes; dadurch erniedrigte Vitalkapazität; z. B. bei Lungenfibrose

Lungenfibrose:
krankhafte Veränderung des Lungengewebes mit Verhärtung und Vernarbung; dadurch verringerte Dehnbarkeit

Spirometrie:
Messung von Atemvolumina und Atemströmungsgeschwindigkeiten mit dem Spirometer; Ziel: Beurteilung der Lungenfunktion

Einsekundenkapazität:
forciertes exspiratorisches Volumen in 1 Sekunde, FEV_1; Luftmenge, die innerhalb der ersten Sekunde nach Einatmen bei maximaler Anstrengung ausgeatmet werden kann

Peak-Flow-Meter:
einfaches Gerät zur Messung der Lungenfunktion zwecks Verlaufskontrolle durch Patienten zu Hause

bronchokonstriktiv:
bronchienverengend

I-1.5.1
Theorie des geplanten Verhaltens

bronchodilatativ:
bronchienerweiternd

Spasmolyse:
Krampflösung

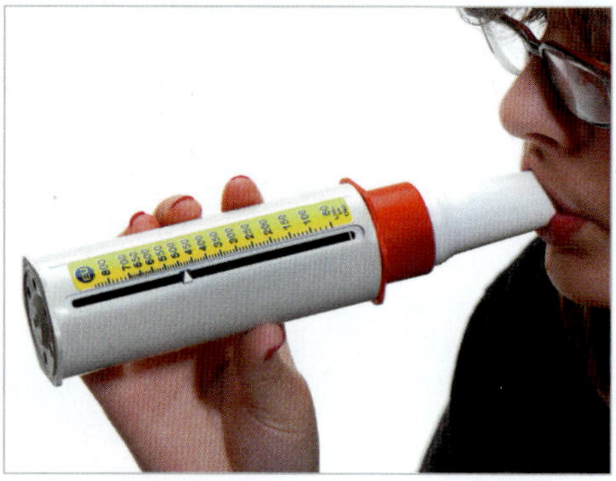

Abb. 23 Anwendung eines Peak-Flow-Meters

Schauen Sie sich unter www.youtube.com/watch?v=tEqd8OYFtO0 an, wie eine Peak-Flow-Messung durchgeführt und bewertet wird.

Medikamentöse Tests

Die Spirometrie kann auch nach Gabe von bronchokonstriktiven oder bronchodilatativen Medikamenten erfolgen, um die Reaktion der Lunge darauf zu testen:

- **Bronchoprovokation:** Dabei wird Metacholin oder ein potenzielles Antigen verabreicht und die Dosis bestimmt, ob der Patient mit einer Verengung der Bronchien reagiert.
- **Bronchospasmolyse:** Dabei werden Medikamente zur Entspannung der Bronchialmuskulatur verabreicht. Diese Untersuchung dient der Unterscheidung von COPD und Asthma.

Recherchieren Sie altersbedingte physiologische Veränderungen bei den Lungenfunktionstests.

Bronchoskopie

Bei der Bronchoskopie wird mithilfe einer Sonde, die über Mund oder Nase eingeführt wird, in das Innere der Atemwege geschaut. So können Fremdkörper entfernt, Tumore lokalisiert und Biopsien vorgenommen werden. Bei einer Lavage werden die Atemwege mit Flüssigkeit gespült und das dabei gewonnene Material zytologisch und/oder mikrobiologisch untersucht.

Medikamentöse Therapie

Bronchodilatatoren oder Bronchospasmolytika erweitern die verengten Atemwege, indem sie die Verkrampfung der Bronchialwandmuskulatur lösen. β_2-Sympathomimetika stimulieren die β_2-Rezeptoren des Sympathikus (→ 5.4.2), Parasympatholytika blockieren Parasympathikusrezeptoren. Beide gibt es als kurz und lang wirksame Medikamente.

Von außen zugeführte **Glukokortikoide** haben die gleiche entzündungshemmende Wirkung wie körpereigene (→ 7.1.2). Sie können inhaliert oder als Tabletten eingenommen werden.

Die Medikamente werden überwiegend inhaliert: So wird eine hohe Konzentration in den Bronchien bei niedriger Konzentration im Körper erreicht bei wenigen Nebenwirkungen.

9.3.4 Rauchstopp – wichtiger Bestandteil einer Therapie

Es gibt **viele und gute Gründe,** mit dem Rauchen aufzuhören bzw. erst gar nicht damit anzufangen (→ 5.14.9). Besonders Menschen mit vorbestehenden Lungenerkrankungen können so das Risiko einer weiteren Schädigung ihrer Lungen minimieren. Neben den gesundheitlichen Vorteilen sind auch psychische Gründe wichtig, z. B. nicht mehr durch die Abhängigkeit und den Stress bestimmt zu werden, nach der nächsten Rauchmöglichkeit suchen zu müssen. Man kann viel Geld sparen und auch das Aussehen von Haut und Zähnen verbessern.

Viele Raucher schaffen den Rauchstopp jedoch nicht oder streben ihn gar nicht erst an, denn ein Rauchstopp ist wegen der Schwere der Sucht nicht einfach. Der Betroffene muss selbst die **Motivation** dazu finden und ein **fester Wille** ist die Grundvoraussetzung für den (dauerhaften) Erfolg.

Die Möglichkeit zur Verhaltensänderung und der Zusammenhang zwischen Einstellungen, Intention und Verhalten können anhand der **Theorie des geplanten Verhaltens** erklärt werden.

Der Wille bzw. die Absicht werden in dieser Theorie als **Intention** bezeichnet. Das **Verhalten,** hier Rauchen und Rauchstopp, wird durch die Intention gesteuert. Die Intention wird wiederum durch folgende Komponenten beeinflusst:

- **Einstellungen,** z. B. „Der Rauchstopp wäre gut für meine Gesundheit."

- **subjektive Norm,** z. B. „Mein Partner findet den Rauchstopp wünschenswert." „Bald bin ich Vater, dann sollte ich nicht mehr rauchen."
- **wahrgenommene Verhaltenskontrolle,** z. B. „Ich werde das Vorhaben, mit dem Rauchen aufzuhören, gut umsetzen können."

Je positiver die Einstellungen zum Rauchstopp sind, je stärker die subjektive Norm ist und je besser die wahrgenommene Verhaltenskontrolle, desto stärker wird die Intention und desto wahrscheinlicher wird es sein, dass eine Person sich für den Rauchstopp entscheidet und diesen umsetzt.

1. *Versetzen Sie sich in einen Raucher/eine Raucherin. Welche Einstellungen und welche subjektiven Normen könnten helfen, mit dem Rauchen aufzuhören?*

2. *Sammeln Sie Faktoren, die Einstellungen, subjektive Norm und Verhaltenskontrolle beeinflussen könnten. Denken Sie beispielsweise an Persönlichkeitsmerkmale oder äußere Bedingungen wie gesetzliche Regelungen oder die Umgebung, in der jemand lebt.*

Rauchen Freunde oder Eltern, ist das Risiko, selbst zu rauchen, um ein Vielfaches erhöht (→ 5.14.2).

Steht der Entschluss fest, mit dem Rauchen aufhören zu wollen, gibt es verschiedene Ansätze, dies zu erreichen: Gängige Methoden sind hierbei die **schrittweise Entwöhnung** oder die **Schlusspunkt-Methode,** in der von jetzt auf gleich vollständig auf das Rauchen verzichtet wird. Letztere ist in der Regel wirksamer als die stufenweise Reduktion. Unterstützend können Nikotinersatzprodukte eingesetzt werden, ebenso Verfahren wie Hypnose oder Akupunktur, wobei deren Wirksamkeit bisher nicht belegt ist.

Nach einem Rauchstopp führt der Nikotinentzug häufig zu starken **Entzugserscheinungen,** z. B. starkem Verlangen nach einer Zigarette, Reizbarkeit und Heißhunger. Nun heißt es durchhalten. Für diese Phase braucht jeder Betroffene **Strategien.** Sport und gesunde Ernährung lenken ab und tun gut. Es ist wichtig, Risikosituationen zu kennen, die die Gefahr eines Rückfalls bergen bzw. vergrößern, z. B. unter Zeitdruck zu stehen oder Alkohol zu trinken.

Zudem hilft es, sich Wissen über das Rauchen und einen Entzug anzueignen. Hierzu zählen auch Fakten über die positiven körperlichen Veränderungen nach der Nikotinentwöhnung (→ Abb. 24).

Es ist nie zu spät, mit dem Rauchen aufzuhören. Bereits nach kurzer Zeit stellen sich positive körperliche Veränderungen ein. Jede nicht gerauchte Zigarette ist ein Gewinn für die Gesundheit.

Bronchoskopie:
Untersuchung der Bronchien durch Einführung einer Sonde durch Mund oder Nase

zytologisch:
die Zellen betreffend

Bronchodilatator:
Bronchospasmolytikum; Medikament, das die Bronchien erweitert

Sympathomimetikum:
Medikament, das die Sympathikuswirkung verstärkt

Parasympatholytikum:
Medikament, das die Parasympathikuswirkung abschwächt

Glukokortikoide:
in der Nebennierenrinde gebildete Steroidhormone, z. B. Kortisol, Kortison; Funktion: Glukoneogenese, Proteolyse, Lipolyse, Entzündungshemmung

Intention:
Absicht

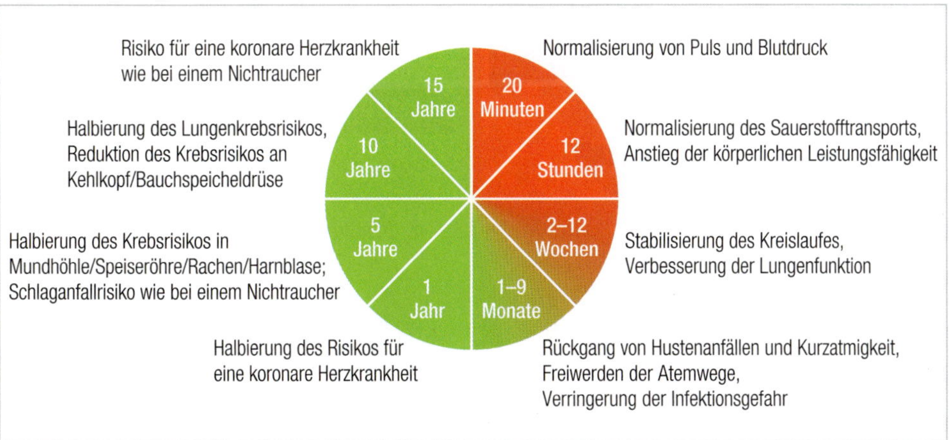

Abb. 24 Risikoverminderung nach dem Rauchstopp

Programme der Rauchentwöhnung im Überblick, zusammengetragen durch das Deutsche Krebsforschungszentrum: *www.anbieter-raucherberatung.de*

Informationsportal der Bundeszentrale für gesundheitliche Aufklärung (BZgA): *www.rauchfrei-info.de*

I-9.1.1 Präventionsarten und -einteilungen am Beispiel Rauchen

Pneumokokken: grampositive Bakterien mit Kapsel; kommen im Nasen-Rachen-Raum vor; Tröpfchen- und Kontaktinfektion möglich; verursachen z. B. Lungen-, Mittelohr-, Hirnhautentzündung; STIKO-Impfempfehlung für Säuglinge ab 2 Monaten und Erwachsene ab 60 Jahren sowie mit bestimmten Vorerkrankungen

Es gibt zahlreiche **Unterstützungsmöglichkeiten** für den Rauchstopp. Beispielweise hilft die BZgA im Rahmen der Kampagne „rauchfrei". Neben Informationen bietet das Portal ein begleitendes kostenfreies Programm, Beratung und Austausch. Auch Krankenkassen bieten Unterstützung an. Es gibt Einzel- und Gruppenangebote.

9.3.5 Prävention

Vor allem in den Wintermonaten kommt es vermehrt zu viral bedingten Atemwegsinfektionen. Seit der COVID-19-Pandemie ist die **AHA-L-Regel** zum Schutz vor Infektionen bekannt: Abstand halten, Hygiene beachten (z. B. Händewaschen und nicht krank zur Arbeit gehen), Atemschutzmasken tragen (am besten FFP-2-Masken) und regelmäßig gut lüften (→ 8.5.9). Zum Schutz vor schweren Krankheitsverläufen stehen für die Influenza, SARS-CoV-2 und Pneumokokken saisonale **Impfungen** zur Verfügung.

Schadstoffe, Feinstaub und verschmutzte Luft sollen möglichst gemieden werden. Maßnahmen für eine saubere Luft sind z. B. die Reduzierung des Autoverkehrs oder die Förderung erneuerbarer Energien (z. B. Sonnen-, Windenergie). Im privaten Bereich kann bei Arbeiten mit atemwegsschädigenden Substanzen (Lacke, Farben, Spray) eine Atemschutzmaske getragen werden.

Abb. 25 Raucher- und Nichtraucherlunge

Bei der Prävention von negativen Auswirkungen des **Tabakrauchs** gilt als oberstes Prinzip, sowohl Aktiv- als auch Passivrauchen zu vermeiden. Die präventiven Maßnahmen sind vielfältig:

- verhaltenspräventive Maßnahmen für verschiedene Zielgruppen:
  - präventive Programme für Jugendliche wie „Be smart, don't start" (→ 5.14.9)
  - Kurse und Programme zur Raucherentwöhnung
  - Patientenschulungsprogramme, die Patienten ohne Eigenmotivation ansprechen
- verhältnispräventive Maßnahmen:
  - Nichtraucherschutzgesetz
  - Arbeitsstättenverordnung
  - Tabaksteuer
  - Schockfotos auf Zigarettenpackungen (→ Abb. 25, mögliches Motiv)
  - erschwerter Zugang bei Zigarettenautomaten, z. B. durch Alterskontrollen mithilfe von Personalausweis/Geldkarte

Durch das Nichtraucherschutzgesetz und die Arbeitsstättenverordnung sollen die Bürgerinnen und Bürger geschützt werden. Informieren Sie sich über das Nichtraucherschutzgesetz. Welche Maßnahmen sind zum Schutz der Nichtraucher vorgeschrieben?

Bewegung ist ein wichtiger Baustein bezüglich der Gesunderhaltung des Organismus. Bei Atemwegserkrankungen kann Bewegung dazu beitragen, dass die Atemnot durch regelmäßiges langsames Ausdauertraining verringert und die Brustkorbbeweglichkeit verbessert wird. Zahlreiche Sportvereine bieten Rehagruppen für Lungensport an.

AUFGABEN

1. *→ Abb. 25 zeigt eine Raucher- neben einer Nichtraucherlunge.*
   a) Beschreiben Sie, durch welche Mechanismen und Inhaltsstoffe es beim Rauchen von Tabakprodukten zu den Veränderungen in Farbe und Ausdehnung der Lunge kommt.
   b) Erklären Sie, welche Aspekte zu einer obstruktiven, welche zu einer restriktiven Einschränkung der Lungenfunktion führen.

2. a) *Nennen Sie die Personengruppen, die von Passivrauchen betroffen sind.*
   b) *Beschreiben Sie die Auswirkungen des Passivrauchens bei diesen Personen.*

3. *Erläutern Sie, z. B. mithilfe von* *→ Abb. 19**, wodurch sich die Sauerstoffversorgung eines starken Rauchers im Vergleich zu einem Lungengesunden verschlechtert.*

4. *Listen Sie apparative und nichtapparative Untersuchungsmethoden des Atmungssystems auf.*

5. *Beschreiben Sie, welche Körperfunktionen sich bereits nach wenigen Tagen Tabakabstinenz verbessern.*

6. *Bewerten Sie die stetig abnehmende Raucherquote.*
   a) *Ist sie als Erfolg zu werten oder rauchen noch immer zu viele Deutsche? Welche Maßnahmen der Prävention greifen, was sollte Ihrer Meinung nach ausgebaut werden?*
   b) *Fragen Sie hierzu auch ältere Menschen, die die Entwicklungen in ihrem eigenen Leben verfolgen konnten.*

9.4 Asthma bronchiale

REUS, TULKE

1. *Was verbinden Sie mit dem Begriff Asthma?*

2. *Überlegen Sie, ob Sie Menschen mit Asthma kennen. Welche Einschränkungen haben diese Menschen durch das Asthma, wie gehen sie mit der Erkrankung um?*

3. *Wann kann es Ihrer Meinung nach in der Schule zu akuten Asthmaanfällen kommen? Wissen Sie auf Anhieb, wie Sie dann helfen können?*

Asthma bronchiale: chronisch-entzündliche Erkrankung der unteren Atemwege mit dem Leitsymptom wiederkehrender Atemnotanfälle

Hyperreagibilität: Hyperreaktivität; Überempfindlichkeit, überschießende Reaktion auf Reize

Obstruktion: Verengung/Verschluss eines Hohlorgans

I-2.2.2 Prävalenz erklärt am Beispiel von Asthma bronchiale

heterogen: nicht einheitlich, nicht gleichartig

extrinsisch: von außen her

Allergie: Erkrankung durch eine spezifische Abwehrreaktion (Typ I bis IV) gegen einen körperfremden Stoff, der normalerweise nicht zu einer Abwehrreaktion führt (→ 8.8)

atopisch: ortlos (kann überall auftreten); aufgrund genetischer Veranlagung bereit, auf Umweltreize überempfindlich zu reagieren

Asthma bronchiale, meist kurz Asthma, ist eine chronische Erkrankung der unteren Atemwege, charakterisiert durch dauerhafte Entzündung und Hyperreagibilität (Hyperreaktivität) der Bronchialschleimhaut sowie anfallsweiser Atemnot durch Obstruktion der Bronchien.

9.4.1 Vorkommen

REUS

Asthma kommt weltweit vor. Nach dem Global Asthma Report 2018 sind derzeit 339 Mio. Menschen betroffen (Global Asthma Network 2018). Schätzungen für Deutschland gehen bei Erwachsenen von einer Asthmahäufigkeit von etwa 6%, bei Kindern und Jugendlichen von 5 bis 15% aus (Helmholtz Zentrum München 2019).

9.4.2 Ursachen und Krankheitsentstehung

REUS

Asthma ist eine heterogene Erkrankung. Bei der Entstehung greifen innere und äußere Faktoren in individuell unterschiedlicher Gewichtung ineinander.

Zwei Hauptformen werden unterschieden:

- Das **allergische Asthma** oder extrinsische Asthma gehört zu den Typ-I-Allergien und damit zu den atopischen Erkrankungen (→ 8.8.2). Die Asthmaanfälle werden durch die verschiedensten Allergene ausgelöst, z. B. Pollen, Hausstaubmilben oder Tierepithelien. Das allergische Asthma hat eine starke genetische Komponente.
- Beim **nicht-allergischen Asthma** oder intrinsischen Asthma ist keine Allergie nachweisbar. Anfallsauslöser sind oft Atemwegsinfekte, aber auch eingeatmete Schad- und Reizstoffe (einschließlich Rauchen), Kälte, körperliche Anstrengung oder psychische Belastungen. Bei nicht wenigen Betroffenen besteht auch ein **Analgetika-Asthma.** Einnahme von Azetylsalizylsäure und einigen anderen Schmerz- und Rheumamedikamenten setzt auf nicht-allergischem Weg die gleichen Botenstoffe wie bei einer Typ-I-Allergie frei und löst so einen Anfall aus. Mischformen kommen vor.

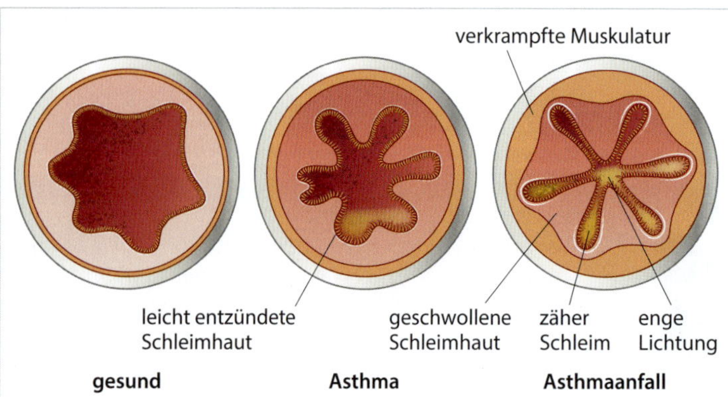

Abb. 26 Bronchiallichtung beim Gesunden und bei Asthma

Beide Formen sind gekennzeichnet durch:

- eine chronische, also auch zwischen den Anfällen bestehende Entzündung der Bronchialschleimhaut (→ Abb. 26)
- eine ebenfalls chronische, unspezifische Hyperreagibilität der Bronchialschleimhaut, das heißt, die Bronchialschleimhaut reagiert nicht nur auf bestimmte Reize, sondern generell viel zu empfindlich und zu stark
- eine variable, also im Zeitverlauf unterschiedlich starke Atemwegsobstruktion

Der akute Asthmaanfall ist Ausdruck einer ausgeprägten Obstruktion, ausgelöst durch die verschiedenen oben genannten Faktoren, mit (→ Abb. 26):

- Schwellung der Bronchialschleimhaut
- viel zähem Bronchialschleim
- **Bronchospasmus**

Diese Obstruktion ist anfänglich reversibel. Bei langjährigem Verlauf sind allerdings durch Umbauvorgänge in den Bronchien bleibende Veränderungen und Verengung der Bronchien möglich.

> Rauchen (→ 9.3.2) ist zwar nicht die Ursache von Asthma, verschlechtert aber die Entzündung und damit die Hyperreagibilität und kann einen Asthmaanfall auslösen. Dies gilt auch für Passivrauchen. Langfristig leidet die Lungenfunktion. In der Umgebung von Menschen mit Asthma ist Rauchverzicht daher besonders wichtig.

9.4.3 Symptome

REUS

Wegweisende Beschwerden sind wiederholte Atemnotanfälle. Diese **Asthmaanfälle** (→ Abb. 27) zeigen sich durch:

- Atemnot, wobei besonders die Ausatmung erschwert und verlängert ist
- Atemgeräusche bei der Ausatmung, die als Brummen oder Pfeifen (sog. Giemen) beschrieben werden
- (trockener) Husten
- Engegefühl in der Brust

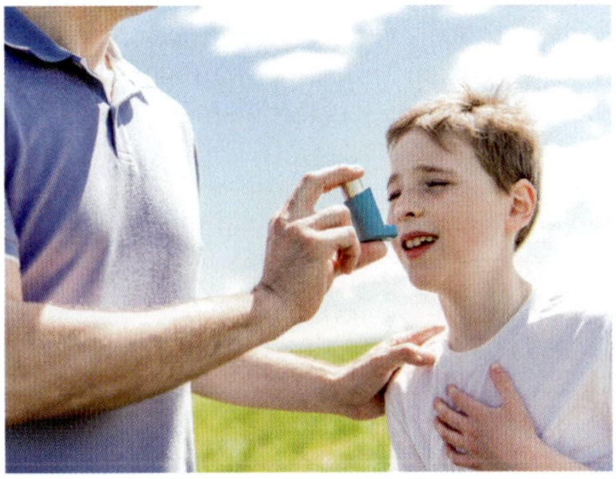

Abb. 27 Akuter Asthmaanfall

Diese Anfälle können sehr unterschiedlich schwer sein: von „nur" Husten über Atemnot beim Sprechen und in Ruhe bis hin zu schwersten Anfällen mit tödlichem Ausgang. Um besser Luft zu bekommen, setzen sich die Betroffenen auf und stützen sich mit den Armen ab, da sie so die Atemhilfsmuskulatur (→ 9.2.2, → Abb. 12) besser einsetzen können.

Zwischen den Anfällen sind die meisten Betroffenen beschwerdefrei.

9.4.4 Diagnostik

REUS

Die Verdachtsdiagnose wird klinisch gestellt. Bei der Anamnese liegt ein Hauptaugenmerk auf der Allergie-, Fremdstoffexpositions- und Familienanamnese. Ggf. empfiehlt sich das Schreiben eines Tagebuchs, in dem Tagesablauf (Tätigkeiten, Essen, Besonderheiten) und Anfälle notiert werden, um auslösende Faktoren zu erkennen.

Wichtigste apparative Untersuchung ist die Lungenfunktionsprüfung (→ 9.3.3). Die Spirometrie ergibt eine obstruktive Ventilationsstörung (FEV_1/VC vermindert), die sich im Bronchospasmolysetest erheblich bessert oder verschwindet. Zwischen den Anfällen kann die Lungenfunktion normal sein. Dann kann ein Provokationstest die Hyperreagibilität der Bronchien nachweisen.

Außerdem erfolgen eine Allergiediagnostik (→ 8.8.5), Blutuntersuchungen (Bestimmung von IgE, → 8.2.4, Tab. 2 und eosinophilen Granulozyten, → 8.1.5) und bei Erwachsenen eine Röntgenuntersuchung des Brustkorbs zum Ausschluss anderer Erkrankungen.

9.4.5 Therapie

REUS

Die Therapie des Asthmas stützt sich auf mehrere Säulen, insbesondere:

- Patientenschulung
- Optimierung der Umweltbedingungen:
  - Verminderung der Luftschadstoffbelastung
  - kein aktives oder passives Rauchen, ggf. Raucherentwöhnung (→ 9.3.4)
- Vermeidung individueller Anfallsauslöser
- Physiotherapie
- körperliches Training
- medikamentöse Therapie
- bei nachgewiesener Allergie Behandlung derselben (→ 8.8.6)

Ziele sind ein „normales" Leben einschließlich einer altersgerechten Entwicklung bei Kindern und Jugendlichen und die Minimierung von Asthmaanfällen und Folgeschäden.

Medikamentöse Therapie

Bei der medikamentösen Asthmabehandlung werden zwei große Medikamentengruppen unterschieden:

- **Reliever** oder Erleichterungsmedikamente zur Beschwerdelinderung; dies sind verschiedene **Bronchodilatatoren** oder Bronchospasmolytika (→ 9.3.3), welche im Anfall die Bronchien erweitern und dadurch die Atemsituation bessern. Es stehen β_2-Sympathomimetika und Parasympatholytika zur Auswahl.
- **Controller** oder Kontrollmedikamente, welche die Entzündung und die Hyperreagibilität der Bronchien bessern sollen; hierbei handelt es sich immer um eine Langzeitbehandlung. Im Anfall helfen diese Medikamente nicht. Am wichtigsten

intrinsisch:
von innen her

Analgetika-Asthma:
Überempfindlichkeit auf Azetylsalizylsäure und andere bestimmte Schmerz-/Rheumamittel mit nicht-allergischen Asthmaanfällen durch diese Substanzen

Bronchospasmus:
Verkrampfung der glatten Muskulatur in der Bronchialschleimhaut

reversibel:
umkehrbar, den früheren Zustand wieder herstellend

Asthmaanfall:
akuter Atemnotanfall bei Asthma, ausgelöst durch verschiedenste innere und äußere Faktoren

Giemen:
krankhaftes Atemnebengeräusch, i. d. R. bei der Ausatmung als Pfeifen hörbar; tritt u. a. bei Asthma aufgrund verengter Bronchien auf

Reliever:
Erleichterungsmedikament; Medikament, das im Asthmaanfall schnell die Atemnot lindert und sich daher als Bedarfsmedikament eignet

Controller:
Kontrollmedikament; antientzündliches Medikament bei Asthma, Langzeit-, kein Bedarfsmedikament

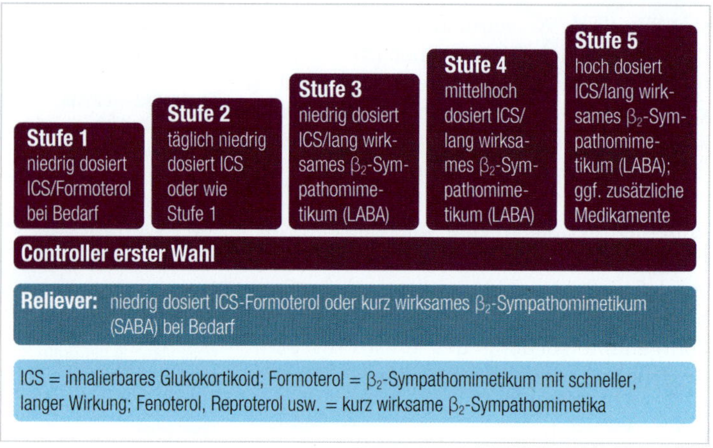

Abb. 28 Stufenschema der medikamentösen Asthmabehandlung (nach Global Initiative for Asthma 2020, S. 22)

Global Initiative for Asthma (GINA): *www.ginasthma.org/*

Glukokortikoide: in der Nebennierenrinde gebildete Steroidhormone, z. B. Kortisol, Kortison; Funktion: Glukoneogenese, Proteolyse, Lipolyse, Entzündungshemmung

Leukotriene, Interleukine: körpereigene (entzündungsfördernde) Botenstoffe

I-10.5.2 Strukturierte Behandlungsprogramme für chronisch kranke Menschen

DMP Asthma: *www.lungeninformationsdienst.de/asthma-disease-management-programm.html*

sind **Glukokortikoide,** die heute die Basistherapie bei Asthma bronchiale darstellen. Auch Leukotrien-Rezeptor-Antagonisten und mehrere Antikörper gegen IgE (→ 8.2.4) oder Interleukine zählen dazu.

Die Medikamente werden überwiegend inhaliert. Wichtig sind die richtige Wahl des Inhalationssystems (z. B. Dosieraerosol, Pulverinhalator) und die gute Schulung des Patienten im Umgang damit. Laien sprechen oft zusammenfassend von „Asthmaspray".

Hauptnebenwirkungen inhalativer Glukokortikoide sind Heiserkeit und Pilzbefall im Mundraum. Deshalb soll der Patient vor und nicht nach den Mahlzeiten inhalieren und nach dem Inhalieren den Mund gründlich ausspülen. Die gefürchteten Nebenwirkungen im ganzen Körper wie etwa Rundgesicht, stammbetontes Übergewicht, Hautveränderungen, Knochenschwund und Blutzuckeranstieg sind selten.

Für die medikamentöse Asthmabehandlung gibt es ein **Stufenschema** (→ Abb. 28) mit steigender Therapieintensität von Stufe 1 bis Stufe 5 nach den Leitlinien zur Behandlung des Asthma bronchiale. Bei der Erstdiagnose richtet sich die Wahl der Therapiestufe nach den Beschwerden des Patienten, im weiteren Verlauf nach der Therapiekontrolle, also dem Erfolg der Behandlung. Ist der Patient über längere Zeit beschwerdefrei, kann die Medikamentendosis versuchsweise reduziert werden. Umgekehrt muss bei häufigen Anfällen die Medikation gesteigert werden.

Ihre Mitschülerin Anna bekommt vor einer Klausur plötzlich starke Atemnot mit pfeifenden Geräuschen beim Ausatmen. Sie hat große Angst und scheint keine Luft mehr zu bekommen. Der Notarzt wird sofort alarmiert.

Welche Auslösefaktoren können bei Anna vorliegen? Wie würden Sie vor Ort helfen?

DMP und Schulungsprogramme

Für Asthma gibt es ein Disease-Management-Programm (DMP), das Diagnostik und Therapie optimieren und jedem Patienten eine bedarfsgerechte Behandlung ermöglichen soll.

Erstmaßnahmen im akuten Asthmaanfall

Auch ein Laie kann bei einem Asthmaanfall Erste Hilfe leisten:

- Ruhe bewahren und versuchen, den Patienten zu beruhigen
- Hilfe rufen, Notruf tätigen
- Patienten aufsetzen und eine **atemerleichternde Position** einnehmen lassen, z. B. den **Kutschersitz.** Dabei sitzt der Patient mit etwas nach vorn gebeugtem Oberkörper und stützt sich mit den Händen/Armen ab (→ Abb. 30).
- **Dosierte Lippenbremse** anwenden (→ Abb. 29). Sie steigert den Widerstand in den unteren Atemwegen und verhindert dadurch, dass die kleinen Bronchien zusammenfallen und die Luft in den Lungenbläschen „gefangen" wird. Stattdessen kann die Luft ausgeatmet werden.
- Selbstbehandlungsplan des Patienten umsetzen, Bedarfsmedikation verabreichen (sofern vorhanden)

atemerleichternde Position: Position, in der die Atemhilfsmuskulatur (→ 9.2.2) gut eingesetzt werden kann

Ein Bestandteil des DMP ist eine strukturierte Patientenschulung, die vom Bundesversicherungsamt zugelassen sein muss. Die Schulungsprogramme sind altersabhängig, z. B. für 5- bis 7-Jährige, 8- bis 12-Jährige und 12- bis 17-Jährige und ihre Eltern sowie für Erwachsene. Schulungsinhalte sind u. a.:

- Wissensvermittlung zur Erkrankung
- Grundsätze der Behandlung, etwa die Medikamente, die korrekte Inhalationstechnik
- Möglichkeiten des Selbstmanagements und der Selbsthilfe einschließlich Beurteilung der Atemsituation mit dem Peak-Flow-Meter (→ 9.3.3)
- Verhalten in Notfallsituationen
- Sport und Asthma

9.4.6 Rehabilitation

REUS

Eine ambulante oder stationäre Rehabilitationsmaßnahme, häufig an der See oder im Hochgebirge, kann z. B. bei Einschränkungen in der Lebensführung oder (drohenden) Krankheitsfolgen sinnvoll sein.

Dabei kann eine evtl. noch fehlende Diagnostik nachgeholt und die Schulung wiederholt und intensiviert werden. Weitere Schwerpunkte sind Atemtherapie (→ Abb. 30), körperliches Training, Physiotherapie und ggf. Tabakentwöhnung.

Jugendliche mit Asthma bronchiale sollen Berufe vermeiden, bei denen die Atemwege erhöhten Belastungen ausgesetzt sind, etwa mehl- oder holzverarbeitende Berufe, Maler/Lackierer, Berufe in der Landwirtschaft oder mit engem Tierkontakt. Bei allergischem Asthma sind zudem Berufe nicht möglich, bei denen der Betroffene im Beruf mit „seinem" Allergen in Berührung kommt und es auch nicht meiden kann.

9.4.7 Pflege

TULKE

Aufgaben der Pflegefachpersonen

Information, Anleitung und Beratung sind zentrale Aufgaben der Pflegefachpersonen bei Asthma bronchiale.

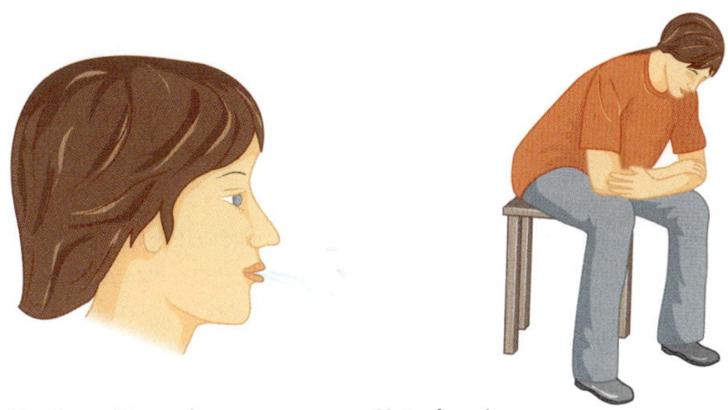

Dosierte Lippenbremse:
- Einatmen durch die Nase
- beim Ausatmen die Lippen fast schließen – ähnlich wie beim Pfeifen

Kutschersitz:
- locker mit geöffneten Oberschenkeln und vornübergebeugtem Oberkörper hinsetzen
- Ellbogen auf Knien abstützen zur Fixierung des Schultergürtels

Abb. 29 Atemerleichternde Verhaltensweisen

Abb. 30 Atemtherapie in der Asthmaschulung

Die auslösenden Faktoren gilt es herauszufinden und auszuschalten.

Arbeitsgemeinschaft Asthmaschulung im Kindes- und Jugendalter e.V.: *www.asthmaschulung.de*

Zu den Tätigkeiten von Pflegefachpersonen im Rahmen der Asthmatherapie zählen:

- Beobachtung und Beurteilung der Vitalzeichen, vor allem Atmung (pfeifende Atemgeräusche), Puls (Pulsanstieg)
- Beobachtung und Beurteilung von Husten (trockener Reizhusten), Haut (Zyanose), Blutzucker (Anstieg unter Glukokortikoidbehandlung je nach Anwendungsform und Dosierung)
- Umgang mit Inhalationen/Inhalationsgeräten wie Dosieraerosolen, Pulverinhalatoren, elektrischen Verneblern (→ Abb. 31, → Abb. 32)
- Erstmaßnahmen bei einem Notfall (→ 9.4.5)
- bei Bedarf Einleitung intensivmedizinischer Betreuung

Vitalzeichen: wahrnehmbare Lebenszeichen; Puls, Blutdruck, Atmung, Bewusstsein, Körpertemperatur

- Mitbeteiligung an Schulungen für zu pflegende Menschen:
  - auslösende Faktoren identifizieren und minimieren
  - Asthma-Tagebuch kennenlernen und führen
  - Peak-Flow-Meter anwenden, die Atemsituation anhand des Peak-Flows einschätzen und bei Bedarf angemessen reagieren (→ 9.3.3, → Abb. 23)
  - mit Inhalationen/Inhalationsgeräten umgehen
  - verordnete Medikamente korrekt anwenden bzw. einnehmen und deren Wirkung beurteilen
  - körperlich aktiv bleiben und Sport treiben, jedoch angepasst an den (aktuellen) körperlichen Zustand
  - Selbsthilfegruppen kennen und ggf. Kontakt aufnehmen

Abb. 31 Dosieraerosole und Pulverinhalatoren, oft als „Asthmasprays" zusammengefasst

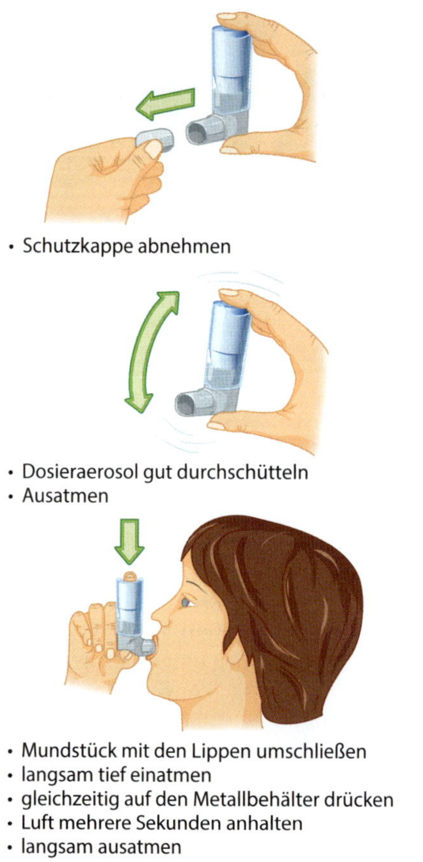

Abb. 32 Anwendung eines Dosieraerosols

I-12.3.2 Pflegeprozess nach Fiechter und Meier

Anwendung des Pflegeprozesses nach Fiechter und Meier

Das in Deutschland am weitesten verbreitete Pflegeprozessmodell geht auf Fiechter und Meier zurück. Es besteht aus sechs Schritten (→ Abb. 33).

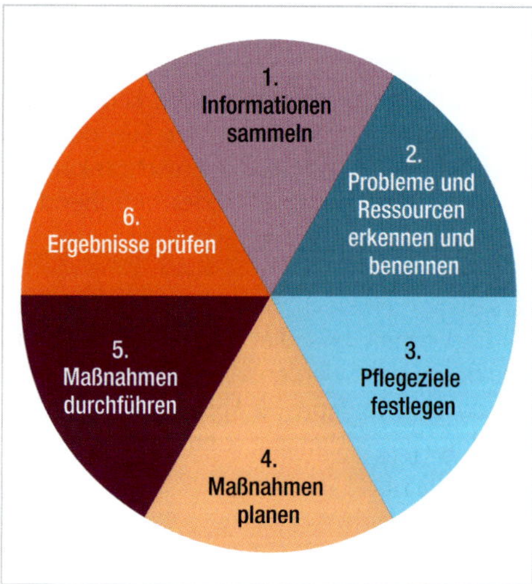

Abb. 33 Pflegeprozess nach Fiechter und Meier

Grundlage der pflegerischen Tätigkeit ist die Informationssammlung. Hier werden alle relevanten Informationen zum Pflegebedürftigen gesammelt, analysiert, interpretiert und dokumentiert. Auf diesem Prozessschritt wird der weitere Pflegeprozess aufgebaut. → Tab. 1 verdeutlicht den zweiten bis vierten Schritt des Pflegeprozessmodells, und zwar für das folgende Beispiel „Jonas" und bezogen auf ausgewählte **ABEDL®** (→ I-12.2.2).

ABEDL®: pflegerisches Strukturmodell nach Krohwinkel; Abkürzung für **A**ktivitäten, soziale **Be**ziehungen und existenzielle **E**rfahrungen **d**es **L**ebens

Nach der Aufstellung der Pflegeprobleme, der Ressourcen, Ziele und Maßnahmen werden im fünften Pflegeprozessschritt die Maßnahmen durchgeführt. Im sechsten Schritt wird deren Wirksamkeit evaluiert.

Tab. 1 Pflegeprozess nach Fiechter und Meier bei Asthma, mögliche Schritte 2 bis 4 zum Beispiel „Jonas"

Ausgewählte ABEDL® nach Krohwinkel	2. Schritt: Probleme und Ressourcen erkennen und benennen	3. Schritt: Pflegeziele festlegen	4. Schritt: Maßnahmen planen
sich pflegen können	Jonas ist im Mundraum infektionsgefährdet. Bei der Inhalation seiner Bedarfsmedikation verbleiben Rückstände in der Mundhöhle und er klagt über Mundtrockenheit. Er kann seine Körperpflege selbstständig durchführen.	Die physiologische Mundflora ist gewährleistet. Die Mundhöhle ist infektionsfrei. Pathologische Veränderungen werden frühzeitig erkannt.	• Mundhöhle und Zähne täglich beobachten und beurteilen • Jonas zur täglichen mehrmaligen Mundhygiene auffordern • Jonas auffordern, den Mund nach jeder Medikamenteninhalation auszuspülen
vitale Funktionen aufrechterhalten	Jonas ist in seiner Atmung durch das Asthma eingeschränkt: Er hat immer wiederkehrende Atemnotphasen, die sich durch pfeifende Atemgeräusche, trockenen Reizhusten und Einsetzen der Atemhilfsmuskulatur zeigen. Er ist aufmerksam, kooperativ und arbeitet mit.	Jonas kennt atemunterstützende Atem- und Hustentechniken.	• auslösende Faktoren identifizieren • atemunterstützende Maßnahmen einleiten • Bedarfsmedikation verabreichen • Vitalzeichen kontrollieren • in Atemnotphasen bei Jonas bleiben und Unterstützung signalisieren • Jonas schulen
mit existenziellen Erfahrungen des Lebens umgehen	Jonas hat Angst vor einem erneuten Asthmaanfall, da diese in den letzten Wochen vermehrt auftraten und an Intensität zunahmen. Er spricht über seine Angst und Panik.	Jonas fühlt sich sicher und ist angstfrei.	• Gespräche führen, Gesprächsbereitschaft zeigen • aufklären, beraten, schulen • Bedarfsmedikation bei sich tragen und Verabreichung in anfallsfreien Phasen üben • in eine Selbsthilfegruppe vermitteln
kommunizieren	Jonas ist in seiner Kommunikation durch das Asthma eingeschränkt. Er hat bei Atemnot Schwierigkeiten zu sprechen. Er ist orientiert und kann sich per Mimik und Gestik äußern.	Jonas ist in der Lage, bei Atemnot zu kommunizieren.	• Ruhe und Geduld zeigen • bei Jonas bleiben • aktiv zuhören und Mimik und Gestik beobachten • Jonas nicht überfordern und seine Belastungsgrenze wahrnehmen • kurze, knappe Fragen stellen • Symboltafel oder Papier und Stift bzw. Handy reichen

Jonas ist 16 Jahre alt und seit seinem achten Lebensjahr an Asthma erkrankt. Vor vier Wochen hatte er einen Asthmaanfall, nachdem er über ein Jahr anfallsfrei war. Seit zwei Monaten raucht Jonas sehr stark, er hat sich gerade von seiner Freundin getrennt und hat seit einer Woche einen grippalen Infekt. Nun hat er erneut einen Asthmaanfall mit starker Atemnot und Husten und wird in die Klinik eingewiesen.

Erstellen Sie zur ABEDL „Essen und Trinken" eine Tabelle (Aufbau wie → Tab. 1) mit einem Pflegeproblem, den dazugehörigen Pflegezielen und Pflegemaßnahmen für Jonas.

9.4.8 Verlauf und Prognose

REUS

Bei Asthma handelt es sich um eine chronische Erkrankung, die gut behandelbar, aber nicht heilbar ist. Bei konsequenter Behandlung haben die meisten Betroffenen eine normale Lebenserwartung, allerdings kann ein schwerer Asthmaanfall tödlich enden. Die Asthmasterblichkeit in Deutschland ist in den letzten 20 Jahren deutlich gesunken.

9.4.9 Prävention und Gesundheitsförderung

REUS

Die genetische Veranlagung lässt sich nicht ändern. Das persönliche Asthmarisiko kann globales Asthma-Netzwerk: *www.globalasthmanetwork.org/*

aber durch Allergieprävention (→ 8.8.9) und Meiden der Risikofaktoren, etwa Tabakrauch (→ 9.3.4, → 5.14.9) und andere Luftschadstoffe, aber auch Übergewicht, verringert werden. Eine Allergie soll behandelt werden, um einen „Etagenwechsel" vom allergischen Schnupfen zum allergischen Asthma zu verhindern.

Für Menschen mit Asthma ist eine konsequente Behandlung wichtig. Ausschaltung weiterer atemschädigender Faktoren verbessert die Prognose. Hierzu zählen auch die Wahl eines geeigneten Berufs und günstiger Freizeitaktivitäten sowie der Schutz vor Infektionen, etwa durch Grippeschutz-, ggf. Pneumokokkenimpfung.

AUFGABEN

1. *Erklären Sie die pathophysiologischen Vorgänge bei der Entstehung eines Asthmaanfalls.*
2. *Nennen Sie Symptome eines Asthmaanfalls.*
3. *Im Leistungssport werden Asthmamedikamente als Dopingmittel eingesetzt. Erläutern Sie den Grund und nennen Sie Sportarten, die dies hauptsächlich betrifft.*
4. *Beurteilen Sie den Unterschied bei der Verwendung von inhalativen Glukokortikoiden und Glukokortikoidtabletten im Hinblick auf die Nebenwirkungen.*
5. *Erstellen Sie eine Liste mit Berufen, die für Menschen mit Asthma ungünstig sind.*
6. *Simulieren Sie Berufsberatungsgespräche mit Jugendlichen mit Asthma, die einen ungeeigneten Beruf wählen möchten. Erfragen Sie dabei die Motive für den gewünschten Beruf und suchen Sie zusammen nach Alternativen.*
7. *Der Umgang mit Inhalationsgeräten ist ein wichtiger Faktor innerhalb einer pflegerischen Patientenschulung. Am häufigsten verwendet werden Dosieraerosole ohne oder mit Spacer (Inhalierhilfe) und Pulverinhalatoren. Sie sollen Jonas (→ 9.4.7) den Umgang mit einem dieser drei Geräte erläutern. Erarbeiten Sie hierzu eine in sich schlüssige Handlungskette. Informationen dazu finden Sie z. B. unter www.atemwegsliga.de/dosieraerosole.html.*
8. *Stellen Sie in einer kurzen Szene die Patientenschulung zur gewählten Inhalationshilfe in einem Partnergespräch, in welchem Sie die Rolle der Pflegefachperson und die Rolle von Jonas besetzen, dar.*
9. *Ein Grundschulkind hat Asthma. Bereiten Sie einen Informationsnachmittag für die Mitschülerinnen und Mitschüler und das Kollegium zur Erkrankung und zur evtl. notwendigen Ersten Hilfe vor.*

9.5 COPD

REUS, TULKE

Bald Volkskrankheit Nummer 3

COPD tötet langsam und millionenfach
Für viele Raucher gehört das morgendliche Abhusten zum Alltag. Wenn dann Kurzatmigkeit beim Treppensteigen dazukommt, ist das immer noch kein Alarmsignal – obwohl diese Symptome bereits eine schwere Lungenerkrankung bedeuten könnten.
NTV unter www.n-tv.de, 10.04.2015

Sie bekommt keine Luft: Ein Leben mit der Lungenkrankheit COPD
Leise blubbert das Wasser an dem Sauerstofftank, während Eveline Reepschläger atmet. Durch die Nase ein, durch den Mund leicht aus. Ein dünner, durchsichtiger Schlauch steckt in ihren Nasenlöchern und unterstützt die 64-Jährige aus Büchlberg (Landkreis Passau) dabei dauerhaft mit Sauerstoff – ohne diesen würde sie nicht mehr überleben können. Eveline Reepschläger hat COPD, eine Lungenkrankheit. Sie ist kaum bekannt und wird oft als Raucherhusten abgetan, dabei leiden in Deutschland rund zehn Prozent, also acht Millionen Menschen an Formen dieser Krankheit.
Passauer Neue Presse unter www.pnp.de, 24.10.2019

1. *COPD ist eine weit verbreitete Krankheit, umgangssprachlich wird sie als Raucherlunge bezeichnet. Dennoch ist sie vielen nicht bekannt. Welche Gründe vermuten Sie dahinter?*

2. *Die Atemfunktion von COPD-Patienten verschlechtert sich stetig, bis sie unter Atemnot leiden.*
   a) *Sammeln Sie Einschränkungen und Belastungen, die mit einer COPD-Erkrankung im Alltag und in der Lebensqualität einhergehen können.*
   b) *Tauschen Sie sich darüber aus, wie diese Einschränkungen und Belastungen auf Sie wirken.*

Bei der chronisch-obstruktiven Lungenerkrankung, kurz **COPD** (chronic obstructive pulmonary disease), besteht eine dauerhafte Atemwegsverengung und -entzündung. Die Erkrankung schreitet meist über viele Jahre langsam, aber stetig fort.

9.5.1 Vorkommen

REUS

Exakte Zahlen zur Häufigkeit von COPD gibt es aufgrund einer hohen Dunkelziffer nicht. Die Global Initiative for Chronic Obstructive Lung Disease (GOLD) geht von über 380 Mio. Erkrankten und jährlich 3 Mio. Todesfällen weltweit aus. Damit ist COPD weltweit die dritthäufigste Todesursache (Global Initiative for Chronic Obstructive Lung Disease – GOLD 2019). Für Deutschland wird geschätzt, dass 10 bis 12% der über 40-Jährigen betroffen sind, Tendenz steigend. Über 30 000 Menschen sterben pro Jahr an COPD, die damit hierzulande sechsthäufigste Todesursache ist (Deutsche Lungenstiftung, Verband Pneumologischer Kliniken o. J.; Bundeszentrale für gesundheitliche Aufklärung 2019).

COPD:
chronic obstructive pulmonary disease, chronisch-obstruktive Lungenerkrankung; chronische, überwiegend fortschreitende Erkrankung der unteren Atemwege mit ständiger Atemflussbehinderung durch allenfalls teilweise reversible Obstruktion der Bronchien; Leitsymptome sind Atemnot, Husten, Auswurf

Global Initiative for Chronic Obstructive Lung Disease (GOLD): *www.goldcopd.org*

9.5.2 Ursachen und Krankheitsentstehung

REUS

Die COPD ist im Volksmund bekannt als „Raucherlunge", denn Hauptursache ist die langjährige Inhalation von Schadstoffen, allen voran Tabakrauch (→ 9.3.2). Weiter sind hier die Luftverschmutzung durch Straßenverkehr und Industrie sowie eine arbeitsplatzbedingte Schadstoffbelastung (z. B. im Bergbau) zu nennen.

Selten ist ein angeborener α_1-Antitrypsinmangel die Ursache.

Die eingeatmeten Schadstoffe führen zu (→ Abb. 19):

- Funktionseinbuße der Flimmerhärchen und damit der Selbstreinigung der Atemwege
- Vermehrung der schleimbildenden Zellen in der Schleimhaut
- Entzündung der Bronchien/**chronischer Bronchitis**

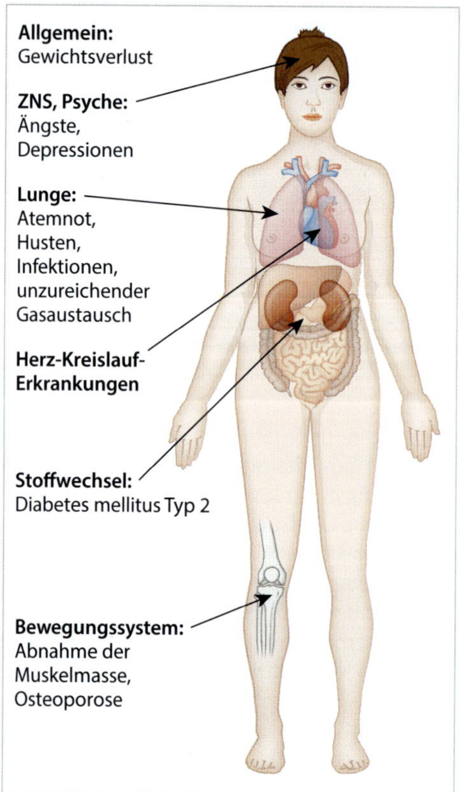

Abb. 34 COPD – Lungen- und Systemerkrankung

Mit der Zeit kommt es zu strukturellen Veränderungen der Bronchien mit (bleibender) Obstruktion und gleichzeitig Instabilität. Bei der Ausatmung kollabieren die kleinen Bronchien und die Luft dahinter kann nicht mehr entweichen. Aus der chronischen Bronchitis ist eine **chronisch-obstruktive Bronchitis** entstanden.

Die Lungen verlieren ihre Elastizität und die Lungenbläschen werden teilweise zerstört. Es entwickelt sich ein **Lungenemphysem,** gekennzeichnet durch überblähte Lungen und zu geringe Fläche für den Gasaustausch.

Im Verlauf wird außerdem aus der Atemwegs- eine Systemerkrankung, die den ganzen Körper beeinträchtigt (→ Abb. 34, → 9.3.2). Als wesentlich mitverantwortlich für die Begleiterkrankungen gelten die in den Atemwegen freigesetzten Entzündungsbotenstoffe.

9.5.3 Symptome

REUS

Beschwerden setzen oft im mittleren Erwachsenenalter ein. Vorstadium der COPD ist die chronische Bronchitis mit (morgendlichem) Husten und Auswurf, der sog. Raucherhusten.

Chronisch-obstruktive Bronchitis und Emphysem zeichnen sich durch die **AHA-Trias** aus:

- **A**temnot, zunächst bei starker Belastung, dann bei geringer Belastung und schließlich in Ruhe
- **H**usten
- **A**uswurf

Obstruktions- und Emphysemkomponente sind bei den einzelnen Patienten unterschiedlich gewichtet. Anschaulich wurde das Bild des Pink Puffer (rosa Schnaufer) und Blue Bloater (blauer Huster) gezeichnet (→ Abb. 35). Die meisten Betroffenen liegen zwischen diesen beiden Typen.

Durch Infektionen, aber z. B. auch Kälte, kann es zu **Exazerbationen** kommen mit einer akuten Verschlechterung der Atemsituation bis zur respiratorischen Insuffizienz.

9.5.4 Diagnostik

REUS

Die Diagnostik beginnt mit der Anamnese (Risikofaktoren? Leitsymptome?).

α_1-Antitrypsin:
körpereigenes Enzym, das u. a. die Lungen vor eiweißspaltenden Enzymen und damit Gewebezerstörung schützt

chronische Bronchitis:
lang dauernde Entzündung der Bronchien, nach WHO Husten und Auswurf während mindestens je drei Monaten in zwei aufeinanderfolgenden Jahren (Weltgesundheitsorganisation 2008)

chronisch-obstruktive Bronchitis:
chronische Bronchitis mit (bleibender) Verengung der unteren Atemwege

Lungenemphysem:
Endstadium verschiedener Lungenerkrankungen mit irreversibler Überdehnung und Zerstörung der Lungenbläschen und infolgedessen Verkleinerung der Oberfläche für den Gasaustausch

AHA-Symptome:
bei COPD Atemnot, Husten, Auswurf

Exazerbation:
akute, deutliche Verschlechterung einer chronischen Erkrankung

respiratorische Insuffizienz:
Atemversagen; ausgeprägte Atemstörung mit Absinken des Sauerstoff- und oft Anstieg des Kohlenstoffdioxidpartialdrucks im Blut

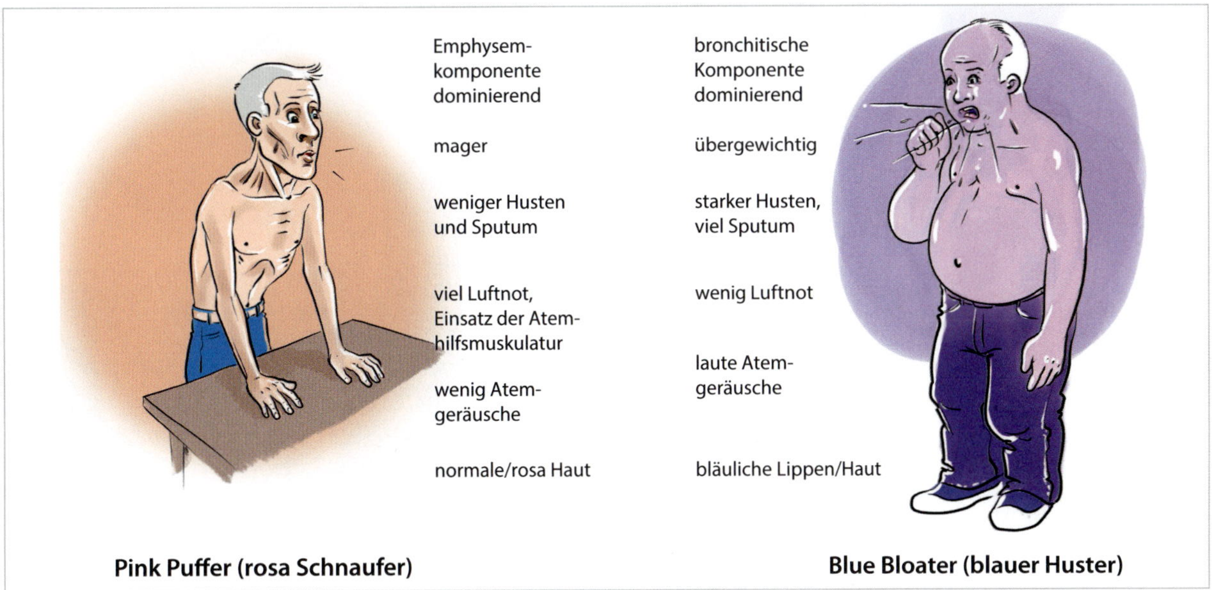

Abb. 35 Pink Puffer und Blue Bloater – die beiden Pole der COPD-Erscheinungsformen

Führen Sie den Test zur COPD-Risikoerkennung für sich selbst und Ihre Familienangehörigen durch.

Bei der klinischen Untersuchung fällt eine verlängerte Ausatmung mit Giemen (Pfeifen, Brummen) sowie bei einem Emphysem ein **Fassthorax** als Zeichen der Lungenüberblähung auf. In Spätstadien ist die Haut infolge des Sauerstoffmangels möglicherweise bläulich verfärbt. Diese **Zyanose** ist besonders gut an den Lippen zu sehen.

Die Spirometrie zeigt eine obstruktive Ventilationsstörung (FEV_1/VC vermindert), die sich im Gegensatz zum Asthma im Bronchospasmolysetest nur teilweise oder gar nicht bessert (→ 9.3.3).

Durch Röntgenaufnahme und CT des Brustkorbs sowie Blutuntersuchungen werden andere Erkrankungen ausgeschlossen und ein vermehrter Luftgehalt der Lungen dargestellt. In Spätstadien ist die Sauerstoffsättigung im Blut vermindert.

→ Abb. 36 zeigt die Stadieneinteilung und die Anfangstherapie der COPD.

Fragebogen zur COPD-Risikoerkennung: *www.lungenaerzte-im-netz.de/rauchen/fragebogen_copd_risikoerkennung.pdf*

Fassthorax:
Brustkorb in ständiger Einatmungsstellung mit fast horizontal verlaufenden Rippen und vergrößertem Durchmesser von vorne nach hinten

Zyanose:
blau-rote Verfärbung von Haut und Schleimhäuten infolge Sauerstoffmangels im Blut

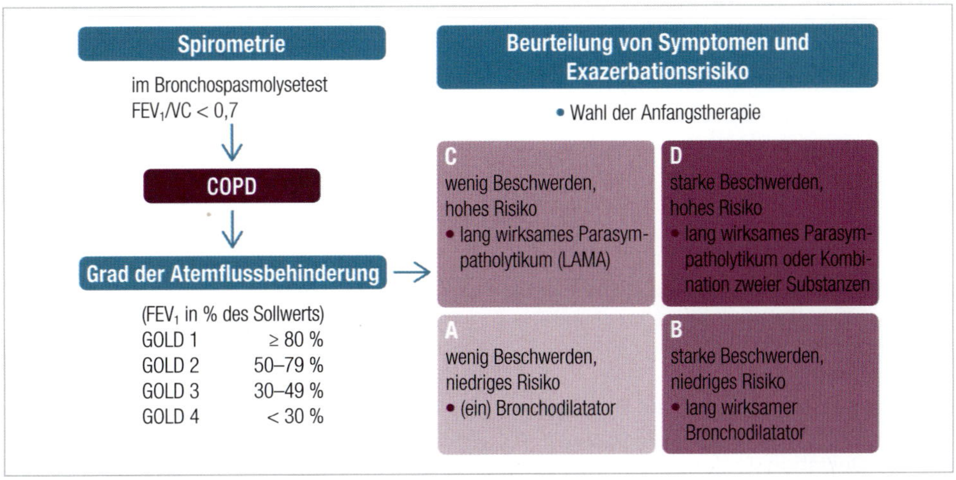

Abb. 36 Einteilung und Anfangstherapie der COPD (nach Global Initiative for Chronic Obstructive Lung Disease – GOLD 2020)

9.5.5 Therapie

REUS

DMP COPD: *www.copd-aktuell.de/disease-management-programm*

Für die COPD gibt es ein Disease-Management-Programm (→ I-10.5.2).

Beseitigung des Schädigungsfaktors

Am wichtigsten ist die Beseitigung der Ursache, also für die meisten Betroffenen die Raucherentwöhnung (→ 9.3.4). Nur so kann das Fortschreiten der Erkrankung verhindert werden.

Bei α_1-Antitrypsinmangel kann das fehlende Enzym heute medikamentös ersetzt werden.

Medikamentöse Behandlung

Basis der medikamentösen Behandlung sind inhalierbare Bronchodilatatoren, wobei β_2-Sympathomimetika und Parasympatholytika oft kombiniert werden (→ 9.3.3). Inhalierbare Glukokortikoide haben einen geringeren Stellenwert als beim Asthma (→ 9.4.5).

Bei Infektionen werden Antibiotika gegeben, bei akuten Verschlechterungen ggf. Glukokortikoide als Tabletten.

Langzeit-Sauerstofftherapie: dauerhafte Sauerstoffgabe über mindestens 16 Stunden täglich oder regelmäßig bei Belastung; der Betroffene atmet dabei selbst

Beatmung: künstliche Belüftung der Lungen durch ein Gerät, d. h., der Betroffene atmet nur teilweise oder gar nicht selbst

Sauerstofftherapie und Beatmung

Sinkt die Sauerstoffsättigung (→ 9.3.3) im Blut in fortgeschrittenen Stadien stark ab, kann eine häusliche **Langzeit-Sauerstofftherapie** (→ Abb. 37) die Prognose bessern. Sauerstoffquellen sind Sauerstoffkonzentratoren, Flüssigsauerstoffsysteme oder Sauerstoffflaschen. Verabreicht wird der Sauerstoff über kleine Nasenschläuche. Reicht dies nicht mehr, kommt eine Beatmung in Betracht, vor allem eine **nicht invasive Beatmung** über eine Maske.

I-11.2.5 Leistungsspektrum in der Rehabilitation

multimodal: auf verschiedenen Ansätzen/Formen beruhend

Weitere Behandlungsmaßnahmen

Weitere Therapien können je nach individueller Situation sinnvoll sein:

- Schulungen
- Atemtherapie: Kutschersitz, Lippenbremse (→ Abb. 29)
- Physiotherapie
- körperliches Training, bei ausreichender Belastungsfähigkeit Teilnahme an einer Lungensportgruppe
- Ernährungsberatung
- Impfung gegen Influenza und Pneumokokken
- selten Operation (Entfernung großer Emphysemblasen, Lungentransplantation)

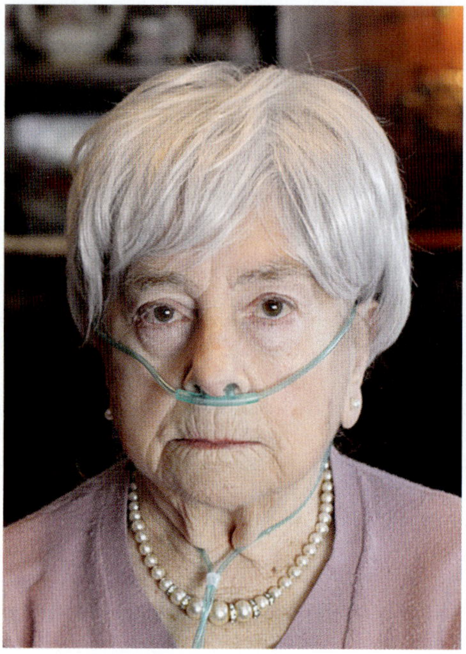

Abb. 37 Langzeit-Sauerstofftherapie

Informieren Sie sich über Schulungsprogramme bei COPD-Patienten.

9.5.6 Rehabilitation

REUS

Bei der COPD entsteht ein Teufelskreis aus Atemnot, körperlicher Schonung, verminderter Leistungsfähigkeit, Isolation/Depression, dadurch noch stärkerer Atemnot usw. Dieser Teufelskreis soll durch eine Rehabilitation unterbrochen werden.

Die Rehabilitation von Patienten mit COPD ist interdisziplinär und setzt an mehreren Punkten an. Nach dem multimodalen Rehabilitationsplan (→ Abb. 38) gehören dazu:

- Raucherentwöhnung (→ 9.3.4)
- Schulungen mit Ernährungsberatung, Erlernen der Inhalationstechniken, Sofortmanagement bei Verschlechterung
- Optimierung der medikamentösen Therapie
- körperliches Training
- Atem- und Physiotherapie
- psychosoziale Betreuung
- Hilfsmittelversorgung

Im weiteren Verlauf der Erkrankung sollen Betroffene an Selbsthilfegruppen angebunden werden, die umfangreiche Unterstützung anbieten.

Informieren Sie sich über Selbsthilfegruppen in Ihrer Nähe.

9.5.7 Pflege

TULKE

Allgemeines zur Pflege

Ziel der Pflege ist es, die Kompetenzen der Betroffenen im Rahmen ihrer Erkrankung zu fördern, um ihre Lebensqualität zu erhalten bzw. zu steigern. Neben der Durchführung der entsprechenden Interventionen im stationären und ambulanten Bereich ist die **Patientenschulung** ein wichtiger Teil pflegerischen Handelns. Diese Schulungen durch Pflegefachpersonen haben folgende Schwerpunkte:

- Reduktion von Schädigungsfaktoren wie Rauchen, Staub, Kälte
- Erlernen und Einschätzen der Symptome
- Umgang mit verordneten Medikamenten (Dosieraerosole, Inhalatoren, Düsen- und Ultraschallvernebler, Sauerstoff- oder Beatmungstherapie)
- Kennenlernen und Einüben von atemunterstützenden Maßnahmen
- Erlernen von Selbsthilfetechniken bei Atemnot, z. B. Kutschersitz (→ Abb. 29)
- körperliches Training zur Steigerung der individuellen körperlichen Belastbarkeit (Ausdauer-, Krafttraining) (→ 3.4.3)
- Gewichtskontrolle, Ernährungstherapie
- Erkennen und Fördern von Ressourcen, Erkennen und Beachten der individuellen Belastungsgrenze
- Anwendung und Training von Hilfsmitteln (z. B. Schuhlöffel, Rollator)
- rehabilitative und sozialpflegerische Aspekte (z. B. Familie, Freunde, Arbeitsplatz)

Weitere Kernaufgaben der Pflege sind die Erhebung und Beurteilung der Vitalzeichen sowie die Beobachtung und Beurteilung von Husten und Sputum.

Anwendung des Trajektmodells nach Corbin und Strauss

Das Trajektmodell nach Corbin und Strauss stellt die **gemeinsame Bewältigung** und das **Management chronischer Erkrankungen** wie COPD durch den erkrankten Menschen, seine Angehörigen und die professionellen Pflegekräfte dar. Das Modell verläuft in acht Krankheitsphasen von der Vorphase bis zur Sterbephase.

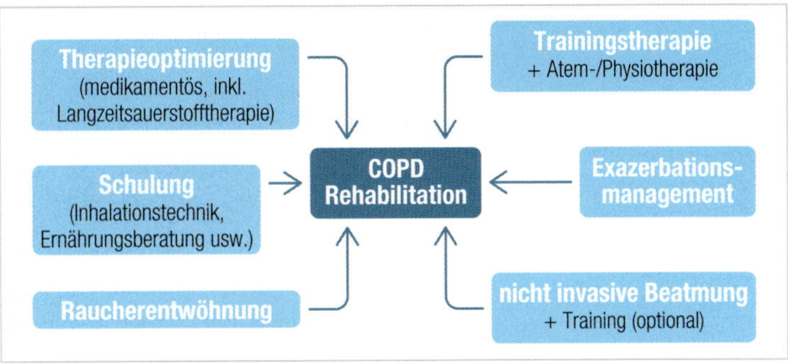

Abb. 38 Multimodaler Rehabilitationsplan bei COPD (Gloeckl u. a. 2018)

Nachfolgend werden die **pflegerischen Maßnahmen** bei COPD in den acht Phasen verdeutlicht:

Vorphase (präklinische Phase):

- aktiv zuhören
- Gespräche führen
- Unsicherheiten und Angst wahrnehmen
- Gesundheitsförderungs- und Präventionsmaßnahmen einleiten, z. B. Schadstoffe meiden, körperliches Training einführen, Entspannungstechniken erlernen, Raucherentwöhnungsprogramm durchführen

aktives Zuhören: gefühlsbetonte Reaktion eines Gesprächspartners auf das Gesagte des anderen

Diagnostische Phase:

- Gespräche führen
- Pflegeanamnese (→ I-12.3.2) durchführen
- aufklären und beraten
- Informationen sammeln, Ressourcen von Betroffenen und deren Angehörigen ermitteln
- Bewältigungsstrategien vermitteln
- Expertenstandard Schmerzmanagement in der Pflege bei akuten/chronischen Schmerzen (→ I-12.1.3) anwenden
- atemunterstützende Maßnahmen anwenden und vermitteln, z. B. Kutschersitz, Inhalationen, Lippenbremse

Akute Phase (stationärer Aufenthalt bzw. intensivmedizinische Betreuung):

- Vitalzeichen beobachten und beurteilen
- Betroffene individuell unterstützen
- physische, psychische und soziale Krise des Betroffenen wahrnehmen
- Betroffene und deren Angehörige informieren, aufklären und beraten
- Familie, Bezugspersonen in die Pflege einbeziehen, falls gewünscht
- Expertenstandard Schmerzmanagement in der Pflege bei akuten/chronischen Schmerzen (→ I-12.1.3) anwenden

I-12.2.3 Trajektmodell nach Corbin und Strauss

Palliative Care: Palliativversorgung; gesundheitliche Versorgung und Betreuung unheilbar erkrankter Menschen in ihrer letzten Lebensphase

- atemunterstützende Maßnahmen einleiten:
  - Atemübung wie Lippenbremse (→ Abb. 29), Kontaktatmung
  - Atemtraining mittels Geräten
  - atemunterstützende Positionierungen, z. B. Kutschersitz (→ Abb. 29)
  - Husten- und Sekretmanagement, z. B. Inhalationen, Flüssigkeitszufuhr
  - Verabreichen und Überwachen der ärztlich verordneten Medikation sowie Sauerstofftherapie bzw. Unterstützung bei der Beatmungstherapie
- Ängste wahrnehmen und besprechen, an Selbsthilfegruppe vermitteln
- realistische, kleinschrittige Pflegeziele zusammen mit dem Betroffenen festlegen

Kritische Phase (evtl. erneuter Krankenhausaufenthalt aufgrund von eintretenden Komplikationen):
- pflegerische Maßnahmen wie in der akuten Phase durchführen
- pflegerische Maßnahmen intensivieren

Stabile Phase:
- Ressourcen des Betroffenen und der Angehörigen wahrnehmen und fördern
- Patientenschulungen durchführen
- Pflegeziele überprüfen und neu festsetzen
- pflegerische Unterstützung filtern und anbieten
- Maßnahmen soweit wie möglich selbstständig durchführen lassen
- Maßnahmen fortführen, wie in den vorigen Phasen dargestellt

Unstabile Phase:
- pflegerische Unterstützung in allen notwendigen Bereichen anbieten bzw. leisten
- pflegerische Maßnahmen fortführen, wie in den vorigen Phasen dargestellt
- bei Bedarf Betroffene und deren Angehörige bei der Einführung einer Heimbeatmung beraten, anleiten und betreuen

Verschlechterungsphase:
- pflegerische Prioritäten mit dem Betroffenen setzen
- Ressourcen finden und fördern
- pflegerische Unterstützung in allen notwendigen Bereichen anbieten bzw. leisten
- pflegerische Maßnahmen fortführen, wie in den vorigen Phasen dargestellt

Sterbephase:
- Betroffene je nach individuellen Wünschen begleiten und betreuen
- Wohlbefinden fördern
- Konzept „Palliativ Care"/Palliativversorgung (→ I-4.5.6) anwenden

Das Trajektmodell nach Corbin und Strauss ist ein Managementinstrument, das die professionelle Pflege, die Betroffenen und ihre Angehörigen in der Krankheitsbewältigung und Gesundheitsversorgung unterstützt. Erläutern Sie die Vorteile, die eine Orientierung an diesem Modell für die Beteiligten hat.

9.5.8 Verlauf und Prognose

REUS

Bei fortgesetzt einwirkenden Schädigungsfaktoren schreitet die Erkrankung immer weiter fort.

Eine COPD verkürzt das Leben um durchschnittlich 5 bis 7 Jahre, wobei Prognosen für den Einzelnen nicht möglich sind.

9.5.9 Prävention und Gesundheitsförderung

REUS

Hauptsäule der Prävention ist die Minimierung inhalativer Schadstoffe, vom Rauchen (→ 9.3.5, → 5.14.9) bis zur allgemeinen Luftverschmutzung. Dies gilt auch bei bereits vorliegender COPD, die außerdem frühestmöglich und konsequent behandelt werden soll.

Zur Prävention einer akuten Entgleisung der Atemsituation, einer Exazerbation, gibt es folgende Empfehlungen:
- Schutz vor Atemwegsinfektionen, z. B. durch Impfungen (Grippeschutzimpfung, SARS-CoV-2-Impfung)
- Stabilisierung des Gewichtes, weder Adipositas noch ein vermindertes Gewicht aufgrund mangelnden Appetits sind von Vorteil
- viel Bewegung, auch in sogenannten „Lungensportgruppen"

Ein COPD-Tagebuch mit regelmäßiger Peak-Flow-Messung kann helfen, mögliche Auslöser einer Verschlechterung zu identifizieren und diese zu meiden.

AUFGABEN

1. *Franz Müller, 50 Jahre, leidet unter zunehmender Atemnot mit Husten, die er auf eine Erkältung schiebt. Sie wissen, dass Herr Müller seit Langem raucht, dem Thema „Rauchen" aber immer ausweicht. Sie vermuten, dass Herr Müller eine COPD hat. Stellen Sie in Rollenspielen Gespräche eines Nachbarn/Pflegers/Arztes mit Herrn Müller über die von Ihnen vermutete Erkrankung und die sinnvollen weiteren Schritte dar. Versuchen Sie, sich in die Lage von Herrn Müller hineinzuversetzen: Wie könnte er reagieren?*
2. *Erläutern Sie die Unterschiede zwischen Blue Bloater und Pink Puffer.*
3. *Beschreiben Sie die Bausteine der Behandlung eines Patienten mit COPD.*
4. *Erkundigen Sie sich nach Lungensportgruppen/COPD-Schulungen in Ihrer Umgebung und fragen Sie, ob Sie einmal dort hospitieren dürfen. Tragen Sie Ihre Erfahrungen und Gedanken zusammen.*
5. *Vergleichen Sie Asthma bronchiale und COPD in einer Tabelle (Ursachen, Alter der Betroffenen, Symptome, Therapie).*

9.6 Lungen-/Bronchialkarzinom

REUS

Schlagkräftige Allianz gegen Lungenkrebs

Deutsche Krebshilfe stellt europaweit größte Kooperationsplattform zur molekularen Diagnostik und Therapie auf ihrer Jahrespressekonferenz vor
Berlin/Bonn (gwb) – Das immer bessere Verständnis der Biologie von Lungentumoren ermöglicht die Entwicklung wirksamerer sowie den Einsatz zielgerichteter Therapien. Damit die Patienten von neuesten Erkenntnissen und Entwicklungen profitieren können, ist jedoch auch eine präzise Diagnose auf der molekularen Ebene nötig. Das „Nationale Netzwerk genomische Medizin (nNGM) Lungenkrebs" stellt bundesweit über 15 universitäre Standorte – darunter alle von der Deutschen Krebshilfe ausgezeichneten und geförderten Onkologischen Spitzenzentren (Comprehensive Cancer Center) – sowohl eine einheitliche molekulare Diagnostik als auch abgestimmte Therapieempfehlungen sicher. Damit ermöglicht es eine auf den einzelnen Patienten zugeschnittene Versorgung auf höchstem Niveau. Neben der Vorstellung dieses einzigartigen Netzwerks zog die Deutsche Krebshilfe in Berlin auf ihrer Jahrespressekonferenz Bilanz: Im Jahr 2018 konnte die Organisation 135,8 Millionen Euro an Einnahmen verzeichnen – im Wesentlichen Spenden der Bevölkerung sowie Erlöse aus Erbschaften und Vermächtnissen. Damit hat sie 128 neue Projekte und Initiativen gefördert, um die Versorgung krebskranker Menschen weiter zu verbessern.
Stiftung Deutsche Krebshilfe, Pressemitteilung 08.07.2019

Deutsche Krebshilfe
HELFEN. FORSCHEN. INFORMIEREN.

1. *Sammeln Sie am Beispiel des Nationalen Netzwerks Genomische Medizin Lungenkrebs Argumente, warum die Vernetzung von Akteuren im Gesundheitswesen so wichtig ist.*
2. *Ziel der Deutschen Krebshilfe ist, die Krebskrankheiten in all ihren Erscheinungsformen zu bekämpfen. Als gemeinnützige Organisation ist sie der wichtigste private Geldgeber der Krebsforschung in Deutschland.*
   Diskutieren Sie: Welche gesellschaftliche Bedeutung hat die Arbeit der Deutschen Krebshilfe?

2.4 Grundlagen Tumore/ Krebs

Lungenkarzinom: Bronchialkarzinom, Lungenkrebs; primär von den Lungen ausgehender bösartiger Tumor

Tumor: prinzipiell jede Art der Schwellung (Volumenzunahme, Raumforderung) eines Gewebes; üblicherweise gemeint ist aber die unkontrollierte Neubildung und Wucherung von Gewebe (Neoplasie)

kanzerogen: krebserregend

histologisch: das Gewebe betreffend

Das **Lungenkarzinom** ist ein bösartiger Tumor, der von den Epithelzellen der unteren Atemwege bzw. Lungen ausgeht.

9.6.1 Vorkommen

2020 erkrankten in Deutschlang 34100 Männer und 22590 Frauen neu an einem Lungenkarzinom (→ Abb. 39), 27751 Männer und 17066 Frauen starben daran. Damit ist das Lungenkarzinom bei den Männern die zweit- und bei den Frauen die dritthäufigste Krebsneuerkrankung. Bei Krebssterbefällen belegt das Lungenkarzinom sogar die Plätze eins bzw. zwei (Robert Koch-Institut, Gesellschaft der epidemiologischen Krebsregister in Deutschland 2023).

9.6.2 Ursachen und Krankheitsentstehung

Diese traurigen Spitzenplätze wären vermeidbar, denn Hauptrisikofaktor für das Lungenkarzinom ist Rauchen, das für ca. 85% aller Erkrankungen verantwortlich gemacht wird (→ 9.3.2). Im Tabakrauch sind etwa 90 verschiedene kanzerogene Stoffe enthalten.

Das Risiko steigt:
- je früher mit dem Rauchen begonnen wurde
- je länger und stärker geraucht wird – in **Packyears** gemessen (→ 9.3.2)

Auch Passivrauchen ist ein Risikofaktor.

Weitere, jedoch erheblich weniger bedeutsame Risikofaktoren sind:
- Exposition mit dem radioaktiven Gas **Radon,** das in bestimmten Gegenden Deutschlands im Boden vorkommt und von dort vor allem in Keller und Erdgeschossräume gelangt
- Schadstoff-/Feinstaubbelastung der Luft (Industrie, Verkehr)
- Belastungen am Arbeitsplatz, z. B. durch die verschiedensten Stäube (etwa Asbest), Strahlung
- Ernährung mit wenig Gemüse, Salat, Obst
- genetische Veranlagung

Am Anfang der Tumorentwicklung stehen Mutationen (→ 1.2.3), welche die Zelldifferenzierung und das Zellwachstum der Schleimhautzellen beeinflussen. Die Zellen verändern sich, wachsen schneller als gesunde Zellen und durchbrechen schließlich die Schleimhaut.

Histologisch werden zwei Haupttypen unterschieden:
- die vergleichsweise langsam wachsenden **nicht kleinzelligen Lungenkarzinome** (ca. 85%)
- die sehr bösartigen und früh metastasierenden **kleinzelligen Lungenkarzinome** (ca. 15%)

9.6.3 Symptome

Das Tückische ist, dass das Lungenkarzinom sehr lange symptomlos oder -arm wächst. Häufige Beschwerden sind Husten, Luftnot, Brustschmerzen und Gewichtsverlust. Da viele Betroffene aufgrund des gleichen Schädigungsfaktors eine COPD haben, fallen ihnen Husten und Luftnot vielfach nicht besonders auf.

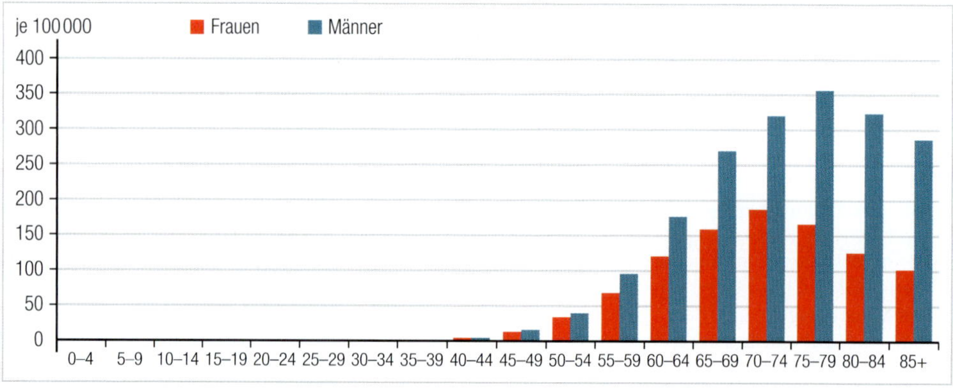

Abb. 39 Neuerkrankungen an Lungenkrebs nach Alter und Geschlecht, Deutschland 2019–2020 (Robert Koch-Institut, Gesellschaft der epidemiologischen Krebsregister in Deutschland 2023)

Weitere Beschwerden sind z.B. blutiger Auswurf, Schwäche, Fieber, aber auch Knochenschmerzen durch bereits vorhandene Knochenmetastasen.

9.6.4 Diagnostik

Der Verdacht eines Lungenkarzinoms ergibt sich aus der Anamnese, vor allem der Beschwerden- und Raucheranamnese. Jeder Husten über vier Wochen Dauer bei über 40-Jährigen muss geklärt werden.

Die apparative Basisdiagnostik besteht aus Röntgenaufnahme des Brustkorbs (→ Abb. 40), CT (auch für asymptomatische Risikopersonen) und Bronchoskopie. Diese ermöglichen einen Tumornachweis, die Entnahme einer Gewebeprobe und oft eine erste Einschätzung, ob bereits Lymphknoten befallen sind (Leitlinienprogramm Onkologie der Arbeitsgemeinschaft der Wissenschaftlichen Medizinischen Fachgesellschaften, Deutschen Krebsgesellschaft und Deutschen Krebshilfe 2023).

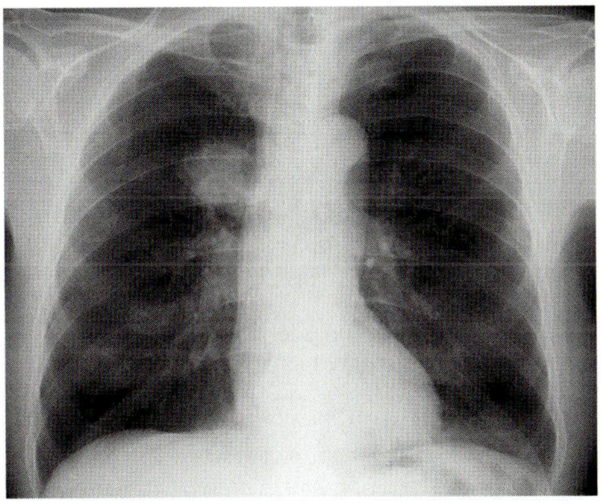

Abb. 40 Röntgenbild des Brustkorbs mit Tumor rechts

Eingeteilt wird das Lungenkarzinom zuerst nach der TNM-Klassifikation (→ 2.4.2), dann werden auf dieser Basis die Stadien 0 bis IV unterschieden.

9.6.5 Therapie

Die Behandlung hängt von Tumortyp, -stadium, weiteren Befunden wie etwa den Ergebnissen molekularbiologischer Untersuchungen, Zustand und Wunsch des Patienten ab.

- Bei nicht kleinzelligen Lungenkarzinomen hat die Tumorentfernung durch Operation einen hohen Stellenwert. Häufig erfolgt außerdem eine Strahlen- und/oder Chemotherapie. Bei weit fortgeschrittenem Tumor ist eine Radiochemotherapie auch als definitive (endgültige) Behandlung möglich, oft ergänzt durch zielgerichtete Therapien.
- Kleinzellige Lungenkarzinome breiten sich so schnell aus, dass die Behandlung immer eine Chemotherapie beinhaltet, überwiegend kombiniert mit Operation und/oder Strahlentherapie, ggf. auch zielgerichteten Therapien. Zusätzlich erfolgt in der Regel eine Immunchemotherapie.

Belastende Beschwerden wie Atemnot werden symptomatisch behandelt.

Chemotherapie: Behandlung mit Zytostatika

Strahlentherapie: Radiotherapie, Bestrahlung; Behandlung mit ionisierender, also sehr energiereicher Strahlung

Zytostatika: Substanzen, die Zellwachstum und -teilung hemmen; u.a. gegen Krebs eingesetzt

zielgerichtete Therapie: Medikament, das an einer bestimmten molekularen Struktur der Tumorzelle angreift, etwa monoklonaler Antikörper, Kinasehemmer (hemmen bestimmte Enzyme)

9.6.6 Rehabilitation

Ziele der Rehabilitation sind ein möglichst gutes körperliches und psychisches Befinden des Betroffenen und eine Rückkehr in das gewohnte Leben, evtl. mit Wiederaufnahme des Berufs. Hierfür sind vielfältige Maßnahmen erforderlich:

- Atem-, Physiotherapie
- körperliches Training angepasst an den anfangs oft stark beeinträchtigten körperlichen Zustand
- Ernährungstherapie
- Raucherentwöhnung
- optimale Behandlung von Begleiterkrankungen, etwa COPD
- psychoonkologische/psychosoziale Betreuung des Betroffenen und seiner Angehörigen

Regelmäßige Nachuntersuchungen erfolgen zunächst alle drei, dann alle sechs und später alle zwölf Monate.

9.6.7 Pflege

Die Pflege entspricht der bei anderen Erkrankungen mit Einschränkungen der Atemfunktion. Hinzu kommen behandlungsabhängige pflegerische Maßnahmen (z.B. postoperative Pflege, Pflege bei Chemotherapie) und die psychosoziale Begleitung des Betroffenen.

9.6.8 Verlauf und Prognose

Das Lungenkarzinom hat eine sehr ungünstige Prognose. Die 5-Jahres-Überlebensrate nach Diagnosestellung liegt insgesamt unter 20 % (Robert Koch-Institut, Gesellschaft der epidemiologischen Krebsregister in Deutschland 2019). Frühe Stadien haben eine deutlich bessere Prognose als späte.

9.6.9 Prävention und Gesundheitsförderung

Hauptsäule der Primärprävention ist die Minimierung der inhalativen Schadstoffbelastung. Am wichtigsten ist der Verzicht auf Rauchen (→ 9.3.4, → 5.14.9).

Ein Früherkennungsprogramm für das Lungenkarzinom gibt es nicht. Mehrere Studien deuten darauf hin, dass sich bei Menschen mit hohem Risiko die Sterblichkeit durch Screening mittels Niedrigdosis-CT senken lässt. Problematisch ist die hohe Zahl falsch positiver Befunde.

AUFGABEN

1. *Herr Aksu, 50 Jahre alt, hat seit dem 20. Lebensjahr geraucht, zuerst 5, dann 10, ab dem 30. Lebensjahr etwa 20 Zigaretten pro Tag. Errechnen Sie seine Packyears.*
2. *Informieren Sie sich über Beratungszentren für Lungenkrebserkrankte und Familienangehörige in Ihrer Nähe.*
3. *Recherchieren Sie die Bedeutung des Begriffs „nicht kleinzelliges Bronchialkarzinom".*
4. *Nennen Sie häufig auftretende Symptome beim Lungenkrebs.*
5. *Erstellen Sie analog zur Rehabilitation bei COPD (→ 9.5.6) ein Rehaprogramm für Lungenkrebserkrankte.*

Quellen

Quellen Anatomie/Physiologie

Deutscher Berufsverband der Hals-Nasen-Ohrenärzte e. V. (o. J.): Die Nasennebenhöhlen; unter *www.hno-aerzte-im-netz.de/unsere-sinne/nase/die-nasennebenhoehlen.html* [15.01.2024].

Faller, A.; Schünke, M. (2020): Der Körper des Menschen. Stuttgart: Thieme.

Helmholtz Zentrum München – Deutsches Forschungszentrum für Gesundheit und Umwelt (GmbH) (2019): Atmung: Wie funktioniert der Gasaustausch in der Lunge?; unter *www.lungeninformationsdienst.de/praevention/atmung-was-ist-das/gasaustausch* [15.01.2024].

Silverthorn, D. U. (2017): Physiologie. München: Pearson Studium.

Quellen zu Erkrankungen des Atmungssystems allgemein

Bundeszentrale für gesundheitliche Aufklärung (BZgA): Informationsportal rauchfrei; unter *www.rauchfrei-info.de* [15.01.2024].

Criée, C.-P.; Baur, X.; Berdel, D.; Bösch, D.; Gappa, M.; Haidl, P.; Husemann, K.; Jörres, R.A.; Kabitz, H.-J.; Kardos, P.; Köhler, D.; Magnussen, H.; Merget, R.; Mitfessel, H.; Nowak, D.; Ochmann, U.; Schürmann, W.; Smith, H.-J.; Sorichter, S.; Voshaar, T.; Worth, H. (2015): Leitlinie zur Spirometrie. Leitlinie der Deutschen Atemwegsliga, der Deutschen Gesellschaft für Pneumologie und Beatmungsmedizin und der Deutschen Gesellschaft für Arbeitsmedizin und Umweltmedizin zur Spirometrie. In: Pneumologie 69: 147–164.

Deutsche Lungenstiftung e. V.; Verband Pneumologischer Kliniken e. V. (VPK) (Hrsg.) (o. J.): Lungenfunktionsuntersuchung; unter *www.lungenaerzte-im-netz.de/untersuchungen/lungenfunktionsuntersuchung/* [15.01.2024].

Deutsches Krebsforschungszentrum (DKFZ) (2015): Tabakatlas Deutschland 2015. Heidelberg: Pabst Science Publishers.

Deutsches Krebsforschungszentrum (DKFZ) (2014): Was uns Lebensjahre raubt. Pressemeldung Nr. 38; unter *www.dkfz.de/de/presse/pressemitteilungen/2014/dkfz-pm-14-38-Was-uns-Lebensjahre-raubt.php* [15.01.2024].

Deutsches Krebsforschungszentrum (DKFZ) (2008): Durch Rauchen und Passivrauchen verursachte Atemwegs- und Lungenerkrankungen. Heidelberg.

Kotz (2023): DEBRA – Deutsche Befragung zum Rauchverhalten. Aktuelle nationale Statistiken; unter *www.debra-study.info* [15.01.2024].

Kotz, D.; Acar, Z.; Klosterhalfen, S. (2022): DEBRA. Deutsche Befragung zum Rauchverhalten: Factsheet 09. Konsum von Tabak und E-Zigaretten bei Jugendlichen und jungen Erwachsenen; unter *www.debra-study.info/wp-content/uploads/2022/12/Factsheet-09-v3.pdf* [15.01.2024].

Moir, D.; Rickert, W. S.; Levasseur, G.; Larose, Y.; Maertens, R.; White, P.; Desjardins, S. (2008): A comparison of mainstream and sidestream marijuana and tobacco cigarette smoke produced under two machine smoking conditions. In: Chem Res Toxicol 21(2): 494–502.

Robert Koch-Institut (RKI); Statistisches Bundesamt (Destatis) (o. J.): Gesundheitsberichterstattung des Bundes – Glossar: Rauchen; unter *www.gbe-bund.de/glossar/Rauchen.html* [15.01.2024].

Robert Koch-Institut (RKI); Statistisches Bundesamt (Destatis) (2017): Gesundheitsberichterstattung des Bundes – Verteilung der Bevölkerung nach ihrem Rauchverhalten; unter *www.gbe-bund.de/* [15.01.2024].

Seitz, N.-N.; John, L.; Atzendorf, J.; Rauschert, C.; Kraus, L. (2019): Kurzbericht Epidemiologischer Suchtsurvey 2018. Tabellenband: Tabakkonsum und Hinweise auf Konsumabhängigkeit nach Geschlecht und Alter im Jahr 2018. München: IFT Institut für Therapieforschung.

Statistisches Bundesamt (Destatis) (2024): Raucherinnen und Raucher; unter: *www.destatis.de/DE/Themen/Querschnitt/Gleichstellungsindikatoren/raucher-f23.html* [15.01.2024].

Statistisches Bundesamt (Destatis) (2023): Todesursachen 2022: Anteil der an COVID-19-Verstorbenen rückläufig. Pressemitteilung Nr. 441; unter *www.destatis.de/DE/Presse/Pressemitteilungen/2023/11/PD23_441_23211.html* [15.01.2024].

Steppuhn, H.; Buda, S.; Wienecke, A.; Kraywinkel, K.; Tolksdorf, K.; Haberland, J.; Laußmann, D.; Scheidt-Nave, C. (2017): Zeitliche Trends in der Inzidenz und Sterblichkeit respiratorischer Krankheiten von hoher Public-Health-Relevanz in Deutschland. In: Journal of Health Monitoring 2(3): 3–35.

Umweltbundesamt (o. J.): Themen: Luft – Luftschadstoffe im Überblick; unter *www.umweltbundesamt.de/themen/luft/luftschadstoffe-im-ueberblick* [15.01.2024].

Quellen Asthma bronchiale

Bundesärztekammer (BÄK); Kassenärztliche Bundesvereinigung (KBV); Arbeitsgemeinschaft der Wissenschaftlichen Medizinischen Fachgesellschaften (AWMF) (Hrsg.) (2020): Nationale VersorgungsLeitlinie Asthma. Berlin.

Bundesärztekammer (BÄK); Kassenärztliche Bundesvereinigung (KBV); Arbeitsgemeinschaft der Wissenschaftlichen Medizinischen Fachgesellschaft (AWMF) (Hrsg.) (2009): Asthma. PatientenLeitlinie zur Nationalen VersorgungsLeitlinie. Berlin.

Deutsche Gesellschaft für Pneumologie und Beatmungsmedizin e. V. et al. (2023): S2k-Leitlinie zur fachärztlichen Diagnostik und Therapie von Asthma 2023; unter *https://register.awmf.org/de/leitlinien/detail/020-009* [15.01.2024].

Deutsche Lungenstiftung e. V.; Verband Pneumologischer Kliniken e. V. (VPK) (Hrsg.) (o. J.): Asthma bronchiale – Häufigkeit; unter *www.lungenaerzte-im-netz.de/krankheiten/asthma-bronchiale/haeufigkeit/* [15.01.2024].

Global Asthma Network (2018): The Global Asthma Report 2018. Auckland, Neuseeland.

Global Initiative for Asthma (GINA) (Hrsg.) (2020): Pocket Guide for Asthma Management and Prevention; unter *www.ginasthma.org/pocket-guide-for-asthma-management-and-prevention/* [15.01.2024].

Helmholtz Zentrum München – Deutsches Forschungszentrum für Gesundheit und Umwelt (GmbH) (2019): Asthma-Häufigkeit in Deutschland; unter *www.lungeninformationsdienst.de/aktuelles/news/alle-news-im-ueberblick/aktuelles/article/asthma-haeufigkeit-in-deutschland//index.html* [15.01.2024].

Lungeninformationsdienst (2023): COVID-19 und Asthma; unter: *www.lungeninformationsdienst.de/aktuelles/news/artikel/covid-19-und-asthma* [15.01.2024].

Quellen COPD

Bundeszentrale für gesundheitliche Aufklärung (BZgA) (2019): Welt-COPD-Tag: mehr Todesfälle durch COPD in Deutschland; unter *https://rauchfrei-info.de/informieren/news/detail/welt-copd-tag-mehr-todesfaelle-durch-copd-in-deutschland/* [15.01.2024].

Deutsche Lungenstiftung e. V.; Verband Pneumologischer Kliniken e. V. (VPK) (Hrsg.) (o. J.): COPD – Häufigkeit; unter *www.lungenaerzte-im-netz.de/krankheiten/copd/haeufigkeit/* [15.01.2024].

Global Initiative for Chronic Obstructive Lung Disease – GOLD (2020): Global Strategy for the Diagnosis, Management, and Prevention of Chronic Obstructive Pulmonary Disease – 2020 Report; unter *www.goldcopd.org/gold-reports/* [15.01.2024].

Global Initiative for Chronic Obstructive Lung Disease – GOLD (2019): World Lung Day 2019: Respiratory Groups Unite to Call for Healthy Lungs for All; unter *www.goldcopd.org/news/* [15.01.2024].

Gloeckl, R.; Schneeberger, T.; Jarosch, I.; Kenn, K. (2018): Rehabilitation und Trainingstherapie bei chronisch obstruktiver Lungenerkrankung. In: Deutsches Ärzteblatt International 115: 117–23.

Lungenärzte im Netz (2022): Deshalb ist der Schutz vor einer Corona-Infektion für COPD-Patienten so wichtig; unter *www.lungenaerzte-im-netz.de/news-archiv/meldung/deshalb-ist-der-schutz-vor-einer-corona-infektion-fuer-copd-patienten-so-wichtig/* [15.01.2024].

NTV, 10.04.2015 – Zeh, J.: COPD tötet langsam und millionenfach; unter *www.n-tv.de/wissen/COPD-toetet-langsam-und-millionenfach-article14841866.html* [15.01.2024].

Passauer Neue Presse, 24.10.2019 – Johannsen, C.: Sie bekommt keine Luft: Ein Leben mit der Lungenkrankheit COPD; unter *www.pnp.de/lokales/stadt-und-landkreis-passau/passau-land/Sie-bekommt-keine-Luft-Ein-Leben-mit-COPD-3489465.html* [15.01.2024].

Weltgesundheitsorganisation (WHO) (2008): Practical Approach to Lung Health Manual on initiating PAL implementation, S. 22; unter *www.who.int/publications/i/item/WHO-HTM-TB-2008.410* [15.01.2024].

Quellen Lungen-/Bronchialkarzinom

Bundesministerium für Gesundheit (BMG) (2020): Lungenkrebs. Gesundheitsportal gesund.bund.de; unter *https://gesund.bund.de/lungenkrebs* [15.01.2024].

dkg-web GmbH (2018): Onko Internetportal – Lungenkrebs/Lungenkarzinom; unter *www.krebsgesellschaft.de/onko-internetportal/basis-informationen-krebs/krebsarten/lungenkrebs.html* [15.01.2024].

Leitlinienprogramm Onkologie der Arbeitsgemeinschaft der Wissenschaftlichen Medizinischen Fachgesellschaften e. V. (AWMF), Deutschen Krebsgesellschaft e. V. (DKG) und Deutschen Krebshilfe (DKH) (Hrsg.) (2023): S3-Leitlinie – Prävention, Diagnostik, Therapie und Nachsorge des Lungenkarzinoms; unter *https://register.awmf.org/de/leitlinien/detail/020-007OL* [15.01.2024].

Robert Koch-Institut (RKI) (Hrsg.); Gesellschaft der epidemiologischen Krebsregister in Deutschland e. V. (GEKID) (Hrsg.) (2023): Krebs in Deutschland für 2019/2020; unter *www.krebsdaten.de/Krebs/DE/Content/Krebsarten/Lungenkrebs/lungenkrebs_node.html* [15.01.2024].

Stiftung Deutsche Krebshilfe, 08.07.2019: Deutsche Krebshilfe stellt europaweit größte Kooperationsplattform zur molekularen Diagnostik und Therapie auf ihrer Jahrespressekonferenz vor. Pressemitteilung; unter *www.krebshilfe.de/informieren/presse/pressemitteilungen/schlagkraeftige-allianz-gegen-lungenkrebs/* [15.01.2024].

Weiterführende Literatur

Ärztliches Zentrum für Qualität in der Medizin (gemeinsames Institut von BÄK und KBV) (2020): Patienten-Information.de – gut informiert entscheiden; unter *www.patienten-information.de/* [15.01.2024].

COPD Deutschland e. V. (2020): Verein zur Förderung der Selbsthilfe; unter *www.copd-deutschland.de/* [15.01.2024].

Deutsche Atemwegsliga e. V. in der Deutschen Gesellschaft für Pneumologie (2017): Diagnostik und Therapie; unter *www.atemwegsliga.de/diagnostik-und-therapie-222.html* [15.01.2024].

Deutsche Lungenstiftung e. V.; Verband Pneumologischer Kliniken e. V. (VPK) (Hrsg.) (o. J.): Lungenärzte im Netz; unter *www.lungenaerzte-im-netz.de* [15.01.2024].

Helmholtz Zentrum München - Deutsches Forschungszentrum für Gesundheit und Umwelt (GmbH) (o. J.): Lungeninformationsdienst; unter *www.lungeninformationsdienst.de/* [15.01.2024].

Poethko-Müller, C.; Thamm, M.; Thamm, R.; Robert Koch-Institut (RKI) (Hrsg.) (2018): Heuschnupfen und Asthma bei Kindern und Jugendlichen in Deutschland – Querschnittsergebnisse aus KiGGS Welle 2 und Trends. In: Journal of Health Monitoring 3(1): 55–59.

Robert Koch-Institut (RKI): Respiratorische Krankheiten. Infektionskrankheiten A–Z; unter *www.rki.de/DE/Content/InfAZ/R/respiratorisch/respiratorische_Krankheiten.html* [15.01.2024].

Stiftung für Qualität und Wirtschaftlichkeit im Gesundheitswesen, rechtsfähige Stiftung des bürgerlichen Rechts (o. J.): Atemwege; unter *www.gesundheitsinformation.de/themengebiet.2029.de.html?filter*cat=9&filter*tag=Atemwege* [15.01.2024].

Weltgesundheitsorganisation (2017): WHO report on the global tobacco epidemic, 2017: monitoring tobacco use and prevention policies. Genf.

10 HERZ-KREISLAUF-SYSTEM

DR. MONIKA REUS

1. Das Herz als Symbol ist in unserer Gesellschaft allgegenwärtig.
   a) Ergänzen Sie weitere Bilder zur Collage.
   b) Das Organ Herz, Liebe, Kraft, Notfall – sammeln Sie, in welchen Zusammenhängen das Herz als Symbol verwendet wird.
   c) Reflektieren Sie den Einsatz dieses Symbols kritisch.

2. Stellen Sie den Zusammenhang zum Organsystem her. Nennen Sie Aufgaben, die das Herz-Kreislauf-System übernimmt, und erläutern Sie deren Bedeutung für das Leben.

3. Stellen Sie anschließend den Zusammenhang zu den Organsystemen der Kapitel 3 bis 9 sowie 11 und 12 her. Bewegung ist beispielsweise nur möglich, wenn das Herz Nährstoffe und Sauerstoff zu den Muskeln transportiert usw.

Herz-Kreislauf-System:
Organsystem mit Transportfunktion, bestehend aus Herz und Blutgefäßen; versorgt den Körper mit Sauerstoff und Nährstoffen und entsorgt Stoffwechselprodukte

Arterien:
Gefäße, die Blut vom Herzen weg transportieren; Abkürzung A., Plural Aa.; meist rot dargestellt

Kapillaren:
kleine Haargefäße zur Versorgung der Organe/Gewebe

Venen:
Gefäße, die Blut zum Herzen hin transportieren; Abkürzung V., Plural Vv.; meist blau dargestellt

Arteriolen:
kleinste Arterien, die Blut von Arterien zu Kapillaren befördern

Venolen:
kleinste Venen, die das Blut direkt nach der Durchblutung des Gewebes/Organs sammeln

Perfusion:
Durchströmung von Organen/Geweben mit Flüssigkeit, v.a. Blut (Durchblutung)

Perfusionsdruck:
Druck, mit dem ein Gewebe durchblutet wird; Differenz zwischen dem Druck in der zuführenden Arterie und dem Druck in der abführenden Vene

Lumen:
Innenraum eines Gefäßes

Epithel:
ein- oder mehrschichtige Deckschicht auf allen äußeren oder inneren Oberflächen mehrzelliger Lebewesen; gehört neben dem Muskel-, Nerven- und Bindegewebe zu den vier Grundgewebsarten

Das **Herz-Kreislauf-System** besteht aus dem Herzen und den Blutgefäßen. Die Hauptaufgabe des Herz-Kreislauf-Systems liegt in der **Versorgung** des Körpers mit Sauerstoff und Nährstoffen sowie dem **Abtransport** von Kohlenstoffdioxid und Abfallstoffen. Ein Stillstand dieses Kreislaufs führt innerhalb weniger Minuten zum Tod.

10.1 Anatomie

10.1.1 Blutgefäße

Blutgefäße sind Hohlorgane, die das Blut im Körper transportieren. Gemeinsam bilden sie den Blutkreislauf. Je nach Lage und Funktion werden **Arterien, Kapillaren** und **Venen** unterschieden.

Komplettiert wird das Kreislaufsystem durch die **Lymphgefäße** (→ 8.3), deren Aufbau dem der Venen ähnelt. Die Lymphgefäße transportieren Flüssigkeit aus dem Gewebe zurück in den Blutkreislauf.

Nachdem das sauerstoffreiche Blut vom Herzen durch die **Arterien** zu den Organen gelangt, verzweigen sich die Arterien zu kleineren **Arteriolen.** Von den Arteriolen fließt das Blut in die Kapillaren, welche die Gewebe versorgen. Von den Kapillaren fließt das Blut weiter in sehr kleine Venen, die **Venolen,** von dort aus in die **Venen** und schließlich zurück zum Herzen (→ Abb. 1). Der sogenannte **Perfusionsdruck** sorgt dafür, dass die **Kapillaren** das Gewebe durchbluten. Er entsteht durch den relativ höheren Druck in den zuführenden Gefäßen (Hochdrucksystem, → 10.2.1; Ausnahme: in der Lunge) im Vergleich zu den abführenden Gefäßen (Niederdrucksystem, → 10.2.1).

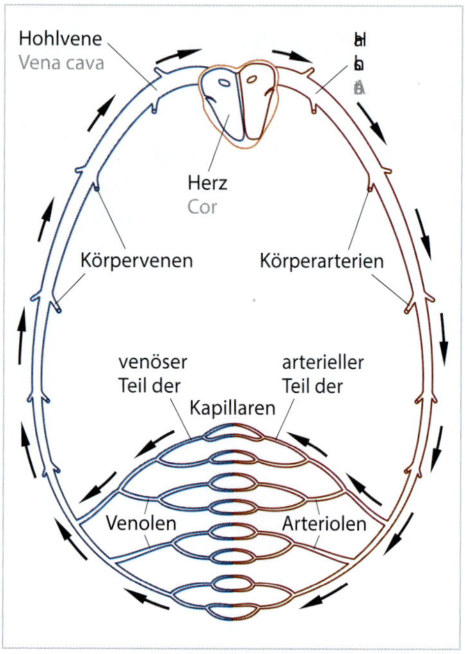

Abb. 1 Fließrichtung des Bluts im Körperkreislauf

Aufbau von Arterien und Venen

Arterien und Venen verfügen über einen **dreischichtigen Wandaufbau** (→ Abb. 2), der allerdings wegen der jeweiligen Funktion in Dicke und Aufbau variiert.

- Im Inneren liegt die **Intima,** eine Epithelschicht auf einer Basalmembran (→ 1.2.5, Tab. 2). Sie kleidet alle Blutgefäße glatt aus und umschließt so das Lumen (den Innenraum). Die Epithelschicht in Gefäßen wird als **Endothel** bezeichnet. Vor allem bei elastischen Arterien wird die Intima nach außen von einer **Membrana elastica interna** begrenzt.
- Die **Media** besteht aus glatten Muskelzellen und elastischen Fasern. Sie wird teilweise von einer **Membrana elastica externa** begrenzt.
- Die äußere Schicht, die **Adventitia,** verankert das Gefäß im umliegenden Gewebe. Die Adventitia besteht aus Bindegewebe und Vasa vasorum. Außen auf der Adventitia verlaufen Nervenfasern des vegetativen Nervensystems. Diese innervieren die Muskelzellen der Media. So kann der Gefäßdurchmesser geändert und damit die Durchblutung gesteuert werden.

Arterien

Die Aufgabe der Arterien des Körperkreislaufs besteht darin, das mit Nährstoffen und Sauerstoff angereicherte Blut in alle Körperteile zu transportieren. Zu diesem Zweck geht die **Aorta** (→ Abb. 1) vom Herzen ab. Diese verzweigt sich in zahlreiche, immer kleinere Arterien und schließlich in die Arteriolen.

Der **Truncus pulmonalis** dagegen gehört zum Lungenkreislauf und führt sauerstoffarmes Blut vom Herzen zur Lunge (→ 10.2.1). Die **Koronararterien** (→ 10.1.2) versorgen das Herz mit sauerstoffreichem Blut.

Benannt werden Arterien in der Regel nach den von ihnen versorgten Gebieten, z. B. Nierenarterie (Arteria renalis = A. renalis) oder Lungenarterie (Arteria pulmonalis = A. pulmonalis).

Als Arterie werden alle Gefäße bezeichnet, die vom Herzen wegführen, als Venen alle Gefäße, die zum Herz hinführen. Die Bezeichnung Arterie oder Vene sagt zunächst nichts über den Sauerstoffgehalt des darin geleiteten Blutes aus.

Arterien werden aufgrund ihres Wandaufbaus, insbesondere der Media, unterschieden in:

- **Arterien vom elastischen Typ**
- **Arterien vom muskulären Typ**

Beide Typen haben unterschiedliche Funktionen.

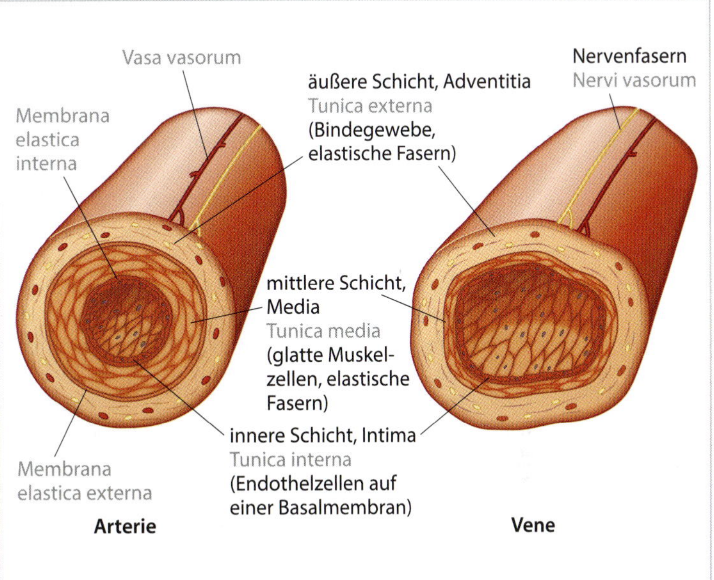

Abb. 2 Wandaufbau von Arterien und Venen im Vergleich

Die **herznahen Arterien** sind **Arterien vom elastischen Typ.** Wenn in der Austreibungsphase (→ 10.2.2) viel Blut aus dem Herzen ausgetrieben wird, müssen vor allem die Aorta und der Truncus pulmonalis sowie die direkt davon abgehenden großen Gefäße ein großes Blutvolumen mit relativ hohem Druck aushalten. Um diese Blutdruckspitzen auszugleichen und das Volumen gleichmäßig in den Körper zu transportieren, verfügen die herznahen Arterien über einen hohen Anteil an elastischen Fasern. Hierzu zählt z. B. die Aorta, die mit ihrem Durchmesser von 2,5–3,5 cm das größte Gefäß des Körpers darstellt. Der Ausgleich der Blutdruckspitzen wird als **Windkesselfunktion** bezeichnet (→ Abb. 3). Durch das ruckartig ausgeworfene Blut wird die Aorta plötzlich gedehnt und ein kurzes Stück mit viel Blut gefüllt. Danach zieht sich die Wand der Aorta durch die zahlreichen elastischen Fasern kontinuierlich wieder zusammen und gibt dadurch das Blut langsam an die Peripherie ab, sodass unabhängig von der Herzphase ein kontinuierlicher Blutstrom gewährleistet wird.

Herzferne Arterien und Arteriolen gehören mit ihrer dicken Muskelschicht zu den **Arterien vom muskulären Typ.** Sie regulieren die Durchblutung der Organe und Gewebe, die sie versorgen. Sobald sich die Muskeln der Gefäßwand kontrahieren, zieht sich das Gefäß zusammen, das Lumen verringert sich; man spricht von **Gefäßkontraktion.** Dadurch steigt der Strömungswiderstand, denn es ist schwerer, Blut durch ein enges als durch ein weites Gefäß zu pumpen. Bei einer **Gefäßdilatation** hingegen weitet sich das Gefäß und die Durchblutung wird gesteigert. Da die kleinen Arterien und Arteriolen den Gesamtströmungswiderstand im Körper maßgeblich beeinflussen, heißen sie auch **Widerstandsgefäße.**

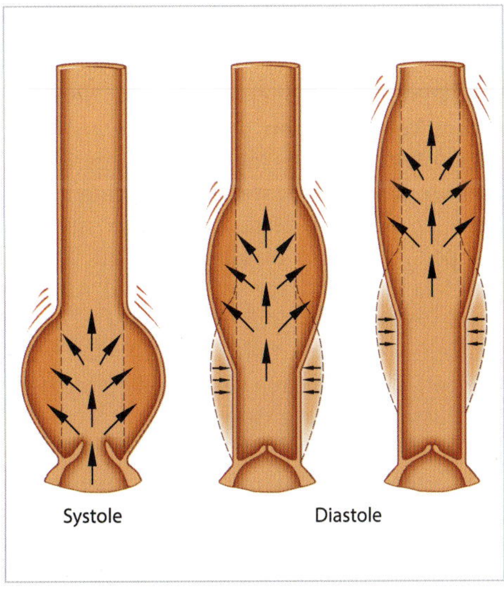

Abb. 3 Windkesselfunktion herznaher Arterien

Endothel:
Epithelschicht innerhalb eines Gefäßes

Vasa vasorum:
Eigengefäße zur Versorgung der Wandschichten dickerer Gefäße

Aorta:
Hauptschlagader; geht vom linken Herzen ab, sorgt für eine Verteilung des Bluts in den Körperkreislauf

Truncus pulmonalis:
vom rechten Ventrikel ausgehender Gefäßstamm; teilt sich in die beiden Pulmonalarterien – rechte und linke Lungenarterie

Windkesselfunktion:
Arterien vom elastischen Typ puffern die Druckwelle bei den Pumpstößen des Herzens

Gefäßkontraktion:
Zusammenziehen der Muskulatur von Gefäßen; führt zur Verengung

Gefäßdilatation:
Gefäßerweiterung durch Erschlaffung der Gefäßwand oder erhöhtes Blutvolumen

Venen

Nachdem das Blut vom Herzen durch die Arterien und das Kapillarnetz geflossen ist, fließt es zunächst in die **Venolen,** die sich wiederum zu größeren **Venen** zusammenschließen und letztendlich zu den beiden großen **Hohlvenen** (Venae cavae bzw. Vv. cavae) vereinen. Die **Vena cava superior,** die obere Hohlvene, sammelt das Blut der oberen Extremitäten, des Kopfs und des Halses. Die **Vena cava inferior,** die untere Hohlvene, sammelt das Blut der unteren Körperhälfte. Beide führen das Blut zum Herzen zurück. Wie bei den Arterien werden Venen in der Regel nach den Organen oder Geweben benannt, von denen sie das Blut zum Herzen zurücktransportieren, z. B. die Nierenvene (Vena renalis = V. renalis).

Venen haben eine sehr dünne Media, mit wenigen Muskelzellen. Dadurch sind sie extrem leicht dehnbar und können bei Bedarf viel Volumen aufnehmen. Aus diesem Grund werden sie auch als **Kapazitätsgefäße** bezeichnet. Die Adventitia der Venen ist erheblich dicker als die der Arterien.

Um das Blut zum Herzen zu transportieren, brauchen Venen **Hilfsmechanismen,** da sie wegen der nahezu fehlenden Muskelschicht selbst nicht kontrahieren können. Zu diesen Hilfsmechanismen zählen:

- Venenklappen
- Muskelpumpe
- Arterienpumpe
- Ein- und Ausatmung
- Ventilebenenmechanismus

Vor allem in den Beinen werden aus dem Endothel **Venenklappen** gebildet. Deren freier Rand ist in Richtung des Herzens gerichtet. Fließt nun Blut von unten in den Beinen nach oben in Richtung Herz, so öffnen sich die Klappen. Sackt ein bisschen Blut zurück, so verschließt es die Klappen (→ Abb. 4). Auf diese Weise kann das Blut nicht mehr in tiefer gelegene Körperpartien zurückfließen. Die Klappen wirken wie ein Ventil und helfen dem Blutfluss in Richtung Herz.

Periphere Venen sind in Muskeln eingebettet. Spannen sich diese an, werden die Venen zusammengedrückt und das Blut in Richtung Herz geschoben. Dieser Mechanismus wird als **Muskelpumpe** bezeichnet (→ Abb. 4a).

Bei Langstreckenflügen sollte man sich spätestens alle zwei Stunden bewegen, um den Rückfluss des Bluts zu optimieren. Wie können Sie diesen Rat in der Enge des Flugzeugs umsetzen? Probieren Sie verschiedene Möglichkeiten aus.

Durch die nahe Lage der Venen zu den Arterien werden die Venen von außen komprimiert, wenn eine Pulswelle die Arterie erreicht und diese aufdehnt (→ Abb. 4b). Dieser Mechanismus wird als **Arterienpumpe** bezeichnet.

Auch Ein- und Ausatmung beeinflussen den Blutrückstrom in den Venen als **abdominothorakale Zweiphasenpumpe** (→ Abb. 4c). Bei der **Einatmung** sinkt das Zwerchfell, der Brustkorb (Thorax) erweitert sich, der intrathorakale Druck sinkt und Blut wird aus dem Bauchraum (Abdomen) in den Brustkorb „gesaugt". Bei der **Ausatmung** steigt der Druck im Brustkorb und sinkt der Druck im Bauchraum. Infolgedessen fließt nun Blut aus den Beinen in den Bauchraum.

Als weiterer Hilfsmechanismus dient der **Ventilebenenmechanismus** (→ Abb. 4d), also die Verschiebung der Ventilebene des Herzens, deren Lage sich während des Herzschlags ändert (→ 10.1.2).

Während der Austreibungsphase des Herzens bewegt sich die Ventilebene Richtung Herzspitze, der Druck in den Atrien (Vorhöfen) sinkt und das Blut kann aus den thorakalen Gefäßen in das Herz fließen. Während der Füllungsphase verschiebt sich die Ventilebene Richtung Herzbasis, sodass das Blut aus den Atrien in die Ventrikel gelangen kann.

Kapillaren

Nachdem das Blut über die Arteriolen zu den Organen und Geweben transportiert wurde, fließt es in ein Netz feinster Kapillaren. Diese durchspinnen das Gewebe und sind zuständig für den Nährstoff- und Sauerstoffaustausch.

Anders als Arterien und Venen zeigen Kapillaren nicht die typische Dreischichtung der Wand, sondern sind nur aus einer **Basalmembran mit Endothelschicht** aufgebaut. Kapillaren sind semipermeabel.

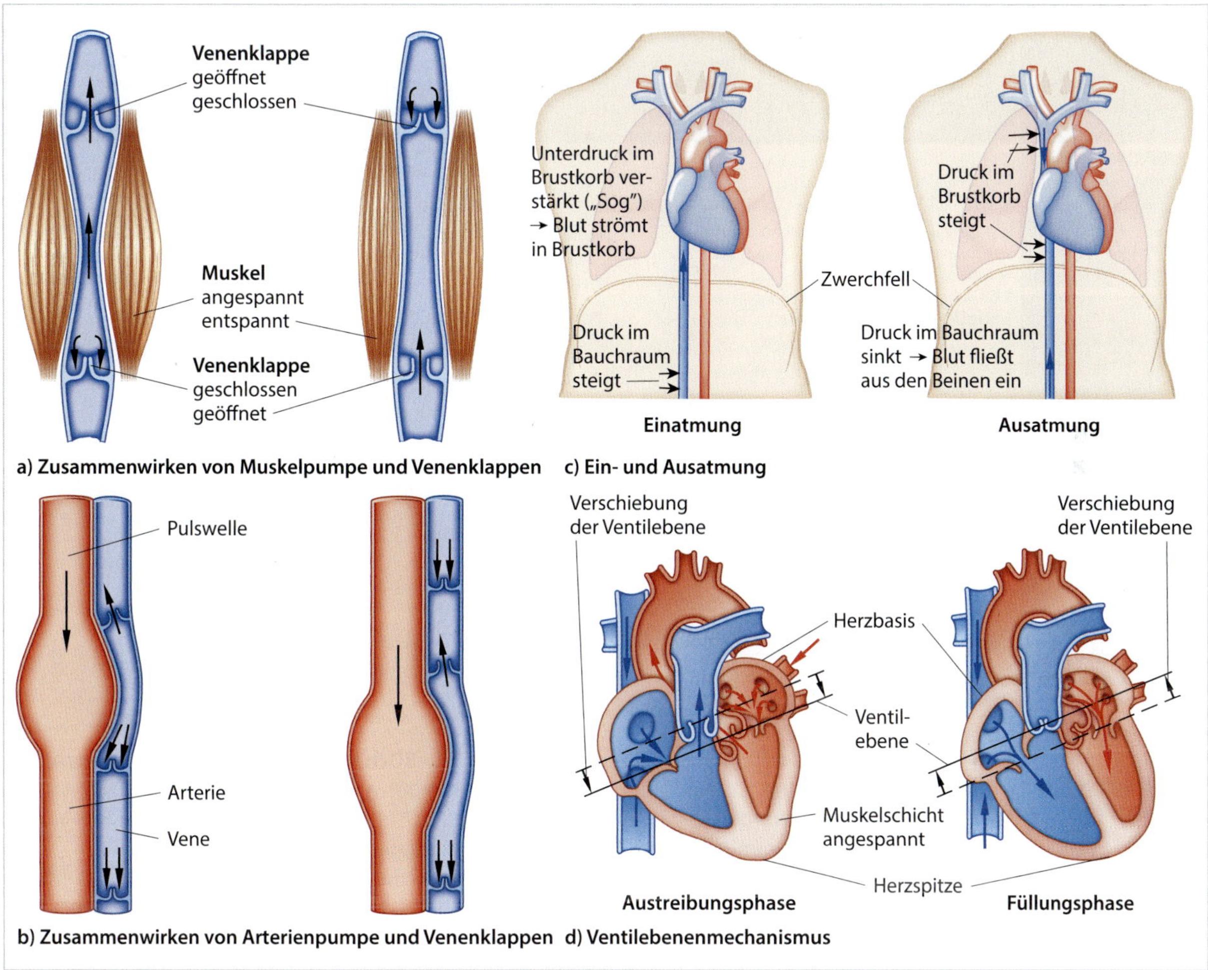

Abb. 4 Hilfsmechanismen für den Rücktransport des Bluts zum Herzen

Drei Kapillartypen werden unterschieden (→ Tab. 1):

- **Diskontinuierliche Kapillaren** zeigen sowohl in der Endothelschicht als auch in der Basalmembran „Fenster" bzw. Poren, d. h. Lücken, durch die auch Zellen passieren können, z. B. in Leber, Knochenmark, Milz. Die Durchlässigkeit für hydrophile, aber auch lipophile Stoffe ist sehr gut.
- **Fenestrierte Kapillaren** haben zwischen den Endothelzellen Fenster bzw. Poren, durch die größere Moleküle passieren können, z. B. in Magen-Darm-Trakt, Nieren und endokrinen Drüsen. Die Durchlässigkeit für hydrophile Stoffe ist gut.
- **Kontinuierliche Kapillaren** lassen nur sehr kleine Moleküle passieren, z. B. in Haut, Lunge, ZNS. Die Durchlässigkeit für hydrophile Stoffe ist gering bis nahezu undurchlässig.

Bei bestimmten Erkrankungen, z. B. Hirnhautentzündungen, werden Medikamente im Gehirn selbst benötigt. Es ist relativ schwierig, diese Stoffe in das betroffene Gebiet zu leiten, denn normalerweise schützen die Kapillaren vom kontinuierlichen Typ in diesem Bereich das Gehirn vor Fremdstoffen; man spricht von der **Blut-Hirn-Schranke.**

10.1.2 Herz

Das Herz ist ein **muskuläres Hohlorgan.** Es liegt gut geschützt im Brustkorb hinter dem Brustbein und zeigt mit der Spitze ein wenig nach links (→ Abb. 5). Daher ist die linke Lunge etwas kleiner als die rechte Lunge. Beide zusammen umschließen das Herz und schützen es so vor Stößen. Zusätzlich ist das Herz vom zweischichtigen **Herzbeutel** umhüllt, der

fenestriert:
„gefenstert", d. h. mit Öffnungen versehen

Blut-Hirn-Schranke:
selektiv durchlässige „Barriere" zwischen Blut und Gehirn; reguliert den Austausch von Zellen und Molekülen zwischen Blut und Gehirn

Herz:
Cor, Kardia; im Brustkorb liegendes muskuläres Hohlorgan; pumpt das Blut durch die Blutgefäße

Tab. 1 Kapillartypen

	Diskontinuierliche Kapillaren	Fenestrierte Kapillaren	Kontinuierliche Kapillaren	
			mit Interzellularraum	ohne Interzellularraum
Vorkommen	• Leber • Milz • rotes Knochenmark	• Nieren • endokrine Drüsen • Darm • weiche Hirnhaut	• Skelettmuskulatur • Herzmuskel • Fettgewebe	• Gehirn (Blut-Hirn-Schranke) • Rückenmark
Schema	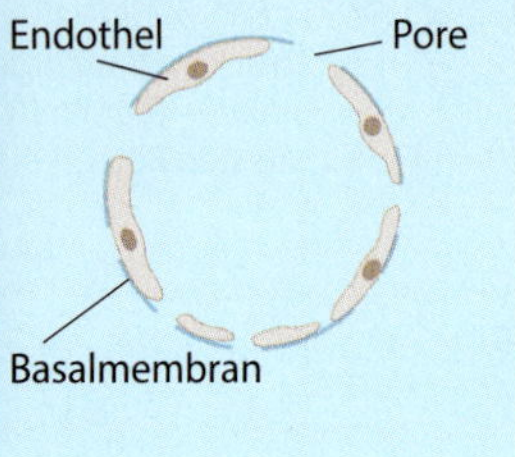	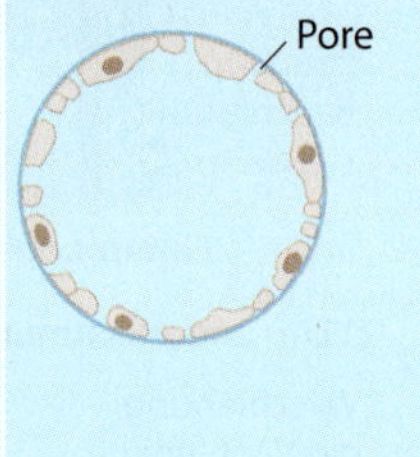	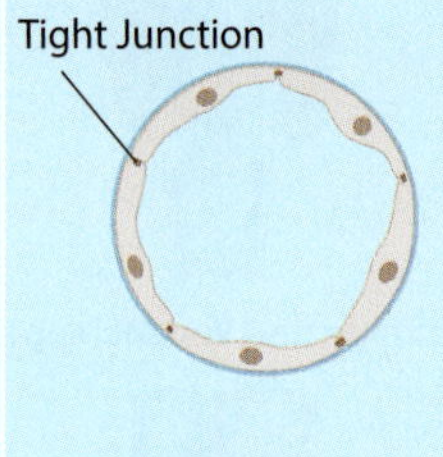	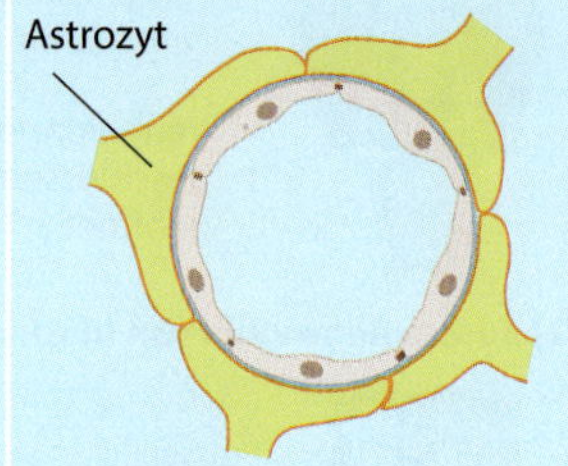
Durchlässigkeit für hydrophile Stoffe	sehr gut	gut	wenig	nahezu undurchdringlich
Durchlässigkeit für lipophile Stoffe	sehr gut	nicht durchlässig	nicht durchlässig	nicht durchlässig

Septum:
Scheidewand; im Herzen: Trennwand aus Endokard

Atrium:
Vorhof; meist sind die Vorhöfe des Herzens gemeint

Ventrikel:
Kammer, Hohlraum; z. B. Herzkammer, die das Blut in den Kreislauf pumpt

Segelklappen:
Atrioventrikularklappen (AV-Klappen); Klappen zwischen Atrien und Ventrikeln, die den Blutrückfluss vom Ventrikel ins Atrium verhindern; rechte Herzhälfte: Trikuspidalklappe; linke Herzhälfte: Mitralklappe

Taschenklappen:
Klappen zwischen Ventrikeln und großen aus dem Herzen abgehenden Gefäßen, die den Blutrückfluss aus den großen Gefäßen in die Ventrikel verhindern; rechte Herzhälfte: Pulmonalklappe; linke Herzhälfte: Aortenklappe

mit dem Zwerchfell und der Basis der großen Gefäße verbunden ist. Nach unten liegt das Herz auf dem Zwerchfell, das Brustkorb und Bauchraum voneinander trennt. Nach hinten liegt es der Speiseröhre auf.

Das Herz ist etwa faustgroß, wiegt beim Erwachsenen 300–350 g und schlägt in Ruhe 60–80 Mal pro Minute. Bei jedem Herzschlag werden etwa 70 ml Blut ausgeworfen.

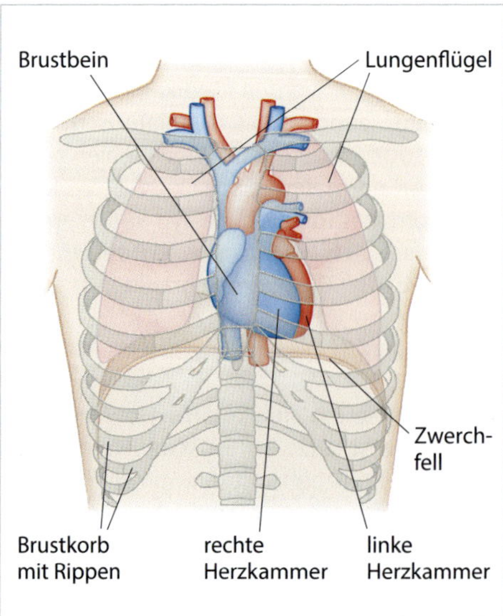

Abb. 5 Lage des Herzens im Brustkorb

Aufbau des Herzens

Das Herz ist prinzipiell symmetrisch aufgebaut (→ Abb. 6). Es wird durch das **Septum** in eine rechte und linke Seite mit **vier Hohlräumen** unterteilt. Diese sind anatomisch und funktionell voneinander getrennt. Die linke Herzhälfte versorgt den gesamten Körper mit Ausnahme der Lungen, während das Blut der rechten Herzhälfte die Lungen durchströmt.

Die kleineren Hohlräume sammeln das Blut aus den Venen. Sie bilden die **Atrien (Vorhöfe)** und sind von den größeren Hohlräumen, die als **Kammern** oder **Ventrikel** bezeichnet werden, durch **Segelklappen** getrennt. Die Ventrikel pumpen das Blut, das sie aus den Atrien erhalten haben, aus dem Herzen über die großen Gefäße in den Lungen- und den Körperkreislauf. Zwischen den Ventrikeln und den großen vom Herzen abgehenden Gefäßen liegen die **Taschenklappen.**

Die Herzklappen regulieren die Flussrichtung des Bluts. Alle Klappen liegen in einer Ebene, der **Klappen-** oder **Ventilebene,** in der auch die **Herzkranzgefäße** verlaufen, die das Herz selbst mit Blut versorgen.

Zu den Herzhälften gehören folgende anatomische Strukturen:

- **rechte Herzhälfte:** rechtes Atrium, Trikuspidalklappe (Segelklappe), rechter Ventrikel, Pulmonalklappe (Taschenklappe), dann folgt der Truncus pulmonalis, aus dem die Lungenarterien (Aa. pulmonales) hervorgehen
- **linke Herzhälfte:** linkes Atrium, Mitralklappe (Segelklappe), linker Ventrikel, Aortenklappe (Taschenklappe), dann folgt die Aorta

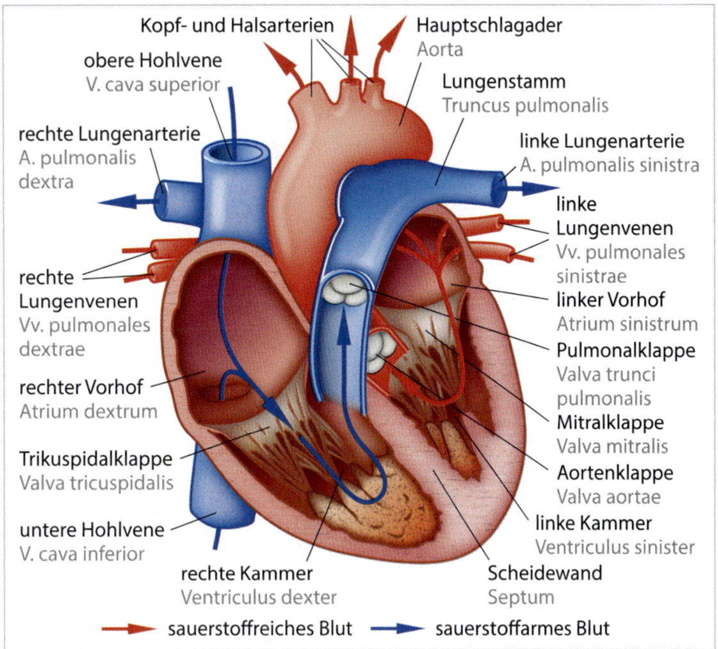

Abb. 6 Längsschnitt durch das Herz

Herzwand

Die Wand des Herzens zeigt wie die der Gefäße eine typische Dreischichtung (→ Abb. 7). Ausgekleidet werden alle Hohlräume vom **Endokard,** der dünnen Herzinnenhaut. Ihre äußerst glatte Oberfläche verhindert, dass sich Ablagerungen daran heften können. Das Endokard bildet auch die Herzklappen.

Die Muskelschicht des Herzens wird als **Myokard** bezeichnet. Durch die höhere Pumpleistung der linken Herzhälfte, die den gesamten Körper versorgt, ist das Myokard der linken Herzhälfte etwa 5 bis 10 Millimeter dicker als das der rechten Herzhälfte. Umgeben ist das Herz vom doppelwandigen **Herzbeutel:** Die äußerste Schicht, das fibröse **Perikard,** ist eine straffe Bindegewebsschicht. Es folgt das seröse Perikard, welches aus einem äußeren und einem inneren Blatt besteht. Das innere Blatt wird als **Epikard** bezeichnet (→ Abb. 7). Zwischen den beiden serösen Blättern, der Perikardhöhle, befindet sich eine klare Flüssigkeit, die die Reibungskräfte bei der Pumpaktion des Herzens verringert. Das Myokard und das Perikard werden von den **Herzkranzgefäßen** mit Blut versorgt. Zur Fixierung des Herzens im Brustkorb ist das Perikard mit dem Zwerchfell und der **Pleura** (Lungenfell) (→ 9.1.2, Abb. 7) verwachsen.

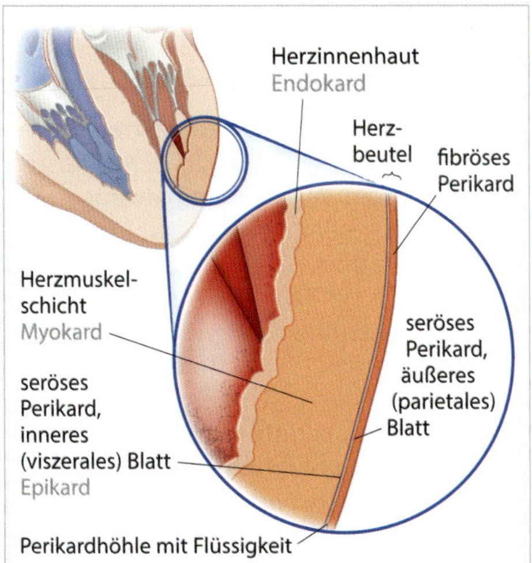

Abb. 7 Wandaufbau des Herzens mit Herzbeutel

Herzklappen

Die vier Herzklappen, die aus dem Endokard gebildet werden, funktionieren im Herzen als Ventile. Auf diese Weise kann das Blut nur in eine Richtung fließen.

Zu den Segel- oder Atrioventrikularklappen, kurz **AV-Klappen,** zählen die dreizipflige **Trikuspidalklappe** und die zweizipflige **Mitralklappe.** An den Zipfeln der Segelklappen sind Sehnenfäden befestigt, die in Papillarmuskeln im Myokard münden. Spannt sich das Myokard an, schließen die Segel. Die Sehnenfäden halten diese fest und verhindern ein Zurückschlagen der Segel in die Atrien. Das Blut kann nicht in die Atrien zurückfließen. Entspannt sich das Myokard, so lockern sich die Sehnenfäden und die Segel öffnen sich; nun kann das Blut von den Atrien in die Ventrikel fließen (→ Abb. 8).

Die **Taschenklappen** zwischen den Ventrikeln und den großen abgehenden Gefäßen werden

Herzkranzgefäße:
Koronargefäße; das Herz kranzförmig umschließende Arterien und Venen zur Versorgung des Herzens selbst

Endokard:
Auskleidung im Herzinneren

Myokard:
zur Pumpfunktion notwendige Muskelschicht des Herzens

Epikard:
Herzaußenhaut; liegt direkt der Herzmuskulatur auf; ist identisch mit dem inneren, viszeralen Blatt des Perikards

Perikard:
Herzbeutel; besteht aus einem fibrösen und einem serösen Blatt

Perikardspalt:
Raum zwischen den zwei Blättern der serösen Schicht

seröse Schicht:
Gewebsoberfläche mit dünner Epithelauskleidung

Atrioventrikularklappe: AV-Klappe; Segelklappe zwischen Atrium und Ventrikel

Papillarmuskeln: Vorstülpungen der Herzmuskulatur in den Hohlraum des Herzens, an denen die Sehnenfäden der Segelklappen befestigt sind

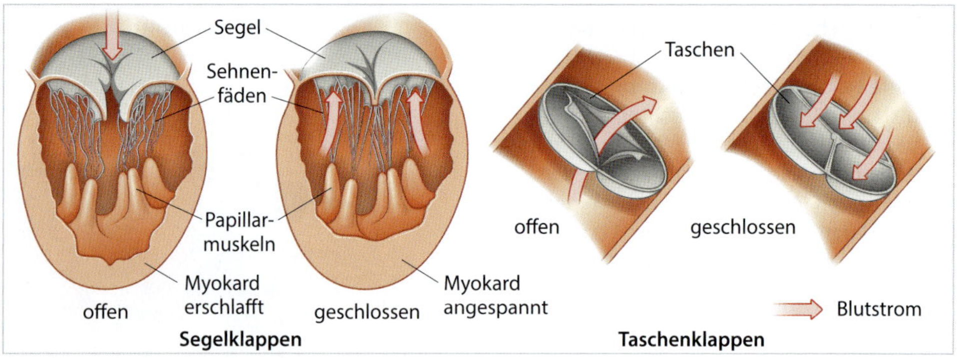

Abb. 8 Aufbau und Funktionsweise der Herzklappen

Stenose: Verengung eines Gangs oder einer Öffnung

Insuffizienz: Unvermögen, unzureichende Leistungsfähigkeit, Schwäche

Koronararterien: Herzkranzarterien; das Herz kranzförmig umschließende Gefäße; versorgen das Herz mit sauerstoffreichem Blut

ebenfalls aus dem Endokard gebildet. Zwischen linkem Ventrikel und Aorta liegt die **Aortenklappe,** zwischen rechtem Ventrikel und Truncus pulmonalis die **Pulmonalklappe.** Wie Einkaufstaschen liegen die Mulden der Taschenklappen an den Gefäßwänden, ihre unteren Ausbuchtungen ragen in die Ventrikel. Ist der Druck in den Ventrikeln beim Auswerfen des Bluts höher als in den abgehenden Gefäßen, weichen die Taschen auseinander. Sinkt der Druck im Ventrikel unter den Druck des Gefäßes, weicht das Blut in eben diese Taschen zurück, die Klappe verschließt sich, indem sich die gefüllten Taschen aneinanderlegen (→ Abb. 8).

Füllen Sie einen Eiswürfelbeutel mit Selbstverschluss durch dessen Trichter mit Wasser. Drehen Sie den Beutel dann um, sodass der Trichter nach unten zeigt. Beobachten Sie, wie sich die Taschen des Beutels verschließen.

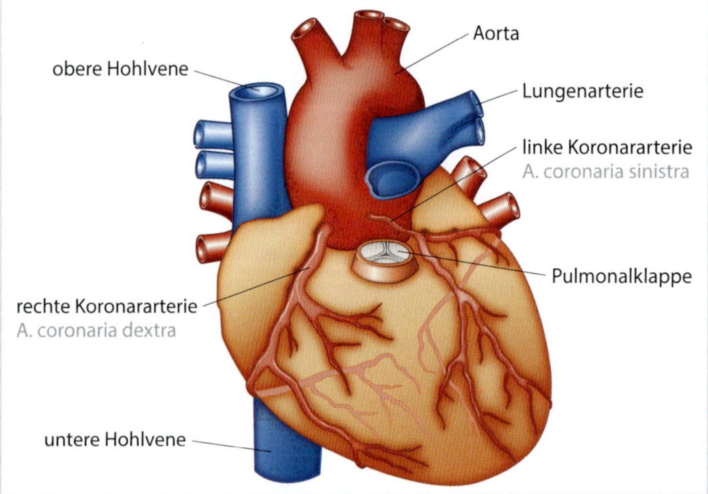

Abb. 9 Ursprung und Verlauf der Koronararterien

Alle Herzklappen liegen in einer sogenannten **Ventilebene** (→ Abb. 4). Diese bindegewebige Platte verschiebt sich während der Herzaktion:

- Bei der Austreibung des Bluts aus den Ventrikeln in die Gefäße verschiebt sich die Ventilebene in Richtung Herzspitze, sodass die Atrien auseinandergezogen werden. Es entsteht ein Sog auf die zufließenden Venen und es strömt Blut in die Atrien.
- Erschlafft der Ventrikel, bewegt sich die Ventilebene zurück in Richtung Herzbasis („oben"), was die Füllung der Ventrikel unterstützt.
- Dieser Vorgang wird auch als **Ventilebenenmechanismus** bezeichnet. Er unterstützt den Rücktransport des Bluts zum Herzen (→ 10.1.1).

Bei einer Klappenstenose öffnet die Klappe nicht richtig, sie ist zu eng. Bei einer Klappeninsuffizienz hingegen schließt die Klappe nicht richtig und das Blut kann in die falsche Richtung fließen.

Koronararterien

Die Koronararterien (Herzkranzarterien) verlassen die Aorta sofort nach deren Austritt aus dem linken Ventrikel und versorgen mit etwa 5 % des gesamten Herzzeitvolumens das Myokard. Mit dem Herzzeitvolumen wird angegeben, wie viel Blut das Herz in einer bestimmten Zeiteinheit auswirft und somit in den Körper pumpt.

Es gibt zwei Koronararterien (→ Abb. 9):

- Die **rechte Koronararterie** zieht über die rechte Herzhälfte nach hinten.
- Die **linke Koronararterie** zieht über die linke Herzhälfte nach hinten. Sie teilt sich in zwei starke Äste auf.

Fast alle Gewebe und Organe im menschlichen Organismus sind über Umgehungskreisläufe mit Blutgefäßen zweitversorgt, um im Fall eines Verschlusses die Durchblutung zu gewährleisten. Bei den Koronararterien handelt es sich jedoch um **Endstrombahnen,** das sind Gefäße mit nur mäßig ausgeprägten oder fehlenden Umgehungskreisläufen, sodass beim Verschluss das hinter dem Verschluss liegende Gewebe stirbt: Es kommt zum Herzinfarkt (→ 10.5.6).

10.2 Physiologie

10.2.1 Kreislauf

Auch wenn oft von „dem" Kreislauf die Rede ist, so handelt es sich beim Kreislaufsystem um zwei hintereinandergeschaltete, durch das Herz verbundene Kreisläufe (→ Abb. 10). Man unterscheidet:

- **Körperkreislauf** bzw. großer Kreislauf, der am linken Ventrikel mit der Austreibung des Bluts in die Aorta beginnt und den gesamten Körper, mit Ausnahme der Lungen, versorgt
- **Lungenkreislauf** bzw. kleiner Kreislauf, der zur Oxygenierung des Bluts dient und mit der Austreibung des Bluts aus dem rechten Ventrikel in den Truncus pulmonalis anfängt

Der **Pfortaderkreislauf,** der das Blut aus den Bauchorganen in die Leber und dann erst in die ableitenden Venen bis zur unteren Hohlvene (→ 10.1.1) transportiert, ist Teil des Körperkreislaufs.

Des Weiteren wird der Kreislauf unterteilt in:

- **Hochdrucksystem:** Arterien des Körperkreislaufs; das Hochdrucksystem versorgt den Körper mit Blut und somit mit Sauerstoff zur optimalen Funktion der Gewebe
- **Niederdrucksystem:** Venen des Körperkreislaufs und gesamter Lungenkreislauf; im Niederdrucksystem mit den Kapazitätsgefäßen (→ 10.1.1) befinden sich etwa 85 % des Blutvolumens.

Körperkreislauf

Im Körperkreislauf (→ Abb. 11) wird das von der Lunge mit Sauerstoff angereicherte Blut im linken Atrium gesammelt und gelangt über die Mitralklappe in den linken Ventrikel. Dieser befördert das Blut durch die Aortenklappe, eine Taschenklappe, in die Aorta, wo sofort die Koronararterien abgehen. Anschließend entspringen an der Aorta Arterien zur Versorgung des Kopfs, des Schultergürtels und im weiteren Verlauf zur Versorgung aller Organe und Gewebe. Das Blut fließt durch die immer kleiner werdenden Arterien in die Arteriolen (→ 10.1.1). Im sich anschließenden Kapillarnetz findet der Stoffaustausch statt. Das sauerstoffarme Blut sammelt sich in kleinen Venolen, die sich zu immer größer werdenden Venen zusammenschließen, bis das Blut aus der unteren Körperhälfte über die untere Hohlvene und das Blut aus der oberen Körperhälfte (Arme, Kopf, Hals) über die obere Hohlvene in das rechte Atrium fließt.

Alle unpaaren Bauchorgane wie Magen, Darm, Milz und Bauchspeicheldrüse werden über die Bauchaorta mit sauerstoffreichem Blut versorgt.

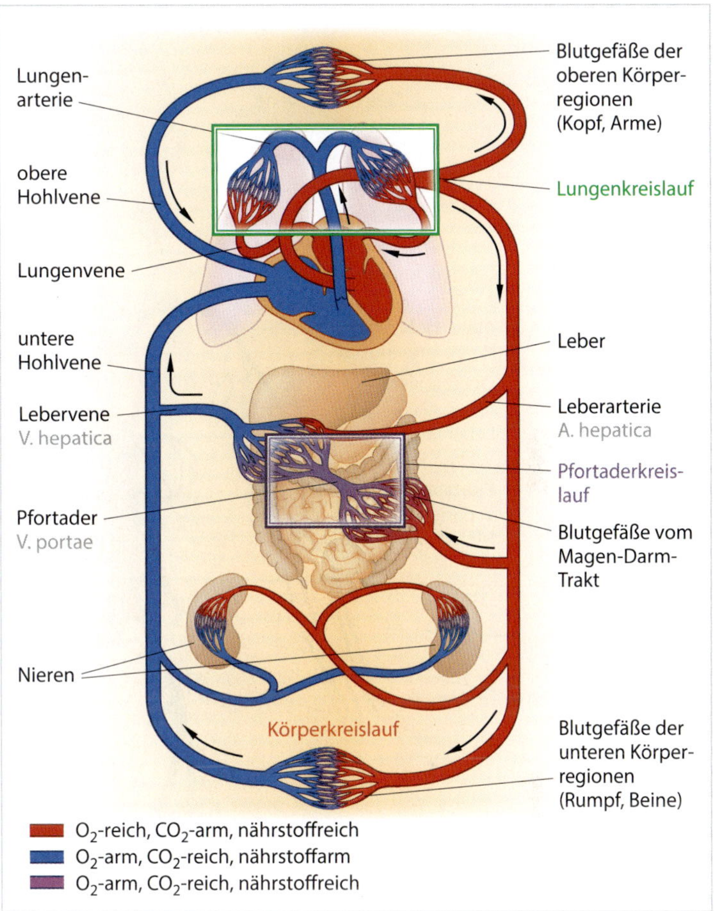

Abb. 10 Blutkreisläufe des Körpers – Schema

Körperkreislauf: großer Kreislauf; versorgt den Körper mit sauerstoffreichem Blut und Nährstoffen

Oxygenierung: Versorgung mit Sauerstoff

Lungenkreislauf: kleiner Kreislauf; führt sauerstoffarmes Blut zu dessen Oxygenierung und Abgabe von Kohlenstoffdioxid in die Lunge

Pfortaderkreislauf: Teil des Körperkreislaufs, der Blut aus den Organen des Verdauungssystems zunächst zur Leber, dann in die untere Hohlvene transportiert

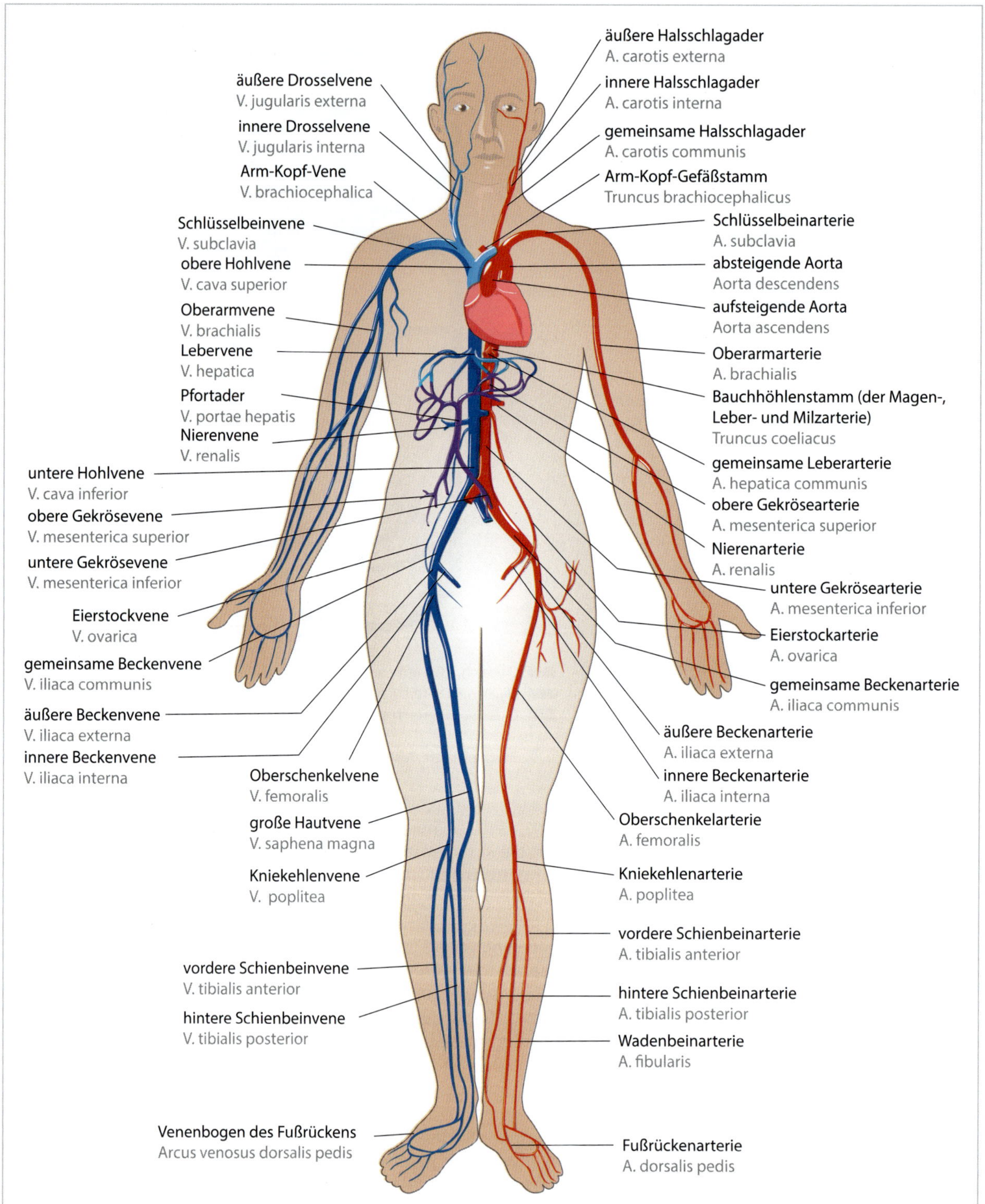

Abb. 11 Verlauf der Arterien und Venen im Körperkreislauf – Schema (hier Arterien nur rechts, Venen nur links dargestellt; verlaufen beide beidseitig)

Stellen Sie sich vor, Sie sind ein rotes Blutkörperchen und wandern vom großen Zeh in das Gehirn und wieder zurück. Beschreiben Sie den genauen Weg.

Pfortaderkreislauf

Das Blut aus dem Magen-Darm-Trakt gelangt über den **Pfortaderkreislauf** zur Leber.

Die Kapillaren nehmen Nährstoffe aus den unpaaren Bauchorganen auf. Die Venolen bzw. Venen führen das nun nährstoffreiche Blut zur **Pfortader,** die dieses in die Leber leitet (→ 4.1.8, Abb. 14). Die Pfortader ist die einzige Vene des menschlichen Körpers, die zu einem anderen Organ als Herz und Lunge hinführt. In der Leber verteilt sich das nährstoffreiche Blut im Kapillarbett und kann dort genutzt werden. Gleichzeitig wird die Leber über die Leberarterie aus der Bauchaorta (Aorta abdominalis) mit sauerstoffreichem Blut versorgt.

Das abfließende Blut aus der Leberarterie und der Pfortader wird in den Lebervenen gesammelt und über die untere Hohlvene dem Kreislauf zugeführt.

Lungenkreislauf

Am Ende des Körperkreislaufs wird das sauerstoffarme Blut über die Hohlvenen zum rechten Atrium geleitet, dort gesammelt und über die Trikuspidalklappe (Segelklappe) in den rechten Ventrikel geleitet. Hier beginnt der Lungenkreislauf: Das Blut wird während der Austreibungsphase aus dem rechten Ventrikel in den Truncus pulmonalis gepumpt, von dem die rechte und linke **Lungenarterie** (Pulmonalarterien, **Arteria pulmonalis dextra und sinistra)** ausgehen.

Die mit sauerstoffarmem Blut gefüllten Lungenarterien verzweigen sich an der Lunge zu Arteriolen und münden in einem weiten Kapillarnetz. Nachdem im Kapillarnetz Kohlenstoffdioxid an die Luft in den Lungen abgegeben und Sauerstoff ins Blut aufgenommen wurde (→ 9.2.3, Abb. 15), fließt das Blut über Venolen und größere Venen bis hin zu den vier **Lungenvenen** (Vv. pulmonales), die in das linke Atrium münden.

Verteilung der Blutvolumina: Durchblutungsregulation

Der **Blutbedarf** der Gewebe ist unterschiedlich und hängt von der **Aktivität des Gewebes** ab. Besonders groß ist diese Abhängigkeit bei der Skelettmuskulatur (→ Tab. 2, → 3.3).

Um die Organe sowohl in Ruhe als auch bei Belastung optimal zu durchbluten, sorgen die Arterien des muskulären Typs und die Arteriolen als Widerstandsgefäße (→ 10.1.1) für die Verteilung des Blutvolumens und Anpassung der Durchblutung durch **Vasokonstriktion und -dilatation.** Durch ihre Muskulatur in der Media (→ Abb. 2) sind sie in der Lage, sich eng zu stellen, wenn weniger Blut im betroffenen Organ benötigt wird oder zur Verfügung steht. Dadurch steigt der Widerstand und es fließt weniger Blut in das nachgeschaltete Organ.

Bestimmen Sie mithilfe von → Tab. 2, welche Organe am gleichmäßigsten durchblutet werden.

Die Verteilung der Blutvolumina durch Vasokonstriktion und -dilatation und damit die Organdurchblutung werden durch verschiedene Mechanismen reguliert:

- **Autoregulation (lokale Regulation):**
  - **Bayliss-Effekt (myogene Autoregulation):** Er dient der konstanten Durchblutung der Gewebe und Organe bei schwankenden Blutdruckwerten, z. B. beim Sport. Dies funktioniert vor allem in Gehirn, Nieren (→ 11.2.1) und Magen-Darm-Trakt autonom. Diese Autoregulation erfolgt durch Kontraktion der Gefäßwände, wenn der Blutdruck zunimmt, sodass die Organe mit einem konstanten Druck durchblutet werden. Sinkt der Blutdruck, dilatieren die Gefäße.

Pfortader:
Vena portae; Vene, die sauerstoffarmes, nährstoffreiches Blut vom Verdauungssystem zur Leber transportiert; verzweigt sich dort in Kapillaren

unpaare Bauchorgane:
Bauchorgane, die nicht paarweise vorkommen, z. B. Magen, Darm, Milz, Bauchspeicheldrüse

Vas:
Gefäß; Ableitungen: Vaso- (Gefäß-)

Vasokonstriktion:
Gefäßverengung durch Kontraktion der Muskulatur in der Gefäßwand, die einen erhöhten Widerstand hervorruft

Vasodilatation:
Gefäßerweiterung durch Erschlaffung der Gefäßwand oder erhöhtes Blutvolumen

Herzminutenvolumen:
Blutvolumen, das pro Minute vom Herzen in den Kreislauf gepumpt wird; Herzfrequenz × Herzschlagvolumen

Tab. 2 Verteilung des Herzminutenvolumens (in l/min sowie %) auf die Organ(system)e in Ruhe und bei Belastung (Golenhofen 2006)

Organ(system)	in Ruhe		bei Belastung	
	l/min	%	l/min	%
Gehirn	0,75	15	0,75	4
Herz (Eigenversorgung)	0,25	5	1	5
Verdauungsorgane	1,5	30	1	5
Skelettmuskulatur	0,75	15	15	75
Nieren	1	20	1	5
Sonstiges (z. B. Haut, Knochen)	0,75	15	1,25	6
Herzminutenvolumen	5		20	

Bayliss-Effekt:
myogene Autoregulation; Mechanismus zur Konstanthaltung der Organdurchblutung bei Blutdruckschwankungen durch Konstriktion oder Dilatation der Gefäße

myogen:
von Muskelzelle ausgehend

Euler-Liljestrand-Reflex:
Mechanismus zur Autoregulation der Lungendurchblutung in Abhängigkeit vom Sauerstoffpartialdruck im Lungengewebe

Metabolit:
Zwischen- oder Abbauprodukte des Stoffwechsels

Fetus:
menschlicher Embryo ab der 9. Schwangerschaftswoche

Nabelschnur:
Verbindung zwischen Plazenta der Mutter und Ungeborenem zu dessen Nähr- und Sauerstoffversorgung; enthält eine Nabelvene und zwei Nabelarterien

- **Euler-Liljestrand-Reflex:** Sinkt der Sauerstoffpartialdruck (→ 9.2.5) im Lungengewebe, so wird lokal die Durchblutung durch Vasokonstriktion gehemmt.
- **metabolische Autoregulation:** Steigt durch starke Belastung die Konzentration bestimmter Metabolite wie z. B. ADP (durch Verbrauch von ATP) im Blut an, weiten sich die Gefäße; die Durchblutung steigt und die Metabolite können abtransportiert werden. Dies funktioniert vor allem in Organen mit starken Aktivitätsschwankungen, z. B. der Skelettmuskulatur.
- **chemische Autoregulation:** Vom Endothel durch Bindung bestimmter Metabolite **freigesetztes** Stickstoffmonoxid bewirkt eine starke Vasodilatation vor allem am Herzen und der Skelettmuskulatur.

- **zentrale Regulation:**
  - **vegetatives Nervensystem:** Der Sympathikus sorgt z. B. in Stresssituationen für eine Vasokonstriktion über bestimmte Rezeptoren in der Gefäßmuskulatur der Organe, für eine Vasodilatation über Rezeptoren in der Skelettmuskulatur. Damit wird erreicht, dass der Körper adäquat auf Stress reagieren kann.
  - **Hormone:** Adrenalin beispielsweise regt die Gefäßmuskulatur zur Kontraktion an.

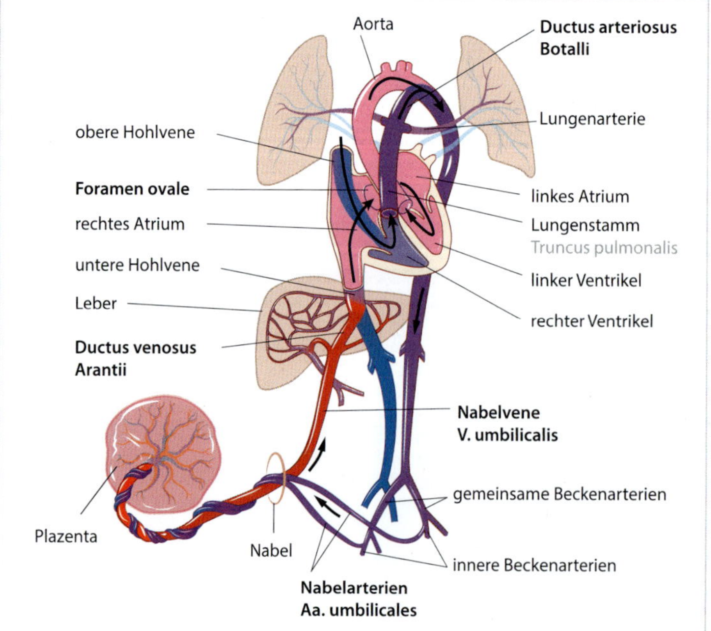

Abb. 12 Besonderheiten des fetalen Kreislaufs

Fetaler Kreislauf

Der Fetus wird über die **Nabelschnur** von der **Plazenta** der Mutter mit Nährstoffen und Sauerstoff versorgt (→ 12.4). Der fetale Kreislauf weist einige Besonderheiten in Form von Umgehungskreisläufen auf (→ Abb. 12). Durch diese wird die noch nicht belüftete Lunge umgangen. Zudem werden Abfallstoffe nicht über die Leber des Fetus, sondern über die Plazenta entsorgt.

Das nähr- und sauerstoffreiche Blut fließt über die **Nabelvene** von der Plazenta zum Ungeborenen.

- Zwischen der Nabelvene und der unteren Hohlvene des Kindes gibt es einen Kurzschluss, den **Ductus venosus Arantii.** Etwa 50 % des Blutvolumens des Fetus nutzt diesen Umgehungskreislauf; die Leber wird so vor einer zu großen Blutvolumenbelastung geschützt. Gleichzeitig wird das mit Sauerstoff und Nährstoffen angereicherte Blut der Mutter auf diese Weise schneller in den fetalen Kreislauf eingeschleust.
- Im rechten Atrium angekommen, fließt das meiste Blut aus der unteren Hohlvene direkt über das **Foramen ovale** (Shunt zwischen rechtem und linkem Atrium) in das linke Atrium, von dort aus über die Mitralklappe in den linken Ventrikel und den Körperkreislauf. Ein Großteil des sauerstoffreichen Bluts erreicht die ohnehin noch nicht belüftete Lunge also nicht.
- Das Blut aus der oberen Hohlvene gelangt zum größten Teil durch das rechte Atrium über die Trikuspidalklappe zum rechten Ventrikel, der das Blut an den Truncus pulmonalis abgibt. Dort fließt wegen der besonderen vorgeburtlichen Druckverhältnisse nur ein verschwindend geringer Teil des Bluts in die Lungenarterien. Der größte Anteil fließt über den **Ductus arteriosus Botalli,** eine Verbindung zwischen Truncus pulmonalis und Aorta, direkt in den Körperkreislauf und schont somit die Lunge vor einer zu großen Volumenbelastung.

Über die von der gemeinsamen Beckenarterie abgehenden **Nabelarterien** fließt das Blut zurück in die Plazenta.

Nach dem ersten Schrei des Neugeborenen sinkt der Widerstand in der Lunge und das Blut aus dem rechten Ventrikel gelangt vollständig in die Lungenarterien und durchströmt die Lungen. Danach gelangt dieses Blut in das linke Atrium und anschließend in den linken Ventrikel, sodass der Druck im rechten Atrium deutlich unter den des linken Atriums sinkt. Die Septen, die bisher das Foramen ovale offengehalten haben, legen sich aneinander und verschließen den Shunt.

Bei 99 % der Kinder ist das Septum bis zum Ende des ersten Lebensjahrs verwachsen.

Durch die **Abnabelung** werden mütterlicher und kindlicher Kreislauf getrennt. Der Widerstand im Körperkreislauf des Kindes steigt an, sodass es zu einer Druckumkehr zwischen Aorta und Truncus pulmonalis kommt. Das Blut fließt nun nicht mehr vom Truncus pulmonalis zur Aorta, sondern es kommt zu einer Umkehr des Blutflusses. Der Sauerstoffgehalt des Bluts in der Aorta und dadurch auch im Ductus arteriosus Botalli nehmen durch die eigenständige Atmung des Kindes zu. Dadurch kontrahieren die glatten Muskelzellen in der Media des Ductus arteriosus Botalli und verschließen diesen zunächst funktionell. Im Laufe einiger Wochen verödet der Ductus komplett zu einem Ligament (Band).

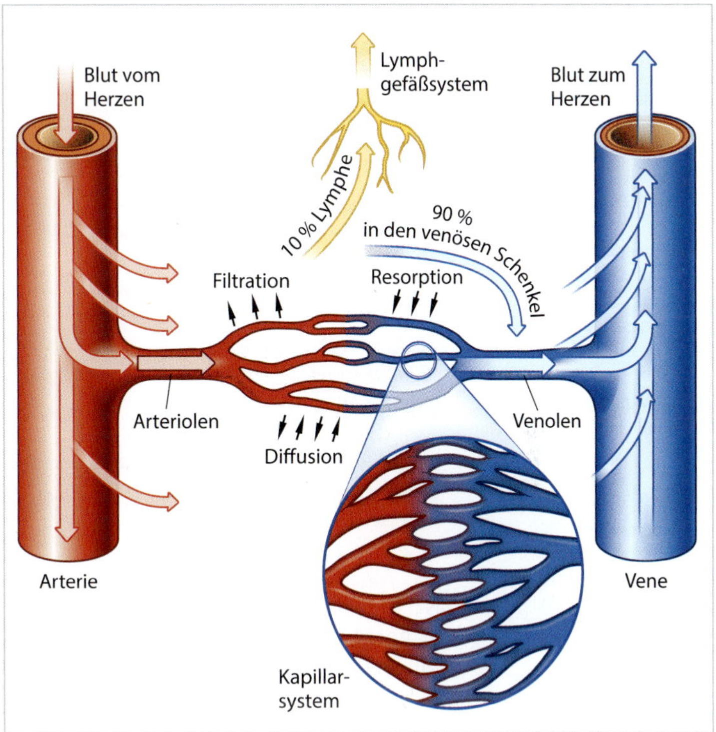

Abb. 13 Flüssigkeitstransport und Stoffaustausch in den Kapillaren

Durch die Durchtrennung der Nabelschnur wird auch der Ductus venosus Arantii nicht mehr benötigt. Er verschließt sich ebenso wie die Nabelarterien und -vene bald nach der Geburt zu einem Ligament.

Die „Transposition der großen Gefäße" ist ein schwerwiegender Herzfehler, bei dem die Aorta und die Lungenarterie vertauscht sind. Erklären Sie, warum der Fetus damit überleben kann, das Neugeborene allerdings einen tödlichen Herzfehler hat.

Kreislauf in den Kapillaren

Die Kapillaren nehmen im Blutkreislauf eine besondere Stellung ein; hier findet über **Diffusion, Filtration** und **Resorption** ein Stoffaustausch statt.

- **Diffusion:** Lösliche Stoffe, z. B. Sauerstoff, Kohlenstoffdioxid, wandern durch die Zellmembran per Diffusion in das Interstitium und von dort aus in andere Zellen. Auf diese Weise gleichen sie Konzentrationsunterschiede aus.
- **Filtration:** Im arteriellen Teil der Kapillaren ist der Blutdruck wesentlich höher als im Gewebe und auch die Flüssigkeitsmenge deutlich höher als im Interstitium. Man spricht vom **hydrostatischen Druck.** Dadurch wird Flüssigkeit aus den Kapillaren in das Interstitium gepresst. Allerdings können nur bestimmte Blutbestandteile die Zellmembran passieren – man spricht von Filtration.
- **Resorption:** Im venösen Teil der Kapillaren liegen im Blut wesentlich mehr Teilchen als im Interstitium vor. Um hier einen Ausgleich zu schaffen, wird Wasser zurückgeholt bzw. resorbiert. Man spricht vom **kolloidosmotischen Druck.**

Auf diese Weise werden täglich 20 l Flüssigkeit filtriert, wovon 18 l resorbiert werden. Die übrigen 2 l werden über das Lymphsystem (→ 8.3) aufgenommen (→ Abb. 13).

Die Lymphgefäße leiten die Flüssigkeit zu immer größer werdenden Bahnen und schließlich zum größten Lymphgefäß, dem **Milchbrustgang** (Ductus thoracicus) (→ 8.3.1, Abb. 18). Dieser mündet im Venenwinkel in die Schlüsselbeinvene und transportiert die übrig gebliebene Flüssigkeit zurück in das Blut.

Plazenta:
Organ innerhalb der Gebärmutter zur Versorgung des Ungeborenen; wird nach Geburt des Kindes ausgestoßen

Ductus venosus Arantii:
Kurzschluss zwischen Nabelvene und unterer Hohlvene des Ungeborenen

Foramen ovale:
beim Ungeborenen Verbindung zwischen rechtem und linkem Atrium

Shunt:
Kurzschlussverbindung, Nebenanschluss

Ductus arteriosus Botalli:
beim Ungeborenen Verbindung zwischen Truncus pulmonalis und Aorta

Interstitium:
(Zell-)Zwischenraum

Ödem:
sichtbare Schwellung ohne Rötung durch Flüssigkeitsansammlung in Geweben aufgrund örtlicher oder systemischer Entzündungen und/oder Störungen in der Flüssigkeitszirkulation

Herzfrequenz:
Puls; Häufigkeit des Herzschlags, üblicherweise angegeben in Herzschlägen/Minute

Herzzyklus:
Abfolge der Herzaktionsphasen

Systole:
Austreibungsphase des Bluts aus dem Herzen in die Arterien, unterteilt in Anspannung und Austreibung

Diastole:
Füllungsphase des Herzens mit Blut, unterteilt in Entspannung und Füllung

Herzschlagvolumen:
Menge an Blut, die innerhalb einer Systole an die Arterien abgegeben wird

Herzzeitvolumen:
Menge an Blut, die innerhalb einer bestimmten Zeiteinheit aus dem Herzen ausgeworfen wird

Ihre Großmutter klagt über „ein schwaches Herz" und ständig geschwollene Füße. Diese Schwellung lässt sich mit dem Finger eindrücken und die Delle bleibt über einen längeren Zeitraum bestehen.

1. *Aufgrund von Herzproblemen kann es sein, dass der Körper eine erhöhte Volumenbelastung hat. Erklären Sie, wie Ödeme unter Beachtung der Filtration und Resorption entstehen können.*

2. *Informieren Sie sich über die Bedeutung der Lymphdrainage.*

10.2.2 Herzzyklus

Das Herz eines gesunden Erwachsenen schlägt etwa 60 bis 80 Mal/Minute, bei Säuglingen etwa 140 Mal/Minute; man spricht von der **Herzfrequenz (Puls).** Bei jedem Herzschlag werden in regelmäßiger Abfolge verschiedene Phasen durchlaufen, dies wird als **Herzzyklus** bezeichnet.

In der **Systole** wird das Blut durch Kontraktion der Ventrikel aus dem Herzen transportiert. In der **Diastole** hingegen füllen sich die Ventrikel wieder mit Blut, indem sie sich vergrößern.

Bei jedem Herzschlag werden jeweils etwa 70 ml Blut ausgeworfen. Man spricht vom **Herzschlagvolumen.** Bei einer Herzfrequenz von 70 Schlägen/Minute beträgt das **Herzzeitvolumen** also 4,9 l/Minute.

Das **Herzminutenvolumen** gibt das Volumen an, das pro Minute vom Herzen in den Kreislauf gepumpt wird. Es wird errechnet durch die Multiplikation von Herzschlagvolumen und Herzfrequenz.

Phasen des Herzzyklus

Die **Diastole** sorgt für die Entspannung und anschließende Füllung des Herzens mit Blut. Sie unterteilt sich in zwei Phasen (→ Tab. 3):

- Während der **Entspannungsphase** erschlafft das Myokard. Der Druck in den Ventrikeln sinkt unter den Druck der großen abgehenden Arterien, sodass die Taschenklappen passiv schließen. Kurzzeitig sind alle vier Klappen des Herzens geschlossen. Der Druck in den Ventrikeln sinkt so weit, dass er unter den Druck der Atrien fällt.
- Damit öffnen sich die Segelklappen und die **Füllungsphase** beginnt. Diese wird durch die Verschiebung der Ventilebene und die Vorhofkontraktion zusätzlich unterstützt.

Während der **Systole** kontrahiert das Myokard der Ventrikel und das Blut wird aus dem Herzen in den Lungen- und Körperkreislauf gepumpt. Auch die Systole besteht aus zwei Phasen (→ Tab. 3):

- Die **Anspannungsphase** sorgt für einen Druckanstieg in den Ventrikeln, die Ventilebene (→ Abb. 4) verschiebt sich zur Herzspitze. Dadurch werden die Atrien passiv gedehnt und durch Sogwirkung von den zuführenden großen Venen gefüllt. Die Segelklappen schließen sich, die Taschenklappen bleiben verschlossen.
- Überschreitet der Druck in den Ventrikeln den Druck der großen abgehenden Arterien, öffnen sich die Taschenklappen und die **Austreibungsphase** beginnt. Das Blut wird in den Lungen- und Körperkreislauf gepumpt. Sobald der Druck in den Ventrikeln wieder unter den Druck in den großen abgehenden Gefäßen sinkt, schließen sich die Taschenklappen und die nächste Diastole beginnt.

Tab. 3 Phasen des Herzzyklus

	Diastole		Systole	
	Entspannungsphase	Füllungsphase	Anspannungsphase	Austreibungsphase
Atrien	gefüllt	Entleerung in die Ventrikel	passive Dehnung und Füllung	passive Dehnung und Füllung
AV-Klappen	geschlossen	offen	geschlossen	geschlossen
Ventrikel	zu etwa einem Drittel gefüllt	Entspannung und Füllung	Anspannung, mit Blut gefüllt	Entleerung in die großen Arterien
Taschenklappen	geschlossen	geschlossen	geschlossen	offen

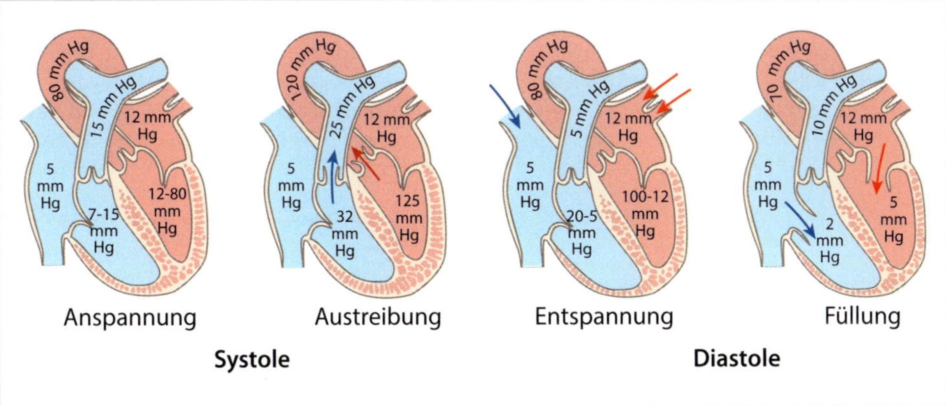

Abb. 14 Druckverhältnisse in den verschiedenen Phasen der Herzaktion

Durch die sich ändernden **Druckverhältnisse** während der verschiedenen Phasen des Herzzyklus (→ Abb. 14) und die Ventilfunktion der Herzklappen ist ein optimaler und koordinierter Ablauf von Füllung und Austreibung möglich.

Aus den Gegebenheiten lässt sich ein Druck-Volumen-Diagramm des Herzens entwickeln, ein sogenanntes **Arbeitsdiagramm** (→ Abb. 15).

Während der Füllung (A bis B) steigt der Druck im Ventrikel nur marginal, aber das Volumen nimmt deutlich zu. Die Anspannung (B bis C) ist gekennzeichnet durch konstantes Volumen, aber stark steigenden Druck, bis der Aortendruck erreicht ist. Das Volumen sinkt während der Austreibung (C bis D), wobei der Druck noch so weit zunimmt, bis die Entspannung (D bis A) beginnt, in der der Druck deutlich absinkt.

Das **endsystolische Volumen** gibt das minimale Volumen nach der Austreibungsphase wieder. Dies beträgt etwa 50 ml. Das **enddiastolische Volumen,** etwa 120–130 ml, zeigt das maximale Volumen nach der Füllung im Ventrikel. Dies entspricht dem **Füllungsvolumen.** Das **Herzschlagvolumen** in Ruhe beträgt etwa 70–80 ml.

Der **enddiastolische Druck** zeigt den minimalen Kammerdruck nach der Füllungsphase der Diastole, der **endsystolische Druck** gibt den maximalen Druck nach der Austreibungsphase wieder.

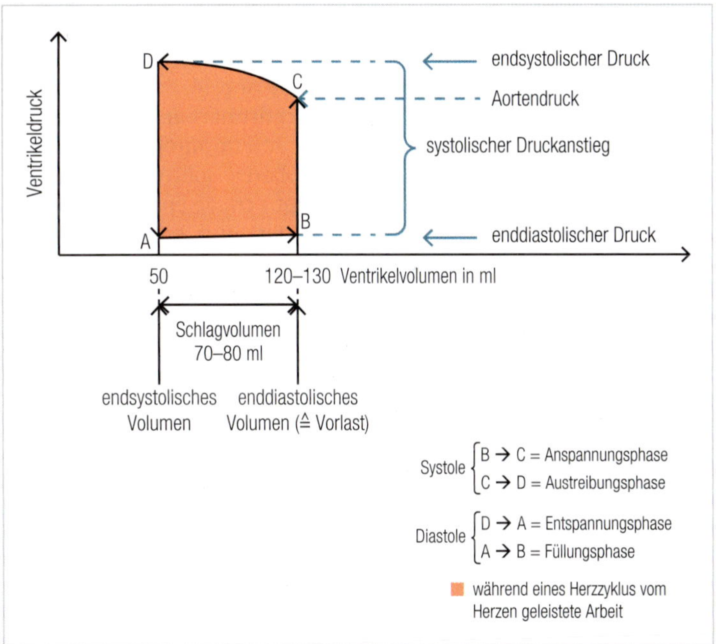

Abb. 15 Arbeitsdiagramm (Druck-Volumen-Diagramm) des Herzens

1. *Berechnen Sie, wie viel Blutvolumen das Herz pro Minute, Stunde und Tag bei einem Gesunden mit einem Herzschlagvolumen von 80 ml und einer Herzfrequenz von 80 Schlägen/Minute auswirft.*

2. *Bei sportlicher Anstrengung erhöht sich der Puls z. B. auf 150 Schläge/Minute und das Herzschlagvolumen auf 120 ml. Berechnen Sie, wie viel das Herz jetzt in den gleichen Zeitangaben auswirft.*

Erregungsleitung

Das Herz schlägt weiter, wenn man es in eine Lösung mit bestimmten Ionenkonzentrationen legt. Nimmt man jedoch eine andere Lösung, bleibt es stehen.

Die **elektrische Aktivität** zur Entstehung von Systole und Diastole entsteht im Herzen selbst. Das Herz schlägt autonom, also unabhängig: **Schrittmacherzellen** geben den Rhythmus des Herzschlags vor, leiten ihn weiter und sorgen so für eine koordinierte Herztätigkeit. Die **Herzmuskelzellen** wiederum sorgen für die Kontraktion.

Die Erregungsbildung und -leitung beginnt im **Sinusknoten** (→ Abb. 16, 1), dem Taktgeber bzw. **primären Schrittmacher** des Herzens. Er liegt im rechten Atrium direkt an der Mündungsstelle der oberen Hohlvene. Vom Sinusknoten aus breitet sich die Erregung über das Vorhofmyokard aus und erreicht den **AV-Knoten** (→ Abb. 16, 2), den **sekundären Schrittmacher,** der am Boden des rechten Atriums liegt.

Am Boden des rechten Atriums verläuft das kurze **His-Bündel** (→ Abb. 16, 3) als **tertiärer Schrittmacher** mit einer Eigenfrequenz von 20–40 Schlägen pro Minute, das sich in die beiden **Tawara-Schenkel** (Kammerschenkel, → Abb. 16, 4) aufteilt, die sich entlang des Septums zur Herzspitze erstrecken. Die Tawara-Schenkel verjüngen sich im Myokard zu den **Purkinje-Fasern** (→ Abb. 16, 5) und bewirken dort die Kontraktion des Myokards (→ Abb. 16, 6).

Merkhilfe für die Erregungsleitung:
S – **S**inusknoten
A – **A**V-Knoten
H – **H**is-Bündel
T – **T**awara-Schenkel
P – **P**urkinje-Fasern

Formulieren Sie mit den Anfangsbuchstaben einen Merksatz zur Erregungsleitung des Herzens, den Sie sich gut merken können.

Die sehr schnelle Erregungsleitung im Herzen gewährleistet die **Synchronizität,** d.h. Gleichzeitigkeit, der Myokardkontraktion, sodass die Pumpleistung maximiert wird. Nur im AV-Knoten wird die Erregungsweiterleitung gebremst, sodass erst die Atrien und dann die Ventrikel erregt werden.

Erregung des Arbeitsmyokards

Die Schrittmacherzellen bilden das Aktionspotenzial aus und leiten die Erregung an das Arbeitsmyokard weiter, also an den Teil der Herzmuskulatur (Myokard), der für die Kon-

Schrittmacherzellen: Herzmuskelzellen (und z.B. Darmzellen), die durch Veränderungen ihrer Membrandurchlässigkeit (Ionenkanäle) eigenständig ein Aktionspotenzial generieren können

Sinusknoten: oben im rechten Atrium befindlicher primärer Schrittmacher des Herzens, Ort der Entstehung der elektrischen Erregung; reguliert die Herzfrequenz mit

AV-Knoten: Atrioventrikularknoten; unten im rechten Atrium befindlicher sekundärer Schrittmacher des Herzens, der die elektrische Erregung vom Sinusknoten aufnimmt und ans His-Bündel weiterleitet

His-Bündel: tertiärer Schrittmacher des Herzens, der die elektrische Erregung vom AV-Knoten aufnimmt und über die Tawara-Schenkel an die Purkinje-Fasern weiterleitet

Arbeitsmyokard: Teil der Herzmuskulatur, der für die Kontraktion und damit den Transport des Bluts im Herzen zuständig ist

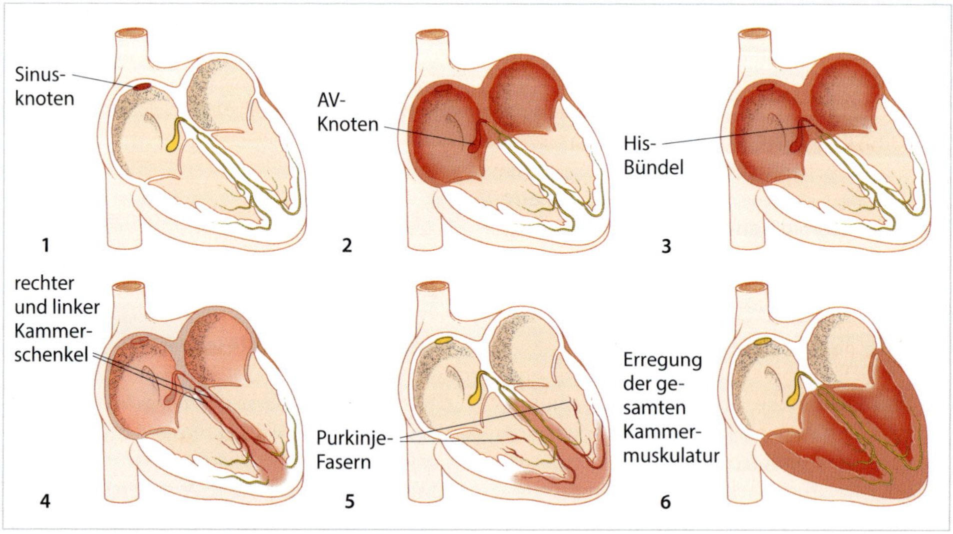

Abb. 16 Erregungsbildung und -leitung am Herzmuskel

traktion des Herzmuskels zuständig ist. Zunächst wird das Herz also elektrisch stimuliert; dann erfolgt die mechanische Kontraktion des Herzmuskelgewebes. Dieser Vorgang wird **elektromechanische Kopplung** genannt.

Die Erregung des Arbeitsmyokards ähnelt der im Nervensystem (→ 5.1.3) und im Skelettmuskel: Nach einem Ruhepotenzial erfolgt die Depolarisation mit einem Aktionspotenzial und anschließend die Repolarisation (→ Abb. 17).

Im Herzen breitet sich die Erregung über Gap Junctions (→ 1.3.4, Abb. 26) aus, sodass eine Übertragung der Signale von Zelle zu Zelle möglich ist. Daher erfolgt nach der Erregung einer einzelnen Zelle im Herzen innerhalb kurzer Zeit die komplette Erregung des Herzens (funktionelle Einheit).

Die **Muskelzellen des Arbeitsmyokards** haben ein stabiles Ruhepotenzial von etwa –90 mV. Es wird wesentlich bestimmt durch spezielle Kaliumionenkanäle, die **Kaliumionen-Einwärtsgleichrichter,** die nun offen sind und einen Auswärtsstrom von Kaliumionen erlauben.

Bei einem ankommenden Reiz kommt es zu kleinen Ladungsverschiebungen. Erreicht die dadurch bedingte **Depolarisation** einen Schwellenwert von ungefähr –70 mV, so öffnen sich zum einen spannungsgesteuerte **schnelle Natriumionenkanäle,** sodass rasch Natriumionen in die Zelle strömen. Zum anderen schließen sich die Kaliumionen-Einwärtsgleichrichter. Als Resultat steigt das Membranpotenzial sehr schnell an, jedoch nur kurze Zeit, da sich die schnellen Natriumionenkanäle auch rasch wieder schließen. Etwas zeitverzögert, aber länger öffnen sich **langsame Kalziumionenkanäle,** sodass Kalziumionen in die Zelle gelangen können. Zusammen mit den nach wie vor geschlossenen Kaliumionen-Einwärtsgleichrichtern sind die langsamen Kalziumionenkanäle verantwortlich für das lange Anhalten der Depolarisation in der **Plateauphase.** Noch etwas später öffnet sich eine weitere Art von Kaliumkanälen, die **Kaliumionen-Auswärtsgleichrichter.** Die Kaliumionendurchlässigkeit der Zellmembran nimmt zu, Kaliumionen verlassen die Zelle, das Membranpotenzial sinkt bei dieser **Repolarisation** wieder. Die Kalziumionenkanäle schließen und die Kaliumionen-Einwärtsgleichrichter öffnen sich wieder, die Kalziumionen werden durch spezielle ATP-abhängige Ionenpumpen (→ 1.3.2) in das sarkoplasmatische Retikulum zurückgepumpt und das Ruhepotenzial wird wiederhergestellt.

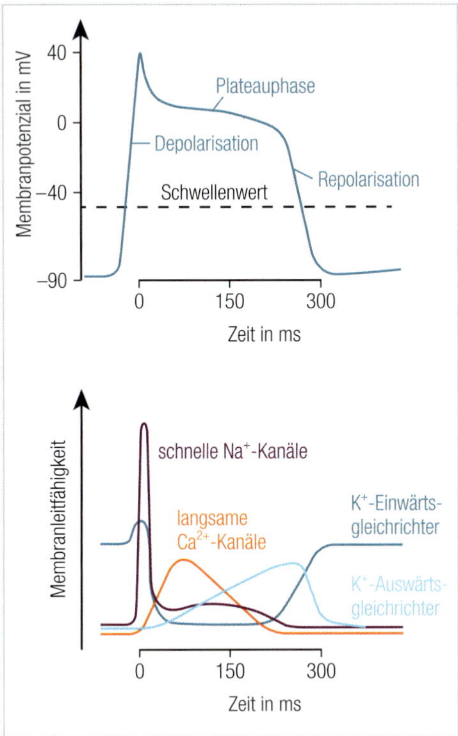

Abb. 17 Aktionspotenzial des Arbeitsmyokards (oben) und Membranleitfähigkeit für die wichtigsten Ionen (unten)

Die Plateauphase des Vorhofmyokards ist wesentlich kürzer als die des Ventrikelmyokards, da die Füllung der Ventrikel eine kürzere Zeit und weniger Kraft benötigt als die Füllung der abhängigen Kreisläufe.

Während der lang andauernden Plateauphase zwischen zwei Aktionspotenzialen besteht eine sogenannte **absolute Refraktärzeit,** in der die Herzmuskelzelle nicht neu erregt werden kann. Die Refraktärzeit schützt das Herz vor einer Tetanie, einer zu häufigen oder dauerhaften Erregung. In der darauf folgenden **relativen Refraktärzeit** können wieder Aktionspotenziale ausgelöst werden, ihr Anstieg ist aber flacher und sie sind kürzer als „normale" Aktionspotenziale. Physiologisch endet die Refraktärzeit fast gleichzeitig mit dem Ende der Kontraktion.

Refraktärzeit:
Zeit zwischen zwei Erregungszyklen des Herzens, in der die Erregungsleitung nicht aktiviert werden kann

Tetanie:
anfallartige Störung der Motorik und Sensibilität; übersteigerte muskuläre Erregbarkeit

Recherchieren Sie die Bedeutung der Kalziumionen und deren Herkunft im Rahmen der elektromechanischen Kopplung.

Erregungsbildung in den Schrittmacherzellen

In den Schrittmacherzellen liegt im Gegensatz zu den Zellen des Arbeitsmyokards kein stabiles Ruhemembranpotenzial vor, sondern es kommt zur **spontanen diastolischen Depolarisation;** die Schrittmacherzellen „erregen sich selbst“.

Auch die Schrittmacherfunktion ist in Ionenströmen und -kanälen begründet:

- Das Ruhemembranpotenzial der Schrittmacherzellen liegt aufgrund einer relativ hohen Durchlässigkeit ihrer Membran für Natriumionen nicht ganz so weit im Negativen wie das der Arbeitsmyokardzellen, also näher an der Auslöseschwelle eines Aktionspotenzials.
- Die frühe Phase der spontanen diastolischen Depolarisation ist vor allem auf das Öffnen eines Kationenkanals zurückzuführen, sodass vor allem Natriumionen in die Zelle strömen. Etwas später öffnen sich langsame Kalziumionenkanäle.
- Wird das Schwellenpotenzial erreicht, kommt es vergleichbar zu den Vorgängen im Arbeitsmyokard zu einem Aktionspotenzial, das aber langsamer ansteigt und kürzer ist (vor allem Kalziumioneneinstrom; Fehlen der schnellen Natriumkanäle und des Kaliumionen-Einwärtsgleichrichters).
- Während der Repolarisation öffnen sich die Kaliumionenkanäle und die Kaliumionen können aus der Zelle ausströmen. Je näher das Potenzial sich dem Ruhemembranpotenzial nähert, desto mehr Kaliumionenkanäle schließen.

Elektrokardiogramm: EKG; Aufzeichnung der elektrischen Aktivität des Herzens

zentraler Venendruck: ZVD; Druck in der oberen Hohlvene vor dem rechten Atrium

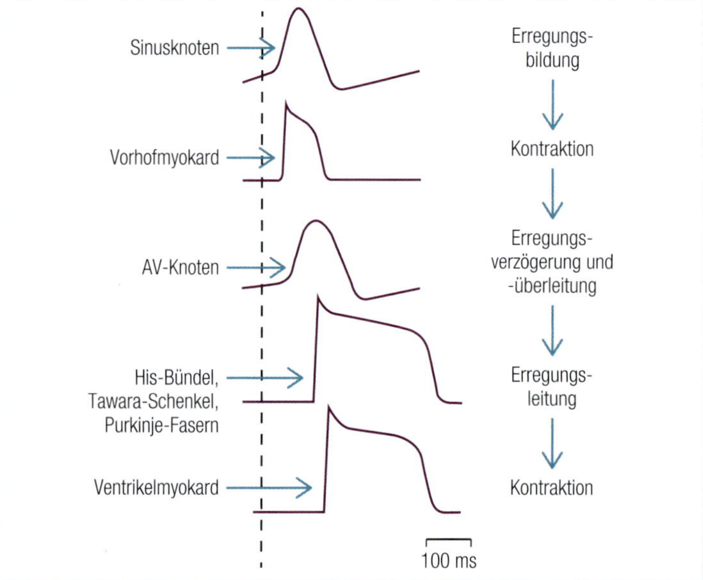

Abb. 18 Aktionspotenziale sowie Erregungsbildung und -weiterleitung im Herzen

Diese Vorgänge laufen bei den verschiedenen Schrittmacherzellen unterschiedlich schnell ab (→ Abb. 18). Die spontane diastolische Depolarisation ist im Sinusknoten wesentlich steiler als bei den nachgeordneten Schrittmacherzellen wie dem AV-Knoten, sodass der Sinusknoten mit einer Taktfrequenz von 60 bis 80 Schlägen/Minute der Taktgeber bzw. **primäre Schrittmacher** ist. Am zweitschnellsten ist der AV-Knoten mit einer Eigenfrequenz von ca. 40 bis 60 Schlägen/Minute. Er übernimmt die Funktion des Taktgebers, falls der Sinusknoten ausfällt. Deshalb heißt der AV-Knoten auch **sekundärer Schrittmacher.** Auch die Leitungsbahnen in den Ventrikeln können als **tertiäre Schrittmacher** noch Erregungen bilden, aber nur sehr langsam.

Messung der elektrischen Aktivität

Mithilfe von Elektroden, ganz überwiegend an definierten Stellen der Körperoberfläche positioniert, kann die elektrische Aktivität des Herzens aufgezeichnet werden. Man erhält das **Elektrokardiogramm (EKG)** (→ Abb. 19, → 10.3.1).

Erreicht die Erregung des Herzens die Atrien, ist ein Ausschlag messbar, der als **P-Welle** bezeichnet wird. Diese klingt ab, sobald beide Atrien voll erregt sind. Als **PQ-Zeit** bezeichnet man die Dauer vom Beginn der P-Welle (= Beginn der Vorhoferregung) bis zum Beginn des QRS-Komplexes; als **PQ-Strecke** die Strecke zwischen Ende der P-Welle bis zum Beginn des QRS-Komplexes.

Der **QRS-Komplex** zeigt die Erregungsausbreitung im Ventrikelmyokard. Die anschließende **ST-Strecke** zeigt die Erregung des gesamten Ventrikelmyokards an. Die **T-Welle** spiegelt die Erregungsrückbildung wider, die bei einer starken Verzögerung durch eine zusätzliche U-Welle verlängert wird.

Das **QT-Intervall** entspricht der elektrischen Systolendauer.

Phasen der Herztätigkeit im Zusammenhang

→ Abb. 20 zeigt die mechanischen und elektrischen Vorgänge während der Herztätigkeit, d. h. die **Zusammenhänge** zwischen Druck, Volumina, EKG und Herztönen während eines Herzzyklus:

- Die elektrische Systole beginnt kurz vor der mechanischen Systole.
- Während der Anspannungsphase der Systole steigt der Druck im linken Ventrikel, das Volumen bleibt konstant.
- Die Kontraktion des Ventrikels bewirkt einen **ersten Herzton.**
- Der **zentrale Venendruck (ZVD)** steigt etwas, da durch das große Volumen im rechten Ventrikel die Trikuspidalklappe zum venösen Zufluss hin vorgewölbt wird.
- Schließlich übersteigt der Druck im linken Ventrikel den Aortendruck und die Aortenklappe wird aufgestoßen. Die Pulmonalklappe öffnet sich ebenfalls.
- Der **QRS-Komplex** endet.
- Während der folgenden Austreibungsphase steigt der Ventrikeldruck zunächst noch und der hohe Druck wird auf die Aorta übertragen. Mit zunehmender Entleerung des Ventrikels fällt der Ventrikeldruck, und zwar schneller als der Aortendruck, sodass die Aortenklappe schließt.
- Durch die Verlagerung der Ventilebene zur Herzspitze verringert sich der ZVD deutlich; das Volumen nimmt bis zum endsystolischen Volumen ab.
- Am Ende der T-Welle ist die mechanische Systole beendet.
- Die Entspannungsphase der Diastole beginnt beim Schluss der Aortenklappe. Der **zweite Herzton** spiegelt den Verschluss der Aortenklappe wider.
- Der Aortendruck sinkt kurzzeitig, da der Schluss der Taschenklappe Platz für minimales Volumen lässt.
- Der ZVD steigt seit der Austreibungsphase bereits langsam durch den Bluteinstrom in das Atrium.
- Während der Füllungsphase steigt der Druck im linken Atrium über den Druck im linken Ventrikel. Die Segelklappe wird geöffnet.
- Die Erregung des Atriums – markiert im EKG durch die P-Welle – beginnt.
- Am Ende der Füllungsphase steigt der ZVD durch die Kontraktion des Atriums.
- Das Volumen im linken Ventrikel nimmt massiv zu, bis zum Erreichen des enddiastolischen Volumens.

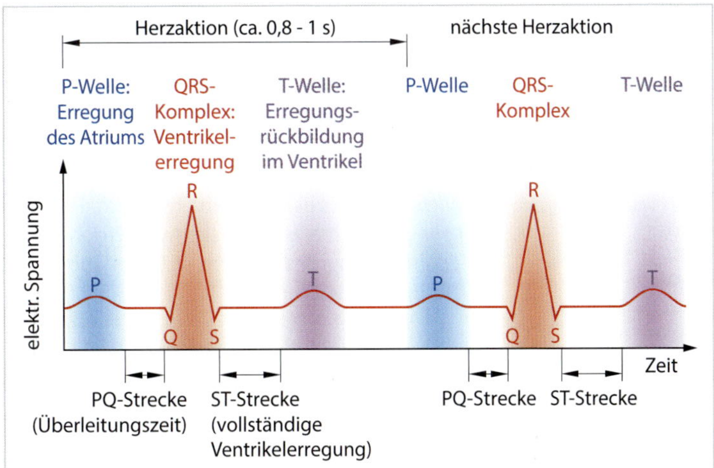

Abb. 19 Aufzeichnung der Herzaktion im EKG

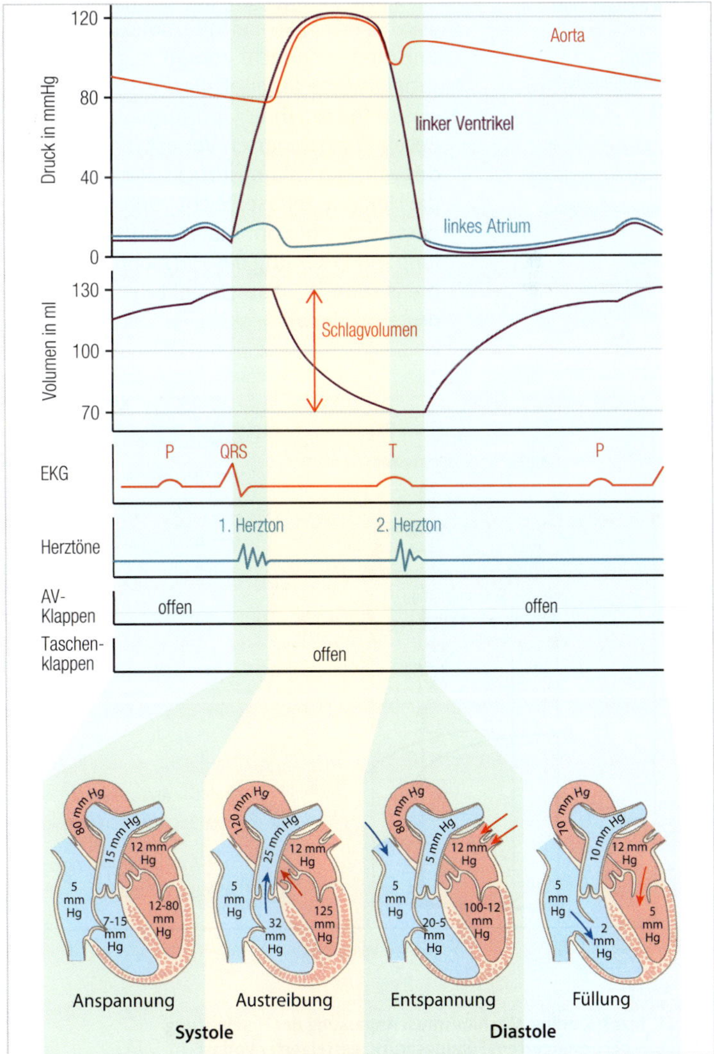

Abb. 20 Vorgänge während des Herzzyklus im Zusammenhang

Frank-Starling-Mechanismus:
Autoregulation des Herzschlagvolumens zum Ausgleich kurzfristiger Druck- und Volumenschwankungen, um Füllung und Auswurfleistung gleich zu halten

Vorlast:
Preload; enddiastolische Vorspannung des Ventrikelmyokards, bedingt durch das Füllungsvolumen

Nachlast:
Afterload; Austreibungswiderstand, d. h. Aorten- und Pulmonalisdruck, der überwunden werden muss

chronotrop:
die Herzfrequenz beeinflussend

inotrop:
die Kontraktionskraft des Herzens beeinflussend

dromotrop:
die Überleitungsgeschwindigkeit beeinflussend

10.2.3 Anpassung der Herzleistung

Der Organismus verfügt über verschiedene Mechanismen, die Herzleistung an veränderte Gegebenheiten oder Bedürfnisse anzupassen. Neben dem Frank-Starling-Mechanismus wirken das vegetative Nervensystem (→ 5.4.2) sowie ggf. eine Herzmuskelhypertrophie, die Vergrößerung des Herzens, z. B. bei Sportlern, auf die Herzleistung ein.

Die kurzfristige Anpassung der Herzleistung an Änderungen des venösen Füllungsdrucks oder des Aortendrucks wird als **Frank-Starling-Mechanismus** bezeichnet (→ Abb. 21).

Die optimale Kraftentwicklung an der Herzmuskulatur hängt von der Länge der Herzmuskelfaser ab, wobei die molekularen Mechanismen noch nicht endgültig geklärt sind. Normalerweise arbeitet die Herzmuskelfaser etwas unterhalb ihres Optimums.

- Bei einer gesteigerten **Vorlast** (Erhöhung des venösen Füllungsdrucks, Preload) wird die Herzmuskelfaser leicht vorgedehnt, sodass es zu einer optimalen Kraftentwicklung mit Erhöhung des Herzschlagvolumens kommt. Dadurch sinkt der Füllungsdruck wieder ab.

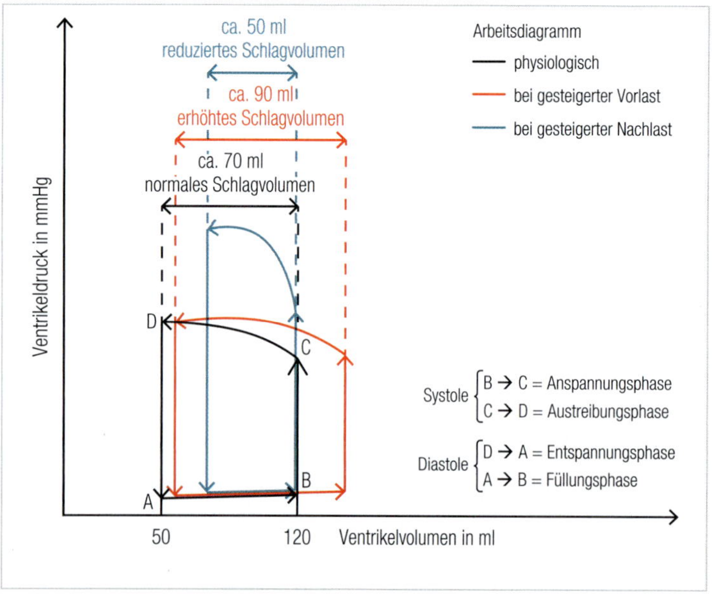

Abb. 21 **Frank-Starling-Mechanismus: Anpassung der Herzleistung**
– bei gesteigertem Füllungsdruck, gesteigerter Vorlast
– bei erhöhtem Aortendruck, gesteigerter Nachlast

- Wird die **Nachlast** (Afterload) erhöht, steigt also der Aortendruck, erhöht der Ventrikel automatisch den Druck; das Herzschlagvolumen allerdings wird reduziert, sodass das enddiastolische Restvolumen steigt. Dadurch wird die Herzmuskelfaser etwas vorgedehnt, vermag sich kräftiger zu kontrahieren und trotz des erhöhten Drucks wieder ein normales Herzschlagvolumen auszuwerfen.

1. *Beschreiben Sie die Anpassung der Herzleistung mithilfe der → Abb. 21.*

2. *Erklären Sie den Begriff des Preload mit der Funktionsweise eines Gummibandes.*

Die ebenfalls kurzfristige Anpassung der Herzleistung an (kurzzeitige) körperliche Belastung erfolgt durch das **vegetative Nervensystem,** das gleich mehrfach „wirkt":

- Der **Sympathikus** wirkt über eine beschleunigte spontane diastolische Depolarisation positiv **chronotrop.**
- Außerdem erhöht er die Kontraktionskraft des Herzen, man sagt, er wirkt positiv **inotrop.**
- Zusätzlich wirkt der Sympathikus positiv **dromotrop,** er beschleunigt also die Überleitung der Erregung im AV-Knoten, und er wirkt positiv **bathmotrop,** das heißt, er senkt die Reizschwelle zur Auslösung eines Aktionspotenzials.

Der **Parasympathikus** wirkt jeweils entgegengesetzt.

Skizzieren Sie die Veränderung des Schrittmacherpotenzials unter der Einwirkung des Parasympathikus und Sympathikus.

Gestörte Herzleistung als Long-COVID-Symptom (→ 8.7.5):
Im Rahmen von Störungen, die nach einer Coronainfektion auftreten können, kommt es nicht selten zu einer symptomatischen Störung der Herzfrequenz und damit der Herzleistung. Betroffene Personen reagieren bereits auf minimale Belastungen, z. B. beim Steigen einiger Treppenstufen, mit einem sehr starken Pulsanstieg, der eine effektive Herzarbeit behindert. Die genaue Ursache

ist noch nicht geklärt. Symptomatisch werden Medikamente, die die Herzfrequenz bremsen (Betablocker → 10.4.5) eingesetzt.

Bei intensivem sportlichen Training (→ 3.4.3) entwickelt sich langfristig eine **Herzmuskelhypertrophie,** das Herzschlagvolumen steigt, die Herzfrequenz in Ruhe nimmt ab, da mit weniger Schlägen das erforderliche Herzzeitvolumen erreicht wird. Die maximale Herzfrequenz bleibt gleich, dabei kann aber ein größeres Herzzeitvolumen gefördert werden.

10.2.4 Blutdruckregulation

Der Körper soll zu jeder Zeit und je nach Bedürfnissen optimal mit Blut und über dieses mit Sauerstoff und Nährstoffen versorgt werden. Hierzu muss das Blut mit einem gewissen **Druck** durch das Gefäßsystem strömen. Den Druck in den Gefäßen bestimmen dabei vor allem das **Herzzeitvolumen** (→ 10.1.2) und der **totale periphere Widerstand (TPR),** maßgeblich beeinflusst von den Widerstandsgefäßen (→ 10.1.1). Den größten Anteil am totalen peripheren Widerstand haben die kleinen Arterien und Arteriolen (→ Abb. 22).

Zudem ist zur optimalen Versorgung des Körpers ein ausreichendes **Blutvolumen** notwendig.

Vergleicht man die unterschiedlichen Gefäße, also Arterien, Venen und Kapillaren, so fällt auf, dass der Gesamtquerschnitt aller Kapillaren am größten ist und die Strömungsgeschwindigkeit sowie der Druck deswegen am geringsten.

Kurzfristige Blutdruckregulation

Manchmal muss der Körper innerhalb von Sekunden auf eine **veränderte Kreislaufsituation** reagieren, um den Blutdruck konstant zu halten und damit die Durchblutung vor allem des Gehirns zu gewährleisten. Dies ist beispielsweise im Alltag bei Lagewechseln der Fall oder bei kurzfristiger, sehr schneller Beschleunigung des Gangs zum Laufen/Rennen, aber auch bei Unfällen mit schnellem Blutverlust.

Die **kurzfristige Blutdruckregulation** (→ Abb. 23) funktioniert reflektorisch über drei Steuerungssysteme:

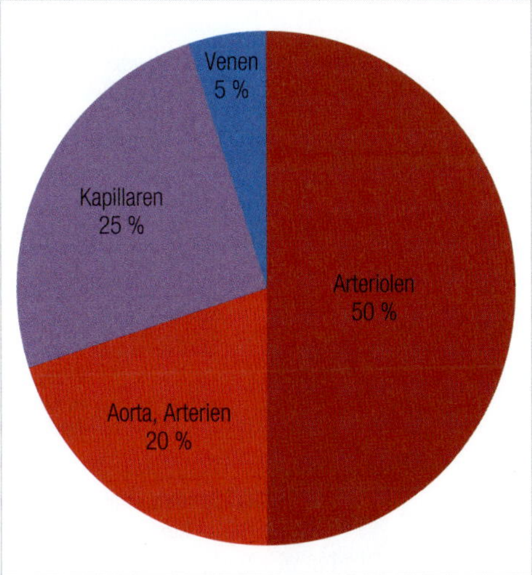

Abb. 22 Anteil der verschiedenen Gefäßabschnitte am totalen peripheren Widerstand (TPR)

- Pressorezeptoren
- Dehnungsrezeptoren
- Chemorezeptoren

Pressorezeptoren messen den Druck in den großen Arterien, z. B. im Aortenbogen und im Karotissinus, der Gabelung der Halsschlagader, und leiten die Informationen über das vegetative Nervensystem zur Medulla oblongata (→ Abb. 24, → 5.2.2) weiter. In der Medulla oblongata befinden sich wichtige Zentren für die Kontrolle des Blutdrucks (→ 5.4.2): Sinkt der Blutdruck, werden der Sympathikus aktiviert und der Parasympathikus gehemmt. Dies erhöht das Herzzeitvolumen und führt insgesamt zu einer **Vasokonstriktion.** Die Vasokonstriktion der Arterien steigert den totalen peripheren Widerstand, durch die Engstellung der Venen wird dem Herzen mehr Blut zugeführt. All diese Mechanismen lassen den Blutdruck wieder steigen.

Dehnungsrezeptoren finden sich im Niederdrucksystem, in den Venen, die in das Herz münden, der A. pulmonalis sowie den Vorhöfen. Sie registrieren den Füllungszustand des Gefäßsystems und bewirken eine kurzzeitige Blutdruckänderung über die Stimulierung bzw. Hemmung von Sympathikus und Parasympathikus. Die Dehnungsrezeptoren sind auch an der mittelfristigen Blutdruckregulation beteiligt.

bathmotrop: die Reizschwelle zum Auslösen eines Aktionspotenzials beeinflussend

Hypertrophie: erworbene Vergrößerung von Geweben oder Organen

totaler peripherer Widerstand: TPR; Gesamt-Strömungswiderstand im Körperkreislauf, gegen den der linke Ventrikel anpumpen muss

Blutdruck:
RR; Druck des Blutes, der auf die Gefäße ausgeübt wird

reflektorisch:
reflexmäßig, durch einen Reflex bedingt

Pressorezeptoren:
Druckrezeptoren

Dehnungsrezeptoren:
registrieren den Füllungszustand des Gefäßsystems

atriales natriuretisches Peptid:
ANP; vor allem in den Herzvorhöfen gebildetes Hormon; Funktion: Regulation des Salz- und Wasserhaushalts und damit des Blutdrucks

antidiuretisches Hormon:
ADH, Adiuretin; im Hypothalamus gebildetes Peptidhormon; Funktion: Regulation des Wasserhaushalts

Orthostase:
aufrechte Körperhaltung

Renin:
vorwiegend in der Niere gebildetes hormonähnliches Enzym, bewirkt Blutdrucksteigerung

Angiotensin I:
Polypeptid, Prohormon des aktiven Angiotensins II

Angiotensin II:
aus Angiotensin I gebildetes Peptidhormon; Funktion: v. a. Vasokonstriktion der Widerstandsgefäße und damit Blutdrucksteigerung

Aldosteron:
in der Nebennierenrinde gebildetes Steroidhormon aus der Gruppe der Mineralkortikoide; Funktion: Regulation von Wasserhaushalt und Blutdruck

Renin-Angiotensin-Aldosteron-System:
RAAS; System zur Regulation des Wasser- und Elektrolythaushalts und damit des Blutdrucks mithilfe von Hormonen und Enzymen

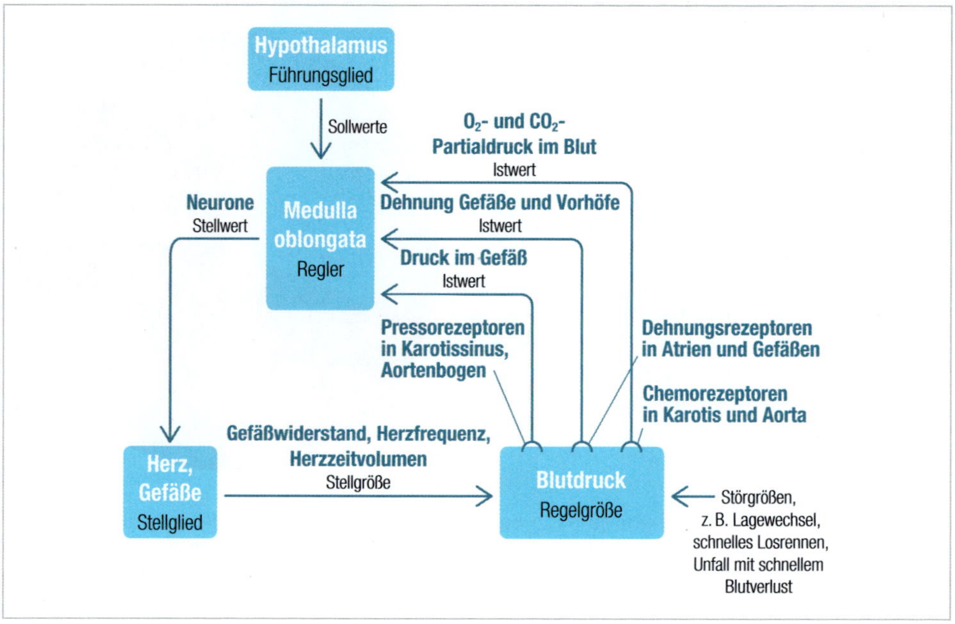

Abb. 23 Mechanismen der kurzfristigen Blutdruckregulation

Sind die Atrien im Zuge eines erhöhten Blutdrucks stärker gedehnt, wird das atriale natriuretische Peptid (ANP) freigesetzt. Dadurch steigt die Flüssigkeitsausscheidung und die Gefäße weiten sich, das antidiuretische Hormon (ADH) wird ausgeschüttet. Dies führt zur Reduktion des Plasmavolumens und damit zur Senkung des Blutdrucks.

Pressorezeptoren und Dehnungsrezeptoren spielen z. B. bei der **Orthostasereaktion** eine große Rolle: Beim Übergang vom Liegen zum Stehen steigt das Blutvolumen in den Beinen, durch den folglich verminderten Rückfluss des Bluts zum Herzen sinkt das Herzschlagvolumen und damit der Blutdruck. Pressorezeptoren und Dehnungsrezeptoren melden dies unmittelbar weiter: Praktisch sofort nach dem Aufstehen wird der Sympathikus aktiviert. Der Venentonus, das Herzzeitvolumen und der totale periphere Widerstand steigen und der Blutdruck sinkt nur ganz kurz.

Nennen Sie Maßnahmen, die bei einer orthostatischen Dysregulation helfen können.

Schlanke Mädchen in der Pubertät leiden nicht selten unter einer sogenannten orthostatischen Dysregulation. Wegen der hormonellen Umstellung und den damit verbundenen Einflüssen auf das Herz-Kreislauf-System kommt es zu niedrigem Blutdruck und beim schnellen Aufstehen zu Schwindel, Herzrasen, Schwarzwerden vor Augen bis hin zur Ohnmacht.

Periphere Chemorezeptoren, die den O_2- und CO_2-Partialdruck des Bluts (→ 9.2.5) den Säure-Base-Status, sowie vielfältige andere Reize, z. B. Schmerz und die kurzzeitige Stressreaktion messen (→ 7.3.3), können ebenfalls den Sympathikus aktivieren und so den Blutdruck steigern.

Mittelfristige Blutdruckregulation

Nach mehreren Minuten bis einigen Stunden setzt die mittelfristige Blutdruckregulation ein. Sie erfolgt hauptsächlich über den **ersten Teil des Renin-Angiotensin-Aldosteron-Systems** (RAAS-System).

Das RAAS-System (→ Abb. 25) wird durch starken Blutdruckabfall aktiviert. Die dabei verminderte Nierendurchblutung führt zu einer Freisetzung des Hormons Renin in der Niere.

Renin bewirkt die Umwandlung des Plasmaproteins Angiotensinogen in das Prohormon Angiotensin I. Dieses wiederum wird durch das Enzym ACE (Angiotensin-Converting-Enzym), das in der Lunge gebildet wird, zum aktiven **Angiotensin II** umgewandelt. Angiotensin II fördert die Vasokonstriktion der Widerstandsgefäße (→ 10.1.1), sodass der totale periphere Widerstand und damit der Blutdruck steigen. Zudem fördert Angiotensin II die Freisetzung von Noradrenalin (→ 7.3.3) und aktiviert damit den Sympathikus.

Transkapilläre Flüssigkeitsverschiebung

Bei der transkapillären Flüssigkeitsverschiebung wird aufgrund des gesteigerten Blutdrucks mehr Flüssigkeit aus den Kapillaren gefiltert. Dabei sammelt sich verstärkt Flüssigkeit im Interstitium an, das Blutvolumen sinkt und nachfolgend sinkt auch der Blutdruck.

Langfristige Blutdruckregulation

Für die langfristige Blutdruckregulation (Tage bis Jahre) ist das Zusammenspiel zwischen der Blutdruckregulation und dem Wasserhaushalt des Körpers entscheidend. Dazu gehören alle Vorgänge, die die Aufnahme und Ausscheidung von Na^+ und Wasser steuern. Hier ist der **zweite Teil des RAAS-Systems** der wesentliche Mechanismus. Das bei einem Abfall des Blutdrucks gebildete **Angiotensin II** führt zum einen zu einer Vasokonstriktion, zum anderen verursacht es eine Aldosteronausschüttung aus der Nebennierenrinde. **Aldosteron** führt zu einer Zurückhaltung von Na^+ im Körper, was zu einer verminderten Flüssigkeitsausscheidung führt. Das Durstgefühl nimmt zu. Es steigen das Blutvolumen und der Blutdruck (→ Abb. 25).

Zusätzlich gehören zur langfristigen Blutdruckregulation das **antidiuretische Hormon (ADH)** und das **atriale natriuretische Peptid (ANP),** das bei Blutdruckanstieg vermehrt ausgeschüttet wird.

ANP beeinflusst den Blutdruck auf dreierlei Weise: In der Niere erhöht es die Ausscheidung von Na^+ und Wasser, über die Senkung der Reninkonzentration in den Arteriolen führt es indirekt zu einer Gefäßerweiterung, im Hypothalamus vermindert es das Durstgefühl.

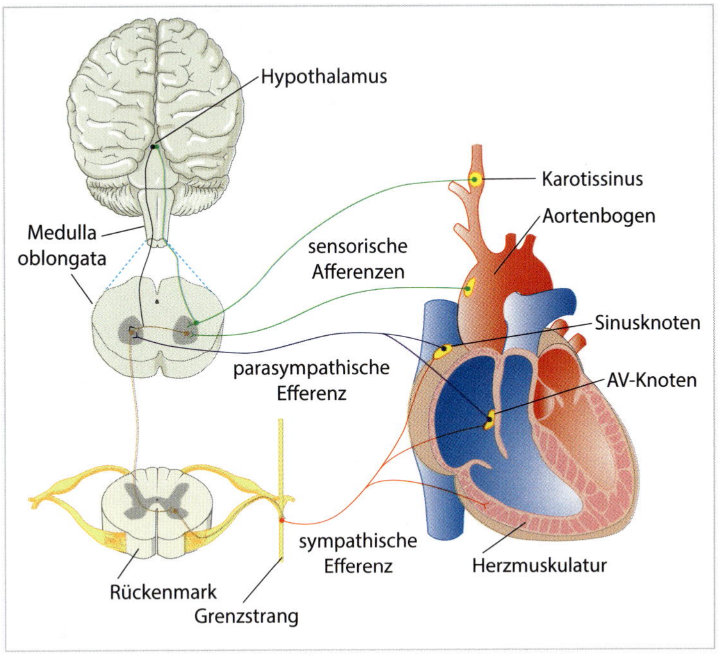

Abb. 24 Pressorezeptorenreflex

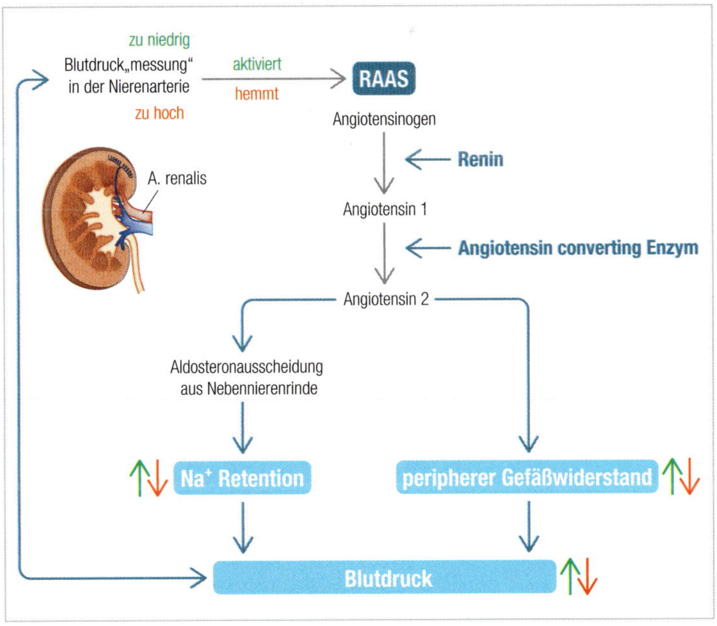

Abb. 25 Blutdruckregulation: Renin-Angiotensin-Aldosteron-System (RAAS)

AUFGABEN

1. *Erstellen Sie eine Tabelle zum unterschiedlichen Aufbau von Arterien, Venen und Kapillaren. Berücksichtigen Sie dabei Fließrichtung, Funktion, Wandaufbau und Druckverhältnisse.*
2. *Begründen Sie den unterschiedlichen Aufbau der Arterien vom muskulären und elastischen Typ.*
3. *Stellen Sie die unterschiedlichen Kapillartypen einander gegenüber.*
4. *Beschreiben Sie die Hilfsmechanismen zum Rücktransport des Bluts zum Herzen.*
5. *Beschreiben Sie die anatomischen Bestandteile der Herzwand und deren Funktion.*
6. *Erklären Sie die Bedeutung der Ventilfunktion der Herzklappen.*
7. *Beschreiben Sie den Blutfluss eines roten Blutkörperchens beim Fetus, ausgehend von der Plazenta der Mutter bis zu dieser zurück.*
8. *Leiten Sie die Ödementstehung bei erhöhtem Blutdruck her.*
9. *Erstellen Sie eine Tabelle der Phasen der Herztätigkeit und erarbeiten Sie dabei den Öffnungszustand der Klappen sowie den Blutfluss.*
10. *Erklären Sie den Zusammenhang zwischen den Ausschlägen am EKG und der mechanischen Herzaktion.*
11. *Stellen Sie das Aktionspotenzial an einer Nervenzelle, am Arbeitsmyokard und einer Schrittmacherzelle gegenüber.*
12. *a) Erörtern Sie die Funktionsweise des Frank-Starling-Mechanismus für den Fall, dass man plötzlich den Berg hochrennen muss, um pünktlich in der Schule zu sein.*
    b) Geben Sie die Folgen an, die sich vermutlich bei älteren Menschen zeigen.
13. *Erstellen Sie analog zum Schaubild der kurzfristigen Blutdruckregulation (→ Abb. 23) eines zur mittelfristigen und eines zur langfristigen Blutdruckregulation.*
14. *Nennen Sie mögliche Auswirkungen von Verengungen der Nierenarterie auf die Blutdruckregulation.*

10.3 Herz-Kreislauf-Erkrankungen

10.3.1 Untersuchungsmethoden

Pulsmessung

Puls: tastbare Blutwelle in den Arterien durch mechanische Weitergabe des Bluts, direkt ausgehend vom Herzschlag

Extrasystole: Herzschlag zusätzlich zum normalen Herzrhythmus

Pulsdefizit: Differenz zwischen Herzfrequenz und peripher tastbarem Puls

Um den Herzschlag zu prüfen, wird der **Puls** gezählt (→ I-10.1.2), indem man oberflächlich liegende Arterien mithilfe des eigenen Zeige-, Mittel- und eventuell Ringfingers tastet.

Die Pulsmessung gibt vor allem Aufschluss über Häufigkeit und Rhythmus des Herzschlags. Bei manchen Rhythmusstörungen, z. B. Vorhofflimmern und Extraschlägen, treten sogenannte **Extrasystolen** auf, bei sehr niedrigem Blutdruck oder Arterienerkrankungen kommt es zu einem **Pulsdefizit:** Der durch den Herzschlag ausgelöste Puls ist sehr schwach und nicht tastbar.

Die **Pulsfrequenz** wird vom Alter, aber auch vom Trainingszustand beeinflusst. Beim Erwachsenen liegen die Werte in der Regel bei 60–80 Schlägen/Minute, bei Sportlern auch niedriger, bei Kleinkindern bei 100–120 Schlägen/Minute und bei älteren Kindern und Jugendlichen bei 80–100 Schlägen/Minute. Bei Früh- und Neugeborenen und Säuglingen kann der Wert deutlich höher liegen, insbesondere in Wachphasen.

Blutdruckmessung

Als Blutdruckmessung wird üblicherweise die Messung des (Ruhe-)Blutdrucks im Bereich einer größeren Arterie bezeichnet (→ I-10.1.2).

Um den Blutdruck unter Alltagsbedingungen besser beurteilen zu können, wird bei Bedarf eine **24-Stunden-Blutdruckmessung** durchgeführt. Dabei pumpt ein Gerät die Manschette regelmäßig auf und speichert die Werte. Der

Patient notiert Aktivitäten, Belastungen und Beschwerden. So können eventuellen Blutdruckspitzen Belastungen zugeordnet werden. Auch die Überwachung nachts im Schlaf ist von Bedeutung, da hier andere Werte erzielt werden als im aktiven Wachzustand.

Manche Menschen sind beim Arzttermin sehr aufgeregt. Dies kann den Blutdruck steigern. Dieser Zusammenhang wird als „Weißkittel-Hypertonie“ bezeichnet. Die selbstständige Blutdruckmessung zu Hause oder eine 24-Stunden-Blutdruckmessung können erhöhte Werte, die mit der Aufregung zusammenhängen, „entlarven“.

Tasten Sie gegenseitig den Puls und messen Sie den Blutdruck unter verschiedenen Bedingungen wie Ruhe, Sport oder Pressen.

Auskultation

Eine grundlegende Untersuchung des Herzens ist dessen Auskultation (→ I-10.1.2) mittels Stethoskop.

Auskultation: Abhören des Patienten mit dem Stethoskop

Normalerweise sind beim Erwachsenen zwei Herztöne hörbar (→ 10.2.2, → Abb. 20). Weitere Herztöne oder **Herzgeräusche** weisen bei Erwachsenen meist auf eine Erkrankung hin, z. B. eine Verengung der Herzklappen.

Sonografie

Bei Erkrankungen des Gefäßsystems wird die **Dopplersonografie** (→ I-10.1.3) als Untersuchungsmethode verwendet. Diese ermöglicht, die Fließgeschwindigkeit des Bluts in den Arterien und Venen zu bestimmen und akustisch oder als Kurve darzustellen.

Sonografie: Sichtbarmachen des Körperinneren mittels Ultraschall

Dopplersonografie: besondere Form der Sonografie, bei der zusätzlich der Blutfluss innerhalb der Gefäße akustisch oder optisch (farbig) dargestellt wird, z. B. um Engstellen zu entdecken

Die heute breit verfügbare **Farbduplexsonografie** stellt die Gefäßlichtung, -weite und Blutströmung in Echtzeit und schmerzlos dar.

Bei der **Echokardiografie** wird ein Ultraschall des Herzens durchgeführt. Dabei können die Funktion, Größe und Beweglichkeit des Herzens und der Herzklappen sowie die Pumpleistung des Herzens schnell festgestellt werden. Auch Gerinnsel und Ergüsse können beurteilt werden. Wird ein genaueres Bild benötigt, wird die **transösophageale Sonografie** durchgeführt. Dazu wird, wie bei einer Magenspiegelung, der Ultraschallkopf endoskopisch in die Speiseröhre (Ösophagus) eingeführt. Durch die herznahe Lage sind die Bilder qualitativ sehr gut.

Echokardiografie: nichtinvasives bildgebendes diagnostisches Verfahren der Herzuntersuchung mittels Ultraschall

Elektrokardiogramm

Das Elektrokardiogramm (EKG) ist eine Aufzeichnung der elektrischen Aktivität des Herzens.

Elektrokardiogramm: EKG; Aufzeichnung der elektrischen Aktivität des Herzens

Ruhe-EKG

Um Rhythmusstörungen oder eine Mangeldurchblutung mit Schädigung des Herzmuskels zu diagnostizieren, wird zunächst ein Ruhe-EKG geschrieben.

An den Extremitäten werden die Elektroden für die sogenannten **Extremitätenableitungen** von der Farbe her wie bei einer Ampel fixiert (→ Abb. 26), zwei an den Hand- und zwei an den Fußgelenken:

- rechter Arm: rote Elektrode
- linker Arm: gelbe Elektrode
- linkes Bein: grüne Elektrode
- rechtes Bein: schwarze Elektrode (symbolisiert im Ampel-Schema die Erde)

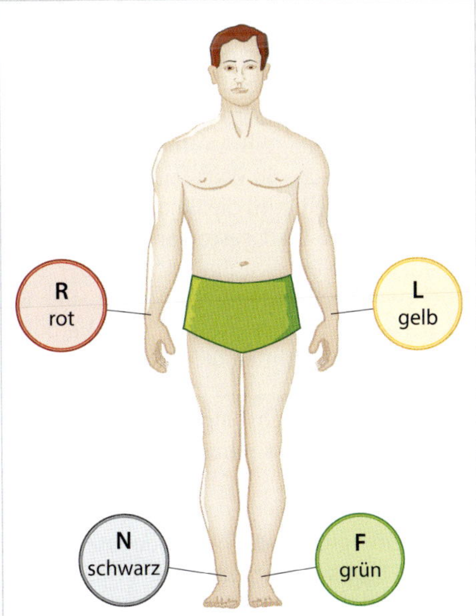

Abb. 26 EKG – Lage der Elektroden für die Extremitätenableitungen

Am Brustkorb werden die sechs **Brustwandableitungen** folgendermaßen fixiert (→ Abb. 27):

ICR:
Interkostalraum; Raum zwischen zwei Rippen; gezählt wird von oben, d. h., zwischen der obersten Rippe und der Rippe darunter liegt der 1. ICR

Medioklavikularlinie:
gedachte Linie, die senkrecht von der Mitte des Schlüsselbeins (Clavicula) nach unten führt

Axillarlinie:
gedachte Linie, die von der Achsel nach unten führt; unterschieden werden vordere, mittlere und hintere Axillarlinie

Röntgen:
bildgebendes diagnostisches Verfahren, bei dem mithilfe kurzwelliger Strahlen v. a. Knochen auf einem speziellen Film sichtbar werden

Herzinsuffizienz:
Herzschwäche, bei der das Herz nicht mehr in der Lage ist, ausreichend Blut in den Körper zu pumpen

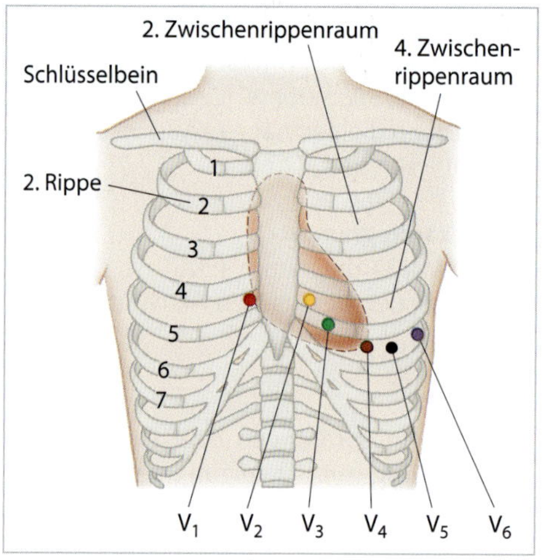

Abb. 27 EKG – Lage der Elektroden bei den Brustwandableitungen

- V1: 4. ICR rechts neben dem Brustbein
- V2: 4. ICR links neben dem Brustbein
- V3: zwischen V2 und V4 auf der 5. Rippe
- V4: 5. ICR in der linken Medioklavikularlinie
- V5: auf Höhe V4 in der vorderen Axillarlinie
- V6: auf Höhe V4 in der mittleren Axillarlinie

Belastungs-EKG

Ein Belastungs-EKG gibt Auskunft über die Belastbarkeit des Patienten, z. B. als Sportuntersuchung, bei einer bekannten Erkrankung des Herzens oder bei Bluthochdruck. Unter ärztlicher Aufsicht wird der Patient mithilfe eines Sportgeräts, z. B. Laufband, Ergometer, zunächst mit 25–50 Watt belastet. Bei Beschwerdefreiheit wird die Belastung alle zwei Minuten um 25 Watt gesteigert. Das EKG wird dabei kontinuierlich aufgezeichnet, der Blutdruck wird engmaschig gemessen. Bei Beschwerden oder bestimmten EKG-Veränderungen wird die Untersuchung sofort unterbrochen. Nach dem Ende der Belastung wird das EKG weitere sechs Minuten durchgeführt, um die Erholung des Herzens zu beobachten.

Langzeit-EKG

Bei einem Langzeit-EKG wird der Herzzyklus über 24 Stunden aufgezeichnet. Der Patient sollte zur besseren Aussagekraft alle Aktivitäten und Medikamenteneinnahmen, aber auch Beschwerden zeitgenau notieren. Das Langzeit-EKG dient vor allem dazu, Rhythmusstörungen zu entdecken.

Röntgen des Brustkorbs

Durch eine Röntgenuntersuchung (→ I-10.1.3) des Brustkorbs lassen sich die Größe und Form des Herzens beurteilen. Dies kann Hinweise auf verschiedene Erkrankungen geben, z. B. auf eine Herzinsuffizienz (→ 10.6). Auch lassen sich Auffälligkeiten, z. B. Flüssigkeitsansammlungen in der Lunge oder Pleura, erkennen, die ebenfalls auf eine Herzinsuffizienz hinweisen können.

10.3.2 Risikofaktoren für Herz-Kreislauf-Erkrankungen

Herz-Kreislauf-Erkrankungen sind mit 33,3 % aller Todesfälle die **häufigste Todesursache** in Deutschland (Statistisches Bundesamt (Destatis) 2023a). Für Betroffene sind sie mit erheblichen individuellen **Krankheitsfolgen** verbunden und sie verursachen hohe **Krankheitskosten.** Im Jahr 2020 lagen die durch Herz-Kreislauf-Erkrankungen verursachten Kosten bei 56,1 Milliarden Euro, das entspricht 13 % der gesamten Krankheitskosten (Statistisches Bundesamt (Destatis) 2023b).

Herz-Kreislauf-Erkrankungen sind ein Themenschwerpunkt im Gesundheitsmonitoring des Robert Koch-Instituts und **Inhalt von zahlreichen Forschungsaktivitäten.** Die verschiedenen Teildisziplinen der Gesundheitsforschung beleuchten verschiedene Fragen. Dabei ist die Untersuchung der Entstehung von Herz-Kreislauf-Erkrankungen häufig zentral.

I-1.3.3
Zentrale Fragen der Gesundheitsforschung am Beispiel Herz-Kreislauf-Erkrankungen

Themenschwerpunkt Herz-Kreislauf-Erkrankungen am Robert Koch-Institut: *www.rki.de/DE/Content/GesundAZ/K/Koronare_Herzkrankheit/Koronare_Herzkrankheit_node.html*

Gesundheitsmonitoring:
Entwicklungen im Krankheitsgeschehen und im Gesundheits- und Risikoverhalten in Deutschland werden kontinuierlich erfasst; Aufgabe des Robert Koch-Instituts

Wichtige **Risikofaktoren** für Herz-Kreislauf-Erkrankungen sind:

- kardiometabolische Erkrankungen:
  - Bluthochdruck (→ 10.4)
  - Diabetes mellitus (→ 4.6)
  - Fettstoffwechselstörungen
  - Adipositas (→ 4.5)
- Bewegungsmangel
- ungesunde Ernährung
- Übergewicht (v. a. Apfeltyp, → 4.4.2)
- Rauchen (→ 9.3.2)
- übermäßiger Alkoholkonsum (→ 5.14)
- Stress (→ 5.9, → 7.3.3)
- hohes Alter
- männliches Geschlecht
- genetische Vorbelastung
- niedriger sozioökonomischer Status

Unterteilen Sie die Risikofaktoren in „beeinflussbar" und „nicht beeinflussbar".

Viele dieser Risikofaktoren können durch ein gesundheitsbewusstes Verhalten **beeinflusst** werden, sodass der Prävention eine große Bedeutung zukommt.

10.3.3 Prävention von Herz-Kreislauf-Erkrankungen

Die eigenen Gene kann ein Mensch nicht ändern. Beeinflussbare Risikofaktoren für Herz-Kreislauf-Erkrankungen, z. B. Rauchen und andere Menschen dem eigenen Tabakqualm auszusetzen, können Menschen jedoch selbst steuern.

Eine Vielzahl von Präventionsmaßnahmen und Behandlungsempfehlungen zielt darauf, das Auftreten der Risikofaktoren für Herz-Kreislauf-Erkrankungen zu reduzieren beziehungsweise sie adäquat zu behandeln.

Die Prävention von Herz-Kreislauf-Erkrankungen beruht im Wesentlichen auf **vier Säulen:**

- sich gesund ernähren
- sich ausreichend bewegen
- Rauchen vermeiden
- psychosoziale Gesundheit stärken

Maßnahmen in diesen Säulen beziehen sich dabei auf individueller Ebene auf das **Verhalten** hin zu einem gesundheitsförderlichen Lebensstil. Zum anderen gilt es, die Strukturen und damit die **Lebensbedingungen** der Menschen gesundheitsförderlich zu gestalten (→ I-9.1.1, → I-9.1.2). Aus **Public Health-Sicht** gilt es, die Bevölkerung über Möglichkeiten der Früherkennung von Krankheiten zu informieren und dazu zu motivieren, Eigenverantwortung zu übernehmen und diese in Anspruch zu nehmen.

Im Rahmen von **gesunder Ernährung** richtet sich das Hauptaugenmerk auf eine herzgesunde Ernährung. Dazu gehören folgende Empfehlungen (→ 4.4.4):

- viel Gemüse und zuckerarmes Obst
- viel vegetarisches Essen
- Fisch statt Fleisch
- hochwertige Öle
- ballaststoffreiche Kost
- Salz sparsam verwenden
- Zuckerkonsum stark reduzieren

Der Blutzuckerwert sollte im Idealfall stabil sein und zusätzlich sind ausreichend Omega-3-Fettsäuren sinnvoll (→ 4.4.4, → 4.4.5).

Regelmäßige **Bewegung** wirkt sich positiv auf die Herzgesundheit aus – ob in Form von Alltagsaktivitäten oder Sport. Dabei wird nicht nur der Körper, sondern auch der Geist trainiert. Durch ausreichend Bewegung wird zudem Übergewicht abgebaut bzw. verhindert, Blutfette werden gesenkt und das Diabetes- und Hypertonierisiko reduziert (→ 3.4.4).

Beim **Rauchen** werden mehrere Tausend chemische Substanzen inhaliert, die die Gefäße auf Dauer schädigen. Es empfiehlt sich, komplett darauf zu verzichten (→ 9.3).

Psychischer **Stress** beeinflusst ebenfalls die Herzgesundheit. Langfristig führt dieser durch hormonelle Einflüsse zu einer Hypertonie, die die Entstehung weiterer Herzkrankheiten begünstigt. Maßnahmen der psychosozialen Gesundheit umfassen unter anderem Entspannungstechniken und die Entwicklung gesundheitsförderlicher Rahmenbedingungen in Lebenswelten, z. B. Schutz vor Lärm (→ 5.9.3).

AUFGABEN

1. *Ermitteln Sie in Ihrem persönlichen Umfeld die Risikofaktoren für Herz-Kreislauf-Erkrankungen, die bereits Jugendliche und junge Erwachsene zeigen.*
2. *Wiederholen Sie die Grundlagen der gesunden Ernährung aus → Kap. 4.4. Konzentrieren Sie sich dabei vor allem auf die Aufnahme „gesunder Fette". Erklären Sie, was damit gemeint ist.*

kardiometabolisch: das Herz-Kreislauf-System und/oder Stoffwechselvorgänge betreffend

Fettstoffwechselstörung: Veränderung (meist Erhöhung) der Konzentration der Lipide (Triglyzeride) und/oder Lipoproteine (v. a. Cholesterin) im Blut

10.4 Hypertonie

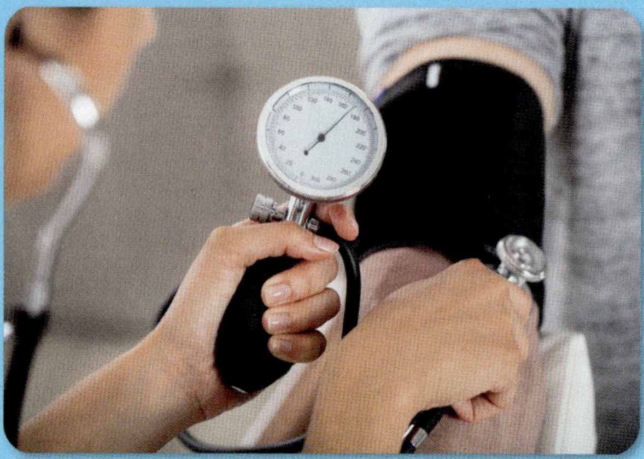

Frau Meier, 48 Jahre, geht zum Hausarzt, weil sie eine starke Erkältung hat. In den letzten Tagen hat sie mehrfach starkes Nasenbluten und rasende Kopfschmerzen gehabt. Sie raucht nicht, trinkt gelegentlich ein Glas Wein und wiegt etwa 90 kg bei einer Körpergröße von 162 cm. Der Arzt untersucht sie und misst den Blutdruck. Dieser liegt bei 170/105 mmHg. Bekannt ist bei Frau Meier bisher nur eine Schilddrüsenunterfunktion.

1. *Befragen Sie Menschen mit Bluthochdruck, in welchem Lebensalter sich dieser etwa manifestiert hat.*
2. *Diskutieren Sie mögliche Risikofaktoren bei Frau Meier und erarbeiten Sie Anamnesefragen, die den Verdacht auf eine Hypertonie und deren Risikofaktoren abklären.*

Hypertonie: Bluthochdruck; Blutdruck > 140/90 mmHg

Unter einer (arteriellen) **Hypertonie** versteht man einen erhöhten Blutdruck, also Werte über 140/90 mmHg. Die Hypertonie ist der wichtigste **Risikofaktor** für alle anderen Herz-Kreislauf-Erkrankungen.

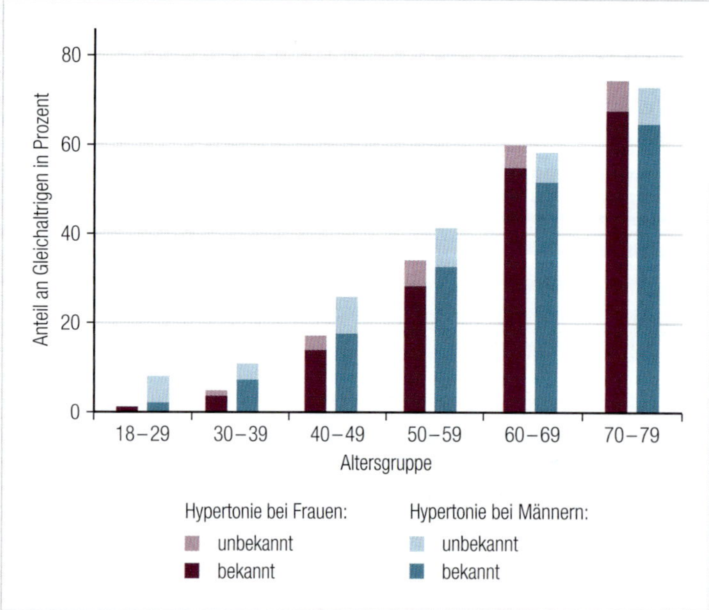

Abb. 28 Bekannte und unbekannte Hypertonien bei Frauen und Männern (Robert Koch-Institut 2015)

10.4.1 Vorkommen

Fast jeder dritte Erwachsene in Deutschland – 30,9 % der Frauen und 32,8 % der Männer – haben eine ärztlich diagnostizierte Hypertonie. Die Häufigkeit der Hypertonie nimmt mit dem Alter zu. Fast zwei Drittel der 65-Jährigen und Älteren sind betroffen (Neuhauser u. a. 2017). Zudem bleiben Hypertonien häufig unbekannt (→ Abb. 28).

10.4.2 Ursachen und Krankheitsentstehung

Bei der Hypertonie wird je nach Ursache zwischen primärer und sekundärer Hypertonie unterschieden:

- **primäre Hypertonie** – 85 % der Fälle: ohne erkennbare Ursache, aber mit genetischer Veranlagung und Risikofaktoren
- **sekundäre Hypertonie** – 15 % der Fälle: verursacht durch Krankheiten wie Nierenerkrankungen, Nebennierenerkrankungen oder Nebenwirkungen von Medikamenten

Situativ ist ein hoher Blutdruck bei extremer körperlicher Belastung zu finden.

Die Entstehung der Hypertonie ist sehr komplex und nicht abschließend geklärt. Ein **Elastizitätsverlust der Arterien** spielt jedoch immer eine große Rolle. **Risikofaktoren** sind:

- Übergewicht
- Bewegungsmangel
- erhöhte Kochsalzzufuhr
- Alkoholkonsum
- Tabakkonsum
- chronischer Disstress (→ 7.3.3)

10.4.3 Symptome

Typischerweise ist der Betroffene lange Zeit **symptomfrei.** Während dieser Zeit schädigt der erhöhte Blutdruck aber bereits die Arterien und beschleunigt vor allem die Arteriosklerose (→ 10.5). Auch schadet es dem Herz, wenn es jahrelang gegen den erhöhten Druck anpumpen muss. Gelegentlich leiden Betroffene an Ohrensausen, Kopfschmerzen, Nasenbluten oder Schwindel. Weitere **unspezifische Symptome** können sein:

- Schlappheit
- Ödeme
- Sehstörungen
- Angina pectoris (→ 10.5)
- Potenzstörungen
- Ein- und Durchschlafstörungen

Der Betroffene und der behandelnde Arzt sollten vor allem wegen der unspezifischen Symptome sehr aufmerksam sein und an die Möglichkeit einer Hypertonie denken.

Eine **hypertensive Krise,** d.h. ein plötzlicher Anstieg des Blutdrucks auf Werte über 230/130 mmHg, ist ein **medizinischer Notfall.**

Die hypertensive Krise geht mit neurologischen Symptomen wie Schwindel, Kopfschmerzen, Sehstörungen und Taubheitsgefühl einher.

10.4.4 Diagnostik

Die Diagnose Hypertonie wird häufig zufällig im Rahmen einer Routineuntersuchung gestellt. Dies spricht dafür, Vorsorgeuntersuchungen sorgfältig wahrzunehmen.

Erstmaßnahmen bei hypertensiver Krise

Es sollte sofort der **Notarzt** gerufen und der Blutdruck gesenkt werden.

Erstmaßnahmen, bis Hilfe eintrifft:

- Atmung und Puls des Erkrankten beobachten, bei Bedarf Wiederbelebungsmaßnahmen einleiten
- Oberkörper leicht erhöht lagern
- beengende Kleidung ggf. lockern
- den Erkrankten und ggf. die Angehörigen beruhigen

Bei der Diagnostik der Hypertonie stehen die kardiovaskuläre Anamnese einschließlich Familienanamnese und die Erhebung der Risikofaktoren im Vordergrund. Wegen der unspezifischen Symptome ist es schwierig, ganz gezielte Fragen zu stellen.

Neben der akuten Blutdruckmessung (→ I-10.1.2) wird eine **24-Stunden-Blutdruckmessung** (→ 10.3.1) durchgeführt (→ Abb. 29). **Selbstmessungen,** deren Werte in einem Blutdruck-Tagebuch notiert werden, können die Diagnostik sinnvoll unterstützen. → Tab. 4 gibt die in Deutschland übliche Klassifikation des Blutdrucks wieder.

Der Normwert des Blutdrucks hängt vom Alter ab. So beträgt er beim Neugeborenen ca. 60/30 mmHg. Mit steigendem Lebensalter nimmt der Blutdruck zu.

Arteriosklerose: krankhafte Einlagerung von Cholesterinestern und anderen Lipiden in die innere Wandschicht arterieller Blutgefäße (Plaquebildung) mit Verhärtung, Verdickung, Elastizitätsverlust und Verengung des Gefäßlumens; führt zu Durchblutungsstörungen im betroffenen Gebiet

Angina pectoris: Engegefühl der Brust bei Minderversorgung des Myokards mit Sauerstoff

hypertensive Krise: plötzlicher Anstieg des Blutdrucks auf Werte über 230/130 mmHg

kardiovaskulär: das Herz und die Gefäße betreffend

Tab. 4 Klassifikation des Blutdrucks und Hypertonie-Definition (European Society of Cardiology, Deutsche Gesellschaft für Kardiologie 2018)

Einteilung	Systolischer Wert in mmHg		Diastolischer Wert in mmHg
optimal	< 120	und	< 80
normal	120–129	und/oder	80–84
hochnormal	130–139	und/oder	85–89
Hypertonie Grad I	140–159	und/oder	90–99
Hypertonie Grad II	160–179	und/oder	100–109
Hypertonie Grad III	180 oder mehr	und/oder	110 oder mehr
isolierte systolische Hypertonie (alleinige Erhöhung des oberen Werts)	140 oder mehr	und	< 90

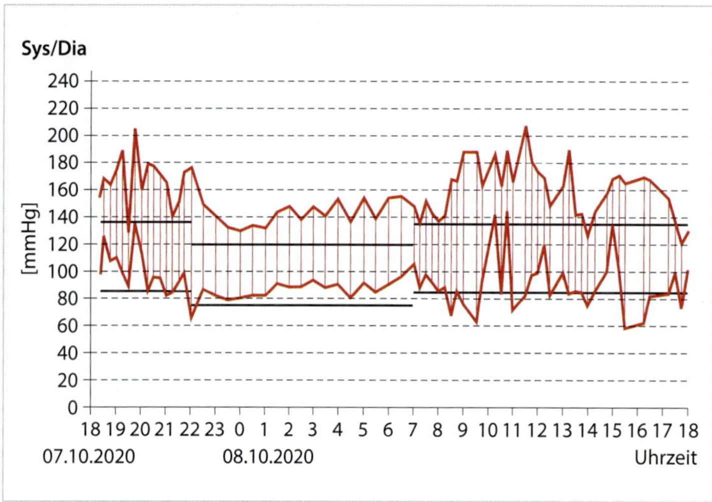

Abb. 29 24-Stunden-Blutdruckmessung bei einem Patienten mit Hypertonie (vereinfachte Darstellung)

Neue Leitlinie der European Society of Hypertension zur arteriellen Hypertonie (Mancia et al. 2023): Neuerungen werden von den Fachgesellschaften geprüft, sind in der S3-Leitlinie Hypertonie 2023 noch nicht enthalten (Stand 03/2024): *https://register.awmf.org/assets/guidelines/nvl-009k_S3_Hypertonie_2023-06.pdf*

Die Angaben im Text orientieren sich an der S3-Leitlinie von 2023.

I-13.5.3 Pharmakodynamik: Interaktion mit Rezeptoren

Betablocker: Gruppe von Arzneimitteln, die β-Adrenozeptoren blockieren und damit das Andocken von Adrenalin verhindern; Wirkung: Senkung von Ruheherzfrequenz und Blutdruck

Im Hinblick auf Ursachen sowie zusätzliche Schädigungen bzw. Folgeerkrankungen werden im Rahmen der Diagnostik zudem ein EKG, eine augenärztliche Untersuchung, Laboruntersuchungen und die Sonografie durchgeführt.

10.4.5 Therapie

Eine Hypertonie wird zunächst immer **kausal therapiert,** sofern eine direkte Ursache zu finden ist. Bei einer sekundären Hypertonie wird also die zugrundeliegende Erkrankung therapiert.

Die Therapie hat generell das Ziel, den Blutdruck auf unter 140/90 mmHg zu verringern und weitere Herz-Kreislauf-Risikofaktoren zu minimieren. Sie richtet sich nach der S3 Nationalen Versorgungsleitlinie Hypertonie 2023.

Ist keine Ursache zu erkennen, stützt sich die Therapie auf folgende **Lebensstiländerungen:**

- weniger als 6 g Kochsalz tgl.
- übergewichtige Betroffene sollen Gewicht reduzieren
- körperlich inaktive Personen sollen sich regelmäßig moderat bewegen
- ausgewogenes Essen mit angepasster Kaloriendichte
- Rauchen aufgeben
- risikoarmer Alkoholkonsum
- Entspannungsverfahren erlernen
- strukturierte Schulung zu Schlüsselthemen

Zusätzlich zu diesen Lebensstiländerungen benötigen die meisten Patienten mit Hypertonie eine **medikamentöse Therapie** (S3 Nationale Versorgungsleitlinie Hypertonie 2023).

Für die Therapie des Bluthochdrucks stehen verschiedene Medikamentengruppen zur Verfügung.

Wirkstoffklassen der ersten Wahl:

- ACE-Hemmer und Angiotensin-II-Rezeptorblocker (ARB); wirken über das RAAS (→ Abb. 25)
- Kalziumkanalblocker; senken den Widerstand im Gefäßsystem
- Diuretika; fördern die Wasserausscheidung

Wirkstoffklassen für spezielle Personengruppen:

- Aldosteronantagonisten; fördern die Salz- und Wasserausscheidung; zur Therapieergänzung bei fehlender Wirkung
- Betablocker; senken Herzfrequenz und Blutdruck; geeignet bei gleichzeitiger Herzkrankheit (→ Abb. 30)
- Renin-Inhibitoren; wirken ähnlich wie ACE-Hemmer und ARB; nicht mit diesen kombinieren
- Alpharezeptorblocker; bei speziellen Fällen der sekundären Hypertonie

Grundsätzlich sollen nur leichte Bluthochdruckerkrankungen ohne Risikofaktoren mit einem Einzelwirkstoff behandelt werden, mittel- und schwergradige Erkrankungen sowie leichte Bluthochdruckerkrankungen mit Risikofaktoren erfordern eine frühzeitige Kombinationstherapie.

Betablocker werden bei Bluthochdruck empfohlen, wenn zusätzlich eine KHK oder eine Herzinsuffizienz vorliegen. Sie wirken als kompetitive Antagonisten (→ 1.3.1, → I-13.5.3) v.a. an den β-1-Rezeptoren der Herzmuskulatur und des Sinusknotens. Eine Aktivierung dieser Rezeptoren durch Adrenalin ist nicht mehr möglich, wenn diese bereits durch die Betablocker „besetzt" sind. Es sinken die Herzfrequenz und der Blutdruck (→ Abb. 30).

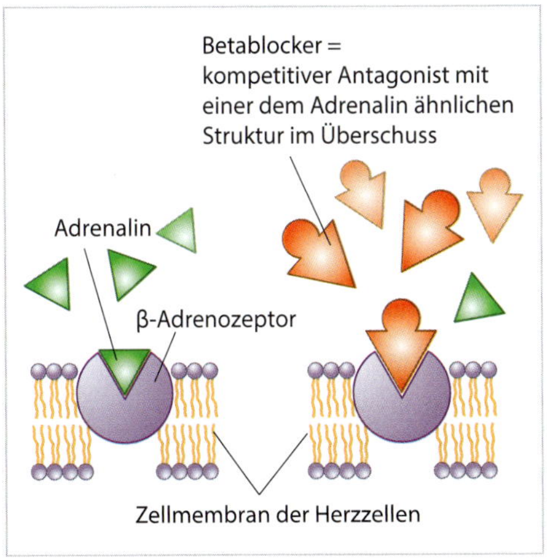

Abb. 30 Wirkungsweise von Betablockern

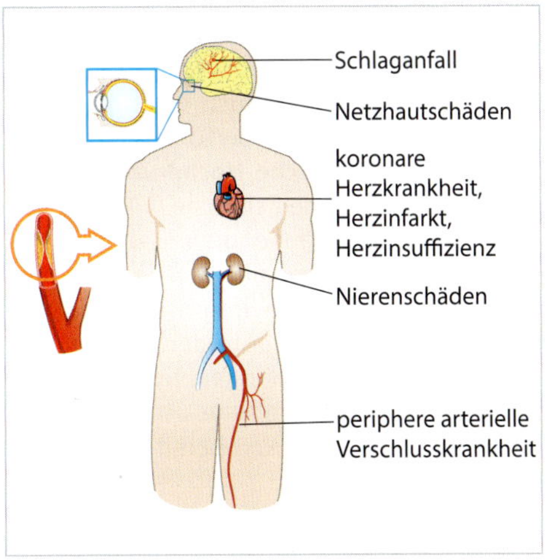

Abb. 31 Mögliche Folgen der Hypertonie

Betablocker dämpfen den Sympathikus (→ 5.4.2). Deshalb wirken sie auch gegen ein Muskelzittern und bei Aufgeregtheit. Gerade diese Wirkungen werden im Off-Label-Use z. B. bei Prüfungsangst eingesetzt, bieten aber auch Möglichkeiten der missbräuchlichen Anwendung (Musiker oder Sportler, die eine ruhige Hand brauchen).

Die regelmäßige Einnahme der Medikamente trägt entscheidend zur Blutdrucksenkung und damit zur Senkung von Folgen der Hypertonie bei. Mit entscheidend für den Therapieerfolg ist also die **Adhärenz** des Patienten, d. h. die Einhaltung der gemeinsam zwischen Patient und Arzt vereinbarten Therapieziele.

10.4.6 Rehabilitation und Pflege

Im Rahmen der **Rehabilitation** bei Hypertonie stehen die Verhaltensänderung und der Reha-Sport im Vordergrund. Menschen, die individuelle Therapieempfehlungen nur schlecht umsetzen können, sollten an strukturierten Therapieprogrammen, z. B. im Rahmen von Disease-Management-Programmen (DMP) (→ I-10.5.2) teilnehmen.

An sich besteht bei einer reinen Hypertonie **keine Pflegebedürftigkeit.** Bei älteren und/oder verwirrten Patienten kann die Kontrolle der Medikamenteneinnahme jedoch angezeigt sein.

10.4.7 Verlauf und Prognose

Auch wenn die Hypertonie zunächst keine Symptome verursacht, ist ihre Behandlung äußerst wichtig, um die zahlreichen möglichen Folgeerkrankungen (→ Abb. 31) zu vermeiden.

10.4.8 Prävention und Gesundheitsförderung

Die Prävention von Hypertonie bedeutet prinzipiell, die beeinflussbaren **Risikofaktoren** für diese zu **minimieren.**

Eine Hypertonie bleibt häufig lange Zeit unbemerkt, obwohl bereits deutliche Veränderungen an den Gefäßen vorliegen können. Häufig wird die Erkrankung unterschätzt. In diesem Zusammenhang spielen die regelmäßigen **Früherkennungsuntersuchungen** (→ I-9.2.5) eine wichtige Rolle. Auch das Selbstmonitoring über digitale Geräte gewinnt immer mehr an Bedeutung.

Beispielsweise werden im Rahmen der jährlichen gynäkologischen Untersuchung beim Frauenarzt ab dem 20. Lebensjahr Blutdruck und Puls gemessen.

Wenn eine Hypertonie früh erkannt wird, ist diese häufig durch Verhaltensanpassungen und ohne medikamentöses Eingreifen behandelbar.

Adhärenz:
Maß, in dem das Verhalten eines Patienten mit seinem Therapieziel übereinstimmt

periphere arterielle Verschlusskrankheit:
pAVK; Verengung bis hin zum Verschluss der Arterien in Armen oder Beinen

Die **Aufklärung** über die Erkrankung, ihre Folgen und präventive Möglichkeiten hat eine besondere Bedeutung, auch um der großen Anzahl unbekannter Hypertonien entgegenzuwirken. Die **Deutsche Hochdruckliga,** eine gemeinnützige medizinische Fachgesellschaft und Betroffenenorganisation, setzt sich dafür ein, dass möglichst viele Menschen über diese Erkrankung informiert sind. Die Deutsche Hochdruckliga fördert Forschungsprojekte, hält Informationen für alle Personengruppen wie Betroffene, Ärzte, Wissenschaftler und Apotheker bereit und unterstützt ihre Vernetzung.

Deutsche Hochdruckliga e.V., Deutsche Gesellschaft für Hypertonie und Prävention: *www.hochdruckliga.de*

10.4.9 Hypertonie als Kriterium des metabolischen Syndroms

Definition und Bedeutung des metabolischen Syndroms

Beim metabolischen Syndrom handelt es sich um eine **Kombination verschiedener Erkrankungen bzw. Symptome** (→ 4.5, → 4.6).

metabolisch: im Stoffwechsel entstanden

Syndrom: Krankheitsbild, das durch verschiedene Symptome gekennzeichnet ist

metabolisches Syndrom: „Wohlstandssyndrom"; gleichzeitiges Vorhandensein einer bauchbetonten Adipositas mit Fettstoffwechselstörung, Bluthochdruck und/oder Hyperglykämie

Triglyzerid: Fettmolekül bestehend aus 1 Molekül Glyzerin und 3 Fettsäuren

HDL: high density lipoprotein; Lipoproteine, die überschüssiges Cholesterin zur Leber transportieren

Die **Definition** des metabolischen Syndroms ist nicht einheitlich. Grundsätzlich beinhalten die gängigsten Definitionen zwar die gleichen Kriterien, die angegebenen Grenzwerte variieren jedoch leicht (Deutsche Adipositas Gesellschaft 2014).

Die **Kriterien für das Vorliegen** eines metabolischen Syndroms gibt → Abb. 32 wieder.

Das metabolische Syndrom stellt einen **hohen Risikofaktor für kardiovaskuläre Erkrankungen** dar.

Es entwickelt sich **schleichend** über viele Jahre, oft von den Betroffenen unbemerkt. Bis bereits schwerwiegende Herz-Kreislauf-Erkrankungen eingetreten sind, können die Betroffenen beschwerdefrei sein.

Vorkommen des metabolischen Syndroms

Das metabolische Syndrom kann auch in jungem Alter auftreten. Etwa 4 % der Jugendlichen sind betroffen (Singh 2006).

Aufgrund der leicht unterschiedlichen Definitionen und der nicht selten späten Diagnose

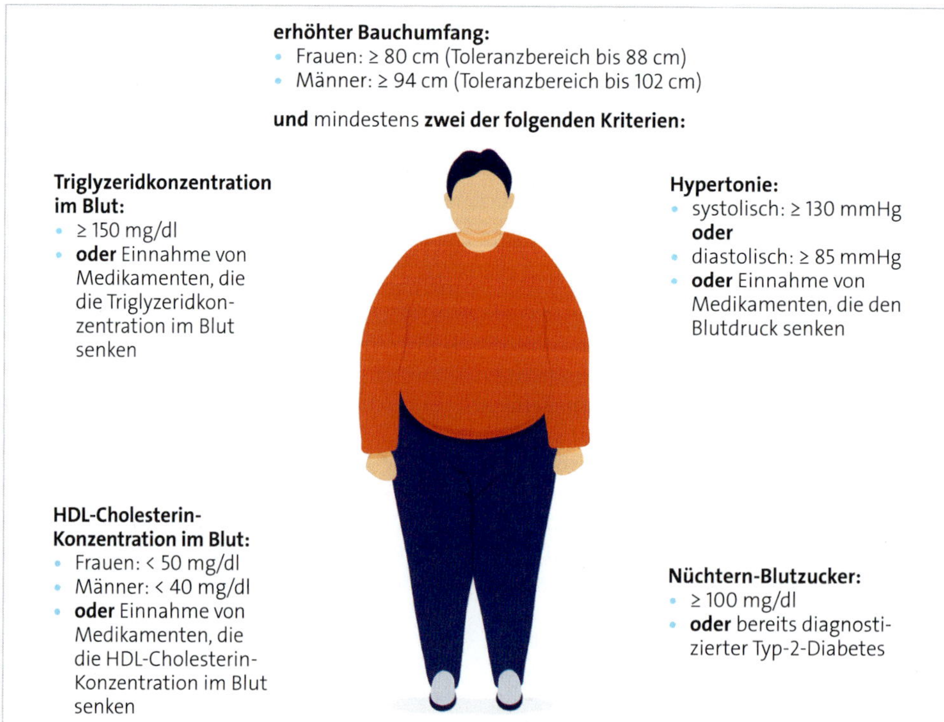

Abb. 32 Kriterien zur Diagnosestellung des metabolischen Syndroms (Daten nach Deutsche Adipositas Gesellschaft 2014)

ist die **Anzahl der Betroffenen** nur schwer zu ermitteln. Es wird davon ausgegangen, dass in Deutschland 25,7% der 18- bis 99-Jährigen, d.h. jeder Vierte, vom metabolischen Syndrom betroffen ist. Seit 2009 ist die Diagnosehäufigkeit deutlich gestiegen (21,5%). Mit zunehmendem Alter steigt die Prävalenz (Neuhauser, Ellert 2005; Moebus u.a. 2006).

Ursachen, Therapie und Prävention des metabolischen Syndroms

Das Entstehen eines metabolischen Syndroms ist auf ein multifaktorielles Geschehen zurückzuführen. Eine zentrale Rolle spielt dabei neben der abdominalen Adipositas (→ Abb. 32) auch eine häufig begleitend vorhandene Insulinresistenz.

Bei der Insulinresistenz (→ 4.6.3) reagieren die Körperzellen vermindert auf körpereigenes Insulin. Folge sind erhöhte Blutzuckerspiegel und eine weitere Erhöhung der Insulinausschüttung. Hohe Insulinspiegel fördern die Gewichtszunahme.

Weiterhin können folgende Faktoren die Entstehung eines metabolischen Syndroms begünstigen:

- genetische Veranlagung
- Bewegungsmangel
- Lebensalter
- entzündungsfördernde Bedingungen
- hormonelle Veränderungen

Im Fokus der **Therapie** des metabolischen Syndroms steht die Normalisierung der auffälligen Kriterien. Eine Gewichtsreduktion durch

- Ernährungsumstellung,
- reduzierte Kalorienzufuhr und
- moderate Erhöhung der körperlichen Bewegung

steht an erster Stelle.

Reichen diese Maßnahmen nicht aus oder besteht ein besonderes Risiko für kardiovaskuläre Erkrankungen, so sind medikamentöse Maßnahmen notwendig, um den Bluthochdruck zu senken und die Fettstoffwechselstörung zu behandeln. Besteht ein Typ-2-Diabetes, ist ebenfalls eine medikamentöse Behandlung notwendig.

Aufgrund der sehr unterschiedlichen Symptome sind **verschiedene Fachdisziplinen** in die Therapie des metabolischen Syndroms einzubeziehen, z.B. Kardiologie, Diabetologie, Ernährungsberatung; je nach bereits eingetretenen oder erwarteten Folgen jedoch beispielsweise auch Orthopädie und Physiotherapie.

Für die **Prävention** des metabolischen Syndroms gelten die gleichen Maßnahmen wie für die Herz-Kreislauf-Erkrankungen insgesamt (→ 10.3.3), für Adipositas (→ 4.5) und Diabetes mellitus Typ 2 (→ 4.6).

AUFGABEN

1. *Wiederholen Sie die Grundlagen der Blutdruckregulation. Ermitteln Sie nun Stellschrauben zur möglichen Senkung des erhöhten Blutdrucks.*
2. *Erarbeiten Sie ein Konzept zur Verhaltensprävention für Frau Meier (→ 10.4 Kapiteleinstieg).*
3. *Entwickeln Sie einen „Blutdrucktag" in Ihrer Schule, an dem Sie Diagnostik, Therapiemöglichkeiten und die verschleierten Symptome aufgreifen.*
4. *Ermitteln Sie, warum Herr Kröger, 44 Jahre alt, Hobbysportler, Nichtraucher, auch eine Hypertonie entwickeln kann.*
5. *Bei Herrn Schmidt, 60 Jahre, 140 kg bei einer Körpergröße von 1,70 m und einem Blutdruck von 160/100, wurde ein metabolisches Syndrom diagnostiziert. Erstellen Sie einen Brief, in dem Sie ihn auf die Gefahren hinweisen und ihm Tipps geben, wie er sein Leben umgestalten kann, damit Komplikationen möglichst verhindert werden.*

10.5 Arteriosklerose am Beispiel der koronaren Herzkrankheit

prospektive Kohortenstudie: Vergleich der Entwicklung einer Gruppe, die einem möglichen Risikomerkmal ausgesetzt ist, und einer Gruppe, die diesem möglichen Risikomerkmal nicht ausgesetzt ist (→ I-2.4 Studientypen)

repräsentativ: Die Eigenschaften einer Stichprobe spiegeln die allgemeinen Verhältnisse angemessen wider (→ I-2.2.2).

Eckdaten der Framingham-Herz-Studie – wegweisende Langzeitstudie:

- **Was?** prospektive Kohortenstudie
- **Wozu?** Ermittlung der Ursachen und Risiken der koronaren Herzkrankheit und Arteriosklerose
- **Wann?** Studienbeginn 1948 bis heute
- **Wo?** Kleinstadt Framingham in Massachusetts, USA – galt als repräsentativ für die damalige Bevölkerung der USA
- **Wer?** ca. 5000 Erwachsene ohne Herzerkrankungen zu Studienbeginn, zweijährliche Erhebungen; spätere Erweiterung der Teilnehmenden um Kinder und Enkel der ersten Probanden
- **Wie?** ärztliche Untersuchungen und Befragungen zu Lebensumständen, u.a.:
  - Bewegung, Ernährung, Rauchen
  - Gewicht
  - Blutdruck
  - Urin
  - Blutfettwerte
  - Demenzstatus
  - Zustand des Herzens und der Halsschlagader

Auswahl zentraler Ergebnisse in den ersten Jahrzehnten – insgesamt 3000 wissenschaftliche Publikationen:

- 1960 Zigarettenrauchen als Risikofaktor beschrieben
- 1961 Begriff „Risikofaktor“ eingeführt
- 1961 Cholesterinspiegel- und Blutdruckveränderungen als Risikofaktoren benannt
- 1967 Sportliche Aktivitäten senken das Risiko für Herzerkrankungen, Fettleibigkeit erhöht es
- 1970 Hoher Blutdruck erhöht das Schlaganfallrisiko
- 1978 Psychosoziale Faktoren beeinflussen Herzerkrankungen
- bis heute

1. *Identifizieren Sie zentrale Begriffe zum Studiendesign der Framingham-Herz-Studie und beschreiben Sie das Studiendesign.*
2. *Bewerten Sie die Ergebnisse der Studie in den 1960er- und 1970er-Jahren. Was fällt auf, was überrascht?*
3. *Informieren Sie sich auf der Webseite der Studie unter https://framinghamheartstudy.org,*
   a) zu welchen Themen die Studie heute forscht;
   b) wie die Betreuung der Teilnehmerinnen und Teilnehmer gestaltet wird.

Eine **Arteriosklerose** ist eine chronische Erkrankung der Arterien, die mit Entzündungsprozessen einhergeht. Eine Arteriosklerose der Herzkranzgefäße kann zur **koronaren Herzkrankheit** und dadurch zu einem **Herzinfarkt** führen.

Die Ablagerungen der Arteriosklerose finden sich in großen und kleinen Gefäßen:

- **Makroangiopathie:** pathologische Veränderungen in den großen Gefäßen
- **Mikroangiopathie:** pathologische Veränderungen in den kleinen Gefäßen

Dabei zeigen sich typische Krankheitsfolgen in verschiedenen Organen (→ Abb. 33).

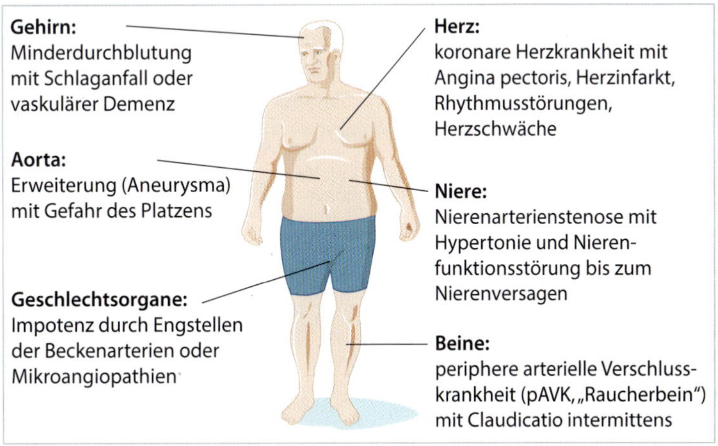

Abb. 33 Arteriosklerose und ihre Folgen

10.5.1 Vorkommen

In der GEDA-Studie 2014/2015-EHIS wird die 12-Monats-Prävalenz der koronaren Herzkrankheit anhand der Kriterien „Herzinfarkt“, „chronische Beschwerden infolge eines Herzinfarktes“ oder „Angina pectoris“ ermittelt. Ergebnisse der Studie sind (Busch, Kuhnert 2017):

3,7 % der Frauen und 6,0 % der Männer sind in den letzten 12 Monaten an einer koronaren Herzkrankheit erkrankt. Das Risiko, an einer KHK zu erkranken, steigt mit dem **Lebensalter** an. Bei Personen unter 45 Jahren liegt die 12-Monats-Prävalenz unter 1 %. Danach steigt sie rasch an und liegt bei über 75-jährigen Frauen bei 16,0 % und bei über 75-jährigen Männern bei 24,1 %.

Frauen der unteren **Bildungsgruppe** erkranken deutlich häufiger an einer KHK (7,3 %) im Vergleich zu Frauen der oberen Bildungsgruppe (1,2 %). Bei Männern sind die bildungsbezogenen Unterschiede geringer (6,5 % vs. 5,2 %).

10.5.2 Ursachen und Krankheitsentstehung

Die Entstehung der Arteriosklerose (→ Abb. 34) ist trotz aller Forschung nach wie vor nicht restlos aufgeklärt. Nach heutigem Wissen führen die verschiedensten **Risikofaktoren** zu einer **Endotheldysfunktion** mit verminderter Fähigkeit zur Dilatation und verändertem Stoffwechsel.

Risikofaktoren sind u. a.:

- höheres Alter
- männliches Geschlecht
- Diabetes mellitus (→ 4.6)
- Fettstoffwechselstörungen
- Hypertonie (→ 10.4)
- Rauchen (→ 9.3.2)
- Bewegungsmangel
- Übergewicht
- Stress (→ 5.9, → 7.3.3)

Über verschiedene Risikoscores (z. B. PROCAM oder arriba) kann das individuelle Risiko abgeschätzt werden, innerhalb von 10 Jahren an einer KHK zu erkranken oder einen Herzinfarkt zu erleiden (Deutsche Gesellschaft für Allgemeinmedizin und Familienmedizin 2017).

Als Folge der Endotheldysfunktion lagern sich insbesondere Monozyten (→ 8.1.5), Thrombozyten (→ 8.1.6) und T-Lymphozyten (→ 8.2.4) vermehrt an das Endothel an und dringen, ebenso wie LDL-Cholesterin (→ 4.4.5), in die Gefäßwand ein. Die Monozyten differenzieren zu Makrophagen, die LDL-Cholesterin aufnehmen (über Scavenger-Rezeptoren) und zu sogenannten **Schaumzellen** werden. In der Intima werden gelbe Flecken oder Streifen sichtbar, die als **fatty streaks** (Fett-, Lipidstreifen) bezeichnet werden. Im nächsten Schritt vermehren und verändern sich die glatten Muskelzellen in der Gefäßwand, insbesondere produzieren sie Bindegewebe. Die anfänglich weichen Fettherde werden zu härteren **fibrösen Plaques** mit Fetten, Schaumzellen, abgestorbenen Zellen und einer bindegewe-

Arteriosklerose:
krankhafte Einlagerung von Cholesterinestern und anderen Lipiden in die innere Wandschicht arterieller Blutgefäße (Plaquebildung) mit Verhärtung, Verdickung, Elastizitätsverlust und Verengung des Gefäßlumens; führt zu Durchblutungsstörungen im betroffenen Gebiet

koronare Herzkrankheit:
KHK; durch Arteriosklerose bedingte Verengung oder Verschluss der Herzkranzgefäße, die zur Minderdurchblutung des Myokards führt

Herzinfarkt:
Verschluss eines Herzkranzgefäßes mit Unterbrechung der Sauerstoffversorgung des Herzmuskels

vaskuläre Demenz:
Demenz, die auf einer Durchblutungsstörung des Gehirns beruht (→ 5.12.2)

Claudicatio intermittens:
zeitweises Hinken aufgrund einer pAVK; Pausen beim Gehen bessern die Beschwerden, daher „Schaufensterkrankheit“

Angina pectoris:
Engegefühl in der Brust bei Minderversorgung des Myokards mit Sauerstoff

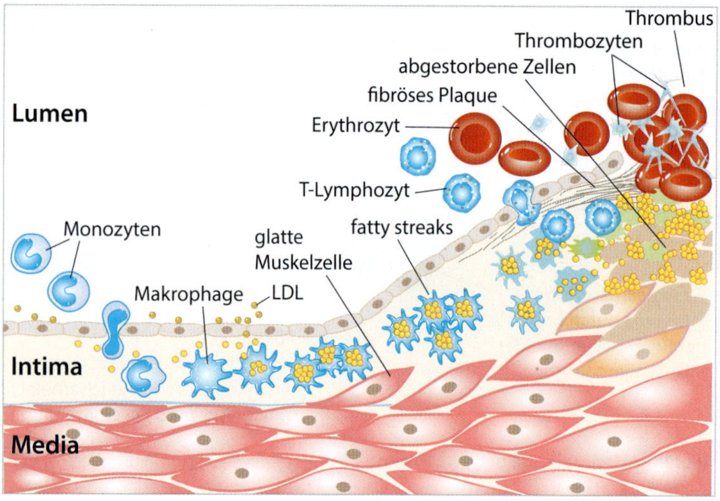

Abb. 34 Entstehung der Arteriosklerose

Dysfunktion:
Fehlfunktion

Dilatation:
Ausdehnung, Erweiterung eines Hohlorgans

Plaques:
fleckförmige Veränderungen bzw. Ablagerungen, z. B. im Gehirn bei Alzheimerdemenz, auf Zähnen, in Gefäßen bei Arteriosklerose

Thrombus:
Blutgerinnsel, das in einem Gefäß oder im Herzen entsteht und zum arteriellen oder venösen Verschluss führen kann

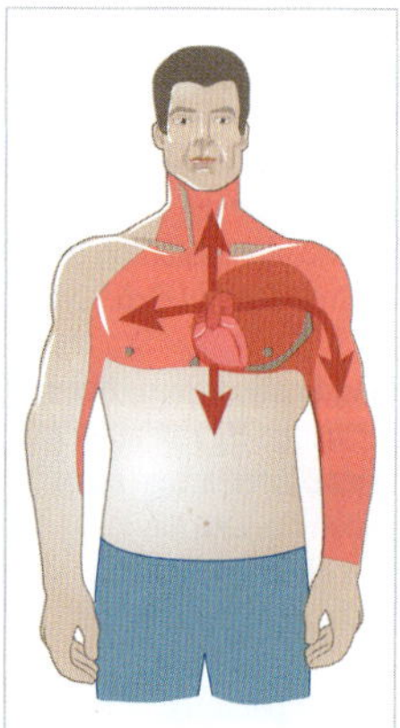

Abb. 35 Schmerzausstrahlung bei Angina pectoris

bigen Kappe. Diese Plaques wachsen weiter und engen die Gefäßlichtung immer mehr ein. Zudem lagern sie Kalksalze ein, die die Herde noch härter und zudem brüchig werden lassen. Man spricht von **instabilen Plaques,** die aufreißen können. Die raue Oberfläche aktiviert dann Thrombozyten und es bildet sich ein **Thrombus,** der das Gefäß binnen kurzer Zeit verschließen kann.

Immer wieder gibt es mitunter prominente Ausnahmen, Menschen mit hohen Risikofaktoren, die jedoch nicht von der entsprechenden Erkrankung betroffen sind. Winston Churchill, ehemaliger Premierminister von Großbritannien beispielsweise, wurde 90 Jahre alt, obschon er viel rauchte. Jogging-Guru Jim Fixx hingegen starb mit 52 Jahren am Herzinfarkt.

Diskutieren Sie über mögliche Gründe, warum die beiden berühmten Persönlichkeiten trotz ihrer unterschiedlichen Risikofaktoren so verschieden alt wurden.

Meist betrifft die Arteriosklerose, wenn auch unterschiedlich ausgeprägt, verschiedene Körperregionen gleichzeitig. Bei jeder arteriosklerotisch verursachten Erkrankung werden daher alle Gefäßgebiete untersucht.

Bei der **KHK,** der koronaren Herzkrankheit, ist die Arteriosklerose so weit fortgeschritten, dass es zu einem Ungleichgewicht zwischen dem Sauerstoffbedarf der Herzmuskelzellen und dem Angebot an Sauerstoff kommt. Je nach Anzahl der von einer Engstelle oder einem Verschluss betroffenen Koronararterien (→ 10.1.2) wird die KHK eingeteilt in:

- **Eingefäßerkrankung:** Engstelle oder Verschluss einer Koronararterie
- **Zweigefäßerkrankung:** Engstelle oder Verschluss zweier Hauptäste der Koronararterien
- **Dreigefäßerkrankung:** Engstelle oder Verschluss aller drei Hauptäste der Koronararterien

Als schlimmstmögliche Komplikation der Arteriosklerose an den Koronargefäßen tritt der **Herzinfarkt** (→ 10.5.6) mit dem kompletten Verschluss eines oder mehrerer Koronargefäße auf. Da es sich bei den Koronargefäßen um Endstrombahnen (→ 10.1.2) handelt, gibt es keine Umgehungskreisläufe und das zu versorgende Herzmuskelgewebe stirbt ab. Ursächlich ist eine Plaqueruptur, sodass sich leicht Thromben an die Plaques anlagern können. Die dabei entstehenden Gerinnsel verlegen zusammen mit dem eingerissenen Plaque das Gefäßlumen.

10.5.3 Symptome

Gefährlich an der Arteriosklerose ist, dass sie **lange symptomfrei** ist. Nur bei zunehmenden Engstellen in den Gefäßen kommt es zunächst bei Belastung zu Symptomen am betroffenen Organ. Erst wenn das Gefäß zu 70 % verschlossen ist, treten die Symptome auch in Ruhe auf.

Sind durch die Arteriosklerose die Koronararterien eingeengt, kommt es zu Schmerzen, Druck und Engegefühl in der Brust. Diese Symptome werden als **Angina pectoris** bezeichnet. Treten die Beschwerden immer wieder im gleichen Ausmaß auf, z. B. bei Belastung, und bilden sich in Ruhe oder nach Einnahme eines Notfallmedikaments zurück, spricht man von einer **stabilen Angina pectoris.** Sind die Beschwerden stärker und nicht kontrollierbar, wird der Zustand als **akutes Koronarsyndrom (ACI)** bezeichnet. Ursache kann eine instabile Angina pectoris oder ein Herzinfarkt sein.

Diese Situationen werden oft von Angst begleitet. Manchmal breiten sich die Symptome auch auf den linken Arm, Hals, Nacken und Rücken aus (→ Abb. 35). Bei Gefäßverengungen der Herzhinterwand oder Herzbasis kann die Schmerzausstrahlung untypisch sein und unter anderem in den Bauch erfolgen.

Viele ältere Menschen oder auch Diabetiker nehmen die Symptome der KHK nicht wahr, die Erkrankung verläuft bei ihnen schmerzlos.

Führen Sie einen Herzinfarktrisiko-Test für sich und Ihre Familienmitglieder durch: www.herzstiftung.de/Herzinfarkt-Risiko-Test.php.

10.5.4 Diagnostik

Die Diagnostik beginnt mit der kardiologischen **Anamnese,** bei der Risikofaktoren erfragt werden und eine Familienanamnese erhoben wird.

Dann werden eine **Blutdruckmessung** und eine **Dopplersonografie** (→ 10.3.1) der betroffenen Gefäße durchgeführt. Bei jeglichem Verdacht auf eine zerebrale Durchblutungsstörung wird die Halsschlagader sonografiert.

Das **Ruhe- und Belastungs-EKG** (→ 10.3.1) unter ärztlicher Aufsicht vervollständigt die Erstdiagnostik, auch ein Langzeit-EKG kann erforderlich sein.

Laborwerte wie Cholesterin, Blutfette, Blutzucker und Elektrolyte werden analysiert, vor allem aber spezielle Marker für die Herzmuskeln: Wenn der Herzmuskel geschädigt ist, sind bestimmte Proteine, z. B. CK-MB, Troponin, aus den geschädigten Herzmuskelzellen im Blut nachweisbar.

Die **Koronarangiografie** zeigt, ob die Koronararterien verengt sind. Sie wird im Rahmen einer Herzkatheteruntersuchung (→ 10.5.5) durchgeführt. In der Leiste, in der Armbeuge oder am Handgelenk wird eine sogenannte Schleuse in die dort verlaufende Arterie gelegt, durch die der Katheter bis zu den Koronararterien eingeführt wird. Durch Injektion von Kontrastmittel können dann die Koronararterien dargestellt und Verengungen (→ Abb. 36) bei günstiger Lokalisation sofort aufgedehnt werden.

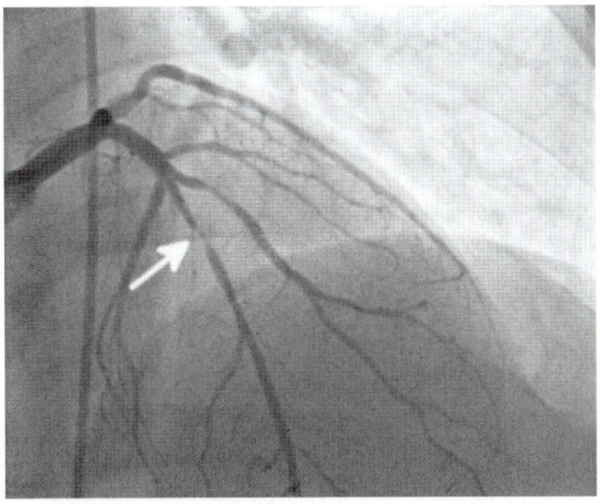

Abb. 36 Koronarangiografie eines Engpasses einer Koronararterie

Ergänzt wird die Diagnostik durch eine **Echokardiografie** (→ 10.3.1), ein **Kardio-CT** und ggf. **MRT** (→ I-10.1.3) mit Kontrastmittel. Auf diese Weise können auch die Pumpfunktion, Narben und Entzündungsherde abgebildet werden.

Die Myokardszintigrafie zur Funktionsdarstellung der Herzmuskulatur wird nur noch selten verwendet.

10.5.5 Therapie

Die vorrangigen **Ziele** der Behandlung der KHK bestehen darin, einen Herzinfarkt zu vermeiden und die krankheitsbezogene Lebensqualität zu verbessern, indem beispielsweise die Belastungsfähigkeit erhalten bleibt. Es werden verschiedene Ansätze parallel verfolgt:

- Verhaltensänderung
- medikamentöse Therapie
- invasive Therapie

DMP bei KHK

Für die Begleitung der Patienten steht ein strukturiertes Behandlungsprogramm, ein **Disease-Management-Programm (DMP)**, zur Verfügung.

Mit dem DMP KHK sollen Diagnostik und Therapie optimiert und jedem Patienten eine bedarfsgerechte Behandlung ermöglicht werden. Das DMP KHK umfasst z. B. Schulungen, Telefonberatung und Erinnerung an Vorsorgen. Im Jahr 2022 waren ca. 1,88 Millionen gesetzlich Krankenversicherte in ein DMP KHK eingeschrieben (Kassenärztliche Bundesvereinigung 2023a).

CK-MB:
Kreatinkinase MB; in Herzmuskelzellen vorkommendes Enzym (Protein); dient als diagnostischer Marker für KHK und Herzinfarkt

Troponin:
in Herzmuskelzellen vorkommendes Protein; dient als diagnostischer Marker für KHK und vor allem Herzinfarkt

Angiografie:
Röntgenuntersuchung, bei der die Blutgefäße mithilfe eines injizierten Kontrastmittels sichtbar gemacht werden

zerebral:
das Gehirn betreffend

Szintigrafie:
nuklearmedizinische Untersuchung, bei der eine radioaktive Substanz verabreicht wird, um ihre Anreicherung im Körper mittels Kamera zu erfassen und die Aktivität eines Organs durch Computerauswertung zu beurteilen

I-10.5.2 Strukturierte Behandlungsprogramme für chronisch kranke Menschen

Informationen zu DMP: *www.kbv.de/html/dmp.php*

Thrombozytenaggregationshemmer: Arzneimittel, das die Bildung eines Thrombozytenpfropfs hemmt, etwa Azetylsalizylsäure; soll bei Arterienerkrankungen einem Gefäßverschluss vorbeugen

Bei jeder **Kontrolluntersuchung** werden überprüft und besprochen:

- Blutdruck
- Blutfette
- Risikofaktoren
- Begleit- und Folgeerkrankungen
- psychische Erkrankungen
- Tabakkonsum
- Bewegungsverhalten
- Ernährung

Zur **Qualitätssicherung** ist im DMP festgelegt, wann welcher Facharzt aufgesucht werden soll. Die am DMP beteiligten Ärzte verfassen regelmäßig Arztberichte zur Qualitätszielerreichung. In standardisierten Fragebögen werden unterschiedliche Aspekte erfragt, wie die Verordnung bestimmter Medikamente oder das Verhalten der Patienten in Bezug auf Risikofaktoren wie Rauchen und Bewegungsmangel. Diese Daten werden ausgewertet und die Ärzte erhalten ein Feedback.

Der Bericht zur Qualitätszielerreichung von 2021 zeigt, dass 77,9 % aller rauchenden Teilnehmer des DMP KHK mit Erfolg das Rauchen einstellen (Kassenärztliche Bundesvereinigung 2023b).

Informieren Sie sich über die Inhalte des Disease-Management-Programms zur KHK.

Verhaltensänderung

Ein wesentlicher Baustein zur erfolgreichen Therapie der KHK ist ein **gesunder Lebensstil,** d. h. vor allem angemessene Bewegung, eine ausgewogene Ernährung und Verzicht auf Rauchen. Beratung und Schulung zur Förderung des Selbstmanagements sind deshalb wichtig in der Therapie (Bundesärztekammer 2022).

Stent: Implantat zum Offenhalten von Gefäßen oder Hohlorganen

Lesen Sie die verfügbaren Informationen zur Patientenleitlinie unter www.awmf.org/leitlinien/detail/ll/nvl-004.html und erstellen Sie eine Mindmap zu den darin angesprochenen Themen.

Bypass: Umgehung eines verengten Blutgefäßabschnitts mittels natürlichem oder künstlichem Ersatzgefäß

Medikamentöse Therapie

Die Leitlinie zur KHK gibt folgende **Medikamente** zur Behandlung vor (Bundesärztekammer 2022):

- **Thrombozytenaggregationshemmer** (→ 8.1.7): Empfehlung bei stabiler KHK 100 mg/Tag Azetylsalizylsäure, um eine Thrombenbildung zu vermeiden; nach invasiver Therapie mit Stenteinlage ist in der Regel für eine begrenzte Zeit die Einnahme von zwei plättchenhemmenden Substanzen gleichzeitig erforderlich
- **Statine:** Arzneimittel zur Senkung des Cholesterinspiegels
- **Betablocker** (→ 10.4.5): die Einnahme eines Betablockers wird im ersten Jahr nach einem Herzinfarkt empfohlen; Betablocker verringern die Sympathikuswirkung am Herzen
- **Antihypertonika:** Arzneimittel, die den Bluthochdruck senken
- **Nitrat:** Patienten mit stabiler Angina pectoris sollten ein Notfallmedikament in Form eines schnellwirksamen Nitrats bei sich haben, um sich im Bedarfsfall schnell selbst behandeln zu können (s. u.)

Invasive Therapie

Bei der invasiven Therapie wird versucht, die **Engstelle (Stenose)** zu beseitigen bzw. zu umgehen.

Ballondilatation

Mittels Ballondilatation wird während einer Herzkatheteruntersuchung über den Katheter ein Ballon bis in die Engstelle vorgeschoben und dort aufgepumpt, um die Verengung zu dehnen (→ Abb. 37).

Herzkatheter mit Stentimplantation

Soll die Engstelle zusätzlich dauerhaft offengehalten werden, wird über den Katheter ein **Stent** zu der betroffenen Stelle eingeführt (→ Abb. 38). Dabei handelt es sich um eine „Gefäßstütze", ein kleines Drahtgitterröhrchen, das ein zuvor aufgedehntes Gefäß offen hält und stützt. Das Blut kann an dieser Stelle wieder ungehindert fließen. Diese Röhrchen können aus Kunststoff oder Metall sein. Zum Teil sind sie auch mit lokal wirksamen Medikamenten beschichtet.

Bypass-Operation

Ist eine Stent-Einlage nicht möglich oder zeigt sie keinen dauerhaften Erfolg, wird der Blutfluss mittels einer Bypass-Operation wiederhergestellt. Dafür wird in der Regel eine Vene am Bein oder eine Brustkorbarterie entnommen und die Engstelle am Herzen damit überbrückt (→ Abb. 39).

Therapie bei akutem Angina-pectoris-Anfall
Bei einem akuten Angina-pectoris-Anfall helfen kurzwirksame **Nitrate,** die als Spray, Tropfen oder Kapsel unter die Zunge gegeben werden, die Sauerstoffversorgung des Herzens zügig zu verbessern. Sie senken die Vorlast (→ 10.2.3) und wirken dadurch gefäßerweiternd und blutdrucksenkend.

10.5.6 Komplikation Herzinfarkt

Bei der KHK kann als Komplikation der vollständige Verschluss eines Koronargefäßes durch einen **Thrombus** auftreten, der sich aufgrund einer Plaqueruptur gebildet hat. Man spricht vom **Herzinfarkt** (→ Abb. 40). Dieser führt dazu, dass die Sauerstoffversorgung des nachfolgenden Herzmuskelgewebes unterbrochen wird und das Gewebe abstirbt. Ein Herzinfarkt kann auch durch einen Embolus ausgelöst werden.

Beim Herzinfarkt handelt es sich um einen **lebensbedrohlichen Zustand,** da es zu Herzrhythmusstörungen, Kammerflimmern oder einem kardiogenen Schock kommen kann. Die Herzrhythmusstörungen können dabei auf eine gestörte Reizweiterleitung aufgrund des unversorgten Muskelgewebes zurückgeführt werden.

Das **Leitsymptom** eines Herzinfarkts ist die **Angina pectoris** (→ 10.5.3): starke Schmerzen, Enge und Druck in der Brust mit möglicher Ausstrahlung (→ Abb. 35); Nitrate und Ruhe mildern die Symptome nicht

Weitere Symptome sind:
- Todesangst mit kalter, fahler Haut
- Blutdruckabfall
- unregelmäßiger Herzschlag
- Schwindel
- Atemnot
- Übelkeit, Erbrechen und Schmerzen im Oberbauch, vor allem bei Frauen

Allerdings verlaufen einige Herzinfarkte, vor allem bei Diabetikern, „stumm", d. h., sie weisen nicht die typische Symptomatik auf. Die Patienten zeigen meist nur Unwohlsein, Atemnot, Ohnmachtsanfälle, Rücken- oder Bauchschmerzen und Erbrechen.

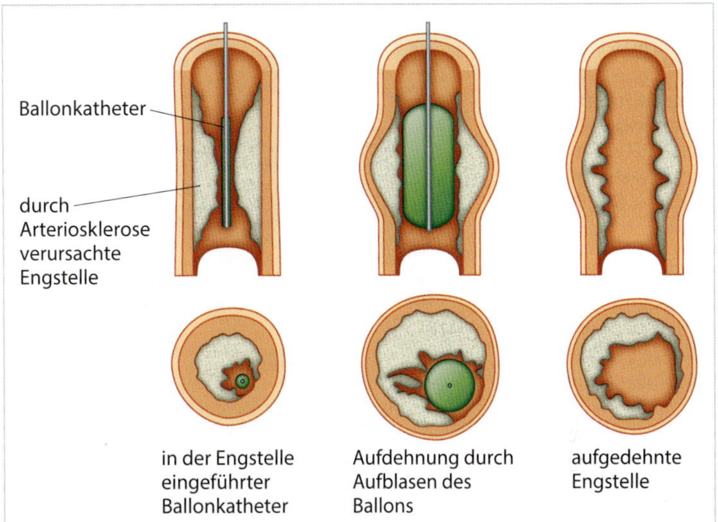

Abb. 37 Aufweitung eingeengter Koronararterien mittels Ballon

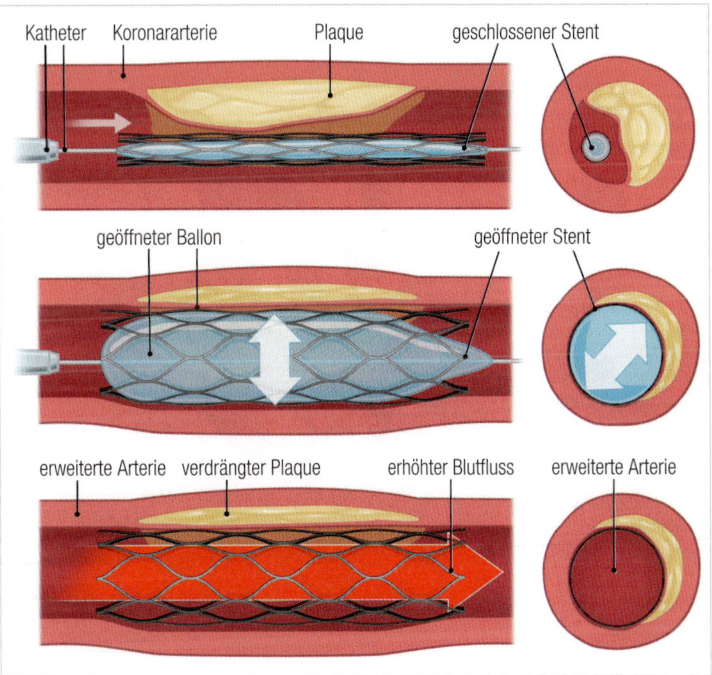

Abb. 38 Implantation eines Stents

Bei Verdacht auf einen Herzinfarkt soll immer der Rettungsdienst informiert werden. Wird ein Notruf hinausgezögert, erhöht dies das Risiko des Betroffenen, am Herzinfarkt zu versterben. Es gilt: „time is muscle".

Nitrate:
Arzneimittel v. a. bei akuter Angina pectoris; Wirkung: vermehrte Freisetzung von Stickstoffmonoxid durch Endothelzellen (→ 10.1.1), dadurch Vasodilatation v. a. am Herzen, Senkung der Vorlast

Embolus:
körpereigene (z. B. Thrombus) oder körperfremde (z. B. Fetttropfen, Luftblasen) Substanzen, die auf dem Blutweg in ein Gefäß gelangen und dieses plötzlich verschließen

Kammerflimmern:
Rhythmusstörung, bei der die Kontraktion des Herzmuskels durch unkontrollierte Reizweiterleitung nicht mehr funktioniert

LDH:
Laktatdehydrogenase; Enzym in menschlichen Zellen, das u. a. nach Absterben zahlreicher Zellen (z. B. bei Herzinfarkt) in erhöhter Konzentration im Blut nachweisbar ist

Schock:
lebensbedrohliche Kreislaufstörung mit Sauerstoffunterversorgung von Gewebe

kardiogener Schock:
akute, lebensbedrohliche Sauerstoffunterversorgung des Körpers durch Pumpversagen des Herzens

kardiopulmonale Reanimation:
Herz-Lungen-Wiederbelebung; Rettungsmaßnahmen mit Herzdruckmassage und Atemspende

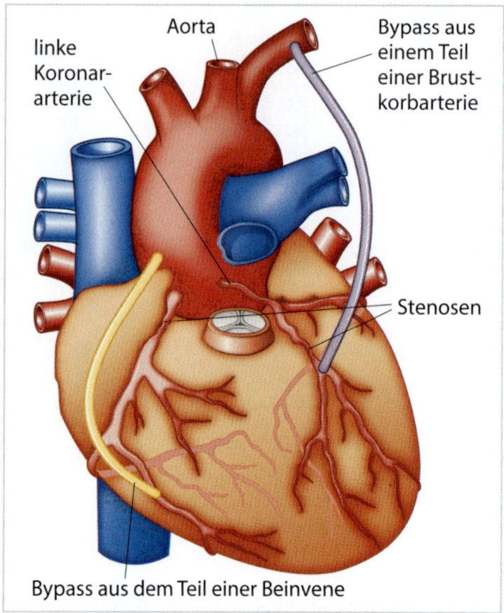

Abb. 39 Umgehung zweier verengter Koronararterien mittels zweier Bypässe

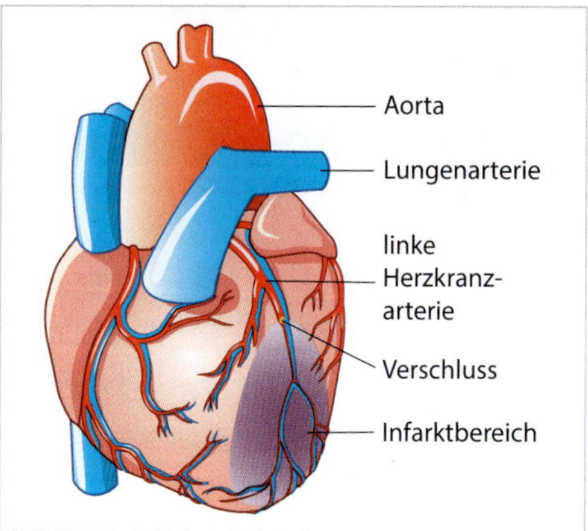

Abb. 40 Herzinfarkt im Bereich der Vorderwand durch Verschluss der linken Koronararterie

Der **Notarzt** schreibt bei Verdacht auf einen Herzinfarkt ein **EKG** und führt einen **Troponin-Schnelltest** durch (→ 10.5.4). Gerade bei einem sehr frischen Herzinfarkt kann dieser Test jedoch noch negativ, also ohne Nachweis, ausfallen.

Die **EKG-Ableitung** (→ 10.2.2) **beim Herzinfarkt** (→ Abb. 42) zeigt im Vergleich zum Normalbefund (1) eine deutliche Erhöhung der T-Welle sofort (2) und eine typische ST-Strecken-Hebung nach einigen Stunden (3) (nicht bei jedem Infarkt). Nach einigen Tagen kann sich die ST-Strecke in den negativen Bereich bewegen (4).

Zusätzlich werden **Blutuntersuchungen** durchgeführt, da bei einer Nekrose des Herzmuskelgewebes bestimmte Enzyme der Herzmuskulatur in das Blut abgegeben werden:

- **Troponin:** nach 2–3 Stunden nachweisbar
- **CK-MB:** nach 4–8 Stunden nachweisbar
- **LDH:** nach 24–60 Stunden nachweisbar

Nach dem Motto **„time is muscle"**, also **„Zeit ist Muskel"**, wird die medikamentöse oder invasive **Therapie** (→ Tab. 5) schnellstmöglich begonnen.

Nach Entlassung sollte eine Dauertherapie mit einem gerinnungshemmenden Medikament erfolgen. Für mindestens 12 Monate wird eine zweite, selten auch eine dritte, plättchenhemmende Substanz dazugegeben. Durch Verhaltensänderungen können die Risikofaktoren minimiert werden.

Erstmaßnahmen bei Verdacht auf Herzinfarkt

Zeigt ein Betroffener die typischen Symptome – starker Schmerz, Druck und Engegefühl in der Brust –, muss ein Laie **Erste Hilfe** leisten, bevor der Notarzt übernimmt:

- 112 anrufen:
  - Namen nennen
  - Aufenthaltsort nennen
  - Verdacht auf Herzinfarkt äußern
- bis zum Eintreffen des Rettungsdienstes bzw. Notarztes:
  - ruhig bleiben
  - weitere Personen herbeirufen
  - Notfallmedikament (Nitrate) geben, wenn möglich/vorhanden
  - Oberkörper hochlagern
  - beengende Kleidung lockern
  - ggf. Wohnungs- bzw. Haustür öffnen
  - bei dem Erkrankten bleiben
  - bei Aussetzen der Atmung oder Herzstillstand kardiopulmonale Reanimation beginnen

Erstmaßnahme: kardiopulmonale Reanimation

Bei fehlender Atmung oder Herzstillstand ist sofort mit der **Herz-Lungen-Wiederbelebung** zu beginnen:

- Reaktion des Patienten überprüfen
- Atmung überprüfen
- **Herzdruckmassage** – 30-mal: 5–6 cm tief, Handballen auf die Mitte des Brustbeins positioniert, Frequenz etwa 100–120 Kompressionen pro Minute
- **Atemspende** – 2-mal: Mund-zu Mund-Beatmung; Brustkorb muss sich sicher heben und senken

Wenn keine Beatmung möglich ist, sollte die Herzdruckmassage durchgeführt werden, ohne Unterbrechung. Man beginnt immer mit der Herzdruckmassage.

Wenn ein **automatisierter externer Defibrillator (AED)** (→ Abb. 41) vorhanden ist, soll dieser eingesetzt werden. Bis dahin sind die genannten Basisreanimationsmaßnahmen durchzuführen. Nach dem Einschalten leitet das Gerät durch die Funktionsweise der Wiederbelebung und gibt, bei Bedarf, nach einer Rhythmusanalyse einen elektrischen Schock ab. Anschließend führt das Gerät zur händischen kardiopulmonalen Reanimation über.

Abb. 41 Automatisierter externer Defibrillator

Nationales Aktionsbündnis Wiederbelebung: *www.wiederbelebung.de*

10.5.7 Rehabilitation und Pflege

Eine **Rehabilitationsmaßnahme nach einem Herzinfarkt** erfolgt in der Regel in Form einer Anschlussheilbehandlung (→ I-11.2.4) direkt nach dem Krankenhausaufenthalt. Zur Wiedererlangung der Arbeitsfähigkeit werden neben stationären auch ambulante Rehabilitationsmaßnahmen angeboten.

Zwischen Krankenhaustherapie und Beginn der Rehabilitationsmaßnahme dürfen nur 14 Tage liegen. Während der Maßnahme geht es vor allem um:

- Verhaltensstrategien
- Patientenschulung, z. B. zu Krankheitsverständnis, Prävention, Lebensstil
- Bewegung, z. B. Gymnastik, Ergometertraining, Gleichgewichtstraining, Schwimmen, Physiotherapie
- Ernährung
- psychologische Betreuung, um die erlebte Situation zu verarbeiten

Bei KHK greifen ebenfalls **kardiologische Rehabilitationsmaßnahmen,** die sich unter anderem auf körperliche Aktivität und Training beziehen (Deutsche Gesellschaft für Prävention und Rehabilitation von Herz-und Kreislauferkrankungen u. a. 2020).

Viele Sportvereine bieten **Herzsportgruppen** unter Leitung qualifizierter Übungsleiter in Zusammenarbeit mit Ärzten an. Die Kosten für den Herzsport übernehmen die Krankenkassen. Die Verordnung wird vom Kardiologen oder vom Hausarzt ausgestellt.

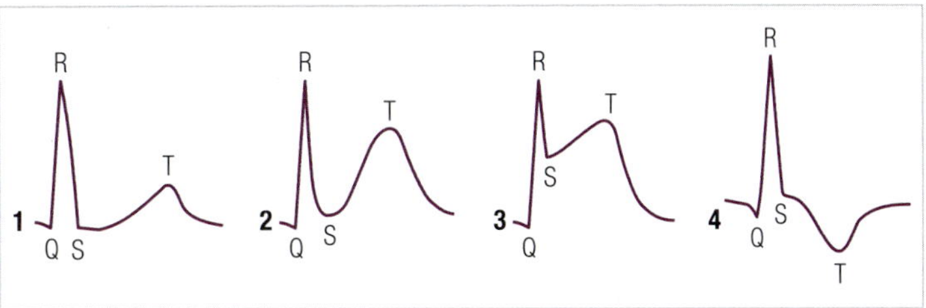

Abb. 42 EKG bei Herzinfarkt

Tab. 5 Therapie bei Herzinfarkt

Abk.	Mittel	Ziel
Medikamentöse Therapie		
M	Morphin	beruhigen
O	Sauerstoff (Oxygen)	Sauerstoffversorgung des Herzens verbessern
N	Nitropräparate	Gefäße erweitern
A	antikoagulative Therapie	Blutgerinnung hemmen
B	Betablocker	Herzrhythmusstörungen reduzieren
H	Heparin	Thrombus auflösen
Invasive Therapie		
PCI	perkutane Koronarintervention	Koronarengstellen durch Linksherzkatheter mit Ballondilatation und Stenteinlage behandeln; Gefäß wieder öffnen

Antikoagulans: Gerinnungshemmer, z. B. Heparin, DOAK (direkte Antikoagulanzien)/NOAK (neue orale Antikoagulanzien); am häufigsten eingesetzt zur Verhinderung und Behandlung einer Venenthrombose oder Lungenembolie, zur Vorbeugung eines Schlaganfalls bei Vorhofflimmern oder Herzinfarkt; Cumarine spielen inzwischen eine untergeordnete Rolle

Recherchieren Sie Herzsportgruppen in Ihrer Nähe und informieren Sie sich über die Qualifikationsanforderungen der Übungsleiter.

Bei der **Pflege** von Patienten mit KHK steht die Kontrolle des Blutdrucks im Vordergrund. Des Weiteren sollen Gewohnheiten und Nahrungszubereitung regelmäßig reflektiert und angepasst werden. Dabei ist es entscheidend, dass der Patient zur aktiven Mitarbeit angeregt und in alle Belange miteinbezogen wird.

10.5.8 Verlauf und Prognose

Die KHK und der Herzinfarkt führen die **Todesursachenstatistik** in Deutschland an: 2021 erlagen 11,8 % aller Verstorbenen einer ischämischen Herzkrankheit einschließlich Herzinfarkt. 33 % aller Sterbefälle waren Herz-Kreislauf-Erkrankungen zugeordnet (Statistisches Bundesamt (Destatis) 2023).

Die **Sterblichkeit** wird von vielen Faktoren beeinflusst, beispielsweise von flächendeckenden Therapiemöglichkeiten und Abläufen im Rettungssystem und in Kliniken. Individuelle Faktoren der Sterblichkeit aufgrund eines Herzinfarkts sind (Deutsche Gesellschaft für Kardiologie 2018):

- Lage und Anzahl der betroffenen Gefäße
- Alter des Patienten – Todesfallrate bei Patienten über 75 Jahren erhöht)
- intakte Nierenfunktion
- Gewicht – leicht übergewichtige Menschen zeigen ein niedrigeres Sterblichkeitsrisiko als untergewichtige Menschen

Bei der koronaren Herzkrankheit ist die Sterblichkeit abhängig vom Schweregrad. Je mehr Gefäße betroffen sind, umso höher ist das Risiko. Die Langzeitprognose ist stark abhängig davon, inwieweit die Betroffenen es schaffen, ihren für die Gesundheit nachteiligen Lebensstil zu verbessern.

Nach einem Herzinfarkt treten häufig **Herzrhythmusstörungen** auf, da durch vernarbtes Gewebe die Reizweiterleitung gestört ist. Gleichzeitig entwickelt sich häufig eine Herzinsuffizienz (→ 10.6), die für die Langzeitprognose als ungünstig zu bewerten ist.

10.5.9 Prävention und Gesundheitsförderung

Besonders nach einem **Herzinfarkt** tritt die Tertiärprävention mit ihren Bestandteilen Anschlussheilbehandlung und Rezidivprophylaxe ein. Der Betroffene soll langsam wieder in das Berufsleben integriert und das Rezidivrisiko minimiert werden. Dazu zählen auch Cholesterinsenkung und Tabakentwöhnung.

Bei der **KHK** ist in der Primärprävention vor allem ein gesundheitsförderlicher Lebensstil und die Früherkennung im Rahmen von Vorsorgeuntersuchungen, z. B. der Gesundheits-Check-ups (→ I-9.2.5, Tab. 9), von Bedeutung. Dabei übernimmt die hausärztliche Versorgung eine wichtige Rolle bei der Risikoberatung zur kardiovaskulären Prävention und dem Erkennen von stummen Infarkten.

AUFGABEN

1. *Erstellen Sie ein Schaubild mit den Entstehungsschritten der Arteriosklerose.*

2. *Beschreiben Sie die Unterschiede zwischen koronarer Herzkrankheit, Angina pectoris, akutem Koronarsyndrom und Herzinfarkt.*

3. *Herr Möller, 48 Jahre, 173 cm groß, 108 kg schwer, Raucher seit seinem 13. Lebensjahr, klagt über plötzliche Schmerzen hinter dem Brustbein, ausstrahlend in den linken Arm.*
   a) *Nennen Sie Ihre Aufgaben als Ersthelfer.*
   b) *Im Krankenhaus stellen sich bei Herrn Möller drei Engstellen der Koronararterien dar. Erklären Sie, was therapeutisch unternommen werden kann.*
   c) *In welchen Punkten sollte der Hausarzt Herrn Möller beraten, um einer erneuten Angina pectoris vorzubeugen? Fassen Sie mögliche Präventionsmaßnahmen zusammen.*

4. *Recherchieren Sie, welche Unterstützungsangebote es für Patienten nach Herzinfarkt bei Ihnen vor Ort gibt.*

10.6 Herzinsuffizienz

Nach einem langen, erfüllten Leben verstarb unsere gute Mutter, Schwiegermutter, Oma und Uroma

Dorothea Struck

* 28. Mai 1930 † 20. Juli 2020

In Liebe und Dankbarkeit

Werner und Angela Struck
Enkel- und Urenkelkinder

Die Beisetzung findet im engsten Familienkreis statt.

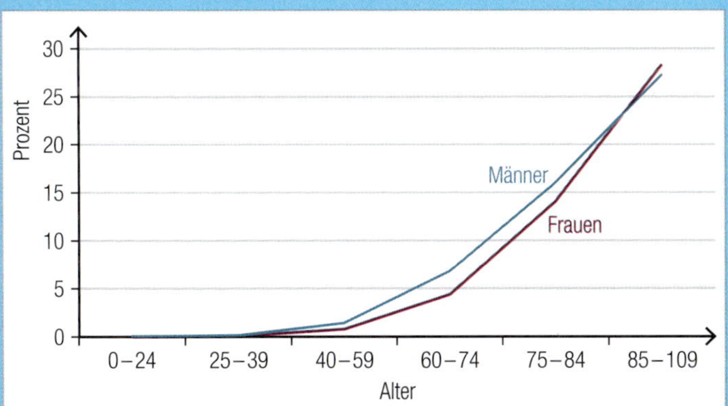

Lebenszeitprävalenz der Herzinsuffizienz (Holstiege u. a. 2018)

1. *Das Herz hat im Leben niemals Pause. Im Alter wird es schwächer, zweithäufigste Todesursache ist die Herzinsuffizienz. Diskutieren Sie die Aussage: „An irgendetwas muss der Mensch ja sterben."*

2. *Die Behandlung einer Herzinsuffizienz hat das Ziel, das tägliche Leben zu erleichtern und den zukünftigen Verlauf der Krankheit zu verbessern.*
   a) *Diskutieren Sie, wie sich diese Ziele ändern, wenn ein Mensch mit Herzinsuffizienz in seine letzte Lebensphase eintritt und sich sein allgemeines Befinden verschlechtert.*
   b) *Sprechen Sie über wichtige Themen des Lebensendes, z. B. Patientenwille, Patientenverfügung und Vorsorgevollmacht, lebensverlängernde Maßnahmen, Palliativversorgung, die Wirksamkeit von medizinischen Maßnahmen und der Verzicht auf diese.*

Insuffizienz:
Unvermögen, unzureichende Leistungsfähigkeit, Schwäche

Herzinsuffizienz:
Herzschwäche, bei der das Herz nicht mehr in der Lage ist, ausreichend Blut in den Körper zu pumpen

Die Herzinsuffizienz ist eine Schwäche des Herzens. Die Kraft des Herzens reicht nicht aus, um genügend Sauerstoff und Nährstoffe durch den Körper zu pumpen. Unterschieden werden die **Rechtsherzinsuffizienz** und die **Linksherzinsuffizienz.** Bei einer **Globalinsuffizienz** sind beide Herzhälften betroffen.

Weiterhin wird die – weitaus häufigere – **chronische Herzinsuffizienz** von der selteneren **akuten Herzinsuffizienz** unterschieden.

10.6.1 Vorkommen

Insgesamt sind 3,4 % der Gesamtbevölkerung und damit fast 2,5 Millionen Patienten an einer Herzinsuffizienz erkrankt (Holstiege u. a. 2018).

Die Herzinsuffizienz tritt in den meisten Fällen erstmalig **im späteren Rentenalter** auf. Etwa 90 % der Betroffenen sind mindestens 60 Jahre alt, 75 % sind älter als 70 Jahre.

In den vergangenen Jahren ist die Lebenszeitprävalenz gestiegen, im Zeitraum von 2009 bis 2017 um 17 % (Holstiege u. a. 2018). Aufgrund der demografischen Entwicklung, verbesserter Behandlung und höheren Überlebenschancen bei akutem Herzinfarkt, Herzklappenerkrankungen und anderen Erkrankungen des Herzens wird die Zahl der Patienten mit Herzinsuffizienz vermutlich weiter ansteigen (Bundesärztekammer u. a. 2019).

10.6.2 Ursachen und Krankheitsentstehung

Vorhofflimmern:
Herzrhythmusstörung mit unkontrolliertem Arbeiten des Vorhofs

Ödem:
sichtbare Schwellung ohne Rötung durch Flüssigkeitsansammlung in Geweben aufgrund örtlicher oder systemischer Entzündungen und/oder Störungen in der Flüssigkeitszirkulation

Tachypnoe:
beschleunigte Atmung

Die häufigsten **Ursachen** der Herzinsuffizienz sind die Hypertonie (→ 10.4), die KHK (→ 10.6) und Vorhofflimmern.

Etwa 70–90 % aller Herzinsuffizienzen liegt eine KHK oder eine Hypertonie oder eine Kombination beider Erkrankungen zugrunde (Bundesärztekammer u. a. 2019).

Bei einer **Insuffizienz des linken Herzens** kann der Körperkreislauf nicht mehr ausreichend mit Sauerstoff versorgt werden, es liegt ein **Vorwärtsversagen** (forward failure) vor. Das Herzzeitvolumen (→ 10.1.2) ist unzureichend. Häufige Ursachen für die Linksherzinsuffizienz sind:

- KHK
- Hypertonie
- Klappenfehler, vor allem des linken Herzens (→ 10.1.2)
- Herzinfarkt
- Herzrhythmusstörungen

Bei einer **Insuffizienz des rechten Herzens** kann das antransportierte Blutvolumen nicht mehr ausreichend weitertransportiert werden, was zu einem **Rückwärtsversagen** (backward failure) führt. Häufige Ursachen für die Rechtsherzinsuffizienz sind:

- Insuffizienz des linken Herzens
- Klappenfehler, vor allem des rechten Herzens (→ 10.1.2)
- Lungenerkrankungen

Solange die Regulation der Pumpfunktion des Herzens ausreicht, um bei geringer Belastung eine adäquate Blutversorgung zu garantieren, spricht man von einer **kompensierten Herzinsuffizienz.** Der Organismus versucht die mangelnde Pumpschwäche auszugleichen mit:

- Erhöhung der Sympathikusaktivität
- Frank-Starling-Mechanismus (→ 10.2.3)
- Aktivierung des RAAS (→ 10.2.4)
- Mehrausschüttung von ADH und natriuretischen Peptiden (→ 10.2.4)

1. *Erklären Sie die Rolle der Aktivierung des RAAS bei der Entstehung einer Herzinsuffizienz.*

2. *Beschreiben Sie die Veränderungen der Vor- und Nachlast bei der Entstehung einer Herzinsuffizienz.*

Bei einer **dekompensierten Herzinsuffizienz** hingegen reichen die körpereigenen Regulationsmechanismen nicht mehr aus. Je nach betroffener Herzhälfte kommt es zum Rückstau von Flüssigkeit, was zu **Ödemen** (→ Abb. 43, → 2.2.3) in der Peripherie oder der Lunge führt.

10.6.3 Symptome

Allgemeine Symptome einer Herzinsuffizienz sind vor allem eine **reduzierte Belastbarkeit, beschleunigte Herzfrequenz** und **Tachypnoe,** eine beschleunigte Atmung. Die Symptome treten zunächst bei Belastung, bei fortgeschrittener Herzinsuffizienz auch in Ruhe auf.

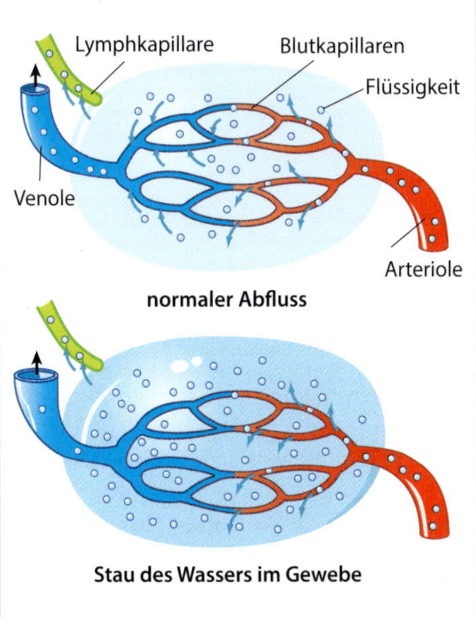

Abb. 43 Ödementstehung bei Herzinsuffizienz

Die weiteren Symptome hängen davon ab, ob es sich um eine Rechts-, Links- oder globale Herzinsuffizienz handelt.

Bei einer **Linksherzinsuffizienz** staut sich das Blut in der Lunge, es kommt zu:

- Lungenödem
- rasselnden Atemgeräuschen
- feuchtem Husten
- Dyspnoe
- verstärktem Einsatz der Atemhilfsmuskulatur (→ 9.2.2)

Ist das Myokard der **rechten Herzhälfte** betroffen, kommt es zum Rückstau des Bluts im Körper. Folgen sind:

- gestaute Halsvenen
- Aszites, Ödeme in den Beinen
- Gewichtszunahme wegen der Ödeme
- Leber- und Milzvergrößerung

Durch den Stau des Bluts in den Gefäßen, die daraus resultierenden Ödeme sowie die Minderversorgung mit Sauerstoff sind **Spätfolgen** der Insuffizienz an verschiedenen Organen, z. B. den Nieren, und Gedächtnisprobleme bis hin zur Demenz möglich.

10.6.4 Diagnostik

In der Diagnostik wird im Rahmen der Anamnese ein Hauptaugenmerk auf **Risikofaktoren** gelegt, z. B. eine bekannte Hypertonie oder eine KHK.

In der **klinischen Untersuchung** fallen auf:

- vergrößerte Leber
- Aszites, Ödeme
- Rasselgeräusche bei Auskultation der Lunge
- erhöhter Druck der Halsvene (Stauungszeichen)

Zur Diagnostik dienen vor allem die Echokardiografie und das EKG (→ 10.3.1). Weitere Untersuchungen hängen von vermuteter Ursache, Beschwerden und Schweregrad ab.

In der **Labordiagnostik** zeigt sich z. B. ein erhöhtes Brain Natriuretic Peptid (BNP), mit dem auch der Grad der Herzinsuffizienz bestimmt werden kann.

Brain Natriuretic Peptid: BNP; Hormon (Polypeptid), das bei Ventrikeldehnung ausgeschüttet wird und als diagnostischer Marker für Herzinsuffizienz dient

Die Einteilung der Herzinsuffizienz erfolgt **nach der Leistungsfähigkeit** der Patienten gemäß **NYHA-Klassifikation** (Empfehlungen der New York Heart Association – NYHA) (Bundesärztekammer u. a. 2019):

- **NYHA I – beschwerdefrei/asymptomatisch;** alltägliche körperliche Belastung verursacht keine Erschöpfung, Rhythmusstörungen, Luftnot oder Angina pectoris.
- **NYHA II – leicht;** Herzerkrankung mit leichter Einschränkung der körperlichen Leistungsfähigkeit; keine Beschwerden in Ruhe und bei geringer Anstrengung; stärkere körperliche Belastung (z. B. Bergaufgehen, Treppensteigen) verursacht Erschöpfung, Rhythmusstörungen, Luftnot oder Angina pectoris.
- **NYHA III – mittelschwer;** Herzerkrankung mit höhergradiger Einschränkung der körperlichen Leistungsfähigkeit; keine Beschwerden in Ruhe; geringe körperliche Belastung (z. B. Gehen auf gerader Strecke) verursacht Erschöpfung, Rhythmusstörungen, Luftnot oder Angina pectoris.
- **NYHA IV – schwer;** Herzerkrankung mit Beschwerden bei allen körperlichen Aktivitäten und in Ruhe, Bettlägerigkeit.

Dyspnoe: gestörte Atmung mit vermehrter Atemarbeit

Aszites: Ansammlung von aus Blutgefäßen stammender Flüssigkeit in der freien Bauchhöhle

10.6.5 Therapie

Die Therapie der Herzinsuffizienz stützt sich vor allem auf:

- ggf. Therapie der verursachenden Erkrankung(en)

- Verhaltens-/Lebensstiländerung durch Schulungen und Stärkung der Eigenverantwortlichkeit des Patienten
- körperliches Training
- Medikamente
- chirurgische Maßnahmen

Vorerkrankungen, die zur Herzinsuffizienz geführt haben, vor allem Hypertonie und KHK, werden behandelt, bei Bedarf chirurgisch.

Der Erfolg der Therapie hängt stark von der **Mitarbeit des Patienten** ab. Der Patient und möglichst auch seine **Angehörigen** werden über die Ursachen der Erkrankung aufgeklärt und zur Mitarbeit in der Therapie motiviert, z. B. Verzicht auf Rauchen und Alkohol, Ernährungsumstellung und körperliches Training je nach Schweregrad der Erkrankung. Aus diesem Grund werden zwischen Arzt und Patient immer wieder neue Therapieziele formuliert und das Erreichen evaluiert, sodass neue Maßnahmen ergriffen werden können. Ein solches Ziel könnte beispielsweise im Rahmen des körperlichen Trainings sein, zwei Stockwerke Treppensteigen zu bewältigen. Auch Herzsportgruppen im Rehasportbereich werden den Patienten nahegelegt. Dabei soll der Hauptschwerpunkt bei einem Ausdauertraining mit dynamischem Krafttraining liegen.

Retention: Zurückhalten von Stoffen oder Flüssigkeiten; mangelnde Ausscheidung

Im Bereich der Flüssigkeitseinnahme pro Tag soll der Patient so geschult werden, dass er durch tägliche Selbstkontrolle des Gewichts selbst über eine Salz- und Wasseraufnahme entscheiden kann. Dabei soll er auch die Dosierung der Diuretika selbst erlernen.

Auch psychosoziale Komponenten des Lebens, der Begleiterkrankungen und des sozialen Umfelds sowie die kognitive Leistungsfähigkeit des Patienten sind individuell zu beachten. Erwünscht ist eine engmaschige Anbindung an den Therapeuten, auch mittels Telemedizin. Allerdings müssen dafür entsprechend kognitive und soziale Fähigkeiten vorhanden sein.

Zur Förderung eines strukturierten Behandlungsmanagements können Patienten am **Disease-Management-Programm (DMP) Herzinsuffizienz** teilnehmen.

I-11.1.4 Internationale Klassifikation der Funktionsfähigkeit, Behinderung und Gesundheit (ICF)

ICF: International Classification of Functioning, Disability and Health (Internationale Klassifikation der Funktionsfähigkeit, Behinderung und Gesundheit); von der WHO herausgegeben; stuft die Folgen von Krankheiten in Bezug auf Körperfunktionen, soziale Aktivitäten und Teilhabe ein

Code-Suche ICF-Online: *www.dimdi.de/dynamic/de/klassifikationen/icf*

Folgende **Arzneimittel** werden eingesetzt, um die Ursachen einer Herzinsuffizienz zu behandeln:

- Hemmer des RAAS (→ 10.2.4) wie ACE-Hemmer
- Betablocker (→ 10.4.5)
- Diuretika und Aldosteronantagonisten

Dabei senken Hemmer des RAAS den Blutdruck, ebenso Betablocker. Gleichzeitig normalisieren Betablocker die Herzfrequenz.

Aldosteronantagonisten besetzen die Aldosteronrezeptoren in der Nebennierenrinde und wirken dadurch diuretisch. Sie steigern in der Niere die Ausscheidung von Natriumionen und fördern im Gegenzug die Kaliumionenretention. Allerdings muss die Dosierung wegen der Elektrolytverschiebungen sorgfältig auf die ACE-Hemmer abgestimmt sein.

Die Medikation bei Patienten mit einer Herzinsuffizienz ist in vielerlei Hinsicht schwierig und muss gründlich abgewogen werden. Zahlreiche Medikamente beeinflussen die Elektrolyte im Körper und haben andere unerwünschte Arzneimittelwirkungen in Bezug auf das Herz. Aufgrund des hohen Alters sind viele Patienten mit Herzinsuffizienz multimorbide, d. h. mehrfacherkrankt. Häufige Komorbiditäten sind neben den oft ursächlichen Herzerkrankungen unter anderem chronische Nierenerkrankungen und Diabetes mellitus (Bundesärztekammer u. a. 2019).

Eine Herzinsuffizienz kann zusätzlich **chirurgisch** behandelt werden, wenn Ursachen wie Klappendefekte diese bedingen. Zur Regulation der Herztätigkeit kann ein Herzschrittmacher eingesetzt werden. In einigen Fällen kann eine Herztransplantation indiziert sein.

10.6.6 Rehabilitation

Um Rehabilitationsmaßnahmen bei Herzinsuffizienz optimal begründen und durchführen zu können, können die **Folgen der Erkrankung** für den Patienten nach der **Internationalen Klassifikation der Funktionsfähigkeit, Behinderung und Gesundheit (ICF)** klassifiziert werden.

Die ICF-Klassifikation hat vier **Komponenten:**
- **B** (body functions): Körperfunktionen
- **S** (body structures): Köperstrukturen
- **D** (activities and participation): Aktivitäten und Teilhabe
- **E** (environmental factors): Umweltfaktoren

Es werden personenbezogene Faktoren einbezogen. Dabei beginnen die Codes mit dem Buchstaben der Kategorie, gefolgt von der Kapitelnummer und weiteren Unterteilungen.

Beispiele:
b Körperfunktionen:
- b4 Funktionen des kardiovaskulären, hämatologischen, Immun- und Atmungssystems
- b410 Herzfunktionen
- b4103 Blutzufuhr zum Herzen

d Aktivitäten und Partizipation:
- d4 Mobilität
- d450 Gehen
- d4501 Lange Entfernungen gehen

Diese Codes werden mit mindestens einem **Beurteilungsmerkmal** ergänzt, indem an den Code nach einem Punkt eine oder mehrere Ziffern angehängt werden.

Beispiel: d4501.4: Lange Entfernung zu gehen, ist unmöglich.

Das erste Beurteilungsmerkmal beschreibt das Ausmaß des Problems; die Ziffern bedeuten:
- xxx.0 Problem nicht vorhanden
- xxx.1 Problem leicht ausgeprägt
- xxx.2 Problem mäßig ausgeprägt
- xxx.3 Problem erheblich ausgeprägt
- xxx.4 Problem voll ausgeprägt

Struktur der ICF-Klassifikation am Beispiel (→ Abb. 44):
Herr Kuhn ist 74 Jahre alt und kann seit einem Jahr nicht mehr spazieren gehen. Auch hat er Schwierigkeiten, länger am Stück zu reden, und kann die Treppe zu seiner Wohnung im 2. Obergeschoss nicht mehr bewältigen. Er vermisst es, am Sonntag zum Stammtisch zu gehen. Bei der Hausarbeit kann er seine Frau aufgrund der Kurzatmigkeit nicht mehr unterstützen. Sie muss täglich seine Beine wickeln, damit die Ödeme sich nicht noch mehr vergrößern. Der Weg zum wöchentlichen Termin beim Hausarzt wird immer schwieriger, sodass der Hausarzt plant, bald nur noch Hausbesuche zu machen. Zudem hat Herr Kuhn eine Hypertonie und Herzrhythmusstörungen.

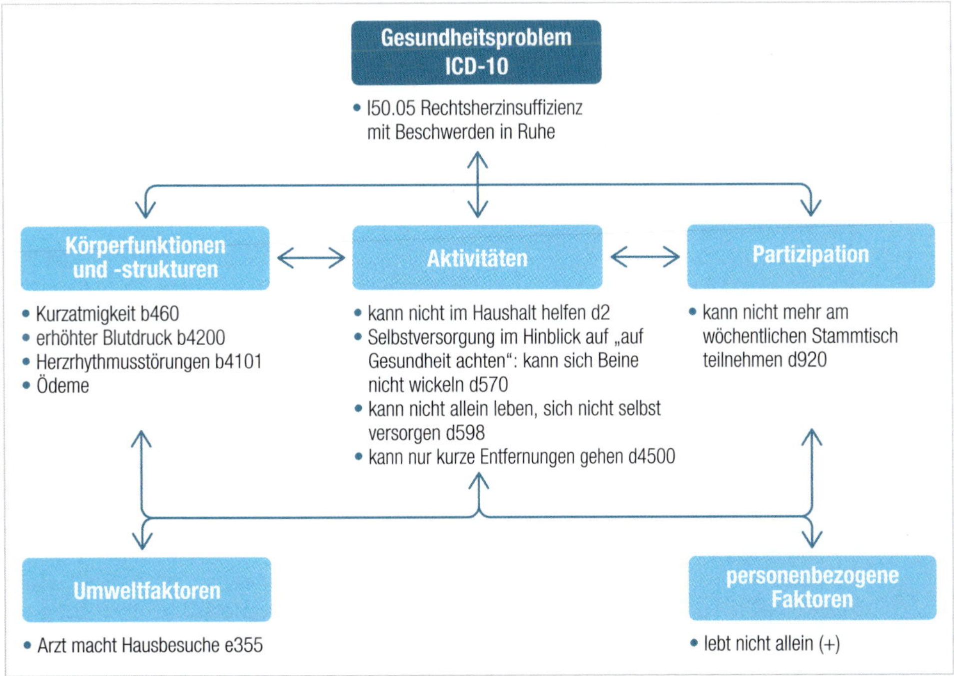

Abb. 44 **ICF-Klassifikation am Beispiel von Herrn Kuhn**

1. *Gehen Sie den einzelnen Codierungen im Beispiel in der ICF-Online unter www.dimdi.de/dynamic/de/klassifikationen/icf nach.*

2. *Erweitern Sie das Fallbeispiel von Herrn Kuhn um je eine Information zu Körperfunktionen, Körperstrukturen, Aktivitäten und Partizipation sowie Umweltfaktoren und recherchieren Sie die entsprechenden Codes.*

Rehabilitationsmaßnahmen für Patienten mit chronischer Herzinsuffizienz umfassen u.a. medizinische Überwachung und Betreuung, ärztlich überwachtes Training zum Aufbau der körperlichen Leistungsfähigkeit, Information über die Erkrankung und Schulungen zur Lebensstilanpassung.

10.6.7 Pflege

Tachykardie: Herzrasen; Herzfrequenz von z.B. > 100/min in Ruhe beim Erwachsenen, u.a. aufgrund gestörter Herzfunktion

Im Rahmen der Pflege ist das **Selbstmanagement** sehr wichtig. Dabei lernen die Betroffenen:

- auf körperliche Symptome zu achten;
- die Bedeutung der täglichen Gewichtskontrolle, um Ödeme frühzeitig zu erkennen;
- den Blutdruck selbst zu kontrollieren;
- die Bedeutung einer angemessenen Bewegung, insbesondere durch Spazieren gehen, Walken, Schwimmen und Radfahren;
- Atemnot zu vermeiden, aber auch mit ihr umzugehen (aufrecht sitzen, Beine hängen lassen, Kutschersitz, → 9.4.5);
- den Teufelskreis von Angst und Atemnot (→ Abb. 45) zu unterbrechen.

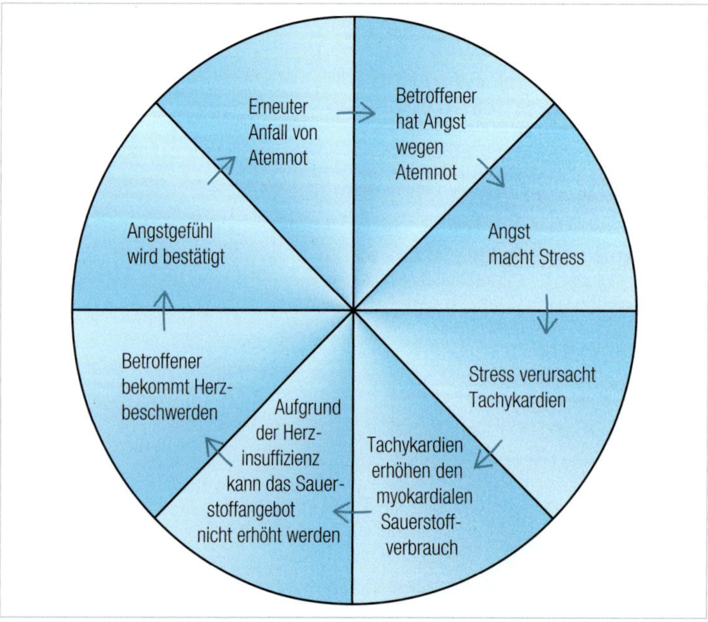

Abb. 45 Zusammenspiel von Angst und Atemnot bei Herzinsuffizienz

In der akuten Krankheitsphase ist eine engmaschige Überwachung der Patienten nötig. Pflegekräfte übernehmen dabei Aufgaben der **Überwachung, Unterstützung, Beratung und Anleitung,** z.B. Training von Maßnahmen gegen Atemnot. Kommt es zu Ödemen, unterstützen Pflegekräfte in der besonderen Hautpflege und dem Wickeln und Positionieren der Beine. Um eine **Gewichtsreduktion** zu erreichen und die zugeführte **Flüssigkeitsmenge** optimal anzupassen, kann ein Ökotrophologe oder Diätassistent hinzugezogen werden.

Pflegekräfte können sich im Bereich der Herzinsuffizienz in einer Weiterbildung spezialisieren. Sie koordinieren dann in den verschiedenen Sektoren die Versorgung, unterstützen bei der passgenauen Medikamentendosierung und führen Patientenschulungen durch.

Obwohl die Belastungen bei Patienten mit Herzinsuffizienz im Endstadium vergleichbar zu Krebspatienten sind, werden diese seltener **palliativmedizinisch** versorgt. Diesen Versorgungsbereich gilt es auszubauen (Bundesärztekammer u.a. 2019).

10.6.8 Verlauf und Prognose

Die Prognose der Herzinsuffizienz ist von verschiedenen Faktoren wie dem Alter, dem Geschlecht, den Begleiterkrankungen, dem Stadium der Insuffizienz und der Mitarbeit des Betroffenen abhängig.

Prognostisch am ungünstigsten ist eine Kombination aus hohem Alter, Stadium III/IV, Diabetes mellitus und eingeschränkter Nierenfunktion (Bundesärztekammer u.a. 2019).

Die Herzinsuffizienz stellt die häufigste **stationäre Aufnahmediagnose** dar – mit stetig zunehmender Tendenz. Fast die Hälfte aller Patienten wird einmal jährlich stationär behandelt, wiederholte Einweisungen sind typisch

(Bundesärztekammer u.a. 2019). Die damit einhergehenden hohen Krankheitskosten und die steigende Prävalenz (→ 10.6.1) machen die Herzinsuffizienz zu einem wichtigen Public-Health-Thema.

Die Herzinsuffizienz weist eine **hohe Sterblichkeit** auf. Die Mortalität liegt bei 3,9 % aller Todesfälle; die Herzinsuffizienz stellt damit die vierthäufigste Todesursache bei Frauen und die neunthäufigste Todesursache bei Männern dar (Statistisches Bundesamt (Destatis) 2023). Die 2-Jahres-Mortalität beträgt je nach Stadium (Bundesärztekammer u.a. 2019):

- I 14,6 %
- II 16,9 %
- III 30,8 %
- IV 53,3 %

10.6.9 Prävention und Gesundheitsförderung

Der präventive Schwerpunkt bei der Herzinsuffizienz liegt auf der Tertiärprävention. Dabei soll nach Auftreten der Erkrankung der Patient selbst angeregt werden, die Verschlimmerung abzuwenden und eine Verbesserung der Symptome zu erreichen. Ziel ist, durch einen gesundheitsförderlichen Lebensstil die Lebensqualität zu verbessern. Patienten mit Herzinsuffizienz sollten gegen Influenza und Pneumokokken geimpft werden.

Eine wichtige Aufgabe in der Prävention ist zudem, Patienten mit Risikokonstellationen frühzeitig, z.B. im Rahmen von Früherkennungsuntersuchungen, zu identifizieren und ggf. zu therapieren.

AUFGABEN

1. *Unterscheiden Sie tabellarisch die Rechts- und Linksherzinsuffizienz hinsichtlich der Ursachen und der damit verbundenen Symptome.*
2. *Ein 40-jähriger Mann mit einem BMI von 42 und einem Zigarettenkonsum von zwei Schachteln/Tag soll hinsichtlich der Risikofaktoren zur Entstehung einer Herzinsuffizienz geschult werden. Nennen Sie mögliche Ziele und Inhalte für das Beratungsgespräch.*
3. *Die ICF ermöglicht eine biopsychosoziale Betrachtungsweise. Die Folgen von Krankheit werden bezogen auf Körperfunktionen, Aktivitäten und Teilhabe beschrieben. Umwelt- und individuelle Bedingungen von Menschen werden in den Blick genommen. Erläutern Sie, warum dies eine ganzheitliche Sicht auf Erkrankungen zulässt.*

Quellen

Quellen Anatomie/Physiologie

Golenhofen, K. (2006): Basislehrbuch Physiologie. München: Elsevier.

Schünke, M.; Schulte, E.; Schumacher, U. (2018): Prometheus – Innere Organe. Stuttgart: Thieme.

Speckmann, E.-J.; Wittkowski, W. (Hrsg.) (2020): Handbuch Anatomie: Bau und Funktion des menschlichen Körpers. München: Urban & Fischer, Elsevier.

Thieme via medici (2023): Druck-Volumen-Veränderungen während des Herzzyklus; unter *https://viamedici.thieme.de/lernmodul/541079/subject/physiologie/herz/mechanik+und+regulation+des+herzens/druck-volumen-ver%C3%A4nderungen+w%C3%A4hrend+des+herzzyklus* [12.12.2023].

Quellen zu Herz-Kreislauf-Erkrankungen allgemein

Deutsches Zentrum für Herz-Kreislauf-Forschung e.V. (DZHK) (o. J.): Prävention von Herz-Kreislauf-Erkrankungen; unter *https://dzhk.de/herz-kreislauf-erkrankungen/krankheiten/praevention/* [12.12.2023].

European Society of Cardiology (ESC); Deutsche Gesellschaft für Kardiologie (DGK) (2016): ESC Pocket Guidelines. Prävention von Herz-Kreislauf-Erkrankungen. Düsseldorf.

Robert Koch-Institut (RKI) (2015): Gesundheit in Deutschland. Berlin.

Statistisches Bundesamt (Destatis) (2023a): Todesursachen nach Krankheitsarten 2021; unter *www.destatis.de/DE/Themen/Gesellschaft-Umwelt/Gesundheit/Todesursachen/_inhalt.html#sprg235878* [12.12.2023].

Statistisches Bundesamt (Destatis) (2023b): Krankheitskosten; unter *www.destatis.de/DE/Themen/Gesellschaft-Umwelt/Gesundheit/Krankheitskosten/_inhalt.html#sprg234880* [12.12.2023].

Quellen Hypertonie

American Heart Association (AHA) (2023): About Metabolic Syndrome; unter *www.heart.org/en/health-topics/metabolic-syndrome/about-metabolic-syndrome* [12.12.2023].

Bundesärztekammer (BÄK); Kassenärztliche Bundesvereinigung (KBV); Arbeitsgemeinschaft der Wissenschaftlichen Medizinischen Fachgesellschaften (AWMF) (2023): Nationale VersorgungsLeitlinie Hypertonie – Version 1.0.

Bundesverband Deutscher Internisten e. V. (BDI) (2023): Bluthochdruck; unter *www.internisten-im-netz.de/krankheiten/bluthochdruck/was-ist-bluthochdruck* [12.12.2023].

Mancia, G. et al. (2023): 2023 ESH Guidelines for the management of arterial hypertension. The Task Force for the management of arterial hypertension of the European Society of Hypertension. In: J Hypertens; 41:1874–2071.

Moebus, S.; Stang, A. (2007): Das metabolische Syndrom – ein umstrittenes diagnostisches Konzept. In: Herz 32: 529–540.

Neuhauser, H.; Ellert, U. (2005): Prävalenz des metabolischen Syndroms in Deutschland: eine Sensitivitätsanalyse – Meeting Abstract; unter *www.egms.de/static/en/meetings/gmds2005/05gmds183.shtml* [12.12.2023].

Neuhauser, H.; Kuhnert, R.; Born, S. (2017): 12-Monats-Prävalenz von Bluthochdruck in Deutschland. In: Journal of Health Monitoring 2(1): 57–63.

Neuhauser, H.; Sarganas, G. (2015): Hoher Blutdruck: Ein Thema für alle. Berlin: Robert Koch-Institut.

Robert Koch-Institut (RKI) (2023): Themenschwerpunkt Hypertonie; unter *www.rki.de/DE/Content/GesundAZ/K/Koronare_Herzkrankheit/Koronare_Herzkrankheit_node.html* [12.12.2023].

Singh, G. K. (2006): Metabolic syndrome in children und adolescents. In: Current Treatment Options Cardiovascular Medicine 8: 403–413.

Wirth, A.; u. a. (2006): Das Metabolische Syndrom – Empfehlungen für die kardiologische Rehabilitation. In: Herzmedizin 23(3): 140–144.

Quellen Arteriosklerose, koronare Herzkrankheit und Herzinfarkt

Bundesärztekammer (BÄK); Kassenärztliche Bundesvereinigung (KBV); Arbeitsgemeinschaft der Wissenschaftlichen Medizinischen Fachgesellschaften (AWMF) (2022): Nationale VersorgungsLeitlinie Chronische KHK, Version 6.0.

Busch, M. A.; Kuhnert, R. (2017): 12-Monats-Prävalenz einer koronaren Herzkrankheit in Deutschland. In: Journal of Health Monitoring 2(1): 64–69.

Deutsche Adipositas-Gesellschaft (DAG) e. V. (2014). Interdisziplinäre Leitlinie der Qualität S3 zur „Prävention und Therapie der Adipositas". Unter *https://register.awmf.org/assets/guidelines/050-001l_S3_Adipositas_Pr%C3%A4vention_Therapie_2014-11-abgelaufen.pdf* [12.12.2023].

Deutsche Gesellschaft für Allgemeinmedizin und Familienmedizin (DEGAM) (2017): S3-Leitlinie Hausärztliche Risikoberatung zur kardiovaskulären Prävention. AWMF-Register-Nr. 053–024.

Deutsche Gesellschaft für Kardiologie (DGK) (2018): Langzeit-Sterblichkeit nach Herzinfarkt: Alter, Gewicht und Akuttherapie sind entscheidende Faktoren; unter *https://dgk.org/pressemitteilungen/2018-jahrestagung/2018-jt-aktuelle-pm/2018-jt-aktuelle-pm-tag3-2018-jt-aktuelle-pm/langzeit-sterblichkeit-nach-herzinfarkt-alter-gewicht-und-akuttherapie-sind-entscheidende-faktoren* [12.12.2023].

Deutsche Gesellschaft für Kardiologie (DGK) (2015): DGK Pocket-Leitlinie. Kardiopulmonale Reanimation. Düsseldorf.

Deutsche Gesellschaft für Prävention und Rehabilitation von Herz- und Kreislauferkrankungen e. V. (DGPR); Swiss Working Group for Cardiovascular Prevention Rehabilitation and Sports Cardiology (SCPRS); Österreichische Kardiologische Gesellschaft (ÖKG) (2020): S3-Leitlinie zur kardiologischen Rehabilitation im deutschsprachigen Raum Europas Deutschland, Österreich, Schweiz (D-A-CH). Langfassung.

Kassenärztliche Bundesvereinigung (KBV) (2023a): Disease-Management-Programme; DMP KHK: Anzahl der eingeschriebenen Patienten; unter *www.kbv.de/media/sp/DMP_KHK_Patienten.pdf* [12.12.2023].

Kassenärztliche Bundesvereinigung (KBV) (2023b): Disease-Management-Programme; Qualitätsindikatoren, DMP KHK – Ergebnisse der Qualitätssicherung; unter *www.kbv.de/html/dmp.php* [12.12.2023].

Robert Koch-Institut (RKI) (Hrsg.) (2006): Koronare Herzkrankheit und akuter Myokardinfarkt. Heft 33. Berlin.

Statistisches Bundesamt (Destatis) (2023): Todesursachenstatistik; unter *www.destatis.de/DE/Themen/Gesellschaft-Umwelt/Gesundheit/Todesursachen/_inhalt.html#sprg475708* [12.12.2023].

Quellen Herzinsuffizienz

Bibliomed Pflege, 28.10.2016 – Deschka, M.: Pflege bei Herzinsuffizienz; unter *www.bibliomed-pflege.de/news/29643-pflege-bei-herzinsuffizienz* [12.12.2023].

Bundesärztekammer (BÄK), Kassenärztliche Bundesvereinigung (KBV), Arbeitsgemeinschaft der Wissenschaftlichen Medizinischen Fachgesellschaften (AWMF) (2020): Herzschwäche. Patientenleitlinie zur Nationalen VersorgungsLeitlinie. Konsultationsfassung.

Bundesärztekammer (BÄK), Kassenärztliche Bundesvereinigung (KBV), Arbeitsgemeinschaft der Wissenschaftlichen Medizinischen Fachgesellschaften (AWMF) (2019): Nationale VersorgungsLeitlinie Chronische Herzinsuffizienz. Langfassung.

Bundesverband Deutscher Internisten e. V. (BDI) (2023): Herzschwäche; unter *www.internisten-im-netz.de/krankheiten/herzschwaeche/was-ist-herzschwaeche.html* [12.12.2023].

Holstiege, J.; Akmatov, M. K.; Steffen, A.; Bätzing, J. (2018): Prävalenz der Herzinsuffizienz – bundesweite Trends, regionale Variationen und häufige Komorbiditäten. In: Zentralinstitut für die kassenärztliche Versorgung in Deutschland (Zi). Versorgungsatlas-Bericht Nr. 18/09. Berlin.

Luchner, A.; Holmer, S.; Schunkert, H.; Riegger, G. A. (2003): Bedeutung der Herzinsuffizienzmarker BNP und NT-proBNT für die Klinik. In: Deutsches Ärzteblatt 100(50): A-3314/B-2757/C-2577.

Statistisches Bundesamt (destatis) (2023): Todesursachen; unter *www.destatis.de/DE/Themen/Gesellschaft-Umwelt/Gesundheit/Todesursachen/_inhalt.html#sprg475708* [12.12.2023].

Weiterführende Literatur

Bundesministerium für Arzneimittel und Medizinprodukte (2023): Struktur der ICF und Kodestruktur; unter *www.bfarm.de/DE/Kodiersysteme/Klassifikationen/ICF/struktur.html* [12.12.2023].

Bundesministerium für Gesundheit: Portal gesund.bund.de – Krankheiten Herz und Kreislauf; unter - *https://gesund.bund.de/themen/herz-und-kreislauf* [12.12.2023].

Deutsches Zentrum für Herz-Kreislauf-Forschung e. V. (DZHK): Kooperationsverbund; unter *https://dzhk.de* [12.12.2023].

European Heart Network (EHN) (2009): Prävention von Herz-Kreislauf-Erkrankungen in Europa – viel erreicht, noch viel zu tun. Brüssel.

DR. MONIKA REUS

HARNSYSTEM UND WASSERHAUSHALT

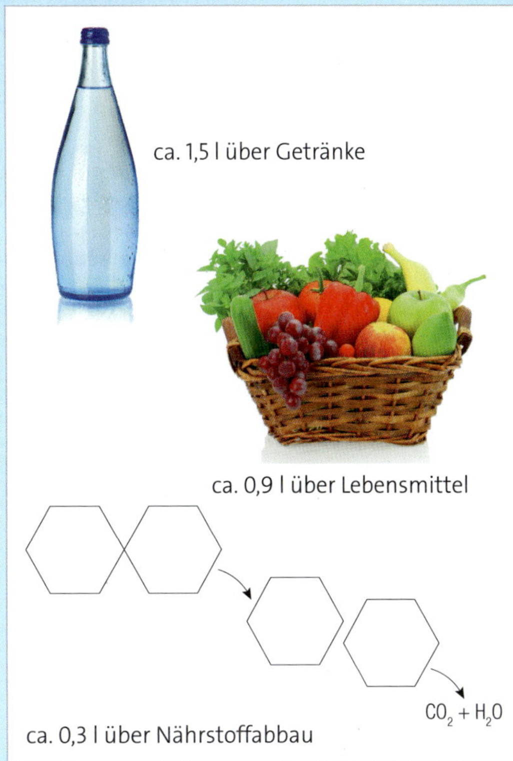

Flüssigkeit – Tagesbedarf eines Erwachsenen (Deutsche Gesellschaft für Ernährung u. a. 2015)

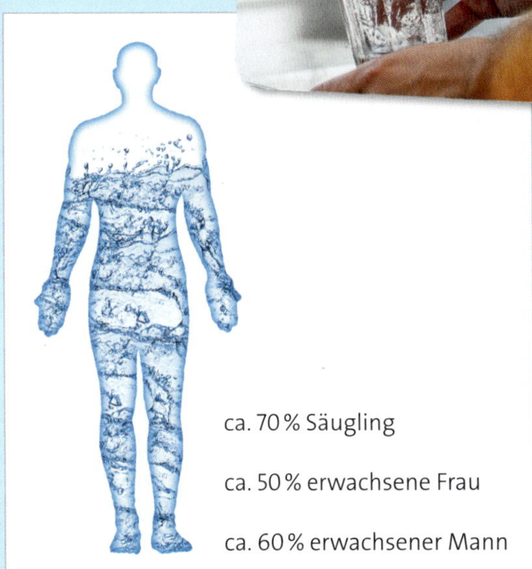

Wasseranteil bei normalgewichtigen Personen

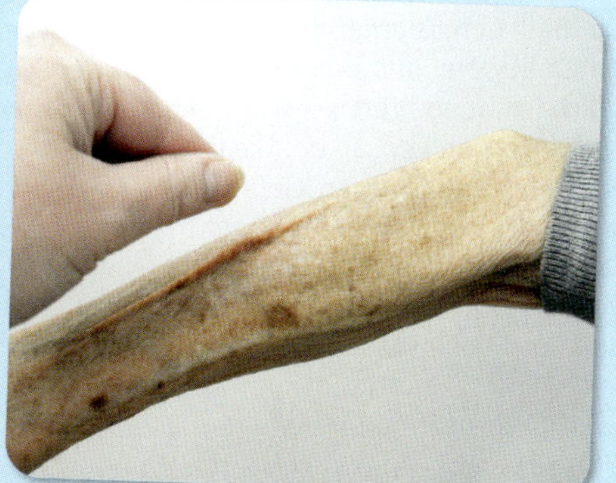

1. *Der Mensch besteht mindestens zur Hälfte aus Wasser. Überlegen Sie, welche Aufgaben das Wasser im Körper hat.*
2. *Notieren Sie, was und wie viel Sie gestern gegessen und getrunken haben.*
   a) Ermitteln Sie mithilfe einer Nährwerttabelle, wie viel Wasser Sie etwa aufgenommen haben.
   b) Vergleichen Sie die Menge mit Ihrem Bedarf.
3. *Nennen Sie Faktoren, die den Flüssigkeitsbedarf eines Menschen beeinflussen können.*
4. *Überlegen Sie, welche Funktionen das Schwitzen haben könnte.*

HARNSYSTEM UND WASSERHAUSHALT

Harnsystem:
Nieren und ableitende Harnwege

Harn:
Urin; Ausscheidungsprodukt der Nieren aus Wasser, Salzen, Stoffwechselendprodukten, Giftstoffen

Nierenrinde:
Cortex renalis; äußere Schicht der Niere

Nierenmark:
Medulla renalis, innere Schicht der Niere

Nierenbecken:
Pelvis renalis; Hohlraum im Zentrum der Niere, in dem sich der Harn sammelt

Harnleiter:
Ureter; Kanal zur Ableitung des Harns vom Nierenbecken zur Harnblase

Harnröhre:
Urethra; Ausführungsgang aus der Harnblase zur Harnableitung nach außen

Nephron:
funktionelle Einheit in der Niere, bestehend aus Nierenkörperchen und Tubulussystem

Das **Harnsystem** besteht aus den beiden Nieren und den ableitenden Harnwegen. Die Nieren **reinigen das Blut,** indem sie wasserlösliche Stoffwechselendprodukte sowie Giftstoffe aus dem Blut filtern und sie als Harn (Urin) über die ableitenden Harnwege ausscheiden. Sie regulieren den Wasser-, Elektrolyt- und Säure-Basen-Haushalt sowie den Blutdruck. Außerdem produzieren sie Hormone. Die vielfältigen lebenswichtigen Aufgaben der Nieren können nur teilweise und nur zeitweise von Maschinen (Dialyse) übernommen werden.

11.1 Anatomie

Das Harnsystem besteht aus den beiden **Nieren** und den **ableitenden Harnwegen** (→ Abb. 1). Zu den ableitenden Harnwegen zählen:

- Nierenbecken
- Harnleiter
- Harnblase
- Harnröhre

Die **Nebennieren** liegen seitlich oben auf den Nieren auf.

11.1.1 Nieren

Die beiden bohnenförmigen Organe sind jeweils ca. 150 g schwer und etwa 10 cm lang. Sie liegen unterhalb des Zwerchfells links und rechts von der Wirbelsäule.

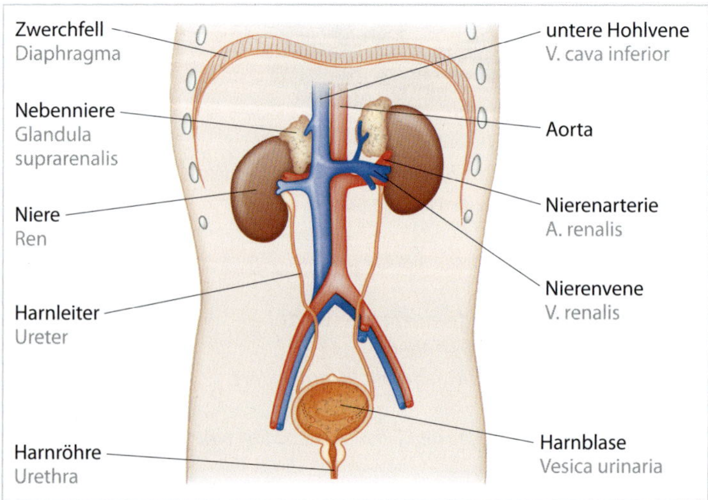

Abb. 1 Harnsystem

Wenn man die Niere längs aufschneidet, erkennt man ihren typischen Bau (→ Abb. 2):

- Die Niere ist von einer bindegewebigen Kapsel umgeben.
- Die äußere Schicht des Nierengewebes ist die **Nierenrinde.** Sie enthält die Nierenkörperchen.
- Die innere Schicht ist das **Nierenmark:** Es ist in Nierenlappen gegliedert, die in Nierenpyramiden und Nierenkelche unterteilt werden.
- Zentral liegt das Nierenbecken, aus dem der Harnleiter abgeht; hier befindet sich auch die Ein- bzw. Austrittstelle der zu- und abführenden Gefäße, der Nierenarterie und Nierenvene.

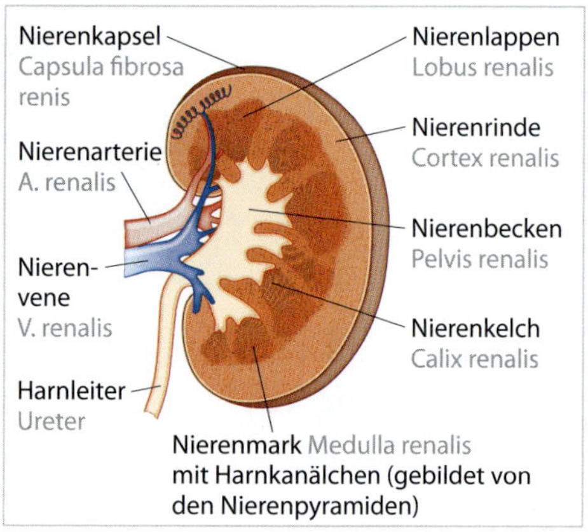

Abb. 2 Aufbau der Niere

Funktionell besteht die Niere aus etwa 1 bis 1,5 Millionen **Nephronen** (→ Abb. 3). Ein Nephron gliedert sich in ein **Nierenkörperchen** und ein daran anschließendes **Tubulussystem (Nierenkanälchen).** Das Nierenkörperchen besteht aus einem Kapillarknäuel, dem **Glomerulus,** das von einer Kapsel, der **Bowman-Kapsel,** umgeben ist (→ Abb. 4). Die Bowman-Kapsel umgibt wie ein eingestülpter Ball den Glomerulus; in den Spalt zwischen äußerer und innerer Wand wird der Primärharn abgefiltert (→ 11.2.1). Die Region am Nierenkörperchen, an der die Gefäße ein- und austreten, nennt man Gefäßpol; die Region, in der der Harn abfließt, nennt man Harnpol. Das Nierenkörperchen liegt in der Nierenrinde, der Tubulus verläuft zum Teil in der Rinde und zum Teil im Mark.

Im Glomerulus bilden Äste der Nierenarterie – Vas afferens – das sogenannte Wundernetz (Rete mirabile). Es entsteht dadurch, dass sich das Vas afferens in ein Kapillarknäuel aufteilt und dann wieder zu einer Arterie, dem Vas efferens, vereint.

Die Bowman-Kapsel ist der Beginn des **Tubulussystems,** das in seinem weiteren Verlauf in verschiedene Abschnitte untergliedert ist:

- proximaler Tubulus mit einem gebogenen Teil (Konvolut) in der Rinde und einem geraden Teil
- Henle-Schleife im Nierenmark mit einem dünnen absteigenden Schenkel, einem U-Stück, einem dünnen und einem dicken aufsteigenden Schenkel
- distaler Tubulus mit einem geraden und einem gewundenen Teil (Konvolut) in der Rinde
- Sammelrohr, in das noch viele andere Tubuli einmünden und das in das Nierenbecken mündet

Die geraden Teile des proximalen und distalen Tubulus zählt man ebenfalls zur Henle-Schleife.

Das Vas efferens unterteilt sich in Kapillaren, die parallel zum Tubulus verlaufen (→ Abb. 3). Im Scheitelpunkt der Henle-Schleife findet die Umkehr von arteriellem zu venösem Blut statt, das über die Nierenvenen abfließt.

Der distale Tubulus berührt in seinem Verlauf mit seinem gewundenen Teil den Gefäßpol des Nierenkörperchens. Diesen Bereich nennt man **juxtaglomerulärer Apparat.** Er ist für die Autoregulation der Niere und die Blutdruckregulation (→ 10.2.4) verantwortlich.

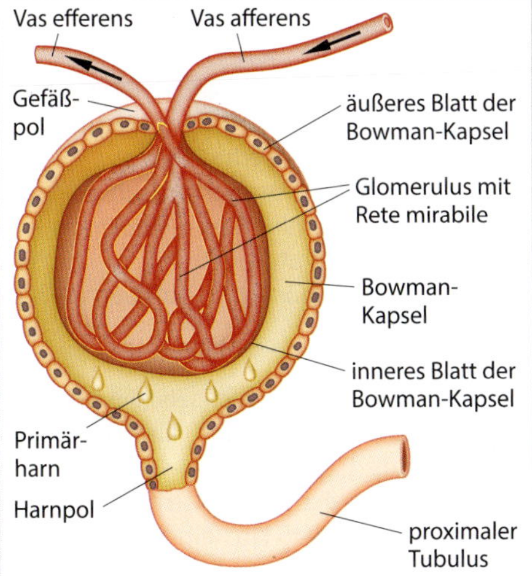

Abb. 4 Aufbau eines Nierenkörperchens

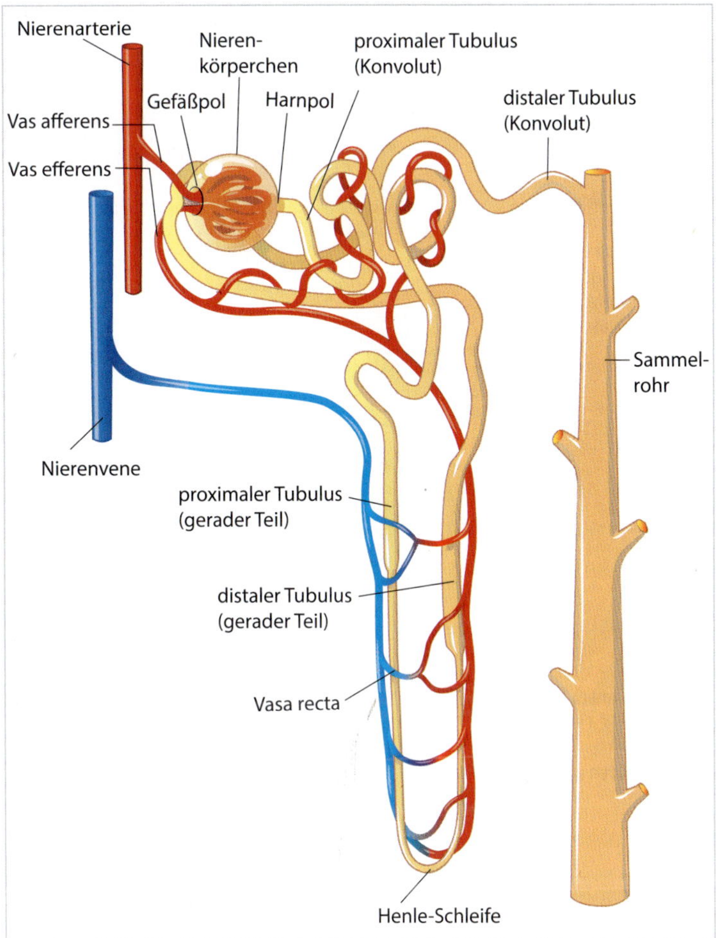

Abb. 3 Aufbau eines Nephrons

11.1.2 Ableitende Harnwege

Die ableitenden Harnwege beginnen mit den Nierenkelchen, die in das zentral gelegene Nierenbecken münden. Aus dem Nierenbecken läuft der Harn über den Harnleiter in die Harnblase. Dort wird der Urin gesammelt und gespeichert, bis er über die Harnröhre nach außen abgelassen wird. Bei Männern (→ Abb. 5) endet die Harnröhre an der Spitze der Eichel des Penis; sie hat eine Länge von etwa 20 cm. Bei der Frau (→ Abb. 6) endet die Harnröhre nach nur 3 bis 4 cm Länge im Scheidenvorhof (→ 12.1.2, → 12.2.1).

Die Lage der Harnblase ist bei großer Füllung gut im kleinen Becken tastbar.

Nierenkörperchen: Teil des Nephrons; besteht aus Glomerulus und der ihn umgebenden Bowman-Kapsel

Glomerulus: Kapillarknäuel; Bestandteil des Nierenkörperchens

Bowman-Kapsel: Kapsel, die den Glomerulus umgibt und den Primärharn auffängt

Tubulus: Nieren- bzw. Harnkanälchen

Vas afferens: herantransportierendes Gefäß

Vas efferens: wegtransportierendes Gefäß

Rete mirabile:
„Wundernetz"; Verzweigung einer Arterie in feine Kapillaren, die sich wieder zu einem arteriellen Gefäß vereinigen

juxtaglomerulärer Apparat:
Zellbereich von Gefäßpol und distalem Tubulus; Funktion: Autoregulation der Niere und Blutdruckregulation

Herzzeitvolumen:
Menge an Blut, die innerhalb einer bestimmten Zeiteinheit aus dem Herzen ausgeworfen wird

Primärharn:
von den Nierenkörperchen abfiltrierte Flüssigkeit

harnpflichtige Substanz:
Stoffwechselendprodukt, das über den Urin ausgeschieden wird z. B. Harnstoff, Harnsäure, Kreatinin

Harnstoff:
Endprodukt des Proteinstoffwechsels; entsteht in der Leber aus den Aminogruppen der Aminosäuren; Ausscheidung über die Niere (harnpflichtig)

Harnsäure:
Endprodukt des Nukleinsäurestoffwechsels; Ausscheidung v. a. über die Niere (harnpflichtig)

Kreatinin:
harnpflichtiges Produkt des Muskelstoffwechsels; Indikator für Nierenfunktion

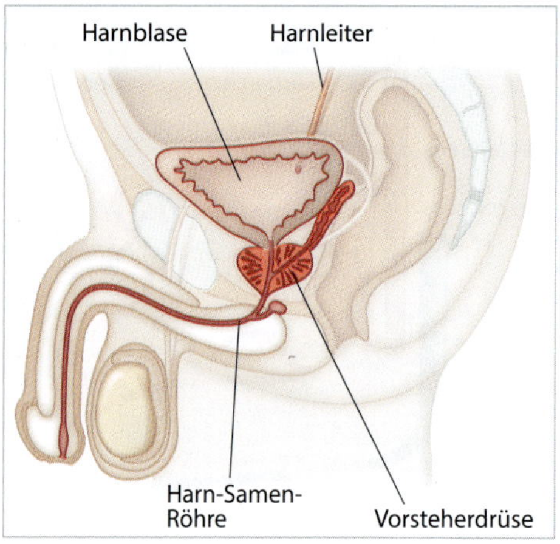

Abb. 5 Verlauf der männlichen Harnröhre

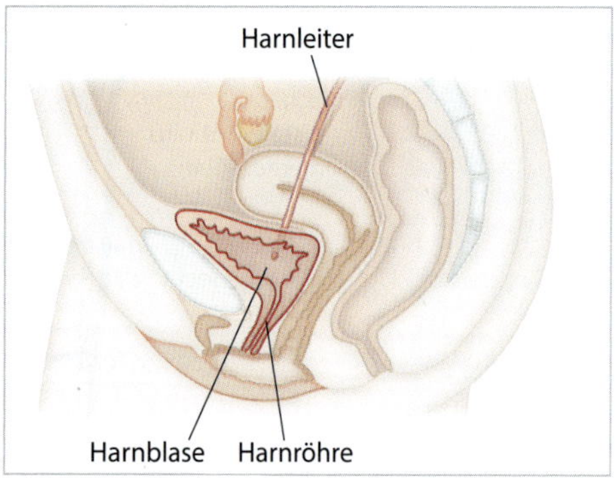

Abb. 6 Verlauf der weiblichen Harnröhre

Wegen der deutlich kürzeren Harnröhre und der Nähe der Mündung zum After leiden Frauen häufiger an Harnblasenentzündungen als Männer.
Prävention von Harnwegsinfekten: Viel trinken, Kälte meiden, Urin nicht einhalten, nach dem Geschlechtsverkehr Toilettengang und waschen, Stringtangas oder scheuernde Unterhosen wegen der direkten Nähe zum After meiden, reizende Stoffe beim Rasieren vermeiden.

11.2 Physiologie

Wasser ist lebensnotwendig für unseren Organismus. Das Harnsystem sorgt dafür, dass der Wasserhaushalt immer optimal eingestellt ist. Ohne Wasser können wir in Ruhe nur zwei bis vier Tage überleben, ohne Nahrung wesentlich länger.

Wasser brauchen wir in allen Lebenslagen:
- Es dient als Transportmittel im Blut.
- Es reguliert die Körpertemperatur.
- Es hält die Konsistenz der Körperflüssigkeiten und Gewebe aufrecht.
- Es ist essenziell für den Stoffwechsel und die Funktion von Zellen und Geweben.

Wasser hat auch eine große Bedeutung für die intellektuelle und körperliche Leistungsfähigkeit. Eine ausreichende Wasserzufuhr wirkt sich positiv auf unsere Stimmungen aus. Überflüssig zu uns genommenes Wasser scheiden wir über das Harnsystem mit dem Urin aus.

Während ein Erwachsener normalerweise pro Tag etwa 1,5 bis 2,5 Liter Flüssigkeit verliert, steigt der Bedarf bei Hitze oder Sport deutlich an.

Etwa 20 % des Herzzeitvolumens fließen stets durch die Nieren, das entspricht 1 bis 1,2 Litern Blut pro Minute oder 1800 Litern Blut pro Tag.

Die **Nieren** erfüllen folgende **Aufgaben:**
- Sie filtern das Blut, wodurch der Primärharn entsteht.
- Sie resorbieren aus dem Primärharn nützliche Moleküle wie Zucker, Elektrolyte oder Aminosäuren.
- Sie konzentrieren den Primärharn zum Sekundärharn, indem sie etwa 99 % des Wassers wieder resorbieren.
- Sie produzieren Hormone.
- Sie erfüllen Stoffwechselfunktionen.

Durch diese Prozesse erbringen die Nieren ihre vielfältigen und lebenswichtigen **Leistungen:**
- Regulation des Wasserhaushalts
- Regulation des Elektrolythaushalts
- Regulation des Säure-Basen-Haushalts
- Regulation des Blutdrucks
- Exkretion wasserlöslicher Stoffwechselprodukte und Gifte

Endprodukte des Stoffwechsels, die über den Urin ausgeschieden werden, also **harnpflichtig** sind, sind z. B.:
- Harnstoff aus dem Proteinstoffwechsel
- Harnsäure aus dem Nukleinsäurestoffwechsel
- Kreatinin aus dem Muskelstoffwechsel

Die gelbe Farbe hat der Urin durch Abbauprodukte des Hämoglobinstoffwechsels.

11.2.1 Regulation des Wasser- und Elektrolythaushalts

Die **Nephrone** in der Niere bilden eine funktionelle Einheit aus Glomerulus, Bowman-Kapsel und Tubulussystem. Ihre Aufgaben sind:

- Filtration des Blutes
- Reabsorption wichtiger Substanzen aus dem Primärharn
- Konzentration des Primärharns zum Sekundärharn, der ausgeschieden wird (→ Abb. 7)

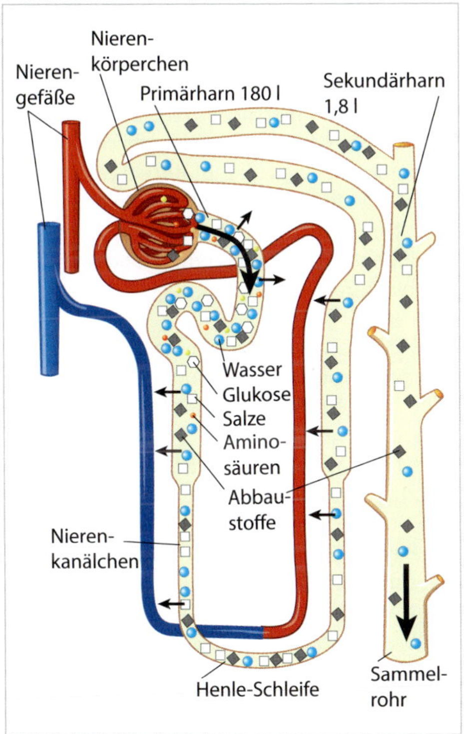

Abb. 7 Filtration und Resorption von gelösten Stoffen in den Nephronen

Bildung des Primärharns

Der Primärharn wird vom Nierenkörperchen gebildet. Pro Tag entstehen etwa 150 bis 180 Liter Primärharn, indem durch den **Perfusionsdruck** im Vas afferens des Glomerulus Wasser und kleinere gelöste Stoffe aus dem Blut in die Bowman-Kapsel abfiltriert werden. Blutkörperchen und große Proteine (→ 8.1.2) können den Filter nicht passieren. Dieser Filter, die **Blut-Harn-Schranke,** besteht aus drei Schichten:

- fenestrierte Kapillarmembran (→ 10.1.1) mit Poren mit einem Durchmesser von 50 bis 100 nm
- glomeruläre Basalmembran, die negativ geladen ist und somit den Durchtritt von größeren Proteinen verhindert
- inneres Blatt der Bowman-Kapsel mit nur winzigen Schlitzen von 4 bis 5 nm Größe

Der durch die Filtration entstandene Primärharn enthält neben 95 % Wasser kleinere Moleküle wie Harnsäure, Harnstoff, Glukose und Elektrolyte. Von der Zusammensetzung her entspricht der Primärharn dem Blutplasma ohne große Proteine.

Ermitteln Sie mithilfe eines Teststäbchens, ob Ihr Urin Proteine, rote und weiße Blutkörperchen oder Zucker enthält. Dies wäre ein Hinweis auf eine gestörte Filterfunktion, eine bakterielle Entzündung im Harnsystem oder einen erhöhten Blutzuckerspiegel.

Der **glomeruläre Filtrationsdruck** (→ Abb. 8) ist von drei Faktoren abhängig:

- hydrostatischer Druck des Blutes (Blutdruck)
- kolloidosmotischer Druck
- hydrostatischer Kapseldruck

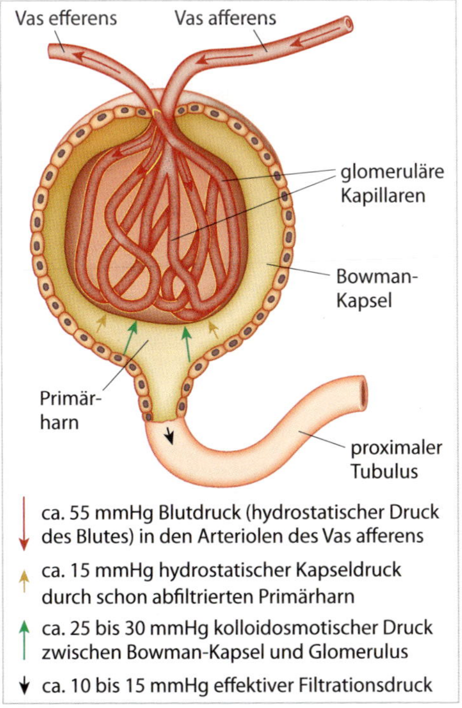

Abb. 8 Glomerulärer Filtrationsdruck – Einflüsse

Wasserhaushalt: Regulation der Wasseraufnahme und -abgabe im Körper

Elektrolythaushalt: Regulation der Konzentration an Elektrolyten im Körper

Elektrolyte: die im Intrazellularraum (IZR) und Extrazellularraum (EZR) vorhandenen Ionen (z. B. Na^+, Cl^-, K^+); durch ihre unterschiedliche Verteilung im IZR und EZR entsteht das Membranpotenzial, welches viele Stoffwechselprozesse antreibt

Blut-Harn-Schranke: Filter im Nierenkörperchen, bestehend aus Kapillarmembran, glomerulärer Basalmembran und innerem Blatt der Bowman-Kapsel

fenestriert: durchlässig

Perfusionsdruck: Druck bei der Durchblutung

Sekundärharn: Konzentrat des Primärharns, das ausgeschieden wird

glomerulärer Filtrationsdruck: Druck, mit dem die Flüssigkeit im Glomerulus filtriert wird

hydrostatischer Druck: Druck, der in einer ruhenden Flüssigkeit durch den Einfluss der Gewichtskraft entsteht

kolloidosmotischer Druck: der Anteil am osmotischen Druck, der durch die in einer Flüssigkeit fein verteilten Moleküle (Kolloide) bewirkt wird

effektiver Filtrationsdruck: hydrostatischer Blutdruck, vermindert um kolloidosmotischen Druck und hydrostatischen Kapseldruck

glomeruläre Filtrationsrate:
GFR; Menge der Flüssigkeit, die im Glomerulus abgepresst wird

Bayliss-Effekt:
myogene Autoregulation; Mechanismus zur Konstanthaltung der Organdurchblutung bei Blutdruckschwankungen durch Konstriktion oder Dilatation der Gefäße

myogen:
von Muskelzelle ausgehend

tubuloglomeruläre Rückkopplung:
Autoregulationsmechanismus der Niere durch Messen des NaCl-Gehalts in distalem Tubulus; lokal chemische Reaktion

Konstriktion:
Verengung durch Anspannen/Zusammenziehen von Muskeln

Der Blutdruck in den Arteriolen des Vas afferens beträgt ungefähr 55 mmHg. Dem entgegen wirkt ein kolloidosmotischer Druck zwischen Bowman-Kapsel und Glomerulus. Zu Beginn der Kapillarschlingen liegt er deutlich niedriger als am Ende, da der Unterschied durch die im Plasma zurückgehaltenen Proteine immer größer wird. Irgendwann im Verlauf der Kapillarschlingen stellt sich dadurch ein Filtrationsgleichgewicht ein. Auch der hydrostatische Kapseldruck durch schon abfiltrierten Primärharn von 15 mmHg wirkt dem hydrostatischen Blutdruck entgegen.

Der **effektive Filtrationsdruck** ist der hydrostatische Blutdruck vermindert um den kolloidosmotischen Druck und den hydrostatischen Kapseldruck. Er beträgt nur 10 bis 15 mmHg, doch er reicht aus, um täglich etwa 180 Liter Primärharn entstehen zu lassen.

Glomeruläre Filtrationsrate (GFR)

Die glomeruläre Filtrationsrate (GFR) ist die pro Minute filtrierte Flüssigkeitsmenge von beiden Nieren. Sie beträgt beim gesunden jungen Menschen etwa 120 ml/min. Pro Tag sind das ca. 180 Liter Primärharn.

Die GFR kann je nach Tageszeit und Flüssigkeitsmenge stark schwanken. Erst wenn die GFR etwa um die Hälfte absinkt, verändern sich die Werte für ausscheidungspflichtige Substanzen wie zum Beispiel Kreatinin im Blut (→ 11.3.4).

Autoregulation der Niere

Die optimale Filtration ist von einem konstanten Druck abhängig. Damit die Niere – unabhängig vom jeweils aktuellen arteriellen Blutdruck im Körper – optimal arbeiten kann, unterliegt sie der Autoregulation (→ Abb. 9), das heißt sie reguliert sich selbst.

Verantwortlich hierfür sind die afferenten Arteriolen. Sie bestimmen maßgeblich den Perfusionsdruck, weil sie Blutdruckwerte zwischen 80 und 180 mmHg ausgleichen können. Der effektive Filtrationsdruck in den Kapillaren von 10 bis 15 mmHg und damit die GFR bleiben konstant.

Zwei Mechanismen halten die GFR unabhängig vom Körperblutdruck konstant:
- die myogene Reaktion, der sogenannte Bayliss-Effekt
- die tubuloglomeruläre Rückkopplung am juxtaglomerulären Apparat

Der **Bayliss-Effekt** (→ 10.2.1) reguliert über die Messung der Wandspannung der Arteriolen deren Weite. Bei einer verstärkten Spannung durch einen erhöhten Druck verengt sich das Vas afferens und es gelangt weniger Blut in den Glomerulus. Bei einem Blutdruckabfall entspannt sich das Gefäß und mehr Blut kann einströmen.

Bei der **tubuloglomerulären Rückkopplung** erfassen lokale Rezeptoren im distalen Tubulus die Höhe des NaCl-Gehalts im Sekundärharn. Ist er zu hoch, wird ein Signal an die afferenten Arteriolen gesendet und die GFR wird durch eine Konstriktion der Gefäße gesenkt. Infolgedessen kann im Tubulus wieder ausreichend NaCl resorbiert werden.

Sollte der Blutdruck allerdings 80 mmHg unterschreiten, setzt ein anderer Mechanismus ein: die Reninproduktion und damit die

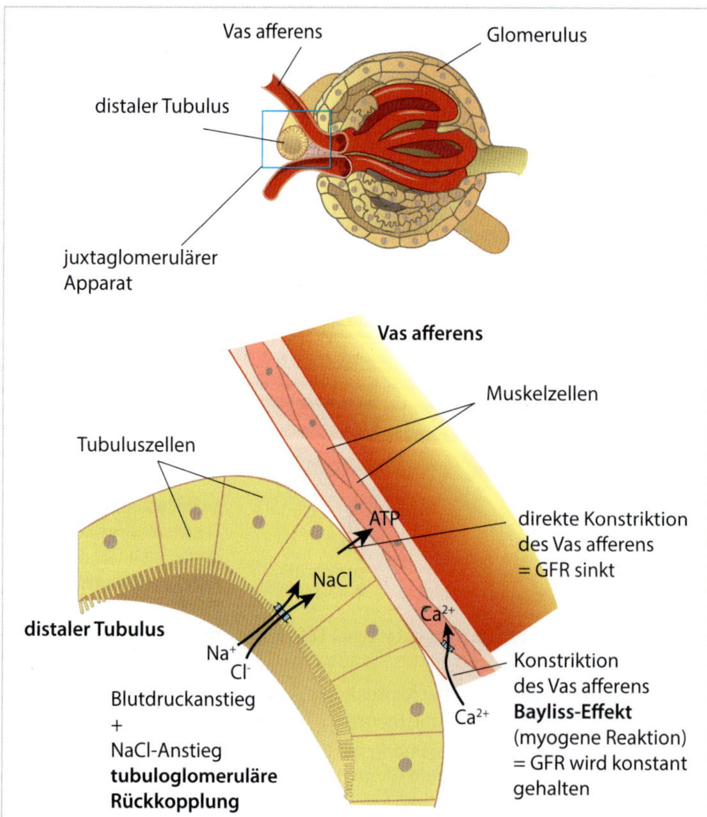

Abb. 9 Autoregulation der Niere

mittel/- bzw. langfristige Blutdruckregulation mit dem Renin-Angiotensin-Aldosteron-System (→ 10.2.4, → 11.2.2).

Bildung des Sekundärharns

Ziel der Bildung des Sekundärharns ist die Rückresorption von Wasser, Salzen und noch nützlichen Stoffwechselprodukten. Durch Konzentration des Primärharns wird der Harn auf ein Volumen von ca. 1,5–1,8 l/d reduziert. Strukturell kann man Sekundärharn als konzentriertes **Plasma-Ultrafiltrat** betrachten.

Im proximalen Tubulus findet auch Sekretion statt: Harnpflichtige Substanzen wie Harnstoff und Harnsäure sowie körperfremde Stoffe wie Medikamente werden aktiv aus dem Blut in das Tubulussystem sezerniert.

Resorption, Konzentration und Sekretion können optimal reguliert werden, weil jeder einzelne Tubulusabschnitt eine ganz spezifische Anatomie und Histologie hat und damit eine spezifische Aufgabe erfüllen kann.

Proximaler Tubulus

Im proximalen Tubulus werden die für den Organismus wichtigen Stoffe wie Elektrolyte (Hydrogenkarbonat- und Natriumionen), Glukose, Aminosäuren und Wasser resorbiert. Mengenmäßig sind das:

- 66 % des Wassers und NaCl
- 90 % der Hydrogenkarbonationen (HCO_3^-)
- 99 % der Glukose und Aminosäuren

Die Resorption findet sowohl über passiven als auch über aktiven Transport statt. Die Mechanismen (→ Abb. 10) sind:

- Diffusion, Osmose
- Symport
- Antiport
- Aquaporine

Der **Symport** mit Natriumionen transportiert Glukose, Aminosäuren und Phosphate aktiv aus dem Tubulus in das Blutgefäß. Überschreitet die Menge an filtrierter Glukose eine bestimmte Konzentration, die **Nierenschwelle,** werden nicht alle Glukosemoleküle resor-

sezernieren:
ein Sekret absondern

proximaler Tubulus:
Hauptstück des Nierenkanälchens im Nephron; führt vom Nierenkörperchen zur Henle-Schleife im Nierenmark; Funktion: v. a. Resorption von Elektrolyten, Glukose, Aminosäuren, Wasser zurück ins Blut

Symport:
carriervermittelter Transport mindestens zweier Moleküle in die gleiche Richtung

Antiport:
carriervermittelter Transport mindestens zweier Moleküle in entgegengesetzte Richtungen (Austausch)

Aquaporine:
Membranproteine, die als Wasserkanäle fungieren

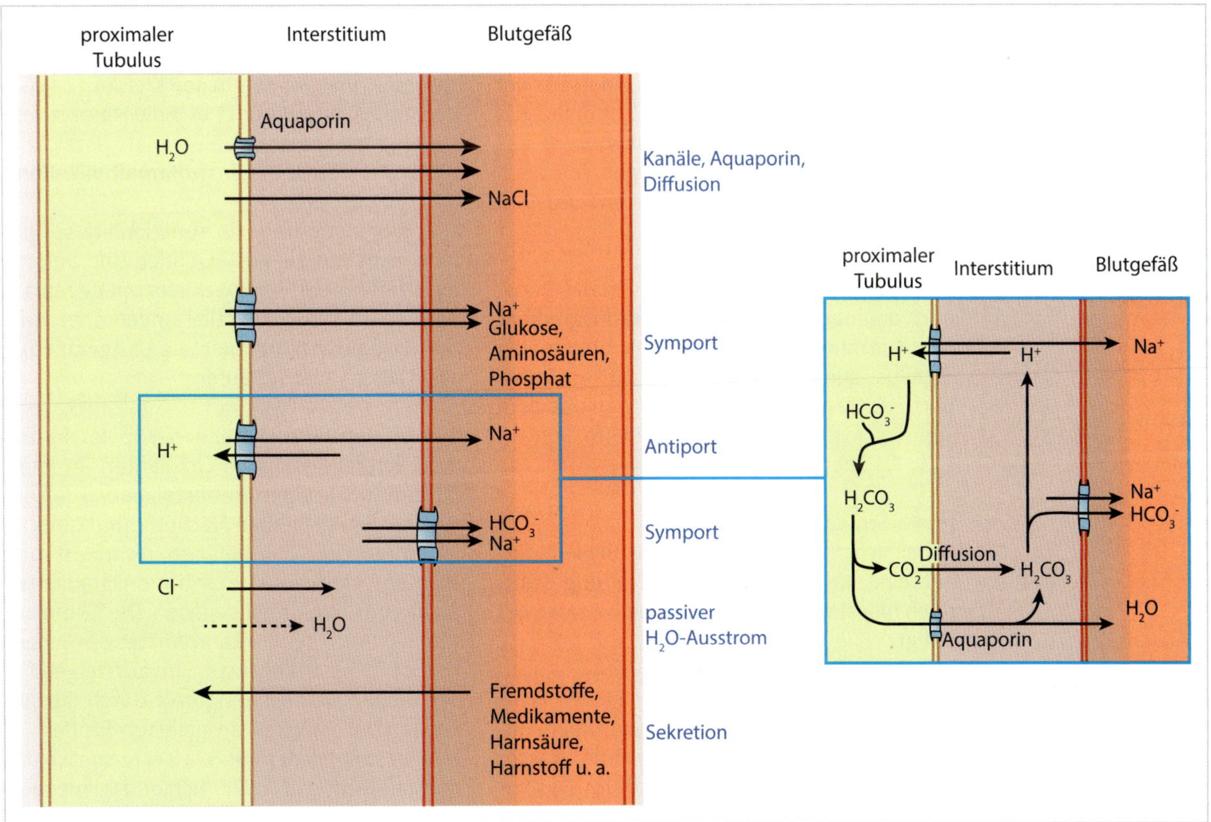

Abb. 10 Transportvorgänge im Tubulussystem

Nierenschwelle:
Glukosekonzentration im Blutplasma ≥10 mmol/l (≥180 mg/dl), ab der Glukose über den Harn ausgeschieden wird

Interstitium:
(Zell-)Zwischenraum

Solvent Drag:
passiver Transport von Wasser, bei dem gelöste Stoffe „mitgerissen" werden

Osmolarität:
Konzentration an gelösten Stoffen in einer Flüssigkeit

Henle-Schleife:
im Nierenmark liegender Abschnitt des Tubulussystems

Gegenstromprinzip:
Stoffaustausch zweier aneinanderliegender Systeme, die in entgegengesetzter Richtung verlaufen

Gegenstrommultiplikation:
Verstärkung des Gegenstromprinzips durch aktiven Transport von NaCl im oberen aufsteigenden Teil der Henle-Schleife

kortikomedullärer Gradient:
Konzentrationsgefälle zwischen Nierenrinde und Nierenmark

biert. Deshalb werden beim Diabetes mellitus (→ 4.6.7) Glukosemoleküle über den Sekundärharn ausgeschieden und sind im Urin nachweisbar.

Über einen **Antiport** werden Natriumionen und Protonen ausgetauscht: Natriumionen gelangen in das Blutgefäß, Protonen in das Tubulussystem. Die Protonen verbinden sich mit Hydrogenkarbonationen (HCO_3^-) aus dem Tubulus zu Kohlensäure (H_2CO_3), die in Wasser und Kohlendioxid zerfällt. Das Kohlendioxid diffundiert in das Interstitium und verbindet sich mit Wasser wiederum zu Kohlensäure. Diese ist instabil und zerfällt in Hydrogenkarbonationen und Protonen. Das Hydrogenkarbonation gelangt im Symport mit Natriumionen in das Blut, und die Protonen stehen wieder für den Natrium-Protonen-Antiport zwischen Interstitium und Tubulus zur Verfügung. Auf diesem Weg wird filtriertes HCO_3^-, das eine wichtige Rolle im Säure-Basen-Haushalt (→ 8.1.2, → 9.2.4) spielt, resorbiert.

Über **Aquaporine** gelangt das Wasser entlang des Diffusionsgradienten für Natriumchlorid in das Blutgefäß zurück.

Alle diese Mechanismen dienen einerseits der Konzentrierung des Harns und andererseits der Rückgewinnung von Elektrolyten in das Blut, wodurch zu einem geringen Teil auch der Säure-Basen-Haushalt (→ 9.2.4) des Blutes reguliert wird.

Die wichtigste treibende Kraft für alle Transportvorgänge ist der **Konzentrationsgradient von Natriumionen** entlang des proximalen Tubulus: Zuerst werden durch aktiven Transport positiv geladene Natriumionen aus dem Tubulus resorbiert, dann folgen im Solvent Drag Anionen und Wasser passiv.

Henle-Schleife

In der sich anschließenden Henle-Schleife findet eine weitere **Harnkonzentrierung** statt. Auch hier sind aktive und passive Prozesse beteiligt.

Der absteigende dünne Schenkel der Henle-Schleife ist wasserdurchlässig, aber undurchlässig für Ionen. Hier strömt Wasser durch Aquaporine in das Interstitium. Das Volumen des Harns nimmt ab, aber die Konzentration an Elektrolyten und damit die Osmolarität steigen; am höchsten ist sie am Scheitelpunkt der Henle-Schleife (→ Abb. 11).

Der aufsteigende Teil der Henle-Schleife ist wasserundurchlässig, aber durchlässig für Ionen und verläuft parallel zum absteigenden Teil. Dies ist die Grundlage für die Harnkonzentrierung nach dem **Gegenstromprinzip.**

Im unteren aufsteigenden Teil der Henle-Schleife verlassen Na^+- und Cl^--Ionen passiv den Tubulus; aus dem oberen aufsteigenden Teil der Henle-Schleife wird Natriumchlorid unter Energieverbrauch, also mithilfe von ATP, in das Interstitium abgegeben. Das Interstitium erhält dadurch eine höhere Konzentration an Elektrolyten. Infolgedessen strömt Wasser passiv aus dem parallel verlaufenden absteigenden Teil der Henle-Schleife aus, da dieser Teil ja durchlässig für Wasser, aber undurchlässig für Ionen ist.

Es entsteht ein **kortikomedullärer Gradient,** also ein Konzentrationsgefälle zwischen Nierenrinde und Nierenmark.

Dadurch wird der Ausstrom von Natriumchlorid im aufsteigenden Teil der Henle-Schleife gefördert, was wiederum den Kreislauf des Gegenstroms in Gang setzt und die Harnkonzentrierung weiter vorantreibt. Man bezeichnet diesen Prozess als **Gegenstrommultiplikation.**

Das Gegenstromprinzip funktioniert so gut, weil nicht nur die absteigenden und aufsteigenden Teile der Henle-Schleife mit gegenläufiger Fließrichtung parallel angeordnet sind, sondern gleichzeitig auch die Blutgefäße parallel zueinander verlaufen.

Die die Tubuli begleitenden Kapillaren sind dem kortikomedullären Gradienten im Interstitium ausgesetzt. Im absteigenden Schenkel der Gefäße werden Natrium- und Chloridionen von den Blutgefäßen resorbiert und Wasser wegen des Konzentrationsgradienten an das Interstitium abgegeben. Die Osmolarität im Bereich des Umkehrpunktes des Schenkels ist daher am höchsten. Im aufsteigenden Teil drehen sich die Ereignisse durch die sinkende Konzentration an gelösten Stoffen im Interstitium wieder um. Wasser strömt in das Blutgefäß ein und Natriumchlorid wieder aus. Es kommt zum **Gegenstromaustausch.**

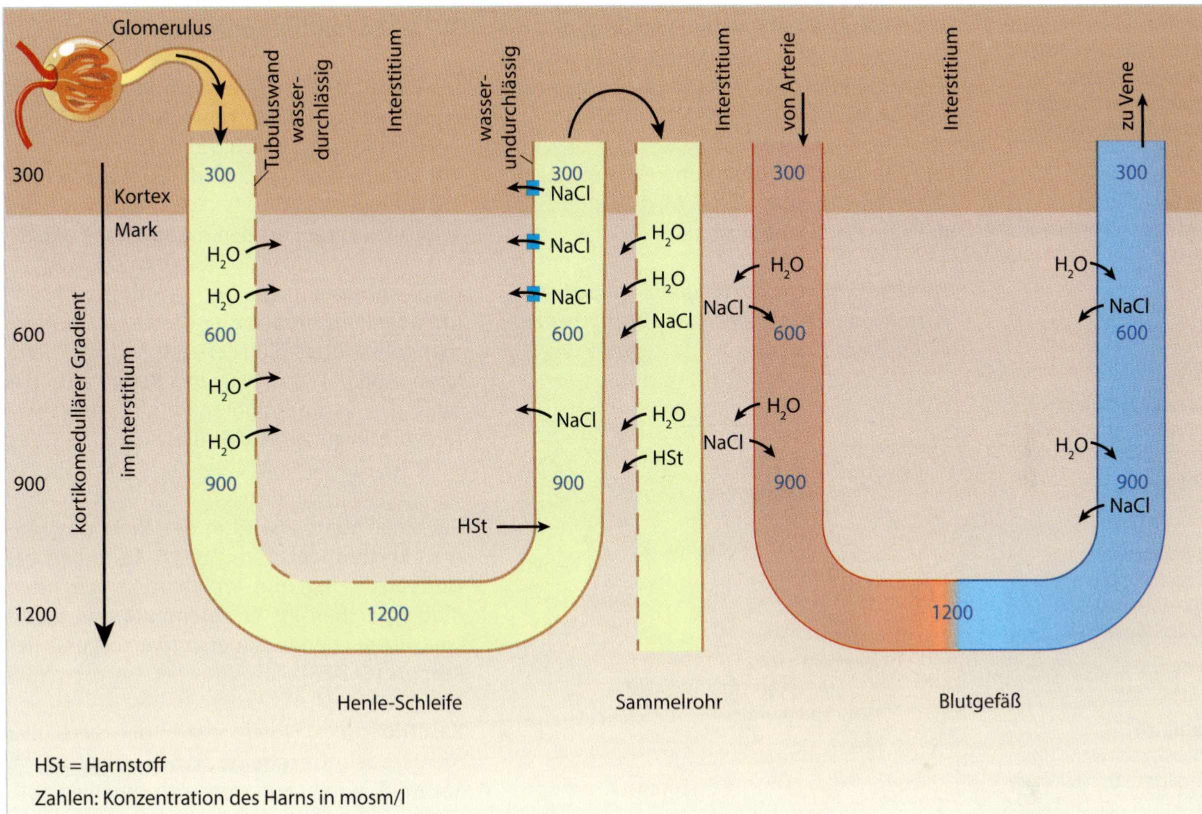

Abb. 11 Gegenstromprinzip

Vergegenwärtigen Sie sich noch einmal anhand von Abb. 3, wie eng Tubulussystem und Blutgefäße benachbart sind. Wenn Stoffe aus dem Tubulus in das Interstitium abgegeben werden, können sie vom Blutgefäß aufgenommen werden und umgekehrt.

Distaler Tubulus und Sammelrohr

Inzwischen sind schon ca. 90 % des Wassers resorbiert worden.

Im distalen Tubulus und im Sammelrohr findet die Feinjustierung der Harnkonzentration statt. Über eine hohe Konzentration an Natrium-Kalium-Ionenpumpen werden noch mehr Natriumionen in das Blut abgegeben. Dieser Vorgang kann hormonell durch Aldosteron gesteigert werden.

In den Sammelrohren kann der Harn noch weiter konzentriert werden. Auch hier findet die Steuerung hormonell statt: Adiuretin (antidiuretisches Hormon, ADH) (→ 7.3.1) kann die Anzahl an Aquaporinen in der Zellmembran erhöhen, wodurch noch mehr Wasser aus dem Sammelrohr ausströmt.

Auch Harnstoff diffundiert aus dem Sammelrohr in das Interstitium und steigert dort die Osmolarität; vom Interstitium gelangt er wieder in die Henle-Schleife (→ Abb. 11).

Sammlung und Ausscheidung des Urins

Durch peristaltische Wellen wird der entstandene Harn vom Nierenbecken über die Harnleiter in die Harnblase geleitet.

In der Harnblase wird der Sekundärharn gesammelt. In der Regel können 500 bis maximal 800 ml gespeichert werden. Dabei nehmen Dehnungsrezeptoren in der Harnblasenwand deren Spannung wahr und melden dies an das Gehirn (→ Abb. 12). Automatisch wird die willkürliche Blasenschließmuskulatur angespannt und der Harn in der Harnblase gehalten. Diese Willkürmotorik erlernen Kinder in der Regel zwischen dem 2. und 3. Lebensjahr.

Peristaltik:
wellenförmige Muskelbewegung in der Wand von Hohlorganen, z. B. Verdauungskanal, Harnleiter; Funktion: Weitertransport des Inhalts

distaler Tubulus:
letzter Abschnitt des Nierenkanälchens im Nephron; führt von der Henle-Schleife im Nierenmark in die Nierenrinde und weiter zum Sammelrohr; Funktion: Harnkonzentrierung nach dem Gegenstromprinzip

Aldosteron:
in der Nebennierenrinde gebildetes Steroidhormon aus der Gruppe der Mineralkortikoide; Funktion: Regulation von Wasserhaushalt und Blutdruck

antidiuretisches Hormon:
ADH, Adiuretin; im Hypothalamus gebildetes Peptidhormon; Funktion: Regulation des Wasserhaushalts

Miktion:
Harnblasenentleerung über die Harnröhre

Renin:
vorwiegend in der Niere gebildetes hormonähnliches Enzym, bewirkt Blutdrucksteigerung

Erythropoetin:
in der Niere gebildeter Wachstumsfaktor der Erythrozytenbildung

Kalzitriol:
physiologisch aktive Form von Vitamin D; sorgt für die Resorption von Kalzium aus Darm und Niere sowie für den Einbau in Knochen

Harninkontinenz:
Unvermögen, mit der Muskulatur des Beckenbodens Urin halten zu können

Wenn dieser Muskel aktiv entspannt und die Blasenmuskulatur kontrahiert wird, kommt es zur **Miktion,** d.h. Harnblasenentleerung über die Harnröhre.

Bei einer üblichen Trinkmenge von etwa zwei Litern am Tag sind 4 bis 7 Miktionen pro Tag und eine pro Nacht normal.

Notieren Sie einen Tag lang Ihre Flüssigkeitsaufnahme und -ausscheidung. Kommt es zu einem Defizit?

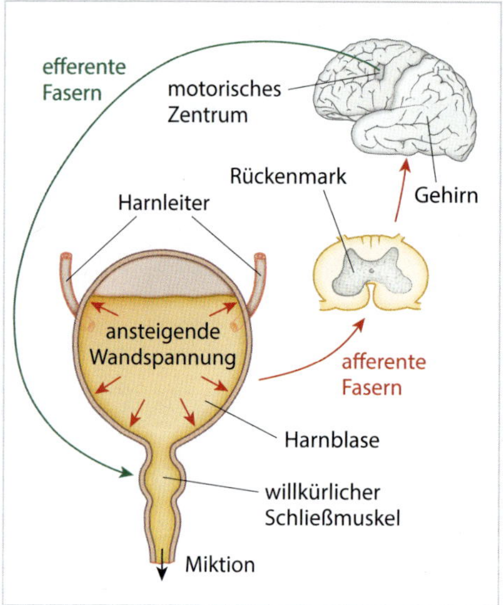

Abb. 12 Reflexbogen der Blasenentleerung

Vor allem Frauen nach Entbindungen, nach größeren Operationen im Bereich der inneren Geschlechtsorgane oder ältere Frauen haben eine schwache Beckenbodenmuskulatur – die häufigste Ursache einer **Harninkontinenz.** Beim Niesen, Husten, Lachen oder Treppensteigen kann es durch einen mangelnden Verschluss der Harnblase zu einem unkontrollierten Harnabgang kommen. Durch ein gezieltes Training kann die Beckenbodenmuskulatur aber gestärkt werden.

Frauen nach einer Entbindung sollen den Beckenboden trainieren, da nicht nur die Harnröhre, sondern auch der Geburtskanal durch den Beckenboden führt.

11.2.2 Endokrine Funktion

Die Niere als endokrines Organ hat zahlreiche Funktionen im Gesamtorganismus (→ Abb. 13):

- Renin reguliert den Blutdruck.
- Erythropoetin reguliert die Erythrozytenbildung.
- Kalzitriol reguliert den Kalziumhaushalt.

Bei Blutdruckabfall, einer erniedrigten Natriumionenkonzentration und einem Volumenmangel schüttet die Niere am juxtaglomerulären Apparat das Hormon **Renin** aus, das über das Renin-Angiotensin-Aldosteron-System die Regulation des Blutdrucks in Gang setzt (→ 10.2.4).

Bei einer Anämie wird in der Niere das Hormon **Erythropoetin** freigesetzt. Es fördert die Differenzierung und Proliferation von roten Blutkörperchen im Knochenmark und damit eine ausreichende Sauerstoffversorgung des Körpers (→ 8.1.3).

Kalzitriol (→ 4.4.5) wird erst in der Niere über mehrere Schritte in seine aktive Form gebracht. Kalzitriol wirkt auf den Kalziumionenstoffwechsel und positiv auf das Immunsystem.

Die Nieren sind nicht nur der Entstehungsort und der Ort der Ausschüttung von Hormonen, sondern auch der **Wirkungsort:**

- Die Hormone **Aldosteron** und **ADH** bewirken im ableitenden Teil des Nephrons die Harnkonzentrierung.

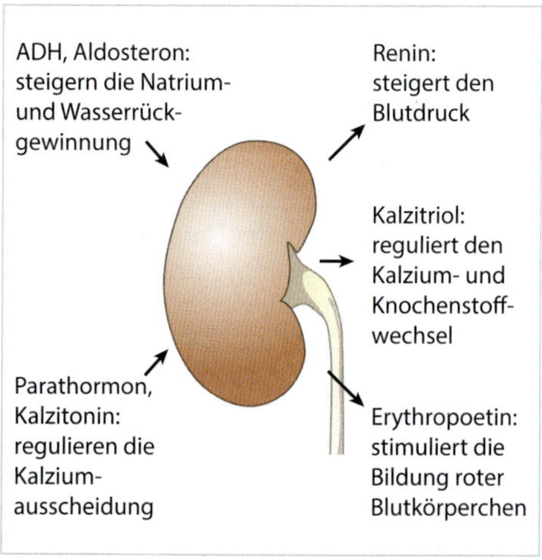

Abb. 13 Nieren als Wirkungsort (links) und Entstehungsort (rechts) von Hormonen

- **Parathormon** und sein Gegenspieler **Kalzitonin** regulieren den Kalziumhaushalt (→ 3.1.2, → 7.1.2, → 7.3.4).

> Massiver Durst nach hohem Alkoholkonsum entsteht durch eine Hemmung des ADH und eine dadurch bedingte vermehrte Wasserausscheidung.

11.2.3 Regulation des Säure-Basen-Haushalts

Hydrogenkarbonationen – als wichtigster Puffer im Körper – werden in der Niere im proximalen Tubulus resorbiert.

Die Hydrogenkarbonationen dienen bei einer metabolischen Alkalose oder Azidose als Puffer im Blut (→ 8.1.2, → 9.2.4), um den pH-Wert konstant zu halten. Bei einer Azidose werden mehr Hydrogenkarbonationen rückresorbiert, um die freien entstandenen Protonen zu binden. Dabei entsteht Kohlensäure, die zu Kohlenstoffdioxid und Wasser zerfällt. Das Kohlenstoffdioxid wird abgeatmet und das Wasser ausgeschieden.

In der Niere gibt es weitere Puffersysteme wie das Phosphat- und Ammoniaksystem. Diese binden bei einer Azidose freie Protonen und scheiden sie als Phosphat- und Ammoniumionen mit dem Harn aus.

11.2.4 Stoffwechselfunktion

Neben der Leber ist auch die Niere zur Glukoneogenese fähig (→ 4.2.6). Sie findet im proximalen Tubulus statt. Die entstandene Glukose wird in die Blutgefäße abgegeben.

Säure-Basen-Haushalt:
Konstanthaltung der Protonen und Hydroxidionen im Körper

Alkalose:
zu hoher pH-Wert im Blut durch Störung im Säure-Basen-Haushalt

Azidose:
zu geringer pH-Wert im Blut durch Störung im Säure-Basen-Haushalt

Puffersystem:
Stoffgemisch, dessen pH-Wert sich bei Zugabe einer Säure oder Base wesentlich weniger stark ändert als ein ungepuffertes System

AUFGABEN

1. *Informieren Sie sich über Wassermangel im Alter; welche Symptome treten auf?*
2. *Beschreiben Sie den Aufbau des Harnsystems.*
3. *Erklären Sie anhand der Anatomie und Physiologie des Harnsystems (Reflexbogen), warum hochschwangere Frauen das Gefühl haben, ständig Wasser lassen zu müssen.*
4. *Erklären Sie die Funktionsweise und Bedeutung der Blut-Harn-Schranke.*
5. *„Die Niere ist ein endokrines Organ." Erklären Sie diesen Sachverhalt.*
6. *Fassen Sie die Mechanismen der Autoregulation der Niere zusammen.*
7. *Beschreiben Sie in einem Fließdiagramm die Bildung des Sekundärharns.*
8. *Erläutern Sie das Gegenstromprinzip und seine Anwendung bei der Harnkonzentrierung. Begründen Sie seine Effektivität.*
9. *Vögel können auch bei großer Kälte beispielsweise auf vereisten Stromkabeln mit beiden Füßen sitzen. Erklären Sie dies mithilfe des Gegenstromprinzips.*
10. *Beim Doping wird Erythropoetin gespritzt. Nennen Sie seine Wirkung und recherchieren Sie mögliche mit der Anwendung verbundene Probleme.*
11. *Erklären Sie die Rolle der Niere beim Kalziumstoffwechsel.*

11.3 Chronische Niereninsuffizienz

Ex-Fußballprofi über Transplantation
„Ich kann nicht so tun, als wäre nichts gewesen"

Ivan Klasnić hat drei Nierentransplantationen hinter sich. Der Ex-Profi-Fußballer über das Versagen der Vereinsärzte, Leben mit Transplantat und seine Heimat Kroatien.

taz: Herr Klasnić, wie geht es Ihnen heute – ein Jahr nach Ihrer dritten Nierentransplantation?
Ivan Klasnić: Gut. Zum Glück muss ich ja fast schon sagen.

Wie haben Sie von der Funktionsschwäche Ihrer Nieren erfahren?
Ich habe nach einer Blinddarm-Operation im Jahr 2005 von den Ärzten im Krankenhaus erfahren, dass ich eine sogenannte Niereninsuffizienz habe. [...]

Sie hatten in den vergangenen zehn Jahren drei Nierentransplantationen. Sind Sie heute im Alltag eingeschränkt?
Nicht, wenn ich meine Medikamente ordentlich nehme. Vorhin habe ich meine Tochter in die Schule gebracht und nachher gehe ich noch zum Training. Das Leben ist wieder normaler geworden. Ich spiele privat noch Fußball, esse und trinke die Dinge, die ich mag. Während der Dialyse war das natürlich anders.

Wie sah denn dieser Alltag mit Dialyse aus?
Ich musste die Mengen der einzunehmenden Flüssigkeiten stark überwachen. Und auch stärker auf die Ernährung achten. Ich musste drei Mal in der Woche für fünf Stunden zur Dialyse. Das schränkt natürlich das eigene Leben und auch das der gesamten Familie ein.

Gab es auch depressive Phasen?
Ich habe immer darauf geachtet, auch während der Dialysen, dass ich genug Action um mich herum habe, um nicht in eine depressive Phase zu kommen. Denn letztendlich geht es auch darum, Spaß im Leben zu haben. Man muss halt immer auf seine Grenzen achten und es sich beispielsweise während der Dialysen gemütlich machen. Wenn ich müde war, schlief ich, wenn ich Lust auf einen Film hatte, schaute ich den währenddessen. Es geht auch um eine angenehme Umgebung, die man sich selber schaffen kann.

Ihre Eltern sind auch Ihre Spender, wie lief das ab?
Meine Mutter hat 2007 eine ihrer Nieren gespendet, das schlug leider fehl. Mein Vater hat acht Wochen später eine seiner Nieren gespendet, die auch fast zehn Jahre funktioniert hat. Leider versagte 2016 dieses Organ auch – ich musste dann wieder auf die Warteliste.

Was mussten Ihre Eltern tun, damit sie Ihnen jeweils eine ihrer Nieren spenden durften?
Bei Verwandten ist es so, dass sie gefragt werden, ob sie spenden möchten. Danach werden Kreuzproben des Blutes erstellt und geschaut, ob sie passende Spender und gesund sind. Am Ende entscheidet ein Gremium darüber, ob eine Spende in Ordnung ist und stellt sicher, dass beispielsweise dafür kein Geld genommen wurde. Das ist ein Verfahren, das nicht von heute auf morgen geht, man braucht schon Geduld.

Die dritte Niere haben Sie im vergangenen Jahr in Ihrem Heimatland Kroatien bekommen – warum Kroatien?
Weil die Chance, eine Niere zu bekommen, in Kroatien höher ist als in Deutschland. Das liegt daran, dass es zum einen in Kroatien viel weniger Menschen gibt und der Anteil der Organspender prozentual höher ist als in Deutschland. Zum anderen liegt es auch daran, dass in Kroatien die Widerspruchslösung gilt und somit erst mal jeder Organspender oder Organspenderin ist, solange er oder sie nicht explizit einer Organentnahme widerspricht.

Sollte das in Deutschland auch so geregelt werden?
Ja, das wäre ein Fortschritt. Die Leute müssten sich bei der Widerspruchslösung aktiv mit dem Thema Organspende auseinandersetzen. Das sind so Dinge, die im Leben geklärt werden sollten. Ich habe gehört, dass in den Vereinigten Staaten auch im Führerschein steht, ob jemand Organspender ist oder nicht. So etwas wünsche ich mir auch für Deutschland. Als großes und mächtiges Land in Europa. Letztendlich muss sich aber jeder fragen, ob er oder sie in einem Notfall darauf vertrauen kann, dass einem geholfen wird.

Sie sprechen offen über Ihre Geschichte. Versuchen Sie auf diese Weise, andere dazu zu bringen, sich mit dem Thema Organspende zu beschäftigen?
Ja, denn jeder könnte irgendwann ein Organ brauchen und sollte dann nicht sterben müssen, nur weil es zu wenig Organspender gibt. Die Leute müssen sich mit dem Thema beschäftigen. In Deutschland leben über 80 Millionen Menschen, da sollte es keinen Mangel an lebenswichtigen Organen geben. [...]

Sie haben als erster Profi-Fußballer mit einem transplantierten Organ gespielt. Wie haben Sie das geschafft?
Das war erst mal ein sehr harter Weg, mit einem Jahr intensivem Aufbautraining, bevor ich wieder normal Fußball spielen durfte. Das war ein Jahr voller Qualen. [...]
taz unter www.taz.de, 06.01.2019

1. *Lesen Sie den Erfahrungsbericht von Ivan Klasnić.*
2. *Fassen Sie zusammen, welche Empfindungen Klasnić in den verschiedenen Phasen seiner Krankheit beschreibt.*
3. *Klasnićs Vater und Mutter haben ihrem Sohn bei sogenannten Lebendspenden je eine Niere gespendet. Beschreiben Sie, von welchen emotionalen Reaktionen eine Lebendspende begleitet sein kann. Stichworte könnten dabei sein: Abhängigkeit, Erwartung, Schuld.*

Unter einer Niereninsuffizienz versteht man die eingeschränkte Funktion der Nieren. Je nach Verlauf spricht man von einer akuten oder einer chronischen Niereninsuffizienz.

- Bei einer **akuten Niereninsuffizienz** versagt die Nierenfunktion innerhalb von Stunden bis Wochen; sie kann aber häufig wiederhergestellt werden.
- Die **chronische Niereninsuffizienz** hingegen ist gekennzeichnet durch einen langsamen Verlust der Nierenfunktion mit einer irreversiblen Schädigung des Nierengewebes.

11.3.1 Vorkommen

Die Prävalenz der Niereninsuffizienz ist unbekannt. Allerdings gibt es valide Zahlen für die Häufigkeit von Patienten mit einer glomerulären Filtrationsrate (GFR) (→ 11.2.1) unter 60 % (→ Abb. 14); ab diesem Wert treten Symptome auf (→ 11.3.3).

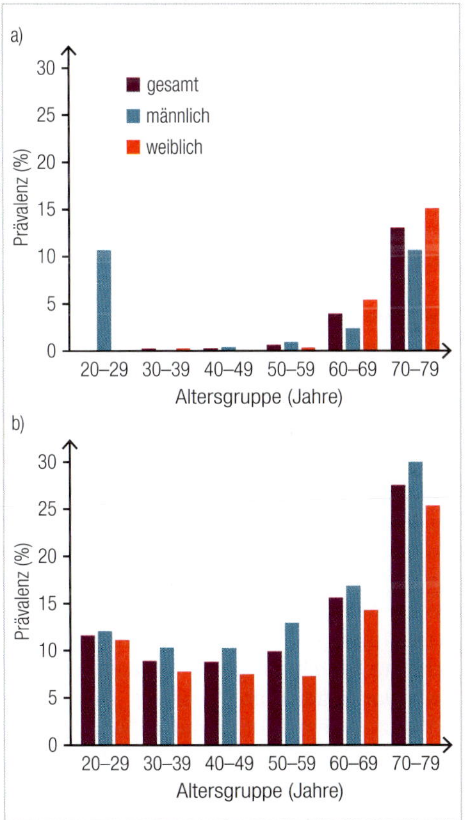

Abb. 14 Alters- und geschlechtsspezifische Prävalenz (%)
a) einer eGFR < 60 ml/min/1,73 m²
b) einer eGFR < 60 ml/min/1,73 m² oder einer Urinalbuminausscheidung ≥ 30 mg/l
eGFR = geschätzte glomuläre Filtrationsrate
(Girndt u. a. 2016)

Ca. 84 000 Menschen in Deutschland werden derzeit mit einer Dialyse dauerhaft behandelt (Institut für Qualitätssicherung und Transparenz im Gesundheitswesen 2019). Etwa 23 000 Menschen in Deutschland befinden sich in der Nachsorge nach erfolgreicher Nierentransplantation (Girndt u. a. 2016).

Dialyse:
Verfahren zur künstlichen Blutreinigung; Nierenersatztherapie

11.3.2 Ursachen und Krankheitsentstehung

Niereninsuffizienz:
eingeschränkte oder fehlende Funktion einer oder beider Nieren

Albumin:
wichtigstes Plasmaprotein; im Urin von Gesunden nur in Spuren vorhanden, bei Niereninsuffizienz ≥ 30 mg/l Urin

Bei der chronischen Niereninsuffizienz kommt es zu einem langsamen Verlust der Nierenfunktion mit einer irreversiblen Schädigung der Nieren.

Die Hauptursachen dafür sind:

- Diabetes mellitus (diabetische Nephropathie) (→ 4.6.6), bei der die Kapillaren im Bereich der Nierenkörperchen geschädigt werden
- Hypertonie (→ 10.4), wodurch die Nierenkörperchen zerstört werden
- Erkrankungen der Niere, wie
  - Entzündung der Nierenkörperchen oder Nierenkanälchen (Glomerulonephritis)
  - erbliche Zystennieren

Zuerst ist nur die Filterfunktion der Niere beeinträchtigt, später sind auch Wasser-, Elektrolyt- und Säure-Basen-Haushalt sowie die Blutdruckregulation gestört. Dadurch steigt der Blutdruck, was wiederum negative Auswirkungen auf das Nierengewebe hat – es wird irreversibel zerstört.

11.3.3 Symptome

Die chronische Niereninsuffizienz zeigt sich – abhängig von der Ursache – in verschiedenen Symptomen (→ Abb. 15), die anfangs nur sehr leicht, später stärker auftreten.

11.3.4 Diagnostik

Zu Beginn der Diagnostik stehen die Anamnese und die körperliche Untersuchung. Häufig bemerkt der Arzt schon am Mundgeruch eine Azidose, ein Zeichen für eine Störung im Säure-Basen-Haushalt (→ 11.2.3).

Bei der **Blutuntersuchung** sind die Werte der harnpflichtigen Substanzen wie Harnstoff und Kreatinin erhöht, denn wenn 60 bis 80 % der Glomerula nicht mehr funktionieren, wer-

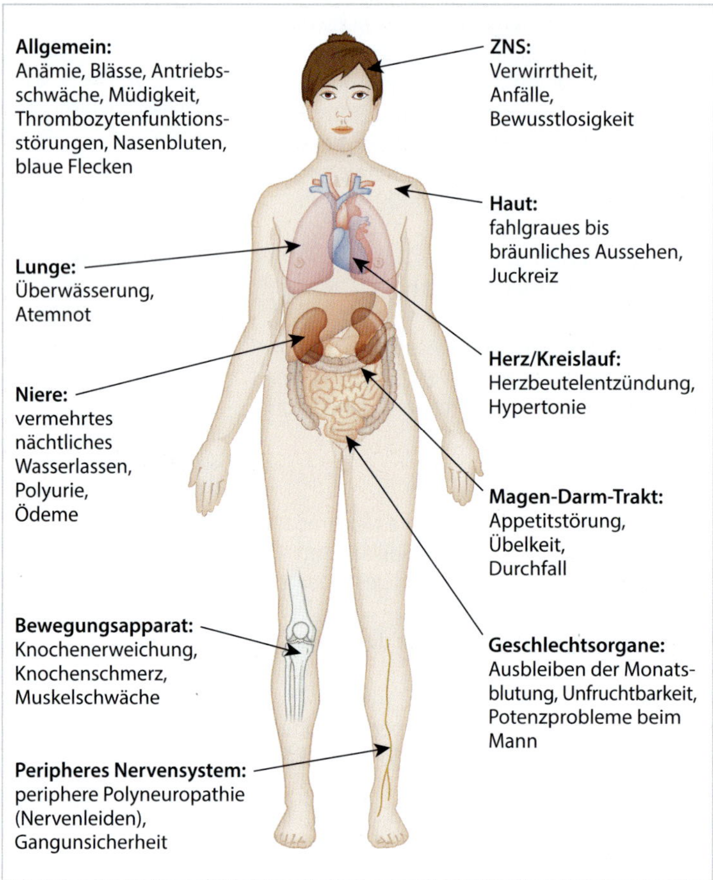

Abb. 15 Beschwerden bei chronischem Nierenversagen

Polyurie:
gesteigerte Urinausscheidung (>2 l Harn/Tag)

Retentionswerte:
Blutwerte zur Beurteilung der Nierenfunktion

Retention:
Zurückhalten von Stoffen oder Flüssigkeiten, mangelnde Ausscheidung

Urämie:
Harnvergiftung

Hämodialyse:
Filterung des Blutes außerhalb des Körpers

Peritonealdialyse:
Filterung des Blutes innerhalb des Körpers

den die sogenannten Retentionswerte im Körper angehäuft. Zusätzlich können der Kaliumspiegel erhöht und eine Anämie im Blutbild auffällig sein.

Bei der **Harnuntersuchung** wird unter anderem festgestellt, ob Proteine im Urin sind – ein Zeichen für eine gestörte Filtration. Da die Fähigkeit zur Konzentrierung nachgelassen hat, ist die Dichte des Harns geringer.

Die GFR wird bestimmt, um herauszufinden, wie gut die Filterfunktion der Niere noch ist (→ 11.2.1). Je nach GFR unterscheidet man fünf Stadien der Nierenfunktion. Beim letzten Stadium, bei einer GFR von unter 15, spricht man von terminalem Nierenversagen – eine Dialyse oder Transplantation ist nötig.

Um die konkrete Ursache der Niereninsuffizienz herauszufinden, werden ein **Ultraschall** und evtl. eine **Biopsie** durchgeführt. Der Ultraschall zum Ausschluss von Gefäßschäden erfolgt in der Regel als Dopplersonografie.

11.3.5 Therapie

Das vorrangige Ziel bei der Behandlung der chronischen Niereninsuffizienz ist, ein Fortschreiten der Erkrankung zu verhindern.

Vor allem muss der Bluthochdruck oder Diabetes eingestellt werden. In einer Ernährungsberatung erfährt der Patient die Details einer individuell richtigen, vielen Regeln folgenden Ernährung wie Protein-, Kalium- oder Salzgehalt der Nahrung und die angemessene Kalorienzahl; er muss lernen, das Trinken der Urinausscheidung anzupassen. Regelmäßige Bewegung fördert die Gesundheit und das Wohlbefinden.

Ohne Therapie kommt es zu einer Urämie, zu einer Harnvergiftung: Die eigentlich herauszufilternden Stoffwechselprodukte reichern sich so stark im Blut an, dass es für den Patienten lebensbedrohlich wird.

Dialyse – Nierenersatztherapie

Sobald die Nierenfunktion so eingeschränkt ist, dass Blutdruck oder Wasserhaushalt entgleisen, bzw. sobald die Symptome der Niereninsuffizienz sich so verschlechtern, dass sie für ein terminales Nierenversagen sprechen, wird die Nierenersatztherapie in Form der Dialyse begonnen.

Bei der Dialyse unterscheidet man die **Hämodialyse** von der **Peritonealdialyse.**

Hämodialyse

Bei der Hämodialyse (→ Abb. 16) wird das Blut aus einer Arterie zum Dialysator gepumpt; hier verläuft eine semipermeable Membran zwischen Dialyseflüssigkeit und Blut. Blut und Dialyseflüssigkeit fließen in entgegengesetzte Richtung. Durch Diffusion entlang des Konzentrationsgradienten werden bestimmte Stoffe aus dem Blut herausgefiltert – eine Aufgabe, die sonst die Niere übernimmt. Durch Konvektion werden große Moleküle mit viel Wasser ebenfalls in das Dialysat gespült.

Das Dialysat wird je nach individuellem Bedarf aus reinem Wasser und Substanzen unterschiedlicher Konzentration (z. B. Mineralstoffe, die dem Körper fehlen) hergestellt.

Das gereinigte Blut aus dem Dialysator wird dem Patienten über eine Vene wieder zugeführt.

Die Hämodialyse wird meist dreimal wöchentlich und i.d.R. in einem Dialysezentrum durchgeführt; im Prinzip ist sie auch zu Hause möglich. Die Dialyse dauert vier bis fünf Stunden und ist körperlich und psychisch sehr anstrengend. Ungefähr 10 % der GFR können bei einer Hämodialyse erreicht werden.

Peritonealdialyse

Die Peritonealdialyse erfolgt über das Bauchfell (Peritoneum), also innerhalb des eigenen Körpers. Bei der Peritonealdialyse wird mehrmals am Tag über einen Katheter Dialysat in den Bauchraum geleitet, das das gut durchblutete Bauchfell umspült. Durch Diffusion gelangen die auszufilternden Stoffe aus den Blutgefäßen des Bauchfells in das Dialysat, das dann aus der Bauchhöhle abgelassen wird. Die Peritonealdialyse können Patienten oder Angehörige auch selbst erlernen und durchführen.

Hämofiltration

Die Hämofiltration funktioniert ähnlich wie die Dialyse, allerdings wird das Blut nicht mithilfe einer Spüllösung gereinigt, sondern das Plasma wird herausfiltriert und alle filtergängigen Stoffe werden entfernt. Als Ersatz erhält der Patient physiologische Elektrolytlösungen.

Nierentransplantation

Eine Transplantation macht den Patienten unabhängig von der Dialyse. Das gespendete Organ wird seitlich im Unterbauch implantiert und an die großen Beckengefäße (A. und V. iliaca externa) zur Blutversorgung angeschlossen; der Harnleiter wird mit der Blase verbunden (→ Abb. 17).

Prinzipiell muss der Organempfänger nach erfolgreicher Transplantation mit Immunsuppressiva behandelt werden, damit das fremde Organ vom eigenen Immunsystem nicht abgestoßen wird.

11.3.6 Organspende am Beispiel Niere

Bei einem endgültigen Nierenversagen bzw. bei Dialysepflicht kann ein Patient bei einem Transplantationszentrum auf die Warteliste für eine Nierentransplantation gesetzt werden. Dort werden alle Blutergebnisse und vor allem die HLA-Antigene (→ 8.2.4) festgehalten.

Das Transplantationszentrum sendet die Daten an die Stiftung Eurotransplant, eine gemeinnützige Organisation, die den Austausch der Spenderorgane zwischen mehreren europäischen Ländern koordiniert. Je mehr Gewebemerkmale zwischen Patient und Spenderorgan identisch sind, desto aussichtsreicher ist die Transplantation und desto weniger Immunsuppressiva werden in Folge benötigt.

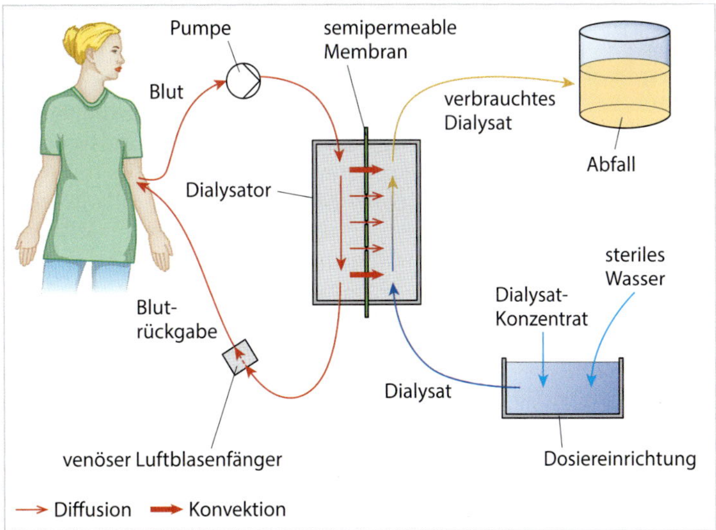

Abb. 16 Prinzip der Hämodialyse

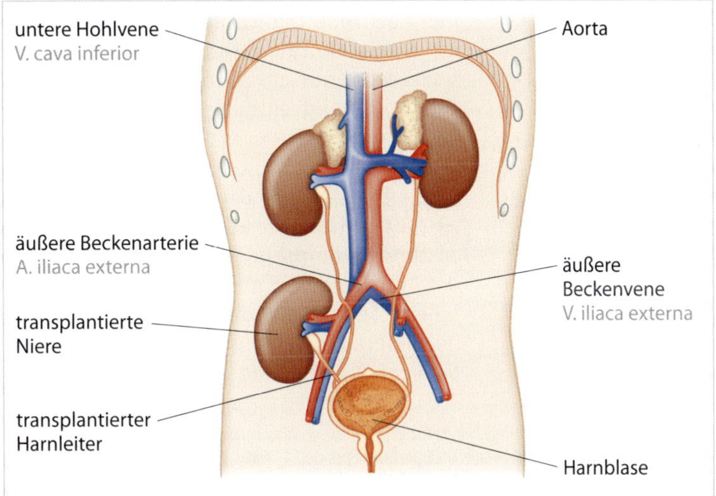

Abb. 17 Anschlussstellen der transplantierten Niere

Konvektion: in der Dialyse Bewegung von Stoffen in einem Wasserstrom

Peritoneum: Bauchfell; den Bauchraum und darin liegende Organe auskleidende Haut

8.2.4 Spezifische Abwehr

Immunsuppressivum: Arzneimittel zur Unterdrückung des Immunsystems

Compliance: Bereitschaft eines Patienten, an therapeutischen Maßnahmen aktiv mitzuwirken

Voraussetzung für eine Transplantation ist, dass die Operation eine Lebensverlängerung verspricht. Der Empfänger muss ein intaktes Herz-Kreislauf-System haben; Infektionen wie mit HIV oder Hepatitis-C-Viren müssen ausgeschlossen werden und es darf keine erhöhte Krebsneigung vorliegen. Der Empfänger muss auch zur Compliance, also zur Mitarbeit bei der Therapie, bereit sein.

Zahlen und Fakten

Die erste Nierentransplantation wurde Mitte des 20. Jahrhunderts durchgeführt, doch erst durch den Einsatz von Immunsuppressiva in den 1980er-Jahren gewann diese Art der Behandlung an Bedeutung.

I-8.2.2 Ethische Aspekte einer Organspende

In Deutschland wurden 2022 knapp 2000 Nieren transplantiert; 535 davon waren Lebendspenden (→ Abb. 18). Im Moment stehen mehr als 7600 Menschen auf der Warteliste; im Durchschnitt wartet ein Patient etwa sechs Jahre auf ein postmortal gespendetes Organ (Bundeszentrale für gesundheitliche Aufklärung o. J. a).

In Deutschland gilt die **Entscheidungslösung** (→ I-8.2.2): Nur wer aktiv einer Organspende zustimmt, kommt postmortal als Organspender infrage. In den meisten anderen europäischen Ländern gilt die **Widerspruchslösung;** bei diesem Modell muss man zu Lebzeiten aktiv einer Organspende widersprechen. Die Widerspruchslösung gilt auch in Spanien, dem Spitzenreiter bei den Organspenden in Europa.

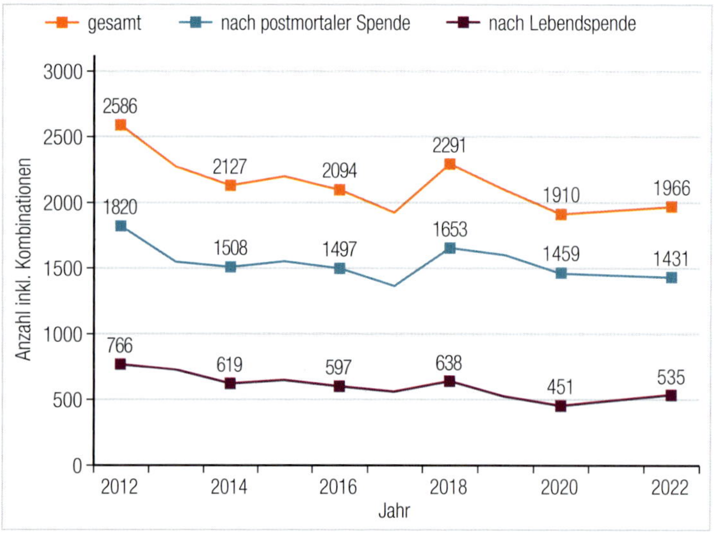

Abb. 18 Nierentransplantationen in Deutschland (Deutsche Stiftung Organtransplantation 2023b)

Recherchieren Sie mögliche Gründe für die im europäischen Vergleich niedrige Anzahl an Transplantationen in Deutschland.

Todspende

Bei der postmortalen Spende stammt das Organ von einem verstorbenen Spender. Vor der Organentnahme bei einer Todspende muss in Deutschland der irreversible Hirntod von zwei Fachärzten diagnostiziert worden sein (→ 12.7.3). Der Tote muss entweder zu Lebzeiten einer Organentnahme zugestimmt haben oder die Angehörigen müssen in seinem Sinne entscheiden.

Die ethischen Aspekte einer Organspende werden immer wieder diskutiert.

Lebendspende

Für eine Lebendspende müssen Spender und Empfänger blutsverwandt oder stark emotional miteinander verbunden sein (Lebenspartner, Freunde). Nur bei optimaler Gewebeverträglichkeit zwischen Spender und Empfänger kann eine Transplantation erfolgen.

Die Freiwilligkeit und Unentgeltlichkeit wird von der Kommission für Lebendspende gründlich geprüft.

§ 8 Abs. 3 Satz 2 des Transplantationsgesetzes sieht eine Kommission zur Prüfung der Freiwilligkeit und Unentgeltlichkeit der Lebendspende vor. Lesen Sie diesen Paragrafen (www.gesetze-im-internet.de/tpg/__8.html) und informieren Sie sich über das in Ihrem Bundesland dazu geltende Landesrecht.

11.3.7 Rehabilitation

Die meist stationäre Rehabilitation bei chronischer Niereninsuffizienz hat unterschiedliche Ziele:

- Hypertonie und Diabetes behandeln
- medikamentöse Therapie optimieren
- Hilfsmittel erläutern
- Risiken verdeutlichen
- Allgemeinbefinden verbessern
- Selbstständigkeit erhalten
- Ernährung optimieren
- zu ausgewogener Bewegung anleiten
- Wiedereinstieg in den Beruf planen

Sowohl belastende Symptome als auch die Abhängigkeit von der mehrmals pro Woche erforderlichen Dialyse und die Angst vor einem Fortschreiten der Erkrankung können mit massiven psychischen Belastungen verbunden sein. Eine psychologische Betreuung kann solchen Patienten helfen, mit der chronischen Erkrankung und der Dialyse besser zurechtzukommen.

Bei einer **Nierentransplantation** wird durch die Immunsuppressiva auch die Immunabwehr gegenüber Krankheitserregern geschwächt. Darum müssen Nierenempfänger bestimmte Hygienemaßnahmen beachten, um Infektionen zu vermeiden. Während der Rehabilitationsmaßnahme finden entsprechende Schulungen dazu statt, ebenso zur Ernährung. Nierenempfänger sollen sich salz- und zuckerarm ernähren und auf ihr Gewicht achten; die Trinkmenge ist abhängig von der Nierenfunktion. Eine psychologische Betreuung kann helfen, mit den zurückliegenden Erlebnissen und zukünftigen Anforderungen besser fertig zu werden.

Auch **Nierenlebendspender** haben Anspruch auf eine medizinische Rehabilitation nach der Nierenspende.

11.3.8 Pflege

Dialysepatienten und ihre Angehörigen müssen lernen, mit welchen Hygienemaßnahmen sie Infektionen an der Zugangsstelle für die Hämodialyse oder an der Austrittsstelle des Katheters für die Peritonealdialyse vermeiden können.

Die chronische Niereninsuffizienz kann die Lebensqualität dauerhaft stark beeinträchtigen. Häufig besteht ein erhöhter psychosozialer Versorgungsbedarf.

Aufgabe von Pflegefachkräften ist neben dem Erfüllen der Hygieneanforderungen die Beobachtung der Ess- und Trinkgewohnheiten der Patienten. Bei Bedarf müssen diese verändert werden.

11.3.9 Verlauf und Prognose

Der Verlauf der Erkrankung und die empfundene Lebensqualität sind individuell sehr verschieden. Sie sind zum einen abhängig vom Grad der Niereninsuffizienz und zum anderen vom Lebensalter sowie von ursächlicher und begleitender Erkrankung.

Durch die **Dialyse** bessert sich das Allgemeinempfinden meist rasch. Langfristig kann die Dialyse gesunde Nieren aber nicht ersetzen; Giftstoffe können sich ansammeln und Probleme verursachen. Es kann zu Nervenstörungen, empfindlicher Haut, Juckreiz oder Impotenz kommen.

Zur möglichen Dauer der Dialyse lassen sich keine genauen Zahlen nennen: Einige Patienten dialysieren nur wenige Jahre, bevor sie eine Niere transplantiert bekommen, andere bis zu 40 Jahre.

Nach einer **Nierentransplantation** leben nach 1 Jahr noch etwa 97 % der Betroffenen, zu denen entsprechende Informationen vorliegen. Nach 3 Jahren leben noch 91 % (Deutsche Stiftung Organtransplantation 2019).

11.3.10 Prävention und Gesundheitsförderung

Da eine Zerstörung des Nierengewebes irreversibel ist, ist entscheidend, Einschränkungen der Nierenfunktion rechtzeitig zu erkennen und die Ursachen zu bekämpfen. Zu den präventiven Maßnahmen gehören:

- Diabetes einstellen
- Blutdruck behandeln
- Adipositas abbauen
- sich gesund und individuell angepasst ernähren
- nicht rauchen
- sich regelmäßig und ausreichend bewegen
- nierenschädigende Medikamente meiden

Selbsthilfeorganisation: *www.bundesverband-niere.de*

AUFGABEN

1. *Erklären Sie, warum Harnstoff und Kreatinin zu den Retentionswerten zählen.*
2. *Vergleichen Sie Dialyse und Transplantation, indem Sie die jeweiligen Vor- und Nachteile einander gegenüberstellen.*
3. *Informieren Sie sich im Textarchiv des Deutschen Bundestages über die Debatten zur Änderung des Transplantationsgesetzes: www.bundestag.de/dokumente/textarchiv*
4. *Stellen Sie den Weg eines Organs von der Entnahme bis zur erfolgreichen Transplantation dar.*
5. *Bei der ethischen Frage der Organspende steht die korrekte Durchführung der Hirntoddiagnostik im Vordergrund. Informieren Sie sich in Kap. 12.7.3 über die Schritte der Hirntoddiagnostik.*
6. *Suchen Sie ein wohnortnahes Transplantationszentrum und recherchieren Sie über die Auflagen, ein solches sein zu dürfen.*
7. *Informieren Sie sich über den weltweiten Organhandel.*

Quellen

Quellen Anatomie/Physiologie

Berliner Wasserbetriebe (o. J.): Informationen rund ums Wasser; unter *www.klassewasser.de/content/language1/html/1928.php* [15.01.2024].

Deutsche Forschungsanstalt für Lebensmittelchemie (Hrsg.) (2015): Food Composition and Nutrition Tables – Die Zusammensetzung der Lebensmittel, Nährwert-Tabellen – La composition des aliments, Tableaux des valeurs nutritives. Stuttgart: Wissenschaftliche Verlagsgesellschaft.

Deutsche Gesellschaft für Ernährung, Österreichische Gesellschaft für Ernährung, Schweizerische Gesellschaft für Ernährungsforschung, Schweizerische Vereinigung für Ernährung (Hrsg.) (2015): D-A-CH Referenzwerte für die Nährstoffzufuhr. Bonn: Umschau.

Lecturio GmbH (2017): Physiologie der Niere – das Multifunktionsorgan des Körpers; unter *www.lecturio.de/magazin/physiologie-der-niere/* [20.02.2024].

Michael, F.; Pollock, C.; Harris, D. (2017): Organsysteme verstehen – Niere. München: Elsevier.

Quellen Niereninsuffizienz

Bundeszentrale für gesundheitliche Aufklärung (BZgA) (o. J. a): Die Nierentransplantation; unter *www.organspende-info.de/organspende/transplantierbare-organe/nierentransplantation/* [15.01.2024].

Bundeszentrale für gesundheitliche Aufklärung (BZgA) (o. J. b): Statistiken zur Organspende für Deutschland und Europa; unter *www.organspende-info.de/zahlen-und-fakten/statistiken/* [26.02.2024].

Deutsches Referenzzentrum für Ethik in den Biowissenschaften (2020): Organtransplantation; unter *www.drze.de/im-blickpunkt/organtransplantation* [15.01.2024].

Deutsche Stiftung Organtransplantation (DSO) (2023a): Jahresbericht Organspende und Transplantation in Deutschland 2022; unter *https://dso.de/SiteCollectionDocuments/DSO-Jahresbericht%202022.pdf* [15.01.2024].

Deutsche Stiftung Organtransplantation (DSO) (2023b): Statistiken zur Organtransplantation in Deutschland. Nierentransplantationen in Deutschland; unter *https://dso.de/organspende/statistiken-berichte/organtransplantation* [20.02.2024].

Deutsche Stiftung Organtransplantation (DSO) (2019): Nierentransplantation: Grafiken zum Tätigkeitsbericht 2018 nach § 11 Abs. 5 TPG; unter *www.dso.de/BerichteTransplantationszentren/Grafiken%20D%202018%20Niere.pdf* [15.01.2024].

Deutsche Stiftung Organtransplantation (DSO) (o. J.): Organspende in Deutschland; unter *www.dso.de/organspende/allgemeine-informationen/organspende-in-deutschland* [15.01.2024].

DocCheck Community GmbH (o. J.): Chronische Niereninsuffizienz; unter *www.flexikon.doccheck.com/de/Chronisches_Nierenversagen* [15.01.2024].

Girndt, M.; Trocchi, P.; Scheidt-Nave, C.; Markau, S.; Stang, A. (2016): Prävalenz der eingeschränkten Nierenfunktion. In: Dtsch Arztebl Int 113: 85–91.

Institut für Qualitätssicherung und Transparenz im Gesundheitswesen (IQTIG) (Hrsg.) (2019): Jahresbericht 2018 zur Qualität in der Dialyse, Tabelle 13; unter *www.g-ba.de/downloads/39-261-3977/2019-09-19_QSD-RL_IQTIG-Jahresbericht-2018-Datenanalysten.pdf* [15.01.2024].

Österreichische Gesellschaft für Nephrologie (2019): Nierenersatztherapie; unter *www.nephrologie.at/patienteninformation/nierenersatztherapie/* [15.01.2024].

taz, 06.01.2019 – Fusco, Y.: Ex-Fußballprofi über Transplantation. „Ich kann nicht so tun, als wäre nichts gewesen"; unter *www.taz.de/Ex-Fussballprofi-ueber-Transplantation/!5560767/* [15.01.2024].

Weiterführende Literatur

Bundeszentrale für gesundheitliche Aufklärung (BZgA): Kampagne und Informationsportal „Organspende – die Entscheidung zählt!"; unter *www.organspende-info.de/start.html* [15.01.2024].

Deutsche Gesellschaft für Nephrologie (DGfN) (2020): Leitlinien; unter *www.dgfn.eu/leitlinien.html* [15.01.2024].

Institut für Qualität und Wirtschaftlichkeit im Gesundheitswesen (IQWiG) (2018): Chronische Nierenerkrankung; unter *www.gesundheitsinformation.de/chronische-nierenerkrankung.2606.de.html* [15.01.2024].

KfH Kuratorium für Dialyse und Nierentransplantation e. V. (o. J.): Chronische Nierenerkrankungen; unter *www.nierenwissen.de/chronische-nierenerkrankungen/welche-erkrankungen-koennen-die-nieren-befallen/* [15.01.2024].

NierenZentrum Heidelberg (Hrsg.) (2014): Infomationsbroschüre für Nierentransplantierte. Heidelberg.

Patienten-Heimversorgung Gemeinnützige Stiftung (PHV) – Der Dialysepartner (2020): Alles rund um die Dialyse; unter *www.phv-dialyse.de/alles-rund-um-die-dialyse/* [15.01.2024].

Silverthorn, D. U. (2017): Physiologie – Bafög-Ausgabe. Hallbergmoos: Pearson Studium.

Vom Beginn des Lebens bis zum Tod

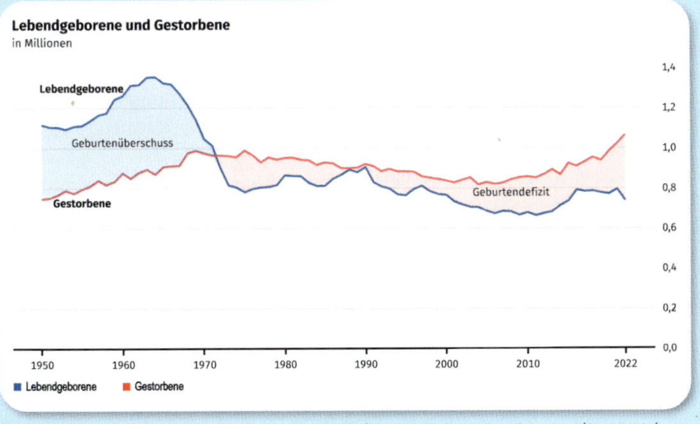

Lebendgeborene und Gestorbene seit 1950 (Statistisches Bundesamt (Destatis) 2023a)

Plakat zum internationalen Tag gegen Homo-, Bi-, Inter- und Transfeindlichkeit (IDAHOBIT)

Jung und Alt

Ungewollt schwanger

Requiescat in pace – Ruhe in Frieden

Die Fähigkeit sich fortzupflanzen macht Leben erst möglich. Dennoch sind viele Aspekte von Sexualität, Fortpflanzung, Geburt und Tod mit Scham behaftet oder werden tabuisiert. Tauschen Sie sich aus:

1. *Wie wird in Ihrem Umfeld (Familie, Freundeskreis) mit diesen Themen umgegangen?*
2. *Wie haben Sie den Sexualkundeunterricht in Ihrer bisherigen Schullaufbahn erlebt? Welche Themen wurden gut bearbeitet? Welche Themen waren unter- oder überrepräsentiert?*
3. *Wissen Sie sicher über Möglichkeiten der Empfängnisverhütung Bescheid?*
4. *Was wissen Sie über sexuell übertragbare Krankheiten?*
5. *Waren Sie schon einmal direkt mit einem Todesfall konfrontiert?*

Geschlechtsmerkmale und Geschlechtsorgane unterliegen im Lauf des Lebens einer Entwicklung. Bei Frauen wie bei Männern werden primäre und sekundäre Geschlechtsmerkmale unterschieden. Die **primären Geschlechtsmerkmale** entsprechen den Geschlechtsorganen und sind von Geburt an angelegt. Sie dienen direkt der Reproduktion. **Sekundäre Geschlechtsmerkmale** bilden sich erst mit Erreichen der Geschlechtsreife aus und sind nicht unmittelbar für die Fortpflanzung notwendig.

primäre Geschlechtsmerkmale: direkt der Reproduktion dienende Kennzeichen für das biologische Geschlecht; entsprechen den Geschlechtsorganen

Reproduktion: Fortpflanzung (in der Biologie)

sekundäre Geschlechtsmerkmale: nicht unmittelbar für die Reproduktion notwendige Kennzeichen für das biologische Geschlecht

12.1 Weibliche Geschlechtsorgane und Brust

Es werden äußere und innere Geschlechtsorgane unterschieden.

12.1.1 Äußere Geschlechtsorgane und Brust der Frau

Zu den **äußeren Geschlechtsorganen der Frau** (→ Abb. 1) gehören die Labia majora und minora (kurz: Labien; häufig wird noch von „Schamlippen" gesprochen; als Alternative wird „Vulvalippen" vorgeschlagen), die Klitoriseichel und der Scheidenvorhof. Die Gesamtheit der äußeren weiblichen Geschlechtsorgane wird als **Vulva** bezeichnet.

Bulboklitoralorgan: weibliches Lustorgan; besteht aus Klitoris und zwei Schwellkörpern; zählt teilweise zu den äußeren und teilweise zu den inneren weiblichen Geschlechtsorganen

Die behaarten **Labia majora** umfassen die **Labia minora,** zwischen denen der Scheidenvorhof liegt. Die Labien variieren in Form und Größe. In den **Scheidenvorhof** münden die Harnröhre sowie die Scheide.

Vulva: Gesamtheit der äußeren weiblichen Geschlechtsorgane

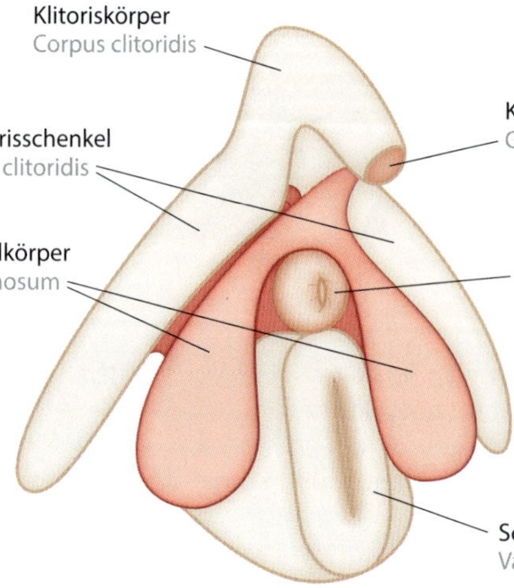

Abb. 2 Bulboklitoralorgan

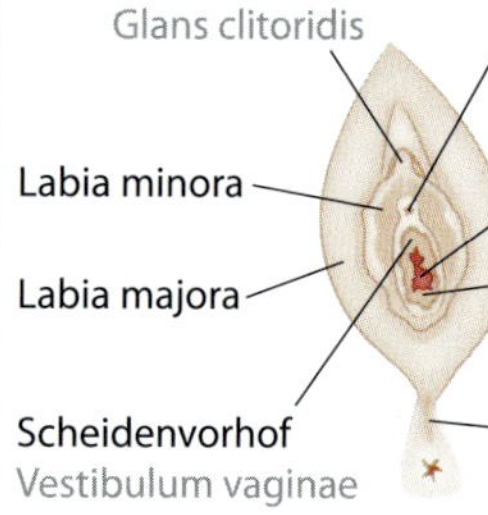

Abb. 1 Äußere Geschlechtsorgane der Frau

Der Übergang von der Scheide zum Vorhof wird als äußere Vaginalöffnung bezeichnet. Hier findet sich bei Mädchen das **Jungfernhäutchen.** Diese dünne Schleimhautlamelle reißt häufig beim ersten Geschlechtsverkehr, wodurch es zu einer vaginalen Blutung kommt. Dies ist jedoch nicht immer der Fall.

Der weiblichen Jungfräulichkeit wird in vielen Religionen und Kulturen eine hohe Bedeutung beigemessen: Während es bei jungen Männern eher akzeptiert wird, dass sich diese vor der Eheschließung sexuell ausprobieren, wird es bei Frauen oft als „wertmindernd" angesehen, wenn sie nicht als Jungfrauen in die Ehe gehen.

Das **Bulboklitoralorgan** (→ Abb. 2) ist das weibliche Lustorgan. Es besteht aus der etwa 9 cm langen Klitoris und den benachbarten Schwellkörpern. Die **Klitoris** gliedert sich in die den äußeren Geschlechtsorganen zuzuordnende Klitoriseichel sowie die innen gelegenen Anteile Klitoriskörper und -schenkel. Die Schwellkörper umschließen die Öffnung von Harnröhre und Vagina.

Bei sexueller Erregung kommt es zu einer Mehrdurchblutung der Schwellkörper. Im Bereich der Klitoris und der Labien finden sich eine große Zahl von Nervenstrukturen, die sogenannten Genitalkörperchen. Diese reagieren auf Berührung, Druck und Vibration und lösen den weiblichen Orgasmus aus.

Die **weibliche Brust** (→ Abb. 3) ist anatomisch gesehen eine auf dem Brustmuskel liegende Drüse. Sie besteht aus einem Drüsenkörper mit umgebendem Fettgewebe und einer

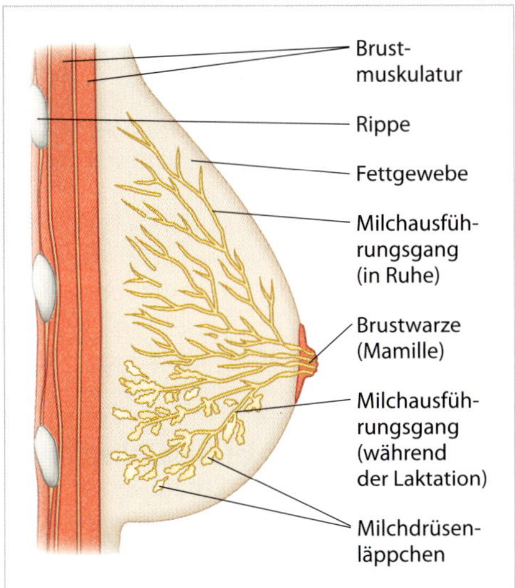

Abb. 3 Weibliche Brust

stützenden Bindegewebsstruktur. Die Ausführungsgänge der Drüsen münden in der Brustwarze.

Außerhalb von Schwangerschaft und Stillzeit ist das Drüsengewebe der Brust inaktiv. Während der Schwangerschaft reift das Drüsengewebe aus, damit nach der Geburt Milch zur Ernährung des Säuglings zur Verfügung steht.

> **Weibliche Genitalverstümmelung**
> Unter weiblicher Genitalverstümmelung („Beschneidung von Frauen") versteht man die teilweise oder vollständige Entfernung oder Beschädigung der äußeren Geschlechtsorgane von Mädchen und Frauen. Diese wird in der Regel ohne Betäubung von medizinisch ungeschulten Personen mit z. B. Rasierklingen oder Glasscherben durchgeführt. Diese aus der Tradition begründete Praxis ist nach wie vor verbreitet. Schwerpunkte liegen im nordöstlichen Afrika, dem Jemen, Irak, Malaysia und Indonesien. Da von einer hohen Dunkelziffer auszugehen ist, bestehen zur Zahl der betroffenen Frauen nur Schätzungen. Menschen- und Frauenrechtsorganisationen gehen von etwa 230 Millionen beschnittenen Mädchen und Frauen weltweit aus (UNICEF 2024).

12.1.2 Innere Geschlechtsorgane der Frau

Zu den **inneren Geschlechtsorganen** der Frau (→ Abb. 5) gehören
- die Eierstöcke,
- die Eileiter,
- die Gebärmutter,
- die Scheide.

Die Grenze zu den äußeren Geschlechtsorganen ist die äußere Vaginalöffnung mit dem Jungfernhäutchen.

Die inneren weiblichen Geschlechtsorgane liegen im kleinen Becken (→ Abb. 4). Direkt benachbart zur Gebärmutter finden sich die Harnblase und der Enddarm. Durch die enge anatomische Lage kann es im Rahmen einer Schwangerschaft zu mechanischem Druck auf Blase und Enddarm kommen, was Stuhlgang und Wasserlassen beeinflusst.

Laktation:
Milchbildung und Absonderung aus den Milchdrüsen

Die **Eierstöcke** finden sich seitlich im kleinen Becken. Sie sind etwa 4 × 2 × 1 cm groß. In den Eierstöcken reifen die weiblichen Keimzellen (Eizellen) heran. Zusätzlich werden in den Eierstöcken die weiblichen Geschlechtshormone Östrogen und Progesteron produziert.

Eierstock:
Ovar; paarig angelegter Teil der inneren weiblichen Geschlechtsorgane, Reifungsort der weiblichen Keimzellen

Eizelle:
weibliche Geschlechtszelle, auch weibliche Keimzelle

Die **Eileiter** sind muskulöse Schläuche mit einem freien Ende in der Bauchhöhle in der Nähe des jeweiligen Eierstocks. Das andere Ende mündet in die Gebärmutter.

Eileiter:
paarig angelegter Teil der inneren weiblichen Geschlechtsorgane, Muskelschlauch in der Bauchhöhle, in dem die Eizelle zur Gebärmutter wandert

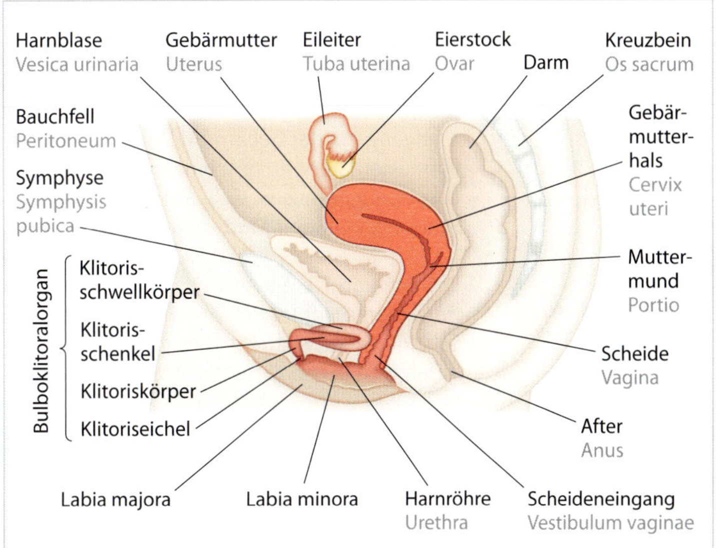

Abb. 4 Anatomische Lage der inneren Geschlechtsorgane der Frau

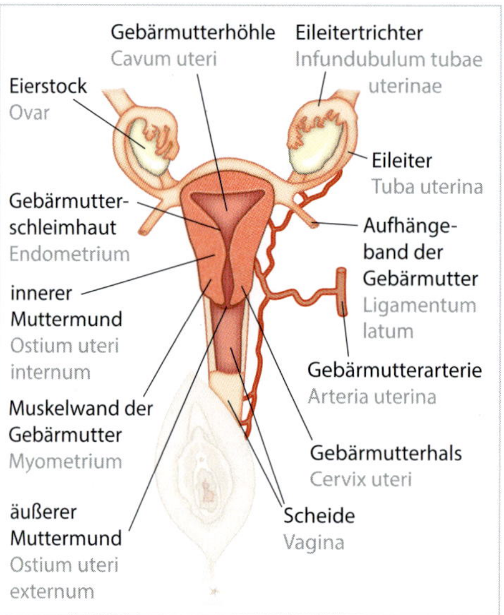

Abb. 5 Innere Geschlechtsorgane der Frau

Fimbrien:
hier: Schleimhautfransen am trichterförmigen Ende des Eileiters zum Eierstock hin; fangen das reife Ei auf

Gebärmutter:
Uterus; Teil der inneren weiblichen Geschlechtsorgane, muskuläres Hohlorgan, in dem die befruchtete Eizelle heranreift

I-3.1.3
Geschlechtsidentität

intersexuell:
sowohl primäre weibliche als auch primäre männliche Geschlechtsmerkmale aufweisend

Scheide:
Vagina; Teil der inneren weiblichen Geschlechtsorgane, Hohlorgan, Verbindung zwischen äußeren Geschlechtsorganen und Gebärmutter

An dem freien Ende findet sich eine trichterförmige Erweiterung mit Schleimhautfransen, den sogenannten Fimbrien. Diese dient dazu, das reife Ei aus dem Eierstock aufzufangen und so den Transport in die Gebärmutter zu sichern.

Die **Gebärmutter** ist ein birnenförmiges 7 bis 8 cm langes muskuläres Hohlorgan. Im Inneren der **Gebärmutterhöhle** findet sich eine spezialisierte Schleimhaut, die das Einnisten einer befruchteten Eizelle und das Heranreifen eines Fetus ermöglicht.

Am Übergang zur Scheide findet sich der **Gebärmutterhals.** Dieser sehr enge Kanal bildet den Abschluss der Gebärmutter nach außen. Der Übergang von der Gebärmutterhöhle in den Gebärmutterhals wird als **innerer Muttermund,** der Übergang vom Gebärmutterhals in die Scheide als **äußerer Muttermund** bezeichnet.

Die **Scheide** ist ein etwa 6 bis 8 cm langes muskuläres Hohlorgan. Am äußeren Ende der Scheide findet sich der Übergang zu den äußeren weiblichen Geschlechtsorganen.

Die Schleimhaut der Scheide ist von Milchsäurebakterien besiedelt, die für ein saures Milieu sorgen. Der pH-Wert in der Scheide liegt bei 4,5 (im Vergleich: pH der Haut 5,5). Dieses dient zum Schutz vor aufsteigenden Infektionen.

Die schützenden Milchsäurebakterien können durch die Einnahme von Antibiotika (→ 8.5.8) geschädigt werden. Durch den fehlenden Schutz können sich Pilze auf der Vaginalschleimhaut vermehren, was zu sehr unangenehm juckenden Schleimhautentzündungen führt.

12.1.3 Entwicklung der weiblichen Geschlechtsmerkmale

Entwicklung der primären Geschlechtsmerkmale der Frau

Die primären Geschlechtsmerkmale entsprechen den Geschlechtsorganen. Genetisch ist das Geschlecht eines Keimes bei der Befruchtung festgelegt, jedoch bestehen zunächst bis zur Mitte der Embryonalphase (6.–8. Woche der Schwangerschaft) undifferenzierte Anlagen für die Geschlechtsorgane. Erst dann beginnen sich die jeweils spezifischen Geschlechtsorgane auszubilden (→ 12.4).

Bei etwa einem von 5000 Neugeborenen ist das biologische Geschlecht nicht eindeutig weiblich oder männlich. Diese Menschen werden als **intersexuell** bezeichnet. Die Angaben zur Häufigkeit schwanken aber sehr stark. Was zu Intersexualität führt, ist nicht eindeutig zuzuordnen; chromosomale, hormonelle sowie multifaktorielle Ursachen werden angenommen.

Am Ende der Fetalperiode (9.–38. Woche der Schwangerschaft) ist die Entwicklung der primären Geschlechtsorgane abgeschlossen. Bei der Geburt sind bereits alle Eizellen in den Eierstöcken eines Mädchens angelegt.

Entwicklung der sekundären Geschlechtsmerkmale der Frau

Zu den sekundären Geschlechtsmerkmalen der Frau gehören die Brust sowie die Schambehaarung, die Achselbehaarung sowie die weibliche Körpererscheinung mit schmaler Taille und breiteren Hüften.

Das Einsetzen der Regelblutung markiert den Beginn der Geschlechtsreife.

Menarche – Beginn der Menstruation: Das übliche Alter für die Menarche liegt bei 12 bis 13 Jahren. Es wird häufig angegeben, dass Mädchen heutzutage ihre Regelblutung immer früher bekämen. Allerdings ist seit den 1960er-Jahren der Zeitpunkt, zu dem die Regelblutung einsetzt relativ konstant:

- 10 % der Mädchen bekommen die erste Regelblutung vor dem Alter von 11 Jahren.
- Bei den allermeisten tritt die Blutung im Alter von 12 bis 13 Jahren ein.
- Bis zum Alter von 15 Jahren haben 98 % der Mädchen die Menarche erreicht.

Die Zeit der vollen Geschlechtsreife ist bei Frauen begrenzt. Den Übergang von der Zeit der vollen Geschlechtsreife und Fortpflanzungsfähigkeit zur Phase nach dem reproduktiven Alter bezeichnet man als **Klimakterium.**

Als **Menopause** bezeichnet man die letzte vom Eierstock hormonell gesteuerte Regelblutung. Sie fällt in den Zeitraum des Klimakteriums. Der Übergangszeitraum kann insgesamt bis zu 10 Jahre betragen.

Das durchschnittliche Alter bei Eintreten der Menopause liegt bei 52 Jahren. An diese letzte Regelblutung schließt sich die **postmenopausale Phase** an. Mit Erreichen dieser Phase ist die Fortpflanzungsfähigkeit der Frau beendet.

12.1.4 Menstruationszyklus

Die Reifung der Eizellen bei der Frau erfolgt in einem sich zyklisch wiederholenden Rhythmus von etwa 28 Tagen.

In diesen Zyklen laufen mehrere hormonell gesteuerte Prozesse gleichzeitig ab, die alle darauf abzielen, dass im Falle einer Befruchtung der reifen Eizelle die Einnistung in der Gebärmutter optimal erfolgen kann.

Menstruation in der Kulturgeschichte

In der Antike galt die Menstruation als Reinigungsprozess des weiblichen Körpers. Im Mittelalter wurde die Menstruation als Zeichen für die Minderwertigkeit der Frau gegenüber dem Mann interpretiert. Erst im 19. bis 20. Jahrhundert wurde der Zusammenhang zwischen Menstruation und Fruchtbarkeit entdeckt.
Insbesondere im Bereich von Volks- und Aberglauben wurde der weibliche Zyklus in enge Verbindung mit den zyklischen Veränderungen der Natur, z. B. dem zu- und abnehmenden Mond, gesetzt. Dem Menstruationsblut wurden zahlreiche negative Eigenschaften nachgesagt, es lasse zum Beispiel Milch gerinnen oder Setzlinge verdorren. Andererseits galt eine Waffe, die mit dem Menstruationsblut einer Jungfrau gehärtet wurde, als besonders siegreich.

Um den Menstruationszyklus zu verstehen, ist es notwendig, drei Ebenen gleichzeitig zu betrachten (→ Abb. 6):

- Abläufe im Eierstock
- Abläufe in der Gebärmutter
- hormonelle Steuerung

In den **Eierstöcken** des Mädchens sind schon bei der Geburt alle zur Verfügung stehenden Eizellen angelegt. Es handelt sich dabei um hunderttausende ruhende Vorstufen. In der

Menarche: Zeitpunkt des ersten Eintretens der Regelblutung

Menstruation: Regelblutung, „Periode"; bei Frauen periodisch auftretende Blutung aus der Gebärmutter

Klimakterium: Wechseljahre; Übergangszeit von der reproduktiven Phase zur nicht reproduktiven Phase

Menopause: letzte vom Eierstock hormonell gesteuerte Regelblutung

Follikel: Bläschen; z. B. Hülle der reifenden Eizelle im Eierstock

Die Dauer des Menstruationszyklus kann von der normalen Länge (26–32 Tage) abweichen, ohne dass es sich um eine krankhafte Veränderung handelt. Sollte ein unregelmäßiger Zyklus jedoch nach sonst regelmäßigem Verlauf neu auftreten und beispielsweise mit Schmerzen, Gewichtsveränderung oder Veränderung der Körperbehaarung verbunden sein, sollte ein Arzt aufgesucht werden.
Auch bei einem ganz normal verlaufenden Zyklus kann es zu Beschwerden wie Unterbauchschmerzen, Stimmungsschwankungen oder Heißhungerattacken kommen. Diese Begleiterscheinungen sind zumeist normal und nur bei stärkerer Ausprägung behandlungsbedürftig.

Eisprung:
Ovulation; Übertritt der reifen weiblichen Eizelle in den Eileiter

Gelbkörper:
im Eierstock verbleibender Rest des Follikels, dessen Zellen das Hormon Progesteron produzieren

Östrogene:
Gruppe von v. a. in Eierstöcken und Plazenta gebildeten weiblichen Sexualhormonen; Funktion: u. a. Wachstum der weiblichen Sexualorgane, Proliferation der Gebärmutterschleimhaut

Progesteron:
im Gelbkörper gebildetes Hormon; Funktion: Vorbereitung der Gebärmutterschleimhaut auf die befruchtete Eizelle

Pubertät beginnt unter der nun einsetzenden hormonellen Steuerung etwa alle vier Wochen eine Eizelle zu reifen.

Die reifende Eizelle befindet sich in einem Follikel im Eierstock. Ist sie voll ausgereift, platzt der Follikel auf und die Eizelle „springt" in den Eileitertrichter: Der **Eisprung** ist erfolgt. Von dort wird sie durch den Eileiter zur Gebärmutter transportiert. Der verbleibende Rest des Follikels wandelt sich in den hormonproduzierenden **Gelbkörper** um. Kommt es zu keiner Befruchtung, bildet sich dieser gegen Ende des Zyklus wieder zurück.

Zeitgleich beginnt in der **Gebärmutter** der Aufbau der Schleimhaut. Zu Beginn der zweiten Zyklushälfte ist die Schleimhaut maximal ausgeprägt und bereit für die Einnistung des befruchteten Eies.

Kommt es zu keiner Befruchtung, löst sich die oberflächliche Schleimhautschicht ab und wird ausgestoßen. Dieser Vorgang ist die **Menstruations- oder Regelblutung.**

Diese zyklischen Abläufe (→ Abb. 6) unterliegen einer **komplexen hormonellen Steuerung** durch den Hypothalamus und die Hypophyse (→ 5.2.2, → 7.1.1):

7.3.5 Regulation der Sexualhormone

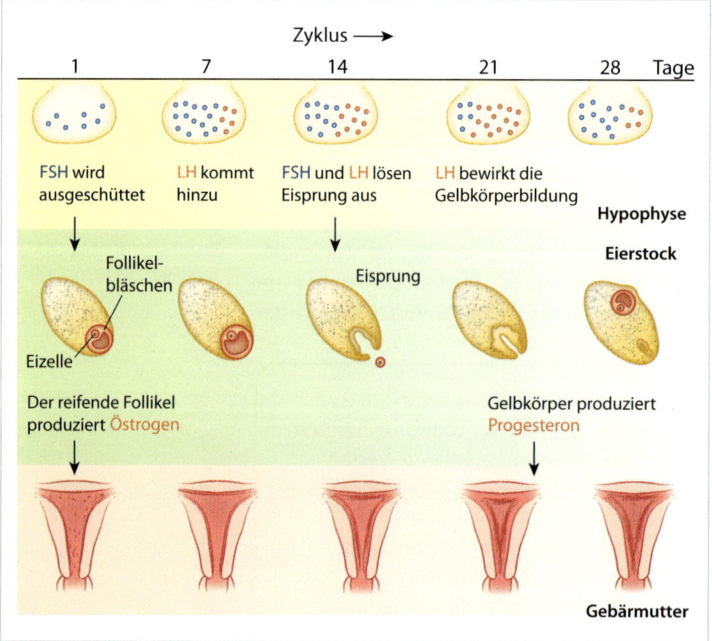

Abb. 6 Menstruationszyklus

- Die übergeordnete Steuerung der Bildung und Freisetzung von Sexualhormonen geschieht durch das im Hypothalamus gebildete **Gonadotropin-Releasing-Hormon (GnRH).** Dieses wird pulsartig alle 60 bis 120 Minuten ausgeschüttet. Diese pulsartige Ausschüttung ist der Taktgeber für alle weiteren hormonellen Abläufe.
- Der Zyklus beginnt durch Ausschüttung des **Follikel-stimulierenden Hormons (FSH),** welches die Reifung einer Eizelle anstößt. FSH wird im Hypophysenvorderlappen gebildet.
- FSH fördert zudem die Bildung von **Östrogen,** das für den Aufbau der Gebärmutterschleimhaut Voraussetzung ist. Östrogen wird vor allem im reifenden Follikel gebildet.
- In der zweiten Zykluswoche beginnt in der Hypophyse die Bildung des **luteinisierenden Hormons (LH),** das zusammen mit FSH den Eisprung verursacht.
- Nach dem Eisprung bleibt im Eierstock der Rest des Follikels zurück, nur die Eizelle wandert durch den Eileiter. Unter Einfluss von LH bildet sich aus den übrig gebliebenen Zellen des Follikels der Gelbkörper. Dieser produziert das Hormon **Progesteron,** das die Gebärmutterschleimhaut auf die befruchtete Eizelle vorbereitet.
- Progesteron verursacht auch einen Anstieg der Körpertemperatur von ungefähr 0,5 °C während des Zyklus.
- Kommt es zu keiner Befruchtung, bildet sich der Gelbkörper zurück und die Regelblutung setzt ein.

Die Zeit, in der die Eizelle befruchtet werden kann, liegt etwa in der Zyklusmitte. Je nach Zyklusdauer ist dies etwa zwischen dem 11. und 16. Tag nach dem ersten Tag der Regelblutung. Nach dem Eisprung ist die Eizelle 24 Stunden lebensfähig. Erfolgt in dieser Zeit keine Befruchtung, stirbt die Eizelle ab.

12.2 Männliche Geschlechtsorgane

Zu den männlichen Geschlechtsorganen zählen die äußeren und die inneren Geschlechtsorgane des Mannes (→ Abb. 7).

12.2.1 Äußere Geschlechtsorgane des Mannes

Penis und Hodensack bilden die äußeren Geschlechtsorgane des Mannes.

Der **Penis** (→ Abb. 8) ist ein von Haut überzogenes Organ. An seinem Ende findet sich die von der Vorhaut bedeckte Eichel, in deren Mitte die Harnsamenröhre mündet.

Die **Harnsamenröhre** durchzieht den Penis in seiner Längsachse. Über die Harnsamenröhre wird nicht nur der Urin, sondern auch die Samenflüssigkeit abgegeben.

Im Inneren des Penis befinden sich drei **Schwellkörper:** die beiden größeren Penisschwellkörper und der die Harnsamenröhre umschließende Harnröhrenschwellkörper.

Die Schwellkörper sind gut durchblutete Strukturen aus Muskel- und Bindegewebe. Bei sexueller Erregung wird die Durchblutung stark gesteigert, sodass es zur Erektion kommt. Der Penis wird dabei härter und länger (→ 12.3.2).

Der **Hodensack** bildet die Hülle für die außerhalb des Bauchraums gelagerten Hoden. Er wird aus der behaarten äußeren Haut sowie einer dünnen Muskelschicht gebildet.

12.2.2 Innere Geschlechtsorgane des Mannes

Zu den inneren Geschlechtsorganen des Mannes (→ Abb. 6) gehören
- die Hoden,
- die Nebenhoden,
- die Samenleiter,
- die Geschlechtsdrüsen.

Die **Hoden** sind ein paarig angelegtes Organ. Hoden sind die männlichen Keimdrüsen, in denen die Reifung der männlichen Geschlechtszellen, der Spermien, stattfindet.

Die Hoden liegen mitsamt ihrem zugehörigen Gefäß- und Nervenbündel im Hodensack (→ Abb. 9).

Betrachtet man die Struktur der Hoden unter dem Mikroskop, zeigt sich, dass sich die Hoden in viele kleine **Hodenläppchen** gliedern, die wiederum aus aufgeknäuelten **Hodenkanälchen,** Gefäßen und Nerven bestehen. Die Gesamtlänge dieser Kanälchen liegt bei 150 bis 300 m pro Hoden. In der Wand der Hodenkanälchen liegen spezialisierte Zellen, in denen die **Spermien** (→ 12.3.1) heranreifen.

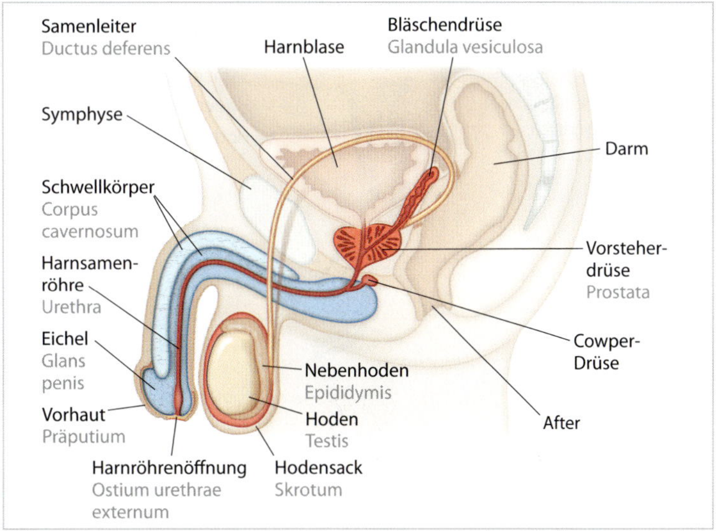

Abb. 7 Äußere und innere Geschlechtsorgane des Mannes

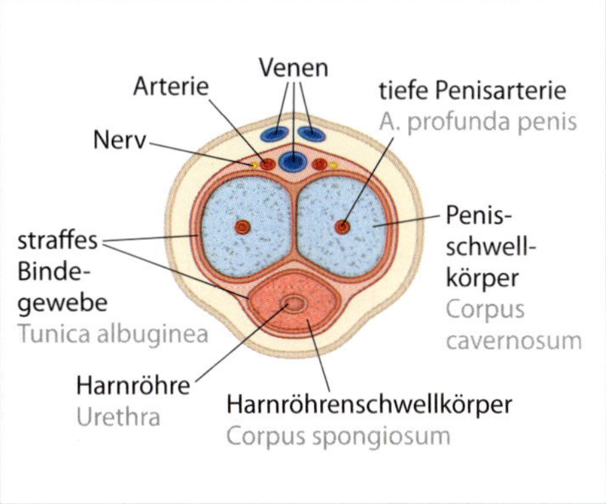

Abb. 8 Penis – Querschnitt

Im Bindegewebe zwischen den Hodenläppchen finden sich hormonell aktive Zellen, die **Androgene** produzieren.

Die reifen Spermien gelangen in die Hodenkanälchen und von dort in den **Nebenhoden** (→ Abb. 9). Dieser besteht in erster Linie aus einem sehr stark zusammengewickelten Gangsystem, in dem die reifen Spermien gespeichert werden. Die gesamte Ganglänge des Nebenhodens liegt bei etwa 4 bis 6 m.

Der Nebenhodengang geht in den **Samenleiter** (→ Abb. 9) über, der wiederum durch den Leistenkanal und den Bauchraum führt und in der Prostata in die Harnsamenröhre mündet.

Penis:
Glied; Teil der äußeren männlichen Geschlechtsorgane, Kopulationsorgan

Kopulation (in der Biologie):
Begattung

Hoden:
paarig angelegter Teil der inneren männlichen Geschlechtsorgane, männliche Keimdrüsen

Spermium:
männliche Geschlechtszelle, auch Samenfaden, Samenzelle oder Keimzelle; eigenständig beweglich

Androgene:
Gruppe von v. a. in den Hoden und der Nebennierenrinde gebildeten männlichen Sexualhormonen, z. B. Androsteron, Testosteron; Funktion: Wachstum der männlichen Sexualorgane, Proteinsynthese, Bildung und Reifung der Samenzellen

Nebenhoden:
dem Hoden aufliegendes männliches Geschlechtsorgan; Funktion: Speicherung und Weiterleitung von Spermien

Samenstrang:
Bündel von Leitungsstrukturen, nämlich Gefäße, Samenleiter und Nerven, die vom Bauchraum zum Hoden führen

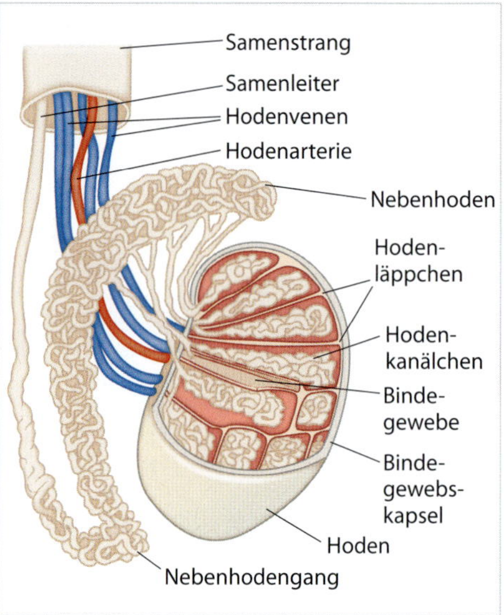

Abb. 9 Hoden, Nebenhoden und Samenleiter

Zu den **Geschlechtsdrüsen** des Mannes zählen die Bläschendrüse, die Cowper-Drüsen und die Prostata.

Prostata:
Vorsteherdrüse, Teil der inneren männlichen Geschlechtsorgane, größte der männlichen Geschlechtsdrüsen

Die **Prostata** ist die größte der Geschlechtsdrüsen. Sie liegt unterhalb der Harnblase und umschließt die Harnröhre. In der Prostata mündet der Samenleiter in die Harnröhre.

Die **Bläschendrüsen** sowie die **Cowper-Drüsen** sind paarig angelegt.

Alle Geschlechtsdrüsen münden in die **Harnsamenröhre.** Ihr Sekret bildet einen großen Anteil des Spermas. Es dient zum einen als Transportmedium, zum anderen als Energiequelle für die Spermien, um deren Beweglichkeit zu ermöglichen.

Sperma:
Samenflüssigkeit; besteht im Wesentlichen aus Spermien und den Sekreten der Geschlechtsdrüsen

Akne:
Hauterkrankung mit entzündlichen, von Talgdrüsen ausgehenden Hautveränderungen in Form von Knötchen und Pusteln

12.2.3 Entwicklung der männlichen Geschlechtsmerkmale

Entwicklung der primären Geschlechtsmerkmale des Mannes

Ebenso wie beim weiblichen Keim findet auch beim männlichen Keim die Entwicklung der primären Geschlechtsorgane während der späten Embryonal- und Fetalperiode statt und ist bei der Geburt abgeschlossen.

Die Hoden sind im Verlauf der Entwicklung zunächst in der Bauchhöhle angesiedelt und wandern erst während der Fetalperiode (→ 12.4.3) in den Hodensack. Nicht immer ist dieser Prozess bei der Geburt abgeschlossen.

Lässt sich beim männlichen Neugeborenen noch kein Hoden im Hodensack tasten, spricht man von einem **Hodenhochstand;** ist der Hoden nur zeitweise tastbar, von einem **Pendelhoden.** Sollte dies noch sechs Monate nach der Geburt unverändert sein, ist häufig eine Therapie notwendig, da sonst durch die zu warmen Temperaturverhältnisse im Körper Unfruchtbarkeit im Erwachsenenalter die Folge sein kann. Zudem steigt durch den unbehandelten Hodenhochstand das Risiko für das Auftreten von bösartigen Hodentumoren.

Entwicklung der sekundären Geschlechtsmerkmale des Mannes

Zu den sekundären Geschlechtsmerkmalen des Mannes gehören der Bartwuchs sowie die vermehrte Körperbehaarung.

In der Pubertät setzt der Stimmbruch ein, der eine tiefere Stimmlage zur Folge hat. Auch eine Umverteilung der Körpermasse, der Aufbau von Muskulatur und die daraus hervorgehende geänderte Körperstatur gehören dazu.

Die Pubertät beginnt durch die Produktion von Geschlechtshormonen. Bis sich ein neues Gleichgewicht der Hormone eingestellt hat, leiden fast alle Jugendlichen unter Pickeln und Mitessern.

Diese durch die hormonelle Veränderung ausgelöste **Akne** (→ Abb. 10) nimmt im Lauf der

Abb. 10 Akne in der Pubertät

Pubertät zunächst zu und erreicht häufig zwischen 17 und 19 Jahren ihren Höhepunkt, um sich dann bei den meisten Betroffenen wieder zurückzubilden. Jungen sind in der Regel schwerer betroffen als Mädchen.

Die Pflege der Haut (→ 6.2.2) ist bei Akne sehr wichtig. Auch das Meiden von fettigen und öligen Kosmetika (Make-up usw.) kann den Verlauf günstig beeinflussen.

Bei 30 % der Betroffenen verläuft die Krankheit so schwerwiegend, dass eine medizinische Behandlung notwendig wird. Diese erfolgt in der Regel mit Vitamin-A-Präparaten oder, falls notwendig, mit Antibiotika oder bei Mädchen durch Hormongabe (Pille).

Die besonders schwere Form der Akne conglobata zeichnet sich durch knotige, tiefsitzende Entzündungen aus, die zumeist unter Narbenbildung abheilen.

Die **Geschlechtsreife** des Mannes wird in der Pubertät erreicht.

Die **Spermarche,** also die erste Bildung von funktionsfähigen Spermien, findet im Durchschnitt mit 13,4 Jahren statt. Zunächst sind es noch wenige Spermien. Erst im Laufe einiger Jahre bilden sich Spermienqualität und -anzahl voll aus.

12.3 Sexualität

12.3.1 Funktion der Geschlechtsorgane

Die Geschlechtsorgane dienen der sexuellen Befriedigung und der Fortpflanzung.

Funktion der männlichen Geschlechtsorgane

Die männlichen Geschlechtsorgane haben die Funktion, reife Samenzellen zu produzieren und auf die Geschlechtspartnerin zu übertragen.

- Im Hoden werden befruchtungsfähige Spermien gebildet.
- Der Nebenhoden dient als Speicherorgan, in dem die Spermien ausreifen.
- Die anschließenden Samenwege dienen dem Transport der Spermien.

Die **Spermien** reifen in den Wänden der Hodenkanälchen heran. Dieser Prozess beginnt langsam etwa im Alter von 10 bis 11 Jahren und hält bis ins hohe Lebensalter an. Er läuft kontinuierlich ab, einen Zyklus wie bei der Frau gibt es bei Männern nicht.

Im äußeren Anteil der Wand der Hodenkanälchen finden sich die Anfangsstufen der männlichen Keimzellen. Diese durchwandern die Wand des Hodenkanälchens und entwickeln sich dabei unter Hormoneinfluss zu fertigen Spermien, die dann in das Kanälchen abgegeben werden.

Die Spermien (→ Abb. 11) bestehen aus

- einem Kopf, in dem sich der Zellkern mit dem Erbmaterial befindet;
- einem Hals;
- einem Mittelstück, in dem sich Mitochondrien für die Energieversorgung befinden;
- einem geißelförmigen Schwanz für die aktive Fortbewegung.

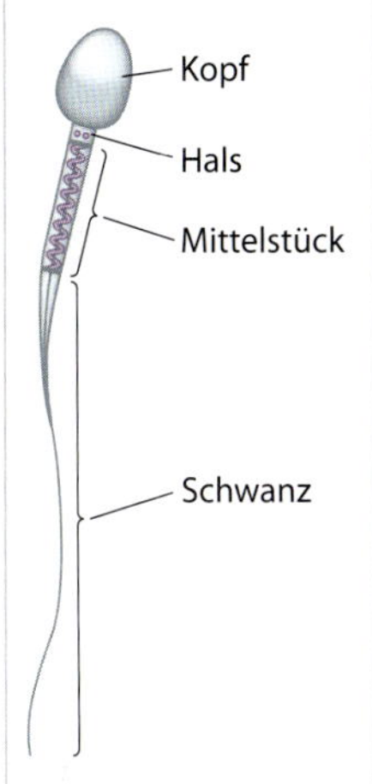

Abb. 11 Spermium

Spermarche: erste Bildung von funktionsfähigen Spermien

Sexualität: Gesamtheit der im Geschlechtstrieb begründeten Lebensäußerungen, Verhaltensweisen, Empfindungen

Funktion der weiblichen Geschlechtsorgane

Die Funktion der weiblichen Geschlechtsorgane besteht zum einen darin, befruchtungsfähige Eizellen zur Verfügung zu stellen, zum anderen darin, dem befruchteten Ei eine Möglichkeit zur Einnistung und Entwicklung zur Verfügung zu stellen.

Die Entwicklung der Eizellen findet während der gesamten fruchtbaren Zeit im Leben einer Frau in etwa vierwöchigen Zyklen statt (→ 12.1.4).

12.3.2 Geschlechtsverkehr

Der Geschlechtsverkehr ist die biologisch normale Einleitung für den Vorgang der Befruchtung. Der Fachbegriff für diesen Vorgang ist die Kohabitation.

Kohabitation: geschlechtliche Vereinigung von Frau und Mann

Geschlechtsverkehr zur Zeugung von Nachkommen? Was in früheren Zeiten wie eine Banalität geklungen haben mag, ist heute in der Zeit der Reproduktionsmedizin nicht mehr selbstverständlich.
Die Reproduktionsmedizin befasst sich mit den Grundlagen und der Kontrolle der menschlichen Zeugungsfähigkeit, um Menschen zu unterstützen, die auf natürlichem Weg kein Kind bekommen können (→ 12.3.5, → I-8.2.2).

Der **Ablauf des Geschlechtsverkehrs** lässt sich in vier fließend ineinander übergehende Phasen unterteilen: Erregungsphase, Plateauphase, Orgasmusphase und Rückbildungsphase.

Erektion:
Verlängerung und Versteifung des Penis durch vermehrte Durchblutung der Schwellkörper

Die Einleitung der **Erregungsphase** (→ Abb. 12) kann durch unterschiedliche Reize geschehen, z. B. das Aussehen, Berührungen oder Gerüche. Beim Mann kommt es zur Erektion, einer Verlängerung und Versteifung des Penis durch vermehrte Durchblutung der Schwellkörper. Diese ist Voraussetzung für die Durchführung des Geschlechtsverkehrs. Bei der Frau kommt es zu einer Erweiterung der Vagina sowie zu einem Austreten von Sekret auf der Vaginalschleimhaut, das als Gleitflüssigkeit dient. Durch die Reizung der Genitalkörperchen des Bulboklitoralorgans wird die sexuelle Erregung der Frau ausgelöst.

Abb. 12 **„Vorspiel"**

Die Erregungsphase geht fließend in die **Plateauphase** über. Die Veränderungen der Erregungsphase haben nun ihr Maximum erreicht.

Orgasmus:
Höhepunkt der sexuellen Erregung

Ejakulation:
Samenerguss

Die **Orgasmusphase beim Mann** entspricht dem Samenerguss, der Ejakulation. Sie dauert nur wenige Sekunden. Durch rhythmische, unwillkürliche Kontraktionen der Muskeln im Bereich des Penis und der Geschlechtsdrüsen wird die Samenflüssigkeit aus der Harnsamenröhre ausgestoßen. Die Mündung der Harnblase wird während dieses Vorgangs durch die Schließmuskeln abgedichtet, sodass kein Harn zur Samenflüssigkeit beigemengt wird. Der Samen wird im oberen Teil der Vagina der Frau deponiert. Von dort aus beginnen die Spermien zu wandern.

Die **Orgasmusphase der Frau** ist durch rhythmische Kontraktionen der Vaginalwand und zum Teil der Gebärmuttermuskulatur gekennzeichnet. Diese Kontraktionen haben keine ansaugende Wirkung auf die Spermien.

Abschließend folgt die **Rückbildungsphase.** Beim Mann kommt es zu einer Erschlaffung des Penis und einer Normalisierung der Durchblutung, bei der Frau zur Normalisierung der Weite der Vagina. Beim Mann ist in der Rückbildungsphase ein erneuter Orgasmus zunächst ausgeschlossen, während bei der Frau zu jedem Zeitpunkt ein erneuter Orgasmus ausgelöst werden kann.

12.3.3 Bedeutung der Sexualität

Sexualität hat im menschlichen Leben zahlreiche Funktionen. Obwohl Sexualität für das Individuum zunächst nicht überlebensnotwendig ist, ist doch der Sexualtrieb einer der Urinstinkte aller Lebewesen. Dies liegt darin begründet, dass ursprünglich, also vor den Zeiten der Reproduktionsmedizin und der Möglichkeit zur künstlichen Befruchtung, die Sexualität die einzige Möglichkeit zur **Fortpflanzung** und damit zum **Arterhalt** war.

Das Spektrum, wie Sexualität ausgelebt wird, ist sehr weit. Schon der Zeitpunkt des ersten Geschlechtsverkehrs variiert sehr stark: Vom Jugendalter bis hin zum gesamten Erwachsenenalter ist alles möglich. Es ist nicht sinnvoll, in diesem Zusammenhang von normal oder unnormal zu sprechen, da jedes Leben individuell verläuft und zahlreiche persönliche, familiäre, religiöse und kulturelle Faktoren auf diesen Prozess Einfluss nehmen.

Die meisten Menschen sind heterosexuell orientiert, fühlen sich also zu einem Partner des anderen Geschlechts hingezogen. Andere, seltener auftretende sexuelle Orientierungen sind homosexuell, bisexuell oder asexuell (→ I-3.1.3).

Sexualität dient in Beziehungen nicht nur der Fortpflanzung und dem Arterhalt. Sie stellt auch eine Form der partnerschaftlichen **Kommunikation** dar, die Beziehungen stabilisieren, ihnen aber auch die gewisse Würze geben kann. Nicht zuletzt sind **Befriedigung** und **Lustgewinn** wichtige Aspekte, die durch Sexualität und Geschlechtsverkehr erreicht werden.

Schon immer und auch noch heute sind Themen rund um die Sexualität mit einer gewissen Tabuisierung behaftet, welche vor allem im jugendlichen Alter eine wichtige Rolle spielt.

Je nachdem, in welchem sozialen, gesellschaftlichen und nicht zuletzt religiösen Umfeld eine Person aufwächst, werden Fragen zur Sexualität offen besprochen oder aber auch unbeantwortet gelassen. Fehlendes Wissen stellt für die Entwicklung junger Menschen dabei ein Risiko dar, z. B. an einer sexuell übertragenen Krankheit zu erkranken oder, für junge Frauen, ungewollt schwanger zu werden.

Jeder Mensch ist selbst dafür verantwortlich, wie er seine Sexualität lebt und gestaltet.

12.3.4 Empfängnisverhütung

Es gibt zahlreiche Methoden der Empfängnisverhütung. Sie unterscheiden sich in:

- Art der Wirkung
- Sicherheit
- Vor- und Nachteilen der Anwendung

Im Alltag sind momentan die Pille und das Kondom die am häufigsten genutzten Verhütungsmethoden. Der Fachbegriff für Verhütungsmethoden ist **Kontrazeptiva.**

Im Folgenden werden die einzelnen Gruppen der Verhütungsmethoden im Hinblick auf die oben genannten Kriterien betrachtet.

Die **Versagerrate** einer Verhütungsmethode zeigt an, wie viele Frauen im Verlauf des ersten Jahres trotz absolut korrekter Anwendung einer Verhütungsmethode schwanger werden. Diese Zahl wird auch als **Pearl Index** bezeichnet. Für den Alltag macht es auch Sinn zu betrachten, wie hoch die Versagerrate bei „typischer Anwendung", also unter der Annahme, dass im Alltag eben Fehler passieren, liegt.

Hormonelle Verhütungsmethoden

Zu den hormonellen Verhütungsmitteln zählen:

- Methoden mit Hormonkombinationen (Östrogen/Gestagen):
  - Kombipille
  - Vaginalringe
  - Verhütungspflaster
- reine Gestagenpräparate:
  - Minipille
  - Implantat („Verhütungsstäbchen", → Abb. 12)
  - Dreimonatsspritze

Hormonelle Verhütungsmethoden mit Östrogen-Gestagen-Kombinationen

Die **Kombipille** bietet, unabhängig von der Wahl des Präparates, bei perfekter Anwendung einen sehr hohen Schutz. Die Versagerrate liegt bei perfekter Anwendung bei 0,3–1%, bei typischer Anwendung bei 2,5–9%. Kombipillen werden in der Regel 21 Tage in Folge in etwa zur gleichen Tageszeit eingenommen. Daran schließt eine Einnahmepause von 7 Tagen an, in der es zur Regelblutung kommt.

Die Kombipille wirkt wie alle kombinierten Hormonpräparate zur Verhütung auf dreierlei Weise:

- Der Östrogenanteil **verhindert die Eireifung und den Eisprung** (→ 12.1.4), indem er im Gehirn durch Unterdrückung der Freisetzung von GnRH aus dem Hypothalamus die Bildung von FSH in der Hypophyse hemmt. Durch die verminderte Ausschüttung von FSH kommt es zu
  - einer Hemmung der Follikelreifung zu Beginn des Zyklus,
  - einer verminderten LH-Ausschüttung in der zweiten Zykluswoche und
  - einer Hemmung des Eisprungs in der Zyklusmitte.
- Findet keine Follikelreifung und kein Eisprung statt, kann sich auch kein Gelbkörper und damit kein körpereigenes Gelbkörperhormon (Progesteron) bilden (→ 12.1.4, → Abb. 5).
- Der Gestagenanteil (Progesteron oder chemischer Progesteronabkömmling) **verändert den Schleim im Gebärmutterhals,** sodass die Spermien nicht in die Gebärmutter aufsteigen können – ein Vorgang, der im unbeeinflussten Zyklus erst in der zweiten Hälfte stattfindet.
- Zusätzlich **verhindert** der während des ganzen Zyklus vorhandene Gestagenanteil **den Aufbau der Gebärmutterschleimhaut,** sodass sich ein befruchtetes Ei nicht einnisten kann.

Die häufigsten **Probleme** liegen in der unregelmäßigen Einnahme, sei es, dass eine einzelne Tablette vergessen wird oder das Medi-

hormonelle Verhütungsmethoden:
Kombipräparate mit einem Östrogen- und einem Gestagenanteil, z. B. Kombipille, Vaginalring, Verhütungspflaster; Gestagenpräparate, z. B. Minipille, Implantat, Dreimonatsspritze

Gestagene:
Gruppe von v. a. in Eierstöcken und Plazenta gebildeten weiblichen Sexualhormonen, z. B. Progesteron; Funktion: Entstehung und Erhaltung einer Schwangerschaft

Kombipille:
Verhütungspille; Kombination aus Östrogen und Gestagen

Kontrazeptivum:
empfängnisverhütendes Mittel

Pearl Index:
Wahrscheinlichkeit für das Zustandekommen einer Schwangerschaft trotz absolut korrekter Anwendung einer Verhütungsmethode

kament ausgeht, bevor ein neues Rezept besorgt wurde. Auch plötzliche Erkrankungen wie Magen-Darm-Infekte können die Sicherheit beeinträchtigen.

Im Vergleich zu früheren Präparaten enthalten die heute verfügbaren Pillen weniger Hormone. Dennoch können **Nebenwirkungen** bei der Einnahme auftreten. Neben unangenehmen Phänomenen wie Gewichtszunahme, Schwindel, Kopfschmerzen, Stimmungsschwankungen und sexueller Lustlosigkeit kann in seltenen Fällen auch das Auftreten von Thrombosen, Herzinfarkt oder Schlaganfall begünstigt werden.

Risikofaktoren für das Auftreten von **Komplikationen** sind z. B. Gerinnungsstörungen und Rauchen; diese sollten vor Beginn der Pilleneinnahme mit dem verordnenden Arzt besprochen werden. Zudem sollte ein Präparat mit möglichst geringem Risiko für Thrombosen gewählt werden.

Vaginalring:
lokal in der Scheide angewendete hormonelle Verhütungsmethode mit einer Kombination von Östrogen und Gestagen

Hormonstäbchen:
gestagenhaltiges Stäbchen, das unter die Haut implantiert wird; Wirkdauer 3 Jahre

Der **Vaginalring** enthält ebenfalls eine Kombination aus Östrogenen und Gestagenen. Die Hormone werden über die Vaginalschleimhaut aufgenommen.

Der Vaginalring wird am ersten Tag des Zyklus in die Vagina eingeführt und nach drei Wochen wieder entfernt. Die darauffolgende Woche bleibt ohne Ring, in der Regel tritt die Periode ein. Manche Frauen empfinden den Fremdkörper in der Vagina als störend. Für sie ist diese Methode nicht geeignet.

Beim **Verhütungspflaster** wird die Hormonkombination über die Haut aufgenommen. Nach Ablösen des Pflasters bleibt der Schutz 24 Stunden erhalten.

Bei beiden Methoden entsprechen die Nebenwirkungen und die Versagerraten denen der Kombipille.

Minipille:
Verhütungspille, die nur Gestagen enthält

Hormonelle Verhütungsmethoden mit Gestagenen

Die **Minipille** wirkt wie die anderen Gestagenpräparate auf zweierlei Weise:

- Sie verändert den Schleim im Gebärmutterhals.
- Sie verhindert den Aufbau der Schleimhaut in der Gebärmutter.

Der Eisprung wird durch reine Gestagenpräparate nicht verhindert. Die Minipille wird durchgehend eingenommen, je nach enthaltenem Gestagen ist die Einnahme zur immer gleichen Tageszeit erforderlich.

Die Versagerrate liegt je nach gewähltem Präparat bei perfekter Anwendung bei 0,3–1,5 %, bei typischer Anwendung für alle Minipillen bei 2,4–9 %.

Im Vergleich zur Kombipille hat die Minipille weniger Nebenwirkungen. Kopfschmerzen, Müdigkeit, Schwindel oder sexuelle Lustlosigkeit können aber auftreten. Die Minipille kann auch während der Stillzeit eingenommen werden.

Der Nachteil liegt bei älteren Präparaten mit dem Wirkstoff Levonorgestrel in der Notwendigkeit einer extrem disziplinierten Einnahme aufgrund des schnell abfallenden Wirkstoffspiegels. Bereits eine Abweichung von drei Stunden kann die Sicherheit beeinträchtigen. Bei neueren Präparaten mit dem Wirkstoff Desogestrel liegt das Einnahmezeitfenster bei zwölf Stunden.

Das **Hormonstäbchen** (→ Abb. 13) wird an der Innenseite des Oberarms unter die Haut implantiert. Es verhütet eine Schwangerschaft zuverlässig für drei Jahre. Neben der oben beschriebenen Wirkung wird auch der Eisprung gehemmt. Die Nebenwirkungen entsprechen denen der Minipille.

Die Versagerrate liegt bei perfekter und typischer Anwendung bei 0–0,5 %.

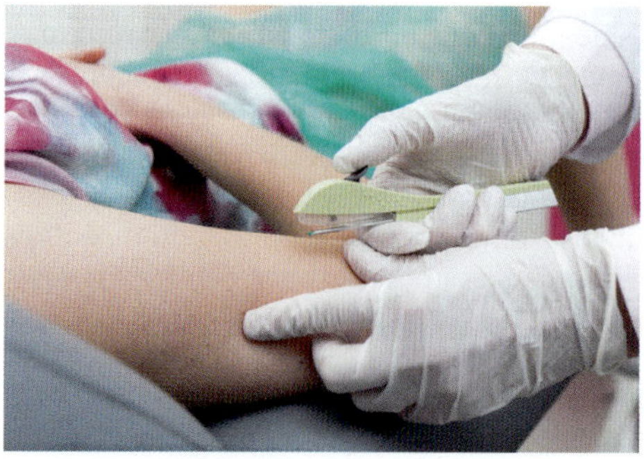

Abb. 13 Implantat „Verhütungsstäbchen"

Dreimonatsspritze:
gestagenhaltiges Medikament, das als Depot gespritzt wird; Wirkdauer 3 Monate

Die **Dreimonatsspritze** enthält ebenfalls ein Gestagen. Wirkung und Nebenwirkungen entsprechen denen des Hormonstäbchens, Nebenwirkungen treten jedoch häufiger auf.

Die Spritze muss pünktlich alle drei Monate in der Arztpraxis verabreicht werden.

Die Versagerrate liegt bei perfekter Anwendung bei 0,2–0,6 %, bei typischer Anwendung bei 6–7 %.

Die Dreimonatsspritze ist die einzige Verhütungsmethode, die nicht zu jedem beliebigen Zeitpunkt beendet werden kann. Ist das Hormondepot einmal im Körper, muss das Ende der Wirkung abgewartet werden.

Bei allen anderen Verfahren kann die Verhütung durch Beendigung der Tabletteneinnahme bzw. Entfernen des Verhütungsmittels zu jedem beliebigen Zeitpunkt beendet werden.

Pille danach

Die „Pille danach" ist eine Verhütungsmethode, die den Eisprung verhindert oder verzögert. Die aktuell verfügbaren Präparate enthalten die künstlichen Hormone Levonorgestrel (wirksam bis 72 Stunden nach Geschlechtsverkehr) und Ulipristalacetat (wirksam bis 120 Stunden nach Geschlechtsverkehr). Die „Pille danach" darf nicht mit der „Abtreibungspille" verwechselt werden.

Barrieremethoden

Im Gegensatz zu den hormonellen Verhütungsmethoden zielen Barrieremethoden darauf ab, das Eindringen der Spermien in die Gebärmutter zu verhindern.

Zu den Barrieremethoden zählen:
- Kondom
- Frauenkondom
- Diaphragma
- Verhütungskappe

Kondome und Frauenkondome sind die einzigen Verhütungsmittel, die bei korrekter Anwendung auch vor sexuell übertragbaren Krankheiten schützen.

Die Versagerrate liegt bei perfekter Anwendung bei 2 %, bei typischer Anwendung bei 6–18 %. Wichtig ist das Anwenden von Kondomen mit gesicherter Qualität.

Mit etwas Übung können Kondome einfach und sicher verwendet werden (→ Abb. 14). Sie werden nur angewendet, wenn es zum Geschlechtsverkehr kommt. Zudem erfolgt kein Eingriff in den Körper.

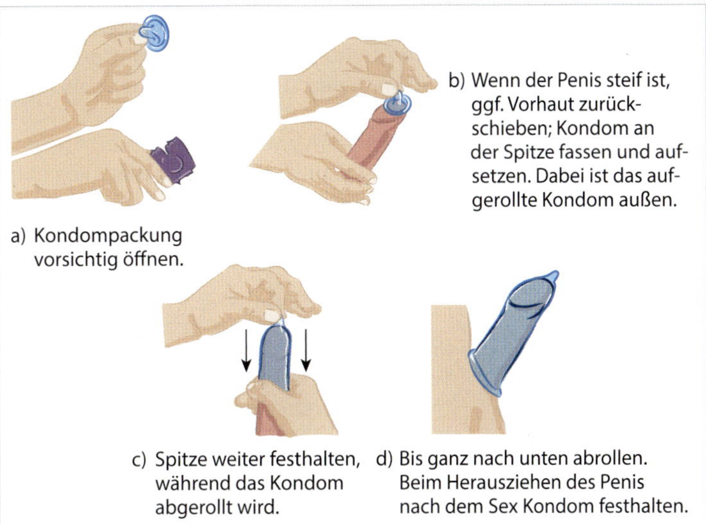

Abb. 14 Korrekte Anwendung von Kondomen

Pille danach: Methode zur Schwangerschaftsverhütung, die nach dem Geschlechtsverkehr angewendet wird; verzögert hormonell den Eisprung

I-1.5.1 Theorie des geplanten Verhaltens am Beispiel Kondombenutzung

> Es kann schwierig sein, mit einem neuen Partner über die Anwendung von Kondomen zu sprechen beziehungsweise diese auch zu fordern. Dennoch sollten Partner zu Fragen der Sicherheit beim Geschlechtsverkehr offen miteinander umgehen und sich gegenseitig respektieren.

Frauenkondome funktionieren wie Kondome für Männer. Sie werden vor dem Geschlechtsverkehr in die Scheide eingeführt.

Das **Diaphragma** ist eine Art Schutzkappe, die über den Gebärmutterhals gelegt wird. Es wird zusammen mit einem milchsäurehaltigen Verhütungsgel angewendet. Die Versagerrate liegt bei perfekter Anwendung bei 6–14 %, bei typischer Anwendung bei 12–18 %.

Diaphragma: Schutzkappe, die zur Empfängnisverhütung über den Gebärmutterhals gelegt wird

Die **Verhütungskappe** ist eine zumeist aus Silikon bestehende Kappe, die über den Gebärmutterhals gelegt wird. Sie funktioniert ähnlich wie ein Diaphragma und wird ebenfalls zusammen mit einem Verhütungsgel angewendet.

Spirale

Kupfer- und **Hormonspiralen** werden in die Gebärmutter eingesetzt, wirken dort lokal und bieten eine sehr sichere Form der Verhü-

Spirale: Verhütungsmittel, das in die Gebärmutter eingesetzt wird und durch Schleimhautveränderung eine Schwangerschaft verhindert tung. Durch Freisetzung von Kupfer bzw. Hormonen wird lokal die Gebärmutterschleimhaut verändert und dadurch eine Schwangerschaft verhindert.

Kupferspiralen können verstärkte Regelblutungen auslösen, Hormonspiralen können, wenn auch selten, hormonbedingte Nebenwirkungen wie z. B. Stimmungsschwankungen auslösen.

Die Sicherheit von Kupferspiralen liegt bei perfekter und typischer Anwendung bei 0,4–1,5 %, bei Hormonspiralen bei 0–0,5 %.

Weitere Verhütungsmethoden

Chemische Verhütungsmethoden, z. B. die bereits erwähnten Vaginalcremes zur Hemmung oder Abtötung der Spermien, stellen bei alleiniger Anwendung keine geeignete Methode zur Schwangerschaftsverhütung dar. In Kombination mit Barrieremethoden haben sie eine Bedeutung.

Sterilisation: Durchtrennung der Samenleiter beim Mann oder der Eileiter bei der Frau

Bei der **Sterilisation** werden die Samenleiter beim Mann bzw. die Eileiter bei der Frau durchtrennt. Der Eingriff führt bei beiden Geschlechtern zur dauerhaften Unfruchtbarkeit und will daher gut überlegt sein.

natürliche Methoden der Familienplanung: NFP; Verzicht auf Hormongabe und Barrieren, Erkennen der fruchtbaren Tage durch Beobachtung

Bei den **natürlichen Methoden der Familienplanung (NFP)** wird auf Hormongaben und den Aufbau von Barrieren verzichtet. Die Frau versucht, möglichst genau die fruchtbaren und unfruchtbaren Phasen im Zyklus zu erkennen.

Endometriose: Wucherung von Gewebe der Gebärmutterschleimhaut außerhalb der Gebärmutter

Die symptothermale Methode beruht auf der Beobachtung

- der Körpertemperatur beim Aufwachen und
- der Beschaffenheit des Zervixschleims.

Zervixschleim: Schleimpfropf im Gebärmutterhals

Körpertemperatur und Zervixschleim ändern sich unter Progesteroneinfluss (→ 12.1.4). Ziel ist es, die fruchtbare Phase des Körpers zu erkennen, um eine Schwangerschaft zu verhindern.

Zahlen zur Versagerrate existieren zu dieser Methode nur von ausführlich geschulten Frauen, die die Methode absolut diszipliniert anwenden. Bei diesen liegt die Versagerrate bei perfekter Anwendung bei 0,4 %, bei typischer Anwendung bei 1,8–2,6 %. Außerhalb dieser Testgruppe ist von hohen Versagerraten durch fehlerhafte Anwendung auszugehen.

I-8.2.2 Medizinische Machbarkeit und ethische Grenzen: Grenzfragen bei der Entstehung von Leben

Ungeeignete Verhütungsmethoden

Methoden wie der **Koitus interruptus,** das Zurückziehen des Penis aus der Vagina kurz vor der Ejakulation, sowie die **Berechnung der fruchtbaren Tage** anhand von Kalendern sind für die Verhütung ungewollter Schwangerschaften ungeeignet.

12.3.5 Kinderwunsch

Je nach Alter liegt die Chance für eine Frau, während eines Zyklus mit regelmäßigem Geschlechtsverkehr schwanger zu werden bei 10–30 %. Die Wahrscheinlichkeit sinkt mit zunehmendem Alter. Mit 22–23 Jahren liegt die Chance bei 25 %, mit 35 Jahren bei 16 % und mit 45 Jahren bei unter 1 % (Martius u. a. 1999).

Ungewollte Kinderlosigkeit kann Paare schwer belasten. **Körperliche Ursachen** dafür können sein:

- bei der Frau:
  - Funktionsstörungen der Eierstöcke
  - hormonelle Störungen
  - Verwachsungen
  - Endometriose
  - unbehandelte Infektionen (→ 8.5.5)
  - hochgradige Adipositas (→ 4.4.3)
  - zunehmendes Lebensalter
- beim Mann:
  - Störung der Hodenfunktion
  - verschlossene Samenleiter
  - unbehandelte Infektionen
  - immunologische Ursachen

Bei wenigen Paaren kommen ausschließlich **psychische Faktoren** als Ursache der Kinderlosigkeit infrage:

- extreme Stressbelastung
- Essstörungen (→ 5.15)
- sexuelle Störungen

Auch eine Kombination verschiedener Faktoren ist möglich. Bei manchen Paaren wird trotz eingehender Diagnostik keine ursächliche Störung gefunden.

Ob und wann sich ein Paar wegen ungewollter Kinderlosigkeit in **fortpflanzungsmedizinische** oder auch **naturheilkundliche Behandlung** begibt, kann nur von den Betroffenen individuell entschieden werden.

Folgende Methoden werden angewendet:
- hormonelle Stimulation
- Insemination
- In-vitro-Fertilisation (IVF, → I-8.2.2)
- naturheilkundliche Methoden; diese zielen in der Regel darauf ab, das verloren gegangene Gleichgewicht zwischen Körper, Geist und Seele wiederherzustellen, um damit die Fruchtbarkeit zu verbessern

„Bis später, Baby!"
Unter diesem Titel beleuchtet eine Autorin der Ärztezeitung den Trend zu „Social Freezing", dem vorsorglichen Einfrieren unbefruchteter Eizellen, um später im Leben eine Schwangerschaft zu ermöglichen. Bei diesem Verfahren wird ein Reifen der Eizellen zunächst hormonell stimuliert, im Anschluss werden die gereiften Eizellen entnommen und bei –196 °C eingefroren, um bei einem Schwangerschaftswunsch wieder aufgetaut zu werden. Studien zeigen, dass mit diesem Verfahren in 40 % der Fälle die Geburt eines Kindes erreicht wird (Ärzte Zeitung online 2017). Wie das Verfahren ethisch zu werten ist, ist umstritten. Von den einen wird es als großer Schritt zur Unabhängigkeit der Frauen gefeiert, von den anderen als Tabubruch und unvertretbar abgelehnt.

Diskutieren Sie Argumente für und gegen „Social Freezing".

Die Methode, Eizellen durch **Kryokonservierung** haltbar zu machen, wurde bereits ab 1980 entwickelt. Das erste Baby aus einer gefrorenen Eizelle kam 1984 zur Welt. Ursprünglich wurde die Methode entwickelt, um Frauen, die beispielsweise eine fruchtbarkeitsschädigende Chemo- oder Strahlentherapie erhielten, eine anschließende Schwangerschaft zu ermöglichen (→ 12.10.2). In den letzten Jahren steigt die Nachfrage nach diesem Verfahren auch bei gesunden Frauen, um den Zeitpunkt der Familiengründung flexibler wählen zu können.

Technisch ist das Herbeiführen einer Schwangerschaft auf diesem Weg heute relativ gut möglich, jedoch wirft das Verfahren eine Reihe von ethischen Fragen auf, die nicht eindeutig zu beantworten sind.

12.3.6 Schwangerschaftsabbruch

Unter einem Schwangerschaftsabbruch versteht man das vorzeitige Beenden einer Schwangerschaft.

Die gesetzlichen Regelungen zum Schwangerschaftsabbruch finden sich im § 218 des Strafgesetzbuchs. Demnach ist ein Schwangerschaftsabbruch grundsätzlich rechtswidrig, bleibt jedoch aufgrund der Beratungsregelung (→ I-8.2.2) unter bestimmten Bedingungen straffrei. Ein Schwangerschaftsabbruch aufgrund einer medizinischen oder kriminologischen Indikation ist nicht rechtswidrig.

Eine **medizinische Indikation** zum Schwangerschaftsabbruch besteht, wenn die Schwangerschaft eine schwere Gefahr für das Leben, die körperliche oder seelische Gesundheit der Frau darstellt oder mit einer erheblichen gesundheitlichen Schädigung des Kindes zu rechnen ist. Die medizinische Indikation muss von einem Arzt gestellt werden, ein Schwangerschaftsabbruch ist auch nach der zwölften Woche möglich.

Eine **kriminologische Indikation** besteht, wenn der dringende Verdacht besteht, dass die Schwangerschaft durch eine Vergewaltigung oder durch sexuellen Missbrauch entstanden ist. Eine Beratung ist möglich, aber nicht verpflichtend. Ein Schwangerschaftsabbruch ist bis zur zwölften Woche möglich.

Erlanger Baby 1992
1992 wurde eine schwangere 18-Jährige bei einem Autounfall so schwer verletzt, dass der Hirntod festgestellt wurde. Da der Fötus bei dem Unfall unverletzt blieb, wurde der Körper der Frau 40 Tage durch intensivmedizinische Maßnahmen am Leben erhalten, um das Kind zu retten. Trotz aller Bemühungen kam es nach 40 Tagen zum Abort in der 19. Schwangerschaftswoche. Der Fall löste zahlreiche Diskussionen über das rechtliche und ethische Vorgehen in dieser Grenzsituation aus.

Insemination: Einbringen der besten Spermien in die Gebärmutter der Frau

In-vitro-Fertilisation: IVF; Befruchtung außerhalb des Körpers und Einbringen der befruchteten Eizelle in die Gebärmutter

I-8.2.2 Medizinische Machbarkeit und ethische Grenzen: Grenzfragen bei der Entstehung von Leben; Schwangerschaftsabbruch

Social Freezing: vorsorgliches Einfrieren von unbefruchteten Eizellen ohne medizinischen Grund, um eine spätere Schwangerschaft zu ermöglichen

Kryokonservierung: Aufbewahren von Zellen oder Gewebe durch Einfrieren in flüssigem Stickstoff

Informieren Sie sich über den Fall des „Erlanger Babys". Diskutieren Sie das damalige Vorgehen:
a) Welche Faktoren können die Entscheidung beeinflusst haben?
b) Wie stehen Sie persönlich dazu?

Ein Schwangerschaftsabbruch kann in Deutschland entweder mit der sogenannten Abtreibungspille oder operativ erfolgen.

sexuell übertragbare Krankheiten:
STD (sexually transmitted diseases); Infektionskrankheiten, die ausschließlich oder überwiegend durch Geschlechtsverkehr übertragen werden

Die **Abtreibungspille** enthält das künstlich hergestellte Hormon Mifepriston. Dieses wirkt als Gegenspieler zum schwangerschaftserhaltenden Progesteron und hebt dessen Wirkung auf. Der Embryo löst sich ab und stirbt innerhalb von 36 bis 48 Stunden.

Abb. 15 Ab zum Arzt!

Nach dieser Zeit wird Prostaglandin verabreicht, das dazu führt, dass sich der Muttermund öffnet und der abgestorbene Embryo ausgestoßen wird.

Wenn diese Methode nicht angewendet werden kann oder nicht funktioniert hat, erfolgt der Schwangerschaftsabbruch **operativ** mittels Ausschabung oder Absaugung.

12.3.7 Schutz vor sexuell übertragbaren Krankheiten

Unter sexuell übertragbaren Erkrankungen versteht man Infektionskrankheiten, die ausschließlich oder überwiegend durch Geschlechtsverkehr übertragen werden. Diese können durch Viren, Bakterien, Pilze oder Parasiten verursacht sein (→ 8.5.2).

Sexuell übertragbare Krankheiten (→ Abb. 15) sind nicht selten. 2020 wurden bundesweit 7374 Fälle von Syphilis gemeldet, was dieser Erkrankung immerhin den siebten Platz auf der Liste der meldepflichtigen Erkrankungen einbrachte (Robert Koch-Institut 2020).

Häufige sexuell übertragbare Erkrankungen sind:

- bakterielle Infektionskrankheiten: z. B. Syphilis (Erreger: Treponema pallidum), Chlamydieninfektion (Chlamydia trachomatis) (→ I-9.2.5), Gonorrhoe (Gonokokken)
- Virusinfektionskrankheiten: z. B. Aids (HIV) (→ 8.7), Genitalwarzen (humane Papillomaviren) (→ 8.5.2), Herpes genitalis, Hepatitis B (Hep-B-Virus), Mpox (früher Affenpocken)
- durch Parasiten verursachte Krankheiten: Trichomoniasis (Trichomonas urogenitalis), Filzläuse, Krätze (= Scabies, Krätzmilben)
- Pilzinfektionen: Hautkrankheiten (Hefepilze)

Da es sich um Infektionskrankheiten handelt, können diese durch ungeschützten Geschlechtsverkehr auf den Partner übertragen werden (→ 8.5.3, Tab. 3). Besteht der Verdacht auf eine entsprechende Erkrankung, ist eine ärztliche Untersuchung und Behandlung erforderlich, auch wenn der Gang zum Arzt in diesem Fall manchmal als peinlich empfunden wird.

Eine stabile Partnerschaft ohne wechselnde Sexualpartner ist mit Sicherheit der beste

Schutz vor sexuell übertragbaren Krankheiten.

Bei Sexualkontakten, bei denen nicht sicher ist, ob eventuell eine Infektion bei einem Partner vorliegen könnte, bieten Kondome für Mann oder Frau den einzigen weitgehend sicheren Schutz. Grundsätzlich sollten riskante Sexualkontakte vermieden werden. Gegen zahlreiche humane Papillomaviren kann inzwischen geimpft werden.

Die Impfung gegen humane Papillomaviren (HPV) zum Schutz vor Gebärmutterhalskrebs und Genitalwarzen ist inzwischen für Mädchen und Jungen im Alter von 9 bis 14 Jahren, idealerweise vor dem ersten Geschlechtsverkehr, empfohlen (→ I-9.2.5).

12.4 Menschliche Entwicklung bis zur Geburt

12.4.1 Befruchtung

Unter Befruchtung versteht man die Vereinigung der männlichen und weiblichen Keimzelle (→ 1.2.3). Die Befruchtung findet im trichterförmig erweiterten freien Anteil des Eileiters statt (→ Abb. 16).

Die Eizelle wird in der Regel 12 bis 24 Stunden nach dem Eisprung befruchtet. Die Spermien nähern sich der Eizelle durch den Eileiter. Sobald ein Spermium in die Eizelle eingedrungen ist, verändert die Eizelle ihre Oberfläche, sodass keine weiteren Spermien eindringen können.

Nun kommt es durch die Verschmelzung der Zellkernvorstufen von Eizelle und Spermium zur Ausbildung der befruchteten Eizelle, der **Zygote.**

12.4.2 Embryonalentwicklung (1.–8. Woche)

Während der Wanderung der Zygote durch den Eileiter Richtung Gebärmutter erfolgt eine Reihe von Zellteilungen (→ Abb. 15). Nach mehreren Zellteilungen bildet sich etwa am

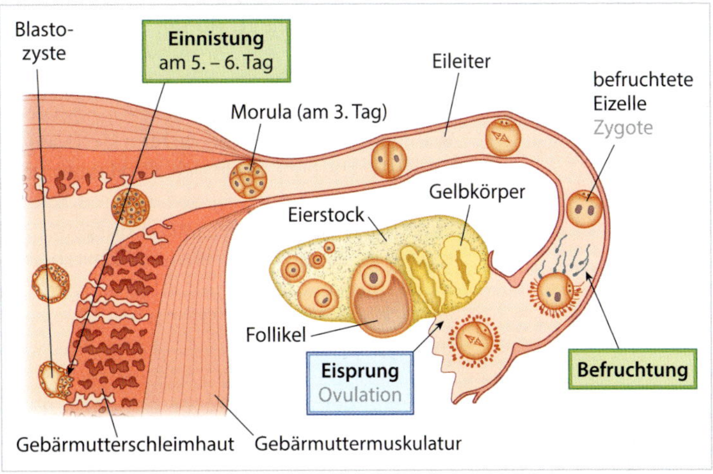

Abb. 16 Befruchtung und Einnistung

dritten Tag eine maulbeerförmige Kugel, die **Morula.** Am vierten Tag nach der Befruchtung bildet sich in der Morula ein Hohlraum. Dieser wird nun als **Blastozyste** bezeichnet. Die Blastozyste nistet sich am fünften bis sechsten Tag nach der Befruchtung in der Gebärmutterschleimhaut ein. Zu diesem Zeitpunkt beginnt auch die Produktion des **Schwangerschaftshormons β-hCG** im Keim. β-hCG sorgt für weitere Ausschüttung von Östrogenen und Gestagenen aus dem Gelbkörper im Eierstock. Diese sind erforderlich, damit die Schwangerschaft erhalten bleibt.

Bin ich schwanger?
Um eine Schwangerschaft festzustellen, werden zunächst üblicherweise Schwangerschaftstests angewendet, die es in der Apotheke oder Drogerie zu kaufen gibt. Der Schwangerschaftstest (→ 8.2.4) beruht auf dem Nachweis des Schwangerschaftshormons β-hCG im Urin. β-hCG wird von einem Teil der Plazenta produziert und ist im Blut bereits 6 bis 8 Tage nach der Befruchtung nachweisbar, im Urin erst kurz nach dem Ausbleiben der erwarteten Periode.

Während der weiteren Embryonalentwicklung bildet sich durch zahlreiche Wachstums- und Umwandlungsprozesse der **Embryo** in seiner Fruchtblase mit Nabelschnur und Plazenta heraus. In den ersten Wochen werden

Morula:
maulbeerförmige Zellformation, die sich aus der Zygote bildet

Blastozyste:
Weiterentwicklung der Morula mit Hohlraumbildung

β-hCG:
Beta-humanes Choriongonadotropin; Schwangerschaftshormon

Befruchtung:
Vereinigung von männlicher und weiblicher Keimzelle

Zygote:
diploide Zelle, die durch Verschmelzen von männlicher und weiblicher Keimzelle entsteht; aus ihr entsteht ein Lebewesen

Embryo:
Lebewesen (hier Mensch) in der Frühphase der Entwicklung

Plazenta:
Organ innerhalb der Gebärmutter zur Versorgung des Ungeborenen; wird nach Geburt des Kindes ausgestoßen

alle Organe angelegt. Ab der dritten Woche besteht bereits ein primitives Herz-Kreislauf-System.

Informationen zur Verträglichkeit von Arzneimitteln in der Schwangerschaft: *www.embryotox.de*

Während der vierten bis achten Schwangerschaftswoche entwickeln sich alle Hauptorgane und Systeme (→ Abb. 16), sodass diese Zeit die kritischste Periode in der Entwicklung ist. Störungen in dieser Phase, z. B. durch Krankheiten, Medikamente oder Suchtmittel, können die Entwicklung des Embryos nachhaltig beeinträchtigen.

Fetus: menschlicher Embryo ab der 9. Schwangerschaftswoche

Surfactant: oberflächenaktive Substanz in der Lunge, die gewährleistet, dass die Lungenbläschen bei der Atmung nicht kollabieren

Am Ende der achten Woche hat der Embryo eindeutig menschliche Merkmale. Kopf, Gesicht, Arme und Beine sind ausgebildet, Finger und Zehen zeichnen sich ab. Das Nervensystem und die Sinnesorgane sind in ihrer Grundstruktur angelegt. Auch die Geschlechtsmerkmale beginnen sich auszubilden, sind jedoch in dieser Phase noch nicht genau zu erkennen. Nun beginnt ab der neunten Woche die Fetalperiode.

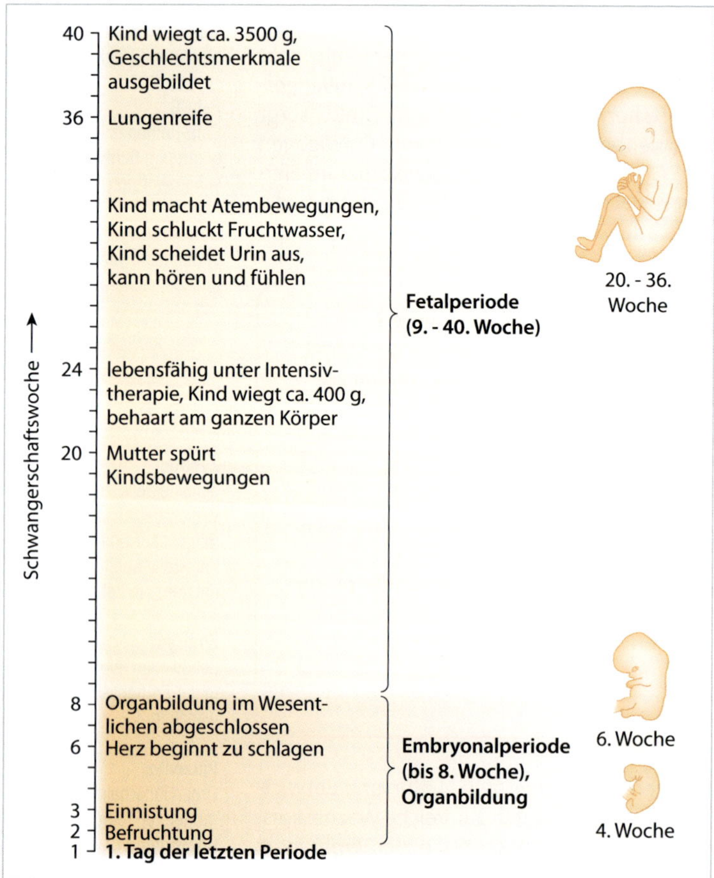

Abb. 17 Entwicklung des ungeborenen Kindes

12.4.3 Fetalperiode (9.–38. Woche)

Während des Fetalstadiums finden das Körperwachstum sowie die Entwicklung und Ausbildung der bereits angelegten Organe statt (→ Abb. 17).

In der neunten bis zwölften Woche kommt es zu einem starken Längenwachstum, sodass sich die Scheitel-Steiß-Länge innerhalb dieser Periode mehr als verdoppelt. Die Knochen beginnen auszuhärten, die Bauchdecke um die Nabelschnur verschließt sich und die Geschlechtsorgane bilden sich aus. Auch die Bildung von Urin beginnt in dieser Zeit. Das Ende der zwölften Schwangerschaftswoche markiert den Zeitpunkt, bis zu dem in der Regel Schwangerschaftsabbrüche vorgenommen werden (→ 12.3.6).

In der 13. bis 16. Woche wächst der Fetus weiter, die Körperproportionen ändern sich, der Körper wächst im Vergleich zum Kopf schneller. Die Verknöcherung des Skeletts läuft nun sehr schnell ab.

In der 17. bis 20. Woche verlangsamt sich das Wachstum, der Fetus hat nun seine endgültigen Proportionen erreicht. Der Körper des Fetus ist in der 20. Woche komplett mit weichem Flaumhaar (Lanugohaar) bedeckt. Etwa um die 20. Woche beginnt die Mutter die Bewegungen des Kindes zu spüren.

Von der 21. bis 25. Woche kommt es zu einer deutlichen Gewichtszunahme. Um die 24. Woche beginnt die Ausreifung der Lungenbläschen. An deren Oberfläche wird eine Substanz produziert, die die Ausdehnung der Lungenbläschen unterstützt. Ab dieser Phase ist ein Frühgeborenes unter intensivmedizinischen Bedingungen lebensfähig. Ist die Lunge noch zu unreif, kann es auch unter maximaler Therapie nicht überleben.

In der 26. bis 29. Woche ist die Lunge bei den meisten Feten so weit entwickelt, dass sie im Fall einer Frühgeburt unter Therapie überleben können. In dieser Phase öffnen sich die Augen.

In der 30. bis 34. Woche endet die Lungenreife. Die innere Oberfläche der Lunge ist von Surfactant überzogen, einer Substanz, die von den Lungenzellen gebildet wird. Der Surfactant setzt die Oberflächenspannung herab und sorgt dafür, dass die Lungenbläschen entfaltet bleiben und nicht bei der Ausatmung kollabieren. Die Haut ist rosa und glatt. Der Fetus ist ab der 32. Woche im Fall einer Frühgeburt in aller Regel überlebensfähig.

Die Endphase der Fetalentwicklung von der 35. bis 38. Woche endet mit der Geburt. Diese findet ca. 266 Tage (etwa 38 Wochen) nach der Befruchtung statt.

12.5 Schwangerschaft, Geburt und Wochenbett

12.5.1 Veränderungen im mütterlichen Organismus

Der weibliche Organismus ist imstande, sich zu verändern, um Schwangerschaft und Geburt zu ermöglichen. Diese Vorgänge sind natürlich und nicht krankhaft. Nach der Geburt des Kindes bilden sich die Veränderungen zurück.

Die Veränderungen werden durch Hormone (→ 12.4.2) ausgelöst, die schon wenige Tage nach der Befruchtung vom sich einnistenden Keim in das mütterliche Blut abgegeben werden. Das Kind verursacht also die Veränderungen im mütterlichen Körper, damit dieser auf die kommenden Anforderungen im Laufe der Schwangerschaft vorbereitet ist.

Frühe Veränderungen in der Schwangerschaft sind ein Spannen der Brüste sowie eine dunkle Verfärbung der Genitalschleimhäute. Diese können auftreten, müssen aber nicht. Sie gelten als unsichere Schwangerschaftszeichen.

Die wichtigsten Veränderungen finden in folgenden Organsystemen der Mutter statt:

- Herz-Kreislauf-System und Blutbildung
- Lunge
- Nieren und ableitende Harnwege
- hormonbildende Systeme
- Haut
- Geschlechtsorgane:
  - Brust
  - Vulva und Vagina
  - Gebärmutter

Durch hormonelle Veränderungen steigert sich die **Herztätigkeit** und damit das Herzminutenvolumen (→ 10.2.2) um bis zu 50 %.

Das **Blutvolumen** vermehrt sich im Lauf der Schwangerschaft um 30 bis 40 %. Der **Blutdruck** (→ 10.2.4) sinkt im zweiten Trimenon etwas ab. Diese Veränderungen dienen dazu, den Kreislauf zum Kind zu entwickeln und die Versorgung mit Nährstoffen und Sauerstoff sicherzustellen.

Trimenon: Drittel der Schwangerschaft

Um den Mehrbedarf an Sauerstoff zu decken, steigert sich das **Atemzugvolumen der Lunge** (→ 9.2.1) um bis zu 40 %.

Atemzugvolumen: AZV; Luftmenge, die pro Atemzug ein- und wieder ausgeatmet wird

Durch die höhere Blutmenge besteht auch in der **Niere** ein erhöhter Blutdurchfluss. Das Nierenbecken und die Harnleiter erweitern sich und der Urin fließt langsamer ab.

Die **hormonproduzierenden Organe** Hypophyse, Schilddrüse und Nebennieren passen sich dem Bedarf an. Die Eierstöcke gehen während der Schwangerschaft in einen Ruhezustand über. Eine besondere Bedeutung hat die Veränderung der Insulinempfindlichkeit des mütterlichen Organismus. Kommt es hier zu Störungen, entsteht ein Schwangerschaftsdiabetes (→ 12.5.2).

An der **Haut** kann es zu Pigmenteinlagerungen, Veränderungen der Blutgefäße und Dehnungsstreifen (Striae, → Abb. 18) kommen.

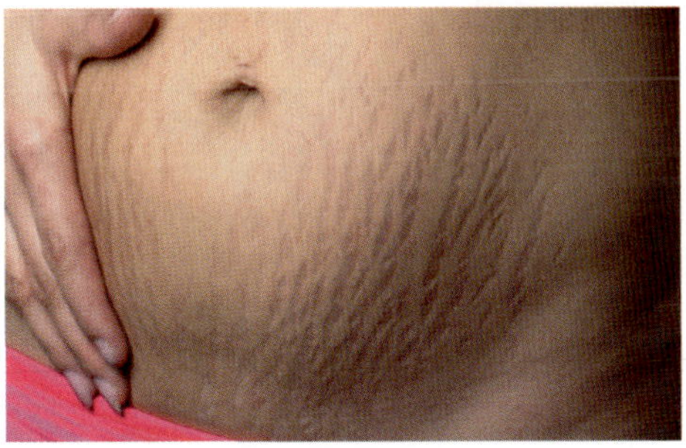

Abb. 18 Dehnungsstreifen der Haut

Die **mütterliche Brust** nimmt im ersten Trimenon deutlich an Volumen zu, da neue Drüsenanteile gebildet werden. Im zweiten Trimenon vermehrt sich die Durchblutung und die Milchbildung beginnt. Im dritten Trimenon ist bereits Vormilch in den Milchdrüsen vorhanden.

Das Gewebe von **Vulva** und **Vagina** lockert bereits früh in der Schwangerschaft auf. Die vermehrte Durchblutung bedingt die dunklere Verfärbung der Schleimhäute. Die Muskel-

Herzminutenvolumen: Blutvolumen, das pro Minute vom Herzen in den Kreislauf gepumpt wird masse der **Gebärmutter** ist von den Veränderungen besonders betroffen. Sie nimmt bis zum Ende der Schwangerschaft auf 1000 bis 1500 g zu. Dies ist eine Vermehrung um den Faktor 30 bis 60. Die Durchblutung nimmt um den Faktor 100 auf ca. 500 ml pro Minute zu.

Die Gewichtszunahme während der Schwangerschaft liegt normalerweise etwa zwischen 11 und 13 kg.

Zur Versorgung des heranwachsenden Kindes entwickelt sich in der Gebärmutter die **Plazenta** (→ Abb. 19). Die Plazenta sichert Blutversorgung, Stoffwechsel, Gasaustausch und hormonelle Prozesse während der Entwicklung des Kindes. Sie besteht aus einem mütterlichen und einem kindlichen Anteil. In dem zentralen Hohlraum kommt das mütterliche Blut in Kontakt mit den Chorionzotten, in denen das kindliche Blut fließt. An dieser Oberfläche finden alle notwendigen Austauschprozesse statt.

Chorionzotten: fingerförmige Ausstülpungen der Zottenhaut (Chorion) der Plazenta; vergrößern die Kontaktoberfläche mit dem mütterlichen Blut

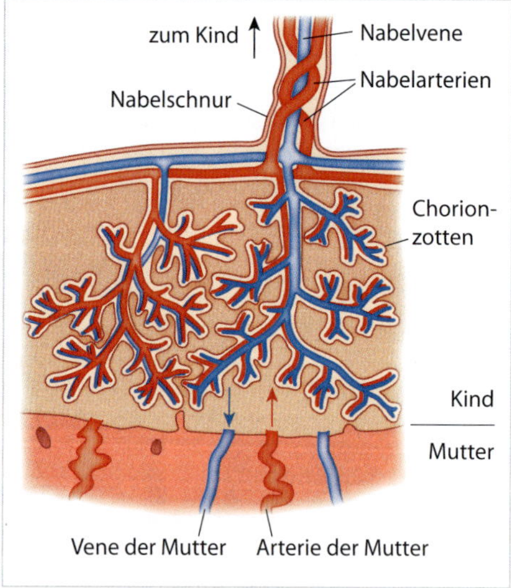

Abb. 19 Plazenta

8.1.4 Rhesusunverträglichkeit

12.5.2 Schwangerschaftsvorsorge

Vorsorgeuntersuchungen

Vorsorgeuntersuchungen während der Schwangerschaft werden gemäß den geltenden Richtlinien des Gemeinsamen Bundesausschusses über die ärztliche Betreuung während der Schwangerschaft und nach der Entbindung („Mutterschafts-Richtlinien") durchgeführt (Gemeinsamer Bundesausschuss 2016). Die Ergebnisse der Untersuchungen werden im Mutterpass (→ Abb. 20) dokumentiert. Viele Frauen nehmen auch schon früh während der Schwangerschaft Kontakt zu einer Hebamme auf.

Abb. 20 Mutterpass

Die Vorsorgeuntersuchungen umfassen:
- Beratung der Schwangeren über Lebensführung und empfohlene Impfungen
- Beratung zur Einnahme von empfohlenen Nahrungsergänzungsmitteln, vor allem Folsäure zur Vermeidung von Neuralrohrdefekten und Iod zur Vermeidung von Schilddrüsenstörungen beim Kind
- Untersuchungen alle vier Wochen mit Kontrolle von Gebärmutter, Herztönen und Lage des Kindes, bei Bedarf häufiger
- Kontrolle von Gewicht, Blutdruck, Urin und Hämoglobin
- serologische Untersuchungen auf Infektionskrankheiten (HIV, Röteln, Syphilis, Hepatitis B und weitere bei Verdacht)
- 3 Ultraschall-Screeninguntersuchungen
- Screening auf Schwangerschaftsdiabetes
- Bestimmung von Blutgruppe und Rhesusfaktor

Weitere Untersuchungen können bei Verdacht auf andere Erkrankungen oder Auftreten von Komplikationen erforderlich werden.

Gestose: schwangerschaftsbedingte Erkrankung

Gemeinsamer Bundesausschuss: *www.g-ba.de/richtlinien/19/*

Schwangerschaftskomplikationen

Während jeder Phase der Schwangerschaft können Schwangerschaftskomplikationen auftreten – je nach Grunderkrankungen der Mutter abhängig oder unabhängig von diesen. Krankheiten, die nur während der Schwangerschaft auftreten und keine andere Ursache haben, bezeichnet man als **Gestosen.**

Im Folgenden werden exemplarisch drei häufige Schwangerschaftskomplikationen besprochen.

Vor allem im ersten Trimenon der Schwangerschaft leiden 20 bis 35 % der Frauen an Übelkeit und Erbrechen. Bei 1 bis 2 % steigert sich dieses zu einem unstillbaren Erbrechen. Dieses wird als **pathologisches Schwangerschaftserbrechen (Hyperemesis gravidarum)** bezeichnet. Es wird auf hormonelle und psychologische Faktoren zurückgeführt. Je nach Ausprägung des Erbrechens kann eine stationäre Krankenhausbehandlung erforderlich werden.

Unter dem **Schwangerschaftsdiabetes** oder **Gestationsdiabetes** versteht man eine Kohlenhydratstoffwechselstörung, die im Verlauf der Schwangerschaft auftritt (→ 4.6.1). Da sie selten Symptome verursacht, erfolgt eine Screeninguntersuchung im zweiten Trimenon. Bleibt die Störung unbehandelt, kann es zu einem hohen Geburtsgewicht des Kindes kommen. Die Kinder haben ein erhöhtes Risiko, im Lauf des Lebens eine Adipositas oder einen Diabetes zu entwickeln. Die Therapie erfolgt diätetisch und, falls das nicht ausreicht, durch Gabe von Insulin.

Ein Bluthochdruck in der Schwangerschaft kann Teil von verschiedenen **hypertensiven Schwangerschaftserkrankungen** sein. Wenn gleichzeitig eine Eiweißausscheidung im Urin und Wasseransammlungen im Gewebe nachzuweisen sind, spricht man von einer **Präeklampsie** oder umgangssprachlich auch von einer „Schwangerschaftsvergiftung“. Ein stark erhöhter Blutdruck ist gefährlich für Mutter und Kind. Treten zusätzlich Krampfanfälle auf, spricht man von einer **Eklampsie.** Die Behandlung erfolgt mit blutdrucksenkenden Medikamenten, hochdosiertem Magnesium und intensivmedizinischer Überwachung. In schweren Fällen wird die Geburt eingeleitet.

12.5.3 Pränataldiagnostik

Unter Pränataldiagnostik versteht man Untersuchungen, die vor der Geburt durchgeführt werden.

Mit diesen Untersuchungen kann zum einen festgestellt werden, ob die Schwangerschaft intakt ist, zum anderen kann eine begrenzte Anzahl von Erkrankungen und Behinderungen bereits vor der Geburt diagnostiziert werden.

Gründe für die Durchführung einer Pränataldiagnostik können sein:
- Risikoschwangerschaft, z. B. höheres Alter der Mutter
- Erbkrankheiten in der Familie
- bereits ein Kind mit genetischem Defekt oder angeborener Stoffwechselkrankheit in der Familie
- Wunsch der Mutter oder der Eltern

Abb. 21 Sorge um die Gesundheit des Kindes

Zu den **Methoden der Pränataldiagnostik** gehören:
- Ultraschalluntersuchungen
- humangenetische Beratung
- Chorionzottenbiopsie
- Amniozentese
- einige spezielle Blutuntersuchungen (z. B. der sog. Ersttrimestertest)
- weitere Untersuchungen (z. B. Nackentransparenzmessung (→ 12.9.8), Blutentnahme aus der Nabelschnur u. a.)

Vor der Durchführung einer Pränataldiagnostik sollten sich die werdenden Eltern Gedanken darüber machen, welche **Konsequenzen** das mögliche Ergebnis der Untersuchung für sie haben wird. Dabei sind u. a. folgende Fragen zu erörtern:
- Was bedeutet für die Eltern „gesund“ und „krank“?
- Für wie belastbar halten sie sich?
- Wie stehen sie dazu, ein krankes oder behindertes Kind zur Welt zu bringen?
- Wie viel Risiko geht man für die Untersuchung ein? Das Fehlgeburtsrisiko von Fruchtwasseruntersuchungen und Chorionzottenbiopsien liegt bei 0,3 bis 1 %.
- Sind sie grundsätzlich bereit, sich auch mit einem späteren Schwangerschaftsabbruch auseinanderzusetzen?

Die Ergebnisse der Untersuchungen geben Auskunft über die Wahrscheinlichkeit, mit der ein gesundes Kind zu erwarten ist.

I-8.2.2 Ethische Aspekte der Pränataldiagnostik

Schwangerschaftsdiabetes: Gestationsdiabetes, Diabetes Typ 4; erstmals in der Schwangerschaft auftretende Glukosetoleranzstörung

Chorionzottenbiopsie: Entnahme einer Gewebeprobe aus der Plazenta mittels Punktion

Amniozentese: Fruchtwasseruntersuchung

Präeklampsie: Schwangerschaftsvergiftung; Schwangerschaftserkrankung mit Bluthochdruck, Eiweißausscheidung im Urin und Wassereinlagerung im Gewebe (Ödeme)

Eklampsie: akute Komplikation der schweren Präeklampsie mit Krampfanfällen

Pränataldiagnostik: PND; „vorgeburtliche Diagnostik“, Gesamtheit aller zwischen Zeugung und Geburt eines Kindes stattfindenden Untersuchungen und der daraus folgenden Diagnosestellung

Kaiserschnitt: operative Entbindung durch Bauchschnitt

Bei wenigen Erkrankungen ist eine Behandlung möglich. Manchmal ergeben sie Konsequenzen für die Art der Entbindung (z.B. geplanter Kaiserschnitt).

Allerdings können auch vollständig unauffällige Ergebnisse der Diagnostik ein gesundes Kind nicht hundertprozentig garantieren.

Diskutieren Sie Gründe, die für und gegen die Durchführung einer Pränataldiagnostik sprechen. Wo sehen Sie Chancen und Grenzen der diagnostischen Möglichkeiten?

12.5.4 Ablauf der Geburt

Der Ablauf einer normalen Geburt lässt sich in drei Phasen gliedern:
- Eröffnungsphase
- Austreibungsphase
- Nachgeburtsphase

Wehe: Muskelkontraktion der Gebärmutter

Dammriss: Einreißen des Gewebes zwischen Scheide und After

Fehlgeburt: Abort; frühzeitiger Verlust einer Schwangerschaft mit einem Gewicht des Fetus unter 500 g

Wie genau der Beginn der Geburt gesteuert wird, ist immer noch nicht im letzten Detail geklärt. Den „Startschuss" gibt das Kind. Ein komplexer Austausch von mütterlichen und kindlichen Hormonen führt letztendlich dazu, dass von der Hypophyse der Mutter das Wehen auslösende Hormon Oxytozin ausgeschüttet wird.

Die **Eröffnungsphase** (→ Abb. 22) der Geburt wird durch regelmäßige Wehentätigkeit und beginnende Eröffnung des Muttermundes (→ Abb. 4) charakterisiert. Ist dieser vollständig geöffnet, ist die Eröffnungsphase abgeschlossen. Dies dauert etwa zwischen 3 und 10 Stunden.

Blasensprung: natürliches Einreißen der Eihäute der Fruchtblase direkt vor der Geburt

Spätestens am Ende der Eröffnungsphase kommt es zum **Einreißen der Fruchtblase,** dem **Blasensprung.**

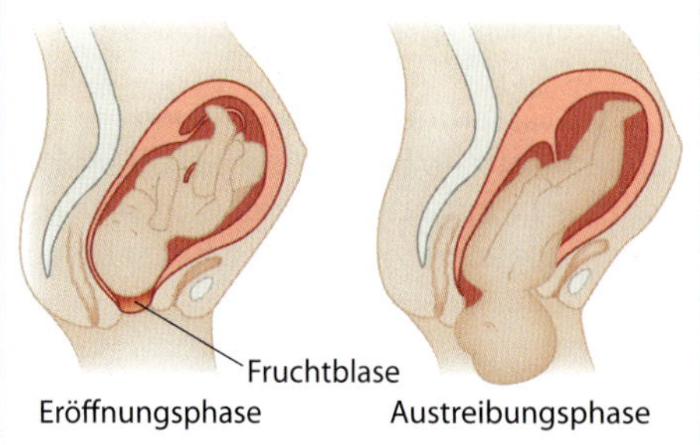

Abb. 22 Eröffnungs- und Austreibungsphase

Ist der Muttermund vollständig geöffnet, beginnt die **Austreibungsphase** (→ Abb. 22). Wenn der Kopf des Kindes so tief liegt, dass er gegen das Becken drückt, werden die sogenannten Presswehen ausgelöst. Diese Phase ist die kritischste für das Kind. Ist der Kopf geboren, folgt der Rumpf, der einen geringeren Querdurchmesser hat, in der Regel problemlos. Nach der Geburt wird das Kind üblicherweise der Mutter auf den Bauch gelegt und dann abgenabelt.

Während der **Nachgeburtsphase** wird die Plazenta ausgestoßen. Dies erfolgt nach der Ablösung der Plazenta durch die Nachgeburtswehen und dauert etwa 20 bis 30 Minuten.

Eine normale Geburt ist zwei Stunden nach Ausstoßen der Plazenta beendet. So lange dauert die Überwachung durch den Geburtshelfer.

12.5.5 Komplikationen bei der Geburt

Bei der Geburt eines Kindes können u.a. folgende Probleme auftreten:
- Wehenstörungen
- geburtsmechanische Komplikationen (ungünstige Lage des Schädels, Beckenendlage, Querlage, zu enges Becken)
- Störungen an Nabelschnur, Fruchtwasser und Plazenta (Nabelschnurknoten, vorzeitiger Blasensprung, vorzeitige Plazentalösung u.a.)
- mangelnde Sauerstoffversorgung des Kindes während der Geburt
- Tod des Kindes in der Gebärmutter
- Früh- und Spätgeburten
- Mehrlingsgeburten
- Dammriss

Von einer **Totgeburt** spricht man, wenn ein Kind nach der Geburt keine Lebenszeichen aufweist und gewisse Kriterien (mindestens 500 g Körpergewicht oder Erreichen der 24. Schwangerschaftswoche) gegeben sind. Sind diese Faktoren nicht gegeben, spricht man von einer **Fehlgeburt.** Laut Statistischem Bundesamt wurden 2022 3247 Kinder tot geboren (Statistisches Bundesamt 2023b). Dies entspricht 4,1 Totgeburten pro 1000 Geburten. Die Anzahl der Fehlgeburten wird auf etwa 10–20 % aller Schwangerschaften geschätzt. Fehl- und Totgeburten sind also relativ häufige Ereignisse, die für die betroffenen Familien eine schwere Belastung darstellen. Über solche Situationen wird aber wenig gesprochen, sodass es für Betroffene schwierig sein kann, eine entsprechende Unterstützung im sozialen Umfeld zu finden.

Kinder, die vor, während oder kurz nach der Geburt sterben, werden oft als „Sternenkinder" bezeichnet. Informieren Sie sich über Hilfsmöglichkeiten für betroffene Familien in der Umgebung Ihres Wohnortes.

Eine **Frühgeburt** ist die Geburt des Säuglings vor Vollendung der 37. Schwangerschaftswoche. Als **Frühstgeborene** werden Kinder bezeichnet, die vor der 30. Schwangerschaftswoche geboren werden. Von **Übertragung** spricht man ab dem Überschreiten der 42. Schwangerschaftswoche.

12.5.6 Schwangerschaftsnachsorge und Wochenbett

Das **Wochenbett** beginnt mit Ausstoßen der Plazenta und dauert etwa 6 Wochen. In dieser Zeit heilen die durch die Geburt entstandenen Verletzungen und es kommt zur **Rückbildung der Schwangerschaftsveränderungen.**

In dieser Phase ist die Betreuung durch eine Hebamme wichtig, da vor allem bei Erstgebärenden zahlreiche Fragen rund um Kind, Wochenbett und Rückbildung auftreten. Auch die regelhafte Entwicklung des Kindes sowie die Heilung von Geburtsverletzungen werden durch die Hebamme überwacht.

Die Rückbildung der Gebärmutter beginnt kurz nach der Geburt. Diese wiegt zunächst etwa 1 kg, am Ende des Wochenbetts noch 50 g. Die Schleimhautreste, die nach der Geburt noch in der Gebärmutter haften, werden abgebaut und ausgestoßen. Dies bedingt den sogenannten Wochenfluss. Das Sekret ist keimhaltig und damit infektiös. In dieser Phase ist eine konsequente Intimhygiene sehr wichtig.

Bald nach der Geburt werden auch die schwangerschaftsbedingten Wassereinlagerungen ausgeschwemmt. In der ersten Woche nach der Geburt geht das Gewicht um ca. 5 kg zurück. Die Muskulatur im Bauchbereich gewinnt wieder an Spannung. In dieser Zeit unterstützt die Rückbildungsgymnastik die Stabilisierung der Muskulatur.

Häufig sind **psychische Veränderungen** im Wochenbett. Nach anfänglich euphorischer Stimmung bekommen viele Frauen in Folge des schnellen Hormonabfalls depressive Störungen. Diese können sich in einem gesundheitlich unbedenklichen „Baby Blues" äußern, können aber bis hin zur tatsächlichen Depression mit erhöhter Suizidalität reichen. Diese gilt es im Rahmen der Schwangerschaftsnachsorge zu erkennen.

Komplikationen im Wochenbett können Rückbildungsstörungen mit genitalen Blutungen oder Infektionen, Blasen- und Nierenbeckenentzündungen sowie Psychosen sein.

Stillen (→ Abb. 23) gilt als die optimale Ernährung des Säuglings und kann die emotionale Bindung zwischen Mutter und Kind fördern. Damit ausreichend Milch produziert wird, ist es wichtig, das Neugeborene möglichst gleich nach der Geburt an der Brust der Mutter anzulegen. In der Regel unterstützt die Hebamme bei Erstgebärenden das Erlernen der richtigen Stilltechnik und beantwortet in den ersten Wochen Fragen rund um das Thema Stillen.

Es gibt Frauen, die aus unterschiedlichen Gründen nicht stillen können oder wollen. Wichtig ist, diesen Frauen nicht zu vermitteln, dass sie schlechtere Mütter sind oder mit ihnen etwas nicht stimmt. Wird das Kind nicht oder nur teilweise gestillt, erhält es idealerweise Säuglingsanfangsnahrung, bis mit der Beikost begonnen werden kann. Folgenahrung ist nicht zwingend erforderlich.

12.5.7 Nationales Gesundheitsziel: Gesundheit rund um die Geburt

Seit dem Jahr 2000 werden in Deutschland nationale Gesundheitsziele als Instrument der Gesundheitspolitik entwickelt und veröffentlicht. Diese umfassen neun Themenfelder.

Als vorletztes nationales Gesundheitsziel wurde 2017 die Gesundheit rund um die Geburt veröffentlicht. Ziel ist es, den Kindern einen guten Start ins Leben bei guter medizinischer Versorgung zu sichern, aber auch Rahmenbedingungen für Familien zu schaffen, in denen eine gute Familienentwicklung möglich ist.

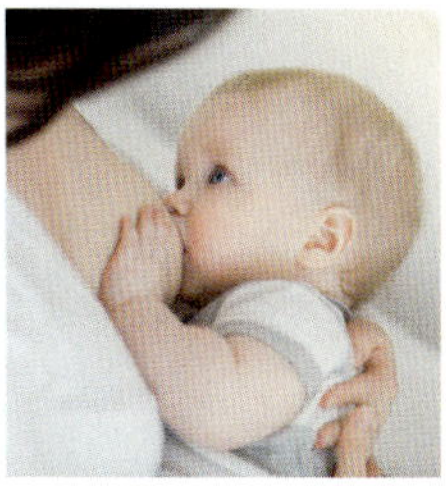

Abb. 23 Stillen

Baby Blues:
Stimmungstief nach der Geburt, ohne Krankheitsbedeutung

Frühgeburt:
Geburt des Säuglings vor Vollendung der 37. Schwangerschaftswoche

Wochenbett:
Zeitraum von 6 bis 8 Wochen nach der Geburt, in dem die meisten Rückbildungsprozesse im mütterlichen Körper ablaufen

Wochenfluss:
in den Wochen nach der Geburt ausfließendes Sekret der Gebärmutter

Netzwerk für junge Familien:
www.gesund-ins-leben.de

Nationale Gesundheitsziele:
www.gesundheitsziele.de

I-9.2.2
Steuerungsinstrument im Gesundheitswesen: nationale Gesundheitsziele

Folgende **fünf Hauptziele** wurden dafür definiert:
- Ziel 1: Eine gesunde Schwangerschaft wird ermöglicht und gefördert.
- Ziel 2: Eine physiologische Geburt wird ermöglicht und gefördert.
- Ziel 3: Die Bedeutung des Wochenbetts und die frühe Phase der Elternschaft sind anerkannt und gestärkt.
- Ziel 4: Das erste Jahr nach der Geburt wird als Phase der Familienentwicklung unterstützt. Eine gesunde Entwicklung von Eltern und Kind wird ermöglicht und gefördert.
- Ziel 5: Lebenswelten und Rahmenbedingungen rund um die Geburt sind gesundheitsförderlich gestaltet.

Diese übergreifenden Ziele werden in **Teilzielen** konkretisiert. Es werden **Maßnahmen zur Umsetzung** dieser Teilziele genannt und **Institutionen, Akteure und Berufsgruppen** aufgeführt, die zur Umsetzung dieser Maßnahmen in den Lebenswelten der Familien beitragen können und sollen.

Ziel 4: Das erste Jahr nach der Geburt wird als Phase der Familienentwicklung unterstützt. Eine gesunde Entwicklung von Eltern und Kind wird ermöglicht und gefördert.

Teilziel. 4.3: Komplikationen, Belastungen und Risiken für Familien im ersten Jahr nach der Geburt des Kindes sind identifiziert und verringert.

1. *Wie kann das Teilziel 4.3 erreicht werden? Überlegen Sie sich mögliche Maßnahmenempfehlungen.*
2. *Nennen Sie Institutionen, Akteure und Berufsgruppen, die an diesen Maßnahmen beteiligt wären.*
3. *Vergleichen Sie Ihre Ideen mit den Angaben im offiziellen Dokument des nationalen Gesundheitsziels „Gesundheit rund um die Geburt" unter www.gesundheitsziele.de. Wo überschneiden sich die Ideen, wo weichen sie voneinander ab?*

Motorik: Gesamtheit der aktiven Bewegungen des menschlichen Körpers

Abb. 24 Körperliches Wachstum

12.6 Entwicklung vom Säugling bis zum Hochbetagten

Die Entwicklung des Menschen (→ I-3.1.1 bis 3.1.4) umfasst im Lauf des Lebens viele Bereiche und ist nicht allein auf die körperliche Entwicklung begrenzt. Die Entwicklung beginnt mit der Befruchtung und endet mit dem Tod. Zu den wichtigen Entwicklungsprozessen gehören:
- körperliches Wachstum
- Entwicklung der Motorik
- Entwicklung der Sprache
- psychosoziale Entwicklung
- Entwicklung im Alter
- Sterben und Tod

Das **körperliche Wachstum** beginnt direkt nach der Befruchtung der Eizelle (→ 12.4). Es läuft vor allem in den ersten Lebensjahren rasant ab und ist bis zum Ende der Pubertät weitgehend abgeschlossen (→ Abb. 24).

Bis zum Schuleintritt sind **Motorik** und **Sprache** weitgehend entwickelt. Die Kinder erlernen zuerst grobmotorische Fähigkeiten – den Kopf heben, sich drehen, krabbeln, laufen –, dann auch parallel feinmotorische Fähigkeiten – Dinge greifen, Stifte benutzen, mit Besteck essen. Die Sprache entwickelt sich ebenfalls bereits von Anfang an, zunächst in brabbelnden Lauten, dann in einzelnen Worten, bis schließlich die Satzbildung und das flüssige Sprechen erlernt wird.

Zur **psychosozialen Entwicklung** gehören die Entwicklung der Autonomie, das Wahrnehmen und Lösen von Entwicklungsaufgaben des jeweiligen Lebensalters sowie die Entwicklung der Geschlechtsidentität. All diese Prozesse sind notwendig, um sich zu einer stabilen Persönlichkeit zu entwickeln.

Entwicklungsprozesse begleiten das ganze Leben. Auch im **Alter** kommt es zu körperlichen und psychosozialen Veränderungen, die als normale Altersentwicklung und nicht primär als Krankheit zu verstehen sind. Den Abschluss der Entwicklung markieren das **Sterben** und der **Tod.**

12.7 Sterben und Tod

Der Tod markiert das Ende des Lebens. Der Tod tritt ein, wenn alle lebenserhaltenden Funktionen endgültig versagen. Der Übergang vom Leben zum Tod wird als Sterben bezeichnet. Im Folgenden werden die personellen Aspekte von Tod und Sterben beleuchtet.

12.7.1 Phasen im Leben unheilbar kranker Menschen

Die Phasen, die ein unheilbar kranker Mensch bis zu seinem Tod durchläuft, werden im Rahmen der Palliativmedizin untersucht.

Die Palliativmedizinerin Ingeborg Jonen-Thielemann beschreibt vier Phasen, die unheilbar kranke Patienten bis zum Tod durchlaufen können (Jonen-Thielemann 2000):

- Rehabilitationsphase: weitgehend normale Teilhabe am gesellschaftlichen Leben trotz der Erkrankung (Monate bis Jahre)
- Präterminalphase: Das aktive Leben ist krankheitsbedingt immer eingeschränkter (Wochen bis Monate)
- Terminalphase: Bettlägerigkeit, beeinträchtigte Handlungsfähigkeit, innerlicher Rückzug oder Ruhelosigkeit (wenige Tage bis Wochen)
- Sterbephase: Das Bewusstsein ist auf die Innenwelt gerichtet (Stunden), die Person liegt im Sterben

Am Ende dieser Phasen steht der Tod. Nicht jeder Mensch durchläuft am Lebensende alle beschriebenen Phasen. Manche Menschen sterben nach Diagnose einer tödlich verlaufenden Krankheit sehr schnell, sodass der beschriebene Zeitrahmen der einzelnen Phasen nicht zutrifft. Auf der anderen Seite gibt es Menschen, die aus völliger Gesundheit heraus plötzlich versterben, ohne auch nur eine einzige der beschriebenen Phasen durchlaufen zu haben. Dies kann beispielsweise bei einem plötzlichen schweren Herzinfarkt, einer schweren Hirnblutung, aber auch im Rahmen eines Unfallgeschehens der Fall sein.

Tauschen Sie sich aus:
- *War jemand von Ihnen schon direkt mit Sterben und Tod konfrontiert?*
- *Haben Sie möglicherweise einen sterbenden Menschen begleitet? Berichten Sie von Ihren Erfahrungen.*
- *Haben Sie eine oder mehrere der beschriebenen Phasen beobachten können?*
- *Befragen Sie ggf. Angehörige, die bereits sterbende Menschen begleitet haben, zu ihren Erfahrungen.*

In der Sterbephase können folgende Symptome auftreten, die medikamentös behandelt werden sollten:
- Delir
- Rasselatmung
- Mundtrockenheit
- Angst bzw. Unruhe
- Atemnot

Bei Sterbenden zeigt sich eine Veränderung des Atemmusters (→ Abb. 25), die mit dem Aussetzen der Atmung, dem Atemstillstand, endet.

Durch die immer längeren Atempausen reichert sich Kohlenstoffdioxid (CO_2) im Körper an, was zunächst zu einem narkoseähnlichen Zustand und zuletzt zum Atemstillstand führt.

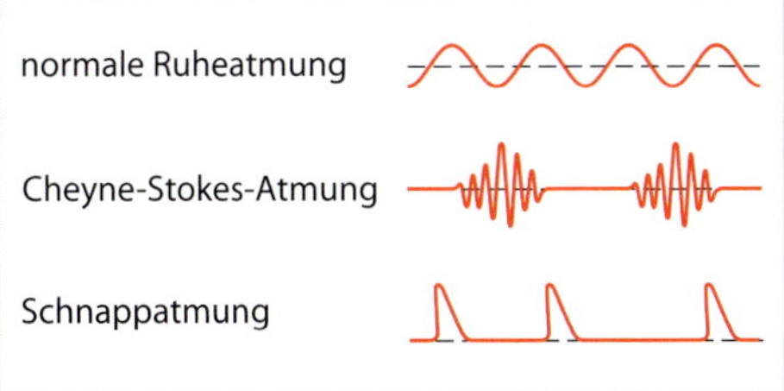

Abb. 25 Atemmuster bei Sterbenden

I-3.1.5 Sterben und Tod aus gesellschaftlicher Sicht

Tod:
Ende des Lebens

Sterben:
Übergang vom Leben zum Tod

Palliativmedizin:
Behandlung von Patienten mit einer nicht heilbaren, evtl. weit fortgeschrittenen Erkrankung mit begrenzter Lebenserwartung mit dem Ziel, die Lebensqualität des Kranken zu erhalten oder zu verbessern

Delir:
körperlich begründbare, lebensbedrohliche Bewusstseinsstörung, die u. a. durch akute Verwirrtheit und Halluzinationen gekennzeichnet ist

Abb. 26 Elisabeth Kübler-Ross (1926–2004)

12.7.2 Sterbephasen nach Kübler-Ross

Die schweizerisch-US-amerikanische Psychiaterin Elisabeth Kübler-Ross (→ Abb. 26) beschreibt fünf ineinander übergehende Phasen des Sterbens und betrachtet sowohl das innere als auch das äußere Verhalten.

Die Phase des **Nicht-wahrhaben-Wollens** ist durch die Leugnung des nahenden Todes oder einer unheilbaren Erkrankung gekennzeichnet. Kranke behaupten zum Beispiel, es handele sich um eine Fehldiagnose oder Untersuchungsbefunde seien vertauscht worden.

Hirntod: irreversibler Hirnfunktionsausfall

11.3.6 Organspende am Beispiel Niere

In der Phase des **Zorns** steht die Frage nach dem „Warum ich?" im Vordergrund. Die betroffene Person fühlt sich um ihre Zukunft und Lebenspläne betrogen.

In der kurzen Phase des **Verhandelns** kommen fast kindliche Verhaltensweisen zum Tragen. Es wird versucht, einen Handel, z.B. mit Gott, einzugehen: „Wenn ich gesund werde, dann werde ich dies oder das tun."

Wenn das „Geschäft" nicht zustande kommt, folgen **Depression und Leid.** Der Kranke gesteht sich die Unausweichlichkeit des Todes ein.

In der letzten Phase geben die Sterbenden ihre **Zustimmung** zum Tod und beginnen, das Leben loszulassen.

12.7.3 Todesfeststellung

Ist ein Mensch verstorben, muss der Tod festgestellt werden. Man unterscheidet dabei zwischen unsicheren und sicheren Todeszeichen:

Unsichere Todeszeichen sind:
- Atemstillstand
- Pulslosigkeit
- fehlende Reflexe
- schlaffer Muskeltonus
- Blässe der Haut
- Abkühlung des Körpers
- weite und lichtstarre Pupillen

Sichere Todeszeichen sind:
- Totenflecke
- Totenstarre bzw. Leichenstarre
- Leichenfäulnis
- mit dem Leben nicht vereinbare Verletzungen

Um den Tod festzustellen, muss mindestens ein sicheres Todeszeichen vorliegen. Eine Ausnahme besteht nur, wenn mittels Ableitung der Hirnströme bei deren Erlöschen der Hirntod festgestellt wurde, nicht überlebbare Verletzungen vorliegen oder eine 30-minütige fachgerechte, aber erfolglose Reanimation durchgeführt wurde.

Die sogenannte **Hirntoddiagnostik** ist ein mehrstufiges Vorgehen, das sich über einen längeren Zeitraum hinzieht und von zwei speziell ausgebildeten Ärzten durchgeführt werden muss. Dieses Vorgehen ist nur auf der Intensivstation eines Krankenhauses möglich (→ Abb. 27).

Wenn eine Einwilligung zur **Organspende** (→ I-8.2.2) vorliegt, ist die Organentnahme umgehend in die Wege zu leiten.

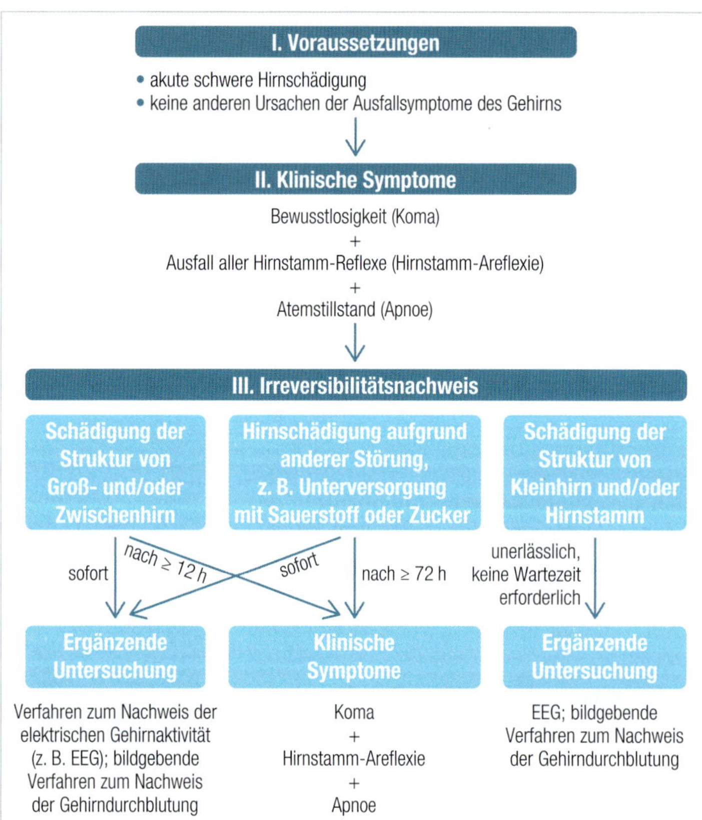

Abb. 27 Diagnostik des irreversiblen Hirnfunktionsausfalls ab Beginn des 3. Lebensjahres (nach der Richtlinie der Bundesärztekammer 2015)

Ist eine Person verstorben, muss eine Leichenschau durchgeführt werden. Unter der **Leichenschau** versteht man die Untersuchung einer Leiche durch einen approbierten Arzt, um den Tod und die Todesursache festzustellen. Die Ergebnisse der Untersuchung müssen auf dem entsprechenden amtlichen Formular des jeweiligen Bundeslandes dokumentiert werden.

Sollte der Verdacht auf einen nicht natürlichen Tod bestehen, z. B. bei Treppensturz oder auffälligen Verletzungen, muss die Kriminalpolizei hinzugezogen werden.

Die Bestattung der Leiche kann erst nach erfolgter Leichenschau eingeleitet werden.

12.7.4 Trauer

Trauer ist ein durch einen Verlust verursachter emotionaler Zustand. Nach dem Tod eines nahestehenden Menschen ist die Trauer ein Prozess, um Verlust, Krankheit und Sterben zu verarbeiten.

Der **Trauerprozess** läuft in Phasen ab. Diese wurden in verschiedenen Modellen beschrieben, die sich jedoch zumeist auf eine ähnliche Grundstruktur zurückführen lassen:

- akute Belastungsreaktion/Schock
- Phase der Niedergeschlagenheit, Zukunftsangst, Verlassenheitsgefühle, Appetitlosigkeit, Schlafstörungen
- Phase der heilenden Wunden, neuer Sinn und Glück können gefunden werden

Der Trauerprozess wird heute im Sinne einer Trauerarbeit gesehen, die der Trauernde aktiv bewältigen muss. Die Aufgaben, die sich dabei stellen, z. B. das Anerkennen der Realität, Bewerten des Verlustes, Entscheidung zum Weiterleben und Neuorientierung, sind zeitlich nicht klar zuzuordnen und können sich auch überschneiden.

Manche Personen können die Trauerarbeit alleine verrichten, andere benötigen Hilfe oder Unterstützung durch Familie, Freunde, andere Trauernde oder auch psychologische oder psychotherapeutische Unterstützung.

Hirntoddiagnostik: festgelegte Reihe diagnostischer Maßnahmen zur sicheren Feststellung des endgültigen Ausfalls aller Gehirnregionen

Leichenschau: Untersuchung einer menschlichen Leiche durch einen approbierten Arzt; Ziel: Feststellung des Todes und der Todesursache

AUFGABEN

1. *Beschreiben Sie die primären und sekundären Geschlechtsmerkmale der Frau und des Mannes.*
2. *Erläutern Sie den Ablauf des weiblichen Zyklus.*
3. *Welche Verhütungsmethode oder -methoden würden Sie in folgenden Lebenssituationen empfehlen? Begründen Sie Ihre Empfehlung.*
   - *etwas chaotische junge Frau mit häufig wechselnden Geschlechtspartnern*
   - *Mutter von drei Kindern in stabiler Paarbeziehung mit abgeschlossener Familienplanung*
   - *junge, sehr zuverlässige Frau, die eine hormonelle Verhütung konsequent ablehnt*
4. *Beschreiben Sie im Überblick die aktuelle Rechtslage zum Schwangerschaftsabbruch.*
5. *Wie können Sie sich vor sexuell übertragbaren Erkrankungen schützen?*
6. *Erklären Sie folgende Begriffe:*
   - *Befruchtung*
   - *Embryo*
   - *Fetus*
7. *Nennen Sie mindestens drei Veränderungen, die im mütterlichen Organismus während der Schwangerschaft auftreten, und erklären Sie diese kurz.*
8. *Beschreiben Sie die Phasen einer normalen Geburt.*
9. *Definieren Sie die Begriffe Tod und Sterben.*
10. *Erläutern Sie die Sterbephasen nach Kübler-Ross an einem frei gewählten Beispiel.*

12.8 Angeborene Fehlbildungen

12.8.1 Definition und Häufigkeit angeborener Fehlbildungen

angeborene Fehlbildung: fehlerhafte Entwicklung von Geweben, Organen oder Körperteilen während der Embryonal- und Fetalperiode

Fehlbildungssyndrom: Vorhandensein mehrerer Fehlbildungen

Eine **angeborene Fehlbildung** liegt vor, wenn sich während der Embryonal- oder Fetalperiode einzelne Gewebe, einzelne oder mehrere Organe oder auch Körperteile des Kindes fehlerhaft entwickeln. Eine Fehlbildung kann das Leben des Kindes sehr unterschiedlich beeinflussen. Auf der einen Seite stehen harmlose Veränderungen wie ein überzähliger Finger (→ Abb. 28) oder eine überzählige Zehe, auf der anderen Seite komplexe Fehlbildungssyndrome, die bereits zum Tod im Mutterleib führen.

Angeborene Fehlbildungen treten mit einer **Häufigkeit von 2 bis 4 % der Schwangerschaften** auf. Sie sind die häufigste Todesursache im Kindesalter.

Bekannte Fehlbildungen sind z. B.
- Lippen-Kiefer-Gaumen-Spalten
- angeborene Herzfehler
- fehlerhaft ausgebildete Hände oder Füße
- Hüftdysplasien
- Syndrome, die durch eine fehlerhafte Chromosomenanzahl verursacht werden

Dysplasie: Fehl- oder Unterentwicklung

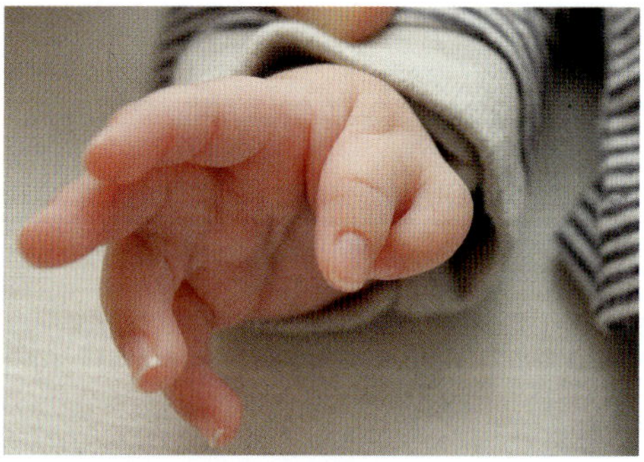

Abb. 28 Angeborene Fehlbildung

12.8.2 Ursachen angeborener Fehlbildungen

Angeborene Fehlbildungen sind häufig komplexe Störungen, die auf eine oder mehrere Ursachen zurückzuführen sind. Nicht jede Fehlbildung kann aber letztendlich auf einen eindeutigen Grund zurückgeführt werden.

Folgende Ursachen können einer angeborenen Störung zugrunde liegen:
- Veränderungen in Anzahl oder Struktur der Chromosomen
- Kombinationen aus Vererbung und Umwelteinflüssen
- Schädigungen durch äußere Faktoren wie Medikamente, Strahlen, Suchtmittel (Alkohol, Nikotin, Drogen)
- Virusinfektionen der Mutter während der Schwangerschaft (z. B. Röteln, HIV, Zika-Virus)
- Vererbung von genetischen Veränderungen, die bereits bei einem Elternteil oder beiden Eltern vorliegen

Chromosomenanomalien

Unter Chromosomenanomalien werden zwei Gruppen von Veränderungen zusammengefasst:
- Veränderungen, die die **Anzahl der Chromosomen** betreffen
- Veränderungen, die die **Struktur der Chromosomen** betreffen

Chromosomenanomalien treten meist spontan auf, können aber auch durch vorbestehende Veränderungen im Erbgut der Eltern verursacht sein. Die Häufigkeit der Gesamtheit dieser Störungen steigt mit dem Lebensalter der Mutter wie bereits eine Studie von 1983 ergab, deren Ergebnisse heute noch Gültigkeit haben (Ferguson-Smith 1983) (→ Abb. 29).

Veränderungen in der Anzahl der Chromosomen

Autosomen: alle Chromosomen, die nicht Geschlechtschromosomen sind

Gonosomen: Geschlechtschromosomen (X- und Y-Chromosomen)

Die häufigsten Veränderungen in der Anzahl der Chromosomen sind Trisomien.
- Betreffen sie die Autosomen, entstehen **autosomale Trisomien.**
- Betreffen sie die Gonosomen, entstehen **gonosomale Trisomien.**

Bei den Gonosomen gibt es auch die Möglichkeit des Fehlens eines Geschlechtschromosoms.

Die häufigste Trisomie ist die autosomale **Trisomie 21,** die das sogenannte Down-Syndrom verursacht (→ 12.9).

Edwards-Syndrom: *www.trisomie-18.de*

Bei der **Trisomie 18 (Edwards-Syndrom)** und der **Trisomie 13 (Pätau-Syndrom)** handelt es sich ebenfalls um autosomale Trisomien. Das **Edwards-Syndrom** ist die zweithäufigste Erkrankung unter den lebendgeborenen Kindern mit Trisomie.

Die Häufigkeit des Auftretens ist vom Alter der Mutter abhängig. Mit 18 Jahren liegt das Risiko bei 1 : 2500, mit 40 Jahren bei 1 : 180. Etwa 80 % der betroffenen Kinder sterben noch im Mutterleib. Die Kinder leiden an komplexen Fehlbildungen, die Kopf und Gesicht, Extremitäten und innere Organe betreffen. Herzfehler bestehen bei 95 % der Betroffenen. Die meisten lebend geborenen Kinder mit Trisomie 18 sterben innerhalb des ersten Lebensjahres. Nur sehr wenige erreichen das Jugend- oder Erwachsenenalter.

Diskutieren Sie: In welchem Spannungsfeld sehen Sie eine Familie, die mit der Gewissheit lebt, dass ihr Kind intensivster Pflege bedarf und das Erwachsenenalter mit höchster Wahrscheinlichkeit nicht erleben wird?

Das **Pätau-Syndrom** ist die dritthäufigste Trisomie. Es betrifft etwa eines von 10 000 lebend geborenen Kindern. Wie bei den anderen Trisomien steigt das Risiko mit dem Lebensalter der Mutter. Beim Pätau-Syndrom finden sich komplexe Fehlbildungen vor allem im Bereich von Kopf und Gesicht sowie der inneren Organe. Die Kinder haben ein niedriges Geburtsgewicht, eine schwere geistige Retardierung und häufig schwere Krampfanfälle. Die Sterblichkeit im ersten Lebensjahr liegt bei 90 %.

Veränderungen in der Anzahl der Geschlechtschromosomen können sowohl durch das Fehlen als auch durch das überzählige Vorhandensein von Geschlechtschromosomen charakterisiert sein.

Beim **Turner-Syndrom** ist nur ein X-Chromosom vorhanden. Die meisten Schwangerschaften (> 95 %) enden mit einer Fehlgeburt. Die Mädchen mit einem Turner-Syndrom sind oft kleinwüchsig und zeigen gelegentlich Fehlbildungen im Körperbau und den inneren Organen. Intelligenz und Lebenserwartung unterscheiden sich nicht vom Durchschnitt der Bevölkerung.

Überzählige Geschlechtschromosomen können sowohl bei Frauen in Form von drei X-Chromosomen als auch bei Männern in Form von einem überzähligen X-Chromosom (Klinefelter-Syndrom) oder einem überzähligen Y-Chromosom auftreten. Diese Veränderungen verlaufen zum Teil unauffällig, zum Teil fallen eine verspätete Pubertät oder auch eine geringe Intelligenzminderung auf.

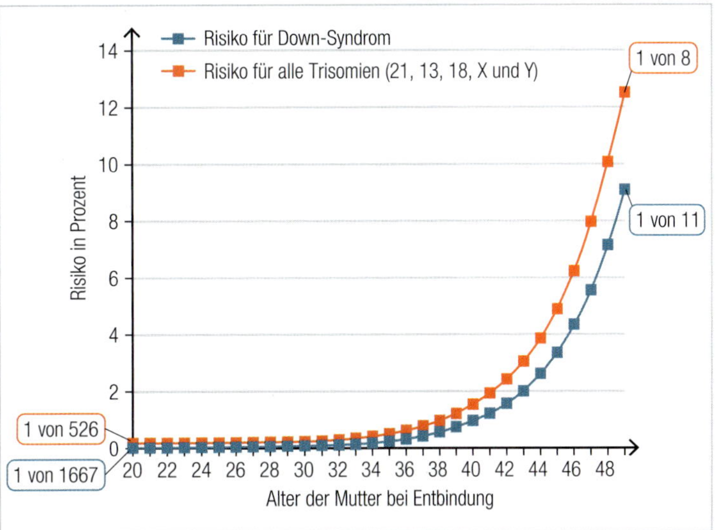

Abb. 29 Steigende Anzahl der Chromosomenanomalien in Abhängigkeit vom Alter der Mutter (Ferguson-Smith 1983)

Veränderungen in der Struktur der Chromosomen

Strukturelle Veränderungen von Chromosomen können entstehen, wenn entweder Teile von Chromosomen verloren gehen oder durch Umlagerungen Teile von verschiedenen Chromosomen miteinander kombiniert werden. Aufgrund dieser Entstehungswege sind unendlich viele Störungen möglich. Es ist davon auszugehen, dass viele der betroffenen Schwangerschaften mit Fehlgeburten enden. Die Kinder, die lebend geboren werden, zeigen unterschiedliche Störungen, sodass die Diagnosestellung eines entsprechenden Syndroms durch die Analyse des Chromosomensatzes erfolgt. Mögliche Syndrome sind das Katzenschreisyndrom, das Prader-Willi-Syndrom oder das Angelman-Syndrom.

Retardierung: Entwicklungsverzögerung

Fehlbildungen durch äußere Faktoren

Contergan-Skandal
Von 1957 bis 1961 wurde das freiverkäufliche (→ I-13.3.2) Schlaf- und Beruhigungsmittel Contergan (→ I-13.2.3) mit dem Wirkstoff Thalidomid insbesondere schwangeren Frauen empfohlen. Erst in den Jahren 1961/1962 wurde erkannt, das Thalidomid während der Schwangerschaft zu schweren körperlichen Fehlbildungen bis hin zum Fehlen von Gliedmaßen und Organen führen kann. Noch heute leben etwa 2400 geschädigte Personen in Deutschland.

Embryopathie: durch Erkrankung der Mutter oder Einwirkung von schädigenden Faktoren in den ersten Schwangerschaftsmonaten eingetretene Schädigung des Embryos

fetales Alkoholsyndrom: FAS; Schädigung des Kindes durch Alkoholkonsum der Mutter während der Schwangerschaft

Abb. 30 Mensch mit angeborener Fehlbildung

grauer Star: Katarakt; Linsentrübung des Auges

Mikrozephalie: körperliche Fehlbildung mit zu kleinem Kopf und Gehirn

Durch die durch das Beruhigungsmittel **Contergan** verursachten Schädigungen von Embryonen (→ Abb. 30) wurde das Bewusstsein für Probleme, die durch äußere Faktoren in der Schwangerschaft verursacht werden können, geschärft. Nicht nur Medikamente, sondern auch Strahlen sowie Genussgifte können zu Embryopathien führen.

Die mit Abstand häufigste Embryopathie ist die durch Alkohol verursachte. Eine von 350 Geburten ist betroffen. Das **fetale Alkoholsyndrom** ist die häufigste Ursache für geistige Behinderungen. Betroffene Babys haben typische Gesichtszüge mit engen Lidspalten, eingesunkenem Nasenrücken und schmalem Lippenrot (→ Abb. 31).

Alkohol gilt häufig als völlig normaler Begleiter auf Partys und Festen. In der Schwangerschaft kann dieses Genussmittel jedoch zu schweren Schädigungen des Embryos führen. Über die Nabelschnur trinkt das Baby sozusagen mit, baut jedoch den Alkohol sehr viel langsamer ab als die Mutter. Dadurch kann es, nicht nur bei Alkoholikerinnen, zu schweren Schäden beim Kind kommen. Es gilt der Grundsatz: Null Promille (→ 5.14.9).

Fehlbildungen durch Virusinfekte während der Schwangerschaft

Bereits 1941 wurde die Schädigung von Embryonen durch eine Rötelninfektion während der Schwangerschaft beschrieben. Die Kinder litten an Schwerhörigkeit, grauem Star und Herzfehlern. Auch andere Virusinfektionen können zu Schädigungen führen. Zuletzt bekannt wurden 2015/2016 Fälle von Kindern

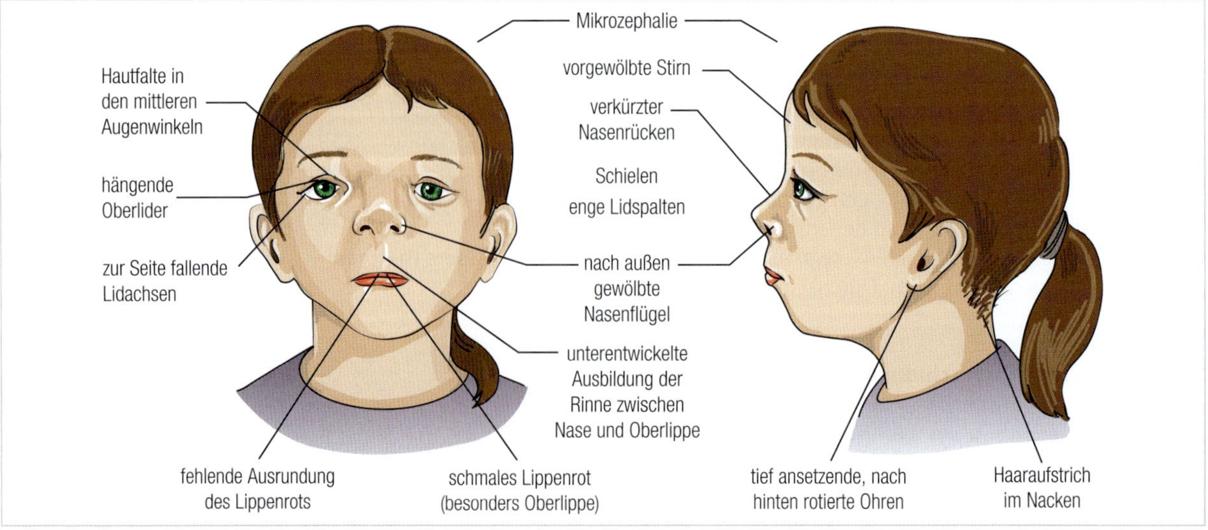

Abb. 31 Schädigung durch Alkohol in der Schwangerschaft

mit zu kleinem Schädel und daraus folgenden Behinderungen durch Zika-Virus-Infektionen in Teilen von Süd- und Mittelamerika, der Karibik und Afrika.

> Durch die Impfung gegen Röteln sowie gegebenenfalls Titerkontrollen ist es möglich, die Rötelnembryopathie zu vermeiden. Die ständige Impfkommission empfiehlt zwei Impfungen zusammen mit Masern, Mumps und Windpocken im Alter von 1 bis 2 Jahren (→ 8.5.9, → I-9.2.5).

Vererbung von genetischen Veränderungen
Eine Vielzahl von angeborenen Fehlbildungen wird von den Eltern auf die Kinder vererbt. Die Veränderung ist dabei bereits im Erbgut eines oder beider Elternteile angelegt. Unter den möglichen Störungen finden sich relativ harmlose wie z. B. die „Rot-Grün-Schwäche“ bis hin zu schwerwiegenden Erkrankungen wie Mukoviszidose (Lungenkrankheit) oder Phenylketonurie (schwere Stoffwechselstörung).

AUFGABEN

1. *Nennen Sie die Ursachen für angeborene Fehlbildungen.*
2. *Ist jede angeborene Fehlbildung eine Behinderung? Begründen Sie Ihre Meinung.*
3. *Unterscheiden Sie die häufigsten Trisomien.*
4. *Erklären Sie, welchen Einfluss Virusinfekte in der Schwangerschaft auf die Entwicklung des Embryos haben können. Nennen Sie Beispiele.*

12.9 Trisomie 21

1. *Was kann betroffene Frauen und Familien dazu bewegen, ein Kind zur Welt zu bringen, bei dem nach der Pränataldiagnostik der Verdacht auf ein Down-Syndrom besteht? Was können Gründe für einen Schwangerschaftsabbruch sein?*
2. *Nehmen Sie Kontakt zu einer Down-Syndrom-Selbsthilfegruppe auf und informieren Sie sich über das Syndrom sowie die Auswirkungen auf die Betroffenen und deren Familien: www.ds-infocenter.de www.sonnenwind21.de*
3. *Diskutieren Sie, wie in unserer Gesellschaft mit Menschen mit Behinderungen umgegangen wird.*

Abb. 32 Dr. Langdon Down (1828–1896)

Behinderung:
nach WHO 3 Komponenten:
1. Schädigung - Mängel oder Abnormitäten von Körperfunktionen oder -strukturen (anatomisch, physiologisch oder psychisch);
2. Beeinträchtigung – Behinderung in Alltagssituationen durch Funktionsbeeinträchtigung oder -mängel;
3. Behinderung - Nachteile für eine Person aus einer Schädigung oder Beeinträchtigung

Trisomie 21:
das häufigste mit Behinderungen einhergehende Syndrom; verursacht durch eine Änderung des Chromosomensatzes, hier ein überzähliges Chromosom 21

freie Trisomie 21:
Variante des menschlichen Chromosomensatzes, bei dem in den Zellen ein zusätzliches Chromosom 21 vorliegt

Translokations-Trisomie 21:
Form des Down-Syndroms, bei dem ein Abschnitt des zusätzlichen Chromosoms mit einem anderen Chromosom (meist dem Chromosom 14) verbunden ist

Mosaik-Trisomie 21:
Form des Down-Syndroms, bei dem sowohl Zellen mit 47 als auch Zellen mit 46 Chromosomen im Körper vorliegen, wodurch die Symptome weniger stark ausgeprägt sind

1866 beschrieb der englische Arzt John Langdon Down (→ Abb. 32) erstmals eine Gruppe von Menschen mit geistiger **Behinderung,** die bestimmte Merkmale gemeinsam hatten. Damit unterschied er sie von anderen geistig behinderten Menschen. Das Syndrom mit den entsprechenden Merkmalen wird seither als Down-Syndrom bezeichnet.

1957 entdeckte der französische Kinderarzt und Genetiker Jérome Lejeune, dass Kinder mit Down-Syndrom in jeder Zelle 47 statt 46 Chromosomen haben und das Chromosom 21 dreifach vorkommt. Somit konnte das Down-Syndrom der Trisomie 21 zugeordnet werden.

12.9.1 Vorkommen

Die Trisomie 21 ist die am häufigsten vorkommende Trisomie. Im Durchschnitt ist seit Jahren gleichbleibend eine von 700 bis 800 Geburten betroffen. Die Häufigkeit steigt mit zunehmendem Alter der Mutter (→ 12.8.2).

Zu den durch Schwangerschaftsabbruch nicht geborenen Kindern liegen keine eindeutigen Zahlen bezüglich der Häufigkeit einer Trisomie 21 vor.

12.9.2 Ursachen und Entstehung

Wie der Name sagt, liegt bei der Trisomie 21 eine Verdreifachung des Chromosoms 21 vor. Im Rahmen der Zellteilung (→ 1.2.3) gibt es drei Möglichkeiten, wie es dazu kommen kann:

Die häufigste Form ist in über 90 % der Fälle eine **freie Trisomie 21.** Dabei enthält eine Keimzelle, zumeist die mütterliche in Abhängigkeit vom Lebensalter, ein zusätzliches Chromosom 21 und damit insgesamt 24 statt 23 Chromosomen. Verschmilzt diese Zelle mit der anderen Keimzelle, entsteht eine befruchtete Eizelle mit 47 Chromosomen, davon 3 Chromosomen 21 (→ Abb. 33).

Seltenere Formen sind Translokations-Trisomien und Mosaik-Trisomien.

Bei der **Translokations-Trisomie** ist ein Abschnitt des überzähligen Chromosoms 21 mit einem anderen Chromosom (meist dem Chromosom 14) verschmolzen und wird so von Zellteilung zu Zellteilung „mitgenommen". Durch die Verschmelzung finden sich

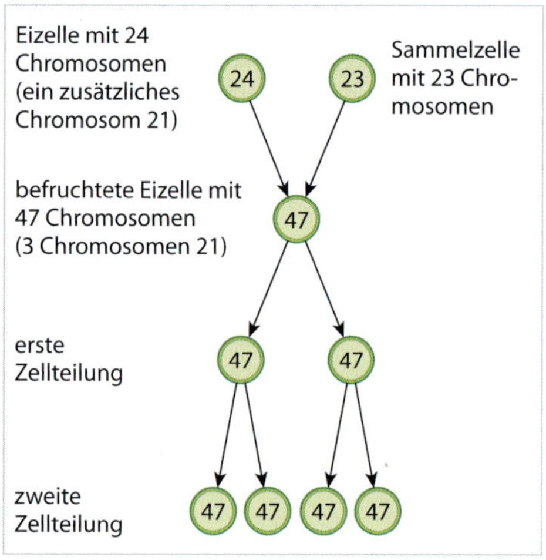

Abb. 33 Zellteilung bei Trisomie 21

insgesamt nur 46 Chromosomen in jeder Zelle. Diese Form betrifft etwa 2 bis 4 % der Fälle von Trisomie 21 und ist vom Alter der Mutter unabhängig.

Eine Translokation kann durch eine Mutation spontan entstehen oder bereits bei den Eltern in klinisch unauffälliger Form vorliegen. In diesem Fall wird die Translokation vererbt und es besteht ein Wiederholungsrisiko bei weiteren Schwangerschaften.

Eine **Mosaik-Trisomie 21** liegt vor, wenn gleichzeitig unveränderte und von Trisomie betroffene Zelllinien in einem Organismus existieren. Dies ist bei 1 bis 2 % der Betroffenen der Fall.

12.9.3 Symptome und Komplikationen

Menschen mit Trisomie 21 zeigen ein **charakteristisches äußeres Erscheinungsbild** (→ Abb. 34). Dieses ist durch eine gehäuft auftretende Kombination von äußeren Merkmalen bedingt.

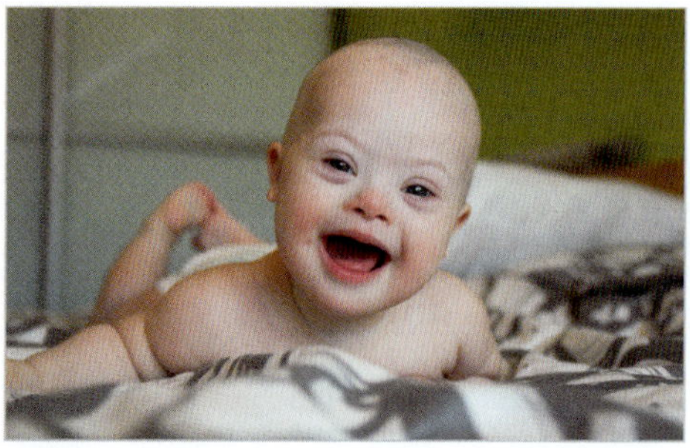

Abb. 34 Trisomie 21 – äußeres Erscheinungsbild

Folgende ausgewählte Veränderungen sind häufig vorhanden und prägen das Bild, das üblicherweise von Menschen, speziell von Kindern mit Down-Syndrom besteht:

- breite, flache Nasenwurzel
- Lidachsen nach außen oben gerichtet
- schön geformte Augenbrauen
- kleiner Mund, kleines Kinn, kleiner Kiefer; die Zunge erscheint dadurch und durch den geringen Muskeltonus (der es erschwert, die Zunge in Spannung am Platz zu halten) vergrößert
- geringere Körpergröße

Neben den äußerlichen Charakteristika finden sich beim Down-Syndrom auch **organische Fehlbildungen.**

Die häufigsten dieser Fehlbildungen sind angeborene Herzfehler, die bei bis zu 50 % der betroffenen Personen auftreten. Dabei handelt es sich zumeist und Defekte der Herzscheidewand in unterschiedlicher Form. Zudem kann es zu Schilddrüsenunterfunktionen sowie zu Veränderungen im Bereich des Magen-Darm-Traktes kommen. Das Risiko, an Leukämie zu erkranken, ist bei Kindern und Jugendlichen mit Down-Syndrom im Vergleich zu gleichaltrigen Kindern ohne Down-Syndrom um das 100-Fache erhöht.

Die **geistige Beeinträchtigung** von Menschen mit Trisomie 21 kann sehr unterschiedlich ausgeprägt sein und unterliegt einer enormen Streubreite. Von erheblicher geistiger Behinderung bis hin zu fast normaler Intelligenz sind alle Formen vertreten. Die Entwicklung der Kinder hängt nicht nur von den angeborenen Faktoren, sondern auch ganz entscheidend von der Lebensumwelt und der Förderung ab. Je nach Ausprägung der Intelligenz und der Förderung durch die Umwelt kann ein weitgehend selbstständiges Leben möglich werden oder nicht.

12.9.4 Diagnostik

Nach der Geburt kann die **Verdachtsdiagnose** eines Down-Syndroms anhand des klinischen Erscheinungsbildes gestellt werden.

1976 wurden von Jackson und Kollegen 25 Charakteristika aufgelistet, die die Diagnose Down-Syndrom rechtfertigen und die noch heute gültig sind. Auch wenn heute humangenetische Untersuchungen zur Diagnosesicherung herangezogen werden, verursachen doch viele der beschriebenen Merkmale das typische Aussehen von Menschen mit einer Trisomie 21. Einzelne dieser Merkmale treten auch bei der nicht betroffenen Bevölkerung auf.

Die **Charakteristika des Down-Syndroms** (nach Jackson u. a. 1976) sind:

- **Hauptsymptome:**
  - Kurzschädel
  - lateral ansteigende Lidachsen
  - Augenzittern
  - flache Nasenwurzel
  - schmaler Gaumen
  - seitliche Abknickung des kleinen Fingers
  - herabgesetzte Muskelspannung
  - Sandalenlücke (großer Abstand zwischen dem 1. und 2. Zeh)
  - Einfaltung der Ohrmuschel
  - kurzer Hals

- **Weitere Symptome:**
  - Hautfalte am inneren Rand des oberen Augenlids
  - Lidrandentzündung, Bindehautentzündung des Auges
  - kleine weiße Flecken der Iris
  - ständig geöffneter Mund
  - Zahnveränderungen
  - herausragende Zunge
  - Faltenzunge
  - hoher Gaumen
  - Nackenfalte
  - kurze, breite Hände
  - Kurzfingerigkeit des kleinen Fingers
  - Vierfingerfurche
  - angeborener Herzfehler
  - Herzgeräusch
  - Überdehnbarkeit der Bänder

Liegen bei einem Kind über 13 der Merkmale vor, beträgt die Wahrscheinlichkeit des Vorliegens einer Trisomie 21 100 %, bei 12 bis 10 Merkmalen immer noch 85 %. Sind weniger als 5 Merkmale zu finden, beträgt die Wahrscheinlichkeit nahezu 0 %.

Heutzutage erfolgt die **Sicherung der Diagnose** durch eine zytogenetische Untersuchung. Bei dieser Untersuchung werden die Anzahl und Beschaffenheit der Chromosomen in einer Zelle analysiert. Durch eine spezielle Fixier- und Färbemethode können die Chro-

Lymphozyten:
Untergruppe der Leukozyten, unterteilt in T-, B-Lymphozyten, natürliche Killerzellen (→ 8.1.5)

zytogenetisch:
mit Methoden der Zytogenetik, einem Teilbereich der Genetik; mikroskopische Betrachtung und Bewertung von zellulären Bestandteilen des Erbgutes

Karyogramm: geordnete Darstellung des Chromosomenbestands einer Zelle

mosomen mikroskopisch dargestellt, fotografiert und sortiert werden. Die bildliche Darstellung wird als Karyogramm bezeichnet (→ Abb. 35).

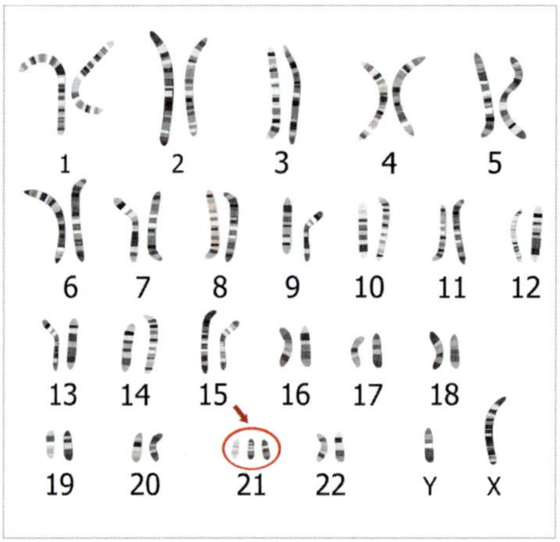

Abb. 35 Karyogramm bei Trisomie 21

12.9.5 Therapie

Trisomie 21 ist nicht änderbar. Therapeutische Möglichkeiten betreffen vor allem organische Fehlbildungen. Diese können symptomatisch therapiert werden.

I-11.1.7 Bildung und Teilhabe von Menschen mit Behinderung

Plattform für inklusive Wohnformen: *www.wohnsinn.org*

Schilddrüsenunterfunktionen (→ 7.4) können durch Gabe von Schilddrüsenhormonen in Tablettenform ausgeglichen werden. Viele **Herzfehler** können durch Operationen korrigiert werden, ebenso wie **Verschlüsse** oder **Fehlbildungen im Magen-Darm-Trakt.**

Inklusion: gleichberechtigte Teilhabe am gesellschaftlichen Leben in allen Bereichen durch entsprechende Ausstattung der Umwelt

Muskelfunktion und **Koordination** können durch gezielte Krankengymnastik oder Ergotherapie verbessert werden. **Kognitive** und **soziale Fähigkeiten** können durch gezielte Förderung ab dem frühen Kindesalter verbessert werden. Eine Unterstützung der pädagogischen Arbeit durch Ergotherapie und Logopädie kann erforderlich sein.

UN Behindertenrechtskonvention, staatliche Koordinierungsstelle: *www.behindertenbeauftragter.de*

Ziel all dieser Maßnahmen ist es, ein möglichst gesundes und eigenständiges Leben zu ermöglichen.

12.9.6 Verlauf und Prognose

Die Lebenserwartung von Menschen mit Down-Syndrom ist heute auf über 60 Jahre gestiegen. Dies ist vor allem auf die Möglichkeit der Behandlung der organischen Fehlbildungen zurückzuführen.

Für die betroffenen Kinder ist eine konsequente Durchführung von Vorsorgeuntersuchungen enorm wichtig. Ziel ist dabei, Fehlbildungen der Organe frühzeitig zu erkennen und bei Bedarf zu therapieren.

Auch die Früherkennung von Erkrankungen im Bereich der Sinnesorgane, insbesondere von Augenkrankheiten (Schielen, grauer Star) oder Hörstörungen, ist wichtig, um die Entwicklung der Kinder optimal zu fördern.

Werden alle therapeutischen Möglichkeiten sowie alle Fördermöglichkeiten optimal ausgeschöpft, können viele Menschen mit Trisomie 21 weitgehend selbstständig leben.

12.9.7 Leben und Teilhabe mit Trisomie 21

Selbstständiges Leben ist Menschen mit Trisomie 21 je nach Ausprägung der geistigen Retardierung in unterschiedlichem Maß möglich.

Gesellschaftliches Ziel ist die **Inklusion**. Unter Inklusion versteht man im pädagogischen Sinne die gemeinsame Erziehung behinderter und nichtbehinderter Kinder in Kindergarten und Schule. Im soziologischen Sinne wird unter Inklusion verstanden, dass die Umwelt so gestaltet wird, dass verschiedene Menschen gleichberechtigt am gesellschaftlichen Leben teilhaben können und nicht aufgrund welcher Bedingung auch immer ausgeschlossen werden. Beispiele können Bildung, Freizeitgestaltung oder kulturelle Angebote sein. Auch das möglichst selbstbestimmte Wohnen kann durch inklusive Wohnformen gefördert werden.

Die UN-Konvention über die Rechte von Menschen mit Behinderung wurde im Jahr 2009 in Deutschland ratifiziert; sie formuliert Anforderungen, um das Ziel der Inklusion zu verwirklichen. Gesellschaftlich ist das Konzept der Inklusion teils noch umstritten. Nicht alle Menschen und auch nicht alle gesellschaftlichen Entscheidungsträger sehen es für sämtliche Bereiche als förderlich für die Gesamtgesellschaft an. Auch stößt die Umsetzbarkeit teils an Grenzen.

Diskutieren Sie: Können Sie sich vorstellen, dass in Ihrer Klasse eine Jugendliche mit Trisomie 21 mit unterrichtet wird? Wo sind Chancen, wo sind Grenzen?

Menschen mit Trisomie 21 benötigen ein stabiles **Netzwerk,** um die besondere Situation zu meistern.

Dazu gehört ein liebevolles familiäres Umfeld, umfassende ärztliche Betreuung, psychosoziale Betreuung, Anbindung an sozialpädiatrische Zentren in der Kindheit und Unterstützung durch andere Betroffene in Selbsthilfegruppen.

Nach medizinischen Maßnahmen, z. B. Operationen, oder zur Unterstützung der Familien und vor allem auch der Geschwisterkinder können Maßnahmen der Rehabilitation oder Mutter-/Vater-Kind-Kuren erforderlich sein.

12.9.8 Pränataldiagnostik auf Trisomie

Als Screeningverfahren zum Ausschluss einer Trisomie 21 in der Schwangerschaft werden heutzutage üblicherweise sonografische Verfahren angewendet.

Die Messung der fetalen Nackentransparenz in der 11. bis 14. Woche kann Hinweise auf eine vorliegende genetische Veränderung geben. Ebenso können fetale Fehlbildungen im Verlauf der Schwangerschaft mittels Ultraschall diagnostiziert werden. Beide Untersuchungen sind aber nicht spezifisch für das Vorliegen einer Trisomie 21.

Liegen durch die durchgeführten Untersuchungen Verdachtsmomente auf das Vorliegen einer Trisomie 21 vor, sind weitere Verfahren zur Diagnosesicherung möglich. **Nichtinvasive Pränataltests** („Bluttest") können eine Trisomie 21 mit 99 %iger Sicherheit erkennen und sind damit so sicher wie die invasiven Methoden. Allerdings kann die Sicherheit für das Erkennen anderer Trisomien nicht ausreichend eingeschätzt werden (Deutsches Ärzteblatt 2018).

Der Bundestag diskutierte im April 2019 ausführlich, wie die nichtinvasive Pränataldiagnostik mittels Bluttests im Vergleich zur invasiven Pränataldiagnostik zu werten sei. Dabei wurden sowohl ethische, gesellschaftliche als auch medizinische Fragestellungen berücksichtigt. Es ist geplant, dass der Bluttest in Zukunft bei Risikoschwangerschaften ebenso wie die invasive Diagnostik als Leistung der gesetzlichen Krankenkassen (GKV, → I-4.4) zur Verfügung stehen soll. Am 19.9.2019 wurde die Anwendungsmöglichkeit zulasten der gesetzlichen Krankenkassen vom Gemeinsamen Bundesausschuss (→ I-4.6.2, → I-10.3.4) abschließend beraten. Der Beschluss sieht vor, dass ein nichtinvasiver Test in begründeten Einzelfällen und nach ärztlicher Beratung unter Verwendung einer Versicherteninformation eingesetzt werden kann (Gemeinsamer Bundesausschuss 2019).

Bluttest auf Trisomie

Wie viel Wissen erträgt eine Mutter?
Künftig werden die Kassen einen Bluttest auf Trisomie unter bestimmten Bedingungen zahlen. Aber was tut man, wenn der Arzt mitteilt: „Ihr Kind wird das Downsyndrom haben!"
SPIEGEL-Redakteurin Sandra Schulz erfuhr in der 13. Schwangerschaftswoche, dass sie eine Tochter mit einer Behinderung erwartet. Heute ist sie Mutter der vierjährigen Marja.
Ich habe den Bluttest selbst gemacht, und ich bin eine Kassenpatientin, die sich über alles freut, was die Krankenkasse zahlt. Trotzdem finde ich es falsch, dass der Bluttest auf Chromosomenstörungen Kassenleistung werden soll. [...]
SPIEGEL unter www.spiegel.de, 19.09.2019

Lesen Sie den vollständigen Artikel unter: www.spiegel.de/gesundheit/schwangerschaft/trisomie-bluttest-wieviel-wissen-ertraegt-eine-mutter-a-1287673.html.

1. *Sammeln Sie Argumente für und gegen die Durchführung einer Pränataldiagnostik.*
2. *Diskutieren Sie: Erhöht der einfache Zugang zur Pränataldiagnostik den gesellschaftlichen Druck auf werdende Eltern, diese Maßnahmen durchzuführen und ggf. einen Schwangerschaftsabbruch durchführen zu lassen?*
3. *Welche gesellschaftlichen Konsequenzen erwarten Sie auf Dauer von der Entscheidung zur Kostenübernahme?*

Risikoschwangerschaft: Schwangerschaft, bei der es anamnestische oder diagnostische Hinweise auf mögliche Komplikationen bei Mutter oder Kind gibt

Information zum Bluttest auf Trisomien: www.g-ba.de/downloads/17-98-5156/2021-11-09_G-BA_Versicherteninformation_NIPT_bf.pdf

I-8.2.2 Ethische Aspekte der Pränataldiagnostik

Chorionzottenbiopsie: Entnahme einer Gewebeprobe aus der Plazenta mittels Punktion

Krebsregisterdaten des RKI: *www.krebsdaten.de*

Neben den nicht invasiven Methoden der Pränataldiagnostik haben die invasiven Methoden einen wichtigen Stellenwert. Mit einer **Fruchtwasseruntersuchung** oder **Chorionzottenbiopsie** können mit sehr hoher Sicherheit eine Trisomie 21 sowie alle anderen Trisomien diagnostiziert werden. Mittels Punktion wird genetisches Material aus dem Fruchtwasser gewonnen. Aus diesem kann ein Karyogramm erstellt werden, um Chromosomenanomalien zu detektieren. Allerdings besteht dabei das Risiko einer Fehlgeburt (→ 12.5.3).

AUFGABEN

1. *Wie kann eine Trisomie 21 entstehen? Nennen Sie auch Faktoren, die Einfluss auf das Wiederholungsrisiko haben können.*
2. *Nennen Sie häufige Organfehlbildungen bei Trisomie 21.*
3. *Beschreiben Sie, wie ein unabhängiges Leben einer von Trisomie 21 betroffenen Person gefördert werden kann. Welche Faktoren sind zu beachten, welche wirken positiv, welche negativ?*

12.10 Krebserkrankungen der Geschlechtsorgane

12.10.1 Vorkommen

Unter den Krebserkrankungen der Geschlechtsorgane befinden sich mit den Tumoren der Brustdrüse und der Prostata zwei der insgesamt häufigsten Krebserkrankungen. Bei Frauen sind im Bereich der Geschlechtsorgane Tumore der Gebärmutter am zweithäufigsten, gefolgt von Tumoren der Eierstöcke. Bei Männern finden sich in diesem Bereich am zweithäufigsten Tumore der Hoden.

→ Tab. 1 zeigt eine Übersicht über die Häufigkeit der Krebserkrankungen der Geschlechtsorgane und die Sterblichkeit.

12.10.2 Therapieprinzipien

kurativ: auf Heilung ausgerichtet

adjuvant: unterstützend, ergänzend

neoadjuvante Therapie: Chemotherapie vor Operation zwecks Tumorverkleinerung

palliativ: nicht auf Heilung, sondern auf Verbesserung der Lebensqualität und Vermeidung von Komplikationen ausgerichtet

Wie bei allen Tumorerkrankungen gilt es auch bei den Tumorerkrankungen der Geschlechtsorgane und der Brust zunächst zu entscheiden, welches Ziel (→ I-10.2.2, → 2.4.2) die Therapie verfolgen soll. Dabei gibt es verschiedene Ansätze:

- kurative Therapie
- adjuvante Therapie
- neoadjuvante Therapie
- erhaltende Therapie
- palliative Therapie

Wenn junge Menschen vor einer Tumortherapie stehen, stellt sich die Frage nach dem Erhalt der Fortpflanzungsfähigkeit. Möglichkeiten bietet die Kryokonservierung von Eizellen oder Spermien (→ 12.3.5).

Tab. 1 Krebserkrankungen der Geschlechtsorgane – Anzahl der Neuerkrankungen in Deutschland sowie altersstandardisierte Raten 2019 (Robert Koch-Institut 2021a)

Lokalisation/ Diagnose	Anzahl der Neuerkrankungen Frauen	Anzahl der Neuerkrankungen Männer	Erkrankungsrate pro 100 000 Frauen	Erkrankungsrate pro 100 000 Männer	Sterberate pro 100 000 Frauen	Sterberate pro 100 000 Männer
Brustdrüse	71 375	760	114,6	1,2	22,3	0,3
Scheide	3293		4,4		1,0	
Gebärmutterhals	4575		9,2		2,5	
Gebärmutterkörper	10 869		16,1		3,0	
Eierstöcke	7391		10,7		6,5	
Prostata		68 579		103,2		18,7
Hoden		4162		10,4		0,3

Bei allen Therapiezielen können folgende Verfahren einzeln oder kombiniert zum Einsatz kommen (→ 2.4.2):

- Operation
- Strahlentherapie
- Chemotherapie
- antihormonelle Therapie
- zielgerichtete (molekularbiologische) Krebstherapien
  - Antikörper
  - „kleine Moleküle"
  - mTOR-Hemmer
- vielfältige Medikamente im Rahmen der Palliativtherapie zur Linderung der Beschwerden

Bei Brustkrebserkrankungen wachsen zwei Drittel der Tumore abhängig von den Geschlechtshormonen. In diesen Fällen können **Antihormontherapien** eingesetzt werden, um das Tumorwachstum zu stoppen. Auch bei anderen Krebserkrankungen der Geschlechtsorgane findet dieses Prinzip Anwendung.

12.10.3 Prävention und Gesundheitsförderung

Im Rahmen der Krebsfrüherkennungsuntersuchungen der gesetzlichen Krankenkassen haben Versicherte Anspruch auf umfangreiche kostenfreie Vorsorgeuntersuchungen, die insbesondere Krebserkrankungen der Geschlechtsorgane im Fokus haben (→ 2.4.2). Grundsätzlich sind auch für privat versicherte Personen Früherkennungsuntersuchungen in diesem Umfang zu empfehlen.

Früherkennungsuntersuchungen für Frauen

Die Krebsfrüherkennung beginnt bei Frauen ab dem zwanzigsten Lebensjahr. Zunächst ist ein jährliches Erfragen möglicher Beschwerden, die Genitaluntersuchung sowie mit dem **Pap-Abstrich** die Entnahme von Probenmaterial aus dem Gebärmutterhals vorgesehen. Seit dem 01.01.2020 ist bei Frauen ab 35 Jahre statt des jährlichen Pap-Abstriches alle drei Jahre ein sogenannter Ko-Test vorgesehen, der einen Pap-Abstrich und einen HPV-Test (Test auf genitale Infektionen mit humanen Papillomviren) beinhaltet.

Ab dem Alter von 30 Jahren erfolgt zusätzlich eine jährliche Tastuntersuchung der Brust sowie der zugeordneten Lymphbahnen. Ergänzend zu den ärztlichen Untersuchungen soll die regelmäßige Selbstabtastung der Brust erfolgen (→ 12.11.9).

Das Mammografie-Screening alle zwei Jahre wird Frauen ab 50 Jahren bis zum Ende des 70. Lebensjahres empfohlen (→ 12.11.9, → I-2.2.3, → I-9.5.2).

Früherkennungsuntersuchungen für Männer

Bei Männern ab 45 Jahren ist eine jährliche Krebsvorsorgeuntersuchung der Geschlechtsorgane vorgesehen. Dazu gehören neben dem Erfragen von möglichen Beschwerden die Untersuchung der äußeren Geschlechtsorgane, das Abtasten der Prostata und die Untersuchung der zugehörigen Lymphbahnen.

Zusätzlich zu den genannten Vorsorgeuntersuchungen werden häufig weitere Untersuchungen, z. B. Ultraschalluntersuchung der Prostata, im Rahmen der individuellen Gesundheitsleistungen („IGeL") angeboten (→ I-5.4.3). Inwieweit diese Untersuchungen sinnvoll sind oder eine entbehrliche Überversorgung darstellen, ist im Einzelfall kritisch zu prüfen. Hier ist jede Person auch selbst in der Pflicht, sich vom behandelnden Arzt detailliert informieren zu lassen oder sich Informationen aus anderen Quellen zu beschaffen.

Krebsvorsorge für Jungen und Mädchen

Sowohl für Mädchen als auch für Jungen wird die „HPV-Impfung" gegen verschiedene Stämme von humanen Papillomaviren empfohlen (→ I-9.2.5); die Infektion mit HPV kann zu Gebärmutterhalskrebs führen (→ 8.5.2).

AUFGABEN

1. *Nennen Sie Therapieverfahren, die in der modernen Tumortherapie eine Rolle spielen.*
2. *Nennen Sie die Tumorerkrankungen der Geschlechtsorgane, die bei Frauen bzw. bei Männern am häufigsten vorkommen.*
3. *Führen Sie aus, welche Früherkennungsuntersuchungen vorgesehen sind, um Tumore der Geschlechtsorgane rechtzeitig zu erkennen. Benennen Sie dabei das Alter, in dem die Untersuchungen empfohlen werden.*

Kryokonservierung: Aufbewahren von Zellen oder Gewebe durch Einfrieren in flüssigem Stickstoff

Infos und Tipps für junge Krebspatienten: *https://junge-erwachsene-mit-krebs.de*

Mammografie: spezielle Röntgenuntersuchung der weiblichen Brust

Screening: Reihenuntersuchung auf eine bestimmte Erkrankung in einer definierten Bevölkerungsgruppe

Mammografie-Screening: Reihenuntersuchung auf Brustkrebs bei Frauen ab 50 bis 70 Jahre

Überversorgung: Behandlungen, die nicht notwendig sind, da sie keine weitere Besserung des Gesundheitszustandes herbeiführen

I-9.2.5 Früherkennungsuntersuchungen der gesetzlichen Krankenversicherung nach SGB V

individuelle Gesundheitsleistungen: IGeL; Leistungen, die nicht zum Leistungskatalog der GKV gehören und privat bezahlt werden müssen

IGeL-Bewertungen: *www.igel-monitor.de*

Pap-Abstrich: Zellabstrich vom Gebärmutterhals zur Erkennung von Zellveränderungen am Muttermund; benannt nach dem griechischen Arzt George Papanicolaou

12.11 Brustkrebs

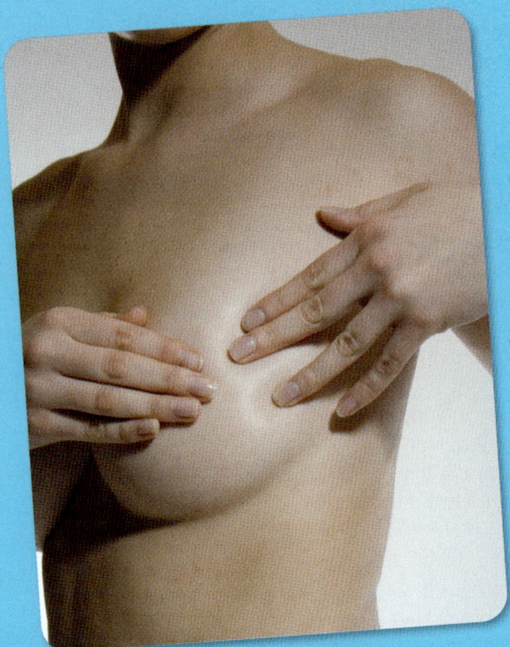

Abtasten der Brust

Frau Maier geht seit ihrem zwanzigsten Lebensjahr regelmäßig zur Krebsvorsorge. Neben der Vorsorgeuntersuchung tastet sie auch selbst ihre Brüste beim Duschen ab, um Veränderungen frühzeitig zu bemerken.
Nun, nach fast 25 Jahren, bemerkt sie dabei einen kleinen Knoten in der linken Brust. Dieser fühlt sich anders an als die Veränderungen, die sie während ihrer zwei Schwangerschaften und Stillzeiten immer mal wieder getastet hat. Frau Maier ist beunruhigt. Sie vereinbart einen Termin bei ihrer Frauenärztin.

Bei der Vielzahl der im Internet verfügbaren Informationsportale ist es wichtig, darauf zu achten, ob die dargebotenen Informationen aus einer seriösen Quelle stammen. Im Onlineportal der Deutschen Krebsgesellschaft finden Sie unter der Rubrik „Basis-Informationen Krebs" eine Möglichkeit, um sich über Grundlagen zu Vorsorge, Diagnose und Therapieformen bei verschiedenen Krebsarten zu informieren.
Informieren Sie sich über den Ablauf und die Bedeutung der Selbstuntersuchung der Brust:

1. *Wie funktioniert die Selbstuntersuchung? Eine Anleitung finden Sie auf der Seite der Deutschen Krebsgesellschaft unter Basis-Informationen Krebs – Brustkrebs.*
2. *Gibt es Daten, die den Nutzen der Selbstuntersuchung belegen?*
3. *Warum soll die Selbstuntersuchung durchgeführt werden?*

2.4 Grundlagen Tumore/Krebs

Brustkrebs:
Mammakarzinom; bösartiger Tumor der Brustdrüse

Tumor:
prinzipiell jede Art der Schwellung (Volumenzunahme, Raumforderung) eines Gewebes; üblicherweise gemeint ist aber die unkontrollierte Neubildung und Wucherung von Gewebe (Neoplasie)

UICC:
union internationale contre le cancer (Internationale Vereinigung gegen Krebs)

Bei Brustkrebs handelt es sich um einen bösartigen Tumor der Brustdrüse.

12.11.1 Vorkommen

Brustkrebs ist bei Frauen die mit Abstand am häufigsten vorkommende Krebsart: Etwa eine von acht Frauen erkrankt im Laufe ihres Lebens an Brustkrebs. Im Jahr 2016 erkrankten 68 950 Frauen und 710 Männer an Brustkrebs. Das mittlere Erkrankungsalter von Frauen lag bei 64 Jahren, von Männern bei 71 Jahren (Robert Koch-Institut 2022).

→ Abb. 35 zeigt die Verteilung der Neuerkrankungen auf die verschiedenen Stadien des Mammakarzinoms. Die UICC-Klassifikation unterteilt Tumore in die Stadien 1, beginnende Erkrankung mit sehr guter Prognose, bis 4, weit fortgeschrittene Erkrankung mit schlechter Prognose. Die Stadieneinteilung bildet eine Grundlage für Entscheidungen über die weitere Behandlung.

12.11.2 Ursachen und Krankheitsentstehung

Was zur Entstehung von Brustkrebs führt, ist in letzter Konsequenz bis heute nicht verstanden. Der entscheidende Schritt hin zur Entwicklung eines bösartigen Tumors ist eine Veränderung im Erbgut einzelner Zellen (→ 2.4.2).

Bösartige Tumoren der Brust entstehen überwiegend aus dem Drüsengewebe (→ Abb. 37):

- Karzinome, die von den Milchgängen ausgehen, sogenannte **duktale Karzinome,** sind mit 70 bis 80 % die häufigste Form.

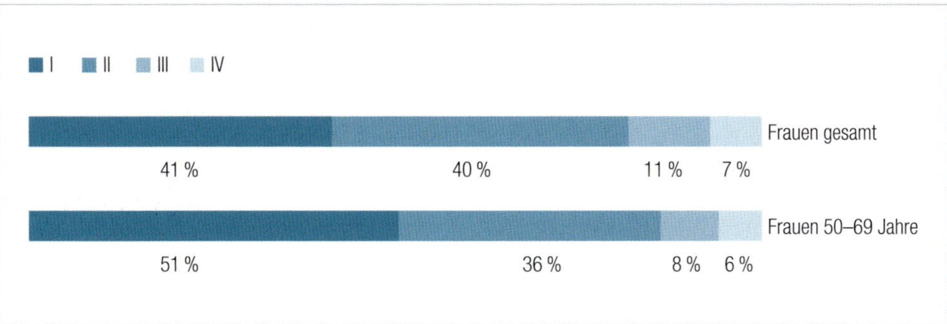

Abb. 36 Neuerkrankungsrate für Brustkrebs bei Frauen nach UICC-Stadien (Robert Koch-Institut 2021b)

- Von den Drüsenläppchen gehen die **lobulären Karzinome** aus. Diese sind mit einer Häufigkeit von 10 bis 15 % vertreten.
- Darüber hinaus gibt es seltene andere Formen.

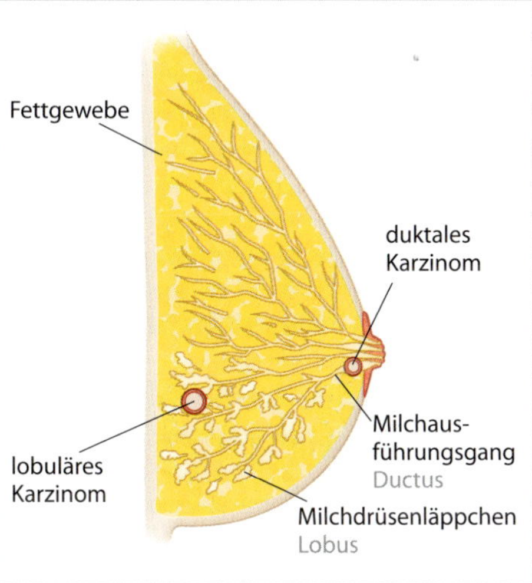

Abb. 37 Verschiedene Typen des Brustkrebses

Wenn auch nicht klar ist, was letztendlich die Veränderung im Erbgut der Zelle bewirkt, so sind doch eine Reihe von Risikofaktoren bekannt, die das Auftreten einer Brustkrebserkrankung begünstigen. Eine besondere Rolle spielt dabei das weibliche Geschlechtshormon Östrogen, das die Entstehung von Brustkrebs begünstigt.

Risikofaktoren für Brustkrebs sind:
- frühe Menarche
- späte Menopause
- Übergewicht
- Bewegungsmangel
- hoher Alkoholkonsum
- Rauchen
- Hormonersatztherapie bei längerer Dauer und Verwendung von Östrogen-Progesteron-Kombinationspräparaten

Neben Risikofaktoren sind auch **schützende Faktoren** bekannt:
- späte Menarche
- frühe Menopause
- frühe Schwangerschaften
- häufige Schwangerschaften
- Stillzeiten

Eine Sondergruppe stellen die **familiären Mammakarzinome** dar.

Bei rund 30 % der Brustkrebsfälle in Deutschland liegen Kriterien vor, die eine familiäre Belastung nahelegen. In diesen Fällen wird eine genetische Untersuchung empfohlen. Bei nachgewiesenen Mutationen sollten die Vorsorgeuntersuchungen entsprechend intensiviert werden.

Bei Frauen mit nachgewiesenen Mutationen senkt die beidseitige Entfernung der Brüste das Risiko, an Brustkrebs zu erkranken. Ob damit die Sterblichkeit insgesamt positiv beeinflusst wird, ist nicht sicher geklärt. Daher muss die Empfehlung zur Brustentfernung im Einzelfall diskutiert werden.

12.11.3 Symptome

Wie viele andere Tumorerkrankungen verläuft die Brustkrebserkrankung oft lange Zeit symptomlos.

Erste auftretende Symptome können unspezifisch sein, z. B. Müdigkeit, Leistungsminderung und Abgeschlagenheit.

Karzinom:
bösartiger Tumor des Drüsen-, Haut- oder Schleimhautgewebes

duktal:
aus den Zellen der Ausführungsgänge der Milchdrüsen entstehend

lobulär:
aus den Zellen der Drüsenläppchen der Milchdrüsen entstehend

Leitlinien zu Krebserkrankungen: *www.leitlinienprogramm-onkologie.de/home/*

Einen Hinweis auf eine Tumorerkrankung kann auch das Vorliegen der sogenannten **B-Symptomatik** geben. Diese beinhaltet:
- Fieber
- Nachtschweiß
- Gewichtsverlust

B-Symptomatik: Fieber, Nachtschweiß, Gewichtsverlust

Der Begriff B-Symptomatik ist historisch aus einer speziellen Tumorklassifikation abgeleitet, kann aber einfach als **B**egleitsymptomatik verstanden werden. B-Symptome können im Rahmen von Tumorerkrankungen, aber auch begleitend zu chronischen Infektionskrankheiten, z. B. Aids oder Tuberkulose, auftreten. B-Symptome gelten als prognostisch ungünstiges Zeichen.

Durch Selbst- und Vorsorgeuntersuchungen wird versucht, entstehende Gewebsveränderungen möglichst früh zu diagnostizieren.

Frühe Hinweise können folgende Veränderungen (→ Abb. 38) sein:
- Knoten in der Brust
- Veränderung der Brustwarzen
- Veränderung der Brustgröße
- Hautauffälligkeiten (Hautrötung, „Orangenhaut")
- Schwellungen in der Achselhöhle

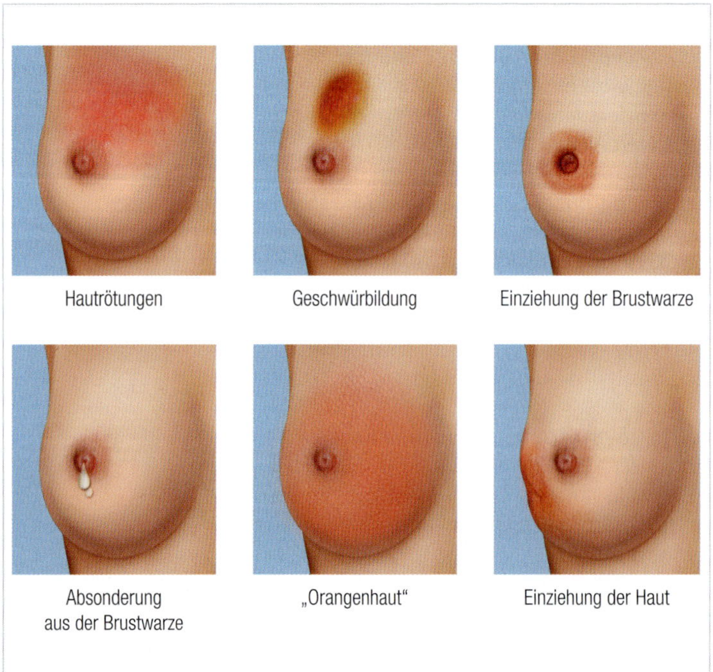

Abb. 38 Hautauffälligkeiten bei Brustkrebs

12.11.4 Diagnostik

Für die Früherkennung, Diagnostik, Therapie und Nachsorge des Mammakarzinoms besteht eine S3-Leitlinie (→ I-10.2.3).

Frau Maier berichtet der Frauenärztin von ihrer Beobachtung. Im Gespräch fragt die Ärztin Frau Maier, ob sie noch weitere Veränderungen bemerkt habe, ob sie sich schwach fühle, ungewollt Gewicht verloren habe, nachts stark schwitze oder Fieber gehabt habe. All dies kann die Patientin verneinen. Auch die Familienvorgeschichte bezüglich Brustkrebserkrankungen wird erfragt: Bisher gab es in der näheren Verwandtschaft keine betroffenen Frauen.
Die Frauenärztin führt eine Ultraschalluntersuchung durch und veranlasst eine Mammografie. Da sich dabei ein auffälliger Knoten in der Brustdrüse darstellt, wird unter Ultraschallkontrolle eine Probe aus dem verdächtigen Gewebe entnommen.
Nun beginnt für Frau Maier eine belastende Zeit. Die Untersuchung der Probe wird fünf Tage dauern. Sie vereinbart einen Termin zur Befundbesprechung und geht nach Hause. Dort kreisen ihre Gedanken: Was, wenn es Krebs ist? Was kommt auf mich zu? Wie sind meine Chancen zu überleben? Muss ich sterben? Was wird aus meiner Familie, meinem Mann, meinen beiden Kindern?

Was, wenn es Krebs ist?

Die Diagnostik auffälliger Befunde der Brust erfolgt strukturiert:

Am Anfang steht die **Basisdiagnostik.** Diese beginnt wie jede ärztliche Diagnostik mit dem Erheben der Anamnese. Dazu gehören z. B. Fragen

- nach dem Grund des Arztbesuches,
- nach allgemeinen, unspezifischen Krankheitszeichen,
- nach körperlichen Auffälligkeiten,
- nach der familiären Vorgeschichte in Bezug auf Brustkrebserkrankungen.

Anschließend erfolgt die körperliche Untersuchung:

- Inspizieren und Abtasten der Brüste
- Untersuchung der zugehörigen Lymphknoten
- Ultraschall
- Mammografie

Bei Bedarf wird ein MRT (Magnetresonanztomografie, → I-10.1.3) als **ergänzendes bildgebendes Verfahren** durchgeführt, um Zusatzinformationen, z. B. über die Größe der Veränderung oder den Zustand der Lymphknoten, zu erhalten.

Die **Diagnosesicherung** erfolgt durch die histologische Untersuchung einer Gewebeprobe. Diese wird in der Regel unter Ultraschallkontrolle als Stanz- oder Vakuumbiopsie durch eine dicke Nadel, nur in Ausnahmefällen operativ entnommen.

Am Ende der Diagnostik steht die **Mitteilung der Diagnose:**

Der behandelnde Arzt sollte die Diagnose Brustkrebs mitteilen, sobald der Befund histologisch gesichert ist.

Da die betroffenen Personen vor diesem Gespräch einige Tage auf den Befund warten mussten, ist davon auszugehen, dass sie sich in dieser Zeit selbst bereits Informationen eingeholt haben und einiges an mehr oder minder fundiertem Vorwissen, Meinungen, Ideen und Ängsten mit in das Gespräch bringen. Mit all diesem sollte der aufklärende Arzt rechnen und während des Aufklärungsgesprächs darauf eingehen.

In der S3-Leitlinie werden an das **Aufklärungsgespräch** folgende Ansprüche gestellt:

3.4 Evidenzbasierte Empfehlung

Die Art der Vermittlung von Informationen und der Aufklärung der Patientin soll nach folgenden Grundprinzipien einer patientenzentrierten Kommunikation, die eine partizipative Entscheidungsfindung ermöglicht, erfolgen:

- Ausdruck von Empathie und aktives Zuhören
- direktes und einfühlsames Ansprechen schwieriger Themen
- wenn möglich, Vermeidung von medizinischem Fachvokabular, ggf. Erklärung von Fachbegriffen
- Strategien, um das Verständnis zu verbessern (Wiederholung, Zusammenfassung wichtiger Informationen, Nutzung von Grafiken u. Ä.)
- Ermutigung, Fragen zu stellen
- Erlaubnis und Ermutigung, Gefühle auszudrücken
- weiterführende Hilfe anbieten (Psychoonkologie)

Leitlinienprogramm Onkologie 2020, S. 29

Der Verdacht auf das Vorliegen von familiären Mammakarzinomen zieht eine Reihe von diagnostischen und präventiven Empfehlungen nach sich.
Informieren Sie sich in → Kap. 3.3.1 der aktuellen Leitlinie, welche Aspekte zu beachten sind und welche Empfehlungen gegeben werden.

Frau Maier hat das Ergebnis der Diagnostik mit ihrer Frauenärztin besprochen. Diese hat ihr mitgeteilt, dass es sich bei dem Knoten um einen bösartigen Tumor handelt.
In den vergangenen Tagen hat Frau Maier auch mit einer Freundin über ihre Situation gesprochen. Diese hat ihr erzählt, dass doch immer wieder solche Proben falsch beurteilt würden, Ärzte würden eben Fehler machen, und – wer weiß – manchmal gehe es auch um Geld. Mit der Ärztin möchte Frau Maier über diese Gedanken aber nicht sprechen.
Nachdem die Ärztin mehrmals nachgefragt hat, ob Frau Maier noch Fragen habe oder etwas besprechen möchte, äußert sie doch ihre Bedenken, ob die Diagnose sicher sei. Da weitere Therapien ohnehin im Brustzentrum der benachbarten Stadt durchgeführt werden, lässt sie sich die Untersuchungsergebnisse aushändigen und vereinbart dort einen Termin, um eine zweite Meinung einzuholen.

Histologie:
Lehre von biologischen Geweben; hier: mikroskopische Beurteilung von Gewebe

Biopsie:
Untersuchung von Gewebe, das dem lebenden Organismus entnommen wurde

I-7.2.1 Professionelle Kommunikation

I-10.2.3 Evidenzbasierte Medizin: Behandlungsleitlinien

Wenn vonseiten des Patienten Zweifel an einer Diagnose oder an einer vorgeschlagenen Therapie bestehen, kann eine **ärztliche Zweitmeinung** eingeholt werden.

Nach dem Patientenrechtegesetz von 2013 besteht ein gesetzlicher Anspruch auf eine ärztliche Zweitmeinung. Dieses gilt für planbare Eingriffe. Die gesetzlichen Krankenkassen müssen die Kosten übernehmen. Detaillierte Regelungen werden erst nach und nach erarbeitet. Zahlreiche Krankenkassen bieten Beratung und Service zur ärztlichen Zweitmeinung als Zusatzleistung an.

Da grundsätzlich freie Arztwahl besteht, ist das Aufsuchen eines zweiten Arztes unproblematisch im Hinblick auf die Kostenübernahme durch die Krankenkasse. Wichtig ist, den behandelnden Arzt über das Anliegen zu informieren und alle Befunde mitzunehmen.

Gutachten, die von privaten, auf Zweitmeinungen spezialisierten Büros erstellt werden, müssen vom Patienten selbst bezahlt werden.

Ratgeber für Patientenrechte: *www.bmjv.de/DE/Themen/VorsorgeUndPatientenrechte/Patientenrechte/Patientenrechte_node.html*

Kennen Sie die Aussage „Vier Ärzte – fünf Meinungen!"?
Diskutieren Sie unter diesem Aspekt, welche Vorteile, aber auch Nachteile das Einholen einer Zweitmeinung haben kann.

12.11.5 Therapie

Lymphdrainage: spezielle Massagetechnik zur Aktivierung des Lymphabflusses und Entstauung des Gewebes, z. B. bei Lymphödem

Rezidiv: Wiederauftreten der Erkrankung

Die Therapie der Brustkrebserkrankung hängt von mehreren Faktoren ab. Zum einen ist es von Bedeutung, ob die Krankheit zum ersten Mal auftritt oder ob es sich um ein erneutes Auftreten, ein Rezidiv, handelt.

Des Weiteren spielt eine Rolle,
- welche Größe der Tumor hat;
- ob sich die Tumorzellen bereits ausgebreitet haben und benachbarte Lymphknoten (→ 8.3.2) betroffen sind;
- ob Metastasen in entfernten Organen zu finden sind;
- wie stark die Tumorzellen entartet sind;
- ob diese über Hormonrezeptoren verfügen.

Metastase: Tochtergeschwulst; Tumor, der durch Wanderung von Tumorzellen an einer anderen Körperstelle als der Primärtumor entstanden ist

Bei Tumoren, die über Hormonrezeptoren verfügen, besteht die Möglichkeit, therapeutisch mit antihormonellen Medikamenten zu behandeln, insbesondere, um ein Tumorrezidiv nach der Primärtherapie zu verhindern. Bei Tumoren ohne Hormonrezeptoren besteht diese Therapieoption nicht.

Grundsätzlich können alle Therapieformen zur Anwendung kommen, die für Tumorerkrankungen zur Verfügung stehen (→ 12.10.2, → 2.4.2):
- Operation (brusterhaltend und nicht brusterhaltend)
- Strahlentherapie
- Chemotherapie
- antihormonelle Therapie
- zielgerichtete (molekularbiologische) Therapien

Auch unterstützende Verfahren spielen eine wichtige Rolle, um die Verträglichkeit der Tumortherapie und die Krankheitsverarbeitung zu verbessern:
- psychoonkologische Therapie
- supportive (unterstützende) Therapie zur Besserung der Therapieverträglichkeit, z. B.
  - Medikamente zur Linderung von Begleiterscheinungen der Tumortherapie wie Übelkeit, Schmerzen u. a.
  - Physiotherapie
  - Lymphdrainage
  - Ernährungstherapie
- komplementärmedizinische Ansätze

Nach dem heutigen Stand der Medizin gibt es nicht mehr „die" eine Therapie der Brustkrebserkrankung. Abhängig von den oben beschriebenen Faktoren wird für jede Patientin ein **individuelles Therapiekonzept** erstellt, das auf den Tumor möglichst passgenau zugeschnitten ist. Abgegrenzt wird dabei die lokale Ersttherapie, also Operation und Bestrahlung, von den übrigen auf den ganzen Körper wirkenden Therapien wie Chemo- aber auch Hormon- oder molekularbiologische Therapie.

Junge Frauen sollten vor Beginn der Tumortherapie klären, ob mit einer Beeinträchtigung der Fruchtbarkeit zu rechnen ist, und ggf. eine Kryokonservierung von Eizellen erwägen (→ 12.10.2).

Gegebenenfalls kann nach einer nicht brusterhaltenden Operation in gewissem Abstand zur Tumortherapie eine operative Brustrekonstruktion erfolgen.

Die Besprechung im Brustzentrum hat die Tumordiagnose bei Frau Maier bestätigt.
Da es sich um einen lokal begrenzten Tumor handelt, ist das Ziel der Therapie, diesen durch eine Operation vollständig zu entfernen. Da Frau Maier eine brusterhaltende Operation wünscht, soll nach der Operation eine Bestrahlung der Brust durchgeführt werden. Aus der histologischen Untersuchung des entfernten Tumors ergibt sich zudem die Empfehlung einer antihormonellen Therapie.
Nach der Operation beginnt die Patientin zudem eine psychoonkologische Therapie, um mit den Zukunftsängsten, die sie sehr beschäftigen, besser umgehen zu können.

12.11.6 Rehabilitation

Die komplexe, oft langwierige Therapie der Brustkrebserkrankung kann körperliche wie auch psychosoziale Störungen zur Folge haben, z. B. Funktionseinbußen oder eine gestörte Teilhabe am Alltagsleben. Um diese Einschränkungen zu bessern, können betroffene Patientinnen eine ambulante oder stationäre Rehabilitationsmaßnahme in Anspruch nehmen.

Für die Beantragung einer Rehabilitation bei Brustkrebs müssen nach Vorgabe der Deutschen Rentenversicherung folgende **Voraussetzungen** gegeben sein:

Die entsprechende Diagnose liegt vor.
Die Erstbehandlung (operative Behandlung oder Strahlentherapie) ist abgeschlossen.
Die körperlichen, seelischen, sozialen oder beruflichen Einschränkungen, die durch die Erkrankung entstanden sind, sind therapierbar beziehungsweise positiv zu beeinflussen.
Der Patient ist für die onkologische Rehabilitation ausreichend belastbar sowie möglichst allein reisefähig.
Deutsche Rentenversicherung Bund 2019, S. 10

Die Rehabilitation wird anhand eines **individuellen multimodalen Rehabilitationsplans** durchgeführt. Ist dieser Plan speziell auf eine Tumorerkrankung zugeschnitten, spricht man von onkologischer Rehabilitation.

So wie sich die Therapie von Patientin zu Patientin unterscheidet, sind auch die Folgen der Therapien und dementsprechend der Rehabilitationsbedarf unterschiedlich.

Ein **Rehabilitationsbedarf** kann bezüglich folgender Faktoren bestehen:

- Wiederherstellung der körperlichen Stabilität und Belastbarkeit für Alltags- und Berufsleben
- Erkennen und Behandeln von Therapiefolgen
- psychologische Unterstützung zur Bewältigung der Krankheit
- Wiedereingliederung in den Beruf
- Wiederaufnahme der Teilhabe am gesellschaftlichen Leben
- Unterstützung in Partnerschaft/Familie

Um die Folgen der Brustkrebserkrankung zu erfassen, wird die **internationale Klassifikation der Funktionsfähigkeit, Behinderung und Gesundheit (ICF)** angewendet (→ 2.1.4). Mit ihr werden die **Folgen von Krankheit** in Bezug auf Körperfunktionen, Aktivitäten und Teilhabe beschrieben, nicht die Krankheit selbst. Diese Klassifikation ermöglicht es z. B. Physio- oder Ergotherapeuten, den Umfang einer Einschränkung zu erfassen und den Verlauf zu beurteilen.

Eine onkologische Rehabilitation kann bis zum Ablauf eines Jahres nach einer abgeschlossenen Erstbehandlung in Anspruch genommen werden. Wenn erhebliche Funktionsstörungen vorliegen, kann bis zum Ablauf von zwei Jahren nach Behandlungsabschluss eine Rehabilitation stattfinden oder erneut eine Rehabilitation beantragt werden.

I-11.2.5 Phasen der Rehabilitation und Beispiel eines Therapieplans in der medizinisch-onkologischen Rehabilitation bei Brustkrebs

multimodal: auf verschiedenen Ansätzen/Formen beruhend

onkologische Rehabilitation: Rehabilitation bei Tumorerkrankungen mit entsprechendem Therapiekonzept

I-11.1.4 Internationale Klassifikation der Funktionsfähigkeit, Behinderung und Gesundheit (ICF) am Beispiel einer Patientin mit Brustkrebs

Frau Maier ist froh, endlich die Bestrahlungstermine hinter sich zu haben. Beim Abschlussgespräch wird die Möglichkeit einer onkologischen Rehabilitation thematisiert. Frau Maier hat zunächst vom „Medizinbetrieb" mehr als genug. Da sie sich gut fühlt, beschließt sie, erst einmal mit ihrer Familie in Urlaub zu fahren. Sie weiß, dass sie gegebenenfalls bis zu einem Jahr nach Abschluss der Ersttherapie einen Antrag auf Rehabilitation stellen kann.

Neben der Durchführung einer ambulanten oder stationären Rehabilitationsmaßnahme gehört auch die Verordnung von **Hilfsmitteln** in den Bereich der Rehabilitation. Im Fall einer Brustkrebserkrankung kann dazu z. B. bei vollständiger Entfernung der Brust die Anfertigung einer Brustprothese für BH und Badebekleidung gehören.

Auch das Beantragen von finanziellen oder sonstigen Unterstützungen, etwa das Beantragen eines **Schwerbehindertenausweises** (→ I-11.1.3), fallen in diesen Bereich der Versorgung.

12.11.7 Nachsorge

Nachsorge beginnt definitionsgemäß nach Beendigung der lokalen Ersttherapie, also Operation und ggf. Bestrahlung.

Ziele der Nachsorge sind:
- Erkennung von Rezidiven
- Erkennung von Karzinomen der Gegenseite
- Erkennen von Metastasen
- Erkennen von Neben- und Folgewirkungen der Tumortherapie

Zu den Nachsorgeuntersuchungen gehören:
- Anamnese
- körperliche Untersuchung
- ärztliche Beratung
- jährliche Mammografie
- jährliche Ultraschalluntersuchung
- weitere technische Untersuchungen bei auffälligen Befunden

In den ersten drei Jahren soll die Nachsorge vierteljährlich, im 4. und 5. Jahr halbjährlich durchgeführt werden. Dies kann im Rahmen eines Disease-Management-Programms (DMP) erfolgen (→ I-10.4.5).

Inzwischen ist ein Jahr vergangen. Die bisherigen Nachsorgeuntersuchungen haben keine Auffälligkeiten ergeben. Mit mulmigem Gefühl geht Frau Maier zur Ultraschall- und Mammografieuntersuchung. Auch hier kann ihre Frauenärztin sie beruhigen. Es gibt kein Anzeichen auf ein Rezidiv. Erleichtert geht Frau Maier nach Hause.

12.11.8 Verlauf und Prognose

Die Überlebensrate für Frauen bei einer Brustkrebserkrankung liegt nach 5 Jahren bei 88 % und nach 10 Jahren bei 83 %. Für betroffene Männer liegt die Überlebensrate bei 84 % und 83 % (Robert Koch-Institut 2021b). Die Überlebensrate hängt stark vom Tumorstadium ab (→ Abb. 39).

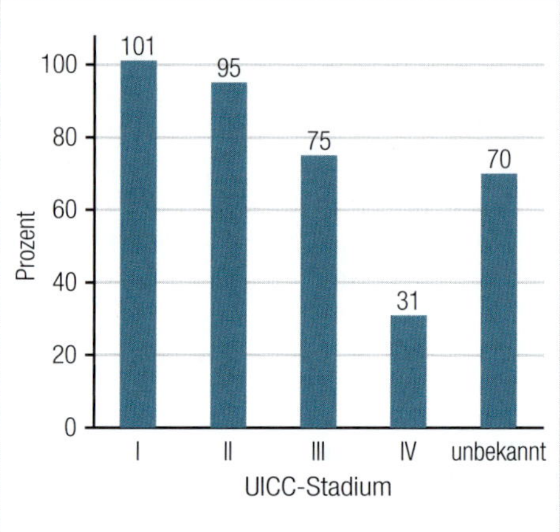

Abb. 39 Relatives 5-Jahres-Überleben bei Brustkrebs bei Frauen nach UICC-Stadium
(Robert Koch-Institut 2021b)

Seit 1999 zeigt sich in den Altersgruppen über 50 Jahre eine Zunahme der Brustkrebserkrankungen. Die Sterberate ist in den jüngeren Altersgruppen im ausgewerteten Zeitraum leicht rückläufig, was für eine verbesserte Tumortherapie spricht (Robert Koch-Institut 2021b).

12.11.9 Brustkrebsfrüherkennung

Bei der Früherkennung von Brustkrebs spielt die **Selbstabtastung der Brust** eine wichtige Rolle (→ 12.11 Kapiteleinstieg, → Abb. 40). Diese sollte einmal im Monat, am besten am 2. bis 3. Tag der Regelblutung, erfolgen. Nach der Menopause ist der Tag beliebig.

Eine Anleitung zur Selbstabtastung der Brust finden Sie unter www.hirslanden.ch/de/corporate/publications/video/die-brust-richtig-abtasten.html.
Sehen Sie sich den Film an. Führen Sie selbst als Frau eine solche Untersuchung regelmäßig durch?

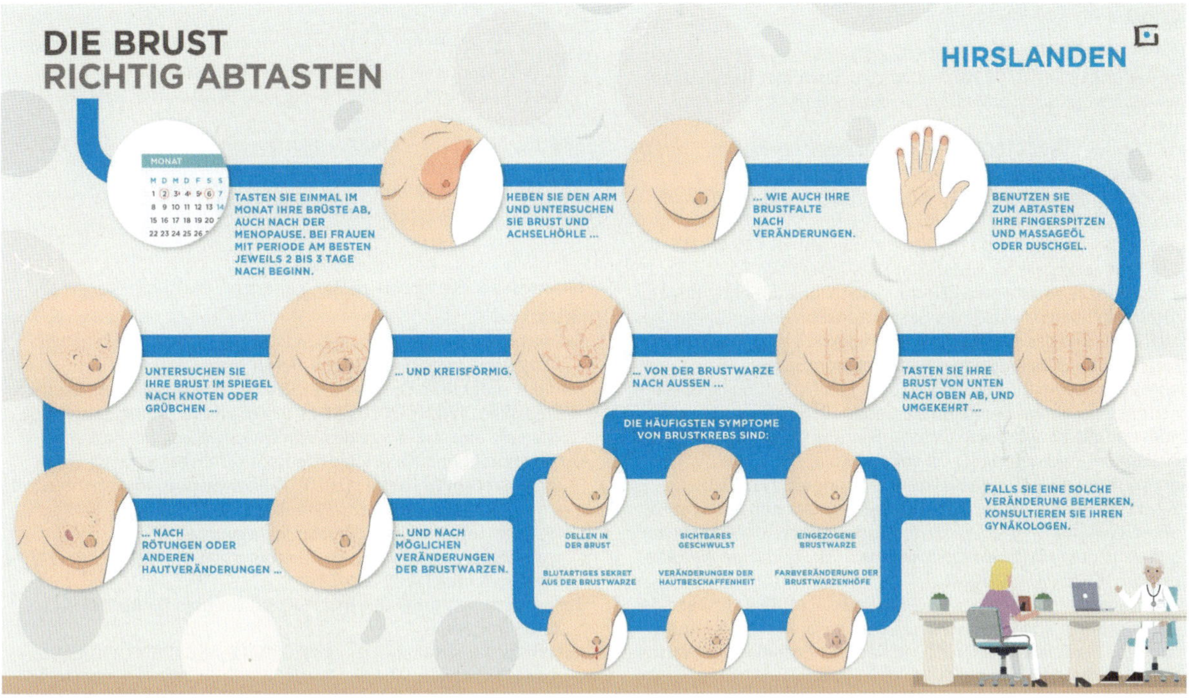

Abb. 40 Selbstuntersuchung der Brust

Die Brustuntersuchung beim Frauenarzt ist im Rahmen der Krebsfrüherkennung (→ 12.10.3) jährlich ab einem Alter von 30 Jahren vorgesehen. Dabei werden sowohl die Brust als auch die zugehörigen Lymphabflussbereiche untersucht.

Das Mammografie-Screening wurde in Deutschland 2006 eingeführt. Alle Frauen zwischen 50 und 69 Jahren erhalten alle zwei Jahre eine Einladung zur Untersuchung.

Konkrete Empfehlungen zur Prävention von Brustkrebserkrankungen sind nicht möglich. Es gelten die allgemeinen Empfehlungen zu gesundem Lebensstil.

Bei familiärem Brustkrebs mit nachgewiesener Mutation kann eine präventive beidseitige Brustamputation erwogen werden.

AUFGABEN

1. *Können Männer Brustkrebs bekommen?*
2. *Erläutern Sie die Charakteristika einer modernen Brustkrebstherapie.*
3. *Nennen Sie die Ziele von Nachsorgeuntersuchungen bei Tumorerkrankungen. Nennen Sie zudem wichtige Bestandteile bzw. Untersuchungen im Rahmen der Nachsorge.*
4. *Das Mammografie-Screening für Frauen zwischen 50 und 69 Jahren wurde in den Jahren 2005 bis 2009 eingeführt. Nennen Sie Argumente, die für und die gegen die Durchführung dieser Reihenuntersuchungen sprechen.*

I-9.5.2
Nutzen und Risiken von Prävention: Massenscreenings am Beispiel Mammografie

Quellen

Quellen Anatomie/Physiologie

Ärzte Zeitung online, 27.02.2017 – Bäurle, A.: Bis später, Baby!; unter *www.aerztezeitung.de/Medizin/Bis-spaeter-Baby-300689.html* [14.02.2024].

Ärzte Zeitung online, 01.05.2017 – Stiefelhagen, P.: Palliativmedizin. Die Diagnostik des Sterbens erfordert Intuition; unter *www.aerztezeitung.de/Medizin/Die-Diagnostik-des-Sterbens-erfordert-Intuition-296084.html* [14.02.2024].

Bundesärztekammer (Hrsg.) (2015): Richtlinie gemäß § 16 Abs. 1 S. 1 Nr. 1 TPG für die Regeln zur Feststellung des Todes nach § 3 Abs. 1 S. 1 Nr. 2 TPG und die Verfahrensregeln zur Feststellung des endgültigen, nicht behebbaren Ausfalls der Gesamtfunktion des Großhirns, des Kleinhirns und des Hirnstamms nach § 3 Abs. 2 Nr. 2. TPG, Vierte Fortschreibung. In: Deutsches Ärzteblatt vom 30.03.2015.

Bundesministerium für Gesundheit (Hrsg.) (2017): Nationales Gesundheitsziel. Gesundheit rund um die Geburt. Berlin.

Bundeszentrale für gesundheitliche Aufklärung (BZgA) (Hrsg.) (2019): Sichergehn – Verhütung für sie und ihn. Köln.

Bundeszentrale für gesundheitliche Aufklärung (BZgA) (2020): Schwangerschaftsabbruch: Rechtslage, Indikationen und Fristen; unter *www.familienplanung.de/schwangerschaftskonflikt/schwangerschaftsabbruch/schwangerschaftsabbruch-rechtslage-indikationen-und-fristen/* [14.02.2024].

Gemeinsamer Bundesausschuss (G-BA) (Hrsg.) (2016): Richtlinien des Gemeinsamen Bundesausschusses über die ärztliche Betreuung während der Schwangerschaft und nach der Entbindung („Mutterschafts-Richtlinien“). Berlin.

Jonen-Thielemann, I. (2000): Die letzte Lebenszeit unheilbar Kranker – Definition von Phasen. In: Zeitschrift für Palliativmedizin 1: 1–21.

Leitliniengruppe der Deutschen Gesellschaft für Rechtsmedizin (2017): S1-Leitlinie 054-001, Regeln zur Durchführung der ärztlichen Leichenschau.

Martius, G.; Breckwoldt, M.; Pfleiderer, A. (1999): Lehrbuch der Gynäkologie und Geburtshilfe. Stuttgart, New York: Thieme.

Robert Koch-Institut (RKI) (Hrsg.) (2021): Infektionsepidemiologisches Jahrbuch 2020, Datenstand 1. März 2021; unter *www.rki.de/DE/Content/Infekt/Jahrbuch/Jahrbuch_2020.pdf?__blob=publicationFile* [14.02.2024].

Schiebler, T. H., Korf, H. W. (Hrsg.) (2005): Anatomie. Berlin, Heidelberg: Springer.

Statistisches Bundesamt (Destatis) (2023a): Lebendgeborene und Gestorbene; unter *www.destatis.de/DE/Themen/Gesellschaft-Umwelt/Bevoelkerung/Sterbefaelle-Lebenserwartung/_inhalt.html* [14.02.2024].

Statistisches Bundesamt (Destatis) (2023b): Anteil der Totgeburten im Jahr 2022 leicht auf 4,4 je 1000 Geborene gestiegen. Pressemitteilung Nr. 287 vom 20. Juli 2023; unter *www.destatis.de/DE/Presse/Pressemitteilungen/2023/07/PD23_287_12.html* [14.02.2024].

UNICEF (United Nations Children's Fund) (2024): Weltfrauentag: Über 230 Millionen Mädchen und Frauen sind Überlebende von weiblicher Genitalverstümmelung. Pressemitteilung; unter *www.unicef.de/informieren/aktuelles/presse/-/fgm-report-weltfrauentag/350744* [07.06.2024].

Quellen zu angeborene Fehlbildungen/Trisomie 21

Deutsches Ärzteblatt, 27.06.2018: Bluttests können Trisomie 21 zuverlässig bestimmen; unter *www.aerzteblatt.de/nachrichten/96103/Bluttests-koennen-Trisomie-21-zuverlaessig-bestimmen* [14.02.2024].

Ferguson-Smith, M. A. (1983): Prenatal chromosome analysis and its impact on the birth incidence of chromosome disorders. In: British Medical Bulletin 39: 355–364.

Gemeinsamer Bundesausschuss (G-BA) (2019): Nicht-invasiver Test zum Vorliegen von Trisomien als mögliche Alternative zu invasivem Eingriff. Pressemitteilung 26/2019; unter *www.g-ba.de/presse/pressemitteilungen/810* [14.02.2024].

Jackson, J. F.; North III, E. R.; Thomas, J. G. (1976): Clinical diagnosis of Down's syndrome. In: Clinical Genetics 9: 483–487.

Speer, C. P.; Gahr, M.; Dötsch, J. (Hrsg.) (2019): Pädiatrie. Heidelberg: Springer.

SPIEGEL, 19.09.2019 – Schulz, S.: Bluttest auf Trisomie: Wie viel Wissen erträgt eine Mutter?; unter *www.spiegel.de/gesundheit/schwangerschaft/trisomie-bluttest-wieviel-wissen-ertraegt-eine-mutter-a-1287673.html* [14.02.2024].

Quellen zu Krebserkrankungen der Geschlechtsorgane/Brustkrebs

Deutsche Rentenversicherung Bund (DRV) (Hrsg.) (2019): Rehabilitation nach Tumorerkrankungen. Berlin.

Leitlinienprogramm Onkologie (Deutsche Krebsgesellschaft, Deutsche Krebshilfe, AWMF) (2020): S3-Leitlinie Früherkennung, Diagnostik, Therapie und Nachsorge des Mammakarzinoms. Kurzfassung.

Leitlinienprogramm Onkologie (Deutsche Krebsgesellschaft, Deutschen Krebshilfe, AWMF) (2020): Palliativmedizin für Patienten mit einer nicht heilbaren Krebserkrankung. Kurzfassung.

ONKO Internetportal (o. J.): Brustkrebs/Mammakarzinom; unter: *www.krebsgesellschaft.de/basis-informationen-krebs/krebsarten/brustkrebs.html* [14.02.2024].

Robert Koch-Institut (RKI) (Hrsg.) (2021a): Krebs in Deutschland für 2017/2018. Berlin.

Robert Koch-Institut (RKI) (Hrsg.) (2021b): Zentrum für Krebsregisterdaten; Brustkrebs (Mammakarzinom); unter *www.krebsdaten.de/Krebs/DE/Content/Publikationen/Krebs_in_Deutschland/kid_2021/kid_2021_c50_brust.pdf?__blob=publicationFile* [14.02.2024].

Weiterführende Literatur

Bundeszentrale für gesundheitliche Aufklärung (BZgA) (Hrsg.) (2017): Aufregende Jahre – Jules Tagebuch. Köln.

Bundeszentrale für gesundheitliche Aufklärung (BZgA): Frauengesundheitsportal; unter *www.frauengesundheitsportal.de* [14.02.2024].

Bundeszentrale für gesundheitliche Aufklärung (BZgA) (Hrsg.) (2020): Andere Umstände – neue Verantwortung. Informationen und Tipps zum Alkoholverzicht während der Schwangerschaft und Stillzeit. Köln.

Deutsches Down-Syndrom InfoCenter: Beratung und Informationen zum Down-Syndrom; unter *www.ds-infocenter.de* [14.02.2024].

Deutsche Gesellschaft für Gynäkologie und Geburtshilfe e. V. (DGGG) u. a. (2019): S3-Leitlinie Hormonelle Empfängnisverhütung; unter *https://register.awmf.org/de/leitlinien/detail/015-015* [14.02.2024].

Deutsches Krebsforschungszentrum (DKFZ): Krebsinformationsdienst Brustkrebs: Informationen für Patientinnen, Angehörige und Interessierte; unter *www.krebsinformationsdienst.de/tumorarten/brustkrebs/index.php* [14.02.2024].

Deutsches Krebsforschungszentrum (DKFZ): Stiftung des öffentlichen Rechts; unter *www.dkfz.de* [14.02.2024].

Dirie, W. (2018): Wüstenblume. München: Knaur.

Kübler-Ross, E. (2012): Über den Tod und das Leben danach. Güllesheim: „Die Silberschnur“.

SPIEGEL, 11.02.2020 – Belghaus, N.; Franke, F.: Genitalverstümmelung in Kenia. Kampf gegen Rasierklingen; unter *www.spiegel.de/politik/ausland/genitalverstuemmelung-in-kenia-kampf-gegen-rasierklingen-a-5148009e-2fee-40c6-88be-9fd14d365212* [14.02.2024].

Vereinte Nationen: UN-Behindertenrechtskonvention. Übereinkommen über die Rechte von Menschen mit Behinderungen; unter *www.behindertenrechtskonvention.info* [14.02.2024].

A

F

M

Q

R

S

T

SACHWORTVERZEICHNIS

BILDQUELLENVERZEICHNIS

akg-images GmbH, Berlin: S. 95 (Science Photo Library); 604/1 (Science Photo Library)
Alamy Ltd., Oxon, Großbritannien: S. 90/2 (Philipp Hympendahl); 105/1a (Homer Sykes); 397 (Mediscan/Alamy Stock Photo); 403 (BSIP SA); 480 (Art Directors); 555/8 (Libby Welch); 612/1 (Alexilus)
Anonyme Alkoholiker Interessengemeinschaft e.V., Gottfrieding-Unterweilnbach: S. 316
as-illustration, Rimpar: S. 108/1; 183
BODE Chemie GmbH, Hamburg: S. 442/1,2; 447
Bundeszentrum für Ernährung (BZfE) in der Bundesanstalt für Landwirtschaft und Ernährung, Bonn: S. 145
BZgA, Köln „Mit freundlicher Genehmigung und Unterstützung der Bundeszentrale für gesundheitliche Aufklärung": S. 180/1; 319/2; 320; 321; 455; 573/2 (LIEBESLEBEN 2022), 588
Deutsches Down-Syndrom InfoCenter, Lauf: S. 603
dia° Netzwerk für Kommunikation, Berlin: S. 452/2 (Grafik Paul Bieri/diaberlin.de)
doc-stock - eine Marke der F1online digitale Bildagentur GmbH, Frankfurt am Main: S. 410/2b (Science Photo Library); 452/1 (BSIP/F1online)
dpa-Picture-Alliance GmbH, Frankfurt am Main: S. 1 (AP Photo/Frank Augstein); 76/1 (Laci Perenyi); 83/2 (AP Photo/Lionel Cironneau); 146/2 (André Sedlacze/dieKLEINERT.de); 174 (Infografik); 180/2 (picture alliance/xim.gs); 267/5 (Berliner_Zeitung); 272 (Medtronic GmbH/Covidien Deutschland GmbH); 282 (Karl-Josef Hildenbrand); 285 (Christian Charisius); 306 (Bildagentur-online/DP); 451/1,2 (Infografik); 479/2 (BSIP); 482 (Stephan Jansen); 483/1 (Lacy Perenyi); 602/1 (Sven Hoppe)
European Centre for Disease Prevention and Control, An agency of the European Union, Brüssel, Belgien, 2017: S. 445/3
Fonds Gesundes Österreich - ein Geschäftsbereich der Gesundheit Österreich GmbH, Wien: S. 89
Grafische Produktion Neumann, Rimpar: S. 2; 3/1,2; 4; 5; 8/2; 9/1,2; 10; 11; 15; 16/1-6; 17/1-3; 19/2,4,6; 20/2-4; 22/2; 26/4; 41/2; 42; 43; 46; 50/2; 59/1,2; 60/1,2; 61/1-3; 62/1-3; 63; 64/1,2; 65; 67/1-10; 70/1,2; 94; 99/1; 107; 116/1,2; 117/1,3; 118; 119/3; 121/1-3; 122/2; 123/1,2; 124; 126/1,2; 127/3; 129/1; 131; 132; 133; 139/1,2; 159/1; 175; 177/1,2; 212/1; 213/2; 217; 222/1; 229/2; 230/2; 231/2; 233/1,2; 235/1; 262; 270; 271/1,2; 338; 339; 348/3; 351; 352; 354; 355; 378/1; 379/1; 386; 391; 401; 409/1-3; 410/2a,c; 413; 419/1,2; 420; 421; 422; 428; 429; 430/1,2; 431/2a,b; 436/1a; 437; 450; 458/1,2; 466/1; 467/1,2; 468/2,3; 469/1; 470/1; 472; 474/2; 477/1a; 484; 487/1; 488/3; 492; 504; 505/1,2; 507; 508/2; 509/1,2; 510/1,2; 511; 515; 518; 521/1; 527; 528; 532; 541/1; 542/1; 556/1,2; 557/2; 558/1,2; 559/2; 564/1; 568; 569/1,2; 574/1,2; 575/1,2; 576; 578; 579/1,2; 580/1; 581; 585; 589; 590; 592/2; 594; 604/2; 611/2
GSK - GlaxoSmithKline GmbH & Co. KG, München: S. 454
Hain Lifescience GmbH, Nehren: S. 436/2
Hirslanden AG, Glattpark, Schweiz: S. 617
IFT-Nord gemeinnützige GmbH - Institut für Therapie- und Gesundheitsforschung, Kiel: S. 319/1
Institut für alternative und nachhaltige Ernährung (IFANE), Gießen: S. 146/1
iStockphoto, Berlin: S. 18/2 (tonaquatic); 33/7 (fstop123); 73/2 (SolStock); 76/2 (JohnnyGreig); 76/3 (mmpile); 76/4 (ljubaphoto); 76/6 (FredFroese); 101 (gorodenkoff); 105/1b (Toa55); 112 (Daniel Pintaric); 119/1 (Kaushik_Ghosh); 167/2 (alvarez); 198/2 (eranicle); 201 (Bridgendboy); 211/1 (Tasia12); 211/3 (AlbinaTiplyashina); 254/1b (Tigatelu); 267/2 (Bojan89); 293 (sdominick); 300 (BraunS); 304/3 (skynesher); 322/2 (PeopleImages); 324 (kaisphoto); 328/2 (izusek); 343 (Prostock-Studio); 359 (dnberty); 368/3 (Kwarkot); 375/2 (Mikolette); 375/8 (Held); 407/17 (franciscodiazpagador); 430/3c (vdvornyk) 445/1 (AlexandrBognat); 465/3 (skynesher); 483/3 (Ekaterina79); 503/8 (wundervisuals); 555/1 (Geber86); 555/6 (hideto111); 591 (mheim3011)
Krausen, Scott, Mönchengladbach: S. 6/1-4; 7/1-5; 8/1; 12; 13/1,2; 21; 22/1; 23/1,2; 24; 25; 26/1-3; 27; 29; 30/1; 47/1,2; 51; 52; 58; 66; 68; 69/1,2; 71; 99/2; 108/2; 117/2; 119/2; 122/1; 127/2; 182; 184; 198/1; 203; 212/2; 214; 215; 216; 218; 219; 220; 221; 222/2; 223/2; 224/1,2; 225; 226; 228; 229/1; 230/1; 231/1; 232; 242; 269; 274; 307; 336; 340; 346/1,2; 347; 348/1; 349; 377/1,2; 378/2; 379/2; 382; 383/1,2; 385; 392; 393; 416; 417; 423; 466/2; 468/1; 469/2; 470/2; 471/1; 477/1b; 493/1; 508/1a-d; 512; 514; 517/1; 521/2; 525/1; 533/1,2; 537; 538/1,2; 542/2; 547; 557/1; 559/1; 560; 561; 563; 564/2; 602/2
Krebsinformationsdienst (DKFZ), Heidelberg: S. 53
mauritius images GmbH, Mittenwald: S. 98/1 (Freimut Wössner/dieKleinert); 255/2 (Image Source); 271/3 (Puwadol Jaturawutthichai); 301/2 (Westend61/Spectral); 362/2 (Mediscan/Alamy); 368/2 (Marina Raith); 488/1 (Alamy/Beltrami Edoardo); 491/1 (Alamy/Alex Segre)